Direito das Garantias

Direito das Garantias

3.ª Edição · 2019

L. Miguel Pestana de Vasconcelos

Professor Catedrático da Faculdade de Direito da Universidade do Porto

ALMEDINA

DIREITO DAS GARANTIAS

AUTOR

L. Miguel Pestana de Vasconcelos

1ª Edição: Junho, 2010

EDITOR

EDIÇÕES ALMEDINA, S.A.

Rua Fernandes Tomás, nºs 76 a 80

3000-167 Coimbra

Tel.: 239 851 904 · Fax: 239 851 901

www.almedina.net · editora@almedina.net

DESIGN DE CAPA

FBA.

PRÉ-IMPRESSÃO,

EDIÇÕES ALMEDINA, S.A.

IMPRESSÃO E ACABAMENTO

ACD Print, S.A.

Fevereiro, 2019

DEPÓSITO LEGAL

452256/19

ALMEDINA | GRUPOALMEDINA

Biblioteca Nacional de Portugal – Catalogação na Publicação

VASCONCELOS, L. Miguel Pestana de

Direito das garantias. – 3ª ed. - (Manuais universitários)

ISBN 978-972-40-7829-8

CDU 347

Ao meu filho,
Miguel Bernardo

"sans sûreté, pas de crédit, sans crédit, pas d'économie moderne"
LAURENT AYNÈS/PIERRE CROCQ, *Les sûretés. La publicité foncière*, 2.ª ed.,
Defrénois, Paris, 2007, p. 1

PREFÁCIO DA TERCEIRA EDIÇÃO

Publica-se agora depois de um interregno – que coincidiu em grande parte com o exercício do cargo de diretor da Faculdade de Direito da Universidade do Porto –, e em que o livro foi tendo sucessivas reimpressões anuais, a terceira edição da obra.

Mantém-se a linha seguida nas edições anteriores, desta vez com o aprofundamento de alguns regimes e a análise de outros que, entretanto, foram criados.

Muitas dos temas agora tratados decorrem de desenvolvimentos na jurisprudência, com que se dialoga, e de questões que me foram, entretanto, sendo colocadas. O que enriquece a obra na sua relação com a vida, acompanhado o seu fluir, muito em particular a dinâmica empresarial.

Como sempre, o leitor deverá, a todo o momento, verificar os pertinentes textos legais.

O livro está atualizado a julho de 2018.

Porto, 24 de novembro de 2018
Miguel Pestana de Vasconcelos

PREFÁCIO DA SEGUNDA EDIÇÃO

Esgotada a primeira edição desta obra, bem como as suas reimpressões, elaborámos, a pedido da editora, uma segunda edição, revista e ampliada.

Atualizámos a doutrina e jurisprudência; tratamos diversas questões novas. Muitas resultam de casos que nos foram colocados e que nos permitiram refletir sobre aspetos ainda não tratados, decorrentes, frequentes vezes, da prática. Cremos que essa ligação enriquece o trabalho.

As garantias, no sentido amplo que aqui lhe damos, estão muito longe de constituírem um elenco fechado, com limites bem definidos. Muito pelo contrário: estão em contínuo desenvolvimento. Elas servem necessidades económicas e financeiras em permanente mutuação, o que leva a que estejam constantemente a ser reinventadas, explorando-se os limites de cada figura típica, combinando-se as figuras existentes, recorrendo-se a contratos indiretos ou, simplesmente, por via de contratos atípicos. Ou de tudo um pouco.

Cruzam-se aqui diversas matérias, diferentes ramos do Direito: Obrigações, Reais, Comercial, Bancário, Processo Civil, Insolvência. O regime de cada uma das garantias decorre da articulação de todos, ou grande parte, destes elementos. O que torna o seu estudo particularmente aliciante. Nesta edição deu-se mais um passo nesse caminho.

Esperamos que este trabalho, na Universidade, no foro, nos escritórios de advogados, na empresa possa continuar a ser útil. Essa é a sua finalidade.

Uma última nota. Estas matérias, que são múltiplas, sofrem inúmeras e permanentes alterações, pelo que o prático deverá, a todo o momento, verificar os pertinentes textos legais.

Porto, outubro de 2012
Miguel Pestana de Vasconcelos

SIGLAS

AcP	Archiv für die civilistische Praxis
ADC	Anuario de Derecho Civil
BBTC	Banca, Borsa e Titoli di Credito
BFDUC	Boletim da Faculdade de Direito da Universidade de Coimbra
BGB	Bürgerliches Gesetzbuch (Código Civil alemão)
BGH	Bundesgerichtshof (Tribunal federal alemão)
BGHZ	Entscheidungen des Bundesgerichtshofes in Zivilsachen
BMJ	Boletim do Ministério da Justiça
Bol. CNP	Boletim do Conselho Nacional do Plano
Cad.MVM	Cadernos do Mercado de Valores Mobiliários
CCB	Código Civil Brasileiro
CCM	Código Comercial de Macau
CDADC	Código de Direito de Autor e de Direitos Conexos
CDP	Cadernos de Direito Privado
CI	Contratto e Impresa
CIMI	Código do Imposto Municipal sobre Imóveis
CIMT	Código do Imposto Municipal sobre as Transacções Onerosas de Imóveis
CIRE	Código da Insolvência e de Recuperação de Empresas
CIS	Código do Imposto de Selo
CJ	Colectânea de Jurisprudência
CN	Código do Notariado

Col.	Colectânea da Jurisprudência do Tribunal de Justiça das Comunidades Europeias
CPC	Código de Processo Civil
CPEREF	Código dos Processos Especiais de Recuperação da Empresa e de Falência
CPI	Código da Propriedade Industrial
CPPT	Código de Procedimento e de Processo Tributário
CT	Código do Trabalho
CVM	Código dos Valores Mobiliários
CRPredial	Código do Registo Predial
CRCSPSS	Código dos Regimes Contributivos do Sistema Previdencial da Segurança Social
CSC	Código das Sociedades Comerciais
D.	Recueil Dalloz
DCI	Diritto del commercio internazionale
DDP	Digesto delle discipline privatistische
Dir.	O Direito
Dir. Fall.	Il diritto fallimentare e delle società commerciali
DJ	Direito e Justiça
DukeJCIL	Duke Jornal of Comparative and International Law
DR	Diário da República
DSR	Direito das Sociedades em Revista
DZWir.	Deutsche Zeitschrift für Wirtschafts- und Insolvenzrecht
ED	Enciclopedia del Diritto
EG	Enciclopedia Giuridica (Istituto della Enciclopedia Italiana fondata da Giovanni Treccani)
EDP	Europa e Diritto Privato
Giur. Com.	Giurisprudenza Commerciale
Harvard LR	Harvard Law Review
HGB	Handelsgesetzbuch (Código Comercial alemão)
IFIC	Instituição Financeira de Crédito
InsO	*Insolvenzordnung* (lei alemã da insolvência)
INSOL	International Insolvency Review
JA	Juristische Arbeitsblätter
JCP	Juris-classeur périodique. La semaine juridique

KO	*Konkursordnung* (anterior lei falencial alemã)
KTS	Konkurs, Treuhand, Sanierung. Zeitschrift für Insolvenzrecht
Leg.	Legislação
LGT	Lei Geral Tributária
Modern LR	Modern Law Review
NovissDI	Novissimo Digesto Italiano
NJW	Neue Juristische Wochenschrift
ns.	números
Nuovo DI	Nuovo Digesto Italiano
Polis	Polis, Enciclopédia Verbo da Sociedade e do Estado
QGC	Quaderni di Giurisprudenza Commerciale
RDBB	Revista de Derecho Bancario y Bursátil
RDCiv	Rivista di Diritto Civile
RDCom	Rivista del Diritto Commerciale e del Diritto Generale delle Obbligazioni
RDE	Revista de Direito e Economia
RDES	Revista de Direito e de Estudos Sociais
RED	Revista Electrónica de Direito
RDU/ULR	Revue de Droit Uniform/Uniform Law Review
Rev. Bancária	Revista Bancária
Rev. Ban.	Revista da Banca
Rev.Banque	Revue de la Banque
RFDUL	Revista da Faculdade de Direito da Universidade de Lisboa
RFDUP	Revista da Faculdade de Direito da Universidade do Porto
RGICSF	Regime Geral das Instituições de Crédito e Sociedades Financeiras
RIW	Recht der Internationalen Wirtschaft
RJCS	Regime Jurídico do Contrato de Seguro
RLJ	Revista de Legislação e de Jurisprudência
ROA	Revista da Ordem dos Advogados
RT	Revista dos Tribunais
RTDCom	Revue Trimestrielle de Droit Commercial et de Droit Économique
RTDE	Revue Trimestrielle de Droit Européen
RTDPC	Rivista Trimestrale di Diritto e Procedura Civile

SI	Scientia Iuridica
STJ	Supremo Tribunal de Justiça
Themis	Revista da Faculdade de Direito da Universidade Nova de Lisboa
The Yale LJ	The Yale Law Journal
TJCE	Tribunal de Justiça das Comunidades Europeias
TR	Tratado de Roma
UCC	Uniform Commercial Code (Código Comercial dos Estados Unidos)
Verbo	Verbo, Enciclopédia luso-brasileira de cultura
WM	Zeitschrift für Wirtschafts- und Bankrechts, Wertpapier--Mitteilungen.
ZHR	Zeitschrift für das gesamte Handels- und Wirtschaftsrecht
ZIP	Zeitschrift für die gesamte Insolvenzpraxis
ZSR/RDS/RDS	Zeitschrift für Schweizerisches Recht
ZZP	Zeitschrift für Zivilprozeβ

Parte I
Introdução

CAPÍTULO I
Justificação de uma disciplina autónoma de Direito das Garantias

1. A justificação (e interesse) de uma disciplina de Direito das Garantias

I. A existência de uma disciplina autónoma de Direito das Garantias, com o conteúdo que aqui lhe damos[1], encontra justificação do prisma científico e didáctico.

Até ao momento a matéria das garantias era, e é, inserida (e ensinada), muitas vezes de forma repartida, no seio do Direito das Obrigações e dos Direitos Reais. Em certos casos, algumas figuras são incluídas numa disciplina de Direito Comercial no quadro dos contratos comerciais, ou então, também, o que se justifica atendendo ao facto de os bancos serem os entes que mais recorrem à constituição de garantias, no Direito Bancário (quando exista como disciplina autónoma, o que muitas vezes nem sequer será o caso).

Mas não só. Importantes matérias que compõem o regime das garantias são tratadas no Processo Executivo e no Direito da Insolvência (quando exista autonomamente, o que nem sequer é frequente nos Planos de curso, sendo na maior parte das vezes, embora necessariamente de forma parcelar, integrado na disciplina de Direito Comercial).

[1] Ver *infra* sobre o mesmo.

Esta repartição faz, em primeiro lugar, perder toda a ideia de conjunto, impede um tratamento sistemático das garantias, leva por vezes a duplicações dispensáveis e deixa frequentemente de lado aspetos que são da maior relevância para o regime das diversas figuras que compõem as garantias (em particular, o executivo e o insolvencial, como se verá). Além disso, exclui igualmente importantes garantias do tráfego comercial.

Mas vejamos mais de perto a relação – inequívoca – das garantias com estas diferentes disciplinas jurídicas onde têm sido, embora de forma mais ou menos parcial, mais ou menos incompleta, inseridas. No fim, aparecerá mais clara a necessidade da sua autonomia e será apresentada uma justificação para o seu conteúdo.

2. As garantias e as outras disciplinas jurídicas

2.1. Direito das Obrigações e as garantias

I. A generalidade dos principais tratados e manuais de Direito das Obrigações inclui a matéria das garantias, embora muitas vezes de forma limitada (Antunes Varela[2], Almeida Costa[3], Menezes Cordeiro[4], Menezes Leitão[5], Romano Martinez[6]).[7] O que de certa forma se apresenta como

[2] JOÃO ANTUNES VARELA, *Das Obrigações em geral*, vol. II, Almedina, Coimbra, 7.ª ed., 1997 (reimpressão de 2003), pp. 471, ss.

[3] MÁRIO JÚLIO DE ALMEIDA COSTA, *Direito das obrigações*, 12.ª ed., Almedina, Coimbra, 2009, pp. 881, ss..

[4] *Tratado de direito civil X, direito das obrigações, garantias*, (com a colaboração de A. Barreto Menezes Cordeiro), Almedina, Coimbra, 2015.

[5] LUÍS MENEZES LEITÃO, *Direito das obrigações, vol. II, transmissão e extinção das obrigações, não cumprimento e garantia dos créditos*, 12.ª ed., Almedina, Coimbra, 2018, pp. 319, ss.. De forma parcial nesta sede, fazendo a sua atenção recair essencialmente sobre as garantias pessoais. Não trata nem as garantias reais, nem o recurso à titularidade de um direito com função de garantia. Claro que depois o faz, detalhadamente, em obra própria: *Garantias das obrigações*, 6.ª ed. Almedina, Coimbra, 2018.

[6] *Direito das obrigações, apontamentos*, 3.ª ed., AAFDL, Lisboa, 2011, pp. 357, ss.. De uma forma sumária. O Autor tem, com PEDRO FUZETA DA PONTE, uma obra dedicada só a esta matéria: *Garantias do cumprimento*, 5.ª ed., Almedina, Coimbra, 2006.

[7] Não abordam esta matéria: I. GALVÃO TELLES, RUI DE ALARCÃO e J. RIBEIRO DE FARIA.

natural. As garantias visam o reforço da tutela dos créditos, muitas delas são contratos e têm uma estrutura obrigacional. É o que se passa com a fiança, em que o fiador se vincula perante o devedor. Constitui-se uma nova obrigação. Noutros casos, já não é a estrutura, mas simplesmente a função que atrai as garantias para o campo das obrigações. São figuras que embora sendo na sua generalidade (mas não todas, como, p. ex., os privilégios gerais) uma modalidade de direitos reais, se destinam a tutelar as obrigações. Fala-se numa "atração de direitos"[8].

II. Todavia, pese embora o nível do tratamento da matéria, a verdade é que, até nas obras mais completas[9], nunca são incluídas aqui todas as garantias, nem mesmo as típicas, como o seguro de créditos. São também colocadas de lado as garantias atípicas e aquelas modalidades de garantias que, sendo embora típicas (mas também podem não o ser), têm uma estrutura diversa, assentando na titularidade de um direito (ou são remetidas para uma outra parte da exposição da matéria, como sucede com a reserva de propriedade).

Acresce que, poucas vezes, ou então de forma bastante escassa, são incluídos aqui os regimes executivos (execução singular), insolvenciais e comerciais das garantias tratadas.

Ainda, um conjunto de figuras que desempenham relevantíssimos papéis de garantia, como sucede com a compensação, são incluídas simplesmente no âmbito das causas de extinção das obrigações além do cumprimento. O que está correto e corresponde à colocação do Código Civil[10]. Simplesmente, afasta-se da moderna prática comercial, em particular, a financeira. E não permite apreender o desenvolvimento que essas figuras aí têm tido.

III. A razão de ser não será muito difícil de explicar. A matéria de Direito das Obrigações é extremamente vasta. Ela, aliás, é repartida por mais do que uma disciplina, deixando-se, por vezes, os contratos em especial para

[8] M. J. ALMEIDA COSTA, *Direito das obrigações*, cit., p. 883.

[9] Como as de J. ANTUNES VARELA (principalmente) e M. J. ALMEIDA COSTA.

[10] Embora se chame, por vezes, a atenção para o seu papel de garantia, ver, p. ex., J. ANTUNES VARELA (*Das Obrigações em geral*, vol. II, cit., p. 197) e L. MENEZES LEITÃO (*Direito das obrigações*, vol. II, cit., p. 200).

uma outra disciplina semestral[11]. Tornava-se por isso muito difícil ir além das garantias previstas no Código Civil (e nem todos o foram, como se disse). Mesmo no plano do ensino, essas matérias ficam para o fim do ano e correm o risco de não poderem vir a ser mais do que sumariamente leccionadas.

Quanto a outros aspetos, de natureza processual, insolvencial e mercantil, entendeu-se muito provavelmente – e de forma justificada, note-se – que caberiam já não à disciplina de Direito das Obrigações, mas a outras cadeiras como Processo Civil (executivo), Direito da Insolvência e Direito Comercial. E, por isso, também a conclusão de que o estudo das garantias, com o conteúdo apontado, não poderia ter a sua sede no âmbito do Direito das Obrigações. Aí só se incluiria, como se inclui, conforme foi visto, o regime civil de algumas garantias.

2.2. Direitos Reais e garantias

I. A ligação é evidente e já foi referida. Encontrando-se embora ao serviço de um crédito, algumas garantias são direitos reais: os direitos reais de garantia. Por isso, são abordados nas principais obras que têm por objeto este ramo do direito privado entre nós, embora em poucas os seus respectivos regimes sejam desenvolvidos. Tal só acontece nos manuais de Menezes Cordeiro[12], Pinto Duarte[13], Santos Justo[14] e, de uma forma muito limitada, de Carvalho Fernandes[15]_[16]

[11] Como acontece, p. ex., na Faculdade de Direito da Universidade do Porto.

[12] ANTÓNIO MENEZES CORDEIRO, *Direitos reais*, vol. II, Imprensa Nacional – Casa da Moeda, Lisboa, 1979, pp. 1054, ss..

[13] RUI PINTO DUARTE, *Curso de direitos reais*, 3.ª ed., Principia, Cascais, 2013, pp. 213, ss..

[14] ANTÓNIO DOS SANTOS JUSTO, *Direitos reais*, Coimbra Editora, Coimbra, 2007, pp. 454, ss..

[15] LUÍS CARVALHO FERNANDES, *Lições de direito reais*, 6.ª ed., Quid Juris, Lisboa, 2009, pp. 153, ss..

[16] JOSÉ DE OLIVEIRA ASCENSÃO na sua obra *Direito civil, Reais* (5.ª ed., Coimbra Editora, Coimbra, 1993, p. 545) deixa mesmo a matéria, para além de "examinar alguns problemas que se têm suscitado a propósito de matérias gerais", para o Direito das Obrigações, devido a "limites de tempo".

Na obra de JOSÉ ALBERTO C. VIEIRA (*Direitos reais*, Almedina, Coimbra, 2016) sobre Direitos Reais não há qualquer desenvolvimento do regime dos direitos reais de garantia.

Nestas análises incluem-se outras figuras que não são direitos reais de garantia, como sucede com os privilégios creditórios gerais. Porém, ficam por tratar todas as garantias pessoais[17], as garantias atípicas, assim como aquelas garantias que assentam na titularidade de um direito, ou, na expressão não inteiramente correta por vezes usada, no recurso ao direito de propriedade como garantia.

II. Exceção à regra é a obra de Pinto Duarte que dedica uma parte ao tratamento do recurso ao direito de propriedade como garantia, embora limitado, quase só, à reserva de propriedade.[18] O mesmo caminho, mas com maior extensão, trilha a generalidade dos Autores alemães nas obras de Direitos Reais[19], que abordam além da reserva de propriedade, a alienação de móveis corpóreos em garantia (*Sicherungsübereignung*) e a cessão de créditos em garantia (*Sicherungsabtretung*).

Simplesmente, para além da reserva de propriedade[20], devido em especial à qualificação da posição do adquirente sob reserva, uma obra de Direitos Reais não é o local correto para serem tratadas as alienações em garantia, pese embora a identidade de função com os direitos reais também de garantia. Pela seguinte ordem de razões.

Em primeiro lugar, não se trata em rigor do recurso ao direito de propriedade ou de outro direito real com função de garantia. Estamos antes perante o recurso à titularidade de direitos de natureza diversa que são transmitidos para o património do credor por via de contratos. Não há nada, nem o objeto, que justifique a sua abordagem no seio dos Direitos Reais. Pelo contrário, são estruturas obrigacionais.

Em segundo lugar, mesmo naqueles casos em que se transmite um direito real, em regra de propriedade, com função de garantia, não há a

[17] Provavelmente deixada para a cadeira de Direito das Obrigações.

[18] R. PINTO DUARTE, *Curso de direitos reais*, cit., pp. 305, ss.

[19] Ver, p. ex.: KARL-HEINZ SCHWAB/HANNS PRÜTTING, *Sachenrecht*, 32.ª ed., C. H. Beck, Munique, 2006, § 53, pp. 247, ss. (inserido num Capítulo – 4.º – que se denomina *Kreditsicherungsrecht*); MANFRED WOLF, *Sachenrecht*, 23.ª ed., C. H. Beck, Munique, 2007, § 29, pp. 297, ss..

[20] Mas não se pode dizer, de forma alguma, que é uma garantia real. O seu tratamento diferenciado destas, tanto no processo executivo, como na insolvência, demonstram-no claramente. Na verdade, insere-se num grupo diverso de garantias.

criação de um novo direito real, que o nosso ordenamento de qualquer modo não admite (art. 1306.º). O direito de propriedade é adquirido pelo transmissário com o seu conteúdo intocado.

O aspeto característico desta transmissão é o seu carácter fiduciário, que marca o conteúdo da relação estabelecida entre as partes. Aí destacam-se o dever de proteção do bem, que pode ter conteúdos bastante diferentes de acordo com o bem fiduciário em jogo, assim como o dever de retransmissão na eventualidade de cumprimento da outra parte.[21]

Como se vê, no seio dos Direitos Reais só poderia ter lugar o estudo de algumas modalidades de garantias, as garantias reais (o que, como vimos, sucede nalguns casos), e, mesmo assim, excluindo os seus regimes processuais (executivos), insolvenciais e comerciais.

2.3. Direito Comercial e garantias

I. Dada a enorme extensão de matéria que o Direito Comercial abrange, dificilmente é tratada aqui a matéria das garantias, para além do aval[22], no seio do estudo dos títulos de crédito. Por vezes, numa segunda disciplina de Direito Comercial (um Direito Comercial II), a matéria leccionada são os contratos comerciais e, frequentemente, insere-se aí, aliás com inteira propriedade, a locação financeira, que é (mas não só[23]) um instrumento de garantia[24].

A explicação é simples: embora se reconheça o enorme relevo das garantias para a atividade comercial, dada a sua importância para a obtenção de crédito sobre o qual assenta a vida mercantil, esta matéria é remetida para outras disciplinas.

[21] No Direito alemão pode haver uma justificação, mas só no âmbito insolvencial, para o tratamento em conjunto destas figuras – a equiparação (legal) que aí é realizada ao penhor [§ 50 e § 51 (1) InsO]. Contudo, nem sempre tal se verifica, como p. ex., na locação financeira e na reserva de propriedade simples.

[22] ANTÓNIO FERRER CORREIA, *Lições de direito comercial, vol. III, letra de câmbio* (com a colaboração dos licenciados Paulo M. Sendim, J. M. Sampaio Cabral, António A. Caeiro e M. Ângela Coelho), Universidade de Coimbra, Coimbra, 1975, pp. 205, ss.; J. OLIVEIRA ASCENSÃO, *Direito comercial, volume III, títulos de crédito*, Lisboa, 1992, p. 165, ss..

[23] Em rigor, é um contrato de garantia e crédito, como se verá.

[24] Por exemplo, P. ROMANO MARTINEZ, *Contratos comerciais*, Principia, Cascais, 2001, pp. 59, ss..

II. Não obstante, diversas garantias têm um regime específico, parcial, no seio do direito comercial (p. ex., o penhor e a fiança[25]). Noutros casos, estão inteiramente reguladas no direito comercial (como, p. ex., o reporte, a locação financeira, a alienação em garantia, como modalidade dos contratos de garantia financeira). Em qualquer destas hipóteses, são atos objetivamente comerciais.

Acresce, para além disso, que os contratos[26] constitutivos das garantias serão com grande frequência atos subjetivamente comerciais (muitas vezes bilateralmente, como sucede nas relações entre os bancos e as sociedades comerciais, ou entre elas).[27_28]

Há, pois, uma relação bastante próxima entre as garantias e o Direito Comercial.

2.4. Direito Bancário e garantias

I. O Direito Bancário é uma disciplina que, sendo autónoma, faz parte do conjunto de disciplinas do Direito Comercial tomado num sentido amplo[29]. Estando o Direito Bancário material marcado pela concessão de crédito – é essa tradicionalmente a atividade nuclear da banca [receber do público depósitos ou outros fundos reembolsáveis e conceder crédito por conta própria, art. 2.º-A, al. w)[30] RGICSF[31]] –, de tal forma

[25] Em ambos os casos são atos acessórios. Para a distinção entre atos de comércio acessórios e autónomos, ver JORGE MANUEL COUTINHO DE ABREU, *Curso de direito comercial, vol. I, Introdução, atos de comércio, comerciantes, empresas, sinais distintivos*, 10.ª ed., Almedina, Coimbra, 2016, pp. 106, ss..

[26] Quando a sua fonte seja contratual, claro.

[27] Basta que sejam prestadas a bancos, ou seja, decorrem de contratos celebrados com bancos para por esse lado serem comerciais (embora só unilateralmente – mas veja-se o art. 99.º do Código Comercial).

[28] O que não quer dizer que todas as garantias constituam atos comerciais. Claro está que existem garantias que são contratos exclusivamente civis, como sucede, p. ex., com o contrato de fiança entre um terceiro (que não um banco) como fiador e um locador para garantir o cumprimento das orbigações do locatário, figura que tem uma grande relevância social.

[29] Assim, A. MENEZES CORDEIRO (*Direito bancário, relatório*, cit., p. 190): "O Direito Comercial quando tomado num sentido muito amplo, absorve, por inteiro, o Direito Bancário."

[30] Para a interpretação desta norma, ver: JOSÉ SIMÕES PATRÍCIO, *Direito bancário privado*, Quid Juris, Lisboa, 2004, pp. 173-177

[31] Regime geral das instituições de crédito e sociedades financeiras.

que as instituições de crédito (que não incluem só os bancos, embora estes sejam, de longe, a sua espécie mais importante) são os concedentes de crédito profissionais, é normal, é mesmo necessário para protecção dos bancos, dos depositantes e do sistema financeiro, que esse crédito seja concedido contra a prestação de garantias.

Diga-se, aliás, que as garantias são prestadas nas próprias relação inter-bancos, (ou, de uma forma mais lata, inter-instituições de crédito), uma que vez que estes se financiam muito frequentemente junto de outros bancos.

Por isso, para os bancos, as garantias estão no centro da sua atividade. Tanto porque são eles que beneficiam delas, como porque a sua prestação, contra o pagamento de uma contrapartida pecuniária[32], faz parte dos serviços que prestam[33_34]

Daí que a generalidade das obras que versam o Direito Bancário trate as principais garantias a que os bancos recorrem. Assim, as obras de Menezes Cordeiro[35] e de Calvão da Silva[36_37]

32 Daí a distinção entre garantias bancárias ativas, aquelas de que o banco é beneficiário, e as garantias bancárias passivas, aquelas que o banco presta. Ver, para a mesma, ARMINDO SARAIVA MATIAS, *Garantias bancárias ativas e passivas*, Scripto, Lisboa, 1999, p. 11.

33 Art. 4.º al. b) e art. 8.º n.º 2 RGICSF.

34 Mas não é só isso. Do prisma bancário, a existência de garantias assume também um relevo particular em virtude dos critérios decorrentes do acordo Basileia II, cfr. HARRY S. SIGMAN/EVA-MARIA KIENINGER, *Introduction, Cross-border security over tangibles* (coord. HARRY C. SIGMAN/EVA-MARIA KIENINGER), De Sellier, Munique, 2007, p. 1.

E quanto ao acordo Basileia II, ver: A. MENEZES CORDEIRO, *Regulação económica e supervisão bancária*, Dir., 2006, pp. 258-259; INÊS DRUMMOND, *Bank business requirements, business cycle fluctuations and the basel accords: a synthesis*, FEP working papers, Julho de 2008, passim.

35 A. MENEZES CORDEIRO, *Direito bancário*, 6.ª ed. (com a colaboração de A. Barreto Menezes Cordeiro), Almedina, Coimbra, 2016, pp. 789, ss.. Este Autor trata as garantias reais, como se assinalou, nos seus Direitos Reais e algumas garantias pessoais, como a fiança, no seu Direito das Obrigações.

36 JOÃO CALVÃO DA SILVA, *Direito bancário*, Almedina, Coimbra, 2001, pp. 377, ss.; idem, *Banca, bolsa e seguros, direito europeu e português, tomo I, parte geral*, 4.ª ed., Almedina, Coimbra, 2013, pp. 217, ss. (para os acordos de garantia financeira). O mesmo sucede com VASCO SOARES DA VEIGA, *Direito bancário*, Almedina, Coimbra, 1997, pp. 343, ss.. Há mesmo uma obra específica sobre as garantias da banca: A. SARAIVA MATIAS, *Garantias bancárias ativas e passivas*, cit..

37 Também lá fora, ver, p. ex.: CARSTEN PETER CLAUSSEN, *Bank- und Börsenrecht*, 3.ª ed., C.H. Beck, Munique, 2003, § 8, pp. 311, ss.; pp. 965, ss.; H. SCHIMANSKY/H.-J. BUNTE/H.-J. LWOWSKY, *Bankrechts-Handbuch*, Band II, 4.ª ed., C.H. Beck, Munique, 2011, § 90, pp. 8, ss.

II. Mas não há qualquer identificação entre o Direito Bancário e o Direito das Garantias. Desde logo, porque, como é evidente, o Direito Bancário tem um âmbito muito mais amplo, e as garantias, por seu lado, não se reduzem àquelas que a banca usa ou a que recorre. O que existe é uma zona de sobreposição que é bastante extensa no âmbito do direito bancário material, associada a um papel dinâmico da banca na criação de novas garantias.

O estudo das principais garantias a que recorre a prática bancária, com as suas especialidades, como, p. ex., o penhor, tem sempre que partir do regime comum, civil (e depois do comercial), dessas figuras. Só subsequentemente se devem analisar as particularidades do penhor (ou melhor, penhores) bancário(s), algumas delas decorrentes de normas excecionais (Dec.-Lei n.º 29 833 de 17/3/1939). O contrário seria uma inversão indesejável, até porque as garantias bancárias são criadas, ou afeiçoadas, quando são figuras típicas, pelos bancos em função dos seus interesses. O ângulo de visão estaria logo enviesado.

Por essa razão se pode afirmar que o correto estudo das garantias bancárias exige o conhecimento dos regimes civis – e comerciais – das figuras típicas que lhe subjazem. É esse o método seguido por Menezes Cordeiro na sua exposição relativa ao penhor. As particularidades desta garantia são precedidas pelo estudo geral da figura, com uma exposição da sua evolução histórica, regime precedente e disciplina comum atual[38].

Agora, se se propõe que para cada garantia analisada se parta desse regime comum, não se pode esquecer o regime bancário de cada uma delas.

III. Assim sendo, porém, há dois aspetos que não queremos deixar de realçar.

Primeiro, como já sublinhámos, o estudo das garantias, que deve arrancar do seu regime comum, não pode nem deve deixar de tomar em conta a disciplina, legal ou convencional, em termos bancários, dessa mesma garantia. Frequentemente, na prática, pelo menos nalguns casos, são os

(*Kreditsicherung*); JEAN-LOUIS RIVES-LANGE/MONIQUE CONTAMINE-RAYNAUD, *Droit bancaire*, 6.ª ed., Dalloz, Paris, 1995, pp. 410, ss.; FRANCESCO GIORGIANNI/CARLO-MARIA TARDIVO, *Diritto bancario, banche, contratti e titoli bancari*, Giuffrè, Milão, 2006, pp. 410, ss..

[38] A. MENEZES CORDEIRO, *Direito bancário*, cit., pp. 811, ss..

mais importantes. Por isso, não se podem estudar as garantias de uma forma isolada, sem ter em conta a sua particular relação com o crédito[39], e o crédito bancário.

Depois, não se deve olvidar que a banca desempenha um papel de constante criação de novas garantias, que cabe à Ciência Jurídica estudar. A generalidade das novas garantias são garantias bancárias. Desse modo, parte da matéria das garantias é necessariamente Direito Bancário e neste trabalho ter-se-á esse aspeto em conta[40].

IV. Claro está que, no plano académico de distribuição de matérias entre as disciplinas, funcionando uma disciplina de Direito Bancário juntamente com outra de Direito das Garantias, teria que se realizar uma articulação entre os programas. A matéria das garantias na disciplina de Direito Bancário seria deixada para o Direito das Garantias, podendo dar-se então, com mais detalhe, outros aspetos do Direito Bancário que têm uma grande extensão e é difícil lecionar na totalidade.

3. Autonomia de uma disciplina de Direito das Garantias e seu conteúdo

I. Como acabámos de ver, a matéria das garantias encontra-se, mas só em parte (nos seus regimes civis, em que como se viu, não a esgotam), dividida entre diversas disciplinas, em particular, Direito das Obrigações e Direitos Reais. Com a agravante de ser bastante difícil, dada a extensão destas disciplinas, fazer um tratamento pormenorizado da mesma.

II. Acresce, como se sublinhou nos números anteriores, que as garantias não se limitam às garantias típicas previstas no Código Civil, que são aquelas abordadas nas referidas cadeiras. Na verdade, há um conjunto de garantias diverso (muitas delas igualmente figuras típicas) que escapam

[39] Sublinhando esta ligação, LAURENT AYNÈS/PIERRE CROCQ, *Les sûretés. La publicité foncière*, 2.ª ed., Defrénois, Paris, 2007, p. 1.

[40] DOMINIQUE LEGAIS (*Sûretés et garanties du crédit*, 5.ª ed., LGDJ, Paris, 2006, p. 1) entende mesmo que o Direito das Garantias, o Direito Bancário e o Direito da Insolvência formam uma categoria mais ampla, que as incluiria, denominada Direito do Crédito.

à classificação garantias pessoais/garantias reais e não são, pois, objeto de estudo. Referimo-nos à utilização, cada vez mais frequente na prática negocial, da titularidade de um direito com função de garantia e ao recurso, também cada vez mais intenso, à adaptação de figuras civilísticas com função de garantia, como sucede com a compensação.

III. Acrescente-se ainda que o regime de cada uma das garantias, muito em particular das garantias reais e do recurso à titularidade de um direito com função de garantia (mas igualmente a compensação), não fica completo, entendemos mesmo que fica amputado, se não for tratada também a sua disciplina executiva e insolvencial (e comercial, quando for o caso). Este ponto marca decisivamente a nossa perspetiva desta disciplina e, por isso, justifica-se um esclarecimento adicional.

Começamos pelo processo executivo **(a)** e passamos depois à insolvência **(b)**.

(a) O processo executivo

O processo executivo tem uma relação bastante próxima com as garantias reais. Essencialmente, por três ordens de razões.

Desde logo, porque algumas delas têm no processo a sua sede. É o que sucede com a penhora[41].

Por outro lado, sempre que a garantia tiver de ser executada através das vias judiciais (o que nem sempre sucede, sendo, por exemplo, comum no penhor convencionar-se a venda extraprocessual, art. 675.º, n.º 1), teremos que ter em conta as regras da ação executiva.

Com efeito, elas podem conduzir a que o crédito garantido não seja satisfeito, ou não o seja na sua totalidade, debilitando a garantia, o que

[41] A generalidade da doutrina qualifica a penhora como garantia real. Nesse sentido: A. MENEZES CORDEIRO, *Direitos reais*, vol. II, cit., p. 1101; L. MENEZES LEITÃO, *Garantias das obrigações*, 6.ª ed., Almedina, Coimbra, 2018, p. 246. Contudo, com uma opinião diversa: MIGUEL TEIXEIRA DE SOUSA, *Ação executiva singular*, Lex, Lisboa, 1998, p. 250; M. J. ALMEIDA COSTA, *Direito das obrigações*, cit., pp. 983, ss..

Este aspeto será visto mais à frente.

Note-se, de todo o modo, que mesmo que não seja de qualificar como verdadeira garantia real, trata-se, pelo menos, de uma figura próxima, isto é, uma figura processual que produz efeitos semelhantes aos das garantias reais. O que, para o que se pretende demonstrar, por ora, nos basta.

tem reflexos, entre outros aspetos, no recurso que os credores possam fazer da mesma (claro, sempre que tenha uma fonte convencional) e na relação entre o crédito garantido e o valor da garantia.

Em terceiro lugar, como os bens onerados pelo direito real de garantia se mantêm no património do devedor, eles podem vir a ser penhorados numa ação executiva interposta por um terceiro credor do mesmo devedor (art. 788.º, n.º 7 CPC).

Nessa eventualidade, o credor garantido será citado para participar na execução [art. 786.º, n.º 1, al. b) CPC] [42], o que tem efeitos sobre o seu crédito e o contrato donde emerge sempre que o mesmo não esteja já (o que será pouco comum) vencido, e a sentença de graduação "determinará que, na conta final para pagamento, se efetue o desconto correspondente ao benefício da antecipação." (art. 791.º n.º 3 CPC).

Isto mesmo naqueles casos em que a lei admita e as partes tenham acordado a execução extraprocessual da garantia (como pode suceder no penhor). É, que apesar disso, o bem não deixa de estar onerado no património do autor do penhor, sujeito, portanto, à execução pelos credores deste.

Por conseguinte, o estudo de cada uma das modalidades das garantias reais que imponham o recurso à via judicial para a sua realização (e, conforme se disse, mesmo quando a lei permita e se tenha acordado a venda extraprocessual) terá que passar pela análise do respectivo regime executivo. É muitas vezes esta vertente da disciplina de cada garantia que leva a que os credores, se possível, a evitem e recorram a uma outra mais eficiente.

[42] O art. 786.º n.º 2 CPC respeita à citação da Fazenda Nacional e o Instituto de Gestão Financeira da Segurança Social, I. P., com vista à defesa dos seus direitos. Ora, estas entidades podem ser titulares de créditos sobre esse devedor tutelados por privilégios especiais que prevaleçam sobre o direito do credor exequente garantido (na primeira hipótese), ou por privilégios gerais que prevaleçam também sobre este (segunda hipótese – embora com as muitas dúvidas que, *infra*, sublinharemos).

Aproveite-se o ensejo para sublinhar, no que respeita aos créditos tutelados por privilégios creditórios gerais mobiliários ou imobiliários, que há casos [art. 788.º n.º 4 CPC], com a ressalva dos privilégios creditórios dos trabalhadores – art. 788.º n.º 6] em que não é admitida a sua reclamação. Além disso, pretende-se reservar parte do produto da venda para pagamento do credor exequente, à custa do montante a receber pelo credor titular de privilégio creditório geral, mobiliário ou imobiliário, nos termos do 796.º n.º 3 CPC (com a limitação, mais uma vez, decorrente dos privilégios creditórios dos trabalhadores – art. 796.º n.º 4 CPC).

(b) A insolvência

A insolvência do devedor é o teste decisivo de qualquer garantia que confira ao credor um "reforço qualitativo"[43] sobre os bens do devedor (ou terceiro). Incluem-se aqui tanto as garantias reais, como o recurso à titularidade do direito como garantia. Mas não só: haverá que ver igualmente qual o tratamento insolvencial de outras figuras como a compensação.

Convém, portanto, de uma forma agora necessariamente breve e em termos – ainda – bastante gerais, distinguir.

No que diz respeito aos credores que beneficiem de garantias reais sobre bens do devedor que façam parte da massa, será necessário saber se eles podem executar as suas garantias fora do processo insolvencial, ou se só as podem fazer valer neste âmbito[44].

É igualmente importante determinar se, nesta fase, esses credores podem ser prejudicados por uma garantia posteriormente constituída e em que termos.

Ainda, teremos que atender às dívidas da massa e saber se poderão ser – e até que limite, caso exista – imputadas ao produto da venda dos bens onerados.

Por fim, terão que ser tidos em conta os poderes dos credores garantidos quanto à modalidade de alienação dos bens objeto da garantia e saber se têm direito a uma compensação pelo atraso da mesma.

Relativamente ao recurso à titularidade de um direito como garantia, quer se trate de manter no património do credor um direito que normalmente teria sido transmitido ao devedor por efeito do contrato, quer estejamos face a um direito que tenha sido transferido para o património do credor para desempenhar aí o papel de garantia do crédito, importa saber qual o tratamento que a lei insolvencial lhe confere: se admite, se não admite, e na primeira hipótese qual o regime insolvencial que lhe reserva.

[43] Sobre esta noção, ver *infra* em texto.

[44] Entre nós, a venda do bem objeto de garantia real é sempre feita, como se verá, no seio do processo insolvencial pelo administrador. Mas não tem que ser necessariamente assim, como nos demonstra o Direito Comparado. No Direito alemão, p. ex., em que o nosso Código se inspirou fortemente, o credor pignoratício tem direito, em certos casos, a uma execução separada do bem, o denominado *Absonderungsrecht* – § 50 (1) InsO.

De facto, poderá nesta fase operar-se uma equiparação às garantias reais (como sucede com as alienações em garantia de móveis corpóreos e cessões de créditos em garantia ao penhor de coisas e de créditos na *Insolvenzordnung*)[45], ou, pelo contrário, criar-se uma disciplina distinta, uniforme ou não (variando com as figuras).

Num outro quadro, a própria compensação pode estar sujeita a regimes bastante diferentes, que vão desde a sua proibição, como sucedia no CPEREF (art. 157.º, desde a data da sentença de declaração de falência), à sua admissibilidade sem restrições, mesmo depois de declarada a insolvência, a uma paleta de soluções intermédias, mais ou menos generosas para o credor.

Há ainda que ter em conta (o que tem uma particular importância para as empresas que possam já apresentar algumas dificuldades), dentro de que limites e com que extensão temporal, o administrador pode atingir as garantias constituídas antes do início do processo de insolvência.

Todas as leis da insolvência[46] têm sempre que traçar uma linha (talvez melhor: de estabelecer um equilíbrio) quanto ao grau de tutela a conferir aos credores garantidos, porque, dado o estado depauperado da massa – que não chegará na esmagadora maioria dos casos para satisfazer o conjunto dos créditos dos credores do insolvente – uma maior protecção dos primeiros leva a que os credores comuns sejam satisfeitos numa percentagem – ainda – menor.

O grau de protecção dos credores garantidos (*vis à vis* a satisfação dos credores comuns) é pois um dos pontos centrais com que se confronta o

[45] Trata-se da lei alemã sobre a insolvência, de 4 de outubro de 1994, que entrou em vigor a 1 de janeiro de 1999 (diversas vezes alterada, antes e depois de entrar em vigor). Para uma visão geral da nova lei, ver: REINHARD BORK, *Einführung* à *Insolvenzordnung* da Beck-Texte, 10.ª ed., Munique, 2006, pp. IX-XXI; MICHAEL HUBER, *Neues Insolvenzrecht – Eine Einführung mit Fallbeispielen*, JuS, 1998, pp. 437, ss.

É particularmente importante entre nós, porque o legislador português do Código da Insolvência (CIRE) se inspirou muito fortemente na lei alemã.

[46] Matéria que tem estado sujeita a constantes alterações na generalidade dos países europeus, como a Alemanha (onde apesar de a lei ser de 1994, e só ter entrado em vigor em 1999, sofreu já, antes e depois de entrar em vigor, múltiplas alterações), a Espanha, a Itália, a França, a Inglaterra. Em Portugal, vigora, como se sabe, desde setembro de 2004, o CIRE (Código da insolvência e da recuperação de empresas), também diversas vezes alterado.

legislador insolvencial. Neste momento, o pêndulo pende no sentido do credor garantido.

De todo o modo, do exposto torna-se clara a importância da ligação quase umbilical entre as garantias e a lei insolvencial (ou, talvez melhor, o regime insolvencial daí decorrente)[47].

IV. O Direito das garantias reveste-se, assim, de um *carácter transversal*[48]: articula figuras retiradas do Direito das Obrigações com outras que são já verdadeiros direitos reais e implica o conhecimento dos regimes executivos, insolvenciais e comerciais (quando seja o caso) das mesmas; torna ainda necessária a sua ligação às garantias, de carácter contratual, que a banca vai a cada passo criando.

Só dessa forma se tem uma imagem completa do conjunto que permita detectar conexões entre os diversos pontos, traçar paralelos, ter em conta, e aprofundar, juízos de valor que permitam um tratamento o mais harmonioso e coerente possível das matérias que compõem esta disciplina.

V. Temos, pois, a esta luz, que se verifica uma lacuna no estudo das garantias entre nós. O que justifica, na nossa opinião impõe mesmo (para mais tendo em conta a importância de que estas matérias se revestem), a criação de uma disciplina autónoma com esse objeto[49]. Esta terá de

[47] Sublinhando esta ligação, MICHEL CABRILLAC/CHRISTIAN MOULY/SÉVERINE CABRILLAC/PHILIPPE PÉTEL, *Droit des sûretés*, 9.ª ed., Litec, Paris, 2010, pp. 9-11. Estes Autores na sua definição de *sûreté* colocam mesmo o acento tónico na finalidade de protecção contra a insolvência do devedor (*ob. cit.*, p. 2).

[48] Cfr. PETER BÜLOW, *Recht der Kreditsicherheiten*, 7.ª ed., Müller Verlag, Heidelberga, 2007, p. 2. Este Autor (*ob. cit.*, *ibidem*) diz a este propósito que o Direito das garantias é uma disciplina que implica um corte transversal de matérias (*Querschnittmaterie*).

Na expressão de DOMINIQUE LEGEAIS (*Sûretés et garanties du crédit*, 5.ª ed., LGDJ, Paris, 2006, p. 18): é "un droit carrefour".

[49] Note-se que esta matéria, foi e é abordada em disciplina autónoma em diversas Faculdades de Direito no nosso país. Assim, no Curso de Mestrado em Ciências Jurídico-Civilísticas, variante de Direito Civil Patrimonial, regida pelo Professor Doutor Sinde Monteiro. Os relatórios dos estudantes dessa disciplina foram recentemente publicados em obra coletiva: *Garantias das Obrigações, Publicações dos trabalhos do Mestrado* (coordenação de Jorge Sinde Monteiro), Almedina, Coimbra, 2007], no Curso de Mestrado na Faculdade de Direito de Lisboa (a disciplina de Direito Civil, regida pelo Professor Doutor Menezes Leitão com a colaboração do Professor Doutor Januário Gomes. Cfr. L. MENEZES LEITÃO, *Garantias das obrigações*,

articular-se com as outras disciplinas, em particular com o Direito das Obrigações, os Direitos Reais e, em menor medida, o Direito Comercial (bem como o Direito Bancário)[50].

4. A relevância internacional do estudo da matéria das garantias

4.1. Desenvolvimentos no âmbito europeu e internacional

I. As garantias têm revelado ser objeto de um forte interesse a nível europeu e internacional de que vamos, de uma forma necessariamente muito breve e sintética, procurar dar conta.

II. Assim, no âmbito da União Europeia temos os contratos de garantia financeira[51] (que serão objeto de análise, mais à frente em texto), bem como, no âmbito da elaboração dos princípios de Direito Europeu (*Principles of European Law*), os Princípios relativos às garantias pessoais (*Personal security*), que foram desenvolvidos e publicados, tendo por base o trabalho desenvolvido pelo grupo de estudo (*Study Group*) do *Max-Planck--Institut* de Hamburgo sob a liderança de Ulrich Drobnig – *Principles of European Law, Personal security (PEL Pers. Sec.)*[52].

O mesmo se diga quanto os trabalhos do mesmo grupo relativos às garantias assentes na titularidade de um direito[53] e as garantias reais

Almedina, Coimbra, 2006, p. 14), e disciplina de opção do último ano da Licenciatura em Direito da Universidade Católica no Porto (regida pela Dra. Maria João Vaz Tomé).

[50] No plano académico, estas disciplinas, tendo sido lecionadas antes (exceto o Direito Bancário), servem-lhe de base.

[51] Quanto aos esforços a nível comunitário para se estabelecer uma regulação mínima no que toca à reserva de propriedade no âmbito da Diretiva 200/35/CE do Parlamento Europeu e do Conselho, de 29/6/2000, que estabelece medidas de luta contra os atrasos de pagamento nas transações comerciais, cujos resultados foram bem menos ambiciosos do que inicialmente a Comisão e o Parlamento Europeu almejavam (cfr. art. 4.º n.º 1 da referida Diretiva), ver, *infra*, n.º 30 n.º 1, em nota.

[52] Preparado por ULRICH DROBNIG, Oxford University Press, Oxford, 2006 (a ser citado doravante como *PEL/Drobnig, Pers. Sec.*).

[53] U. DROBNIG, *Proprietary security in movable assets*, Oxford University Press, Oxford, 2010.

(em vias de publicação)[54]. Aliás, essa matéria foi objeto de análise recente num conjunto de estudos organizados por Ulrich Drobnig, Henk J. Snijders e Erik-Jan Zippro[55], centrando-se sobretudo no obstáculo que as diferenças entre direitos reais de garantia constituem para o bom funcionamento do mercado único[56]. Tem mesmo sido aventada a possibilidade de criação de um direito de garantia europeu sobre bens móveis [*European security right (ESR) in movables*] e há ainda a realçar os esforços no sentido de criação de uma hipoteca europeia ou Euro-hipoteca[57] (ver, *infra*, aquando da análise da hipoteca)[58_59]

Finalmente, neste quadro, uma palavra para o *Draft Common Frame of Reference (DCFR)*, no que diz respeito ao Livro IV, parte G, relativo às garantias pessoais e Livro IX, cujo objeto são as garantias mobiliárias[60],

[54] Quanto ao conjunto de resultados que o referido grupo alcançou, ver, muito recentemente, a Comunicação de U. DROBNIG (*Unified rules on proprietary security – in the world and in Europe*, pp. 8, ss.) no Colóquio sobre a Euro-hipoteca, mercado financeiro e harmonização internacional do direito das garantias, na Faculdade de Direito da Universidade de Coimbra (organizado pelo Professor Doutor Jorge Sinde Monteiro em colaboração com a Professora Doutora Esther Muñiz Espada), a 18 de Abril de 2008, tendo as comunicações aí apresentadas sido publicadas no BFD, vol. LXXXV, 2009.

[55] *Divergences of property law, an obstacle to the internal market*, Sellier, European Law Publishers, Munique, 2006.

[56] Sublinhado as grandes diferenças entre os regimes das garantias mobiliárias nos diversos ordenamentos eurupeus, e o óbtaculo que tal representa para o mercado único, ver – também – HUGH BEALE, *Secured transations*, Juridica international, XIV/2008, pp. 96, ss..

[57] Sobre a harmonização do direito europeu das garantias sobre imóveisem geral, e as suas dificuldades, ver VINCENT SAGAERT, *Harmonization of security rigths on immovables, Towards a european civil code* (editores Arthur Hartkamp, Martijn Hessellink, Ewould Hondius, Edgar du Perron), 4.ª ed., Wolters Kluwer, The Netherlands, 2011, pp. 1043, ss..

[58] Convém, no entanto, ter em conta a uniformização que já foi alcançada no âmbito, e com os limites, dos contratos de garantia financeira (potenciado pelo alcance insolvencial do seu regime). Sobre estes, ver *infra* n.º 24.7.5 e 35.4.

[59] Neste quadro tem interesse referir os objetivos, enunciados por H. BEALE (*Secured transations*, cit., p. 98), de um regime de garantias: ser simples e flexível, sendo a constituição das garantias rápida e pouco dispendiosa; a existência de meios eficazes de execução das garantias; publicidade adequada da constituição das garantias; o sistema pode ter que conceder alguma proteção ao devedor; pode haver necessidade de algumas salvaguardas contra a fraude.

[60] Quanto aos princípios que enformam o livro IX do DCFR, ULRICH DROBNIG, *Security rights in movables*, in *Towards a european civil code* (editores Arthur Hartkamp, Martijn Hessellink, Ewould Hondius, Edgar du Perron), 4.ª ed., Wolters Kluwer, The Netherlands, 2011, pp. 1040, ss.. Um dos seus aspetos centrais é a distinção entre o direito de garantia em geral (*security*

decorrentes dos referidos estudos do *Study Group* e, nem é preciso sublinhar, de relevantíssimo interesse no que diz respeito à unificação do direito europeu[61] das garantias.[62]

III. A nível já extra-comunitário, saliente-se a lei modelo das garantias (*Model Law on Secured Transations*) do Banco Europeu para a Reconstrução e o Desenvolvimento (*European Bank for Reconstruction and Development* – EBRD), de 1994[63], a Convenção das Nações Unidas relativa às garantias independentes e as *stand-by letters of credit* (*United Nations Convention on Independent Guarantees and Stand-by Letters of Credit*), de 1995[64], a Convenção relativa às garantias internacionais sobre materiais de equipamento móveis (*Convention on international interests in mobile equipment/Convention relative aux garanties internationales portant sur des matériels d'équipement mobiles*[65], adoptada na Cidade do Cabo, a 16 de Novembro de 2001, sob os auspícios do UNIDROIT e da Organização de aviação civil internacional (OACI), conhecida como a Convenção do Cabo[66], assim como

right in general) e as reservas de propriedade (*retention of ownership*). Estas últimas teriam um regime insolvencial mais favorável.

[61] Quanto a este percurso e seu interesse, ver ALMUDENA DE LA MATA MUÑOZ, *Typical personal security rights in the EU*, Max-Planck-Institut für ausländisches und internationales Privatrecht, Mohr Siebeck, Tübingen, 2010, pp. 266, ss..

[62] In *Principles, definitions and model rules of European private law. Draft Common Frame of Reference (DCFR)*, prepared by the study group on an european civil code and the research group on EC private law (acquis group), based in part on a revised version of the principles of European contract law, editado por Christian von Bar, Eric Clive and Hans Schulte Nölkee, Hugh Beagle, Johnny Herre, Jérôme Huet, Mathias Storme, Stephen Swann, Paul Varul, Anna Veneziano and Fryderyk Zoll, Sellier, European Law Publishers, Munique, 2009, pp. 447, ss.

[63] Sobre esta, ver: J. H. DALHUISEN, *Dalhuisen on transnational and comparative commercial, financial and trade law*, 3.ª ed., Hart publishing, Oxford, Portland, 2007, pp. 953, ss.; JEAN-MICHEL JACQUET/PHILIPPE DELEBECQUE/SABINE CORNELOUP, *Droit du commerce international*, Dalloz, Paris, 2007, pp. 565, ss.; JAN-HENDRIK RÖVER, *Das EBWE-Modellgesetz für Sicherungsgeschäfte*, in Mobiliarsicherheiten – Vielfalt oder Einheit?, Verhandlungen der Fachgruppe für vergleichendes Handels- und Wirtschaftsrecht anläblich der Tagung der Gesellschaft für Rechtsvergleichung in Jena vom 20.-22. März 1996 (coord. por Karl F. Kreuzer), Nomos Verlagsgesellschaft, Baden Baden, 1999, pp. 125, ss..

[64] Entrou em vigor a 1 de janeiro de 2000.

[65] Que pode ser consultada em RDU/ULR, 2002, p. 133.

[66] Ver, sobre ela: ROY GOODE, *The Cape Town convention on international interests in mobile equipment: a driving force for international asset based financing*, RDU/ULR, 2002, pp. 3, ss.; MICHEL DESCHAMPS, *Les règles de priorité de la convention et du protocole du Cap*, RDU/ULR, 2002,

(adoptado em Dezembro de 2007), o Guia da UNCITRAL sobre as transacções garantidas (UNCITRAL *Legislative guide on secured transations* – adotado em Dezembro de 2007)[67], e mais recentemente, a lei modelo, também da UNCITRAL, sobre as transações garantidas (UNCITRAL *Model Law on Secured Transactions*), adotada em 2016[68].

Referência merece igualmente a Convenção das Nações Unidas sobre a cessão de créditos no comércio internacional adoptada em Nova Iorque, a 12 de Dezembro de 2001[69], uma vez que facilitará o recurso ao crédito como instrumento de garantia.[70]

Por fim, há a mencionar os esforços regionais (extra-comunitários, já se vê) de harmonização. Em primeiro lugar, aquele que resultou na *Model Inter-American Law on Secured Transations* adoptada pela Organização dos Estados Americanos (OEA) em fevereiro de 2002[71] e em segundo lugar,

pp. 17, ss.; J.-M. JACQUET/P. DELEBECQUE/S. CORNELOUP, *Droit du commerce international*, cit., pp. 566, ss.. Entre nós, MARIA HELENA BRITO, *A convenção da cidade do Cabo relativa a garantias internacionais sobre equipamento móvel e o protocolo anexo sobre questões específicas relativas a equipamento aeronáutico*, in: Nos 20 anos do Código das Sociedades Comerciais, homenagem aos Profs. Doutores A. Ferrer Correia, Orlando de Carvalho e Vasco Lobo Xavier (coord. António Pinto Monteiro), vol. III, vária, Faculdade de Direito da Universidade de Coimbra, Coimbra Editora, Coimbra, 2007, pp. 447, ss.; L. MENEZES LEITÃO, *A convenção do Cabo e o protocolo sobre equipamento aeronáutico. Registo internacional de aeronaves*, ROA, 2011, pp. 35, ss..

67 O Guia da UNCITRAL sobre as transações garantidas pode ser consultado em: www.uncitral.org/pdf/english/texts/security-lg/e/09-82670_Ebook-Guide_09-04-10English.pdf.

Sobre ele, ver GERARD McCORMACK, *Secured credit and the harmonisation of law. The UNCITRAL experience*, Edward Elgar, Cheltenham, UK/Northampton, USA, 2011, pp. 130, ss..

68 Pode ser consultado em: www.uncitral.org/pdf/english/texts/security/ML_ST_E_ebook.pdf.

69 O texto da Convenção pode ser consultado em RDU/ULR, 2002, pp. 221, ss..

70 Ver, sobre ela: SPIROS V. BAZINAS, *UNCITRAL's contribution to the unification of receivables financing law: the united nations convention on the assignment of receivables in international trade*, RDU/ULR, 2002, pp. 49, ss.; idem, *Multi-jurisdictional receivables financing: UNCITRAL's impact on securitization and cross-border perfection*, DukeJCIL, 2002, pp. 365, ss.; idem, *The United Nations convention on the assignment of receivables in international trade: insolvency aspects*, INSOL, 2004, pp. 155, ss..

71 Ver BORIS KOZOLCHYK/JOHN M. WILSON, *The organization of american states: the new model inter-american law on secured transations*, RDU/ULR, 2002, pp. 69, ss.; G. McCORMACK, *Secured credit and the harmonisation of law. The UNCITRAL experience*, cit., pp. 120, ss..

em África, a Lei uniforme relativa às garantias da OHADA (*Organisation pour l'Harmonisation en Afrique du Droit des Affaires*), de abril de 1997[72].[73]

4.2. A relevância (e influência) do Artigo 9.º do *Uniform Commercial Code* dos Estados Unidos no âmbito das garantias (mobiliárias)

I. O *Uniform Commercial Code* (UCC)[74] dos Estados Unidos não é uma lei federal, mas é antes lei estadual para os Estados da União que o adoptaram. O texto e as suas sucessivas revisões foram (são) obra do *American Law Institute* e da *National Conference of Commissionars on Uniform State Laws* que se limitam a propô-las aos Estados.

Estes introduziram-no nos seus ordenamentos internos, mas frequentemente com diversas alterações, além de que nem todos os Estados adoptaram as últimas revisões dos diversos artigos do Código. Por fim, os organismos referidos, por vezes, não elaboram uma versão única das disposições, mas versões alternativas. Daí que, apesar da sua designação, este Código não veio unificar a lei comercial dos Estados Unidos[75], embora tenha dado um enorme contributo nesse sentido – nas palavras expressivas de Peter Coogan[76], permitiu transformar "true chaos into something approaching uniformity".

[72] O referido ato uniforme relativo à organização das garantias da OHADA pode ser consultado em: OHADA, *Tratados, Regulamentos e Atos uniformes* (coord. de M. Januário da Costa Gomes e Rui Ataíde), Instituto de cooperação jurídica/Faculdade de Direito da Universidade de Lisboa, Almedina, Coimbra, 2008, pp. 373, ss..

[73] Para uma visão geral destes esforços, ver: H. C. SIGMAN/E.-M. KIENINGER, *Introduction*, cit., pp. 32, ss.; U. DROBNIG, *Unified rules on proprietary security – in the world and in Europe*, cit., pp. 1, ss..

[74] Entre nós sobre o UCC, ver: L. MENEZES LEITÃO, *Garantias das obrigações*, cit., pp. 43, ss..

[75] Nos EUA as competências quanto ao Direito dos Contratos e Direitos Reais (*Contract and Property Law*) são dos Estados federados e não do Estado federal, como sucede com o Direito da Insolvência (*Bankruptcy Law*), Direito das Patentes (*Patent Law*) e Direito de Autor (*Copyright Law*) e certos aspetos que afectem o comércio inter-estadual (*interstate commerce*). Por isso, o UCC ser simplesmente uma lei modelo que os Estados da União podem ou não adoptar. Cfr. HARRY C. SIGMAN, *Security in movables in the United States – Uniform Commercial Code Article 9: a basis for comparison*, in *Security rights in movable property in european private law* (editado por Eva-Maria Kieninger), Cambridge University Press, Cambridge, 2004, p. 60.

[76] PETER COOGAN, *Article 9 – an agenda for the next decade*, The Yale LJ, 1977-1978, p. 1053.

O UCC é insistentemente referido como um marco do direito estadunidense[77] e está dividido em Artigos. Eles não devem ser confundidos com os artigos dos Códigos continentais pois a técnica legislativa é bem diversa. Cada Artigo, numa mera aproximação ao que sucede em termos de Direito continental, é equiparável pela sua amplitude e compexidade (embora, sublinhe-se, com uma técnica legislativa muito própria e diversa da nossa) a um verdadeiro Código. Destes interessa-nos agora o Artigo 9.º (*Article 9*) UCC, muito provavelmente o mais famoso e aquele que tem tido mais relevância em termos internacionais.

De facto, as soluções aí consagradas foram abraçadas por outros ordenamentos, como os da generalidade das Províncias Canadianas de língua inglesa (os *Personal Property Security Acts* – PPSA) e exerceram influência sobre as reformas de outros sistemas de *Common Law*, como Nova Zelândia (PPSA de 2002) e a Austrália[78], assim como em diversas leis modelo[79].

Para além disso, é insistentemente referido em diversos quadrantes como modelo a adoptar num futuro direito europeu unificado das garantias mobiliárias.

Estes aspetos justificam que nos debrucemos *brevemente* sobre os aspetos centrais, *e só estes*, dada a grande complexidade, e as muitas *nuances*, do regime do Artigo 9.º UCC.

[77] Cfr. G. TUCCI, *Garanzie sui crediti dell'impresa e tutela dei finanziamenti. L'esperienza statunitense e italiana*, cit., pp. 99, ss.; ALBINA CANDIAN, *Le garanzie mobiliari, modelli e problemi nella prospettiva europea*, Giuffrè, Milão, 2001, pp. 115-116; JAMES J. WHITE/ROBERT S. SUMMERS, *Uniform commercial code: secured transations*, West group, St. Paul, Minn., 2000, pp. 1, ss..

[78] Cfr. G. McCORMACK, *Secured credit and the harmonisation of law. The UNCITRAL experience*, cit., pp. 88, ss.; RONALD C. C. CUMING, *The internationalization of secured financing law: the spreading influence of the concepts UCC, article 9 and its progeny*, in Making commercial law. Essays in honour of Roy Goode (edited by Ross Cranston), Claredon Press, Oxford, 1997, pp. 501, ss.. Este Autor sublinha que os sistemas de registo canadianos são mais recentes, estão informatizados e proporcionam um acesso mais fácil aos utilizadores. São por isso considerados melhores do que os dos EUA, embora estes estejam em vias de informatização. Quanto à discussão na Austrália, ver RALPH SIMMONDS, *The PPSA cometh to Australia? An introduction to the current state of play*, Murdoch University Electronic Journal of Law, vol. 9, n.º 3, September 2002, in www.murdoch.edu.au/elaw/issues/v9n3/simmonds93.html.

[79] Por exemplo na *Model Law on Secured Transations* do Banco Europeu para a Reconstrução e o Desenvolvimento e na *Model Inter-American Law on Secured Transations* da OEA, *supra* referidas.

II. Convém desde já sublinhar um aspeto da maior relevância: o Artigo 9.º UCC limita-se a regular o que em termos de direito continental denominaríamos como as garantias reais sobre móveis e as garantias assentes na titularidade de um direito. As garantias imobiliárias[80] e as garantias pessoais[81] estão excluídas do seu âmbito de aplicação. Nessa medida se pode dizer que estabelece um regime uniforme das garantias mobiliárias[82]. E *é somente nesse quadrante, das garantias mobiliárias*, que esta disciplina se apresenta relevante para o nosso estudo.

O aspeto central que o marca é o da prevalência da função sobre a estrutura das garantias. Com efeito, o Artigo 9.º UCC trata de forma idêntica todas as transacções que, tendo por objeto um bem ou conjunto de bens, tenham uma finalidade de garantia. A todos estes contratos se aplica o regime do "security interest" (que poderá ser traduzido, numa perspetiva funcional, por direito de garantia), que este normativo fixa, independentemente do concreto contrato que seja a sua base[83].

O § 9-109 (a) (1), quanto ao seu âmbito de aplicação do Art. 9.º UCC é esclarecedor: "...this article applies to: (1) a transation, regardless of its form, that creates a security interest in personal property or fixtures by contract." [as alíneas c) e d) do mesmo número fixam as exclusões]. O critério

[80] Está afastada do âmbito de aplicação do Artigo 9.º a criação ou a transferência de um "interest in or lien on real property..." [§ 9-109 (11)]. Excluem-se assim os "real estate mortgages and land sales contracts, as well as other forms of security in realty." J. J. WHITE/R. S. SUMMERS, *Uniform commercial code: secured transations*, cit., p. 734. O objeto do Artigo 9.º UCC coincide, pois, essencialmente com as coisas móveis, corpóreas e incorpóreas, do nosso Direito.

[81] Para estas não há propriamente uma disciplina codificada semelhante ao que acontece com as garantias mobiliárias, decorrendo a sua disciplina da *Common Law* e encontrando-se sistematizada no *Restatement of the Law of Suretyship and Guaranty*. Cfr. L. MENEZES LEITÃO, *Garantias das obrigações*, cit., p. 46.

[82] Cfr. G. TUCCI, *Garanzie sui crediti dell'impresa e tutela dei finanziamenti. L'esperienza statunitense e italiana*, Giuffrè, Milão, 1974, p. 102; LUIS ROJO AJURIA, *Las garantias mobiliarias (fundamentos del derecho de garantías mobiliarias a la luz de la experiencia de los Estados Unidos de America)*, ADC, 1989, p. 729.

[83] A explicação radica no facto de o Artigo 9.º UCC ser fruto uma corrente denominada "American realism". Essa corrente "manifests itself in an impatient attitude to conceptual differences that conceal an identity of function", MICHAEL BRIDGE, *The English security law: creditor-friendly but unreformed*, in *Security rights in movable property in european private law* (editado por Eva-Maria Kieninger), Cambridge University press, Cambridge, 2004, p. 81.

para determinar se um determinado negócio se enquadra no Artigo 9.º já tinha sido estabelecido no anterior Comentário Oficial (*Official Comment*, § 9-102, n.º 1): "...the principal test whether a transation comes under this article is: is the transation intended to have effect as security?"

Note-se que a anterior redaccção deste mesmo artigo (de 1972) era ainda mais clara do que a atual: "this Article applies to security interests created by contract including pledge, assignment, chattel mortgage, chattel trust, trust deed, factor's lien, equipment trust, conditional sale, trust receipt, other lien or title retention contract and lease or consignment intended as security." [§ 9-102 (2)]. A enumeração visava deixar claro que todas essas figuras para as quais existiam regimes próprios até essa data ficavam submetidas à regulamentação do Artigo 9.º do UCC.

A nova redação não traduz qualquer mudança substancial, tendo-se limitado a simplificar a anterior disposição. Como refere o Comentário Oficial (*Official Comment*, § 9-109, n.º 2) ao novo Artigo 9.º do UCC: "No change of meaning is intended. (...) When a security interest is created, this Article applies regardless of the form of the transation or the name that parties have given to it."[84]

Em todo o caso, o § 1-201 (37) e o § 2-401 (1) dispõem expressamente que a reserva de propriedade produz meramente os efeitos de um simples "security interest" ou direito de garantia ["Any retention or reservation by the seller of the title (property) in goods shipped or delivered to the buyer is limited in effect to a reservation of a secured interest." – § 2-401 (1), § 9-110]. Ainda, a primeira destas disposições [segundo parágrafo do § 1-201 (37)] fixa um conjunto de critérios com vista a distinguir uma "secured transation", sujeita pois ao Artigo 9.º, de uma simples locação (*lease*), excluída.[85]

III. No complexo regime fixado no Artigo 9.º importa distinguir o "attachment", que corresponde, "grosso modo", à constituição do direito de garantia, e a "perfection", requisito que é necessário para a produ-

[84] *Uniform Commercial Code, Official text*, 2000, The american law institute/National conference of commissioners on uniform state laws, Philadelphia, Chicago, 2000, p. 1618.

[85] Ver sobre estes J. J. WHITE/R. S. SUMMERS, *Uniform commercial code: secured transations*, cit., pp. 711, ss., pp. 716, ss..

ção de efeitos face a terceiros, essencialmente para efeitos de prioridade.[86]

O "attachment" verifica-se quando o "security interest" se torna "enforceable against the debtor" [§ 9-203 (a)]. Para tal, em regra, para além da celebração do contrato de garantia ou "security agreement", que contenha a descrição do objeto da garantia ("collateral"), por escrito e assinado pelo garante [ou que se verifique um dos outros factos referidos nas alíneas (A) a (C) do (3) (b) do § 9-203], é ainda necessário, entre outros requisitos [previstos no citado § 9-203 (b)], que o garantido tenha concedido "value" ["value has been given" – § 9-203 (b) (1)], o que significará, essencialmente, conceder crédito[87].

Para que se verifique a "perfection", terá, na maior parte dos casos, que se proceder ao registo de um "financing statement" (é o "notice-filling system" – existem registos organizados para esse efeito), onde deverá constar o nome do garante, do garantido e os bens objeto da garantia [§ 9-502 – quanto ao conteúdo do "financing statement"][88]. Os "financing statements" são depois indexados de acordo com o nome dos "debtors" (o registo é um registo de devedores)[89].

A "perfection" poderá ainda ser obtida, dependendo da natureza dos bens, ou através da entrega destes ao garante, ou por via do seu controle

[86] "When a security interest is effectively created under a "security agreement", the security interest has "attached". But to insure effectiveness of the security interest against most third parties, the security interest must be "perfected"" – CHARLES W. MOONEY Jr., *Security interests in personal property under the Laws of the United States of America and Canada*, in Mobiliarsicherheiten – Vielfalt oder Einheit?, Verhandlungen der Fachgruppe für vergleichendes Handels- und Wirtschaftsrecht anläblich der Tagung der Gesellschaft für Rechtsvergleichung in Jena vom 20.-22. März 1996 (coord. por Karl F. Kreuzer), Nomos Verlagsgesellschaft, Baden Baden, 1999, p. 93.

[87] Quanto à definição de "value" – § 1-201 (42) UCC: "...a person gives "value" for rights if he acquires them: (a) in return for a binding commitment to extend credit or for the extension of immediately available credit...". As alíneas (b) a (d) do mesmo número alargam a noção.

[88] A informação registada é bastante reduzida (não havendo qualquer exigência, p. ex., de se estabelecer um montante máximo assegurado) – *barebones information*, na expressão sujestiva de H. C. SIGMAN, *Security in movables in the United States – Uniform Commercial Code Article 9: a basis for comparison*, cit., p. 77.

[89] B. KOZOLCHYK/J. M. WILSON, *The organization of american states: the new model inter-american law on secured transations*, cit., p. 80 ("the UCC Article 9 registry is not a registry of collateral but of debtors")

("control"), ou mesmo de forma automática desde a criação dos "security interests".[90]

A "perfection" é essencial, quer para a oponibilidade à falência/insolvência, quer para a graduação dos diversos direitos de garantia sobre o mesmo bem. Quanto ao primeiro ponto, em regra, o "bankruptcy trustee" prevalece sobre um credor que não tenha procedido ao registo ou obtido de outra forma a "perfection" (que, geralmente, mas não só, como se viu, se obtém com o registo; por uma questão de simplicidade, e feito este esclarecimento, é a esta forma de "perfection" a que nos vamos passar a referir).[91]

Por outro lado, a graduação dos diversos "security interests" sobre o mesmo bem faz-se de acordo com um critério de prioridade temporal, atendendo-se à data do registo (ou à data de uma outra forma de obter a "perfection").

Como apontam J. J. White e R. S. Summers[92]: "The guiding principle of section 9-322 (a) is that the security party who either files or otherwise perfects before the other person, wins. If both parties perfect by filing, priority goes to the person who filed first. Likewise, if one or both parties perfect by means other than filing, priority goes to the one who first perfected or filed, whichever came first."[93]

Existem, porém, exceções a esta regra. A mais relevante diz respeito à prioridade do "purchase money security interest", que prevalece sobre uma garantia anterior que tenha por objeto o mesmo bem. A determinação do que é um "purchase money security interest" é-nos dada pelo do § 9-103, sendo necessário ao garante para obter prioridade observar as prescrições

[90] Cfr. C. W. MOONEY Jr., *Security interests in personal property under the Laws of the United States of America and Canada*, cit., pp. 93-94; J. J. WHITE/R. S. SUMMERS, *Uniform commercial code: secured transations*, cit., pp. 711, ss., pp. 757, ss..

[91] O credor que tenha obtido o "perfection" em primeiro lugar prevalence sobre um *lien creditor*, isto é, um credor que tenha obtido por via judicial (*judicial procedure*) um *lien* sobre bens do devedor, incluindo-se nesta categoria o *trustee in bankruptcy*. Cfr. H. C. SIGMAN, *Security in movables in the United States – Uniform Commercial Code Article 9: a basis for comparison*, cit., p. 71.

[92] J. J. WHITE/R. S. SUMMERS, *Uniform commercial code: secured transations*, cit., p. 843.

[93] Para uma análise detelhada do funcionamento das regras de prioridade entre diversos credores, ver H. C. SIGMAN, *Security in movables in the United States – Uniform Commercial Code Article 9: a basis for comparison*, cit., pp. 71, ss..

do § 9-324. Trata-se, numa formulação simples, de privilegiar o credor que concedeu o financiamento necessário para adquirir esse bem, quer se trate de um vendedor (que adquire o "security interest" sobre a coisa vendida), quer se trate de um banco que emprestou ao garante a quantia necessária para adquirir um determinado bem[94]-[95]

Esta prioridade, ou melhor "super-prioridade", é necessária uma vez que é possível obter uma garantia, através do registo prévio, que abranja bens futuros ("after-acquired collateral"[96]). Assim sendo, este credor prevaleceria sempre sobre o credor que financia a aquisição desses bens. O que dificultaria a sua aquisição. É para evitar esse resultado que se cria esta prioridade, permitindo que a garantia do credor financiador, embora registada, nos termos fixados na lei[97], posteriormente, prevaleça sobre essa garantia anterior.

IV. De forma resumida, podemos afirmar que no sistema estadunidense qualquer negócio jurídico que vise desempenhar uma função de garantia está sujeito ao regime do Artigo 9.º UCC. Em particular, terá que se proceder ao registo para prevalecer sobre um direito de garantia posterior ou o "bankruptcy trustee". Atende-se à finalidade visada pelos contraentes, mas desconsideram-se os meios (lícitos) que eles gizaram para esse fim.

[94] Repare-se que a "purchase-money obligation" é definida pelo § 9-103 (a) (2) como "an obligation of an obligor incurred as all or part of the price of the collateral or for value given to enable the debtor to acquire rights in or the use of the collateral if the value is in fact so used.".

[95] Cfr. C. W. MOONEY Jr., *Security interests in personal property under the Laws of the United States of America and Canada*, cit., pp. 94-95; J. J. WHITE/R. S. SUMMERS, *Uniform commercial code: secured transations*, cit., pp. 840, ss., pp. 846, ss.; L. ROJO AJURIA, *Las garantias mobiliarias (fundamentos del derecho de garantías mobiliarias a la luz de la experiencia de los Estados Unidos de America)*, cit., pp. 772, ss..

[96] § 9-204 (a) UCC.

[97] Se a garantia incidir sobre *inventory* [§ 9-102 (a) (48) define o que para efeitos do Artigo 9.º UCC constitui *inventory*, incluindo-se aqui, entre outros, bens, que não produtos agrícolas, que uma pessoa tenha para venda] há um conjunto de outras condições que têm que ser preenchidas para que o credor obtenha a "super-prioridade" [§ 9-324 (b)]. Se não se tratar de *inventory*, é necessário o registo no prazo máximo de vinte dias após o devedor ter obtido a posse da coisa objeto da garantia. Cfr. H. C. SIGMAN, *Security in movables in the United States – Uniform Commercial Code Article 9: a basis for comparison*, cit., p. 74.

A venda com reserva de propriedade (e alguns casos de locação, o "security lease", cuja distinção do "true lease" não é fácil[98]) tem, pelo menos no âmbito do Artigo 9.º, meramente os efeitos de um negócio gerador de um "security interest" (tendo que se registar o "financing statement" após a entrega das mercadorias vendidas) imediatamente e não só no caso de declaração de insolvência do garante. Apesar de tudo, se bem se vir, continua a conferir-se uma prioridade ao vendedor com reserva de propriedade agora por força da prevalência do "purchase money security interest", mesmo sobre garantias cujo registo tenha sido anteriormente realizado. A unificação realizada no plano formal acaba depois por força do regime das prioridades por não se realizar, pelo menos neste aspeto, no plano material[99].

Note-se que o sistema do UCC confere, impõe mesmo, a publicidade das garantias, uma vez que as garantias ocultas não terão, em regra, prioridade. O critério de prevalência fixado, conforme vimos, assenta na prioridade temporal da publicidade. Permite-se assim que um financiador avalie melhor a situação patrimonial da outra parte. Este poderá saber quais os bens que poderão vir a ser objeto de garantia, assim como com que bens do devedor não poderá contar para obter satisfação do seu crédito no caso de incumprimento ou mesmo insolvência desse sujeito. A avaliação do risco por parte de um potencial creditante é desta forma mais apurada

Por fim, aponte-se só que a garantia tem uma grande flexibilidade, podendo abranger tanto bens presentes como futuros (como acima se viu), e as obrigações asseguradas podem igualmente ser presentes ou futuras[100].

[98] Cfr. A. CANDIAN, *Le garanzie mobiliari, modelli e problemi nella prospettiva europea*, cit., pp. 128, ss..

[99] Como sublinha L. ROJO AJURIA, *Las garantias mobiliarias (fundamentos del derecho de garantías mobiliarias a la luz de la experiencia de los Estados Unidos de America)*, cit., p. 790.

[100] Cfr. H. C. SIGMAN, *Security in movables in the United States – Uniform Commercial Code Article 9: a basis for comparison*, cit., p. 57; C. W. MOONEY Jr., *Security interests in personal property under the Laws of the United States of America and Canada*, cit., p. 97.

CAPÍTULO II
Delimitação das matérias. Relação com o crédito. Classificação adoptada

5. Indicação de sequência

No percurso a seguir, começaremos por assentar qual é o objeto da disciplina.

Passaremos depois a destacar a particular relação que existe entre as garantias e o crédito, que nos parece essencial neste contexto.

De seguida, faremos a nossa análise incidir totalmente sobre as garantias especiais das obrigações.

O primeiro passo será determinar a classificação que a doutrina nacional faz das mesmas.

Não concordamos com ela.

Exporemos e justificaremos a nossa crítica.

Passaremos depois a apresentar, e a justificar, a que propomos.

Por fim, poderemos então fazer a classificação das garantias especiais das obrigações com base na qual organizaremos o programa da disciplina.

Secção I
Delimitação das matérias

6. Delimitação da matéria

I. O conjunto de bens penhoráveis que compõem o património do devedor constitui o que se denomina a garantia geral das suas obrigações (art. 601.º do Código Civil[101]: "Pelo cumprimento das obrigações respondem todos os bens do devedor susceptíveis de penhora..."). Tal significa que, em caso de incumprimento, o credor poderá recorrer a esse património, por via judicial[102], através da ação executiva (quando já disponha de título executivo), para obter a satisfação do seu crédito (art. 817.º)[103_104]

Face ao património do devedor, todos os seus credores, em princípio, encontram-se em posição de igualdade (art. 604.º), independentemente da data de constituição do direito, do seu montante e da sua fonte[105_106] Por isso, se o património (*rectius*, os bens penhoráveis aí integrados) do devedor for insuficiente para satisfazer a generalidade das suas obrigações, como sucederá na insolvência, terá que se dar um rateio entre os credores comuns, colocados, como se disse, em posição de igualdade.

A posição dos diversos credores de um devedor encontra-se, assim, fortemente condicionada pela extensão e variações do património deste.

Tanto mais que património do devedor é uma realidade flutuante, e o credor, qualquer dos credores, não pode exigir a sua manutenção a um

[101] Os artigos doravante citados sem outra indicação pertencem ao Código Civil.

[102] Mas não necessariamente, como acontece com a venda extraprocessual pelo credor pignoratício do bem empenhado. Este faz ainda parte do património (embora onerado) do devedor. Mas, nessa hipótese, existe já uma garantia especial. Este aspeto será visto com mais detalhe *infra* aquando da análise do penhor.

[103] Ou uma indemnização. Ver com mais detalhe sobre este aspeto, *infra*, neste número, *in fine*.

[104] Desde há muito tempo que a responsabilidade pessoal do devedor em caso de incumprimento da obrigação, da pessoa deste e não do seu património, está completamente afastada.

[105] Ver M. J. ALMEIDA COSTA, *Direito das obrigações*, cit., p. 848.

[106] Note-se que a lei permite que um credor por acordo com o devedor limite, sempre que não se trate de matéria subtraída à disponibilidade das partes, a responsabilidade do devedor a algum dos seus bens em caso de incumprimento (art. 602.º). A limitação da responsabilidade pode mesmo operar por determinação de terceiro nos casos previstos no art. 603.º.

determinado nível[107] (embora a lei a lei estabeleça um conjunto de mecanismos destinados a conservar a garantia patrimonial).

II. Daqui decorre que um credor que quiser obter uma protecção reforçada para o seu crédito, sem ter que se sujeitar, nem às contingências da evolução do património do devedor (a chamada garantia geral), nem do número dos seus credores (e montante dos créditos destes) terá que recorrer a uma garantia (especial[108]) das obrigações.

Estas consistem sempre num *reforço*[109], ou numa *via de privilégio*[110], que é conferido a um crédito, de formas diversas, face aos outros créditos sobre o mesmo devedor que têm que se contentar com a garantia geral (ou, talvez melhor: com os bens penhoráveis que num dado momento – em regra o da execução – integram o património do devedor desse sujeito).

Um crédito que beneficie delas vê a sua "consistência económica--jurídica"[111] consideravelmente reforçada (dependendo depois esse reforço da particular garantia em concreto a que se recorra). A expetativa da sua satisfação em caso de incumprimento é imediatamente ampliada.

[107] Em particular, o credor não é titular de um direito de crédito "de exigir ao devedor que mantenha o património em termos de "cobrir" o crédito (ou de o "cobrir" em certos termos), dever cuja violação dê lugar a uma obrigação de indemnização...", M. JANUÁRIO COSTA GOMES, *Assunção fidejussória de dívida. Sobre o sentido e o âmbito da vinculação como fiador*, Almedina, Coimbra, 2000, p. 23.

[108] O termo garantia provém, como explica MICHELE FRAGALI [*Garanzia (dir priv.)*, ED, XVIII, p. 477], da antiga expressão germânica *waren* ou *waeren* para indicar a obrigação de garantia prestada pelo vendedor (*Warens*) na compra e venda. Daqui decorreriam as expressões medievais italianas *guarentire* e *guarentigia*. Radicariam aqui também as expressões garantir, *garantizar*, *gewähren*, *warrant*. No entanto, a utilização deste termo para designar as garantias das obrigações é recente, uma vez que esta categoria dogmática se deve à pandectística alemã do séc. XIX. Assim, M. FRAGALI, *ob. últ. cit.*, p. 447.

[109] A. VAZ SERRA, *Responsabilidade patrimonial*, cit., p. 115; J. ANTUNES VARELA, *Das Obrigações em geral*, vol. II, cit., p. 419, nota 2. Em sentido semelhante, segundo cremos, PEDRO ROMANO MARTINEZ/PEDRO FUZETA DA PONTE, *Garantias de cumprimento*, 5.ª ed., Almedina, Coimbra, 2006. Estes Autores apontam que não são garantias aquelas figuras que "nada acrescentam à garantia geral" (*ob. cit.*, p. 57). Também de forma próxima M. FRAGALI, *Garanzia (dir priv.)*, cit., pp. 453-454.

[110] Evidentemente que não nos referimos aqui a um privilégio em sentido técnico, um privilégio creditório que sendo especial consiste numa garantia real das obrigações. Trata-se de uma noção mais ampla do termo.

[111] J. ANTUNES VARELA, *Das Obrigações em geral*, vol. II, cit., p. 420.

Nessa medida, valoriza-se o crédito. Isto é: o valor objetivo, o valor de troca, que tem aquele elemento do património do seu titular aumenta.

Repare-se que na perspetiva adoptada garantia (especial) em sentido amplo consiste exatamente nisto: o reforço ou posição de privilégio[112] do seu crédito face aos credores comuns (limitados à, assim denominada, garantia geral). Esse efeito pode ser obtido de maneiras bastante diferentes, recorrendo-se a estruturas muito diversas: desde direitos reais, a vínculos obrigacionais, ao recurso a transmissões de direitos (ou sua retenção), à criação de patrimónios autónomos, etc.

Há ainda determinadas figuras que revestem esta característica, de reforço ou privilégio do crédito face aos credores comuns, em determinados quadrantes, como sucede, p. ex., com a compensação na insolvência. O credor que, declarada a insolvência da outra parte, possa recorrer à compensação tem uma posição de privilégio face aos outros credores que não o possam fazer e tenham que se sujeitar ao pagamento do seu crédito em "moeda insolvencial".

Do exposto resulta que, na nossa perspetiva, garantia em sentido amplo consiste num reforço (ou posição de privilégio) – de diversas formas – do crédito de um credor face àqueles dos outros credores (comuns), que têm que se contentar com a denominada garantia geral.[113]

III. É possível recorrer a uma aceção mais ampla[114] e outra mais restrita de garantia especial.

[112] Mais uma vez: não no sentido técnico de privilégio.

[113] Existiam já garantias especiais, no sentido apontado, das obrigações no Direito Romano: garantias pessoais (*sponsio*, *fidepromissio*, *fideussio* e, depois, *mandatum pecuniae credendae*, *constitutum debiti alieni* e *receptum argentarii*), garantias reais (*pignus*, *hypotheca*) e o recurso à propriedade como garantia por via da fiducia (*fiducia cum creditore*). Ver, sobre elas: A. SANTOS JUSTO, *Direito privado romano – II (direito das obrigações)*, Studia Iuridica, Universidade de Coimbra/Coimbra Editora, Coimbra, 2003, pp. 145, ss., pp. 161, ss.; idem, *Direito privado romano – III (direitos reais)*, Studia Iuridica, Universidade de Coimbra/Coimbra Editora, Coimbra, 1997, pp. 213, ss.; ANTÓNIO VIEIRA CURA, *Fiducia cum creditore (aspetos gerais)*, Separata do volume XXXIV do Suplemento do BFDUC, Coimbra, 1990 (obra de referência entre nós no que toca à *fiducia cum creditore*); MAX KASER, *Direito privado romano* (tradução de Römisches Privatrecht por Samuel Rodrigues e Ferdinand Hämmerle, revisto por M.ª Armanda Saint-Maurice), Fundação Calouste Gulbenkian, Lisboa, 1999, pp. 179, ss., pp. 311, ss.; VINCENZO MANNINO, *Garanzie dell'obbligazione*, DDP, *sezione civile*, VIII, pp. 614, ss.; D. LEGAIS, *Sûretés et garanties du crédit*, cit., pp. 5, ss..

[114] Sobre esta, ver, *infra*, Capítulo IV.

Como veremos[115], podemos separar as garantias em duas grandes modalidades: aquelas que assentam no reforço quantitativo e as que têm por base um reforço qualitativo do crédito. Dentro das primeiras está, p. ex., a fiança; dentro das segundas, p. ex., a hipoteca, mas também a alienação em garantia.

São estas duas grandes modalidades[116] (cujo conteúdo exporemos em seguida) que compreendem as garantias especiais em sentido estrito[117]. Veremos depois que há ainda as garantias especiais em sentido amplo (Capítulo IV).

III. Conforme se vê, o objeto de estudo está limitado às garantias especiais das obrigações. Este aspeto carece de uma explicação suplementar, uma vez que se exclui a chamada garantia geral[118_119]

Como se sabe, é discutido se a denominada garantia geral das obrigações consiste numa verdadeira garantia ou se estas se deverão limitar às garantias especiais (sendo que a sua designação aponta logo para existênca de uma outra garantia, a geral). Entre nós, tem sido essa a concepção

[115] *Infra*, Parte II.

[116] Cuja função primária é sempre de garantia, o que geralmente não sucede nas garantias em sentido amplo, como se verá.

[117] Restringindo a noção de garantia especial aos casos de reforço quantitativo, através do alargamento da massa de bens responsáveis, ou qualitativo, através da concessão de um "objeto de satisfação preferencial" (p. 46), onde se incluem as garantias reais (p. 47), M. JANUÁRIO COSTA GOMES, *Assunção fidejussória de dívida. Sobre o sentido e o âmbito da vinculação como fiador*, cit., pp. 18, ss., pp. 46, ss., p. 79. Na noção de garantia especial em sentido estrito proposta, o âmbito do reforço qualitativo, como se verá, é mais lato do que aquele traçado pela doutrina tradicional, e também por este Autor.

[118] Quanto à garantia geral das obrigações, ver: PAULO CUNHA, *Da garantia nas obrigações* (apontamentos das aulas de direito civil do 5.º ano da Faculdade de Direito da Universidade de Lisboa, pelo aluno Eudoro Pamplona Côrte-Real), tomo I, Lisboa, 1938-1939, pp. 18, ss.; ADRIANO VAZ SERRA, *Responsabilidade patrimonial*, BMJ n.º 75 (1958), pp. 5, ss.; J. ANTUNES VARELA, *Das Obrigações em geral*, vol. II, cit., pp. 419, ss.; M. J. ALMEIDA COSTA, *Direito das obrigações*, cit., pp. 843, ss.; L. MENEZES LEITÃO, *Direito das obrigações*, vol. II, cit., pp. 297, ss..

[119] Repare-se que termo garantia é utilizado com outros significados no nosso ordenamento jurídico nomeadamente no que diz respeito à compra e venda no que toca à assim chamada garantia da evicção e garantia dos vícios da coisa. Quanto a este aspeto, ver: GIUSEPPE TUCCI, *Garanzia*, DDP, *sezione civile*, VIII, pp. 583, ss.; M. FRAGALI, *Garanzia (dir priv.)*, cit., p. 477.

dominante, sendo que os principais trabalhos sobre garantias distinguem a garantia geral das garantias especiais, abordando a propósito da primeira os seus meios de conservação.[120] Esta perspetiva já havia sido sustentada por Paulo Cunha num dos mais importantes trabalhos realizados sobre esta matéria, datado de finais dos anos 30 do século passado[121_122]

Trata-se porém de uma perspetiva diversa daquela que enforma a doutrina alemã[123] e francesa[124]. As garantias aí (*Sicherheiten, sûretés*) referem-se ao que entre nós se denominam garantias especiais.

E, na verdade, não é claro que a chamada garantia geral das obrigações seja uma verdadeira garantia. Não o é certamente na perspetiva seguida em que garantia consiste no reforço (ou posição de privilégio) – de diversas formas – do crédito de um credor face aos outros.

[120] Assim, nas obras específicas sobre garantias, P. ROMANO MARTINEZ/P. FUZETA DA PONTE e L. MENEZES LEITÃO, e nas obras gerais de Direito das Obrigações, J. ANTUNES VARELA, M. J. ALMEIDA COSTA, L. MENEZES LEITÃO e P. ROMANO MARTINEZ.

[121] PAULO CUNHA, *Da garantia nas obrigações*, cit., tomo I, p. 20. Para este ilustre Autor, o termo garantia, abrangendo como se apontou a garantia geral e as garantias especiais, tem o "sentido de segurança" (*ob. cit.*, tomo I, p. 21). Sublinhe-se, de todo o modo, que esta posição não era unânime na altura. Como o próprio Autor refere, tanto GUILHERME MOREIRA (*Patrimónios autónomos nas obrigações*, BFD, VII, p. 48) como CARNEIRO PACHECO (*Dos privilégios creditórios*, 2.ª ed., p. 6), ambos citados por PAULO CUNHA (*ob. cit.*, tomo I, p. 22), reservavam o termo garantia para as garantias especiais.

[122] Afastando a garantia geral do âmbito das garantias, M. FRAGALI, *Garanzia (dir priv.)*, cit., pp. 451, ss.. Ente nós, para a crítica da "efetiva utilidade dogmática da figura da garantia geral ou garantia comum", embora aceitando-a como "expediente designativo", M. JANUÁRIO COSTA GOMES, *Assunção fidejussória de dívida*, cit., pp. 15, ss., p. 17, p. 19. Este Autor (*ob. últ. cit.*, p. 37) destaca, no entanto, que "o facto de o património do devedor poder ser executado pelo credor – o facto da responsabilidade patrimonial – "fenómeno" designado amiúde por garantia patrimonial, aparece, a um tempo, como o primeiro e o último meio de segurança do credor."

[123] Cfr. HANSJÖRG WEBER, *Kreditsicherheiten. Recht der Sicherungsgeschäfte*, 8.ª ed., C. H. Beck, Munique, 2006, § 2, p. 10; DIETRICH REINICKE/KLAUS TIEDTKE, *Kreditsicherung*, 5.ª ed., Luchterhand, Neuwied, 2006. Em particular, EKKEHARD BECKER-EBERHARD, *Die Forderungsgebundenheit der Sicherungsrechte*, Gieseking, Bielefeld, 1993, p. 4

[124] Cfr. L. AYNÈS/P. CROCQ, *Les sûretés. La publicité foncière*, cit., p. 3 (a "gage général" é considerada uma "garantia ilusória"); M. CABRILLAC/C. MOULY/S. CABRILLAC/P. PÉTEL, *Droit des sûretés*, cit., p. 1 (criticando o uso da expressão "gage général", considerada uma expressão "malencontreuse").

Por outro lado, a dita garantia geral identifica-se com a responsabilidade patrimonial[125].

Ora a extensão dos bens penhoráveis do património do devedor é em regra importante para o credor. Consiste num relevante aspeto de valorização do seu crédito (como bem em si). Claro está que não basta a extensão do património, é necessário ter ainda em conta o número dos credores comuns do devedor, uma vez que estes concorrem todos, como se começou por apontar, em igualdade de circunstâncias (art. 604.º). É ainda necessário ver se não há credores que beneficem de uma preferência sobre os bens integrantes do património.

E, evidentemente, há aqui a sujeição inevitável à variação deste mesmo património, muitas vezes ditada por circunstâncias alheias ao seu titular (a degradação da situação patrimonial de uma sociedade comercial devido a uma recessão, ao aparecimento no mercado de concorrentes mais eficientes, o incumprimento por parte de um devedor importante, etc.), que pode terminar na insolvência onde na grande generalidade dos casos, o património (integrado na massa) a ser liquidado para com as quantias assim obtidas serem satisfeitos os credores comuns é, quase sempre, muito reduzido e, portanto, de escassa eficácia.

Em todo o caso, ainda assim, pode, com as limitações apontadas, afirmar-se que o património do devedor desempenha um relevante papel de reforço da expetativa do credor vir a obter a prestação devida (*maxime*, a entrega de dinheiro) ou, eventualmente, a indemnização[126]. Nesse

[125] Refere M. J. COSTA GOMES (*Assunção fidejussória da dívida*, cit., p. 19): "...a chamada garantia geral é o facto de haver responsabilidade patrimonial."

[126] Importa sublinhar que o recurso à execução específica ou à indemnização que se efetivam, nos termos apontados, sobre o património do devedor, não constituem os únicos meios de defesa do credor. Pelo seu relevo importa apontar a resolução do contrato e a exceção de não cumprimento. Aliás, esta última desempenha uma marcante função de garantia aquando da insolvência do devedor, razão pela qual a inserimos nos outros instrumentos de garantia. Sobre os meios de tutela do credor em geral, ver ANTÓNIO PINTO MONTEIRO, *Cláusulas limitativas e de exclusão da responsabilidade civil*, separata do volume XXVIII do suplemento ao BFD, Coimbra, 1985, pp. 190, ss.. Quanto à relação entre a execução específica e a responsabilidade patrimonial, ver M. J. COSTA GOMES, *Assunção fidejussória da dívida*, cit., pp. 27, ss., pp. 34, ss..

sentido – amplo – se pode dizer que desempenha um papel de garantia[127]. A este aspeto acresce o facto de a lei recorrer a esta designação (Título I, Capítulo V – garantia geral das obrigações), contrapondo-a à de garantias especiais (Título I, Capítulo VI).

IV. Daqui decorre que é possível ter uma visão mais restrita desta disciplina, limitando-a às garantias (especiais) das obrigações (deixando a garantia geral e os meios da sua conservação para o Direito das Obrigações), ou de uma forma mais ampla incluir no seu seio também a garantia geral e aí tratar a matéria dos meios de conservação da garantia patrimonial (declaração de nulidade, sub-rogação do credor ao devedor, impugnação pauliana e arresto).

Cremos que qualquer das duas perspetivas é admissível, como nos demonstra a delimitação do objeto destas matérias na restante doutrina europeia. A nossa escolha por uma pela primeira delimitação assenta em aspetos de natureza prática e dogmática.

Quanto aos primeiros, convém ter presente que a extensão das matérias a tratar provoca conduz muitas vezes a um menor aprofundamento de cada uma delas.

Por outro lado, e com maior relevância para a opção efetuada, a nível dogmático, a verdade é que sendo embora garantias, quer a geral, quer as especiais, o facto é que elas têm natureza e finalidades diversas. O tratamento no mesmo âmbito de ambas obrigaria a uma perda de unidade, limitando uma visão sistemática[128]. Efetivamente, ela só é possível quanto às garantias especiais.

Por isso, deixamos de fora a garantia geral e os meios da sua conservação[129].

[127] E é esse aspeto que explicará a razão pela qual as entidades com maior solidez económico-financeira não sentem necessidade (talvez melhor, não sentiam: no atual clima económico muito mudou) de conceder garantias para o crédito que solicitavam. Ver, *infra*, n.º 10.

[128] Quanto ao significado e o papel do sistema na Ciência do Direito, CLAUS-WILHEM CANARIS, *Pensamento sistemático e conceito de sistema na Ciência do Direito* (tradução de Menezes Cordeiro da 2.ª ed., de 1983, de Systemdenken und Systembegriff in der Jurisprudenz), Fundação Calouste Gulbenkian, Lisboa, 1989.

[129] Quanto aos meios de conservação da garantia patrimonial, ver: J. ANTUNES VARELA, Das *Obrigações em geral*, vol. II, cit., pp. 433, ss.; L. MENEZES LEITÃO, *Garantias das obrigações*, cit., pp. 61, ss.; P. ROMANO MARTINEZ/P. FUZETA DA PONTE, *Garantias do cumprimento*, cit., pp. 15, ss. (para a impugnação pauliana).

Secção II
Crédito e garantias

7. Crédito e garantias

I. A garantia surge sempre ligada à concessão de crédito[130]. Seja de um comerciante que vendeu com entrega imediata e espera de preço, seja de quem emprestou uma quantia pecuniária durante um determinado período de tempo. Em qualquer caso, a garantia constitui um instrumento de tutela do direito do credor à realização da prestação.

Claro está que o termo crédito aparece aqui em dois sentidos. Como modalidade de direito subjetivo (direito de crédito) ou como um desfasamento temporal entre prestação e contraprestação[131]. É o que se verifica nos dois exemplos apresentados.[132]

O que principalmente nos interessa agora é sublinhar o papel desempenhado pelas garantias para que o credor aceite esse desfasamento, para que conceda crédito. E essa ligação é muito próxima. De facto, a concessão de crédito aparece geralmente acompanhada de garantias. Retomando os exemplos com que começamos, é o vendedor que aliena com reserva de propriedade, é o banco que empresta com a constituição de um penhor sobre um móvel do devedor ou de terceiro.

A ligação não é necessária. Há diversos casos em que o crédito é concedido sem ser acompanhado de uma garantia (crédito "em branco"[133]). Mas para tal é necessário que o devedor apresente uma grande capacidade

[130] Sublinha D. LEGAIS (*Sûretés et garanties du crédit*, cit., p. 2): "Garanties et crédit forment donc un couple indissociable".

[131] Como aponta J. SIMÕES PATRÍCIO (*Direito do crédito, introdução*, Lex, Lisboa, 1994, p. 16), o crédito "acaba por ser (...) basicamente uma troca diferida". Ver, também, VÍRGILIO J. RAPAZ, *Crédito*, Pólis, 1, p. 1353. São três os elementos que caracterizam o crédito neste sentido: tempo, confiança e risco (VIRGÍLIO J. RAPAZ, *Crédito*, cit., *ibidem*).

[132] Embora no mútuo, como contrato real quanto à constituição não se possa, com todo o rigor, falar em desfasamento entre a prestação e a contraprestação, mas antes entre a atribuição patrimonial do mutuante (a quantia) e a do mutuário (restituição da quantia e juros, se o mútuo for oneroso).

[133] "Crédit en blanc", J.-L. RIVES-LANGE/M. CONTAMINE-RAYNAUD, *Droit bancaire*, cit., p. 380.

negocial e patrimonial[134]-[135] ou o credor não tenha poder negocial para lha impor (é o que se chama um credor "fraco").

Nos outros casos (tipicamente: pequenas e médias empresas face à banca) sem a constituição de uma garantia, o crédito não seria concedido, ou então sê-lo-ia a custos muito elevados para, por um lado, compensar o risco de incumprimento que o credor correria[136] e, por outro, incorporar outros dispêndios ligados aos custos de informação, assim como de controlo do património e de um potencial comportamento da outra parte que gere um aumento do risco do empréstimo (*monitoring*)[137]. O que de uma forma quase direta levaria à diminuição das transacções e ao aumento do custo das mesmas.

II. Analisando agora este aspeto sobre o prisma macroeconómico, teríamos uma diminuição da riqueza produzida em termos nacionais. De facto, como aponta Sousa Franco[138], o crédito "faculta a expansão da econ.[omia], ajudando a realizar o pleno emprego (...) e o desenvolvimento económico".[139] Ora, nessa medida, havendo menos riqueza, menos riqueza poderia ser arrecadada pelo Estado, por via de impostos, para a prossecução de um conjunto de objetivos constitucionalmente determinados (ou diminuindo impostos existentes sem perda de receita fiscal), e menos postos de trabalho seriam criados[140].

[134] Como sublinha ROLNALD J. MANN (*Explaining the pattern of secured credit*, Harvard LR, 1997, p. 629): "the strongest companies in our economy ordinarily do not secure their debt".

[135] Como uma grande sociedade anónima. Note-se que os *volumes* de crédito concedidos, nestes casos, podem ser muito elevados.

[136] Cfr. M. WOLF, *Sachenrecht*, cit., § 28, p. 294.

[137] Cfr. THOMAS H. JACKSON/ANTHONY T. KRONMANN, *Secured financing and priorities among creditors*, The Yale LJ, 1978-1979, p. 1153; M. WOLF, *Sachenrecht*, cit., § 28, p. 294.

[138] ANTÓNIO SOUSA FRANCO, *Crédito – Econ.*, in Verbo, Enciclopédia Luso-brasileira de cultura, vol. 6, p. 304.

[139] B. KOZOLCHYK/J. M. WILSON (*The organization of american states: the new model inter-american law on secured transations*, cit., p. 129) apontam que a escassez e o custo do crédito têm sido um dos principais problemas que afetam a América Latina e as Caraíbas.

[140] Na literatura económica, sublinhando que a protecção dos credores "tem consequências (...) ao nível da economia real", ELÍSIO BRANDÃO, *A abordagem jurídica das finanças*, in Estudos em homenagem ao Professor Doutor Jorge Ribeiro de Faria, Coimbra Editora, Coimbra, 2003, p. 947.

As garantias, ligadas como estão ao crédito, aparecem desta forma no centro da economia[141].

III. Não basta, no entanto, que sejam admitidas as garantias; é necessário que aquelas que o ordenamento tipifica e aquelas cuja criação permita por via da autonomia privada possam ser de fácil constituição e funcionem de forma rápida, eficaz e pouco onerosa[142]. Assim como, aspeto central, que não sejam atingidas pela insolvência do devedor[143].

O que significa que não se devem impor processos longos e dispendiosos para a sua realização, para além do indispensável à protecção do interesse do garante, na eventualidade de incumprimento. Para além disso, o credor terá que estar tutelado do principal risco contra o qual a garantia o deve por a coberto: a insolvência do devedor. É que, se assim for, criam-se ou riscos adicionais, a ter em conta na concessão (ou não) do crédito, ou custos suplementares que serão também adicionados ao custo do próprio crédito, ou, de uma forma mais clara, à taxa de juro cobrada.

Mais: se a garantia reunir todos esses requisitos, mas não proteger o credor de forma eficaz na insolvência, ela será praticamente imprestável para esse papel. O que leva a que não se recorra a ela para a concessão de crédito – limitando-o.

Temos, pois, que a existência de garantias que propiciem em caso de incumprimento, e principalmente na insolvência, a rápida e menos onerosa obtenção pelo credor do montante em dívida, permitem a maior obtenção de crédito e a um custo menor.

[141] Aponta M. WOLF (*Sachenrecht*, cit., § 28, p. 294): "Die Sicherungsrechte sind so gesehen eine wesentliche Stütze der gesamten Volkswirtschaft." Sublinhando corretamente que esta ligação deve ser tida em conta, tanto pelo legislador, como pela doutrina e o juiz para que possam ter presentes as consequências das suas decisões (*ob. cit.*, p. 295).

Como diz num registo semelhante JEAN-BAPTISTE SEUBE (*Droit des suretés*, Dalloz, Paris, 2002, p. 5): "...Le droit des sûretés est un droit au coeur des préoccupations économiques. Il est ainsi au coeur du droit est au coeur de l'économie."

[142] Cfr. M. CABRILLAC/C. MOULY/S. CABRILLAC/P. PÉTEL, *Droit des sûretés*, cit., p. 5.

[143] Como sublinha D. LEGAIS (*Sûretés et garanties du crédit*, cit., p. 4): "La garantie est satisfaisante pour un créancier si elle le protège bien contre le risque d'insolvabilité de son débiteur principal."

Como diz expressivamente um Autor norte-americano[144]: "...os mutuários com boas garantias podem obter empréstimos mais elevados, a taxas de juro mais baixas, e com um prazo de reembolso mais extenso."

Nesse aspeto, e por essa via, favorecem também as empresas nacionais[145], melhorando as suas condições competitivas e, portanto, também a economia.

IV. Há, no entanto, uma importante desvantagem ou, se se preferir, um efeito lateral negativo, de um sistema eficiente de garantias sobre os bens do devedor[146]. Se este tutela eficazmente aqueles que tenham poder negocial para impor a sua constituição, portanto os credores garantidos (como, p. ex., os bancos), acaba por prejudicar, em particular após a declaração de insolvência, os credores daquele devedor (/insolvente) que não estejam por esta via tutelados. Ou seja: os credores comuns.

Na verdade, eles só vão poder satisfazer os seus créditos com o que sobejar depois de satisfeitos os créditos garantidos. Por isso, em regra, na insolvência só receberão uma pequena parte do valor nominal dos seus créditos.

Em grande parte são eles, os credores comuns, que pagam o preço de um eficaz sistema de garantias sobre os bens do devedor (/insolvente)[147_148]

144 NURIA DE LA PEÑA, *Reforming the legal framework for security interests in mobile property*, RDU/ULR, 1999, p. 348.

145 Estamos a fazer assentar a nossa análise no *crédito às empresas*. Claro está que existe, igualmente, o crédito ao consumo, que tem as suas especificidades, e que não estamos neste momento a considerar.

146 A questão diz respeito às garantias que concedem um reforço qualitativo da posição do credor *sobre bens do próprio devedor*, essencialmente através ou de um direito real de garantia ou do recurso à titularidade de um direito com função de garantia (bem como, quando a lei o admita a criação de patrimónios autónomos). Já não às garantias pessoais e ao reforço qualitativo, obtido através de qualquer dos mecanismos referidos, concedido por terceiro.

147 Ver, sobre este aspeto, VANESSA FINCH, *Security, insolvency and risk: who pays the price?*, Modern LR, 1999, pp. 663, ss..

148 Há ainda a ter em conta o risco de uma contração excessiva de crédito, uma vez que o credor se encontra tutelado pela garantia, e um poder que, pode ser excessivo, conferido ao credor garantido. Cfr. PHILIP WOOD, *Law and pratice of international finance*, Sweet and Maxwell/ Thomson Reuters, Londres, 2008, p. 251.

V. Um último aspeto há a sublinhar neste contexto. A história das garantias é em grande parte a do seu desenvolvimento constante em função das necessidades económicas para tutelarem as mais diversas formas de concessão de crédito[149] – estas também em constante desenvolvimento e mutação. Trata-se assim de um quadrante em que "é a vida económica a impulsionar, em grande medida, a evolução jurídica e que são as reais possibilidades de autodeterminação de cada um a dar o primeiro e decisivo passo para o rejuvenescimento da ordem jurídica." (Pinto Monteiro).[150_151]

[149] Como sublinha D. LEGEAIS (*Sûretés et garanties du crédit*, cit., p. 5), trata-se de um Direito em constante renovação.

[150] A. PINTO MONTEIRO, *Contratos de agência de concessão e de franquia ("franchising")*, in Estudos em homenagem ao Prof. Doutor Eduardo Correia, III, BFDUC, número especial, Coimbra, 1984, p. 304.

[151] Um pequeno apontamento de direito comparado. O direito das garantias em França foi objeto de reforma (2006). Apesar de o resultado atingido ter ficado aquém do almejado no anteprojeto da autoria de Michel Grimaldi, realizaram-se diversos progressos. Assim, em primeiro lugar, a matéria das garantias, pessoais e reais, foi reagrupada num livro do *Code Civil* (o IV); por outro lado, foram realizadas alterações de fundo no âmbito da hipoteca e do penhor. Note-se que o direito da insolvência foi objeto de uma reforma paralela, mas não coordenada, o que motiva – também – a crítica da doutrina. Cfr. M. CABRILLAC/C. MOULY/S. CABRILLAC/P. PÉTEL, *Droit des sûretés*, cit., pp. 10-11; D. LEGEAIS, *Sûretés et garanties du crédit*, cit., pp. 10-11 (este Autor, de forma muito crítica, diz mesmo que a reforma se operou "na maior desordem", p. 10); L. AYNÈS/P. CROCQ, *Les sûretés. La publicité foncière*, cit., pp. 12-13.

Secção III

Classificação das garantias especiais

8. A doutrina tradicional

A generalidade da nossa doutrina[152], e não só[153], divide as garantias especiais essencialmente em dois grupos: garantias pessoais e garantias reais[154].

152 PAULO CUNHA, *Da garantia nas obrigações*, vol. I, cit., p. 20, e vol. II, pp. 11, ss. (este Autor inclui ainda um terceiro género, o das "garantias inominadas" – p. 12, pp. 376, ss. –, onde inclui a compensação legal, a exceção de não cumprimento e a ação sub-rogatória direta); JOÃO DE CASTRO MENDES, *Teoria geral do direito civil*, vol. I, AAFDL, Lisboa, 1978, pp. 94-95; M. J. ALMEIDA COSTA, *Direito das obrigações*, cit., pp. 881; I. GALVÃO TELLES, *Garantia bancária autónoma*, Dir., 1988, p. 277. A classificação de J. ANTUNES VARELA (*Das Obrigações em geral*, vol. II, cit., pp. 477, ss.) é também essencialmente essa.

153 Ver, p. ex.: ALBERTO RAVAZZONI, *Garanzia (diritti reali di)*, DDP, *sezione civile*, VIII, p. 603; G. TUCCI, *Garanzia*, cit., pp. 591-592 (embora este Autor faça depois referência às garantias atípicas assentes na titularidade de um direito com função de garantia, pp. 592-593); D. LEGAIS, *Sûretés et garanties du crédit*, cit., pp. 12-13, p. 23 (assinale-se que este Autor inclui o recurso à propriedade como garantia no seio das garantias reais, p. 313, pp. 485, ss.).

154 Nem toda. Há a destacar aqui as classificações de P. ROMANO MARTINEZ/P. FUZETA DA PONTE (*Garantias de cumprimento*, cit.) e de L. MENEZES LEITÃO (*Garantias das obrigações*) que não coincidem com as da doutrina tradicional e a que, portanto, não pode ser feita a crítica que fazemos em texto. Vejamos essas classificações mais de perto.

P. ROMANO MARTINEZ/P. FUZETA DA PONTE (*Garantias de cumprimento*, cit.) dividem as garantias especiais das obrigações em prestação de caução, garantias pessoais, garantias reais e garantias indiretas. Estas são qualificadas (*ob. cit.*, p. 235) como "figuras negociais, para além das garantias pessoais e reais que, indiretamente, podem conferir a uma das partes determinada garantia de cumprimento do seu crédito". Reconhecem que a "classificação pode ser discutível". Neste quadro inserem a "transferência de propriedade", incluindo no seu seio a "cláusula de reserva de propriedade", a venda a retro e a alienação fiduciária em garantia. Em número seguinte, incluem a locação financeira. Há depois uma rubrica dedicada a "outras garantias indiretas" (pp. 251, ss.). Incluem aí: a exceção de não cumprimento, a compensação, a solidariedade passiva, a assunção de dívida, a cessão de créditos, a ação de cumprimento contra terceiro, o mandato irrevogável, a proposta irrevogável, o crédito documentário, o cheque visado, o cartão de crédito e o seguro.

Na nossa perspetiva, as garantias que assentam na titularidade de um direito, retido, como no caso da reserva de propriedade, ou transmitido, como na locação financeira restitutiva, reporte, cessão de créditos em garantia, etc., são figuras que podendo não ter uma única função (por vezes, têm igualmente uma função de crédito, como sucede com o reporte, a locação financeira e a reserva de propriedade) têm de uma forma direta e principal uma função de garantia.

Há um reforço qualitativo que coloca esse credor numa posição de privilégio em relação aos outros credores, uma vez que se pode satisfazer pelo valor desses bens que estão numa posição particular no seu património. E estão aí inseridos para tutelar o seu crédito. Por isso, são verdadeiras garantias, não são indiretas, e são, com o sentido que se lhes dá em texto, garantias qualitativas por oposição às garantias quantitativas que coincidem com as garantias pessoais.

Agora, há um conjunto de outras figuras que realmente não se enquadram na divisão garantias quantitativas/garantias qualitativas e que colocamos numa categoria diversa. Aí se inserem algumas das figuras que na classificação destes Autores estão incluídas nas "outras garantias indiretas", como a exceção de não cumprimento e a compensação.

A classificação mais recente, e também mais completa, é a de L. MENEZES LEITÃO (*Garantias das obrigações*, cit.). Este Autor opera a seguinte classificação: generalidades (onde inclui a prestação de caução), garantias pessoais, garantias reais, a utilização da propriedade como garantia (onde inclui a cláusula de reserva de propriedade, a alienação fiduciária em garantia e a locação financeira), as garantias especiais sobre direitos (incluindo o penhor de créditos e a cessão de créditos em garantia), as garantias especiais sobre universalidades (inserindo, no seu seio, a separação de patrimónios, os privilégios gerais, a cessão de bens aos credores, o penhor de estabelecimento comercial e a garantia flutuante), e, por último, as garantias especiais atípicas (integrando, neste âmbito, a exceção de não cumprimento do contrato, a compensação, o contrato-promessa de garantia, cláusulas de garantia e segurança e a consignação de receitas em garantia).

Em parte, a classificação é coincidente com a nossa. Destaca-se a caução, separam-se as garantias pessoais e cria-se uma classe particular onde se inserem um grupo de figuras que desempenham uma função de garantia. Onde nos dividimos é no facto de este Autor criar um conjunto de classificações para aqueles casos em que um credor beneficia de uma posição de privilégio relativamente a um determinado bem (entendido em sentido amplo, englobando-se aqui os direitos). Nós, como se justificará melhor de seguida em texto, inserimos este conjunto de figuras no reforço "qualitativo" que é dado a um credor sobre um bem do devedor ou de terceiro, operando depois dentro desta uma sub-divisão, consoante estejamos perante o recurso à técnica das garantias reais ou figuras afins ou se estivermos perante a utilização de um direito (que pode ser de propriedade, de crédito, etc.), com função de garantia, ou ainda uma autonomia patrimonial.

O aspeto central que nos permite unificar estas figuras e distingui-las das garantias pessoais, radica numa posição de privilégio relativamente a um determinado bem – posição essa que pode decorrer, como se disse, tanto de se ter criado um direito real sobre ele como de ter sido transmitido (ou retido) para o património do garantido ou mesmo se estiver integrado num património autónomo. Depois, faz-se a sub-divisão referida quanto ao instrumento utilizado para "afetar" esse bem à satisfação privilegiada do crédito dessa forma garantido: por via da garantia real ou através do recurso à titularidade do direito (ou, quando a lei o admita, como se disse, por via da separação patrimonial).

Sabemos bem que há outros aspetos que a nossa classificação não resolve por inteiro. Assim, tratamos os privilégios gerais no seio das garantias reais, quando eles não são direitos reais de garantia. Simplesmente, feitas as devidas distinções, há um conjunto de pontos de união entre os privilégios gerais e especiais (desde logo, no que toca à noção da figura, art. 733.º) e de regime (concurso de créditos privilegiados) que aconselham o seu tratamento conjunto, o que, aliás, é o que a generalidade da doutrina, mesmo reconhecendo, e afirmando, a dife-

As primeiras proporcionam um alargamento quantitativo da massa de bens sobre a qual o credor poderá satisfazer o seu crédito, através da responsabilização de um património pertencente a outrem (o garante), que se obriga face ao credor. É o caso típico da fiança[155]. As garantias podem ser típicas ou atípicas e podem ainda ser acessórias ou autónomas, de acordo com a sua dependência ou não do crédito garantido. Exemplo de uma garantia típica e acessória é a fiança, enquanto a garantia autónoma é atípica (legalmente[156]) e autónoma.

O segundo grupo consistiria num reforço qualitativo sobre um ou algum dos bens do próprio devedor, que se traduz numa preferência concedida ao credor beneficiário na satisfação pelo valor deles.

A doutrina identifica estes casos de reforço qualitativo com os direitos reais de garantia, ou então com figuras que não sendo direitos reais proporcionam uma preferência a certos créditos por alguns bens integrados no património do devedor. Exemplos do primeiro caso são a hipoteca, o penhor (pelo menos, o penhor de coisa), o direito de retenção, os privilégios creditórios especiais; no segundo grupo temos os privilégios creditórios gerais. Tratando-se de direitos reais (art. 1306.º) ou garantias criadas por lei, estaria afastada a sua criação por via da autonomia privada.

Repare-se que uma garantia especial pode ao mesmo tempo proporcionar um alargamento quantitativo e qualitativo do conjunto de bens responsáveis. Tal acontece sempre que um terceiro constituir uma garantia real sobre um bem integrado no seu património[157].

rença de natureza, faz (p. ex., ANTUNES VARELA, ALMEIDA COSTA, PINTO DUARTE, ROMANO MARTINEZ/FUZETA DA PONTE). Quanto ao penhor de estabelecimento comercial, pelas razões que depois se verá (*infra*, em nota, aquando do estudo do penhor), não cremos que se trate de um penhor sobre universalidades, sendo o estabelecimento, em si, uma coisa móvel suis generis. A cessão de bens aos credores não nos parece que seja uma garantia em sentido estrito. Quanto às garantias flutuantes, tratamos essa matéria a outro propósito, p. ex., no penhor rotativo e na venda com reserva de propriedade prolongada.

[155] M. JANUÁRIO COSTA GOMES, *A fiança no quadro das garantias pessoais. Aspetos de regime*, in Comemorações dos 35 anos do Código Civil e dos 25 anos da reforma de 1977, Faculdade de Direito da Universidade de Coimbra, Coimbra Editora, Coimbra, 2007, p. 80. Tal implica, como refere este Autor, a "vinculação do titular desse património que, assim, se torna também devedor...".

[156] Mas não socialmente, em que é típica.

[157] Escreve I. GALVÃO TELLES (*Garantia bancária autónoma*, cit., pp. 276-277): "As garantias especiais consistem, umas vezes, na afetação de determinados bens do devedor – ou de terceiro

9. A crítica à doutrina tradicional

I. Convém começar por salientar que a classificação da doutrina tradicional está, na sua essência, correta.

Sujeita-se, no entanto, a três críticas:

(i) é incompleta, mesmo dentro dos seus quadros estritos;
(ii) não inclui no seio das garantias outras figuras que desempenham esse papel com grande relevância no tráfego comercial;
(iii) e, acantonada numa perspetiva estritamente civilista, não tem em conta, quer o regime executivo (da ação executiva), quer – o que é mais relevante – a disciplina insolvencial das figuras que identifica como garantias especiais e das que não identifica como tal.

II. Desenvolvendo um pouco mais as críticas apontadas.

Quanto ao primeiro aspeto, não inclui no âmbito dos quadros que traça, o que é perfeitamente possível e até desejável, o recurso à titularidade de um direito com função de garantia. Constitui também uma – mais intensa – forma de reforço qualitativo. O mesmo se pode dizer daqueles casos em que a lei cria um património autónomo com função de garantia de certos créditos.

Quanto ao segundo, não tem em conta as novas garantias (em sentido amplo) que vão sendo criadas no âmbito comercial, muitas vezes através do recurso a figuras típicas, devidamente adaptadas para desempenharem essa função, como sucede com a compensação (que hoje desempenha um importante papel garantístico no tráfego comercial).

Quanto ao terceiro, não trata, ou fá-lo de forma escassa, o regime executivo das garantias, e, em particular, não dá o devido relevo ao tratamento que a lei insolvencial concede, quer às garantias típicas, quer a outras criadas ao abrigo da autonomia privada exatamente devido às regras insolvenciais.

– ao pagamento preferencial do crédito: são as *garantias reais* (consignação de rendimentos, penhor, hipoteca, privilégios creditórios, direito de retenção). As garantias especiais consistem, outras vezes, no facto de haver outra ou outras pessoas que também podem ser compelidas a pagar e que, por conseguinte, também respondem com os respectivos patrimónios: são as *garantias pessoais*." (itálico no original).

Ora, como já se sublinhou, a matéria das garantias implica sempre necessariamente a análise do seu regime insolvencial.

É mesmo esse, como também já se disse, para algumas delas, o *seu teste decisivo*.[158]

O estudo das garantias não se pode limitar ao seu regime civil, mas engloba também, a nosso ver necessariamente, pelo menos no que toca às garantias "qualitativas", as disciplinas executivas e insolvencias de cada uma das figuras.

10. Classificações propostas

10.1. Classificação principal. Reforço quantitativo e qualitativo da probabilidade de satisfação do crédito[159]

I. Conforme se disse, entendemos que a classificação da doutrina tradicional no seu núcleo central estava correta (embora incompleta e insu-

[158] Na doutrina norte-americana muitas vezes observa-se, para sublinhar este aspeto, que a insolvência é o "teste ácido" (*acid test*) das garantias (ou melhor, dos *security interests*, compreendendo, pois, o que designamos como reforço qualitativo). Cfr. J. J. WHITE/R. S. SUMMERS, *Uniform commercial code: secured transations*, cit., p. 813.

Ainda neste registo, mas agora quanto ao direito inglês, observa RICHARD CALNAN (*Taking security, law and pratice*, Jordans, Bristol, 2006, p. 322), "The reason why a creditor takes security is to protect himself against the insolvency of his debtor". Na mesma linha ROY GOODE, *Commercial law*, 3.ª ed., Penguin, Londres, 2004, p. 577; JOANNA BENJAMIN, *Financial law*, Oxford University Press, Oxford, 2007, p. 453 ("The purpose of collateral is to address credit risk, and the chief source of credit risk is insolvency. Thus the key test of collateral is its ability to operate effectively in the insolvency of the collateral giver").

Em França, sublinhando este aspeto, M. CABRILLAC/C. MOULY/S. CABRILLAC/P. PÉTEL, *Droit des sûretés*, cit., p. 2, p. 10.

No direito alemão fala-se na *Insolvenzfestigkeit* das garantias, ou seja, a sua resistência ou solidez face à insolvência. Cfr., p. ex., SIEGFRIED KÜMPEL/ARNE WITTIG/PHILIP FEDERLIN, *Sicherungszession*, in *Bank- und Kapitalmarktrecht*, 4.ª ed., Verlag Dr. Otto Schmidt, Köln, 2011, p. 1635.

[159] Com efeito, trata-se de um reforço quantitativo ou qualitativo que gere um "aumento da possibilidade ou da probabilidade de satisfação do crédito" (M. JANUÁRIO COSTA GOMES, *Assunção fidejussória de dívida*, cit., p. 18). Igualmente: E. BECKER-EBERHARD, *Die Forderungsgebundenheit der Sicherungsrechte*, cit., p. 4 ("...die Aussichten auf den Erhalt einer erwarteten Leistung zu verstärken."); M. FRAGALI, *Garanzia (dir priv.)*, cit., pp. 453-454 ["...rafforzare (...) la probabilità di essere soddisfatto..."].

ficiente). Esta distinção inicial traduz esse facto e corresponde ao que podemos designar por garantias especiais em sentido estrito.

10.1.1. Reforço quantitativo probabilidade de satisfação do crédito

I. Traduz-se, na sua essência, por outras pessoas, terceiros, se vincularem a cumprir[160]. Nessa medida, os seus patrimónios são também responsáveis. Incluímos aqui, a fiança, a garantia autónoma, o aval, certas cartas de conforto, o seguro de crédito, o seguro-caução, a solidariedade passiva convencional e a assunção cumulativa de dívida. Neste ponto, não nos afastamos da doutrina tradicional. Evidentemente que há que fazer outras distinções no seu seio: a obrigação assumida pelo terceiro pode ser acessória ou autónoma; subsidiária ou principal. Mas, em todos esses casos, o elemento central a que estamos aqui a atender – o tipo de reforço – mantém-se.

II. Num sentido mais lato, poderíamos incluir aqui outras figuras cujo "objeto e fim diretos" fossem de "reforçar a confiança do credor no devedor "garantido"", na realização da sua prestação através de um conjunto (diverso) de deveres que recaem sobre um terceiro (o garante).[161] Incluiríamos aqui, pelo menos, algumas das cartas de conforto médias. São, no entanto, mais fracas do que as garantias pessoais em sentido estrito, porque, em muitos casos, mesmo cumprindo o terceiro esses deveres, o devedor poderá não cumprir ou até ser declarado insolvente, ficando aí o credor sem qualquer defesa (o terceiro "garante" cumpriu). Por isso, mesmo numa noção mais lata de garantias pessoais, justifica-se a distinção.

10.1.2. Reforço qualitativo da probabilidade de satisfação do crédito

I. A doutrina tradicional faz esta modalidade de garantias coincidir quase só com os direitos reais de garantia. Estes conferem ao seu titular

[160] A cumprir uma obrigação moldada pela do devedor ou a indemnizar o credor como sucede, neste último caso, p. ex., com o seguro de crédito ou a garantia autónoma.

[161] Assim, JORGE SINDE MONTEIRO/FILIPE CASSIANO DOS SANTOS, *Carta de patrocínio, relação de grupo e providências de recuperação da empresa*, RLJ ano 137.º, p. 69. Estes Autores sustentam um alargamento da noção de garantia pessoal no sentido (que nós chamamos lato) referido.

o direito à satisfação do seu crédito pelo valor de certo bem[162] com preferência sobre os credores comuns e sobre os outros titulares de créditos garantidos graduados abaixo do seu.[163]

O reforço qualitativo consiste na preferência conferida ao credor titular desses direitos no pagamento pelo valor (ou rendimentos) de certos bens do devedor. Nessa medida, o credor titular do referido direito está numa posição privilegiada face aos outros credores comuns do mesmo devedor[164] em relação ao valor daquele particular bem (ou, eventualmente, quando a garantia seja constituída por terceiro aos outros credores deste). Face ao restante património desse sujeito, é um credor comum.

Tratando-se de um direito real de garantia, o seu direito é oponível a terceiros, e reúne as características da preferência ou prevalência e da sequela. Ou seja: prevalece (em princípio) sobre os direitos reais de garantia posteriormente constituídos[165] e o seu titular pode exercê-lo sobre o bem dado em garantia, mesmo se este for alienado a um terceiro ("o direito segue a coisa").

Constituindo-se mais do que um direito real de garantia sobre o mesmo bem, haverá que proceder à graduação dos créditos que eles asseguram. Esta pode mesmo levar, excecionalmente, a que um crédito garantido por um direito real de garantia anteriormente constituído seja graduado abaixo de um crédito assegurado por um direito real de garantia posteriormente constituído (p. ex., um crédito garantido por uma hipoteca e um crédito garantido por um privilégio imobiliário especial, art. 751.º).

Podemos não estar perante um direito real de garantia, como acontece com os privilégios creditórios gerais[166]. Constitui uma simples preferência na execução (singular ou na insolvência) face aos credores que sejam

[162] Ou rendimento deste.

[163] Quanto à caracterização dos direitos reais de garantia, ver: MANUEL HENRIQUE MESQUITA, *Obrigações reais e ónus reais*, Almedina, Coimbra, 1990, pp. 76-78; CARLOS MOTA PINTO, *Direitos reais*, por Álvaro Moreira e Castro Fraga segundo as prelecções do Prof. Doutor C. A. da Mota Pinto ao 4.º ano jurídico de 1970-71, Almedina, Coimbra, pp. 135-137; A. MENEZES CORDEIRO, *Direitos Reais*, vol. II, cit., pp. 1054, ss..

[164] Ou, como se disse, perante os credores que sejam titulares de créditos garantidos graduados abaixo do seu.

[165] Em princípio, há algumas exceções, como veremos.

[166] Ver, *infra*, n.º 26.4.1.

comuns. Contudo, nos termos referidos, continua a ser um reforço qualitativo do credor.

II. No entanto, o reforço qualitativo sobre certo ou certos bens pode ser obtido pelo credor por uma outra via: o recurso à titularidade de um direito. Nestes casos, o direito (real, em regra de propriedade, de crédito, social, etc.) é transmitido para o património do credor, pelo devedor (p. ex., alienação em garantia, reporte) ou por terceiro (p. ex., locação financeira), mantendo-se aí até ao cumprimento por parte do devedor.

Pode ainda o credor manter na sua esfera um bem que já lhe pertencia até ao integral cumprimento pela outra parte, em vez de lho transmitir de imediato com a celebração do contrato (como acontece com a reserva de propriedade simples).

Na eventualidade de o devedor não realizar a sua prestação, o credor poderá sempre "satisfazer-se" sobre pelo valor deste bem (em regra, transacionando-o, nas melhores condições no mercado, para com o montante obtido se satisfazer do montante em dívida, mas nem sempre[167]) que se encontra num posição particular no seu património, no sentido de que se destina a assegurar um crédito.

Algumas destas figuras consistem em negócios fiduciários (p. ex., o reporte, a alienação em garantia), outras não (p. ex., a reserva de propriedade).

III. Esta dupla modalidade de reforço qualitativo do credor é claramente posta a descoberto na recente disciplina das garantias financeiras: penhor (garantia real) ou "alienação fiduciária em garantia". Mas a verdade é que existiam já há muito, e com grande extensão, no direito pátrio, embora sem terem sido incluídas no enquadramento dogmático que agora se propõe.[168_169]

[167] Na venda com reserva de propriedade e na locação financeira o mecanismo é diverso, como se verá.

[168] A distinção entre as garantias pessoais e aquelas que assentam num reforço qualitativo sobre um dado bem, incluindo-se aqui os direitos reais de garantia e o recurso à titularidade de um direito como garantia, é corrente na doutrina alemã que insere nas garantias mobiliárias, ao lado do *Pfandrecht*, a *Eigentumsvorbehalt* e as suas modalidades, assim como a *Sicherungsübereignung* e a *Sicherungsabtretung*. Cfr. GÜNTER POTTSCHMIDT/ULRICH

ROHR, *Kreditsicherungsrecht*, 4.ª ed., Vahlen, Munique, 1992; HANS-JÜRGEN LWOWSKY/ HELMUT MERKEL, *Kreditsicherheiten*, 8.ª ed., Erich Schmidt Verlag, Berlim, 2003, pp. 73, ss. (com a diferença de que estes Autores não incluem nas *Sachsicherheiten* a *Eigentumsvorbehalt*) O mesmo se passa nas principais obras de Direitos Reais. Por exemplo, M. WOLF (*Sachenrecht*, cit., § 29, pp. 297, ss.) inclui mesmo entre os *Sicherungsrechten* (que aqui terão de ser traduzidos por direitos de garantia) sobre bens móveis, a par do penhor, a *Eigentumsvorbehalt*, o *leasing* financeiro, a *Sicherungsübereignung* e a *Sicherungsabtretung*.

Importante e mais completa é a classificação de PETER BÜLOW (*Recht der Kreditsicherheiten*, cit., pp. 4, ss.). Este Autor começa por distinguir entre Personalsicherheiten e Realsicherheiten. Nas suas palavras: "Realsicherheiten sind das Pfandrecht an Sachen und Rechten, der Eigentumsvorbehalt, Sicherungübereignung und Sicherungsabtretung."

Dentro destas, separa-as depois, consoante os objetos das mesmas, entre as Sachsicherheiten, que têm por objeto bens corpóreos (*Grundpfandrecht, Pfandrecht an beweglichen Sachen*, a *Sicherungübereignung* e a *Eigentumsvorbehalt*), e as *Rechtsicherheiten*, cujo objeto são direitos (o *Pfandrecht an Rechten* e a *Sicherungsabtretung*).

Por fim (ob. cit., pp. 6-7), ainda dentro das *Realsicherheiten*, opera uma outra distinção com base no direito que o credor tem sobre o objeto da garantia (o *Vermögensgegenstand*). Este poderá integrar já o património do credor, por lhe ter sido transmitido para esse fim (*Sicherungsübereignung* e *Sicherungsabtretung*) ou o ter conservado (*Eigentumsvorbehalt*) para tal, ou manter-se no património do devedor (ou de terceiro que tenha constituído a garantia), tendo o credor sobre ele somente um direito real de garantia.

De forma próxima a esta são as a classificações de H. WEBER (*Kreditsicherheiten. Recht der Sicherungsgeschäfte*, cit., § 2, pp. 10, ss.) e K.-H. SCHWAB/H. PRÜTTING (*Sachenrecht*, cit., pp. 247-248). De facto, estes Autores dividem as Realsicherheiten de acordo, em primeira linha, com os seus objetos: imóveis, móveis, direitos. Dentro de cada um destes, as suas modalidades (penhor, *Sicherungsübereignung* e *Eigentumsvorbehalt* para os móveis e para os direitos, penhor, *Sicherungsabtretung* e *factoring*), onde se incluem, a par, o recurso a titularidade do direito e o direito real de garantia.

A doutrina francesa na sua generalidade divide as garantias em duas grandes modalidades: garantias pessoais e reais. Nestas últimas, no entanto, inclui depois o recurso à propriedade como garantia, onde insere a reserva de propriedade, o *leasing*, a alienação fiduciária. Ver, p. ex., D. LEGEAIS, *Sûretés et garanties du crédit*, cit.. Este Autor distingue as *garanties personnelles* (pp. 33, ss.) das *garanties réelles* (pp. 315, ss.), depois, dentro destas, *l'utilisaion du droit de propriété à des fins de garantie* (pp. 485, ss), onde inclui a reserva de propriedade, o *leasing*, a venda a retro e a alienação fiduciária. De forma semelhante, L. AYNÈS/P. CROCQ, *Les sûretés. La publicité foncière*, cit. Estes Autores utilizam como divisão central nas garantias, a distinção entre *sûretés personnelles* e *sûretés réelles*, e, dentro destas últimas, incluem as *sûretés resultant de la propriété* (onde inserem a venda a retro, a fidúcia, a reserva de propriedade e o *leasing*). Nesta linha, igualmente, M. CABRILLAC/C. MOULY/S. CABRILLAC/P. PÉTEL, *Droit des sûretés*, cit.. Estes Autores incluem também *la propriété -sûreté* (pp. 427, ss.), no seio das *sûretés réelles* (pp. 411, ss.). Esta classificação só é incorreta se se fizer equiparar a *sûreté*, que a lei não define, às garantias reais, não já se dela se tiver uma noção mais ampla que permita incluir o recurso à titularidade de um direito como garantia (para a noção de *sûreté*, sua imprecisão e possível abrangência, M. CABRILLAC/C. MOULY/S. CABRILLAC/P. PÉTEL, *Droit des*

IV. Estas duas modalidades de garantias têm em comum, como se deixou antever, o facto de através de estruturas diversas e com regimes que são também diferentes, tanto na fase de realização da garantia, como na insolvência, permitirem uma satisfação do credor de forma privilegiada (e isolada, no caso das garantias assentes na titularidade de um direito) sobre (o valor de) um determinado bem (que está onerado no património do devedor, ou terceiro, ou que se encontra desempenhando essa função de garantia, no património do próprio credor[170]).

Há, pois, em ambos os casos, de forma diversa, como se viu, uma reserva de um bem que funcionará como objeto de satisfação do seu crédito para o titular da garantia, no caso de incumprimento ou de insolvência do devedor.[171]

V. A estas duas modalidades acrescentamos uma terceira (embora com uma relevância prática menor e circunscrita a certas figuras, como as obriga-

sûretés, cit., pp. 411, ss.). Acrescente-se que a lei francesa (a reforma do *Code Civil*, a que já se fez referência) veio inserir e qualificar a reserva de propriedade (art. 2329.º) como uma (modalidade de) *sûreté* (regulando-a, quando tenha por objeto móveis, nos arts. 2367 e segs. do Code Civil).

Na doutrina inglesa, distinguem-se as garantias pessoais das garantias reais. Os contratos em que a garantia do creditante assenta na propriedade da coisa que mantém na sua esfera, como a venda com reserva de proriedade, o *financial leasing*, o *hire-purchase* ou o Repo são classificados como *quasi-security*, cfr. ROY GOODE, *Commercial law*, cit., p. 578, p. 581.

Registe-se só, por último, que em direito inglês o *trust* pode ser utilizado como instrumento de garantia, ou porque o bem é transmitido a um *trustee* para assegurar uma obrigação, ou porque o dono do bem se declara *trustee* em garantia para os credores ("trustee for the creditors by way of security"). Cfr. ROY GOODE, *Commercial law*, cit., p. 584.

[169] Refira-se ainda a este propósito que há Autores na doutrina brasileira, onde desde há muito tempo se lida com a alienação fiduciária em garantia (figura legalmente típica), que distinguem, numa linha semelhante à referida (na doutrina alemã, e na que se propõe entre nós), entre direitos reais *de garantia*, ou as garantias reais, e os direitos reais *em garantia*. No seio destes últimos englobam-se as transmissões dos bens em garantia, como alienação fiduciária (que tem regime legal próprio, como *infra* se verá com mais detalhe) e as cessões de créditos em garantia. Ver FÁBIO ULHOA COELHO, *Curso de direito civil, Direito das coisas, Direito autoral*, 2.ª ed., Saraiva, São Paulo, 2009, pp. 214-215.

[170] Ou, eventualmente, um terceiro, a quem o bem tenha sido transmitido com função de garantia.

[171] Para recorrermos aqui à terminologia de E. BECKER-EBERHARD (*Die Forderungsgebundenheit der Sicherungsrechte*, cit., pp. 20-21): "Reservierung eines Befriedigungsobjekts". Diz este Autor: ao credor/garantido é "reservado um objeto de satisfação" (*ob. cit.*, p. 21).

ções hipotecárias), que se separa das outras por não poder ser constituída por vontade das partes, mas só por via legal. Referimo-nos à separação de uma massa de bens do património do devedor para os afetar à garantia de um ou um conjunto de créditos, por via da criação de um património autónomo.

Trata-se, é claro, de um reforço qualitativo sobre um bem ou bens que, compondo esse património, não saem neste caso da esfera do devedor. Efetivamente, os titulares de outros créditos não poderão obter satisfação por esses bens, que estão "reservados" a certo credor ou credores. O isolamento dos referidos bens, através da criação do património autónomo gera desta forma um reforço qualitativo sobre eles.

Reforço que é tanto mais significativo se o património autónomo for imperfeito, no sentido que que só reponde por aquelas dívidas, mas não é *só ele* a responder por elas. Por isso, os titulares dos créditos a que esses bens separados estão afectos podem em caso de insuficiência destes para a satisfação dos seus créditos valer-se ainda, executando, do património (geral) do devedor

10.2. Garantias que exigem a sua execução judicial e as que permitem a execução privada

I. Esta divisão está ligada ao modo de execução das garantias.

Nalguns casos, o credor poderá executar as garantias de forma privada por ato próprio[172]. Neste sentido, podem denominar-se garantias automáticas ou *self-executing*.

[172] Esta característica é considerada central no sistema de garantias dos Estados Unidos. Como apontam B. KOZOLCHYK/J. M. WILSON (*The organization of american states: the new model inter-american law on secured transations*, cit., p. 81): "One of the most important features of United States transation law is that it allows the secured creditor to extra-judicially repossess the collateral and resell it to pay the amount of the indebtedness." Os únicos limites à execução de garantias por esta via, denominada "self-help", constituem a violação do "constitutional due process" ou a "breach of peace" (*ob. últ. cit.*, *ibidem*). Ver também: H. C. SIGMAN, *Security in movables in the United States – Uniform Commercial Code Article 9: a basis for comparison*, cit., p. 60; ROY GOODE, *Security interests in movables under english law*, in Mobiliarsicherheiten – Vielfalt oder Einheit?, Verhandlungen der Fachgruppe für vergleichendes Handels- und Wirtschaftsrecht anläblich der Tagung der Gesellschaft für Rechtsvergleichung in Jena vom 20.-22. März 1996 (coord. por Karl F. Kreuzer), Nomos Verlagsgesellschaft, Baden Baden, 1999, pp. 62-63 (para o sistema inglês).

Chamamos garantias executivas àquelas que exijam para a sua realização o recurso às vias judiciais, ou seja, à ação executiva[173].

II. Ao contrário do que à primeira vista poderia parecer, não existe uma coincidência entre as garantias reais e as garantias executivas[174], embora seja assim entre as garantias que assentam na titularidade de um direito e as garantias que permitem a execução privada[175].

Com efeito, o penhor, quando se tenha acordado a venda extraprocessual (art. 675.º n.º 1), admite a venda privada, e na consignação de rendimentos não é necessário o recurso à via judicial para a satisfação do credor[176].

10.3. Garantias voluntárias e de fonte legal

O facto constitutivo da generalidade das garantias é um ato de autonomia privada, em regra um contrato, embora nalguns casos limitados (como a hipoteca, art. 712.º) possa ser também uma declaração unilateral.

Noutros casos, porém, como acontece com os privilégios creditórios e o direito de retenção, a sua fonte não resulta já da vontade das partes ou, pelo menos, do sujeito que a constitui, mas diretamente da lei, verificados os pressupostos que esta estabelece para o efeito. A criação de patrimónios autónomos afectos à garantia de determinados créditos, decorrem sempre também de disposição legal, não podendo ser gerados por acordo das partes.

[173] Estamos a pensar aqui nas garantias que consistem no "reforço qualitativo" do credor.

[174] Embora, em geral, tal se verifique. Como aponta M. HENRIQUE MESQUITA (*Obrigações reais e ónus reais*, cit., p. 77 – a propósito da hipoteca e do penhor): "O poder de que o titular da garantia dispõe é, tão-somente, o de desencadear a venda judicial da coisa (...) nos termos em que a lei processual estabelece."

[175] Veremos, no entanto, que na reserva de propriedade, o credor pode ser tentado a recorrer à ação executiva, para não ter que ser ele a alienar o bem.

[176] Alguma doutrina sublinha igualmente o carácter *self-executing* de algumas garantias pessoais, querendo com isso sublinhar a facilidade da sua execução, que não exige o recurso às vias judiciais e, portanto, sendo desta forma mais rápida e eficazmente tutelada a posição do credor. Exemplo dessa figura é a garantia autónoma à primeira solicitação. Cfr. J. SIMÕES PATRÍCIO, *Do euro ao código civil europeu? Aspetos da convergência legislativa*, Coimbra Editora, Coimbra, 2001, pp. 126-127; GIOVANNA GIACCHERO, *L'escussione abusiva della garanzia autonoma nel commercio internazionale* DCI, 1994, p. 546, p. 579.

10.4. Garantias prestadas pelo devedor e por terceiro

As garantias pessoais, que levam a um reforço quantitativo, são sempre prestadas por um terceiro. A garantia será tanto mais sólida, quanto maior for a capacidade patrimonial e vontade de cumprir (o que se liga à idoneidade) deste.

As garantias que implicam um reforço qualitativo podem recair sobre um bem do devedor ou de terceiro. Assim, pode constituir-se um direito real de garantia sobre um bem do devedor ou de terceiro (p. ex., uma hipoteca), mas também é possível que um bem seja transferido do património do devedor ou de terceiro para o do credor para desempenhar aí uma função de segurança do crédito deste.

Por exemplo: em vez de ser o devedor (B) a ceder um crédito ao seu credor (A) é um terceiro (C) que cede a A um crédito pecuniário para garantir o crédito deste sobre B. Trata-se, nesta última hipótese, de uma cessão em garantia, em que esta é prestada por terceiro e não, como sucede na maior parte das vezes – e corresponde à configuração socialmente típica desta figura –, pelo devedor[177].

Haverá, neste último grupo de casos de reforço qualitativo em que a garantia é prestada por terceiro, um reforço também quantitativo (embora limitado àquele particular bem que é objeto da garantia, e não a generalidade dos bens do garante, como sucede com as garantias pessoais). São casos de reforço ao mesmo tempo qualitativo e quantitativo (limitado neste ponto, como se disse) do crédito.

10.5. Garantias típicas e atípicas

I. Grande parte das garantias são já antigas e estão previstas e reguladas na lei: exemplo claro é o da fiança. São garantias típicas.

Outras vezes, são fruto da autonomia privada, da constante necessidade de se criaram figuras mais aptas aos fins que se pretendem alcançar e que aqui se ligam à tutela do crédito. A permanente criação de novas garantias é mesmo uma das características deste quadrante.

[177] O crédito (ou um outro bem, estamos só a retomar o exemplo do texto) pode, também, em vez de ser cedido pelo devedor ao credor em garantia, ser transmitido a um terceiro para desempenhar essa mesma função (de garantia, não do crédito de terceiro, mas do credor).

Essas figuras, embora, por vezes, com os contornos bem fixados na prática negocial, não estão previstas e reguladas na lei, sendo nessa medida garantias (legalmente) atípicas. Contudo, como se deixou antever, são muito frequentemente socialmente típicas[178]. Exemplo claro, entre nós[179], é a garantia autónoma à primeira solicitação.

Claro está que, nalguns casos, as garantias terão mesmo que ser típicas. É o que acontece com as garantias reais, devido ao princípio da tipicidade (ou "numerus clausus") dos direitos reais. Os sujeitos não podem criar direitos reais diferentes daqueles previstos na lei[180].

Noutras hipóteses, não há essa dificuldade e as garantias podem mesmo ter por objeto a transmissão ou a retenção de um direito (a segunda modalidade das garantias "qualitativas", aquela que assenta na titularidade de um direito). É o que sucede com as garantias fiduciárias atípicas, uma vez que existem diversas garantias fiduciárias típicas[181].

II. Outro aspeto que importa realçar é o recurso a figuras típicas que são utilizadas, muitas vezes mediante a inclusão de cláusulas de adaptação, para desempenharem fins de garantia. É o que se verifica com a venda a retro[182] ou até com a venda com pacto de revenda (venda em garantia).

11. Ordenação da matéria

I. A exposição da matéria vai ter por base a classificação referida em primeiro lugar entre reforço quantitativo e reforço qualitativo.

[178] Quanto ao tipo social ver ainda desenvolvidamente, entre nós, P. PAIS DE VASCONCELOS, *Contratos atípicos*, Almedina, Coimbra, 1995, pp. 59, ss..

[179] Que não já noutros ordenamentos jurídicos, como se verá, *infra*, a esse propósito.

[180] Cfr. J. OLIVEIRA ASCENSÃO, *A tipicidade dos direitos reais*, Livraria Petrony, Lisboa, 1968, pp. 104, ss., pp. 259, ss.; ORLANDO DE CARVALHO, *Direito das coisas (do direito das coisas em geral)*, Centelha, Coimbra, 1977, pp. 248, ss.; A. MENEZES CORDEIRO, *Direitos reais*, vol. I, Imprensa Nacional - Casa da Moeda, Lisboa, 1979, p. 464, ss..

[181] Ver, desenvolvidamente sobre este ponto, MIGUEL PESTANA DE VASCONCELOS, *A cessão de créditos em garantia. Em particular sobre a posição do cessionário na insolvência do cedente*, Coimbra Editora, Coimbra, 2007, pp. 54, ss., pp. 245, ss..

[182] Ver, *infra*, n.º 30,com mais detalhe sobre a venda a retro.

As outras classificações são auxiliares em relação a esta que traduz aquele que para nós é o *critério central*. Aliás, elas dizem respeito essencialmente (mas não só) ao reforço qualitativo. A este propósito é que se distinguirá entre garantias executivas e aquelas que permitem a execução privada, garantias de fonte legal e convencional e garantias prestadas pelo devedor e por terceiro.

II. Temos então que as garantias quantitativas coincidem com as garantias pessoais. Incluem-se nesta categoria: a fiança, o mandato de crédito, a garantia autónoma, o aval, (algumas) cartas de conforto, o seguro de crédito, o seguro-caução, a solidariedade passiva e a assunção cumulativa de dívida.

No âmbito das garantias qualitativas haverá que proceder a uma grande divisão.

Por um lado, temos as garantias reais, em que o bem por cujo valor o credor se poderá satisfazer em caso de incumprimento ou de insolvência do devedor, integra ainda, onerado, o património deste. Incluiremos aqui ainda aquelas figuras que não sendo direitos reais de garantia se aproximam destes.

Assim, serão analisados: a hipoteca, o penhor, o direito de retenção, os privilégios creditórios especiais e a consignação de rendimentos. No segundo grupo incluiremos os privilégios creditórios gerais.

Por outro lado, temos o recurso à titularidade de um direito com função de garantia. Esse direito pode ter natureza diversa e abarcam-se neste conjunto os casos em que o credor mantém na sua esfera o direito até ao integral cumprimento da outra parte, o adquire a terceiro (e o mantém igualmente na sua esfera para o mesmo fim), e as transmissões fiduciárias em que o referido direito é adquirido ao próprio devedor. Estes contratos podem ser típicos ou atípicos.

Veremos então a reserva de propriedade, a locação financeira, a locação venda, a venda em garantia, a venda a retro, o reporte e as alienações em garantia.

Ainda dentro desta classificação, e conforme foi acima exposto, incluiremos a criação, pela lei, de patrimónios autónomos destinados à garantia de certos credores.

III. Há depois um conjunto de figuras que não se enquadram na classificação anterior, constituindo em relação a ela um terceiro género. Não se trata de garantias especiais em sentido estrito.

Como elemento que lhes permita conferir alguma unidade, têm somente o reforço da posição do credor que, de uma forma mais ou menos intensa (por vezes até muito ténue) conferem, e o recurso que a prática comercial com alguma intensidade faz delas, devidamente moldadas, nalguns casos, para essa finalidade. Isso explica o carácter heterogéneo do conjunto. Dado o reforço ou posição de privilégio que, nos termos referidos (o conjunto é bastante heterogéneo), conferem, são ainda garantias, mas em sentido amplo.

Incluimos neste grupo: a compensação, a exceção de não cumprimento, a cessão de crédito em função de cumprimento e o crédito documentário irrevogável. Por último, serão brevemente abordadas as cláusulas de garantia, e determinada a sua eficácia (por vezes, muitíssmo reduzida) para esse efeito.

De todo o modo, na análise do regime de cada uma das figuras apontadas procurar-se-á destacar os elementos que permitem reforçar a posição do credor (por vezes, só no quadrante insolvencial, outras vezes noutros quadrantes que não esse, o que as diminui), e que levam a que a prática comercial as tenha vindo a adoptar como instrumentos de garantia. A sua unidade, o traço comum que as atravessa é somente, como já se disse, este: serem utilizadas pela prática comercial como instrumentos de reforço da posição do credor.

IV. De acordo com a perspetiva que adoptamos, na análise de cada figura será abordada a sua disciplina executiva[183] e a respectiva disciplina insolvencial. É especialmente assim para as garantias qualitativas.

[183] Evidentemente, só para aquelas que exijam para a sua realização o recurso às vias judiciais, ou seja, à ação executiva.

Programa

§ 1 Introdução

1. Introdução
1.1. A garantia geral das obrigações
1.2. Relação entre as garantias especiais das obrigações e o crédito
1.3. Classificação das garantias especiais das obrigações

§ 2 As garantias especiais das obrigações

1. A caução

2. O reforço quantitativo da probabilidade de satisfação do crédito

2.1. A fiança
2.1. O mandato de crédito
2.2. O aval
2.3. A garantia autónoma
2.4. As cartas de conforto
2.5. O seguro de crédito
2.6. O seguro-caução
2.7. O *credit default swap*
2.8. A solidariedade passiva
2.9. A assunção cumulativa de dívida

3. O reforço qualitativo da probabilidade de satisfação do crédito

3.1. As garantias reais e figuras próximas

3.1.1. A hipoteca
3.1.2. O penhor
3.1.3. O direito de retenção
3.1.4. Os privilégios creditórios
3.1.5. A consignação de rendimentos
3.1.6. A penhora

3.2. O recurso à titularidade de um direito com função de garantia

3.2.1. A reserva de propriedade

3.2.2. A locação venda
3.2.3. A locação financeira
3.2.4. A venda a retro
3.2.5. O reporte
3.2.6. O depósito em garantia
3.2.7. As alienações em garantia
3.2.7.1. As cessões de crédito em garantia
3.2.7.2. As alienações de coisas corpóreas móveis em garantia
3.2.7.3. A "alienação fiduciária em garantia" como modalidade dos contratos de garantia financeira

3.3. A criação de patrimónios autónomos

4. Outros instrumentos de garantia

4.1. A compensação
4.2. A exceção de não cumprimento do contrato
4.3. A cessão de crédito em função do cumprimento
4.4. O crédito documentário irrevogável
4.5. As cláusulas de garantia
4.6. A cessão de bens aos credores

PARTE II
As garantias especiais das obrigações

CAPÍTULO I
Caução

12. A caução

I. Num sentido bastante genérico, a caução[184] identifica-se praticamente com a garantia especial das obrigações[185]. Nessa medida, tanto pode consistir numa caução um penhor como uma fiança (art. 623.º). No âmbito do Código Civil, ela diz respeito às garantias que por força da lei (art. 623.º), de decisão judicial ou negócio jurídico (art. 624.º) são

[184] Ver sobre a caução: PAULO CUNHA, *Da garantia nas obrigações*, vol. II, cit., pp. 5, ss.; J. ANTUNES VARELA, *Das Obrigações em geral*, vol. II, cit., pp. 471, ss.; M. J. ALMEIDA COSTA, *Direito das obrigações*, cit., pp. 884, ss.; PEDRO ROMANO MARTINEZ, *Direito das obrigações, apontamentos*, 3.ª ed., AAFDL, Lisboa, 2011, pp. 357, ss.; P. ROMANO MARTINEZ/P. FUZETA DA PONTE, *Garantias de cumprimento*, cit., pp. 73, ss.; L. MENEZES LEITÃO, *Direito das obrigações*, vol. II, cit., pp. 321, ss.; idem, *Garantias das obrigações*, cit., pp. 101, ss.; M. J. COSTA GOMES, *Assunção fidejussória de dívida*, cit., pp. 44-45, nota 166.

Ver também: GIUSEPPE TUCCI, *Cauzione*, DDP, *sezione civile*, II, pp. 255, ss.; FREDERICO MARTORANO, *Cauzione (Dir. Civ.)*, ED, VI, pp. 652, ss..

[185] Cfr. J. ANTUNES VARELA, *Das Obrigações em geral*, vol. II, cit., p. 472. Também em Itália, ver DOMENICO RUBINO, *La reponsabilità patrimoniale – Il pegno*, 2.ª ed., in Trattato di diritto civile italiano (dirigido por Filippo Vassalli), vol. XIV, t. 1, Utet, Turim, 1956, p. 217, nota 2.

G. TUCCI (*Cauzione*, cit., p. 257) explica que caução deriva do termo cautio, do verbo cavere, e sempre teve "o significado genérico, mas omnicompreeensivo, de cautela ou garantia", de instrumento que torna "seguro quem está exposto a um prejuízo, ou se assegura o cumprimento de uma obrigação, mesmo futura ou eventual".

autorizadas ou impostas "para assegurar o cumprimento de obrigações eventuais ou de amplitude indeterminada"[186]. Vejamos então.

II. São dois os grupos de casos de caução regulados por lei.

Em primeiro lugar, temos a caução imposta ou autorizada por lei. Na eventualidade de alguém ser obrigado (p. ex.: arts. 649.º, 704.º, n.º 3, 733.º CPC) ou autorizado (p. ex.: arts. 614.º n.º 2, 648.º) por lei a prestar caução sem que se tenha determinado a espécie que ela deve revestir, admite-se que ela possa ser prestada por meio de depósito em dinheiro, títulos de crédito, pedras ou metais preciosos, ou por penhor, hipoteca ou fiança bancária (art. 623.º n.º 1).[187]

Se não for possível prestar a caução recorrendo a algum dos meios referidos, permite-se que ela possa ser prestada através de fiança que não bancária, desde que o fiador renuncie ao benefício da excussão (art. 623.º n.º 2). Não havendo acordo entre os interessados, caberá ao tribunal apreciar a idoneidade da caução (art. 623.º n.º 3).

III. Em segundo lugar, a lei regula a caução que alguém seja obrigado ou autorizado por negócio jurídico a prestar e aquela que for imposta por tribunal (p. ex: arts. 107.º, 620.º). Permite-se amplamente que esta seja prestada por qualquer garantia, real ou pessoal (art. 624.º, n.º 1).

Cremos que a norma deve sofrer aqui uma interpretação extensiva. O legislador mencionou somente (quaisquer) garantias reais e pessoais, porque eram essas as modalidades de garantias que compunham o conjunto das garantias especiais de obrigações aquando da elaboração do Código Civil.

A categoria dogmática das garantias assentes na titularidade de um direito, pese embora existirem diversos exemplos de figuras que a integram nesse mesmo Código, não estava apurada nessa data. Hoje está. São garantias que, à semelhança das garantias reais, proporcionam um

[186] Assim, M. J. ALMEIDA COSTA, *Direito das obrigações*, cit., p. 884. Já PAULO CUNHA, *Da garantia nas obrigações*, vol. II, cit., p. 6.

[187] Mas igualmente com recurso a outros instrumentos. Assim, p. ex., o art. 164.º, n.º 4 do CIRE, em que se impõe como caução um cheque visado à ordem da massa insolvente.

aumento qualitativo da probabilidade de satisfação do crédito do credor, mas são mais sólidas do que as primeiras.

Tendo em conta o elemento teleológico, nada obstará a que se incluam também aqui. Não se vê porque só se haveria, p. ex., de admitir como caução um penhor de créditos, mas já não uma transferência de créditos em garantia.[188]

Por fim, sempre que não haja acordo entre os interessados, caberá ao tribunal apreciar a idoneidade da caução (art. 624.º, n.º 2).

IV. A lei regula depois mais dois aspetos do regime da caução: a falta da sua prestação e a sua insuficiência ou impropriedade superveniente.

Caso aquele que esteja obrigado a prestar a caução não o fizer, o credor poderá registar a hipoteca sobre quaisquer bens do devedor, mas só os suficientes para acautelar o seu crédito, ou recorrer a "outra cautela idónea", salvo se a lei estipular uma solução diferente (art. 625.º).

Pode a caução prestada vir a revelar-se insuficiente ou imprópria, por causa não imputável ao credor, para assegurar o seu crédito. Se assim vier a suceder, este pode exigir o seu reforço ou então que seja prestada uma outra forma de caução (art. 626.º).

V. Está previsto no Código de Processo Civil um processo especial para a prestação da caução (arts. 906.º, ss. CPC)[189_190]

[188] O art. 261.º, n.º 4, CVM (agora revogado) impunha mesmo a prestação de caução através de um contrato de garantia financeira.

[189] Que se inicia com o requerimento daquele que pretenda exigir a prestação de caução, onde deve ser logo indicado, além dos fundamentos da pretensão, o valor que deve ser caucionado (art. 906.º CPC).

[190] As garantias prestadas pelo Estado têm um regime próprio previsto na Lei n.º 112/97 de 16/9, e visam assegurar "operações de crédito ou financeiras relativas a empreendimentos ou projectos de manifesto interesse para a economia nacional" (art. 8.º), exigindo sempre um despacho autorizatório do Ministro das Finanças (art. 15.º, n.º 1). Podem assumir duas formas: a fiança ou o aval (art. 7.º), sendo a disciplina supletiva aplicável a destas figuras (art. 24.º). O Estado pode sempre exigir contragarantias (art. 11.º) para tutelar o seu crédito futuro, se a garantia que concedeu vier a ser executada. Para além delas, de todo o modo, beneficia sempre de um privilégio creditório mobiliário geral sobre os bens das entidades benficiárias das garantias pelas quantias, que como garante tenha pago, a ser graduado conjuntamente com os previstos na al. a) do n.º 1 do artigo 747.º do Código Civil (art. 22.º, ns. 1 e 2). Sobre ele, ver o Acórdão do STJ de 31/01/2017 (Nuno Cameira), in: www. dgsi.pt.

Capítulo II
Reforço quantitativo da probabilidade de satisfação do crédito

13. A fiança

13.1. Introdução

I. Na fiança[191]_[192] um terceiro[193] garante a satisfação do crédito ficando pessoalmente obrigado perante o credor (art. 627.º). A obrigação deste terceiro, o fiador, tem o conteúdo da obrigação principal e cobre as

[191] Sobre a fiança, em geral, ver: PAULO CUNHA, *Da garantia nas obrigações*, vol. II, cit., pp. 36, ss.; A. VAZ SERRA, *Fiança e figuras análogas*, BMJ n.º 71, pp. 19, ss.; J. ANTUNES VARELA, *Das Obrigações em geral*, vol. II, cit., pp. 477, ss.; M. J. ALMEIDA COSTA, *Direito das obrigações*, cit., pp. 888, ss.; I. GALVÃO TELLES, *Garantia bancária autónoma*, cit., pp. 278, ss.; A. MENEZES CORDEIRO, *Tratado de direito civil X, direito das obrigações, garantias*, cit., 423, ss.; JOÃO CALVÃO DA SILVA, *Garantias acessórias e garantias autónomas*, in Estudos de direito comercial (pareceres), Almedina, Coimbra, 1996, pp. 327, ss.; P. ROMANO MARTINEZ, *Direito das obrigações, apontamentos*, cit., pp. 360, ss.; P. ROMANO MARTINEZ/P. FUZETA DA PONTE, *Garantias de cumprimento*, cit., pp. 86, ss.; L. MENEZES LEITÃO, *Direito das obrigações*, vol. II, cit., pp. 327, ss.; idem, *Garantias das obrigações*, cit., pp. 105, ss.; J. ENGRÁCIA ANTUNES, *Direito dos contratos comerciais*, Almedina, Coimbra, 2009, pp. 532, ss.; EVARISTO MENDES, *Garantias bancárias. Natureza*, RDES, 1995, pp. 454, ss.; A. SARAIVA MATIAS, *Garantias bancárias ativas e passivas*, cit., pp. 23, ss..

Entre nós, a obra de referência sobre esta matéria é: M. JANUÁRIO COSTA GOMES, *Assunção fidejussória de dívida*, cit., passim. Ver ainda deste último Autor: A fiança no quadro das garantias pessoais. Aspetos de regime, cit., p. 79, ss..

consequências legais e contratuais do não cumprimento culposo da obrigação por parte do devedor (art. 634.º)[194].

Ver ainda: ORLANDO GOMES, Contratos, 26.ª ed. (atualizada por: ANTONIO JUNQUEIRA DE AZEVEDO e FRANCISCO PAULO DE CRESCENZO MARINO), Editora forense, Rio de Janeiro, 2008, pp. 536, ss.; ARNOLDO WALD, *Direito civil, contratos em espécie*, 3, 18.ª ed. (reformulada com a colaboração de SEMY GLANZ, ANA ELISABETH LAPA WANDERLEI CAVALCANTI e LILIANA MINARDI PAESANI), Saraiva, S. Paulo, 2009, pp. 318, ss.; FÁBIO ULHOA COELHO, *Curso de direito civil, Contratos*, 3, 4.ª ed., Saraiva, S. Paulo, 2010, pp. 261, ss.; M. FRAGALI, Fideiussone (dir. priv.), ED, XVII, pp. 346, ss.; ALBERTO RAVAZZONI, *Fideiussione*, DDP, sezione civile, VIII, pp. 254, ss.; ANDREA COCOCCIA/ SIMONA ROSARIA GARGIULIO, *Fideiussione*, in: *Le garanzie personale e reali, in Il diritto privato nella giurisprudenza* (coord. por Paolo Cendon), Utet, Turim, 2006, p. 5, ss.; D. LEGAIS, *Sûretés et garanties du crédit*, cit., pp. 29, ss.; L. AYNÈS/P. CROCQ, *Les sûretés. La publicité foncière*, cit., pp. 17, ss.; UWE BLAUROCK, *Aktuelle Probleme aus dem Kreditsicherungsrecht*, 2.ª ed., Verlag Kommunikationsforum, Colónia, 1987, pp. 64, ss.; HANS BROX/WOLF-DIETRIECH WALKER, *Besonderes Schuldrecht*, 42.ª ed., C. H. Beck, Munique, 2018, § 32, p. 453, ss.; WOLFGANG FIKENTSCHER/ANDREAS HEINEMANN, *Schuldrecht*, 10.ª ed, de Gruyter, Berlim, 2006, § 96 I, pp. 668, ss.; DIETER MEDICUS/STEPHAN LORENZ, *Schuldrecht* II, *Besonderer Teil*, 15.ª ed., C. H. Beck, Munique, 2010, § 120, pp. 327, ss.; H. WEBER, *Kreditsicherheiten*, cit., § 3, pp. 54, ss.; GERD NOBBE, *Bürgschaft*, in: H. SCHIMANSKY/H.-J. BUNTE/H.-J. LWOWSKY, *Bankrechts-Handbuch*, Band II, 4.ª ed., C. H. Beck, Munique, 2011, § 91, pp. 173, ss.; R. GOODE, *Commercial law*, cit., pp. 799, ss.; FRANCISCO VICENT CHULIA, *Introducción al estudio de las garantias personales en el Ordenamiento español*, in: *Tratado de las garantias en la contratación mercantil* (coord. UBALDO NIETO CAROL e JOSÉ IGNACIO BONET SANCHEZ), tomo I, *Parte general y garantias personales*, Civitas, Madrid, 1996, pp. 378, ss.; FERNANDO VALENZUELA GARACH, *El contrato de fianza: una síntesis de sus problemas atuales*, in: Tratado de las garantias en la contratación mercantil (coord. UBALDO NIETO CAROL e JOSÉ IGNACIO BONET SANCHEZ), *tomo I, Parte general y garantias personales*, Civitas, Madrid, 1996, pp. 421, ss.; ÁNGEL CARRASCO PERERA/ENCARNA CORDERO LOBATO/MANUEL JESÚS MARÍN LÓPEZ, *Tratado de los derechos de garantía*, vol. II, *Garantías mobiliarias*, 2.ª ed., Thomson/Arazandi, Navarra, 2008, pp. 69, ss..

Para uma breve análise de direito comparado, ver ANGELO CHIANALE, *Fideiussione*, in: *diritto comparato*, DDP, sezione civile, VIII, pp. 275, ss..

[192] Cuidamos aqui das garantias pessoais.

[193] Que pode ser o Estado. Lei n.º 112/97, de 16 de setembro – regime jurídico da concessão de garantias pessoais pelo Estado ou por outras pessoas coletivas de direito público. Nos termos do seu art. 7.º, o Estado adoptará na concessão de garantias pessoais a fiança ou o aval. Ver, sobre este ponto, MARIA LEONOR DA CUNHA TORRES, *Garantias pessoais do Estado*, in: Estudos jurídicos e económicos em homenagem ao Prof. Doutor António de Sousa Franco, vol. III, Faculdade de Direito da Universidade de Lisboa, Coimbra Editora, 2006, pp. 139, ss..

[194] Designa-se por fiança não só o vínculo, como agora se faz em texto, mas a própria fonte do vínculo, que, como se verá, é um contrato. Ver J. ANTUNES VARELA, *Das Obrigações em geral*, vol. II, cit., p. 477, nota 1; A. RAVAZZONI, *Fideiussione*, cit., p. 255.

Há assim duas obrigações: a do devedor, a principal, e a do fiador, a acessória.

Por isso, o credor não se limita a poder executar o património do devedor, mas igualmente o do fiador, se ele não cumprir, verificados os respectivos pressupostos (que podem passar pela prévia excussão dos bens do devedor). Daqui resulta o alargamento quantitativo da massa de bens responsáveis. Ao património do devedor, junta-se o do fiador[195].

Ao contrário da outra modalidade de garantias, não há neste caso uma reserva de um determinado bem sobre o qual o credor se pode satisfazer de forma privilegiada (e, por vezes, isolada), mas um alargamento da massa patrimonial, relativamente à qual (*rectius*, às quais) o credor se encontra na posição de credor comum. Nessa medida, a força da fiança, a sua solidez, está dependente da extensão e solidez do património do fiador, bem como da sua idoneidade e vontade de cumprir. O que explica a robustez de uma fiança bancária.

II. A fiança resulta de um contrato[196]. Este contrato pode ser celebrado entre o credor e o fiador, sem que haja qualquer necessidade de consentimento – ou conhecimento – por parte do devedor ou mesmo contra a sua vontade (art. 628.º n.º 2). Pode ainda ser concluído entre o fiador e o devedor, hipótese em que estaremos face a um contrato a favor de terceiro (o credor)[197].

[195] Embora seja de admitir, nos termos do art. 602.º, que a responsabilidade do próprio fiador possa limitar-se não a todo o património, mas apenas a alguns dos bens que o integram. Neste sentido: J. ANTUNES VARELA, *Das Obrigações em geral*, vol. II, cit., p. 478, nota 1; J. CALVÃO DA SILVA, *Garantias acessórias e garantias autónomas*, cit., p. 333.

[196] E não de um negócio jurídico unilateral, atento o disposto no art. 457.º. Neste sentido: M. HENRIQUE MESQUITA, *Fiança*, CJ, 1986, IV, p. 25; J. ANTUNES VARELA, *Das Obrigações em geral*, vol. II, cit., p. 486; M. J. COSTA GOMES, *Assunção fidejussória de dívida*, cit., p. 388; idem, *A questão da estrutura negocial da fiança revisitada*, Dir., 2006, p. 499, ss.; idem, *A fiança no quadro das garantias pessoais. Aspetos de regime*, cit., pp. 103, ss., L. MENEZES LEITÃO, *Garantias das obrigações*, cit., p. 107. Noutro sentido: A. VAZ SERRA, *Fiança e figuras análogas*, cit., p. 25; EVARISTO MENDES, *Garantias bancárias. Natureza*, cit., pp. 456-457 (quanto à fiança bancária); CARLOS FERREIRA DE ALMEIDA, *Contratos, III, contratos de liberalidade, de cooperação e de risco*, 2.ª ed., Almedina, Coimbra, 2013, p. 196; A. RAVAZZONI, *Fideiussione*, cit., p. 255; M. FRAGALI, *Fideiussone (dir. priv.)*, cit., p. 350.

[197] M. J. ALMEIDA COSTA, *Direito das obrigações*, cit., p. 892.

Ainda, poderemos estar perante um contrato plurilateral celebrado entre o credor, o devedor e fiador[198]_[199]

Acrescente-se ainda que, conforme o fiador tenha ou não direito a uma contraprestação pela prestação da garantia, a fiança será onerosa (como sucede com a fiança bancária) ou gratuita[200].

III. Quanto às obrigações que podem ser garantidas por meio de fiança, estas não se limitam às obrigações presentes, mas podem ser também obrigações futuras ou condicionais (art. 628.º n.º 2).[201]

13.2. Modalidade e forma da declaração

I. A lei impõe que a declaração de fiança seja expressa e que adopte a forma exigida para a obrigação principal (art. 628.º n.º 1). O facto de ser expressa não implica que a declaração do fiador esteja sujeita a quaisquer "fórmulas (...) sacramentais", mas que a vontade de prestar fiança tem que decorrer de forma direta daquela[202].

Estando a forma da declaração dependente da forma da obrigação garantida, a fiança poderá obviamente ser prestada verbalmente sempre que não for imposta forma para a primeira. Contudo, se a forma da obrigação garantida for mais exigente do que a simples forma escrita, a declaração de fiança terá que acompanhar essa forma mais exigente[203].

[198] L. MENEZES LEITÃO, *Garantias das obrigações*, cit., p. 108.

[199] Cfr. P. ROMANO MARTINEZ/P. FUZETA DA PONTE, *Garantias de cumprimento*, cit., p. 90.

[200] Cfr. J. ANTUNES VARELA, *Das Obrigações em geral*, vol. II, cit., p. 478, nota 2.

[201] Trata-se do regime geral da fiança. Há disposições específicas em diferentes quadros normativos. Assim sucede no que diz respeito ao regime dos contratos regime dos contratos de crédito relativos a imóveis, aprovado pelo Dec.-Lei n.º 74-A/2017, de 23/6, que se aplica a um conjunto de contratos de crédito (onde se inclui agora a locação financeira imobiliária) celebrados com consumidores (art. 2.º). Sendo o fiador um consumidor, é-lhe estendido a proteção. Desta forma, o mutuante deve entregar ao fiador simultaneamente a cópia da FINE e da minuta do contrato e prestar-lhe as explicações adequadas, assegurando-lhe um período mínimo de reflexão antes da celebração do contrato de crédito. (art. 13.º, n.º 6 do Dec.-Lei n.º 74-A/2017, de 23/6).

[202] Assim, J. ANTUNES VARELA, *Das Obrigações em geral*, vol. II, cit., p. 482.

[203] Cfr. L. MENEZES LEITÃO, *Garantias das obrigações*, cit., p. 109.

II. A exigência legal diz respeito à declaração do fiador. Não parece desta forma haver obstáculos a que a modalidade da declaração de aceitação da outra parte, credor ou devedor, siga as regras gerais (art. 219.º), podendo fazer-se tacitamente.[204]

13.3. Características da fiança

a) Acessoriedade

I. Este aspeto é marcante da fiança[205]. A lei prescreve-o, de imediato, a seguir à noção da fiança (art. 627.º n.º 2). Em termos gerais, a acessoriedade significa que a obrigação do fiador se molda sobre a obrigação do devedor principal e a sua subsistência, desde o nascimento à extinção, depende da subsistência desta.

Vejamos então com mais detalhe as múltiplas manifestações da acessoriedade no regime da fiança.

Em primeiro lugar, a fiança não pode exceder a obrigação principal nem ser contraída em condições mais onerosas e, caso o seja, é redutível aos "precisos termos" desta (art. 631.º ns. 1 e 2). Nada obsta, no entanto, ao contrário: a que a fiança seja contraída por quantidade menor ou em condições menos onerosas do que a obrigação principal (art. 631.º n.º 1).

Em segundo lugar, a invalidade da obrigação principal, assim como a sua inexistência atingem a própria fiança. Note-se que, sendo anulável a obrigação principal, enquanto ela não vier a ser anulada, mantém-se a fiança[206].

Esta pode inclusive manter-se validamente apesar da anulação da obrigação principal por incapacidade ou falta ou vício de vontade do devedor, se o fiador conhecia já a causa de anulabilidade quando prestou a fiança (art. 632.º n.º 2). A solução é explicada pela garantia implícita que o fiador

[204] Neste sentido: M. J. COSTA GOMES, *Assunção fidejussória de dívida*, cit., p. 388; L. MENEZES LEITÃO, *Garantias das obrigações*, cit., pp. 109, ss..

[205] Cfr. ORLANDO GOMES, *Contratos*, cit., p. 537.

[206] Cfr. PIRES DE LIMA/ANTUNES VARELA (com a colaboração de M. HENRIQUE MESQUITA), *Código civil anotado*, vol. I, 4.ª ed., Coimbra Editora, Coimbra, 1987, p. 649. Contudo, enquanto não houver decisão do devedor quanto à anulação, o fiador pode recorrer ao disposto no art. 642.º n.º 2. Cfr. J. ANTUNES VARELA, *Das Obrigações em geral*, vol. II, cit., p. 494, nota 1.

concederia ao credor de que o devedor não viria a anular o negócio fonte da obrigação garantida[207].

Em terceiro lugar, o fiador pode opor ao credor os meios de defesa que competem ao devedor[208], exceto se forem incompatíveis com a sua obrigação de fiador (art. 637.º n.º 1).

Em quarto lugar, a extinção da obrigação principal leva à extinção da fiança (art. 651.º).[209]

Em quinto lugar, a natureza civil ou comercial da fiança, depende do carácter civil ou comercial da obrigação principal (art. 101.º do Código Comercial).

Finalmente, aspeto que já tínhamos focado, a forma da obrigação principal comanda a forma da fiança (art. 628.º n.º 1).

b) Subsidariedade

I. Esta é uma característica meramente eventual da fiança civil (já não da fiança comercial) e consiste, em termos gerais, no facto de o fiador poder impedir a execução dos seus bens, enquanto o devedor tiver no seu património bens que possam ser executados.

A subsidariedade, repare-se, não impede que o fiador seja demandado ainda antes de serem excutidos os bens do devedor principal[210]. Ela permite-lhe, apenas, que evite a execução dos seus bens enquanto não se tenha verificado a referida excução dos bens do devedor.

II. A susbsidariedade concretiza-se no benefício da excussão (art. 638.º), que encontra tradução processual em sede executiva no art. 745.º CPC, e permite, como se disse, ao fiador, o devedor subsidiário, opor-se à penhora dos seus bens enquanto não estiverem excutidos todos os bens

[207] Assim, J. ANTUNES VARELA, *Das Obrigações em geral*, vol. II, cit., p. 484; L. MENEZES LEITÃO, *Garantias das obrigações*, cit., p. 110.

[208] Para além, claro, daqueles que lhe forem próprios, dele, fiador.

[209] Em relação aos três últimos aspetos referidos, pode falar-se (com J. CALVÃO DA SILVA, *Garantias acessórias e garantias autónomas*, cit., p. 334) numa dependência genética, funcional e extintiva da fiança em relação à obrigação principal.

[210] Como aponta M. JANUÁRIO COSTA GOMES (*A fiança no quadro das garantias pessoais. Aspetos de regime*, cit., p. 101), "...após o vencimento da obrigação, conhecido do fiador, o credor tem livre escolha (*libera electio, freie Wahl*) entre devedor e fiador...".

do devedor principal. E se o fiador provar que o crédito não foi satisfeito por culpa do credor, poderá, não obstante a excussão de todos os bens do devedor, manter a recusa (art. 638.º n.º 2)[211].

Na eventualidade de o crédito principal estar assegurado também por garantias reais constituídas por terceiro, haverá que distinguir consoante estas sejam anteriores ou contemporâneas da fiança ou posteriores à fiança. É que nos dois primeiros casos o fiador tem direito de exigir a execução prévia das coisas sobre que recai a garantia real, o que já não sucede na última hipótese referida (art. 639.º n.º 1).[212]

Com efeito, entende-se que, quando foi prestada a fiança, existindo já essas garantias reais a tutelar o crédito, o fiador estaria a contar com elas e, portanto, só se pretende responsabilizar para os montantes não cobertos pela sua execução. O mesmo já não sucede para as garantias reais que posteriormente venham a ser constituídas[213].

Por isso, o autor da garantia real anterior ou contemporânea da fiança, depois de executado, não fica sub-rogado face ao fiador (art. 639.º n.º 3). Esta disposição não tem, no entanto, carácter imperativo e, consequentemente, nada obsta a que o fiador se obrigue em primeiro lugar, mesmo antes de executados os bens objeto das garantias reais que tutelam o crédito anteriores ou contemporâneas da fiança.[214]

III. O credor perde o benefício da excussão, com os contornos que vimos de definir, se renunciar a ele, em particular, como é frequente, assumindo a obrigação de principal pagador. Perde igualmente esse benefício, se o devedor ou dono dos bens onerados com a garantia não puder, em virtude de facto posterior à fiança, vir a ser demandado ou executado no território continental e regiões autónomas (art. 640.º). Por último, sendo a fiança de

[211] Sobre esta disposição, ver desenvolvidamente M. J. COSTA GOMES, *Assunção fidejussória de dívida*, cit., pp. 1112, ss..

[212] Note-se que mesmo nos casos do art. 639.º n.º 1, se as coisas oneradas garantirem outros créditos do mesmo credor, o fiador só pode valer-se do direito aí consagrado se o valor dessas coisas for suficiente para satisfazer a todos (art. 639.º n.º 2).

[213] Cfr. J. ANTUNES VARELA, *Das Obrigações em geral*, vol. II, cit., p. 491.

[214] Neste sentido, PIRES DE LIMA/ANTUNES VARELA (com a colaboração de M. HENRIQUE MESQUITA), *Código civil anotado*, vol. I, cit., p. 656.

obrigação comercial, o fiador não tem igualmente o benefício da excussão (art. 101.º do Código Comercial)[215].

IV. Conforme referimos, a existência do benefício da excussão não obsta a que o fiador venha a ser demandado judicialmente, só, ou em conjunto com o devedor.

Caso seja só ele a ser de demandado, mesmo que não goze do benefício da excussão, o fiador pode chamar o devedor à demanda, para com ele se defender ou com ele ser conjuntamente condenado.

E tem todo o interesse em fazê-lo, porque se não proceder dessa forma renuncia ao benefício da excussão, a não ser que faça uma declaração expressa em contrário no processo (art. 641.º ns. 1 e 2).

V. Na prática negocial, ou por efeito de renúncia do fiador, ou por se tratar de uma fiança de obrigação comercial, a subsidariedade será afastada, sendo o fiador um devedor principal. Em Itália, aliás, o *Codice Civile* (art. 1944.º) consagra a solução inversa: o fiador só goza do benefício da excussão quando tal tenha sido acordado pelas partes[216].

13.4. Relações entre o credor e o fiador

I. Um dos principais aspetos da relação entre estes sujeitos diz respeito ao benefício da excussão que acabámos de ver.

Passamos em seguida a analisar os outros aspetos: os meios de defesa do fiador em geral, para depois abordarmos os casos diretamente previstos na lei.

[215] A lei remete para o regime da solidariedade. Contudo, não se trata de uma verdadeira solidariedade, mas só o afastamento, como se refere em texto, do benefício da excussão. Como aponta M. J. COSTA GOMES (*Assunção fidejussória de dívida*, cit., pp. 269-270): "o que a lei comercial consagra, por razões específicas é, simplesmente, a negação do benefício da excussão como regime regra da fiança mercantil". Sublinha este Autor, na linha de E. BECKER-EBERHARD, que a acessoriedade, que caracteriza a fiança "não é compatível" com a solidariedade passiva, sendo mesmo a acessoriedade e a solidariedade "opositoras diretas" (*ob. últ. cit.*, p. 271). Na jurisprudência neste sentido, ver o Acórdão da Relação de Lisboa de 18/09/2014 (Ezaguy Martins), in: www.dgsi.pt.

[216] Cfr. A. RAVAZZONI, *Fideiussione*, cit., p. 262; M. FRAGALI, *Fideiussone (dir. priv.)*, cit., p. 360.

II. Já foi observado que o fiador pode opor ao credor os meios de defesa que cabem ao devedor, a não ser que sejam incompatíveis com a sua obrigação[217]. Trata-se, como foi apontado, de uma manifestação da acessoriedade da fiança[218]. Note-se, porém, que se o devedor renunciar a qualquer meio de defesa, essa renúncia não produz efeito em relação ao fiador (art. 637.º).

Para além desses, pode obviamente valer-se daqueles meios de defesa que lhe são próprios, quer relativos ao negócio (p. ex., falta de forma do contrato, vícios da vontade), quer à relação daí emergente[219].

Temos depois os meios de defesa que decorrem da sua posição de fiador (onde se inclui o já referido benefício da excussão)[220].

III. Numa solução semelhante à da solidariedade, o caso julgado entre credor e devedor não é oponível ao fiador, o que é claro, porque ele não teve possibilidade de se defender nessa ação. Contudo, este pode valer-se dele, a não ser que diga respeito "a circunstâncias pessoais do devedor que não excluam a responsabilidade do fiador." (art. 635.º n.º 1).

Quanto ao caso julgado entre o credor e o fiador, aproveita ao devedor, desde que respeite à obrigação principal, mas não o prejudica, por razões idênticas às acima referidas, o caso julgado desfavorável (art. 635.º n.º 2).

IV. Relativamente à prescrição, a lei optou por uma independência das obrigações do fiador e devedor.

Com efeito, a interrupção e a suspensão da prescrição relativamente ao devedor não produz efeitos relativamente ao fiador e vice-versa (art. 636.º ns. 1 e 2). De forma semelhante, a renúncia à prescrição por parte de um dos obrigados, devedor ou fiador, não produz efeitos em relação ao outro (art. 636.º n.º 3).

[217] Sobre estes, ver J. ANTUNES VARELA, *Das Obrigações em geral*, vol. II, cit., p. 495.

[218] Uma "cripto-manifestação", de acordo com M. J. COSTA GOMES, *Assunção fidejussória de dívida*, cit., p. 996.

[219] Cfr. J. ANTUNES VARELA, *Das Obrigações em geral*, vol. II, cit., pp. 493-494.

[220] Ver sobre estas, M. J. COSTA GOMES, *Assunção fidejussória de dívida*, cit., pp. 997, ss..

Contudo, se o credor interromper a prescrição contra o devedor e der conhecimento do facto ao fiador, "considera-se a prescrição interrompida contra este na data da comunicação" (art. 636.º n.º 1 *in fine*).[221]

V. O fiador pode recorrer à "exceção da compensabilidade"[222], recusando o cumprimento.

Tal verifica-se se o direito do credor puder ser satisfeito com um crédito do devedor, isto é, quando for o credor a poder recorrer à compensação. A solução é a mesma se for o devedor que pode recorrer a ela, extinguindo, desta forma, o crédito do credor (art. 642.º n.º 1).

VI. O fiador pode também recusar o cumprimento enquanto o devedor puder impugnar o negócio donde provém a sua obrigação (art. 642.º n.º 2).

13.5. Relações entre o devedor e o fiador

I. Cumprindo o fiador a obrigação, fica sub-rogado, na medida do seu cumprimento, no direito do credor (art. 644.º). Opera-se uma transferência do crédito (por sub-rogação legal), com as suas garantias e acessórios (de acordo com o regime da cessão de créditos, art. 582.º, aplicado à sub-rogação por força do art. 594.º[223]). Poderá depois demandar o devedor, correndo desta forma o risco da sua incapacidade patrimonial.

Em virtude da sub-rogação (mas agora já não por aplicação da disciplina da cessão de créditos)[224], o devedor poderá opor ao sub-rogado, o fiador, os meios de defesa que teria podido opor ao credor primitivo. No entanto, o devedor que consentir no cumprimento pelo fiador, ou que,

[221] Cfr. para este ponto J. ANTUNES VARELA, *Das Obrigações em geral*, vol. II, cit., pp. 496-497.

[222] Ver, sobre esta, M. J. COSTA GOMES, *Assunção fidejussória de dívida*, cit., pp. 988, ss..

[223] Quanto ao regime da sub-rogação, ver, por todos, JORGE RIBEIRO DE FARIA, *Direito das obrigações*, vol. II, Almedina, Coimbra, 1990, pp. 547, ss., p. 568.

[224] Apesar de não se verificar uma remissão para o regime da cessão de créditos (o art. 594.º remete para o disposto nos artigos 582.º a 584.º, já não o art. 585.º, relativo aos meios de defesa oponíveis pelo devedor), nos casos em que a sub-rogação é realizada pelo credor ou tenha base legal, a solução deverá ser semelhante à da cessão de créditos. Cfr. J. RIBEIRO DE FARIA, *Direito das obrigações*, vol. II, cit., p. 573; J. ANTUNES VARELA, *Das Obrigações em geral*, vol. II, cit., p. 352, nota 1.

tendo sido avisado por este, não lhe der conhecimento injustificadamente dos meios de defesa que poderia opor ao credor, não pode vir a opô-los ao fiador (art. 647.º).

II. Na eventualidade de o fiador ou o devedor cumprirem, há deveres de aviso ao garante ou ao devedor, consoante seja este último ou o primeiro a realizar a prestação.

Se o fiador não avisar o devedor do seu cumprimento, perde o seu direito contra este, se ele, por erro, realizar novamente a prestação. Nessa hipótese, pode repetir do credor a prestação feita como se fosse indevida (art. 645.º n.º 2). Tal não acontece, mantendo-se o direito adquirido pelo fiador, se, apesar da falta de aviso, o devedor sabia do cumprimento e da consequente extinção da obrigação.

Por seu lado, o devedor que cumpra e culposamente não avise o fiador, terá que o indemnizar pelo prejuízo causado (art. 646.º). Com efeito, este, sem o saber, cumpre uma obrigação inexistente e terá direito à repetição da prestação realizada. O que poderá não conseguir, ou não conseguir na totalidade, daí resultando um prejuízo. Aliás, as despesas que tenha de fazer para esse efeito são já um prejuízo, portanto a indemnizar pelo devedor.

III. Em certos casos, a lei permite ao fiador exigir a sua liberação ou a prestação de caução para garantia do seu direito eventual contra o devedor (art. 648.º).

São as seguintes essas hipóteses: se o credor obtiver contra o fiador uma sentença exequível; se os riscos da fiança se agravarem sensivelmente; se após a assunção da fiança o devedor se houver colocado na situação do art. 640.º al. b), ou seja, se não puder ser demandado no território continental ou regiões autónomas; se o devedor se tiver comprometido a desonerar o fiador dentro de certo prazo ou verificado certo evento e já tiver decorrido o prazo ou se tiver verificado o evento previsto; se houverem decorrido cinco anos, não tendo a obrigação principal um termo ou se, tendo-o, houver prorrogação legal imposta a qualquer das partes[225].

[225] Quanto a estas, ver desenvolvidamente M. J. COSTA GOMES, *Assunção fidejussória de dívida*, cit., pp. 852, ss..

Como a liberação depende sempre do acordo do credor e este direito é contra o devedor, se não se verificar o consentimento do primeiro, resta ao devedor cumprir[226], caso possa, por o prazo ser a seu favor ou a obrigação estar já vencida, ou então a segunda via, isto é, a prestação de caução[227].

Este direito à liberação ou à prestação de caução face ao devedor não existe naqueles casos em que a fiança tenha sido constituída por acordo entre credor e fiador com vista exclusivamente a beneficiar o primeiro, tudo se passando então nas relações entre eles[228].

Porém, se houver uma autorização por parte do devedor (sendo que, como se sabe, a fiança pode ser prestada sem o conhecimento ou mesmo contra a vontade do devedor – art. 628.º n.º 2) o regime do art. 628.º será já aplicável, mesmo resultando a fiança de acordo entre o fiador e o credor[229].

13.6. Relações entre o devedor e o credor

I. Sempre que um devedor estiver obrigado a dar fiador, estatui o art. 633.º n.º 1 que o credor não tem que aceitar quem não tiver capacidade para se obrigar ou não tiver bens suficientes para garantir a obrigação.

A *ratio* da disposição parece clara. Ao credor em nada interessa que seja contraída uma fiança que por falta de capacidade do fiador seja inválida, ou que, como é óbvio, o fiador oferecido não tenha meios suficientes para garantir a obrigação, o que frustraria a sua função de garantia.

II. Prestada a fiança, na eventualidade de o fiador "mudar de fortuna, de modo a que haja risco de insolvência", o credor tem a faculdade de exigir o reforço da fiança (art. 633.º n.º 2). Não o fazendo o devedor, ou caso não ofereça outra garantia idónea dentro do prazo que lhe for fixado pelo

[226] Ou extinguir a obrigação por outra via.

[227] Cfr. PIRES DE LIMA/ANTUNES VARELA (com a colaboração de M. HENRIQUE MESQUITA), *Código civil anotado*, vol. I, cit., p. 664.

[228] Cfr. M. J. ALMEIDA COSTA, *Direito das obrigações*, cit., p. 901; L. MENEZES LEITÃO, *Garantias das obrigações*, cit., p. 115, nota 283.

[229] Neste sentido, M. J. COSTA GOMES, *Assunção fidejussória de dívida*, cit., p. 843. Sustenta este Autor (*ob. últ. cit.*, *ibidem*) que se a fiança for prestada com o conhecimento do devedor e sem a sua oposição "será de presumir a sua aceitação tácita, pelo menos nos casos (...) em que a prestação de fiança aproveita (também) ao devedor".

tribunal, o credor pode exigir de imediato o cumprimento da obrigação (art. 633.º n.º 3).

O credor corre o risco de, uma vez declarada a insolvência do fiador e sendo o seu um crédito comum, obter no processo insolvencial uma satisfação mínima do seu crédito. O que aconselha a que o critério do "risco de insolvência" do fiador consagrado na lei seja interpretado de forma ampla e não restritiva.

III. Esta situação é paralela àquela prevista para a hipoteca (art. 701.º n.º 1) e aplicável ao penhor (art. 678.º) e à consignação de rendimentos (art. 665.º)[230]. Com efeito, na eventualidade de quando, por causa não imputável ao credor ou ao devedor (art. 780.º), a coisa objeto da garantia perecer ou a garantia se tornar insuficiente para a segurança da obrigação, o credor tem o direito de exigir do devedor que este a substitua ou reforce[231]. Caso não o faça, pode exigir o cumprimento imediato da obrigação. A doutrina, aliás, em regra, equipara-as para contrapor ao regime decorrente do art. 780.º que pressupõe a diminuição das garantias do crédito por facto imputável ao devedor[232].

No fundo, ali como neste quadrante o risco de diminuição da garantia, que aqui consiste essencialmente, como se viu, no património do fiador (reforço quantitativo), enquanto nas garantias qualitativas assenta num bem ou bens, corre por conta do devedor, que terá que reforçar a garantia ou substitui-la por outra idónea.

[230] Cuja aplicação por analogia sustentámos já para as cessões de créditos em garantia (ver L. M. PESTANA DE VASCONCELOS, *A cessão de créditos em garantia. Em particular sobre a posição do cessionário na insolvência do cedente*, cit., pp. 613, ss.), com argumentos que cremos procedentes também para as outras modalidades de alienações em garantia (portanto: o outro mecanismo de reforço qualitativo do crédito).

[231] Excetua-se o caso de a garantia ter sido prestada por terceiro e o devedor ter sido estranho à sua constituição. Nessa eventualidade, resta ao credor o direito de exigir ao terceiro a substituição ou reforço, desde que a diminuição da garantia seja imputável a esse mesmo terceiro (art. 701.º n.º 2). Ver sobre este ponto, com mais detalhe, *infra*, a propósito da hipoteca.

[232] Cfr. J. RIBEIRO DE FARIA, *Direito das obrigações*, vol. II, cit., pp. 323, ss.; I. GALVÃO TELLES, *Direito das obrigações*, 7.ª ed., Coimbra Editora, Coimbra, 1997, pp. 267-268; J. ANTUNES VARELA, *Das Obrigações em geral*, vol. II, cit., pp. 49, ss..

IV. Por fim, se a diminuição da garantia for imputável ao devedor, haverá que aplicar o regime geral decorrente do art. 780.º, o que significa que o credor poderá optar entre a substituição ou reforço da garantia e o cumprimento imediato da obrigação[233].

13.7. Pluralidade de fiadores

I. Tendo o devedor sido afiançado por mais do que uma pessoa pela mesma dívida, há que distinguir.

Caso os fiadores tiverem isoladamente prestado a fiança, responderá cada um deles pela satisfação integral do crédito, aplicando-se, com as necessárias ressalvas, as regras das obrigações solidárias. Este regime só deixa de se aplicar se os fiadores tiverem convencionado o benefício da divisão (art. 649.º n.º 1).

Tendo-se os fiadores obrigado conjuntamente (o que implica que haja entre os confiadores uma relação negocial),[234] ainda que em momentos diferentes, qualquer um deles poderá invocar o benefício da divisão. Isto, porque se presume que cada um dos confiadores só se quis responsabilizar por parte da dívida, sendo a respectiva divisão entre eles proporcional ao seu número[235].

Contudo, cada um dos confiadores responde proporcionalmente pela quota do confiador que se encontre insolvente (art. 649.º n.º 2) ou daquele que não puder ser demandado nos termos do art. 640.º al. b). (art. 649.º n.º 3).

Ainda, se o confiador não opuser ao credor o benefício da divisão e pagar, não poderá face a este exigir a repetição do que pagou a mais do que a sua quota.[236]

II. Na eventualidade de os confiadores responderem cada um deles pela totalidade da prestação (sendo, pois, a sua responsabilidade solidária), o confiador que cumpra, além de ficar sub-rogado nos direitos do credor face

[233] Cfr. J. ANTUNES VARELA, *Das Obrigações em geral*, vol. II, cit., p. 51.

[234] PIRES DE LIMA/ANTUNES VARELA, *Código civil anotado*, vol. I, cit., p. 667.

[235] J. ANTUNES VARELA, *Das Obrigações em geral*, vol. II, cit., p. 505.

[236] J. ANTUNES VARELA, *Das Obrigações em geral*, vol. II, cit., p. 505.

ao devedor, tem igualmente direito de regresso, nos termos das obrigações solidárias, face aos outros confiadores (art. 650.º n.º 1). Não pode, como é claro, exercê-los conjuntamente. Se tiver exercido o direito de regresso, a sub-rogação só se verifica na parte que não tiver recebido dos outros confiadores. Caso o devedor cumpra na integralidade perante esse confiador, este já nada poderá exigir depois aos outros[237].

Cabendo ao fiador do benefício da divisão, ele pode invocá-lo e cumprir só a parte que lhe cabe, ficando nessa parte sub-rogado face ao devedor.

Mas gozando ele desse benefício e, sendo judicialmente demandado, não o invocar, cumprindo integramente ou numa parte superior à sua quota, pode exigir aos outros confiadores as suas quotas, no que tenha pago a mais, ainda que o devedor não esteja insolvente (art. 650.º n.º 2).

Pelo contrário, se não tiver sido judicialmente demandado, e anda assim pagar além da sua quota, só pode exercer o direito de regresso face aos outros confiadores depois de excutidos todos os bens do devedor, no exercício o direito que adquiriu por sub-rogação. (art. 650.º n.º 3).

13.8. Extinção da fiança

I. Extinguindo-se a obrigação principal, como se referiu, extingue-se a fiança (art. 651.º) – trata-se de uma marca da sua acessoriedade. A fiança está dependente da obrigação principal.

Pode, no entanto, extinguir-se a fiança, mantendo-se a obrigação principal. Assim acontece, p. ex., quando tenha prescrito a fiança (art. 636.º)[238] ou quando o fiador se tenha obrigado só por um determinado prazo[239].

II. A lei prevê dois casos de extinção da fiança ligados ao comportamento do próprio credor.

Em primeiro lugar, temos os casos do art. 652.º.

Sendo a obrigação principal a prazo, o fiador que gozar do benefício da excussão pode exigir ao credor, logo que se vença a obrigação, que este

[237] J. ANTUNES VARELA, *Das Obrigações em geral*, vol. II, cit., p. 506.

[238] Em rigor, a prescrição não leva à extinção da obrigação. Esta apenas passa a obrigação natural.

[239] Cfr. L. MENEZES LEITÃO, *Garantias das obrigações*, cit., p. 118.

proceda contra o devedor dentro de dois meses, a contar do vencimento, sob pena de a fiança caducar. Este prazo não termina sem decorrer um mês da notificação feita ao credor (art. 652.º n.º 1).

Quando a obrigação for pura, pode o fiador, que goze igualmente do benefício da excussão, exigir ao credor que interpele o devedor se houver decorrido mais de um ano sob a assunção da fiança, sob pena de esta caducar (art. 652.º n.º 2).

Em segundo lugar, temos a hipótese do art. 653.º.

Na eventualidade de os fiadores, ainda que solidários, não poderem ficar sub-rogados nos direitos que competem ao credor (assim, p. ex., no que toca às garantias reais), por facto, positivo ou negativo (como a falta de reclamação do crédito no seio do processo insolvencial contra aquele devedor)[240], deste, ficam desonerados da obrigação. Se puderem apenas ficar parcialmente sub-rogados nos direitos do credor, então, não haverá extinção da fiança, mas somente a sua redução[241].

III. Outro caso específico diz respeito à fiança prestada para obrigação futura que a lei expressamente admite (art. 628.º, n.º 2). Atendendo ao maior risco que a fiança de uma obrigação desta natureza comporta, a lei concede ao fiador duas possibilidades de liberação (art. 654.º).

Enquanto a obrigação garantida não se constituir, o fiador poderá liberar-se da fiança se a situação patrimonial do devedor se agravar ao ponto de pôr em risco os seus direitos eventuais contra ele.

O fiador poderá também liberar-se da fiança (igualmente enquanto a obrigação garantida não se constituir) se tiverem já decorrido cinco anos sobre a prestação da garantia, caso não tenha sido acordado outro prazo. É necessária uma declaração do fiador para que se efetive a liberação, não bastando o mero decurso do prazo. Decorrido o prazo, ou verificando-se a situação acima assinalada, a lei atribui-lhe meramente um direito à liberação[242].

[240] Cfr. J. ANTUNES VARELA, *Das Obrigações em geral*, vol. II, cit., p. 510.

[241] Cfr. J. ANTUNES VARELA, *Das Obrigações em geral*, vol. II, cit., p. 510; L. MENEZES LEITÃO, *Garantias das obrigações*, cit., p. 118.

[242] Cfr. PIRES DE LIMA/ANTUNES VARELA (com a colaboração de M. HENRIQUE MESQUITA), *Código civil anotado*, vol. I, cit., p. 672; M. J. COSTA GOMES, *Assunção fidejussória de dívida*, cit., pp. 765, ss..

13.9. Modalidades particulares de fiança

13.9.1. A subfiança

I. A subfiança[243], denominada abonação no Código de Seabra[244], está diretamente prevista na lei, nos termos da qual subfiador é aquele que "afiança o fiador perante o credor" (art. 630.º). Portanto, o subfiador garante ao credor o cumprimento do fiador. Trata-se, desta forma, de uma nova fiança, à qual se aplica, com as devidas adaptações, o regime desta[245].

Repare-se que, como aponta Januário Costa Gomes, embora o subfiador garanta o cumprimento do fiador, "substancialmente garante o cumprimento pelo devedor principal, sendo a prestação do subfiador moldada, a final, pela prestação do devedor, ainda que "mediada" pela prestação do fiador"[246].

II. O subfiador goza nos termos do art. 643.º de um duplo benefício da excussão: tanto em relação ao devedor principal, como em relação ao fiador. Esse benefício não existe na eventualidade de a obrigação ser comercial ou se as partes tiverem acordado o contrário[247].

Se o subfiador for demandado e cumprir, ele adquire o crédito por sub-rogação, mas o crédito garantido com a fiança (art. 582.º, por força do art. 594.º)[248]. Caso seja o devedor a cumprir, extingue-se, quer a fiança,

[243] Sobre esta, ver: J. ANTUNES VARELA, *Das Obrigações em geral*, vol. II, cit., p. 477, nota 2, pp. 513-514; M. J. ALMEIDA COSTA, *Direito das obrigações*, cit., pp. 906, ss.; P. ROMANO MARTINEZ, *Direito das obrigações, apontamentos*, cit., p. 362; P. ROMANO MARTINEZ/P. FUZETA DA PONTE, *Garantias de cumprimento*, cit., pp. 111, ss.; M. J. COSTA GOMES, *Assunção fidejussória de dívida*, cit., pp. 871, ss., pp. 915, ss., pp. 1100, ss.; L. MENEZES LEITÃO, *Garantias das obrigações*, cit., pp. 118, ss; ORLANDO GOMES, *Contratos*, cit., p. 539; A. RAVAZZONI, *Fideiussione*, cit., p. 262; A. CARRASCO PERERA/E. CORDERO LOBATO/M. J. MARÍN LÓPEZ, *Tratado de los derechos de garantía, tomo I, Garantías personales, hipoteca*, cit., pp. 437, ss..

[244] Ver, sobre esta: PAULO CUNHA, *Da garantia nas obrigações*, vol. II, cit., pp. 81, ss..

[245] Estamos perante o fiador do fiador. Não se trata de um sub-contrato. Assim, P. ROMANO MARTINEZ, *O subcontrato*, Almedina, Coimbra (reimpressão da edição de 1989), 2006, p. 47.

[246] M. J. COSTA GOMES, *Assunção fidejussória de dívida*, cit., p. 1102.

[247] Cfr. P. ROMANO MARTINEZ/P. FUZETA DA PONTE, *Garantias de cumprimento*, cit., p. 111; L. MENEZES LEITÃO, *Garantias das obrigações*, cit., p. 120. Ver, porém, a posição de M. J. COSTA GOMES, *Assunção fidejussória de dívida*, cit., pp. 1107-1109.

[248] Neste sentido: M. J. COSTA GOMES, *Assunção fidejussória de dívida*, cit., p. 1102; L. MENEZES LEITÃO, *Garantias das obrigações*, cit., p. 120.

quer a subfiança. Por outro lado, se o fiador cumprir, adquire o crédito por sub-rogação face ao devedor (art. 644.º), extinguindo-se também a subfiança.

III. Quando houver vários fiadores e um deles cumprir, caso um dos outros fiadores tenha um subfiador, "este não responde perante os outros fiadores pela quota do seu afiançado que se mostre insolvente, salvo se o contrário resultar do ato de subfiança" (art. 650.º n.º 4). O subfiador responde pois, em princípio, só perante o credor pela obrigação do fiador e não face aos outros fiadores.

13.9.2. A retrofiança

I. A retrofiança[249], não estando diretamente prevista na lei, consiste numa fiança de um particular crédito eventual: o crédito que o fiador que cumpre adquire por sub-rogação face ao devedor. Sempre que tal suceda, funciona a retrofiança, ou seja, a fiança destinada a garantir esse crédito.

Ela destina-se, como parece claro, a tutelar a posição do fiador para a eventualidade de este vir a ter que cumprir. É que, se tal acontecer, adquirirá um crédito face ao devedor que passa a estar garantido por uma fiança – aquela prestada pelo retrofiador.

Consiste numa forma de o fiador transferir para terceiro o risco de incumprimento ou insolvência do devedor. Ele garante o credor, mas, por sua vez, atuando a garantia, é garantido relativamente ao crédito que nessa altura adquire por um terceiro. Trata-se, nessa medida, de uma modalidade de contragarantia[250].

Quanto ao resto, aplica-se o regime geral da fiança.

[249] Sobre esta, ver: J. ANTUNES VARELA, *Das Obrigações em geral*, vol. II, cit., p. 477, nota 2; M. J. ALMEIDA COSTA, *Direito das obrigações*, cit., p. 906, nota 2; P. ROMANO MARTINEZ, *Direito das obrigações, apontamentos*, cit., p. 362; P. ROMANO MARTINEZ/P. FUZETA DA PONTE, *Garantias de cumprimento*, cit., p. 112; A. MENEZES CORDEIRO, *Tratado de direito civil X, direito das obrigações, garantias*, cit., pp. 509, ss.; M. J. COSTA GOMES, *Assunção fidejussória de dívida*, cit., p. 362, nota 329, pp. 1103, ss.; L. MENEZES LEITÃO, *Garantias das obrigações*, cit., pp. 120, ss.; K. LARENZ/C.-W. CANARIS, *Lehrbuch des Schuldrechts, II Band, Besonderer Teil, 2. Halbband*, cit., VI § 60, p. 21.

[250] M. J. COSTA GOMES, *Assunção fidejussória de dívida*, cit., p. 362, nota 329.

13.9.3. A fiança geral ou *omnibus*

I. Estamos perante uma fiança geral[251] ou *omnibus* quando o fiador garante um conjunto de dívidas do devedor, presentes e/ou futuras, que não se encontram logo fixadas. Esta figura emerge da prática bancária[252], sendo o credor/beneficiário da garantia um banco.

Ela é gerada pela exigência dos concedentes de crédito, em particular os bancos, como se disse, de disporem de uma garantia suficientemente elástica e flexível de modo a poder cobrir uma generalidade de créditos

[251] Sobre esta, ver: A. MENEZES CORDEIRO, *Impugnação pauliana, fiança de conteúdo indeterminável*, CJ, 1992, pp. 61, ss.; J. CALVÃO DA SILVA, *Garantias acessórias e garantias autónomas*, cit., pp. 332-333, nota 2; idem, *Direito bancário*, cit., pp. 379-380; P. ROMANO MARTINEZ/P. FUZETA DA PONTE, *Garantias de cumprimento*, cit., pp. 96, ss.; M. J. COSTA GOMES, *Assunção fidejussória de dívida*, cit., pp. 621, ss. (com ampla análise das doutrina e jurisprudências italianas, alemãs e francesas sobre esta figura), pp. 661, ss.; idem, *A fiança no quadro das garantias pessoais. Aspetos de regime*, cit., pp. 111, ss.; L. MENEZES LEITÃO, *Garantias das obrigações*, cit., pp. 123, ss.; EVARISTO MENDES, *Fiança geral*, RDES, 1995, pp. 97, ss.; idem, *Aval e fiança gerais*, DJ, 2000, pp. 149, ss.; MÓNICA JARDIM, *A garantia autónoma*, Almedina, Coimbra, 2002, pp. 185, ss., nota 300; FREDERICO KASTRUP DE FARO, *Da validade da fiança omnibus*, in *Garantias das obrigações*. Publicações dos trabalhos de Mestrado (coordenado por JORGE SINDE MONTEIRO), Almedina, Coimbra, 2007, pp. 253, ss.; idem, *Fiança omnibus no âmbito bancário – validade e exercício da garantia à luz do princípio da boa fé*, Coimbra Editora, Coimbra, 2009.

Ver ainda: ROSANNA DE NICTOLIS, *Nuove garanzie personali e reali, Garantievertrag, fideiussione omnibus, lettere di patronage, sale – lease – back*, Cedam, Pádua, 1998, pp. 207, ss.; A. COCOCCIA/S. R. GARGIULIO, *Fideiussione*, in: *Le garanzie personale e reali, in Il diritto privato nella giurisprudenza* (coord. por Paolo Cendon), Utet, Turim, 2006, pp. 10, ss.; MARCO BELLANTE, *Fideiussione omnibus*, in *Le garanzie personale e reali*, in: *Il diritto privato nella giurisprudenza* (coord. por Paolo Cendon), Utet, Turim, 2006, pp. 353, ss.; A. RAVAZZONI, *Fideiussione*, cit., pp. 269, ss.; GIUSEPPE FERRI, *Manuale di diritto commerciale*, 30.ª ed. (a cura de C. Angelici e G. B. Ferri), Utet, Turim, 2010, pp. 1024, ss.; MIRELLA VIALE, *Le garanzie bancarie*, in: *Trattato di diritto commerciale e di diritto pubblico dell'economia*, vol. 18, Cedam, Pádua, 1994, pp. 1, ss.; ALFREDO CALDERALE, *Fideiussione omnibus*, DDP, sezione civile, VIII, pp. 277, ss.; F. GIORGIANNI/C.-M. TARDIVO, *Diritto bancario, banche, contratti e titoli bancari*, cit., pp. 418, ss.; K.-B. SCHMITZ, *Bürgschaft*, cit., § 91, p. 2122; F. VICENT CHULIA, *Introducción al estudio de las garantias personales en el Ordenamiento español*, cit., pp. 379, ss.; A. CARRASCO PERERA/E. CORDERO LOBATO/M. J. MARÍN LÓPEZ, *Tratado de los derechos de garantía, tomo I, Garantías personales, hipoteca*, cit., pp. 207, ss..

Para uma compilação de jurisprudência relevante dos nossos tribunais superiores sobre esta matéria (só até 1995, porém), ver EVARISTO MENDES, *Fiança geral*, cit., pp. 97-126.

[252] Cfr. R. DE NICTOLIS, *Nuove garanzie personali e reali, Garantievertrag, fideiussione omnibus, lettere di patronage, sale – lease – back*, cit., p. 209; A. RAVAZZONI, *Fideiussione*, cit., p. 270.

que a instituição de crédito venha a adquirir em resultado das relações com aquele cliente, sem que tenha para cada novo crédito que constituir uma nova garantia[253]. Facilita a concessão de crédito sem que o credor veja a sua garantia prejudicada. Ela estende-se com a extensão do crédito concedido (p. ex., no âmbito de uma abertura de crédito).

II. Muitas vezes esta modalidade de fiança opera no quadro do financiamento de uma sociedade, sendo prestada pelos sócios, gerentes ou administradores dessa sociedade pela qual estes se responsabilizam pela dívida contraída por esse ente e por outras que este venha a contrair no futuro.[254]

Tem particular relevo neste âmbito a fiança geral ou *omnibus* prestada pelos sócios (em especial o sócio-gerente ou mesmo o sócio único) de uma sociedade por quotas. É que, desta forma, acabam por assumir eles, face a esse credor (que será em regra a banca), o risco empresarial que, de outra forma, em virtude da personalidade jurídica da sociedade não assumiriam[255], transferindo-o – em particular quando, como é comum entre nós a sociedade esteja sub-capitalizada[256] –, para os credores sociais (especialmente os credores comuns).

É certo que o próprio regime da sociedade por quotas permite que seja estipulado no contrato que um ou mais sócios respondam também perante os credores sociais até determinado montante (art. 198.º n.º 1 CSC)[257].

[253] M. VIALE, *Le garanzie bancarie*, cit., pp. 5-6.

[254] Cfr. EVARISTO MENDES, *Aval e fiança gerais*, cit., pp. 149, ss.; R. DE NICTOLIS, *Nuove garanzie personali e reali, Garantievertrag, fideiussione omnibus, lettere di patronage, sale – lease – back*, cit., p. 212. Em geral, esses sócios, a que fazemos referência, têm o controlo da sociedade, podendo mesmo serem todos os sócios.

Quanto à prestação de garantias pessoais a favor dos credores por parte gerentes das sociedades, em França ver M. CABRILLAC/C. MOULY/S. CABRILLAC/P. PÉTEL, *Droit des sûretés*, cit., p. 5.

[255] Cfr. A. CALDERALE, *Fideiussione omnibus*, cit., p. 280.

[256] A sub-capitalização significa que os sócios a dotaram de um capital social "de todo, incongruente (desadequado) relativamente ao objeto social", o que implica necessariamente que para que ele seja desenvolvida o recurso a capitais alheios (PAULO DE TARSO DOMINGUES, *Do capital social, noção, princípios, funções*, 2.ª ed., BFD, Universidade de Coimbra, Coimbra Editora, 2004, pp. 222, ss.).

[257] Ver sobre esta disposição: A. MENEZES CORDEIRO, *Manual de direito das sociedades, II, das sociedades em especial*, Almedina, Coimbra, 2006, pp. 261, ss.; J. M. COUTINHO DE ABREU, *Curso de direito comercial, vol. II, das sociedades*, 5.ª ed., Almedina, Coimbra, 2015, p. 61.

Contudo, essa responsabilidade, como se vê, é relativamente a todos os credores sociais. Na fiança geral ou *omnibus*, um ou mais sócios respondem, eventualmente dentro de um determinado limite, mas só face àquele credor social (em regra, como se disse, um banco). Só ele, pelos seus créditos, é que poderá fazer recair sobre os sócios/fiadores o risco empresarial através da responsabilização que estes, através da fiança, perante ele assumem. Pode assim dizer-se que esse credor escapa às contingências do património social.

Contudo, numa outra perspetiva, a existência de uma garantia desta natureza é da maior importância para que a sociedade obtenha crédito e possa prosperar. Sem isso, normalmente, a própria exiguidade do património social levaria a que o financiamento bancário não fosse concedido, tendo de o obter doutra forma, em regra através dos suprimentos dos sócios, sob pena de não conseguir sobreviver no exigente mundo da concorrência empresarial. Ora, a responsabilização, por esta via, dos sócios, assegurando de uma forma simples esse fluxo de capitais alheios, evita que tenham de ser eles a fazê-lo – pelo menos enquanto a sociedade puder cumprir as obrigações contraídas perante o financiador.

II. A questão que a este propósito se tem colocado, e que funciona como uma sombra sobre a validade da figura, é a do eventual carácter indeterminável das obrigações garantidas, com a consequente nulidade ao abrigo do art. 280.º[258]. Convém distinguir.

III. No que toca às obrigações presentes, já existentes aquando da prestação da fiança, mesmo sem indicação dessas obrigações, não se colocará, em princípio, esta questão. Existe já um critério para as determinar, o que

[258] Quanto à articulação entre o art. 280.º e 400.º, a doutrina tem seguido na generalidade a posição de A. MENEZES CORDEIRO (*Impugnação pauliana, fiança de conteúdo indeterminável*, cit., p. 61), de acordo com a qual: "só se põe o problema da prestação nos termos do art. 400.º do Código Civil, se a obrigação não for nula por força do art. 280.º", continuando depois, "a determinação da prestação, por alguma das partes ou por terceiro só pode ser patuada se houver um critério a que essas entidades devam obedecer." Ver neste sentido: P. ROMANO MARTINEZ/P. FUZETA DA PONTE, *Garantias de cumprimento*, cit., pp. 98-99; L. MENEZES LEITÃO, *Garantias das obrigações*, cit., pp. 134. Ver, contudo, M. J. COSTA GOMES, *Assunção fidejussória de dívida*, cit., pp. 674, ss. (porém, pp. 676, ss., chega depois a idêntico resultado).

leva a que o fiador saiba, ou possa saber (exercendo os esforços informativos adequados[259]), qual a amplitude da garantia que presta[260].

IV. A dúvida tem-se colocado com mais intensidade no que diz respeito às obrigações futuras.

Em primeiro lugar, convém referir que a fiança prestada a uma obrigação futura é expressamente admitida pela lei (art. 628.º n.º 2 *in fine*) e não cremos que haja obstáculo a que se garanta mais do que uma obrigação futura.

Ponto é, como se disse, que essas obrigações sejam, nos termos do art. 280.º, determináveis[261_262]

Não é necessário, repare-se, que estejam já determinadas, mas têm que ser determináveis. Ora, face a este *particular negócio de garantia*[263], esse requisito significa que terá que se fixar um critério que permita ao fiador estimar nesse momento a responsabilidade futura em que corre o risco de incorrer, ou então que possa controlar[264] a constituição das obrigações garantidas da devedora face àquele credor, o que vale dizer, a extensão da

259 Exigindo que o credor o informe sobre quais são esses créditos.

260 Cfr. P. ROMANO MARTINEZ/P. FUZETA DA PONTE, *Garantias de cumprimento*, cit., p. 99; MÓNICA JARDIM, *A garantia autónoma*, cit., p. 189, nota 300. Repare-se que M. J. COSTA GOMES (*Assunção fidejussória de dívida*, cit., pp. 599-600) vem chamar a atenção para a necessidade de uma avaliação cuidada das diversas situações, entendendo mesmo que "à partida uma fiança em que o fiador garante o cumprimento de todas as obrigações que o devedor (já) tenha para com o credor, independentemente do título donde emanem e do estado em que se encontrem, é uma fiança "sob suspeita" de indeterminação ou de indeterminabilidade."

261 Poderá ser necessário operar com as regras relativas às cláusulas contratuais gerais e, quando assim não seja, verificar se, e em que medida, por vezes, se não estará mesmo face a um negócio opressivo.

262 Em Itália foi alterado, em 1992, o art. 1938.º do *Codice Civile* (que na versão original coincidia quase com a última parte do nosso art. 628.º n.º 2), passando-se a exigir para as obrigações futuras que seja estipulado o montante máximo garantido. Cfr. A. COCOCCIA/S. R. GARGIULIO, *Fideiussione*, cit., pp. 10, ss.

263 Conforme refere M. J. COSTA GOMES (*Assunção fidejussória de dívida*, cit., p. 679): "A exigência de determinabilidade formulada no art. 280/1 não é uma exigência estática, insensível às peculariedades dos negócios em causa."

264 Sublinhando este aspeto: P. ROMANO MARTINEZ/P. FUZETA DA PONTE, *Garantias de cumprimento*, cit., p. 98 ("A determinabilidade do negócio jurídico da fiança consiste na possibilidade de o fiador prefigurar o tipo, o montante e a medida do seu compromisso"). E, principalmente, M. J. COSTA GOMES (*Assunção fidejussória de dívida*, cit.,), tanto quanto à exigência de uma "prognose que permita ao fiador saber, *ex ante*, até onde pode vir a responder" (p. 679), como quanto à "posição do fiador relativamente aos outros sujeitos do triângulo da

sua própria responsabilidade (ou seja, na relação de concessão de crédito entre a sociedade comercial e o banco). Se tal não for feito nesses termos, a fiança será (art. 280.º) nula. Podendo então, eventualmente, operar-se a redução quanto à cláusula *omnibus*.[265]

Em particular, conforme resulta do AUJ do STJ, de 23 de Janeiro de 2001: "É nula, por indeterminabilidade do seu objeto, a fiança de obrigações futuras quando o fiador se constitua garante de todas as responsabilidades provenientes de qualquer operação em direito consentida, sem menção expressa da sua origem ou natureza e independentemente da qualidade em que o afiançado intervenha."[266]

V. Temos então que os critérios[267] a que se pode recorrer para obter o resultado acima referido podem ser os mais variados: a existência de limites temporais, limites quantitativos (limite ou teto máximo), a indicação das fontes das obrigações afiançadas. Por vezes, será necessária a articulação de dois ou mais destes elementos para que o fiador possa estar, repete-se, na altura em que é celebrado o contrato de fiança, na posição de poder estimar a sua eventual responsabilização futura.

O critério do limite máximo é em especial relevante, porque o fiador sabe logo que só responde, na pior das hipóteses, até ao montante pré-fixado[268].

Claro está que se poderá fixar um limite máximo excessivo, o que inutilizaria o critério apontado. Porém, bem vistas as coisas, só em hipóteses mais limitadas esse seria o resultado final.

Efetivamente, na maior parte dos casos, o creditante, sendo um banco, recorrerá a cláusulas contratuais gerais, estando pois esse limite sujeito ao

relação fidejussória" (p. 685), de maneira a que ele possa controlar o "nível de endividamento" (p. 687) do devedor.

[265] Ver sobre este ponto, distinguindo diversas hipóteses, M. J. COSTA GOMES, *Assunção fidejussória de dívida*, cit., pp. 702, ss..

[266] Jurisprudência n.º 4/2001, in DR, I série-A, de 8/3/2001. Quanto a este AUJ, ver M. J. COSTA GOMES, *O mandamento da determinabilidade na fiança omnibus e o AUJ n.º 4/2001*, in: *Estudos de direito das garantias*, vol. I, Almedina, Coimbra, 2004, pp. 109, ss..

[267] Quanto aos diversos critérios apontados pela doutrina, ver FREDERICO KASTRUP FARO, *Fiança omnibus bancária: validade e exercício da garantia à luz da boa fé objetiva*, cit., pp. 191, ss..

[268] Por isso, como se observou, a sua adopção na lei italiana. Por outro lado, a práctica bancária alemã, nas cláusulas contratuais gerais relativas à figura, recorre à fixação de um limite máximo (*Höchstbetrag*). Cfr. K.-B. SCHMITZ, *Bürgschaft*, cit., § 91, p. 2122.

respectivo controlo, o que significa que, sendo excessivo[269], essa cláusula será nula (arts. 15.º e 12.º do Dec.-Lei n.º 446/85), podendo manter-se o contrato (art. 13.º, n.º 1, do Dec.-Lei n.º 446/85). Nessa eventualidade, o regime das cláusulas contratuais gerais (art. 13.º, n.º 2, do Dec.-Lei n.º 446/85) ainda nos permite recorrer à integração (onde prevalece, como se sabe, a boa fé) para fixar um limite ajustado.

VI. Por outro lado, como resulta do exposto, sempre que o fiador se encontre em posição de controlar as obrigações futuras garantidas, dado o seu papel decisivo na contração dessas dívidas pelo devedor face ao beneficiário da garantia, este critério também estará preenchido. É o que sucede que a fiança *omnibus* seja prestada, p. ex., pelo sócio gerente da sociedade, ou até pelo sócio único.

Em qualquer um dos casos, o sócio está em posição de fixar quais as obrigações futuras a emergir da relação com aquele credor (em regra, um banco) que constituirão o objeto da fiança. Embora não possa prefigurar no momento em que é contraída a fiança qual o montante da sua responsabilização, está em posição de o controlar[270].

Acresce que nada obsta (embora a esta luz não seja necessário), que se fixe igualmente um limite máximo e se estabeleça uma extensão temporal da garantia.

VII. Outra questão diz respeito à faculdade de o fiador sempre que não se tiver fixado um prazo de duração da fiança se possa desvincular, recorrendo à denúncia[271].

Este ponto é de grande relevância nas sociedades comerciais (embora não só, claro) quando o fiador, nomeadamente por sair da sociedade, mas

[269] Exigindo que haja "elementos (indícios) sólidos" deste excesso e, portanto, do "carácter defrafudatório" do limite fixado, o que nos parece de subsecrever, M. J. COSTA GOMES, *Assunção fidejussória de dívida*, cit., p. 700.

[270] Quanto às diversas posições que o sócio pode ter na sociedade devedora, e os casos em que está em condições de controlar o endividamento desta, cujos principais estão referidos em texto, ver os grupos de casos analisados por M. J. COSTA GOMES, *Assunção fidejussória de dívida*, cit., pp. 686, ss..

[271] Cfr. A. CARRASCO PERERA/E. CORDERO LOBATO/M. J. MARÍN LÓPEZ, *Tratado de los derechos de garantía, tomo I, Garantías personales, hipoteca,* cit., p. 208; A. RAVAZZIONI, *Fideiussione*, cit., p. 216.

não só, deixa de estar em posição de controlar o endividamento da sociedade face ao credor e, portanto, também o seu.

Sendo o contrato celebrado por tempo indeterminado, parece que nada obsta a que, nos termos gerais, o fiador o possa denunciar[272]. Evaristo Mendes[273] aponta a este propósito que na eventualidade de a garantia ter sido prestada por sócio de uma sociedade por quotas, "em razão dessa sua qualidade e no pressuposto da sua manutenção", caso este deixe de o ser, se ele comunicar ao credor a perda dessa qualidade, deixará de responder por dívidas futuras. Essa comunicação significará uma ""denúncia"" do respectivo negócio constitutivo"[274]_[275] Claro está que o fiador se mantém responsável pelas obrigações do devedor constituídas antes da denúncia.

VIII. Outra questão é a da existência de um prazo de pré-aviso, que é exigido como forma de tutela da outra parte, recorrendo-se a esta forma de cessação do contrato[276]. Se se pode hesitar quanto à sua aplicação a este caso, dada a situação de debilidade em que ficaria o fiador, uma vez que poderia nesse período de tempo ver consideravelmente aumentada a sua responsabilidade, convém igualmente não esquecer que a denúncia

[272] Neste sentido, M. J. COSTA GOMES, *Assunção fidejussória de dívida*, cit., p. 706, p. 709, pp. 773, ss..

[273] EVARISTO MENDES, *Aval e fiança gerais*, cit., pp. 149, ss., pp. 168-169.

[274] EVARISTO MENDES, *Aval e fiança gerais*, cit., p. 169.

[275] Esta questão, ou seja, a de não responsabilização do sócio que constitui a fiança pelas dívidas da sociedade constituídas depois de ele sair dela, já tinha sido tratada por M. HENRIQUE MESQUITA (*Fiança*, cit., p. 27). Sustentava este Autor que da interpretação da declaração negocial, à luz do critério do art. 236.º, portanto atendendo a um declaratário normal colocado na posição do real de declaratário, conduziria a interpretar a referida declaração de garantia "como limitada, quanto ao futuro, às obrigações que a sociedade viesse a assumir enquanto os garantes fossem sócios dela". O que, acrescentamos nós, não prescindiria , se assim se entendesse, da comunicação desse facto ao credor.

Contudo, sendo o contrato celebrado por tempo indeterminado, podendo-o, pois, o fiador denunciar – portanto fazê-lo cessar – logo que deixe de ser sócio, a interpretação propugnada, com base justamente no art. 236.º, já não conduziria a esse resultado, exatamente porque, atendendo ao contrato celebrado, está já nas mãos do fiador o instrumento que lhe permite desvincular-se, *ex nunc*, logo que deixe de ser sócio dessa sociedade.

[276] Ver: CARLOS MOTA PINTO, *Teoria geral do direito civil*, 4.ª ed., por ANTÓNIO PINTO MONTEIRO e PAULO MOTA PINTO, Coimbra Editora, Coimbra, 2005, pp. 631-632; ANTÓNIO PINTO MONTEIRO, *Contrato de agência. Anotação*, 7.ª ed., Almedina, Coimbra, 2010, pp. 126, ss..

do contrato significará também a cessação para o devedor das suas linhas de crédito bancárias (pressupondo que o credor é um banco). O que lhe pode trazer graves prejuízos.

Não cremos, desta forma, que seja líquido que não deva haver um prazo de pré-aviso, sendo que enquanto ele durasse o "aproveitamento" pelo devedor desse período para aumentar excecionalmente (isto é, fora do normal curso de concessão de crédito) as suas obrigações garantidas perante o credor significaria uma conduta abusiva, contrária à boa fé, da sua parte[277].

Pelo contrário, entendemos mesmo que, nesse período, a boa fé impõe ao devedor que só contraia as obrigações estritamente necessárias para o regular curso da sua atividade. O banco, por seu lado, também apenas deve conceder o crédito necessário a esse normal curso de atividade, e nada mais. Diga-se só, por fim, que o sócio poderá ainda, pelo menos em alguns casos, controlar o endividamento da sociedade durante o prazo de pré-aviso.

IX. Naquelas hipóteses em que a fiança seja celebrada por um termo certo, verificado o mesmo, a fiança *omnibus* caduca, mantendo-se, necessariamente, a responsabilidade do fiador pelas obrigações que se constituíram antes desse momento.

Neste caso, antes ainda de ter decorrido o prazo pode o fiador liberar-se em relação às obrigações futuras, desde que elas ainda não se tenham constituído (não, evidentemente, às já constituídas), "se a situação patrimonial do devedor se agravar em termos de por em risco os seus direitos eventuais contra este". Quer isto dizer que aplicamos aqui o art. 654.º. Na realidade, embora esta disposição tome por base uma única obrigação futura específica, poderá ser aplicado, com as adaptações referidas, aos casos várias obrigações futuras determináveis.[278]

[277] Sustentado posição contrária, para evitar "um lufa-lufa de operações entre o credor e o devedor" nesse período, M. J. COSTA GOMES, *Assunção fidejussória de dívida*, cit., p. 776.

[278] Cfr. P. ROMANO MARTINEZ/P. FUZETA DA PONTE, *Garantias de cumprimento*, cit., p. 100; L. MENEZES LEITÃO, *Garantias das obrigações*, cit., p. 125. Afastando esta disposição do âmbito da fiança *omnibus* (limitando-o às obrigações futuras específicas), M. J. COSTA GOMES, *Assunção fidejussória de dívida*, cit., p. 709. Cremos correta a crítica aqui de P. ROMANO MARTINEZ/P. FUZETA DA PONTE (*Garantias de cumprimento*, cit., p. 100 nota 232) no sentido de que essa posição levaria a colocar em pior situação o fiador *omnibus* relativamente àquele que afiança obrigações futuras específicas.

X. Uma última nota para sublinhar, como resulta do exposto, que esta cláusula é particularmente perigosa. Razão pela qual os deveres de informação (art. 227.º) a serem prestados por quem a ela queira recorrer são particularmente intensos[279], em especial quando a outra parte não esteja em condições de perceber o seu alcance. Ora, a existência de "desnível de informação" juntamente com uma "particular necessidade de protecção" (Sinde Monteiro[280]), leva a que quem pretenda recorrer a cláusulas desta natureza tenha que explicar qual o seu conteúdo e alcance, bem como o risco, em termos perceptíveis para a pessoa do destinatário[281].

E sendo uma cláusula contratual geral, esses deveres resultam do art. 6.º do Dec.-Lei n.º 446/85, incluindo-se no âmbito da aclaração que a lei exige a exposição, por iniciativa do proponente, do risco que essa cláusula comporta em termos adaptados à capacidade de compreensão do destinatário, de maneira a permitir o seu conhecimento efetivo (esta iniciativa não é necessária quando a outra parte tenha conhecimentos e experiência necessária para entender o significado da cláusula – nesse caso terá que se prestar os esclarecimentos, razoáveis, que ela venha a solicitar, art. 6.º n.º 2 do Dec.-Lei n.º 446/85)[282].

13.9.4. A fiança ao primeiro pedido

I. Esta figura[283] caracteriza-se por o fiador ter que cumprir face ao pedido do credor sem que lhe possa opor, num primeiro momento, como é carac-

[279] E mantêm a sua intensidade, como é claro, durante todo o decurso da relação. Assim, p. ex., deverá o credor informar o fiador da celebração de novos contratos de crédito com o devedor incluídos no âmbito da fiança, sempre que ele não esteja em posição de tomar de imediato conhecimento deles. Cfr. A. RAVAZZONI, *Fideiussione*, cit., p. 273.

[280] JORGE SINDE MONTEIRO, *Responsabilidade por conselhos, informações ou recomendações*, Almedina, Coimbra, 1989, p. 360.

[281] Sobre o dever pré-contratual de informar, ver a desenvolvida exposição de J. SINDE MONTEIRO, *Responsabilidade por conselhos, informações ou recomendações*, cit., pp. 355, ss.. Ver também A. MENEZES CORDEIRO, *Direito bancário*, cit., pp. 475, ss..

[282] Ainda no âmbito das cláusulas contratuais gerais, uma cláusula *omnibus* inserida num contrato de fiança pode ser, em certos casos, considerada uma cláusula surpresa (*Überraschende Klausel*) [art. 8.º al. c) do Dec.-Lei n.º 446/85, correspondente ao § 305 c I BGB]. Cr. H. WEBER, *Kreditsicherungsrecht*, cit., § 3, p. 66.

[283] Sobre esta, ver: P. ROMANO MARTINEZ/P. FUZETA DA PONTE, *Garantias de cumprimento*, cit., pp. 110, ss.; J. CALVÃO DA SILVA, *Garantias acessórias e garantias autónomas*, cit.,

terístico da fiança e das principais manifestações do seu carácter acessório, os meios de defesa que cabem ao devedor (art. 637.º n.º 1). A existirem esses meios, o fiador poderá exigir ao credor a repetição do que pagou (*solve et repete*)[284]. Nessa medida se diz que a acessoriedade, momentaneamente colocada de lado, volta a manifestar-se[285].

O ónus da prova da existência de meios de defesa que se não fosse o afastamento da acessoriedade, no primeiro momento, o fiador teria podido opor ao credor, e portanto o carácter indevido do pagamento, cabe-lhe a ele no seio da ação de repetição[286].

II. A fiança à primeira solicitação distingue-se da garantia autónoma também à primeira solicitação, porque mantém, embora só numa segunda fase, o seu carácter acessório, o que permite que o fiador demande depois o credor com fundamento nos meios de defesa decorrentes da relação deste com o devedor.

pp. 353, nota 39; A. MENEZES CORDEIRO, *Tratado de direito civil X, direito das obrigações, garantias*, cit., pp. 504, ss.; L. MENEZES LEITÃO, *Garantias das obrigações*, cit., pp. 121, ss.; M. J. COSTA GOMES, *Assunção fidejussória de dívida*, cit., pp. 717, ss.; idem, *A chamada "fiança ao primeiro pedido"*, in Estudos em Homenagem ao Professor Doutor Galvão Telles, Novos estudos de Direito Privado, Estudos organizados pelos Professores Doutores António Menezes Cordeiro, Luís Menezes Leitão e Januário da Costa Gomes, Almedina, Coimbra, 2003, pp. 833, ss.; idem, *A fiança no quadro das garantias pessoais. Aspetos de regime*, cit., pp. 114, ss.; MÓNICA JARDIM, *A garantia autónoma*, cit., pp. 184, ss., pp. 192, ss., nota 300; R. DE NICTOLIS, *Nuove garanzie personali e reali, Garantievertrag, fideiussione omnibus, lettere di patronage, sale – lease – back*, cit., p. 215; A. RAVAZZONI, *Fideiussione*, cit., pp 274, ss.; U. BLAUROCK, *Aktuelle Probleme aus dem Kreditsicherungsrecht*, cit., pp. 96, ss.; H. BROX/W.-D. WALKER, *Besonderes Schuldrecht*, cit., § 32, pp. 473, ss;D. MEDICUS/S. LORENZ, *Schuldrecht II, Besonderer Teil*, cit., § 120, p. 336; K. LARENZ/C.-W. CANARIS, *Lehrbuch des Schuldrechts, II Band, Besonderer Teil, 2. Halbband*, C. H. Beck, Munique, 1994, IV § 64, pp. 80, ss.; MANFRED THAMM, *Kreditsicherungsvereinbarungen*, 6.ª ed., Verlag Recht und Wirtschaft, Heidelberga, 1994, p. 39; F. VICENT CHULIA, *Introducción al estudio de las garantias personales en el Ordenamiento español*, cit., p. 380.

[284] E o fiador terá que pagar, a não ser num caso de abuso do direito. Cfr. H. BROX/W.-D. WALKER, *Besonderes Schuldrecht*, cit., § 32, p. 473; D. MEDICUS/S. LORENZ, *Schuldrecht II, Besonderer Teil*, cit., § 120, p. 336.

[285] U. BLAUROCK, *Aktuelle Probleme aus dem Kreditsicherungsrecht*, cit., p. 98; D. MEDICUS/S. LORENZ, *Schuldrecht II, Besonderer Teil*, cit., § 120, p. 336 (como aponta este Autor: "Die Akzessorietät zeigt sich hier erst in Rückforderungsansprüchen, die dem Bürgen zustehen, wenn eine Zahlungspflicht des Hauptschuldners fehlte.").

[286] Neste sentido: L. MENEZES LEITÃO, *Garantias das obrigações*, cit., p. 122; M. J. COSTA GOMES, *Assunção fidejussória de dívida*, cit., p. 739.

O mesmo não se passa na garantia autónoma à primeira solicitação, que é autónoma, como a sua designação indica, e nessa medida, cumprindo o garante face ao pedido, nos termos contratualmente definidos, do credor, já só poderá demandar o ordenante, mesmo que a execução da garantia pelo credor tenha sido face à relação fundamental (portanto: a relação credor/garantido-devedor/ordenante) indevida.

Saber se face a um contrato de garantia em que tenha sido incluída uma cláusula de primeiro pedido estamos perante uma fiança ou uma garantia autónoma é uma questão de interpretação negocial. Todavia, a inserção de uma cláusula deste tipo num contrato não deixa de ser um "forte indício" de se tratar de uma garantia autónoma[287]-[288]

III. Dado o especial perigo que esta cláusula representa para o fiador, e o seu carácter pouco comum entre nós, pelo menos, justifica-se que recaia sobre a sua contraparte contratual, no âmbito da relação pré-contratual (art. 227.º), um dever de informação quanto ao seu conteúdo. Particularmente, quanto menor for o grau de conhecimento e de experiência do fiador.

Aliás, sendo de aplicar, como muitas vezes sucederá, a disciplina das cláusulas contratuais gerais, esse dever de informação decorrerá do art. 6.º do Dec.-Lei n.º 446/85, de 25/10. Em caso de incumprimento, essa cláusula será excluída do contrato, que passa então a ser uma simples fiança [art. 8.º al. b) do Dec.-Lei n.º 446/85, de 25/10].[289]

[287] Assim, M. J. COSTA GOMES, *A chamada "fiança ao primeiro pedido"*, cit., p. 868.

[288] A cláusula ao primeiro pedido ou à primeira solicitação pode ainda ser utilizada de forma diversa. Com efeito, ela pode ser incluída no contrato entre o devedor e um banco, pelo qual este se obriga a prestar fiança, e funciona somente nas relações devedor-fiador. Desta forma, a cláusula em análise autoriza, *permite* que o fiador pague à primeira solicitação do credor, sem que exista um *direito* deste a tal. Ver, sobre com mais detalhe sobre esta cláusula, MÓNICA JARDIM, *A garantia autónoma*, cit., p. 199.

[289] M. J. COSTA GOMES (*A chamada "fiança ao primeiro pedido"*, cit., pp. 869, ss., p. 871) entende mesmo que, em certos casos, dentro de determinadas circunstâncias, a inserção de uma cláusula ao primeiro pedido na fiança poderá ser considerada uma "cláusula surpresa", para efeitos do art. 8.º al. c) do Dec.-Lei n.º 446/85, de 25/10.

IV. Não há qualquer dúvida quanto à validade desta figura criada ao abrigo da liberdade contratual[290]. É uma figura intermédia entre a fiança e a garantia autónoma. A questão que se coloca é se ainda estamos perante uma fiança ou já se trata antes de uma figura atípica.

No fundo para responder a essa pergunta importa saber se esta cláusula é ainda compatível com a fiança. Entre nós, podemos alinhar duas posições.

No sentido afirmativo, sustenta Mónica Jardim[291] que o fiador acaba por não responder de uma forma mais gravosa, porque acabaria por mais tarde vir a poder opor ao credor todos os meios de defesa que num primeiro momento não lhe pode opor[292].

No sentido negativo, pronuncia-se Januário Costa Gomes[293]. Com argumentos que cremos procedentes. Com efeito, afasta-se a acessoriedade no momento em que o garante é chamado a responder, o que significa que nessa altura ele responde autonomamente. E, se não cumprir nos termos acordados, sofre as consequências do seu incumprimento, mesmo que houvesse meios de defesa do devedor que nessa altura pudesse opor ao credor. Daí que ele responda "de forma mais gravosa do que o devedor" afastando-se, nessa medida, o regime do art. 631.º n.º 1.[294] O que se afigura decisivo.

A fiança à primeira solicitação não seria pois uma verdadeira fiança, mas uma "garantia intermédia" entre a fiança e a garantia autónoma automática. Quando o cumprimento for exigido ao garante, funcionará o regime

[290] O mesmo se passa nos principais ordenamentos europeus. Ver, para uma pormenorizada análise deste ponto, M. J. COSTA GOMES, *A chamada "fiança ao primeiro pedido"*, cit., pp. 839, ss..

[291] MÓNICA JARDIM, *A garantia autónoma,* cit., p. 198, nota 315.

[292] Nas palavras desta Autora (*A garantia autónoma,* cit., p. 198, nota 315): "...na fiança à primeira solicitação, o garante mantém a faculdade de opor ao credor, após efetuar o pagamento, todas as exceções e outros meios de defesa que se baseiam na relação fundamental não respondendo por isso, no final, em termos mais onerosos do que o devedor principal."

[293] M. J. COSTA GOMES, *Assunção fidejussória de dívida*, cit., p. 724-725; idem, *A chamada "fiança ao primeiro pedido"*, cit., p. 856.

[294] M. J. COSTA GOMES, *Assunção fidejussória de dívida*, cit., p. 724-725; idem, *A chamada "fiança ao primeiro pedido"*, cit., p. 856.

da garantia autónoma automática e, só depois, na medida do possível, o regime da fiança[295_296_297]

[295] M. J. COSTA GOMES, *Assunção fidejussória de dívida*, cit., p. 724-725; idem, *A chamada "fiança ao primeiro pedido"*, cit., p. 856.

[296] A lei previa um regime particular para a chamada fiança do locatário, ou seja, aquela fiança pelas obrigações deste, no art. 655.º do Código Civil. Esse artigo foi revogado pelo n.º 1 do art. 2.º da Lei n.º 6/2006, de 27/2. Ver sobre este aspeto M. J. COSTA GOMES, *A fiança do arrendatário face ao NRAU*, Dir, 2007, pp. 1073, ss.. Deixou, pois, de haver uma disciplina específica para a fiança do locatário. Continuando esta a poder ser garantida por fiança, aplicar-se-á o regime geral. Repare-se que nos termos do novo art. 1076.º n.º 2 do Código Civil, as partes podem "caucionar, por qualquer das formas legalmente previstas, o cumprimento das obrigações respectivas".

[297] Um caso de fiança que merece uma referência particular é aquela que é prestada por uma pessoa singular que esteja numa situação de grande proximidade emocional do devedor ou, por vezes mesmo, numa situação de dependência económica deste. É o caso de um pai que presta uma fiança para assegurar a obrigação de um filho, ou de um cônjuge da do outro.

Nada há de especial aqui, sendo esse tipo de fianças muito vulgares na prática, com raízes já em Roma. A fiança pode evidentemente ser gratuita e a razão que conduz à conclusão do contrato ser uma relação de caráter pessoal.

A questão coloca-se quando por um lado haja um *déficit* de informação por parte do fiador quanto à extensão e até mesmo à natureza da figura. Por outro, quando embora exista esse conhecimento, poderá verificar-se uma grave desproporção entre o montante em dívida e a capacidade patrimonial do fiador. Se a fiança vier a ser executada, tal implicará para este a sua completa ruina económica. É o caso de uma jovem filha que garante a dívida do seu pai (leading case decidido pelo BGH).

O primeiro aspeto encontra guarida nos deveres de informação do art. 227.º, tanto mais intensos quando mais carente de informação seja a outra parte, e, se se tratar de cláusulas contratuais gerais, no seio e com a intensidade dos deveres de informação, decorrentes desse normativo (ver, sobre estes deveres, supra, n.º 14.9.3., *in fine*).

Contudo, mesmo o cumprimento destes deveres não obstará à grave desproporção em particular quando o sujeito se verá na prática compelido a prestar a fiança. Na Alemanha, é entendimento do BGH que se se verificar uma grande desproporção entre o montante da obrigação garantida e os meios do fiador e não tendo o fiador qualquer interesse económico na fiança, se presume que o negócio viola os bons costumes (§ 138 BGB). Mas ainda quando não se verifique essa grande desproporção, o negócio ainda pode ser considerado imoral se se verificar um comportamento reprovável do credor (cfr. AURELI COLOMBI CIACCHI, *Suretyships by private persons*, in: *Towards a european civil code* (editores Arthur Hartkamp, Martijn Hessellink, Ewould Hondius, Edgar du Perron), 4.ª ed., Wolters Kluwer, The Netherlands, 2011, p. 834.

Dados contornos do negócio, cremos nalguns casos se poderá falar de coação moral, o que permitiria a anulação do contrato. Noutros, quando tal não se possa afirmar, inexistindo um interesse económico do fiador na prestação da fiança – em particular quando este se encontre numa posição de dependência fáctica do devedor –, verificando-se uma grave desproporção

13.10. O regime insolvencial

I. Se antes de ser declarada a insolvência, o fiador já tiver cumprido a obrigação, ele fica, como se referiu, sub-rogado no direito do credor (art. 644.º). Terá então que o reclamar.

II. Declarada a insolvência do devedor, sem que o fiador tenha realizado qualquer pagamento, este poderá reclamar no processo o seu direito contra o devedor insolvente, decorrente de um pagamento futuro da dívida, como crédito sob condição suspensiva, mas só se o próprio credor não o reclamar (art. 95.º n.º 2 CIRE). Se este o tiver feito, já não o poderá fazer.[298]

III. Se tanto o devedor como o fiador forem declarados insolventes, o credor poderá concorrer pela totalidade do seu crédito a cada uma das massas insolventes, mas o somatório das quantias que receber de todas elas não pode exceder o montante do crédito (art. 95.º n.º 1 CIRE)[299].

IV. Cumpre ainda acrescentar que, se estivermos face a uma fiança prestada pelo insolvente, esta pode estar sujeita à resolução incondicional do art. 121.º CIRE. Para tal, é necessário que estejam preenchidos os pressupostos do art. 121.º, n.º 1, al. d): a fiança terá que ser prestada no período de seis meses anteriores à data do início do processo de insolvência e não respeitar a operações negociais com real interesse para o insolvente[300].

entre o montante em dívida e a capacidade patrimonial do primeiro, então o negócio será nulo por atentar quanto aos bons costumes. Ver, em termos gerais para este problema e seu tratamento nos diversos ordenamentos europeus, A. C. CIACCHI, *Suretyships by private persons*, cit., pp. 819, ss..

298 Neste sentido, LUÍS CARVALHO FERNANDES/JOÃO LABAREDA, *Código da insolvência e da recuperação de empresas. Anotado*, 3.ª ed., Quid Juris, Lisboa, 2015, p. 444.

299 O n.º 2 do art. 95.º CIRE inspira-se no § 44 InsO. Ver, sobre esta disposição, DIETER EICKMANN/*Heidelberger Kommentar zur Insolvenzordnung*, 4.ª ed., C.F. Müller, Heidelberga, 2006, § 44, pp. 310, ss..

300 O mesmo regime vale para a subfiança e o mandato de crédito prestados pelo insolvente.

14. O mandato de crédito

I. Nesta figura[301] um sujeito encarrega outrem de conceder crédito a um terceiro, em nome e por conta própria. Se este encargo for aceite, concluindo-se o contrato, o primeiro, o autor do encargo, "responde como fiador" (art. 629.º n.º 1), ficando o encarregado, evidentemente, obrigado a conceder o crédito, em seu nome e por sua conta, ao terceiro indicado[302]. O cumprimento da obrigação de conceder crédito ao terceiro passa pela celebração do referido contrato de crédito com este.

A lei concede duas faculdades ao autor do encargo: ele pode revogar o encargo enquanto o crédito não for concedido, e pode a todo o momento denunciá-lo, sendo nessa eventualidade responsável pelos danos que causar (por esse ato lícito) – art. 629.º n.º 2.

[301] Sobre esta, ver: A. VAZ SERRA, *Fiança e figuras análogas*, cit., pp. 41, ss.; PIRES DE LIMA/ ANTUNES VARELA (com a colaboração de M. HENRIQUE MESQUITA), *Código civil anotado*, vol. I, cit., p. 646-647; J. ANTUNES VARELA, *Das Obrigações em geral*, vol. II, cit., p. 483, nota 1; M. J. ALMEIDA COSTA, *Direito das obrigações*, cit., pp. 907, ss.; P. ROMANO MARTINEZ, *Direito das obrigações, apontamentos*, cit., pp. 363, ss.; P. ROMANO MARTINEZ/P. FUZETA DA PONTE, *Garantias de cumprimento*, cit., pp. 113, ss.; A. MENEZES CORDEIRO, *Tratado de direito civil X, direito das obrigações, garantias*, cit., pp. 503, ss.; J. CALVÃO DA SILVA, *Mandato de crédito e carta de conforto*, in: Estudos em homenagem ao Professor Doutor Inocêncio Galvão Telles, vol. II, *Direito bancário* (organizados pelos Professores Doutores António Menezes Cordeiro, Luís Menezes Leitão e Januário da Costa Gomes), Almedina, Coimbra, 2002, pp. 245, ss., pp. 248, ss.; M. J. COSTA GOMES, *Assunção fidejussória de dívida*, cit., pp. 479, ss.; L. MENEZES LEITÃO, *Garantias das obrigações*, cit., pp. 125, ss.; J. ENGRÁCIA ANTUNES, *Direito dos contratos comerciais*, cit., pp. 544, ss.; A. SARAIVA MATIAS, *Garantias bancárias ativas e passivas*, cit., pp. 25, ss.; HUGO RAMOS ALVES, *Do mandato de crédito*, Almedina, Coimbra, 2007.

Ver ainda: R. CAFARO, *Mandato di credito*, in: *Il diritto privato nella giurisprudenza* (coord. por Paolo Cendon), Utet, Turim, 2006, pp. 39, ss.; K. LARENZ/C.-W. CANARIS, *Lehrbuch des Schuldrechts, II Band, Besonderer Teil, 2.* Halbband, cit., VI § 60, pp. 21, ss.; H. BROX/W.-D. WALKER, *Besonderes Schuldrecht*, cit., § 32, p. 456; H. WEBER, *Kreditsicherheiten*, cit., § 5, pp.125, ss.

Quanto ao mandato de crédito no direito romano, ver MAX KASER, Direito romano, cit., p. 315. Segundo este Autor (ob. cit., ibidem), "o negócio é semelhante à fiança, visto que o mandatário, além da ação de empréstimo contra o mutuário (como devedor principal). Tem uma atio mandati (contraria) contra o mandante, com a qual pode exigir (como de um fiador) a restituição da quantia creditada ao terceiro."

[302] Elemento "caracterizante" deste contrato de mandato de crédito, como aponta J. CALVÃO DA SILVA, *Mandato de crédito e carta de conforto*, cit., p. 250.

Por seu lado, o encarregado pode recusar o cumprimento do encargo sempre que a situação patrimonial dos outros contraentes ponha em risco o seu futuro direito (art. 629.º n.º 3). Contudo, tal implica que essa situação patrimonial se tenha alterado desde a data em que assumiu o referido encargo, porque se não tiver havido modificação e o encarregado a conhecia já, ele assume esse risco que não pode mais tarde pretender alijar[303].

II. O mandato de crédito encontra-se sistematicamente incluído no seio da fiança. Contudo, não se trata nem de um verdadeiro mandato, como o seu nome parece indicar, nem de uma verdadeira fiança, como a inclusão sistemática e art. 629.º n.º 1 inculca.

Não se trata de um verdadeiro mandato, porque embora o encarregado se obrigue a praticar um ato jurídico, atuando em nome próprio, o que poderia apontar para o mandato sem representação, a verdade é que atua por conta própria e não por conta do autor do encargo, como o mandato exige (art. 1157.º)[304].

Acresce que o regime decorrente dos artigos 1181.º e 1182.º, de acordo com os quais o mandatário é obrigado a transmitir para o mandante os direitos adquiridos em execução do mandato (sendo que, quanto aos créditos, o mandante pode mesmo substituir-se ao mandatário no exercício desses direitos) e o mandante deve assumir as obrigações contraídas pelo mandatário em execução do mandato, ou, se não o puder fazer, deverá entregar a este último os meios necessários para as cumprir ou ainda reembolsá-lo do que houver despendido nesse cumprimento, não tem aplicação, como parece claro, ao mandato de crédito.

[303] Neste sentido, PIRES DE LIMA/ANTUNES VARELA (com a colaboração de M. HENRIQUE MESQUITA), *Código civil anotado*, vol. I, cit., p. 647. Estes Autores sustentam, porém, que o encarregado também se pode recusar na eventualidade de a situação patrimonial dos outros pôr em risco o seu futuro direito, mesmo quando essa situação patrimonial fosse contemporânea do contrato, mas o encarregado não a conhecesse. Não nos parece a melhor solução. O encarregado ao aceitar o encargo tem o ónus de se informar da situação patrimonial dos outros sujeitos, devedor e autor do encargo. Se não o fez, só pode queixar-se de si próprio. O que não pode depois é valer-se da sua falta de diligência para recusar o cumprimento do encargo que livremente aceitou.

[304] Aspeto que a doutrina sublinha, ver, p. ex.: M. J. ALMEIDA COSTA, *Direito das obrigações*, cit., p. 907; P. ROMANO MARTINEZ, *Direito das obrigações, apontamentos*, cit., p. 363.

O mesmo se passa com as alíneas a), c) e d) do art. 1167.º, uma vez que o autor do encargo não é obrigado, como se apontou, a fornecer ao encarregado os meios necessários à execução do mandato, nem a reembolsá-lo das despesas feitas ou a indemnizá-lo pelo prejuízo que este tenha sofrido em consequência do mandato[305].

Também não estamos face a uma verdadeira fiança (de uma obrigação futura, de todo o modo, uma vez que o contrato de crédito donde emergirá a obrigação garantida ainda não foi celebrado). A lei, aliás, diz unicamente que o autor do encargo, se este for aceite, "responde como fiador" (art. 629.º n.º 1). A responsabilidade decorre da lei, se o encargo for aceite, e não da vontade das partes.

Além disso, o acordo das partes poderá mesmo expressamente afastar essa responsabilidade, o que significa que o encarregado ficará desprovido dessa garantia[306].

Mas, mesmo que não o seja, esta figura é mais complexa do que um simples negócio de garantia, estando diretamente associada a um negócio de crédito, que o encarregado se obriga a celebrar com terceiro. É certo que as garantias estão ligadas, de forma muito próxima, como já se disse, à concessão de crédito e, portanto, à celebração de negócios de crédito.

Contudo, o aspeto central deste contrato consiste na obrigação de conceder crédito a um terceiro em nome e por conta do encarregado, portanto de celebrar o negócio de crédito com o terceiro indicado[307]. A finalidade de crédito é determinante[308], sendo a garantia, de fonte legal, que como

[305] Neste sentido, ver L. MENEZES LEITÃO, *Garantias das obrigações*, cit., p. 128.

[306] Neste sentido, entre nós, J. CALVÃO DA SILVA, *Mandato de crédito e carta de conforto*, cit., pp. 253-254. Esta posição parece ser de sufragar. Com efeito, se a lei pretende salvaguardar a posição daquele que se obriga a conceder crédito ao terceiro, impondo ao autor do encargo a sua responsabilização como fiador, nada obsta a que, se as partes assim o entenderem, o encarregado contraia essa obrigação dispensando a garantia. Passa a ser um crédito "em branco", ou seja, despido de garantias especiais. Não será comum, porque debilita a posição do encarregado, mas concordando ele, de acordo com a livre avaliação que faz dos seus interesses, parece que nada haverá a obstar.

[307] Como destaca M. J. COSTA GOMES (*Assunção fidejussória de dívida*, cit., p. 485): "A causa do mandato de crédito é a concessão de crédito e não uma causa de garantia: a concessão de crédito é o *Sinn und Zweck* do mandato de crédito", continuando de seguida: "ainda que a fiança desempenhe na prática – e desempenha amiúde – um papel catalisador da concessão de crédito, esta não faz parte da sua causa.". (itálico no original).

[308] Cfr. H. BROX/W.-D. WALKER, *Besonderes Schuldrecht*, cit., § 32, p. 436.

se disse poderá ser afastada, pretendendo a lei criar aqui, dessa forma, um instrumento de tutela do encarregado que se obriga a conceder o crédito.

III. A caracterização do mandato de crédito como uma figura autónoma relativamente, quer ao mandato, quer à fiança, não significa que as disposições destes dois contratos não se lhe possam aplicar, naqueles pontos em que a lei não tenha estabelecido para esta figura um regime particular[309]. Pelo contrário.

No que diz respeito à fiança, é mesmo a lei que nos remete para esse regime, no que toca à responsabilização do autor do encargo. Nessa medida, serão de aplicar, nomeadamente, o art. 631.º, no que toca ao âmbito da fiança, o art. 634.º, quanto ao conteúdo da fiança, o art. 637.º, relativo aos meios de defesa do fiador, o art. 644.º, respeitante à sub-rogação do fiador que cumpre, o art. 648.º, quanto ao direito à liberação ou à prestação de caução, o art. 651.º, referente à extinção da fiança[310_311]

Relativamente ao mandato, terá que se apurar caso a caso a aplicabilidade de algumas das disposições deste contrato à figura em análise[312].

15. O aval

I. O aval[313_314] é uma garantia que aparece ligada às obrigações cartulares. Aquele que presta o aval garante dessa forma, no todo ou em

[309] Neste sentido: M. J. ALMEIDA COSTA, *Direito das obrigações*, cit., p. 907; L. MENEZES LEITÃO, *Garantias das obrigações*, cit., p. 128.

[310] Cfr. L. MENEZES LEITÃO, *Garantias das obrigações*, cit., pp. 129-130.

[311] Questão discutida é a de saber se se exigirão aqui também os requisitos de forma da fiança. A dúvida só se colocará se as partes não afastarem a garantia. Caso tal não se verifique, sustentando a não aplicação ao mandato de crédito dessas regras da fiança: J. CALVÃO DA SILVA, *Mandato de crédito e carta de conforto*, cit., p. 254; P. ROMANO MARTINEZ/P. FUZETA DA PONTE, *Garantias de cumprimento*, cit., p. 113; L. MENEZES LEITÃO, *Garantias das obrigações*, cit., p. 129. Noutro sentido, M. J. COSTA GOMES, *Assunção fidejussória de dívida*, cit., pp. 486, ss. (afirma este Autor: "A necessidade de considerar global e coerentemente a posição de quem *responde fidejussoriamente* conduz à *necessidade* de aplicação ao mandato de crédito do regime de forma da fiança.", p. 487 – itálico no original).

[312] Cfr. J. CALVÃO DA SILVA, *Mandato de crédito e carta de conforto*, cit., p. 258.

[313] Sobre este, ver: PAULO CUNHA, *Da garantia nas obrigações*, vol. II, cit., pp. 85, ss.; A. FERRER CORREIA, *Lições de direito comercial, vol. III, letra de câmbio*, cit., pp. 205, ss.; J. OLI-

parte[315], o cumprimento da obrigação de um determinado obrigado (o avalizado). Trata-se de uma garantia que surge no âmbito dos títulos de crédito, sendo nesse seio regulada pela LULL[316] (arts. 30.º a 32.º e art. 77.º) e LUCh[317] (arts. 25.º a 27.º). A sua fonte não é um contrato, mas um negócio

VEIRA ASCENSÃO, *Direito comercial, vol. III, títulos de crédito*, cit., pp. 165, ss.; PEDRO PAIS DE VASCONCELOS, *Direito comercial. Títulos de crédito*, AAFDL, Lisboa, 1988/1989, pp. 74, ss.; idem, *Pluralidade de avales por um mesmo avalizado e "regresso" do avalista que pagou sobre aqueles que não pagaram*, in: Nos 20 anos do Código das Sociedades Comerciais, homenagem aos Profs. Doutores A. Ferrer Correia, Orlando de Carvalho e Vasco Lobo Xavier (coord. António Pinto Monteiro), vol. III, vária, Faculdade de Direito da Universidade de Coimbra, Coimbra Editora, Coimbra, 2007, pp. 947, ss.; A. MENEZES CORDEIRO, *Tratado de direito civil X, direito das obrigações, garantias*, cit., pp. 593, ss.; P. ROMANO MARTINEZ, *Direito das obrigações, apontamentos*, cit., pp 366, ss.; P. ROMANO MARTINEZ/P. FUZETA DA PONTE, *Garantias de cumprimento*, cit., pp. 117, ss.; L. MENEZES LEITÃO, *Garantias das obrigações*, cit., pp. 129, ss.; M. J. COSTA GOMES, *Assunção fidejussória de dívida*, cit., pp. 75, ss.; J. ENGRÁCIA ANTUNES, *Os títulos de crédito, uma introdução*, Coimbra Editora, Coimbra, 2009, pp. 81, ss.; FILIPE CASSIANO DOS SANTOS, *Direito comercial português, vol. I, dos atos de comércio às empresas: o regime dos contratos e mecanismos comerciais no direito português*, Coimbra Editora, Coimbra, 2007, pp. 258, ss., pp. 25, ss.; MÓNICA JARDIM, *A garantia autónoma*, cit., pp. 201, ss.; EVARISTO MENDES, *Aval e fiança gerais*, cit., pp. 179, ss.; A. SOVERAL MARTINS, *Títulos de crédito e valores mobiliários, Parte I, títulos de crédito, volume I, I. dos títulos de crédito em geral, II. a letra*, Almedina, Coimbra, 2008, pp. 73, ss.; A. SARAIVA MATIAS, *Garantias bancárias ativas e passivas*, cit., pp. 27, ss..

Ver ainda: F. ULHOA COELHO, *Curso de direito comercial. Direito da empresa*, vol. I, 14.ª ed., Saraiva, S. Paulo, 2010, pp. 420, ss.; TULLIO ASCARELLI, *Teoria geral dos títulos de crédito* (tradução de Nicolau Nazo), Livraria Académica-Saraiva & Cia., 1943, São Paulo, p. 127, nota 1, p. 220, nota 1; ROSANNA CAFARO, *Avallo*, in: Il diritto privato nella giurisprudenza (coord. por Paolo Cendon), Utet, Turim, 2006, pp. 87, ss.; G. FERRI, *Manuale di diritto commerciale*, cit., pp. 819, ss.; D. LEGAIS, *Sûretés et garanties du crédit*, cit., pp. 55-56; M. CABRILLAC/C. MOULY/S. CABRILLAC/P. PÉTEL, *Droit des sûretés*, cit., pp. 283, ss.; H. WEBER, *Kreditsicherheiten*, cit., § 4, pp. 122, ss.; JUAN CARLOS GARCIA CORTÉS, *El aval cambiario. Consuscripción cambiaria*, in: *Tratado de las garantias en la contratación mercantil* (coord. UBALDO NIETO CAROL e JOSÉ IGNACIO BONET SANCHEZ), *tomo I, Parte general y garantias personales*, Civitas, Madrid, 1996, pp. 501, ss; A. CARRASCO PERERA/E. CORDERO LOBATO/M. J. MARÍN LÓPEZ, *Tratado de los derechos de garantía*, tomo I, *Garantías personales, hipoteca*, cit., pp. 553, ss..

314 O aval também pode ser concedido pelo Estado. Cfr. M. J. COSTA GOMES, *Assunção fidejussória de dívida*, cit., p. 75, nota 287, p. 77, nota 292.

315 Arts. 30.º e 77.º LULL para as letras e livranças e art. 25.º LUch., no caso do cheque.

A possibilidade de o aval ser meramente parcial resultou da proposta do delegado português à Conferência de Genebra, CAEIRO DA MATA. Cfr. A. FERRER CORREIA, *Lições de direito comercial*, vol. III, letra de câmbio, cit. p. 213.

316 Lei Uniforme relativa às Letras e Livranças.

317 Lei Uniforme relativa ao cheque.

jurídico unilateral. Como veremos já à frente, caracteriza-se face à fiança, também, entre outros aspetos, pela sua relativa autonomia face à obrigação garantida[318].

II. O aval pode ser dado por terceiro ou mesmo por um signatário da letra (art. 30.º LULL).[319]

No que diz respeito à sua forma, o aval é escrito na própria letra ou numa folha anexa e exprime-se pela fórmula "bom para aval" ou outra equivalente, e é assinado pelo seu dador (art. 31.º, I e II LULL)[320].

O aval considera-se como resultando da simples assinatura do dador aposta na face anterior da letra, a não ser que se trate das assinaturas do sacado ou do sacador (art. 31.º, III, LULL)[321]. Portanto, não sendo a assinatura de um desses sujeitos, a lei presume que se trata da de um avalista.

Como se disse, o aval pode ser dado por um signatário da letra[322] ou por terceiro (art. 30.º, LULL) e a favor de qualquer signatário da letra (o avalizado). Deve, pois, indicar-se a pessoa por quem se dá. Contudo, caso falte essa indicação[323], entende-se que é dado pelo sacador (art. 31.º, IV, LULL)[324], ou pelo subscritor da livrança, se for o caso (art. 77.º LULL)[325].

[318] Ver o Acórdão do STJ de 6/06/2015 (Maria Clara Sottomayor), in: www.dgsi.pt.

[319] De forma idêntica para o cheque. O aval pode ser prestado por um signatário do cheque ou por terceiro, desde que não seja o sacado (art. 25.º LUch.).

[320] De forma idêntica para o cheque (art. 26.º LUch.).

[321] De forma idêntica para o cheque (art. 26.º LUch.). A exceção aqui é quando se trate da assinatura do sacador.

[322] Embora, como sublinha A. FERRER CORREIA (*Lições de direito comercial, vol. III, letra de câmbio*, cit. p. 210), "o aval de um signatário cambiário só poderá ter utilidade prática (...) se o aval for dado a um signatário cuja responsabilidade seja mais onerosa."

[323] Aval em branco por contraposição ao aval nominativo – ver, sobre estes, J. ENGRÁCIA ANTUNES, *Os títulos de crédito. Uma introdução*, cit., p. 82.

[324] A este propósito há que destacar o Assento do STJ de 1/2/1966 nos termos do qual "mesmo no domínio das relações imediatas, o aval que não identifique o avalizado é sempre prestado a favor do sacador". Quanto às diversas interpretações realizadas pela doutrina deste assento, destacando que a jurisprudência mais recente tende a sustentar (na linha de FERRER CORREIA, *Lições de direito comercial, vol. III, letra de câmbio*, cit., p. 212) que a presunção seja ilidível nas relações imediatas, A. SOVERAL MARTINS, *Títulos de crédito e valores mobiliários, Parte I*, cit., pp. 74-75.

[325] No caso do cheque, na falta de indicação, considera-se prestado ao sacador (art. 26.º LUch.).

III. O avalista responde da mesma maneira da pessoa por ele afiançada (art. 32.º, I, LULL)[326]. A sua obrigação tem, pois, o conteúdo e extensão da obrigação do avalizado. No entanto, ela sobrevive independentemente da obrigação garantida, se esta for nula, exceto nos casos em que a nulidade seja determinada por vício de forma[327] (art. 32.º, II, LULL[328]).

O primeiro aspeto e o último apontam para a acessoriedade, na medida em que uma obrigação é moldada sobre a outra e a nulidade da obrigação do avalizado atinge a própria obrigação do avalista.

Todavia, o segundo aspeto mencionado indica a autonomia, porque a obrigação do garante se mantém apesar de tal não acontecer com a obrigação do garantido (que na verdade, face a uma nulidade, nem chegou a nascer). Cabe continuar a desenvolver o regime do aval para se determinar então o carácter acessório ou autónomo da garantia.

A este propósito tem particular relevância saber se o avalista pode valer-se das exceções pessoais a que o avalizado poderia recorrer. A resposta dada entre nós é essencialmente negativa.

Nesta linha se insere, com base num argumento de maioria de razão, que cremos convincente, Oliveira Ascensão. Diz este Autor: "Se o avalista responde na medida em que caberia ao avalizado, ainda que a obrigação deste fosse nula, por maioria de razão responde se ela for válida e apenas houvesse que opor contra ela exceções pessoais."[329_330]

Neste equilíbrio entre a acessoriedade e autonomia, o aval constitui uma figura mista, em parte acessória, como o demonstram os dois aspetos acima apontados, em particular o segundo, e em parte autónoma,

[326] E art. 27.º, I, LUCh.

[327] Quanto ao sentido do "vício de forma", ver F. CASSIANO DOS SANTOS, *Direito comercial português, vol. I*, cit., pp. 272, ss..

[328] E art. 27.º, II, LUch.

[329] J. OLIVEIRA ASCENSÃO, *Direito comercial, vol. III, títulos de crédito*, cit., p. 174. Neste sentido, igualmente, entre nós, L. MENEZES LEITÃO, *Garantias das obrigações*, cit., p. 132. Em Itália, R. CAFARO, *Avallo*, cit., p. 90. Com dúvidas, G. FERRI, *Manuale di diritto commerciale*, cit., p. 820.

[330] Admite-se, meramente, na linha de A. VAZ SERRA (*Anotação* ao acórdão do STJ de 6/11/1979, in RLJ ano 113.º, p. 186, nota 2), que avalista oponha ao portador a exceção de pagamento, desde que o portador seja o mesmo em relação ao qual o avalizado extingiu a sua obrigação. Assim, o Acórdão da Relação do Porto, de 6/02/2003 (Azevedo Ramos), in: www.dgsi.pt; o Acórdão do STJ de 24/01/2008 (Oliveira Rocha), in: www.dgsi.pt..

mas com uma clara preponderância da autonomia.[331] Podemos aqui falar, aliás, em diferentes graus de autonomia, assim como, inversamente, em diferentes graus de acessoriedade.

Esse aspeto seria já suficiente para afastar o aval da fiança, a garantia acessória por excelência, conforme vimos. Mas, para além desse ponto, há ainda a referir que ao contrário – também – da fiança, o avalista que cumpre fica sub-rogado nos direitos emergentes da letra, não só contra o avalizado, mas igualmente contra os obrigados para com este em virtude da letra (art. 32.º, III, LULL)[332]. Além disso, o avalista não pode opor ao demandante o benefício da excussão (embora este, conforme se viu, possa ser afastado na própria fiança civil e não exista na fiança comercial): ele responde solidariamente com o avalizado (e os outros subscritores). (art. 47.º, I, LULL).[333]

15.1. O aval geral

I. Diz-se que estamos face a um aval geral[334] quando a obrigação cartular garantida não foi ainda determinada. Com efeito, emite-se um título

[331] No sentido de que o aval é uma garantia autónoma: J. OLIVEIRA ASCENSÃO, *Direito comercial, vol. III, títulos de crédito*, cit., p. 172, ss.; L. MENEZES LEITÃO, *Garantias das obrigações*, cit., p. 132. Lá fora: R. CAFARO, *Avallo*, cit., p. 90; H. WEBER, *Kreditsicherheiten*, cit., § 4, p. 122.

Não afastando o carácter, em parte acessório, do aval (uma acessoriedade imperfeita): A. FERRER CORREIA, *Lições de direito comercial*, vol. III, letra de câmbio, cit., p. 209, p. 219; P. ROMANO MARTINEZ/P. FUZETA DA PONTE, *Garantias de cumprimento*, cit., pp. 119-120; P. PAIS DE VASCONCELOS, *Direito comercial. Títulos de crédito*, cit., p. 74, p. 128; MÓNICA JARDIM, *A garantia autónoma*, cit., p. 202.

[332] Cfr. A. FERRER CORREIA, *Lições de direito comercial, vol. III, letra de câmbio*, cit., pp. 208-209.

[333] É discutida na doutrina a questão de saber se é necessário o protesto para accionar o avalista do aceitante. No sentido de que não é necessário, ver, p. ex.: A. FERRER CORREIA, *Lições de direito comercial, vol. III, letra de câmbio*, cit., p. 211; J. OLIVEIRA ASCENSÃO, *Direito comercial, vol. III, títulos de crédito*, cit., pp. 201-204.

Quanto a saber das consequências da interrupção da prescrição em relação ao subscritor relativamente ao avalista, pronunciou-se o STJ no Assento 5/95, de 28/3/1995 (in DR, I Série, de 29/5/1995) no sentido de que "por força do disposto no artigo 71.º da Lei Uniforme sobre Letras e Livranças, aplicável por via do seu artigo 78.º, a interrupção da obrigação cambiária contra o subscritor de uma obrigação cambiária não produz efeito em relação ao respectivo avalista."

[334] Sobre esta figura, ver: EVARISTO MENDES, *Aval e fiança gerais*, cit., pp. 179, ss.; L. MENEZES LEITÃO, *Garantias das obrigações*, cit., p. 135, F. CASSIANO DOS SANTOS, *Anotação* ao Acórdão de Uniformização de Jurisprudência de 11-12-2012, in RLJ ano 142.º, pp. 300, ss.;

de crédito sem que seja determinado o montante da obrigação, a data de emissão, a época do pagamento, o lugar de pagamento[335]. Em regra, tal sucede com recurso a livranças, as "livranças-caução", emitidas por uma sociedade a favor de um banco, como forma de tutelar um crédito por este concedido ou a conceder, através de diversos negócios de crédito (aberturas de crédito, mútuo, antecipações bancárias) a celebrar entre as partes, ao longo do tempo.

A obrigação será avalizada pelos gerentes ou administradores da sociedade[336] e, muitas vezes, também pelos seus cônjuges. O banco fica desta forma com mais do que um património (o da sociedade) que poderá executar para satisfação do seu crédito. A ele se acrescentam os património do gerente ou gerentes (ou administradores) avalistas[337], assim como, por vezes, como se disse, o dos cônjuges deles.

Esta figura, além de constituir uma garantia pessoal das obrigações especialmente útil para os bancos, porque dotada de uma flexibilidade que lhe permite cobrir diversos negócios de crédito concluídos entre as partes, constitui igualmente um forte instrumento de pressão sobre os gerentes

M. JANUÁRIO DA COSTA GOMES, *O (in)sustentável peso do aval em livrança em branco prestado por sócio de sociedade para garantia de crédito bancário revolving. Acórdão de Uniformização de Jurisprudência 4/2013, de 11.12.2012, Proc. 5903/09*, CDP, n.º 43, 2013, pp. 15, ss.; CAROLINA CUNHA, *Cessão e quotas e aval: equívocos de uma uniformização da jurisprudência*, DSR, 2013, pp. 91, ss.

335 Em geral, segundo informa EVARISTO MENDES (*Aval e fiança gerais*, cit., p. 155), o que fica em branco é o montante devido e a data de emissão.

336 Como sublinha P. PAIS DE VASCONCELOS (*Pluralidade de avales por um mesmo avalizado e "regresso" do avalista que pagou sobre aqueles que não pagaram*, cit., p. 972), estes avales dos sócios da sociedade subscritora da livrança (exigida por um banco) consistem num caso "(socialmente) típico."

337 Temos então uma pluralidade de avales por um mesmo avalizado. A responsabilidade "interna", entre si, de cada um deles será depois, na generalidade dos casos, regulada entre esses sujeitos por acordo (extracambiário), correspondendo também muitas vezes a uma percentagem correspondente à sua participação no capital social. Ver sobre este ponto, desenvolvidamente, P. PAIS DE VASCONCELOS, *Pluralidade de avales por um mesmo avalizado e "regresso" do avalista que pagou sobre aqueles que não pagaram*, cit., pp. 947, ss, p. 963.

Nos termos do Acórdão Uniformização de Jurisprudência do STJ de 17/7/2012 (Abrantes Geraldes), in: www.dgsi.pt: "Sem embargo de convenção em contrário, há direito de regresso entre os avalistas do mesmo avalizado numa livrança, o qual segue o regime previsto para as obrigações solidárias". Sobre ele, ver CAROLINA CUNHA, *Pluralidade de avalistas e direito de regresso. Acórdão de uniformização de jurisprudência n.º 7/2012 de 5.6.2012 Rev. 2493/05*, CDP, 2012, pp. 41, ss..

(ou administradores) da sociedade no que toca à gestão a realizar. E uma clara brecha na limitação da responsabilidade dos sócios que lhes é conferida pela personalidade jurídica da sociedade.

II. A modalidade de aval em análise será de admitir quando ligada a um pacto de preenchimento do título acordado entre as partes[338]-[339] Este vem previsto no art. 10.º LULL (aplicável também às livranças, art. 77.º LULL) e deverá, por uma questão de facilidade de prova, ser celebrado por escrito[340].

15.1.2. A operação negocial complexa em que o negócio cambiário de integra

I. O aval, em si, como negócio cambiário tem que ser enquadrado numa operação negocial mais complexa – de que ele é só uma das componentes – e que assenta num contrato de crédito, num contrato de garantia e, por fim, nele próprio. Todos os elementos estão conexionados, sendo, tecnicamente, os primeiros, como se verá, contratos coligados, genética e funcionalmente[341]. Em termos analíticos, e recorrendo agora a um quadro típico (a operação em si, poderá sofrer algumas variações), o conteúdo de cada um dos contratos é o que se passa a expor.

15.1.2.1. O contrato de crédito

I. Em primeiro lugar, temos o contrato de crédito[342], muitas vezes uma abertura de crédito, por tempo indeterminado, ou, como será mais comum,

[338] Sem este acordo estaríamos face a uma livrança ou letra incompleta e não uma livrança, ou letra, em branco, cfr. A. FERRER CORREIA, *Lições de direito comercial, vol. III, letra de câmbio*, cit., p. 132.

[339] Quanto à livrança em branco acompanhada de pacto de preenchimento, ver P. ROMANO MARTINEZ/P. FUZETA DA PONTE, *Garantias de cumprimento*, cit., pp. 81, ss.; P. PAIS DE VASCONCELOS, *Pluralidade de avales por um mesmo avalizado e "regresso" do avalista que pagou sobre aqueles que não pagaram*, cit., p. 957. Na jurisprudência, o acórdão da Relação do Porto de 24/09/2018 (Carlos Gil), in: www.dgsi.pt.

[340] P. ROMANO MARTINEZ/P. FUZETA DA PONTE, *Garantias de cumprimento*, cit., p. 82.

[341] Quanto a estes, ver P. PAIS DE VASCONCELOS, *Contrato atípicos*, cit., pp. 216, ss..

[342] A "contrato de financiamento" para F. CASSIANO DOS SANTOS, *Anotação* ao acórdão de Uniformização de Jurisprudência de 11-12-2012, cit., p. 325.

celebrada a termo certo automaticamente prorrogável, se nenhuma das partes de opuser à prorrogação num determinado período de tempo antes da cessação do contrato. Este negócio é celebrado entre o creditante, em regra um banco, e o devedor, uma sociedade comercial (mas também outra pessoa coletiva).

As partes acordam ainda que será aceite pela sociedade uma letra ou subscrita uma livrança que titulará o valor em dívida, quantia a determinar logo que decorrido o prazo contratual sem que o devedor tenha pago.

II. Para a concessão desse crédito, o que vale dizer, para a celebração do contrato (mútuo, abertura de crédito, locação financeira, cessão financeira – *factoring*)[343], o banco exigirá que os sócios, ou algum dos sócios, se responsabilizem pessoalmente. Para o efeito, poderá recorrer-se a uma fiança geral, ou *omnibus*, ou prestação de um aval que assegure a obrigação futura da sociedade.

Há, desta forma, uma coligação genética de um negócio face ao outro: sem garantia, não há concessão de crédito. Isto não impede que sejam celebrados ao mesmo tempo, ou até no mesmo documento. Por outro lado, cessando o contrato de crédito por cumprimento, cessa igualmente a garantia que a ele está funcionalmente coligada.

15.1.2.2. O contrato de garantia

I. Antes, no entanto, da prestação do aval, haverá que regular as relações entre o dador do aval e o beneficiário, ou seja, o sócio e/ou gerente e o banco. Com efeito, a letra ou livrança não está ainda completa, havendo elementos que lhe faltam para se constituir como título cambiário (art. 2.º, I, e art. 76.º, I LULL)[344]. Esse é o contrato de garantia[345].

343 Sobre eles, ver M. PESTANA DE VASCONCELOS, *Direito bancário*, Almedina, Coimbra, 2017, pp. 169, ss..

344 F. CASSIANO DOS SANTOS, *Anotação* ao Acórdão de Uniformização de Jurisprudência de 11-12-2012, cit., pp. 313-314, p. 318.

345 Sublinhado a existência deste contrato, destacando tratar-se complexivamente "o acordo ou autorização de preenchimento e o documento em branco assinado pelo avalista", M. JANUÁRIO DA COSTA GOMES, *O (in)sustentável peso do aval em livrança em branco prestado por sócio*

Será desse acordo que resultam os termos e condições em que o título poderá ser preenchido (e que refletirá os termos do próprio pacto de preenchimento do título celebrado ente a sociedade e o banco, ligado contato de crédito). Em regra, tal só poderá suceder em caso de incumprimento da obrigação garantida. O título será preenchido pelo valor em dívida nessa data.

O cerne desse contrato é pois pacto de preenchimento do título acordado entre as partes[346].[347] Este vem previsto, como acima se referiu, no art. 10.º LULL (aplicável também às livranças, art. 77.º LULL) e deverá, por uma questão de facilidade de prova, ser celebrado por escrito[348]. Por vezes, com grande frequência, o pacto de preenchimento, que consiste num contrato, terá um conteúdo muito limitado. Todavia, não é possível compreendê-lo, nem determinar na integralidade o seu conteúdo, sem se atender à sua relação com o contrato de crédito ao qual está coligado, e que tem elementos que se projetam nele permitindo[349], quando for o caso, integrá-lo.

Na realidade, o montante máximo do valor da dívida (futura) depende também do valor máximo do crédito concedido ou que possa ser, como sucede na abertura de crédito, atribuído. De outra forma, seria indeterminável, salvo nos casos – que anteriormente assinalámos na fiança *omnibus* –, da posição do garante quanto à fixação em concreto do nível de endividamento da sociedade.

de sociedade para garantia de crédito bancário revolving. Acórdão de Uniformização de Jurisprudência 4/2013, de 11.12.2012, Proc. 5903/09, cit., p. 43.

346 Sem este acordo estaríamos face a uma livrança ou letra incompleta e não uma livrança, ou letra, em branco, cfr. A. FERRER CORREIA, *Lições de direito comercial, vol. III, letra de câmbio*, cit., p. 132.

347 Quanto à livrança em branco acompanhada de pacto de preenchimento, ver P. ROMANO MARTINEZ/P. FUZETA DA PONTE, *Garantias de cumprimento*, cit., pp. 81, ss.; P. PAIS DE VASCONCELOS, *Pluralidade de avales por um mesmo avalizado e "regresso" do avalista que pagou sobre aqueles que não pagaram*, cit., p. 957.

348 P. ROMANO MARTINEZ/P. FUZETA DA PONTE, *Garantias de cumprimento*, cit., p. 82.

349 Referindo-se à determinação *per relationem* do conteúdo do pacto de preenchimento com o aquele celebrado entre a sociedade e o banco, M. JANUÁRIO DA COSTA GOMES, *O (in) sustentável peso do aval em livrança em branco prestado por sócio de sociedade para garantia de crédito bancário revolving. Acórdão de Uniformização de Jurisprudência 4/2013, de 11.12.2012, Proc. 5903/09*, cit., p. 38.

III. O mesmo sucede quanto ao tempo pelo qual foi celebrado[350]. Ele coincidirá com o do contrato de crédito. Desta forma, se o contrato de crédito for celebrado por tempo indeterminado, à falta de acordo em contrário (o que evidentemente pode sempre haver, ajustando-se o contrato de garantia por um dado prazo), também o será o contrato de garantia. Se o primeiro for celebrado por termo certo, o mesmo sucederá com este último. Caso se prorrogue automaticamente o contrato de crédito, o mesmo ocorrerá, salvo oposição do garante, ao contrato de garantia. Cessado o contrato de garantia, por o garante se opor à sua renovação, o mesmo pode suceder ao contrato de crédito, embora esse efeito não seja automático (importa sempre um juízo por parte do credor, e da eventual obtenção de outras garantias do devedor, ou seus sócios)[351].

IV. A garantia, poderá, ou não, ser executada. Há aqui dois momentos. O primeiro liga-se a este contrato em si. O segundo, como se verá, à execução judicial propriamente dita, assente na livrança, ou letra, como título executivo.

Se o devedor – a sociedade – cumprir, extingue-se igualmente o contrato de garantia. A livrança, ou letra, não pode preenchida e deverá ser devolvida. Se a obrigação for incumprida, entra-se na fase de execução da relação obrigacional complexa de garantia. O garante pode cumprir a dívida da sociedade, como terceiro, com efeito liberatório, nos termos do art. 770.º [al. d), quando não a a) ou b)]. Não o fazendo, o título será preenchido pelo valor em dívida, em regra capital e juros, passando a existir como livrança.

Com base nele, será possível recorrer à execução como avalista, se não cumprir, nos termos cambiários.

V. O contrato de garantia, que estamos a apreciar, tem por conteúdo a relação obrigacional complexa, cujos termos foram apontados. Outros

[350] M JANUÁRIO DA COSTA GOMES, *O (in)sustentável peso do aval em livrança em branco prestado por sócio de sociedade para garantia de crédito bancário revolving. Acórdão de Uniformização de Jurisprudência 4/2013, de 11.12.2012, Proc. 5903/09*, cit. pp. 43-44.

[351] Neste sentido, sublinhando o caráter coligado dos contratos, com os efeitos referidos em termos de comunicabilidade do prazo e dos instrumentos de cessação do contrato, F. CASSIANO DOS SANTOS, *Anotação* ao Acórdão de Uniformização de Jurisprudência de 11-12-2012, cit, pp. 344-346.

podem decorrer das regras de integração do contrato, sempre que se puder afirmar a existência de uma lacuna negocial (art. 239.º).

Em qualquer caso, tem particular relevo os deveres decorrentes da boa fé (art. 762.º, n.º 2), concretizando-se depois ao longo da relação contratual em diversos de deveres específicos. A sua afirmação permite resolver um conjunto de problemas em concreto.

Desde logo, porque eles se traduzem em termos analíticos em deveres de informação, lealdade e informação. O que significa que, p. ex., se um sócio/garante se pretender desvincular em termos que o banco não considere lícita, este terá que lhe comunicar e o informar. Não pode permanecer inerte.

O que nos permite enfrentar um dos problemas mais comuns a este respeito: a cessão de quotas e a pretensão de desvinculação do sócio/cedente. Independentemente, o que se verá depois, dos efeitos concretos desta declaração do banco, a instituição de crédito se entender que não há desvinculação tem, de imediato, de informar o avalista de forma fundada. Não o fazendo, responde pelos danos imputáveis a esse comportamento.

Esclareça-se que o quadro específico destes deveres é reforçado no âmbito da relação bancária, em que a relação de confiança é muita mais intensa[352].

VI. Há, porém, uma relação prévia este contrato. Deixada muitas vezes na sombra, a relação pré contratual sócio/banco, dados os deveres que daí resultam, tem o mais amplo relevo. Já o havíamos referido no âmbito da fiança geral ou *omnibus*, onde se jogam interesses semelhantes.

Os deveres de informação (art. 227.º) a serem prestados pelo beneficiário da garantia são especialmente intensos, em particular quanto ao risco que ela, dadas as suas particularidades, comporta quanto à desvinculação.

Importa não perder de vista o quadro socialmente típico.

Estas garantias podem ser prestadas por sócios e administradores de sociedades de maior dimensão, com amplas possibilidades de se informarem.

Mas não é esta em regra a situação mais frequente na realidade económico-social. Para o exercício do comércio é quase sempre constituída uma

[352] Ver, desenvolvidamente, M. PESTANA DE VASCONCELOS, *Direito bancário*, cit., pp. 69, ss..

sociedade. O seu sócio (por vezes, único) com grande frequência não tem capacidade para se aperceber dos riscos e do alcance do contrato.

Haverá que ser devidamente explicada a particular configuração da garantia, quanto ao seu alcance (porque afasta, face a esse credor, o benefício da limitação da responsabilidade decorrente da personalidade jurídica da sociedade), extensão, e, em particular, forma de desvinculação. Este será mesmo um dos aspetos decisivos.

15.1.2.3. O negócio jurídico cambiário

Cessado o contrato de crédito, ou por decurso do prazo, ou por denúncia, ou por oposição à renovação, ou por resolução, etc., e não cumprindo o valor em dívida apurada nessa data o devedor/sociedade, verificam-se os pressupostos de preenchimento do título. Ele fica então completo. Daqui nascem então duas obrigações cartulares, a do subscritor (a sociedade) ou aceitante, na letra, e o avalista, que assegura a primeira. Respondem nos termos cartulares solidariamente. O negócio unilateral cambiário, *in casu* o aval, não pode ser feito cessar.

Contudo, há o risco de o beneficiário da garantia ter preenchido o título em termos desconformes com o contrato de garantia, *maxime* se este se tiver já cessado. Sendo a obrigação cambiária literal e autónoma, em princípio não haveria meio de defesa disponível para o avalizado.

Mas não é assim. O avalizante e o avalizado são o garante e o garantido do contrato de garantia, por sua vez coligado ao contrato de crédito. Pelo que nas relações imediatas pode o prestador do aval recorrer às exceções decorrentes deste último contrato face ao beneficiário da garantia, uma vez que é claro que ele, incumprindo o contrato de garantia no preenchimento do título, atuou com má fé (art. 10.º e 77.º LULL).[353]_[354]

[353] "Se uma letra incompleta no momento de ser passada tiver sido completada contrariamente aos acordos realizados, não pode a inobservância desses acordos ser motivo de oposição ao portador, salvo se este tiver adquirido a letra de má fé ou, adquirindo-a, tenha cometido uma falta grave."

[354] Cfr. CAROLINA CUNHA, *Cessão e quotas e aval: equívocos de uma uniformização da jurisprudência*, cit., p. 104. Na jurisprudência, o Acórdão da Relação de Lisboa de 15/03/2018 (António Manuel Fernandes dos Santos), in: www.dgsi.pt.

Isto nas relações imediatas, se o título não tiver sido endossado. Se já o tiver sido, em regra deixa de o poder fazer, salvo de o adquirente tiver adquirido a letra ou livrança de má fé ou se tiver cometido falta grave, o que poucas vezes sucederá, uma vez que ignorará, em regra, o contrato de garantia.

III. Pelo que a celebração de uma negócio nestes termos representa um negócio de confiança ou negócio fiduciário (num sentido amplo)[355]. Ele implica um enorme investimento de confiança no tomador/beneficiário, uma vez que será ele que vai, é certo que nos termos do pacto, preencher o título.

Mas pode abusar da posição que lhe é conferida.

Nas relações imediatas está protegido pelo art. 10.º LULL. Mas já não estará se o garantido preencher a livrança por uma quantia superior à devida (mesmo depois do contrato de crédito ter sido cumprido) e depois endossar o título. Nessa eventualidade, como se disse, o subscritor não poderá opor ao terceiro o pacto de preenchimento, a não ser que este tenha adquirido a livrança de má fé ou, adquirindo-a, tenha cometido uma falta grave (arts. 10.º e 77.º LULL).

Este perigo, no entanto, é, aqui, limitado porque, em regra, como se disse, estas garantias são prestadas a bancos ou outras instituições de crédito (como as sociedades de cessão financeira ou *factoring*), em que o risco de um preenchimento abusivo consciente é diminuto. Ele será limitado pelo elemento subjetivo ligado à credibilidade da pessoa do tomador. No entanto, vendo as coisas de um outro prisma, é exatamente e por isso que este tipo de garantias é, em regra, prestada somente a esse tipo de entes.

15.1.2.4. O caso específico da cessão de quotas

I. Quando um sócio que subscreve um aval geral, no sentido que lhe damos agora de simples contrato de garantia para preenchimento do título, nas circunstâncias aí previstas, cede as suas quotas, ele quererá, de ime-

[355] Ver para a distinção entre negócios fiduciários em sentido amplo (de que aqui se trata) e negócios fiduciários em sentido estrito, M. PESTANA DE VASCONCELOS, *A cessão de créditos em garantia e a insolvência*, cit., pp. 123, ss..

diato, desvincular-se[356]. Deixando de beneficiar da atividade da sociedade, e muitas vezes de influenciar a sua gestão, este sujeito pretende deixar de se responsabilizar pelas dívidas dela.

Dúvidas não há de que responde pelas dívidas da sociedade até esse momento, sendo lícito o preenchimento do título por esse valor. A questão que se coloca, e que esteve em parte na base do AUJ, a que se aludirá de seguida, é se se manterá vinculado, e em que termos, para o futuro.

II. Da exposição anterior, decorre que estamos perante uma operação negocial complexa integrada na base por dois contratos, um de crédito e outro de garantia. O conteúdo deste último e a sua própria vigência dependem ou podem depender do primeiro. Assim, nada tendo sido acordado em contrário, o período de tempo pelo qual o contrato foi celebrado é o do contrato de crédito. Pelo que sendo o primeiro celebrado por tempo indeterminado, também o é o segundo, o que significa que o garante, o poderá, nos termos gerais, com pré-aviso adequado, denunciar.

Esse facto confere ao banco, dada coligação dos contratos, o direito de, também com pré-aviso, denunciar o contrato de crédito. Com efeito, cessando a garantia com base no qual o crédito foi concedido, este pode ser feito cessar.

O mesmo não sucede se o contrato de crédito tiver sido concluído por termo certo, acontecendo o mesmo, de forma simétrica, com o contrato de garantia. Este não pode ser denunciado. Só cessa com a cessação do primeiro.

III. Por isso, se a comunicação ao banco da cessão de quotas pode valer como declaração tácita de denúncia do contrato, embora com a eventual responsabilização por não ter ido observado o pré-aviso, o mesmo não sucede no segundo caso. O vínculo mantém-se.

A cessão de quotas e a perda de possibilidade de influenciar a gestão da sociedade e, portanto, também, da sua responsabilidade pessoal é um risco que o sócio corre.

Pode optar por ceder a quota e correr o risco, ou não a ceder e afastá-lo (ou acordar com o cessionário a assunção por parte deste da eventual

[356] Ver e forma específica sobre esta matéria, CAROLINA CUNHA, *Cessão e quotas e aval: equívocos de uma uniformização da jurisprudência*, cit., pp. 91, ss..

responsabilidade que sobre ex-sócio recaia por força do aval prestado, tutelando-se assim por via contratual).

O ponto é que, tendo-se vinculado, e tendo o crédito sido concedido por esse prazo com base nessa segurança adicional do banco, não se pode desvincular[357].

IV. Só se tal faculdade de desvinculação tivesse sido prevista no contrato, eventualmente com reflexos na própria cessação do contrato de crédito. Situação diversa, e em todo o caso comum se o negócio de crédito for uma abertura de crédito, é interpretar essa comunicação como declaração tácita de oposição à renovação da garantia aquando da renovação do próprio contrato de crédito.[358]

Nessa eventualidade, o banco terá que optar entre opor-se, também, dada a cessação da garantia, à prorrogação da abertura de crédito, ou mantê-la. O que pode suceder, porque a sociedade lhe concede garantias adicionais, ou o novo sócio celebre, em substituição, um acordo semelhante ao anterior. No que tem todo o interesse: a cessação do contrato de crédito irá muito provavelmente afetar o financiamento da sociedade, em cuja saúde económica e financeira passa a estar diretamente interessado. Uma garantia, substitui a outra, mantendo-se o financiamento.

[357] Convém nesta análise ter em conta a operação negocial no seu conjunto e os reflexos da desvinculação do cedente/sócio sobre o contrato de crédito, bem como a legítima expetativa – *rectius* o direito – do banco a que este contrato se mantenha até ao decurso do prazo (sendo um contrato celebrado a título oneroso pretenderá receber os juros que só se constituem com o decurso do tempo).

[358] Entendemos, em principio, com F. CASSIANO SANTOS (*Anotação* ao Acórdão de Uniformização de Jurisprudência de 11-12-2012, cit., p. 343), não haver em caso de cessão de quota um direito de resolução por justa causa do garante/cedente. O banco conta com aquela garantia, assente no património do sócio/garante para tutela do credito concedido. Situação diversa é a de o contrato ter ido celebrado por tempo indeterminado, em que vale a denúncia *ex nunc*, ou uma prorrogação automática do prazo contratual – hipótese a que aludimos em texto. Neste caso, deve a declaração de desvinculação produzir efeitos à data da prorrogação do contrato, consistindo numa oposição à sua renovação. Com as eventuais consequências depois sobre o contrato de crédito. Em sentido diverso quanto à resolução: CAROLINA CUNHA, *Cessão e quotas e aval: equívocos de uma uniformização da jurisprudência*, cit., *p.* 106; M. JANUÁRIO DA COSTA GOMES, *O (in)sustentável peso do aval em livrança em branco prestado por sócio de sociedade para garantia de crédito bancário revolving. Acórdão de Uniformização de Jurisprudência 4/2013, de 11.12.2012, Proc. 5903/09*, cit., pp. 44-45 (embora o autor discuta se os "efeitos ex nunca são mediatos, se devem ser antes postergados para o final do período de renovação da abertura de crédito revolving")

15.1.2.5. O Acórdão de Uniformização de Jurisprudência de 11 de dezembro de 2012[359]

I. A questão de o direito do avalista fazer cessar a sua vinculação foi objeto de acórdão de uniformização de jurisprudência[360], nos termos do qual: "Tendo o aval sido prestado de forma irrestrita e ilimitada, não é admissível a sua denúncia por parte do avalista, sócio de uma sociedade a favor de quem aquele foi prestado, em contrato em que a mesma é interessada, ainda que entretanto, venha a ceder a sua participação social na sociedade avalizada".

Como decorre da fundamentação do acórdão, e tem sido sublinhado pela doutrina[361], a jurisprudência uniforme abrange somente o aval, negócio cambiário em livrança ou letra completa, ou seja, com todos os seus elementos preenchidos, o que no caso do aval geral sucede só – exceto em caso de abuso – com o incumprimento pela sociedade das suas obrigações decorrentes do contrato de crédito.

Só nesse caso se verifica o facto que permite a execução da garantia, o que passa em primeiro lugar pelo preenchimento do título nos termos acordados. Pelo que relativamente ao contrato de garantia antes desse momento vale o regime, que acabámos, nos números anteriores, de traçar.

15.1.2.6. O regime insolvencial. Apontamento

I. Com o CIRE houve uma inflexão – ou talvez, de um outro prisma, uma precisão – ao que resultava do CPEREF. Com efeito, no regime ante-

[359] Relator: Anjos Catarino, in DR I.ª série, de 21.01.2013.

[360] Muito desenvolvidamente sobre ele, ver: F. CASSIANO DOS SANTOS, *Anotação* ao Acórdão de Uniformização de Jurisprudência de 11-12-2012, cit., pp. 312, ss.; M. JANUÁRIO DA COSTA GOMES *O (in)sustentável peso do aval em livrança em branco prestado por sócio de sociedade para garantia de crédito bancário revolving. Acórdão de Uniformização de Jurisprudência 4/2013, de 11.12.2012, Proc. 5903/09*, cit., pp. 15, ss.;

[361] Cfr. F. CASSIANO DOS SANTOS, *Anotação* ao acórdão de Uniformização de Jurisprudência de 11-12-2012, cit., p. 320 ("O AUJ circunscreve-se insofismavelmente ao aval"); CAROLINA CUNHA, *Cessão e quotas e aval: equívocos de uma uniformização da jurisprudência*, cit., p. 113; M. JANUÁRIO DA COSTA GOMES *O (in)sustentável peso do aval em livrança em branco prestado por sócio de sociedade para garantia de crédito bancário revolving. Acórdão de Uniformização de Jurisprudência 4/2013, de 11.12.2012, Proc. 5903/09*, cit., p. 46.

rior, no âmbito da impugnação pauliana, presumiam-se celebrados de má fé pelas pessoas que neles participassem (art. 158.º CPEREF), a fiança, a subfiança e mandatos de crédito, em que o falido houvesse outorgado nos dois anos anteriores à abertura do processo conducente à falência e que não respeitassem a operações negociais com real interesse para ele [art. 158.º al. e) CPEREF]. A dúvida é se se podia incluir aqui, também, por interpretação extensiva o aval.

A doutrina dividia-se entre quem sustentava o seu afastamento[362] (e havia apoio nesse sentido da jurisprudência do STJ), e os autores que defendiam a sua inclusão.[363]

A melhor opinião, até pela possibilidade que se abria de contornar o resultado que a lei visava impedir, era esta última.

O CIRE resolveu expressamente a questão, incluindo no seio dos atos sujeitos a resolução incondicional juntamente com a fiança e o mandato de crédito, como sucedia (no âmbito da impugnação pauliana, como se viu) no CPEREF, também o aval [art. 121.º, n.º 1, al. d)]. Não há assim agora quaisquer dúvidas que está sujeito à resolução incondicional do art. 121.º CIRE. Ponto é que estejam preenchidos os outros requisitos do art. 121.º, n.º 1, al. d): a prestação do aval pelo insolvente no período de seis meses anterior à data do início do processo de insolvência e que essa garantia não respeite a operações negociais com real interesse para ele.[364]

16. A garantia autónoma

16.1. Introdução

Em termos gerais, estamos perante uma garantia autónoma[365_366] em regra prestada por um banco[367], quando o garante assume face credor uma

[362] J. CALVÃO DA SILVA, *Dos efeitos da falência sobre garantias de dívidas de terceiros*, cit., pp. 794-795.

[363] L. CARVALHO FERNANDES/J. LABAREDA (*Código dos processos especiais de recuperação da empresa e da falência anotado*, cit., p. 418) sustentavam a opinião contrária.

[364] Sobre esta matéria, ver CAROLINA CUNHA, *Aval e insolvência*, Almedina, Coimbra, 2017.

[365] Sobre esta matéria, ver, M. PESTANA DE VASCONCELOS, *A garantia autónoma*, in: estudos em comemoração dos 10 anos do CIJE, Almedina, Coimbra, 2010, pp. 611, ss.. (que aqui

em termos gerais se segue). Sobre esta figura, ver ainda: A. FERRER CORREIA, *Notas para o estudo da garantia bancária*, RDE, 1982, pp. 217, ss.; J. ANTUNES VARELA, *Das Obrigações em geral*, vol. II, cit., p. 512, ss.; M. J. ALMEIDA COSTA/A. PINTO MONTEIRO, *Garantias bancárias. O contrato de garantia à primeira solicitação*, CJ, t. V, 1986, pp. 17, ss.; ANTÓNIO PINTO MONTEIRO, *Cláusula penal e indemnização*, Almedina, Coimbra, 1990, pp. 271, ss.; I. GALVÃO TELLES, *Garantia bancária autónoma*, cit., pp. 275, ss.; A. MENEZES CORDEIRO, *Direito bancário*, cit., pp. 842, ss.; idem, *Tratado de direito civil X, direito das obrigações, garantias*, cit., pp. 527, ss.; J. CALVÃO DA SILVA, *Garantias acessórias e garantias autónomas*, cit., pp. 336, ss.; idem, *Direito bancário*, cit., pp. 384, ss.; PEDRO ROMANO MARTINEZ, *Garantias bancárias*, in Estudos em homenagem ao Professor Doutor Inocêncio Galvão Telles, volume II, Direito bancário (estudos organizados pelos Professores Doutores António Menezes Cordeiro, Luís Menezes Leitão e Januário da Costa Gomes), Almedina, Coimbra, 2002, pp. 265, ss.; idem, *Direito das obrigações, apontamentos*, cit., pp. 297, ss.; P. ROMANO MARTINEZ/P. FUZETA DA PONTE, *Garantias de cumprimento*, cit., pp. 124, ss.; L. MENEZES LEITÃO, *Garantias das obrigações*, cit., pp. 137, ss.; M. J. COSTA GOMES, *Assunção fidejussória de dívida*, cit., pp. 66, ss.; idem, *Sobre a mora do garante na garantia bancária autónoma. A propósito do Acordão STJ 21-11-2002*, in: Estudos em honra de Ruy de Albuquerque, Faculdade de Direito da Universidade de Lisboa, Coimbra Editora, Coimbra, 2006, pp. 17, ss.; J. ENGRÁCIA ANTUNES, *Direito dos contratos comerciais*, pp. 535, ss.; MÓNICA JARDIM, *A garantia autónoma*, cit.; V. SOARES DA VEIGA, *Direito bancário*, cit., pp. 358, ss., J. SIMÕES PATRÍCIO, *Preliminares sobre a garantia "on first demand"*, ROA, 1983, pp. 677, ss.; EVARISTO MENDES, *Garantias bancárias. Natureza*, cit., p. 458, ss.; MARIA DO ROSÁRIO EPIFÂNIO, *Garantias bancárias autónomas – breves reflexões –*, in Juris et de Jure, nos vinte anos da Faculdade de Direito da Universidade Católica - Porto, UCP, Porto, 1998, pp. 319, ss.; FÁTIMA GOMES, *A garantia bancária autónoma à primeira solicitação*, DJ, 1994, pp. 119, ss.; ANTÓNIO SEQUEIRA RIBEIRO, *Garantia bancária à primeira solicitação: algumas questões*, in Estudos em homenagem ao Professor Doutor Inocêncio Galvão Telles, volume II, Direito bancário (estudos organizados pelos Professores Doutores António Menezes Cordeiro, Luís Menezes Leitão e Januário da Costa Gomes), Almedina, Coimbra, 2002, pp. 289, ss.; A. SARAIVA MATIAS, *Garantias bancárias ativas e passivas*, cit., pp. 28, ss.; JORGE DUARTE PINHEIRO, *Garantia bancária autónoma*, ROA, 1992, pp. 417, ss.; FRANCISCO CORTEZ, *A garantia bancária autónoma – alguns problemas*, ROA, 1992, pp. 513, ss.; MANUEL CASTELO BRANCO, A *garantia bancária autónoma no âmbito das garantias especiais das obrigações*, ROA, 1993, pp. 61, ss..

Ver também: C.-W. CANARIS, *Bankvertragsrecht*, 3.ª ed., vol. I, Walter de Gruyter, Berlim, Nova Iorque, 1988, pp. 745, ss.; K. LARENZ/C.-W. CANARIS, *Lehrbuch des Schuldrechts, II Band, Besonderer Teil, 2. Halbband*, cit., III § 64, pp. 73, ss.; G. POTTSCHMIDT/U. ROHR, *Kreditsicherungsrecht*, cit., pp. 40, ss.; H. WEBER, *Kreditsicherheiten*, cit., § 5, pp. 129, ss.; J.-L. RIVES-LANGE/M. CONTAMINE-RAYNAUD, *Droit bancaire*, cit., pp. 721, ss.; D. LEGAIS, *Sûretés et garanties du crédit*, cit., pp. 280, ss.; L. AYNÈS/P. CROCQ, *Les sûretés. La publicité foncière*, cit., pp. 135, ss.; J.-B. SEUBE, *Droit des suretés*, cit., pp. 86, ss.; J.-M. JACQUET/P. DELEBECQUE/S. CORNELOUP, *Droit du commerce international*, cit., pp. 579, ss.; GIUSEPPE B. PORTALE, *Fideiussione e Garantivertrag nella prassi bancaria*, in: *Nuovi tipi contratuali e tecniche di redazione nella pratica commerciale* (coord por Piero Verrucoli), QGC, Giuffrè, Milão, 1978, pp. 3, ss.; idem, *Il contratto autonomo di garanzia*, in: *Lezione Pisane di diritto commerciale* (a cura di Francesco

obrigação autónoma relativamente à obrigação garantida decorrente de um outro contrato, o contrato base. Assim, verificados os pressupostos acordados entre as partes (credor e garante) para o funcionamento da garantia, o garante terá que realizar o pagamento de uma quantia pecuniária ao credor sem que lhe possa opor, como sucede na fiança, os meios de defesa decorrentes da relação entre este e o devedor da obrigação garantida, ou da relação entre o devedor e ele[368]. Somente pode recorrer aos meios de defesa emergentes da relação de garantia.

Trata-se, pois, do prisma do credor, de uma garantia pessoal[369] muito *mais sólida* do que a fiança, que é marcada pela acessoriedade. Daí a sua enorme divulgação nas relações comerciais, em especial nos contratos internacionais. Sendo esta garantia prestada por um banco do seu Estado, o credor afasta o risco do incumprimento ou da insolvência da outra parte, de que ele em regra tem um conhecimento escasso, contribuindo desta

Barachini), Pisa University Press, Pisa, 2014, pp. 25, ss., FABIO PADOVINI, *Contratto autonomo di garanzia e contratti standard*, CI, 1991, pp. 125, ss.; GIUSEPPE BOZZI, *Le garanzie atipiche, vol. I, Garanzie personali*, Giuffrè, Milão, 1999, pp. 34, ss.; R. DE NICTOLIS, *Nuove garanzie personali e reali, Garantievertrag, fideiussione omnibus, lettere di patronage, sale – lease – back*, cit., pp. 20, ss.; R. GOODE, *Commercial law*, cit., pp. 1017, ss.; J. H. DALHUISEN, *Dalhuisen on transnational and comparative commercial, financial and trade law*, cit., pp. 516, ss.; J. BENJAMIN, *Financial law*, cit., pp. 82-83; A. CARRASCO PERERA/E. CORDERO LOBATO/M. J. MARÍN LÓPEZ, *Tratado de los derechos de garantía, tomo I, Garantías personales, hipoteca*, cit., pp. 499, ss.; LUIS CARRILLO POZO, *Las garantias autónomas en el comercio internacional*, Publicaciones del Real Colegio de España, Bolonha, 2000.

Quanto aos trabalhos internacionais relativos a esta modalidade de garantias, em particular os da Câmara de Comércio internacional (CCI), e do CNUDI (Convenção das Nações Unidas sobre garantias independentes e *stand-by letters of credit*, adoptada em Nova Iorque a 11 de Dezembro de 1995), ver A. SEQUEIRA RIBEIRO, *Garantia bancária à primeira solicitação: algumas questões*, cit., pp. 327, ss..

366 Quanto à distinção entre a garantia autónoma e a cláusula de garantia, ver A. PINTO MONTEIRO, *Cláusula penal e indemnização*, cit., pp. 271, ss..

367 E por isso muitas vezes ser designada, de forma algo imprópria, mas compreensivelmente, por garantia bancária autónoma.

368 Para a distinção, num caso concreto, na jurisprudência, ver o Acórdão da Relação do Porto, de 27/9/2016 (Anabela Dias da Silva), in:www.dgsi.pt.

369 O *Code Civil* inclui agora a garantia autónoma, juntamente com a fiança e a carta de conforto, entre as garantias pessoais, definindo-a como "l'engagement par lequel le garant s'oblige, en considération d'une obligation souscrite par un tiers, à verser une somme soit à première demande, soit suivant des modalités convenues." (art. 2321.º, primeiro parágrafo). Trata-se, como se vê, só do contrato de garantia autónoma em si (ver, já de seguida, em texto).

forma para a realização de transacções que, não fosse esta garantia, não se realizariam. Por isso, se diz de forma expressiva que elas constituem "the lifeblood of internacional commerce".[370]

É, nessa medida, em particular na sua modalidade à primeira solicitação (*on first demand*), e este aspeto é de grande relevo, um catalizador das trocas e prestações de serviços, que de outra forma, sem o afastamento do risco do incumprimento e da insolvência do outro contraente, grande parte das vezes não seriam sequer realizadas, ou, então, eventualmente, sê-lo-iam em condições mais onerosas.

Contribui, desta forma, de uma maneira direta, embora pouco sublinhada, para o crescimento económico com todas as vantagens que a ele se ligam. Dizemos que se trata de um aspeto importante, porque ele deve ser tido em conta na análise e nas soluções que se propõem para o regime desta figura. Se ela for debilitada, há um custo económico direto a ser pago: pelas empresas e pela economia em geral (receita fiscal e emprego).

16.2. A estrutura da operação

I. Quando falamos na estrutura negocial da operação[371], queremos referir-nos ao conjunto de contratos em que esta assenta, sendo que só um deles é o contrato de garantia autónoma.

Com efeito, podemos distinguir aqui três relações contratuais entre sujeitos diversos[372]. O contrato principal, ou seja, aquele donde decorrem as obrigações garantidas e que é concluído entre o credor garantido e o devedor/ordenante. O contrato entre o devedor e o garante, em regra um banco, pelo qual este último se vincula, mediante uma remuneração (comissão do banco), a celebrar com o credor o contrato de garantia autónoma. E, por fim, o contrato de garantia autónoma em si, celebrado

[370] KERR, *apud* M. J. ALMEIDA COSTA/A. PINTO MONTEIRO, *Garantias bancárias. O contrato de garantia à primeira solicitação*, cit., p. 19.

[371] Ver sobre esta: M. J. ALMEIDA COSTA/A. PINTO MONTEIRO, *Garantias bancárias. O contrato de garantia à primeira solicitação*, cit., pp. 19-20.

[372] Quanto a esta estrutura, ver: o Acórdão do STJ de 21/11/2002 (Quirino Soares) in CJ/STJ (III) 2002, pp. 148, ss.; o Acórdão do STJ de 23/06/2016 (António Joaquim Piçarra) in: www.dgsi.pt.; mais recentemente, o Acórdão do STJ de 21/06/2018 (Hélder Almeida), in: www.dgsi.pt.

entre o banco/garante e o credor/garantido do qual decorre a obrigação autónoma.

O primeiro contrato a que nos referimos poderá ter uma natureza muito diversa, p. ex., compra e venda, empreitada, etc., e pode emergir daqui igualmente a obrigação para uma das partes de prestar uma (ou mais) garantia autónoma (nos termos aí definidos), isto é, de celebrar com um banco um contrato pelo qual este se obrigue dentro de determinadas condições a concluir o contrato de garantia com o credor. Podem também as partes, dentre diversas configurações negociais possíveis, celebrar esse contrato que está suspensivamente condicionado à prestação de uma garantia autónoma (evidentemente por um terceiro, em regra um banco, como se viu).

O segundo contrato referido é aquele celebrado entre o devedor e o banco/garante. Este tem como conteúdo a obrigação do garante de celebrar em determinados termos, aí fixados, o contrato de garantia autónoma com o credor, mediante uma contrapartida patrimonial por parte do devedor/ordenante. Estão igualmente aqui previstos o dever de reembolso do banco[373], em caso de execução da garantia, as condições em que tal se fará, bem como as garantias desse eventual futuro direito do garante face ao ordenante, pelo qual o primeiro tutela a sua posição[374].

Este contrato é um mandato, pelo qual o garante se obriga a praticar um ato jurídico em nome próprio por conta do ordenante (mandato sem representação)[375]. O seu conteúdo é, porém, mais amplo do que o de um simpes mandato, como se vê.

373 Este dever resultará dos contratos concluídos entre o dador da ordem e o banco, contratos em que o banco tutelará cuidadosamente a sua posição, inserindo o dever de reembolso, e recorrerá quase sempre a cláusulas contratuais gerais. Contudo, mesmo que esse dever de reembolso não fosse patuado, ele decorreria do art. 1182.º (pois estamos aqui na face a um mandato), de acordo com o qual o mandante, dador da ordem, deve reembolsar o mandatário, aqui o garante, das quantias por ele despendidas no cumprimento das obrigações contraídas em execução do mandato. Cfr. MÓNICA JARDIM, *A garantia autónoma*, cit., p. 313.

374 Cfr. M. CABRILLAC/C. MOULY/S. CABRILLAC/P. PÉTEL, *Droit des sûretés*, cit., p. 374.

375 Neste sentido: A. FERRER CORREIA, *Notas para o estudo da garantia bancária*, cit., p. 248; M. J. ALMEIDA COSTA/A. PINTO MONTEIRO, *Garantias bancárias. O contrato de garantia à primeira solicitação*, cit., p. 19.

O terceiro contrato, finalmente, é aquele pelo qual a garantia autónoma é prestada ao credor. Do contrato emerge a obrigação autónoma que tem por objeto uma determinada quantia pecuniária. É neste negócio que são fixadas as condições da garantia autónoma (e que estarão já definidas anteriormente entre credor e devedor, sendo depois, em princípio, replicadas no contrato entre o devedor e o banco), nomeadamente saber se se trata de uma garantia autónoma simples ou à primeira solicitação, quais os documentos a apresentar com o pedido por parte do garantido, o prazo decorrido o qual, sem ter sido executada, a garantia cessa, etc.[376]

II. A estrutura contratual acima definida, que envolve três contratos, aparece como correspondendo ao tipo social da própria operação, a forma como ela, de maneira reiterada e uniforme, vai sendo concluída pelos agentes económicos[377]-[378].

Sublinhe-se que esta estrutura, e a celebração do contrato de garantia autónoma no seu seio, são indispensáveis para o resultado que se pretende alcançar. Com efeito, em teoria poderia pensar-se na celebração entre o

[376] Ver, sobre o direito decorrente do contrato, e sua constituição, na jurisprudência, o Acórdão do STJ de 20/03/2012 (Fonseca Ramos), in: www. dgsi.pt.

[377] Na jurisprudência, ver o Acórdão do STJ de 22/05/2014 (Granja da Fonseca), in: www. dgsi.pt.

[378] Note-se que, por vezes, se recorre a uma estrutura quadrangular, composta por quatro contratos. Assim sucede sempre que o credor exija que a garantia autónoma seja prestada por um banco da sua nacionalidade (e é com este que se celebra o contrato de garantia autónoma). Nesse caso, teremos que incluir neste conjunto de relações a que se estabelece entre o banco da nacionalidade do devedor e o banco da nacionalidade do credor, que, conforme se disse, lhe presta a garantia. Deste contrato resulta a obrigação para o último banco referido (o banco da nacionalidade do credor) de celebrar o contrato de garantia, obrigando-se a outra instituição de crédito (o banco da nacionalidade do devedor) a entregar-lhe o que o primeiro pagar ao beneficiário na eventualidade de a garantia ser acionada, além de prestar contragarantias (decorre daqui, também, a remuneração de um banco ao outro).

A estas relações haverá, claro, conforme se diz em texto, que juntar o contrato base donde nasce a obrigação garantida e o contrato entre o devedor e o banco da sua nacionalidade (que depois celebrará o referido contrato com o segundo banco).

Esta estrutura é particularmente usada, como se percebe facilmente, no comércio internacional. Cfr. MARIA DO ROSÁRIO EPIFÂNIO, *Garantias bancárias autónomas – breves reflexões* –, cit., p. 328; J.-L. RIVES-LANGE/M. CONTAMINE-RAYNAUD, *Droit bancaire*, cit., p. 724; R. GOODE, *Commercial law*, cit., p. 1020.

devedor e o banco de um contrato a favor de terceiro[379] (o garantido). Desse contrato decorreria o crédito para o garantido de em determinadas circunstâncias aí definidas executar a garantia autónoma.

Porém, esse contrato não iria isolar a posição do garantido das vicissitudes decorrentes do contrato concluído entre o devedor e o banco. Este poderia sempre opor ao credor as exceções daí emergentes (art. 449.º). O que se pretende evitar.

16.3. O contrato de garantia autónoma em si

I. Conforme se referiu, é no seu seio que se define o seu valor (isto é, o montante pecuniário que tem por objeto), as condições em que a garantia é prestada, a sua extensão e o condicionalismo a observar pelo credor para a executar.

Este contrato, decorrente da liberdade contratual (art. 405.º), consiste num tipo social[380], embora não num tipo legal,[381] e, como dele nascem obrigações (uma obrigação pecuniária) só para uma das partes, o garante, é um contrato unilateral.

II. No que diz respeito à forma, há uma divisão doutrinal entre aqueles que exigem a forma escrita[382], tendo em linha de conta o risco corrido pelo

[379] Sobre este, ver: DIOGO LEITE DE CAMPOS, *Contrato a favor de terceiro*, 2.ª ed., Almedina, Coimbra, 1991; J. ANTUNES VARELA, *Das Obrigações em geral*, vol. I, 10.ª ed., Almedina, Coimbra, 2000, pp. 408, ss.; J. RIBEIRO DE FARIA, *Direito das obrigações*, vol. I, cit., pp. 308, ss..

[380] Cfr. A. SEQUEIRA RIBEIRO, *Garantia bancária à primeira solicitação: algumas questões*, cit., p. 308.

[381] É assim também no conjunto dos diversos ordenamentos jurídicos. Mas não em todos. Em Macau, o contrato foi previsto e regulado no Código Comercial (arts. 942.º e segs.), no que constitui para nós, uma vez que esse Código é produto da Ciência Jurídica portuguesa, um subsídio interpretativo muito útil.

Em França, como se disse, com a reforma do direito das garantias foi igualmente consagrada a noção e regime da figura no art. 2321.º do *Code Civil*.

[382] Neste sentido: L. MENEZES LEITÃO, *Garantias das obrigações*, cit., p. 145 (para a declaração do garante); M. J. COSTA GOMES, *Assunção fidejussória de dívida*, cit., p. 443; EVARISTO MENDES, *Garantias bancárias. Natureza*, cit., p. 457. Na Alemanha, K. LARENZ/C.-W. CANARIS, *Lehrbuch des Schuldrechts, II Band, Besonderer Teil, 2. Halbband*, cit., p. 77 (mas é doutrina minoritária).

garante, e os Autores que exatamente por ser um negócio atípico[383] não a exigem, aplicando o regime geral dos negócios jurídicos.

Não se duvidando de que ela seria necessária *de iure constituendo*, atendendo, quer à sua importância económica, quer à complexidade e mesmo ao risco que acarreta, a verdade é que parece difícil sustentar a sua exigência *de iure constituto*, embora a questão não se nos apresente líquida. Porém, são esses mesmos elementos, a sua importância económica e complexidade, que conduzem na esmagadora maioria das vezes à celebração deste contrato por escrito.

III. Por fim, ao contrário do que inicialmente se sustentado por certa doutrina, não se trata de um negócio abstrato, mas de um negócio causal. Com efeito, o contrato em análise tem, em si, uma função própria: assegurar uma obrigação emergente de um outro contrato, o contrato-base. A sua causa (no sentido de causa-função) é, pois, de garantia[384_385]

16.4. Modalidades

16.4.1. Quanto à garantia em si

Distinção clássica no âmbito das garantias autónomas é entre a garantia autónoma simples e a garantia autónoma à primeira solicitação (*on first demand*)[386], sendo esta última a sua modalidade mais comum.

No primeiro caso, o credor/garantido terá que provar o facto constitutivo do seu direito para o garante cumprir (nos termos estabelecidos no contrato)[387].

[383] Cfr. P. ROMANO MARTINEZ/P. FUZETA DA PONTE, *Garantias de cumprimento*, cit., pp. 135, ss.; MÓNICA JARDIM, *A garantia autónoma*, cit., p. 242.

[384] I. GALVÃO TELLES, *Garantia bancária autónoma*, cit., p. 287-288; M. J. ALMEIDA COSTA/A. PINTO MONTEIRO, *Garantias bancárias. O contrato de garantia à primeira solicitação*, cit., p. 21; J. CALVÃO DA SILVA, *Garantias acessórias e garantias autónomas*, cit., p. 341.

[385] Note-se que, em regra, os contratos celebrados com o banco, tanto por parte do dador da ordem, como por parte do beneficiário/credor (a quem é enviada a "carta de garantia"), são contratos de adesão.

[386] Na jurisprudência, operando a distinção, ver o Acórdão da Relação do Porto (Leonel Serôdio), de 2/11/2000, in: CJ (V), p. 179.

[387] Ver o acórdão do STJ de 25/11/2014 (Fonseca Ramos), in: www.dgsi.pt.

Se a garantia for à primeira solicitação, tal requisito é dispensado (não tem que fazer essa prova), bastando ao primeiro exigir o pagamento nos termos acordados. Estes podem limitar-se ao pedido "puro e simples", podem impor a justificação do pedido (pedido justificado, especificando o incumprimento do dador da ordem) ou o pedido acompanhado de certos documentos[388]. Neste último caso, a garantia diz-se com justificação documental.[389_390]

De todo o modo, sendo uma garantia autónoma à primeira solicitação, logo que o pedido seja realizado nos termos acordados no contrato de garantia, o garante terá mesmo que cumprir[391] sob pena de incorrer em mora.

[388] Cfr. MÓNICA JARDIM, *A garantia autónoma*, cit., pp. 90-91. Este documento visa criar a "convicção da ocorrência do evento previsto no contrato de garantia em virtude da qualidade do seu autor (p. ex: um perito não árbitro de uma Câmara de Comércio ou um *expert* previamente acordado com as partes)", MÓNICA JARDIM, *ob. cit.*, p. 91.

Note-se que não é aqui afastada a autonomia: o documento tem que ser apresentado, mas não é possível a invocação de quaisquer exceções decorrentes do contrato entre devedor/ordenante e credor/garantido.

[389] Temos assim: a garantia autónoma à primeira solicitação pura e simples, a garantia autónoma à primeira solicitação justificada e a garantia autónoma à primeira solicitação documentária. Cfr. J.-M. JACQUET/P. DELEBECQUE/S. CORNELOUP, *Droit du commerce international*, cit., p. 581; L. AYNÈS/P. CROCQ, *Les sûretés. La publicité foncière*, cit., pp. 141-142; G. GIACCHERO, *L'escussione abusiva della garanzia autonoma nel commercio internazionale*, cit., p. 544 (denominando a primeira modalidade, garantia autónoma ao primeiro pedido "seca"). Para uma garantia com estas últimas caraterísticas, ver o Acórdão do STJ de 13/11/2014 (Fonseca Ramos), in: www.dgsi.pt.

[390] A garantia autónoma à primeira solicitação pura e simples, amplamente utilizada no comércio internacional (cfr. G. GIACCHERO, *L'escussione abusiva della garanzia autonoma nel commercio internazionale*, cit., p. 578), é a mais eficaz (está claro: do prisma do beneficiário) por razões óbvias. Basta o pedido, sem mais, nos termos da carta. O reverso da medalha é que são também as mais perigosas do prisma do dador da ordem.

Por isso, as Regras Uniformes da CCI (art. 20.º) impõem que o pedido de pagamento seja realizado por escrito, devendo conter ou ser acompanhado por um documento escrito (para além de, eventualmente, outros documentos especificados na garantia) onde conste que o dador da ordem está em incumprimento e em que é que consiste esse incumprimento ["the respect in which the principal is in breach" – art. 20.º (a) (ii)]. Visa-se desta forma evitar, embora de forma limitada, como se vê, um eventual uso abusivo desta garantia. Cfr. R. GOODE, *Commercial law*, cit., p. 1028.

[391] Salvo casos excecionais que veremos já de seguida *infra*.

Daí que se diga que, nestes casos, a situação do credor é semelhante à daquele que tem um depósito em dinheiro junto desse banco[392]. A adopção desta cláusula afasta assim o último (eventual) elemento de litigância entre garante e garantido que poderá operar na garantia autónoma simples: a discussão sobre a verificação ou não dos pressupostos do direito do credor[393]. Por esse motivo é preferida pelo banco já que lhe permite manter o afastamento dessa relação.

Na garantia autónoma à primeira solicitação junta-se à autonomia a característica adicional da automaticidade[394]. Consiste numa garantia automática, nos termos apontados[395].

16.4.2. Quanto à obrigação garantida[396]

a) Garantia de oferta ou licitação (*Bid bond*)

O garante aqui assegura a manutenção de uma oferta, em regra de um contrato de empreitada. Ela é utilizada igualmente para garantir a apresentação de outras garantias de boa execução do contrato por quem se comprometeu a tal.

b) Garantia de boa execução ou cumprimento (*performance bond* ou *performance guarantee*)

O garante assegura a um dos contraentes a correta execução da obrigação do ordenante emergente do contrato, seja ela o pagamento do preço, seja, p. ex., a realização de uma obra (empreitada).

[392] I. GALVÃO TELLES, *Garantia bancária autónoma*, cit., p. 283; D. LEGAIS, *Sûretés et garanties du crédit*, cit., p. 280.

[393] Cfr. MÓNICA JARDIM, *A garantia autónoma*, cit. p. 86.

[394] M. JANUÁRIO COSTA GOMES, *A fiança no quadro das garantias pessoais. Aspetos de regime*, cit., p. 86.

[395] Isto é assim, em particular, naqueles casos em que baste um simples pedido sem necessidade de apresentação de qualquer documentação.

[396] Ver: J. CALVÃO DA SILVA, *Garantias acessórias e garantias autónomas*, cit., pp. 338, ss.; MARIA DO ROSÁRIO EPIFÂNIO, *Garantias bancárias autónomas – breves reflexões –*, cit., pp. 332-333; A. SEQUEIRA RIBEIRO, *Garantia bancária à primeira solicitação: algumas questões*, cit., pp. 289, ss.; J.-L. RIVES-LANGE/M. CONTAMINE-RAYNAUD, *Droit bancaire*, cit., p. 723; G. BOZZI, *Le garanzie atipiche, vol. I, Garanzie personali*, cit., pp. 38, ss.; J. H. DALHUISEN, *Dalhuisen on transnational and comparative commercial, financial and trade law*, cit., p. 517.

c) **Garantia de reembolso de pagamentos antecipados (*advance payment bond*)**

Nesta hipótese, o garante assegura àquele contraente que pagou antecipadamente parte do preço do contrato base que ele obterá a restituição desses montantes na eventualidade de a outra parte não cumprir.[397]

16.5. A autonomia

I. A autonomia, por oposição à acessoriedade, significa que a obrigação do garante, além de não se moldar na obrigação garantida, é independente desta.

Começando por este último aspeto, tal significa que, encontrando-se a obrigação do garante desligada da obrigação garantida, ela não é atingida pelas diversas vicissitudes que possam atingir esta última.

Assim, o garante não pode, está impedido, de opor ao credor/beneficiário qualquer meio de defesa decorrente da relação base donde emerge a obrigação garantida: sua nulidade, anulação, resolução, ou qualquer outra exceção daí decorrente. Nos termos claros do Código Comercial de Macau: a garantia é autónoma "quando a obrigação do garante em face do beneficiário não depende da existência ou validade do negócio subjacente, nem de qualquer outro contrato" [art. 947.º al. a)]. Há algumas exceções que a doutrina admite a este princípio. Voltaremos a elas no número seguinte.

Não é possível igualmente ao garante recorrer a um meio de defesa decorrente da relação entre ele e o devedor/ordenante.

Os únicos meios de defesa que o garante pode recorrer são aqueles decorrentes do próprio contrato de garantia.

II. Acresce, como se apontou, que a obrigação do garante não tem o mesmo conteúdo da obrigação do devedor/dador da ordem[398]. Trata-se de uma prestação pecuniária e a obrigação garantida pode não o ser. Pode tratar-se de uma prestação de facto ou de uma prestação de outra coisa que não dinheiro. Como sucede, p. ex., com a garantia de bom

[397] Ainda se podem acrescentar a *retention guarantee* e a *mantainence (or warranty) guarantee*. Ver sobre elas R. GOODE, *Commercial law*, cit., p. 1021.

[398] Cfr. P. ROMANO MARTINEZ, *Garantias bancárias*, cit. p. 273.

cumprimento num contrato de empreitada. O credor/garantido terá do garante direito a exigir a soma de dinheiro acordada. É esse o conteúdo da obrigação autónoma, diverso, como se vê, do da obrigação garantida[399]. Estas garantias desempenham, sublinhe-se, uma marcada *função indemnizatória* – a obrigação do garante é uma obrigação de indemnização com um montante pré-fixado.[400]

III. Sendo demandado pelo credor/beneficiário nos termos previstos no contrato de garantia autónoma, o garante terá que cumprir. Fazendo--o, fica com o direito a ser reembolsado da quantia entregue ao garantido pelo devedor/dador da ordem, nos termos definidos no contrato celebrado com ele. Repare-se que o garante logo aquando da celebração do contrato de mandato se dota de garantias de forma a tutelar o cumprimento, por parte do devedor/dador da ordem, desse crédito.

IV. De todo o modo, os beneficiários nem sempre exigirão o pagamento da garantia. Por vezes, podem exigir que se estenda o seu prazo de vigência sob pena de esta ser executada de imediato. Trata-se da *extend or pay demand*, bastante comum na prática internacional[401] (onde esta garantia, conforme se afirmou, encontra o seu principal âmbito de aplicação). A explicação para esta radica no facto de o beneficiário entender que há um incumprimento, mas estar disposto a conceder um período de tempo adicional para que seja retificado, se a garantia for estendida[402].

O banco não poderá prorrogar, sem o consentimento do dador da ordem[403]. Para o efeito, quando a questão não esteja já prevista no contrato

[399] J. CALVÃO DA SILVA (*Garantias acessórias e garantias autónomas*, cit., pp. 339) sublinha que a garantia de bom cumprimento do contrato, por vezes, poderá não ser a simples entrega de uma soma em dinheiro com vista a indemnizar o dano do não cumprimento, mas consiste numa "promessa de completar ou fazer completar a obra ou fornecimento patuado – é a denominada *Surety Bond*."

[400] MÓNICA JARDIM, *A garantia autónoma*, cit. p. 231.

[401] Ver A. SEQUEIRA RIBEIRO, *Garantia bancária à primeira solicitação: algumas questões*, cit., p. 367; J.-M. JACQUET/P. DELEBECQUE/S. CORNELOUP, *Droit du commerce international*, cit., p. 582; L. CARRILLO POZO, *Las garantias autónomas en el comercio internacional*, cit., p. 352.

[402] Para esta explicação, ver R. GOODE, *Commercial law*, cit., p. 1029.

[403] Cfr. A. SEQUEIRA RIBEIRO, *Garantia bancária à primeira solicitação: algumas questões*, cit., pp. 367, ss., p. 369.

celebrado entre eles, deverá informá-lo e solicitar-lhe o referido consentimento. Se o dador da ordem o conceder, o banco deverá prorrogar[404]. Caso o dador da ordem não o conceda, o banco não poderá prorrogar, mas se o pedido de execução da garantia vier a ser formulado nos termos previstos no contrato de garantia autónoma, o banco terá que cumprir, não incorrendo por isso em qualquer responsabilidade face ao dador da ordem e tendo direito ao reembolso por parte deste. Exceciona-se só o caso de o dador da ordem fornecer ao banco provas líquidas documentais de que a exigência do pagamento consiste num abuso do beneficiário[405_406]

16.6. O "levantamento" da autonomia

I. Acabámos de sublinhar a independência da obrigação do garante em relação à obrigação garantida. Vimos quais eram as suas consequências, e que se traduzem, em termos gerais, na impossibilidade de este recorrer a exceções decorrentes do contrato donde ela emerge para recusar o pagamento ao credor. Isto mesmo que o dador da ordem solicite ao garante a não realização do pagamento. Na verdade, o garante contraiu uma obrigação própria face ao garantido e terá que a cumprir.

No entanto, a generalidade da doutrina e jurisprudência admite que o garante em certos casos possa recusar o cumprimento perante uma solicitação do dador da ordem. São, dito ainda de forma um pouco genérica, as hipóteses de abuso do direito por parte do credor, de fraude[407], e o facto de o contrato base atingir a ordem pública ou os bons costumes[408]. Convém precisar – e discutir – melhor este ponto, uma vez que ele é, como parece claro, nevrálgico para o regime destas garantias.

[404] Cfr. L. RIVES-LANGE/M. CONTAMINE-RAYNAUD, *Droit bancaire*, cit., p. 730.

[405] Ver, sobre este aspeto, *infra*, n.º 19.6.

[406] Quanto às cláusulas de extensão da garantia, que permitem ao beneficiário estender a garantia através, simplesmente, de declaração ao garante, ver L. CARRILLO POZO, *Las garantias autónomas en el comercio internacional*, cit., pp. 349-350.

[407] O *Code Civil*, que, como se disse, regula a garantia autónoma no seio das garantias pessoais, permite ao garante não pagar "... en cas d'abus ou de fraude manifestes du bénéficiaire ou de collusion de celui-ci avec le donneur d'ordre." (art. 2321.º, 2.º parágrafo). Ver L. AYNÈS/P. CROCQ, *Les sûretés. La publicité foncière*, cit., pp. 146-147.

[408] Ver, sobre este último ponto: A. FERRER CORREIA, *Notas para o estudo da garantia bancária*, cit., p. 253; P. ROMANO MARTINEZ, *Garantias bancárias*, cit., p. 283.

II. Como pano de fundo, é importante sublinhar o seguinte: estas garantias constituem hoje o esteio de grande parte das transacções comerciais, em particular as internacionais. Elas foram criadas pela prática negocial com estas características, em particular a autonomia, porque dessa forma pode o credor estar seguro que o garante/banco cumprirá, se for necessário accioná-la, e a instituição de crédito não tem que servir de árbitro nas relações entre as partes da relação principal, papel para o qual não tem qualquer vocação.

Já dissemos, mas importa voltar a recordar, que estas modalidades de garantias conduzem a um incremento de transacções que se traduzem num aumento da atividade económica, com tudo o que isso tem de positivo para as economias (e orçamentos) nacionais.

Ora o elemento central destas garantias é a autonomia. O que significa que, salvo casos excecionais e de todo intoleráveis para o Direito, ela deve ser preservada. Caso contrário, assistiríamos a um contínuo resvalar para a acessoriedade (a uma contínua erosão da autonomia), com o consequente enfraquecimento destas garantias e de todos os ganhos que elas vierem trazer.

III. Por isso, entendemos que aqueles casos em que se admite que o garante pode, e deve, recusar o pagamento devem ser restritos[409]. Tem que se tratar de casos de abuso do direito[410] por parte do beneficiário ou de fraude por banda deste[411]. Esse aspeto é relativamente pacífico na doutrina.

[409] Sublinhando a necessidade de se formularem exigências apertadas ("strenge Anforderungen") para estarmos perante um abuso do direito do beneficiário, de forma a não se esvaziar o carácter autónomo desta garantia, K. LARENZ/C.-W. CANARIS, *Lehrbuch des Schuldrechts, II Band, Besonderer Teil, 2. Halbband*, III § 64, cit., p. 79.

[410] Para que se verifique um abuso do direito é necessário que (de uma forma muito clara e inequívoca, como se observará já de seguida em texto, e também quanto à liquidez da prova) apesar de se verificaram os pressupostos formais de execução da garantia ("formeller Garantiefall"), não se verifiquem os pressupostos materiais da mesma ("materieller Garantiefall"), ou seja, os que decorrem da relação entre o dador da ordem e o garantido. Cfr. K. LARENZ/C.-W. CANARIS, *Lehrbuch des Schuldrechts, II Band, Besonderer Teil, 2. Halbband*, III § 64, cit., p. 79.

O recurso à exceção do abuso do direito não significa de forma direta um levantar da autonomia. Com efeito, as exceções decorrentes do contrato entre o garantido e o dador da ordem continuam sem poder ser diretamente invocadas (exceto nos casos referidos na nota seguinte). Contudo, dada a ligação entre o contrato base e o contrato de garantia autónoma, uma vez

Mas mais do que isso: na linha de Almeida Costa e Pinto Monteiro, entendemos que é necessário que os casos de abuso ou de fraude sejam verdadeiramente "inequívocos"[412]. Não é excessivo sublinhar este ponto: para que o banco/garante deixe de pagar é necessário que seja colocada à sua disposição prova "líquida e inequívoca" da "má fé patente", da "fraude evidente" ao ponto de "entrar pelos olhos dentro".[413_414] Caso contrário,

que este último visa garantir uma obrigação decorrente do primeiro negócio, a existência de exceções, como o cumprimento pontual do contrato, que façam cessar o crédito assegurado, acabam por se reflectir indiretamente através da via do abuso do direito (*Einwand des Rechtsmißbrauchs*), que leva a que o garante não entregue a quantia ao garantido. Por isso, C.-W. CANARIS (*Bankvertragsrecht*, cit., pp. 775-776) fala de um *Einwendungsdurchgriff* por via do abuso do direito. Isto é, aquelas exceções que não podem atuar de forma direta vêm depois obter relevo através da via do abuso do direito.

411 Há um outro conjunto de casos, acima incluídos na ordem pública e nos bons costumes, que se traduzem num *verdadeiro e direto levantar da autonomia*. Isto é, nesse caso será possível diretamente invocar essas exceções decorrentes do negócio base, sem ser com base num abuso do direito. Referimo-nos aos casos em que o negócio donde decorre a obrigação garantida viole em aspetos fundamentais os princípios do ordenamento jurídico. Pense-se num negócio de compra e venda de droga cujo preço esteja garantido por uma garantia autónoma; ou na "venda" de pessoas para prostituição (para exemplos semelhantes e apontando corretamente que estamos face a casos de "recusa válida", P. ROMANO MARTINEZ, *Garantias bancárias*, cit., p. 283). Estes negócios além de serem contra a lei são igualmente crimes. Nessa medida, não há qualquer levantamento da autonomia – ela simplesmente para estes casos *não existe, não pode ser admitida*, e o banco tem o *dever* de se recusar a pagar.

412 A Convenção das Nações Unidas sobre garantias independentes e *stand-by letters of credit*, adoptada em Nova Iorque a 11 de dezembro de 1995, formula no seu art. 19.º um conjunto de factos que, verificando-se, permitem o não pagamento pelo garante. Contudo, é necessário que eles sejam "manifest and clear"/"clair et patent" (respectivamente, nas versões inglesa e francesa). Ver, também, C.-W. CANARIS, *Bankvertragsrecht*, cit., p. 776; H.-J. LWOWSKY/H. MERKEL, *Kreditsicherheiten*, cit., p. 65.

413 M. J. ALMEIDA COSTA/A. PINTO MONTEIRO, *Garantias bancárias. O contrato de garantia à primeira solicitação*, cit., p. 21.

É jurisprudência assente do STJ, ver: o Acórdão do STJ de 23/3/1995 (Miranda Gusmão), in: CJ/STJ (I), 1995, p. 141; Acórdão do STJ de 21/4/2010 (Maria dos Prazeres Beleza), in: www.dgsi.pt.; Acórdão do STJ de 5/7/2012 (Abrantes Geraldes), in: www.dgsi.pt.; Acórdão do STJ de 28/6/2018 (Fátima Gomes), in: www.dgsi.pt. Nas Relações: o Acórdão da Relação de Lisboa de 12/07/2018 (Ondina Alves) in: www.dgsi.pt; o Acórdão da Relação do Porto de 28/04/2011 (Filipe Caroço), in: www.dgsi.pt.; o Acórdão da Relação do Porto de 11/07/2018 (Judite Pires) in: www.dgsi.pt.

414 Não estamos de acordo, recorrendo a um exemplo bastante referido a este propósito, com a afirmação de que estaríamos face a um caso de abuso evidente por o credor/comprador ter celebrado um contrato autónomo de garantia de execução do contrato e o vendedor/dador da

estar-se-ia a atentar contra a essência da própria garantia. Havendo causa de discussão sobre os factos que o ordenante avança como demonstrando o abuso do direito, o garante deve pagar. A questão deverá ser discutida depois entre as partes do contrato base[415].

Para evitar o pagamento, o devedor terá que colocar nas mãos do garante a dita prova *documental*[416] "líquida e inequívoca" do abuso evidente ou da fraude manifesta (a não ser que tal resulte de forma patente dos próprios documentos apresentados pelo beneficiário nos casos de garantia autónoma documentária). Há uma pesada exigência probatória que recai sobre o ordenante (que terá que dispor desta prova para a colocar à disposição do banco, podendo este assim justificar a recusa do cumprimento).

IV. Pode ainda servir-se dos procedimentos cautelares não especificados para impedir que o garante pague, ou então mesmo dirigidas ao beneficiário para o impedir de receber o montante da garantia[417]-[418] O uso destes meios não pode, no entanto, deixar de ter em conta a natureza da garantia e a necessária carga probatória para o banco/garante não cumprir.

Efetivamente, não basta aqui a "prova sumária", geralmente designada por "fumus boni juris", como decorre do regime comum dos procedimentos cautelares. Do anteriormente exposto, decorre que, face à garantia autónoma, as exigências a este nível terão que ser superiores: a prova tem que ser imediatamente disponível, *clara e sólida*[419]-[420]

ordem fazer chegar às mãos do garante/banco um certificado de desalfandegamento no local de destino. É que tal só demostra que a mercadoria chegou, mas nada prova que o contrato tenha sido pontualmente cumprido, porque a mercadoria pode ter defeitos. E, se assim for, a execução da garantia é legítima.

415 Inverter-se-ia um dos aspetos básicos da figura que é traduzido na fórmula: "primeiro pagar, depois discutir" ("Erst zahlen, dann prozessieren", na formulação alemã, cfr. K. LARENZ/C.-W. CANARIS, *Lehrbuch des Schuldrechts, II Band, Besonderer Teil, 2. Halbband*, III § 64, cit., p. 79).

416 Quanto a esta exigência, ver MÓNICA JARDIM, *A garantia autónoma*, cit., p. 293. Na jurisprudência, o Acórdão da Relação de Évora de 26/02/2015 (Conceição Ferreira), in: www.dgsi.pt.

417 M. J. ALMEIDA COSTA/A. PINTO MONTEIRO, *Garantias bancárias. O contrato de garantia à primeira solicitação*, cit., p. 21. Também J. CALVÃO DA SILVA, *Garantias acessórias e garantias autónomas*, cit., pp. 343, ss.

418 Desenvolvidamente sobre este aspeto, ver MÓNICA JARDIM, *A garantia autónoma*, cit., pp. 327, ss..

419 Nestes termos o Acórdão do STJ de 14/10/2004 (Araújo Barros), in: www.dgsi.pt, onde se pode ler (n.º 5 do sumário): "É, por isso, admissível que, nas relações entre ordenador da

V. Dito isto, *não serão muitas as vezes* que o devedor poderá impedir o pagamento por parte do garante, porque a prova nos termos definidos será (e tem mesmo que ser, como se viu) difícil. A constituição de uma garantia com esta natureza consubstancia dessa forma um negócio de confiança, *um negócio fiduciário em sentido amplo*. O risco que o devedor corre de um exercício abusivo, assim o demonstra. É que neste caso, tem ele próprio, como se disse, de reembolsar o garante da quantia por este paga e demandar o garantido/beneficiário que abusivamente (sem fundamento) accionou a garantia.

Claro está que se trata de uma análise parcelar da operação comercial e jurídica que deve ser vista na sua globalidade. Na verdade, o devedor/dador da ordem procurará obter da outra parte (além de uma garantia autónoma também do correto cumprimento da sua contraprestação, quando for essa modalidade de garantia que estiver em jogo) outras garantias que possa executar na eventualidade de um comportamento abusivo do credor/beneficiário.

Essas garantias do eventual crédito sobre o beneficiário por execução indevida da garantia autónoma, ou contragarantias, permitem, tutelar a posição do devedor quanto ao exercício abusivo da garantia[421]. Pode ainda,

garantia e beneficiário, aquele intente, em sede judicial, providências cautelares, ou mesmo ações, destinadas a impedir o garante de entregar a quantia pecuniária ao beneficiário ou este de a receber, *desde que o mandante apresente prova líquida e inequívoca de fraude manifesta ou de abuso evidente* do beneficiário." (itálico nosso).

Quanto a posição bastante restritiva da jurisprudência italiana a este respeito, ver GIORGIO MEO, *Fideiussioni bancarie e garanzie a prima richieste: le tutele cautelari*, BBTC, 1995, p. 453.

[420] Nos termos da Convenção das Nações Unidas sobre garantias independentes e *stand-by letters of credit*, adoptada em Nova Iorque a 11 de Dezembro de 1995, é necessário que existam "éléments de preuve sérieux immédiatement disponibles"/"immediately available strong evidence" (respectivamente, na versão francesa e inglesa do art. 20.º n.º 1 da Convenção) para a providência cautelar poder ser decretada.

[421] O exercício abuso da garantia poderá ainda procurar minorar-se através de algumas medidas preventivas tomadas na fase da constituição da garantia (ou melhor, já no contrato entre o dador da ordem e o banco). Ou seja, depende da modalidade de garantia autónoma à primeira solicitação acordada. Se se tratar de uma garantia autónoma à primeira solicitação pura e simples, o risco, conforme foi apontado, será maior (e a forma de o combater aparece apontada em texto). Cfr. G. GIACCHERO, *L'escussione abusiva della garanzia autonoma nel commercio internazionale*, cit., pp. 582, ss..

dentro deste quadro, ampliar-se o efeito dissuasor de um exercício abusivo, fixando-se uma cláusula penal (em sentido estrito)[422] para esses casos.

16.7. A transmissão da garantia autónoma com a cessão do crédito garantido

I. Nos termos do art. 582.º, n.º 1, as garantias, salvo acordo em contrário, transmitem-se com o crédito[423]. É, pois, pacífico que se transferem as garantias reais, em geral, assim como as garantias pessoais. O que se visa aqui é a negociação do crédito, como bem, com um determinado valor económico. Para o efeito, tem um relevo primordial as garantias que o envolvem. Não se transmitissem, ou mesmo não se transmitissem automaticamente, o crédito desvalorizaria, uma vez que em regra quem corre o risco do incumprimento do devedor cedido é o cessionário. A opção da lei foi a de facilitar a transferência desse direito com o valor económico intacto, com a transmissão automática das garantias.

II. Coloca-se, todavia, a questão de saber se esta garantia, diversa das restantes garantias qualitativas, pelo seu caráter autónomo e eficácia, em particular se for "pura e simples" à primeira solicitação se transmitira estes termos[424]; ou se seria para o efeito necessário um acordo específico nesse sentido;[425] ou se, ainda, atendendo a estas caraterísticas, que introduziriam modificações essenciais face às outras garantias qualitativas, não se transmitiram sem o consentimento do garante[426]. Uma via intermédia

[422] Sobre esta, ver ANTÓNIO PINTO MONTEIRO, *Cláusula penal e indemnização*, cit., *passim*.

[423] Sobre esta matéria, desenvolvidamente ver, M. PESTANA DE VASCONCELOS, *A cessão de créditos em garantia e a insolvência. Em particular da posição do cessionário na insolvência do cedente*, cit., pp. 367, ss..

[424] Neste sentido, P. ROMANO MARTINEZ, *Garantias bancárias*, cit., p. 278; na jurisprudência, ver o Acórdão do STJ de 27/09/2016 (Fernandes do Vale), in: www.dgsi.pt; o Acórdão da Relação de Lisboa de 11/12/2002 (Vaz das Neves), in: www.dgsi.pt; Na Alemanha, C. W. CANARIS, *Bankvertragsrecht*, Walter de Gruyter, Berlim, Nova Iorque, 1988, pp. 786-787.

[425] M. JANUÁRIO DA COSTA GOMES, *Sobre a circulabilidade do crédito emergente de garantia bancária autónoma ao primeiro pedido*, Rev. Ban., n.º 64, 2008, pp. 59-61

[426] No sentido da necessidade do consentimento: MÓNICA JARDIM, *A garantia autónoma*, cit., pp. 127, ss., p. 132. Em Itália G. B. PORTALE, *Il contratto autonomo di garanzia*, in: *Lezione Pisane di diritto commerciale* (a cura di Francesco Barachini), Pisa University Press, Pisa, 2014,

seria admitir a transferência *ex lege* da garantia, mas tal não sucederia com a faculdade da sua exigência automática[427]-[428]

III. A questão tem o importante relevo prático, porque se, ao contrário do que sucede com as outras garantias pessoais, fosse necessário o consentimento do garante para ela ser transmitida, se debilitava esta modalidade de garantias face às restantes. Na verdade, o crédito é um dos mais importantes ativos de um sujeito empresarial (na generalidade das empresas o seu património é em grande parte composto por créditos pecuniários), que recorrerá a eles com grande frequência para o seu financiamento (cessões em garantia, cessão por venda, cessões *factoring*, desconto de créditos comuns, etc.).

IV. De forma resumida passam a expor-se os dados essenciais para a resolução deste ponto. A garantia autónoma é uma modalidade de garantia qualitativa, que assegura com particular eficácia, um crédito. Ela decorre, em regra de um contrato unilateral entre o credor e o devedor, banco, cujos termos espelham aquele que foi concluído entre o ordenante (devedor da obrigação garantida) e o banco. A instituição de crédito dotar-se-á nesse contrato de instrumentos de defesa que lhe permitam tutelar o seu crédito ao reembolso, na eventualidade de vir a ser acionada a garantia. Como não conhece o beneficiário, esse é o seu principal instrumento de defesa.

Ela pode ser mais ou menos arriscada para o ordenante – e não, como veremos, e ao contrário que que é referido para o garante – se for à primeira solicitação e, em particular se se convencionar o pedido "puro e simples",

p. 46, mas porque entende que o que é cedido é o próprio contrato. Não é assim. O que se cede é o crédito decorrente do contrato, embora este coincida com a posição contratual.

[427] Sustentada por L. MENEZES LEITÃO, *A cessão de créditos*, Almedina, Coimbra, 2005, pp. 328-329.

[428] Uma nota para explicar que há uma diferença, nada despicienda entre a lei alemã e a portuguesa. Enquanto a portuguesa se refere e garantias, sem distinguir, a alemã só prevê diretamente a fiança. Pelo que, enquanto na lei portuguesa o afastamento da garantia autónoma do art. 582.º, n.º 1 seria uma interpretação restritiva da norma, cabendo demonstrar que a *ratio* da norma não a abarcava; pelo contrário, na lei alemã seria necessário detetar a lacuna e preenchê-la por analogia, incluído no seio do § 401 BGB a garantia autónoma. Nessa medida, a doutrina alemã que pode ser para aqui convocada tem por base uma lei diferente. E isso não pode ser esquecido.

o que significa levar ao limite a regra "pediu, pagou". Esses termos decorrem, de todo o modo, do contrato de garantia que espelha os termos do contrato com o ordenante.

V. O argumento contra a transmissão assenta no especial risco de abuso. Convém referir desde já que ele não se verifica relativamente ao garante. Esse contrato limita-se a espelhar, e a executar, o negócio com o dador da ordem, onde os seus termos estão definidos. Para o banco, a pessoa do beneficiário ser-lhe-á muitas vezes desconhecida. É o seu cliente que a indica. O mais relevante para ele é a tutela do seu crédito à restituição, que decorre da relação com o ordenante. Esse direito é que estará garantido. Por esse motivo, falece qualquer fundamento para exigir o consentimento do banco/garante.

O que – sublinhe-se – só poderia suceder se estivéssemos perante a cessão de uma posição contratual[429], neste caso do contrato de garantia. Só assim o prestador da garantia, a contraparte negocial, se poderia opor (art. 424.º, n.º 1). Todavia, estamos simplesmente perante a transmissão de um crédito integrado nessa posição contratual. O que altera todos os dados da questão, porque o devedor cedido não tem que consentir, nem pode obstar à transferência do crédito a não ser por via de um *pactum de non cedendo*.

VI. A dúvida, quanto ao risco, poderia colocar-se somente em relação ao dador da ordem, devedor na relação principal, porque é ele, atenta toda a estrutura contratual da figura, que corre o risco de abuso.

Mas é um risco que ele assume e que poderá mitigar ou afastar ou por via de definição dos termos da carta de garantia, tornando-os mais exigentes para a sua execução, ou exigindo ele próprio garantias adicionais no contrato de garantia, ou mesmo, impondo uma cláusula resolutiva para o caso da cessão do crédito com a garantia. Pode mesmo celebrar um *pacto de non cedendo* para evitar a transmissão do próprio crédito (o crédito garantido).

[429] G. B. PORTALE (*Il contratto autonomo di garanzia*, cit. p. 46) sustenta essa posição porque parte desse pressuposto. O que se cede é o crédito decorrente do contrato, embora este coincida com a posição contratual.

VII. Pelo que acabou de se dizer, não vemos também qualquer fundamento para admitir, por um lado, a transferência automática da garantia, mas, por outro, exigir já para a transmissão da faculdade de exigir a garantia à primeira solicitação o consentimento do devedor/garante, com base no caráter "intuitu personae" desta faculdade[430].

Na verdade, quanto a este último aspecto, trata-se simplesmente de uma caraterística específica da figura, que lhe confere uma eficácia que a integra como um todo não se devendo, nem havendo razão, para a ser separada.

Depois, o risco de um cumprimento abusivo não é corrido pelo garante, mas sim pelo dador da ordem. Que, assim querendo, se poderia ter tutelado contratualmente.

VIII. Não vemos, ainda, necessidade de acordo específico entre o cedente e o cessionário para a cessão da garantia juntamente com o crédito transmitido, fixando um regime oposto ao do art. 582.º, n.º 1[431].

A proximidade com a fiança é evidente[432]. O contrato de fiança bancária poderá ser prestado por um banco a solicitação do devedor da obrigação que se irá tutelar. O contrato nestes casos é também unilateral, com obrigações face ao beneficiário. A afinidade intensifica-se se a fiança for à primeira solicitação.

É certo que neste caso a garantia é autónoma o que impede a invocação pelo ordenante dos meios de defesa decorrentes da relação donde emerge a obrigação garantida. Mas trata-se simplesmente de um instrumento de reforço da posição do credor face à fiança. As exceções decorrentes da relação base não podem ser invocadas e a garantia tem uma conformação que não é necessariamente, e muitas vezes não será assim, a da obrigação garantida. A autonomia significa isso, não impedindo a cessão autónoma, separada, do crédito.

[430] L. MENEZES LEITÃO, *A cessão de créditos*, cit., p. 329.

[431] Como sustenta M. JANUÁRIO DA COSTA GOMES, *Sobre a circulabilidade do crédito emergente de garantia bancária autónoma ao primeiro pedido*, cit., pp. 60-61.

[432] C. W. CANARIS, *Bankvertragsrecht*, cit., p. 786.

IX. Pois bem, o art. 581.º, n.º 2 parte do princípio que as partes querem a transferência da garantia com o crédito, podendo, no entanto, excluí-la quando a vontade presumida não for efetivamente essa.

Ora, cedente e cessionário terão todo o interesse em transmitir a garantia. O primeiro, porque o valor económico do seu crédito aumenta, com o aumento do nível de proteção; pela mesmo motivo, o novo credor tem todo o interesse em que o crédito esteja garantido. Pelo que, por maioria de razão, face ao regime fiança, a vontade presumida das partes será a da sua transmissão.

Concluindo: a garantia autónoma em qualquer das suas modalidades transmite-se com as restantes garantias pessoais, por força do art. 582.º, n.º 1, não havendo quer razão para interpretar restritivamente esta norma – antes pelo contrário. Não é assim necessário um acordo específico nesse sentido, nem qualquer consentimento, quer do garante, quer do dador da ordem.

16.8. O regime insolvencial

I. Um dos principais riscos de que o credor se quer proteger com o recurso a esta garantia é o da declaração de insolvência do devedor[433]. Consequentemente, tendo o contrato entre o ordenante e o garante e a garantia sido prestada antes da declaração de insolvência do devedor[434], verificando-se um facto justificativo de execução da garantia, o credor poderá executá-la.

[433] Quanto ao regime falencial desta garantia, portanto, face ao CPEREF, ver MARIA DO ROSÁRIO EPIFÂNIO, *Garantias bancárias autónomas – breves reflexões –*, cit., pp. 358, ss..

[434] Aspeto aqui duvidoso poderia resultar da regra do art. 110.º n.º 1 CIRE nos termos da qual os contratos de mandato que "não se mostrem ser estranhos à massa insolvente", caducam com a declaração de insolvência do mandante, ainda que o mandato tenha sido conferido também no interesse do mandatário e de terceiro.

Cremos que tal só aconteceria se o contrato de garantia autónoma entre o garante e o garantido não tiver sido celebrado. A partir desse momento, já não haverá caducidade do mandato. E, mesmo que houvesse, não atingiria a garantia do beneficiário. O contrato de garantia autónoma permite isolar a posição do garantido das vicissitudes decorrentes do contrato concluído entre o devedor/ordenante e o banco.

II. Este aspeto – ou seja, a verificação de um facto justificativo da execução da garantia depois da declaração de insolvência – depende da relação base entre o credor e o devedor, que pode dar lugar tanto a um simples crédito sobre a insolvência (p. ex., um crédito ao preço emergente de um contrato de compra e venda em que o vendedor já executou a sua prestação, sendo esse crédito assegurado por uma garantia autónoma), como ser tratado como um negócio jurídico em curso no âmbito do art. 102.º CIRE, quando não haja ainda total cumprimento, nem pelo insolvente nem pela outra parte.

Neste último caso, embora possam existir limitações (p. ex., o art. 105.º CIRE), caberá ao administrador da insolvência decidir pela execução ou não do contrato. Se optar pelo cumprimento, transforma a obrigação do insolvente numa obrigação da massa [art. 51.º, n.º 1, al. f) CIRE] que terá que ser cumprida[435]. Assim sendo, não haverá incumprimento, nem razão para o credor se valer da garantia.

Contudo, se estivermos perante um crédito sobre a insolvência (por o credor já ter realizado a sua prestação sem que o devedor/ordenante tivesse executado a sua contraprestação – primeira hipótese focada), ou de o administrador, podendo, optar pela recusa de cumprimento (segunda hipótese focada), o credor poderá naturalmente executar a garantia.

Se o fizer, o garante adquire um crédito ao reembolso, que estará tutelado por garantias (normalmente prestadas pelo ordenante), sendo dessa forma um crédito garantido. Só face à garantia concreta constituída a favor do garante se poderá determinar o tratamento insolvencial desse crédito.

III. Na eventualidade de declaração de insolvência do credor/beneficiário, o administrador da insolvência, verificando-se os respectivos pressupostos, poderá executar a garantia. É óbvio que não o poderá fazer (a não ser abusivamente, claro) se a outra parte, o devedor/dador da ordem, cumprir a sua obrigação, o que terá que fazer face ao administrador (esse crédito, o crédito à prestação do devedor do insolvente, passa a ser um crédito integrante da massa).

[435] Quanto ao novo regime insolvencial da compra e venda, ver M. PESTANA DE VASCONCELOS, *O novo regime insolvencial da compra e venda*, RFDUP, 2006, pp. 521, ss..

IV. Outro ponto consiste em saber se sendo declarada a insolvência do garante o administrador da insolvência poderá fazer resolver a garantia. A questão enquadra-se principalmente no âmbito da resolução incondicional do art. 121.º, n.º 1, al. d) CIRE.

A questão já se colocava face à norma paralela do CPEREF [art. 158.º, al. e)], indo o entendimento dominante no sentido da sua abrangência[436]. Também nos parece que esse entendimento deve valer face ào CIRE, recorrendo-se a uma interpretação extensiva com base num argumento de maioria de razão. Na letra de lei estão previstas apenas a fiança, a subfiança, mandatos de crédito e agora, expressamente, o aval. Mas não se trata, nunca se tratou, de uma tipicidade taxativa.

A razão de ser da inclusão destas figuras previstas a letra da lei assenta no prejuízo que causam aos credores do insolvente. Ora este prejuízo verifica-se igualmente no que diz respeito à garantia autónoma. Não há nenhum traço específico delas que obste a esse resultado. Pelo contrário, a garantia autónoma, como se viu, em especial de for à primeira solicitação, é especialmente perigosa para o garante. Nessa medida o potencial de prejuízo para os outros credores do prestador é mais amplo. Por essa razão se recorre aqui a um argumento de maioria de razão para sustentar a interpretação extensiva do art. 121.º, n.º 1, al. d) CIRE[437].

Daí que se elas disserem respeito a operações negociais que não tenham real interesse para o insolvente e tenham sido prestadas nos seis meses anteriores ao início do processo de insolvência poderão ser resolvidas pelo administrador.

[436] Cfr. J. CALVÃO DA SILVA, *Dos efeitos da falência sobre garantias de dívidas de terceiros*, in: Ab uno ad omnes, 75 anos da Coimbra Editora, 1920-1995, organização de Antunes Varela, Diogo Freitas do Amaral, Jorge Miranda, J. J. Gomes Canotilho, Coimbra, 1998, pp. 794-795; L. CARVALHO FERNADES/J. LABAREDA, *Código dos processos especiais de recuperação da empresa e de falência, anotado*, cit., p. 418.

[437] Neste sentido, F. GRAVATO MORAIS, *Resolução em benefício da massa insolvente*, Almedina, Coimbra, 2008, p. 122.

17. As cartas de conforto

17.1. Introdução

As cartas de conforto[438] (*comfort letters*)[439] são uma modalidade de garantias (pembora só em algumas das suas modalidades) recente que apresenta

[438] Sobre esta matéria, ver M. PESTANA DE VASCONCELOS, *As garantias difusas do financiamento societário: as cartas de conforto*, RED 2014, n.º 1, in: www.cije.up.pt/revistared. (que aqui se segue). Sobre esta figura, ver: A. MENEZES CORDEIRO, *Das cartas de conforto no direito bancário*, Lex, Lisboa, 1993; idem, *Direito bancário*, cit., pp. 862, ss.; idem, *Tratado de direito civil X, direito das obrigações, garantias*, cit., pp. 504, ss.; J. SINDE MONTEIRO, *Responsabilidade por conselhos, recomendações ou informações*, cit., pp. 557-558, nota 351; J. SINDE MONTEIRO/F. CASSIANO DOS SANTOS, *Carta de patrocínio, relação de grupo e providências de recuperação da empresa*, cit., pp. 66, ss.; ANTÓNIO PINTO MONTEIRO, *Sobre as cartas de conforto na concessão de crédito* (com a colaboração de JÚLIO GOMES), in: Ab uno ad omnes, 75 anos da Coimbra Editora, 1920-1995 (organização de Antunes Varela, Freitas do Amaral, Jorge Miranda, J. J. Gomes Canotilho), Coimbra Editora, Coimbra, 1998, pp. 413, ss.; J. CALVÃO DA SILVA, *Cartas de conforto*, in Estudos de direito comercial (pareceres), Almedina, Coimbra, 1996, pp. 369, ss.; idem, *Direito bancário*, cit., pp. 393, ss.; P. ROMANO MARTINEZ, *Direito das obrigações, apontamentos*, cit., p. 369; P. ROMANO MARTINEZ/P. FUZETA DA PONTE, *Garantias de cumprimento*, cit., pp. 153, ss.; L. MENEZES LEITÃO, *Garantias das obrigações*, cit., pp. 150, ss.; JOSÉ ENGRÁCIA ANTUNES, *Contratos comerciais. Noções fundamentais*, DJ, vol. especial, UCP, 2007, pp. 62-63, nota 114; idem, *Direito dos contratos comerciais*, cit., pp. 534, ss.; M. J. COSTA GOMES, *Assunção fidejussória de dívida*, cit., pp. 405, ss.; M. CARNEIRO DA FRADA, *Teoria da confiança e responsabilidade civil*, cit., pp. 527, ss.; idem, *Uma "terceira via" no direito da responsabilidade civil?*, Almedina, Coimbra, 1997, pp. 86, ss.; A. SARAIVA MATIAS, *Garantias bancárias ativas e passivas*, cit., pp. 60-61; V. SOARES DA VEIGA, *Direito bancário*, cit., pp. 379, ss.; ANDRÉ NAVARRRO DE NORONHA, *As cartas de conforto*, Coimbra Editora, Coimbra, 2004; ALEX HENNEMANN, *Cartas de conforto*, in Garantias das obrigações. Publicações dos trabalhos de Mestrado (coordenado por JORGE SINDE MONTEIRO), Almedina, Coimbra, 2007, pp. 51, ss., DANIEL VIEIRA DE MACEDO GONÇALVES, *Cartas de conforto*, Dissertação de Mestrado em Ciências Jurídico-Civilísticas II, Faculdade de Direito da Universidade de Coimbra, Coimbra, 2009.

Ver ainda: K. LARENZ/C.-W. CANARIS, *Lehrbuch des Schuldrechts, II Band, Besonderer Teil, 2. Halbband*, cit., 1994, II § 66, pp 82, ss.; D. REINICKE/K. TIEDTKE, *Kreditsicherung*, cit., pp, 202, ss.; G. POTTSCHMIDT/U. ROHR, *Kreditsicherungsrecht*, cit., pp. 60-61; H. WEBER, *Kreditsicherheiten*, cit., § 5, pp. 133, ss.; H.-J. LWOWSKY/H. MERKEL, *Kreditsicherheiten*, cit., pp. 67, ss.; H. BROX/W.-D. WALKER, *Besonderes Schuldrecht*, cit., § 32, pp. 456-457; ALBERTO MAZZONI, *Le dichiarazioni di patronage*, in *Nuovi tipi contratuali e tecniche di redazione nella pratica commerciale* (coord por Piero Verrucoli), QGC, Giuffrè, Milão, 1978, pp. 39, ss.; idem, *Lettere di patronage*, DDP, sezione commerciale VIII, pp. 563, ss.; MIRELLA VIALE, *Le garanzie bancarie*, cit., pp. 153, ss.; R. DE NICTOLIS, *Nuove garanzie personali e reali, Garantievertrag, fideiussione omnibus, lettere di patronage, sale – lease – back*, cit., pp. 375, ss.; MARIA PAOLA

contornos algo difusos, uma vez que melhor do que falar em cartas de conforto deveríamos falar em modalidades de cartas de conforto, pois estas têm conteúdos bastante diversos, gerando muitas vezes grandes dificuldades interpretativas devido aos termos – muitas vezes propositadamente – ambíguos[440] em que são redigidas[441].

SUPPA, Lettere di patronage, in: *Il diritto privato nella giurisprudenza* (coord. por Paolo Cendon), Utet, Turim, 2006, pp. 511, ss.; G. BOZZI, *Le garanzie atipiche*, vol. I, Garanzie personali, cit., pp. 333, ss.; L. AYNÈS/P. CROCQ, *Les sûretés. La publicité foncière*, cit., pp. 151, ss.; D. LEGAIS, *Sûretés et garanties du crédit*, cit., pp. 305, ss.; J.-B. SEUBE, *Droit des suretés*, cit., pp. 92, ss.; M. CABRILLAC/C. MOULY/S. CABRILLAC/P. PÉTEL, *Droit des sûretés*, cit., pp. 399, ss.; A. CARRASCO PERERA/E. CORDERO LOBATO/M. J. MARÍN LÓPEZ, *Tratado de los derechos de garantía, tomo I, Garantías personales, hipoteca*, cit., pp. 445, ss.; R. CALNAN, Taking security, law and pratice, cit., pp. 400, ss.; R. GOODE, *Commercial law*, cit., p. 802; J. BENJAMIN, *Financial law*, cit., pp. 82-83; ALASTAIR HUDSON, *The law of finance*, Sweet and Maxwell, Londres, 2009, p. 591.

A *lettre d'intention* está agora prevista no Code Civil, como modalidade de garantia pessoal, no art. 2322.º.

[439] *Lettre de patronage, lettere di patronage, Patronatserklärung.* Para uma análise do Direito comparado quanto a estas figuras, ver A. MENEZES CORDEIRO, *Das cartas de conforto no direito bancário*, cit., pp. 27, ss..

J. SINDE MONTEIRO prefere a expressão carta de patrocínio, que está mais perto das expressões francesa, italiana, alemã e espanhola (p. ex., A. CARRASCO PERERA/E. CORDERO LOBATO/M. J. MARÍN LÓPEZ, *Tratado de los derechos de garantía*, cit., p. 307) como se viu, por entender que a mesma retrata melhor a figura ao implicar uma ideia de uma "dupla relação" entre o "patrocinante-patrocinado" e o "patrocinante-beneficiário". Cfr. J. SINDE MONTEIRO/F. CASSIANO DOS SANTOS, *Carta de patrocínio, relação de grupo e providências de recuperação da empresa*, cit., p. 67, nota 1.

A doutrina portuguesa, porém, tende a seguir a designação da doutrina anglo-saxónica: comfort letter. Nessa medida, apesar de reconhecermos a pertinência dos argumentos avançados por este Autor, devido à sua perdominância na doutrina nacional, utilizamos esta última expressão.

[440] Esta ambiguidade decorre produto da negociação entre as partes, por vezes muito complexa e delicada. Ambas as partes "conhecem e aceitam esta indefinição", A. CARRASCO PERERA/E. CORDERO LOBATO/M. J. MARÍN LÓPEZ, *Tratado de los derechos de garantía, tomo I, Garantías personales, hipoteca*, cit., p. 463.

[441] São muito diversas as cartas de conforto. Recorremos aqui, a título necessariamente exemplificativo, ao elenco apresentado por A. MAZZONI, *Lettere di patronage*, cit., pp. 566-567. Temos assim: declarações de conhecimento da relação de crédito, constituída ou a constituir; declarações de confirmação do controlo ou da participação significativa na sociedade creditada; declarações em que o emitente da carta afirma conhecer a gestão da sociedade creditada e que essa gestão é regular, ou de ter plena confiança na administração ou na gerência dessa sociedade; declaração em que o emitente da carta afirma querer manter, sem alterações no futuro, a sua participação na sociedade creditada; declarações em que o emitente da carta

Contudo, numa formulação bastante geral, sempre se poderá dizer que consistem em declarações de um ente que, de uma forma mais ou menos intensa, procura que seja concedido crédito a um terceiro, manifestando determinadas intenções face ao creditado, ou mesmo assumindo determinadas obrigações perante o creditante, de maneira a "confortá-lo", ou seja, a, de alguma forma, incrementar a sua expetativa de que as obrigações do creditado serão cumpridas[442].

Em regra, elas surgem nas relações societárias em que a sociedade mãe procura que seja concedido crédito à sociedade filha[443], enviando ao creditante, normalmente um banco, uma declaração que pode ir de uma simples declaração de que toma conhecimento do crédito, passando por um compromisso de manter a sua participação social na creditada e vigiar os negócios desta, a responsabilizar-se mesmo pelo incumprimento da outra sociedade. As combinações, e gradações, são múltiplas. Tudo depende, não é demais sublinhar este aspeto, da interpretação de cada carta de conforto em concreto.

Por isso se afirma que, para além da sua natural inclusão (de algumas delas, note-se), no seio das garantias elas se inserem também, por força dos intervenientes, no âmbito do direito das sociedades, em particular

afirma qual a sua política empresarial, quer face à sociedade controlada, quer aos credores desta; declarações em que o emitente da carta afirma que exercerá a sua influência sobre a sociedade creditada para que esta cumpra as suas obrigações contraídas face ao banco; declarações em que o emitente da carta promete não prejudicar a atual situação financeira da sociedade creditada, subtraindo-lhe recursos ou exercendo uma gestão que diminua a capacidades desta de cumprir; declarações em que o emitente da carta se obriga a manter a sociedade controlada em condições financeiras que lhe permitam a qualquer momento cumprir as suas obrigações; declarações em que o emitente da carta se obriga a manter a sociedade controlada em boas condições financeiras, para que ela possa cumprir pontualmente face ao banco; declarações pela qual o emitente da carta se obriga a manter o capital da sociedade controlada ou um certo nível de património líquido; declarações em que o emitente da carta se obriga a em certos casos especificados a evitar perdas do banco relativas ao crédito concedido à sociedade controlada. Ver ainda, quanto a estas modalidades, D. MACEDO GONÇALVES, *Cartas de conforto*, cit., pp. 64, ss..

[442] Elas inserem-se em regra na fase pré-contratual, mas do contrato de crédito entre o concedente/confortado e aquele que beneficiará do financiamento (geralmente, a sociedade-filha). Distingue-se assim, claramente, das cartas de intenção. Ver sobre estas e para a distinção, MARIANA FONTES DA COSTA, *Ruptura de negociações pré-contratuais e cartas de intenção*, Coimbra Editora, Coimbra, 2011, pp. 92, ss..

[443] Cfr. H.-J. LWOWSKY/H. MERKEL, *Kreditsicherheiten*, cit., p. 67.

dos grupos de sociedades[444], e no direito bancário (atendendo à pessoa do creditante/"garantido"[445]).[446]

17.2. Razão de ser

I. As cartas de conforto nasceram no espaço norte-americano[447] e, como se disse, no âmbito dos grupos das sociedades. Foram depois, num fenómeno extremamente comum (lembre-se o *franchising*, o *leasing*, o *factoring* e, mais recentemente, a *securitization*), transpostas para os sistemas europeus continentais por um conjunto diverso de razões, muitas vezes ligadas às especificidades de cada ordenamento jurídico (ou seja, alguns destes motivos assumiram, ou, por vezes, ainda assumem, uma preponderância maior num do que noutro ordenamento)[448]. A globalização, de resto, é um importantíssimo factor de difusão destas figuras.

II. Dentro das razões que favoreceram – favorecem – o recurso às cartas de conforto, podemos assinalar: o facto de, inicialmente, pelo menos, não constarem do (anexo) ao balanço[449], como acontece, por exemplo, com as garantias reais; não afetarem tectos de financiamento bancário; motivos de ordem fiscal; as regras relativas à competência para prestar garantias[450].

Por outro lado, elas permitem fazer valer a força negocial que os grupos de sociedades têm junto das entidades bancárias[451], em particular quando

[444] Cfr. JOSÉ A. ENGRÁCIA ANTUNES, *Os grupos de sociedades*, Almedina, Coimbra, 1993, pp. 680-681.

[445] A. PINTO MONTEIRO, *Sobre as cartas de conforto na concessão de crédito*, cit., p. 415.

[446] Embora, como se começou por assinalar aquando das relações entre o Direito das Garantias e o Direito Bancário, é ampla a área de sobreposição entre as disciplinas: sendo normalmente os bancos os creditantes, são eles igualmente que beneficiam das garantias prestadas (quando não sejam estas instituições de crédito tipicamente a prestá-las, como se viu no número anterior a propósito da garantia autónoma).

[447] Ver, quanto aos seus particulares contornos aí, A. MAZZONI, *Le dichiarazioni di patronage*, cit., pp. 57, ss..

[448] Cfr. A. MENEZES CORDEIRO, *Das cartas de conforto no direito bancário*, cit., pp. 15, ss..

[449] Cfr. A. MAZZONI, *Le dichiarazioni di patronage*, cit., p. 55; M. P. SUPPA, *Lettere di patronage*, cit., p. 512; M. VIALE, *Le garanzie bancarie*, cit., pp. 154-155.

[450] Cfr. A. PINTO MONTEIRO, *Sobre as cartas de conforto na concessão de crédito*, cit., p. 424; M. VIALE, *Le garanzie bancarie*, cit., p. 155.

[451] Cfr. J. CALVÃO DA SILVA, *Cartas de conforto*, cit., p. 373.

já exista uma intensa relação negocial entre eles (*rectius*, entre as sociedades que compõem o grupo e esse banco, bem como, principalmente, pela sociedade que controla as outras e o banco) para se proporcionar crédito a uma entidade que integre esse grupo, sem que se tenha que recorrer a uma garantia típica (legal ou socialmente, como a garantia autónoma)[452]. Entende-se, por vezes, que a concessão de garantias desse tipo poderia afetar o *standing* da sociedade.

III. Este aspeto leva-nos a outro ponto que está na base do recurso a estas figuras. A sociedade mãe pretende assumir a vinculação mais ténue possível, enquanto, o banco, por seu lado, compreensivelmente, uma vez que não pode, não consegue, até para manter a boa relação comercial com essa sociedade, obter mais do isso (quando na verdade preferiria uma garantia pessoal típica, ou uma garantia real, ou mesmo assente na titularidade de um direito, como uma cessão de créditos em garantia), acaba por a aceitar. Como é claro, o poder negocial de ambas as partes e a relação comercial, de negócios, que mantêm desempenham aqui, como se frisou, um papel do maior relevo.[453] Desta relação de forças, banco/sociedade-mãe (ou melhor: sociedade/patrocinante) nasce a concreta carta de conforto, o que explica que estas possam ter conteúdos bastante diversos entre si.[454]

17.3. A juridicidade

I. Coloca-se a questão de saber se as cartas de conforto, ou pelo menos nalgumas das suas modalidades (as médias e as fortes[455]), não serão

[452] Cfr. A. MENEZES CORDEIRO, *Das cartas de conforto no direito bancário*, cit., pp. 18, ss..

[453] Recorrendo aqui à imagem expressiva de J. CALVÃO DA SILVA (*Cartas de conforto*, cit., pp. 373-374): "Para dar satisfação a este instável e difícil equilíbrio de interesses, em que patrocinante e Banco jogam ao "gato e ao rato", ao "esconde-esconde" – o patrocinante a não querer (ou pretender dissimular) uma verdadeira garantia; o banco a ter de contentar-se com uma garantia anómala, imprópria ou atenuada, mas em todo o caso uma garantia –, o remédio encontrado foi o da ambiguidade ou equivocidade na redação das cartas, que nela permitisse ler a cada uma das partes a sua vontade."

[454] A doutrina fala aqui de um *Sammelbegriff*, cfr. M. J. COSTA GOMES, *Assunção fidejussória de dívida*, cit., p. 405.

[455] Fazemos esta precisão, porque convém ter em conta que algumas cartas de conforto se limitam a ser simples prestação de informações e, por vezes, de intenções.

simples "acordos de cavalheiros" ou *gentelmen's agreements*. As partes pretenderiam um vínculo de natureza não jurídica, estando vinculadas somente pela honra.

Essa terá sido no continente europeu uma visão inicial do fenómeno por parte da doutrina[456], que se veio a esbater até porque os conteúdos destas foram evoluindo para um "maior compromisso"[457]. Hoje, afirma-se uma presunção de juridicidade destas cartas decorrente da própria natureza dos sujeitos intervenientes (sociedades comerciais mães e bancos) que recorrem a elas no seio da sua atividade que visa o lucro.[458]

Repare-se que mesmo a doutrina que admite os acordos de cavalheiros sustenta que nesses casos é o interessado em demonstrar a "inexistência da intenção negocial que tem o ónus *probandi*".[459] Só fazendo-o, se poderia afirmar a sua existência.

II. Note-se, no entanto, que mesmo sendo de admitir acordos de cavalheiros desprovidos de efeitos jurídicos[460]-[461] e portanto cartas de conforto

Não há qualquer acordo, nem sequer de cavalheiros. É o que sucede, muitas vezes, nas cartas "fracas". Ver K. LARENZ/C.-W. CANARIS, *Lehrbuch des Schuldrechts, II Band, Besonderer Teil, 2. Halbband*, cit., p. 83.

O que se diz em texto, vale, pois, para as outras cartas de conforto em que efetivamente haja um acordo. Terá que se ver, e é esse aspeto que se discute, se é um simples acordo de cavalheiros, se um acordo jurídico.

[456] Cfr. D. LEGAIS, *Sûretés et garanties du crédit*, cit., p. 306; M. P. SUPPA, *Lettere di patronage*, cit., p. 513. Sustenta a ausência de juridicidade, entendendo que se trata simplesmente da reputação de quem a presta, A. HUDSON, *The law of finance*, cit., p. 591.

[457] A. PINTO MONTEIRO, *Sobre as cartas de conforto na concessão de crédito*, cit., p. 439.

[458] Assim, A. MENEZES CORDEIRO, *Das cartas de conforto no direito bancário*, cit., p. 63. Também J. CALVÃO DA SILVA, *Cartas de conforto*, cit., p. 375 [diz este Autor de forma enfática: "A regra (ou presunção) da juridicidade das cartas de conforto impõe-se!"]; L. MENEZES LEITÃO, *Garantias das obrigações*, cit., p. 154; M. J. COSTA GOMES, *Assunção fidejussória de dívida*, cit., p. 413; M. CARNEIRO DA FRADA, *Teoria da confiança e responsabilidade civil*, cit., p. 529. Em Itália: M. P. SUPPA, *Lettere di patronage*, cit., p. 513; A. MAZZONI, *Lettere di patronage*, cit., p. 569.

[459] CARLOS A. MOTA PINTO, *Teoria geral do direito civil*, 4.ª ed., por ANTÓNIO PINTO MONTEIRO e PAULO MOTA PINTO, cit., p. 383. Era esta já a posição tradicional de MANUEL DE ANDRADE, *Teoria geral da relação jurídica*, vol. II, Almedina, Coimbra, 1987, pp. 32-33.

[460] Contudo, ver A. MENEZES CORDEIRO, *Tratado de direito civil português, II, Parte geral, negócio jurídico*, 4.ª ed, Almedina, Coimbra, 2014, p. 305. Escreve este Autor: "põe-se o problema de saber se, ao concluir um acordo de cavalheiros, as partes podem abdicar, desde logo, de

com essas características, ainda assim, não se poderá concluir no sentido de um menor acatamento dos eventuais compromissos (de honra) aí assumidos. Como refere corretamente Menezes Cordeiro: "o "acordo de cavalheiros", celebrado entre verdadeiros cavalheiros, prende os celebrantes com *muito mais intensidade* e com *maior eficácia* do que o mais jurídico dos vínculos"[462].

Por outro lado, não se pode dizer que não haja aqui sanção para o seu desrespeito ou que ela não seja eficaz. Em meios mais pequenos (que são aqueles onde este tipo acordos serão com mais regularidade celebrados) em que os sujeitos se conheçam, a violação de um acordo desta natureza é rapidamente conhecida e penaliza social e economicamente quem não cumpre[463]. Tanto no que diz respeito a oportunidades de negócios perdidas, como à necessidade de aumentar os denominados custos de transação nos contratos com os outros sujeitos.

Efetivamente, sabendo do incumprimento, as suas futuras contrapartes não quererão correr qualquer tipo de risco no relacionamento com quem não cumpriu (e fica excluído por isso do círculo de confiança), o que leva a que lhe exijam garantias pesadas e caras que doutra forma dispensariam ou aligeirariam. Faltando a ética, pelo menos o cálculo económico aconselhará as partes, mesmo que não sejam cavalheiros (no sentido aqui apontado, sem qualquer outra conotação), a cumprirem.

17.4. Estrutura

I. Um outro aspeto focado a propósito desta figura prende-se com a sua natureza unilateral ou contratual.

qualquer protecção jurídica. Não podem, a não ser no plano do cavalheirismo". Conclui depois: "A margem para acordos de cavalheiros sem protecção jurídica queda-se pelas matérias que não tenham, só por si, relevância patrimonial...".

[461] E concordamos com A. PINTO MONTEIRO (*Sobre as cartas de conforto na concessão de crédito*, cit., p. 440) quando afirma que importa não recusar, "em absoluto, que uma carta de conforto possa representar, apenas, um *acordo de cavalheiros*". (itálico no original).

[462] A. MENEZES CORDEIRO, *Das cartas de conforto no direito bancário*, cit., p. 63. (itálico no original).

[463] O ponto referente à "eficácia considerável" [que os "acordos de cavalheiros" tem] na vida económica é sublinhado por A. PINTO MONTEIRO, *Sobre as cartas de conforto na concessão de crédito*, cit., p. 440.

A primeira, a ser afirmada, levantaria sérias dificuldades no nosso ordenamento, uma vez que o art. 457.º[464] só admite os negócios jurídicos unilaterais constitutivos de obrigações nos casos previstos na lei. O que aqui não sucederia.

Contudo, parece hoje claro que as cartas de conforto, em regra[465], quando não representem elas mesmas a proposta de um contrato que a outra parte aceita, expressa ou tacitamente, reproduzem o conteúdo de um acordo anterior a que as partes chegaram. Pode, por isso, afirmar-se, a sua natureza contratual.[466] E contrato unilateral, porque só decorrem obrigações para uma das partes.

17.5. Modalidades

I. Não é nada fácil fazer uma tipologia das cartas de conforto. Elas são caracterizadas, como se disse, por uma grande diferença de conteúdos entre si.

O elemento central aqui é a *interpretação de cada carta de conforto.*[467]

No entanto, parece-nos útil fixar as grandes coordenadas desta matéria. Para tal, vamos arrumar, de acordo com um conjunto de conteúdos mais frequentes, as cartas de conforto[468] dentro de grupos. Este aspeto conjugado, em seguida, com a determinação do regime que, *tendencialmente*, caberá a cada grupo de cartas de conforto será – sublinhando-se mais uma

[464] Para a *ratio* desta norma, assente no princípio do contrato, ver J. ANTUNES VARELA, *Das Obrigações em geral*, vol. I, cit., pp. 436, ss.. Quanto à matéria dos negócios jurídicos unilaterais, ver, desenvolvidamente, P. PAIS DE VASCONCELOS, *Teoria geral do direito civil*, 8.ª ed., Almedina, Coimbra, 2017, pp. 439, ss..

[465] Fazemos esta restrição, porque certas cartas de conforto de teor meramente informativo, já o dissemos, não são contratos. Sublinhando este ponto, M. J. COSTA GOMES, *Assunção fidejussória de dívida*, cit., p. 409, nota 23.

[466] Neste sentido: A. MENEZES CORDEIRO, *Das cartas de conforto no direito bancário*, cit., pp. 61-62; J. CALVÃO DA SILVA, *Cartas de conforto*, cit., p. 376-377; P. ROMANO MARTINEZ/P. FUZETA DA PONTE, *Garantias de cumprimento*, cit., p. 157; L. MENEZES LEITÃO, *Garantias das obrigações*, cit., p. 154.

[467] Ver, na jurisprudência, o Acórdão do STJ de 19/12/2001 (Ferreira Ramos), in: CJ/STJ, 2001 (III), pp. 157, ss..

[468] Quanto a estes, ver, p. ex., R. DE NICTOLIS, *Nuove garanzie personali e reali, Garantievertrag, fideiussione omnibus, lettere di patronage, sale – lease – back*, cit., pp. 380, ss..

vez: com as limitações referidas – útil ao intérprete face a cada carta em particular. Distinguiremos assim entre cartas fracas, médias e fortes[469]-[470]

Uma última nota a este respeito: o conteúdo das cartas fracas faz, em regra, parte também das outras cartas de conforto (médio e forte). Constituem, assim, *o conteúdo mínimo* de todas elas[471].

17.5.1. As cartas "fracas" com conteúdo meramente informativo

I. Estas cartas contêm declarações relativas ao conhecimento do crédito, à participação social da sociedade mãe na sociedade filha, e do seu controlo, à situação empresarial desta, etc.[472] Podem incluir ainda declarações genéricas quanto à política do grupo. São, na maior parte das vezes, simples prestação de informações e não correspondem a quaisquer acordos ou contratos.

A questão que se coloca aqui é, se, e de que forma, se poderá responsabilizar o patrocinante, caso as informações constantes da carta não sejam corretas.

[469] Para uma distinção paralela: A. MENEZES CORDEIRO, *Das cartas de conforto no direito bancário*, cit., pp. 69, ss.; A. PINTO MONTEIRO, *Sobre as cartas de conforto na concessão de crédito*, cit., pp. 458, ss..

Outros Autores distinguem somente entre cartas fracas e fortes. Assim: J. CALVÃO DA SILVA, *Cartas de conforto*, cit., pp. 378, ss.; P. ROMANO MARTINEZ/P. FUZETA DA PONTE, *Garantias de cumprimento*, cit., p. 161 (estes autores recorrem ainda, além das duas categorias mencionadas, a uma terceira correspondente às "fianças encapotadas, ou seja, fiança derivada de um mandato de crédito ou outra garantia pessoal, ainda que indireta"); L. MENEZES LEITÃO, *Garantias das obrigações*, cit., p. 155; M. J. COSTA GOMES, *Assunção fidejussória de dívida*, cit., p. 411.

Esta é a distinção comum na Alemanha, entre a "weiche" e a "harte" (dura) "Patronserklärung", cfr. H. WEBER, *Kreditsicherheiten*, cit., § 5, pp. 134-135; H. BROX/W.-D. WALKER, *Besonderes Schuldrecht*, cit., § 32, p. 456; W. FIKENTSCHER/A. HEINEMANN, *Schuldrecht*, cit., § 96 II, p. 675.

Também em Itália, M. VIALE, Le garanzie bancarie, cit., p. 157 ("dichiarazioni "deboli" e dichiarazioni "forti""); A. MAZZONI, *Lettere di patronage*, cit., p. 570 (Autor que inclui ainda uma outra modalidade: a carta declarativa do status de único accionista).

[470] Para esta distinção na jurisprudência, ver: Acórdão do STJ de 18/3/2003 (Reis Figueira), in: CJ/STJ (I) 2003, p. 130; Acórdão da Relação de Lisboa de 7/6/2005 (Maria Amália Ribeiro), in: CJ (III), 2005, p. 94; Acórdão do STJ de 08/02/2018 (Rosa Tching), in: www.dgsi.pt.

[471] Cfr. R. DE NICTOLIS, *Nuove garanzie personali e reali, Garantievertrag, fideiussione omnibus, lettere di patronage, sale – lease – back*, cit., p. 380.

[472] Cfr. A. PINTO MONTEIRO, *Sobre as cartas de conforto na concessão de crédito*, cit., p. 459.

Em primeiro lugar, podem as partes ter celebrado um acordo com vista à prestação dessas informações, de que a carta seria o cumprimento[473]. Sendo incorretas, responde o patrocinante. É duvidoso, porém, em muitos casos, nesta modalidade de cartas, que as partes tenham pretendido efetivamente celebrar aqui um contrato. Em particular, quando se trata da prestação de algumas informações genéricas.

Quando não se possa afirmar a existência de um contrato informativo entre patrocinante e banco, o dever de prestar informações corretas decorrerá já da boa fé, particularmente relevante quando exista uma "relação corrente de negócios"[474] entre as partes, como será muito comum nestes casos.

Claro está que entre as partes, no âmbito da relação entre a sociedade mãe e o banco, pode existir já uma verdadeira relação contratual (bancária) duradoura assente num contrato-quadro de conteúdo complexo (e, muitas vezes, será assim)[475], onde se inserem os deveres decorrentes da boa fé entre as partes. Nesse caso, o dever de prestar as informações corretas encontrará aí apoio.[476]

Ainda, mesmo que não exista qualquer contrato entre o patrocinante e o banco, ou mesmo uma "relação corrente de negócios" entre eles, o dever de prestar informações corretas decorrerá da boa fé na fase pré-contratual (art. 227.º), incluindo-se no âmbito de responsabilização também terceiros, neste caso com influência no creditado e que prestam informações

[473] No sentido do contrato de informação, M. OBERMÜLLER, *Die Patronatserklärung*, ZGR, 1975, p. 4, *apud* A. PINTO MONTEIRO, *Sobre as cartas de conforto na concessão de crédito*, cit., p. 447, nota 79.

[474] Sobre esta, ver, entre nós: J. SINDE MONTEIRO, *Responsabilidade por conselhos, recomendações ou informações*, cit., pp. 514-518, pp. 529-530; L. MENEZES LEITÃO, *Direito das obrigações, vol. I, introdução, da constituição das obrigações*, 13.ª ed., Almedina, Coimbra, 2016, p. 328; M. CARNEIRO DA FRADA, *Teoria da confiança e responsabilidade civil*, cit., pp. 574, ss.; ALMENO DE SÁ, *Responsabilidade bancária*, Coimbra Editora, Coimbra, 1998, p. 65, nota 40.

[475] Indentificando esse contrato com a abertura de conta, A. MENEZES CORDEIRO, *Direito bancário*, cit., pp. 286, ss..

[476] Quanto ao carácter normalmente insuficiente do art. 485.º n.º 2 para responsabilizar o autor das declarações falsas inseridas na carta de conforto sem que exista um dever prévio de informar, ver M. CARNEIRO DA FRADA, *Teoria da confiança e responsabilidade civil*, cit., pp. 533-534, nota 561.

Para a correta interpretação do art. 485.º n.º 2, ver, muito desenvolvidamente, J. SINDE MONTEIRO, *Responsabilidade por conselhos, recomendações ou informações*, cit., pp. 333, ss..

que sabem ser centrais para a celebração do negócio entre ele e o banco[477], pela prestação de informações incorretas.[478_479_480]

Face ao critério avançado para caracterizar as garantias pessoais, esta modalidade de cartas de conforto não se pode considerar uma garantia dessa natureza. Mesmo face à noção lata de garantia pessoal.

Elas limitam-se, simplesmente, a incrementar levemente a expetativa do creditante de que a outra parte irá cumprir as suas obrigações, mas de forma bastante ténue. Para considerarmos, eventualmente, algumas delas, dependendo sempre do conteúdo, garantias, teríamos, porém, mesmo assim, que recorrer a um critério muitíssimo amplo e diluído de garantia[481]. E, mesmo dentro deste, seriam garantias fracas.

[477] Apontava já J. CALVÃO DA SILVA na sua dissertação de doutoramento (*Responsabilidade civil do produtor*, Almedina, Coimbra, 1990, p. 339, nota 3) que no tocante ao "âmbito subjetivo [a responsabilidade pré-contratual] desenha-se uma tendência para a sua extensão a pessoas que sendo "terceiros" relativamente às partes do futuro contrato, todavia estão diretamente coenvolvidas e participam qualificadamente nos preparativos e tramitação da respectiva negociação."

Em linha semelhante A. PINTO MONTEIRO, Sobre as cartas de conforto na concessão de crédito, cit., p. 460, nota 122; assim como J. SINDE MONTEIRO/F. CASSIANO DOS SANTOS Carta de patrocínio, relação de grupo e providências de recuperação da empresa, cit., p. 70 nota 18. Entendem estes Autores ser "correto entender que o dever de lealdade imposto pelo preceito em referência [art. 227.º] abrange não apenas as partes no futuro (eventual) negócio, mas igualmente as pessoas que participem nas negociações, pelo menos na medida em que exerçam aí um papel determinante" (ob. cit., ibidem). E a jurisprudência italiana referida em G. BOZZI, Le garanzie atipiche, vol. I, Garanzie personali, cit., p. 372.

Ainda, numa orientação próxima, sustenta M. CARNEIRO DA FRADA (*Teoria da confiança e responsabilidade civil*, cit., p. 535) "ser de aplicar ao autor da carta de conforto a regra de conduta de boa fé que vigora no período pré-contratual". Tal facto resulta de "apesar de não pretender vir a ser parte formal do contrato em preparação o facto de interferir com autonomia no desenvolvimento das negociações e de assumir um papel decisivo na respectiva conclusão" conduzir "numa perspetiva material-valorativa" a esse resultado.

Sustenta este Autor pode "também dizer-se que a carta de conforto origina entre ela e a instituição financiadora uma *relação específica* cujo conteúdo é dado por deveres vários de informação, verdade e lealdade." (*ob. cit., ibidem* – itálico no original).

[478] Neste sentido: J. CALVÃO DA SILVA, *Cartas de conforto*, cit., p. 384.

[479] J. SINDE MONTEIRO (*Responsabilidade por conselhos, recomendações ou informações*, cit., p. 558, nota 351) aponta ainda a possibilidade de responsabilizar o patrocinante por a sua atuação consistir num *venire contra fatum proprio*, através da "indução de terceiros a contratar, seguida de um comportamento contrário ao conteúdo da declaração".

[480] Claro que não está afastada a porta da anulação do contrato com base em dolo de terceiro, sempre que se verifiquem os requisitos do art. 254.º n.º 2.

[481] Que não adoptamos.

17.5.2. As cartas "médias" que contêm declarações de vigilância, influência ou de empenho

I. O patrocinante vai aqui mais longe do que na hipótese anterior e compromete-se a seguir de perto a atividade da patrocinada, bem como a desempenhar os seus esforços para que a sociedade filha, a creditada, cumpra as obrigações decorrentes desse contrato de crédito. Pode haver ainda uma obrigação específica de manter a sua participação no capital da sociedade filha, sem que se opere qualquer redução da participação ou a sua alienação (o que levaria logo ao incumprimento das obrigações antes referidas de vigilância e empenho, mesmo que só estas tenham sido assumidas)[482].

Assume neste grupo de casos uma obrigação de meios[483], traduzida na realização dos melhores esforços, tanto na vigilância da sociedade filha, como numa sã gestão dos negócios desta[484]-[485] para que a patrocinada esteja em condições de cumprir as obrigações decorrentes do contrato de crédito[486]. Essa obrigação será tanto mais extensa, quanto o patroci-

[482] O contrário também é (claro, dadas os diferentes conteúdos que as cartas podem ter, como temos vindo a repisar) possível: uma simples declaração de manutenção da participação na sociedade creditada, desacompanhada de qualquer outra obrigação. Um caso com este conteúdo foi analisado por J. SINDE MONTEIRO/F. CASSIANO DOS SANTOS (*Carta de patrocínio, relação de grupo e providências de recuperação da empresa*, cit., pp. 66, ss.). Contudo, apontam estes Autores, esta obrigação de *non facere*, não pode ser "vista de forma descarnada do respectivo contexto". Ora, atendendo à finalidade de garantia da carta, "implicitamente" o patrocinante assume o dever de adoptar uma conduta de influência sobre a sociedade controlada "no sentido de honrar compromissos" (*ob. cit.*, p. 69).

Cremos que efetivamente haverá que ter presente a finalidade das cartas, o que significa que, no caso vertente, em que se está perante uma declaração de manutenção da participação, sempre que se trate de uma sociedade dominada, decorre daqui (pelo menos) também um dever de manutenção da mesma política (e qualidade) de gestão dessa sociedade: o que a mantutenção da participação permite e é isso que o beneficiário espera. É aí que reside o seu "conforto".

[483] É doutrina pacífica, ver, p. ex., J. CALVÃO DA SILVA, *Cartas de conforto*, cit., p. 389.

[484] A. MENEZES CORDEIRO, *Das cartas de conforto no direito bancário*, cit., p. 72.

[485] Pode obrigar-se ao cumprimento pontual dos seus deveres para com ela. A carta de conforto é média embora a obrigação seja de resultado.

[486] Uma obrigação desta natureza consta na carta de conforto analisada pelo Acórdão da Relação de Lisboa de 7/6/2005 (Maria Amália Ribeiro), cit., p. 95, onde se pode ler: "informamos V. Exas. que desenvolveremos os nossos melhores esforços no sentido do cumprimento por parte da Indagra – Indústria de granitos SA. [a patrocinada] dos compromissos a assumir ao

nante controle efetivamente a sociedade devedora. Caso contrário, terá, em regra, um significado diminuto[487].

Também esta modalidade de cartas de conforto não constitui uma modalidade de garantias pessoais em sentido estrito, conforme a caracterização que fizemos delas.

A expetativa do credor de cumprimento por parte da creditada, no entanto, é certamente maior do que se existisse somente uma carta de conforto fraca, dadas as obrigações assumidas pelo patrocinante. O que permite qualificá-la como uma garantia pessoal num sentido amplo.

No entanto, cumprindo a sociedade mãe as suas obrigações, se o devedor não realizar a sua prestação ou se for declarada a sua insolvência, o credor, em regra, nada poderá fazer face ao patrocinante e, normalmente, em particular se estivermos no âmbito da insolvência, terá que acarretar com o prejuízo.

17.5.3. As cartas "fortes" ou de garantia

I. Na gradação que se vai estabelecendo com esta classificação, aqui o patrocinante assegura à outra parte que a obrigação da patrocinada será cumprida.

Consistem, em regra, em obrigações de resultado[488], obrigando-se o patrocinante, ou a cumprir caso o devedor não cumpra, ou a indemnizar o credor[489], caracterizando-se pelo nível elevado de protecção que conferem a este último.

abrigo do referido financiamento...". Trata-se claramente de uma obrigação de meios e como tal foi qualificada pelo Tribunal (p. 95).

Para uma carta de teor semelhante, e com a mesma qualificação, o Acórdão da Relação de Lisboa de 1/3/2008 (Maria do Rosário Barbosa) in: CJ (II) 2008, pp. 90, ss..

[487] A. PINTO MONTEIRO, *Sobre as cartas de conforto na concessão de crédito*, cit., p. 453. Este Autor sublinha que, tratando-se de um sócio minoritário, em princípio, a sua obrigação "tem um conteúdo estritamente negativo, o de se abster de qualquer ato que possa impedir o pagamento por parte da sociedade devedora."

[488] Note-se, porém, que há cartas de conforto donde decorrem obrigações de resultado que não devem ser consideradas "cartas fortes". É o que se passa, p. ex., com a obrigação de manter a participação social na sociedade creditada. Sublinhando este aspeto, J. SINDE MONTEIRO/F. CASSIANO DOS SANTOS, *Carta de patrocínio, relação de grupo e providências de recuperação da empresa*, cit., p. 69, nota 10.

[489] A. PINTO MONTEIRO, *Sobre as cartas de conforto na concessão de crédito*, cit., p. 461.

São, nessa medida, garantias atípicas. Nalguns casos, podem mesmo ser reconduzidas a garantias típicas, como a fiança[490] e a garantia autónoma[491]-[492].

As dificuldades relativamente à fiança estão relacionadas com a necessidade de esta ser prestada expressamente (art. 628.º n.º 1). Contudo, não se exigem para o efeito, conforme já foi a esse propósito referido, "fórmulas (...) sacramentais", bastando que a vontade de garantir a obrigação do devedor, obrigando-se face ao credor "a realizar a mesma prestação", resulte diretamente da declaração do garante[493]. O que se poderá retirar, por vezes, das cartas de conforto.[494]

Não há dúvidas que nas cartas de conforto forte estamos mesmo perante verdadeiras garantias pessoais em sentido estrito, quer atípicas, quer, por vezes, como se viu, típicas.

II. Na Alemanha, nas cartas de conforto forte (*harte Patronserklärung*), o patrocinante obriga-se a prover (*ausstatten*) a sociedade patrocinada

[490] Negando que as cartas de conforto fortes possam consubstanciar uma fiança, A. MAZZONI, *Lettere di patronage*, cit., pp. 577, ss.. Não nos parece que se possa dizer que são insusceptíveis de ser reconduzidas a uma fiança. Dependerá sempre do concreto conteúdo da carta de conforto, que pode ser muito variado, conforme já se observou. Claro está que se aplicará aqui, apurando-se que estamos, na verdade, face a uma fiança, o regime desta. A especialidade, se é que disso se pode falar, neste campo, é de ela aparecer "encapotada", "nas vestes de", uma carta de conforto.

[491] Apontando que algumas cartas de conforto constituem por vezes verdadeiras "fianças encapotadas" ou "garantias autónomas", P. ROMANO MARTINEZ/P. FUZETA DA PONTE, *Garantias de cumprimento*, cit., p. 163. Apontando também a existência, por vezes, de "fianças dissimuladas," J. CALVÃO DA SILVA, *Cartas de conforto*, cit., p. 388; e L. AYNÈS/P. CROCQ, *Les sûretés. La publicité foncière*, cit., p. 153 (para a jurisprudência da Cassação).

[492] Segundo informa A. PINTO MONTEIRO (*Sobre as cartas de conforto na concessão de crédito*, cit., p. 437, pp. 448-449), é comum existirem cláusulas pelas quais o patrocinante se obriga a prestar uma garantia autónoma à primeira solicitação a favor do banco se alienar a sua participação social no capital da participada, ou mesmo se a reduzir (em termos que a levem a perder o controlo da sociedade, subentende-se). Portanto, nessa eventualidade, da carta resulta a promessa da prestação da garantia autónoma, verificando-se o circunstancialismo previsto.

[493] Assim, J. ANTUNES VARELA, *Das Obrigações em geral*, vol. II, cit., p. 482.

[494] De acordo com os princípios europeus relativos às garantias pessoais, a carta de conforto vinculante (*binding comfort letter*), presume-se ser uma fiança – art. 2:101 ("Presumption for Dependent Personal Security") (2). Cfr. PEL/DROBNIG, *Pers. Sec.*, cit., p. 196, para a justificação.

com os meios necessários para esta cumprir[495]. A forma escolhida para o efeito pertence ao patrocinante[496]. Não há um pagamento direto ao banco e, dessa forma, se distingue esta modalidade de garantias das outras garantias típicas[497]. Claro que se não forem cumpridas essas obrigações de provimento da sociedade dos montantes necessários para cumprir a obrigação dessa forma assegurada, haverá responsabilidade, face ao banco, da sociedade mãe.

Não há dúvidas que estas são igualmente cartas de conforto forte que, aliás, podem ter, como se vê, um conteúdo variado, sendo caracterizadas pelo nível de protecção elevado que conferem ao credor.

17.6. O regime insolvencial

I. Conforme se apontou, as cartas de conforto têm um conteúdo extremamente variável, e mesmo ambíguo, pelo que só relativamente a cada uma delas será possível determinar com precisão as eventuais obrigações do patrocinante e, portanto, o seu regime insolvencial.

No entanto, recorrendo agora aos grupos de cartas que acabámos de ver, sempre se pode dizer o seguinte.

II. As duas primeiras modalidades de cartas de conforto, as fracas e as médias, não constituem verdadeiramente garantias pessoais das

[495] Cfr. H. WEBER, *Kreditsicherheiten*, cit., § 5, p. 134; H. BROX/W.-D. WALKER, *Besonderes Schuldrecht*, cit., § 32, p. 456; W. FIKENTSCHER/A. HEINEMANN, *Schuldrecht*, cit., § 96 II, p. 675.

[496] D. REINICKE/K. TIEDTKE, *Kreditsicherung*, cit., p. 202.

[497] Uma carta de conforto com estes contornos foi analisada no Acórdão do STJ de 18/3/2003 (Reis Figueira), cit.. Do texto da carta contava a seguinte declaração: "de acordo com esta política eu asseguro-vos que faremos todo o necessário para que a nossa filial disponha de tesouraria suficiente permitindo-lhe fazer face às suas obrigações face a vocês por causa das obrigações supra mecionadas." (Acórdão cit., p. 129). O Supremo Tribunal considerou que estávamos face a uma simples obrigação de meios que se inseria no seio das cartas de conforto médias (Acórdão, cit., p. 130). Do exposto em texto fica claro porque não podemos acompanhar aqui esta qualificação. Trata-se de uma verdadeira obrigação de resultado (de fornecer os meios pecuniários necessários ao cumprimento dessas obrigações), sendo dessa forma uma "carta forte". Ver quanto ao conteúdo de uma carta de conforto qualificada, corretamente, como carta forte, o Acórdão da Relação de Lisboa de 301/3/2017 (Ondina Carmo Alves), in: www. dgsi.pt.

obrigações em sentido estrito (embora as médias o sejam, com maior ou menor vigor, em sentido amplo).

Sempre que o patrocinante tenha fornecido informações verdadeiras e cumprido as suas obrigações, a insolvência do devedor é um risco que o banco corre. Risco particularmente agravado, se for um simples credor comum sem uma outra garantia[498].

Pode dar-se é o caso de a insolvência ter ocorrido porque o patrocinante, ao incumprir as obrigações assumidas, nomeadamente de impor uma gestão sã da sociedade filha, permitindo uma gestão imprudente, ou mesmo não cumprindo contratos concluídos com ela, acabou por a conduzir à insolvência. Nesse caso responderá, mas pelo incumprimento das suas obrigações.

Como o banco será titular do crédito sobre a insolvência, em princípio um crédito comum, ele terá que o reclamar (art. 128.º CIRE), vindo depois dada a normal insuficiência da massa a ser satisfeito de forma rateada, de acordo com o critério da proporcionalidade (art. 176.º CIRE). Ora, o valor que o banco dessa forma consiga obter terá que ser tido em conta para a fixação do referido montante indemnizatório.

III. Nas cartas de conforto forte, sempre que elas sejam reconduzíveis às garantias típicas, legal ou socialmente, será o regime dessas garantias que será de lhes aplicar. Caso o patrocinante tenha assumido uma garantia atípica, esta cobrirá também, em regra, o risco de insolvência, o que conduzirá à responsabilização do banco nessa eventualidade.

Se o patrocinante se obrigar a prover a sociedade devedora com os meios financeiros necessários para esta cumprir as obrigações contraídas com o banco e não o fizer, permitindo mesmo que esta seja declarada insolvente, o credor poderá exigir uma indemnização à sociedade mãe. Para a sua fixação terá que se ter em conta, de forma paralela ao que acima vimos, o montante que efetivamente o credor possa obter no âmbito do processo insolvencial. Acrescente-se que não é pelo facto de poder demandar o

[498] O que não será necessariamente o caso, dada a tendência dos bancos para assegurarem uma protecção eficaz, o que conduz muitas vezes a um excesso de garantias que pode ser prejudicial ao devedor – é o fenómeno da sobregarantia.

patrocinante que o credor deixa de ter que reclamar o seu crédito no processo insolvencial da sociedade devedora. Pelo contrário, tem de o fazer.

18. O seguro de crédito

18.1. Introdução

I. Esta figura[499] consiste num contrato concluído entre um segurador e um credor destinado a cobrir os riscos previstos no contrato, aqui, essencialmente (mas não só, como se verá), a falta ou o atraso no cumprimento da obrigação[500]. O risco de crédito é desta forma (parcialmente, em maior ou menor percentagem, que pode ser bastante elevada) transferido para

[499] Sobre ela, ver: JOÃO DE CASTRO MENDES, *Acerca do seguro de crédito*, Rev. Bancária, 1972, pp. 5, ss.; J. ANTUNES VARELA, *Seguro de créditos*, Rev. Ban, 1990, p. 49, ss.; A. MENEZES CORDEIRO, *Direito bancário*, cit., p. 856; idem, *Contrato de seguro e seguro de crédito*, in: II Congresso nacional de Direito dos Seguros, Memórias (coord. António Moreira e M. Costa Martins), Almedina, Coimbra, 2001, pp. 52-53; J. CALVÃO DA SILVA, *Seguro de crédito*, in Estudos de direito comercial (pareceres), Almedina, Coimbra, 1996, pp. 99, ss.; J. SINDE MONTEIRO/MARIA JOSÉ RANGEL DE MESQUITA, *Credit and caution insurance*, in Insurance law/Portugal, Internacional encyclopedia of laws (general editor R. Blanpain, associate general editor M. Colucci), Wolters Kluwer, Law and business, 2009, pp. 96, ss.; P. ROMANO MARTINEZ, *Direito das obrigações, apontamentos*, cit., p. 365; P. ROMANO MARTINEZ/P. FUZETA DA PONTE, *Garantias de cumprimento*, cit., pp. 114, ss.; L. MENEZES LEITÃO, *Garantias das obrigações*, cit., pp. 156, ss.; C. FERREIRA DE ALMEIDA, *Contratos, III*, cit., pp. 253, ss.; FERNANDO VITÓRIA, *O seguro de créditos em Portugal*, apêndice à edição portuguesa de *O seguro de créditos no mundo contemporâneo*, cit., pp. 591, ss..

Ver ainda: ORLANDO GOMES, *Contratos*, cit., pp. 581, ss.; JEAN BASTIN, *O seguro de crédito no mundo contemporâneo*, tradução de F. VITÓRIA, Cosec, 1983; idem, *O seguro de créditos. A protecção contra o incumprimento*, Cosec, 1994; M. CABRILLAC/C. MOULY/S. CABRILLAC/P. PÉTEL, *Droit des sûretés*, cit., pp. 327, ss.; M. FRAGALI, *Assicurazione del credito*, ED, II, pp. 528, ss.; GIUSEPPE BOZZI, *Le garanzie atipiche, vol. I, Garanzie personali*, cit., p. 66; ANDREA COCOCCIA, *Assicurazione del credito*, in *Il diritto privato nella giurisprudenza* (coord. por Paolo Cendon), Utet, Turim, 2006, pp. 483, ss.; ALBERTO DI ZUGMALIA, *Assicurazione credito e cauzione*, DDP, Sezione Commerciale, I, pp. 454, ss..

[500] J. CASTRO MENDES (*Acerca do seguro de crédito*, cit., p. 7) definia o seguro de crédito em sentido lato como "o seguro do risco de não pagamento de um crédito, qualquer que seja a origem ou do crédito ou do não pagamento (mora, com ou sem contestação do crédito, insolvência, etc.)". Dentro deste distinguia depois o seguro de crédito em sentido estrito e o seguro-caução. O primeiro é celebrado com o credor, o segundo é celebrado com o devedor (*ob. cit.*, p. 9).

o segurador, que recebe, como contrapartida, a prestação dos prémios pelo segurado.

II. No conteúdo contratual incluem-se ainda, em regra, deveres de prestação de informações por parte do segurador ao segurado quanto aos terceiros com quem este se dispõe a contratar. Assentes nas suas bases de dados, os seguradores têm meios para obter um conhecimento sólido das empresas[501]. Outras vezes, esta informação é dada de forma indireta através do estabelecimento de limites de crédito por devedor do segurado.

Ainda, os seguradores podem prestar aos segurados um serviço de cobrança de crédito (uma vez que, como se verá, vigora aqui o descoberto obrigatório)[502], aspeto agora previsto no art. 163.º RJCS.

[501] Neste quadro há a possibilidade de prestarem informações incorretas que causem um sério dano tanto à sua contraparte contratual, como a um terceiro. O primeiro caso é fácil de explicar: é pedida uma informação quanto à solidez económica-financeira e de uma empresa com quem o segurado se propõe a contratar e essa informação é incorreta, levando o segurado a celebrar o contrato que fosse outra a infromação não teria celebrado (ou o teria celebrado noutros termos, nomeadamente exigindo garantias), a sofrer um dano, decorrente em regra da insolvência desse sujeito e da satisfação rateada desse crédito.

Contudo, e este aspeto é mesmo mais relevante, o dano pode ser causado a terceiro, se o segurador informar incorretamente as suas contrapartes negociais de um incumprimento deste que não se verificou. É que essa informação atinge necessariamente o crédito desse terceiro, em regra uma sociedade comercial (art. 484.º), levando a que lhe sejam cortadas linhas de crédito por parte dos fornecedores, passando estes a exigir pagamentos a pronto, em vez da concessão do "crédito comercial" (pagamento a 30, 60, 90 dias, ou eventualmente mais). Nesse caso, recairá sobre o segurador um dever de indemnizar os danos que essa sua conduta causou, com fundamento em responsabilidade civil extracontratual por factos ilícitos. Haverá muitas vezes aqui culpa de organização. Analisando um caso com estes contornos, e fazendo uma ampla análise da culpa de organização e seu enquadramento dogmático, JORGE SINDE MONTEIRO, "Anotação ao Acórdão do Tribunal da Relação de Lisboa de 1/12/2008", in RLJ ano 139.º, pp. 126, ss.. Como é óbvio, e enfatisado por este Autor (J. SINDE MONTEIRO, *ob. últ. cit.*, p. 128), os seguradores são livres de assumir os riscos que be entendam e de comunicar as suas decisões a outras partes ou potenciais clientes (trata-se de o exercício de "um direito ou de uma liberdade económica fundamental", nas palavras deste Autor, *ob. cit., ibidem*), que, aliás, contarão com elas para escolher os seus parceiros negociais e as condições em que se dispõe a contratar.

[502] Cfr. COSEC, *O seguro de créditos, riscos comerciais e riscos políticos, evolução e perspetivas* (extratos do livro de TONY DOWDING, *Developments in credit & political risks insurance*), Lisboa, 2001, pp. 14-15.

Nessa medida, o seguro de crédito terá na maior parte das vezes um *conteúdo e mais complexo e mais amplo* que a cobertura de riscos. Por essa razão, sendo embora uma garantia pessoal, é mais do que isso.

III. Não se pode deixar de sublinhar, nesta primeira abordagem ao contrato, a enorme relevância que ele tem para o sector exportador nacional, uma vez que os créditos dos prestadores de serviços e vendedores nacionais são, na maior parte das vezes, assegurados por seguros de crédito. Sem a celebração do contrato de seguro, essas empresas, ou não exportam, ou se o fizerem terão que correr o risco na totalidade[503]. A sua importância em termos económicos é, pois, central.[504]

IV. Convém ainda nesta sede referir que, sendo embora os riscos seguráveis com maior relevância os do incumprimento ou mesmo da perda do crédito, o seguro de crédito permite assegurar um conjunto *muito mais amplo* de riscos[505], como decorre do art. 3.º do Dec.-Lei n.º 183/88, de 24/5.[506]

[503] É certo que existem outros mecanismos que permitem assegurar a posição do exportador, como a cessão financeira (*factoring*) internacional, no âmbito das cessões sem recurso (cfr. M. PESTANA DE VASCONCELOS, *O contrato de cessão financeira ou factoring no comércio internacional*, in: Estudos em Homenagem ao Professor Doutor Jorge Ribeiro de Faria, Faculdade de Economia da Universidade do Porto/Faculdade de Direito da Universidade do Porto, Coimbra Editora, Coimbra, 2003, pp. 403, ss.).

É ainda possível recorrer ao crédito documentário irrevogável, que desempenha, embora indiretamente, um papel de garantia para o vendedor (sobre esta figura, ver J. CALVÃO DA SILVA, *Direito bancário*, Almedina, Coimbra, 2001, pp. 369, ss., e infra n.º 40), ou exigir a prestação de uma garantia autónoma (em regra, à primeira solicitação) por parte do comprador (sobre ela, ver supra n.º 19).

Contudo, há por parte das empresas nacionais, uma "prática comercial" instalada de recurso ao seguro de crédito, ao que não será estranho o risco que o próprio Estado, como veremos, pode assumir.

[504] Refira-se ainda que o recurso a esta figura permite ao segurado obter crédito com maior facilidade.

Com efeito, sempre que os créditos constituam uma importante parte do seu património, a garantia patrimonial que oferece a um financiador é sempre muito mais sólida se esses créditos estiverem garantidos por um seguro de créditos. Por outro lado, os créditos (eventuais) decorrentes do contrato de seguros de crédito que o segurado venha a ter contra o segurador podem ser cedidos ao banco. Cfr. COSEC, O seguro de créditos, riscos comerciais e riscos políticos, evolução e perspetivas, cit., p. 16.

[505] Como a não amortização de despesas suportadas com operações de prospecção de mercados, participação em feiras no estrangeiro e constituição de existências em países estrangeiros,

Assentaremos só nos primeiros que são aqueles que nos permitem inserir o seguro de crédito no seio das garantias especiais das obrigações.

18.2. Caracterização

I. O contrato de seguro de crédito é um contrato nominado, típico (rege-se, como se disse, pelo Dec.-Lei n.º 183/88, de 24/5, e pelo RJCS[507]), celebrado entre o credor e o segurador (art. 9.º n.º 1 do Dec.-Lei n.º 183/88, de 24/5) que visa cobrir determinados riscos fixados pelas partes (daqueles previstos no art. 3.º do Dec.-Lei n.º 183/88, de 24/5, e no art. 161.º do RJCS)[508_509]

O segurador obriga-se a indemnizar a outra parte (o tomador do seguro e o beneficiário são a mesma pessoa[510]), na eventualidade de se verificar o sinistro, ou seja, o evento (a "verificação, total ou parcial, do evento que

variações cambiais, relativamente a contratos cujo pagamento seja estipulado em moeda estrangeira, elevação anormal e imprevisível dos custos de produção resultante da alteração das condições económicas que afectem o fabrico dos bens, a execução dos trabalhos ou a prestação dos serviços.

506 Alterado pelo Dec.-Lei n.º 127/91 de 22/3, pelo Dec.-Lei n.º 214/99, de 15/6, pelo Dec.-Lei n.º 51/2006, de 14/3 e pelo Dec.-Lei n.º 31/2007, de 14/2.

507 Sobre este, em geral, ver PEDRO ROMANO MARTINEZ/LEONOR CUNHA TORRES/ARNALDO DA COSTA OLIVEIRA/MARIA EDUARDA RIBEIRO/JOSÉ PEREIRA MORGADO/JOSÉ VASQUES/JOSÉ ALVES DE BRITO, *Lei do contrato de seguro. Anotada*, 2.ª ed., Almedina, Coimbra, 2011.

Como aí se sublinha expressamente (na anotação ao artigo 161.º da autoria de Leonor Cunha Torres, p. 511), não se pretendeu ao consagrar-se aqui o seguro financeiro afastar os regimes especiais, quer do seguro de crédito, quer do seguro-caução (ver, infra, nanotação ao artigo 162.º da autoria de Leonor Cunha Torres, p. 513), mas simplesmente incluir esta modalidade de seguro no seio do contrato de seguro, permitindo dessa forma aplicar-se-lhe as regras da parte geral (que não colidam com os regimes especiais).

508 Como resulta da análise dos riscos previstos nestas disposições, o seguro de crédito tem, na verdade, um âmbito mais amplo que aquele de cobrir o risco pelo credor da perda do crédito.

509 Estamos a referir-nos em texto àqueles casos em que se assegura um único crédito. Contudo, não tem que ser necessariamente assim. Com efeito, é possível que o segurador através das denominadas "apólices globais" assegure todos os créditos do segurado face a terceiros seus clientes, dentro do "plafond" que o segurador fixa para cada um deles. Trata-se, na expressão utilizada pelos seguradores, do "princípio da globalidade". Cfr. COSEC, *O seguro de créditos, riscos comerciais e riscos políticos, evolução e perspetivas*, cit., pp. 20-22. Ver, sobre eeste aspeto, o Acórdão do STJ de 07/12/2016 (Maria dos Prazeres Beleza), in: www.dgsi.pt.

510 Ao contrário do seguro-caução, como se verá *infra* no próximo número em texto.

desencadeia o accionamento da cobertura do risco..." – art. 99.º RJCS) previsto pelos contraentes, dentre aqueles elencados no art. 4.º do Dec.--Lei n.º 183/88, de 24/5.

II. Repare-se que só é coberta uma percentagem do crédito seguro, a estabelecer pelo segurador (art. 5.º n.º 1 do Dec.-Lei n.º 183/88, de 24/5)[511]. Nunca é a totalidade do crédito que é segurada.

Visa-se fazer com que o segurado corra parte do risco de forma a interessá-lo pelo destino do crédito[512]. É o descoberto obrigatório[513]. Dessa forma, verificando-se o sinistro, parte do prejuízo fica sempre a cargo do credor/segurado.

Além disso, o segurador pode fixar na apólice limites para os montantes indemnizáveis (art. 5.º n.º 3 do Dec.-Lei n.º 183/88, de 24/5). Ultrapassados estes, o dano fica também por conta do segurado.

Por outro lado, não são indemnizáveis os lucros cessantes, nem os danos não patrimoniais (art. 12.º do Dec.-Lei n.º 183/88, de 24/5).

Em contrapartida do risco assumido, o segurador tem direito a uma contraprestação pelo segurado: os prémios (art. 11.º do Dec.-Lei n.º 183/88, de 24/5[514]).

III. Sempre que se verificar o facto definido na apólice como constituindo o sinistro, o segurador terá, como se viu, que indemnizar o credor pelos danos sofridos numa percentagem idêntica à da cobertura do risco, sempre que esses danos se encontrem dentro dos limites fixados.

[511] Exceto "no caso de seguros celebrados com a garantia do Estado, em que caberá a este aprovar tal percentagem ou dela prescindir."

[512] Cfr. M. FRAGALI, *Assicurazione del credito*, cit., p. 541.

[513] O princípio da comparticipação do segurado nos riscos do crédito até uma dada percentagem do mesmo (em geral até 20%) foi introduzido em 1898 pela *Hanseatische See und Allgemeine Versicherungsgesellschaft*, contribuindo decisivamente para modelar este contrato tal como hoje existe no mundo. Cfr. J. BASTIN, *O seguro de créditos no mundo contemporâneo*, cit., pp. 23, ss..

A questão que se coloca aqui é a de saber se o segurado poderá, por outro meio, garantir a percentagem a descoberto. Entre nós, parece admitir-se tal hipótese. Cfr. F. VITÓRIA, *O seguro de créditos em Portugal*, apêndice à edição portuguesa de *O seguro de créditos no mundo contemporâneo*, cit., p. 59.

[514] E arts. 51.º e segs. do RJCS.

Fazendo-o, o segurador ficará sub-rogado[515] na medida do montante pago (art. 136.º n.º 1 e art. 165.º n.º 1 RJCS).[516] Como só se verifica a cobertura parcial do risco, a sub-rogação é igualmente só parcial, o que significa que o devedor vai passar a ter dois credores[517]. O credor original e o segurador.

Não há aqui qualquer precedência entre os créditos, mas uma situação de concurso (art. 165.º n.º 1, segunda parte, RJCS), não se aplicando o art. 593.º n.º 2[518].

A solução explica-se.

Na verdade, não há motivos para se tratar melhor o credor beneficiário do seguro do que o segurador que (parcialmente) o indemnizou, como decorreria da aplicação do art. 593.º n.º 2, que dá preferência ao credor primitivo, solução já de si nada convincente no que toca à sub-rogação legal prevista no Código Civil[519].

18.3. As modalidades de seguro de crédito

I. A lei distingue três modalidades de seguros de crédito nos ns. 2, 3 e 4 do art. 1.º do Dec.-Lei n.º 183/88, de 24/5. Os critérios usados para o efeito não são unos. Pelo contrário, recorre-se a elementos diversos, como a natureza dos riscos cobertos, o carácter nacional ou internacional do crédito seguro e, ainda, a sua natureza, financeira ou não.

[515] Trata-se de um caso de sub-rogação especial, cuja *ratio* é claramente explicada por A. VAZ SERRA, A *A sub-rogação do segurador*, RLJ ano 94.º, pp. 227-228.

[516] JEAN BASTIN (*O seguro de créditos. A protecção contra o incumprimento*, cit., p. 87) define, na linha do exposto no texto, o seguro de crédito como: "um sistema de seguro que permite aos credores estar cobertos contra o não pagamento de créditos devidos por pessoas previamente identificadas e em estado de incumprimento."

[517] Nos termos do art. 136.º n.º 3 RJCS: "A sub-rogação parcial [do segurador] não prejudica o direito do segurado relativo à parcela do risco não coberto, quando concorra com o segurador contra o terceiro responsável, salvo convenção em contrário em contratos de grandes riscos".

[518] Cfr. L. MENEZES LEITÃO, *Garantias das obrigações*, cit., p. 173.

[519] A regra consagrada no art. 593.º n.º 2, dando preferência ao credor primitivo, baseia-se na "velha máxima" *nemo contra se subrogasse censetur*, e não deixa de ser considerada duvidosa pela doutrina, e "pouco convincente" quando se trate de uma sub-rogação legal ou de uma sub-rogação assente na vontade do devedor. Assim, J. ANTUNES VARELA, *Das Obrigações em geral*, vol. II, cit., p. 349. E J. RIBEIRO DE FARIA, *Direito das obrigações*, vol. II, cit., p. 567.

II. Da sua articulação decorrem as seguintes modalidades: o seguro de crédito à exportação de bens e serviços que "visa as operações de exportação na fase anterior à encomenda firme, na fase de fabrico e na fase de crédito" (art. 1.º n.º 2 do Dec.-Lei n.º 183/88, de 24/5); o seguro de créditos no mercado interno que "abrange tanto a fase de fabrico como a fase de crédito" (art. 1.º n.º 3 do Dec.-Lei n.º 183/88, de 24/5); e seguro de créditos financeiros onde se incluem os "créditos concedidos por instituições financeiras ou equiparadas, por sociedades de locação financeira e por sociedades de *factoring*." (art. 1.º n.º 4 do Dec.-Lei n.º 183/88, de 24/5).[520]

18.4. Os riscos

I. A lei elenca os riscos que podem ser cobertos pelo seguro de crédito. Dividimo-los em três grupos, recorrendo a um critério de importância prática.

Em primeiro lugar, temos a "falta ou atraso no pagamento dos montantes devidos ao credor" [art. 3.º, n.º 1, al. c) do Dec.-Lei n.º 183/88, de 24/5]. São as hipóteses mais relevantes, e nas quais se centrará principalmente a nossa atenção.

Assim: pode tratar-se de uma simples mora na realização da prestação ("o atraso no pagamento"), ou, com maior gravidade, uma hipótese de incumprimento que leve meramente à satisfação parcial ou, em última instância, à total insatisfação do crédito: como, por vezes, nos casos de insolvência ("falta ... no pagamento dos montantes devidos ao credor"). Note-se que esta se pode verificar (ainda que não declarada, sendo meramente de facto) ainda antes do vencimento do crédito.

Temos depois "a suspensão ou revogação da encomenda ou resolução arbitrária do contrato pelo devedor na fase anterior à constituição do crédito" [art. 3.º, n.º 1, al. b) do Dec.-Lei n.º 183/88, de 24/5].

[520] Acrescente-se ao que se diz em texto que, nos termos do art. 15.º n.º 1 do Dec.-Lei n.º 183/ /88, de 24/5, as seguradoras dos ramos "crédito" e "caução" podem beneficiar da garantia do Estado para o seguro dos riscos previstos nos ns. 1 e 2 do artigo 3.º e no n.º 1 do art. 6.º, quando estejam em causa "factos geradores de sinistro de natureza política, monetária ou catastrófica dependendo o acesso de um procedimento prévio de selecção e de contratualização com o Estado."

Em terceiro lugar, a lei admite a cobertura do risco decorrente das despesas realizadas com iniciativas de expansão internacional de uma empresa e que não venham a ser amortizadas. É o que está previsto art. 3.º, n.º 1, al. a) do Dec.-Lei n.º 183/88, de 24/5 ("Não amortização das despesas suportadas com operações de prospecção de mercados, participação em feiras no estrangeiro e constituição de existências em países estrangeiros").

Por último, englobamos as alíneas d) e e) do n.º 1 do art. 3.º do Dec.-Lei n.º 183/88, de 24/5: dizem respeito, respectivamente, ao risco cambiário e ao risco de alteração dos custos de produção ("variações cambiais relativamente a contratos cujo pagamento seja estipulado em moeda estrangeira"; "elevação anormal e imprevisível dos custos de produção resultante da alteração das condições económicas que afectem o fabrico dos bens, a execução dos trabalhos ou a prestação de serviços.").

Como referimos, a nossa atenção focar-se-á agora principalmente sobre o primeiro grupo de riscos, como também se se disse, na prática os mais relevantes.

II. Há uma segunda distinção, esta doutrinal, embora com reflexos de ordem prática, entre riscos comerciais e riscos políticos. Com efeito, o não cumprimento poderá tanto resultar de dificuldades de ordem financeira ou de outra ordem ligadas ao próprio devedor, como de atos ou decisões do governo deste que obstem ao incumprimento do contrato, ou então outras causas como catástrofes naturais, guerras, revoluções etc. Os primeiros são riscos comerciais; os segundos, riscos políticos e catastróficos.

A distinção tem relevo, como se disse, porque os seguradores[521] podem beneficiar de garantia do Estado, justamente quando estejam em causa factos geradores de sinistro de natureza política, monetária ou catastrófica. (art. 15.º n.º 1 do Dec.-Lei n.º 183/88, de 24/5).[522_523]

[521] Não só no seguro de crédito, que é agora objeto de análise, mas igualmente no seguro-caução (art. 15.º n.º 1 do Dec.-Lei n.º 183/88, de 24/5).

[522] O acesso a esta garantia depende de um processo prévio de selecção e de contratualização entre os seguradores e o Estado. (art. 15.º n.º 1, *in fine*, do Dec.-Lei n.º 183/88, de 24/5).

[523] Em rigor, bem vistas as coisas, o Estado acaba por poder garantir igualmente, total ou parcialmente, riscos comerciais (dentro dos limites da lei ou de convenção internacional vigente na nossa ordem jurídica). É o que decorre do art. 15.º n.º 7 do Dec.-Lei n.º 183/88, de 24/5.

18.5. O sinistro

I. O sinistro pode ser definido como o "facto baseado no risco e susceptível de accionar o seguro".[524]

A lei elenca um conjunto de factos geradores do sinistro. No entanto, cabe às partes determinar, através da sua delimitação no contrato, qual o evento que desencadeia o dever de pagar a indemnização, o que é dizer, desencadeia o risco que as partes querem segurar. Há assim uma ligação próxima entre o risco coberto e a definição do sinistro.[525]

Temos assim que o risco pode ser a mora, mas o sinistro poderá apontar para um prazo mais ou menos extenso de mora (indicado, claro, na apólice), art. 4.º al. e) do Dec.-Lei n.º 183/88, de 24/5.

O sinistro pode igualmente ser o incumprimento definitivo, parcial ou total, e este considerar-se verificado só com a insolvência declarada judicialmente [art. 4.º al. a) do Dec.-Lei n.º 183/88, de 24/5] ou com a insolvência de facto [art. 4.º al. b) do Dec.-Lei n.º 183/88, de 24/5][526], definido-se quando é que esta se verifica, ou ainda qualquer acordo judicial ou extrajudicial entre credores [art. 4.º als. c) e d) do Dec.-Lei n.º 183/88, de 24/5].

A lei refere-se nestes dois últimos casos à concordata judicial ou extrajudicial, esta desde que "desde que celebrada com a generalidade dos credores do devedor e oponível a cada um deles", que hoje já não exis-

[524] P. ROMANO MARTINEZ, *Direito dos seguros, relatório*, RFDUL, Coimbra Editora, Coimbra, 2006, p. 43.

Ver, ainda, CARLO FELICE GIAMPAOLINO, *Assicurazione II) assicurazione contra i danni*, EG, III, p. 8.

[525] Na verdade, como sublinha J. CALVÃO DA SILVA (*Seguro de crédito*, cit., p. 109), a "definição do risco coberto passa pela definição do sinistro."

[526] Inicialmente, equiparava-se o sinistro ao mero incumprimento do devedor. Contudo, dados os elevados prejuízos sofridos pelas Companhias, pretendeu-se fazer vingar o princípio oposto: só constituiria facto gerador do sinistro o prejuízo efetivo, ou seja, a declaração de falência do terceiro devedor.

A solução de compromisso a que se chegou mais tarde e que passou a caracterizar este contrato foi a chamada insolvência presumida: se o devedor não cumprir dentro de um dado prazo acordado entre segurador e segurado, o primeiro terá que cumprir a sua prestação, isto é, indemnizar o segurado dentro da cobertura assumida. Ver sobre a evolução histórica que levou à consagração do princípio da insolvência presumida: J. BASTIN, *O seguro de crédito no mundo contemporâneo*, cit., pp. 42, ss.; M. FRAGALI, *Assicurazione del credito*, cit., p. 532.

tem face ao CIRE[527]. Deve (agora) incluir-se aqui, face à nova lei da insolvência, o plano de pagamentos aos credores[528]-[529], o processo especial de revitalização.[530]

18.6. Distinção da fiança

I. No seguro de crédito visa-se indemnizar, e só parcialmente, o dano sofrido pelo credor resultante do sinistro. Na fiança, o fiador contrai perante o credor uma obrigação com um conteúdo idêntico à do devedor (art. 634.º n.º 1 – a obrigação principal).

Pretende-se aqui o cumprimento da obrigação garantida, enquanto no seguro de crédito o que se tem em vista é indemnizar, parcialmente, o credor dos danos que o sinistro (incumprimento ou insolvência, em regra) lhe causou[531].

Estando em jogo quantias pecuniárias, há uma proximidade aparente, uma vez que o próprio dano se limitará, na sua essência, à quantia não paga. Acresce que o fiador se pode obrigar por "quantidade menor" à dívida principal (art. 631.º n.º 1) – o que explicaria o facto de a quantia entregue pelo segurador, devido ao descoberto obrigatório, ser inferior ao montante em dívida.

[527] A concordata estava prevista, no Código dos Processos Especiais de Recuperação da Empresa e de Falência (CPEREF), como meio de recuperação de empresa em situação de insolvência ou em situação económica difícil (arts. 66.º e segs. CPEREF). Para além disso, existia ainda a concordata particular, destinando-se ao devedor insolvente não titular de empresa, que não podia recorrer por isso aos processos especiais de recuperação de empresa. Se ele quisesse evitar a declaração de falência, deveria submeter à homologação do juiz, até à data da sentença, uma proposta de concordata particular (art. 240.º CPEREF).

[528] Plano que se aproxima do prisma funcional da concordata particular do CPEREF (ver nota anterior). Neste sentido, L. CARVALHO FERNANDES/J. LABAREDA, *Código da insolvência e da recuperação de empresas, anotado*, cit., p. 810.

[529] Quanto a estas figuras, ver L. MENEZES LEITÃO, *Direito da insolvência*, 8.ª ed., Almedina, Coimbra, 2018, pp. 378, ss.

[530] Sobre este, ver M. PESTANA DE VASCONCELOS, *Recuperação de empresas: o processo especial de revitalização*, Almedina, Coimbra, 2017.

[531] Ver L. MENEZES LEITÃO, *Garantias das obrigações*, cit., p. 169; F. VITÓRIA, *O seguro de créditos em Portugal*, cit., p. 615; M. FRAGALI, *Assicurazione del credito*, cit., pp. 535-536; G. BOZZI, *Le garanzie atipiche, vol. I, Garanzie personali*, cit., pp. 65-66.

Contudo, mesmo nestes casos, em que se verifica uma aproximação maior, os valores podem ser diferentes (embora não seja provável) e tal não afasta nem obscurece a diferença central acima apontada[532].

II. Dito isto, há uma clara semelhança de função[533], o que permite incluir o seguro de crédito [sempre que o risco coberto seja "falta ou atraso no pagamento dos montantes devidos ao credor" – art. 3.º, n.º 1, al. c) do Dec.-Lei n.º 183/88, de 24/5] no seio das garantias pessoais[534].

18.7. Acessoriedade ou autonomia

I. Acabámos já de ver que o seguro de crédito não se confunde com uma fiança. Outra questão é saber se embora não sendo uma fiança ele é acessório relativamente à obrigação assegurada, ou autónomo relativamente a esta.

Em princípio, nada dizendo a lei a este respeito, ambos os modelos são possíveis. Tudo depende do que as partes acordarem. Elas poderão acordar num seguro de crédito acessório ou autónomo relativamente à obrigação garantida[535].

II. No segundo caso, estamos mesmo face a uma garantia autónoma prestada por um segurador, atento o carácter indemnizatório desta. A configuração negocial será, no entanto, diversa.

[532] D. MEDICUS/S. LORENZ (*Schuldrecht II, Besonderer Teil*, cit., § 120, pp. 328-329) apontam que na fiança será o devedor principal que paga ao fiador pela prestação da garantia, o que significa que, em regra, é este que tem o interesse principal nela. No seguro de crédito, pelo contrário, é o credor a celebrar o contrato de seguro (de crédito) com o segurador, pagando o prémio. A verdade, porém, é que a fiança pode ser celebrada por contrato entre o credor e o fiador (sem que haja qualquer necessidade de consentimento – ou conhecimento – por parte do devedor ou mesmo contra a sua vontade – art. 628.º n.º 2), pagando o garantido a contraprestação, pelo que a distinção apontada não procederá.

[533] Cfr. A. ZUGMALIA, *Assicurazione credito e cauzione*, cit., p. 454.

[534] Em sentido diverso, M. J. COSTA GOMES, *Assunção fidejussória de dívida*, cit., p. 76, nota 291.

[535] A doutrina (A. MENEZES CORDEIRO, *Direito bancário*, cit., p. 860; L. MENEZES LEITÃO, *Garantias das obrigações*, cit., p. 169) admite que o seguro de crédito possa ser prestado com autonomia relativamente à obrigação principal e, mesmo, à primeira solicitação.

Na garantia autónoma há um contrato celebrado entre o devedor/dador da ordem e o garante (em regra, um banco) pelo qual este se obriga, nos termos definidos nesse contrato, a concluir o contrato de garantia autónoma com o credor. Esse contrato é unilateral, uma vez que decorrem daí só obrigações para o garante. A retribuição deste decorre do contrato celebrado com o dador da ordem. É também deste contrato que emerge o dever de reembolso do garante da quantia paga em caso de execução da garantia pelo credor/garantido.

No seguro de crédito em que tenha sido acordada a autonomia, a retribuição do segurador decorre do próprio contrato de seguro e é paga pelo segurado (o prémio). Não existirá igualmente um contrato entre o segurador e o devedor pelo qual o primeiro se obriga a celebrar o contrato de seguro com o credor. Acresce que, se o segurador cumprir, ele ficará sub-rogado perante o devedor, pelo montante pago; na garantia autónoma o que existe, em primeira linha, é um direito ao reembolso decorrente do contrato entre o dador da ordem e o garante.

III. E se nada decorrer da interpretação do contrato quanto a este ponto (hipótese que cremos até a mais comum)?

A solução correta é a de entender que se trata de uma obrigação (a do segurador) acessória. A acessoriedade é característica da fiança, que é a garantia pessoal prevista e regulada pela lei. Pois bem, a ausência de regulamentação deste ponto conduz-nos ao elemento marcante das garantias pessoais típicas entre nós[536].

[536] CARLOS A. MOTA PINTO (*Cessão da posição contratual*, Almedina, Coimbra, reimpressão de 1982, pp. 470-471) sustenta que "...a tipicidade dos negócios jurídicos não pode deixar de ter o efeito de provocar a aplicação da disciplina de cada figura típica, quando as partes, embora sem nomear ou prover expressamente acerca do respectivo regime, aspiram a regulamentar um negócio, suficientemente determinado, cujo quadro teleológico (fins visados pelas partes, interesses em jogo) se aparenta aos fins e interesses cuja tutela constitui a função social do tipo negocial desenhado na lei.".

Como se diz em texto, não se trata de aplicar aqui o regime integral da fiança – nem era possível, atendendo às diferenças apontadas e a tratar-se de um contrato de seguro –, mas simplesmente, tendo em conta que estamos em ambos os casos perante garantias pessoais, este aspeto marcante do regime da fiança: a acessoriedade.

18.8. O regime insolvencial

I. Um dos principais riscos, e cremos que o mais relevante, coberto por este seguro é o do incumprimento devido à insolvência do devedor.

Mesmo quando o sinistro consista na mora decorrido um determinado período de tempo previsto no contrato, o principal risco, agora para o segurador que indemnize o segurado e que fique sub-rogado nos termos do art. 136.º n.º 1 RJCS, consiste na insolvência do devedor inadimplente (não obtendo satisfação do crédito adquirido por sub-rogação).

De todo o modo, quer o devedor esteja já insolvente, quer venha a estar, tendo a insolvência sido judicialmente declarada, o segurador e o próprio credor, por força do descoberto obrigatório (que poderá ser mais ou mesmo amplo de acordo com o convencionado), terão que reclamar os seus créditos no seio do processo insolvencial (art. 128.º CIRE) e, dada a normal insuficiência da massa, vir a ser satisfeitos de forma rateada, de acordo com o critério da proporcionalidade (art. 176.º CIRE).

II. Todavia, mesmo uma situação desta natureza pode não implicar uma perda (pelo menos total) para o segurador. Não será assim, de facto, quando este tenha recorrido ao resseguro[537] (art. 72.º RJCS), isto é, tenha celebrado um contrato com um ressegurador que cubra esse risco.

III. Alterando a perspetiva, pode dar-se o caso de ser o beneficiário do seguro, aqui o tomador, que venha a ser declarado insolvente. O contrato de seguro mantém-se (art. 98.º n.º 1 RJCS), passando a integrar o crédito assegurado a massa insolvente. Integrará também a massa insolvente, o crédito indemnizatório face ao segurador se se verificar o sinistro.

[537] O resseguro é, evidentemente, um instrumento de garantia para o primeiro segurador, uma vez que permite a transferência para o ressegurador de riscos assumidos por aquele. Sobre ele, ver F. ULHOA COELHO, *Curso de direito comercial. Direito da empresa*, vol. III, 11.ª ed., Saraiva, S. Paulo, 2010, pp. 165, ss.;

19. O seguro-caução

19.1. Caracterização

I. Esta figura[538] consiste num contrato concluído entre um devedor, ou futuro devedor, e um segurador a favor de um credor, ou futuro credor, pelo qual "o segurador obriga-se a indemnizar o segurado pelos danos patrimoniais sofridos, em caso de falta de cumprimento ou mora do tomador de seguro em obrigações cujo cumprimento possa ser assegurado por garantia pessoal" (art. 162.º RJCS). Está previsto e regulado no RJCS e no Dec.-Lei n.º 183/88, de 24/5. Visa-se aqui tutelar o credor do tomador do seguro/devedor do risco do incumprimento deste.

II. O seguro-caução[539] é um contrato nominado, típico (rege-se pelo Dec.-Lei n.º 183/88 de 24/5[540] e pelo RJCS), bilateral, cujas partes são

[538] Sobre ela, ver: J. CASTRO MENDES, *Acerca do seguro de crédito*, cit., pp. 5, ss.; A. MENEZES CORDEIRO, *Direito bancário*, cit., pp. 857, ss.; J. SINDE MONTEIRO/MARIA JOSÉ RANGEL DE MESQUITA, *Credit and caution insurance*, in Insurance law/Portugal, Internacional encyclopedia of laws (general editor R. Blanpain, associate general editor M. Colucci), Wolters Kluwer, Law and business, 2009, pp. 96, ss.; J. CALVÃO DA SILVA, *Anotação* ao acórdão do Tribunal da Relação de Lisboa de 15/3/2000, RLJ ano 132.º, pp. 381, ss.; P. ROMANO MARTINEZ/P. FUZETA DA PONTE, *Garantias de cumprimento*, cit., pp. 75, ss.; L. MENEZES LEITÃO, *Garantias das obrigações*, cit., pp. 174, ss.; M. J. COSTA GOMES, *Assunção fidejussória de dívida*, cit., p. 76, nota 291; MÓNICA JARDIM, *A garantia autónoma*, cit., pp. 213, ss.; FERNANDO VITÓRIA, *O seguro de créditos em Portugal*, cit., pp. 623, ss.; JOSÉ MIGUEL FARIA ALVES DE BRITO, *Seguro-caução. Primeiras considerações sobre o seu regime e natureza jurídica*, in: Estudos em Memória ao Professor Doutor José Dias Marques (coordenação dos Professores Doutores Ruy de Albuquerque e António Menezes Cordeiro), Almedina, Coimbra, 2007, pp. 388, ss.; LUÍS EDUARDO MEURER AZAMBUJA, *Seguro-caução*, in Garantias das obrigações. Publicações dos trabalhos de Mestrado (coordenado por JORGE SINDE MONTEIRO), Almedina, Coimbra, 2007, pp. 305, ss..

Ver ainda: G. BOZZI, *Le garanzie atipiche, vol. I, Garanzie personali*, cit., p. 9; A. COCOCCIA, *Polizze fideiussorie* in *Il diritto privato nella giurisprudenza* (coord. por Paolo Cendon), Utet, Turim, 2006, pp. 491, ss.; GIUSEPPE CHINÈ, *Polizzia fideiussoria*, in Le garanzie rafforzate del credito (coord. por Vicenzo Cuffaro), Utet, Turim, 2000, pp. 45, ss.; A. CARRASCO PERERA/E. CORDERO LOBATO/M. J. MARÍN LÓPEZ, *Tratado de los derechos de garantía, tomo I, Garantías personales, hipoteca*, cit., pp. 645, ss..

[539] Denominado seguro garantia no Brasil, ver sobre este LUÍS E. MEURER AZAMBUJA, *Seguro-caução*, cit., pp. 316, ss..

[540] Alterado pelo Dec.-Lei n.º 127/91 de 22/3, pelo Dec.-Lei n.º 214/99, de 15/6, pelo Dec.-Lei n.º 51/2006, de 14/3 e pelo Dec.-Lei n.º 31/2007, de 14/2.

o segurador e o tomador do seguro/devedor (art. 9.º n.º 2 do Dec.-Lei n.º 183/88, de 24/5)[541_542]

III. A lei admite duas modalidades de seguro-caução: o seguro de caução direta e o seguro de caução indireta (art. 1.º n.º 5 do Dec.-Lei n.º 183/88, de 24/5), sem, no entanto, os definir.

Deste modo, seguindo a doutrina[543], verifica-se o seguro de caução direta quando é o próprio segurador que presta a caução; já estaremos face a um seguro-caução indireta quando o segurador assegura um terceiro (obrigando-se, portanto, a indemnizá-lo, a este), geralmente um banco, ente esse que irá prestar a caução.

19.2. Estrutura. Regime

I. Tratando-se embora de um contrato bilateral, o seguro-caução assenta, no entanto, numa relação entre três sujeitos: as partes do contrato e o credor/beneficiário.

Além disso, pressupõe sempre a celebração de um outro contrato, de diversa natureza (p. ex., de empreitada) entre o devedor/tomador do seguro e o beneficiário do qual decorre, ou pode vir a decorrer, o crédito objeto do contrato de seguro em si.

II. Centrando-nos agora no contrato de seguro[544], ele tem por conteúdo a atribuição a terceiro, o beneficiário, do direito (de crédito) a ser indemnizado pelo segurador se o risco que pode ter por objeto, ou seja, "o incumprimento ou atraso no cumprimento das obrigações", se verificar (art. 6.º n.º 1 do Dec.-Lei n.º 183/88, de 24/5 e art. 162.º RJCS).

[541] O contrato de seguro-caução pode ainda ser celebrado entre o segurador e o contragarante a favor do respectivo credor (art. 9.º n.º 2 do Dec.-Lei n.º 183/88, de 24/5).

[542] Esta modalidade de seguro é tal como o seguro de crédito largamente utilizado na prática. Tem particular relevância o seguro-caução celebrado pelo locatário-financeiro que cobre os riscos de incumprimento das rendas da locação financeira, havendo uma ampla jurisprudência sobre a matéria. Sobre ela, ver ABÍLIO NETO, *Operações bancárias, legislação, doutrina, jurisprudência*, Ediforum, Lisboa, 2008, pp. 709, ss.

[543] Cfr. J. BASTIN, *O seguro de crédito no mundo contemporâneo*, cit., p. 412.

[544] Quanto à forma do contrato de seguro-caução e da apólice, ver o que se diz no número anterior sobre o seguro de crédito.

Em contrapartida, o tomador do seguro obriga-se a realizar uma prestação à seguradora: os prémios.

Emergem assim deste contrato dois tipos de relações: a que se estabelece entre o segurador e o tomador, e a que se firma entre o segurador e o beneficiário/credor, cujo fulcro é o direito da contraparte do tomador de exigir a indemnização do segurador, caso se verifique o sinistro.

Repare-se que a cobertura do risco agora não se encontra limitada, como no contrato de seguro de crédito, pelo descoberto obrigatório. No seguro-caução, salvo casos excecionais, a cobertura é total, não existindo descoberto (art. 7.º n.º 1 do Dec.-Lei n.º 183/88, de 24/5).

III. Se o sinistro se verificar e o segurador indemnizar o credor, ele adquire o direito deste face ao devedor (tomador do seguro) por sub-rogação.

A questão da base legal desta sub-rogação colocava-se face ao regime anterior, uma vez que não poderia ser aqui o art. 441.º do Código Comercial. De facto, no seguro-caução o causador do sinistro não é um terceiro, mas sim o próprio tomador do seguro. A solução da sub-rogação, no entanto, impunha-se, sendo frequentemente convencionada nos contratos.

Hoje, no entanto, a sub-rogação do segurador no seguro-caução não levanta dúvidas, atendendo ao disposto no art. 165.º n.º 2 RJCS.

Se estivermos perante um seguro-caução indireta, na eventualidade de o sujeito que prestar a caução responder, o segurador terá que o indemnizar, o que leva a uma dupla sub-rogação[545].

IV. O contrato de seguro pode ainda prever o direito de regresso do segurador contra o tomador do seguro. O segurador adquire então dois direitos. Está impedido, no entanto, de exigir, na articulação deles, mais do que o valor total despendido (art. 165.º n.º 2, segunda parte, RJCS).

Muitas vezes será acordada entre o segurador e o tomador do seguro uma garantia (p. ex., um penhor[546]) para tutelar esse crédito eventual da

[545] L. MENEZES LEITÃO, *Garantias das obrigações*, cit., p. 178.

[546] Nos termos do art. 22.º n.º 1: "nos casos em que seja constituído penhor para garantia dos seguros previstos neste diploma, a seguradora beneficia do regime especial para igual garantia dos créditos de estabelecimentos bancários."

seguradora face a este último: trata-se de uma contragarantia, muito vulgar na prática.

V. Analisado assim o conteúdo do contrato, parece ajustado qualificá-lo como um contrato a favor de terceiro[547]. A relação de cobertura constitui o próprio contrato de seguro, do qual decorre de imediato um direito (de crédito) para terceiro/beneficiário/credor.

É nesta relação que se fixa a contrapartida patrimonial a realizar pelo devedor/promissário pela atribuição patrimonial que o segurador/promitente faz a terceiro/beneficiário, ou seja, os prémios.

A relação de valuta, aquela que consiste na razão de ser da atribuição patrimonial feita a terceiro, é o contrato concluído entre este e o devedor[548]. Daqui emerge, como se disse, o crédito objeto do contrato de seguro.

IV. O segurador e o tomador do seguro podem inserir no contrato uma cláusula de inoponibilidade. Esta impede o segurador, durante um determinado prazo, "de opor aos segurados, beneficiários do contrato, quaisquer nulidades, anulabilidades ou fundamentos de resolução" (art. 11.º n.º 4 do Dec.-Lei n.º 183/88, de 24/5, e art. 164.º n.º 2 RJCS), do contrato de seguro (subentende-se). O que possibilita, em grande parte, isolar o crédito do segurado das vicissitudes do contrato de seguro.

Quando ela não tenha sido acordada, para além de o segurador se poder valer destes meios de defesa, a lei agora impõe-lhe que comunique ao segurado a falta de pagamento do prémio ou da fração devida pelo tomador de seguro para, "querendo evitar a resolução do contrato, pagar a quantia em dívida num prazo não superior a 30 dias relativamente à data de vencimento." (art. 164.º n.º 1 RJCS)[549].

Esta disposição aplicar-se-á tanto ao penhor para garantir o pagamento dos prémios de seguro pelo tomador do seguro como para garantir o cumprimento do direito adquirido pelo segurador.

[547] Neste sentido, MÓNICA JARDIM, *A garantia autónoma*, cit., p. 238.

[548] Quanto à relação de cobertura e à relação de valuta no contrato a favor de terceiro, ver, por todos, J. RIBEIRO DE FARIA, *Direito das obrigações*, vol. I, cit., pp. 316, ss..

[549] Isto, sem prejuízo do disposto no art. 91.º n.º 2 e no art. 108.º ns. 3 e 4 RJCS (art. 164.º RJCS). Sobre esta disposição, ver a anotação de LEONOR CUNHA TORRES à *Lei do contrato de seguro. Anotada*, cit., pp. 514-515.

19.3. Natureza jurídica

I. A este propósito, as posições dividem-se essencialmente em três.

Por um lado, há aqueles que defendem estarmos perante uma modalidade, embora com características particulares, do contrato de seguro.

Outra corrente entende estarmos perante uma garantia autónoma, com a particularidade de ser prestada por um segurador.[550]

Por fim, outros sustentam que no seguro de crédito temos uma fiança também com a especialidade de ser prestada por um segurador[551].

II. Numa primeira aproximação a este ponto, podemos dar como seguros dois aspetos.

Primeiro, é indubitável que se aplicam a esta figura diversas disposições do contrato de seguro, quer gerais, para onde a lei aliás remete, quer aquelas que a regulam em particular. Mesmo que se entendesse que a sua natureza era diversa, estas disposições não seriam afetadas. O que significa que haveria (há) sempre um elemento de seguro nesses contratos.

Em segundo lugar, do regime legal previsto (embora haja depois que contar com os regimes específicos previstos na lei para certos casos de seguros-caução) não resulta que as partes não possam depois modelar o contrato de uma forma que o aproxime mais de uma das figuras referidas.

É sempre perante cada modalidade de seguro-caução e perante o convencionado pelas partes que deveremos determinar então, mas só então, a sua natureza jurídica[552].

II. Vejamos agora com um pouco mais de detalhe, e dentro do quadro que acabámos de traçar, as qualificações propostas.

[550] Na jurisprudência, neste sentido, ver Acórdão do STJ de 27/6/2006 (Sebastião Póvoas), com voto de vencido, justamente neste ponto, do Conselheiro Alves Velho, in: www.dgsi.pt.

[551] Para elas, ver: L. MENEZES LEITÃO, *Garantias das obrigações*, cit., pp. 179, ss.; MÓNICA JARDIM, *A garantia autónoma*, cit., pp. 214, ss.; G. CHINÈ, *Polizzia fideiussoria*, cit., pp. 51, ss..

[552] Neste sentido: Acordão do STJ de 9/2/2006 (Salvador da Costa); Acordão do STJ de 28/8/2007 (Salvador da Costa), ambos in: www.dgsi.pt.

Parece de admitir que as partes possam dotar a obrigação do segurador de autonomia[553]. Nessa medida, o credor poderia exigir o cumprimento ao segurador sem que este lhe pudesse opor as exceções decorrentes da relação entre o tomador e o beneficiário do seguro. Poderia mesmo estabelecer-se uma cláusula à primeira solicitação. Além disso, em ambos os casos estamos perante uma obrigação de indemnização.

Simplesmente, mesmo assim, não estaríamos face a um contrato de garantia autónoma. Este tem como partes o garante e o garantido, sendo, conforme se referiu a este propósito, um contrato unilateral e, em si, gratuito. O contrato de seguro (bilateral e oneroso) pelo contrário é concluído entre o tomador do seguro (o devedor) e o próprio segurador, sendo daí que resulta o direito do segurado. É um contrato a favor de terceiro, como também se disse.

Acrescente-se que o recurso a esta estrutura contratual pode limitar a autonomia que se pretende consagrar. É que o segurador, em princípio, poderá sempre opor ao credor os meios de defesa decorrentes do contrato com o tomador do seguro (art. 449.º). O que na garantia autónoma não sucede: o garante não pode opor ao garantido os meios de defesa decorrentes do contrato concluído com o dador da ordem.

Contudo, a lei, ainda assim, permite obviar a este resultado, decorrente da estrutura contratual adoptada, mediante o recurso a uma cláusula de inoponilibidade, antes caracterizada. A autonomia que a estrutura contratual impediria de atingir (no que toca às relações segurador/tomador do seguro), vem desta forma a poder, na sua essência, ser alcançada, por esta via[554].

Mesmo assim, adoptada que fosse esta cláusula, não se afastavam as outras diferenças acima apontadas.

[553] Neste sentido: A. MENEZES CORDEIRO, *Direito bancário*, cit., p. 860; L. MENEZES LEITÃO, *Garantias das obrigações*, cit., p. 178; M. J. COSTA GOMES, *Assunção fidejussória de dívida*, cit., p. 76, nota 291. Em Itália, para a jurisprudência neste sentido, ver A. COCOCCIA, *Polizze fideiussorie*, cit., pp. 500-501.

[554] As diferenças a nível de estrutura contratual e as consequências que daí resultariam em termos de exceções que a seguradora poderia opor ao segurado, por via do art. 449.º, são apontadas por MÓNICA JARDIM, *A garantia autónoma*, cit., pp. 238-240. Contudo, como se refere em texto, estas limitações à autonomia podem ser ultrapassadas em grande parte através da convenção de uma cláusula de inoponibilidade.

III. Uma posição com forte apoio na doutrina[555] sustenta que o seguro-caução essencialmente, quando nada tenha sido acordado noutro sentido, consiste numa fiança prestada por um segurador à qual se aplicam ainda certas disposições do contrato de seguro. Não cumprindo o tomador, cumpriria ao segurador pagar.

Ela não é, no entanto, isenta de obstáculos. O seguro-caução tem uma função indemnizatória. Na fiança, o fiador garante a satisfação do crédito ficando pessoalmente vinculado perante o credor (art. 627.º), tendo a sua obrigação o conteúdo da obrigação principal (art. 634.º n.º 1), sobre a qual se "molda"[556], o que não sucede no seguro-caução[557].

Para além disso, convém, igualmente, não esquecer, os elementos de seguro[558], que estão sempre presentes. Consequentemente, mesmo que se pudesse afirmar que o seguro-caução consistia numa fiança prestada por um segurador (e não nos parece, pelas razões apontadas, que possa), seria sempre um contrato misto de seguro e fiança.

IV. De qualquer modo, independentemente da concreta configuração que as partes dentro das balizas legais venham a dar ao contrato, é certo que estamos face a uma garantia pessoal. O credor pode valer-se do seu crédito face ao segurador, se o seu devedor não cumprir. Há desta forma dois patrimónios a que por esta via o credor pode recorrer para obter satisfação.

[555] Entre nós: J. CASTRO MENDES, *Acerca do seguro de crédito*, cit., p. 12, p. 15; J. CALVÃO DA SILVA, *Anotação* ao acórdão do Tribunal da Relação de Lisboa de 15/3/2000, cit., p. 382; L. MENEZES LEITÃO, *Garantias das obrigações*, cit., p. 180; J. M. ALVES DE BRITO, *Seguro-caução. Primeiras considerações sobre o seu regime e natureza jurídica*, cit., p. 483. Em Itália: G. BOZZI, *Le garanzie atipiche, vol. I, Garanzie personali*, cit., p. 9 ("Com il termine polizza fideiussoria, assicurazione fideiussoria o cauzionale, se intende la fideiussione prestata da un'impresa assicuratice"); A. COCOCCIA, *Polizze fideiussorie*, cit., pp. 491-492 (para a jurisprudência transalpina).

[556] M. JANUÁRIO COSTA GOMES, *A fiança no quadro das garantias pessoais. Aspetos de regime*, cit., p. 83.

[557] Embora possa ter. É o que sucede se a obrigação assegurada for pecuniária e se fixar o montante indemnizatório no valor não pago.

[558] Sublinhando este ponto, J. CALVÃO DA SILVA, *Anotação* ao acórdão do Tribunal da Relação de Lisboa de 15/3/2000, cit., p. 382.

19.4. O regime insolvencial

I. A resposta é relativamente simples sempre que as partes tiverem configurado *aquele* seguro-caução de forma próxima a uma fiança ou lhe tenham conferido autonomia, aproximando-o da garantia autónoma. O regime a aplicar no âmbito insolvencial será na sua essência semelhante ao dessas figuras.

II. De todo o modo, não cumprindo o devedor, nomeadamente por ter sido declarado insolvente, o credor pode exigir que o segurador o indemnize. Este adquirirá um crédito face ao devedor que terá que fazer valer no seio do processo insolvencial. O crédito (sobre a insolvência) será comum ou garantido, consoante o segurador tenha ou não exigido ao tomador a prestação de uma garantia (a contragarantia) aquando da celebração do contrato de seguro[559] para garantir esse crédito eventual.

III. Se for o segurado a ser declarado insolvente, o seguro mantém-se (art. 98.º n.º 1 RJCS). Verificando-se o sinistro, o crédito indemnizatório face ao segurador integrará a massa insolvente e poderá ser feito valer pelo administrador no exercício das suas funções face a este último.

20. O *Credit Default Swap* (CDS)

20.1. Caraterização

I. O *credit default swap* (CDS)[560] é um instrumento financeiro derivado, constituindo uma modalidade dos derivados de crédito (*credit derivate*)[561]

[559] O art. 121.º, n.º 1, al. d) CIRE, relativo à resolução incondicional do contrato (desde que o tomador/insolvente o haja celebrado nos seis meses anteriores à data do início do processo de insolvência e que respeitem a operações que não tenham real interesse para ele), é aplicável por interpretação extensiva.

[560] Sobre eles, ver: J. ENGRÁCIA ANTUNES, *Os instrumentos financeiros*, Almedina, Coimbra, 2009, pp. 179-180; PAULO CÂMARA, *Manual de direito dos valores mobiliários*, Almedina, Coimbra, 2009, pp. 203, ss.; C. FERREIRA DE ALMEIDA, *Contratos III*, cit., pp. 270, ss.; ANDREW McKNIGHT, *The law of international finance*, Oxford University Press, Oxford, 2008, pp. 566, ss. P. WOOD, *Law and practice of international finance*, cit., pp. 435, ss.; J. BENJAMIN, *Financial law*, cit., p. 77.

Trata-se de um contrato pelo qual um sujeito (o comprador da proteção, o *protection buyer*) se obriga ao pagamento regular e/ou inicial de uma quantia (*premium*) a outro (o vendedor da proteção, o *protection seller*), assumindo este em contrapartida a obrigação de pagar uma dada quantia se se verificar um "evento de crédito" (*credit event*), dentro do prazo fixado.

Esse evento de crédito, que as partes definem contratualmente, pode tratar-se de insolvência, restruturação da dívida, incumprimento, recusa de pagamento, uma diminuição do *rating*, etc. de uma entidade (*reference entity*)[562] – que pode ser uma sociedade comercial, um banco ou um Estado –, relativa ao ativo de referência (*reference asset*).

Na eventualidade de a entidade de referência (essencialmente, o devedor) incumprir, o comprador da proteção poderá exigir à outra parte, o vendedor da proteção, uma quantia correspondente à perda de valor dessa obrigação (o ativo subjacente), ou comprar a referida obrigação pelo seu valor nominal.

Se o comprador adquirir a obrigação (ou outra equivalente, a *deliverable obrigation*)[563], estamos face a uma liquidação física (a transação é *physically settled*); se não o fizer, e pagar a diferença, então trata-se de uma liquidação financeira (a transação é *cash settled*)[564]

Assim, p. ex., se um sujeito titular[565] de uma obrigação emitida por uma dada sociedade, se se pretender proteger do risco de insolvência, incumprimento, moratória, reestruturação do passivo (ou qualquer outro evento definido pelas partes no contrato) celebra um CDS com um outro sujeito, p. ex., um banco, que está disposto a correr esse risco contra um pagamento a realizar pelo garantido[566]. Se se verificar o evento de crédito, p. ex., a insolvência do emitente da obrigação, cabe ao vendedor da proteção pagar o valor previsto no contrato, eventualmente contra a entrega do ativo de referência.

561 Previstos no art. 2.º, n.º 1, al. c) no CVM. Sobre as diversas modalidades de derivados de crédito, ver J. ENGRÁCIA ANTUNES, *Os instrumentos financeiros*, cit., pp. 174, ss..

562 A definição contratual do que seja o evento de crédito tem, como é evidente, uma enorme importância. Ver, sobre ele, J. BENJAMIN, *Financial law*, cit., p. 74.

563 P. WOOD, *Law and practice of international finance*, cit., p. 436.

564 A. McKNIGHT, *The law of international finance*, cit., p. 567.

565 Mas pode não ser titular do ativo de referência, a obrigação.

566 O benefício do vendedor da proteção é o prémio, o "preço" da sua exposição ao risco.

20.2. Modalidades. Funções.

I. Há diversas modalidades de CDSs. Podemos apontar duas delas. Aqueles CDSs que dizem respeito ao evento de crédito relativo a uma só entidade (*single-name* CDSs) e os que concedem proteção contra a verificação de um evento de crédito que ocorra em relação a uma "pool" de entidades de referência (*multi-name* CDSs)[567].

II. Note-se que não é necessário que o comprador da proteção tenha sofrido um dano, uma vez que ele nem sequer tem que ser titular do ativo subjacente. Podem por isso, e muitas vezes são, utilizados para fins de especulação. Se o devedor da obrigação subjacente incumprir ou se tornar insolvente haverá lugar a um pagamento. O comprador da proteção está assim interessado, se o fim for de especulação, na verificação do evento de crédito. Podem, igualmente, desempenhar funções de arbitragem.

III. Os CDSs têm uma enorme divulgação no sistema financeiro (de que é reflexo o papel que desempenharam na crise financeira de 2007-2008), onde assumem valores imensos[568]. São eles que conduzem a que um incumprimento de um determinado sujeito, uma sociedade comercial ou um Estado, se vá repercutir não nos titulares das obrigações, mas naqueles que por sua vez venderam a proteção, celebrando com esses sujeitos CDSs. Em última instância os próprios vendedores da proteção poderão tornar-se insolventes. Este é um risco – o risco da contraparte – que o comprador da proteção corre (como em todas as garantias pessoais ou quantitativas). Risco, aliás, maximizado, pelas ligações que existem entre os diversos agentes que os compram e os vendem, isto é, os bancos.

20.3. Distinção do seguro de crédito

I. Os CDSs são claramente uma garantia quantitativa, que se aproxima muito do seguro de crédito. Apontam-se os seguintes elementos de dis-

[567] Assim, TOM KOKKOLA, *The payment system – Payments, securities and derivatives, and the role of the eurosystem*, European Central Bank, 2010, p. 98.
[568] Cfr. J. BENJAMIN, *Financial law*, cit., p. 74.

tinção: as funções que podem desempenhar não se limitarem à de garantia, podendo, como se disse, ser de simples especulação ou arbitragem; o evento de crédito pode ser diverso daqueles que os seguros cobrem (p, ex., uma diminuição do *rating* da entidade de referência); eventual inexistência de dano[569].

Refere-se ainda que enquanto no seguro de crédito, como foi apontado,[570] o segurador adquire o crédito face a terceiro por via da sub-rogação, aqui tal pode não suceder quando a transação for liquidada financeiramente (*cash settled*), e mesmo se for *physically settled* o comprador da proteção pode entregar uma obrigação equivalente[571] e é exigido o descoberto obrigatório.

II. Contudo, se a sua função no caso concreto for meramente a primeira, se o comprador for titular da obrigação de referência, visando, pois, proteger o garantido contra aquele dano específico nos casos previstos no contrato, e se, em caso de incumprimento, se o vendedor da proteção estiver obrigado a comprar a obrigação de referência, a sua proximidade com os seguros de crédito é flagrante. Falta-lhes apenas o vendedor da proteção ser um segurador. Alguma doutrina[572] qualifica-os mesmo como tal, com a diferença de poderem ser celebrados por intermediários financeiros[573], e não só por seguradores. O que é lícito, porque a lei o prevê.

21. A solidariedade passiva

21.1. Introdução

I. Na prática contratual, em particular bancária, o recurso à solidariedade passiva consiste num instrumento bastante utilizado para responsabilizar duas pessoas pela mesma dívida. Tal acontece muitas vezes com os cônjuges, porque a instituição de crédito prefere ter dois devedores,

569 Quanto a este aspeto, porém, ver C. FERREIRA DE ALMEIDA, *Contratos III*, cit., p. 272.
570 Ver, *supra*, n.º 18.
571 Assim, para a distinção em texto, P. WOOD, *Law and practice of international finance*, cit., p. 436.
572 C. FERREIRA DE ALMEIDA, *Contratos III*, cit., p. 272.
573 Art. 2.º, n.º 1 al. c) CVM e art. 289.º, n.º 1 CVM.

solidariamente obrigados, o que significa que pode exigir a prestação por inteiro a qualquer um deles, em vez de uma obrigação singular. Condiciona assim a concessão do crédito à intervenção dos dois sujeitos na posição de obrigados solidários.

Internamente, porém, só um deles será obrigado, pois trata-se de um caso de solidariedade imperfeita em que nas relações entre os obrigados há só um devedor. A intervenção do outro foi, geralmente, uma simples intervenção de favor destinada só a permitir a obtenção do crédito pela sua responsabilização pessoal por esta via.

21.2. Regime geral da solidariedade passiva[574]

I. A obrigação pode ser singular, quando só tenha um devedor (ou credor, interessa-nos agora o lado passivo), ou plural, se tiver mais do que um devedor. Neste último caso, pode ainda ser conjunta ou solidária. Se for conjunta, cada um dos devedores só responde face ao credor (e este só lhe pode exigir) pela sua parte na prestação. Na eventualidade de se tratar de uma obrigação solidária, o credor pode demandar ambos os condevedores, ou só um deles à sua escolha, pela totalidade da prestação. Cumprindo o condevedor demandado, extingue-se a obrigação.

A nível interno, ou seja, nas relações entre os condevedores, a situação é diversa. Cada um deles só deve uma quota da prestação (quotas essas que, na dúvida, se presumem iguais, art. 516.º) e, portanto, só por essa quantia (tratando-se de uma obrigação pecuniária) é responsável. Tendo-lhe o credor exigido o pagamento na totalidade e cumprindo ele, poderá depois exigir ao outro, ou outros, condevedores, no âmbito do direito de regresso, a parte deles na prestação (art. 524.º).

Pode dar-se mesmo o caso, com particular interesse para o que agora nos interessa, de, internamente, só um dos condevedores ser responsável – não há quotas. É o que se chama a solidariedade imperfeita[575].

[574] Ver, sobre este: J. RIBEIRO DE FARIA, *Direito das obrigações*, vol. II, cit., pp. 170, ss.; J. ANTUNES VARELA, *Das Obrigações em geral*, vol. I, cit., pp. 751, ss.; M. J. ALMEIDA COSTA, *Direito das obrigações*, cit., pp. 670, ss.; M. J. COSTA GOMES, *Assunção fidejussória de dívida*, cit., pp. 183, ss..

[575] Expressamente prevista na última parte do art. 516.º. Quanto à dita solidariedade imperfeita e seu real significado, ver M. J. COSTA GOMES, *Assunção fidejussória de dívida*, cit., pp. 255, ss..

II. O regime da solidariedade passiva não é a regra no Direito Civil. Ele só se aplica se a lei assim dispuser ou se as partes o tiverem convencionado (art. 513.º). Pelo contrário, no Direito Comercial consiste já na regra das obrigações mercantis plurais (art. 100.º Código Comercial). Entende-se: uma das vantagens da solidariedade passiva é facilitar o crédito, essencial na vida mercantil.

Com efeito, o credor está tutelado perante o incumprimento e, principalmente, a insolvência de um dos condevedores, uma vez que pode exigir a realização da prestação por inteiro ao outro, ou outros, condevedor(es). Esses riscos, em particular o último, o mais relevante, são transferidos para os condevedores.

Na realidade, o credor tem à sua disposição para obter satisfação do seu crédito um número de patrimónios correspondente ao número dos condevedores solidariamente obrigados.

21.3. Adaptação do regime da solidariedade passiva para efeito de constituição de uma garantia pessoal

I. Do acima exposto, resulta o interesse por parte do credor em que a dívida tenha mais do que um condevedor solidariamente obrigado, devendo que pelo menos um deles ser titular de um conjunto de bens penhoráveis suficientemente amplo para poder, se necessário, através deles obter a satisfação do seu crédito. Por isso, pretenderá ter mais do que um obrigado (e pelo menos um deles com um património suficientemente amplo, como se disse) e no regime da solidariedade.

II. Note-se que ao contrário do que se passa na fiança em que o fiador pode, como vimos, responder solidariamente com o afiançado, não estamos perante uma dívida acessória de uma outra, mas da mesma dívida pela qual ambos os condevedores são, na mesma medida, face ao credor, responsáveis[576].

[576] E a solidariedade da fiança comercial não significará mais do que o afastamento do regime do benefício da excussão, como se viu *supra*.

III. Aspeto central aqui é o da relação entre os condevedores[577]. A razão de ser da contração dessa dívida pelo condevedor solidário que desempenha simplesmente o papel de garante.[578]

Ele poderá ter algum interesse patrimonial na obtenção do crédito por parte do outro condevedor. Pode mesmo receber uma contrapartida pecuniária pela sua vinculação e até obter da outra parte, o outro condevedor, uma garantia (p. ex., um penhor) que tutela o seu eventual direito de regresso.

Porém, assim como na fiança, pode consistir num simples favor motivado por razões não económicas como sucederá muitas vezes entre os cônjuges, a quem a prática bancária, como se disse, impõe esta modalidade de garantia.

Ora, se nos outros casos haverá um contrato (de garantia) que regule as relações entre as partes, donde decorra a comissão e até eventualmente as garantias para o condevedor/garante, nesta última hipótese, esse acordo, embora exista (no que diz respeito às quotas), pode ser mais difícil de provar por parte do condevedor/garante: em particular, se consistir num acordo simplesmente verbal.

Em qualquer caso, sempre que se demonstrar que a relação interna é meramente de garantia, então também internamente não haverá qualquer repartição de quotas, só um deles (o garantido) devendo suportar o encargo da dívida.

Contudo, não se conseguindo fazer essa demonstração (de que a relação entre os condevedores é simplesmente de garantia), mantém-se a presun-

[577] Quanto à determinação das quotas na dívida e eventuais convénios para esse efeito, ver J. RIBEIRO DE FARIA, *Direito das obrigações*, vol. II, cit., p. 168, nota 1, p. 190, nota 1.

[578] Claro está que, muitas vezes, o que está em jogo não é a concessão de crédito, e ambos os condevedores têm interesse na operação, sendo a constituição de uma obrigação solidária, pela particular segurança que, vimos de apontar, concede ao credor, central para a realização desse negócio no qual ambos, como se disse, têm interesse. Assim, p. ex., a compra de um bem por dois compradores, acordando-se na solidariedade da obrigação de pagar o preço como forma de tutelar o vendedor. Cfr. M. CABRILLAC/C. MOULY/S. CABRILLAC/P. PÉTEL, *Droit des sûretés*, cit., p. 334.

Em texto, temos em vista meramente a solidariedade passiva como instrumento de garantia do crédito proporcionado pelo credor a um dos condevedores. A posição de um dos condevedores é meramente de garante. Ainda assim, como se aponta já de seguida, ele poderá ter algum interesse patrominial na concessão desse crédito ou tratar-se de um simples favor.

ção do art. 516.º, havendo sempre necessidade de responder internamente por metade da prestação. O que é um óbvio risco para o condevedor solidário em garantia que não tenha acautelado devidamente a sua posição.

IV. Do que parecem não restar dúvidas é que a solidariedade passiva pode desempenhar um papel de garantia pessoal das obrigações[579]. O credor acaba sempre por ter dois patrimónios (ou mais) à sua disposição que se responsabilizam pela obrigação.

21.4. O regime insolvencial

I. Um dos principais riscos que o recurso a esta figura pretende afastar é o da insolvência de um dos condevedores. Se tal se verificar, o credor poderá evidentemente exigir o cumprimento integral da obrigação ao outro condevedor. Este, caso tenha direito de regresso, como sucederá pela totalidade da prestação se for um condevedor solidário/garante, terá então que reclamar o seu crédito, como crédito comum, ou eventualmente garantido (se tiver sido previamente constituída uma garantia, como, p. ex., um penhor, para essa eventualidade), no processo insolvencial (art. 128.º CIRE) dentro do prazo para o efeito. E sujeitar-se, sendo um crédito comum, às (em regra, muito escassas) forças da massa (art. 176.º CIRE)[580].

[579] Neste sentido, já PAULO CUNHA, *Da garantia nas obrigações*, vol. II, pp. 33, ss. Também, M. J. ALMEIDA COSTA, *Direito das obrigações*, cit., p. 677, nota 1, pp. 881-882; L. MENEZES LEITÃO, *Garantias das obrigações*, cit., pp. 157, ss.; M. J. COSTA GOMES, *Assunção fidejussória de dívida*, cit., pp. 100, ss.; P. ROMANO MARTINEZ/P. FUZETA DA PONTE (*Garantias de cumprimento*, cit., pp. 254-256), considerando embora que a solidariedade passiva pode desempenhar uma função de garantia, incluem-na nas garantias indiretas. Também na Alemanha, ver, p. ex., D. MEDICUS/S. LORENZ *Schuldrecht I, Allgemeiner Teil*, 19.ª ed., C. H. Beck, Munique, 2010, § 70, p. 404. Em França, D. LEGAIS, *Sûretés et garanties du crédit*, cit., pp. 270, ss.; M. CABRILLAC/C. MOULY/S. CABRILLAC/P. PÉTEL, *Droit des sûretés*, cit., pp. 333, ss..

[580] O art. 95.º n.º 2 CIRE regula a hipótese da insolvência de um condevedor solidário, sem que o credor reclame o crédito no processo de insolvência. Só nesse caso, o outro condevedor do insolvente poderá exercer seu crédito contra o primeiro (o condevedor insolvente) decorrente do pagamento futuro da dívida por si, como crédito sob condição suspensiva. Na eventualidade de o credor reclamar o crédito no processo de insolvência, já o condevedor não o poderá fazer, nem como crédito sob condição suspensiva.

II. Pode dar-se o caso de ambos os condevedores solidários serem declarados insolventes. O credor poderá concorrer pela totalidade do crédito a cada uma das diferentes massas insolventes, mas, evidentemente, a soma do que receber não pode ser superior ao montante do crédito (art. 95.º n.º 1 CIRE).

Para evitar esse resultado, a lei impõe que o credor não pode, no caso em análise (insolvência dos condevedores solidários), receber qualquer quantia sem que apresente certidão comprovativa dos montantes recebidos nos processos de insolvência dos demais condevedores (art. 179.º n.º 1 CIRE). Aliás, na hipótese de pagamento parcial obtido num processo de insolvência de um dos condevedores solidários insolvente, o crédito a ser atendido nos outros processos de insolvência será já o crédito diminuído da quantia recebida e não o crédito por inteiro[581].

Ainda, se um condevedor solidário insolvente pagar a dívida apenas parcialmente, ele não pode ser pago, pela diferença positiva entre a parte da prestação realizada e a quota dele da prestação (caso se verifique essa diferença, claro), no processo de insolvência do outro condevedor sem que o credor esteja integralmente satisfeito (art. 179.º n.º 2 CIRE)[582]. Trata-se de uma hipótese de verificação rara.

22. A assunção cumulativa de dívida

22.1. Introdução

I. Na assunção cumulativa de dívida,[583] um sujeito, o assuntor, celebra um contrato com o credor, ou com o antigo devedor ratificado pelo

[581] Assim, L. CARVALHO FERNANDES/J. LABAREDA, *Código da insolvência e da recuperação de empresas, anotado*, cit., p. 372.

[582] Ver, para este regime, L. CARVALHO FERNANDES/J. LABAREDA, *Código da insolvência e da recuperação de empresas, anotado*, cit., pp. 371, ss., p. 591.

[583] Sobre esta figura, ver: CARLOS MOTA PINTO, *Cessão da posição contratual*, Almedina, Coimbra, reimpressão de 1982, pp. 150, ss., nota 2; L. MENEZES LEITÃO, *Garantias das obrigações*, cit., pp. 161, ss.; M. J. COSTA GOMES, *Assunção fidejussória de dívida*, cit., pp. 104, ss., pp. 273, ss.; P. ROMANO MARTINEZ/P. FUZETA DA PONTE, *Garantias de cumprimento*, cit., p. 256; MARIANA FONTES DA COSTA, *A assunção cumulativa de dívida como meio de (garantia do) cumprimento*, in Garantias das obrigações. Publicações dos trabalhos de Mestrado (coordenado por JORGE SINDE MONTEIRO), Almedina, Coimbra, 2007, pp. 363, ss..

credor, através do qual se coloca "ao lado" do "primitivo devedor" sem o "exonerar"[584]_[585]. Fica então o assuntor solidariamente obrigado com este último (art. 595.º n.º 2). Nessa medida, de forma algo paralela à que se viu no número precedente, o titular desse crédito passa a ter dois patrimónios (aqueles dos devedores solidários) que respondem pela satisfação do seu direito.

Esta figura, que a lei regula no âmbito da transmissão singular de dívidas (Secção III, transmissão singular de dívidas, do Capítulo IV, transmissão de créditos e dívidas), pode desempenhar (entre outras) uma função de garantia. Garante será o novo devedor ou assuntor.

Como se verifica um incremento quantitativo da massa patrimonial responsável, podemos incluir a assunção cumulativa (com função de garantia) no seio das garantias pessoais.

22.2. Regime geral da transmissão singular de dívidas

I. A transmissão a título singular de uma dívida[586] pode dar-se de duas formas[587]: ou através de um contrato entre o antigo e o novo devedor

Ver ainda: G. POTTSCHMIDT/U. ROHR, *Kreditsicherungsrecht*, cit., pp. 50-52; H. WEBER, *Kreditsicherheiten*, cit., § 5, pp. 127-129.

[584] J. ANTUNES VARELA, *Das Obrigações em geral*, vol. II, cit., p. 361.

[585] A primeira é a assunção interna (acordo entre o novo e o antigo devedor ratificado pelo credor) e a segunda é a assunção externa (acordo entre o novo devedor e o credor com ou sem o consentimento do antigo devedor). Cfr. L. MENEZES LEITÃO, *Direito das obrigações*, vol. II, cit., pp. 51, ss..

[586] Ver, sobre esta: J. RIBEIRO DE FARIA, *Direito das obrigações*, vol. II, cit., pp. 575, ss.; J. ANTUNES VARELA, *Das Obrigações em geral*, vol. II, cit., pp. 358, ss.; M. J. ALMEIDA COSTA, *Direito das obrigações*, cit., pp. 828, ss.; A. MENEZES CORDEIRO, *Tratado de direito civil, IX, direito das obrigações*, 3.ª ed., Almedina, Coimbra, 2017, pp. 823, ss.; L. MENEZES LEITÃO, *Direito das obrigações*, vol. II, cit., pp. 51, ss.; M. J. COSTA GOMES, *Assunção fidejussória de dívida*, cit., pp. 273, ss..

[587] Diferente da assunção de dívida é a promessa de liberação. Esta consiste no acordo entre o devedor e um terceiro pelo qual este último se obriga a cumprir a obrigação do devedor face ao credor. O vínculo estabelece-se somente entre o terceiro e o devedor, só este podendo exigir ao primeiro a realização da prestação (ao credor). Na assunção de dívida, o próprio credor pode exigir ao assuntor a realização da prestação, uma vez que este passa a ser seu devedor (sozinho, se se tratar de uma assunção liberatória, ou com o antigo devedor, se estivermos perante uma assunção cumulativa). Ver J. RIBEIRO DE FARIA, *Direito das obrigações*, vol. II, cit., pp. 581-582.

(o denominado assuntor) ratificado pelo credor, ou por meio de um contrato entre o novo devedor e o credor [art. 595.º n.º 1 als. a) e b)].

Se o credor, em qualquer das modalidades referidas, por via de declaração expressa exonerar o devedor, haverá uma substituição do sujeito passivo da obrigação que passa a ser o novo devedor, sem que esta perca a sua identidade. O anterior fica desligado do vínculo. É a assunção liberatória de dívida. Só nesta hipótese há uma verdadeira transmissão do lado passivo da obrigação.

Pelo contrário, também em qualquer dos casos referidos, se o credor não exonerar expressamente o antigo devedor, então o novo devedor junta-se ao antigo, respondendo, nos termos da lei, solidariamente com ele. Aqui não há uma verdadeira transferência da dívida (como na assunção liberatória), mas uma modificação do lado passivo da obrigação que, mantendo a sua identidade, passa a ter dois devedores, porque ao devedor antigo ou inicial se junta o novo, o assuntor, respondendo ambos pela totalidade da prestação. Trata-se da assunção cumulativa da dívida.[588_589]

II. Temos então que a assunção cumulativa de dívida se pode dar tanto por acordo entre o credor e o novo devedor, sem que seja necessário o consentimento do antigo devedor, ou através de um contrato entre o novo e o antigo devedor. Nesta hipótese, é necessária a ratificação do credor.

A doutrina justifica a necessidade da ratificação do credor para a assunção cumulativa por acordo entre o antigo devedor e o assuntor com base no princípio do contrato[590].

Note-se, no entanto, que a situação se aproxima bastante da do contrato a favor de terceiro – embora na verdade não o seja, porque este não adquire qualquer novo direito (o crédito de que era titular mantém-se,

[588] A lei alemã só prevê os casos de assunção liberatória (*Schuldübernahme*) e não os casos de assunção cumulativa, que são admitidos ao abrigo da liberdade contratual (*Schuldbeitritt* ou *Schuldmitübernahme*). Recorre-se a eles como instrumento de garantia das obrigações. Cfr. D. MEDICUS/S. LORENZ, *Schuldrecht I, Allgemeiner Teil*, § 71, pp. 409, ss.; G. POTTSCHMIDT/U. ROHR, *Kreditsicherungsrecht*, cit., p. 50; H. WEBER, *Kreditsicherheiten*, cit., § 5, pp. 127-128.

[589] Com L. MENEZES LEITÃO (*Direito das obrigações*, vol. II, cit., p. 56; idem, *Garantias das obrigações*, cit., p. 164), cremos de admitir a assunção de dívida futura, desde que determinável (ou determináveis, se forem dívidas), hipótese em que ela ficará condicionada à constituição dessa obrigação.

[590] J. ANTUNES VARELA, *Das Obrigações em geral*, vol. II, cit., p. 373.

embora com dois devedores) ou qualquer atribuição patrimonial daquelas previstas no art. 443.º n.º 2[591].

Porém, aqui, a solução adoptada foi a de exigir ratificação do credor[592_593]

Consequentemente, enquanto não se verificar a ratificação pelo credor não se opera ainda a assunção cumulativa e as partes podem distratar o contrato que já celebraram[594]. O que já não poderá suceder depois da ratificação do credor. Note-se ainda que qualquer das partes pode fixar um prazo ao credor para a ratificação, findo o qual se considera recusada (art. 596.º n.º 2).

III. No que diz respeito aos meios de defesa, o novo devedor pode opor ao credoraqueles decorrentes das relações entre o antigo devedor e o credor, desde que o seu fundamento seja anterior à assunção da dívida e que não se trate de meios de defesa pessoais do antigo devedor.

Não pode já, na falta de convenção, recorrer aos meios de defesa baseados nas relações entre ele e o antigo devedor (art. 598.º).

Se o contrato tiver sido celebrado com o credor, e não com o antigo devedor, o assuntor poderá opor-lhe os meios de defesa decorrentes desse contrato.

Aproveitam já ao assuntor os meios de defesa que sejam invocados pelo antigo devedor. Isto ao contrário do que sucede com o regime da solidariedade, de que aqui esta modalidade de assunção se distancia. Como bem refere Antunes Varela,[595] se um dos condevedores solidários opuser

[591] Assim, J. ANTUNES VARELA, *Das Obrigações em geral*, vol. II, cit., pp. 366-367. E J. RIBEIRO DE FARIA (*Direito das obrigações*, vol. II, cit., pp. 588, ss.) de forma desenvolvida para a distinção das figuras.

[592] Crítica quanto à solução adoptada, MARIANA FONTES DA COSTA, *A assunção cumulativa de dívida como meio de (garantia do) cumprimento*, cit., pp. 381-382.

[593] CARLOS MOTA PINTO (*Cessão da posição contratual*, cit., p. 150, nota) sustenta que podem conceber-se casos de assunção cumulativa com carácter de contratos a favor de terceiro (embora sublinhe que na generalidade dos casos há autonomia entre as figuras) e nessa eventualidade seria dispensável, por aplicação deste último regime, o consentimento do credor. Temos dúvidas. Mesmo nestes casos, a solução que se pretendeu adoptar para a assunção cumulativa, embora criticável, foi outra.

[594] A assunção cumulativa implica desta forma dois negócios jurídicos. O contrato entre o assuntor e antigo devedor e um negócio unilateral do credor: a ratificação. Cfr. L. MENEZES LEITÃO, *Direito das obrigações*, vol. II, cit., p. 52.

[595] J. ANTUNES VARELA, *Das Obrigações em geral*, vol. II, cit., p. 378.

ao credor um meio de defesa pessoal[596] este poderá exigir a prestação por inteiro aos outros condevedores; mas na assunção cumulativa, se o antigo devedor "impugnar, com êxito, a obrigação com base em qualquer meio pessoal de defesa, a obrigação do assuntor caducará, por falta de elemento que lhe serve de suporte."

IV. Aspeto importante para se determinar a função que em concreto desempenha a assunção cumulativa é o contrato entre o antigo e o novo devedor (quando for esta a modalidade escolhida para a assunção). Com efeito, este mecanismo é apto para em concreto desempenhar diversas funções[597].

Pois bem, a articulação de interesses entre as partes que conduz à adopção desta figura estará definida no acordo da assunção de dívida[598], eventualmente em articulação com outro contrato, o que aqui será provavelmente um contrato de crédito, pelo qual o antigo devedor se obriga a concluir um contrato com o efeito referido, como forma de prestar uma garantia.

Só numa perspetiva mais global, tendo em linha de conta as diversas relações entre estes sujeitos, credor, antigo devedor e novo devedor, é que poderemos compreender em toda a sua extensão o papel desempenhado pela assunção cumulativa com fim de garantia.

[596] Com uma pequena precisão à afirmação deste Autor: tem que ser um meio de defesa pessoal que não leve à extinção da obrigação, como sucede com a compensação, invocada pelo condevedor titular do crédito compensável. Este meio de defesa embora só seja invocável por esse condevedor aproveita aos outros condevedores dado o efeito da compensação (outra coisa é o direito de regresso). Cfr. J. RIBEIRO DE FARIA, *Direito das obrigações*, vol. II, cit., pp. 175, ss.. Aliás, os exemplos avançados por J. ANTUNES VARELA (*ob. últ. cit.*, p. 378, nota 1) são os da invocação pelo condevedor solidário da incapacidade ou erro que, sendo meios de defesa pessoais, aproveitam unicamente ao condevedor que os invoca.

[597] CARLOS A. MOTA PINTO (*Cessão da posição contratual*, cit., p. 151, nota 2) distingue três tipos de funções que podem ser desempenhadas pela assunção cumulativa: garantia do credor; realização de uma transmissão de dívida "quedada, porém, incompleta"; "extensão ou ampliação duma comunidade jurídica."

[598] Temos em vista essencialmente a assunção cumulativa por acordo entre o assuntor e o antigo credor.

22.3. Adaptação do regime da assunção cumulativa de dívida para efeito de constituição de uma garantia pessoal

I. Tornam-se muito claras, sem carecer de grandes explicações, as virtualidades da assunção cumulativa de dívida como garantia pessoal. O credor passa a ter dois devedores a quem pode exigir, solidariamente, o cumprimento da obrigação. Portanto, vê a sua garantia patrimonial reforçada com um segundo património.

Nessa medida, a assunção cumulativa aproxima-se, quer do recurso à solidariedade passiva como instrumento de garantia, quer da fiança em que o fiador não goze do benefício da excussão.

II. No que toca à solidariedade como instrumento de garantia, a diferença começa logo por se afirmar aquando da constituição da obrigação. Na solidariedade, desde o início que estamos perante uma obrigação plural pelo lado passivo nesse regime. A obrigação nasce como plural e solidária. Na assunção cumulativa de dívida, a obrigação nasce só com um devedor. Só mais tarde passa a solidária por força do acordo que tem como efeito (entre outros) a assunção.

Depois há o regime em si. Na obrigação solidária o regime a aplicar será, evidentemente, todo aquele que a lei estabelece para essa modalidade de obrigações. O mesmo não se passa com a assunção cumulativa. Com efeito, não podemos entender que se trata de uma remissão geral para o regime da solidariedade, porque a disciplina da assunção é, em parte, incompatível[599] com ele.

Sustentam mesmo alguns autores que a solidariedade a que a lei se refere deve entender-se simplesmente como a faculdade que o credor tem de exigir a qualquer dos devedores o cumprimento por inteiro[600]. Esta afirmação deve, porém, entender-se com cautela porque há um conjunto de disposições da solidariedade, em particular no âmbito insolvencial que, como se verá, são aplicáveis à assunção cumulativa.

[599] Ver, para demonstração deste ponto, J. ANTUNES VARELA, *Das Obrigações em geral*, vol. II, cit., pp. 378-379.

[600] Neste sentido, J. ANTUNES VARELA, *Das Obrigações em geral*, vol. II, cit., p. 378.

III. No que toca à fiança (em que o fiador não goze do benefício da excussão), a obrigação do fiador é acessória, moldando-se sobre a obrigação do devedor principal cujo cumprimento se visa assegurar e estando dependente desta, nos termos que acima vimos.

Na assunção cumulativa estamos face a uma única obrigação que passa depois da assunção a ter mais do que um devedor, mantendo a sua identidade. O assuntor faz sua a obrigação do antigo devedor com o conteúdo que ela tinha no momento da assunção[601], o que significa que não responderá pelas consequências de mora do antigo devedor desde que seja posterior à assunção[602].

Não há aqui duas obrigações, sendo uma principal e a outra acessória. E também, como se disse, não se responde pelas consequências de uma mora posterior do devedor (ao contrário do que sucede na fiança: art. 634.º).

Acrescente-se que o fiador que cumpre fica sub-rogado nos direitos do credor, o que não se passa na assunção, em que a relação entre o assuntor e o antigo devedor, se o primeiro cumprir, será definida nos termos do contrato concluído entre as partes para a fixação das quotas internas.

Apesar de a distinção em termos conceituais ser clara[603], na prática, no entanto, podem gerar-se algumas dificuldades de distinção entre as figuras, uma vez que ambas constituem garantias pessoais e o credor pode exigir a prestação por inteiro a qualquer dos devedores[604].

Na dúvida, ou seja, sempre que por via interpretativa não se possa concluir pela adopção de uma ou outra figura, porém, sendo a fiança a figura

[601] J. ANTUNES VARELA, *Das Obrigações em geral*, vol. II, cit., p. 364; J. RIBEIRO DE FARIA, *Direito das obrigações*, vol. II, cit., p. 585.

[602] J. RIBEIRO DE FARIA, *Direito das obrigações*, vol. II, cit., p. 585.

[603] D. MEDICUS/S. LORENZ, *Schuldrecht I, Allgemeiner Teil*, cit., § 71, p. 410.

[604] K. LARENZ [*Lehrbuch des Schuldrechts*, vol. I, 14.ª ed., C. H. Beck, Munique, 1987, § 35, II, pp. 611-612, e seguido pela doutrina alemã dominante (ver, p. ex., D. MEDICUS, *Schuldrecht I, Allgemeiner Teil*, cit., § 70, p. 406) a que adere J. ANTUNES VARELA (*Das Obrigações em geral*, vol. II, cit., p. 366 – "como puro critério heurístico, embora" em sede de interpretação negocial)], sustenta que na dúvida se deve entender que estamos face a uma fiança se existir somente um interesse pessoal de ajudar o devedor, só sendo de admitir a assunção quando o terceiro tenha um interesse próprio, dele, na obrigação. De forma crítica quanto a esse critério, sem, no entanto, o afastar, embora relativizando-o, M. J. COSTA GOMES, *Assunção fidejussória de dívida*, cit., p. 278.

típica modelar pela qual se assegura pessoalmente o cumprimento das obrigações, o contrato de garantia em análise deverá ser considerado como fiança. A tipicidade da fiança, como modelo das garantias pessoais, deve também, como sustenta Carlos Mota Pinto[605], ter esse efeito[606].

IV. Ponto central desta figura é o negócio entre o antigo e o novo devedor que tem, entre outros, como efeito a assunção cumulativa de dívida[607]. Ao contrário do que possa parecer não se tratará de um negócio, de um contrato, que tenha somente esse efeito.

Na verdade, e à semelhança do chamado negócio base da cessão de créditos (art. 578.º n.º 1, art. 587.º n.º 1), este negócio terá um conteúdo mais amplo. Aí estarão disciplinadas as relações entre o garante (o novo devedor) e o garantido (o antigo devedor). E, em particular, o direito de regresso (ou melhor a quota, que será a totalidade) do primeiro sobre este último e as eventuais contragarantias que tutelam esse direito.

22.4. O regime insolvencial

I. Assuntor e antigo devedor respondem solidariamente perante o credor. Vimos já que parte do regime da solidariedade era incompatível com a disciplina da assunção. Parte, mas não todo. É o que sucede em termos insolvenciais.

Se um dos devedores solidários for declarado insolvente, o credor pode certamente exigir a totalidade da prestação ao outro condevedor. A protecção contra a insolvência é dos principais, se não mesmo o principal, risco de que o credor através desta garantia se pretende proteger. Na eventualidade de o cumprimento ser exigido ao assuntor/garante, este poderá exigir o seu crédito no seio do processo insolvencial.

605 CARLOS A. MOTA PINTO, *Cessão da posição contratual*, cit., pp. 470-471.

606 Neste sentido, também, M. J. COSTA GOMES, *Assunção fidejussória de dívida*, cit., p. 282. Este Autor fala mesmo de uma "presunção natural" no sentido da fiança.

607 Embora a assunção possa resultar, como se disse, de um contrato entre o assuntor e o credor que em regra terá um conteúdo mais simples. O caso abordado a título principal em texto, por nos parecer que é aquele dotado de maior relevância prática neste contexto, é o da assunção cumulativa por acordo entre o assuntor e o antigo devedor ratificado pelo credor.

A sua quota determina-se em função do contrato base da assunção. Em regra, dada a sua posição de garante, poderá reclamar no processo insolvencial da outra parte a totalidade do crédito pago.

A sua satisfação dependerá das forças da massa e de se tratar de um crédito comum ou garantido (a garantia pode decorrer do contrato base de assunção concluído entre o assuntor e o antigo devedor).

Não nos afastamos, pois, do que vimos no número anterior quanto à solidariedade passiva, sendo o regime naturalmente idêntico.

II. Se se verificar a insolvência de ambos os devedores (assuntor e antigo devedor), aplicam-se as regras insolvenciais (essencialmente, arts. 95.º e 179.º CIRE) dispostas a propósito da insolvência de mais do que um dos condevedores solidários, e que analisámos no número anterior – para onde remetemos.

Capítulo III
Reforço qualitativo da probabilidade de satisfação do crédito

Secção I
Garantias reais e figuras próximas[608]

23. A hipoteca

23.1. Introdução

I. A hipoteca[609]_[610]_[611] consiste num direito real de garantia que confere ao credor o direito de ser pago pelo valor de certas coisas imóveis ou

[608] Nem todas as figuras tratadas nesta secção, como sucede, p. ex., com os privilégios creditórios gerais, são garantias reais. Em relação a outras, há divergências na doutrina, como no penhor de créditos, conforme se apontará em devido tempo (e a sede para tratar essa questão é em Direitos Reais, não aqui, onde a análise seria sempre insuficiente e deslocada). Por isso, a designação adoptada.

[609] Iniciamos a exposição das garantias reais pela hipoteca por razões de importância prática e didácticas.

No que tange às primeiras, a hipoteca é das garantias reais aquela que tem maior relevo prático, no sentido de que é a mais celebrada na prática negocial, fenómeno em grande parte explicado, como se diz em texto, pelo crédito à habitação.

Depois, entendemos mais adequado tratar a hipoteca antes do penhor, porque parte do regime deste [mas não só o penhor, como se apontará ao longo da exposição das diversas

equiparadas, pertencentes ao devedor ou a terceiro, com preferência sobre os demais credores que não gozem de privilégio especial ou prioridade de registo (art. 686.º). Ou seja, o credor que seja titular de uma hipoteca tem, ressalvadas algumas exceções, uma preferência na satisfação do seu crédito perante os outros credores do titular do bem onerado em sede de venda executiva do mesmo.

garantias reais, e, por isso, J. ANTUNES VARELA (*Das Obrigações em geral*, vol. II, cit., pp. 576) chamava à disciplina da hipoteca "disciplina paradigmática"] é construído por remissão para as regras da hipoteca (art. 678.º). Convém assim que elas já tenham sido previamente expostas.

[610] Sobre esta figura, ver: PAULO CUNHA, *Da garantia nas obrigações*, vol. II, cit., pp. 299, ss.; A. VAZ SERRA, *Hipoteca*, BMJ n.º 62, pp. 5, ss., BMJ n.º 63, pp. 193, ss.; PIRES DE LIMA/ /ANTUNES VARELA (com a colaboração de M. HENRIQUE MESQUITA), *Código civil anotado*, vol. I, cit., pp. 704, ss.; J. ANTUNES VARELA, *Das Obrigações em geral*, vol. II, cit., pp. 549, ss.; M. J. ALMEIDA COSTA, *Direito das obrigações*, cit., pp. 936, ss.; A. MENEZES CORDEIRO, *Direitos Reais*, cit., pp. 1076, ss.; idem, *Tratado de direito civil X, direito das obrigações, garantias*, cit., pp. 685, ss.; P. ROMANO MARTINEZ, *Direito das obrigações, apontamentos*, cit., pp. 375, ss.; P. ROMANO MARTINEZ/P. FUZETA DA PONTE, *Garantias de cumprimento*, cit., pp. 189, ss.; L. MENEZES LEITÃO, *Garantias das obrigações*, cit., pp. 203, ss.; A. SANTOS JUSTO, *Direitos reais*, cit., pp. 468, ss.; L. CARVALHO FERNANDES, *Lições de direitos reais*, cit., pp. 158, ss.; R. PINTO DUARTE, *Curso de direitos reais*, cit., pp. 247, ss.; MARIA ISABEL MENÉRES DE CAMPOS, *Da hipoteca, caracterização, constituição e efeitos*, Almedina, Coimbra, 2003; SALVADOR DA COSTA, *Concurso de credores*, 5.ª ed., Almedina, Coimbra, 2015, pp. 67, ss..

Ver, ainda: F. ULHOA COELHO, *Curso de direito civil, Direito das coisas, Direito autoral*, cit., pp. 231, ss.; SILVIO RODRIGUES, *Direito civil, Direito das coisas*, vol. 5, 28.ª edição, revista e atualizada de acordo com o novo Código Civil (Lei n.º 10.406, de 10-1-2002), Saraiva, S. Paulo, 2003, pp. 389, ss.; GINO GORLA/PIETRO ZANELLI, *Del pegno, delle ipoteche*, 4.ª ed, in Commentario del Codice Civile (a cura de Antonio Scialoja e Giuseppe Branca), Libro sesto – Della tutela dei diritti, Zanichelli Editore/Foro Italiano, Bolonha/Roma, 1992, pp.170, ss.; M. FRAGALI, *Ipoteca*, ED, XXII, pp. 740, ss.; ANGELO CHIANALE, *Ipoteca*, DDP, sezione civile, X, pp. 158, ss.; LUIGI SALOMONE, *Ipoteca*, in *Il diritto privato nella giurisprudenza* (coord. por Paolo Cendon), Utet, Turim, 2006, pp. 127, ss.; D. LEGAIS, *Sûretés et garanties du crédit*, cit., pp. 397, ss.; J.-B. SEUBE, *Droit des suretés*, cit., pp. 169, ss.; L. AYNÈS/P. CROCQ, *Les sûretés. La publicité foncière*, cit., pp. 281, ss.; M. CABRILLAC/C. MOULY/S. CABRILLAC/P. PÉTEL, *Droit des sûretés*, cit., pp. 672, ss.; H. WEBER, *Kreditsicherheiten*, cit., § 11, pp. 218, ss.; M. WOLF, *Sachenrecht*, cit., § 35, pp. 410, ss.; D. REINICKE/K. TIEDTKE, *Kreditsicherung*, cit., pp. 363, ss.; ROY GOODE, *Security interests in movables under english law*, cit., p. 47; idem, *Commercial law*, cit., pp. 586, ss.; R. CALNAN, *Taking security, law and pratice*, cit., pp. 37, ss.; ENRIQUE J. RAMOS CHAPARRO, *La garantia real inmobiliaria. Manual sistemático de la hipoteca*, Thomson/ Arazandi, Navarra, 2008; A. CARRASCO PERERA/E. CORDERO LOBATO/M. J. MARÍN LÓPEZ, *Tratado de los derechos de garantía, tomo I, Garantías personales, hipoteca*, cit., pp. 665, ss..

[611] Aponte-se que o regime da hipoteca tem sofrido importantes alterações nos ordenamentos mais próximos, como o francês (onde, nomeadamente, como uma das principais inovações,

A hipoteca[612] constituiu, e continua a constituir, a mais importante das garantias reais porque tem por objeto imóveis ou bens equiparados. É certo que nos últimos tempos a riqueza passou a ser mais mobiliária do que imobiliária, como sucedia no passado.

Contudo, a extraordinária expansão do fenómeno do crédito à habitação (entre nós, desde meados dos anos 90 do século passado, com a baixa dos juros gerada pela entrada no euro[613]), que está assegurado por uma hipoteca, levou a que se recorresse de forma maciça a esta modalidade de garantia.

II. Não só cá, como no resto da Europa. Daí que esta matéria tenha merecido a atenção da Comissão Europeia que, muito recentemente (18/12/2007), publicou um Relatório do "Grupo-Fórum relativo ao crédito hipotecário"[614] relativo à "integração dos mercados de crédito hipotecário na União Europeia". Aí pode ler-se logo na sua abertura: "Os mercados de crédito hipotecário na EU têm um peso substancial na economia comunitária. No final de 2002, o montante em dívida dos empréstimos

se consagrou a *hypothèque rechargable*, com vista a facilitar o uso desta figura para créditos diversos – sobre ela, ver L. AYNÈS/P. CROCQ, *Les sûretés. La publicité foncière*, cit., pp. 284, ss.) e o espanhol onde, recentemente, foi reformada a lei hipotecária pela *Ley* 41/2007 de 7 de dezembro (sobre ela, ver os estudos publicados em *Hacia un nuevo derecho hipotecario. Estudios sobre la Ley 41/2007 de reforma del mercado hipotecário*, coord. VALERIO PÉREZ DE MADRID CARRERAS, Consejo general del notariado, Madrid, 2008; e E. J. RAMOS CHAPARRO, *La garantia real inmobiliaria. Manual sistemático de la hipoteca*, cit., pp. 128, ss.).

Diga-se ainda, neste quadro, que no ordenamento jurídico alemão, onde também existe a hipoteca (§ 1113 BGB, ss.), é utilizada frequentemente na prática uma figura diversa desta, a *Grundschuld* (§ 1191 BGB, ss.), ou dívida fundiária, que ao contrário da hipoteca não tem um carácter acessório. Pode ainda distinguir-se entre um *Grundschuld* isolado (*isolierte Grundschuld*) e o *Sicherungsgrundschuld* que visa assegurar um crédito, e é o mais comum. Ver sobre esta figura, entre nós, A. MENEZES CORDEIRO, *Direitos Reais*, cit., pp. 1080, ss.. Na doutrina alemã, por todos: H. WEBER, *Kreditsicherheiten*, cit., § 13, pp. 277, ss.; D. REINICKE/ /K. TIEDTKE, *Kreditsicherung*, cit., pp. 399, ss..

612 Para uma evolução histórica da figura, ver G. GORLA/P. ZANELLI, *Del pegno, delle ipoteche*, cit., pp. 170, ss..

613 E o marasmo a que o regime do arrendamento urbano tinha condenado esse mercado. Ver A. MENEZES CORDEIRO, *O Novo Regime do Arrendamento Urbano: dezasseis meses depois, a ineficiência económica no Direito*, Dir., 2007, pp. 945, ss..

614 O relatório encontra-se disponível em: http://ec.europa.eu/internal_market/finservices_retail/home-loans/integration_en.htm#miceg.

hipotecários à habitação cifrava-se em 4 biliões de euros, aproximadamente 40% do PIB da EU".

Verificam-se já, desde há largo tempo, esforços no sentido de criação de uma hipoteca europeia ou Euro-hipoteca[615].

III. Ilustração clara do relevo das hipotecas na concessão de crédito foi crise financeira ligada na sua raiz ao crédito hipotecário (de risco ou *subprime*) do mercado norte-americano.[616] A importância da tutela do consumidor neste âmbito levou a que fosse publicada legislação específica com

[615] Ver, sobre estes esforços: MÓNICA JARDIM, *A euro-hipoteca e os diversos sistemas registais europeus*, BFD, 2009, pp. 743, ss.; E. J. RAMOS CHAPARRO, *La garantia real inmobiliaria. Manual sistemático de la hipoteca*, cit., p. 50; V. SAGAERT, *Harmonization of security rigths on immovables*, cit., pp. 1060, ss.; PEDRO PIRES FERNANDES, *Da euro-hipoteca, exposição da proposta e suas caracteríticas principais*, Dissertação de Mestrado em Ciências Jurídico-Civilísticas, Faculdade de Direito da Universidade de Coimbra, Coimbra, 2008; AFONSO PATRÃO, *Autonomia conflitual na hipoteca e reforço da cooperação internacional: removendo obstáculos ao mercado europeu das garantias imobiliárias*, Livros horizonte, Lisboa, 2017, pp. 370, ss..

Existe um grupo de investigação europeu sobre a Euro-hipoteca – The Eurohypothec: a common mortgage for Europe, in www.eurohypohec.com.

Realizou-se, em 2008, na Faculdade de Direito de Coimbra o Colóquio "Euro-hipoteca, mercado financeiro e harmonização internacional do direito das garantias" (organizado pelo Professor Doutor Jorge Sinde Monteiro em colaboração com a Professora Doutora Esther Muñiz Espada, a 18 de Abril de 2008), justamente sobre este tema. A generalidade dos trabalhos aí apresentados foi publicada no Boletim da Faculdade de Direito da Universidade de Coimbra, n.º 85, 2009.

[616] De entre outros apectos, a crise gerada ilustra a necessidade da correta avaliação do risco de desvalorização dos bens objeto da garantia (aqui os imóveis), associada a necessidade de se manter uma margem ajustada entre o valor do imóvel hipotecado e o crédito concedido (o chamado *loan to value ratio*), e note-se que este atingiu 100% em muitos casos no mercado estadunidense. Associado a este aspeto está a necessidade de se acompanhar a hipoteca com outras garantias, ou então, com uma correta determinação da "taxa de esforço do devedor" (determinada pelo valor da amortização e os juros face ao rendimento disponível do devedor). O devido entendimento destes aspetos, para além evidentemente do controlo do risco pelos mutuantes (profissionais, os bancos), tem relevo para se saber se, em determinados casos, a exigência de outras garantias associadas à hipoteca configuram ou não um caso de sobregarantia.

Claro está que ainda assim é possível transferir o crédito hipotecário, e o risco, maior ou menor, a ele associado para terceiros investidores por via de operações de titularização, associadas a mecanismos de valorização do crédito (*credit enhancement*) – sobre a titularização, ver *infra*, n.º 36.3.2.

Para a uma explicação bastante clara dos mecanismos que conduziram à atual crise financeira (e agora económica), bem apoiada em elementos que permitem ilustrar o que acima foi

vista à sua tutela, onde tem particular relevo o regime dos contratos de crédito relativos a imóveis (aprovado pelo Dec.-Lei n.º 74-A/2017, de 23/6)[617]

23.2. Caracterização

I. A hipoteca consiste num direito real de garantia que incide sobre imóveis ou equiparados do devedor ou de terceiro, embora também se designe por hipoteca o próprio contrato donde emerge esse direito.[618]

Como direito real de garantia, está ao serviço de um crédito, que assegura, sendo um direito acessório deste. Por isso, em caso de incumprimento da obrigação garantida pela hipoteca, o credor hipotecário, através do recurso, necessário, à ação executiva, poderá satisfazer o seu crédito pelo produto da venda (executiva) do bem com preferência sobre os outros credores, exceto se os créditos destes beneficiarem de privilégio imobiliário especial ou de direito de retenção.

Mas se o crédito se extinguir de outra forma, p. ex., por pagamento (que é o caso mais vulgar), a hipoteca, acessória dele, extingue-se também.

Ainda, como direito real, a hipoteca goza da preferência e da sequela, o que significa que prevalece sobre os direitos reais de garantia posteriormente constituídos[619] e segue a coisa onerada nas suas transmissões, podendo sempre o credor hipotecário fazer valer o seu direito.

Ao contrário do regime *geral* do penhor de coisas, a hipoteca não implica o desapossamento do seu autor.

II. Como apontámos, a hipoteca como os outros direitos reais de garantia é acessória de um crédito. Ora esse direito pode já estar constituído, mas também poderá ser um crédito condicional ou futuro (art. 686.º n.º 2).

dito, e para a explicação dos conceitos económicos utilizados, ver ABEL MATEUS, *A crise financeira de 2007-2008 e a regulação*, O Economista, 2008, pp. 8, ss..

617 Aplica-se a contratos de crédito celebrados com consumidores que, independentemente da finalidade, estejam garantidos por hipoteca [art. 2.º, n.º 1, al. c) Dec.-Lei n.º 74-A/2017, de 23/6].

618 Quando o direito real de garantia resulte do contrato, o que nem sempre será o caso, como em seguida se verá.

619 Em princípio. Há algumas exceções, conforme será visto *infra*, como as que decorrem dos privilégios imobiliários especiais (art. 751.º) e do direito de retenção (art. 759.º n.º 2).

A hipoteca de créditos futuros ou condicionais é particularmente relevante porque o titular do crédito goza da preferência que esse direito de garantia concede desde a data da constituição da hipoteca e não da data do nascimento do crédito. Assim, p. ex., a hipoteca pode ser utilizada para garantir uma abertura de crédito em conta corrente[620]. Ela é constituída aquando da abertura de crédito, visando garantir o crédito do banco a apurar na altura do seu fecho (se, e na medida, em que o cliente tiver feito uso do crédito concedido)[621_622]

III. Objeto deste direito real de garantia, conforme se disse, são imóveis e móveis que a lei equipare aos primeiros (automóveis, navios e aeronaves), todos eles sujeitos a registo próprio [art. 688.º, n.º 1, al. f)].

Porém, conforme se verá melhor mais à frente, a hipoteca pode ainda incidir sobre coisas móveis e imóveis que em conjunto fazem parte de uma unidade produtiva, como sucede nas hipotecas de fábrica, ou mesmo sobre direitos.

Pode mesmo dar-se o caso de o objeto da hipoteca se alterar por força de um fenómeno de sub-rogação real, começando por ter por objeto uma coisa corpórea e passando depois a incidir sobre um crédito (art. 692.º). O que leva à conclusão que a lei admite a alteração do objeto da hipoteca.

23.3. As espécies de hipotecas

A lei distingue três espécies de hipotecas: as legais, as voluntárias e as judiciais. Vejamos então.

[620] Ou um financiamento futuro, ver G. GORLA/P. ZANELLI, *Del pegno, delle ipoteche*, cit., p. 383.

[621] Evidentemente, terá que estar mencionado no registo o montante máximo garantido.

[622] É de admitir também uma hipoteca global no sentido de dizer respeito um conjunto de créditos futuros, desde que determinados requisitos estejam observados, dentre eles, necessariamente, a indicação do montante máximo garantido e aqueles relativos à determinação dos créditos garantidos. Ver, com mais detalhe sobre esta figura, M.ª ISABEL MENÉRES DE CAMPOS, *Da hipoteca, caracterização, constituição e efeitos*, cit., pp. 108, ss.. Na jurisprudência, para a sua admissibilidade, o Acórdão da Relação de Coimbra de 05/06/2018 (Isaías Pádua), in: www.dgsi.pt.

22.3.1. As hipotecas legais

I. São aquelas atribuídas por lei, no sentido em que, nas hipóteses em que a lei as prevê, os credores podem fazer o registo da hipoteca, levando à sua constituição. São, muitas vezes, atribuídas a entes públicos, como o Estado e as autarquias locais para garantir o pagamento de imposto municipal sobre imóveis (IMI), recaindo sobre os bens que estão sujeitos ao pagamento desse imposto [art. 705.º al. a)[623], e, em termos gerais, o art. 50.º, n.º 2, al. b) da Lei Geral Tributária - LGT[624]], bem como à segurança social para garantir o pagamento das contribuições, quotizações e respetivos juros de mora (art. 207.º CRCSPSS - Código dos Regimes Contributivos do Sistema Previdencial da Segurança Social). Só no primeiro caso é que estas hipotecas estão previstas no Código, o que significa que os casos mais relevantes desta figura estão previstos noutros diplomas.

O Código, de todo o modo, prevê outros casos de hipotecas legais como a atribuída ao credor por alimentos [art. 705.º al. d)], ao menor, ao interdito e ao inabilitado sobre os bens do tutor, curador e administrador legal para assegurar a responsabilidade que nestas qualidades venham a assumir [art. 705.º al. c)][625], ao co-herdeiro, sobre os bens adjudicados ao devedor por tornas, para garantir o pagamento destas [art. 705.º al. e)], ao legatário de dinheiro ou outra coisa fungível, sobre os bens sujeitos ao encargo do legado ou, na sua falta, sobre os bens que os herdeiros responsáveis houverem do testador [art. 705.º al. f)]. Repare-se que, por vezes, como no art. 705.º al. c), se trata de assegurar um crédito eventual.

[623] Art. 122.º n.º 1 CIMI.

[624] Nos termos desta disposição, a administração tributária dispõe (ainda) para garantia dos créditos tributários "do direito de constituição, nos termos da lei, de (...) hipoteca legal, quando essas garantias se revelem necessárias à cobrança efetiva da dívida ou quando o imposto incida sobre a propriedade dos bens". E art. 195.º do Código de Procedimento e de Processo Tributário - CPPT.

[625] A determinação do valor da hipoteca e a designação dos bens sobre que incide cabem ao conselho de família. A legitimidade para requerer o registo é conferida ao tutor, ao curador ou administrador legal, aos vogais do conselho de família e qualquer dos parentes do incapaz (art. 706.º).

II. A lei permite em certos casos, tanto ao credor, como ao devedor, a substituição da hipoteca por uma outra caução, que aqui significa uma outra garantia.

Assim, o devedor poderá sempre requerer ao tribunal a substituição da hipoteca legal por outra caução (art. 707.º n.º 1).

Por seu lado, o credor poderá exigir uma outra caução (nos termos do art. 625.º) na eventualidade de o devedor não ter mesmo bens susceptíveis de hipoteca suficientes para garantir o crédito (art. 707.º n.º 2)[626].

III. Estão sujeitos à hipoteca legal quaisquer bens do devedor se a sua especificação não resultar da lei ou do título respectivo (art. 708.º). Contudo, os bens hipotecados terão que ter um valor proporcional ao do montante em dívida, ou potencialmente em dívida, mesmo tendo em conta uma margem de segurança, comum em todas as garantias. O princípio da boa fé assim o impõe. De todo o modo, o devedor poderá sempre, sendo caso disso, recorrer ao mecanismo da redução (art. 720.º n.º 1)[627].

23.3.2. As hipotecas judiciais

I. São aquelas que um credor pode registar tendo por base uma sentença de condenação do devedor à realização de uma prestação em dinheiro ou

[626] Exceto nos casos de hipotecas destinadas a garantir o pagamento das tornas ou o cumprimento de legado de dinheiro ou de outra coisa fungível. Aliás, em qualquer dos referidos casos, há também um regime particular no que diz respeito ao reforço da hipoteca. Tal só poderá suceder, se a garantia puder continuar a incidir sobre os bens aí especificados (art. 709.º).

[627] PIRES DE LIMA/ANTUNES VARELA, com a colaboração de M. HENRIQUE MESQUITA (*Código civil anotado*, vol. I, cit., p. 731), explicando as diferenças entre o Código de Seabra, em que se permitia o registo da hipoteca legal em relação a todos os bens do devedor (art. 909.º), e o Código de 1966 em que se permite o registo somente em relação a quaisquer bens do devedor, com os limites decorrentes de a especificação dos bens estar já prevista no título ou por lei, admitem só como defesa do devedor o disposto no âmbito da redução da hipoteca.

Todavia, conforme se diz em texto, o exercício deste direito (de hipotecar os bens logo que estejam preenchidos os requisitos legais) terá de ser feito em consonância com as exigências da boa fé, o que impõe que, salvaguardada uma margem de segurança (que no que toca aos imóveis será até menor, porque a sua desvalorização é também menor, quando seja de prever a desvalorização, o que nem sempre é certo), só sejam hipotecados os bens estritamente necessários para a garantia do crédito.

outra coisa fungível, mesmo sem ter transitado em julgado. Aliás, se a prestação for ilíquida, a hipoteca pode ser registada pelo quantitativo provável do crédito (art. 710.º ns. 1 e 2).[628]

II. Nos termos do art. 710.º, as sentenças dos tribunais estrangeiros revistas e confirmadas[629] em Portugal podem titular o registo da hipoteca judicial. Contudo, para o efeito é necessário que a lei do país onde foram proferidas lhes reconheça igual valor, o que implica que a lei desse país conheça as hipotecas judiciais[630].

III. As hipotecas judiciais são mais frágeis do que as outras espécies de hipotecas, porque deixam de produzir efeitos com a declaração de insolvência (art. 140.º n.º 3 CIRE).[631]

23.3.3. As hipotecas voluntárias

I. Consistem na espécie mais comum de hipotecas e resultam da vontade das partes ou, pelo menos, do autor da hipoteca. Efetivamente, a hipoteca voluntária pode ser constituída por contrato ou mesmo por declaração unilateral do proprietário do bem (art. 712.º). Quanto aos sujeitos, elas podem também ser constituídas pelo devedor ou por terceiro. Para esta última hipótese, a lei reserva algumas disposições próprias, como o art. 717.º[632] e o art. 701.º n.º 2.

[628] Na eventualidade de o devedor ter sido condenado a entregar uma coisa ou a prestar um facto, só pode ser registada a hipoteca se tiver havido conversão da prestação numa prestação pecuniária (art. 710.º n.º 3).

[629] Há que ter aqui em conta o regime especial das decisões proferidas num Estado-Membro da União Europeia. Deste modo, nos termos do art. 33.º n.º 1 do Regulamento (CE) n.º 44/2001 do Conselho (Regulamento Bruxelas – I) de 22/12/2000: "As decisões proferidas num Estado-Membro são reconhecidas nos outros Estados-Membros, *sem necessidade de recurso a qualquer processo*". (itálico nosso).

[630] Cfr. PIRES DE LIMA/ANTUNES VARELA (com a colaboração de M. HENRIQUE MESQUITA), *Código civil anotado*, vol. I, cit., p. 734.

[631] Como se verá com mais detalhe *infra*.

[632] Nos termos desta disposição legal, a hipoteca constituída por terceiro extingue-se na medida em que, por facto positivo ou negativo do credor, não possa dar-se a sub-rogação do terceiro nos direitos deste. Ver *infra*, sobre esta disposição, quanto à extinção da hipoteca.

Em qualquer caso, o negócio constitutivo da hipoteca, se ela tiver por objeto imóveis, deve constar de escritura pública, de testamento ou de documento particular autenticado (art. 714.º).[633] No que diz respeito às hipotecas sobre os móveis equiparados é exigida a forma escrita[634].

II. Saliente-se que para o negócio constitutivo da hipoteca produzir efeitos, mesmo entre as partes, é necessário o registo (art. 687.º, art. 4.º n.º 2 CRPredial).

É este aspeto do regime da hipoteca que leva alguma doutrina a atribuir ao registo efeito constitutivo da hipoteca, no sentido em que o seu facto constitutivo é mesmo o registo[635]. E essa afirmação é certamente correta nos casos anteriormente vistos das hipotecas legais e judiciais: verificados os pressupostos legais, só realizado o registo se constitui a hipoteca. Antes é inexistente[636].

Sendo a hipoteca voluntária, ela emerge do contrato (ou declaração unilateral), mas a produção de efeitos desse negócio está totalmente sujeita, ao contrário do que sucede nos outros casos de negócios sujeitos a registo[637], à realização deste. O registo é condição de produção dos efei-

Por outro lado, o caso julgado proferido em relação ao devedor produz efeitos relativamente a terceiro que haja constituído a hipoteca nos mesmos termos em que os produz em relação ao fiador (aplicando-se então o art. 635.º n.º 1). Ver, para a *ratio* destas disposições, PIRES DE LIMA/ANTUNES VARELA (com a colaboração de M. HENRIQUE MESQUITA), *Código civil anotado*, vol. I, cit., p. 738.

633 Temos que ter ainda que ter em conta o regime dos contratos de compra e venda com mútuo e hipoteca que diga respeito a prédio urbano destinado a habitação, ou fração autónoma do mesmo, se o mutuante for uma instituição de crédito autorizada a conceder crédito à habitação (Dec.-Lei n.º 255/93 de 15/7). Estes contratos são celebrados por documento particular, com reconhecimento das assinaturas, de acordo com o modelo oficialmente aprovado. Além disso, há ainda que contar com o regime do Dec.-Lei n.º 263-A/2007, de 23/7, relativo ao procedimento especial de transmissão, oneração e registo de imóveis, que se aplica também há hipoteca [art. 2.º, n.º 1, al. c)].

634 R. PINTO DUARTE, *Curso de direitos reais*, cit., p. 257; SALVADOR DA COSTA, *O concurso de credores*, cit., pp. 107, p. 109. Sobre elas, ver, *infra*, em texto.

635 P. ROMANO MARTINEZ/P. FUZETA DA PONTE, *Garantias de cumprimento*, cit., p. 194; R. PINTO DUARTE, *Curso de direitos reais*, cit., p. 250.

636 Cfr. M. J. ALMEIDA COSTA, *Direito das obrigações*, cit., p. 938, nota 2.

637 Portanto, trata-se de uma regra excecional relativamente aos efeitos do registo predial, em que este só é necessário para a produção de efeitos face a terceiros, art. 5.º n.º 1 CRPredial,

tos do negócio e, consequentemente, da própria constituição do direito real que ele, negócio, visa.

Temos então que só com o registo se produz o efeito real, mas porque é ele que confere eficácia ao contrato constitutivo da hipoteca celebrado entre as partes. Tanto é assim que se este for, p. ex., anulado, o registo terá também de ser alterado. Aliás, o registo da hipoteca pode fazer-se antes de celebrado o negócio, mas trata-se de um registo provisório [art. 47.º n.º 1, art. 92.º, n.º 1, al. i) CRPredial][638], dependente da celebração deste.

Em suma: os efeitos do negócio dirigidos à constituição da hipoteca radicam evidentemente nele, mas só se produzem aquando do registo.[639]

III. A legitimidade para hipotecar só é concedida a quem tenha legitimidade para alienar esses bens (art. 715.º). É o que sucede normalmente com o proprietário (porém: art. 1682.º-A n.º 1, se o casamento não for no regime de separação de bens), mas, também, p. ex., pode suceder com os pais com autorização do tribunal [art. 1889.º n.º 1 al. a)].

Ainda no âmbito da hipoteca voluntária, há a salientar que o título constitutivo da hipoteca terá que especificar os bens do devedor ou de terceiro sobre que incide. A hipoteca que incida sobre todos os bens do devedor ou de terceiro (hipoteca geral) sem os especificar é nula (art. 716.º ns. 1 e 2).

IV. Por fim, no art. 713.º, no seio do regime fixado para a hipoteca voluntária, fixa-se uma disposição que não é privativa dela, mas se estende às outras espécies de hipotecas. O facto de o bem estar hipotecado não impede o dono de constituir uma segunda hipoteca, ou terceira hipoteca, sobre ele (assim como não impede que seja registada uma nova hipoteca judicial ou legal sobre esse bem).

sendo os terceiros aqueles indicados, na linha do sustentado por MANUEL DE ANDRADE, no n.º 4 do mesmo artigo.

[638] Evidentemente útil no que toca à prioridade, dado que esta resulta da data do registo provisório e não do definitivo (art. 6.º n.º 3 CRPredial).

[639] Ver sobre este ponto: PIRES DE LIMA/ANTUNES VARELA (com a colaboração de M. HENRIQUE MESQUITA), *Código civil anotado*, vol. I, cit., p. 706; J. ANTUNES VARELA, *Das Obrigações em geral*, vol. II, cit., p. 557 (só no que toca às hipotecas voluntárias); M. J. ALMEIDA COSTA, *Direito das obrigações*, cit., p. 938; L. MENEZES LEITÃO, *Garantias das obrigações*, cit., p. 210.

Prevalece, evidentemente, a hipoteca primeiro constituída, o que significa que o credor que seja titular de uma segunda hipoteca só poderá obter satisfação do seu crédito pelo produto da venda executiva da coisa onerada depois de inteiramente pago o credor titular da primeira hipoteca.

Ora, se se extinguir uma hipoteca, os bens ficam a garantir na totalidade os restantes créditos hipotecários, de acordo com a graduação das restantes hipotecas (p. ex., existindo três hipotecas sobre o mesmo bem, extinguindo-se a primeira, a segunda passa a primeira e a terceira a segunda).

23.4. Regras gerais

23.4.1. Os créditos assegurados

A hipoteca assegura o crédito, bem como os seus acessórios que constem do registo, como os juros, as despesas de registo e constituição da hipoteca, a cláusula penal. No caso de juros, a hipoteca, mesmo havendo convenção em contrário, não abrange mais do que os juros relativos a três anos.

É possível, no entanto, o registo de uma nova hipoteca relativamente aos juros em dívida que ultrapassem esse período de tempo (art. 693.º).

Repare-se que tal não significa que os juros que se estendam por mais de três anos não sejam devidos e o credor não possa, evidentemente, em caso de incumprimento recorrer à ação executiva para obter a satisfação desse seu crédito. Não estão é cobertos pela hipoteca incial.

O prazo de três anos de juros conta-se da data do seu vencimento[640] e não da data em que a ação executiva foi instaurada. Logo que o seja, incluem-se dentro deste prazo aqueles que vençam já na execução. E prolongando-se a ação por mais tempo (mesmo que o credor a tenha interposto pouco tempo depois do vencimento dos primeiros juros e respectivo incumprimento), de forma a que sejam ultrapassados os três anos, a cobertura da hipoteca continua, mesmo neste caso, a não os exceder[641_642]

640 Dos primeiros juros, cfr. P. ROMANO MARTINEZ/P. FUZETA DA PONTE, *Garantias de cumprimento*, cit., p. 197; L. MENEZES LEITÃO, *Garantias das obrigações*, cit., p. 210, na jurisprudência, o Acórdão da Relação de Coimbra de 13/11/2007 (Jorge Arcanjo), in: www.dgsi.pt.

641 O que implica, mesmo que o credor tenha sido diligente e interposto a ação num espaço de tempo relativamente curto, não se fazer recair sobre os outros credores o risco de eventuais delongas processuais que levem à ultrapassagem desse período de três anos. Ver, neste

O fundamento desta norma é proteger os outros credores do titular do bem de forma a não serem surpreendidos com uma quantia com que não contavam devido a uma acumulação de juros, por isso não se admitindo convenção em contrário, bem como impor aos credores hipotecários alguma celeridade face ao incumprimento do devedor[643]. Aponte-se que tendo que estar mencionado no registo o "montante máximo assegurado" [art. 96.º, n.º 1, al. a) CRPredial][644], onde se incluem os juros, os terceiros credores podem saber com segurança qual o valor (máximo) que essa hipoteca assegura.

23.4.2. O objeto

23.4.2.1. Os artigos 688.º, 689.º, 691.º n.º 1

I. A lei estabelece nos artigos 688.º, 689.º, 691.º n.º 1 e 690.º (pela negativa) determinados bens que podem ser objeto de hipoteca. Estes terão que ser depois especificados. Nas hipotecas voluntárias tal faz-se no título constitutivo da hipoteca, nas hipotecas legais ou judiciais, com o registo.

Passemos então a analisar os bens que podem ser hipotecados.

sentido, e para uma análise da solução do Código de Seabra a este respeito, das propostas de VAZ SERRA nos trabalhos preparatórios e à solução consagrada, J. OLIVEIRA ASCENSÃO/ MARIA AUGUSTA FRANÇA, *As repercussões da declaração de falência sobre a situação dos credores hipotecários*, in Estudos de direito comercial, vol. I, das falências, Almedina, Coimbra, 1989, pp. 57-60. Ver, ainda, quanto a esta matéria, A. VAZ SERRA, *Hipoteca*, BMJ n.º 62, cit., pp. 231, ss..

642 Mesmo que os juros tenham sido capitalizados, a hipoteca continua a não poder garantir juros que se estendam por um período superior a três anos, o que parece claro. Cfr. SALVADOR DA COSTA, *Concurso de credores*, cit., p. 80.

643 PIRES DE LIMA/ANTUNES VARELA (com a colaboração de M. HENRIQUE MESQUITA), *Código civil anotado*, vol. I, cit., p. 717; J. OLIVEIRA ASCENSÃO/MARIA AUGUSTA FRANÇA, *As repercussões da declaração de falência sobre a situação dos credores hipotecários*, cit., *ibidem*; P. ROMANO MARTINEZ/P. FUZETA DA PONTE, *Garantias de cumprimento*, cit., pp. 96-197, ss.; L. MENEZES LEITÃO, *Garantias das obrigações*, cit., p. 211.

644 Para além do montante máximo assegurado, tem que constar do extrato de inscrição da hipoteca o fundamento da hipoteca e, como se disse, o crédito e os seus acessórios. – art. 96.º n.º 1 al. a) CRPredial. Repare-se que sempre que o capital vencer juros, terá que se mencionar no registo a sua taxa (art. 96.º n.º 2 CRPredial).

Começamos pelo art. 688.º. Aí se prevêem os imóveis, prédios rústicos e prédios urbanos [al. a)], o direito de superfície [al. c)], o direito resultante de concessões em bens do domínio público, observadas as disposições relativas à transmissão dos direitos concedidos [al. d)], o usufruto das coisas e direitos constantes das alíneas anteriores [al. e)], bem como as partes dos prédios susceptíveis de propriedade autónoma sem perda da sua natureza imobiliária, que podem ser hipotecadas separadamente (n.º 2). Pode, pois, incidir sobre frações autónomas de prédios constituídos em propriedade horizontal, tendo que se abranger aqui também a quota-parte nas partes comuns do prédio por não poderem ser alienadas separadamente nos termos do art. 1420.º n.º 2[645].

Podem ainda ser hipotecadas a nua propriedade ou mesmo a quota ideal da coisa (art. 689.º),[646] mas já não a meação dos bens comuns do casal, nem a quota da herança indivisa (art. 690.º), em virtude da exigência de determinação[647].

Repare-se que a hipoteca sobre o prédio se estende às árvores, arbustos e frutos naturais, enquanto estiverem ligados ao solo, direitos inerentes e às partes integrantes dos prédios [art. 204.º als c) a e) e art. 691.º, n.º 1, al. a)][648], as acessões naturais e as benfeitorias, salvo o direito de terceiros [art. 691.º, n.º 1, als. b) e c)].

[645] Assim, PIRES DE LIMA/ANTUNES VARELA (com a colaboração de M. HENRIQUE MESQUITA), *Código civil anotado*, vol. I, cit., p. 710.

[646] Ver PIRES DE LIMA/ANTUNES VARELA (com a colaboração de M. HENRIQUE MESQUITA), *Código civil anotado*, vol. I, cit., p. 708.

[647] L. MENEZES LEITÃO, *Garantias das obrigações*, cit., p. 212.

[648] O que se articula com a solução do art. 700.º. Com efeito, o "corte de árvores ou arbustos, a colheita de frutos naturais e a alienação de partes integrantes ou coisas acessórias abrangidas pela hipoteca só são eficazes em relação ao credor hipotecário se forem anteriores ao registo da penhora e couberem nos poderes de administração ordinária." Portanto, antes da penhora o dono da coisa hipotecada como seu administrador pode efetivamente alienar bens abrangidos pela hipoteca. Contudo, a lei coloca dois limites: tem que se tratar de atos de administração ordinária e anteriores ao registo da penhora. Ver PIRES DE LIMA/ANTUNES VARELA (com a colaboração de M. HENRIQUE MESQUITA), *Código civil anotado*, vol. I, cit., p. 722.

Ainda assim, será de ponderar (de iure constituendo) se a partir do momento em que estão abrangidos pela hipoteca, não se deverá que dar um fenómeno de sub-rogação real, passando a hipoteca a incidir também sobre os créditos obtidos com essas alienações, a cujos montantes se deverá deduzir as despesas necessárias à prática dessa atividade. Pense-se, p. ex., na venda da fruta produzida por uma quinta constituída por pomares. Às quantias obtidas com as

23.4.2.2. Os automóveis, os navios e as aeronaves

I. A hipoteca pode também incidir sobre as coisas móveis que, para este efeito, sejam por lei equiparadas às imóveis [al. f)]. Trata-se dos veículos[649], navios[650] e aeronaves[651].

vendas deduzir-se-iam as despesas com essa atividade. O montante que sobrasse deveria ser colocado de lado, o que nos nossos dias implica um depósito numa conta bancária. A hipoteca incidiria sobre esse crédito. Doutra forma, mesmo com os limites do art. 700.º, estar-se-á a diminuir por ato do dono da coisa hipotecada o valor do bem objeto da hipoteca.

Daqui decorre, é verdade, que o objeto da hipoteca passaria a ser mais do que um bem. Mas tal já sucede na hipoteca de fábrica, se bem que com características particulares. Acresce que a solução se harmonizaria, naquilo que tem de semelhante, com a que resulta do art. 692.º (sobre este, ver, infra, n.º 22.4.2.4.).

649 O seu registo é regulado pelo Dec.-Lei n.º 54/75, de 12/2 (diversas vezes alterado).

Nos termos do art. 4.º ns. 1 e 2 do Dec.-Lei n.º 54/75, de 12/2, os veículos automóveis podem constituir objeto de hipotecas legais, judiciais ou voluntárias, sendo-lhes aplicáveis as disposições relativas à hipoteca de imóveis no que não forem contrariadas pelas disposições especiais desse diploma. Ainda, a constituição ou modificação de hipoteca sobre veículos automóveis pode ser titulada por documento particular (art. 4.º n.º 3 do Dec.-Lei n.º 54/75, de 12/2) e, evidentemente, está sujeita a registo [art. 5.º, n.º 1, al. c) do Dec.-Lei n.º 54/75, de 12/2].

Tem especial relevo no regime desta hipoteca mobiliária, a faculdade concedida ao credor de, logo que vencido e não pago o crédito hipotecário, requerer em juízo a apreensão do veículo e do certificado de matrícula (art. 15.º do Dec.-Lei n.º 54/75, de 12/2).

650 A hipoteca de navio está regulada nos artigos 584.º e seguintes do Código Comercial. A lei manda aplicar-lhes o regime das hipotecas de prédios em tudo o que for compatível com a sua "especial natureza" e salvo disposição em contrário (art. 585.º do Código Comercial). Aparentemente, nos termos do art. 584.º do Código Comercial apenas se poderiam constituir hipotecas legais e por contrato. Todavia, não há qualquer razão para, nos termos gerais, não se admitir a hipoteca judicial sobre navio, assim como a constituição de hipoteca por declaração unilateral (como sustenta quanto à declaração unilateral, expressamente, SALVADOR DA COSTA, *O concurso de credores*, cit., pp. 109; e, quanto a uma e outra, L. MENEZES LEITÃO, *Garantias das obrigações*, cit., p. 226). Esta hipoteca assegura, além do capital, créditos de juros relativos a cinco anos (art. 589.º do Código Comercial).

Refira-se ainda que é admitida a hipoteca sobre navio em construção ou a construir para pagamento das suas despesas de construção, desde que no "respetivo instrumento se especifique o comprimento da quilha do navio e aproximadamente as suas principais dimensões, assim como a sua tonelagem provável, e o estaleiro em que se acha a construir ou onde tem de ser construído" (art. 587.º do Código Comercial). Note-se que a hipoteca de navio a construir tem por objeto um bem futuro, que ainda não existe, nem sequer se começou a construir. Ela só poderá constituir-se quando o dono da obra adquirir a propriedade sobre o navio. A data, de todo o modo, será, nesse caso, a do registo.

O pagamento aos credores hipotecários, que se graduam em função da ordem de prioridade do registo comercial, é realizado depois de serem satisfeitos os créditos assegurados por

23.4.2.3. As fábricas

I. A lei admite ainda a hipoteca de fábricas, caso em que se consideram abrangidos pela garantia "os maquinismos e demais móveis inventariados no título constitutivo, mesmo que não sejam parte integrante dos respectivos imóveis" (art. 691.º n.º 3). Os donos e possuidores dos maquinismos, móveis ou utensílios destinados à exploração de fábricas, "abrangidos no registo de hipoteca dos respectivos imóveis não os podem alienar ou retirar sem o consentimento escrito do credor e incorrem na responsabilidade própria dos fiéis depositários." (art. 691.º).[652]

II. Este objeto da hipoteca é interessante a vários títulos.

Em primeiro lugar, a sua semelhança, sublinhada pela doutrina,[653] com o penhor do estabelecimento comercial, embora aqui, entre outros aspetos, os móveis tenham que ser inventariados (e não o sendo não ficam abrangidos pela garantia, só o imóvel), o imóvel pertença necessariamente ao autor da hipoteca[654] e, na verdade, o objeto *imediato* da hipoteca não seja a unidade produtiva *em si*, como sucede no penhor de estabelecimento, embora nos pareça que é isso que se pretende (permitir[655]) alcançar.[656]

privilégios creditórios sobre o navio (art. 592.º do Código Comercial). Ver sobre este regime: L. MENEZES LEITÃO, *Garantias das obrigações*, cit., pp. 225, ss.; e, com amplo desenvolvimento, SALVADOR DA COSTA, *O concurso de credores*, cit., pp. 109, ss..

651 Aqui haverá que atender ao Regulamento de navegação aérea e à Convenção sobre o reconhecimento internacional de direitos sobre aeronaves. Ver, com desenvolvimento sobre esta matéria, SALVADOR DA COSTA, *O concurso de credores*, cit., pp. 108, ss..

652 Este regime radica em grande parte no regime especial consagrado no Código de Registo Predial de 1959 (e que se manteve no de 1967). Nos termos deste, a hipoteca de fábrica abrangia, para além do edifício, as máquinas e outros móveis destinados à exploração fabril que tivessem sido inventariados no título constitutivo. Foi esse regime que o Dec.-Lei n.º 225/86, de 6 de julho, consagrou no n.º 2 do art. 691.º, tendo ainda acrescentado o n.º 3. Ver, sobre a referida evolução, PIRES DE LIMA/ANTUNES VARELA (com a colaboração de M. HENRIQUE MESQUITA), *Código civil anotado*, vol. I, cit., p. 714.

653 P. ROMANO MARTINEZ/P. FUZETA DA PONTE, *Garantias de cumprimento*, cit., p. 192; L. MENEZES LEITÃO, *Garantias das obrigações*, cit., p. 214.

654 Do extrato da inscrição da hipoteca terá que se fazer referência a esse inventário, onde constem os maquinismos e os móveis afectos à exploração industrial, quando abrangidos pela garantia. [art. 96.º, n.º 1, al. b) CRPredial].

655 Fazemos esta ressalva, porque nada impõe que os maquinismos e demais móveis sejam inventaridos no título constitutivo, e, não o sendo, não serão abrangidos pela garantia, só o

Depois, o facto de se abrangerem aqui móveis e utensílios destinados à exploração da fábrica, o que implica que a hipoteca abranja móveis não sujeitos a registo.

Em terceiro lugar, como as fábricas terão, como é óbvio, que se manter em atividade, em produção, pode ser precisa – é até natural que o seja – a substituição de móveis ou utensílios. Para o que é necessário o consentimento escrito do credor (sem isso não podem ser retirados nem alienados[657]). Donde decorre que podem variar os objetos da hipoteca.[658]

imóvel onde funciona a fábrica. [cfr. art. 691.º n.º 2 CC e art. 96.º, n.º 1, al. b) CRPredial], pelo que será só este que está em jogo.

[656] No penhor de estabelecimento comercial aquilo que é empenhado é o estabelecimento em si, bem complexo formado por um conjunto organizado de bens e susceptível de ser objeto de relações jurídicas. Ver, sobre o estabelecimento: A. MENEZES CORDEIRO, *Direito comercial*, 3.ª ed., Almedina, Coimbra, 2012, pp. 327, ss.; J. COUTINHO DE ABREU, *Curso de direito comercial, vol. I, Introdução, atos de comércio, comerciantes, empresas, sinais distintivos*, cit., pp. 230, ss.; F. CASSIANO DOS SANTOS, *Direito comercial português, vol. I*, cit., pp. 288, ss..

Aqui, objeto da hipoteca é o imóvel e os outros bens móveis (nos termos acima apontados) que compõem (mas não só) a fábrica como unidade produtiva e, portanto, organizada para o efeito. É, na verdade, como objetivo último, essa organização produtiva, essa empresa, que se pretende em bloco vender no caso de não cumprimento por parte do devedor – não somente o imóvel onde ela funciona (se assim não fosse, não teria sido necessário consagrar esta modalidade de hipoteca – hipotecava-se só o imóvel) e os outros bens móveis que a compõem.

Para tal, no entanto, hipoteca-se o imóvel e o conjunto de bens materiais que são elementos dessa unidade produtiva (embora não os únicos, porque, como se sabe, os elementos da empresa não se limitam às coisas corpóreas – ver J. COUTINHO DE ABREU, *Curso de direito comercial*, vol. I, cit. pp. 230, ss.).

O destino deles em termos de negociação (rectius, de venda executiva) é, no entanto, unitário, o que significa que o objeto de negociação pretende-se que seja, na realidade, a unidade produtiva em si – ou, talvez melhor, grande parte dela.

Há ainda uma outra razão pela qual esta modalidade de hipoteca é interessante para o estudo que se empreende das garantias. Efetivamente, desta maneira pretende-se, embora de uma forma excessivamente limitativa (ver nota seguinte), a continuação da atividade da empresa, sem qualquer perda de valor.

[657] É interessante observar que PIRES DE LIMA/ANTUNES VARELA, com M. HENRIQUE MESQUITA (*Código civil anotado*, vol. I, cit., p. 714) defendiam aqui uma solução mais flexível para os casos em que "a alienação das máquinas constitua um ato de gestão normal, indispensável para manter a empresa em condições de funcionamento eficiente e competitivo", deixando essa opção ao proprietário, passando por sub-rogação real a hipoteca a incidir sobre as máquinas adquiridas no lugar das alienadas. Esta solução oferecia menor protecção ao

23.4.2.4. Os créditos

I. Na eventualidade de a coisa ou o direito hipotecado se perder, deteriorar ou diminuir de valor, tendo o dono direito a ser indemnizado, os credores hipotecários "conservam" sobre o crédito respectivo, ou as quantias pagas a título de indemnização, "as preferências que lhe competiam em relação à coisa onerada" (art. 692.º n.º 1).[659]

No que toca ao devedor, antes da notificação da existência da hipoteca, pode pagar liberatoriamente ao dono da coisa hipotecada. Depois de notificado, o devedor não se libera pelo cumprimento da sua obrigação "com prejuízo dos direitos conferidos" no art. 692.º n.º 1 (art. 692.º n.º 2). Isto significa[660] o seguinte: se o devedor apesar da notificação pagar ao dono da coisa e este cumprir a obrigação garantida, o pagamento é liberatório. Contudo, se este não cumprir e o credor hipotecário não conseguir obter satisfação do seu crédito, o pagamento feito ao dono da coisa já não é liberatório, podendo o credor hipotecário exigi-lo.

Daí que o devedor da indemnização, notificado da existência da hipoteca, deverá procurar o acordo do credor hipotecário e do devedor para cumprir liberatoriamente e, se não conseguir, recorrer à consignação em depósito[661].

credor, mas ao mesmo tempo permitia uma gestão mais eficiente da unidade produtiva que, na verdade, constitui, como se apontou, o cerne da sua garantia.

Do nosso prisma, seria a solução preferível, uma vez que entendemos que as garantias não devem colocar entraves, para além dos estritamente necessários, à atividade económica do devedor, essencial para que este possa depois cumprir. Há mesmo aqui interesses mais amplos ligados ao são e competitivo funcionamento das empresas que depois se inserem no quadro mais amplo da própria economia nacional.

658 Questiona-se aqui se vendido um destes bens sem consentimento escrito do credor, o terceiro que esteja de boa fé o adquire sem estar hipotecado, ou onerado. No primeiro sentido, P. ROMANO MARTINEZ/P. FUZETA DA PONTE, *Garantias de cumprimento*, cit., p. 192. No segundo, L. MENEZES LEITÃO, *Garantias das obrigações*, cit., p. 214.

659 A lei alarga esta solução a outras indemnizações, como as devidas por expropriação ou requisição, etc. (art. 692.º n.º 3).

660 Como explicam PIRES DE LIMA/ANTUNES VARELA (com a colaboração de M. HENRIQUE MESQUITA), *Código civil anotado*, vol. I, cit., p. 716.

661 Assim, PIRES DE LIMA/ANTUNES VARELA (com a colaboração de M. HENRIQUE MESQUITA), *Código civil anotado*, vol. I, cit., p. 716.

Trata-se aqui de um caso de sub-rogação real em que o objeto da hipoteca pode passar a ser (portanto: subsequentemente) os créditos indemnizatórios[662].

23.4.3. A indivisibilidade

I. A não ser que as partes estabeleçam convenção em contrário, a hipoteca é indivisível o que significa, nos termos da lei, que subsiste por inteiro sobre cada uma das coisas oneradas e sobre cada uma das partes que as constituem, ainda que a coisa ou o crédito seja dividido ou este se encontre parcialmente satisfeito (art. 697.º).

Temos então que, se tiverem sido hipotecados vários prédios, a hipoteca incide sobre todos eles na sua totalidade e não na proporção do seu valor, podendo o credor escolher executar um deles. Ao invés, se se dividir o prédio hipotecado, a hipoteca passa a incidir sobre cada um dos dois (ou mais) prédios na sua totalidade, podendo o credor executar qualquer um deles pela totalidade da dívida.

II. Se o devedor pagar parte do crédito, a hipoteca mantém-se sem qualquer limitação[663]. Restam as regras da redução, quando aplicáveis.

Na eventualidade de o crédito garantido se fracionar, o que pode suceder por uma cessão parcial de crédito, qualquer dos credores pode executar o prédio hipotecado para a satisfação do seu crédito[664].

III. A indivisibilidade conduz também a que a hipoteca venha a abranger as construções que se façam no prédio hipotecado, o que tem um enorme alcance prático. Hipotecado o terreno para construção, o edifício aí construído fica também hipotecado. O mesmo sucede às frações autónomas quando o edifício vier a ser constituído em propriedade horizontal.

[662] Por isso sublinha L. MENEZES LEITÃO (*Garantias das obrigações*, cit., p. 216) que "neste caso a lei vai permitir que a hipoteca tenha um objeto que não pode habitualmente ter...".

[663] É a chamada "indivisibilidade quanto ao crédito", ver ISABEL MENÉRES DE CAMPOS, *Da hipoteca*, cit., pp. 130, ss..

[664] Ver J. ANTUNES VARELA, *Das Obrigações em geral*, vol. II, cit., p. 556.

Cada uma delas, que resulta da divisão da coisa hipotecada, responde pela totalidade da dívida[665].

Note-se que se admite convenção em contrário. Este aspeto tem uma relevância grande quando o edifício hipotecado esteja constituído em propriedade horizontal. A hipoteca abrange todas as frações, como se referiu. Contudo, o credor hipotecário poderá, por acordo com a outra parte, normalmente mediante o pagamento de parte do crédito garantido, renunciar à hipoteca sobre uma ou mais frações[666]. O que permite que o dono delas as possa alienar livre de ónus (caso contrário, seria uma venda de coisa onerada)[667].

23.4.4. A proibição do pacto comissório

I. A convenção pela qual o credor fará sua a coisa hipotecada no caso de o devedor não cumprir, seja celebrada antes ou depois da constituição da hipoteca, é nula (art. 694.º). Esta proibição[668], que se estende também ao penhor (art. 678.º) e vigora na consignação de rendimentos (art. 665.º), impede que o credor garantido, se a outra parte não cumprir, possa sem ter que avaliar a coisa ou com uma avaliação por ele realizada[669] fazê-la entrar no seu património e ao mesmo tempo levar à extinção da obrigação garantida. O que poderia redundar num prejuízo para o dono da coisa hipotecada, dada a normal diferença de valor (que pode ser até muito substancial) entre esta e o montante em dívida[670]. Não espanta por

[665] L. MENEZES LEITÃO, *Garantias das obrigações*, cit., p. 218; ISABEL MENÉRES DE CAMPOS, *Da hipoteca*, cit., p. 124. Na jurispudência, o acórdão do STJ de 12.04.2018 (Rosa Tching), in: www.dgsi.pt.

[666] P. ROMANO MARTINEZ/P. FUZETA DA PONTE, *Garantias de cumprimento*, cit., p. 200; R. PINTO DUARTE, *Curso de direitos reais*, cit., p. 223.

[667] Restrição a este princípio resulta somente do art. 689.º n.º 2. Ver L. MENEZES LEITÃO, *Garantias das obrigações*, cit., p. 218.

[668] Que existe também no Direito brasileiro: art. 1428.º do Código Civil brasileiro; assim como no italiano: art. 2744.º do *Codice Civile*.

[669] A. VAZ SERRA, *Penhor*, BMJ n.º 58, p. 217; J. ANTUNES VARELA, *Das Obrigações em geral*, vol. II, p. 538, p. 555.

[670] Como apontava A. VAZ SERRA (*Penhor*, BMJ n.º 58, cit., p. 217), a "sua razão de ser está em que tal pacto pode representar um benefício injustificado para o credor (que adquire uma coisa acaso muito mais valiosa do que o crédito), sobretudo quando obtido do devedor que, levado pela necessidade, facilmente consentiria nele." Igualmente nesta linha,

isso que a sua proibição seja já antiga, vinda do tempo de Constantino (ano 326 DC)[671].

II. Como iremos ver, esta figura, atendendo ao alcance geral do seu fundamento, mas também só nos limites deste, deverá aplicar-se não só às figuras típicas, mas também àquelas atípicas em que o mesmo resultado que a lei pretende evitar seja alcançado. Estejamos perante uma garantia típica ou atípica, a razão de ser da lei abrange ambas. A lei visou aqui obstar o resultado potencialmente danoso para o devedor apontado.

Igualmente, deverá estender-se àquelas figuras com uma estrutura diversa daquela prevista na lei em que o direito seja transferido ao credor aquando da celebração do contrato, e não já só na fase do incumprimento, e este possa extinguir a dívida, mantendo-o a título definitivo no seu património na eventualidade de não cumprimento da obrigação garantida.

Independentemente do momento em que se opere a transferência do direito, o que é certo é que o resultado a que se chega, e a que a lei pretende obstar, é sempre o mesmo. Consiste aqui, como se referiu, na diferença de valor entre o objeto da garantia (objetivamente considerado), que passa aquando do incumprimento para a esfera do credor ou então que nessa altura (estando nós face a uma transmissão prévia fiduciária) aí se consolida de forma definitiva, e a obrigação garantida.

SILVIO RODRIGUES, *Direito civil, Direito das coisas*, vol. 5, cit., p. 346; F. ULHOA COELHO, *Curso de direito civil, Direito das coisas, Direito autoral*, cit., p.216 (que acresenta a proibição da usura).

Quanto à *ratio* do pacto comissório onde há uma grande divergência de opiniões, em particular na doutrina italiana, ver: MASSIMO BIANCA, *Il divieto del patto commissorio*, Giuffrè, Milão, 1957; RENATO CLARIZIA, *I contratti di finanziamento, leasing e factoring*, Utet, Turim, 1989, pp. 185, ss.; UGO CARNEVALI, *Patto commissorio*, ED, XXXII, pp. 499, ss.; R. DE NICTOLIS, *Nuove garanzie personali e reali, Garantievertrag, fideiussione omnibus, lettere di patronage, sale – lease – back*, cit., pp. 459, ss..

Entre nós M. J. COSTA GOMES (*Assunção fidejussória de dívida. Sobre o sentido e o âmbito da vinculação como fiador*, cit., p. 94) sustenta, na linha de COSTANZA, que "a *ratio* da proibição do pacto comissório é plúrima e complexa...". Ver, ainda, ISABEL ANDRADE DE MATOS, *Pacto comissório. Contributo para o estudo do âmbito da sua proibição*, Almedina, Coimbra, 2006, pp. 58, ss..

671 Cfr. A. SANTOS JUSTO, *Direito privado romano – III (direitos reais)*, cit., p. 214; JUAN IGLESIAS, *Derecho romano*, 13.ª ed. (revista com a colaboração de Juan Iglesias-Redondo), Ariel, Barcelona, 2001, p. 221.

23.4.5. A substituição ou reforço da hipoteca

I. Se por causa não imputável ao credor, ou ao devedor (o que levaria à aplicação do art. 780.º), a coisa hipotecada perecer ou se tornar insuficiente para segurança da obrigação, o credor tem a faculdade de exigir que o devedor a substitua (se ela tiver perecido) ou a reforce (se se tornar insuficiente).

Na eventualidade de o devedor não a substituir ou reforçar, pode o credor exigir de imediato o cumprimento da obrigação, ou, se se tratar de uma obrigação futura, registar hipoteca sobre outros bens do devedor (art. 701.º n.º 1).

Estes direitos do credor mantêm-se, mesmo se a hipoteca tiver sido constituída por terceiro. Só não é assim, se o devedor tiver sido estranho à sua constituição (art. 701.º n.º 2). Isto é, nessa hipótese o credor não poderá exigir ao devedor, nem, em princípio, a terceiro, a substituição ou reforço da coisa hipotecada ou o reforço da hipoteca.

Contudo, se a diminuição da garantia, tendo o devedor sido estranho à sua constituição, se ficar a dever a culpa de terceiro, o credor poderá exigir dele, ou seja, do próprio terceiro, que a reforce ou substitua, conforme o caso, sob pena de lhe poder exigir (ao terceiro) o cumprimento imediato (art. 701.º n.º 2 *in fine*)[672].

II. Havendo uma diminuição da garantia do crédito, neste caso da hipoteca, por causa imputável ao devedor, o credor pode igualmente exigir-lhe a substituição ou o reforço da garantia. Contudo, ao contrário da hipótese anterior, não tem necessariamente que o fazer; em alternativa pode optar por exigir logo o cumprimento imediato da obrigação garantida. Repare-se que a diminuição da garantia, ao contrário do que sucede no art. 701.º, não tem que se tornar insuficiente para a garantia da obrigação. Basta que a redução seja significativa, de acordo com o princípio da boa fé. É o regime do art. 780.º.[673_674]

[672] Cfr. J. RIBEIRO DE FARIA, *Direito das obrigações*, vol. II, cit., p. 324.

[673] Cfr. I. GALVÃO TELLES, *Direito das obrigações*, cit., pp. 265, ss..

[674] Na eventualidade de ter sido alienado o bem hipotecado, se o adquirente deste (que o adquire, evidentemente, onerado) por culpa sua "diminuir a segurança do crédito", o credor hipotecário pode antes do vencimento do prazo exercer o seu direito contra o adquirente do

23.4.6. A não celebração do seguro

I. Hipótese em parte diversa da anteriormente vista, é a não realização pelo devedor do seguro sobre a coisa hipotecada quando se tenha comprometido a fazê-lo no prazo devido ou o deixe rescindir por não pagamento dos prémios. O seguro representa aqui uma garantia de que o credor hipotecário beneficia em virtude do regime do art. 692.º. Por isso, o credor pode segurá-la à custa do devedor (art. 702.º n.º 1)[675]. Confere-se, também, nesse caso, ao credor o direito de exigir o cumprimento imediato da obrigação (art. 702.º n.º 2).[676]

23.5. A redução da hipoteca[677]

I. Em certos casos pode haver interesse numa redução da hipoteca, ou porque a dívida se manteve, mas os bens hipotecados aumentaram de valor, ou porque o devedor foi fazendo pagamentos parciais da dívida[678].

A lei admite duas modalidades de redução da hipoteca: voluntária e judicial (art. 718.º).

II. A redução voluntária só pode ser consentida por quem puder dispor da hipoteca e aplicam-se as regras da renúncia (art. 719.º), o que significa que terá que ser expressa e exarada em documento que contenha a assinatura do renunciante reconhecida presencialmente, salvo se esta for feita na presença de funcionário da conservatória competente para o registo,

bem (art. 725.º). Poderá, como sucede no âmbito do art. 780.º n.º 2, limitar-se a exigir o reforço ou a substituição da garantia. Ainda, o credor pode optar por exercer, agora contra o devedor, os direitos que lhe confere o art. 701.º. Assim, PIRES DE LIMA/ANTUNES VARELA (com a colaboração de M. HENRIQUE MESQUITA), *Código civil anotado*, vol. I, cit., p. 746.

[675] Embora se o fizer por um valor excessivo o devedor "pode exigir a redução do contrato aos limites convenientes" (art. 702.º n.º 1 *in fine*).

[676] Ver PIRES DE LIMA/ANTUNES VARELA (com a colaboração de M. HENRIQUE MESQUITA), *Código civil anotado*, vol. I, cit., p. 725.

[677] Na exposição da matéria, daqui até à execução da hipoteca, segue-se a ordenação feita pelo Código que é neste ponto, como em muitos outros, aliás, bastante clara e didáctica. A mesma sequência é seguida por: J. ANTUNES VARELA, *Das Obrigações em geral*, vol. II, cit., pp. 560, ss.; M. J. ALMEIDA COSTA, *Direito das obrigações*, cit., pp. 954, ss..

[678] J. ANTUNES VARELA, *Das Obrigações em geral*, vol. II, cit., p. 561.

não sendo necessária a aceitação do devedor nem do autor da garantia para produzir os seus efeitos (art. 731.º).

III. No que toca à redução judicial, há que distinguir.

Nas hipotecas legais e judiciais, ela processa-se a requerimento de qualquer interessado, tanto no que diz respeito aos bens como relativamente à quantia designada como montante do crédito, a não ser que, por convenção ou sentença, a coisa onerada ou a quantia assegurada tiver sido especialmente indicada (art. 720.º n.º 1). Já se viu, aquando da análise das hipotecas judiciais e legais, as razões que levam a lei a permitir a sua redução nos termos apontados.

Na eventualidade a que se refere a última parte do art. 720.º n.º 1, a redução só é admitida se, em consequência do cumprimento parcial ou de outra causa de extinção, a dívida se encontrar reduzida a menos de dois terços do seu montante inicial [art. 720.º, n.º 2, al. a)]; ou se, em virtude de acessões naturais ou de benfeitorias, a coisa ou o direito hipotecado se tiver valorizado em mais de um terço do seu valor à data da constituição da hipoteca [art. 720.º, n.º 2, al. b)].

Nas hipotecas voluntárias, a redução só é admitida também nos dois últimos casos referidos (art. 720.º n.º 2) relativos, quer à diminuição na percentagem referida do valor da dívida, quer da valorização da coisa hipotecada igualmente na percentagem apontada.

Por fim, dispõe-se que a redução é realizável "quanto aos bens, ainda que a hipoteca tenha por objeto uma só coisa ou direito, desde que a coisa ou direito seja susceptível de cómoda divisão". (art. 720.º n.º 3).[679]

23.6. A expurgação da hipoteca

I. Um sujeito que tenha adquirido um bem onerado com uma hipoteca, registou o título de aquisição e não é pessoalmente responsável pelo cumprimento das obrigações garantidas, tem o direito de expurgar a hipoteca. Ou seja: de eliminar o direito real de garantia que sobre ela recai e assim

[679] Para esta última disposição, ver PIRES DE LIMA/ANTUNES VARELA (com a colaboração de M. HENRIQUE MESQUITA), *Código civil anotado*, vol. I, cit., p. 741.

evitar o risco da sua perda na hipótese de o devedor da obrigação garantida não a cumprir e o credor a executar[680].

A lei admite a expurgação por uma de duas formas (art. 721.º)[681]: pagando o adquirente aos credores hipotecários as dívidas a que os bens estão hipotecados [art. 721.º al. a)] ou, em alternativa, declarando que está disposto a entregar aos credores, para pagamento dos seus créditos, até à quantia pela qual obteve os bens, ou aquela em que os estima, quando a aquisição tenha sido feita a título gratuito ou não tenha havido fixação de preço [art. 721.º al. b)].

II. A sentença que declarar os bens livres de hipotecas em consequência da expurgação não será proferida sem se mostrar que foram citados todos os credores hipotecários (art. 723.º n.º 1). E se o credor que, tendo a hipoteca registada, não for citado nem comparecer espontaneamente em juízo, não perde os seus direitos de credor hipotecário, seja qual for a sentença proferida em relação aos outros credores (art. 723.º n.º 2).[682]

IV. Por último, temos o art. 830.º, n.º 4, relativo à execução específica do contrato-promessa relativo à celebração de contrato oneroso de transmissão ou de constituição de direito real sobre edifício, ou fração autónoma dele, que esteja onerado com uma hipoteca.

Nesse caso, a lei atribui ao adquirente, a quem caiba nos termos apontados (portanto: do art. 721.º), a faculdade de a expurgar, a faculdade de

[680] A lei atribui também este direito ao doador ou aos seus herdeiros, relativamente aos bens hipotecados pelo donatário que venham ao poder daqueles em consequência da revogação da liberalidade por ingratidão do donatário, ou da sua redução por inoficiosidade (art. 722.º).

[681] Ver PAULO SOARES DO NASCIMENTO, *Redução por inoficiosidade e expurgação da hipoteca. Reflexões sobre os arts. 722.º e 275 do Código Civil*, in: Estudos em Memória ao Professor Doutor José Dias Marques (coordenação dos Professores Doutores Ruy de Albuquerque e António Menezes Cordeiro), Almedina, Coimbra, 2007, pp. 745, ss..

[682] Em todos os casos em que a expurgação passe pelo pagamento pelo adquirente do bem hipotecado do crédito garantido, temos um pagamento por terceiro, adquirindo este, por sub-rogação legal, nos termos do art. 592.º, uma vez que, obviamente, está diretamente interessado na satisfação do crédito, na medida do que pagou, um crédito face ao devedor cuja dívida extinguiu. Ver: PIRES DE LIMA/ANTUNES VARELA (com a colaboração de M. HENRIQUE MESQUITA), *Código civil anotado*, vol. I, cit., p. 608; P. SOARES DO NASCIMENTO, *Redução por inoficiosidade e expurgação da hipoteca. Reflexões sobre os arts. 722.º e 275 do Código Civil*, cit., p. 750-751.

requerer, sempre que a extinção dessa garantia não preceda a mencionada constituição ou transmissão, que a sentença de execução específica condene também o promitente-faltoso a entregar-lhe o montante do débito garantido, ou o valor nele correspondente à fração do edifício ou do direito objeto do contrato e dos juros respectivos, vencidos e vincendos, até ao pagamento integral.

A sentença proferida no seio de uma ação declarativa é então mista: constitutiva, na parte da execução específica, e de condenação, no pagamento da quantia referida[683].

A expurgação da hipoteca terá, de todo o modo, caso o alienante pague, que ser realizada nos termos do art. 721.º.

V. A hipótese contemplada no art. 724.º é diversa, e só em parte se liga à expurgação da hipoteca.

Assim, se o adquirente da coisa hipotecada tinha antes da aquisição uma hipoteca[684] sobre essa coisa, ela extingue-se (art. 871.º n.º 4 *a contrario*)[685]; mas poderá renascer no caso de venda em processo de execução ou de expurgação da hipoteca, sendo atendido de acordo com as regras legais relativas a essa venda[686].

23.7. A transmissão da hipoteca

I. Convém começar por assinalar que na subsecção VII relativa à transmissão da hipoteca se regulam duas realidades diferentes. Uma é a transferência da própria hipoteca, que passa a garantir, nos termos que veremos, um outro crédito sobre o mesmo devedor (arts. 727.º e 728.º). Outra é a cessão do grau hipotecário, que implica a existência de uma outra hipo-

[683] Ver J. LEBRE DE FREITAS, *A ação executiva, depois da reforma da reforma*, 5.ª ed., Coimbra Editora, Coimbra, 2009, pp. 12-13, nota 17 (para a ação de execução específica).

[684] A lei tem um alcance mais amplo e refere-se a algum direito real, como p. ex., um usufruto. A nós, neste contexto, interessa-nos a hipoteca.

[685] Neste sentido, L. MENEZES LEITÃO, *Garantias das obrigações*, cit., p. 219.

Portanto, a hipótese é que o credor não tenha interesse na manutenção da hipoteca. Caso contrário, e na medida em que esse interesse o justificasse, ela manter-se-ia (art. 871.º n.º 4 in fine).

[686] Ver, para a explicação desta solução, bem como a do n.º 2 do art. 724.º, PIRES DE LIMA/ANTUNES VARELA (com a colaboração de M. HENRIQUE MESQUITA), *Código civil anotado*, vol. I, cit., p. 745; L. MENEZES LEITÃO, *Garantias das obrigações*, cit., p. 223.

teca de grau mais baixo a assegurar um crédito sobre o mesmo devedor (art. 728.º). Vejamos então cada uma destas hipóteses.

II. Desde que a hipoteca não seja inseparável da pessoa do devedor, ela pode ser cedida sem ser acompanhada pelo crédito garantido, para garantir outro crédito de que seja titular outro credor do mesmo devedor, com observância das regras da cessão de créditos (art. 727.º n.º 1).

Na eventualidade de a coisa ou direito hipotecado pertencer a terceiro, é necessário o consentimento deste para se transmitir a hipoteca (art. 727.º n.º 1, *in fine*). O credor hipotecário cuja garantia incida sobre mais do que uma coisa ou direito apenas pode cedê-la à mesma pessoa e na totalidade, não sendo admitida a cessão parcial (art. 727.º n.º 2).

A lei remete para as regras da cessão de créditos (arts. 577.º e segs.). Isso significa que haverá sempre um negócio base da cessão, gratuito ou, mais provavelmente, oneroso (p. ex., uma compra e venda) que define os requisitos e efeitos da cessão entre as partes (art. 578.º).

A eficácia da cessão da hipoteca em relação ao devedor está dependente da sua notificação ou aceitação (art. 583.º n.º 1). Poderão ainda aqui encontrar aplicação as disposições dos arts. 586.º e 587.º.[687]

Quanto à forma, a cessão da hipoteca só será válida se for celebrada por escritura pública ou por documento particular autenticado [art. 22.º, al. e) do Dec.-Lei n.º 116/2008, de 4/7][688].

A cessão da hipoteca está sujeita a registo [art. 2.º, n.º 1, al. h) CRPredial] que se realiza por averbamento [art. 101.º, n.º 1, al. c) CRPredial] à inscrição. Ao contrário do registo da própria hipoteca, sem o qual, nas hipotecas voluntárias, estas não produzem efeitos nem sequer em relação às partes por força do art. 687.º, a falta de registo da cessão da hipoteca só conduz à não produção dos efeitos em relação a terceiros, uma vez que a referida disposição se aplica somente à constituição da hipoteca e não à sua cessão.[689]

[687] Assim, PIRES DE LIMA/ANTUNES VARELA (com a colaboração de M. HENRIQUE MESQUITA), *Código civil anotado*, vol. I, cit., p. 748.

[688] Sem prejuízo de lei especial.

[689] Assim, J. ANTUNES VARELA, *Das Obrigações em geral*, vol. II, cit., p. 567.

III. Note-se que a hipoteca cedida só garante o novo crédito nos limites do crédito originário. Assim, se este último for de 1.000 euros e a hipoteca for transmitida para garantia de um crédito de 1.200 euros, só 1.000 euros deste novo crédito estarão cobertos pela hipoteca (art. 728.º, n.º 1). Solução que se compreende para que um terceiro credor não seja prejudicado pela extensão da garantia real ou o próprio devedor que não tem que consentir nela (quando a coisa hipotecada for sua) e vê o seu bem onerado por uma quantia superior.

Depois de registada a cessão da hipoteca, ela passa a garantir, nos termos acima definidos, é certo, o novo crédito. Por isso, a extinção do crédito originariamente garantido já não afetará a sua subsistência (art. 728.º n.º 2).

IV. Como se assinalou, hipótese diversa é a da cessão do grau hipotecário. Aqui há dois (ou mais) credores garantidos por duas (ou mais) hipotecas sobre o mesmo bem. Prevalece a hipoteca primeiro registada. Portanto, executada a garantia, o primeiro crédito a ser satisfeito será aquele garantido pela hipoteca primeiro registada e só em seguida, pelo que sobejar, o crédito assegurado pela hipoteca registada em segundo lugar, etc.

O que a lei aqui vem permitir é que seja cedido o próprio grau hipotecário a favor de um credor que registou a sua hipoteca posteriormente àquela que se cede. E que, nessa medida, aumenta a probabilidade de o seu crédito vir a ser satisfeito, em especial se o grau cedido for o primeiro (mas pode não ser – e tudo dependerá então do valor do bem e do montante dos créditos assegurados por hipotecas de grau superior ao cedido).[690]

Não pode é o cessionário do grau ficar em melhor posição do que o cedente. Dessa maneira, de forma paralela à que acima vimos, se o credor beneficiado pela cessão do grau for titular de um crédito de 1.000 euros e o credor cedente do grau for titular de um crédito de 800 euros, só em relação a este valor beneficia o primeiro da cessão do grau. Doutro modo, estar-se-ia a prejudicar um credor hipotecário intermédio[691].

[690] No sentido de que se o bem hipotecado pertencer a terceiro será necessário o consentimento deste, aplicando o art. 727.º n.º 1 *in fine* por analogia, L. MENEZES LEITÃO, *Garantias das obrigações*, cit., p. 225.

[691] Assim, PIRES DE LIMA/ANTUNES VARELA (com a colaboração de M. HENRIQUE MESQUITA), *Código civil anotado*, vol. I, cit., p. 750.

Aplicam-se aqui as regras respeitantes à cessão de créditos, o que implica igualmente a existência de um negócio de cessão, provavelmente oneroso, entre cedente e cessionário do grau nos termos acima referidos. Quanto às outras disposições do regime da cessão de créditos a aplicar, vale o que foi acima dito. O mesmo sucede com a sujeição da cessão do grau de hipoteca a registo e as consequências da sua omissão. No que toca à forma, igualmente, a cessão de grau hipotecário só será válida se for celebrada por escritura pública ou por documento particular autenticado [art. 22.º al. e) do Dec.-Lei n.º 116/2008, de 4/7][692].

V. Diferente da transmissão da hipoteca, é a transmissão do objeto da garantia, assim como do crédito hipotecário.

Em relação ao primeiro aspeto, acentue-se que o bem hipotecado não está subtraído ao tráfego jurídico e pode ser alienado ou mesmo onerado (nova hipoteca). A lei fere mesmo com a nulidade uma cláusula que impeça a alienação ou oneração do bem hipotecado (art. 695.º). Podem, no entanto, as partes acordar que o crédito se vence logo que esses bens sejam alienados ou onerados.

Por outro lado, as partes podem por via da cessão transmitir o crédito hipotecário. Na falta de convenção em contrário, a cessão do crédito leva à transmissão das garantias, neste caso a hipoteca, para o novo credor (art. 582.º n.º 1). Sempre que a hipoteca, como será a regra, tenha por objeto bens imóveis, a cessão (se não for feita em testamento) deve constar de escritura pública ou de documento particular autenticado[693] (art. 578.º n.º 2)[694_695]

[692] Sem prejuízo de lei especial.

[693] O art. 578.º n.º 2 foi recentemente alterado pelo art. 4.º do Dec.-Lei n.º 116/2008, de 4/7, permitindo-se que a cessão de créditos hipotecários possa também ser realizada por documento particular autenticado, ressalvando ainda a lei a existência de disposição de lei especial.

[694] Estando sujeita a registo – art. 2.º n.º 1 al. i) e art. 101.º n.º 1 al. b) CRPredial. Ver J. A. MOUTEIRA GUERREIRO, *Noções de direito registral*, 2.ª ed., Coimbra Editora, Coimbra, 1994, p. 51, p. 243 (a transmissão da garantia encontra tradução registral através do seu averbamento).

[695] Desenvolvidamente quanto à cessão destes créditos, ver: L. MENEZES LEITÃO, *Cessão de créditos*, Almedina, Coimbra, 2005, p. 330; M. PESTANA DE VASCONCELOS, *A cessão de créditos em garantia e a insolvência. Em particular da posição do cessionário na insolvência do cedente*, cit., p. 487.

23.8. A extinção da hipoteca

I. A primeira causa de extinção da hipoteca está ligada ao seu carácter acessório. Extinta a obrigação garantida, extingue-se a hipoteca [art. 730.º al. a)]. Temos depois a extinção por prescrição a favor de terceiro adquirente do prédio hipotecado, decorridos vinte anos sobre o registo da aquisição e cinco sobre o vencimento da obrigação [art. 730.º al. b)].

O perecimento total da coisa hipotecada leva naturalmente a esse mesmo efeito, exceto se se verificarem os pressupostos do art. 692.º, eventualidade em que a hipoteca passa a incidir sobre o crédito indemnizatório. A lei salvaguarda igualmente o disposto no art. 701.º em que, como se viu *supra*, o credor tem o direito de exigir ao devedor a substituição da coisa hipotecada que tenha perecido sem ser por causa a ele imputável ou a este último [art. 730.º al. c)].

Por fim, temos a renúncia do credor [art. 730.º al. d)]. Esta tem que ser expressa e "escrita em documento que contenha a assinatura do renunciante reconhecida presencialmente, salvo se esta for feita na presença de funcionário da conservatória competente para o registo", não carecendo de aceitação do devedor ou do autor da hipoteca para produzir efeitos (art. 731.º n.º 1)[696]. Repare-se que a renúncia à hipoteca não implica a renúncia ao crédito garantido, cuja extinção se processa por remissão, que é um contrato (art. 863.º n.º 1)[697].

II. Na eventualidade de a "causa extintiva da obrigação ou a renúncia do credor à garantia for declarada nula ou anulada, ou ficar por outro motivo sem efeito, a hipoteca, se a inscrição tiver sido cancelada, renasce apenas desde a data da nova inscrição." (art. 732.º).

III. Para além destas causas, haverá a considerar aquelas que decorrem dos princípios gerais, como, p. ex., o decurso do prazo acordado ou a condição resolutiva a que a hipoteca se encontrava sujeita.[698]

[696] Os administradores de patrimónios alheios não podem renunciar às hipotecas constituídas em benefício das pessoas cujos patrimónios administrem. (art. 731.º n.º 2).

[697] J. ANTUNES VARELA, *Das Obrigações em geral*, vol. II, cit., p. 571.

[698] M. J. ALMEIDA COSTA, *Direito das obrigações*, cit., p. 957.

Acrescem a estas, as outras causas de extinção dispersas pelo regime desta figura. Algumas foram já abordadas, como a extinção da hipoteca pela sua expurgação, no caso previsto na al. b) do art. 721.º.

Acrescentaríamos, para finalizar este ponto, os casos do art. 717.º n.º 1 e do art. 699.º n.º 2[699].

Se a hipoteca tiver sido constituída por terceiro e por facto positivo ou negativo do credor não puder dar-se a sub-rogação do primeiro nos direitos deste, a hipoteca extingue-se (art. 717.º n.º 1). Como exemplo desta situação avança-se a existência de outras garantias a favor do credor nas quais o autor da hipoteca ficaria sub-rogado e o credor tenha renunciado a elas[700].

Por outro lado, se a hipoteca tiver por objeto um direito de usufruto, ela extingue-se se se extinguir esse direito (art. 699.º n.º 2). Todavia, se "a extinção do usufruto resultar da renúncia, ou da transferência dos direitos do usufrutuário para o proprietário, ou da aquisição da propriedade por parte daquele, a hipoteca subsiste como se a extinção do direito não se tivesse verificado" (art. 699.º n.º 3).

23.9.1. A extinção da obrigação através da dação em pagamento do bem hipotecado

I. Em caso de incumprimento do devedor, em particular quando este não tenha já meios para continuar a cumprir, naqueles casos, que são os mais vulgares, em que a restituição do capital e o pagamento dos juros se vai realizando em prestações compósitas (parte amortização do capital, parte pagamento de juros) a serem pagas mensalmente ao longo de um período dilatado de tempo (por vezes mesmo muito dilatado, 20, 30 anos), este poderá pretender extinguir a sua dívida através da dação em pagamento do imóvel[701].

[699] Assim, quanto a estes três casos, L. MENEZES LEITÃO, *Garantias das obrigações*, cit., p. 223-224.

[700] O exemplo é de PIRES DE LIMA/ANTUNES VARELA (com a colaboração de M. HENRIQUE MESQUITA), *Código civil anotado*, vol. I, cit., p. 738.

[701] O que é bastante comum. Ver o Acórdão do STJ de 2/10/2008 (Salvador da Costa), in: www.dgsi.pt. (não considerando, no entanto, esta prática um facto notório no âmbito geral a não ser "porventura, no sector bancário").

Não corre desta forma o risco da forte desvalorização que a sua venda executiva acarretaria. Todavia, ainda assim, e este é um dos aspetos centrais neste quadro (de enorme relevância prática[702]) colocam-se aqui duas questões a resolver sequencialmente: saber se o devedor pode, simplesmente, em caso de incumprimentro entregar em pagamento ao imóvel ao credor, em regra um banco, com extinção integral do montante em dívida, independentemente do valor do imóvel, e, sendo a resposta negativa, quem fixa o valor do imóvel objeto da dação.

II. Quanto ao primeiro ponto, a resposta é, inequivocamente, salvo a existência de disposições excecionais, negativa[703]. A dação implica, desde logo, o acordo do credor (art. 837.º), não opera unilateralmente. O devedor tem que cumprir pontualmente. O que significa ter que cumprir a prestação a que se vinculou, nos termos em que se vinculou.

Outro aspeto é saber se o credor prestou a informação a que está obrigado na fase pré-contratual, nomeadamente explicando de forma clara a um devedor que tenha um *déficit* de informação[704] – caso bastante vulgar dada a enorme difusão do crédito à aquisição de casa própria assegurado por hipoteca – as consequências e os riscos de incumprimento, atendendo ao período alargado de tempo pela qual o empréstimo é concedido. Em especial, os efeitos dos ciclos económicos (que encerram sempre, períodos, maiores ou menores, de dificuldades, por vezes severas) que todas as economias atravessam.

Neste quadro tem especial importância o risco da depreciação do imóvel. O que significa que se o devedor não puder cumprir e se o montante

[702] Dado o período de dificuldades financeiras que muitos devedores atravessam, a que não é alheia a diminuição salarial e o desemprego, há, como se sabe, um número muito elevado de incumprimentos em que estes, para utilizar uma expressão muito corrente na prática e sem qualquer rigor jurídico – mas que será enquadrada juridicamente em texto –, pretendem "entregar a casa ao banco".

[703] Em alguns Estados dos Estados Unidos não há recurso (*non recourse*) face ao mutuário se o produto da venda do imóvel hipotecado não for suficiente para satisfazer o montante em dívida. Mas noutros não é assim, podendo o credor exigir o remanescente da dívida ao mutuário (*recourse*). Cfr. ANDRA C. GHENT/MARIANNA KUDLYAKY, *Recourse and Residential Mortgage Default: Evidence from U.S. States*, Federal Reserve Bank of Richmond Working Paper No. 09-10R, February 25, 2011, pp. 1, ss. (in http://ssrn.com/abstract=1432437).

[704] Ver sobre estes deveres, e sua extensão, *supra*, n.º 13.9.3.

em dívida for superior ao valor do imóvel que se tenha depreciado, poderá ficar sem ele e, ainda assim, manter-se devedor pela parte não satisfeita.

Este risco é relevantíssimo e o credor, tendo o devedor esse *déficit* de informação (o que, como se referiu, é muito comum), terá que o comunicar e explicar de forma clara.

E será tanto mais extenso e intenso[705] consoante a posição de debibildade (*déficit* de cultura, ignorância, em especial dos aspeto jurídicos – como este –, dificuldade de compreensão, etc.). *Déficit* esse muito comum dada a generalidade do recurso ao crédito hipotecário para adquirir habitação próría entre nós.

Se o mutuante não cumprir estes deveres, então, nesse caso, estará, ele, em incumprimento.

III. Como se disse, a dação implica um acordo do credor. Da maior relevância é fixar-se qual o valor do imóvel.

Em primeiro lugar, note-se que este terá sempre que ser avaliado. O bem não poderá ser, simplesmente, dado em pagamento, mesmo com o acordo do devedor, sem que essa quantificação pecuniária do seu valor de mercado seja realizada.

A dação não pode aqui ser vista isoladamente, desprendida do contexto da hipoteca. O bem onerado é a garantia do credor. Em caso de incumprimento, ele poderá executá-lo, mas não poderá fazê-lo seu sem o avaliar ou com uma avaliação por ele realizada. Trata-se, como se viu, da proibição do pacto comissório[706]. Isto mesmo que tenha havido um acordo nesse sentido posteriormente à constituição da hipoteca. Uma dação em pagamento sem a avaliação prévia do bem, ou com uma avaliação realizada pelo credor, conduz ao mesmo resultado. Pelo que é vedada por essa proibição.

Por isso, a avaliação terá que ser levada cabo por um terceiro independente.

Todavia, a independência (do credor, assim como do devedor) deste terceiro não é meramente jurídica (uma sociedade de avaliação indepen-

[705] A. MENEZES CORDEIRO, *Direito bancário, relatório*, Almedina, Coimbra, 1997, p. 118.

[706] Ver, *supra*, n.º 23.4.4., ss..

dente do credor, em que ele não tenha qualquer participação[707]): terá que ser também económica[708]. Não pode, p. ex., tratar-se de uma sociedade de avaliação com um cliente único, uma vez que esta estará, do prisma económico, dependente do credor[709].

23.9. A execução da hipoteca

I. Em caso de incumprimento por parte do devedor, o credor pode executar a hipoteca. Para o efeito terá que, verificando-se os requisitos necessários, recorrer à ação executiva.[710]

II. Nesse contexto, sendo o bem do devedor, uma vez que a penhora se tem que iniciar pelos bens sob que incida a garantia e "só pode recair sobre outros quando se reconheça a insuficiência destes para conseguir o fim da execução" (art. 752.º n.º 1 CPC), ela iniciar-se-á pelo bem hipotecado.

Com efeito, decorre já do art. 697.º que o dono da coisa hipotecada tem, não só o direito de se "opor a que outros bens sejam penhorados na execução enquanto não se reconhecer a insuficiência da garantia", mas também de se opor a que, "relativamente aos bens onerados, a execução se estenda além do necessário à satisfação do direito do credor."

III. Se o autor da hipoteca tiver sido um terceiro, estatui o art. 54.º n.º 2 CPC, relativamente à legitimidade, que a execução segue "diretamente contra este, se o exequente pretender fazer valer a garantia", podendo desde logo ser também demandado o devedor, para a eventua-

[707] Outra coisa é tratar-se de uma sociedade que pertença ao mesmo grupo societário do credor. Quando assim for, a avaliação por este sujeito deverá ser equiparada a uma avaliação realizada pelo próprio credor.

[708] Ver para as relações de dependência económica no âmbito societário, J. ENGRÁCIA ANTUNES, *Os grupos de sociedades*, 2.ª ed., Coimbra, Almedina, 2002, p. 76, p. 517 e pp. 423, ss.

[709] Mesmo que pagamento desse serviço seja realizado (em regra, imputado) ao devedor.

[710] A Comissão apresentou uma proposta de diretiva onde se pretende, dentro de certo quadro, consagrar um "processo acelerado de execução extrajudicial das garantias reais" (arts. 23.º e segs. da proposta Proposta de diretiva do parlamento europeu e do conselho relativa aos gestores de créditos, aos compradores de créditos e à recuperação de garantias reais – COM(2018) 135 final).

lidade do produto da venda do bem hipotecado não ser suficiente para a satisfação integral do crédito exequendo.

Não tendo o devedor sido inicialmente demandado, tendo a execução sido movida só contra terceiro, se se reconhecer a insuficiência dos bens hipotecados, pode o exequente "requerer, no mesmo processo, o prosseguimento da ação executiva contra o devedor, que é demandado para completa satisfação do crédito exequendo" (art. 54.º n.º 3 CPC).

O terceiro/autor da hipoteca pode defender-se opondo ao credor, nos termos do art. 698.º n.º 1, "ainda que o devedor a eles tenha renunciado, os meios de defesa que o devedor tiver contra o crédito, com exclusão das exceções que são recusadas ao fiador".

Acresce que o terceiro autor da hipoteca tem ainda o direito de "se opor à execução enquanto o devedor puder impugnar o negócio donde provém a sua obrigação, ou o credor puder ser satisfeito por compensação com um crédito do devedor, ou este tiver a possibilidade de se valer da compensação com uma dívida do credor." (art. 698.º n.º 2).[711]

IV. O credor hipotecário será, em princípio, aquele que obterá em primeira linha a satisfação do seu crédito pelo produto da venda do bem objeto da garantia. Aliás, como se viu, sendo o bem objeto de mais do que uma hipoteca, estas graduam-se pela data do seu registo, sendo o credor da primeira hipoteca a ser pago em primeiro lugar. Isto no que toca ao concurso entre dois credores hipotecários cuja garantia incida sobre o mesmo bem.

Acontece, no entanto, que existem outras garantias reais que prevalecem sobre a hipoteca, mesmo que esta tenha sido anteriormente registada. É o que sucede com os privilégios imobiliários especiais (hoje, já não se pode sustentar que os gerais tenham esse regime, como a jurisprudência chegou a fazer) por força do art. 751.º e também com o direito de retenção sobre coisas imóveis (art. 759.º n.º 2).

O que significa que o credor hipotecário não pode estar seguro de vir a obter a satisfação do seu crédito pelo valor do bem hipotecado, porque

[711] Para a equiparação do dono da coisa ao fiador que daqui resulta, ver PIRES DE LIMA/ ANTUNES VARELA (com a colaboração de M. HENRIQUE MESQUITA), *Código civil anotado*, vol. I, cit., p. 720.

subsequentemente ao registo da sua garantia podem vir a constituir-se os referidos direitos reais (de garantia) que prevalecem sobre a hipoteca, sendo remetido, pelo menos na parte em que o bem não seja suficiente para satisfazer ambos os créditos garantidos, para a posição de credor comum[712].

Particular relevância tem aqui o direito de retenção do beneficiário da promessa sinalizada, de transmissão ou constituição de direito real que obteve tradição da coisa a que se refere o contrato prometido, sobre essa coisa, pelo crédito resultante do incumprimento imputável à outra parte [art. 755.º, n.º 1, al. f)]. De facto, muitas vezes esses edifícios, ou frações autónomas deles, estão já hipotecados a um financiador (em regra, um banco), que concedeu crédito ao promitente-vendedor para a sua construção.

Repare-se que este risco, decorrente da possibilidade de a hipoteca ser postergada pelas garantias apontadas, não tendo o credor hipotecário qualquer possibilidade de controlar a constituição delas, pode conduzir a que seja aceitável um diferencial com bastante relevo entre o valor do crédito garantido e o do bem hipotecado. É que justamente a existência desse risco – a avaliar, de todo o modo, em concreto – pode conduzir a que não exista aqui uma sobregarantia.

Registe-se, por fim, que, se o devedor for declarado insolvente, a posição do credor hipotecário poderá melhorar face ao regime insolvencial dos privilégios creditórios especiais acessórios dos créditos do Estado e das autarquias locais se estes se tiverem vencido mais de doze meses antes da data do início do processo de insolvência, uma vez que se extinguem [art. 97.º, n.º 1, al. b) CIRE]. Este aspeto será visto com mais detalhe no número seguinte.

V. O bem hipotecado permanece onerado no património do seu titular. Não está dessa forma imune a ser penhorado no seio de uma ação executiva interposta por outros credores seus (ou seja: do titular do bem hipotecado), que não o credor hipotecário[713]. Sem qualquer intervenção do

[712] Repare-se que as restrições à reclamação do credor com privilégio mobiliário ou imobiliário, dizem somente respeito aos privilégios gerais, e já não aos especiais (art. 788.º n.º 4 CPC).

Os limites ao pagamento resultantes do art. 796.º n.º 3 CPC não se aplicam igualmente aos privilégios especiais.

[713] Este resultado poderia de alguma forma ser contornado, mas nem sempre, na anterior lei processual (art. 833.º n.º 1 CPC – no processo ordinário para pagamento de quantia certa;

devedor/titular do bem. Na realidade, hoje, não existe "a própria figura da nomeação de bens"[714], podendo, pois, sem a intervenção do devedor executado, ser penhorados os bens onerados.

Nessa eventualidade, o credor hipotecário (ou que seja titular de um outro direito real de garantia, como, p. ex., o penhor) terá que ser citado para reclamar o pagamento do seu crédito [art. 786.º, n.º 1, al. b) CPC]. Note-se que este pode não estar vencido e, muitas vezes, na verdade, não o estará. Mas o credor hipotecário tem mesmo que o reclamar, sujeitando-se a que o pagamento seja realizado com o desconto correspondente ao benefício da antecipação (art. 791.º n.º 3 CPC).

Ou seja: o credor garantido pela hipoteca sujeita-se a que por ação de um terceiro (credor exequente do dono da coisa onerada) se venha a verificar uma verdadeira interferência no seu contrato com a outra parte, uma vez que tem logo que reclamar um crédito não vencido, que será pago ainda antes do vencimento, com desconto. O que pode ter consequências bastante gravosas (negativas, pelo menos, tem sempre) tanto para o credor hipotecário como para o devedor.[715]

Diga-se só, para terminar, que o executado pode requerer, "no prazo de oposição à penhora, a substituição dos bens penhorados por outros que igualmente assegurem os fins da execução desde que a isso não se oponha fundadamente o exequente" [art. 751.º, n.º 4, al. a) CPC]. Ainda, a penhora pode ser substituída quando "os bens penhorados não sejam livres e desembaraçados e o executado tenha outros bens que o sejam" [art. 754.º, n.º 4, al. c) CPC][716]. São de linhas de defesa do credor hipotecário. Elas não impedem, porém, a penhora, e sua manutenção,

contudo, ver o art. 924.º CPC, no âmbito de processo sumário), uma vez que, em regra, era ao devedor que cabia nomear os bens à penhora.

[714] J. LEBRE DE FREITAS, *A reforma do processo executivo*, cit., p. 743.

[715] O art. 751.º CPC regula a ordem pela qual se realiza a penhora, começando bens cujo valor pecuniário seja de mais fácil realização e se mostrem adequados ao montante do crédito do exequente. Porém, "mesmo que que não se adeque, por excesso, ao montante do crédito exequendo", podem ser penhorados bens imóveis desde que se verifique qualquer das circunstâncias previstas nas três alíneas do art. 751.º, n.º 3 CPC.

[716] Ver, quanto a estas disposições, J. LEBRE DE FREITAS/A. RIBEIRO MENDES, *Código de processo civil anotado*, vol. 3.º, cit., pp. 393, ss.; M. TEIXEIRA DE SOUSA, *A reforma da ação executiva*, cit., pp. 151, ss..

dos bens onerados (embora limitem a possibilidade de tal acontecer). Com as consequências apontadas.[717]

23.10. O regime insolvencial

I. Como ponto inicial, e mesmo prévio, importa saber se a constituição desta garantia real pelo insolvente não estará sujeita à resolução por parte do administrador da insolvência.

De acordo com o sistema do CIRE, certos atos são resolúveis em benefício da massa insolvente, sem dependência de quaisquer outros requisitos.

Dentre estes, interessa-nos agora, em especial, a constituição *pelo devedor* (portanto: hipotecas voluntárias) de garantias reais em simultâneo com as obrigações garantidas, que está sujeita a esta modalidade de resolução nos 60 dias anteriores à data do início do processo de insolvência [art. 121.º, n.º 1, al. e) CIRE].

O mesmo sucede com a constituição pelo devedor de garantias reais relativas a obrigações preexistentes ou outras que as substituam nos 6 meses anteriores à data do início do processo de insolvência [art. 121.º, n.º 1, al. c) CIRE].[718]

[717] No âmbito dos processos de execução fiscal há um conjunto de disposições que visam proteger habitação própria e permanente do executado, impedindo até certos limites decorrentes do valor tributável do imóvel, a sua venda executiva (Lei n.º 13/2016, de 23/5), tendo sido para esse fim introduzidas alterações ao CPPT (arts. 219.º, 239, e 244.º) e à LGT (art. 49.º). Efetivamente, o "imóvel destinado exclusivamente a habitação própria e permanente do devedor ou do seu agregado familiar, quando o mesmo esteja efetivamente afeto a esse fim" não pode ser vendido em sede de execução fiscal (art. 231.º, e art. 244.º, n.º 2 CPPT). A limitação não se aplica aos imóveis que, não obstante revestirem as caraterístcas referidas, tenham um valor tributável se "enquadre, no momento da penhora, na taxa máxima prevista para a aquisição de prédio urbano ou de fração autónoma de prédio urbano destinado exclusivamente a habitação própria e permanente, em sede de imposto sobre as transmissões onerosas de imóveis." (art. 244.º, n.º 3 CPPT). Mas, mesmo nesta circunstância, a venda só pode ocorrer um ano após o termo do prazo de pagamento voluntário da dívida mais antiga. (art. 244.º, n.º 4 CPPT).

Contudo, esta regra não se aplica nos casos em que a execução for iniciada por um outro credor, em sede de execução hipotecária, mesmo que o ente público venha depois a reclamar o seu crédito. Aliás, foi sustentado na jurisprudência que o art. 244.º, n.º 2 CPPT se aplica tão só aos casos em que a Administração Fiscal seja o único credor interveniente no processo (acórdão do TRC de 24/10/2017 – Relator: Sílvia Peres – in www.dgsi.pt).

[718] Sobre estas disposições, ver M. PESTANA DE VASCONCELOS, A resolução das garantias constituídas antes início do processo de insolvência, in III congresso de direito bancário (coord. Miguel Pestana de Vasconcelos), Almedina, Coimbra, 2018, pp. 63, ss..

A constituição de uma hipoteca pelo devedor nestes termos está assim sujeita a resolução, sem mais, pelo administrador da insolvência[719].

Para além da constituição pelo devedor de garantias reais nestes períodos temporais, só se estiverem preenchidos todos os pressupostos do art. 120.º CIRE poderá o administrador resolver esses atos.

Refira-se, porém, que nos termos do art. 120.º n.º 3 CIRE, esses atos, mesmo que praticados para além dos prazos do art. 121.º CIRE, se presumem prejudiciais à massa. Todavia, torna-se ainda necessário que a garantia tenha sido prestada dentro dos quatro anos anteriores à data do início do processo de insolvência e da prova do requisito da má fé[720] por parte do beneficiário da garantia, definida nos termos do art. 120.º n.º 5 CIRE.

II. Sendo declarada a insolvência do devedor autor da hipoteca[721], as obrigações do insolvente (não subordinadas a uma condição suspensiva – art. 91.º n.º 1 CIRE) vencem-se.[722] O credor hipotecário passa a ser, neste novo quadro, um credor, garantido, da insolvência [art. 47.º, n.º 4, al. a) CIRE].

A hipoteca abrange não só o crédito em si, mas também os juros que estejam abrangidos pela garantia real [art. 48.º, al. b) CIRE][723] que, agora,

[719] Mas não nos casos em que as hipotecas (ou outras garantias) decorram de acordo entre o devedor e os seus credores durante o processo especial de revitalização, com a finalidade de proporcionar àquele os necessários meios financeiros para o desenvolvimento da sua atividade. Com efeito, neste caso, essas garantias mantêm-se mesmo que, findo o processo, venha a ser declarada, no prazo de dois anos, a insolvência do devedor. (art. 17.º-H, n.º 1, do CIRE, aditado pela Lei n.º 16/2012, de 20/4, art. 3.º).

Dispõe o art. 121.º n.º 6 CIRE: "São insuscetíveis de resolução por aplicação das regras previstas no presente capítulo [Capítulo V, Resolução em benefício da massa insolvente] os negócios jurídicos celebrados no âmbito de processo especial de revitalização regulado no presente diploma, de providência de recuperação ou saneamento, ou de adoção de medidas de resolução previstas no título viii do Regime Geral das Instituições de Crédito e Sociedades Financeiras, aprovado pelo Decreto-Lei n.º 298/92, de 31 de dezembro, ou de outro procedimento equivalente previsto em legislação especial, cuja finalidade seja prover o devedor com meios de financiamento suficientes para viabilizar a sua recuperação."

[720] Que se presume nos casos do art. 120.º n.º 4 CIRE.

[721] E não se verificando os pressupostos dos arts. 120.º e 121.º CIRE, hipótese de que partimos na exposição que se segue.

[722] Sujeitas agora a redução nos termos do art. 91.º n.º 2 CIRE.

[723] Até ao valor dos bens onerados. A parte restante integra-se nos créditos subordinados [art. 48.º al. b) CIRE].

ao contrário do que sucedia no Código dos Processos Especiais de Recuperação da Empresa e de Falência (CPEREF, art. 151.º n.º 2), não deixam de se contar com a declaração de insolvência e, pelo contrário, continuam tutelados pela garantia (até ao valor dos bens onerados), mesmo nesta fase.

Como crédito sobre a insolvência, o seu titular terá que o reclamar (art. 128.º n.º 1 CIRE), embora, hoje, o administrador o possa reconhecer mesmo sem reclamação (art. 129.º n.º 1 CIRE[724]).

Cabe em seguida ao administrador da insolvência elaborar a lista de credores reconhecidos (bem como a lista dos não reconhecidos – art. 129.º n.º 1 CIRE), que pode ser impugnada nos termos do art. 130.º CIRE por qualquer interessado[725]. Se não houver impugnações, é de imediato proferida sentença de verificação e graduação dos créditos (art. 130.º n.º 3 CIRE)[726]. Caso haja, só mais tarde será proferida essa sentença (art. 136.º n.º 6 e art. 140.º n.º 1 CIRE)[727]. A graduação é geral, "para os bens da massa insolvente", e especial, para "os bens a que respeitem direitos reais de garantia e privilégios creditórios gerais" (art. 140.º n.º 2 CIRE). Como neste caso.

III. Transitada em julgado a sentença declaratória da insolvência e realizada a assembleia de apreciação do relatório, o administrador da insolvência deve proceder com prontidão à venda de todos os bens apreendidos para a massa insolvente, independentemente da verificação do passivo (art. 158.º n.º 1 CIRE).[728]

[724] Face ao regime do CIRE é possível que o administrador reconheça créditos que não tenham sido reclamados desde que "constem da contabilidade do devedor ou sejam por outra forma do seu conhecimento" (art. 129.º n.º 1 CIRE). Os titulares destes créditos devem depois ser avisados pelo administrador da insolvência, nos termos do art. 129.º n.º 4 CIRE.

[725] Com fundamento na indevida inclusão ou exclusão de créditos, ou na incorrecção do montante ou da qualificação dos créditos reconhecidos (art. 130.º n.º 1 CIRE).

[726] Em que, salvo o caso de erro manifesto, se homologa a lista de credores reconhecidos elaborada pelo administrador da insolvência e se graduam os créditos em atenção ao que conste dessa lista (art. 130.º n.º 3 CIRE).

[727] Ver, sobre a verificação e graduação de créditos: J. LABAREDA, *O novo código da insolvência e da recuperação de empresas. Alguns aspetos mais controversos*, cit., pp. 44, ss.; FÁTIMA REIS SILVA, *Algumas questões processuais no código da insolvência e da recuperação de empresas. Uma primeira abordagem*, cit., pp. 74, ss. (de forma crítica, aliás, ver p. 77).

[728] Desde que a tanto não se oponham as deliberações tomadas pelos credores na referida assembleia (art. 158.º n.º 1, *in fine* CIRE).

A escolha da modalidade da alienação dos bens cabe ao administrador da insolvência, podendo este "optar por qualquer das que são admitidas em processo executivo ou por uma outra que tenha por mais conveniente" (art. 164.º n.º 1 CIRE). Todavia, o credor com garantia real sobre o bem a alienar, neste caso o credor hipotecário, terá que ser sempre ouvido sobre a modalidade da alienação e informado sobre o valor base fixado ou do preço da alienação projetada a "entidade determinada" (art. 164.º n.º 2 CIRE).[729]

O credor com garantia real, aqui o hipotecário, pode, no prazo de uma semana, ou posteriormente, "mas em tempo útil", propor[730] a aquisição do bem por si ou por terceiro por um preço superior "ao da alienação projetada ou ao valor base fixado". O administrador da insolvência não está obrigado a aceitar essa proposta, mas, caso a rejeite, fica obrigado a colocar o credor na "situação que decorreria da alienação a esse preço", se ela se vier a realizar a um preço inferior[731] (art. 164.º n.º 3 CIRE)[732_733]

IV. Ainda numa medida inovadora, inspirada na InsO[734], a lei atribui ao credor com garantia real, neste caso o hipotecário, o direito a ser compensado pelo prejuízo que lhe cause o atraso na venda do bem objeto da

[729] Cfr. PAULA COSTA E SILVA, *A liquidação da massa insolvente*, ROA, 2005, p. 740.

[730] A lei exige para que a proposta do credor seja eficaz que venha acompanhada de uma caução. Essa caução consiste num cheque visado, à ordem da massa insolvente, no valor de 20% do montante da proposta, "aplicando-se com as devidas adaptações, o disposto nos artigos 897.º e 898.º do Código de Processo Civil" (art. 164.º n.º 4 CIRE).

[731] Mas só se essa diferença couber no limite do crédito garantido. Assim, L. CARVALHO FERNANDES/J. LABAREDA, *Código da insolvência e da recuperação de empresas, anotado*, cit., p. 618. Outra coisa é a responsabilidade nos termos gerais do administrador – art. 59.º CIRE.

[732] Solução inspirada no § 168 InsO.

[733] Hipótese diferente, regulada no n.º 5 do art. 164.º CIRE, é a de o bem ter sido dado em garantia de uma dívida de terceiro, pela qual o insolvente não responde pessoalmente, em que essa dívida não seja ainda exigível (repare-se: a dívida não é do insolvente e o terceiro não está insolvente). Nesse caso, a alienação do bem objeto da garantia pode verificar-se com essa oneração (o que, evidentemente, desvaloriza o bem), exceto se "tal prejudicar a satisfação do crédito com garantia prevalecente, já exigível ou relativamente ao qual se verifique aquela responsabilidade pessoal" (art. 164.º n.º 5 *in fine* CIRE). O produto desta alienação integrará a massa. Ver, para a análise desta disposição, L. CARVALHO FERNANDES/J. LABAREDA, *Código da insolvência e da recuperação de empresas, anotado*, cit., pp. 616, ss..

[734] A norma inspiradora é o § 169 InsO. Sobre esta disposição, ver HANS GEORG LANDFERMANN/*Heidelberger Kommentar zur Insolvenzordnung*, 4.ª ed., C.F. Müller, Heidelberga, 2006, § 169, pp. 949, ss..

garantia, que não lhe seja imputável, logo que transite em julgado a sentença declaratória de insolvência e se realize a assembleia de apreciação do relatório[735] (art. 166.º n.º 1 CIRE).

Mais: também com carácter inovador, e com a mesma fonte inspiradora[736], a lei insolvencial atribui ao credor com garantia real o direito a ser compensado pela desvalorização do objeto da garantia que resulte da sua utilização em proveito da massa insolvente (art. 166.º n.º 1 CIRE[737])[738_739]

A preocupação de conceder ao credor hipotecário ou que beneficie de uma outra garantia real de um tratamento mais favorável do que lhe era conferido pelo CPEREF é notória – mas não só, como já veremos de seguida – nesta disposição.

V. A lei confere ao administrador o direito, embora não lhe imponha o dever, de satisfazer integralmente o credor com garantia real à custa da massa insolvente antes de proceder à venda do bem objeto da garantia. Coloca-se como restrição que o pagamento tenha lugar depois de transitada em julgado a sentença declaratória de insolvência e realizada a assembleia de apreciação do relatório (art. 166.º n.º 2 CIRE)[740].

[735] Convém ter presente o que acima se sublinhou: transitada em julgado a sentença declaratória da insolvência e realizada a assembleia de apreciação do relatório, o administrador da insolvência deve proceder com prontidão à venda de todos os bens apreendidos para a massa insolvente (art. 158.º n.º 1 CIRE).

[736] Agora o § 172 InsO.

[737] Ver, para a análise do art. 166.º CIRE, L. CARVALHO FERNANDES/J. LABAREDA, *Código da insolvência e da recuperação de empresas, anotado*, cit., pp. 624, ss..

[738] Esta utilização está ligada muitas vezes à continuação do funcionamento da empresa integrada na massa de que estes bens fazem parte. Cfr. H. G. LANDFERMANN/*Heidelberger Kommentar zur Insolvenzordnung*, cit., § 172, p. 966.

[739] Crítico quanto à solução consagrada da compensação por ela prejudicar os outros credores, L. MENEZES LEITÃO, *Código da insolvência e da recuperação de empresas. Anotado*, 3.ª ed., Almedina, Coimbra, 2006, p. 177.

O Autor tem razão. Prejudica, de facto, os outros credores, ou seja, os credores comuns.

Simplesmente, insere-se num conjunto de disposições enformadoras deste Código que conferem um tratamento mais robusto aos credores garantidos com garantias reais e mesmo, em particular, àqueles que recorrem à titularidade de um direito, em geral, mas não só, de propriedade com função de garantia, como se verá mais à frente. Este fortalecimento, determinado por razões económicas, tem um efeito de desprotecção dos credores comuns.

[740] Cfr. L. CARVALHO FERNANDES/J. LABAREDA, *Código da insolvência e da recuperação de empresas, anotado*, cit., pp. 625, ss..

Claro que, para tal, a massa tem que ter meios líquidos para o efeito e não decorre daqui, antes pelo contrário, qualquer prejuízo para o credor com garantia real sobre esse bem.

Ao proceder desta forma, o administrador, além de evitar ter de compensar o credor garantido nos termos do art. 166.º n.º 1 CIRE, abre caminho, se for o caso, a uma mais fácil alienação da empresa como um todo (art. 162.º n.º 1 CIRE[741]) de que esse bem objeto da garantia faça parte.

VI. Alienados, então, os bens objeto da garantia real, e abatidas as correspondentes despesas (de liquidação), o pagamento dos credores garantidos, cujos créditos estejam verificados por sentença transitada em julgado (art. 173.º CIRE), é feito de imediato pelo produto da liquidação desses bens (os bens onerados) de acordo com a prioridade que lhes caiba (art. 174.º n.º 1 CIRE), antes, sempre, dos credores comuns mas, em todo o caso, depois de satisfeitas as dívidas da massa (art. 172.º n.º 2, e art. 174.º n.º 1 CIRE).

Com efeito, ainda antes do pagamento dos credores garantidos deverão ser pagos os credores da massa. Para tal, antes de proceder ao pagamento dos créditos sobre a insolvência (onde se incluem os garantidos, os comuns e os subordinados), o administrador tem que deduzir da massa os bens e direitos necessários ao pagamento desses créditos e daqueles que "previsivelmente se constituirão até ao encerramento do processo" (art. 172.º n.º 1 CIRE). Ora, nos termos do art. 172.º n.º 2 CIRE, as dívidas da massa insolvente são imputadas aos rendimentos da massa e, se forem superiores, na devida proporção, ao produto de cada bem, móvel ou imóvel.

No entanto, há um limite estabelecido no que toca à imputação das dívidas da massa ao produto da liquidação de bens objeto de garantias reais. Ela não poderá ultrapassar 10%, a não ser na medida do "indispensável à satisfação integral das dívidas da massa insolvente ou do que não prejudique a satisfação integral dos créditos garantidos" (art. 172.º n.º 2 CIRE).

Repare-se que no que diz respeito aos bens objeto de hipoteca, na generalidade dos casos imóveis, eles poderão ter um grande peso no conjunto da massa insolvente.

[741] Entendendo como correta esta opção, L. MENEZES LEITÃO, *Código da insolvência e da recuperação de empresas. Anotado*, cit., p. 175.

O que significa que essas dívidas, as da massa, acabam por ser transferidas para os credores comuns, salvaguardando-se aqueles titulares de garantias reais. É mais uma medida introduzida pelo CIRE em seu benefício.

Temos então que, como se começou por afirmar, liquidados os bens objeto da garantia hipotecária, e procedendo-se às operações que acabámos de indicar, se paga o credor ou os credores hipotecário(s). Na eventualidade de o produto da alienação não ser suficiente para satisfazer por inteiro o crédito, quanto à parte restante (a parte não satisfeita do crédito), esse valor será pago como crédito comum pelas forças da massa, de acordo com as regras do art. 176.º CIRE.

VII. Dissemos no número anterior que a posição do credor hipotecário, na concorrência com as outras garantias reais que prevalecem sobre a hipoteca, mesmo anteriormente constituída, era, ou podia ser, melhor na insolvência do que na execução singular. Este aspeto prende-se com os privilégios creditórios imobiliários especiais dos entes públicos e o seu regime insolvencial.

Centrando-nos agora só nos aspetos essenciais, uma vez que a disciplina dos privilégios creditórios na insolvência será analisada mais à frente, a verdade é que privilégios creditórios imobiliários especiais acessórios dos créditos do Estado e das autarquias locais, vencidos mais de doze meses antes da data do início do processo de insolvência, se extinguem [art. 97.º, n.º 1, al. b) CIRE].

Note-se que esta limitação diz respeito somente aos privilégios creditórios acessórios dos créditos destes entes públicos, e agora, só dentro deste período de tempo. Nesse ponto, o novo regime é menos favorável aos credores hipotecários[742], porque na disciplina anterior não havia limites temporais para a extinção dos privilégios acessórios dos créditos destes entes. Extinguiam-se todos (art. 152.º CPEREF[743]).

VIII. Dois últimos aspetos quanto ao regime insolvencial da hipoteca.

[742] No que toca, claro, aos privilégios imobiliários especiais, os únicos por força do art. 751.º que os podem atingir.

[743] Exceto os que se tivessem constituído no decurso do processo de recuperação de empresa ou de falência (art. 152.º *in fine* CPEREF).

As hipotecas judiciais extinguem-se com a declaração de insolvência, o que significa que o crédito garantido terá aí o tratamento de um crédito comum. As custas pagas pelo autor, porém, constituem dívidas da massa (art. 140.º n.º 3 CIRE). Este aspeto torna esta espécie de hipotecas particularmente frágeis, uma vez que cedem no momento em que a garantia é particularmente necessária.

As hipotecas legais que sejam acessórias dos créditos sobre a insolvência do Estado, das autarquias locais ou da segurança social cujo registo haja sido requerido nos dois meses anteriores à data do início do processo de insolvência [art. 97.º n.º 1 al. c) CIRE] extinguem-se igualmente.

No que toca às outras hipotecas legais, depois de declarada a insolvência não é admitido o registo de hipotecas legais que garantam créditos sobre a insolvência, mesmo após o encerramento do processo, a não ser que o pedido de registo já tivesse sido apresentado ao tempo da declaração de insolvência (art. 97.º n.º 2 CIRE).[744]

24. O penhor

24.1. Introdução

I. O penhor[745] confere ao seu titular uma preferência na satisfação do seu crédito pelo produto da alienação da coisa móvel, direito ou outro bem

[744] Extinguem-se igualmente, nos termos do art. art. 97.º, n.º 1, al. d) CIRE, as hipotecas acessórias de créditos sobre a insolvência, já constituídas, mas ainda não registadas, nem objeto de pedido de registo.

Ainda, extinguem-se as hipotecas e as garantias reais em geral sobre bens integrantes da massa insolvente quando sejam acessórias de créditos subordinados [art. 97.º, n.º 1, al. e) CIRE].

[745] Sobre esta figura, em geral, ver: PAULO CUNHA, *Da garantia nas obrigações*, vol. II, cit., pp. 175, ss.; A. VAZ SERRA, *Penhor*, BMJ n.º 58, pp. 17, ss., BMJ n.º 59, pp. 13, ss.; PIRES DE LIMA/ANTUNES VARELA (com a colaboração de M. HENRIQUE MESQUITA), *Código civil anotado*, vol. I, cit., pp. 684, ss.; J. ANTUNES VARELA, *Das Obrigações em geral*, vol. II, cit., pp. 526, ss.; M. J. ALMEIDA COSTA, *Direito das obrigações*, cit., pp. 920, ss.; idem, *Penhor, ilicitude na venda da coisa empenhada, venda antecipada*, CJ, 1985, t. 2, p. 21, ss.; A. MENEZES CORDEIRO, *Direitos Reais*, cit., pp. 1057, ss.; idem, *Direito bancário*, cit., pp. 803, ss.; idem, *Tratado de direito civil X, direito das obrigações, garantias*, cit., pp. 504, ss.; 633, ss.; P. ROMANO MARTINEZ, *Direito das obrigações, apontamentos*, cit., pp. 373, ss.; P. ROMANO MARTINEZ/P. FUZETA DA PONTE, *Garantias de cumprimento*, cit., pp. 170, ss.; L. MENEZES LEITÃO, *Garantias das*

sobre que incida. O regime do penhor consta do Código Civil e exige o desapossamento do autor da garantia (penhor de coisas).

Contudo, embora o regime civil – e base – desta figura[746] esteja previsto nesse diploma – no âmbito do penhor de coisas – há um conjunto muito vasto de outros diplomas que criaram regimes especiais e mesmo excecionais para o penhor, regimes esses que são, na verdade, aqueles que têm um maior relevo.

obrigações, cit., pp. 186, ss., pp. 283, ss.; A. SANTOS JUSTO, *Direitos reais*, cit., pp. 461, ss.; L. CARVALHO FERNANDES, *Lições de direitos reais*, cit., pp. 156, ss.; R. PINTO DUARTE, *Curso de direitos reais*, cit., pp. 259, ss.; SALVADOR DA COSTA, *Concurso de credores*, cit., pp. 39, ss.; HUGO RAMOS ALVES, *Do penhor*, Almedina, Coimbra, 2010.

Ver ainda: SILVIO RODRIGUES, *Direito civil, Direito das coisas*, vol. 5, cit., pp. 349, ss.; D. RUBINO, *La reponsabilità patrimoniale – Il pegno*, cit., pp. 183, ss.; G. GORLA/P. ZANELLI, *Del pegno, delle ipoteche*, cit., pp. 1, ss.; SEBASTIANO CICCARELLO, *Pegno (dir. priv.)*, ED, XXXII, pp. 682, ss.; LUCIA ORSINGHER/ANTONINO SGROI, *Pegno*, in *Le garanzie personale e reali*, in *Il diritto privato nella giurisprudenza* (coord. por Paolo Cendon), Utet, Turim, 2006, pp. 97, ss.; ENRICO GABRIELLI, *Pegno*, DDP, sezione civile, XIII, pp. 329, ss.; FRANCESCO REALMONTE, *Pegno I) in generale*, EG, XXII, pp. 1, ss.; D. LEGAIS, *Sûretés et garanties du crédit*, cit., pp. 347, ss.; J.-B. SEUBE, *Droit des suretés*, cit., pp. 124, ss.; L. AYNÈS/P. CROCQ, *Les sûretés. La publicité foncière*, cit., pp. 205, ss.; M. WOLF, *Sachenrecht*, cit., § 31, pp. 349, ss.; FRITZ BAUR/JÜRGEN BAUR/ROLF STÜRNER, *Sachenrecht*, 18.ª ed., C. H. Beck, Munique, 2009, § 55, pp. 747, ss., § 62, pp. 873, ss.; H. WEBER, *Kreditsicherheiten*, cit., § 6, pp. 137, ss., § 15, pp. 290, ss.; D. REINICKE/K. TIEDTKE, *Kreditsicherung*, cit., pp. 342, ss.; MANFRED THAMM, *Kreditsicherungvereinbarung*, 6.ª ed., Verlag Recht und Wirtschaft, Heidelberga, 1994, pp. 41, ss.; ROY GOODE, *Security interests in movables under english law*, cit., p. 47; R. CALNAN, *Taking security, law and pratice*, cit., pp. 15, ss.; A. CARRASCO PERERA/E. CORDERO LOBATO/M. J. MARÍN LÓPEZ, *Tratado de los derechos de garantía*, vol. II, *Garantias mobiliarias*, 2.ª, Thomson/Arazandi, Navarra, 2008, pp. 155, ss..

Para uma importante análise de Direito comparado desta figura, ver U. DROBNIG, *Security rights in movables*, in *Towards a european civil code* (editores Arthur Hartkamp, Martijn Hessellink, Ewould Hondius, Edgar du Perron), 4.ª ed., Wolters Kluwer,The Netherlands, 2011, pp.1026, ss..

[746] "Padrão geral da figura", na expressão de P. ROMANO MARTINEZ/P. FUZETA DA PONTE, *Garantias de cumprimento*, cit., p. 170. "Referência geral do penhor", segundo L. MENEZES LEITÃO, *Garantias das obrigações*, cit., p. 187.

O art. 668.º estatui que: "As disposições desta secção (Secção IV, referente ao penhor) não prejudicam os regimes especiais estabelecidos pela lei para certas modalidades de penhor." A interpretação desta norma parece dever ser a seguinte, aliás em obediência ao art. 9.º n.º 3: as disposições especiais ou excecionais decorrentes dos diversos regimes de penhor prevalecem sempre sobre o regime consagrado na referida secção. Mas quando assim não for e não resultar da interpretação desses regimes especiais incluídos muitas vezes noutros sectores do ordenamento que estas normas aqui consagradas não têm nesse campo aplicação elas deverão, com as devidas cautelas, como disciplina base da figura, aplicar-se.

É o que sucede com o penhor mercantil e, em particular, os penhores constituídos para garantia de créditos de estabelecimentos bancários, que justamente dispensam a entrega da coisa ao credor ou a terceiro (Dec.-Lei n.º 29 833 de 17/3/1939) e que serão, dado o papel de concedentes profissionais de crédito dos bancos, os mais importantes na prática. Há ainda a considerar aqueles penhores que foram desenvolvidos justamente no âmbito bancário, como o penhor de conta bancária.

Recentemente, foi consagrado o regime do penhor financeiro, que atribui ao credor pignoratício um conjunto de faculdades excecionais, como (havendo acordo das partes) o direito de dispor do objeto deste.

Todos os respectivos regimes, dada a sua grande relevância prática, certamente muito maior do que o penhor civil de coisas (pese embora o relevo do seu regime pelas razões apontadas), importa conhecer[747].

Esta figura secular, provinda, tal como a hipoteca, do direito romano, continua, pois, sofrendo muitas vezes adaptações diversas, a desempenhar um papel de vulto no tráfego económico como garantia dos créditos.

24.2. Caracterização

I. Nos termos do art. 666.º, o penhor confere ao credor pignoratício o direito de se pagar do seu crédito (e juros) com preferência, relativamente aos outros credores do devedor, pelo valor de determinada coisa móvel, ou pelo valor de créditos ou "outros direitos não susceptíveis de hipoteca", do património deste último ou de terceiro.[748]

O penhor constitui um direito real de garantia[749] cujo conteúdo consiste, no "poder" que confere ao seu titular "de, mediante um ato de disposição, realizar à custa desta [a coisa], sem que se torne necessária a cooperação

[747] Dados os inúmeros regimes particulares do penhor, muitas vezes com regras excecionais relativamente ao penhor civil, fala-se a este propósito de uma "garantia fragmentada", MICHEL GRIMALDI, *La prenda en el derecho positivo francês: derecho positivo y proyecto de reforma*, in Garantías reales mobiliarias en Europa (coord. M.ª Elena Lauroba/Joan Marsal), Marcial Pons, Madrid, 2007, p. 19.

[748] Embora também se utilize essa designação para o próprio contrato fonte do direito ou o objeto do direito. Cfr. M. J. ALMEIDA COSTA, *Direito das obrigações*, cit., p. 920; L. CARVALHO FERNANDES, *Lições de direitos reais*, cit., p. 156.

[749] Esta posição é praticamente unânime na doutrina para o penhor de coisas, mas não, como veremos, para o penhor de direitos.

do seu proprietário, ou mesmo contra a sua vontade, determinado valor", com preferência face aos "credores comuns do respectivo proprietário, bem como sobre os credores que disponham também sobre ela de uma garantia, mas de grau inferior."[750_751]

II. Como a hipoteca, esta garantia é acessória do crédito e pode ser constituída pelo devedor, incidindo então sobre um bem do seu património, ou por terceiro, hipótese em que, para além de termos um aumento qualitativo da garantia, ele é também quantitativo.

Igualmente à semelhança da hipoteca, as obrigações garantidas podem ser condicionais ou futuras (art. 666.º n.º 3)[752].

III. O Código de 1966 distingue entre penhor de coisas e penhor de direitos, fixando para ambos regimes (em parte) diferentes, embora as disposições relativas à primeira modalidade de penhor sejam, com as devidas adaptações[753], extensíveis à segunda (art. 679.º). Importante também na determinação do regime padrão do penhor (civil) de coisas é realçar que ele é construído muitas vezes por remissão, com as necessárias adaptações, para regras da hipoteca (art. 678.º).

O regime do penhor civil de coisas é, pois, o mais extenso e completo dos regimes do penhor, constituindo mesmo o regime base desta figura (aspeto potenciado, como se assinalou, pela remissão que para aí é realizada no penhor de direitos), justificando um desenvolvimento particular.

[750] Como aponta M. HENRIQUE MESQUITA, *Obrigações reais e ónus reais*, cit., p. 76 (a quem pertencem as citações em texto).

[751] Ver também nesta linha: C. MOTA PINTO, *Direitos reais*, cit., p. 135; A. SANTOS JUSTO, *Direitos reais*, cit., p. 467. Para a caracterização do penhor como "um direito real de garantia, estruturalmente complexo", A. MENEZES CORDEIRO, *Direitos reais*, vol. II, cit., pp. 1068, ss. (embora na perspetiva deste Autor, como já assinalámos, só o penhor de coisa seja um direito real, *ob. últ. cit.*, p. 1073, pp. 1075, ss.).

[752] Ver D. RUBINO, *La reponsabilità patrimoniale – Il pegno*, cit., pp.191-192.

[753] Em "tudo o que não seja contrariado pela natureza especial" do penhor de direitos "ou pelo preceituado nos artigos" 680.º e seguintes (art. 679.º).

24.3. As regras gerais

24.3.1. A legitimidade para a constituição do penhor

De forma idêntica ao que acontece com a hipoteca (art. 715.º), só tem legitimidade para dar bens em penhor quem os puder alienar (art. 667.º). O penhor pode ser constituído, quer pelo devedor, quer por terceiro. Por força da remissão para o art. 717.º da disciplina da hipoteca, caso o penhor seja constituído por terceiro, ele extingue-se se, devido a facto positivo ou negativo do credor, não puder dar-se a sub-rogação do terceiro nos direitos deste último.

24.3.2. A forma do contrato

A lei não impõe qualquer forma para o penhor de coisas[754]. O penhor de direitos, no entanto, está sujeito à forma da transmissão dos direitos empenhados (art. 681.º). Há ainda a considerar os diversos regimes especiais de penhor em que geralmente se impõe forma, como veremos nessa sede.

24.3.3. As obrigações garantidas

I. As obrigações garantidas, para além das presentes, já o dissemos, podem ser condicionais ou futuras (art. 666.º n.º 3). Inclui-se não só o crédito ao capital, mas igualmente os juros, sem que haja agora qualquer limitação temporal, ao contrário do que sucede com a hipoteca.

[754] Conforme temos vindo a dizer, o penhor emerge de um contrato, o contrato de penhor. Ver, porém, M. J. COSTA GOMES, *Assunção fidejussória de dívida*, cit., p. 380, nota 422, (sustentando a constituição do penhor por negócio unilateral).

Contudo, a lei prevê casos de penhor legal para tutela dos créditos fiscais, a constituir pela administração tributária quando essa garantia se revele necessária "à cobrança efetiva da dívida ou quando o imposto incida sobre a propriedade dos bens" [art. 50.º, n.º 2, al. b) LGT]. E art. 195.º CPPT.

No Brasil prevê-se no Código Civil, como modalidade do penhor, um penhor legal: arts. 1467.º-1472.º. Este nasce, nos termos do regime previsto no Código Civil Brasileiro, já depois do incumprimento, enquanto o penhor convencional visa prevenir esse mesmo inadimplemento. Assim, F. ULHOA COELHO, Curso de direito civil, Direito das coisas, Direito autoral, cit., p. 231. Ver ainda sobre esta modalidade de penhor SILVIO RODRIGUES, *Direito Civil, Direito das coisas*, vol. 5, cit., pp. 357, ss..

II. A coisa pode ser dada em penhor de mais do que um crédito do mesmo credor. Nesse caso teremos diversos penhores, prevalecendo de acordo com a data da sua constituição. Se um dos créditos se extinguir por cumprimento, a coisa empenhada mantem-se na integralidade a assegurar os outros créditos.

Pode ainda sobre o mesmo bem serem constituídos penhores a favor de créditos de diferentes credores do autor do penhor[755].

24.3.4. O objeto da garantia

I. Temos, em primeiro lugar, as coisas corpóreas móveis, créditos ou outros direitos não susceptíveis de hipoteca. Podem ainda ser objeto de penhor, participações sociais (art. 23.º n.º 3 CSC)[756], ou ainda outros bens, como o estabelecimento comercial[757].

[755] Cfr. D. RUBINO, *La reponsabilità patrimoniale – Il pegno*, cit., pp. 194, ss..

[756] Se não forem qualificadas como um direito social. Cfr. J. OLIVEIRA ASCENSÃO, *As acções*, in Direito dos valores mobiliários, vol. II, Coimbra Editora, Coimbra, 2000, pp. 62-63.

Numa outra perspetiva, estaremos face a uma "unitária posição jurídica (feita de direitos e obrigações) do sócio (enquanto tal)" – J. M. COUTINHO DE ABREU, *Curso de direito comercial, vol. II, das sociedades*, cit., p. 195; em sentido semelhante LUÍS BRITO CORREIA, *Direito comercial, 2.º vol., sociedades comerciais*, AAFDL, Lisboa, 1989, p. 291.

Ver, desenvolvidamente sobre esta matéria, P. PAIS DE VASCONCELOS, *A participação social nas sociedades comerciais*, Almedina, Coimbra, 2005, pp. 367, ss. Na perspetiva deste Autor, a "qualificação jurídica da participação social nas sociedades comerciais deve ser plural" (p. 472), "como relação jurídica, como direito subjetivo e como status socii. Entendida como parte social é objeto de direito." (p. 480).

[757] É entendimento dominante que pode ser empenhado o estabelecimento comercial. Note-se que a lei prevê que este possa ser objeto de diversos negócios como a alienação, a locação, podendo também, enquanto tal, ser penhorado (art. 782.º CPC – quanto a esta, ver R. PINTO DUARTE, *A penhora e a venda executiva do estabelecimento comercial*, Themis, 2004, pp. 123, ss..); independentemente de outras considerações, não se vê, dentro deste quadro, porque não pudesse ser objeto de um direito real de garantia, portanto, empenhado. Acrescente-se, aliás, nesta linha, que o estabelecimento individual de responsabilidade limitada pode ser objeto de penhor (art. 21.º, n.º 1 do Dec.-Lei n.º 248/86, de 25/8).

Ver, no sentido da admissibilidade: A. MENEZES CORDEIRO, *Direito comercial*, cit., pp. 348-349; L. MENEZES LEITÃO, *Garantias das obrigações*, cit., pp. 302, ss.; P. ROMANO MARTINEZ/P. FUZETA DA PONTE, *Garantias de cumprimento*, cit., p. 179; R. PINTO DUARTE, *Curso de direitos reais*, cit., pp. 260, ss.; idem, *O penhor de estabelecimento comercial*, in: Comemorações dos 35 anos do Código Civil e dos 25 anos da reforma de 1977, vol. III, Direito das Obrigações, Coimbra Editora, Coimbra, 2007, pp. 63, ss.; F. CASSIANO DOS

II. Não podem ser objeto de penhor, coisas fungíveis, como o dinheiro, a não ser que por via convencional se estabeleça a individualização (notas de banco numeradas[758] e/ou inseridas num envelope fechado entregue ao credor)[759]-[760] Quando assim é estaremos perante um *penhor irregular*

SANTOS, *Direito comercial português*, vol. I, cit., pp. 295, ss.. Mas já o fazia LUÍS DA CUNHA GONÇALVES, *Comentário ao código comercial português*, vol. II, Empresa Editora José Bastos, Lisboa, 1916, p. 461. Na jurisprudência, ver o Acórdão do STJ de 29/11/2001 (Oliveira Barros), in: CJ/STJ (III), 2001, pp. 125, ss..

A questão radicará então em saber a natureza do bem. No sentido de que estamos perante uma coisa móvel "incorpórea complexa", J. M. COUTINHO DE ABREU, *Curso de direito comercial*, vol. I, cit., p. 253. Este entendimento é corrente na Escola de Coimbra, ver: ORLANDO DE CARVALHO, *Direito das coisas*, cit., p. 201, nota, (sublinhando que o estabelecimento constitui uma ""coisa stricto sensu" (...), diferente (...) das coisas corpóreas, mas também diferente das puras coisas incorpóreas, ou a meio caminho (...), bem móvel, o estabelecimento constitui um móvel anómalo..."). Mais recentemente, F. CASSIANO DOS SANTOS, *Direito comercial português*, vol. I, cit., pp. 293, ss.. Sobre essa particular coisa móvel podem incidir direitos reais, em particular de propriedade e, claro, também pode ser onerado.

Para quem entenda que o estabelecimento pode ser considerado uma universalidade de facto [como J. OLIVEIRA ASCENSÃO, *Direito civil, Teoria geral, vol. I, Introdução, as pessoas, os bens*, 2.ª ed., Coimbra Editora, Coimbra, 2000, p. 378. Segundo este Autor, o estabelecimento é "uma pluralidade de coisas unificada pelo seu destino (...) que surge assim como uma nova coisa."], então será, neste caso, um penhor sobre universalidades.

[758] Ou seja, indicando-se o número da nota, ou de cada nota, sendo várias, o que permite a sua individualização.

[759] O art. 666.º n.º 2 dispõe que "é havido como penhor o depósito a que se refere o n.º 1 do art. 623.º" Esta disposição, a que já fizemos referência, diz respeito àqueles casos em que alguém seja obrigado ou autorizado por lei a prestar caução, sem se designar a espécie que ela deve revestir", hipótese em que a garantia pode ser "prestada por meio de depósito em dinheiro...". A referida norma deve ser entendida à luz da discussão anterior quanto à caução por depósito em dinheiro, relatada em L. MENEZES LEITÃO, *Garantias das obrigações*, cit., p. 191, ss., nota 486.

A este propósito, entendemos o seguinte.

Em primeiro lugar, tinha fundamentalmente razão PAULO CUNHA (*Da garantia nas obrigações*, vol. II, cit., pp. 233, ss.) na análise que fazia da questão. Se o dinheiro é entregue nas mãos de terceiro, teremos um penhor de crédito à restituição (p. 237). Se o dinheiro for entregue ao credor, estaremos face a um penhor de coisas simples, se ele não for considerado como coisa fungível (p. 235). Se for tratado como coisa fungível, diz este Autor, "...ao depositar esse dinheiro em mão do seu credor, ele, devedor, não faz mais do que constituir um novo crédito sobre o seu credor pignoratício", continuando, "Quer dizer: ficam existindo dois créditos: o crédito assegurado, de que o depositante é o devedor e o crédito resultante do depósito de que o depositante é o credor" (p. 237 – grafia atualizada por nós). Não sairíamos do âmbito do penhor.

Simplesmente, e neste ponto nos afastamos do ilustre Professor (até porque não cremos que possa haver posse sobre o crédito, como é sustentado), aqui estaríamos perante um negócio fiduciário que tem por objeto dinheiro que passa a integrar o património do credor. Este terá que o restituir, caso o devedor/constituinte dessa garantia, cujo objeto é dinheiro, cumpra. Tem assim um crédito condicional à restituição da soma. O evento condicional é o cumprimento pelo devedor. Se o devedor não cumprir, o credor pode satisfazer-se por essa quantia que faz parte do seu património e restituir o remanescente. A doutrina italiana chama a esta figura (em que o dinheiro ou outros bens fungíveis são dados em garantia) penhor irregular (que será analisado, infra).

É a esta luz que deve ser vista a qualificação pelo art. 666.º n.º 2, como penhor, do depósito a que se refere o art. 623.º n.º 1. Sendo ele realizado nas mãos de terceiro, haverá um penhor de créditos. Se for entregue ao credor, haverá um simples penhor irregular (como apontava A. VAZ SERRA, *Penhor*, cit. n.º 59, p. 106), a que a lei pretenderia aplicar, neste caso (não, evidentemente, nos outros penhores irregulares – a norma, nessa interpretação, consistiria em aplicar a uma figura as regras de outra e seria, portanto, excecional), as disposições do penhor regular (o sentido da remissão pareceria ser esse), o que implicaria a necessidade de o credor titular do dinheiro não se poder satisfazer sem mais por essa quantia. No entanto, algumas regras do penhor regular articulam-se muito mal com esta figura (a não ser que se entenda que implicitamente se convencionou o disposto no art. 675.º, sem haver necessidade de o tribunal fixar qualquer valor dada a natureza do bem), uma vez que implicaria o recurso à ação executiva que teria que incidir sobre bens do próprio credor, o que não parece ser aceitável.

Resta então a primeira hipótese: a lei pretende simplesmente, o que encontra sustentação no debate que se travou anteriormente sobre esta figura, seguir a linha sustentada por PAULO CUNHA e qualificar o depósito de dinheiro nas mãos de terceiro como um penhor de créditos. A entrega de dinheiro nas mãos do credor é penhor irregular que consubstancia, na verdade, um negócio fiduciário que se rege por regras diversas das do penhor (embora parte do regime deste, como se verá, lhe possa ser aplicado) e, pelas razões apontadas, não se deve ver incluído nesta remissão, fazendo-se assim uma interpretação restritiva dessa norma.

[760] Quanto ao penhor de coisa futura, a doutrina italiana admite-o como um contrato incompleto que só se completará quando, surgindo a coisa, ela for entregue ao credor, só nessa altura se constituindo o direito real. Depois de obtido o consenso, as declarações de vontade são irrevogáveis. Cfr. D. RUBINO, *La reponsabilità patrimoniale – Il pegno*, cit., p. 208. Nesta linha, igualmente: G. GORLA/P. ZANELLI, *Del pegno, delle ipoteche*, cit., p. 29; S. CICCARELLO, *Pegno (dir. priv.)*, cit., p. 686; F. REALMONTE, *Pegno I) in generale*, cit., p. 4; FRANCESCO CARINGELLA, *Studi di diritto civile, tomo I*, Giuffrè, Milão, 2005, p. 1087, ss. ("uma *fattispecie* de formação progressiva").

Este resultado é também de aceitar entre nós e era já sustentado (na linha de RUBINO) por A. VAZ SERRA, *Penhor*, BMJ n.º 58, cit., pp. 71-72. Hoje, o penhor de créditos futuros é expressamente admitido no CIRE: art. 115.º (norma inspirada na InsO alemã: § 114 – ver, sobre esta disposição, FRIEDRICH IRSCHLINGER/*Heidelberger Kommentar zur Insolvenzordnung*, cit., § 114, pp. 660-661).

De todo o modo, nada obsta a que, alternativamente, seja celebrado um contrato-promessa de penhor.

(figura prevista no *Codice Civile*, mas não entre nós) que, mau grado a denominação, como se verá[761], não constitui um verdadeiro penhor.

III. Acrescente-se por fim que o penhor constituído sobre determinada coisa não abrange as suas coisas acessórias, por força do art. 210.º n.º 2.[762]

24.4. O penhor de coisas

24.4.1. A constituição

I. O penhor de coisas é um contrato[763]_[764] real *quoad constitutionem*, sendo necessário, para além do acordo, a entrega da coisa ou de documento que confira a exclusiva disponibilidade dela ao credor ou a terceiro (art. 669.º, n.º 1). Admite-se que a entrega possa consistir na simples atribuição de composse ao credor, se essa atribuição privar o autor do penhor de dispor materialmente da coisa (art. 669.º, n.º 2)[765].

[761] Ver *infra* n.º 26.7.9.

[762] J. ANTUNES VARELA, *Das Obrigações em geral*, vol. II, cit., p. 528.

[763] Nem sempre o penhor é um contrato. Com efeito, temos o regime do penhor legal que a administração tributária pode constitui para garantir os créditos fiscais, nos termos do art. 50.º, n.º 2, al. b) da Lei Geral Tributária. Efetivamente, a administração tributária dispõe para garantia dos créditos fiscais "do direito de constituição, nos termos da lei, de (...) hipoteca legal, quando essas garantias se revelem necessárias à cobrança efetiva da dívida ou quando o imposto incida sobre a propriedade dos bens", e art. 195.º, n.º 1, do Código de Procedimento e de Processo Tributário: "Quando o interesse da eficácia da cobrança o torne recomendável, o órgão da execução fiscal pode constituir hipoteca legal ou penhor". Este penhor "constitui-se por via electrónica ou por auto e é notificado ao devedor nos termos previstos para a citação." (art. 195.º n.º 5 CPPT). Note-se que a lei não exige já que se verifique um "risco financeiro," como sucedia na versão anterior do art. 195.º, n.º 1, do CPPT. Ver, sobre este ponto, PAULO MARQUES, *Os direitos reais na atividade tributária, vol. II, garantias reais das obrigações*, Ministério das Finanças e da Administração Pública, Direcção-Geral dos impostos, Centro de formação, Lisboa, 2009, pp. 73-74

[764] Sutentando que o penhor se pode constituir por negócio jurídico unilateral, C. FERREIRA DE ALMEIDA, *Contratos, III*, cit., p. 163.

[765] Como aponta J. OLIVEIRA ASCENSÃO (*Direito Civil, Reais*, cit., p. 547) ao debruçar-se sobre as diversas modalidades previstas no art. 666.º, numa tentativa de unificação, para "haver penhor é necessário que o autor do penhor esteja privado da possibilidade de dispor materialmente da coisa."

Esta exigência de desapossamento do autor do penhor visa satisfazer dois interesses: como forma de publicidade (bastante limitada) face a terceiros e como forma de segurança do credor pignoratício[766]_[767]

Quanto ao primeiro, trata-se de uma publicidade imperfeita[768] e que pode atingir os interesses do tráfego comercial, em particular[769]. Quanto ao segundo, privado que está da coisa, o autor do penhor não vai poder fazer desaparecer a coisa, nem danificá-la, nem destruí-la, nem modificá-la, o que podia facilmente redundar na perda do valor da garantia ou mesmo, em certos casos, na perda da própria garantia por parte do credor.

Note-se que a modalidade de penhor mais celebrada, que será aquela em que os credores são bancos, se dispensa o desapossamento, mas se pune severamente o devedor "se alienar, modificar, destruir ou desencaminhar o objeto sem autorização específica do credor" (art. 1.º § 1).[770]

[766] J. ANTUNES VARELA, *Das Obrigações em geral*, vol. II, cit., p. 530, nota 1; SILVIO RODRIGUES, *Direito civil, Direito das coisas*, vol. 5, cit., p. 351.

[767] De forma acessória, também se pode dizer que a posse do credor lhe permite preceber mais facilmente os frutos da coisa quando ela seja frutífera (art. 672.º, n.º 1), e simplifica a execução no caso de incumprimento. Cfr. D. RUBINO, *La reponsabilità patrimoniale – Il pegno*, cit., p. 221.

[768] Já D. RUBINO (*La reponsabilità patrimoniale – Il pegno*, cit., p. 222) afirmava, com inteira razão, que se tratava de uma publicidade "assaz rudimentar".

[769] Ver o que se diz sobre este ponto no âmbito mercantil, *infra*, 23.7.1. *in fine*, em nota.

[770] A situação possessória do credor pignoratício levanta algumas dúvidas. A doutrina maioritária sustenta que a posse do credor pignoratício será uma posse em nome próprio: a posse pignoratícia. Neste sentido: PAULO CUNHA, *Da garantia nas obrigações*, vol. II, cit., p. 207; MANUEL RODRIGUES, *A posse. Estudo de direito civil português*, 4.ª ed., revista, anotada e prefaciada por Fernando Luso Soares, Almedina, Coimbra, 1996, pp. 159, ss.; L. MENEZES LEITÃO, *Garantias das obrigações*, cit., p. 192.

No sentido de que o credor pignoratício não é um possuidor em nome próprio: PIRES DE LIMA/ANTUNES VARELA (com a colaboração de M. HENRIQUE MESQUITA), *Código civil anotado*, vol. I, cit., p. 689; J. ANTUNES VARELA, *Das Obrigações em geral*, vol. II, cit., p. 533; M. J. ALMEIDA COSTA, *Direito das obrigações*, cit., p. 928, nota 1.

P. ROMANO MARTINEZ/P. FUZETA DA PONTE (*Garantias de cumprimento*, cit., p. 173) entendem que o credor pignoratício é um simples detentor, possuindo a coisa empenhada em nome de outrem, o autor do penhor. Admitem, no entanto, que "quando muito" o penhor "daria origem a uma posse específica, a posse pignoratícia e, então, a posse relativa ao direito real de propriedade mantém-se no autor do penhor, sendo o credor pignoratício detentor da coisa e titular de uma posse pignoratícia, a qual não lhe conferia a possibilidade de adquirir direitos reais sobre a coisa por usucapião."

24.4.2. Os direitos do credor pignoratício

I. O credor tem o direito de usar em relação à coisa empenhada, das acções destinadas à defesa da posse ainda que seja contra o próprio dono [art. 670.º al. a)]; de ser indemnizado das benfeitorias necessárias e úteis e de levantar estas últimas, nos termos do art. 1273.º [art. 670.º al. b)][771]; de exigir a substituição ou reforço do penhor ou o cumprimento instantâneo da obrigação, se a coisa empenhada perecer ou se tornar insuficiente para segurança da dívida, nos termos fixados para a garantia hipotecária, portanto os do art. 701.º [art. 670.º al. c)], ou então os das regras gerais do art. 780.º[772], quando diminuam as garantias do crédito.

24.4.3. Os deveres do credor pignoratício

I. O credor pignoratício está obrigado a guardar e administrar como um proprietário diligente a coisa empenhada[773], respondendo pela sua existência e conservação [art. 671.º al. a)]; a não a usar, sem o consentimento do autor do penhor da coisa, a não ser que o seu uso seja indispensável à sua conservação [art. 671.º al. b)]; a restituir a coisa, extinta a obrigação garantida [art. 670.º al. c)].

Na eventualidade de o credor, incumprindo a obrigação de não usar a coisa, o fizer, ou se proceder de forma a que a coisa corra o risco de perder-se ou deteriorar-se, o autor do penhor tem direito a que o credor preste uma caução idónea ou que a coisa seja depositada em poder de terceiro (art. 673.º).

[771] Note-se que o crédito relativo às benfeitorias não está abrangido pelo penhor. A garantia que tutela esse crédito será o direito de retenção (art. 754.º). Neste sentido: PAULO CUNHA, *Da garantia nas obrigações*, vol. II, cit., p. 208; PIRES DE LIMA/ANTUNES VARELA (com a colaboração de M. HENRIQUE MESQUITA), *Código civil anotado*, vol. I, cit., p. 690; L. MENEZES LEITÃO, *Garantias das obrigações*, cit., p. 195.

[772] Portanto, não por remissão para as disposições da hipoteca, sublinhe-se.

[773] Cabe aqui o dever de fazer frutificar a coisa (L. MENEZES LEITÃO, *Garantias das obrigações*, cit., p. 196), o que tem relevo, como se verá, no que toca ao destino dos frutos (art. 672.º).

24.4.4. O destino dos frutos produzidos pela coisa empenhada

I. O credor pignoratício pode recorrer aos frutos da coisa empenhada para o pagamento das despesas que sejam realizadas com ela e, depois, em segundo lugar, os juros vencidos. Quanto ao excesso, a não ser que as partes tenham fixado convenção em contrário, eles serão utilizados para abater o capital em dívida (art. 672.º n.º 1).[774] Estabelece-se, assim, na falta de acordo em sentido diverso, um pacto anticrético mobiliário[775].

Este aspeto é bastante importante no que toca à configuração do próprio penhor. Com efeito, tendo-se recorrido a um pacto anticrético, a satisfação do credor pode ir-se fazendo com os frutos do próprio bem sem que seja necessário executar a garantia através da venda do bem seu objeto (processual, ou, havendo acordo prévio, extraprocessual).

Por outro lado, esta disposição permite ainda, como se verá, obter um resultado em parte semelhante à da consignação de rendimentos, sem que tenhamos que estar, necessariamente, face a bens móveis frutíferos sujeitos a registo.

Na eventualidade de haver lugar à restituição dos frutos, o que significa que não podem ser utilizados para abater o capital em dívida, estes não se consideram, salvo convenção em contrário, abrangidos pelo penhor (art. 672.º n.º 2).

24.4.5. A sub-rogação real

I. Conforme vimos a propósito da hipoteca, se o bem empenhado se perder, deteriorar ou diminuir de valor, tendo o dono direito a ser indemnizado, o credor pignoratício vê a sua garantia passar a incidir sobre o crédito indemnizatório, o que significa que podemos, nesta eventualidade, passar de um penhor de coisas para um penhor de créditos, havendo

[774] A norma inspiradora é aqui, de forma muito clara, o art. 2791.º do *Codice Civile*. Ver sobre esta G. GORLA/P. ZANELLI, *Del pegno, delle ipoteche*, cit., pp. 103, ss.; D. RUBINO, *La reponsabilità patrimoniale – Il pegno*, cit., p. 251, ss..

[775] Deverá aqui recorrer-se na parte aplicável as disposições da consignação de rendimentos. Assim, M. J. ALMEIDA COSTA, *Direito das obrigações*, cit., p. 930. Sobre a consignação de rendimentos, ver *infra*, n.º 27.

uma alteração no objeto da garantia que se mantém a mesma. (art. 692.º e 678.º).[776]

24.4.6. As outras disposições do regime da hipoteca aplicáveis ao penhor

I. Conforme começámos por afirmar, grande parte do regime do penhor de coisas (e também do de direitos, na medida em que se remete para o primeiro) é composto por remissão, com as devidas adaptações, para inúmeras disposições da hipoteca (art. 678.º). É o que passamos, apoiados na exposição anterior quanto a esta última garantia, brevemente a ver.

Deste modo, o penhor, salvo convenção em contrário, é indivisível (art. 696.º), não é admitido o pacto comissório (art. 694.º)[777], ou uma convenção que proíba o titular do bem empenhado de o vender ou onerar, embora se possa convencionar o vencimento do crédito, logo que os referidos bens sejam alienados ou onerados (art. 695.º). Contudo, é admitida a cessão da garantia, sem o crédito garantido, nos mesmos termos da cessão da hipoteca (art. 676.º n.º 1)[778].

Igualmente aplicáveis são as disposições relativas à substituição ou reforço da garantia (art. 701.º) e ao seguro da coisa empenhada (art. 702.º).

Por outro lado, se o bem empenhado se perder, deteriorar ou diminuir de valor, tendo o dono direito a ser indemnizado, aplica-se, o antes analisado, art. 692.º.[779]

[776] Nos termos da lei, o credor pignoratício conserva sobre o crédito respectivo ou as quantias pagas a título de indemnização, "as preferências que lhe competiam em relação à coisa onerada" (art. 692.º n.º 1). Contudo, para que o penhor possa incidir sobre essas quantias, é necessário que elas sejam separadas. Para o efeito, a melhor via será a do depósito junto de terceiro, caso em que é sobre esse crédito que incidirá o penhor.

[777] Disposição que, aliás, atento o seu fundamento, não está acantonada ao penhor e à hipoteca (bem como à consignação de rendimentos), mas que se alarga a todas as garantias que confiram ao credor um reforço qualitativo sobre os bens do devedor ou de terceiro, portanto não só as garantias reais, como se verá.

[778] Neste caso, nos termos do art. 676.º n.º 2 à entrega da coisa empenhada ao cessionário é aplicável o art. 582.º n.º 2 do regime da cessão de créditos. Portanto, a coisa empenhada que esteja nas mãos do cedente deve ser entregue ao cessionário, a não ser que esteja na posse de terceiro.

[779] Ver *supra* em nota.

Acrescente-se, ainda, que sendo um terceiro autor do penhor, este pode defender-se recorrendo aos meios previstos no art. 698.º, tendo ainda aqui aplicação o art. 699.º relativo à extinção do usufruto sobre o bem empenhado.

24.4.7. A execução do penhor

I. Em regra, a execução do penhor faz-se por via executiva[780], que culmina com a venda do bem empenhado, permitindo-se assim que o credor se satisfaça pelo produto dessa venda.

Ora se o bem for do devedor, uma vez que a penhora se tem que iniciar pelos bens sob que incida a garantia e "só pode recair sobre outros quando se reconheça a insuficiência destes para conseguir o fim da execução" (art. 752.º n.º 1 CPC), ela iniciar-se-á pelo bem empenhado.

Com efeito, decorre já do art. 697.º (art. 678.º) que o dono da coisa empenhada tem, não só o direito de se "opor a que outros bens sejam penhorados na execução enquanto não se reconhecer a insuficiência da garantia", mas também de se opor a que "relativamente aos bens onerados, a execução se estenda além do necessário à satisfação do direito do credor."[781]

[780] Não há já um processo especial para este efeito. Na verdade, o processo especial de venda e adjudicação do penhor regulado nos arts. 1008.º a 1012.º CPC foi revogado pelo Dec.-Lei n.º 329-A/95, de 12/12.

[781] Se o autor do penhor tiver sido um terceiro, estatui o art. 54.º n.º 2 CPC, relativamente à legitimidade, que a execução segue "diretamente contra este, se o exequente pretender fazer valer a garantia", podendo desde logo ser também demandado o devedor, para a eventualidade do produto da venda do bem empenhado não ser suficiente para a satisfação integral do crédito exequendo.

Se o devedor não tiver sido inicialmente demandado, tendo a execução sido movida só contra terceiro, se se reconhecer a insuficiência dos bens empenhados, pode o exequente "requerer, no mesmo processo, o prosseguimento da ação executiva contra o devedor, que é demandado para completa satisfação do crédito exequendo." (art. 54.º n.º 3 CPC).

O terceiro autor do penhor pode defender-se, opondo ao credor nos termos do art. 698.º n.º 1 (art. 678.º), "ainda que o devedor a eles tenha renunciado, os meios de defesa que o devedor tiver contra o crédito, com exclusão das exceções que são recusadas ao fiador". Acresce que o terceiro/autor do penhor tem ainda o direito de se opor à execução enquanto o "devedor puder impugnar o negócio donde provém a sua obrigação, ou o credor puder ser satisfeito por compensação com um crédito do devedor, ou este tiver a possibilidade de se valer da compensação com uma dívida do credor." (art. 698.º n.º 2, art. 678.º).

Para que o credor pignoratício seja o primeiro a satisfazer-se pelo produto da venda do bem empenhado, no entanto, é necessário que não concorra um credor titular de um crédito garantido que seja graduado antes do penhor. Não nos estamos aqui a referir ao caso de sobre o mesmo bem se constituírem vários penhores, hipótese em que vigoram as regras deste.

Pensamos principalmente no privilégio mobiliário geral de que gozam os créditos da segurança social [sendo citado o Instituto de Gestão Financeira da Segurança Social, I. P., nos termos do art. 786.º, n.º 2 CPC] relativos a contribuições, quotizações e respetivos juros de mora (art. 204.º, n.º 1 do Código dos Regimes Contributivos do Sistema Previdencial da Segurança Social), graduando-se nos termos referidos na al. a) do n.º 1 do art. 747.º, que "prevalece sobre qualquer penhor, ainda que de constituição anterior" (art. 204.º n.º 2)[782].

II. Admite-se, no entanto, que por força de convenção das partes (acordo esse que é comum) aquando da constituição do penhor, a venda possa ser realizada extraprocessualmente, o que significa uma venda privada (art. 675.º n.º 1 *in fine*)[783].

[782] Sobre este e sua (in)constitucionalidade, ver *infra* no número seguinte.

[783] O art. 675.º n.º 1 foi alterado pelo Dec.-Lei n.º 38/2003, de 8/3, que deu corpo à "reforma da ação executiva", de forma a permitir-se aos contraentes convencionarem a venda extraprocessual da coisa (ou direito) empenhada, sendo que na redação anterior se admitia simplesmente o acordo entre o autor do penhor e o credor pignoratício para a sua venda extrajudicial. O credor pignoratício pode, pois, recorrer à venda privada da coisa (ou direito) empenhada sem ter que lançar mão para o efeito de uma ação executiva. Ver, para esta questão, e neste sentido, L. MENEZES LEITÃO, *Garantias das obrigações*, cit., p. 193, nota 490.

Esta alteração legislativa exige, no entanto, algumas, curtas, observações que têm necessariamente de partir da disciplina pregressa.

No regime anterior, separava-se a venda judicial e a venda extrajudicial. O critério distintivo assentava no facto de a primeira ser realizada perante o tribunal, fazendo-se por meio de propostas em carta fechada, sendo a venda extrajudicial realizada fora do tribunal e podendo assumir a forma de venda em bolsa de capitais ou mercadorias, venda direta a entidades que tivessem direito a adquirir determinados bens, venda por negociação particular e venda em estabelecimento de leilões (assim, M. TEIXEIRA DE SOUSA, *Ação executiva singular*, cit., pp. 362, ss.). Ver igualmente J. CASTRO MENDES, *Direito processual civil, ação executiva*, cit., pp. 178 (que considerava que essas "expressões não são muito felizes, porque num e noutro caso a venda se integra num processo executivo, é ordenada por despacho (...) e fiscalizada pelo tribunal").

Impõe a boa fé que esta venda seja realizada com as cautelas necessárias e da forma comercialmente mais adequada para que se possa obter o preço mais elevado que as condições de mercado, nesse momento, premitam[784].

Em princípio, a venda teria que ser judicial (que era, pois, a regra), admitindo, no entanto, a lei que as partes tivessem convencionado, aquando da constituição do penhor, a venda extrajudicial. Do acima exposto, resultava que, mesmo neste caso, a venda teria que ser realizada no seio do processo executivo – aí extrajudicialmente. Contudo, não era esta a opinião de PIRES DE LIMA/ANTUNES VARELA, *Código civil anotado*, vol. I (com a colaboração de M. HENRIQUE MESQUITA), cit., pp. 694-695 (que pareciam interpretar a venda extrajudicial como sendo uma venda privada, fora do processo – no que consistia efetivamente, atendendo ao significado de extrajudicial, uma – não assumida – interpretação corretiva da disposição).

Depois das alterações introduzidas pela reforma, deixou de se fazer a distinção entre venda judicial e extrajudicial. A venda executiva compreende as duas figuras anteriores, sendo composta por diversas modalidades de venda (art. 886.º n.º 1: venda mediante propostas em carta fechada, venda em bolsas de capitais ou de mercadorias, venda direta a pessoas ou entidades que tenham direito a adquirir os bens, venda por negociação particular, venda em estabelecimento de leilões, venda em depósito público). Ver sobre este ponto desenvolvidamente: J. LEBRE DE FREITAS/A. RIBEIRO MENDES, *Código de processo civil anotado*, vol. 3.º, cit., pp. 556, ss.; FERNANDO AMÂNCIO FERREIRA, *Curso de processo de execução*, 5.ª ed., Almedina, Coimbra, 2003, pp. 307, ss.; RUI PINTO, *Penhora, venda e pagamento*, cit., pp. 83, ss..

Claro está que venda executiva, qualquer que seja a modalidade de venda adoptada, é aquela que é realizada no seio do processo executivo e que tem uma "especial configuração (...) em face da compra e venda do direito privado", J. LEBRE DE FEITAS/A. RIBEIRO MENDES, *Código de processo civil anotado*, vol. 3.º, cit., p. 558. Quanto a esta, ver ainda P. ROMANO MARTINEZ, *Venda executiva. Alguns aspetos das alterações legislativas introduzidas na nova versão do Código de Processo Civil*, cit., pp. 325, ss..

Nessa medida, venda extraprocessual, por oposição a venda executiva, significa aquela que é realizada fora do processo, o que aponta no sentido de que o credor não ter que recorrer à interposição de uma ação executiva para se pagar pelo produto da venda do crédito, mas pode, sem ter que recorrer ao processo executivo, tendo as partes previamente acordado nesse sentido, ele próprio realizar a venda.

[784] Não há, após o vencimento da obrigação garantida sem que o devedor/autor do penhor cumpra, um dever de liquidação imediata dos bens empenhados, sendo perfeitamente concebível, neste quadro, que o credor procure que o devedor cumpra sem ter que executar a garantia. O risco da desvalorização dos ativos correrá por conta do devedor [ver Acórdão do STJ de 23/10/2008 (Custódio Montes), in: www.dsgi.pt]. Todavia, este período tem de ser razoável, não podendo ser demasiado extenso, em sempre que se trate de bens que já estejam a sofer quedas de valor (como, p. ex., com ações cotadas em bolsa). Esse aspeto reduz o período de tempo para obtenção de um cumprimento por parte do devedor inadimplente ("cobrança amigável").

O facto de se ter acordado, o que é frequente, a venda extraprocessual não permite que o credor pignoratício não tenha que ter em conta os interesses do autor do penhor (e os seus, pois o preço obtido pode não ser o suficiente para extinguir a obrigação garantida)[785], alienando o bem, a qualquer preço, ou de qualquer forma.

Terá que o fazer, como se disse, de maneira a maximizar o preço a obter pelo bem (p. ex., se o objeto for um lote significativo de ações não as deverá alienar todas ao mesmo tempo, mas por fases num curto espaço de tempo – não se lhe pode exigir uma espera mais prolongada – para que os montantes assim obtidos sejam superiores aos que conseguiria com essa venda única).[786]

Podem, ainda, as partes acordar que a coisa empenhada seja adjudicada ao credor pelo valor que o tribunal fixar (art. 675.º n.º 2).

III. A lei permite em certos casos a venda antecipada do bem empenhado. Com efeito, sempre que houver um "receio fundado" de que o bem empenhado se perca ou se deteriore, tanto o credor pignoratício, como o autor do penhor tem a faculdade de, mediante prévia autorização judicial, proceder à venda da coisa (art. 674.º n.º 1).

O autor do penhor pode, enquanto a venda não for efetuada (evidentemente por iniciativa do credor), oferecer em substituição outra garantia real idónea, evitando dessa forma a alienação antecipada (art. 674.º n.º 3).

Vendido o bem, o credor fica sobre o produto da venda com os direitos que lhe cabiam em relação à coisa vendida, podendo, no entanto, o tribunal ordenar o depósito do preço à sua (do tribunal) ordem para ser

[785] Além, claro, também dos dos outros credores desse sujeito.

[786] O Artigo 9.º UCC impõe que a venda do bem objeto da garantia se realize "in a commercially reasonable manner" [§ 9-610 (b): "Every aspect of a disposition of collateral, including the method, manner, time, place, and other terms, must be commercially reasonable"] (cfr. H. C. SIGMAN, *Security in movables in the United States – Uniform Commercial Code Article 9: a basis for comparison*, cit., p. 79), critério que entre nós foi adoptado no âmbito da disciplina dos contratos de garantia financeira (ver *infra*, n.º 24.7.5.4.3.) e que traduz em grande parte as exigências que nesta fase, também entre nós, como concretização da boa fé, se impõem ao credor pignoratício, e que apontamos em texto.

levantado logo que vencida (e cumprida) a obrigação (art. 674.º n.º 2)[787]. Trata-se de mais um caso em que, mantendo-se a garantia, o seu objeto se altera.

24.4.8. A extinção do penhor (art. 677.º)

I. O penhor extingue-se pela restituição da coisa empenhada[788], ou do documento que confira a exclusiva disponibilidade sobre ela. Quanto às outras causas de extinção do penhor, elas são as da hipoteca, remetendo dessa forma a lei para o art. 730.º alíneas a), c) e d)[789].

Temos pois: a extinção da obrigação garantida, por força da acessoriedade, o perecimento da coisa empenhada, sem prejuízo, porém, do disposto nos já analisados artigos 692.º e 701.º, em que a garantia passa a incidir sobre o crédito indemnizatório ou sobre a coisa que substitua aquela que pereceu, e, por fim, a renúncia do credor.

De forma idêntica à que vimos quanto à hipoteca, a renúncia à garantia não implica a renúncia ao crédito garantido, cuja extinção se processa por remissão, que é um contrato (art. 863.º n.º 1).

Por último, tal como na hipoteca, temos a reunião na mesma pessoa das qualidades de credor e de proprietário da coisa empenhada. Todavia, mesmo neste caso, o penhor poderá manter-se, se o credor tiver interesse na manutenção da garantia e na medida em que esse interesse se justifique (art. 871.º n.º 4).

[787] Quando o tribunal não ordenar o depósito do preço, a coisa deverá, ainda assim, ser depositada. Caso contrário, transformar-se-ia um penhor regular num penhor irregular, atenta a integração da quantia ao património do credor. Esse resultado não pode ter sido querido pelo legislador. Daí que mesmo que o tribunal não o imponha, o credor deverá depositar a quantia, separando-a. A garantia passa a incidir sobre esse crédito – penhor de créditos.

[788] Tanto se a restituição for voluntária como involuntária por parte do credor pignoratício. Aponta a este propósito A.VAZ SERRA (*Penhor*, n.º 59, cit., p. 69): "Voluntária ou involuntária a perda, o penhor fica sem a publicidade que a posse do credor lhe daria, o empenhador pode servir-se dela para enganar terceiros e o penhor não deve, portanto, ser eficaz em prejuízo deles. Merecem mais protecção esses terceiros do que o credor (...)." Neste sentido: J. OLIVEIRA ASCENSÃO, *Direito civil, Reais*, cit., p. 550; L. MENEZES LEITÃO, *Garantias das obrigações*, cit., pp. 198-199.

[789] Excluindo-se a al. b) do art. 730.º.

24.5. O penhor de direitos

I. O penhor de direitos[790] vem regulado nos arts. 679.º e seguintes e, conforme já se afirmou, remete-se com as necessárias adaptações para a disciplina do penhor de coisas (que acabámos de ver), em tudo o que não seja "contrariado pela natureza especial deste penhor" ou pelo regime ditado nos artigos 680.º a 685.º. Vejamos então o seu regime particular.

24.5.1. O objeto

I. Os direitos que podem ser objeto de penhor são aqueles que tenham por objeto coisas móveis e sejam susceptíveis de transmissão (art. 680.º), desde que reúnam também os requisitos gerais do art. 666.º n.º 1, isto é, que não sejam hipotecáveis.

Os créditos a prestações de facto ou à entrega de coisas imóveis estão, pois, excluídos.

Já não, claro, os créditos pecuniários. Dentro destes tem particular importância aqueles garantidos por hipoteca.

[790] Sobre o penhor de direitos, ver por todos, entre nós: J. ANTUNES VARELA, *Das Obrigações em geral*, vol. II, cit., pp. 543, ss.; M. J. ALMEIDA COSTA, *Direito das obrigações*, cit., pp. 932, ss.; A. VAZ SERRA, *Penhor*, n.º 58, cit., pp. 83, ss., n.º 59, cit., pp. 177, ss.; PIRES DE LIMA/ ANTUNES VARELA (com a colaboração de M. HENRIQUE MESQUITA), *Código civil anotado*, vol. I, cit., pp. 698, ss.; A. MENEZES CORDEIRO, *Direitos reais*, vol. II, cit., pp. 1075, ss.; L. MENEZES LEITÃO, *Garantias das obrigações*, cit., pp. 279, ss..

Ver ainda: G. GORLA/P. ZANELLI, *Del pegno, delle ipoteche*, cit., pp. 146, ss.; D. RUBINO, *La reponsabilità patrimoniale – Il pegno*, cit., p. 234, ss.; F. REALMONTE, *Pegno I) in generale*, cit., pp. 5, ss.; F. BAUR/J. BAUR/R. STÜRNER, *Sachenrecht*, cit., § 62, pp. 872, ss.; M. WOLF, *Sachenrecht*, cit., § 31, pp. 360, ss.; H. WEBER, *Kreditsicherungsrecht*, cit., § 15, p. 290, ss.; JOSÉ RAMÓN GARCÍA VICENTE, *La prenda de créditos: aspetos generales*, in Garantías reales mobiliarias en Europa (coord. M.ª Elena Lauroba/Joan Marsal), Marcial Pons, Madrid, 2007, pp. 27, ss.; idem, *La prenda de créditos*, Thomson/Civitas, Arazandi, Navarra, 2006 (com amplo desenvolvimento e interesse).

Uma nota de direito comparado. A reforma do direito das garantias em França, decorrente da ordonnance de 23 de maio de 2006, estabeleceu um regime pormenorizado para o penhor de créditos (arts. 2355.º a 2366.º do Code Civil), tendo tido por preocupação "simplificar a sua constituição e melhorar a sua eficácia". Cfr. L. AYNÈS/P. CROCQ, *Les sûretés. La publicité foncière*, cit., p. 233, pp. 232, ss..

No seio dos direitos susceptíveis de ser objeto de penhor, que não sejam créditos, destacam-se, p. ex., pelo seu relevo económico, os direitos patrimoniais de autor (art. 46.º do Código de Direito de Autor e de Direitos Conexos – CDADC), os direitos emergentes de patentes e de modelos de utilidade (art. 6.º CPI[791]).

II. Coloca-se a questão de saber se se pode constituir um penhor de créditos futuros[792]. Não parece que se coloquem dificuldades. Simplesmente, para o penhor se constituir é necessário que esses créditos se vão igualmente constituindo. Não basta que estejam preenchidos os requisitos do art. 681.º, – será necessária a constituição do crédito e, em especial, a notificação ao devedor[793], quando esta não possa ser previamente realizada, p. ex., por não se saber quem ele será[794]. A lei chega mesmo a prevê-lo no art. 115.º CIRE, embora com vista a colocar-lhe algumas limitações[795].

A questão é, em parte, paralela à da cessão de créditos futuros. A transferência só se opera (do crédito em si) quando o direito nasce. Neste

[791] Bem como de registos de topografias de produtos semicondutores, de desenhos ou modelos e de marcas e outros sinais distintivos do comércio (art. 6.º CPI).

[792] A atual lei francesa prevê-o expressamente – arts. 2356.º, 2367.º do *Code Civil*. Cfr. L. AYNÈS/P. CROCQ, *Les sûretés. La publicité foncière*, cit., p. 234.

[793] Quanto a esta questão, A. VAZ SERRA, *Penhor*, n.º 58, cit., pp. 71-72. Também L. MENEZES LEITÃO, *Garantias das obrigações*, cit., p. 284.

Na Alemanha, ver ROLF SERICK, *Eigentumsvorbehalt und Sicherungsübertragung. Neue Rechtsentwicklungen*, 2.ª ed., Verlag Recht und Wirtschaft, Heibelberga, 1993, § 5 II 4, pp. 141-142. Este Autor sublinha ser este negócio "ein halbfertiges und deshalb noch unwirksames Verfügungsgeschäft ist." (*ob. últ. cit.*, p. 142). Em Itália, G. GORLA/P. ZANELLI, *Del pegno, delle ipoteche*, cit., p. 29.

[794] Não haverá dificuldade, como decorre do texto, de notificações prévias a um ou mais devedores cujos créditos, a constituir, irão sendo objeto do penhor. Face ao direito espanhol, admitindo a notificação genérica de uma massa de créditos, J. R. GARCÍA VICENTE, *La prenda de créditos: aspetos generales*, cit., p. 29.

[795] Questão diversa é se as expetativas jurídicas podem ser empenhadas. No sentido afirmativo H. WEBER, *Kreditsicherungsrecht*, cit., § 15, p. 292. Entre nós, repare-se que as expetativas jurídicas podem ser transmitidas e a lei prevê mesmo a sua penhorabilidade (art. 778.º CPC). Desta perspetiva, atendendo às valorações legais, parece que não haveria obstáculo também à constituição de um penhor sobre elas (que, em caso de incumprimento da obrigação garantida, pode levar à sua transmissão).

caso, a constituição da garantia exige igualmente o nascimento do direito[796].

24.5.2. A forma e a publicidade

I. A regra geral é a de que a forma e a publicidade a que está sujeita a constituição do penhor de créditos são aquelas exigidas para a transmissão dos direitos empenhados (art. 681.º n.º 1). Assim, p. ex.: o penhor de créditos hipotecários está sujeito a escritura pública ou a documento particular autenticado (578.º n.º 2[797]) e a registo [art. 2.º al. i) CRPredial].

II. Acrescente-se ainda que, relativamente aos créditos[798], é igualmente necessária a notificação ou aceitação do devedor do crédito empenhado para o penhor produzir efeitos (art. 681.º n.º 2).

[796] E, aqui, a notificação do devedor cedido, se ele já não o tiver sido antes, mediante uma notificação prévia.

[797] Note-se que, hoje, em virtude da alteração do art. 578.º n.º 2 pelo art. 4.º do Dec.-Lei n.º 116/2008, de 4/7, a cessão de créditos hipotecários, quando a hipoteca incida sobre imóveis, não necessita de ser celebrada por escritura pública, bastando-se com documento particular autenticado, salvaguardando-se sempre lei especial.

[798] Coloca-se a questão de saber se o penhor de direitos é um caso de um direito sobre um direito. A questão de saber se são admissíveis no nosso sistema direitos sobre direitos é discutida na doutrina. Ver, sobre este ponto, CARLOS A. MOTA PINTO, *Teoria geral do direito civil*, 4.ª ed., por ANTÓNIO PINTO MONTEIRO e PAULO MOTA PINTO, cit., p. 338; J. OLIVEIRA ASCENSÃO, *Direito civil, Reais*, cit., pp. 39, ss. (no sentido negativo).

No sentido afirmativo, considerando que estaríamos aqui perante um exemplo clássico de um direito sobre direito, ORLANDO DE CARVALHO, *Direito das coisas*, cit., p. 209, nota 5. O bem em causa nos direitos sobre direitos seria a "situação economicamente vantajosa que se liga à titularidade do direito sotoposto" (ORLANDO DE CARVALHO, *ob. últ. cit.*, p. 211, nota 5). Esta situação, na perspetiva deste Autor (ob. últ. cit., ibidem), estaria conexionada não só com utilidades do objeto sobre que o crédito mediatamente incide, mas também com as vantagens concretas "que particularizam e valorizam" o próprio "direito sotoposto em si mesmo" (relativas à forma de utilização, à pessoa do devedor e de outras circunstâncias, em particular as garantias no que toca aos direitos de crédito).

Contra, A. MENEZES CORDEIRO (*Direitos Reais*, vol. II, cit., p. 1076), considerando não estarmos nesta hipótese face a um direito sobre direito, mas antes perante um direito que tem por objeto uma prestação; não se trataria, segundo este Professor, nem de um direito real, nem de um penhor. A. MENEZES CORDEIRO aceita, porém, que, "dada a semelhança económica" que apresenta com o penhor em sentido próprio, se possa falar de penhor de créditos.

De facto, ao contrário da cessão de créditos, em que essa transferência produz efeitos em geral ainda antes da notificação (ou aceitação), só não os produzindo face ao devedor cedido (antes deste ter tido, pelo menos, conhecimento da transmissão do crédito), assim como perante um segundo cessionário a quem o cedente tenha transferido o crédito, enquanto a primeira cessão não for notificada ou aceite pelo devedor cedido, o penhor só será eficaz, mesmo *inter partes*,[799] após a notificação ou

De forma conexa, é igualmente debatido se o penhor de direitos consiste, ou não, num direito real (de garantia), uma vez que tem por objeto um direito e não uma coisa. No sentido da negação: A. MENEZES CORDEIRO, *ob. últ. cit.*, *ibidem;* L. MENEZES LEITÃO, *Garantias das obrigações*, cit., p. 279 (Autor que inclui o penhor de créditos nas "garantias especiais sobre direitos"); P. ROMANO MARTINEZ/P. FUZETA DA PONTE, *Garantias de cumprimento*, cit., p. 181, nota 439 [Estes Autores entendem que "o penhor de direitos confere uma situação preferencial ao credor pignoratício, na medida em que lhe são transferidos parte dos poderes que o credor (autor do penhor) tem sobre terceiros"]; JOSÉ ALBERTO C. VIEIRA, *Direitos Reais*, cit., p. 133.

O entendimento, por vezes meramente implícito, de outros Autores é que se trata de um direito real. Ver: PAULO CUNHA, *Da garantia nas obrigações*, vol. II, cit., pp. 228, ss., p. 232; ORLANDO DE CARVALHO, *Direito das coisas*, cit., pp. 198, ss., p. 214, em nota (5) (este Autor, já num acrescento à citada obra, distinguia os direitos reais de garantia, onde inseria o penhor, das garantias reais na qual incluía uma figura que, por não respeitar o princípio da especialidade, não poderia ser considerado um direito real, mas seria uma garantia real: os privilégios mobiliários gerais, *ob. últ. cit.*, *Acrescento*, pp. 34-35); M. HENRIQUE MESQUITA, Coisa, Polis, 1, p. 971; J. ANTUNES VARELA, *Das Obrigações em geral*, vol. II, cit., p. 526, p. 527. Ver ainda, sobre este ponto, A. SANTOS JUSTO, *Direitos reais*, cit., pp. 467-468 (Este Autor considera a posição de MENEZES CORDEIRO "aceitável, em obediência ao princípio da coisificação", p. 468; não se torna, no entanto, inteiramente claro se a ela adere). Em França, sublinhando que o entendimento tradicional era negativo, mas que a doutrina contemporânea é mais favorável à admissão de um direito real sobre um bem incorpóreo, D. LEGAIS, Sûretés et garanties du crédit, cit., p. 317.

Em todo o caso, e não podendo, nem devendo, neste momento, entrar nessa discussão porque ela passa inevitavelmente pela própria noção de direito real, sempre poderemos dizer que o penhor de direitos goza das características da preferência e da sequela que estão ligadas aos direitos reais.

Por outro lado, recentes disposições, negando o carácter de garantia real aos privilégios gerais (corretamente, aliás), não fazem no seio das garantias reais qualquer distinção entre as garantias sobre coisas e direitos. É o que sucede com o novo Código da Insolvência: art. 47.º, n.º 4, al. a).

799 Assim, PIRES DE LIMA/ANTUNES VARELA, *Código civil anotado*, vol. I, cit., p. 700; A. VAZ SERRA, *Penhor*, n.º 59, cit., p. 180.

No atual direito francês, o penhor, tendo de ser celebrado por escrito (art. 2356.º do Code Civil), produz efeitos quer entre as partes, quer face a terceiros desde a sua celebração.

aceitação do devedor do crédito empenhado, exceto nos casos em que se trate de um penhor sujeito a registo [como aquele de créditos hipotecários – art. 2.º n.º 1, al. o) CRPredial], em que os seus efeitos se produzirão a partir do registo (art. 681.º n.º 2 *in fine*).

Ainda, se antes da notificação ou aceitação, o devedor do crédito empenhado pagar à pessoa que constituiu o penhor ou celebrar com ela algum negócio jurídico relativo ao crédito empenhado, nem o pagamento, nem o negócio serão oponíveis ao credor pignoratício, se este provar que o devedor tinha conhecimento do penhor (art. 583.º n.º 2, art. 681.º n.º 3)[800]. Trata-se de uma outra exceção.

II. Não há dificuldade na constituição de mais do que um penhor sobre o mesmo crédito, visando assegurar diferentes créditos. É sempre necessária, no entanto, a notificação ao devedor cedido, prevalecendo o penhor primeiro constituído (ou melhor: sendo satisfeito em primeiro lugar pelo valor do crédito empenhado, o titular do crédito garantido por penhor de créditos constituído em primeiro lugar)[801].

24.5.3. As relações entre o obrigado e o credor pignoratício

I. Estas relações estão, de acordo com o art. 684.º, "sujeitas às disposições aplicáveis, na cessão de créditos, às relações entre o devedor e o cessionário", o que significa aqui que o devedor (do crédito empenhado) poderá opor ao credor pignoratício os meios de defesa que poderia invocar contra o autor desta garantia, salvo aqueles que provenham de facto posterior ao conhecimento do penhor (art. 585.º).[802]

A notificação é somente necessária para produzir efeitos face ao devedor (arts. 2361.º-2362.º do Code Civil). Cfr. Cfr. L. AYNÈS/P. CROCQ, *Les sûretés. La publicité foncière*, cit., p. 233, ss..

800 Sublinha J. ANTUNES VARELA (*Das Obrigações em geral*, vol. II, cit., p. 546), a propósito deste preceito, que ele é "sinal de que o conhecimento efetivo da existência do penhor pode bem suprir a falta de notificação e de aceitação."

801 Cfr. D. RUBINO, *La reponsabilità patrimoniale – Il pegno*, cit., p. 195.

802 Cfr. PIRES DE LIMA/ANTUNES VARELA (com a colaboração de M. HENRIQUE MESQUITA), *Código civil anotado*, vol. I, cit., p. 702.

24.5.4. Os deveres do credor pignoratício

I. Dentro dos deveres do credor pignoratício, destacam-se os da prática dos atos indispensáveis à conservação do crédito empenhado e da cobrança de juros e de mais prestações acessórias compreendidas na garantia (art. 683.º).

A razão de ser deste regime é clara no que toca à cobrança do crédito, dos juros e de outras prestações acessórias compreendidas na garantia. É indispensável que seja só o credor pignoratício a poder realizar estes atos, sob pena de, se se permitisse ao titular do direito a sua realização, o primeiro correr o risco de vir a sofrer um prejuízo.

Já quanto aos atos indispensáveis para a conservação do direito, o raciocínio não será o mesmo, porque o credor pignoratício aqui não sofreria qualquer dano – pelo contrário – em virtude da prática pelo titular do crédito dos atos indispensáveis à sua conservação e pelo menos em alguns casos este (o titular do crédito, no caso de penhor) poderia fazê-lo[803].

[803] A lei não só permite como impõe a prática destes atos ao credor pignoratício, o que significa que se ele não o fizer poderá ser responsabilizado (verificando-se todos os pressupostos da responsabilidade contratual) perante o titular do direito. Repare-se que não está excluído que o titular do direito empenhado pratique atos que sejam indispensáveis à conservação desse direito e, frequentemente, poderia mesmo fazê-lo sem necessitar da colaboração do titular do direito de garantia. Todavia, mesmo assim, parece que se mantém a obrigação de o credor pignoratício, ele próprio, os realizar.

A. VAZ SERRA (*Penhor*, n.º 59, cit., p. 199) chegou a sustentar aqui que, "na falta de estipulação em contrário, ao devedor é que deve caber, em princípio, a conservação do crédito", o que encontrava correspondência no art. 12.º n.º 1 da sua proposta de articulado relativa ao penhor de direitos (in: Penhor, n.º 59, cit., p. 262): "O credor, a quem foi dado um crédito em penhor, é obrigado a praticar os atos indispensáveis à conservação do mesmo crédito, que não possam ser efetuados pelo devedor, e a cobrar os juros e mais prestações acessórias compreendidas no penhor" (itálico nosso). Todavia, a sua proposta não terá sido acolhida pelo legislador, bastando para tal cotejar a referida norma com o art. 683.º do Código (o texto é praticamente idêntico, tendo-se eliminado, porém, a restrição aos "atos que não possam ser efetuados pelo devedor". – que, conforme referimos, constava da formulação do ilustre Professor de Coimbra). Note-se ainda, a este propósito, que D. RUBINO (*La reponsabilità patrimoniale – Il pegno*, cit., p. 218) sustentava, face ao art. 2802.º do *Codice Civile* (próximo do nosso art. 683.º), que o credor pignoratício só teria o dever de praticar os atos conservatórios que o titular do direito empenhado em virtude do penhor não pudesse realizar. Quanto àqueles que pudessem ser realizados também pelo titular desse direito, o credor pignoratício teria a faculdade, mas não o dever, de os praticar.

A lei não distingue, no entanto, entre aqueles casos em que o titular do direito poderia praticar os atos indispensáveis à conservação do crédito e aqueles em que este já não o poderia fazer. Aparentemente, o credor pignoratício está sempre obrigado a praticá-los.

24.5.4.1. Em especial, a cobrança do crédito empenhado

I. Quanto à cobrança do crédito empenhado, em termos gerais, pode afirmar-se o seguinte.

O credor pignoratício deve ainda cobrar o direito de crédito empenhado, logo que este seja exigível (art. 685.º n.º 1). Uma vez cobrado o crédito, o penhor passa a incidir sobre a coisa prestada em satisfação desse crédito, produzindo-se, desta forma, um fenómeno de sub-rogação real.

Se o objeto da prestação debitória consistir numa quantia pecuniária, a realização da mesma terá de ser feita aos credores conjuntamente. Não havendo acordo entre os interessados nesse sentido, o devedor poderá usar da consignação em depósito (art. 685.º n.º 2).

Recaindo mais do que um penhor sobre o mesmo crédito, somente àquele credor cujo direito prefira aos outros se reconhece legitimidade para cobrar o crédito empenhado, operando-se, depois, a já referida sub-rogação real. Os outros credores pignoratícios têm meramente a faculdade de "compelir o devedor a satisfazer a prestação ao credor preferente" (art. 685.º n.º 3). O direito que prevalece será aquele que primeiro tenha sido notificado ou aceite pelo devedor do crédito empenhado (a não ser que o penhor esteja sujeito a registo – art. 681.º n.º 2).

O titular do crédito empenhado apenas pode cobrá-lo, recebendo a prestação devida, mediante o consentimento do credor pignoratício, situação em que o direito de garantia se extingue (art. 685.º n.º 4).

II. Esta matéria exige um desenvolvimento particular dada a relevância prática que os penhores de créditos, em especial os penhores de créditos garantidos, têm no âmbito do comércio bancário.

É a essa análise que vamos dedicar a exposição seguinte.

24.5.4.1.1. O crédito pignoratício e o crédito empenhado[804]

I. No penhor de créditosno caso em análise temos dois créditos pecuniários: um crédito inicial (que pode por sua vez estar garantido, p. ex., se se tratar de um crédito hipotecário) e que é depois empenhado (o crédito empenhado) para assegurar um outro crédito (o crédito pignoratício).

Há aqui que distinguir três hipóteses.

O vencimento do crédito pignoratício antes do crédito empenhado.

O vencimento do crédito pignoratício ao mesmo tempo que o crédito empenhado.

Por fim, o vencimento do crédito empenhado antes do crédito pignoratício.

II. No primeiro caso, se o devedor realizar a prestação, simplesmente extingue-se a garantia (o penhor), dado o seu carácter acessório. Se não realizar, pode o credor pignoratício, então, executar a garantia (art. 675.º).

III. Podem ainda os créditos vencerem-se simultaneamente, por um mesmo facto desencadear esses efeitos. Nessa hipótese, se o devedor do crédito pignoratício não cumprir, o credor poderá[805] exigir o cumprimento ao devedor do crédito empenhado, satisfazendo-se com essa quantia (o que leva à extinção dos dois créditos: o pignoratício e o empenhado[806]).

Se obrigação do devedor (do crédito empenhado) for exigível a todo o tempo, e o devedor do crédito pignoratício não cumprir, o credor deste poderá recorrer à soma seu objeto[807] para satisfazer o seu crédito. Se não se aceitasse este resultado, o credor pignoratício teria que alienar o crédito empenhado, fazendo-o extraprocessualmente, sempre que houvesse acordo nesse sentido. Ora essa alienação do crédito far-se-ia, neste caso,

[804] Desenvolvemos esta matéria com mais detalhe em M. PESTANA DE VASCONCELOS, *Penhor de créditos pecuniários garantidos e insolvência*, in: *Estudos de Homenagem ao Prof. Doutor Jorge Miranda, Volume VI, História do Direito, Filosofia de Direito e Direito Comparado, Direito Civil e Direito Processual Civil, Direito Penal e Direito Processual Penal, Direito Comercial, Direito do Trabalho Direito Universitário*, Edição da Faculdade de Direito de Lisboa, Coimbra Editora, Coimbra, 2012, pp. 877, ss..

[805] Nos termos que veremos *infra*.

[806] E como este é um crédito garantido, cessam também as suas garantias.

[807] É o caso de o crédito empenhado ser um crédito ao saldo de uma conta à ordem. O credor pignoratício poderá, já veremos em que termos, exigir a entrega dessa quantia ao banco (o devedor do crédito empenhado).

pelo valor nominal do direito, o que geraria um resultado idêntico àquele que propomos[808].

IV. Resta a última hipótese, o vencimento do crédito empenhado antes do crédito pignoratício. Nesse caso, o credor pignoratício deverá cobrá-lo. Realizada a prestação, o penhor passa a incidir sobre a coisa prestada em satisfação desse crédito, produzindo-se, desta forma, um fenómeno de sub-rogação real (art. 685.º n.º 1).

Todavia, se objeto da prestação debitória consistir numa quantia pecuniária, a realização da mesma terá, nos termos do art. 685.º n.º 2, de ser feita aos credores conjuntamente[809]. Na falta de acordo entre eles, o devedor poderá recorrer à consignação em depósito.

Aparentemente, a prestação para ser realizada liberatoriamente por parte do devedor não poderá ser realizada ao credor pignoratício, como sucede nos outros casos abrangidos pelo art. 685.º n.º 1, mas tem de ser realizada a ambos.

Não é esse, porém, o resultado correto.

Cremos que, havendo acordo, a prestação poderá ser realizada liberatoriamente ao credor pignoratício, embora já não ao autor do penhor (o credor do direito empenhado).

Vejamos cada um destes casos, ou seja, os de cumprimento pelo devedor do crédito empenhado ao credor pignoratício e ao autor do penhor **[i)]**, ao autor do penhor **[ii)]**, ou ao credor pignoratício **[iii)]**, e suas consequências, quer quanto ao penhor, quer às garantias que tutelam o crédito empenhado, que se extingue.

i) O cumprimento face ao credor pignoratício e ao autor do penhor

I. Sendo a prestação pecuniária (ou de outra coisa fungível) realizada conjuntamente, nos termos do art. 685.º n.º 2, ao credor pignoratício e ao

[808] Pelo menos, sempre que as partes tenham convencionado a execução extraprocessual do penhor (art. 675.º n.º 1).

[809] Para as razões justificativas desta norma cfr. J. ANTUNES VARELA, *Das Obrigações em geral*, vol. II, cit., p. 547. Sublinha este Autor: "A entrega de coisas dessa natureza, que facilmente poderiam desaparecer nas mãos do credor pignoratício, envolveria um sério risco a que o autor do penhor de crédito se não quis sujeitar."

titular do crédito empenhado, extinguindo-se o crédito, o penhor deve nos termos do art. 685.º n.º 1 passar a incidir sobre a coisa prestada em satisfação desse crédito.

A consequência do cumprimento ao credor pignoratício e ao titular do crédito empenhado não é, pois, a cessação do penhor.

Nessa medida, devem as partes praticar os atos necessários à manutenção dessa mesma garantia. O que, atendendo à sua natureza, passará pelo depósito da quantia numa conta bancária aberta em nome do devedor em que o crédito à restituição face ao banco passando o penhor a incidir sobre esse crédito[810] (sendo, ainda necessária, a instituição de crédito seja notificada da garantia, nos termos do art. 681.º n.º 2). A movimentação da conta por parte do seu titular ficaria numa situação de indisponibilidade (cativa) até que cessasse a garantia.

Isto é: da articulação dos ns. 1 e 2 do art. 685.º não resulta que com o pagamento realizado pelo devedor ao titular do crédito pecuniário empenhado e ao credor pignoratício se extinga a garantia (embora, como se disse, se extinga o crédito seu objeto – inicial)[811]. Com efeito, no seio da relação obrigacional complexa emergente do contrato de penhor inserem-se os deveres para ambas as partes da prática dos atos necessários à alteração do objeto da garantia, constituindo para esse efeito um novo crédito

[810] O BGB prevê no § 1288 (1) que cumprindo o devedor ao credor pignoratício e ao titular do crédito empenhado antes do vencimento do crédito garantido, eles são obrigados reciprocamente a cooperar para que a quantia seja colocada a juros, e que ao mesmo tempo se constitua um penhor incidindo sobre esse crédito (face ao depositário). O tipo de investimento a realizar é determinado, nos termos da mesma norma, pelo credor. Procede-se, dessa forma, a uma variação do objeto do penhor. Cfr. D. REINICKE/K. TIEDTKE, *Kreditsicherung*, cit., p. 360.

[811] O Direito italiano, em que muito se inspirou o nosso Código, não contém uma norma idêntica ao art. 685.º n.º 1, uma vez que cabe credor pignoratício cobrar o crédito dado em garantia. Porém, sempre que o crédito empenhado tenha por objeto dinheiro ou outras coisas fungíveis ele deve, a pedido do autor do penhor, depositar a quantia nos termos do art. 2803.º *Codice Civile*. Cfr. G. GORLA/P. ZANELLI, *Del pegno, delle ipoteche*, cit., pp. 156, ss.; S. CICCARELLO, "Pegno (dir. priv.)", cit., p. 690.

Quando o autor do penhor exija o depósito, temos um penhor desse crédito, assim constituído, que assegura o crédito garantido. Só se o devedor não exigir esse depósito, o penhor passaria a irregular. Se o crédito tiver por objeto uma coisa infungível, mantém-se o penhor – o mesmo penhor – sendo meramente alterado o seu objeto. Cfr. G. GORLA/P. ZANELLI, *Del pegno, delle ipoteche*, cit., pp. 160, ss..

pecuniário. Do prisma da lei, esse novo crédito substitui o primeiro como objeto da garantia, no âmbito de um mesmo contrato de penhor, que não cessou, antes viu alterado o seu objeto.

II. A solução percebe-se. O que está aqui em jogo é o penhor de um crédito com vencimento anterior ao vencimento do crédito garantido. O funcionamento do próprio direito empenhado implica necessariamente uma alteração do objeto da garantia. Caso contrário, esse penhor seria inútil. Ele extinguir-se-ia, sem ser por causa imputável ao autor do penhor, ainda antes do vencimento do crédito garantido, levando à extinção da garantia deste.

Por isso, a lei estatui que o penhor se mantém e passa a incidir sobre a coisa prestada em satisfação do crédito. Quando esta seja dinheiro, sendo a quantia prestada a ambos os contraentes, terão que praticar os atos necessários para que sobre ela possa continuar a incidir o penhor[812].

III. Não afastamos que as partes acordem – nada obsta a que o façam –, depois de o cumprimento pelo devedor do crédito empenhado se ter realizado a ambos os credores conjuntamente, a entrega do dinheiro assim recebido ao credor pignoratício. Simplesmente nesse caso, alterar-se-ia a natureza da garantia. A soma passaria a integrar no seu património, embora ela a deva aí separar (uma vez que é seu titular fiduciário). O penhor, regular, de crédito, passaria, convencionalmente, a um penhor irregular.

IV. Com a extinção do crédito empenhado garantido, e passando o penhor a incidir sobre o crédito constituído em sua substituição, as garantias que tutelavam o crédito extinto não se transferem para o novo crédito empenhado. Efetivamente, se um crédito que é assegurado por um penhor, por uma hipoteca ou por uma alienação em garantia se extinguir pelo cumprimento, necessariamente essas garantias, que visavam assegurar esse mesmo cumprimento, têm de extinguir. O que implica, no caso da alienação em garantia, que o credor (o titular do crédito empenhado),

[812] O que pode passar também, alternativamente, separação das quantias (das próprias notas em envelope fechado) e sua entrega a terceiro – o que é possível, embora muito pouco prático em termos de tráfico mercantil.

sendo fiduciário, tenha que retransmitir ao autor da garantia, o fiduciante, esse direito.

Sublinhe-se que o autor da garantia do crédito empenhado (aquele que se veio a extinguir pelo cumprimento) é alheio à constituição dessa segunda garantia (o penhor do crédito que ele assegurou). A garantia por ele constituída, destina-se, e tão só, ao crédito inicial. Por isso, apesar de nestes casos o penhor alterar o seu objeto de um crédito para outro, o crédito constituído, nos termos acabados de referir, em substituição daquele que se extinguiu pelo cumprimento, não estará garantido como o primeiro estava. O que significa que, recorrendo-se a um depósito bancário, a solidez do crédito objeto do penhor mede-se pela solidez da própria instituição bancária onde se abra a conta e faça o depósito. Mas é em qualquer caso mais débil do que aquele que originariamente existia, uma vez que não beneficia de qualquer garantia qualitativa, como sucedia com o crédito anterior.

ii) O cumprimento face ao titular do crédito empenhado

I. Sendo a prestação realizada, com o acordo do credor pignoratício, ao titular do crédito empenhado, o devedor cumpre liberatoriamente, mas extingue-se o penhor. É a solução do art. 685.º n.º 4.

Contudo, por convenção das partes, a quantia pode ficar afeta à garantia do crédito que o autor do penhor é devedor. Para tal, este torna-se titular fiduciário da soma, separando-a do seu restante património através do depósito numa conta aberta para o efeito.

Poderia mesmo convencionar-se o empenhamento do crédito, face ao banco, daí decorrente. Reconstituir-se-ia, nessa medida, o penhor de crédito. Seria um novo penhor, uma vez que o inicial se teria extinto[813].

Simplesmente, enquanto – de forma similar aquela acima vista – o crédito (empenhado) inicial beneficia de garantias, a sua extinção levará a que estas cessem (p. ex., penhor, hipoteca[814]) sem que voltem a beneficiar o

[813] O contrato inicial preveria logo a constituição do penhor futuro, a incidir sobre esse direito. Nessa medida, não seria necessária uma nova manifestação de vontade das partes. Bastaria, por isso, a notificação ao novo devedor.

[814] As garantias fiduciárias não cessariam de imediato, tendo o fiduciário que as retransmitir. Não ficariam a garantir o novo crédito. Elas existiam para assegurar o crédito que se extinguiu. Nessa medida, tem que ser retransmitidas.

crédito que vem depois, através do depósito, a ser constituído (e, por sua vez, nos termos referidos, empenhado).

II. Esta solução implica um elevado grau de confiança entre as partes (autor do penhor e credor). Mas ela existirá muitas vezes, tendo em conta a natureza dos sujeitos (geralmente bancos, pelo menos uma das partes), e o encadeamento das relações entre eles. O devedor/autor do penhor, em regra, cumprirá. E a celebração do contrato nestes termos, reflete justamente uma confiança acrescida do credor pignoratício no seu cumprimento. Há, pois, aqui um elemento fiduciário bastante relevante (e que permite estruturar desta forma a figura).

A dificuldade prende-se com a sua insolvência. Tanto por nesse caso o dinheiro cobrado integrar a massa, como, mesmo que a garantia (o novo penhor de créditos) já tenha sido constituída, o credor correr, em princípio, o risco da resolução incondicional do administrador através do recurso ao art. 121.º, n.º 1, al. c) CIRE[815].

iii) O cumprimento face ao credor pignoratício

I. Resta agora saber se a prestação poderá ser realizada, liberatoriamente, ao credor pignoratício[816_817] atento o disposto no art. 685.º n.º 2, e,

815 A questão será examinada, *infra*, no número seguinte em texto.

816 Já vimos que é essa a solução do direito italiano (art. 2803.º *Codice Civile*).

No atual direito francês, decorrente da reforma do direito das garantias (introduzida pela ordonnance de 23 de maio de 2006), embora, quer o credor pignoratício, quer o autor do penhor possam cobrar o crédito, só o pagamento ao primeiro é liberatório, desde que a constituição da garantia tenha sido notificada ao devedor (arts. 2362.º e 2363.º do *Code Civil*). Cfr. L. AYNÈS/P. CROCQ, *Les sûretés. La publicité foncière*, cit., p. 234.

817 No direito alemão, o devedor só cumpre liberatoriamente, antes do vencimento do crédito garantido, ao credor pignoratício e ao devedor [§ 1288 (1) BGB], podendo qualquer um deles exigir, nestes termos, o cumprimento. Porém, esta norma é supletiva (§ 1284 BGB). Podem, pois, as partes por acordo conferir ao credor pignoratício isoladamente legitimidade para o efeito.

Depois do vencimento do crédito garantido, o credor pignoratício pode cobrar o crédito e o devedor só a ele pode cumprir liberatoriamente. Sendo o crédito pecuniário, ele apenas pode cobrar o necessário para se satisfazer [§ 1282 (1) BGB]. Cfr. H. WEBER, *Kreditsicherheiten. Recht der Sicherungsgeschäfte*, cit., § 15, p. 297, ss.

se a resposta for positiva, qual o destino do penhor e das garantias do crédito empenhado, ora extinto.

Como já sustentámos, cremos que, por acordo, as partes podem afastar a necessidade imposta por essa norma de o cumprimento se fazer aos dois credores conjuntamente, podendo o devedor realizá-la liberatoriamente ao credor pignoratício.

De facto, existindo entre as partes um elevado grau de confiança que permita colmatar, ou tornar aceitável, o risco apontado como justificativo desta disposição (de o dinheiro poder "...desaparecer nas mãos do credor pignoratício"[818]), o devedor pode realizar a prestação liberatoriamente face a este último.

No fundo, analisando a *ratio* do preceito decorre que ele consagra aqui uma tutela do autor do penhor, e titular do crédito. Mas não há motivo para não lhe permitir a renúncia a ela, quando o risco de que a lei o pretende proteger não se verifique[819]_[820] O que sucede quando ele tenha uma confiança acrescida no seu credor (o pignoratício). Pode mesmo essa confiança

[818] J. ANTUNES VARELA, *Das Obrigações em geral*, vol. II, cit., p. 547.

[819] A norma com esta redação seguiu o proposto por A. VAZ SERRA, *Penhor*, BMJ, n.º 59, p. 215. O ilustre Professor analisou as soluções do *Códice Civile* (2803.º), do BGB (§ 1281, mas § 1284) e do Código suíço (906.º), optando por aquela que, na sua perspetiva, melhor servia os interesses de tutela do titular do crédito empenhado. Contudo, a norma, à semelhança do que sucede com o BGB (§§ 1284, 1281), seria supletiva (art. 13.º, n.º 3, A. VAZ SERRA, *Penhor*, BMJ, n.º 59, p. 263). Tal resulta claramente da proposta de articulado (art. 13.º n.º 2, A. VAZ SERRA, *Penhor*, BMJ, n.º 59, p. 262). Contudo, a disposição relativa ao carácter supletivo da disposição acabou, juntamente com muitas outras do projeto de articulado, por não transitar para o Código. Não obstante, tal não terá sido uma escolha por parte do legislador (descontado já o relevo, que deverá ser diminuto, do elemento histórico de interpretação, para mais num Código que assente, neste ponto, em trabalhos preparatórios – pese embora a sua muito elevada qualidade, convém sublinhar – realizados nos anos 50 do século passado), uma vez que o articulado proposto era, como o seu próprio Autor referia, demasiado extenso, tendo tido que ser reduzido. Aliás, VAZ SERRA interrogava-se mesmo se essa norma, que consagrava o carácter supletivo da solução, não seria dispensável (A. VAZ SERRA, *Penhor*, cit., p. 263, nota, 142-c, p. 269, nota 145). Nada de decisivo se pode, pois, retirar daqui, embora se compararmos a extensão da proposta de articulado e o articulado do Código o mais provável é que tenha sido considerada dispensável. O decisivo, de todo o modo, é o que se diz em texto quanto ao seu fundamento.

[820] Outro aspeto é se esta cláusula for uma cláusula contratual geral – nesse caso o mecanismo de controlo é o respectivo diploma, que permite mesmo um controlo mais "fino", e não esta norma.

decorrer da prestação pelo próprio credor pignoratício de uma contragarantia, tutelando o crédito indemnizatório que possa decorrer do abuso da sua posição reforçada.

II. Acrescente-se ainda que o risco é mais diminuto do que à primeira vista parece. De facto, o penhor é acessório do crédito garantido. O incumprimento por parte do credor do dever de depositar a quantia cobrada, nos termos referidos, irá dar lugar ao nascimento de um crédito indemnizatório que o autor do penhor poderá depois compensar.

Registe-se, por fim, que esta figura tem o seu campo privilegiado de aplicação no comércio bancário, em que a simplicidade das operações e a celeridade são da maior relevância[821]. Não se deve desconhecer que as garantias, em especial os penhores de créditos, são negócios – extremamente – correntes da prática bancária. O seu âmbito normal de celebração será nos negócios entre os bancos e seus clientes (pessoas singulares ou colectivas). Daí que, se concretizarmos a figura prevista e regulada no Código Civil, juntando-lhe os elementos subjetivos que compõe o seu tipo social, ela insere-se no âmbito bancário, pelo que na sua interpretação tem necessariamente de se ter presentes os princípios que o estruturam este ramo do Direito.

III. Visto este ponto, diga-se que a interpretação proposta assenta em termos literais (art. 9.º n.º 2) na fórmula do art. 685.º n.º 2. Efetivamente, ela refere-se ao acordo dos dois credores (pignoratício e do crédito empenhado). Embora o acordo diga diretamente respeito à necessidade de os credores se articularem para receberem em conjunto a prestação, a formulação verbal alcança ainda a interpretação sustentada, no sentido de o acordo dos interessados se referir também àqueles casos em que estes permitem ao devedor realizar a prestação liberatoriamente face ao credor pignoratício.

IV. Recebida a quantia (de forma paralela à acima, *supra*, vista), o credor pignoratício teria imediatamente que a depositar numa conta aberta em

[821] Sobre este aspeto, entendendo que se trata de princípio bancários, ver A. MENEZES CORDEIRO, *Direito bancário*, cit., pp. 238, ss..

nome do devedor[822]. A garantia passaria, depois, para esse segundo crédito (decorrente do depósito da soma). A mudança do objeto da garantia decorreria logo do contrato inicial de penhor, que regularia a constituição do crédito futuro. Dele resultaria a legitimidade para para receber liberatoriamente, e só ele, a prestação. Portanto, o contrato inicial teria um conteúdo complexo, daí resultando a legitimidade para o credor pignoratício receber a prestação e os atos a praticar por este último para a constituição do referido direito[823], sobre o qual passa a incidir a garantia.

Claro está que esta solução exige, como se tem sublinhado, uma particular confiança na pessoa do credor, que terá que cobrar a quantia e proceder ao depósito. Por isso, se pode afirmar um *elemento fiduciário* neste tipo de acordos.

V. Outra questão é saber se aqui há um novo penhor ou se se mantém o penhor inicial, embora com a variação do objeto da garantia. No âmbito – e com as limitações do objeto da garantia – dos contratos de garantia financeira, não restam dúvidas de que essa alteração é admissível com a manutenção do penhor inicial[824].

[822] Já vimos (*supra*) a solução Direito italiano que passa, nos termos do art. 2803.º *Codice Civile*, pelo depósito. No novo direito francês, cobrando o credor pignoratício o crédito empenhado sem que se tenha vencido o crédito garantido, poderá reter essas quantias a título de garantia, devendo depositá-las numa conta bancária. Essa quantia deverá ser restituída, logo que seja satisfeito o crédito garantido (art. 2364.º *Code Civil*). Cfr. L. AYNÈS/P. CROCQ, *Les sûretés. La publicité foncière*, cit., pp. 240-241.

[823] O credor pignoratício abriria, nos termos do contrato celebrado com o autor do penhor, uma conta junto do banco, procederia ao depósito da quantia recebida, acordando com o banco que o crédito à sua restituição integraria o património do autor do penhor. Notificaria depois o banco, nos termos do art. 681.º n.º 2, desse penhor.

[824] Como se verá com mais detalhe aqunado da análise do penhor financeiro, nestes contratos as partes podem convencionar a atribuição ao credor pignoratício (o beneficiário da garantia, nos termos da lei) do direito de dispor do objeto desta (art. 9.º n.º 1 do Dec.-Lei n.º 105/2004, de 8/5). Se o credor pignoratício o exercer, terá "até à data convencionada para o cumprimento das obrigações financeiras garantidas" (art. 10.º, n.º 1 do Dec.-Lei n.º 105/2004, de 8/5) que transferir uma garantia equivalente que substitua a garantia financeira original. Nessa eventualidade, o objeto equivalente "substitui, para todos os efeitos, a garantia financeira original e considera-se como tendo sido prestado no momento da prestação desta..." (art. 10.º n.º 3 do Dec.-Lei n.º 105/2004, de 8/5) e os direitos que o credor (o beneficiário) "tenha ao abrigo do penhor financeiro relativamente à garantia financeira original mantêm-se relativamente ao objeto equivalente" (art. 10.º n.º 4 do Dec.-Lei n.º 105/2004, de 8/5).

Fora destes contratos, tudo reside em saber se esta figura, isto é, a variação, nestes termos, do objeto da garantia por parte do credor é admissível. A resposta é, a nosso ver, afirmativa, tendo em conta que nestes casos a cláusula de substituição permite (claro está: desde que o credor cumpra) determinar quais são os bens que em qualquer momento são objeto do penhor[825], a abertura que a lei revela à substituição do objeto da garantia por dinheiro, mesmo por ato do credor (como resulta, em termos gerais, do art. 674.º[826] – disposição que regula, neste ponto, um caso paralelo) e o regime geral do penhor de créditos decorrente do art. 685.º n.º 1, de que este mecanismo consiste numa simples adaptação para os créditos pecuniários. O contrato de penhor mantém-se o mesmo, variando só o seu objeto[827].

No caso em análise em texto, não há uma disposição por parte do credor pignoratício do direito empenhado. Simplesmente, ele vence-se, o que leva, por força do contrato, à constituição, nos termos apontados em texto, de uma garantia equivalente, ou seja, outro crédito no mesmo montante e na mesma moeda [art. 13.º al. a) do Dec.-Lei n.º 105/2004, de 8/5]. Nessa medida, no seio do regime das garantias financeiras, a solução no que diz respeito à manutenção do penhor original que passa agora a incidir sobre o outro crédito [a garantia equivalente nos termos do art. 13.º al. a) do Dec.-Lei n.º 105/2004, de 8/5] não gera dúvidas.

825 Exceto no curto período de tempo em que se processa a substituição, ou seja, entre a cobrança do crédito e o depósito da quantia.

826 Para esta disposição, ver PIRES DE LIMA/ANTUNES VARELA (com a colaboração de M. HENRIQUE MESQUITA), *Código civil anotado*, vol. I, cit., p. 683. A norma em análise, como já foi referido *supra*, é relativa à venda antecipada do bem empenhado pelo credor, mediante prévia autorização judicial. Aí verifica-se uma alteração do objeto do penhor para as quantias obtidas com a alienação do seu objeto (art. 674.º n.º 2), podendo o tribunal "ordenar que o preço seja depositado". Nesse caso, a garantia passa a ser o crédito desse depósito que é empenhado em substituição da garantia original, mas mantendo-se nos termos legais o mesmo penhor.

Portanto: o penhor não se extingue, ficando o credor sem a garantia, ou, simplesmente, se opera a constituição de um novo penhor. O que a lei aqui pretende efetivamente é que, sempre que o objeto do penhor se transforme em dinheiro, nos termos apontados, se mantenha nas mãos do credor a garantia real. Por isso, mesmo que o tribunal não ordene o depósito do preço, já o defendemos (na primeira edição deste livro, p. 245, nota 691), deverá, ainda assim, nos termos apontados, ser depositada a soma pecuniária. A garantia passa a incidir sobre o novo crédito.

827 Saber se se mantém o mesmo penhor com alteração do objeto ou se se constitui um novo penhor é muito diminuta fora da insolvência (ou se se tratar de um penhor financeiro, atendendo ao seu regime insolvencial próprio).

Mas o mesmo já não sucede se o autor do penhor for declarado insolvente. É que nessa eventualidade – se se entendesse que estaríamos face à constituição de um novo penhor e

VI. Seria ainda admissível que as partes – aceitando-se que podem, como sustentamos, acordar que o devedor cumpra liberatoriamente face ao credor pignoratício, em vez que convencionarem a variação do objeto da garantia –, simplesmente, aceitassem a sua transformação numa garantia fiduciária, sob a forma de um penhor irregular[828], tendo por objeto o dinheiro recebido. Decorre do conteúdo da relação fiduciária, o dever de protecção do bem, o que implica que este deve ser separado do restante património do credor através a constituição de um depósito em conta bancária especialmente aberta para o efeito, de que ele seja titular[829].

VIII. Se o crédito empenhado for, por sua vez um crédito garantido, no que diz respeito a essa garantia, agora do crédito que foi extinto pelo cumprimento ao credor pignoratício, sendo acessória (p. ex., penhor,

não da modificação do objeto de um penhor que se mantém –, haveria que contar com o risco decorrente da resolução do contrato do art. 121.º, n.º 1, al. c) CIRE. Sendo certo que o período – seis meses – antes do início do processo de insolvência ainda é bastante amplo. Porém, cremos que se justifica uma interpretação restritiva desta norma, afastando do seu âmbito os casos em que, havendo embora a constituição de um novo penhor, ele decorre do desenvolvimento de uma relação de penhor anterior, inserindo-se já no programa dela decorrente, sendo uma forma de estender, prolongar, essa garantia, de forma necessária atendendo ao seu objeto. Pelo seguinte.

Se bem se vir a ratio desta norma assenta, essencialmente, na suspeita de que a constituição de garantias reais no período e que o seu autor está já em dificuldades financeiras, encaminhando-se para a insolvência (ou mesmo insolvente, embora esta não tenha sido ainda declarada), estando já num estado de debilidade, acabe por aceder à constituição de garantias para obrigações pré-existentes, beneficiando, nessa medida, esses credores em detrimento daqueles comuns (e alguns privilegiados).

Ora esse não é aqui o caso, porque o que se verifica é substituição de uma garantia por outra, económica e juridicamente (quanto à modalidade de garantia e seu objeto), idêntica à anterior. Trata-se de uma situação muito semelhante à da alteração do objeto da garantia. Cessando a razão de ser da norma, cessa o seu alcance, justificando-se desta forma a interpretação restritiva propugnada.

828 O penhor irregular tem por objeto bens fungíveis (em particular, dinheiro) cuja titularidade passa para o credor, obrigando-se este a retransmitir o objeto da garantia, logo que a obrigação for cumprida, ou então, executando-o na eventualidade de incumprimento. Na hipótese tratada em texto a quantia integra a titularidade do devedor em substituição do crédito garantido. Sobre o penhor irregular, ver PESTANA DE VASCONCELOS, *Notas sobre o penhor irregular*, in: *Estudos dedicados ao Professor Doutor Luís Alberto Carvalho Fernandes*, vol. II, Universidade Católica Editora, Lisboa, 2011, pp. 365, ss..

829 É esta a solução, como se referiu, do direito francês.

hipoteca), cessaria igualmente. Na eventualidade de a garantia deste crédito ser uma transmissão fiduciária, seria necessário que autor do penhor, o titular fiduciário dos bens, os retransmitisse ao fiduciante.

24.5.4.1.2. O crédito empenhado garantido. A execução das garantias.

I. Como já foi apontado no número anterior, o crédito empenhado pode, por sua vez, beneficiar de garantias. A questão que a quese pretende responder neste momento é a de sbaer quem pode executar essas garantias se o devedor do direito empenhado não cumprir. Para o efeito, assentando a nossa análise exclusivamente nas garantias "qualitativas" vamos distinguir as garantias reais [**i)**], das garantias fiduciárias [**ii)**].

i) As garantias reais

I. Sendo o crédito emepnhado garantido por uma garantia real, se o devedor não cumprir, o credor poderá executar a garantia, o que se verificará processualmente, se se tratar de uma hipoteca ou, extraprocessualmente, se se tratar de um penhor (e for convencionado, nos termos do art. 675 n.º 1 do Código Civil).

Como é o credor pignoratício aquele que deve cobrar o crédito empenhado, ele tem legitimidade para interpor a ação de condenação e, mantendo-se o incumprimento, recorrer à ação executiva no âmbito da qual se executariam as garantias reais. O pagamento, nos termos do art. 685, n.º 2, teria que ser realizado aos dois credores, a não ser que tivesse sido acordado, conforme já referimos, o pagamento só ao credor pignoratício.

Sempre que se tratar de um crédito (empenhado) garantido por um penhor, a execução extraprocessual das garantias cabe ao credor pignoratício[830], embora o pagamento só deva ser realizado a ambos, salvo se existir, nos termos referidos, um acordo que permita ao devedor cumprir liberatoriamente só a este último. Nesse caso, extinguir-se-ia o crédito empenhado, sendo substituído como objeto da garantia por um outro crédito a constituir nos termos *supra* definidos (verificar-se-ia aqui igualmente uma variação no objeto da garantia).

[830] Cfr. A. VAZ SERRA, *Penhor*, cit., p. 212, nota 68, p. 238, nota 108.

ii) As garantias fiduciárias

I. Incumprido o crédito empenhado, a execução das garantias só pode realizada pelo titular do crédito (e já não pelo credor pignoratício) que é, ao mesmo tempo, titular dos direitos fiduciários (que não foram, nem podem ser, a não ser em violação do contrato fiduciário, transmitidos ao credor pignoratício). Alienados estes e extinto com o seu produto o crédito objeto do penhor (restituindo-se o que sobeje ao fiduciante), a quantia deverá ser depositada em conta bancária aberta em nome do devedor (e bloqueada), passando o penhor a incidir sobre esse crédito.

24.5.5. Os deveres do titular do direito empenhado

Este sujeito deve entregar ao credor pignoratício os documentos comprovativos desse direito que estiverem na sua posse e em cuja conservação não tenha um interesse legítimo (art. 682.º).

24.6. O regime insolvencial

I. Sendo o credor pignoratício titular de um crédito com garantia real, o seu regime insolvencial segue de muito próximo aquele da hipoteca[831]. Na verdade, a lei não estabelece um específico regime insolvencial para a hipoteca, mas para os créditos que beneficiem de garantias reais.[832]

[831] E que expusemos *supra* a esse propósito.

[832] No nosso ordenamento, a venda do bem empenhado para satisfação do credor pignoratício é sempre feita no seio do processo insolvencial pelo administrador. Como vimos, do produto da liquidação dos bens onerados têm que ser abatidas as despesas de liquidação (art. 174.º n.º 1 CIRE). Esses bens respondem também, embora com os limites do art. 172.º n.º 2 CIRE, pelas dívidas da massa. No Direito alemão, em que o nosso Código, como se tem repetido, se inspirou fortemente, o credor pignoratício tem direito a uma execução separada do bem [*Absonderungsrecht* – § 50 (1) InsO], § 173 InsO, embora mesmo nesse caso tenha de participar, de forma limitada, nas despesas da *Feststellung* (que corresponde essencialmente à verificação e graduação dos créditos), § 171 (1) InsO, fixados em 4% do valor da liquidação (*Verwertungserlöses*)]. Sublinhe-se que só naqueles casos em que o administrador tenha a coisa móvel na sua posse (o que por força do § 1205 BGB, § 1253 BGB, e do necessário desapossamento do autor do penhor, não pode, no penhor, acontecer – cfr. H. G. LANDFERMANN/*Heidelberger Kommentar zur Insolvenzordnung*, cit., § 166, p. 733) poderá proceder à liquidação [§ 166 (1) InsO]. Nessa eventualidade, haverá que abater ao produto da venda também as despesas de liquidação.

Diga-se que a posição do credor pignoratício, em princípio, acaba por beneficiar mais do que a do credor hipotecário com a extinção dos privilégios creditórios *gerais* (e mesmo especiais, porque se constituídos antes do penhor prevalecem sobre ele, art. 750.º)[833], dado que privilégio mobiliário geral de que gozam os créditos da segurança social por contribuições, quotizações e respectivos juros de mora (art. 204.º n.º 1, do Código dos Regimes Contributivos do Sistema Previdencial da Segurança Social - CRCSPSS), graduando-se nos termos referidos na al. a) do n.º 1 do art. 747.º, que "prevalece sobre qualquer penhor, ainda que de constituição anterior" (art. 204.º n.º 2 do CRCSPSS[834]), se extingue igualmente (se for constituído mais de 12 meses antes da data do início do processo de insolvência) e este é, como se viu, particularmente pernicioso para o credor pignoratício. Cremos mesmo que é inconstitucional[835].

De todo o modo, não existe hoje uma figura semelhante para a hipoteca (salvo o privilégio imobiliário, mas tem que ser *especial*, art. 751.º[836]).[837]

Esses custos da liquidação são fixados em 5% valor da liquidação (*Verwertungserlöses*), § 171 (2) InsO. Cfr. LUDWIG HÄSEMEYER, *Insolvenzrecht*, 3.ª ed., Carl Heymanns Verlag, Colónia, Berlim, Bona, Munique, 2003, pp. 303, ss.; OTHMAR JAUERNIG, *Zwangsvollstreckungs- und Insolvenzrecht*, 21.ª ed., C.H. Beck, Munique, 1999, § 45, pp. 214, ss..

[833] Acessórios dos créditos do Estado, das autarquias e da segurança social, art. 97.º n.º 1 als. a) e b) CIRE.

[834] Corresponde ao 10.º n.º 2 do Dec.-Lei n.º 103/80, de 9/5.

[835] Ver, *infra*, n.º 25.6.

[836] Claro está que a hipoteca pode também ser postergada pelo direito de retenção que não se extingue como acontece com alguns dos privilégios creditórios, nos termos apontados em texto – mas aqui trata-se do regime excecional de outra garantia real quando tem por objeto imóveis (art. 759.º n.º 2).

[837] Para os casos específicos do regime insolvencial dos créditos garantidos por penhor de um crédito por sua vez igualmente garantido, ver M. PESTANA DE VASCONCELOS, *Penhor de créditos pecuniários garantidos e insolvência*, cit., pp. 877 ss..

24.7. Regimes particulares do penhor

24.7.1. O penhor mercantil

I. Estamos face a um penhor mercantil quando a dívida que se garante proceda de um ato mercantil (art. 397.º Código Comercial).[838]

Relevância central no seu regime tem o art. 398 § único nos termos do qual a entrega do penhor pode ser meramente simbólica, a qual se efetuará: por declarações ou verbas nos livros de quaisquer estações públicas onde se acharem as coisas empenhadas (1.º); pela tradição da guia de transporte ou do conhecimento da carga dos objetos transportados (2.º); pelo endosso da cautela de penhor dos géneros e mercadorias depositadas nos armazéns gerais (3.º).

II. A questão que se tem colocado na doutrina e jurisprudência é se daqui se pode retirar que o penhor mercantil dispensa o desapossamento do autor do penhor, havendo uma divisão a este respeito.

Por um lado, defende-se que foi aqui consagrado um penhor sem desapossamento ou com uma entrega meramente simbólica.[839] A entrega efetiva da coisa empenhada não seria necessária.

Noutro sentido, sustenta-se que o Código Comercial não se afasta no que toca à constituição do penhor mercantil do seu regime civil, uma vez que analisadas as hipóteses contempladas no art. 398.º a entrega simbólica da coisa ao credor pignoratício envolve sempre o desapossamento do devedor.[840] A própria tradição simbólica estaria limitada aos casos previstos na lei[841].

[838] Algumas disposições estão revogadas. É o que sucede com o art. 399.º, que se encontra derrogado. Efetivamente, o penhor de letras está regulado pela LULL (art. 19.º), e o penhor de ações e obrigações regulado pelo CVM (arts. 81.º e 103.º).

[839] Assim, P. ROMANO MARTINEZ/P. FUZETA DA PONTE, *Garantias de cumprimento*, cit., p. 177. Em sentido semelhante: A. MENEZES CORDEIRO, *Direito bancário*, cit., p. 814; L. MENEZES LEITÃO, *Garantias das obrigações*, cit., p. 199.

Na jurisprudência, nesse sentido, ver: Acórdão do STJ de 26/6/1953 (Jaime Tomé), BMJ n.º 37, pp. 423, ss.; Acórdão do STJ de 25/1/1955 (Jaime Tomé), in: BMJ n.º 47, pp. 480, ss.; Acórdão da Relação do Porto de 17/2/1992 (Bessa Pacheco), in: BMJ n.º 414, p. 636.

[840] F. CASSIANO DOS SANTOS, *Direito comercial português, vol. I*, cit., p. 296. Na jurisprudência, o Acórdão do STJ de 23/4/1992 (Ricardo Velha), in: BMJ n.º 416, p. 664. De forma clara

III. Quanto a esta questão, parece-nos poder adiantar-se que o penhor mercantil não é um penhor sem desapossamento[842]. Pelo seguinte.

Em primeiro lugar, os casos de entrega simbólica previstos no art. 398.º § único do Código Comercial em caso algum permitem que a coisa empenhada fique sob o controle material do devedor, mesmo como fiel depositário. Como acontece no penhor agrícola.

Por isso, não é possível partir daqui para afirmar que se admite um penhor sem desapossamento. Nada depõe nesse sentido, apenas se permite, tão só, e nos casos particulares aí referidos, a entrega simbólica[843] do bem[844].

o sumário deste Acórdão: "Só por meras razões particulares ligadas à atividade comercial, o art. 398, § único, do Código Comercial, prevê taxativamente que a entrega pode ser simbólica (III). Em qualquer dos outros casos contemplados nessa previsão, trata-se de documentos cuja posse envolve a disponibilidade da coisa, por forma a que a posse do documento vale a posse da própria coisa (IV)."

[841] Era esta já a posição de I. GALVÃO TELLES (*Anotação* ao Acórdão do STJ de 25 de Janeiro de 1955, Dir., 1955, pp. 336, ss., pp. 338, ss.). Como afirmava este ilustre Professor, "...a *entrega* do penhor ao credor ou a terceiro, exigida *expressamente* tanto pelo Código Civil (arts. 855.º, 858.º, 862.º) como no Código Comercial (art. 398.º), constitui a *regra*. Essa regra só pode ser afastada nos *casos excecionais* em que a lei o consente, autorizando a transferência da posse para o credor, não pela *entrega* ou *tradição real*, mas pela *tradição simbólica* ou pela *tradição fictícia*." Acrescenta depois: "O § único do art. 398.º do Código Comercial permite a tradição *simbólica* em certas situações..." (itálico no original).

[842] Aderindo a este nosso entendimento, C. FERREIRA DE ALMEIDA, *Contratos, III*, cit., p. 171.

[843] Quanto à entrega simbólica, ver A. MENEZES CORDEIRO, *Direitos Reais*, vol. II, cit., p. 753, nota 1168. Diz este Autor: "Fala o Código em tradição simbólica precisamente para abranger todas as hipóteses possíveis em que a entrega da coisa não seja material mas revista, no entanto, o significado social e jurídico de por a coisa à disposição do adquirente." Ver também: A. SANTOS JUSTO, *Direitos reais*, cit., pp. 193-194; L. CARVALHO FERNANDES, *Lições de direitos reais*, cit., p. 314.

[844] O entendimento de LUÍS DA CUNHA GONÇALVES (*Comentário ao Código comercial português*, vol. II, cit., pp. 463, ss.) era justamente esse. Escrevia este Autor: "Quando as mercadorias ou cousas empenhadas estão depositadas nos armazens geraes, na alfandega, nos depositos publicos, em navios fundeados ou em viagem, a entrega do penhor pode ser *simbólica*, isto é, feita pela transmissão dos documentos apropriados para se obter a posse real e efetiva, de modo a que também o devedor não possa livremente dispôr delas por não possuir aquêles documentos..." (*ob. cit.*, p. 463).

Igualmente com relevo neste quadro era a posição de A. VAZ SERRA (Penhor, BMJ n.º 48, cit., p. 52 em nota): "Esta chamada entrega simbólica [a do § único do art. 398.º do Código

Em segundo lugar, recorrendo agora ao elemento histórico de interpretação da lei, a consagração do penhor bancário, que em regra preencherá os requisitos do penhor mercantil, uma vez que aos créditos garantidos decorrem de operações de banco (p. ex., empréstimos, aberturas de crédito, etc.), portanto de atos objetivamente comerciais (art. 362.º Código Comercial)[845], leva a crer que o legislador não via o penhor mercantil como um penhor sem desapossamento. Por isso, criou essa modalidade de penhor para os bancos.[846] Caso contrário, este regime seria dispensável[847].

Em terceiro lugar, temos o recurso a um elemento de direito comparado que nos é muito próximo, uma vez que é produto da Ciência Jurídica portuguesa: o Código Comercial de Macau (CCM). O penhor mercantil é previsto aí em duas modalidades: com e sem desapossamento (art. 912.º n.º 1 CCM). Contudo, só se permite o penhor sem desapossamento quando "incida sobre bem afetado ao exercício de uma empresa" (art. 912.º n.º 2 CCM).[848]

Comercial] não representa qualquer exceção às regras gerais sobre a entrega necessária para o penhor".

Nesta linha, na jurisprudência, sustentando que nem sequer se poderiam chamar aos casos do § 1 do art. 398.º do Código Comercial exceções ao art. 669.º n.º 1 do Código Civil, uma vez que se enquadravam na última parte do mesmo o Acórdão do STJ de 29/11/2001 (Oliveira Barros), cit., pp. 126-127. Independentemente de saber se estamos face a situações, todas elas idênticas às do regime civil do penhor de coisas, ou, pelo menos nalguns casos, de disposições diversas das desse regime (hipótese que parece ser a correta, atendendo, p. ex., ao regime do warrant, ver infra n.º 26.7.5.), a verdade é que, como se refere em texto, não se pode retirar daqui um regime geral para todos os penhores mercantis que admita um penhor sem desapossamento.

845 É certo que no art. 402.º do Código Comercial se dispõe: "Ficam salvas as disposições especiais que regulam os adiantamentos e empréstimos sobre penhores feitos por bancos ou outros institutos para isso autorizados". Esta norma limita-se a prever a possibilidade de fixação de regimes especiais – criados ou a criar para os penhores que garantam esses créditos dos bancos. Não afeta nada o argumento em texto de que esses penhores são penhores mercantis e que a lei se viu na necessidade de criar, mais tarde, para os mesmos um regime (excecional) a favor dos bancos.

846 Ver sobre este, número seguinte em texto.

847 Basta aliás ler o início do preâmbulo do Dec.-Lei n.º 29.833, de 17/8/1939, para confirmar esta interpretação (que nos parece clara, já de si): "No sistema do código civil a entrega da coisa ao credor ou a terceiro é elemento essencial do contrato de penhor (artigos 855.º e 858.º [do Código de Seabra]) e idêntica exigência se encontra no artigo 398.º do Código Comercial com relação ao penhor mercantil."

848 A lei comercial de Macau impõe forma para o penhor mercantil sem desapossamento (forma escrita com reconhecimento presencial das assinaturas dos contraentes). O "dono do

Prevê-se depois, mas já no âmbito do penhor *com* desapossamento, uma norma próxima do art. 398.º do nosso Código Comercial de 1888 (!)[849] em análise (o art. 914.º CCM) em que se prevê a entrega a terceiro do objeto do penhor ou a sua entrega simbólica. Esta pode fazer-se por qualquer das três vias. A última delas não deixa quaisquer dúvidas. Pode recorrer-se a qualquer meio para operar a tradição simbólica desde que "seja idóneo a conferir ao credor pignoratício a disponibilidade exclusiva sobre os bens objeto do penhor mercantil" [art. 914.º al. c) CCM][850].

Em quarto lugar, teremos que ter em conta os mais recentes desenvolvimentos no que diz respeito ao regime (*rectius*, regimes) do penhor entre nós. É o que sucede com o penhor financeiro.[851]

Para estarmos perante contratos de garantia financeira, que podem assumir as modalidades de penhor financeiro ou alienação fiduciária em garantia, para efeitos do respectivo diploma (Dec.-Lei n.º 105/2004, de 8/5), é necessário que se preencha um conjunto de requisitos previstos nos arts. 3.º a 7.º (art. 2.º n.º 1 do Dec.-Lei n.º 105/2004, de 8/5).

Este diploma é claramente um diploma que regula matéria comercial.

Ora exige-se, faz parte dos referidos requisitos, para estarmos dentro do âmbito de aplicação do diploma, que o objeto seja "efetivamente prestado"

bem objeto de penhor sem desapossamento será considerado, quanto ao direito pignoratício, possuidor em nome alheio e incorre na responsabilidade própria dos fiéis depositários se alienar, modificar, destruir ou desviar o bem sem o consentimento escrito do credor pignoratício, e bem assim, se o empenhar de novo sem que no novo contrato se mencione, de modo expresso, a existência de penhor ou penhores anteriores que, em qualquer caso, preferem por ordem de datas" (art. 916.º n.º 1 CCM). A influência da lei nacional relativa ao penhor de estabelecimentos bancários (art. 1.º do Dec.-Lei n.º 29 883, de 17/8/1939) é aqui clara.

849 A exclamação refere-se ao facto de se ter elaborado um Código Comercial de inegável valor, como se vê aliás pelo regime do penhor mercantil, para Macau e em Portugal o Código em vigor continuar a ser o de 1888, do tempo da segunda revolução industrial. Particularmente numa época em que as alterações legislativas são tão frequentes e, por vezes mesmo, de utilidade duvidosa. Nada disso se passa neste âmbito que, conforme se tem repetidamente afirmado, é central para a economia do país. Ver, também de forma crítica, JOSÉ ENGRÁCIA ANTUNES, *O estabelecimento individual de responsabilidade limitada: crónica de uma morte anunciada*, RFDUP, 2006, p. 441, nota 75.

850 Os outros casos de entrega simbólica previstos no CCM são as "declarações ou averbamento nos livros de registo onde se encontrem depositados os bens objeto do penhor" [art. 914.º al. a)] e a "tradição ou endosso ao credor pignoratício do título de crédito representativo do bem objeto do penhor" [art. 914.º al. b)].

851 Que será objeto de análise mais detalhada *infra* no próximo número em texto.

(art. 6.º n.º 1 do Dec.-Lei n.º 105/2004, de 8/5. Com efeito, a lei impõe que o objeto da garantia financeira seja entregue, transferido, registado, ou que de outro modo se encontre na posse ou sob o controlo do beneficiário da garantia ou de uma pessoa que atue em nome deste, incluindo a composse ou o controlo conjunto com o proprietário (art. 6.º n.º 2 do Dec.-Lei n.º 105/2004, de 8/5)[852].

A explicação deste requisito está ligada à função de tutela do credor pignoratício que a retirada do bem empenhado do controlo material (exclusivo) do autor do penhor tem. Pelo que não se pode dizer que, hoje, no âmbito comercial, o penhor com desapossamento (nos termos definidos por esse diploma[853]) não corresponda a interesses dignos de tutela.

O que não quer dizer também que, em certos casos, diversos – como ilustra o Código Comercial de Macau e, entre nós, o regime do penhor em garantia de créditos de estabelecimentos bancários – se equilibrado com a devida protecção dos interesses do credor pignoratício, o penhor sem desapossamento não tenha espaço, não seja necessário e não sirva interesses económicos relevantes[854]. Serve. Simplesmente, não foi este que foi consagrado no nosso proveto Código Comercial[855_856]

[852] Ver J. CALVÃO DA SILVA, *Banca, bolsa e seguros. Direito europeu e português*, tomo I, *parte geral*, cit., p. 224.

[853] Onde se admite o controlo conjunto.

[854] No âmbito das garantias reais, veja-se a hipoteca de móveis (sujeitos a registo) e mesmo a hipoteca de fábricas.

[855] Referência nesta sede pelo seu interesse, merece o penhor industrial e mercantil do Direito brasileiro, previsto nos arts. 1447.º-1450.º do Código Civil Brasileiro (CCB). Ele tem por objeto, entre outros, máquinas, aparelhos, materiais, instrumentos, instalados e em funcionamento, com os acessórios ou sem eles, animais utilizados na indústria, matérias-primas e produtos industrializados – como se vê, um objeto amplíssimo.

Trata-se de um penhor sem desapossamento (art. 1431.º, parágrafo único, CCB), tendo o seu autor o dever de guardar e conservar a coisa, podendo o credor pignoratício verificar o seu estado, inspecionando-as onde se encontrarem ele próprio ou por pessoa que credenciar. Contudo, exige-se para a sua constituição a adoção de instrumento público ou particular e registo no Cartório de Registo de imóveis da circunscrição onde estiverem situadas as coisas empenhadas (art. 1448.º CCB). O autor do penhor não pode alterar as coisas empenhadas, alterar-lhes a situação ou vendê-las sem o consentimento do credor pignoratício. Se essa autorização for concedida, terá que adquirir outras em sua substituição, que ficam sub-rogadas no penhor (art. 1449.º CCB). Em certos casos pode ser emitida pelo devedor uma cédula do respetivo crédito garantido (art. 1448.º parágrafo único CCB).

A figura está gizada de forma muito interessante, porque permite equilibrar os diveros interesses em presença, do credor, do autor do penhor e de terceiros (embora nos pareça que os destes são menos relevantes, pelas razões que expomos na nota seguinte). O autor do penhor poderá usar o bem ou bens e, mesmo, com o consentimento do credor, no decurso da sua atividade, alterá-los ou vendê-los. Neste caso, terá simplesmente de os substituir por outros idênticos, operando-se a sub-rogação real.

Trata-se assim de um caso de penhor rotativo particularmente adaptado às necessidades do comércio, em que se tem que recorrer muitas vezes, aos bens dados em garantia para se obterem os meios necessários à satisfação do crédito garantido. As garantias não podem ser economicamente ineficientes. Este aspeto será analisado com mais detalhe infra. Sobre esta figura, ver F. ULHOA COELHO, *Curso de direito civil, Direito das coisas, Direito autoral*, cit., pp. 228, ss..

[856] Outra questão é a de saber se neste âmbito se não poderá fazer uma interpretação folgada da composse, exigindo simplesmente, no quadro mercantil – em que os interesses são, não é demais sublinhar, diversos do âmbito civil (onde o regime não tem que obedecer a estas necessidades de eficiência económica – mínima) –, um controlo conjunto dos bens como sucederá naqueles casos em que sejam dados em penhor instrumentos de produção do autor do penhor, como máquinas, ou um conjunto de mercadorias em armazém. Ambos teriam posse sobre os bens: o devedor enquanto proprietário, o credor enquanto credor pignoratício, sendo que a do primeiro ficaria consideravelmente limitada pela deste último.

Cremos que se torna necessário interpretar as disposições do penhor com alguma flexibilidade, tanto porque a realidade económica em que assentavam essas normas mudou muitíssimo, como porque haverá que ter presente a própria natureza dos bens sobre que incide e o âmbito em que estão inseridos.

Há ainda que tomar em conta, em termos sistematicamente adequados, as alterações introduzidas no âmbito do seu regime mais recente: o penhor financeiro. Aqui admite-se o controlo conjunto com o proprietário. Repare-se que, como melhor se verá (aquando da análise do penhor financeiro, *infra*, n.º 24.7.5.3.), se foi na lei portuguesa em sede desapossamento mais longe do que era imposto pela Diretiva 2002/47/CE do Parlamento Europeu e do Conselho, de 6/6/02. Efetivamente, para além do controlo pelo beneficiário ou de pessoa que o represente, também é possível (na lei portuguesa) o recurso à "composse ou ao controlo conjunto com o proprietário" (art. 6.º n.º 2 do Dec.-lei n.º 105/2004). Dada esta equiparação entre composse ou ao controlo conjunto aberto está o caminho para, noutro quadrante em que os interesses não imponham uma solução diversa, o recurso também ao controlo conjunto, ou se se preferir, à interpretação, nesta sede, ou seja, no âmbito mercantil mas fora do âmbito de aplicação dos contratos de garantia financeira a composse no sentido de controlo conjunto.

Repare-se que os bens que referimos não podem, economicamente, ser retirados da esfera de ação do garante, sendo certo que o próprio credor também não pretende que tal aconteça, até porque poucas vezes terá meios para o efeito. Contudo, podem ser gizados mecanismos que permitam ao credor pignoratício controlar a manutenção, e o estado, desses bens junto do autor do penhor, impedindo o seu desaparecimento, danificação, destruição ou alienação dos bens.

O que está aqui em jogo é a segurança do credor, que o controlo conjunto permite, de forma suficientemente adequada, tutelar.

Confirma-se, desta forma, o resultado a que os argumentos anteriormente avançados nos conduziam.

No que diz respeito ao outro interesse que a entrega da coisa visa tutelar, a proteção de terceiros, através da publicidade do penhor, a questão coloca-se de forma diferente no quadro mercantil.

Vejamos.

No âmbito comercial, a existência de um conjunto maior ou menor de meios na disponibilidade do devedor, em particular máquinas, automóveis, stocks, etc., não tem grande relevo, na atual vida empresarial (claro que no passado, em que a realidade comercial era diversa, a situsção não era a mesma), para a determinação do seu património.

Com efeito, nesta sede não se pode dizer que os credores avaliem o património de um seu devedor/comerciante pelos bens que este tem à sua disposição. É que, como se sabe, nem todas os bens que aí estão necessariamente lhe pertencem (podem ter sido compradas com reserva de propriedade, alienadas em garantia, etc.), sendo que, no que diz respeito a máquinas e outros elementos do ativo corpóreo o que é corrente na realidade empresarial é o contrário; ou seja, que não lhe pertençam, porque são objeto de locação financeira (quando não mesmo de uma locação financeira restitutiva, além do que haverá sempre que contar com um penhor sem desapossamento, porque esse é o regime quando o credor for um banco (o caso, de longe, mais comum), aluguer de longa duração, reserva de propriedade, etc.).

Por isso, o crédito não é concedido, hoje, tendo em conta os elementos corpóreos que integram a organização do devedor. Como refere CLAUDE WITZ (*note sous Cass. Com.*, 11 mai 1982, apud P. CROCQ, *Propriété et garantie*, cit., p. 399): "que se possa crer, hoje em dia, que o crédito é habitualmente concedido com base no ativo aparente do devedor, fere o mais elementar bom senso. Basta imaginar os concedentes de crédito a visitar os locais do financiado e julgar a sua capacidade financeira de acordo com os bens e as mercadorias que ele detém para se dar conta do caráter irrealista dessa atuação." Se o credor quiser determinar a capacidade patrimonial da outra parte terá que recorrer a outros elementos, em particular aqueles que decorrem da contabilidade do primeiro.

A existência, ou a manutenção desses bens, junto do devedor, não cria, pois, uma capacidade patrimonial aparente, que a publicidade do penhor permitira afastar.

Nessa medida, no âmbito comercial, em que nos estamos a mover, esse interesse – o da publicidade face a terceiros, ligado à referida capacidade patrimonial aparente – tem um relevo mínimo, pelo que não se devem estar a colocar exigências que, sendo relevantes no direito civil, no âmbito comercial não correspondam já, hoje, a interesses que careçam de tutela. Basta assim que o credor controle ou possa controlar os bens empenhados, mesmo sem que esse facto seja visível para terceiros.

Por fim, como se verá com mais detalhe *infra* (n.º 23.7.8), cremos admissível aqui também uma cláusula de rotação, o que é especialmente relevante se estivermos perante mercadorias. Uma outra interpretação levaria simplesmente a transformar, no relacionamento entre sociedades comerciais (que não sejam bancos, por estes terem, como já se viu, um regime próprio), o penhor numa peça de museu. E convidar ao recurso às garantias "qualitativas" sucedâneas: as transmissões em garantia.

IV. Restam-nos os outros dois aspetos do regime do penhor mercantil.

Embora não se exigindo forma escrita para a produção de efeitos entre as partes, já se impõe que para que penhor mercantil celebrado "entre comerciantes por quantia excedente a duzentos mil reis produza efeitos em relação a terceiros basta que se prove por escrito" (art. 400.º Código Comercial)[857].

Por outro lado, temos a venda do objeto do penhor[858]. Sempre que se deva proceder a esta por falta de pagamento, ela poderá efetuar-se por meio de corretor, notificado o devedor (art. 401.º Código Comercial)[859].

24.7.2. O penhor mercantil com apropriação (aprovado pelo Dec.-Lei n.º 75/2017, de 26/6)

24.7.2.1. Introdução

I. Recentemente (Dec.-Lei n.º 75/2017, de 26/6), a lei veio, no âmbito do programa capitalizar, estabelecer uma disciplina própria para a execução do penhor mercantil, permitindo, em determinados termos, que que a dívida garantida se extinga pela apropriação por parte do credor pignoratício do bem objeto da garantia.

O primeiro aspeto a destacar é que não se trata de uma modalidade nova de penhor. Consiste numa disciplina específica aplicável a certos casos –

[857] Esse valor correponde a 200 escudos e agora sensivelmente a um euro. Sustentando que atento ao seu carácter desatualizado se devem aplicar aqui analogicamente as disposições relativas aos coeficientes de desvalorização fixados ao abrigo do art. 43.º do Código do IRS e do art. 47.º do Código do IRC, SALVADOR DA COSTA, *Concurso de credores*, p. 56. Temos dúvidas, dada a insegurança que tal acarretaria. Trata-se de um domínio em que o legislador a querer alterar já deveria ter intervindo, sendo certo que a sua não intervenção torna este no regime praticamente geral do penhor mercantil.

[858] A doutrina divide-se entre os que sustentam que não se trata de admitir uma execução fora da execução judicial, mas meramente a de indicar uma modalidade possível de venda nesse âmbito, e os que sustentam permitir-se aqui uma venda extraprocessual. No primeiro sentido, R. PINTO DUARTE, *Curso de direitos reais*, cit., pp. 264. No segundo, JOSÉ PEDRO FAZENDA MARTINS, *Direitos reais de gozo e de garantia sobre valores mobiliários*, in Direito dos valores mobiliários, Lex, Lisboa, 1997, pp. 112-113.

[859] Permanece, note-se, a possibilidade de as partes acordarem, nos termos gerais, a venda extraprocessual do art. 675.º, ou antecipadamente, mas, nesse caso, nos termos, já antes assinalados, do art. 674.º. Cfr. SALVADOR DA COSTA, *Concurso de credores*, cit., p. 45.

e não todos – de penhor mercantil (a que chamaremos penhor mercantil com apropriação). Depois, como se verá, tem um alcance e uma importância prática mais limitada do que se poderia, à primeira vista, supor.

II. O legislador, no preâmbulo, justifica a nova disciplina com a necessidade de se prever no âmbito do penhor o regime do pacto marciano. Como se sabe, aplica-se ao penhor a proibição do pacto comissório (art. 694.º, art. 678.º)[860], que impede uma convenção, anterior ou posterior à constituição da garantia, que permita ao credor apropriar-se do bem seu objeto sem qualquer avaliação ou com uma avaliação realizada tão só por ele.

Essa proibição aplica-se por analogia às alienações em garantia, nas quais a transferência do direito objeto da garantia é realizado aquando da constituição da obrigação assegurada.[861] Todavia, a doutrina aceita, para esta modalidade de garantia, a figura do pacto marciano, nos termos do qual o credor, em caso de incumprimento, pode manter no seu património o bem objeto desde que ele seja, nessa altura, avaliado, estando, ainda, o credor obrigado a restituir a diferença de valores, quando exista.

Este pacto não é admissível para o regime geral do penhor (civil e mercantil), em que as formas de execução constam da lei sem poderem ser conformadas pelas partes fora dos limites que ela fixa. Todavia, o pacto marciano está previsto e regulado, de forma feliz, no penhor financeiro (que consiste, também ele, numa modalidade e penhor mercantil), cujo âmbito de aplicação é vasto, e – como veremos – coincide, em grande parte, com o da figura regulada no Dec.-Lei 75/2017, de 26/6.

24.7.2.2. Âmbito de aplicação

I. São dois os requisitos da aplicação do regime, relativos ao garante e à obrigação garantida. O primeiro tem que ser um comerciante e a obrigação deverá ser comercial (art. 2.º, n.º 1 do Dec.-Lei 75/2017, de 26/6.). O seu campo de aplicação é nessa medida mais restrito do que o do penhor mercantil, uma vez que neste não se exige a qualidade de comerciante do prestador da garantia, que poderá ser um terceiro, mas em regra será o

[860] Ver, *supra*, n.º 23.4.4.

[861] Ver, *infra*, n.º 35.2.6.2.1.

próprio devedor. Por outro lado, no que toca ao credor, a lei não exige que seja um comerciante, embora, na maioria dos casos, o venha a ser.

II. O seu âmbito é igualmente mais restrito do que o do penhor bancário. Este é igualmente uma modalidade de penhor mercantil (as obrigações asseguradas são obrigações mercantis, operações de banco, art. 362.º CCom), em que o credor terá que ser uma instituição de crédito. Mas não se exige que o garante seja um comerciante, sendo inúmeros os casos em que tal não sucede.

24.7.2.2.1. A delimitação do penhor financeiro[862]

I. Há uma ampla área de sobreposição entre o âmbito de aplicação deste regime específico e o do penhor financeiro, que, como se referiu, contempla igualmente a figura do pacto marciano.

Ele é, de uma parte, mais extenso, e, de outra, menos amplo.

O âmbito de aplicação do penhor financeiro é o que resulta do preenchimento dos requisitos previsto nos arts. 3.º a 7.º (art. 2.º, n.º 1) do Dec-Lei n.º 105/2004, de 8/5.[863] Para o que mais diretamente nos importa, ele terá principalmente por objeto as obrigações emergentes de um contrato celebrado entre uma instituição de crédito e uma pessoa coletiva, que será em por norma uma sociedade comercial, mas não necessariamente, podendo consistir, p. ex., numa associação ou de uma fundação. O que é certo é que não tem que ser comerciante. E o prestador da garantia, quando diferente do próprio devedor, também não, embora as pessoas singulares estejam excluídas.

Desta forma, no âmbito subjetivo, o penhor financeiro tem um alcance mais amplo, da parte do devedor, ou do garante, porque ele não tem que ser um comerciante, mas, por outro lado, mais limitado, uma vez que, ao contrário da figura em análise, não se aplica se o devedor for uma pessoa singular.

Ainda na vertente subjetiva, o penhor financeiro só abarca os casos em que o credor seja uma instituição de crédito, o que não se verifica com a disciplina em análise, na qual não há requisitos específicos quanto ao credor.

[862] Sobre ele, ver, *infra*, n.º 24.7.5.

[863] Ver, *infra*, n.º 24.7.5.3.

II. As obrigações asseguradas no penhor financeiro só podem ser pecuniárias ou de entrega de instrumentos financeiros (art. 4.º do Dec.-Lei n.º 105/2004, de 8/5), e os objetos da garantia, instrumentos financeiros[864] ou créditos sobre terceiros ou numerário. Este consiste essencialmente num conjunto limitado de créditos pecuniários: créditos "ao saldo disponível de uma conta bancária (denominada em qualquer moeda)", "ou créditos similares que confiram direito à restituição de dinheiro [art. 5.º al. a) do Dec.-Lei n.º 105/2004, de 8/5].[865] Estas restrições inexistem no âmbito do Dec.-Lei n.º 75/2017, de 26/6: basta que a obrigação seja comercial. Claro está que na generalidade dos casos as obrigações garantidas são pecuniárias e comerciais, pelo que a restrição terá pouco efeito prático.

III. Mas o mesmo não sucede com os objetos da garantia, em que a limitação das garantias financeiras é mais acentuada.

E, neste ponto, a disciplina do penhor com apropriação terá o seu real interesse: ela permite abranger bens com grande relevo económico como as quotas (art. 23.º, n.º 3 CSC)[866], as mercadorias, os direitos de propriedade industrial (com especial relevo para as patentes e as marcas, art. 6.º CPI), os direitos patrimoniais de autor (art. 46.º CDADC), e créditos emergentes, de entre outros contratos, de compras e vendas mercantis, mútuos mercantis, empreitadas.

24.7.2.3. Os requisitos

I. A lei impõe que o contrato seja celebrado por documento escrito com reconhecimento presencial da assinatura das partes e o negócio só pode ser concluído se se tratar de um primeiro penhor (art. 2.º, n.º 2 do Dec.-Lei 75/2017, de 26/6), não podendo incidir sobre um bem que seja já objeto de um outro penhor (art. 2.º, n.º 3 do Dec.-Lei 75/2017, de 26/6).

[864] Tal como definidos no art. 5.º al. b) do Dec.-Lei n.º 105/2004, de 8/5.

[865] Ver, *infra*, n.º 24.7.5.3, b) e c).

[866] Sobre ele ver, *infra*, n.º 24.7.6.

II. Como vimos de referir, o âmbito de aplicação do penhor com apropriação e o penhor financeiro tem uma ampla área comum. É assim, em particular, nas relações ente os bancos e as sociedades comerciais. Ora, este não impõe quaisquer requisitos de forma, pretendendo mesmo afastá-los. Pelo que se se coloca a questão de saber se, por força do novo regime do penhor com apropriação, se exigirá igualmente nestes casos que seja respeitada a forma nele exigida, de documento escrito com reconhecimento presencial das assinaturas das partes. No fundo, dizer que este regime é excecional relativamente ao penhor financeiro.

Mas não é assim. O contrário é que é verdade.

III. As garantias financeiras, de que o penhor é uma modalidade, pretenderam criar um regime uniforme na União Europeia, visando assegurar, o funcionamento dos mercados financeiros (embora depois o seu âmbito subjetivo tenha sido alargado). As suas disposições protegem diversas cláusulas contratuais correntes nesses mercados (p. ex., o *close-out netting*) e pretendem assegurar os requisitos formais, em particular para a criação e execução das garantias (art. 3.º, n.º 1[867] da diretiva 2002/47/CE do Parlamento Europeu e do Conselho, de 6/6/2002, alterada depois pela Diretiva 2009/44/CE, do Parlamento Europeu e do Conselho de 6/5/2009, considerandos 9 e 10,). Tal sucede com particular relevo no campo insolvencial, em que se recorta uma disciplina própria para esta matéria.

Elas prevalecem por isso sobre as restantes disposições – digamos comuns – dos diversos ordenamentos que possam impor requisitos, em especial de forma, mais exigentes. Não seria pensável, no quadro da teleologia do diploma, que um credor não pudesse recorrer à apropriação, porque, preenchendo embora o seu penhor todos os requisitos das garantias financeiras, não cumprisse uma exigência de forma específica do direito português. Incumpria dessa forma o legislador português as disposições da Diretiva.

[867] "Os Estados-Membros não exigirão que a constituição, validade, conclusão, exequibilidade ou admissibilidade enquanto prova de um acordo de garantia financeira ou aprestação de uma garantia financeira ao abrigo de um acordo de garantia financeira estejam subordinadas à realização de qualquer acto formal."

Pelo que é seguro afirmar que o sentido e alcance do regime das garantias financeiras é criar neste âmbito específico um regime composto por normas especiais e outras excecionais que prevalecem sempre sobre as outras disposições do penhor potencialmente aplicáveis. É a interpretação que se impõe, de acordo com a diretiva. E nesse âmbito que o art. 8.º do Dec.-Lei n.º 105/2004, de 8/5, que afasta qualquer ato formal deve ser, também, interpretado.

24.7.2.4. O regime

I. No regime geral do penhor, o credor poderia já mediante acordo celebrado aquando da constituição da garantia proceder à venda extraprocessual do objeto do penhor.

Esse acordo pode regular – deve mesmo fazê-lo – as condições em que se fará a venda.

Nada tendo sido convencionado, o credor deverá a realizar a venda de forma a obter o melhor preço pela alienação dos bens. Mesmo que o preço que possa de imediato obter seja já suficiente para satisfazer o seu crédito, o beneficiário da garantia, investido de uma situação fiduciária em sentido amplo, uma vez que goza de legitimidade para alienar o bem de outrem, terá que desenvolver os seus melhores esforços para fazer a venda nas condições económicas mais favoráveis.

Os interesses neste campo a articular são, sublinhe-se, os do credor na satisfação do seu crédito e a do devedor em obter o valor mais elevado pela venda de um bem que é seu.

Este conjunto de deveres compõem esta fase da relação obrigacional entre as partes – a da execução da garantia – decorrendo necessariamente da boa fé que a conforma.

Claro está que caberá depois ao credor entregar à outra parte a diferença entre o preço da venda e montante da obrigação garantida. Os eventuais custos da alienação, que poderão ser significativos em determinados casos, correm por conta do dever e devem ser abatidos no valor a restituir.

II. Podem também as partes acordar que o objeto da garantia seja adjudicado ao credor pelo valor que o tribunal fixar. Nessa eventualidade, o credor pode fazer sua a coisa, mas o seu valor é determinado pelo tribunal. Mantém-se um eventual dever de restituição da diferença.

A lei ressalva a ambas estas modalidades de execução do penhor de forma algo estranha (art. 2.º, n.º 5 do Dec.-Lei 75/2017, de 26/6). Com efeito, fazendo parte do regime geral, não se vê em que medida poderiam ser prejudicadas pela criação daquela que é na verdade uma outra forma de executar o penhor, com caráter alternativo e não substitutivo das já existentes.

III. Podem ainda as partes, nos termos gerais, acordar uma dação em pagamento, fixando-se nesta altura o valor do bem. A sua avaliação será realizada por acordo entre as partes, podendo convencionar-se que seja feita por um terceiro. A situação do devedor está nesta fase particularmente fragilizada – até pela forte desvalorização que uma venda processual (quando não se tenha acordado a alienação extraprocessual) implica.

IV. A novidade consiste, pois, neste quadro na possibilidade de se pactuar a apropriação do devedor – o que já ocorria na adjudicação, com um valor a fixar nos termos definidos no contrato –, completado pela obrigação de restituição da diferença. Consiste, porém, numa novidade bastante relativa porque, como se viu, existe igualmente na venda extraprocessual. Pelo que o cerne do regime, na verdade, consiste no modo e critérios de avaliação a fixar no contrato.

A disciplina é nessa medida semelhante à das garantias financeiras, com uma aparente alteração (ou melhor: insuficiência): a possibilidade de se controlar externamente, fazendo-os passar pelo crivo dos critérios comerciais razoáveis (art. 11.º, n.º 3 do Dec.-Lei n.º 105/2004, de 8/5)[868].

Não cremos que tenha sido intenção do legislador criar um regime diverso daquele da garantia financeira. Acabou simplesmente, devido a imprevisão ou deficiência técnica, por criar um sistema mais imperfeito. Contudo, nada obsta a que ele seja complementado com aquele mais completo das garantias financeiras (sendo muito grande como se viu o âmbito de sobreposição dos âmbitos de aplicação), acrescentando-lhe o critério do controlo da avaliação de acordo com critérios comerciais razoáveis.

[868] Não se percebe bem, aliás porque razão o legislador não adotou pura e simplesmente o regime, bem mais perfeito da garantia financeira (alargando-o).

Procede aqui a aplicação analógica, uma vez que o conflito de interesses é o mesmo, não havendo aqui fundamento para um tratamento diverso de situações idênticas. Um exemplo simples é esclarecedor. Se for constituído um penhor a favor de um banco para assegurar a obrigação de restituição de um empréstimo, prevendo-se a apropriação como forma de execução da garantia, a solução variaria consoante o seu objeto: se se tratasse de ações os critérios de avaliação estariam sujeitos ao mecanismo adicional de controlo, enquanto se se tratasse de uma quota, ou uma patente, tal não sucederia. O resultado não é aceitável; a solução tem que ser a mesma.

V. Será comum que do acordo das partes resulte que a avaliação do bem deverá ser feita por um terceiro (perito), eventualmente logo indicado no contrato. Este sujeito terá que ser independente de ambos os contraentes: tanto no plano jurídico, como económico, se que se geram conflitos de interesses.

Não pode, pois, tratar-se de uma sociedade dominada pelo credor, só, portanto, formalmente autónoma, nem um terceiro que, embora juridicamente independente, tenha uma dependência económica do primeiro. É o que sucede se se tratar de uma sociedade (ou pessoa singular) que cuja que tenha um relacionamento comercial unicamente com o credor, ou, mesmo, em que o este tenha uma preponderância na sua carteira de clientes.

O avaliador terá mesmo que ser em ambas as vertentes independente das partes (raciocínio semelhante funciona para os casos em que o avaliador tenha uma dependência semelhante face agora ao devedor).

24.7.2.4.1. O regime insolvencial, em particular

I. Declarada a insolvência, vence-se a obrigação garantida. Poderá neste caso o credor pignoratício valer-se da faculdade de apropriação do bem para satisfazer a obrigação, restituindo a diferença à massa? Não pode. Ela cessa com a declaração de insolvência.

Depois dela, aplica-se o regime das garantias reais, tendo o crédito que ser reclamado (art. 128.º, n.º 1 CIRE), graduado (art. 140.º, n.º 2 CIRE) e depois satisfeito nos termos do Código da insolvência (art. 174.º, n.º 1 CIRE). Código esse que não admite formas de satisfação privadas, para esta modalidade de garantias.

A solução é diversa se estivermos face a um penhor com apropriação, que seja igualmente um penhor financeiro. Para esses casos, vale o regime insolvencial particular (excecional), que admite a apropriação mesmo nessa fase (art. 18.º, n.º 1 do Dec.-Lei n.º 105/2004, de 8/5).

24.7.3. O penhor de estabelecimento

I. Dificuldades poderão gerar-se no que toca ao penhor de estabelecimento[869]. Este será na maior parte das vezes um ato comercial. Quando o for por força do art. 397.º do Código Comercial, aplica-se diretamente a disciplina dos arts. 398.º e segs., hipótese que temos agora em vista[870]. O que significa, conforme decorre do anteriormente exposto, que teria que sempre se verificar o desapossamento, com todas as desvantagens daí decorrentes.

Comece por se observar que nem sempre seria necessário o desapossamento, e que, mesmo que o fosse, as desvantagens, em certos casos, verificadas determinadas circunstâncias (e por isso limitados), poderiam ser minoradas.

Quanto ao primeiro aspeto.

Sempre que que o credor pignoratício seja um banco, o que acontecerá, dado o seu papel na concessão de crédito, na maioria das vezes, não é necessário o desapossamento[871].

Depois, se o estabelecimento for o único bem de uma sociedade, um resultado semelhante poderá ser alcançado por via da oneração das participações sociais (em regra quotas) – e, portanto, sem despossamento.

Quanto ao segundo.

Na eventualidade de existir uma forte relação de confiança com o credor (o que está muito longe de ser o mais comum, sendo mesmo uma hipótese de verificação rara) o desapossamento não seria mal de maior. Tanto

[869] Quanto às situações mais comuns que levam à utilizam desta garantia, ver R. PINTO DUARTE, *O penhor de estabelecimento comercial*, cit., p. 65.

[870] Ver, sobre a comercialidade do penhor de estabelecimento, F. CASSIANO DOS SANTOS, *Direito comercial português*, cit., pp. 295-296. Para a sua admissibilidade, ver o Acórdão da Relação de Guimarães de 03/05/2018 (Pedro Damião Cunha), in: www. dgsi.pt.

[871] Ver, *infra*, número seguinte em texto. Para um caso destes na jurisprudência, ver Acórdão do STJ de 29/11/2001 (Oliveira Barros), cit., p. 127.

mais que é permitida a locação do estabelecimento, o que implica a sua exploração por terceiro. E o credor teria que continuar a explorar o estabelecimento de forma diligente de maneira que o estabelecimento não perdesse o seu valor [esta seria a correta interpretação, neste contexto, art. 671.º al. a)][872]

II. Nos outros casos, nas hipóteses típicas, diríamos, no entanto, o desapossamento pode, na verdade, conduzir graves prejuízos de funcionamento que atingiriam o próprio valor do objeto da garantia em si.

Por isso, Cassiano dos Santos[873], tendo em conta que os "interesses em jogo divergem dos que se apresentam no Código Civil e mesmo no regime geral mercantil", sustenta que estamos perante uma lacuna do direito comercial a preencher pela aplicação do art. 1 § 1 do Dec.-Lei n.º 29 833 para os penhores de estabelecimento que sejam atos de comércio.

Estamos de acordo com a posição deste Autor, mas já não o podemos acompanhar no recurso ao art. 1 § 1 do Dec.-Lei n.º 29 833 para o preenchimento da lacuna.

É que esta foi uma disposição criada a favor dos bancos (inserindo-se mesmo num conjunto de disposições legais que visam criar regimes mais favoráveis, relativamente aos regimes comuns, para os bancos, como sucede, por ex., com a forma do mútuo – artigo único do Dec.-Lei n.º 32 765, de 29/4/1943), tendo, pois, que se ter presente esse elemento subjetivo (já vimos que existindo, ela se aplica diretamente a este contrato).

Na realidade, embora haja um interesse evidente por parte do autor do penhor de não ter que entregar a coisa, o mesmo sucede com os bancos em não terem que a guardar e armazenar, para o que não tem vocação, nem meios, e que lhes imporia despesas com as quais não pretendem acarretar.

Por outro lado, a regulação mais recente, embora num âmbito limitado e num quadro específico, do estabelecimento comercial foi realizada no

[872] A situação teria alguns paralelos com a cessão de exploração do estabelecimento comercial. Quanto ao dever de exploração nesse caso, que aqui (ou seja, na hipótese referida em texto), conforme se refere, teria de forma semelhante que se afirmar, J. COUTINHO DE ABREU, *Curso de direito comercial, vol. I,* cit., p. 332.

[873] F. CASSIANO DOS SANTOS, *Direito comercial português*, cit., p. 296.

Dec.-Lei n.º 248/86, de 25/8, relativo ao estabelecimento individual de responsabilidade limitada (EIRL)[874]. Trata-se de um diploma que tem especificamente em conta interesses comerciais[875].

Admite-se aqui, juntamente com a alienação e a locação do estabelecimento, que também estão previstas no regime geral, o usufruto e, no que agora nos interessa, o penhor do estabelecimento (art. 21.º n.º 1).

Ora este produz efeitos independentemente da entrega do estabelecimento ao credor, embora tenha que ser registado. Atendeu-se assim à especificidade do próprio estabelecimento enquanto objeto de garantia real[876].[877] Como o estabelecimento, nestes casos, está sujeito a registo, resolve-se a questão da publicidade por essa via (registo do penhor do estabelecimento). Note-se que o outro interesse subjacente ao desapossamento no penhor (retirar a coisa da disponibilidade do empenhador) é afastado.

A *ratio* da disposição é, pois, a seguinte: permitir, atendendo, e equilibrando, os interesses do credor pignoratício, do titular do estabelecimento, e de terceiros (em especial, os potenciais credores), que não se verifique

[874] Sublinhando que se trata aqui de um verdadeiro estabelecimento comercial, J. COUTINHO DE ABREU, *Curso de direito comercial, vol. I*, cit., p. 256. Para a discussão na doutrina sobre este ponto, ver J. ENGRÁCIA ANTUNES, *O estabelecimento individual de responsabilidade limitada: crónica de uma morte anunciada*, cit., pp. 406-407, nota 9. De todo o modo, quanto à oneração não nos parece que ofereçam dúvidas que o objeto do penhor é um verdadeiro estabelecimento (como decorre, aliás, da própria letra da lei, art. 21.º n.º 1: "Pode ainda sobre ele constituir-se um usufruto ou um penhor, produzindo este os seus efeitos independentemente da entrega do *estabelecimento* ao credor." – itálico nosso).

[875] Quanto ao EIRL, ver: A. MENEZES CORDEIRO, *Direito comercial*, cit., pp. 353, ss.; J. COUTINHO DE ABREU, *Curso de direito comercial, vol. I*, cit., pp. 255, ss.; J. ENGRÁCIA ANTUNES, *O estabelecimento individual de responsabilidade limitada: crónica de uma morte anunciada*, cit., pp. 401, ss.; M.ª ÂNGELA COELHO BENTO SOARES, *Estabelecimento individual de responsabilidade limitada (e.i.r.l.)*, in Direito das empresas (coord. DIOGO LEITE DE CAMPOS), INA, Lisboa, 1990, pp. 601, ss.

[876] Sublinhando este aspeto, e a necessidade de o penhor de estabelecimento ser concebido como penhor sem despossamento, M.ª ÂNGELA COELHO BENTO SOARES, *Estabelecimento individual de responsabilidade limitada (e.i.r.l.)*, cit., p. 608 (embora não possamos acompanhar a posição da Autora, pelas razões, *supra*, expostas no número anterior em texto, quanto ao facto de entre nós o penhor sem despossamento já ser admitido para o penhor mercantil no art. 398.º do Código Comercial).

[877] Destacando que o diploma "representa um conjunto de aspetos interessantes, mesmo para a teoria do estabelecimento", A. MENEZES CORDEIRO, *Direito comercial*, cit., p. 355.

o desapossamento, ao mesmo tempo que se confere publicidade a essa oneração por via do registo.

Esta valoração é da maior importância e, portanto, de reter.

III. Pois bem, naqueles casos em que o estabelecimento não esteja sujeito a registo não será obviamente possível registar o penhor. Mas será possível conferir publicidade à oneração de outra forma como, p. ex., através de menção nas notas de encomenda e faturas da titularidade do estabelecimento e da sua oneração.

Simplesmente, a aplicação por analogia (*legis*) desta disposição soçobra, por não se poder recorrer ao registo.

Agora, retira-se daqui um princípio de não desapossamento no penhor de estabelecimento comercial, tendo essa oneração de ser acompanhada de publicidade para ser eficaz face a terceiros.

O recurso à analogia *iuris* permitiria desta forma resolver a questão, aplicando-se o princípio formulado, ponto é que na linha de Oliveira Ascensão[878] se admita o recurso a esta[879]. Mas, mesmo que não considere admissível o recurso à analogia *iuris*, ainda assim, o princípio apontado poderia ser operacionalizado através da criação de uma norma por via do art. 10.º, n.º 3[880].

Por isso, não parece necessário, e nem sequer importante, neste momento tomar posição a este propósito: de uma forma ou outra, o resultado final será sempre, nos termos apontados, da admissibilidade do penhor de estabelecimento comercial sem necessidade de desapossamento, e é isso que, por ora, nos interessa.

[878] J. OLIVEIRA ASCENSÃO, *O Direito. Introdução e teoria geral*, 13.ª ed., Almedina, Coimbra, 2009, p. 455-456; idem, *A integração das lacunas da lei e o novo código civil*, Dir., 1968, p. 301.

[879] Repare-se que este ilustre Autor sustenta existir uma mera "diferença de grau" entre a analogia da lei e a analogia de direito, entendendo que o novo Código não pretendeu afastar esta última.

[880] Como sustenta J. BAPTISTA MACHADO, *Introdução ao direito e ao discurso legitimador*, cit., p. 164, pp. 204-205. Dizia este Autor (*ob. últ. cit.*, pp. 204-205): "...fica assinalado o nosso modo de ver acerca da antiga doutrina da *analogia iuris* (...) cremos que o legislador abrangeu estas questões no n.º 3 do art. 10.º."

24.7.4. O penhor em garantia de créditos de estabelecimentos bancários

I. Como observámos no número anterior, os bancos gozam de um regime excecional relativamente à disciplina comum do penhor de coisas, civil ou mercantil. Vem já de 1939, e foi consagrado no Dec.-Lei n.º 29 833, de 17/8/1939.

Deste modo, "o penhor que for constituído em garantia de crédito de estabelecimentos bancários autorizados produzirá os seus efeitos, quer entre as partes, quer em relação a terceiros, sem necessidade de o dono do objeto empenhado fazer entrega dele ao credor ou a outrem" (art. 1.º)[881].

Se o objeto empenhado ficar em poder do dono, "este será considerado quanto ao direito pignoratício, possuidor em nome alheio, e as penas de furto ser-lhe-ão impostas se alienar, modificar, destruir ou desencaminhar o objeto sem autorização escrita do credor, e bem assim se o empenhar novamente sem que no novo contrato se mencione, de modo expresso, a existência do penhor ou penhores anteriores, que, em qualquer caso, preferem por ordem de datas." (art. 1.º § 1). Caso o objeto pertença a uma pessoa colectiva, o acima disposto aplicar-se-á "àqueles a quem incumbir a sua administração" (art. 1.º § 2.º).

II. O art. 2.º dispõe que este contrato deverá constar de documento autêntico ou autenticado e que os seus efeitos "contar-se-ão da data do documento no primeiro caso e da data do reconhecimento autêntico no segundo". Nesse documento tem que se transcrever obrigatoriamente as disposições do art. 1.º, "cumprindo ao notário assegurar a observância desse preceito" (art. 2.º § único).[882]

Posteriormente, veio exigir-se simplesmente para que o penhor constituído em garantia de créditos de estabelecimentos bancários produza efeitos face a terceiros que conste de documento particular "ainda que o dono do objeto empenhado não seja comerciante" (artigo único do Dec.-Lei n.º 32 032, de 22/5/1942).

[881] Sobre este, ver: J. ENGRÁCIA ANTUNES, *Direito dos contratos comerciais*, cit., pp. 542, ss..

[882] Diga-se que, nos termos do art. 3.º do Dec.-Lei n.º 29 833, de 17/8/1939, o penhor de títulos de crédito é excluído deste regime bancário. Ele será analisado, *infra*, n.º 24.7.7.

Sublinhe-se, no entanto, que este mesmo diploma no seu § único veio salvaguardar o disposto no art. 2.º do Dec.-Lei n.º 29 833, de 17/8, ou seja, as exigências mais pesadas de forma. Por isso, esta disposição só se compreende face à sua *occasio legis* expressa no seu preâmbulo[883]. E daí resulta que sendo o penhor sem desapossamento se aplica o referido art. 2.º do Dec.-Lei n.º 29 833, de 17/8/1939, e só se se tratar de um penhor com desapossamento valem as exigências mais leves de forma do artigo único do Dec.-Lei n.º 32 032, de 22/5/1942[884_885]

III. No esquema gizado pelo legislador da primeira metade do séc. XX admite-se um penhor sem desapossamento desde que constituído a favor de créditos dos bancos, o que representa desde logo um benefício para estes, procurando tutelar-se o perigo resultante de o bem ficar em poder do dono por via de sanções penais. Repare-se que esta modalidade de penhor sem desapossamento não tem vantagens meramente para o devedor, que poderá continuar a utilizar o bem na sua atividade normal, mas também para o próprio banco, dado que este não tem vocação para armazenar os bens empenhados, o que para mais representa um custo.

A existência de sanções penais, que constituem, como se referiu, um importante meio de defesa do banco, mesmo o mais relevante, foi já colocada em questão por via da sua eventual inconstitucionalidade, embora sem proceder[886].

[883] Lê-se no n.º 5 do referido preâmbulo: "Cumpre, no entanto, ressalvar os casos em que, à sombra do decreto-lei n.º 29.833, de 17 de agosto de 1939, o dono do objeto empenhado o conserva em seu poder...". Acrescentando-se mais à frente: "Deste modo, são de manter as formalidades exigidas no referido decreto-lei, pois representam pelo menos a garantia de uma certa publicidade." (a grafia de ambos os diplomas foi atualizada).

[884] Neste sentido, P. ROMANO MARTINEZ/P. FUZETA DA PONTE, *Garantias de cumprimento*, cit., p. 178.

[885] E embora estivesse em articulação com o art. 858.º do Código de Seabra, já não está face ao atual Código Civil que não exige forma para o penhor com entrega da coisa. Cfr. SALVADOR DA COSTA, *Concurso de credores*, cit., p. 57.

[886] Assim, o Acórdão do Tribunal Constitucional de 8/19/1995 (in DR II série, de 18/10/1996) entendeu que não haveria inconstitucionalidade.

Contudo, em data mais recente, veio ser sustentado, pela voz autorizada de Figueiredo Dias[887], apoiado em sólida argumentação[888], que o art. 1.º § 1.º e § 2.º do Dec.-Lei n.º 29 833, de 17/8/1939, foi revogado pela entrada em vigor do Código Penal de 1982[889]. Desaparece então a tutela penal.

O que evidentemente enfraquece a posição do credor pignoratício. Dadas, porém, as vantagens há pouco referidas desta modalidade de penhores, quer para os devedores, quer para os bancos, é pouco provável que deixem de recorrer a eles.

24.7.5. O penhor financeiro

24.7.5.1. Introdução

I. O penhor financeiro é uma modalidade dos contratos de garantia financeira regulada pelo Dec.-Lei n.º 105/2004, de 8/5[890]-[891] que por sua

[887] JORGE DE FIGUEIREDO DIAS, *Abuso de confiança*, in Comentário Conimbricense ao Código Penal, parte especial, tomo II, artigos 202º a 307º (dirigido por Jorge de Figueiredo Dias), Coimbra Editora, Coimbra, 1999, pp. 111-113.

[888] Afirma este ilustre Professor (*ob. últ. cit.*, p. 113): "Em definitivo, a vigência do art. 1.º do DL 29 833 no contexto do sistema jurídico-penal português atual seria inconstitucional. Por violação, por um lado, do princípio da *proporcionalidade*, por se considerar então criminoso um descaminho de uma coisa própria penhorada e mantida na posse do proprietário *por disposição contratual*, quando se discriminalizou (...) o mesmo descaminho de coisa que foi confiada ao proprietário por *autoridade judiciária competente*. Por violação, por outro lado, do princípio da *igualdade*, na medida em que aquele art. 1º, exigindo uma qualificação da vítima ou do ofendido, acabava por tutelar apenas uma espécie de credores pignoratícios: os credores *bancários*! Tudo conduz por isso à conclusão de que uma tal incriminação não tem hoje qualquer fundamento político-criminal, não se revelando as condutas por ela abrangidas nem merecedoras, nem carentes de tutela penal; à conclusão, numa palavra, de que o art. 1º, § § 1º e 2º, do DL 29 833 foi revogado pela entrada em vigor do CP de 1982." (itálico no original).

[889] A que adere o Acórdão do STJ de 6/12/2001 (Pereira Madeira), in www.dgsi.pt.; noutro sentido, o Acórdão do STJ de 16/4/1997 (Pires Salpico) in CJ/STJ (II), 1997, pp. 181, ss..

[890] Com as alterações introduzidas pelo Dec-Lei n.º 85/2011, de 29/6, que transpõe a Diretiva 2009/44/CE, do Parlamento Europeu e do Conselho de 6/5/09, e ainda pelo Dec.-Lei n.º 192/2012, de 23/8. Este último diploma aplica-se aos contratos de garantia financeira celebrados antes da sua entrada em vigor (art. 3.º n.º 2 do Dec.-Lei n.º 192/2012, de 23/8).

[891] Sobre esta figura, bem como sobre os contratos de garantia financeira em geral, ver: A. MENEZES CORDEIRO, *Direito bancário*, cit., pp. 820, ss.; J. CALVÃO DA SILVA, *Banca, bolsa e seguros. Direito europeu e português*, tomo I, *parte geral*, cit., pp. 217, ss.; M. PESTANA DE VASCONCELOS, *Os contratos de garantia financeira. O dealbar do direito europeu das garantias*,

vez resulta da transposição da Diretiva 2002/47/CE do Parlamento Europeu e do Conselho, de 6/6/2002, alterada depois pela Diretiva 2009/44/CE, do Parlamento Europeu e do Conselho de 6/5/2009.[892]

in Estudos em Honra do Professor Doutor José de Oliveira Ascensão (coordenação dos Professores Doutores António Menezes Cordeiro, Pedro Pais de Vasconcelos e Paula Costa e Silva), vol. II, Faculdade de Direito da Universidade de Lisboa, Almedina, Coimbra, 2008, pp. 1273, ss. (esta parte do texto relativo ao penhor financeiro apoia-se, parcialmente, no que escrevemos nesse artigo); A. SANTOS JUSTO, *Direitos reais*, cit., pp. 486, ss.; R. PINTO DUARTE, *Curso de direitos reais*, cit., pp. 266, ss.; J. ENGRÁCIA ANTUNES, *Direito dos contratos comerciais*, cit., pp. 539, ss.; ALEXANDRE JARDIM, *Acordos de garantia financeira: o respectivo regime jurídico face ao Decreto-lei n.º 105/2004, de 8 de Maio. Algumas questões*, Rev. Ban., 2006, pp. 141, ss.; ISABEL ANDRADE DE MATOS, *Pacto comissório. Contributo para o estudo do âmbito da sua proibição*, cit., pp. 139, ss.; DIOGO MACEDO GRAÇA, *Os contratos de garantia financeira*, Almedina, Coimbra, 2010; MARGARIDA COSTA ANDRADE, *O penhor financeiro com direito de disposição de valores mobiliários*, ROA, 2010, pp. 351, ss...

[892] Quanto a esta, ver: H. SCHIMANSKI/H.-J. BUNTE/H.-J. LWOWSKI/UWE JAHN, *Bankrechts-Handbuch*, Band II, 4.ª ed., Beck, Munique, 2011, § 114, pp. 1556, ss.; FILIPPO ANNUNZIATA, *Verso una disciplina comune delle garanzie finanziarie. Dalla convenzione dell'Aja alla Collateral Diretive (Direttiva 2002/47/CE)*, BBTC, 2003, pp. 178, ss., pp. 193, ss.; EUGENIO MASTROPAOLO, *La nuova normativa europea sui contratti di garanzia finanziaria (direttiva 2002/47/CE del 6 giugno 2002)*, RDCom., 2003, pp. 519, ss.; ALESSANDRA GROSSI, *La direttiva 2002/47/CE sui contratti di garanzia finanziaria*, EDP, 2004, pp. 249, ss.; ANNA GARDELLA, *Le garanzie finanziarie e le clausule di close out netting*, in: *Trattato della responsabilità contrattuale* (diretto da Giovanna Visintini), vol. II, *I singoli contratti*, Cedam, Milão, 2009, pp. 709, ss.; P. WOOD, *Law and pratice of international finance*, cit., pp. 289, ss..

A Diretiva foi já transposta para os ordenamentos jurídicos mais próximos.

Assim, na Alemanha a transposição operou-se através de alterações à *Kreditwesengesetz* (KWG), o BGB, a InsO e outras leis pela *Gesetz zur Umsetzung der Richtlinie 2002/47/EG vom 6. Juni 2002 über Finanzsicherheiten und zur Änderung des Hypothekenbankgesetzes und anderer Gesetze* de 9 de Abril de 2004. Cfr. LUCAS FLÖTHER/GREGOR BRÄUER, *Die Umsetzung der Finanzsicherheiten-Richlinie* (RL 2002747/EG), DZWir, 2004, pp. 89, ss.; KATHARINA KOLLMANN, *Zur Umsetzung der Richtlinie 2002/47/EG vom 6. Juni 2002 über Finanzsicherheiten in das deutsche Recht*, WM, 2004, pp. 1012, ss.; H. SCHIMANSKI/H.-J. BUNTE/H.-J. LWOWSKI/U. JAHN, *Bankrechts-Handbuch, Band II*, cit., § 114, pp. 1556, ss. (e p. 1560, para a transposição da Diretiva 2009/44/CE, do Parlamento Europeu e do Conselho de 6/5/09).

Em Itália, a transposição da versão inicial da Diretiva foi realizada pelo Decreto Legislativo 21 maggio 2004, n. 170 (GU n.º 164 del 15/07/2004). Sobre este, ver: GIANLUCA SARDO, *La disciplina del contratto di garanzia finanziaria: appunti sul D.Lgs. 21 maggio 2004, n. 170, I Contratti*, 2005, pp. 617, ss.; F. GIORGIANNI/C.-M. TARDIVO, *Diritto bancario, banche, contratti e titoli bancari*, cit., pp. 431, ss..

Em França, a transposição da versão inicial da Diretiva realizou-se pela *Ordonnance n.º 2005-171 du 24 féverier 2005*, que alterou o *Code monetaire et financier*. Para o comentário destas alterações, ver o *Rapport au Président de la République relatif à l'ordonnance nº 2005-171 du*

Os contratos de garantia financeira são constituídos por duas modalidades (art. 2.º n.º 2 do Dec.-Lei n.º 105/2004, de 8/5): uma é o penhor financeiro, agora objeto da nossa atenção; outra é a alienação fiduciária em garantia, onde se inclui o reporte, que será analisada *infra*, uma vez que se enquadra num outro grupo de garantias que conferem um reforço qualitativo sobre certo ou certos bens por uma outra via: o recurso à titularidade de um direito.

II. Trata-se de um grande esforço a nível comunitário para se harmonizar, embora num âmbito relativamente restrito, o direito das garantias sobre certo tipo de bens no seio da União Europeia. Esforço tanto mais conseguido, quanto o seu âmbito de aplicação inicialmente previsto em termos subjetivos acabou por ser alargado na Diretiva. Acresce ainda que a maioria dos Estados decidiu não recorrer aos *opt-outs* que a mesma Diretiva previa e que permitiam limitar esse mesmo âmbito de aplicação dos diplomas internos.

Acentue-se que o objetivo aqui foi criar um conjunto de figuras (em rigor são duas) particularmente ágeis e robustas, o que se traduz, quanto a este último aspeto, na criação de um regime insolvencial específico, diverso do regime geral.

24 février 2005 simplifiant les procédures de constitution et de réasilation des contrats de garantie financiére (in www.admi.net/jo/20050225/ECOX0400308P.html). Cfr. M. CABRILLAC/C. MOULY/S. CABRILLAC/P. PÉTEL, *Droit des sûretés*, cit., p. 602.

No Reino Unido, a transposição da versão inicial da Diretiva operou-se pelo *Financial Collateral Arrengements (No. 2) Regulations 2003* (in www.opsi.gov.uk/si/si2003/20033226.hmt.), de 10/12/2003. Ver: R. CALNAN, *Taking security, law and pratice*, cit., pp. 98, ss.; J. BENJAMIN, *Financial law*, cit., pp. 475, ss.; A. HUDSON, *The law of finance*, cit., p. 1150, ss.).

Em Espanha, a transposição da versão inicial da Diretiva foi realizada pelo *Real Decreto Ley 5/2005, de 11/3*. Ver: FERNANDO ZUNZUNEGI, *Una aproximación a las garantias financieras (comentários al capítulo segundo del real Decreto-ley 5/2005)*, in: *Garantías reales mobiliarias en Europa* (coord. M.ª Elena Lauroba/Joan Marsal), Marcial Pons, Madrid, 2007, pp. 415, ss.; J. R. GARCÍA VICENTE, *La prenda de créditos: aspetos generales*, cit., pp. 36, ss. A. CARRASCO PERERA/E. CORDERO LOBATO/M. J. MARÍN LÓPEZ, *Tratado de los derechos de garantía, vol. II, Garantias mobiliarias*, cit., pp. 637, ss.. Para o projeto de alteração do diploma de forma a transpor-se a Diretiva 2009/44/CE, do Parlamento Europeu e do Conselho de 6/5/09, ver KAROLINA LYCZKOWSKA, *La revolución en el mundo de las garantías financieras astá a la vuelta de la esquina: Proyeto de modificación del Real Decreto-Ley 5/2005, La Ley, 5102/2011*, 14 de abril de 2011, pp. 6, ss..

Elimina-se desta forma a insegurança jurídica decorrente da prestação deste tipo garantias nas transações transfronteiriças. Dentro do quadro definido pela Diretiva, o regime é uniforme, não se correndo assim o risco da requalificação das figuras, nomeadamente as transmissões em garantia, afastando-se dúvidas quanto às constituições de penhores e dos mecanismos de execução das garantias, bem como quanto ao seu tratamento insolvencial (tanto quanto à sua resolução, como a sua execução)

III. Para estarmos perante um destes contratos de garantia financeira (penhor financeiro ou alienação fiduciária em garantia), é necessário que estejam preenchidos um conjunto de requisitos previstos nos arts. 3.º a 7.º (art. 2.º n.º 1 do Dec.-Lei n.º 105/2004, de 8/5). Será analisado esse conjunto de requisitos, sem o que não estaremos face a um penhor financeiro, e veremos depois as particularidades do seu regime, com destaque (e autonomia) para a disciplina insolvencial. Começaremos, no entanto, por fazer uma breva análise da sua génese, o que cremos muito importante para se perceberem melhor os regimes criados.

24.7.5.2. A génese. A razão de ser

I. As garantias financeiras são instrumentos utilizados no âmbito dos mercados financeiros (daí a sua designação). É esse aspeto que justifica a sua conformação, bem como a necessidade de tutela insolvencial por razões que estão ligadas ao bom funcionamento do sistema financeiro e à necessidade de evitar o risco sistémico.

É igualmente esse aspeto que leva à necessidade de se criar um regime uniforme no âmbito da União Europeia que assegure que elas funcionarão sempre, sem se sujeitar ao risco, nas operações transfronteiras, de aplicação das regras de um determinado ordenamento jurídico que possa não as admitir (p. ex., as alienações fiduciárias), não as admitir nestes termos (p. ex., exigindo outros requisitos para a constituição destas garantias, não admitir certas formas de execução) ou não lhes conferir a tutela adequada (o chamado *legal risk*)[893].

[893] H. SCHIMANSKI/H.-J. BUNTE/H.-J. LWOWSKI/U. JAHN, *Bankrechts-Handbuch*, Band II, cit., § 114, p. 1556

Vejamos este ponto com mais detalhe, sublinhando aqueles setores em que esta modalidade de garantias tem um papel decisivo.

II. No âmbito das suas operações de cedência de liquidez (*money supply operations*), os bancos centrais recorrem a operações garantidas por penhores ou reportes. O que torna o uso de garantias, que permite a "injeção" de dinheiro nos mercados financeiros, central[894].

No âmbito da prestação de serviços de contraparte central, é exigida a prestação às partes de garantias, sob a forma de margens[895] que tem que manter ao longo do tempo, uma vez que se uma delas não cumprir a contraparte terá que o fazer. Nessa medida, tem que tutelar a sua posição creditória[896].

III. É este aspeto que justifica a particular feição do regime das garantias financeiras. Assim, entre outros: os seus sujeitos, o seu objeto, as obrigações garantidas, o direito de uso da garantia que pode ser conferido credor pignoratício, o *close-out netting*, como mecanismo de proteção em caso de incumprimento, a prestação de garantias financeiras suplementares

[894] Estando os ativos objeto da garantia sujeitos a regras de gestão do risco. Assim, no que diz respeito ao BCE [n.º 6.4. (medidas de controlo do risco) do Anexo I, art. 1.º da Orientação do Banco Central Europeu de 20 de setembro de 2011 relativa aos instrumentos e procedimentos de política monetária do Eurosistema (BCE/2011/14), in JOUE n.º L 33/1 de 14.12.2011] tem que lhes que lhes ser aplicada uma "margem de avaliação" (*valuation haircuts*) e uma "margem de variação" (*marking to market*). A primeira impõe que o ativo seja avaliado e depois sobre esse valor se deduza uma determinada percentagem ou *haircut*, como margem de segurança. O segundo exige que o valor de mercado, corrigido de acordo com o *haircut*, se mantenha ao longo do tempo. Para tal, o ativo é regularmente avaliado e sempre que se verificar uma diminuição desse valor, o devedor terá de prestar ativos adicionais (*margin calls*), e terá direito e a que sejam libertados ativos no caso inverso, isto é, da variação positiva acima de um certo valor dos bens dados em garantia.

[895] Cfr. C. COSTA PINA, *Instituições e mercados financeiros*, cit., pp. 545-547.

[896] Assim, J. BENJAMIN, *Financial law*, cit., p. 447. P. ex., se A celebra um contrato de futuros com B por 100 e se um mês depois da celebração do contrato o ativo objeto do contrato (decorrente esta avaliação do *marking to market*) valer só 90, A, o vendedor, está *in the money* em 10 e B o comprador está *out of the money* em 10 também, o que significa que há uma exposição creditória de A face a B é nesse montante. Claro está que, variando depois o valor do ativo no sentido da apreciação, as posições podem inverter-se e com elas as exposições creditórias das partes. Como forma de gerir o risco de crédito, é exigida a prestação às partes de garantias. O exemplo é de J. BENJAMIN, *Financial law*, cit., p. 448.

(*top up collateral*), em resposta a uma *margin call*, a substituição do objeto da garantia e também, principalmente, a sua tutela insolvencial, que a afasta dos regimes gerais da insolvência.

IV. Com efeito: "É difícil exagerar a escala e a importância económica da garantia financeira nos mercados financeiros. Ela protege o conjunto da oferta monetária (*money supply*) e a infraestrutura pós negociação. Ela suporta os mercados de derivados e por isso a gestão do risco comercial e financeiro. Através do empréstimo de valores mobiliários a garantia de valores mobiliários (*securities collateral*) sustenta a liquidez dos mercados de valores mobiliários. Em geral, a garantia financeira promove a disponibilidade de crédito na economia ao auxiliar as instituições financeiras a gerir as suas exposições creditórias".[897]

V. Contudo, o alargamento do âmbito de aplicação em termos sujetivos da Diretiva[898], a que há pouco fizemos referência, não se limitando aos intervenientes dos mercados financeiros, mas à própria concessão de crédito dos bancos às pessoas colectivas (*maxime*, sociedades comerciais), acabou por generalizar um conjunto de figuras que tinham criadas para esses mesmos mercados, e cuja proteção se justificava plenamente nesse âmbito.

Claro está, convém sublinhar, que esse alargamento não foi imposto aos Estados. Eles podiam excluí-lo, dispondo para o efeito de um *opt-out*. Contudo, razões de concorrência entre os ordenamentos jurídicos, ligadas à atividade bancária e ao custo do crédito, levaram a que quase nenhum tenha recorrido, pelo menos na sua integralidade, a essa limitação[899]

[897] J. BENJAMIN, *Financial law*, cit., p. 449.

[898] Não era essa a proposta inicial: Proposta de Diretiva do Parlamento Europeu e do Conselho relativa aos acordos de garantia financeira, Com (2001) 168 final, 2001/0086 (COD), de 27/3/2001. A alteração do âmbito subjetivo resultou de modificações do Conselho, na sequência de proposta do Parlamento Europeu, à proposta de Diretiva da Comissão. Cfr. Posição Comum (CE) n.º 32/2002 adoptada pelo Conselho em 5 de março de 2002 (2002/C 1199 E/03). Ver, para a proposta inicial, e as modificações que sofreu, M. PESTANA DE VASCONCELOS, *Os contratos de garantia financeira. O dealbar do direito europeu das garantias*, cit., p. 1276, ss..

[899] A Alemanha recorreu-se a um *opt-out* parcial (cfr. K. KOLLMANN, *Zur Umsetzung der Richtlinie 2002/47/EG vom 6. Juni 2002 über Finanzsicherheiten in das deutsche Recht*, cit., pp. 1012, ss).

(e mesmo alguns deles, como o Reino Unido, foram além da Diretiva, alargando internamente o âmbito de aplicação deste regime).

VI. Ora o fundamento que está na base da criação das figuras previstas na Diretiva e a respetiva – intensa – tutela liga-se aos mercados financeiros e seu funcionamento, mas já não procede para outros mercados como aquele de crédito entre a banca e qualquer pessoa coletiva, no que toca a *parte* dos mecanismos, como o *close-out netting* e, em especial, a tutela insolvencial. Ela, como se disse, justifica-se nos mercados de capitais dado o risco sistémico – e é essa a sua razão de ser –, mas não é esse risco que aqui se corre. E esse regime na insolvência acaba por tutelar, na medida em que cria uma *super-garantia*, estes credores com uma desproteção de todos os outros, em particular os comuns. Poderá haver – *e há* – argumentos que justifiquem esta tutela, como a necessidade de também neste mercado garantir a concessão – de mais – de crédito bancário a uma taxa de juros mais baixa. Mas o que não pode, ou não deve, pelo menos, é generalizar-se uma solução que foi pensada para um âmbito específico para um outro quadrante em que se jogam interesses diversos sem se terem ponderado todas as consequências dessa decisão.

24.7.5.3. Os requisitos

I. Para estarmos perante contratos de garantia financeira, para efeitos do Dec.-Lei n.º 105/2004, de 8/5, é necessário que se preencha um conjunto de requisitos previstos nos arts. 3.º a 7.º (art. 2.º n.º 1 do Dec.-Lei n.º 105/2004, de 8/5): quanto aos sujeitos (art. 3.º), à obrigação garantida (art. 4.º), ao objeto da garantia (art. 5.º), à necessidade do objeto ser efetivamente prestado (art. 6.º) e à susceptibilidade de prova por documento escrito (art. 7.º).

Vejamo-los então, de forma sumária, como agora se impõe.

Só a Áustria recorreu integralmente ao opt-out permitido pela Diretiva. Porém, mesmo a Áustria veio a deixar cair essa limitação (aquando da transposição da Diretiva 2009/44/CE): justamente por razões de competitividade das empresas austríacas com as dos outros ordenamentos jurídicos. Cfr. THOMAS ZAHRADNIK/ANDREAS KRUMHUBER, *Finanzsicherheiten-Gesetz, Kurzkommentar*, 2.ª ed., Verlag Österreich, Viena, 2012, p. 35 (quanto ao projeto de transposição da Diretiva 2009/44/CE pela Áustria).

a) Os sujeitos

I. No que diz respeito aos sujeitos é necessário que o garante e o garantido (respectivamente, o prestador da garantia e o beneficiário nos termos da lei, aqui o autor do penhor e o credor pignoratício) pertençam a uma das categorias do elenco deste mesmo artigo. Assim, de uma forma resumida, referindo só algumas, temos as entidades públicas [al. a) do art. 3.º do Dec.-Lei n.º 105/2004, de 8/5], o Banco de Portugal, outros bancos centrais, o Banco Central Europeu, o Fundo Monetário Internacional, o Banco de Pagamentos Internacionais [al. b) do art. 3.º do Dec.-Lei n.º 105/2004, de 8/5], instituições sujeitas a supervisão prudencial, incluindo as instituições de crédito [al. c) i) do art. 3.º do Dec.-Lei n.º 105/2004, de 8/5].

Pode, no entanto, um dos contraentes ser simplesmente uma pessoa coletiva, diversa das anteriormente referidas [alíneas a) as d) do n.º 1 do art. 3.º do Dec.-Lei n.º 105/2004, de 8/5], desde que o outro contraente pertença a uma das categorias referidas nas alíneas a) a d)[900] [al. f) do art. 3.º do Dec.-Lei n.º 105/2004, de 8/5]. Com efeito, o Estado português decidiu não excluir do âmbito de aplicação do diploma (como podia – art. 1.º n.º 3 da Diretiva 2002/47/CE) esses contratos.

O Estado português não recorreu aqui à limitação do âmbito subjetivo da Diretiva, através do *opt-out* aí previsto, como não o fizeram, aliás, a generalidade dos Estados. Contudo, também não aproveitou o ensejo para um alargamento do seu campo de aplicação[901].

b) As obrigações financeiras garantidas

I. São obrigações financeiras garantidas aquelas que tenham por objeto uma liquidação em numerário ou a entrega de instrumentos financeiros (art. 4.º do Dec.-Lei n.º 105/2004, de 8/5). A obrigação de entrega de

[900] Para a interpretação da alínea e) do n.º 1 do art. 3.º e a razão da sua existência, ver A. MENEZES CORDEIRO, *Direito bancário*, cit., p. 823.

[901] Não é possível saber se por inércia se de caso pensado. De todo o modo, não creemos haver entre nós justificação para esse alargamento subjetivo.

instrumentos financeiros poderá verificar-se no empréstimo de valores mobiliários [art. 291.º, n.º 1, al. b), art. 350.º CVM][902].

Liquidação em numerário significa aqui o cumprimento de uma obrigação pecuniária[903], portanto um pagamento em dinheiro.

As obrigações garantidas podem ser futuras ou condicionais, do devedor ou de terceiro[904].

c) O objeto da garantia financeira

I. Para estarmos perante garantias financeiras estas têm que ter por objeto "numerário" (que consiste em determinados créditos pecuniários) ou "instrumentos financeiros", respectivamente definidos nas alíneas a) e b) do art. 5.º do Dec.-Lei n.º 105/2004, de 8/5, ou, agora também "créditos sobre terceiros".

II. Por "instrumentos financeiros" entendem-se, para este efeito, valores mobiliários, instrumentos do mercado monetário e créditos ou direitos relativos a quaisquer dos instrumentos financeiros referidos [art. 5.º al. b) do Dec.-Lei n.º 105/2004, de 8/5][905].

III. O "numerário" refere-se ao crédito "ao saldo disponível de uma conta bancária (denominada em qualquer moeda)", "ou créditos similares que confiram direito à restituição de dinheiro, tais como depósitos no mercado monetário" [art. 5.º al. a) do Dec.-Lei n.º 105/2004, de 8/5].

902 Ver J. CALVÃO DA SILVA, *Banca, bolsa e seguros. Direito europeu e português*, tomo I, *parte geral*, cit., p. 223.

903 Na transposição italiana da Diretiva, em vez de se falar numa liquidação em numerário, diz-se mesmo obrigação pecuniária – art. 1.º al. o) do *Decreto Legislativo 21 maggio 2004, n. 170.*

904 Art. 2.º n.º 1 al. f) (i) (ii) da Diretiva. Neste aspeto não foi transposta a Diretiva porque, na verdade, não era necessário, como sublinha J. CALVÃO DA SILVA, *Banca, bolsa e seguros. Direito europeu e português*, tomo I, *parte geral*, cit., p. 223.

905 Podem ser objeto de garantia financeira as ações próprias do garante, assim como as ações em sociedades associadas (na aceção da Diretiva 83/349/CEE relativa às contas consolidadas), bem como as ações em sociedades cujo objetivo exclusivo consista em ser titular de meios de produção essenciais para a atividade empresarial do prestador da garantia ou de bens imóveis [art. 1.º, n.º 4, al. b) da Diretiva 2002/47/CE]. De facto, a lei nacional decidiu também neste ponto não seguir o *opt-out* que a Diretiva, a este propósito, concedia.

Há aqui uma certa limitação do âmbito de aplicação objetivo desta disciplina. Trata-se aqui de créditos. Mas de uma modalidade restrita de créditos. Vejamos pois.

Procurando retirar desta noção as características que estes créditos devem revestir, começamos por apontar que o seu devedor será sempre um banco. Por outro lado, são créditos decorrentes de depósitos à ordem. É isso que resulta de "saldo disponível de uma conta bancária", ou "outros similares", portanto com idênticas características, que "confiram direito à restituição de dinheiro".

Trata-se por isso de créditos dotados de grande liquidez, uma vez que o credor a qualquer momento pode exigir a entrega das quantias seu objeto, e de grande segurança, atendendo à pessoa do devedor. Nessa medida, o seu valor económico, de troca, será idêntico àquele do seu valor nominal. Eles substituem aqui o dinheiro, o numerário propriamente dito, sendo o seu equivalente económico. A sua transferência equivale praticamente à transmissão do dinheiro, seu objeto.

Repare-se que, no que diz respeito ao objeto da garantia financeira, a Comissão na proposta de Diretiva apresentada[906] definia-o como "numerário em qualquer moeda" [art. 3.º, n.º 1, al. g)]. Mais tarde, a disposição foi alterada para excluir as notas de banco (considerando 18 da Diretiva 2002/47/CE). Mas a intenção, como se vê, manteve-se.

Por essa razão, encontram-se fora do âmbito de aplicação do diploma aqueles créditos que não revistam esses requisitos. Como sucede com aqueles que resultem de contratos de compra e venda, empreitada ou de prestação de serviços em geral. Não conferem direito a uma "restituição de dinheiro". Conferem, sim, direito ao pagamento do preço de um bem comprado, de uma obra realizada, à retribuição de um serviço prestado. Acresce que a sua contraparte não será (pelo menos em regra) um banco.

O seu valor económico depende sempre da pessoa do devedor e das garantias de que o crédito beneficie. Terá que se apurar em concreto, sendo geralmente inferior ao seu valor nominal.

Temos assim que a garantia financeira na modalidade de penhor quando tenha por objeto numerário, consiste, efetivamente, num penhor de cré-

[906] POM/2001/01618 final, in JO C 180 E de 26/6/2001.

dito [*rectius*, de certos créditos: aqueles que resultam do art. 5.º al. a) do Dec.-Lei n.º 105/2004, de 8/5].

IV. Os "créditos sobre terceiros" são definidos como "créditos pecuniários decorrentes de um acordo mediante o qual uma instituição de crédito concede um crédito sob a forma de empréstimo" [art. 5.º n.º 1 alínea c) do Dec.-Lei n.º 105/2004, de 8/5]. Excluem-se aqueles créditos concedidos a consumidores (nos termos da Lei n.º 24/96, de 31/7) ou a microempresas ou pequenas empresas (de acordo com a definição da recomendação n.º 3003, n.º 2003/361/CE, da Comissão Europeia de 6/5).

Porém, esta exclusão não se aplica naqueles casos em que o *prestador* ou *beneficiário* da garantia seja uma das entidades referidas na alínea b) do n.º 1 do art. 3.º[907] [art. 5.º n.º 2 alíneas a) e b) do Dec.-Lei n.º 105/2004, de 8/5]. Aí mesmo os créditos concedidos a consumidores[908_909] ou a micro ou pequenas empresas poderão ser objeto da garantia financeira. O que amplia os bens que podem ser dados em garantia, em especial dadas as atuais condições de financiamento da banca, não só, mas principalmente, ao Banco central no âmbito das operações refinanciamento. [910]

[907] Ou seja: o Banco de Portugal, outros bancos centrais, Banco Central Europeu, Fundo Monetário Internacional, Banco de Pagamentos Internacionais e o Banco Europeu de Investimento.

[908] Nos termos da Lei n.º 24/96, de 31/7/1996.

[909] Diga-se que nos termos do art. 1.º n.º 2 o diploma da garantia financeira não afasta as normas aplicáveis em matéria de contratos de crédito ao consumidor. Este número foi aditado pelo Dec-Lei n.º 85/2011, de 29/6 (art. 5.º), diploma que consagrou os créditos sobre terceiros, que, conforme se acabou de ver, podem também ser consumidores.

[910] A introdução desta nova categoria de objeto da garantia financeira decorre do Dec.lei n.º 8572011, de 29/6, que transpõe a Diretiva 2009/44/CE do Parlamento Europeu e do Conselho de 6/5/2009 (JO L 146 de 10/6/2009) que alterou a Diretiva 2002/47/CE do Parlamento Europeu e do Conselho de 6/6/2002 (JO L 168 de 27/6/2002). Nos termos dessa alteração, a garantia financeira passa a poder ter por objeto para além do numerário ou dos instrumentos financeiros igualmente "créditos sobre terceiros" [art. 1.º, n.º 4, al. a) da Diretiva 2002/47/CE, na redação que lhe foi dada pela Diretiva 2009/44/CE].

A definição do que sejam "créditos sobre terceiros" resulta da alínea o) do n.º 1 do art. 2.º da Diretiva 2002/47/CE (que foi aditado por força da Diretiva 2009/44/CE): são "os créditos pecuniários decorrentes de um acordo mediante o qual uma instituição de crédito na acepção do n.º 1 do art. 4.º da Diretiva 2006/48/CE, incluindo as instituições enumeradas no art. 2.º da mesma Diretiva, concede um crédito sob a forma de empréstimo."

A Diretiva 2009/44/CE ao aditar ao n.º 4 do art. 1.º da Diretiva 2002/47/CE a alínea c) permite aos Estados-membros excluírem do âmbito da aplicação da Diretiva os "créditos sobre terceiros em que o devedor seja um consumidor, na acepção da alínea a) do artigo 3.º da Diretiva 2008/48/CE do Parlamento Europeu e do Conselho, de 23 de Abril de 2008, relativa a contratos de crédito aos consumidores ou uma microempresa ou pequena empresa, na acepção do artigo 1.º e dos n.ºs 2 e 3 do Anexo da Recomendação 2003/361/CE da Comissão, de 6 de Maio de 2003, relativa à definição de microempresas, pequenas e médias empresas...". Porém, excecionam-se os casos em que beneficiário da garantia ou o prestador da garantia seja uma das instituições previstas na alínea b) do n.º 2 do art. 1.º da Diretiva 2002/47/CE (com a redação que lhe foi dada pela Diretiva 2009/44/CE), ou seja, os bancos centrais, o Banco Central Europeu, o Banco de pagamentos internacionais, os bancos multilaterais de desenvolvimento (na acepção da Secção 4 da parte 1 do Anexo 1 da Diretiva 2006/48/CE do Parlamento Europeu e do Conselho relativa ao exercício à atividade das instituições de crédito e ao seu exercício), o Fundo Monetário Internacional e o Banco Europeu de Investimento. Aqui não pode haver exclusão por parte dos Estados-Membros.

Trata-se, como é claro, de um alargamento do âmbito de aplicação da Diretiva, permitindo-se que sejam dados em garantia (quer por penhor, quer, igualmente, por alienação fiduciária), créditos emergentes de empréstimos realizados por instituições de crédito. Note-se, conforme veremos de seguida em texto, que a garantia já podia ter por objeto créditos (e sobre terceiros): os que tinham por objeto a restituição de uma quantia pecuniária, dinheiro, depositado numa conta bancária, ou "créditos similares, que confiram direito à restituição de dinheiro, tais como depósitos no mercado monetário" [art. 2.º n.º 1 al. d) da Diretiva 2002/47/CE]. Simplesmente, atendendo à liquidez destes créditos, a Diretiva denomina-os como "numerário". Os – novos – "créditos sobre terceiros" que vem agora ser admitidos são simplesmente outros créditos (pecuniários): aqueles que emergem de um empréstimo realizado por uma instituição de crédito (o que significa uma incorrecção na expressão agora utilizada pelo legislador comunitário, passível de gerar equívocos, porque parece que estas garantias não podiam, ao abrigo da versão inicial da Diretiva 2002/47/CE, ter por objeto créditos, embora tal, como se frisou, não seja verdade).

Permite-se, assim, que as instituições de crédito usem estes elementos do seu património, como garantia para obter crédito, ou, dito de outra forma, possam ser "mobilizados" como instrumentos de obtenção de crédito, no quadro bastante favorável dos contratos de garantia financeira.

Não se incluem, pois, aqui os créditos pecuniários decorrentes de contratos de compra e venda, empreitada, prestação de serviços, etc. Também não estão aqui incluídos os créditos decorrentes de empréstimos que não sejam concedidos por uma instituição de crédito.

A medida é assim a favor das instituições de crédito, permitindo-lhes recorrer, como se disse, para a obtenção de crédito, a esses elementos do seu património (ou, para recorrer à expressão económica, do seu balanço), sem terem de recorrer à titularização [a Comissão considera mesmo que se trata de um complemento "das operações de titularização" – Relatório da Comissão ao Conselho e ao parlamento Europeu, relatório de avaliação sobre a Diretiva 2002/47/CE relativa aos acordos de garantia financeira, COM (2006) 833 final], e – aspeto central – com a segurança e certeza jurídicas emergentes do regime comum que a(s) Diretiva(s) instituíram no quadro comunitário. O que é bastante relevante, porque muitas destas transações serão transfronteiras.

Sobre esta Diretiva, ver M. PESTANA DE VASCONCELOS, *A Diretiva 2002/47/CE do Parlamento Europeu e do Conselho, de 6/6/02 (alterada pela Diretiva 2009/44/CE do Parlamen-*

Aliás, é devido à importância do recurso a esta modalidade de créditos para esse fim, que, recentemente, voltou a ser alterado o diploma da garantia financeira de forma a criar, nos termos do preâmbulo do diploma, "melhores condições de eficiência e operacionalidade", para as garantias que tenham por objeto créditos sobre terceiros prestadas por instituições de crédito no âmbito de operações de cedência de liquidez ao banco central, como se verá de seguida.

d) O objeto ser efetivamente prestado

I. Exige-se igualmente, para estarmos dentro do âmbito de aplicação do diploma, que o objeto seja "efetivamente prestado" (art. 6.º n.º 1 do Dec.-Lei n.º 105/2004, de 8/5).

A lei exige aqui o desapossamento (entendido em sentido amplo[911])[912]. Com efeito, torna-se necessário que o objeto da garantia financeira tenha sido: "entregue, transferido, registado, ou que de outro modo se encontre na posse ou sob o controlo do beneficiário da garantia ou de uma pessoa que atue em nome deste, incluindo a composse ou o controlo conjunto com o proprietário" (art. 6.º n.º 2 do Dec.-Lei n.º 105/2004, de 8/5).

II. Neste ponto foi-se *mais longe* do que era imposto pela Diretiva que não se referia a controlo conjunto com o proprietário, mas somente a "controlo do beneficiário da garantia ou de pessoa que atue em nome

to Europeu e do Conselho de 6/5/09), relativa aos acordos de garantia financeira ou os primeiros passos na harmonização do direito europeu das garantias mobiliárias, BFDUC, n.º 85, 2009, pp. 693, ss..

[911] De acordo com A. MENEZES CORDEIRO (*Direito bancário*, cit., p. 827), O desapossamento não deve ser visto em "termos rigorosamente técnicos", uma vez que não se trata, na maior parte das vezes, de coisas corpóreas. O "essencial", para este Autor (*ob. últ. cit.*, p. 622), é que o "objeto da garantia fique no controlo do beneficiário da garantia".

Sublinhando tratar-se de uma noção simplesmente funcional, em que o que releva é que "a disponibilidade da garantia seja subtraída ao devedor" (mas face ao disposto na Diretiva), F. ANNUNZIATA, *Verso una disciplina comune delle garanzie finanziarie. Dalla convenzione dell'Aja alla Collateral Diretive (Direttiva 2002/47/CE)*, cit., p. 205.

[912] Por isso J. CALVÃO DA SILVA (*Banca, bolsa e seguros. Direito europeu e português*, tomo I, *parte geral*, cit., p. 224) entende estar-se aqui perante um contrato real *quoad constitutionem*. No que diz respeito à forma em si, entende que o contrato é consensual.

do beneficiário da garantia"[913]. Portanto, face à lei portuguesa para se aplicar o regime da garantia financeira não se torna necessário que o controlo seja só do benficiário, mas pode tratar-se – o que alarga o leque de combinações abrangidas, conferindo uma maior flexibilidade ao preenchimento deste requisito – do controlo conjunto do proprietário com o beneficiário.

III. Sempre que estejamos perante garantias financeiras que tenham por objeto créditos sobre terceiros (i) prestadas pelas instituições de crédito ao banco central no âmbito de operações de cedência de liquidez (ii), "a posse transfere-se para o beneficiário da garantia por mero efeito do contrato de garantia financeira" (art. 6.º n.º 3 do Dec.-Lei n.º 105/2004, de 8/5[914]).

e) A suscetibilidade de prova por documento escrito

I. Finalmente, o diploma aplica-se aos contratos de garantia financeira e às garantias financeiras cuja celebração e prestação sejam susceptíveis de prova por documento escrito ou de forma juridicamente equivalente.

O registo em "suporte electrónico ou em outro suporte duradouro equivalente" cumpre a exigência de prova por documento escrito ou de forma juridicamente equivalente à forma escrita (art. 7.º ns. 1 e 2 do Dec.-Lei n.º 105/2004, de 8/5).

II. No que diz respeito à celebração, e seguindo a interpretação de Menezes Cordeiro[915], o contrato tem que ser celebrado por escrito ou

[913] "Na presente directiva, as referências à garantia financeira que é «prestada» ou à «prestação» de uma garantia financeira dizem respeito à garantia financeira que é entregue, transferida, detida, registada ou objeto de outro tratamento de tal modo que esteja na posse ou sob o controlo do beneficiário da garantia ou de uma pessoa que atue em nome do beneficiário da garantia." (art. 2.º n.º 2 da Diretiva 2002/47/CE do Parlamento Europeu e do Conselho, de 6/6/02). Veja-se, p. ex., a transposição italiana que se manteve dentro do âmbito definido na Diretiva: "prestazione della garanzia: l'avvenuto compimento degli atti, quali la consegna, il trasferimento, la registrazione delle attività finanziarie, in esito ai quali le attività finanziarie stesse risultino nel possesso o sotto il controllo del beneficiario della garanzia o di persona che agisce per conto di quest'ultimo." (art. 1,º n.º 1, al. q) do *Decreto Legislativo 21 maggio 2004, n. 170 "Attuazione della direttiva 2002/47/CE, in materia di contratti di garanzia finanziaria"*).

[914] Este número foi introduzido pelo Dec-Lei n.º 192/2012, de 23/8 (art. 2.º).

[915] A. MENEZES CORDEIRO, *Direito bancário*, cit., pp. 828-829.

"via equivalente", como os referidos suporte eletrónico ou em outro suporte duradouro equivalente. Não se trata, pois, de uma forma *ad probationem*, como a letra da lei inculca.

III. Já quanto à prova da prestação da garantia financeira em si, ela deve ser realizada por escrito (ou de forma juridicamente equivalente) ou, de forma paralela, por meio de "via equivalente" (registo eletrónico ou em outro suporte duradouro), mas de forma a permitir *identificar* o objeto da garantia financeira (art. 7.º ns. 3 e 4 do Dec.-Lei n.º 105/2004, de 8/5).

A lei (art. 7.º n.º 4 do Dec.-Lei n.º 105/2004, de 8/5) vem de seguida precisar o que é "suficiente" para *identificar* o objeto da garantia financeira, distinguindo consoante os seus objetos.

Quando incida sobre numerário, é suficiente o registo na conta do prestador [art. 7.º n.º 4, al. a) do Dec.-Lei n.º 105/2004, de 8/5][916].

Se tiver por objeto valores mobiliários escriturais, basta o registo na conta do prestador ou, nos termos da lei, na conta do beneficiário [art. 7.º n.º 4, al. b) do Dec.-Lei n.º 105/2004, de 8/5][917].

Sendo o objeto da garantia créditos sobre terceiros, a inclusão numa lista de créditos apresentada ao beneficiário da garantia por escrito ou de forma juridicamente equivalente à forma escrita, "é considerada suficente para identificar o crédito sobre terceiros e fazer prova da prestação do crédito dado como garantia financeira entre as partes" [art. 7.º n.º 4, al. c) do Dec.-Lei n.º 105/2004, de 8/5].

Dentro das particularidades de regime que vieram a ser introduzidas pelo Dec.-Lei n.º 192/2012, de 23/8, no que diz respito às garantias financeiras que tenham por objeto créditos sobre terceiros, prestadas ao banco central pelas instituições de crédito no âmbito de operações de cedência de liquidez, a referida inclusão na lista de créditos referida no parágrafo anterior, é suficiente para identificar o crédito sobre terceiros e fazer prova da

[916] E na outra modalidade de garantia financeira, a alienação fiduciária em garantia (que será *infra* analisada, n.º 35.4), o registo do crédito na conta do beneficiário.

[917] E na outra modalidade de garantia financeira, a alienação fiduciária em garantia (que será *infra* analisada, n.º 35.4),o registo na conta do beneficiário.

prestação a garantia, quer entre as partes, como nos termos gerais sucede, *quer em relação aos devedores ou a terceiros.*[918]

Para além do disposto no art. 6.º (quanto ao desapossamento), e no art. 7.º, (relativamente à celebração do contrato e à prestação da garantia) [desenvolvidas *supra* nas alíneas d) e e) deste número], a lei preocupa-se em afastar a necessidade da prática de um qualquer outro ato formal para a validade, eficácia ou admissibilidade como prova dos contratos de garantia financeira (art. 8.º n.º 1 do Dec.-Lei n.º 105/2004, de 8/5).

No que toca já à execução da garantia, dispõem-se igualmente que salvo convenção em contrário das partes, a sua execução pelo credor não está sujeita a nenhum requisito, "nomeadamente a notificação prévia ao pres-

[918] O art. 7.º do Dec-Lei n.º 105/2004, de 8/5, continha quatro números. O quarto estatuía relativamente a cada um dos objetos da garantia financeira o que se considerava suficente para estar preenchido esse requisito. A cada uma das modalidades de objeto da garantia financeira correspondia uma alínea [a alíena a) para o "numerário", a alínea b) para os "instrumentos financeiros"].

O Dec.-Lei n. 85/2011, de 29/6, acrescentou a alínea c) relativa aos "créditos sobre terceiros. Contudo, o Dec.-Lei n.º 192/2012, de 23/8, ao criar este regime específico para alguns créditos sobre terceiros, substituiu, portanto revogou, todo o número 4 do art. 7.º, tendo aí incluído uma disposição que diz respeito somente as especificidades dos créditos sobre terceiros referidos em texto, ou seja aqueles que as instituições de crédito prestem como garantia ao banco central no âmbito de operações de cedeência de liquidez.

Daí que, à primeira vista o disposto em texto quanto ao numerário e aos instrumentos financeiros estaria revogado. Havendo só um caso em que a lei esclarece o que se entende ser suficiente para identificar o objeto da garantia financeira.

Não cremos que tenha sido esse o resultado querido pelo legislador.

Em primeiro lugar, porque essas alíenas correspondiam a disposições da Diretiva que o diploma transpõe (art. 1.º n.º 5 da Diretiva 2002/47/CE).

Em segundo lugar, não vemos por que razão o legislador viria agora a introduzir insegurança jurídica numa matéria como esta, já de si de grande complexidade.

Em terceiro lugar, esta disposição relativa a esta modalidade específica de créditos sobre terceiros supõe disposição mais genérica nesta matéria quanto aos créditos sobre terceiros. Tudo conduz a concluir que se tratou de um "lapso" do legislador.

Nessa medida, o n.º 4 do art. 7.º introduzido pelo Dec.-Lei n.º 192/2012, de 23/8, deve ser interpretado como sendo simplesmente a alíena d) do n.º 4 desse mesmo artigo com a redação que lhe havia sido dada pelo Dec.-Lei n.º 85/2011, de 29/6, mantendo-se assim em vigor as restantes alíenas deste número. Mas a norma deveria ser rapidamente alterada nesse sentido por razões de segurança jurídica.

tador da garantia da intenção de proceder à execução" (art. 8.º n.º 2 do Dec.-Lei n.º 105/2004, de 8/5).

Contudo, se estivermos face a créditos sobre terceiros, o anteriormente disposto não prejudica a existência e a validade de regimes de registo ou notificação para efeitos de conclusão, prioridade, execução ou admissibilidade enquanto prova contra o devedor ou terceiros (art. 8.º n.º 1 do Dec.-Lei n.º 105/2004, de 8/5). O que significa aqui a necesssidade de notificação ao devedor do crédito empenhado, ou de registo, como, p. ex., se se tratar de créditos hipotecários [art. 2.º, n.º 1, al. o) CRPredial] - art. 681. n.º 2.

Com vista a facilitar a constituição do penhor financeiros incidentes sobre créditos face a terceiros pelas instituições de crédito ao banco central no âmbito de operações de cedência de liquidez, em que seguramente estaremos a tratar de carteiras de valores muito elevados com milhares de devedores, é dispensada quer a notificação dos devedores, quer o registo. Esses penhores prevalecem mesmo sobre outros direitos sobre os mesmos créditos, ainda que eles venham a ser registados ou notificados ao devedor em data posterior à constituição do penhor financeiro.

Pelo que se tiver sido constituído um penhor por parte de um banco neste quadro e posteriormente se operar a constituição de um novo penhor sobre o mesmo crédito por esse credor, mesmo que esta garantia seja em primeiro lugar notificada ao devedor (ou registada, se for o caso) não prevalece sobre a primeira. Não é necessário sublinhar o caráter excecional da norma.

24.7.5.4. O regime geral

I. A disciplina do penhor financeiro tem inúmeras particularidades face ao regime geral do penhor, das quais destacávamos: a possibilidade de o credor dispor do objeto e as regras relativas à sua restituição (i), se tiver disposto dele; a consagração do *close-out netting* (ii) e a execução da garantia (iii); e, por fim, a questão da penhora (iv). Passamos a ver cada um destes aspetos, sequencialmente, separando-os em termos expositivos da disciplina insolvencial a que daremos um relevo em número autónomo.

24.7.3.4.1. O direito de disposição do objeto da garantia

I. As partes podem convencionar a atribuição ao credor pignoratício (o beneficiário da garantia, nos termos da lei) do direito de dispor do objeto desta (art. 9.º n.º 1 do Dec.-Lei n.º 105/2004, de 8/5)[919], ou seja, de o alienar ou onerar[920], nos termos negocialmente previstos, "como se fosse seu proprietário" (art. 9.º n.º 2 do Dec.-Lei n.º 105/2004, de 8/5, – melhor teria ido o legislador se tivesse dito titular em vez de proprietário, uma vez que o objeto do penhor são na maior parte das vezes direitos, nomeadamente de crédito), com as consequências previstas no art. 10.º do Dec.-Lei n.º 105/2004, de 8/5. Esta faculdade, porém, é *afastada* relativamente aos créditos sobre terceiros (art. 9.º n.º 1 do Dec.-Lei n.º 105/2004, de 8/5).

O exercício do direito de disposição depende, relativamente aos valores mobiliários escriturais, de menção no respectivo registo de conta, e, quanto aos valores mobiliários titulados, de menção na conta de depósito (art. 9.º n.º 3 do Dec.-Lei n.º 105/2004, de 8/5).[921-922]

[919] Quanto a este direito, ver R. TAROLLI, *Le garanzie finanziarie: il diritto di utilizzazione dell'oggetto della garanzia*, cit., pp. 872, ss..

[920] O mesmo sucede no Artigo 9.º do UCC [§ 9-207(c)(3) – "a secured party having possession of collateral or control of collateral (...) may create a security interest in the collateral"]. Ver, sobre o Direito dos EUA quanto a este aspeto, DARIO LOIACONO/ANDREA CALVI/ALESSANDRO BELTRANI, *Il transferimento in funzione di garanzia tra pegno irregulare, riporto e diritto di utilizzazione*, BBTC, supplemento al n. 6/05, pp. 12, ss..

[921] Nos termos do n.º 2 do art. 10.º, o disposto no n.º 1 do mesmo artigo não é prejudicado pelo cumprimento antecipado das obrigações financeiras garantidas.

[922] Esta disciplina deverá ser articulada com aquela decorrente do Regulamento (EU) 2015/2365 do Parlamento Europeu e do Conselho de 25 de novembro de 2015 relativo à transparência das operações de financiamento através de valores mobiliários e de reutilização e que altera o Regulamento (UE) n.º 648/2012 (in: JO L 337/1). Este último tem um campo de aplicação mais amplo do que a diretiva Diretiva 2002/47/CE do Parlamento Europeu e do Conselho, e deve ser lido em "articulação" (considerando 23), ou, de uma forma mais precisa, em complemento ("ergänzung", na versão alemã; "carácter adicional", na versão espanhola) com ela (sem que altere o seu âmbito de aplicação). Aspeto chave aqui é a necessidade de informar a contraparte dos riscos e consequências da concessão do direito de disposição no âmbito do penhor financeiro [art. 15.º, n.º 1, al a)], que condiciona, juntamente com a necessidade de "consentimento prévio expresso da entidade que concedeu a garantia, conforme confirmado pela assinatura da contraparte que presta a garantia, aposta por escrito ou de forma juridicamente equivalente num acordo de garantia com constituição de penhor, cujos termos prevejam o direito de disposição nos termos do artigo 5.º da Diretiva 2002/47/CE, ou acordou

II. A patuição deste direito apresenta vantagens para ambas as partes. O credor poderá recorrer a esse bem para, dentro do período de tempo balizado pela data de vencimento da obrigação garantida, o usar, transformando-o em liquidez nesse espaço de tempo através de uma venda, ou, eventualmente, dando-o em garantia (no que consiste numa outra forma de mais facilmente obter essa mesma liquidez). O autor do penhor em geral cobrará uma quantia como contrapartida da atribuição desse direito, e, portanto, dessa vantagem, à outra parte, ou então conseguirá condições de concessão de crédito mais favoráveis[923].

No que toca aos próprios mercados em si, o exercício do direito em questão aumenta a sua liquidez, uma vez que permite a reutilização dos valores mobiliários[924].

III. Conferido esse direito, se o credor pignoratício o exercer, terá "até à data convencionada para o cumprimento das obrigações financeiras garantidas" (art. 10.º, n.º 1 do Dec.-Lei n.º 105/2004, de 8/5) que transferir[925] uma garantia equivalente[926] que substitua a garantia financeira original. Assim procedendo, o objeto equivalente "substitui, para todos os efeitos, a garantia financeira original e considera-se como tendo sido prestado no momento da prestação desta..." (art. 10.º n.º 3 do Dec.-Lei n.º 105/2004,

expressamente em prestar a garantia mediante um acordo de garantia com transferência de titularidade." [art. 15.º, n.º 1 al. b)], esse direito.

923 Cfr. ROBERTA MARINO, *La disciplina delle garanzie finanziarie. Profili innovativi*, Edizioni scientifiche italiane, Nápoles, 2006, p. 202.

924 F. ANNUNZIATA, *Verso una disciplina comune delle garanzie finanziarie. Dalla convenzione dell'Aja alla Collateral Diretive (Direttiva 2002/47/CE)*, cit., p. 209. E considerando 19 da Diretiva 2002/47/CE.

925 A lei nacional no art. 10.º n.º 1 diz restituir, mas a Diretiva, corretamente, como aliás decorre da restante exposição do mecanismo criado em texto, refere-se a uma transferência (art. 5.º n.º 2) e não uma restituição ("to transfer" na versão inglesa).

926 Consiste num objeto equivalente: no caso de numerário, um pagamento do mesmo montante ou na mesma moeda [art. 13.º al. a) do Dec.-Lei n.º 105/2004, de 8/5]; se se tratar de instrumentos financeiros "instrumentos financeiros do mesmo emitente ou devedor que façam parte da mesma emissão ou categoria e tenham o mesmo valor nominal, sejam expressos na mesma moeda e tenham a mesma denominação, ou outros instrumentos financeiros quando o contrato de garantia financeira o preveja na ocorrência de um facto respeitante ou relacionado com os instrumentos prestados enquanto garantia financeira original" [art. 13.º al. b) do Dec.-Lei n.º 105/2004, de 8/5].

de 8/5) e os direitos que o credor (o beneficiário) "tenha ao abrigo do penhor financeiro relativamente à garantia financeira original mantêm-se relativamente ao objeto equivalente" (art. 10.º n.º 4 do Dec.-Lei n.º 105/2004, de 8/5). A lei define o que considera ser objeto equivalente: art. 13.º do Dec.-Lei n.º 105/2004, de 8/5.

Portanto, e em suma, retransmitido um objeto equivalente, tudo se passa como se estivesse face ao objeto inicial do penhor.

IV. Alternativamente, mas só se o contrato de penhor o previr, cumprindo o prestador da garantia, o credor poderá entregar-lhe uma quantia em dinheiro correspondente ao valor que o objeto da garantia tem no momento do vencimento da obrigação de restituição, nos termos acordados pelas partes e segundo critérios comerciais razoáveis [art. 10.º, n.º 1, al. b) do Dec.-Lei n.º 105/2004, de 8/5].

No fundo, permite-se a entrega do valor do objeto dado em penhor em vez deste, rodeando-se a avaliação desse bem de cuidados destinados a proteger o autor do penhor.

V. Ainda em alternativa a qualquer das vias anteriores, e sempre que o contrato de penhor o preveja, permite-se ao credor pignoratício (o beneficiário) recorrer à compensação, sendo o crédito do prestador da garantia, ou seja, do autor do penhor, avaliado nos termos acordados pelas partes e segundo critérios comerciais razoáveis [art. 10.º, n.º 1, al. c) do Dec.-Lei n.º 105/2004, de 8/5]. Nesta hipótese, no fundo, feita a avaliação do crédito do prestador da garantia (o devedor/garante), vencendo-se a obrigação garantida não há cumprimento por parte do devedor, mas o credor/ garantido/ beneficiário opera a compensação.[927]

24.7.5.4.2. O *close-out netting*.

I. As partes podem convencionar o vencimento antecipado da obrigação de restituição do credor pignoratício e o cumprimento da mesma por compensação, com o crédito da outra parte contratual, se ocorrer um facto

[927] Nos termos do n.º 2 do art. 10.º, o disposto no n.º 1 do mesmo artigo não é prejudicado pelo cumprimento antecipado das obrigações financeiras garantidas.

que desencadeie a execução (art. 12.º n.º 1 do Dec.-Lei n.º 105/2004, de 8/5). Considera-se ser um facto que desencadeia a execução, o não cumprimento do contrato ou "qualquer outro facto a que as partes atribuem efeito análogo." (art. 12.º n.º 2 do Dec.-Lei n.º 105/2004, de 8/5).

É o *close-out netting*.[928] Esta figura, que é adoptada pela prática dos mercados financeiros, permite que logo que se verifique determinado facto que desencadeie a execução, como a insolvência, o incumprimento (eventualmente de um outro contrato entre as partes) ou outro *event of default* acordado pelos contraentes – que pode ser mesmo uma deterioração do *rating* do devedor [929] – se "acelere o contrato"[930], se vença antecipadamente a obrigação de restituição e se extingam de ambos os créditos por compensação[931]. Resta depois um montante geralmente favorável ao prestador da garantia por o objeto desta, devido à margem de segurança do titular do crédito garantido, ter um valor superior ao do crédito garantido.[932_933]

[928] Ver para o *close-out netting*: ANDREA PERRONE, *Gli accordi di close-out netting*, BBTC, 1998, pp. 51, ss.; F. ANNUNZIATA, *Verso una disciplina comune delle garanzie finanziarie. Dalla convenzione dell'Aja alla Collateral Diretive (Direttiva 2002/47/CE)*, cit., pp. 209, ss.; E. MASTROPAOLO, *La nuova normativa europea sui contratti di garanzia finanziaria (direttiva 2002/47/CE del 6 giugno 2002)*, cit., pp. 531, ss.; D. LOIACONO/A. CALVI/A. BELTRANI, *Il transferimento in funzione di garanzia tra pegno irregulare, riporto e diritto di utilizzazione*, cit., pp. 65, ss.; G. SARDO, *La disciplina del contratto di garanzia finanziaria: appunti sul D.Lgs. 21 maggio 2004, n. 170*, cit., pp. 621, ss.; R. MARINO, *La disciplina delle garanzie finanziarie. Profili innovativi*, cit., pp. 203, ss.; J. H. DALHUISEN, *Dalhuisen on transnational and comparative commercial, financial and trade law*, cit., p. 495; JOANNA BENJAMIN, *Financial law*, cit., pp. 267-268.

[929] Cfr. F. ANNUNZIATA, *Verso una disciplina comune delle garanzie finanziarie. Dalla convenzione dell'Aja alla Collateral Diretive (Direttiva 2002/47/CE)*, cit., p. 210.

[930] "acceleration of obligations", ALASTAIR HUDSON, *The law of finance*, Sweet and Maxwell, Londres, 2009, p. 460.

[931] O que implica que a obrigação de restituição seja nessa data convertida numa obrigação pecuniária, através da determinação do valor de mercado da garantia.

[932] Estamos a analisar uma operação isolada. Pode não ser assim, se houver um conjunto de operações garantidas entre as partes decorrentes de um *master agreement*, sendo utilizada para "fechar" todas as transações entre as partes.

[933] O *close-out netting* distingue-se do *netting* por novação (*novation netting*). Este implica que os créditos de uma parte face à outra, com vencimento na mesma data, se extingam, sendo constituído um novo crédito em substituição daqueles, sendo o seu montante determinado pela diferença de valores entre os primeiros (p. ex., A é credor de B em 100, sendo que B é credor de A em 80, vencendo-se ambos os créditos na mesma data; acorda-se a extinção dessas obrigações e a sua substituição por um novo crédito de 20, que se constitui na esfera de A na referida data). O *close-out netting* é uma forma de fazer cessar as relações entre as partes e

II. Note-se que se se tiver previsto no contrato uma cláusula de *cross default*[934], a verificação de um *event of default* num outro contrato com esse ou outro devedor confere ao credor no contrato em que a referida cláusula tenha sido acordada o direito de o "acelerar", recorrendo ao *close-out netting*. Assim, p. ex., se A, banco, emprestar a B, sociedade comercial, uma dada quantia, tendo esta prestado um penhor financeiro, se esse contrato contiver uma cláusula de *cross default*, caso B incumpra um outro contrato que tenha com C, verifica-se um facto que desencadeia a execução do contrato com A. O que lhe permite "acelerar" esse contrato com o vencimento da obrigação de restituição do capital e da obrigação de restituição (que se converte para o efeito numa obrigação pecuniária), operando-se a extinção de ambas por compensação.

III. O *close-out netting* é ainda utilizado de uma forma mais ampla para "fechar" um conjunto de contratos celebrados entre as partes[935], estando previsto nos contratos-quadro celebrados entre elas. Sempre que se verifique um *event of default* cessam não só um, como se tem referido, numa visão atomística, mas o conjunto dos contratos celebrados entre essas partes. Nalguns uma das partes será credora, noutros devedora (e, claro, vice-versa). Os montantes finais compensam-se, o que significa que esse conjunto de contratos restará um único crédito ou dívida[936].

Como se compreende facilmente, esta figura é particularmente importante na insolvência (vindo justamente dos mercados financeiros para afastar o risco de insolvências em dominó, o risco sistémico) de uma das partes, porque a contraparte do insolvente corria o risco de ser titular de créditos sobre a insolvência, de que só obteria satisfação em parte, enquanto na

carateriza-se, conforme se diz em texto, pela verificação de um *event of default*, pela "aceleração", conversão das obrigações das partes cujo objeto não seja uma prestação pecuniária em prestações pecuniárias e a compensação. Quer uma quer outra se inserem em regra em contratos-quadro (*master agreements*) pelos quais as partes regulam as diferentes transações (financeiras) entre elas. Ver, para esta distinção, J. BENJAMIN, *Financial law*, cit., pp. 267-268.

934 Sobre esta, ver, *infra*, n.º 40.4.

935 Cfr. P. WOOD, *Law and pratice of international finance*, cit., pp. 218-219, pp. 442-443.

936 A figura é composta de três passos: cessação dos contratos, cálculo dos créditos de cada uma delas face à outra e compensação (*cancel, calculate, set off*), cfr. P. WOOD, *Law and pratice of international finance*, cit., p. 218.

massa se integravam todos os créditos sobre ela. As perdas daí resultantes poderiam causar a sua própria insolvência.

Embora ela não esteja diretamente prevista no diploma, que se refere somente à "aceleração", nos termos vistos, dos contratos entre as partes, sempre que esses negócios sejam eles próprios, individualmente considerados, de garantia financeira, haverá o apuramento dos montantes em dívida de cada um deles, nos termos acima previstos, seguida da compensação final. O elemento que se adiciona seria esta última compensação, que deve estar também tutelada. Ela decorre da existência de múltiplos contratos.

Ainda, podem as partes estar ligadas por diferentes contratos que, uma vez cessados, levam à compensação dos créditos daí resultantes e, por fim, à execução da garantia[937]. Esta modalidade, que assenta num conjunto de compensações prévias, enquadra-se diretamente na figura prevista na lei. Com efeito, compete às partes definirem o evento que desencadeia a execução, podendo este ser o apuramento de um crédito do beneficiário da garantia face ao garante. Esse direito decorre da compensação dos créditos emergentes dos contratos entre eles, que cessaram antecipadamente.

24.7.5.4.3. A execução da garantia

I. Na sua versão originária, a lei permitia ainda que o credor pignoratício procedesse à execução da garantia, "fazendo seus os instrumentos financeiros dados em garantia" (art. 11.º n.º 1 do Dec.-Lei n.º 105/2004, de 8/5), mas nos termos do pacto marciano e não do pacto comissório (que não é aqui minimamente afastado; bem pelo contrário), como o legislador, mal, proclamava no preâmbulo do diploma (e na epígrafe do art. 11.º), desde que fossem observados um conjunto de requisitos previstos nos números seguintes do mesmo artigo.

Esta norma foi alterada pelo Dec.-Lei n. 85/2011, de 29/6, assim como a sua epígrafe donde desaparece "pacto comissório" e passa a estar "execução dos acordos de penhor financeiro". Dispõe agora o art. 11.º n.º 1 (com as alterações de 2011[938]): "No penhor financeiro o beneficiário da garantia

[937] Ver considerando 14 da Diretiva.

[938] As do Dec.-Lei n.º 192/2012, de 23/8, são menos complexas, consistem no aditamento do n.º 4, e serão vistas de seguida.

pode proceder à sua execução, fazendo seu o objeto da garantia, mediante venda ou apropriação, quer compensando o seu valor, quer aplicando-o para liquidação das obrigações financeiras garantidas.

A interpretação correta desta norma, na qual o legislador nacional pretendeu transpor – o que fez de forma deficiente –, o art. 4.º da Diretiva é a seguinte: o credor deve poder escolher como forma de execução da garantia entre a sua venda e a apropriação, nos termos previstos na lei. Contudo, só poderá recorrer a esta última modalidade de execução se as partes o houverem convencionado.

II. Assim, o credor pignoratício em caso de incumprimento pode sempre recorrer à venda do objeto da garantia, seja ele qual for e não é preciso acordo para tal, ao contrário do que decorre da articulação entre o art. 4.º n.º 1 e a sua alínea a). O pacto só é necessário, o que parece óbvio, para a apropriação.[939]

A venda poderá ser extraprocessual, não sendo exigido qualquer acordo prévio nesse sentido, ao contrário do regime geral do art. 675.º n.º 2,[940] e deverá realizar-se de acordo com "critérios comerciais razoáveis", tendo a diferença entre o valor em dívida e o resultado da venda que ser restituído ao prestador da garantia (ns. 3 e 4 do art. 11.º do Dec.-Lei n.º 105/2004, de 8/5). Trata-se na sua essência do que decorreria já do regime geral do penhor.

A alínea b) do art. 11.º n.º 1 do Dec.-Lei n.º 105/2004, de 8/5, que impõe a necessidade de acordo quanto à avaliação dos instrumentos financeiros e créditos sobre terceiros, também não se aplicará à venda. A alienação deve fazer-se nos termos acima referidos, mas não exige uma avaliação prévia. Ela só é exigida para a apropriação, como decorre claramente da Diretiva[941], devendo assim esta alínea ser também interpretada restritivamente.

[939] É evidente, mas decorre também com toda a clareza do art. 4.º, n.º 1, al. a) da Diretiva. O art. 11.º n.º 1 al. a) tem que ser interpretado restritivamente em consonância com a Diretiva 2002/47/CE.

[940] Cfr. art. 4.º n.º 4 al. a), b) e c) da Diretiva 2002/47/CE.

[941] Art. 4.º, n.º 2, al. b), da Diretiva 2002/47/CE, com as alterações introduzidas pela Diretiva 2009/44/CE (art. 2.º).

III. A apropriação continua, como na versão inicial do diploma, a ser admitida, qualquer que seja o objeto da garantia – e não só para os instrumentos financeiros –, desde que haja convenção das partes nesse sentido [art. 11.º, n.º 1, al. a) do Dec.-Lei n.º 105/2004, de 8/5], sendo ainda exigido que haja acordo entre elas quanto à avaliação desses objetos [art. 11.º, n.º 1, al. b) do Dec.-Lei n.º 105/2004, de 8/5].

Porém, a existência deste acordo não prejudica "qualquer obrigação legal de proceder à realização ou avaliação da garantia financeira e ao cálculo das obrigações financeiras garantidas de acordo com critérios comerciais razoáveis." (art. 11.º n.º 3 do Dec.-Lei n.º 105/2004, de 8/5 do Dec.-Lei n.º 105/2004, de 8/5). A necessidade de se socorrerem as partes de critérios comerciais razoáveis, noção retirada do direito estadunidense[942], permite um controlo externo por parte do juiz, se for caso, dos critérios fixados a esta luz[943].

Por fim, o credor pignoratício que se aproprie, nestes termos, do objeto da garantia, fica obrigado a restituir ao autor do penhor o montante que corresponde à diferença entre o valor do objeto da garantia, determinado nos termos apontados, e o "montante das obrigações financeiras garantidas". (art. 11.º n.º 2 do Dec.-Lei n.º 105/2004, de 8/5).

IV. Recentemente (Dec.-Lei n.º 192/2012, de 23/8, com o aditamento do n.º 4 ao art. 11.º), foram criadas regras específicas para a execução do penhor que tenha por objeto créditos sobre terceiros se ele tiver sido constituído a favor do banco central pelas instituições de crédito no âmbito de operações de cedência de liquidez. Elas consistem no seguinte.

As garantias do crédito "transferem-se por efeito da lei para o beneficiário da garantia, não dependendo de registo ainda que as garantias se encontrem registadas". [art. 11.º, n.º 4, al. a) do Dec.-Lei n.º 105/2004, de 8/5].

[942] Do Artigo 9.º UCC. Trata-se da tradução de "in a commercially reasonable manner". No Direito estadunidense permite-se igualmente que o credor garantido se aproprie do bem, tendo que notificar o devedor e outros credores que sejam titulares de garantias graduadas abaixo da sua sobre o mesmo bem a propor essa forma de extição em vez do recurso à venda. Contudo, o devedor poderá opor-se. Cfr. H. C. SIGMAN, *Security in movables in the United States – Uniform Commercial Code Article 9: a basis for comparison*, cit., p. 79.

[943] Considerando 17 da Diretiva.

Claro está que o que aqui é pressuposta uma transmissão do crédito empenhado do autor do penhor para o credor pignoratício, ou seja, uma cessão do crédito e esta, nos termos do art. 582.º, n.º 1, é acompanhado pelas garantias e outros acessórios, salvo pacto em contrário.

Passando a ser o titular dos créditos o beneficiário da garantia pode ainda assim exigir ao seu prestador, e anterior titular, ainda que em liquidação, pratique, "em seu nome e em sua representação", a gestão dos créditos e suas garantias, bem como a sua cobrança, mantendo a relação com os devedores [art. 11.º, n.º 4, al. b) do Dec.-Lei n.º 105/2004, de 8/5].

A situação aproxima-se muito nos seus efeitos à que se verifica na titularização. Aí, em regra é o cedente que mantém, através da celebração de um contrato com o comprador, a gestão e cobrança dos créditos, tendo depois de entregar os montantes recebidos a este último[944].

Se o adquirente pretender gerir por si, ou através de outrem, o crédito adquirido, sem recorrer à faculdade referida, a eficácia, da transferência, em relação ao devedor do crédito empenhado dependem da sua notificação [art. 11.º, n.º 4, al. c) do Dec.-Lei n.º 105/2004, de 8/5].[945]

24.7.5.4.4. A penhora em ação executiva dos bens empenhados

I. Outra questão consiste em saber se o bem empenhado pode ser penhorado numa execução interposta por outro credor do titular do bem onerado. A lei não se pronuncia sobre a execução singular. Se não tiver sido patuado o direito de disposição do bem empenhado (e, mesmo que o tenha sido, se o credor não se valer desse direito), ele mantém-se na esfera do devedor. O que significa que poderia ser penhorado numa ação interposta por um credor comum ou pela segurança social. Além disso, esta última poderia ser admitida a reclamar numa execução interposta pelo primeiro.

II. Embora a lei nada diga a este respeito, retira-se da teleologia da disciplina destes contratos que se pretende assegurar de forma muito sólida

[944] Ver, *infra*, n.º 36.3.2.

[945] A lei refere-se ao beneficiário da garantia, no âmbito da execução, sendo nesssa medida o caso pressuposto o de apropriação. Todavia, como se prevê no n.º 1 do mesmo artigo que a execução, como será até a regra, se pode fazer por venda, cremos que as três alíneas do n.º 4 se aplicam igualmente ao comprador do crédito.

a sua execução, nos termos neles acordados, sem que estejam sujeitos a interferências de terceiros e sem que, mesmo na insolvência, onde, em regra, se verifica uma comunidade de sacrifícios, possam ser atingidos.

Aceitar que um credor comum exequente pudesse fazer cessar antecipadamente um acordo destes (art. 791.º n.º 3 CPC), ou que a garantia pudesse ficar prejudicada pela prevalência do crédito de um outro crédito prevalecente, em caso de concurso de credores, contraria fortemente a *ratio* de toda esta disciplina.

Talvez possamos exprimir esta ideia da seguinte forma: se se "blindam" estes contratos na insolvência, então também terão que se "blindados", no sentido de se assegurar sempre a sua execução nos termos acordados, na execução singular.

Por isso, dada a *ratio* desta disciplina, a inexistência de disposição a este respeito deve ser considerada como uma lacuna (patente)[946], a ser preenchida da seguinte forma: os bens objeto do penhor financeiro não podem ser penhorados no seio de uma ação executiva interposta por um terceiro.

24.7.5.5. O regime insolvencial particular

I. A lei afastou os contratos de garantia financeira, penhor incluído, dos efeitos da declaração de insolvência (art. 16.º n.º 2 CIRE), estabelecendo aqui um regime próprio, cuidadosa e pormenorizadamente talhado para esse efeito.

Essa disciplina particular diz respeito tanto à faculdade (*rectius*, ao seu afastamento) de o administrador resolver estes contratos, num determinado período anterior à abertura do processo de liquidação ou da adoção de medidas de saneamento, como ao regime destes negócios em curso e os poderes do administrador relativamente ao cumprimento dos mesmos logo que se verifique esse facto.[947]

[946] Ver J. BAPTISTA MACHADO, *Introdução ao direito e ao discurso legitimador*, Almedina, Coimbra, 1983, p. 196.

[947] Em geral sobre este regime, ver: J. LABAREDA, *Contrato de garantia financeira e insolvência das partes contratantes*, in Estudos dedicados ao Professor Doutor Luís Alberto Carvalho Fernandes, vol. II, Universidade Católica Editora, Lisboa, 2011, pp. 101, ss.; A. SOVERAL MARTINS, *O penhor financeiro e a alienação fiduciária em garantia no processo de insolvência*, in: Estudos de direito da insolvência, Almedina, Coimbra, 2018, pp. 79, ss..

II. Em primeiro lugar, obsta-se, em certos termos, a que o administrador os possa resolver (art. 17.º n.º 1 do Dec.-Lei n.º 105/2004, de 8/5), quando tenham sido celebrados num determinado período anterior a essa data.

Efetivamente, quer os contratos de garantia financeira tenham sido celebrados, quer a garantia financeira tenha sido prestada, *no dia* da abertura do processo, desde que antes de proferida a sentença, ou num período anterior à abertura do processo de insolvência [art. 17.º, n.º 1, als. a) e b) do Dec.-Lei n.º 105/2004, de 8/5], não podem ser resolvidos pelo administrador.[948]

Para além da celebração do contrato ou da prestação da garantia nos períodos referidos, também não pode ser afetada pelo administrador da insolvência a prestação de uma *nova garantia*, na eventualidade de variação do montante das obrigações financeiras garantidas (aqui o seu aumento), ou a prestação de uma garantia financeira *suplementar* (*top-up collateral*)[949]

[948] Em texto referimo-nos, somente, ao processo de insolvência. A lei pretende imunizar, de forma paralela, estes contratos das "medidas de saneamento", ou seja, nos termos legais, aquelas "que implicam a intervenção de uma autoridade administrativa ou judicial e destinadas a preservar ou restabelecer a situação financeira e que afetam os direitos preexistentes de terceiros, incluindo, nomeadamente, as medidas que envolvem suspensão de pagamentos, uma suspensão das medidas de execução ou uma redução dos montantes dos créditos" [art. 16.º, n.º 1, al. b) do Dec.-Lei n.º 105/2004, de 8/5, e o n.º 2 do mesmo art. para os casos em que o prestador da garantia seja uma instituição sujeita à supervisão prudencial do Banco de Portugal]. As disposições protetoras dos arts. 17.º, 18.º e 20.º do Dec.-Lei n.º 105/2004, de 8/5, também se aplicam a elas.

[949] *Clause d'arrosage*, na expressão francesa para este mecanismo de estabilização do valor da garantia prestada quando o valor dos bens objeto da mesma (tipicamente valores mobiliários cotados em Bolsa) tenha diminuído. Cfr. M. GRIMALDI, *La prenda en el derecho positivo francês: derecho positivo y proyecto de reforma*, cit., p. 24.

De facto, existe sempre uma diferença positiva entre o valor de mercado do objeto da garantia e o montante objeto do crédito garantido. Essa diferença denomina-se margem e terá que se manter ao longo de toda a duração do contrato. Para o efeito, torna-se necessário determinar o valor de mercado dos bens objeto da garantia durante esse período (*marking to market*). Sempre que se verificar uma desvalorização dos referidos bens, o credor terá direito (*margin call*) de exigir uma garantia adicional que a reponha. Quando, pelo contrário, se verificar uma apreciação dos bens objeto da garantia, o devedor tem direito a exigir que lhe sejam entregues os bens objeto da garantia em excesso (ficando eles desonerados). Cfr. J. BENJAMIN, Financial law, cit., pp. 318-319; P. WOOD, *Law and pratice of international finance*, cit., p. 239: A. McKNIGHT, The law of international finance, cit., p. 570.

Este mecanismo tem o risco de o bem objeto da garantia desvalorizar muita rapidamente no curto prazo devido a quedas bruscas do mercado. Quando assim for, o credor poderá recorrer

se variar o valor da garantia financeira [art. 17.º, n.º 2, al. a) do Dec.-Lei n.º 105/2004, de 8/5][950].

Não pode, igualmente, ser posta em causa a *substituição* da garantia financeira por um objeto equivalente [art. 17.º, n.º 1, al. b) do Dec.-Lei n.º 105/2004, de 8/5].

Visa-se aqui evitar a aplicação do regime geral dos art. 121.º CIRE[951]. Com efeito, a prestação de nova garantia ou garantia suplementar está abrangida pelo art. 121.º, n.º 1, al. c) CIRE e sujeita, portanto, à resolução incondicional por parte do administrador nos seis meses anteriores à data do início do processo de insolvência[952_953]

O mesmo se poderia dizer quanto à prestação de uma garantia financeira substitutiva, se não se admitisse o penhor rotativo – ou seja, aquele em que o penhor inicial se mantém mudando somente o seu objeto por substituição por um outro de idêntico valor – em termos gerais. Protege-se assim, de forma expressa, neste quadrante, o penhor rotativo. Ele está, expressamente, de forma a afastar quaisquer dúvidas, ao abrigo das disposições de resolução insolvencial.

III. Temos depois, como segundo pilar de tutela, a execução dos contratos após a declaração de insolvência de qualquer das partes.

à *margin call*. Se o devedor não repuser, recorrendo a garantias suplementares, o valor inicial da margem, tal constitui, nos modelos de contratos a que recorrem com grande frequência as partes, um *event of default*, que pode mesmo desencadear as cláusulas de *cross default* (sobre estas, ver infra 40.4) incluídas nos outros contratos desse devedor. O que o pode levar à sua insolvência. Assim, J. BENJAMIN, *Financial law*, cit., p. 319.

950 Considerando 16 da Diretiva.

951 Quanto a este regime, ver desenvolvidamente, M. PESTANA DE VASCONCELOS, *A resolução das garantias constituídas antes do processo de insolvência*, in: III congresso de direito bancário (coord. Miguel Pestana de Vasconcelos), Almedina, Coimbra, 2018, pp. 65, ss. Ver ainda, L. CARVALHO FERNANDES/J. LABAREDA, *Código da insolvência e da recuperação de empresas, anotado*, cit., pp. 503, ss.;

952 Cfr. J. CALVÃO DA SILVA, *Banca, bolsa e seguros. Direito europeu e português*, tomo I, *parte geral*, cit., p. 240.

953 Como se refere no considerando 16 da Diretiva: "A intenção é simplesmente impedir que o fornecimento da garantia financeira suplementar ou de substituição seja posto em causa apenas com base no facto de as obrigações financeiras cobertas já existirem antes da prestação da garantia financeira, ou de a garantia financeira ter sido prestada durante determinado período."

Deste modo, e em primeiro lugar, os contratos de garantia financeira celebrados (e as garantias financeiras prestadas) *após* a abertura do processo de liquidação relativo ao prestador da garantia financeira são eficazes perante terceiros, desde que o beneficiário da garantia prove que não tinha nem deveria ter conhecimento da abertura desse processo (art. 18.º n.º 2 do Dec.-Lei n.º 105/2004, de 8/5)[954]. De outro modo, não fosse esta disposição, seriam ineficazes.

Depois, quer se trate de declaração de insolvência do autor do penhor, quer do credor pignoratício, estes contratos "produzem os seus efeitos nas condições e segundo os termos convencionados pelas partes" (art. 18.º n.º 1 do Dec.-Lei n.º 105/2004, de 8/5). O que significa que o administrador da insolvência terá que os cumprir.

O vencimento antecipado e a compensação convencionados nos termos do art. 12.º (o *close-out netting*) também não são afetados [art. 20.º al. a) do Dec.-Lei n.º 105/2004, de 8/5].

IV. Desenvolvendo um pouco mais este regime, tendo como pano de fundo a disciplina geral do penhor[955].

Em primeiro lugar, quando as partes não o tenham já convencionado, opera-se, por força do regime geral, o vencimento antecipado desse crédito.

É certo que nos termos do art. 18.º n.º 2 do Dec.-Lei n.º 105/2004, de 8/5, estes contratos "produzem efeitos nas condições e segundo os termos convencionados pelas partes". O que pareceria apontar para o não vencimento do crédito garantido, a não ser que as partes o tivessem convencionado, o que será, até, o mais frequente. O administrador só poderia, e deveria, cumprir, quando se vencesse esse crédito. Parece claro que este regime não se adequa ao processo insolvencial que visa a liquidação da massa, no mais curto espaço de tempo que seja possível, e a satisfação dos credores. Aliás, sendo uma sociedade comercial (como será o mais

[954] Ver sobre este ponto J. LABAREDA, *Contrato de garantia financeira e insolvência das partes contratantes*, in Estudos dedicados ao Professor Doutor Luís Alberto Carvalho Fernandes, vol. II, Universidade Católica Editora, Lisboa, 2011, p. 128.

[955] Desenvolvemos este regime em *Penhor de créditos pecuniários garantidos e insolvência*, cit., pp. 877, ss..

comum), o encerramento do processo levará à sua extinção (art. 234.º n.º 3 CIRE). Por isso, a insolvência tem que provocar mesmo o vencimento desse crédito[956].

V. Em termos de enquadramento insolvencial desta figura, não estamos perante um crédito garantido (com garantia) real, sendo o crédito graduado (a graduação é especial, para "os bens a que respeitem direitos reais de garantia e privilégios creditórios gerais" – art. 140.º n.º 2 CIRE) e operando-se a satisfação do credor nos termos definidos no art. 174.º (e art. 172.º ns. 1 e 2) CIRE. O que significa que, mesmo que fosse graduado em primeiro lugar, o produto da alienação iria, nos termos do art. 172.º n.º 2 CIRE, com prioridade para a satisfação das dívidas da massa.

Estamos, sim, perante *um negócio em curso*, que se soma ao elenco dos arts. 102.º e seguintes CIRE[957]. Com a particularidade de o administrador estar obrigado a cumpri-lo[958]. Cumprindo o administrador, extingue-se a garantia, e o seu objeto, agora desonerado, será liquidado no seio do processo insolvencial (embora já não esteja afecto à satisfação do crédito garantido, que se extinguiu).

Não tendo a massa os meios líquidos para o efeito, o credor pignoratício poderá, *fora do concurso insolvencial*, executar a garantia (nomeadamente, se tal tiver sido convencionado pelas partes, nos termos do art. 11.º[959]), alienando o crédito garantido objeto da mesma, satisfazendo o crédito e os juros[960].

[956] Mas não, estando o crédito empenhado por sua vez assegurado por um penhor de créditos, os créditos objeto da garantia em que exista um prazo a favor do devedor. Não é este que é declarado insolvente.

[957] O negócio em curso tem que se referir àquele donde decorre a obrigação garantia em articulação com o contrato de garantia em si (acessório do primeiro). O que o administrador tem que cumprir é a obrigação garantida, portanto decorrente do primeiro negócio.

[958] Há outros casos previstos no CIRE de negócios em curso que o administrador é obrigado a cumprir. Assim, p. ex.: art. 104.º ns. 1 e 2; art. 105.º, n.º 1, al. a); art. 106.º n.º 1.

[959] Isto é, recorrendo, nos termos fixados por esta disposição, à apropriação, ou compensando o seu valor, ou aplicando-o para liquidação das obrigações financeiras garantidas. Terá depois de entregar ao administrador, para integração na massa, a diferença entre o valor do objeto da garantia financeira e o montante das obrigações garantidas (art. 11.º n.º 2 do Dec.-Lei n.º 105/2004, de 8/5).

[960] Os vencidos até à data da venda, mas não os vincendos, sob pena de se gerar um enriquecimento sem causa à custa da massa.

Havendo remanescente, e se o penhor tiver sido constituído pelo devedor, deverá entregar esse montante ao administrador para integração na massa. Se essa quantia não for suficiente para satisfazer o crédito garantido, na parte insatisfeita será credor da insolvência, tendo que reclamar o respetivo crédito que será satisfeito de acordo com as regras desta.

VI. Como limite a esta "imunização", nas vertentes apontadas, dos contratos de garantia financeira, temos a prática de atos fraudulentos (art. 19.º do Dec.-Lei n.º 105/2004, de 8/5)[961].

24.7.6. O penhor de participações sociais

24.7.6.1. A constituição

I. Nos termos do art. 23.º n.º 3 CSC, "o penhor de participações só pode ser constituído na forma exigida e dentro das limitações estabelecidas para a transmissão entre vivos de tais participações".

Da aplicação destas regras, decorrem os seguintes resultados[962].

II. No que diz respeito às SENC, o penhor de partes sociais terá que ser reduzido a escrito e exige o consentimento expresso dos outros sócios (art. 182.º ns. 1 e 2 CSC).

Quanto ao penhor de quotas[963], este terá que ser celebrado (também) por escrito particular e exige-se o consentimento da sociedade, a não ser

[961] Ver quanto a estes aspetos dos contratos de garantia financeira: J. CALVÃO DA SILVA, *Banca, bolsa e seguros. Direito europeu e português*, tomo I, *parte geral*, cit., pp. 249, ss.; A. MENEZES CORDEIRO, *Direito bancário*, cit., pp. 839, ss.

[962] Quanto ao penhor de participações sociais, ver: L. MENEZES LEITÃO, *Garantias das obrigações*, cit., pp. 289, ss.; PAULO OLAVO CUNHA, *Direito das sociedades comerciais*, 4.ª ed., Almedina, UCP, 2010, pp. 417, ss.; ALEXANDRE SOVERAL MARTINS, *As cláusulas do contrato de sociedade que limitam a transmissibilidade das acções. Sobre os arts. 328.º e 329.º do CSC*, Almedina, Coimbra, 2006, pp. 392, ss.; A MENEZES CORDEIRO, *Comentário ao art. 23.º do CSC*, in: Código das sociedades comerciais anotado (coord. António Menezes Cordeiro), 2.ª ed., Almedina, Coimbra, 2011, pp. 148, ss.; MARGARIDA COSTA ANDRADE, *Comentário ao art. 23.º do CSC*, in Código das sociedades comerciais em comentário (coord. Jorge Coutinho de Abreu), vol. I (artigos 1.º a 84.º), Almedina, Coimbra, 2010, pp. 372, ss..

[963] Para o penhor de quota, em geral, ver M. NOGUEIRA SERENS, *Penhor de quota*, CJ, 1996, pp. 7, ss..

que se realize entre cônjuges, entre descendentes ou ascendentes ou entre sócios (art. 228.º ns. 1 e 2 CSC).

Em ambos os casos, estão sujeitos a registo: art. 3.º, n.º1, als. e) e f) [e arts. 242.º-A e 242.º-B CSC] do CRComercial.

III. Relativamente ao penhor de ações[964] escriturais[965], este constitui-se pelo "registo na conta do titular dos valores mobiliários, com indicação da quantidade de valores mobiliários dados em penhor, da obrigação garantida e da identificação do beneficiário", ou seja, do credor pignoratício (art. 81.º n.º 1 CVM). Se o direito de voto for atribuído ao credor pignoratício, o penhor pode ser constituído por registo em conta deste (art. 81.º n.º 2 CVM).

Note-se que a entidade registadora onde está aberta a conta de valores mobiliários, aqui as ações, empenhados, não pode efetuar a transferência desses valores para conta aberta em outra entidade registadora, sem prévia comunicação ao credor pignoratício (art. 81.º n.º 3 CVM).

Em qualquer caso, haverá aqui um acordo anterior, o contrato de penhor, entre as partes com vista à constituição desta garantia. Dessa forma, celebrado este, quer o autor do penhor, quer o credor pignoratício têm legitimidade para requerer o registo [art. 66.º, n.º 2, al. b) CVM]. Para o efeito, é necessária uma ordem escrita do disponente (o autor do penhor) ou um documento bastante para a prova do facto a registar (art. 67.º n.º 1 CVM). Do penhor será então feita menção na conta de registo individualizado [art. 68.º, n.º 1, al. g) CVM].

Se forem ações integradas em sistema centralizado, para além do registo, abre-se uma sub-conta específica (art. 91.º n.º 7 CVM). E enquanto durar o penhor deixam de poder ser negociadas em mercado nos termos do art. 204.º, n.º 1, al. a) CVM.

[964] Sobre o penhor de acções, ver: J. P. FAZENDA MARTINS, *Direitos reais de gozo e de garantia sobre valores mobiliários*, cit., pp. 102, ss. (ainda ao abrigo da legislação anterior ao atual CVM); TIAGO SOARES DA FONSECA, *O penhor de acções*, Almedina, Coimbra, 2005, pp. 58, ss.. Para os limites: art. 328.º, n.º 2 CSC. Sobre estes, ver A. SOVERAL MARTINS, *As cláusulas do contrato de sociedade que limitam a transmissibilidade das acções. Sobre os arts. 328.º e 329.º do CSC*, cit., pp. 529, ss..

[965] O regime agora exposto para as ações vale para os outros valores mobiliários.

III. Por seu lado, o penhor de ações tituladas obedece aos termos fixados para a transmissão da sua titularidade (art. 103.º CVM). Assim, é exigida uma declaração escrita no título de penhor a favor do beneficiário, seguida de registo junto do emitente ou de intermediário financeiro que o represente (art. 102.º n.º 1 CVM). A produção de efeitos opera desde a data do requerimento de registo junto do emitente (art. 102.º n.º 5 CVM)[966]. Pressupõe-se sempre a existência de um acordo prévio.

Se as ações tituladas estiverem integradas em sistema centralizado, aplica-se o disposto para as ações escriturais integradas em sistema centralizado (art. 105.º CVM).[967]

24.7.6.2. O exercício dos direitos sociais

I. Empenhadas as ações ou as quotas, importa saber a qual das partes no contrato de penhor cabe o exercício dos direitos sociais que as integram[968] – ao credor pignoratício ou ao autor do penhor – e como deverá esse exercício ser realizado. Quanto às obrigações face à sociedade delas decorrentes, tudo se mantém: é o sócio que tem que as cumprir[969].

[966] Quanto à questão de saber, no âmbito da transmissão, se o registo é necessário para ela se verifique, ver no sentido afirmativo, A. SOVERAL MARTINS, *As cláusulas do contrato de sociedade que limitam a transmissibilidade das acções. Sobre os arts. 328.º e 329.º do CSC*, cit., pp. 265, ss., e no sentido negativo, considerando ser uma simples condição de eficácia face à sociedade emitente J. M. COUTINHO DE ABREU, *Curso de direito comercial, vol. II, das sociedades*, cit., p. 347.

[967] A análise diz respeito a participações individualmente consideradas. O que muitas vezes sucederá é o penhor de carteiras compostas por lotes de ações de diferentes sociedades e outros valores mobiliários. Nesse caso cada um desses valores mobiliários (se se pretender empenhar todos os valores da carteira) terá que ser empenhado de acordo com as regras expostas em texto. Ver FERNANDO BAUTISTA PÉREZ, *Prenda de acciones y prenda de carteras de valores*, in Garantias reales mobiliarias en Europa (coord. M.ª Elena Larouba/Joan Marçal), Marcial Pons, Madrid, 2006, pp. 59, ss.. Esse penhor será na generalidade dos casos um penhor financeiro cujo regime é especialmente adaptado a esse objeto, que em regra não será estático. Ver, *supra*, n.º 23.7.3.5.

[968] Quanto ao conteúdo das participações sociais, ver J. M. COUTINHO DE ABREU, *Curso de direito comercial, vol. II, das sociedades*, cit., pp. 218, ss..

[969] RAÚL VENTURA, *Sociedades por quotas*, vol. I, 2.ª ed., Almedina, Coimbra, 1989, p. 425.

Esta é uma matéria com uma grande amplitude e um assinalável grau de complexidade, na medida em que exige o exame de uma extensa parte do direito societário[970]. Limitamo-nos, dado o caráter deste trabalho, a analisar alguns pontos que consideramos mais relevantes ligados, sobretudo, ao direito ao voto (i), ao direito ao lucro (ii) e o direito à quota de liquidação (ou o destino do penhor se se verificar a dissolução da sociedade) (iii).

II. Antes de o fazermos, convém assinalar que as partes muitas vezes regularão esta matéria por acordo. Só se não o fizerem é que funciona a regra supletiva do art. 23.º n.º 4 CSC[971] que atribui o exercício desses direitos ao autor da garantia. Diga-se que referido acordo não tem necessariamente de abranger todo o período de tempo da vigência do penhor, podendo estar limitado no tempo, assim como pode dizer somente respeito a certos atos[972] (não vemos dificuldade, p. ex., em que se atribua o exercício do direito de voto só para determinadas assembleias gerais).

Por vezes decorre do pacto a atribuição do exercício dos direitos ao credor pignoratício, mas só se, e a partir do momento, em que a outra parte incumpra a obrigação garantida[973]. Trata-se de uma forma de reforçar a posição do credor, permitindo-lhe proteger aquele que passa ser o seu objeto de satisfação.

i) O direito de voto

I. Em primeiro lugar, quando por convenção couber ao credor pignoratício o exercício do direito de voto[974], ele tem igualmente direito à informa-

[970] O que significa que a sua completa análise exigiria a realização de um estudo monográfico, o que seguramente não se pode empreender aqui.

[971] E o art. 81.º n.º 4 CVM ("Salvo convenção em contrário, os direitos inerentes aos valores mobiliários empenhados são exercidos pelo titular dos valores mobiliários empenhados.") para os valores mobiliários, portanto, também para as ações.

[972] RAÚL VENTURA, *Sociedades por quotas*, vol. I, 2.ª ed., Almedina, Coimbra, 1989, p. 425.

[973] Sublinhando que é comum pactuar-se a atribuição dos direitos sociais ao credor a partir do incumprimento do devedor, A. CARRASCO PERERA/E. CORDERO LOBATO/M. J. MARÍN LÓPEZ, *Tratado de los derechos de garantía, tomo II, Garantías mobiliarias*, cit., p. 333, nota 89.

[974] Em Itália, o exercício do direito ao voto cabe ao credor pignoratício, salvo acordo em contrário (art. 2352.º *Codice Civile*).

ção (art. 293.º CSC), devendo esta disposição aplicar-se analogicamente aos outros tipos sociais[975].

Depois, o exercício desse direito pelo credor pignoratício estará em regra regulado no próprio contrato de penhor. O mesmo sucederá igualmente quando o direito de voto continue a ser exercido pelo sócio.

Estas disposições não são oponíveis à sociedade, mas o incumprimento do contrato por qualquer das partes dará lugar à constituição do direito de resolução do contrato, acompanhado de indemnização pelos danos causados.

II. Nada tendo sido acordado quanto aos termos do exercício do direito de voto, ele será regulado pelo princípio da boa fé iluminado pelo fim do contrato.

Visa-se aqui criar uma posição privilegiada do credor sobre um bem do devedor (ou de terceiro), permitindo-lhe satisfazer-se preferencialmente pela quantia decorrente da sua alienação. Por isso, o que para ele releva é, menos o objeto em si, e mais o respetivo valor. O seu interesse assenta na consistência e valor da participação social como bem transacional.

É nesse quadro que se tem que inserir a atribuição do exercício do direito de voto ao credor. Não se pretende evidentemente fazer dele sócio (embora ele o possa vir a ser, mas em sede de execução, se se puder satisfazer, apropriando-se do objeto da garantia[976]), mas conceder-lhe um instrumento adicional de tutela da sua posição, do valor económico do bem sobre o qual ele terá que se satisfazer se o devedor não cumprir[977].

[975] Assim, J. M. COUTINHO DE ABREU, *Curso de direito comercial, vol. II, das sociedades*, cit., p. 322.

[976] O que pode suceder, p. ex., nos termos do penhor financeiro, onde se consagra o pacto marciano. Ver, *infra*, n.º 24.7.5.4.3.

[977] *Este interesse do credor na manutenção* da consistência económica do valor da garantia, não é incomum. Ela pode dirigir-se-á própria situação patrimonial do devedor. É para tal que são celebrados os denominados *convenants*. Dizem respeito, em termos genéricos, à manutenção de uma determinada situação económico-financeira do devedor que o credor tomou por base ao conceder o crédito. Daí dirigirem-se, p. ex., à distribuição de dividendos, à alienação de bens, à concessão de garantias, ao próprio *rating* do devedor. Cfr. E. P. ERLINGER/E. LOMNICKA/C.V.M HARE, *Erlinger's modern banking law*, 5.ª ed., Oxford, Oxford University Press, 2011, p. 774.

E é a esta luz que deve ser lida a forma, e os limites, de exercício do direito de voto pelo garantido.

Daqui decorre que relativamente àqueles assuntos tratados em assembleia-geral que não digam respeito a este seu interesse específico, o credor pignoratício deverá atuar de acordo com as instruções da outra parte[978], o que significa votar no sentido definido por ela. A situação torna-se neste aspeto semelhante a um mandato sem representação.

Parece-nos mesmo possível afirmar sempre que se na assembleia-geral não fizer parte da ordem de trabalhos um assunto que possa direta, ou indiretamente, tocar esse interesse do credor pignoratício – limitado, como se disse, à consistência económica do objeto da garantia –, ele deverá conceder poderes ao devedor, para que este possa tomar parte na assembleia.

III. Por seu lado, se for o sócio a exercer o direito de voto, ele terá que respeitar sempre o interesse do credor na manutenção da consistência da garantia[979]. A prática de atos por parte do titular da participação que diminuam o valor da garantia como objeto de tráfego negocial, levam a que o credor possa, nos termos do art. 780.º[980], exigir o cumprimento imediato da obrigação garantida. Se o devedor não cumprir, o credor poderá de imediato proceder à execução. Resultando danos do mesmo facto ilícito e culposo, constitui-se ainda um dever de indemnizar.

IV. Haverá pois que determinar o resultado efetivos de cada votação para a consistência patrimonial da garantia. Assim, p. ex., se for aprovado, com o voto do devedor, um aumento de capital por incorporação de reservas (art. 92.º CSC)[981], com a emissão de novas quotas ou ações, isso implicaria, aparentemente, uma desvalorização imediata daquelas sobre as quais foi constituída a garantia.

Porém, neste caso, se se puder sustentar que a garantia se estende imediatamente sobre as novas participações sociais criadas, esse voto não

[978] Neste sentido, MARGARIDA COSTA ANDRADE, *Comentário ao art. 23.º CSC*, cit., p. 397.

[979] Neste sentido, MARGARIDA COSTA ANDRADE, *Comentário ao art. 23.º CSC*, cit., p. 398.

[980] Se o devedor for o autor do penhor. Caso o autor do penhor seja um terceiro, aplica-se o art. 701.º, ns. 1 e 2, (art. 678.º).

[981] Sobre esta figura, ver PAULO DE TARSO DOMINGUES, *Variações sobre o capital social*, Almedina, Coimbra, 2009, pp. 420, ss..

traduzirá o incumprimento do contrato de penhor. E essa é, neste caso, a solução correta[982].

Com efeito, embora não se trate de um caso de sub-rogação real, uma vez que as participações objeto da garantia se mantêm oneradas, não sendo substituídas por outras, a função desempenhada é semelhante: visa-se, ou por alteração (sub-rogação), ou acrescento do objeto da garantia, manter o seu valor patrimonial.

Dada a latitude com que é admitida a sub-rogação real no âmbito do penhor (relativamente à qual esta figura é um *minus*, porque o objeto da garantia não é substituído, mantém-se, mas é ampliado), a par do disposto em sede de usufruto de participação (podendo mesmo, segundo cremos, esta regra, art. 92.º n.º 4 CSC, ser aplicada ao penhor por analogia), parece-nos que a solução é clara.

Assim sendo, as novas ações devem ser entregues ao credor pignoratício. Não há incumprimento (a não ser que, tratando-se de ações tituladas ao portador, tenham sido entregues ao devedor e este não as tenha depois as – novas ações emitidas – entregue ao credor)[983].

[982] Sustentado que a garantia passa ao crédito (mas sem explicar como), MARGARIDA COSTA ANDRADE, *Comentário ao art. 23.º CSC*, cit., p. 398. Defendendo igualmente a passagem da garantia para o crédito, mas só se "ao constituir-se o penhor sobre a participação social se tenham satisfeito os requisitos da constituição do penhor de créditos futuros", e não por sub-rogação, como aqui propomos, A. CARRASCO PERERA/E. CORDERO LOBATO/M. J. MARÍN LÓPEZ, *Tratado de los derechos de garantía, tomo II, Garantías mobiliarias*, cit., pp. 327-328.

[983] Refira-se que se tratar de uma amortização de quota por iniciativa da sociedade [ver sobre este regime, e sua delimitação, isto é, a amortização por iniciativa da sociedade, CAROLINA CUNHA, *Comentário ao art. 233.º* in: Código das sociedades comerciais em comentário (coord. Jorge Coutinho de Abreu), vol. III (artigos 175.º a 245.º), Almedina, Coimbra, 2011, pp. 501, ss.] em que o sócio consinta, eventualmente na própria deliberação (art. 233.º n.º 3 CSC), se torna necessário o consentimento do credor pignoratício (art. 233.º n.º 4 CSC). Parece claro, de outra forma ficaria privado da garantia e, como se refere em texto, o seu mecanismo de defesa passa pelo recurso ao art. 780.º, que, em si, nada lhe garante.

RAÚL VENTURA (*Sociedades por quotas*, vol. I, cit., p. 685) refere que a solução se compreende, embora "assim possa criar-se um conflito quanto ao consentimento, que necessariamente acarretará a falta de um de pelo menos um dos consentimentos". Não nos parece que este seja o ponto. Se não fosse assim, se a quota pudesse ser amortizada sem ser necessário o consentimento do credor, como podem ser outros atos que atinjam a sua garantia (embora não de forma tão drástica), este simplesmente ficaria privado dela. A eventual recusa deste não é fonte de qualquer conflito, é só um instrumento básico da sua defesa.

ii) O direito ao lucro

I. Um outro ponto diz respeito ao direito ao lucro. Como é óbvio, e assim sucederá na generalidade dos casos, as partes no contrato de penhor podem logo regular essa questão, excluindo ou incluindo o lucro distribuído no âmbito da garantia. Quando o façam, o penhor abrangerá igualmente um conjunto de créditos eventuais futuros.

Podem mesmo as partes expressamente acordar um penhor de créditos futuros, para o abarcarem.

Se nada pactuarem, os lucros cabem ao titular da participação, não se incluindo na garantia (art. 672.º n.º 2).

II. Cabendo convencionalmente esse direito ao credor, ele terá desde logo de os cobrar (art. 683.º) e, de seguida, nos termos do art. 672.º, n.º 1, satisfazer por essa via os juros vencidos (art. 672.º, n.º 1). Havendo excesso, nos termos da mesma disposição, e na falta de acordo em contrário, deverão ser utilizados para abater o capital.

Contudo, este resultado nem sempre será o correto. Na verdade, a questão não pode ser tratada de forma desligada do regime do contrato donde emerge o crédito garantido.

Assim, se estivermos face a uma abertura de crédito em conta corrente, o recurso a estas quantias aproveita de imediato ao credor, porque repõe nesse montante a disponibilidade do capital e diminui os juros.

No entanto, se tratar de um mútuo oneroso o pagamento antecipado tem outros efeitos. É que, nessa eventualidade, nos termos do art. 1147.º, o prazo presume-se estabelecido a favor de ambas as partes e o mutuário só pode antecipar, no todo ou em parte, o pagamento se pagar os juros por inteiro.

Esta disposição corresponde àquele que é o normal ponto de equilíbrio dos interesses de ambas as partes e, portanto, da sua vontade, num contrato de mútuo: disponibilidade de capital nesse período de tempo, pagamento dos juros por inteiro. Estará longe da vontade das partes do mutuante não receber os juros por inteiro e da vontade do mutuário, se pagar antes, ter que os satisfazer igualmente por inteiro.

Daí que quando não tenham afastado, dispondo em contrário, a regra do art. 1147.º, atendendo ao objetivo económico visado no contrato será de interpretar, à falta – claro – de outros elementos, negócio no sentido de afastar o art. 672.º n.º 1.

Repare-se que aquilo que as partes pretendem com a atribuição do exercício do direito aos lucros ao credor não é criar um meio adicional de satisfação imediata da dívida, mas reforçar a posição deste para o caso de incumprimento pelo devedor.

Com efeito, o credor, além da participação social em si, passa a ter como objeto da garantia o dinheiro do pagamento dos dividendos. A que ele poderá – e deverá – recorrer, em primeira linha, para obter a satisfação da obrigação assegurada em caso de incumprimento (assim p. ex., se aquando do incumprimento a garantia, nos termos referidos consistir já em dinheiro e participações sociais, o credor deve começar a satisfazer-se pelo dinheiro e só depois pela alienação das participações, que só deve fazer na medida do necessário para satisfazer o seu crédito, sendo as restantes entregue ao devedor/autor do penhor).

Aliás, cobradas essas somas, conforme vimos *supra*,[984] o credor deverá depositá-las a favor do devedor, nos termos acima vistos para o penhor de créditos. A sua garantia passa a ficar constituída por dois penhores: de participações sociais e de créditos.

Nestes termos, sempre que estejamos perante um mútuo, a entrega dos montantes decorrentes dos lucros ao sócio fará todo o sentido quando o valor da participação social seja já suficiente, mesmo atendendo à margem de segurança, para tutelar o credor.

De facto, assim sendo, a entrega a este último dos referidos montantes ao credor seria desnecessária para assegurar o seu crédito e prejudicaria a outra parte. Pelo contrário, essas quantias poderão ser necessárias para se fortalecer a posição do credor quando o valor da quota ou das ações seja insuficiente, ou, mais provavelmente, não cubra a margem de segurança.

[984] Ver, *supra*, n.º 24.5.4.

iii) A quota de liquidação

I. Um último ponto diz respeito à extinção da participação, por dissolução da sociedade. Resta a quota de liquidação. Consiste num crédito. Extingue-se a garantia ou simplesmente altera-se o seu objeto, passando a incidir sobre o crédito[985]?

O penhor de ações (já não o de quotas) preencherá na generalidade dos casos os requisitos de aplicação do regime das garantias financeiras. Nesse quadro é admitida a substituição do objeto de uma garantia por outro sem que aquela se altere: varia só o seu objeto. Não gera dificuldades a aplicação desta regra aqueles caso em que o bem sobre o qual a garantia passa a incidir seja diverso do anterior[986]. Para todos os efeitos, economicamente é esse o sucedâneo do outro.

Para além disso, e fora do âmbito já da garantia financeira (como veremos *infra* a propósito da garantia rotativa[987]), são inúmeros os casos em que a lei admite a sub-rogação legal[988]. E mesmo que não se chegue a afirmar a existência de um princípio geral[989] que neste campo consagre a sub-rogação real, ainda assim, seria possível recorrer à analogia *legis*.

Passaríamos pois a estar face a um penhor de créditos, remetendo então para o regime dessa figura[990].

24.7.6.3. Articulação com o regime do penhor financeiro

I. Como já fomos referindo ao longo da exposição, sempre se trate de ações estaremos – muito frequentemente – também face a um penhor financeiro [art. 5.º al. b) do Dec.-Lei n.º 105/2004, de 8/5], sempre que estejam preenchidos os seus (outros) requisitos, antes expostos, sendo certo

[985] Neste último sentido, RAÚL VENTURA, *Sociedades por quotas*, vol. I, cit., p. 424.

[986] Art. 17.º, n.º 1, al. b) do Dec.-Lei n.º 105/2004, de 8/5. Ver *supra*, n.º 24.7.3.5. A norma teria que ser aplicada, atendendo à sua *ratio*, por interpretação extensiva. Com efeito, ela só prevê os objetos equivalentes que estão definidos nos termos do art. 13.º. Aqui o objeto tem uma natureza diferente: participação social/crédito.

[987] Ver, *supra*, n.º 23.7.8.

[988] Ver: Art. 674.º n.º 2, art. 685.º n.º 1, art. 692.º n.º 1, 670 al. c) (art. 678.º), art. 701.º n.º 1 (art. 678.º).

[989] J. OLIVEIRA ASCENSÃO, *O Direito. Introdução e teoria geral*, cit., p. 446.

[990] Ver, *supra*, n.º 24.5.

que aqueles de âmbito subjetivo, em regra, estarão presentes (o recurso a esta figura realizar-se-á essencialmente nas relações entre a banca e as sociedades comerciais).

Nesse caso aplicam-se igualmente as regras que vimos no número anterior. O regime geral do penhor de ações resultará assim da articulação dessas duas disciplinas.

II. Especial relevo de entre as regras do penhor financeiro tem aquelas relativas à atribuição, por acordo, do direito de disposição das ações pelo credor pignoratício, nos termos previstos nesse diploma[991]. Esse direito consiste numa apreciável vantagem para este sujeito, porque, entre outros aspetos, lhe permite recorrer a estes bens para obter, onerando-os ou alienando-os, um refinanciamento pelo período de tempo de duração do contrato de penhor e, portanto, também do contrato de mútuo do qual decorrem os créditos garantidos (ao capital e aos juros)[992].

É ainda *expressamente* admitido (com tutela também expressa em sede insolvencial) que as partes possam convencionar a atribuição ao devedor do direito de substituir o objeto da garantia, o que permite uma mais eficiente gestão das suas ações por parte do garante (e outros valores mobiliários, como em particular obrigações).

O credor tem sempre assegurado um valor e, não menos importante, a liquidez dos bens empenhados. Isto não impede que, assegurados esses dois aspetos, possam variar por iniciativa do devedor aqueles bens que a cada momento sejam objeto da garantia. Note-se que conjunto de bens substitutos deverá estar previsto no contrato e, muitas vezes, sujeito ainda a aprovação pelo credor no momento em que a outra parte proponha a substituição, dado o risco de desvalorização.

Terá ainda que se ter presente o robusto regime insolvencial dos contratos de garantia financeira.

[991] Ver, *supra*, n.º 24.7.3.4.1.

[992] Claro que o contrato donde decorre o crédito garantido pode ter uma outra natureza. Para efeito de análise, estamos a pressupor em texto que se trata de um contrato de mútuo, hipótese que será a mais comum.

24.7.7. O penhor de letras e livranças

I. A letra ou a livrança pode ser endossada em garantia[993], com a menção "valor em garantia", ou "valor em penhor", "ou qualquer outra menção que implique uma caução". Ele pressupõe uma obrigação garantida e um contrato de penhor pelo qual o endossante dá a letra em garantia ao credor[994]. Endossada a letra nos termos apontados é entregue ao credor.

Nesse caso, o portador pode exercer todos os direitos emergentes da letra, mas um endosso feito por ele vale só como endosso a título de procuração (art. 19.º I e art. 77.º LULL). Dentro desses direitos cabem a apresentação da letra a pagamento, protesto, etc.

Os co-obrigados não podem invocar contra o portador as exceções fundadas sobre as relações pessoais deles com o endossante, a menos que o portador, ao receber a letra "tenha procedido conscientemente em detrimento do devedor" (art. 19.º II e art. 77.º LULL).

II. Recebido o pagamento pelo credor pignoratício, deixamos de estar face a um penhor regular, uma vez que este tem que incidir sobre coisa determinada, e passamos a estar perante um penhor irregular[995].

Simplesmente, o penhor irregular[996], como se verá, é um negócio de garantia que assenta na transferência da propriedade de um bem que, nessa medida, integra o património do credor, e não leva à constituição de um direito real de garantia como o penhor regular. Com efeito, dinheiro recebido passa a fazer parte do património do credor. Ocupa, no entanto, aí uma particular posição, pois é sobre ele que o credor se deverá satisfazer se o devedor não cumprir a obrigação garantida, e só nessa data.

Por isso, recai sobre o credor, que é um fiduciário em garantia, um dever de protecção dos bens fiduciários que consiste aqui, face ao dinheiro,

[993] Sobre esta figura, ver: A. FERRER CORREIA, *Lições de direito comercial, vol. III, letra de câmbio*, cit., pp. 191-193; J. OLIVEIRA ASCENSÃO, *Direito comercial, volume III, títulos de crédito*, cit., pp. 156, ss..

[994] Assim, ver A. FERRER CORREIA, *Lições de direito comercial, vol. III, letra de câmbio*, cit., p. 192.

[995] Neste sentido, L. MENEZES LEITÃO, *Garantias das obrigações*, cit., p. 287.

[996] Sobre este ver, *supra*, n.º 24.7.1.

em separá-lo do seu restante património por via do depósito numa conta bancária aberta para o efeito. Efetivamente, o dever de segregação patrimonial consiste numa manifestação do dever de protecção dos bens fiduciários[997].

III. O endosso pleno de uma letra ou livrança com um pacto separado onde conste a garantia[998], não será já um penhor, mas um negócio fiduciário[999], tendo por objeto uma letra ou livrança. Há uma transmissão plena, limitada só a nível obrigacional entre as partes.

IV. Por fim, uma situação diversa é aquela em que o próprio direito de penhor é incorporado num título de crédito, que tem regras próprias de circulação[1000]. Ou seja, aparece inscrito no título esse direito real de garantia. É o que sucede com a cautela de penhor ou *warrant*.

O *warrant* aparece anexo a um conhecimento de depósito (também um título de crédito onde se inscreve o direito de propriedade sobre as mercadorias, conferindo ao seu titular um direito à disposição e à entrega dessas mercadorias, sem que tenha que se verificar a sua entrega física[1001]),

[997] Ver, quanto a este dever, M. PESTANA DE VASCONCELOS, *A cessão de créditos em garantia e a insolvência. Em particular sobre a posição do cessionário na insolvência do cedente*, cit., pp. 151, ss., p. 164.

[998] Instrumento a que a prática recorre em vez do endosso em garantia, como apontam L. MENEZES LEITÃO, *Garantias das obrigações*, cit., p. 287; H. WEBER, *Kreditsicherheiten*, cit., § 15, p. 300.

[999] Para uma figura próxima no seio dos negócios fiduciários, P. PAIS DE VASCONCELOS, *Contratos atípicos*, cit., p. 295. Para o negócio fiduciário na jurisprudência, ver Acórdão do STJ de 17/12/2002 (Pinto Monteiro, in: www.dgsi.pt) e, mais recentemente, o Acórdão STJ de 16/3/2011 (Lopes do Rego, in: www.dgsi.pt).

[1000] Quanto à incorporação de garantias em títulos de crédito, fazendo referência à realidade brasileira, em particular às cédulas hipotecárias, ver AUGUSTO DE ATHAYDE, *Nota sobre a incorporação de garantias em títulos de crédito*, in: Estudos jurídicos e económicos em homenagem ao Prof. Doutor António de Sousa Franco, vol. I, Faculdade de Direito da Universidade de Lisboa, Coimbra Editora, 2006, pp. 375, ss..

Quanto às células hipotecárias do Direito brasileiro, que visam a representação dos créditos hipotecários, ver NELSON ABRÃO, *Direito bancário*, 5.ª ed. (revista, atualizada e ampliada por Carlos Henrique Abrão), Saraiva, S. Paulo, 1999, pp. 181, ss..

[1001] Sobre este, ver L. CUNHA GONÇALVES, *Comentário ao código comercial português*, vol. II, cit., pp. 482, ss..

do qual pode ser destacado. Esse penhor tem por objeto as mercadorias depositadas nos armazéns gerais[1002].

Tanto o conhecimento de depósito como o *warrant* se transmitem juntos ou separados por endosso (são títulos à ordem). Se forem transmitidos conjuntamente, transfere-se a propriedade dos géneros ou mercadorias depositadas; transmitido só o conhecimento de depósito, transmitir-se-á a propriedade dos géneros ou mercadorias depositadas, com ressalva dos efeitos do portador da cautela de penhor; se for transmitida só a cautela de penhor, transmitir-se-á o direito de penhor sobre os géneros ou mercadorias depositadas (art. 411.º do Código Comercial).

Se o titular do conhecimento de depósito contrair uma dívida, dando como garantia as mercadorias depositadas no armazém, terá que adoptar o seguinte procedimento: destaca o *warrant* e, com o primeiro endosso, em que se deverá enunciar a importância do crédito garantido, a taxa de juro, assim como a época do vencimento (art. 412.º do Código Comercial), devendo ser transcrito no conhecimento de depósito e a transcrição ser assinada pelo endossado (art. 412.º § único do Código Comercial), cria um novo título de crédito[1003]. Este título tem um regime próprio fixado no Código Comercial (arts. 408.º a 424.º).[1004]

Temos assim que o crédito pecuniário passa a integrar o título no momento da sua criação, sendo transmitido com o direito de penhor (o título passa assim a ser composto por um crédito garantido por penhor, integrando, pois, o direito de crédito e o direito real). Por isso se pode

[1002] Quanto a estes, ver L. CUNHA GONÇALVES, *Comentário ao código comercial português*, vol. II, cit., pp. 477, ss..

[1003] GEORGES RIPERT/RENÉ ROBLOT, *Traité de droit commercial*, tomo 2, 15.ª ed., por PHLIPPE DELEBECQUE e MICHEL GERMAIN, LGDJ, Paris, 1996, p. 268. Em sentido próximo, entre nós, L. CUNHA GONÇALVES (*Comentário ao código comercial português*, vol. II, cit., pp. 487): "O *warrant* não tem, pois, valor jurídico senão depois de separado [com o endosso] do conhecimento".

[1004] Ver, sobre esta figura: L. CUNHA GONÇALVES, *Comentário ao código comercial português*, vol. II, cit., pp. 483, ss.; J. ENGRÁCIA ANTUNES, *Os títulos de crédito, uma introdução*, cit., pp. 134, ss.; RENÉ ROBLOT, *Les effets de commerce*, Sirey, Paris, 1975, p. 12, pp. 453, ss.; G. RIPERT/R. ROBLOT, *Traité de droit commercial*, tomo 2, cit., pp. 268, ss., pp. 721, ss.; L. AYNÈS/P. CROCQ, *Les sûretés. La publicité foncière*, cit., p. 228.

afirmar que o *warrant* uma vez destacado do conhecimento "titulará o direito do seu portador como credor pignoratício."[1005]

De facto, só assim se explica que o portador da cautela de penhor não paga na época do seu vencimento "pode fazê-la protestar, como as letras, e dez dias depois proceder à venda do penhor, nos termos gerais do direito" (art. 417.º do Código Comercial)[1006].

Igualmente, o portador da cautela de penhor "tem direito a pagar-se, no caso de sinistro pela importância do seguro" (art. 420.º do Código Comercial) e se o portador do conhecimento de depósito separado da cautela de penhor retirar os géneros ou as mercadorias depositadas ainda antes do vencimento do crédito assegurado pela cautela, depositando no respectivo estabelecimento o montante em dívida, mais os juros até ao dia do vencimento, a importância depositada será entregue ao portador da cautela de penhor (na data do vencimento do crédito) mediante a restituição desta. (art. 415.º do Código Comercial).

24.7.8. O penhor de conta bancária

I. Uma figura[1007] que se desenvolveu no âmbito da prática bancária foi a do penhor de uma conta bancária[1008]. Assim, um sujeito que tem uma quantia depositada num banco e que, nessa medida, é titular do crédito à sua restituição, pode constituir um penhor sobre esse crédito a favor de um terceiro ou mesmo do próprio banco, devedor da referida quantia.

[1005] J. ENGRÁCIA ANTUNES, *Os títulos de crédito, uma introdução,* cit., p. 136. Também R. ROBLOT, *Les effets de commerce,* cit., p. 453.

[1006] Sujeitando-se, se não o fizer, às consequências do art. 424.º do Código Comercial.

[1007] Sobre ela, ver: A. MENEZES CORDEIRO, *Direito bancário,* cit., pp. 817-818; J. CALVÃO DA SILVA, *Direito bancário,* cit., pp. 415-416; P. ROMANO MARTINEZ/P. FUZETA DA PONTE, *Garantias de cumprimento,* cit., pp. 182, ss.; L. MENEZES LEITÃO, *Garantias das obrigações,* cit., pp. 288, ss.; M. J. COSTA GOMES, *Assunção fidejussória de dívida. Sobre o sentido e o âmbito da vinculação como fiador,* cit., pp. 48, ss.. Na jusrisprudência: o Acórdão do STJ de 7/5/2009 (Helder Roque) in: www.dgsi.pt.; Acórdão da Relação do Porto de 4/5/2004 (Marques de Castilho), in: www.dgsi.pt.

[1008] Sublinhe-se que A. MENEZES CORDEIRO (*Direito bancário,* cit., p. 818) entende que não estamos aqui perante um verdadeiro penhor, mas "antes, duma garantia pessoal dobrada pela autorização para debitar, na conta garante, determinadas importâncias".

O banco torna-se dessa forma titular de um penhor sobre um crédito de que é ele próprio devedor. Em caso de incumprimento da obrigação garantida, o banco satisfaz-se pela própria quantia aí depositada. O procedimento é simples, tudo se faz rápida e eficazmente através de um sistema de débito do valor em dívida na referida conta.

II. O depósito pode ser à ordem ou a prazo[1009]. Quando é à ordem, em regra, bloqueia-se a sua movimentação para que não haja um esvaziamento da garantia. Mas pode tal não suceder, incidindo o penhor sobre o saldo da conta, como sucede, aliás, no penhor financeiro[1010], cujo objeto (do crédito garantido, note-se, objeto do penhor é esse crédito em si) terá que se apurar nessa data.

III. Sendo o depósito à ordem não haverá dificuldades de maior. Se for a prazo, em princípio, fará parte do contrato de penhor a atribuição da faculdade de movimentação antecipada ao credor/banco nessa circunstância.

IV. Como temos apontado, verificados os requisitos do Dec.-Lei n.º 105/ /2004, de 8/5, o penhor será um penhor financeiro (o que muitas vezes não se verificará, basta que o devedor, autor do penhor seja uma pessoa singular) com a aplicação desse regime favorável ao credor pignoratício.

[1009] Ver, quanto às modalidades de depósito bancário de dinheiro: M. PESTANA DE VASCONCELOS, *Direito bancário*, Almedina, Coimbra, 2017, pp. 126, ss.; A. MENEZES CORDEIRO, *Direito bancário*, cit., pp. 611, ss.; PAULA PONCES CAMANHO, *Do contrato de depósito bancário*, Almedina, Coimbra, 1998, pp. 124, ss.; CARLOS LACERDA BARATA, *Contrato de depósito bancário*, in Estudos em homenagem ao Professor Doutor Inocêncio Galvão Telles, vol. II, Direito bancário (Estudos organizados pelos Professores Doutores António Menezes Cordeiro, Luís Menezes Leitão e Januário da Costa Gomes), Almedina, Coimbra, 2002, pp. 15, ss..

Relativamente à natureza do depósito bancário, a doutrina diverge, ver: PAULA PONCES CAMANHO, *Do contrato de depósito bancário*, cit., pp. 145, ss.; C. LACERDA BARATA, *Contrato de depósito bancário*, cit., pp. 25, ss.. Tratamos esta matéria, sustentando que se tem de distinguir entre os depóstis à ordem e os depósitos a prazo, em M. PESTANA DE VASCONCELOS, *Dos contratos de depósito bancário*, RFDUP, 2009, pp. 141, ss..

[1010] O numerário, como se referiu, refere-se ao crédito ao saldo disponível de uma conta bancária (denominada em qualquer moeda), "ou créditos similares que confiram direito à restituição de dinheiro, tais como depósitos no mercado monetário" [art. 5.º al. a) do Dec.-Lei n.º 105/2004, de 8/5].

V. Temos que ter em seguida em conta as objecções à sua admissibilidade. Destacaríamos duas: a proibição do pacto comissório e o mecanismo de satisfação do credor.

Atendendo à forma de satisfação do credor pignoratício em caso de incumprimento da outra parte (e não antes), que consiste num débito em conta da quantia em dívida, não se pode dizer que se trate de um pacto comissório. A natureza do bem (dinheiro) e o facto de só se poder debitar a quantia em dívida obstam a que se verifiquem quaisquer dos fundamentos que justificam a referida proibição[1011].

VI. Quanto ao mecanismo satisfativo em si, por via do débito em conta que pode ser mesmo a totalidade do seu valor, diríamos, em primeiro lugar, que a lei não impõe a execução processual do penhor, ou seja, através, necessariamente, do recurso a uma ação executiva. As partes podem acordar na venda extraprocessual do objeto do penhor (art. 675.º n.º 1 *in fine*). Podem igualmente convencionar que o bem seja adjudicado ao credor pelo valor que o tribunal fixar (art. 675.º n.º 2).

Ora aqui temos que ter bem presente a natureza do bem empenhado. Ele consiste num crédito pecuniário em que o seu valor nominal coincide mesmo com o seu valor de transação em mercado. Assim, p. ex., um crédito de 1.000 emergente de um depósito à ordem sob um banco sólido, tem um valor de mercado de 1.000 (ou, pelo menos, muito próximo desse valor porque haverá que ter em conta algumas despesas).

[1011] Este ponto é focado por A. MENEZES CORDEIRO, *Direito bancário*, cit., p. 818.

Ver, porém, M. JANUÁRIO COSTA GOMES, *Assunção fidejussória de dívida. Sobre o sentido e o âmbito da vinculação como fiador*, cit., p. 51. Este Autor (ob. últ. cit., p. 51) entende que o banco tem a seguinte opção: "...ou optam os credores pelo figurino pignoratício e, nesse caso, existe o obstáculo do art. 694.º; ou optam, antes, por um mecanismo de garantia aparente traduzido num pacto, com eficácia estritamente obrigacional, de cativação ou inamovibilidade (total ou condicionada) das quantias depositadas, acompanhado da cláusula de compensação".

Conforme resulta do exposto em texto, não cremos que se atinja aqui a proibição do pacto comissório devido à forma de satisfação do credor e à natureza do próprio bem. Agora também nos parece que as partes, se assim o preferirem, estando nós em pleno campo da liberdade contratual, podem configurar a garantia de forma diversa, recorrendo, nos termos apontados pelo Autor, a um pacto de inamovibilidade a que se junta uma cláusula de compensação. Não é essa, no entanto, a figura que se está a analisar em texto.

Nessa medida, será do ponto de vista substancial irrelevante se a satisfação se faz por débito em conta ou pela alienação do crédito que gerará esse valor. Por outro lado, se a intervenção do tribunal é importante para se fixar de forma objetiva o valor da coisa empenhada para ser adjudicada por esse valor ao credor pignoratício, aqui, atendendo à natureza do bem, essa avaliação não seria necessária. Ou, se se fizesse, daria lugar a esse mesmo valor.

De resto, mesmo que houvesse recurso à ação executiva, dado que o bem penhorado deveria ser aquele empenhado, uma vez que a penhora se tem que iniciar pelos bens sob que incida a garantia (art. 752.º n.º 1 CPC), o pagamento não se faria pela venda do crédito, mas através do dinheiro aí existente (art. 798.º CPC).

Consequentemente, tendo em vista este panorama, verificados os juízos valorativos que permitem a satisfação pelo valor do bem sem ter que se recorrer ao processo executivo, parece que esta modalidade de execução do penhor será, neste caso, admitida[1012].

24.7.9. O penhor geral ou *omnibus*

I. De forma paralela à fiança, também as partes podem acordar um penhor que se destine a garantir um conjunto de obrigações presentes e/ou futuras[1013], que não se encontram logo fixadas, do autor do penhor ou

[1012] A questão que também aqui se tem que colocar, mas que está ligada à possibilidade que a lei confere às partes de acordarem uma venda extraprocessual, e, portanto, uma satisfação do credor pignoratício sem ter que se recorrer à ação executiva com a – necessária – citação da Fazenda Nacional e do Instituto de Gestão Financeira da Segurança Social, I. P. (art. 786.º n.º 2 CPC), é se se permite que os privilégios mobiliários que eventualmente prevaleçam sobre o penhor, quando os haja, sejam dessa forma postergados. A questão, como se disse, não se liga a esta modalidade particular de penhor, mas à possibilidade de satisfação extraprocessual.

[1013] Quanto a esta modalidade de penhor, ver: P. ROMANO MARTINEZ/P. FUZETA DA PONTE, *Garantias de cumprimento*, cit., p. 176; EVARISTO MENDES, *Fiança geral*, cit., pp. 135, ss.; FRANCESCO A. MAGNI, *Il pegno omnibus e il pegno fluttuante o rotativo*, in Le garanzie rafforzate del credito (coord. por Vicenzo Cuffaro), Utet, Turim, 2000, pp. 367, ss.; M. VIALE, *Le garanzie bancarie*, cit., pp. 69, ss.; F. CARINGELLA, *Studi di diritto civile, tomo I*, cit, pp. 1090, ss.; F. GIORGIANNI/C.-M. TARDIVO, *Diritto bancario, banche, contratti e titoli bancari*, cit., pp. 429, ss..

de terceiro. Trata-se muitas vezes de aberturas de crédito[1014]. Outras vezes, o que se pretende é "estender" o penhor a um conjunto de obrigações que venham ainda surgir[1015].

Em princípio, não haverá aqui dificuldades de maior, uma vez que o penhor pode garantir dívidas condicionais e futuras (art. 666.º n.º 3). Ora, igualmente na linha do que foi dito a propósito da fiança, também aqui será necessário que estejam preenchidos os requisitos de determinabilidade do art. 280.º, sob pena de nulidade.

II. Se as obrigações garantidas forem presentes, mesmo que elas não sejam indicadas, existe já um critério para as determinar, o que leva a que o autor do penhor saiba, ou possa saber, qual a amplitude da garantia.

O mesmo não sucede no que diz respeito a obrigações futuras. Para estas, terá que se estabelecer um critério que permita saber quais as obrigações futuras garantidas e quais não o são, sob pena de nulidade (art. 280.º).

A questão não se coloca assim de forma substancialmente diversa do que sucede para a fiança geral ou *omnibus*, sempre que o autor do penhor seja um terceiro (p. ex., a constituição de um penhor pelo sócio-gerente de uma sociedade para garantir os créditos de um banco face a essa sociedade). O facto de o valor da garantia estar previamente delimitado pelo valor do bem objeto do penhor limita o risco de perda patrimonial do autor do penhor, sendo este um terceiro, levando a que estejamos perante uma "garantia limitada ao valor dessa coisa ou direito".[1016] Na fiança, sobre este aspeto, o risco (evidentemente, se não se traçar um limite) é maior. Contudo, não se pode afirmar que o valor do bem empenhado constitua um limite máximo de responsabilidade que o autor do penhor quis assumir. Por isso, em qualquer dos casos, por razões em grande medida semelhan-

[1014] M. VIALE, *Le garanzie bancarie*, cit., p. 70. Na prática bancária italiana existe uma outra figura designada por penhor *omnibus* (cfr. M. VIALE, *Le garanzie bancarie*, cit., p. 74). O objeto do penhor seriam todos os bens presentes e futuros do devedor (empenháveis, subentende-se). Contudo, neste caso, e com esta construção, uma vez que não está determinado o objeto do penhor (art. 666.º), teríamos que o considerar nulo. Neste sentido, quanto à referida cláusula, P. ROMANO MARTINEZ/P. FUZETA DA PONTE, *Garantias de cumprimento*, cit., p. 176, nota 430.

[1015] Cfr. F. A. MAGNI, *Il pegno omnibus e il pegno fluttuante o rotativo*, cit., p. 367.

[1016] EVARISTO MENDES, *Fiança geral*, cit., p. 135.

tes, é necessário um critério que permita fixar quais as obrigações futuras garantidas.

De forma, em grande medida, também similar à fiança, os critérios que permitam considerar que neste caso está preenchido o requisito da determinabilidade são semelhantes aos aí expostos. Nessa medida, valem para aqui, na sua essência, as considerações nessa sede expendidas. O que significa que terá que se fixar um critério, ou critérios, que permita(m) ao autor do penhor *omnibus* estimar, nesse momento, os créditos que o bem dado em penhor poderá assegurar, ou então que possa controlar a constituição das obrigações garantidas por esse penhor.

Eles podem ser os mais diversos: a existência de limites temporais, limites quantitativos (limite ou tecto máximo), a indicação das fontes das obrigações asseguradas. Por vezes, será necessário combinar dois ou mais destes elementos para que se possa obter o resultado pretendido.

Por fim, o que se disse quanto a periculosidade desta cláusula e à intensidade dos deveres de informação aquando da análise da fiança *omnibus*, encontra aqui, com as devidas adptações, aplicação.

24.7.10. O penhor rotativo

I. O penhor rotativo é, que saibamos, uma figura desconhecida da prática entre nós. O mesmo não se passa, porém, em países que se aproximam do nosso em termos normativos e económicos (no que toca ao predomínio da pequena e média empresa), como a Itália[1017]. O escasso tratamento doutrinal e o risco da sua invalidade terão levado os principais financiadores

[1017] Ver G. FERRI, *Manuale di diritto commerciale*, cit., pp. 1023-1024; F. A. MAGNI, *Il pegno omnibus e il pegno fluttuante o rotativo*, cit., pp. 367, ss., pp. 383, ss.; E. GABRIELLI, *Pegno*, cit., pp. 340, ss.; L. ORSINGHER/A. SGROI, *Pegno*, cit., pp. 104-105; F. CARINGELLA, *Studi di diritto civile, tomo I*, cit, pp. 1069, ss.; F. GIORGIANNI/C.-M. TARDIVO, *Diritto bancario, banche, contratti e titoli bancari*, cit., pp. 430, ss.; D. LOIACONO/A. CALVI/A. BELTRANI, *Il transferimento in funzione di garanzia tra pegno irregulare, riporto e diritto di utilizzazione*, cit., pp. 42-43.

Acrescente-e só, num contexto mais geral, que em Itália o Decreto legislativo n.º 385, de 1993 (art. 46.º do *t.u. bancário*) criou um privilégio para os financiamentos a médio e longo prazo que se estende das matérias-primas aos produtos finais resultantes da sua transformação e depois aos créditos resultantes da venda destes. Cfr. G. FERRI, *Manuale di diritto commerciale*, cit., p. 1024.

contra garantias a absterem-se do recurso a ela. E, no entanto, o penhor rotativo, além de estar já protegido, embora num âmbito limitado, entre nós, tem um inegável interesse prático.

II. De uma forma sintética: estaremos perante um penhor rotativo quando, por acordo entre o credor pignoratício e o autor do penhor (pacto de rotatividade), este último pode substituir os bens objeto da garantia sem que ela cesse[1018].

Isto é, mantém-se a garantia, mas o objeto sobre que o penhor incide vai-se alterando, sendo substituído por outro que tenha um valor similar. Não há a constituição de um novo penhor. Para todos os efeitos, em particular a data da sua constituição, este é o mesmo – varia é o seu objeto.

Permite-se, desta forma, que o autor do penhor vá utilizando os bens empenhados na sua normal atividade económica, sem estarem onerados, ao mesmo tempo que a garantia se mantém, alterando-se unicamente o seu objeto, ou seja, passa a incidir sobre outro bem nos termos acordados pelas partes.

Sublinhe-se que, se esta figura tem inegáveis vantagens para o devedor, uma vez que pode empenhar bens que depois poderá utilizar no decurso da sua atividade comercial, ela apresenta igualmente vantagens para o credor pignoratício. De facto, este, por um lado, não sofre prejuízo na sua garantia (o seu direito passa a incidir sobre outro bem com valor idêntico, e é este aspeto, o valor do bem – assim como a sua liquidez –, e não o bem em si, que principalmente interessa ao credor se tiver que executar a garantia), e, por outro, um são curso dos negócios do devedor é essencial para o cumprimento da obrigação garantida.

A questão que se coloca é a de saber se esta modalidade de penhor é admissível ou se para tal teremos que estar face à constituição de um novo penhor sempre que se substitui o seu objeto, o que tem um manifesto relevo no que toca à resolução incondicional na insolvência [art. 121.º, n.º 1, al. c) CIRE][1019]. A este propósito podemos – embora, na verdade,

[1018] Cfr. F. A. MAGNI, *Il pegno omnibus e il pegno fluttuante o rotativo*, cit., p. 385.

[1019] Ver, sobre esta questão, em Itália, F. A. MAGNI, *Il pegno omnibus e il pegno fluttuante o rotativo*, cit., pp. 386, ss.

a matéria careça de uma reflexão e de um aprofundamento posterior – dizer o seguinte.

III. Começamos por destacar que o penhor rotativo está já tutelado entre nós no âmbito do penhor financeiro. Aí o objeto da garantia pode ser substituído por outro idêntico, salvaguardando-se a cláusula rotativa. O mesmo sucede, aliás, com a cláusula de integração que permite o reforço do penhor, através da prestação de uma nova garantia no caso de variação do montante das obrigações financeiras garantidas ou a prestação garantia financeira suplementar (*top-up collateral*), sempre que tenha havido uma variação no valor da garantia financeira.

A protecção reside em impedir, de forma expressa, portanto isenta de quaisquer dúvidas, que o administrador possa vir resolver esses atos nos termos do art. 121.º n.º 1 al. c) CIRE.[1020]

Claro que se poderia dizer que esta norma é excecional e foi ditada justamente por, de acordo com o regime geral, o penhor rotativo implicar a constituição de um novo penhor e estar, portanto, sujeito a resolução no período de tempo definido no art. 121.º, n.º 1, al. c) CIRE. Daqui resultaria simplesmente que ele foi admitido em determinado quadro.

O argumento a favor da sua admissibilidade teria que se retirar do regime geral do penhor (demonstrando assim que, afinal, a norma, ao contrário do que à primeira vista parece, não é excecional). O que se verá em seguida.

Contudo, antes disso, convém destacar que a inserção de um penhor com estas características no ordenamento não pode deixar de ter consequências em termos dogmáticos. Nomeadamente, para uma concepção rígida que considere indissociável o penhor daquele objeto em concreto.

IV. A disciplina do penhor contempla inúmeros casos em que se admite a mudança do objeto do penhor, por vezes até por outro objeto de natureza diversa do anterior, mantendo-se a garantia. O que se altera, por um mecanismo de sub-rogação real legal, é o seu objeto. Ao longo da exposição sobre o regime do penhor fomos destacando estes casos, pelo que os podemos elencar aqui, para evitar repetições, de forma sumária.

[1020] Ou qualquer outra disposição semelhante de um ordenamento jurídico de outro Estado da União Europeia para o qual a Diretiva foi transposta.

Assim temos: a venda antecipada, em que o penhor passa a incidir sobre o bem daí resultante (art. 674.º n.º 2); a cobrança do crédito empenhado, em que o "penhor passa a incidir sobre a coisa prestada em satisfação desse crédito" (art. 685.º n.º 1); se a coisa empenhada que se vier a perder, deteriorar ou diminuir de valor e o respectivo dono tiver direito a ser indemnizado, a garantia passa a incidir sobre o crédito respectivo ou as quantias pagas a título de indemnização (art. 692.º n.º 1[1021] e art. 678.º); se, por causa não imputável ao credor, a coisa empenhada perecer ou o penhor se tornar insuficiente para a segurança da obrigação, o credor tem o direito de exigir que o devedor a substitua ou reforce e, nesse caso, o penhor passa a incidir sobre o novo bem ou sobre o mesmo mais o reforço [art. 670 al. c), art. 701.º n.º 1 e art. 678.º].

Donde resulta que o nosso direito positivo aceita com grande amplitude a sub-rogação real no âmbito do penhor. Não se verifica, pois, uma constituição de um novo penhor em substituição do anterior. Pelo contrário, o penhor mantém-se, mas com outro objeto, e, necessariamente, com a data de constituição original (o que é determinante, como se vê, em termos de resolução por parte do administrador). É com base nestas disposições que Calvão da Silva admite, em termos gerais, "o penhor rotativo ou integrativo"[1022].

Há ainda casos em que a lei se contenta com a indicação das quantidades dos bens objeto de penhor sem se preocupar com a identificação destes, como sucede com o penhor de valores mobiliários (art. 81.º n.º 1 CVM).

V. A questão que se põe é se ao lado da sub-rogação real legal, que é de forma ampla admitida entre nós, não se deverá aceitar também uma sub-rogação real convencional.[1023]

[1021] Com a ampliação do n.º 3.

[1022] J. CALVÃO DA SILVA, *Banca, bolsa e seguros. Direito europeu e português*, tomo I, *parte geral*, cit., p. 249. Sublinha este Autor: "Logo, não poderá ser posta em causa a validade, desde o princípio, de "*floating charges*", quando as partes introduzam no contrato de garantia cláusula de rotação ou substituição dos bens objeto da garantia a fim de conservar a integridade do valor do vínculo".

[1023] E. GABRIELLI, *Il pegno anomalo*, Pádua, 1990, p. 189, *apud* F. A. MAGNI, *Il pegno omnibus e il pegno fluttuante o rotativo*, cit., p. 386.

Não se vê razão decisiva, dentro de certos limites que a balizem, para a rejeitar.

De facto, o nosso Direito, como decorre do acima exposto, não considera requisito necessário para a manutenção do penhor que o seu objeto não se altere, que esta garantia para não cessar incida sempre sobre o objeto inicial. Por isso, poderão as partes também convencionar a sua alteração.

Por outro lado, o interesse do credor no penhor não é tanto, ou melhor, não é de todo, a identidade do bem sobre que incide, mas o seu valor[1024], sendo sobre este que ele se poderá satisfazer (como decorre da própria noção do art. 666.º[1025]). E, por isso, é exigível que o bem substitutivo tenha um valor idêntico ao substituído.

Em terceiro lugar, se se entender na linha da doutrina dominante que a justificação do desapossamento é também a publicidade face a terceiros, este mecanismo rotativo não afasta esse requisito, havendo entrega de uma coisa contra a outra. Portanto, tal como no regime geral, desapossamento há sempre.

No entanto, a verdade, é que os credores pignoratícios serão na maior parte das vezes bancos, o que leva à aplicação do penhor bancário, portanto sem desapossamento. Este aspeto aumenta o interesse da figura porque permite que o devedor sem nunca se desapossar da coisa empenhada, por acordo com o credor, vá variando o objeto empenhado, podendo desta forma desenvolver a sua atividade económica, a que a garantia não coloca entraves. E aqui há mesmo um argumento adicional. É que a lei admite que, mediante autorização escrita do banco, o devedor possa alienar ou modificar o objeto do penhor (art. 1.º § 1 do Dec.-Lei n.º 29:833, de 17/8/1939). Parece que também o poderá substituir por

[1024] E. GABRIELLI, *Pegno*, cit., pp. 341.

[1025] Nos termos da norma, o "penhor confere ao credor o direito à satisfação do seu crédito (...) com preferência sobre os demais credores, *pelo valor* de certa coisa móvel, ou *pelo valor* de créditos ou outros direitos não susceptíveis de hipoteca..." (itálico nosso). É o valor da coisa que é sempre colocado em primeiro plano e que permitirá a satisfação do credor, em regra obtendo-se esse valor pela venda da coisa empenhada. Por isso, conforme se apontou logo na caracterização inicial da figura, M. HENRIQUE MESQUITA (*Obrigações reais e ónus reais*, cit., p. 76) definia o "poder" que o penhor (sendo um direito real de garantia) confere ao seu titular como o "de, mediante um ato de disposição, realizar à custa desta [a coisa], sem que se torne necessária a cooperação do seu proprietário, ou mesmo contra a sua vontade, determinado valor".

outro, mantendo-se o penhor inicial. Desde que haja a referida autorização prévia nesse sentido e o objeto do penhor esteja sempre identificado.

Em quarto lugar, seria incoerente que se admitisse um penhor rotativo nas relações entre os bancos e outras pessoas colectivas, em regra sociedades comerciais para garantir créditos pecuniários quando a garantia fosse constituída por numerário nos termos definidos (certos créditos pecuniários) ou instrumentos financeiros, em particular valores mobiliários, e não se permitisse que fossem objeto de garantias nos mesmos termos, p. ex., certas mercadorias, devidamente identificadas, depositadas num armazém que fossem sendo substituídas por garantias idênticas, também devidamente identificadas, depositadas no mesmo armazém à medida que o comerciante as fosse vendendo e repondo o *stock*.[1026] Ora a coerência em termos valorativos é essencial no sistema.

Diga-se ainda, que, sendo admitido, como referimos, o penhor do próprio estabelecimento, se permite que os bens corpóreos que o integram e que podem ter um relevo importante para o valor do próprio estabelecimento em si, que é o que é objeto do penhor, possam ser alienados no regular curso dos negócios deste. E outros adquiridos ocupem o lugar deles. É o que se passa com as mercadorias. O que significa que, indiretamente, seria sempre possível criar uma realidade semelhante ao penhor rotativo.

Aliás, o recurso à alienação em garantia (fora do âmbito dos contratos de garantia financeira, onde tal possibilidade está, como vimos, abertamente prevista) articulado com uma autorização de alienar permitiria também gerar resultados semelhantes.

[1026] Há algumas semelhanças com o, recentemente consagrado em França (2006), *gage des stocks*. Trata-se de um penhor sem desapossamento que tem por objeto um conjunto de coisas fungíveis que o devedor está autorizado a alienar. A garantia passa a incidir sobre as outras mercadorias adquiridas em sua substituição, sendo o devedor responsável pela renovação dos *stocks* tanto em quantidade como em qualidade. O valor dos bens em *stock* não pode diminuir em mais de 20%, caso em que o credor pode exigir que o devedor o reponha, ou satisfaça a obrigação garantida no montante proporcional à redução. Cfr. D. LEGEAIS, *Sûretés et garanties du crédit*, cit., pp. 366, ss.; L. AYNÈS/P. CROCQ, *Les sûretés. La publicité foncière*, cit.., pp. 210, ss.; M. CABRILLAC/C. MOULY/S. CABRILLAC/P. PÉTEL, *Droit des Sûretés*, cit., pp. 573, ss..

Há ainda o argumento do Direito Comparado. Em Itália, com base em dados normativos bastante próximos dos nossos e, nalguns casos mesmo, mais limitativos, a jurisprudência da Cassação já desde 1998, com o apoio (e inspirada na) da doutrina, sustenta a admissibilidade do penhor rotativo[1027]. Note-se: mesmo antes de ter sido consagrado no Direito italiano o penhor financeiro.

VI. Visto isto, há determinados requisitos a que esta convenção deve obedecer[1028]. As partes terão de convencionar inicialmente o carácter rotativo do penhor e os bens que irão ser, e quando, substituídos. Com efeito, a cláusula de rotação deverá permitir determinar claramente quais são os bens[1029] que em qualquer momento são objeto do penhor. Este terá que ser a todo o momento certo, determinado e presente.

É ainda necessário que o valor do bem de substituição corresponda, assim como a sua liquidez, ao bem que é substituído.

[1027] Ver, para jurisprudência italiana desde o Acórdão da Cassação de 1998 ao momento presente, L. ORSINGHER/A. SGROI, *Pegno*, cit., pp. 104-105. Desenvolvidamente quanto a este Acórdão da Cassação (n. 5264/1998), ver F. CARINGELLA, *Studi di diritto civile, tomo I*, cit., pp. 1070, ss.. A argumentação do Supremo tribunal italiano assenta em dois pontos: por um lado, nos dados normativos, como disse semelhantes aos nossos (p. ex.: o art. 2742.º que faz recair o penhor sobre as indemnizações devidas pela perda ou deterioração da coisa; o art. 2795.º relativo à venda antecipada em que o penhor passa a incidir sobre o preço); por outro, no entendimento de que o bem objeto do direito real de garantia não é tanto o bem na sua individualidade, porque se o fosse o legislador não teria previsto tantos casos de substituição do bem originário objeto da garantia, mas antes o bem como "componente de valor". Assim, F. CARINGELLA, *Studi di diritto civile, tomo I*, cit., p. 1071. Para este Acórdão, ver BBTC, 1998, pp. 485, ss.. Para o comentário inicial, ver ANDREA MARIA AZZARO, *Il pegno "rotativo" arriva in Cassazione: ovvero "come la dottrina divente giurisprudenza"*, BBTC, 1998, pp. 491, ss..

[1028] Próximos daqueles que a Cassação impôs para admitir esta modalidade de penhor. Cfr. F. CARINGELLA, *Studi di diritto civile, tomo I*, cit., p. 1072.

O que a Cassação não resolveu foi a que valor é que se deveria atender para determinar o valor do objeto de substituição: aquele que o bem tinha inicialmente ou aquele que tem no momento em que é substituído e em que pode ter sofrido uma perda (de valor). É que se a resposta for a primeira, consegue-se desta forma uma reposição do valor inicial da garantia (o que é perfeitamente admissível no penhor financeiro, como se viu).

[1029] E. GABRIELLI, *Pegno*, cit., p. 341.

24.7.11. O penhor irregular

24.7.11.1. Caracterização

I. O assim denominado penhor irregular é uma figura pouco tratada entre nós, pese embora o seu considerável relevo prático.

O mesmo não acontece em Itália, onde constitui uma figura típica já desde 1942 e tem sido amplamente estudado pela doutrina, pelo que cremos útil uma breve análise do seu regime.

O *Codice Civile* regula, no âmbito da antecipação bancária, a par do penhor regular, o penhor irregular (art. 1851.º do *Codice Civile*)[1030_1031]:

[1030] Esta exposição toma por base o nosso estudo, *Notas sobre o penhor irregular* in: Estudos dedicados ao Professor Doutor Luís Alberto Carvalho Fernandes, vol. II, Universidade Católica Editora, Lisboa, 2011, pp. 365, ss. Sobre esta figura, ver: GIUSEPPE FERRI, *Anticipazione bancaria*, ED, II, pp. 527-528; GIACOMO MOLLE, *I contratti bancari*, in Trattato di diritto civile e commerciale (dirigido por Antonio Cicu e Francesco Messineo e continuado por Luigi Mengoni) vol. XXXV, t. I, Giuffrè, Milão, 1981, p. 298, ss., pp. 316, ss.; FRANCESCO MESSINEO, *Anticipazione bancaria*, NovissDI, I, pp. 651-652.; ANTONIO SERRA, *Anticipazione bancaria*, DDP, sezione commerciale, I, pp. 134-135.

Especificamente sobre o penhor irregular: ARTURO DALMARTELLO, *Pegno irregulare*, NovissDI, XII, pp. 798, ss.; G. GORLA/P. ZANELLI, *Del pegno, delle ipoteche*, cit., pp. 36, ss.; DANIELA VITTORIA, *Pegno II) Pegno irregulare*, EG, XXII, p. 1, ss.; D. RUBINO, *Il pegno*, cit., pp. 217, ss.; E. GABRIELLI, *Pegno*, cit., p. 339; FRANCO ANELLI, *L'alienazione in funzione di garanzia*, Giuffrè, Milão, 1996, pp. 235, ss.; D. LOIACONO/A. CALVI/A. BELTRANI, *Il trasferimento in funzione di garanzia tra pegno irregulare, riporto e diritto di utilizzazione*, cit., pp. 33, ss.; STAUDINGER/W. WIEGAND, *Kommentar zum Bürgerlichen Gesetzbuch mit Einführungsgesetz und Nebengesetzen. Drittes Buch. Sachenrecht. §§ 1204-1296*, Sellier-de Gruyter, Berlim, 1997, pp. 37-40; SOERGEL/M. HABERSACK, *BGB, Sachenrecht 3, §§ 1018-1296*, 13.ª ed., Kohlhammer, Estugarda, Belim, Colónia, Mainz, 2001, pp. 369, ss..

Entre nós, H. RAMOS ALVES, Do penhor, cit., pp. 185, ss..

[1031] Em França existia já uma figura semelhante denominada "gage-espèces". A denominação era criticada pela doutrina, uma vez que se entendia que se tratava efetivamente de uma modalidade de "sûreté-propriété". A verdade, no entanto, é que a reforma de 2006 veio aceitar um penhor sobre coisas fungíveis em que, se as partes assim o acordarem, a propriedade se transmite ao credor pignoratício que fica obrigado a restituir o equivalente (art. 2341.º, n.º 2, *Code Civil*). A doutrina mantém-se crítica quanto à inclusão desta figura no âmbito do penhor, sublinhando que o carácter "artificial" desta qualificação legal é "patente". Assim, M. CABRILLAC/C. MOULY/S. CABRILLAC/P. PÉTEL, *Droit des sûretés*, cit., pp. 593, ss.. Quanto ao projeto de reforma, ver MICHEL GRIMALDI, *La prenda en el derecho positivo francês: derecho positivo y proyecto de reforma*, in Garantías reales mobiliarias en Europa (coord. M.ª Elena Laroba/Joan Marçal), Marcial Pons, Madrid, 2007, p. 23.

podemos estar perante uma antecipação bancária própria, em que a garantia associada é um penhor regular, ou uma garantia bancária imprópria, em que o crédito do banco está garantido por um penhor irregular.

Nesta última hipótese, a garantia tem por objeto dinheiro, mercadorias ou títulos cuja titularidade passa para o credor ou relativamente aos quais seja atribuída ao credor (o banco) a "faculdade de dispor".[1032]

Quando assim é, na configuração adoptada para a figura no Código transalpino, o credor (o banco) deve "restituir somente a soma ou a parte das mercadorias que excedam o montante do crédito garantido", sendo esse excedente determinado tendo em conta o valor das mercadorias ou dos títulos à data do vencimento do crédito garantido.

O banco (uma vez que o credor será um banco[1033]) poderá dispor dos bens dados em garantia durante o tempo do empréstimo, o que lhe permite refinanciar-se[1034_1035]

A modalidade que nos interessa agora é a primeira, sendo certo que entre nós não estamos condicionados, como necessariamente acontece com a doutrina e jurisprudência italianas, pelos contornos da consagração legal da figura.

II. Assim sendo, podemos de forma lata caracterizar esta figura como um contrato de garantia, qualificado pelas partes[1036] como penhor, que tem por objeto bens fungíveis cuja titularidade passa para o credor, obrigando-se este a retransmitir o objeto da garantia, logo que a obrigação for

[1032] Na Alemanha, a doutrina considera que se está face a um penhor irregular (*Irreguläres Pfandrecht*) quando o credor pignoratício está autorizado a alienar ou a consumir os bens objeto do penhor, substituindo-os depois por coisas idênticas. Decorreria da interpretação da vontade das partes saber se a propriedade se transmitiria de imediato ou só mais tarde quando o credor consumisse as coisas ou as alienasse. Uma das modalidades mais relevantes é o penhor de dinheiro ou *Barkaution*. Cfr. STAUDINGER/W. WIEGAND, *Kommentar zum Bürgerlichen Gesetzbuch mit Einführungsgesetz und Nebengesetzen. Drittes Buch. Sachenrecht. §§ 1204-1296*, cit., p. 37.

[1033] Estamos no âmbito, como se referiu, da antecipação bancária.

[1034] F. ANELLI, *L'alienazione in funzione di garanzia*, cit., p. 245.

[1035] Isto não obstante as limitações decorrentes do art. 1849.º do *Codice Civile*, que ao permitir ao credor o pagamento parcial antecipado, exigindo a restituição proporcional das mercadorias ou títulos dados em garantia, limitam essa disponibilidade. Cfr. G. FERRI, *Anticipazione bancaria*, cit., p. 528.

[1036] E na lei, em Itália e em França, como se viu.

cumprida, ou então, executando-o, já se verá em que termos, na eventualidade de incumprimento.

24.7.11.2. Qualificação

I. Mau grado a denominação, não estamos perante um verdadeiro penhor, uma vez que o objeto da garantia passa a integrar o património do credor.[1037]

O penhor é sempre um direito que incide sobre bem alheio, do seu autor (devedor ou terceiro), e não sobre um bem que passa a integrar o património do credor e, nessa medida, é um bem próprio deste. Nestes casos, estaremos já face à outra modalidade de reforço qualitativo que assenta na transmissão da propriedade do bem (ou da titularidade de outros direitos) ao credor.

O negócio é funcionalmente semelhante ao penhor, mas é estruturalmente, como se vê, diverso: tem por base uma transmissão em garantia[1038].

II. Não deve igualmente haver confusões com o depósito irregular (arts. 1205.º, 1206.º)[1039].

[1037] Naqueles casos em que o devedor tenha já depositado a quantia junto do credor, em regra um banco, o que será empenhado será o crédito à restituição dessa quantia de que o devedor é titular face ao banco, ou seja, empenha-se um crédito a uma prestação de que o credor pignoratício é devedor (o banco torna-se dessa forma titular de um direito de penhor sobre um crédito a uma prestação de que é ele próprio devedor). Não se trata de um penhor irregular (cfr. A. DALMARTELLO, *Pegno irregulare*, cit., p. 799).

[1038] Destacando que "substancialmente" aqui o que se verifica é uma "transferência de propriedade com escopo de garantia", G. GORLA/P. ZANELLI, *Del pegno, delle ipoteche*, cit., p. 37. Também, D. VITTORIA, *Pegno II) Pegno irregulare*, cit., p. 3. E em data mais recente: R. TAROLLI, *Le garanzie finanziarie: il diritto di utilizzazione dell'oggetto della garanzia*, cit., p. 877 (penhor irregular é o "contrato típico de transferência em garantia"); D. LOIACONO/A. CALVI/A. BELTRANI, *Il transferimento in funzione di garanzia tra pegno irregulare, riporto e diritto di utilizzazione*, cit., p. 33.

Em França: M. CABRILLAC/C. MOULY/S. CABRILLAC/P. PÉTEL, Droit des sûretés, cit., p. 592; L. AYNÈS/P. CROCQ, Les sûretés. La publicité foncière, cit., p. 212.

[1039] Sobre este, ver: PIRES DE LIMA/ANTUNES VARELA, *Código civil anotado*, vol. II, 4.ª ed., Coimbra Editora, Coimbra, 1997, pp. 859, ss..

As figuras têm em comum a transferência de propriedade (arts. 1206.º, 1144.º) e o objeto, bens fungíveis. Igualmente, em ambos os casos se pode dizer (embora no penhor só na eventualidade de cumprimento pelo devedor) que existe uma obrigação de restituição de coisas do mesmo género, sendo certo que o depósito irregular pode, em certos casos, desempenhar funções de garantia[1040], o que permite uma aproximação maior.

III. Contudo, a função primária dos contratos é diversa: no penhor irregular, a garantia; no depósito irregular, a guarda e restituição de certos bens[1041]. Por isso, no penhor é sempre necessária a existência de um crédito garantido (mesmo que este seja futuro ou condicional). A garantia é acessória dele. Nada disto se verifica no depósito irregular (simples).

Estes aspetos têm evidentemente repercussões em termos de regime.

Como veremos com mais pormenor, em caso de incumprimento da obrigação garantida, o credor poderá recorrer a esses bens para se satisfazer. No depósito não existe uma obrigação garantida e o credor pode, a todo o tempo, exigir a restituição da quantia (o prazo é estabelecido a seu favor), pagando, quando o depósito for oneroso, uma quantia pela guarda dos bens.

IV. Em rigor, o penhor irregular, apesar da sua designação, consiste num negócio fiduciário em garantia[1042_1043], que tem a particularidade de ter por objeto bens fungíveis.

[1040] Pense-se na hipótese de um sujeito depositar uma determinada quantia num banco para que este a entregue a um terceiro, credor do depositante, logo que se verifique um dado facto, p. ex., o cumprimento da contraprestação por parte desse credor. Para o terceiro credor, o depósito irregular celebrado nesses termos tem uma função de garantia. Quanto ao depósito "in escrow" de fundos em bancos, ver P. PAIS DE VASCONCELOS, *Contratos atípicos*, cit., p. 295. Saliente-se, ainda, que o depósito irregular pode desempenhar de uma outra forma (também) uma função de garantia. São os casos em que, realizando-se esse depósito, sem ser nos termos acima definidos, simplesmente se empenha o crédito à restituição. Aqui estamos face a um penhor de créditos em que o objeto do penhor é o crédito à restituição da quantia face ao depositário.

[1041] Cfr. PIRES DE LIMA/ANTUNES VARELA, *Código civil anotado*, vol. II, cit., p. 861.

[1042] Neste sentido, D. RUBINO, *Il pegno*, cit., p. 217.

[1043] Sobre estes, sua caracterização, classificação e regime, ver, desenvolvidamente, L. MIGUEL PESTANA DE VASCONCELOS, *A cessão de créditos em garantia e a insolvência. Em particular da posição do cessionário na insolvência do cedente*, cit., *passim*.

24.7.11.3. Regime geral

24.7.11.3.1. O mecanismo de satisfação do credor

I. A doutrina e jurisprudência[1044] maioritárias em Itália, face ao disposto no art. 1851.º do *Codice Civile* onde está consagrado, como acima se apontou, o penhor irregular, sustentam que a satisfação do credor opera por compensação. Isto é: opera-se a compensação do crédito garantido com o crédito à restituição dos bens entregues (crédito este de que o autor do penhor é titular).

A este propósito, Rubino[1045] sustenta mesmo que quando os créditos tenham por objeto bens de natureza diversa, seria sempre de admitir a compensação voluntária, que estaria "implícita na constituição do penhor irregular".[1046_1047]

II. Face ao Direito Português, onde não trabalhamos com uma figura típica, não vemos obstáculo a que as partes configurem a figura dessa forma, fazendo coincidir os momentos de vencimento do crédito garantido com o crédito à restituição da quantia entregue.

Trata-se, no fundo, de recorrer a uma modalidade de funcionamento do penhor que existe já entre nós no âmbito do penhor financeiro[1048], quando for atribuído ao credor pignoratício o direito de disposição da coisa e ele o faça. Pode, mais tarde, o credor pignoratício (o beneficiário), sempre que o contrato de penhor o preveja, recorrer à compensação, sendo o crédito do prestador da garantia, ou seja, do autor do penhor, avaliado (o que só

[1044] Cfr. ALFONSO BOVE, *In tema de pegno irregulare e di mandato irrevocabile all'incasso nel fallimento*, BBTC, 2008, II, p. 474.

[1045] D. RUBINO, *Il pegno*, cit., p. 218.

[1046] A jurisprudência mais recente da Cassação (Acordão das S.U. de 14/5/2001), porém, sustenta que se deveria falar de uma "operazione meramente contabile, che resta fuori, pertanto, dall'ambito di operatività dell'instituto della compensazione", o que significaria que no âmbito da insolvência (*fallimento* em Itália) seriam inaplicáveis as regras relativas aos limites de compensabilidade dos créditos – assim, R. TAROLLI, *Le garanzie finanziarie: il diritto di utilizzazione dell'oggetto della garanzia*, cit., p. 878, nota 14 (donde se retirou a parte do acórdão citada).

[1047] Esta é também a posição da Cassação francesa – ver L. AYNÈS/P. CROCQ, *Les sûretés. La publicité foncière*, cit., p. 212, nota 29.

[1048] Ver sobre este, n.º 24.7.5.

será necessário, neste caso, quando objeto não seja dinheiro) nos termos acordados pelas partes e segundo critérios comerciais razoáveis [art. 10.º, n.º 1, al. c) do Dec.-Lei n.º 105/2004, de 8/5].

III. Simplesmente, nada dizendo os contraentes, as regras da interpretação negocial levam-nos a concluir que o que se pretendeu foi colocar nas mãos do credor o bem pelo qual ele pode obter satisfação do seu crédito em caso de incumprimento da outra parte. Fá-lo recorrendo ao dinheiro, ou através da alienação dos bens, quando diversos de dinheiro, para se poder, então, satisfazer com a quantia obtida. Verificado o incumprimento, o objeto da garantia passa a ser objeto de satisfação (o que pode passar pela sua venda).

Ou seja, da interpretação negocial não resultará que a vontade das partes foi fazer coincidir o momento do vencimento do crédito garantido com o momento do vencimento do crédito à restituição dos bens dados em garantia. Este último crédito, logicamente, atendendo à função do contrato, só se constituirá depois do cumprimento por parte do devedor da obrigação garantida.[1049] Não havendo cumprimento, nem se chega a constituir.

Na nossa perspetiva, antes do cumprimento, o devedor tem um direito condicional à retransmissão dos bens dados em garantia. O facto constitutivo desse direito é não só o contrato como o cumprimento da obrigação por parte do cedente, também ela decorrente do mesmo negócio jurídico[1050].

IV. A forma de satisfação do credor é que decorre da relação de liquidação despoletada pelo incumprimento do devedor da obrigação garantida num negócio fiduciário. Em caso de incumprimento, altera-se a função dos bens dados em garantia que deixam de ter a função de assegurar o

[1049] D. RUBINO (*La reponsabilità patrimoniale – Il pegno*, cit., p. 218) vê o problema. Afirma o Autor: "O recurso à compensação é um expediente que em rigor pode também não satisfazer, porque para o admitir com exatidão seria necessário admitir que o débito de restituição, ainda não vencido antes do cumprimento, se vença em tal momento, enquanto, pelo contrário, é próprio deste momento que o débito não pode ainda subsistir, por razões intrínsecas...". Contudo, entende que a compensação explica "mesmo do ponto de vista formal uma solução equitativamente intuitiva...". No que discordamos, como resulta da exposição.

[1050] Em sentido semelhante, F. ANELLI, *L'alienazione in funzione di garanzia*, cit., p. 261.

cumprimento de uma obrigação e passam a desempenhar uma função solutória, sendo através deles que o credor irá obter satisfação do seu crédito, extinguindo-o.

Não é, pois, um caso de compensação, uma vez que faltam os extremos: não há crédito e contra-crédito. O credor satisfaz-se, recorrendo a bens que lhe foram transmitidos, justamente, para desempenharem uma função de garantia[1051]. Estamos assim face a um mecanismo de "auto-tutela"[1052] na fase da execução.

Claro está que se houver um excedente, como será vulgar atendendo à diferença entre o montante em dívida e o objeto da garantia, ele terá que ser entregue ao garante, assim como se, devido a perda de valor dos bens objeto da garantia, o montante obtido for inferior àquele em dívida, verificar-se-á uma extinção meramente parcial da obrigação.

Note-se que a satisfação do credor é sempre obtida através de um bem que está já integrado no seu património, desempenhando até ao vencimento uma função de garantia da obrigação, mas passando, a seguir ao incumprimento, a desempenhar uma função solutória: é através deste bem que o credor irá extinguir total ou parcialmente a obrigação do devedor.

V. Este último aspeto requer uma explicação complementar.

A forma de extinção da obrigação (por via da "auto-tutela", como se disse) aproxima-se muito da que se verifica na cessão de crédito pecu-

[1051] Não é também, patentemente, um caso de dação em pagamento, o que levaria logo à extinção da obrigação. Nem na construção que chegou a ser defendida em Itália que se referia aqui a uma dação em pagamento resolutivamente condicionada ao cumprimento do devedor [ver D. VITTORIA, *Pegno II) Pegno irregulare*, cit., p. 2]. Descontando o facto de tal só poder funcionar quando o crédito garantido fosse pecuniário e os bens transmitidos em garantia não fossem dinheiro (ver: art. 837.º), não há, mesmo nestes casos, qualquer dação em pagamento nem resolutivamente condicionada. Os bens são transmitidos ao credor unicamente para desempenharem uma função de garantia, ou seja, de assegurarem esse crédito. De tal forma é assim que, em caso de cumprimento, serão retransmitidos. Somente, conforme se diz em texto, na eventualidade de o devedor não cumprir, adquirem, e só nessa altura, uma função solutória, podendo e devendo o credor recorrer a esses bens que integram já o seu património para extinguir a obrigação. Mas, mesmo nesta hipótese, se os bens não forem suficientes para o efeito (devido, p. ex., à desvalorização dos bens que não sejam dinheiro), só se verifica uma extinção parcial da obrigação.

[1052] F. ANELLI, *L'alienazione in funzione di garanzia*, cit., p. 251.

niário em função de cumprimento (que é uma figura típica – art. 840.º), depois de o crédito ter sido cobrado.

Em ambos os casos se opera a extinção de uma obrigação face ao credor, recorrendo este a dinheiro que integra o seu património e que, ou lhe foi transmitido diretamente pelo devedor como garantia, ou, indiretamente, através da cessão em função do cumprimento de um crédito pecuniário depois cobrado.

Com efeito, embora no primeiro caso os bens (dinheiro ou outros) tenham sido transmitidos como garantia, verificado o incumprimento, passam a desempenhar uma função solutória da obrigação do garante/transmitente, de forma análoga ao que sucede (agora só, claro, quanto ao aspeto solutório) com o dinheiro obtido pelo cessionário com a cobrança do crédito pecuniário transmitido em função do cumprimento.[1053]

VI. Há aqui, porém, um aspeto particular a salientar quando o objeto da garantia seja dinheiro. Nesses casos, podem as partes celebrar um acordo com vista a simplificar os pagamentos, evitando que o devedor pague ao garantido quando este depois – em seguida – terá de lhe entregar a quantia objeto da garantia (em regra, superior).

Não se trata, no entanto, de compensação operada pelo cedente/devedor, porque o crédito à restituição (na falta de acordo das partes, que podem estruturar o negócio de outra forma, como vimos) só nasce depois de extinta a obrigação que visa garantir.

O que se passa é, por uma questão de simplificação das relações entre os contraentes, na data do cumprimento da obrigação o devedor pode acordar com o garantido que a quantia assume então, e só então, um carácter

[1053] O mecanismo satisfativo é, desta forma, muito semelhante ao da cessão de créditos em garantia. Com efeito, aí, face ao incumprimento, o credor deverá recorrer a esse bem, o crédito (vendendo-o, eventualmente cobrando-o) para obter o dinheiro (que se integra no seu património, onde já se integrava o crédito cedido) com que irá extinguir a obrigação garantida. A cessão do crédito desempenha já, nesse momento, uma clara função *solvendi*. A proximidade desta figura com a cessão de créditos em função do cumprimento depois do incumprimento do devedor é marcante (sem que, não obstante, repare-se, seja posta em causa a autonomia entre as figuras e sem que se possa esquecer a diferença dos negócios base das cessões). Ver, com mais detalhe sobre este aspeto, M. PESTANA DE VASCONCELOS, *A cessão de créditos em garantia e a insolvência. Em particular da posição do cessionário na insolvência do cedente*, cit., pp. 592, ss..

solutório em relação à obrigação garantida (note-se: assume um carácter solutório por *acordo das partes*; se não houver acordo das partes e se se verificar o incumprimento, o carácter solutório dessa quantia resulta do *desencadear da relação de liquidação*).

V. Se o objeto da garantia não for dinheiro, os bens integrados no património do credor terão ser transacionados no mercado nas melhores condições para que o credor se possa satisfazer com o montante dessa forma obtido e restituir o que sobejar ao devedor.

A apropriação pelo credor só é possível (neste caso, a manutenção definitiva dos bens no seu património) se os bens forem avaliados por terceiro independente, com, mais uma vez, a restituição da diferença entre o valor resultante da avaliação e a quantia em dívida. Nessa medida, não se belisca minimamente a proibição do pacto comissório (proibição essa também aqui aplicável).

VI. Por fim, pode também denominar-se penhor irregular aquele em que o credor pignoratício tem o direito de dispor do bem empenhado, voltando a empenhá-lo ou alienando-o. Entre nós temos um caso desses no penhor financeiro, sempre que as partes tenham acordado a atribuição desse direito ao credor.

24.7.11.3.2. A aplicação de (algumas) disposições do penhor

I. A questão que se coloca é se o penhor irregular é ainda um penhor, embora de uma modalidade especial, se constitui já um tipo autónomo que de penhor só tem o nome[1054], ou se é um tipo autónomo diverso, na sua essência, do penhor, mas ao qual se pode aplicar parte do regime deste.[1055]

[1054] Neste sentido, D. RUBINO, *Il pegno*, cit., p. 217; D. LOIACONO/A. CALVI/A. BELTRANI, *Il transferimento in funzione di garanzia tra pegno irregulare, riporto e diritto di utilizzazione*, cit., pp. 34-35.

[1055] H. WEBER (*Kreditsicherungsrecht*, cit., § 7, p. 160) entende que não se está face a um penhor, mas a uma concessão de crédito. Se a primeira afirmação nos parece correta, o mesmo não sucede quanto à segunda. É verdade que este negócio se tiver por objeto dinheiro ou outros bens que o credor possa rapidamente "monetarizar", permite, quando as partes assim acordem, que ele os utilize nesse período de tempo. Contudo, nem sempre será essa a intenção das partes.

Cremos ser a terceira a posição correta.

A aproximação ao penhor reside no facto de se tratar de uma garantia que consiste num reforço qualitativo sobre um determinado bem. Contudo, dentro desta modalidade de garantias insere-se já no recurso à titularidade de um direito, e não na criação de um direito real de garantia sobre um bem de outrem (devedor ou terceiro), não devem ser confundidas, uma vez que têm estrutras e regimes diversos.

Dito isto, não vemos obstáculo, pelo contrário, à aplicação a esta figura de algumas disposições do regime do penhor. Entendemos, efetivamente, que as partes ao qualificarem este contrato como penhor estão a remeter para as normas aplicáveis do regime desse negócio. Ou seja: ao fazerem essa qualificação, as partes estão a remeter para o "modelo regulativo do tipo"[1056], mas somente aquele aproveitável, tendo em vista a diferença entre as modalidades de garantias. Este aspeto, porém, permite, sem as confundir, aproximá-las, fazendo uma "ponte" entre elas[1057].

Vejamos então quais as disposições da disciplina do penhor que compõem, completando face ao que anteriormente se expôs da sua disciplina fiduciária (no fundo, o cerne da mesma e seu elemento marcante), o regime deste contrato.

II. Sublinhe-se desde já, como é óbvio, que estão afastadas todas as disposições que estejam ligadas à estrutura da figura e ao modo de execução da garantia – excluindo qualquer recurso à via judicial.

Relativamente às outras, haverá que verificar, caso a caso a sua aplicabilidade, o que passamos a fazer de uma forma necessariamente breve.

Pelo contrário, como se verá de seguida em texto, o credor nem poderá sequer utilizar essas quantias em seu benefício, tendo, pelo contrário, que as separar do seu restante património e rentabilizar num investimento de baixo risco (depósito a curto prazo).

Além do mais, a função do negócio não é a concessão de crédito, mas simplesmente de garantia.

1056 A expressão é de P. PAIS DE VASCONCELOS, *Contratos atípicos*, cit., p. 131.

1057 Não se trata, pois, de um caso de total falsa qualificação, na medida em que as partes pretendem mesmo parte da disciplina do penhor – daí a qualificação adoptada. A disciplina do negócio fiduciário combina-se, como se vê em texto, com a do penhor para se definir o regime geral da figura.

III. Em primeiro lugar, temos alguns dos deveres gerais do credor pignoratício, decorrentes do art. 671.º.

Assim, o credor deverá administrar os bens como um proprietário diligente, respondendo pela sua existência e conservação, tendo também o dever de não usar dos mesmos sem o consentimento do credor [alíneas a) e b)].

Com efeito, passando os bens a integrar o seu património e sendo-lhe entregues, só o próprio credor os poderá administrar e conservar.

Por outro lado, não os pode usar em seu proveito. A transmissão é em garantia. Os benefícios retirados da titularidade do bem pertencem unicamente ao autor dessa garantia, o fiduciante.

De facto, o credor, como fiduciário, deverá prover à conservação e frutificação prudente dos bens fiduciários o que, sempre que se trate de dinheiro, consiste em investir essa quantia de uma forma segura, de maneira a que ela produza frutos. Neste caso, o investimento típico com essas características será um depósito a prazo junto de um banco, ou então, quando o primeiro não se justifique, um depósito à ordem remunerado. Em ambos os casos, os juros daí decorrentes pertencem ao fiduciante/devedor e não ao credor/garantido.[1058]

Acrescente-se ainda, neste contexto, que o credor deverá segregar esses bens dos restantes bens integrados no seu património, o que se consegue sempre que o objeto da garantia seja dinheiro com a constituição de um depósito junto de um banco. Consiste numa manifestação do dever de proteção desses bens[1059].

Logo que se extinga a obrigação garantida, o credor deverá restituir o bem [art. 671.º al. c)], o que aqui significa retransmiti-lo.

Note-se que quando o bem seja dinheiro, conforme foi observado, podem as partes recorrer a um acordo de simplificação de pagamentos que leve a que o credor tenha simplesmente que entregar a diferença.

Ponto importante do regime do penhor, e que pelas razões apontadas está abarcado pela remissão, é o art. 672.º. Os frutos dos bens objeto da

[1058] Afastamo-nos, desta forma, da caracterização que a doutrina italiana, conforme se apontou no início, faz deste contrat°·

[1059] Ver M. PESTANA DE VASCONCELOS, *A cessão de créditos em garantia e a insolvência. Em particular da posição do cessionário na insolvência do cedente*, cit., pp. 151, ss., p. 164.

garantia, sejam juros, sejam dividendos, têm o destino aí traçado: o pagamento das despesas que sejam realizadas com ele e, depois, em segundo lugar, os juros vencidos. Quanto ao excesso, a não ser que as partes tenham fixado convenção em contrário, eles serão utilizados para abater o capital em dívida. Evidentemente, por via contratual, as partes podem sempre evitar este resultado.

Ainda, cremos que será aplicável também a disciplina do art. 701.º por força do art. 670.º al. c). Claro está que, na prática, esta disposição só terá interesse quando se tratar de valores mobiliários que possam perder valor.

24.7.11.4. O regime insolvencial

I. Declarada a insolvência do devedor, o credor poderá obter satisfação do seu crédito, que não terá que fazer valer no concurso insolvencial, através dos bens integrados no seu património. Não se trata aqui, como se viu, de operar uma compensação. Não há crédito e contra-crédito. O credor vale-se simplesmente do mecanismo de "auto-tutela", central nesta garantia, que lhe permite satisfazer-se com esses bens que já integravam o seu património. Havendo excedente, terá que ser entregue ao administrador da insolvência para integração na massa.

Ao contrário do que sucede com um penhor regular, não há aqui necessidade de reclamação do crédito garantido para se obter satisfação no seio e de acordo com as regras do concurso insolvencial. Esta garantia, assente na titularidade dos bens, é mais enérgica, mesmo, ou principalmente até, na insolvência do que as garantias reais.

II. Na hipótese inversa, se for declarada a insolvência do credor, o devedor correrá o denominado "risco fiduciário", isto é, os bens objeto da garantia, juntamente com o crédito garantido, farão, em princípio, parte da massa insolvencial. O devedor arriscava-se desta forma a ter que cumprir, e depois limitar-se a exigir a restituição dos bens, mas como crédito – comum – sobre a insolvência.

Não nos parece que este resultado tenha que ser assim, o que, como se vê, seria particularmente iníquo para o devedor, mas decorreria da estrutura adoptada. Sempre que os bens fiduciários, em particular o dinheiro, sejam identificáveis no património do credor por via da sua segregação (havendo como se disse, um dever do credor de a realizar) – o que pode suceder, p. ex., com constituição de um depósito bancário – por força da aplicação por analogia do art. 1184.º[1060], esses bens são impenhoráveis e, portanto, não seriam incluídos na massa insolvente.

Daqui decorreria que, se o devedor cumprisse (sublinhe-se que o crédito assim garantido integra a massa insolvencial), o administrador teria que lhe entregar os referidos bens. Caso contrário, entrar-se-ia na fase da liquidação, o que significa que o administrador deveria recorrer a esses bens para obter a satisfação do crédito, devolvendo só um eventual remanescente.

As soluções propugnadas não divergem, seguindo as mesmas linhas valorativas, daquelas sustentadas para os restantes negócios fiduciários em garantia. Que é do que aqui se trata.[1061]

25. O direito de retenção

25.1. Introdução

I. Esta figura[1062] é ao mesmo tempo um direito real de garantia que, quando tenha por objeto coisas imóveis[1063], confere um grau de tutela

[1060] Não é líquido que a ausência de segregação impeça esse resultado. Ver sobre este ponto M. PESTANA DE VASCONCELOS, *A cessão de créaditos em garantia e a insolvência*, cit., pp. 237, ss., nota 512.

[1061] Regime particular tem, igualmente, o penhor celebrado com prestamista em garantia de um crédito emergente de um mútuo celebrado com este. Esta disciplina decorre do Dec.-Lei n.º 160/2015, de 11/8. O bem dado em penhor pode ser alienado extraprocessualmente. De facto, nos termos do art. 27.º, em caso de mora por período superior a três meses, "a coisa dada em penhor pode ser vendida em leilão ou por venda direta a entidades que, por determinação legal tenham direito a adquirir determinados bens."

[1062] Sobre o direito de retenção, ver: PAULO CUNHA, *Da garantia nas obrigações*, vol. II, cit., pp. 357, ss.; A. VAZ SERRA, *Direito de retenção*, BMJ n.º 65, pp. 103, ss., MANUEL DE ANDRADE, *Teoria geral das obrigações* (com a colaboração de Rui de Alarcão), 2.ª ed., Almedina, Coimbra, 1963, pp. 328, ss.; PIRES DE LIMA/ANTUNES VARELA (com a colaboração de M. HENRIQUE MESQUITA), *Código civil anotado*, vol. I, cit., pp. 772, ss.; J. ANTUNES VARELA, *Das Obrigações em geral*, vol. II, cit., pp. 577, ss.; M. J. ALMEIDA COSTA, *Direito das obrigações*, cit., pp. 973, ss.; J. OLIVEIRA ASCENSÃO, *Direito civil, Reais*, cit., pp. 552-553; A. MENEZES CORDEIRO, *Direitos Reais*, cit., pp. 1099, ss.; idem, *Da retenção do promitente na venda executiva*, ROA, 1997, pp. 547, ss.; idem, *Tratado de direito civil X, direito das obrigações, garantias,*

particularmente forte, e um modo de compelir o devedor ao cumprimento.[1064]

A lei consagra-o, em termos gerais, no art. 754.º, estabelecendo depois um elenco bastante amplo de casos de direito de retenção no art. 755.º.

Dentre eles tem levantado alguma discussão o direito de retenção do beneficiário da promessa de transmissão ou constituição de direito real que obteve a tradição da coisa a que se refere o contrato prometido, sobre essa coisa, pelo crédito resultante do não cumprimento imputável à outra parte nos casos de promessas sinalizadas [art. 755.º al. f)].

Ainda inegável relevo económico-social tem a afirmação da existência de um direito de retenção a favor do empreiteiro sobre a obra efetuada, agora com base na cláusula geral do art. 754.º.

25.2. Caraterização

I. O direito de retenção consiste ao mesmo tempo num direito real de garantia de origem legal e de um meio de compelir o devedor ao cumprimento através da recusa lícita de cumprir a obrigação de entrega de uma coisa que lhe pertence, por parte do seu credor que a tem (a coisa) em seu poder, enquanto o primeiro não realizar a sua prestação.

cit., pp. 821, ss.; J. CALVÃO DA SILVA, *Cumprimento e sanção pecuniária compulsória*, cit., pp. 339, ss.; P. ROMANO MARTINEZ, *Direito das obrigações, apontamentos*, cit., pp. 381, ss.; P. ROMANO MARTINEZ/P. FUZETA DA PONTE, *Garantias de cumprimento*, cit., pp. 226, ss.; L. MENEZES LEITÃO, *Garantias das obrigações*, cit., pp. 235, ss.; A. SANTOS JUSTO, *Direitos reais*, cit., pp. 483, ss.; L. CARVALHO FERNANDES, *Lições de direitos reais*, cit., pp. 163, ss.; R. PINTO DUARTE, *Curso de direitos reais*, cit., pp. 289, ss.; JÚLIO VIEIRA GOMES, *Do direito de retenção (arcaico, mas eficaz...)*, CDP, 2005, pp. 3, ss.; A. LUÍS GONÇALVES, *O direito de retenção e sua aplicação aos contratos de promessa*, RDES, 1988, pp. 273, ss.; SALVADOR DA COSTA, *Concurso de credores*, cit., pp. 184, ss.. Ver, ainda: D. LEGAIS, *Sûretés et garanties du crédit*, cit., pp. 475, ss.; J.-B. SEUBE, *Droit des suretés*, cit., pp. 211, ss.; L. AYNÈS/P. CROCQ, *Les sûretés. La publicité foncière*, cit., pp. 173, ss..

[1063] Sendo certo que, como se verá de seguida, pode incidir também sobre móveis, embora não conferindo uma tutela tão robusta como quando tem por objeto imóveis.

[1064] Sublinhado este ponto, o Acórdão do STJ de 14/12/2016 (António Joaquim Piçarra), in: www.dgsi.pt.

Desempenha pois uma função de garantia e uma função coercitiva[1065]. O seu objeto é a coisa corpórea e tem uma publicidade bastante reduzida, uma vez que se limita à retenção da coisa pelo credor (que é, ao mesmo tempo, devedor da entrega da coisa), não estando sujeito a registo.

O titular deste direito tem essencialmente duas faculdades.

Por um lado, pode recusar-se licitamente a entregar a coisa ao credor (da entrega) enquanto este não cumprir a obrigação garantida. Este aspeto tem um carácter compulsório e é aquele que está na origem da figura.[1066] Ele é tanto mais eficaz quanto haja uma diferença de valor entre a coisa retida e o crédito do retentor, assim como a necessidade que o devedor, dono dessa coisa, dela tenha para a sua atividade (pense-se na reparação de uma escavadora de um empreiteiro).[1067]

Por outro, pode executar a coisa nos mesmos termos que um credor pignoratício ou hipotecário, a que a lei o equipara, consoante a coisa seja móvel ou imóvel (respectivamente, arts. 758.º[1068] e 759.º). Tem assim o direito a ser pago com preferência pelo valor da coisa aos demais credores do devedor.[1069_1070]

25.3. Os requisitos constitutivos do direito de retenção

I. O nascimento do direito de retenção tem fonte legal, dependendo ou da verificação dos requisitos da cláusula geral do art. 754.º, ou do enquadramento nos outros casos de direito de retenção previstos na lei, em particular no art. 755.º.[1071]

[1065] Ver, sobre este ponto, J. CALVÃO DA SILVA, *Cumprimento e sanção pecuniária compulsória*, cit., pp. 345, ss..

[1066] Cfr. A. MENEZES CORDEIRO, *Direitos Reais*, cit., p. 1100.

[1067] Cfr. J. CALVÃO DA SILVA, *Cumprimento e sanção pecuniária compulsória*, cit., p. 346.

[1068] Exceto no que diz respeito à substituição ou reforço da garantia.

[1069] Sublinhando que, em termos históricos, o "centro de gravidade" do direito de retenção, em particular no ordenamento português, se deslocou para esta sua função de garantia, JÚLIO V. GOMES, *Do direito de retenção (arcaico, mas eficaz...)*, cit., p. 6.

[1070] Para a distinção desta figura da exceção de não cumprimento do contrato, ver: J. ANTUNES VARELA, *Das Obrigações em geral*, vol. I, cit., pp. 580-581; J. CALVÃO DA SILVA, *Cumprimento e sanção pecuniária compulsória*, cit., pp. 347, ss..

[1071] Não é necessária qualquer declaração judicial para a sua constituição, cfr. na jurisprudência o Acórdão do STJ de 4/10/2005 (Alves Velho), in: www.dgsi.pt..

II. No art. 754.º estão, em termos gerais, previstos os três requisitos necessários para o credor adquirir o direito de retenção: a detenção lícita de uma coisa que deve ser entregue a outrem [art. 756.º al. a)]; ser o detentor credor da pessoa com direito à entrega; resultar o crédito do detentor da coisa de despesas feitas por causa dela ou de danos por ela causados (conexão direta e material entre o crédito do detentor e a coisa)[1072].

III. O art. 755.º prevê depois um conjunto de casos específicos de direito de retenção em que "não existe" ou se "dilui" a conexão entre o crédito do detentor e a coisa detida do art. 754.º[1073]. Trata-se, em regra, de créditos nascidos no seio de uma relação contratual (transporte, mandato, depósito, comodato, contrato-promessa sinalizado)[1074], que levam a um importante alargamento do campo de aplicação desta figura e da sua importância prática.

O que é reforçado pela consagração noutros diplomas de diversos direitos de retenção, como, p. ex., no âmbito da agência, conferido ao agente pelos créditos resultantes da sua atividade, incidindo sobre os objetos e valores que ele detém em virtude do contrato (art. 35.º do Dec.-Lei n.º 178/86, de 3/7[1075]).

IV. O direito de retenção é excluído se se verificar algum dos factos previstos no art. 756.º. Assim, se o detentor obteve por meios ilícitos a coisa que deve entregar, caso no momento da aquisição conhecesse a ilicitude desta [al. a)]; se o detentor realizou de má fé as despesas de que proveio o seu crédito [al. b)]; na eventualidade de se tratar de uma coisa impenhorável [al. c)]; ou quando a outra parte prestar caução suficiente [al. d)].

[1072] Assim, M. J. ALMEIDA COSTA, *Direito das obrigações*, cit., p. 974 (em formulação que se segue de perto). De forma muito próxima, PIRES DE LIMA/ANTUNES VARELA (com a colaboração de M. HENRIQUE MESQUITA), *Código civil anotado*, vol. I, cit., p. 773.

[1073] Assim, M. J. ALMEIDA COSTA, *Direito das obrigações*, cit., p. 975.

[1074] Mas não só. Inclui-se igualmente a gestão de negócios no que respeita ao crédito do gestor pelo crédito proveniente da execução da gestão, incidindo o direito sobre as coisas que tenha em seu poder para a execução desta [art. 755.º n.º 1 al. d)].

[1075] Ver A. PINTO MONTEIRO, *Contrato de agência. Anotação*, cit., p. 148.

25.4. Casos particulares

25.4.1. O direito de retenção do empreiteiro nas empreitadas de construção

I. O Código de Seabra previa o direito de retenção para a empreitada de móveis. No esquema gizado pelo legislador de 1966, em que se articula uma cláusula geral com um conjunto de casos especiais (previstos no art. 755.º, mas não só, como se viu), não foi atribuído pelo menos de forma direta um direito de retenção ao empreiteiro.

Nessa medida, a resposta só poderia partir da interpretação do art. 754.º. Só se estivessem preenchidos os requisitos dessa norma, poderia o empreiteiro valer-se do direito de retenção, recusando-se a entregar a coisa ao dono da obra enquanto este não pagasse o preço.

A dúvida colocou-se relativamente às empreitadas de construção, em que a coisa em si vem a ser executada/construída pelo empreiteiro.[1076]

II. Parte da doutrina e jurisprudência inclinou-se no sentido negativo, considerando que o empreiteiro não goza do direito de retenção "sobre a obra em construção ou já construída". Afirma Antunes Varela: "As despesas efetuadas pelo empreiteiro na execução da obra não são despesas feitas por causa da *coisa*, visto que a coisa (obra realizada) ainda não existe, quando elas são construídas. Elas não são *determinadas* ou *provocadas* pela *coisa* que se pretende reter, embora possam ser efetuadas para que a coisa (a *obra*) venha a existir"[1077].

III. A generalidade da doutrina pronuncia-se em sentido contrário, embora com alguns cambiantes.[1078]

[1076] Quanto às garantias concedidas ao empreiteiro noutras legislações, que podem passar pela atribuição de um genérico direito de retenção, à constituição de uma garantia hipotecária, a um privilégio, ver P. ROMANO MARTINEZ, *Direito das obrigações (parte especial), contratos. Compra e venda, locação, empreitada*, cit., pp. 376-377.

[1077] J. ANTUNES VARELA, *Das Obrigações em geral*, vol. II, cit., p. 580 (itálico no original). Também no sentido negativo, SALVADOR DA COSTA, *Concurso de credores*, cit., p. 186.

[1078] Cfr. I. GALVÃO TELLES, *O direito de retenção no contrato de empreitada*, Dir, 106-119, 1987, pp. 13, ss.; ANTÓNIO FERRER CORREIA/JOAQUIM DE SOUSA RIBEIRO, *Direito de retenção. Empreiteiro*, CJ, I, 1988, pp. 17, ss.; J. CALVÃO DA SILVA, *Cumprimento e sanção pecuniária*

Com efeito, a atividade do empreiteiro implica sempre para a realização da obra que este faça despesas: com os materiais, com salários, etc. Ora essas despesas, como sublinham Ferrer Correia e Sousa Ribeiro, estão "relacionadas com a obra nos termos previstos no art. 754.º".[1079] Nas palavras de Calvão da Silva: "Os gastos deste [o empreiteiro] com os materiais necessários à execução da obra por si fornecidos (art. 1210.º) são despesas com a obra; são despesas feitas com a obra e por causa da obra os gastos do empreiteiro com os utensílios necessários à realização da mesma (...); a retribuição dos serviços prestados na execução da obra...".[1080]

Quanto ao segundo argumento avançado por Antunes Varela, ele encontra também resposta. Não há, na verdade, qualquer exigência na lei no sentido de exigir que a coisa exista cronologicamente às despesas que venham a ser realizadas com ela, ou melhor, para a produzir. "Trata-se antes de uma imputação objetiva dessas despesas à coisa, a qual tanto se verifica quando elas forem motivadas pela sua *construção*, como quando resulta de *melhoramentos, arranjos* ou *demolições*."[1081] Além do que levaria a uma discriminação entre as empreitadas de construção e as outras modalidades de empreitada, limitando a estas o direito de retenção[1082]. O que não é de admitir.

IV. Poderia ainda avançar-se outro argumento. O legislador pretendeu negar este direito ao empreiteiro, pelo menos nas empreitadas de construção, porque ele poderia sempre munir-se de outras garantias.[1083]

compulsória, cit., pp. 342., ss.; P. ROMANO MARTINEZ, *Direito das obrigações (parte especial), contratos. Compra e venda, locação, empreitada*, cit., p. 377-378.

1079 A. FERRER CORREIA/J. SOUSA RIBEIRO, *Direito de retenção. Empreiteiro*, cit., p. 21.

1080 J. CALVÃO DA SILVA, *Cumprimento e sanção pecuniária compulsória*, cit., p. 342.

1081 A. FERRER CORREIA/J. SOUSA RIBEIRO, *Direito de retenção. Empreiteiro*, cit., p. 21. (itálico no original).

1082 A. FERRER CORREIA/J. SOUSA RIBEIRO, *ob. cit., ibidem.*

1083 Este argumento é formulado por JÚLIO V. GOMES, *Do direito de retenção (arcaico, mas eficaz...)*, cit., p. 18. Este Autor, na verdade, embora adira à tese da doutrina dominante, pretende demonstrar que a doutrina contrária "tinha argumentos mais fortes do que os seus opositores por vezes querem fazer crer" (*ob. cit., ibidem.*) Por isso, afirma: "por detrás de um argumento que pode parecer formal ou literal (...) - esconde-se um argumento de política legislativa que reputamos muito sério: para quê conceder uma garantia legal ao empreiteiro quando este podia (e não teria esse ónus?), se assim o desejasse, exigir que constassem do contrato garantias adequadas." (*ob. cit., ibidem.*).

Mas, mesmo centrando-nos exclusivamente neste argumento, para que procedesse seria necessário que estivéssemos perante um "credor forte", aquele que pode impor a prestação de garantias à outra parte. Nos outros casos, tal não sucederá. As garantias não são para quem as quer (de facto, na generalidade dos casos, qualquer contraente gostaria de beneficiar de uma), mas para quem tem força económica negocial para as impor.

E mesmo na empreitada de construção de coisas imóveis (mas, note-se, podemos estar face à simples construção de móveis, como, p. ex., uma mobília, em que o material seja fornecido pelo dono da obra), o empreiteiro, do ponto de vista económico, pode ser a parte fraca, que não pode de forma alguma impor a prestação de garantias sob pena de "perder o negócio", além de que teria um impacto económico a não menosprezar: aumentaria os custos de transação.[1084]

V. Visto e demonstrado este ponto, dúvidas poderão existir quanto a saber se o direito de retenção se limita às despesas realizadas pelo empreiteiro para a execução da obra ou se cobre o preço por inteiro onde se inclui o lucro deste.[1085_1086]

[1084] Note-se que a coisa pode estar já construída ou só em construção, existindo também neste caso, o direito de retenção. Ver: na jurisprudência o Acórdão da Relação de Guimarães de 30/11/2017 (Maria João Pinto Matos), in: www. dgsi.pt.; o Acórdão da Relação de Lisboa de 10/05/2018 (Luís Mendonça), in: www.dgsi.pt.; o Acórdão da Relação de Évora de 24/05/2018 (Francisco Matos) in: www.dgsi.pt.

[1085] Como referem A. FERRER CORREIA/J. SOUSA RIBEIRO (*ob. cit.*, *ibidem*): "Poderá, assim, sustentar-se, numa interpretação mais chegada à letra da lei, que o direito de retenção só cobre a importância correspondente às despesas efetivamente suportadas pelo empreiteiro para custear a execução da obra, ficando sujeita ao regime comum a parte do crédito correspondente ao lucro esperado."

Entende J. CALVÃO DA SILVA (*Cumprimento e sanção pecuniária compulsória*, cit., p. 343) que não há "razões para separar o custo dos materiais e utensílios empregados na execução da obra, a retribuição dos serviços prestados e o lucro do empreiteiro, a fim de se excluir o lucro do empreiteiro relativamente a este". Este Autor aponta, com razão, diversos casos em que é difícil distinguir o que são despesas do que o que é lucro.

[1086] Quanto à questão de saber se o direito de retenção só pode incidir sobre coisas que sejam propriedade do dono da obra, ou mesmo sobre coisas que sejam propriedade de terceiros, no sentido, *de iure condito*, que poderá abranger ambas, embora defenda uma outra posição de *iure condendo*, P. ROMANO MARTINEZ, *Direito das obrigações (parte especial), contratos. Compra e venda, locação, empreitada*, cit., pp. 378-379.

Cremos que é esta última a posição correta, sendo o preço totalmente assegurado pelo direito de retenção (articulando-se o art. 754.º com o art. 755.º)[1087]. Refira-se desde já que no preço está somente o lucro expetável. Este pode não se ter concretizado, desde logo por alteração das circunstâncias económicas gerais, como o preço dos materiais se for o empreiteiro a fornecê-los, o que significa que daí pode inclusive resultar, mesmo com o pagamento do preço por inteiro, um prejuízo.

Mas ainda que assim não seja, mesmo que se concretize o lucro (*rectius*, teria concretizado se o contrato tivesse sido pontualmente cumprido) que o empreiteiro incluiu no cálculo do preço, este deverá estar tutelado como acontece com os outros casos de contratos de prestação de serviços previstos no Código Civil, o mandato (que contém a força expansiva decorrente do art. 1156.º) e o depósito [respetivamente, alíneas c) e e) do n.º 1 do art. 755.º] assim como outros não aí regulados como o transporte [art. 755.º, n.º 1, al. a)], em que a lei não estabelece qualquer distinção[1088_1089] E não se vê, do ponto de vista da valoração legal – daquela que se retira do art. 755.º –, que é o aspeto decisivo, dada a necessária harmonia no seio do sistema, qualquer razão para tratar pior o empreiteiro.

25.4.2. O direito de retenção do promitente-comprador que obteve a tradição da coisa no contrato-promessa sinalizado.

25.4.2.1. A questão. Os interesses em jogo.[1090]

I. O art. 755.º, n.º 1, al. f) atribui um direito de retenção ao beneficiário da promessa de transmissão ou constituição de direito real que obteve

[1087] Ver neste sentido, p.ex., o Acórdão do Tribunal da Relação de Évora de 12/1/2005 (Marta Ribeiro), in: www.dgsi.pt.

[1088] Note-se que mesmo para a gestão de negócios, o gestor goza de direito de retenção também para assegurar o seu crédito à remuneração decorrente do art. 470.º. Cfr. PIRES DE LIMA/ANTUNES VARELA (com a colaboração de M. HENRIQUE MESQUITA), *Código civil anotado*, vol. I, cit., p. 776.

[1089] Aderindo a esta posição, o Acórdão do STJ de 29/01/2014 (João Bernardo), in: www.dgsi.pt.

[1090] Ver sobre esta matéria, com mais detalhe, M. PESTANA DE VASCONCELOS, *Contrato--promessa e falência/insolvência. Anotação ao Acórdão do Tribunal da Relação de Coimbra de 17 de Abril de 2007, Agravo 65/03*, CDP, n.º 24, 2008, pp. 43, ss.. E, principalmente, idem, *Direito de retenção, contrato-promessa e insolvência*, CDP, n.º 33, pp. 3, ss..

tradição da coisa a que se refere o contrato prometido, sobre essa coisa, pelo crédito resultante do não cumprimento imputável à outra parte, nos termos do art. 442.º.

Este direito não existia na traça original do regime do contrato-promessa no Código Civil. Foi consagrado com sua reforma em 1980 (Dec.-Lei n.º 236/80, de 18/7) no art. 442.º n.º 3, tendo depois, com a subsequente reforma de 1986 (Dec.-Lei n.º 379/86, de 11/11), sido deslocado do seio do regime da promessa sinalizada para ser integrado na disciplina do direito de retenção, como um dos casos especiais do art. 755.º n.º 1.

A hipótese mais relevante (mas não a única abrangida, conforme se viu, pela lei, que é mais ampla) é a do promitente-comprador de um edifício ou de uma fração autónoma deste que obteve a tradição da coisa,[1091] e que, em caso de incumprimento por parte do promitente-vendedor, poderá exigir ou o sinal em dobro ou o aumento do valor da coisa nos termos previstos no art. 442.º n.º 2.

O direito de retenção, sempre que tiver por imóveis, confere uma tutela particularmente forte, porque, como se sabe, no concurso entre o crédito do promitente-comprador e o do credor hipotecário, o do primeiro será graduado à frente, seja na execução singular, seja na insolvência, uma vez que o direito de retenção prevalece, de forma anómala, no que toca à regra de prevalência de direitos reais, nos termos do art. 759.º n.º 2, sobre uma hipoteca anteriormente registada.

Resulta daqui atingida a garantia anterior do credor hipotecário, geralmente um banco. De facto, se o valor do bem não for suficiente para a satisfação, tanto do crédito do promitente-comprador que beneficia do direito de retenção, como do crédito hipotecário, é o primeiro que será integralmente satisfeito, enquanto o segundo o será ou não dependendo das contingências do – restante – património do devedor (particularmente

[1091] Este é o *caso típico*, e aquele sobre que incidirá, *doravante*, a análise em texto.

Geralmente, estes contratos dizem mesmo respeito a edifícios, ou frações autónomas deles, para habitação própria. Este aspeto é destacado por ANTÓNIO MENEZES CORDEIRO (*Tratado de direito civil, II, Direito das obrigações, tomo II, contratos, negócios unilaterais*, Almedina, Coimbra, 2010, p. 401), após exaustiva análise da amplíssima jurisprudência sobre esta matéria: "a quase totalidade dos casos que chegam aos nossos tribunais tem a ver com contratos-promessas relativos à habitação própria".

no caso de insolvência deste), justamente daquilo que esse direito real de garantia o pretendia proteger.

O que gera, como se referiu, uma desprotecção do credor hipotecário (na medida correspondente à protecção do credor retentor), afetando, claramente, a eficácia desta garantia.

Particularmente no financiamento da construção em que o crédito do financiador/banco é garantido pela hipoteca que incide sobre o terreno, o que significa que essa garantia vem a abranger o edifício aí construído, e o mesmo sucede relativamente às frações autónomas quando ele vier a ser constituído em propriedade horizontal.

E a instituição de crédito não está, depois do registo da hipoteca, em posição de impedir a celebração de contratos-promessa de compra e venda do edifício ou das suas frações autónomas por parte do empreiteiro (os sinais recebidos aquando da celebração dos contratos-promessa serão mesmo essenciais para que este possa pagar, pelo menos em parte, o montante em dívida), nem, evidentemente, controlar o cumprimento/incumprimento dos mesmos.[1092]

III. A atribuição do direito de retenção ao promitente-comprador[1093_1094] atento o regime próprio deste (isto é: a prevalência sobre a hipoteca mesmo

[1092] Mais difícil é dizer que a instituição de crédito não contava a eventual prevalência, ou a constituição, da garantia decorrente do direito de retenção.

Quanto ao regime de prevalência, esse decorre da lei.

Quanto à constituição, tratando-se da construção de edifícios que o devedor/financiado irá depois, no decurso da sua regular atividade, transacionar, é expetável que ele celebre previamente contratos-promessa (na maior parte das vezes com a constituição de sinal e em que pode haver tradição da coisa), sabendo-se que, se não os cumprir, os promitentes-compradores adquirirão essa garantia. O risco da sua constituição é, como se vê, na maioria dos casos, perfeitamente identificável, a montante, pelo financiador garantido por hipoteca.

[1093] Aponte-se que a constitucionalidade da solução [decorrente do arts. 442.º n.º 2 e 755.º, n.º 1, al. f)] tem sido reafirmada por diversos acórdãos do Tribunal Constitucional, entendendo que ela não viola os princípios da proporcionalidade e da protecção da confiança. Cfr. Acórdão do Tribunal Constitucional 22/04, de 14 de janeiro de 2004 (Maria Helena Brito), in: www.3.tribunalconstitucional.pt/acordaos/acordaos04/1-100/2204html. Esta jurisprudência, que já era anterior, veio depois a ser reiterada pelo Acórdão do Tribunal Constitucional 698/05, de 14 de dezembro de 2005 (Pamplona de Oliveira), in: www.3.tribunalconstitucional.pt/acordaos/acordaos05/601-700/6985html. Recentemente, o Acórdão do STJ de 31/10/2017 (Henrique Araújo), in: www.dgsi.pt.

anteriormente registada, atingindo-a, nos termos referidos) tem merecido as críticas da generalidade da doutrina.[1095_1096]

Efetivamente, entende-se que esta solução pode prejudicar o crédito à habitação ou encarecê-lo, o que levaria ao aumento do custo dos próprios imóveis[1097]. Por outro lado, refere-se ainda que a concessão nos casos de tradição desta garantia pode levar a que os vendedores se comecem a abster de entregar a coisa aquando da celebração do contrato-promessa em prejuízo do promitente-comprador, em virtude de uma obrigação imposta nesse sentido no contrato de empréstimo pelo mutuante[1098].

1094 A concessão de uma garantia real ao promitente-comprador para tutelar os seus créditos resultantes do incumprimento do contrato-promessa não é propriamente uma originalidade lusa. Regime tutelar havia sido criado também na lei transalpina. Com efeito, estava aí prevista a concessão ao promitente-comprador um privilégio imobiliário especial (art. 2775.º *bis* do *Codice Civile*) para os casos de incumprimento do contrato-promessa registado em determinados termos (art. 2645-*bis* do *Codice Civile*). Mesmo na insolvência (*fallimento*), se o administrador optasse pelo não cumprimento do contrato-promessa, constituia-se esse privilégio (art. 72.º da *Legge fallimentare*).

Diga-se, ainda neste contexto, que ao abrigo do direito italiano havia também uma protecção específica do contrato-promessa de venda de imóvel para habitação destinado a constituir a habitação principal do promitente-comprador (ou dos seus parentes e afins até ao terceiro grau), transcrito nos termos do art. 2645-*bis* do *Codice Civile*, uma vez que se afasta a regra geral do art. 72.º n.º 1 da *Legge fallimentare* pela qual a execução do negócio fica suspensa e o administrador pode fazer cessar o contrato (do art. 72.º n.º 8 da *Legge fallimentare*). Ver GUILIO NICOLA NARDO, *La legge fallimentare, Decreto legislativo 12 settembre 2007, n. 169, disposizioni integrative e correttive, commentario teórico-pratico* (coord. Massimo Ferro), Cedam, Pádua, 2008, pp. 144, ss.. Para o privilégio imobiliário especial do art. 2775.º *bis* do *Codice Civile*, ver GIANLUCCA SICCHIERO, *Il contratto preliminare*, in: I singoli contratti, Trattato della responsabilità contrattuale (dirigido por Giovanna Visintini), Cedam, Pádua, 2009, pp. 36, ss. (e pp. 38-39, para a relação entre este privilégio e a hipoteca sobre o imóvel anteriormente registada).

1095 Cfr. PIRES DE LIMA/ANTUNES VARELA (com a colaboração de M. HENRIQUE MESQUITA), *Código civil anotado*, vol. I, cit., p. 778; J. ANTUNES VARELA, *Das Obrigações em geral*, vol. I, cit., p. 341 (de forma muito dura, considerando tratar-se de uma "tutela manifestamente excessiva e injusta."); A. MENEZES CORDEIRO, *O novíssimo regime do contrato-promessa*, in Estudos de direito civil, vol. I, Almedina, Coimbra, 1991, pp. 86-89; J. CALVÃO DA SILVA, *Sinal e contrato-promessa*, cit., p. 240; A. LUÍS GONÇALVES, *O direito de retenção e sua aplicação aos contratos de promessa*, RDES, 1988, pp. 282, ss..

1096 Segue-se de perto neste passo em texto o nosso, *Direito das garantias*, cit., pp. 319, ss..

1097 PIRES DE LIMA/ANTUNES VARELA (com a colaboração de M. HENRIQUE MESQUITA), *Código civil anotado*, vol. I, cit., p. 778.

1098 A. MENEZES CORDEIRO, *O novíssimo regime do contrato-promessa*, cit., p. 88; J. CALVÃO DA SILVA, *Sinal e contrato-promessa*, cit., p. 240.

Posição diversa, mas de forma quase isolada, foi defendida por Ribeiro de Faria,[1099] considerando justificada a solução legal.

Também é essa a posição aqui perfilhada. Pelo seguinte.

III. O Direito não pode nem deve ignorar a envolvente económico-social em que atua. Em Portugal, fruto de diversas políticas traduzidas em medidas legislativas de justiça muitíssimo duvidosa (sejamos até mais claros: francamente injustas) que fizeram na prática limitar muito, para dizer o menos, o mercado de arrendamento para habitação, quem pretende ter esse bem essencial para a vida terá de o adquirir. É importante referir que não estamos a falar aqui de um número limitado de pessoas particularmente informadas, mas de uma enorme massa de sujeitos com conhecimentos, na maior parte das vezes, limitados[1100].

Para o efeito, celebram contratos-promessa de compra e venda sinalizados e, muitas vezes, obtêm a tradição da coisa, onde passam a habitar, o que fortalece a sua expetativa de execução do contrato. Acrescente-se ainda que o valor da quantia inicialmente entregue (e que a lei presume sinal, art. 441.º) pode ser (justamente porque houve tradição) bastante elevado. O âmbito de protecção desta garantia é só esse. Não é demais sublinhar que ela não abarca todos os contratos promessa, nem sequer todos os contratos promessa sinalizados, mas simplesmente aqueles que além do sinal tenha havido tradição da coisa[1101].

Se nesses casos (promessa sinalizada com tradição da coisa) fosse retirado o direito de retenção aos promitente-compradores, eles ficariam

[1099] JORGE RIBEIRO DE FARIA, *Direito das obrigações*, vol. I, Almedina, Coimbra, 1990, p. 281; idem, *O contrato-promessa. Alguns pontos do seu regime*, in: Estudos de direito das obrigações e discursos académicos (coord. Maria Paula Ribeiro de Faria/L. Miguel Pestana de Vasconcelos), Universidade do Porto Editorial, Porto, 2009, p. 73 (publicado inicialmente em Scientia Iuridica, Set.-Dez, 2001). Relevante também nesta linha é a posição de ver JOSÉ CARLOS BRANDÃO PROENÇA, *Para a necessidade de uma melhor tutela dos promitentes-adquirentes de bens imóveis (maxime, com fim habitacional)*, CDP, 2008, pp. 20, ss.. Sublinha este Autor: "Para nós a questão não se prende com a indesejável supressão do direito [de retenção], mas com a revisão dos termos da sua operacionalidade."

[1100] Por vezes, mesmo muito limitados.

[1101] O que, como bem sublinha o Acórdão do STJ de 20/5/2010 (Alberto Sobrinho), in: www.dgsi.pt., cria ao promitente-comprador "uma mais forte expectativa na concretização do negócio, pelo que se justifica, postulado pela boa fé, que lhe corresponda uma segurança acrescida."

desprotegidos perante o incumprimento da outra parte. E pior ainda ficariam, se posteriormente fosse declarada a insolvência do empreiteiro/vendedor, porque o seu património, justamente os imóveis, destinar-se-iam em primeira linha a satisfazer os créditos garantidos por hipotecas.

É verdade que os bancos se arriscam a ficar prejudicados, e que os seus interesses, como é evidente, também merecem tutela. Não se questiona aqui, muito longe disso, o indispensável papel desempenhado pelas instituições de crédito no bom funcionamento da economia com o conjunto de consequências positivas que daí decorrem.

Simplesmente, os bancos sabendo do risco que correm, afinal são profissionais da concessão de crédito, estão em melhor posição para se defenderem: tanto através da análise económico-financeira do devedor/empreiteiro para se avaliar o risco do empréstimo em si, como das garantias de que se podem valer, e que, evidentemente, não se esgotam nas hipotecas[1102].

A banca, aliás, como sabe, é particularmente imaginativa na criação de novas garantias e na utilização intensa, e criativa, daquelas já existentes. É até comum os bancos recorrerem a conjuntos de garantias, articulando, p. ex., garantias pessoais com garantias reais, para assegurarem uma tutela mais eficaz (por vezes, gerando mesmo o fenómeno da sobregarantia).

Dessa forma se responde aos argumentos dos autores que entendem que esta prevalência levará à dificultação do crédito e ao aumento dos custos da habitação. São evidentemente preocupações legítimas, de ponderar.

[1102] Interesse que foi devidamente ponderado pelo legislador, como decorre do preâmbulo do Dec.-Lei n.º 379/86, de 11/11. Pode aí ler-se (ponto 4): "Não que se desconheçam ou esqueçam a protecção devida aos legítimos direitos das instituições de crédito e o estímulo que merecem como elementos de enorme importância na dinamização da atividade económico-financeira. Porém, no caso, estas instituições, como profissionais, podem precaver-se, por exemplo, através de critérios ponderados de selectividade do crédito, mais facilmente do que o comum dos particulares a respeito das deficiências e da solvência das empresas construtoras."

Como se diz em texto, as instituições de crédito, sabendo das debilidades que a hipoteca pode enfrentar neste tipo de financiamento para construção, ao gerirem o risco (são, relembre-se, profissionais) procurarão limitá-lo através do recurso a outras garantias, normalmente de forma cumulativa. Deste modo: aval das obrigações cambiárias da sociedade prestado pelos gerentes ou administradores (por vezes, também os próprios cônjuges), uma fiança omnibus dos mesmos sujeitos assegurando as obrigações da sociedade decorrentes desse financiamento, penhor sobre outros bens da sociedade (ou dos sócios), alienações em garantia, etc.

No entanto, como se disse, os bancos podem obter protecção por outra via e, geralmente, fazem-no[1103].

Por outro lado, não parece que esta medida leve a que os vendedores se retraiam de entregar a coisa com a celebração do contrato-promessa, em particular se o valor nesse momento recebido for elevado. É que eles têm um interesse muito direto na celebração do contrato-promessa e poderão não o conseguir, em especial quando a data acordada para a celebração do contrato definitivo se dilatar no tempo, se não realizarem a entrega do imóvel.

O mesmo se diga dos mutuantes: se os construtores tiverem dificuldade em celebrar contratos-promessa de compra e venda sinalizados, vão ter também dificuldades em pagar a dívida ao banco. Este terá que evitar que as cláusulas que impõe se tornem obstáculos a que o mutuário desenvolva nas melhores condições possíveis a sua atividade económica, atividade essa, para mais, essencial para que o mutuário possa pagar ao banco.

Pois bem, do que acabámos de ver resulta que se se retirasse este direito ao promitente-comprador estar-se-ia (em especial, nos casos de contratos promessa de compra e venda para habitação própria, economicamente os mais relevantes e socialmente os mais sensíveis), *a deslocar todo o risco para aqueles menos capazes de o conhecerem e tomarem as necessárias medidas de tutela*: os promitentes-compradores.

IV. Tudo pesado, ponderados os diversos interesses, parece justificada a medida legislativa.[1104]

Outra questão é a de saber se esta norma [o art. 755.º, n.º 1, al. f)] não deverá ser interpretada restritivamente, tendo em conta a sua *ratio*.

É o que se vê, já a seguir.

[1103] Não nos parece que tal leve ao encarecimento do custo do crédito [como sustentam: PIRES DE LIMA/ANTUNES VARELA (com a colaboração de M. HENRIQUE MESQUITA), *Código civil anotado*, vol. I, cit., p. 778]. Mas, mesmo que assim fosse, seria melhor que tal sucedesse do que o prejuízo que a ausência de tutela de quem tem menos possibilidades de a obter geraria.

[1104] No atual quadro normativo, dada a protecção muito limitada que tem o promitente-adquirente, é uma medida necessária. O que se poderia discutir é saber se *de iure constituendo* não seria possível tutelar o promitente-adquirente – e não só nas promessas obrigacionais sinalizadas com tradição da coisa – de forma mais eficiente, eliminado ao mesmo tempo os aspetos mais controversos e agrestes do regime do direito de retenção para estes casos: referimo-nos, claro, ao art. 759.º n.º 2. No que passaria por uma alteração, entre outros aspetos, do art. 106.º do CIRE.

25.4.2.2. A interpretação restritiva do art. 755.º, n.º 1, al. f). A tutela do consumidor.

I. A interpretação restritiva do art. 755.º, n.º 1, al. f) é sustentada por Menezes Leitão[1105].

Este Autor entende que o direito de retenção do promitente-comprador que obteve a tradição da coisa só existe na eventualidade de este optar por uma indemnização pelo aumento do valor da coisa. E aí não abrangendo o crédito relativo à restituição do sinal em singelo e do preço pago, só alcançando mesmo o aumento do valor da coisa ou do direito. A opção pelo sinal em dobro estaria excluída.

O fundamento apontado reside no facto de que este direito de retenção, o do art. 755.º, n.º 1, al. f), "só tem conexão com o direito ao aumento do valor da coisa ou do direito, que é o único crédito resultante do não cumprimento que tem uma relação direta com a coisa a reter."[1106]

II. Não podemos, porém, aqui, acompanhar este Autor. A intenção da lei, o seu elemento teleológico, foi o de tutelar o promitente-comprador/consumidor (aspeto que melhor se demonstrará *infra*). O facto de se exigir a tradição da coisa radica no facto de a sua expetativa de cumprimento ser então maior – tratando-se de um imóvel para habitação (ou fração autónoma deste), como sucede na generalidade dos casos, o promitente-comprador já o estará a habitar[1107].

Para o proteger, a lei recorre à figura do direito de retenção, criando um caso particular dela, justamente o art. 755.º, n.º 1, al. f), o que permite (e a intenção normativa terá mesmo sido essa) estender ao promitente--adquirente a tutela do art. 759.º n.º 2[1108].

[1105] L. MENEZES LEITÃO, *Direito das obrigações*, vol. I, cit., pp. 219-220. A que adere A. MENEZES CORDEIRO, *Tratado de direito civil, II, Direito das obrigações, tomo II, contratos, negócios unilaterais*, cit., pp. 401-402.

[1106] L. MENEZES LEITÃO, *Direito das obrigações*, vol. I, cit., p. 220.

[1107] No sentido que cremos correto, ver o Acórdão da Relação do Porto de 31/3/2009 (Mendes Serrano), in: www.dgsi.pt.

[1108] Do prisma do elemento histórico, esta prevalência foi efetivamente querida pela lei. De facto, J. CALVÃO DA SILVA, (*Contrato-promessa. Análise para a reformulação do Decreto-Lei n.º 236/80*, in: *Sinal e contrato-promessa*, cit., pp. 191, ss.) tinha defendido que, a manter-se o direito de retenção, ele não deveria prevalecer sobre a hipoteca anteriormente registada

É certo que este direito de retenção não se enquadra nos elementos de conexão do art. 754.º. Contudo, tal não é necessário. A lei alarga o âmbito de aplicação desta figura para além dos casos subsumíveis ao art. 754.º no art. 755.º Aí se prevêem um conjunto de casos em que "não existe" ou se "dilui" a conexão entre o crédito do detentor e a coisa detida do art. 754.º (justamente designados na epígrafe dessa disposição "casos especiais")[1109]. Razão pela qual a sua ausência no caso concreto não nos pode servir de argumento para o limitar.

É verdade que historicamente o direito de retenção apareceu com a alteração ao art. 442.º que consagra a faculdade de recurso à indemnização pelo aumento do valor da coisa (juntamente com a restituição do sinal em singelo e a parte do preço que tenha pago). Mas não há qualquer indício que a intenção do legislador fosse restringir o direito de retenção à opção por essa via indemnizatória[1110].

(*ob. últ. cit.*, p. 222), propondo uma alteração nesse sentido do art. 759.º n.º 2 ["O direito de retenção prevalece neste caso sobre a hipoteca, ainda que esta tenha sido registada anteriormente, exceto no caso previsto no art. 755.º, n.º 1, al. f)] (*ob. últ. cit.*, p. 270), ao mesmo tempo considerava como mais adequada a inserção desse direito no art. 755.º, n.º 1, al. f). A sua proposta, no que toca ao direito de retenção, só veio a ser aceite neste último ponto.

Resulta com toda a clareza do preâmbulo do próprio Dec.-Lei n.º 379/86, de 11/11, que o legislador não ignorava a questão, uma vez que esse ponto, isto é, a própria prevalência desta garantia sobre a hipoteca mesmo anteriormente registada (portanto: o art. 759.º n.º 2), é diretamente tratado, tendo-se optado por, ponderados todos os interesses, se manter a garantia, sem se introduzir qualquer alteração ou limitação ao seu regime.

1109 Assim, M. J. ALMEIDA COSTA, *Direito das obrigações*, cit., p. 975. Também, A. LUÍS GONÇALVES, *O direito de retenção e sua aplicação aos contratos de promessa*, cit., p. 276. Ver, ainda, J. CALVÃO DA SILVA, *Cumprimento e sanção pecuniária compulsória*, cit., p. 344. O legislador estava consciente da questão, como decorre do preâmbulo (ponto 4) do Dec.-Lei n.º 379/86 de 11/11.

1110 O Direito de retenção foi introduzido no seio das alterações ao regime do contrato-promessa decorrentes do Dec.-Lei n.º 236/80, de 18/7. No preâmbulo do diploma, efetivamente, faz-se referência ao direito de retenção na sequência da justificação da indemnização pelo aumento do valor da coisa. Todavia, o direito de retenção veio a ser inserido no n.º 3 do art. 442.º, e atribuído pelo crédito resultante do incumprimento pelo promitente-vendedor (previsto no art. 442.º n.º 2), portanto, quer pelo sinal em dobro, quer pelo aumento do valor da coisa. Veio depois a ser colocado (Dec.-Lei n.º 379/86, de 11/11), de forma sistematicamente mais correta, no art. 755.º, n.º 1, al. f), "pelo crédito resultante de não cumprimento imputável à outra parte, nos termos do art. 442.º", o que significa abranger qualquer dos créditos pelos quais o promitente-adquirente pode optar na eventualidade de não cumprimento pela outra parte, na promessa sinalizada. O argumento histórico não depõe, pois, a favor de uma interpretação restritiva, pelo menos no sentido sustentado pelo Autor.

O que se pretendeu foi a tutela do adquirente face a riscos diversos: o do incentivo ao não cumprimento se fosse economicamente mais vantajoso recusar a alienação e pagar o sinal em dobro, caso a valorização que o imóvel entretanto tivesse sofrido compensasse essa perda[1111] – e daí a via da indemnização pelo aumento do valor da coisa[1112] – e o da perda (só não sucederia na eventualidade, pouco comum, de o promitente-alienante ter um património mais vasto) decorrente de, no caso de caso de incumprimento, o promitente-adquirente ser preterido, na execução e na falência (agora insolvência) pelo credor hipotecário. Neste último caso, por qualquer dos créditos do art. 442.º n.º 2.

Aliás, em termos práticos, esta interpretação levaria a aniquilar na maior parte das vezes o direito de retenção. Basta que o mercado habitacional esteja estacionário ou até em retração (como hoje). Ou que a valorização tenha sido pequena.

Note-se que, nesta interpretação, o direito de retenção não cobriria sequer a restituição do sinal prestado em singelo. O que significa que na insolvência esse crédito (à restituição do sinal) seria um crédito comum, sujeito, pois, a rateio.

II. Não podendo acompanhar, pelas razões apontadas, a posição de Menezes Leitão, tal não significa que não entendamos justificada uma interpretação restritiva do art. 755.º, n.º 1, al. f). Entendemos. Porém, esse resultado interpretativo tem um outro fundamento e com outro alcance. Vejamos.

Já se referiu que o direito de retenção, bem como a indemnização pelo aumento do valor da coisa foram introduzidos em 1980, tendo este regime sofrido alterações em 1986 que, para o que agora diretamente nos interessa, não lhe alteraram a feição.

[1111] Relembre-se a forte inflação do final dos anos 70, início dos anos 80 do século passado.

[1112] Sobre ela, e fazendo uma interpretação da norma que viria a ser consagrada na reforma de 1986, VASCO LOBO XAVIER, *Contrato-promessa: algumas notas sobre as alterações ao Código Civil constantes do Dec.-Lei n.º 236/80, de 18 de Julho*, RDES, 1983, pp. 33, ss..

A intenção legislativa que presidiu às alterações de regime foi a de tutelar o promitente-comprador nos contratos-promessa sinalizados e em que tivesse havido tradição da coisa[1113].

No que agora nos importa, essa garantia pretendia, como se referiu, tutelar o promitente-comprador, nos casos acima apontados, de maneira a evitar o prejuízo que poderia decorrer da prevalência do crédito hipotecário sobre o seu crédito, levando a que este perdesse o sinal prestado (que poderia ser de valor bastante elevado, indo até à totalidade do preço acordado para a venda).

Dentro deste quadro, pesando, por um lado, os interesses do credor hipotecário, o que vale dizer, essencialmente dos bancos, e, do outro, o do credor, promitente-comprador no contrato-promessa sinalizado com entrega da coisa, o legislador fez pender a balança a favor deste último. Concedeu-lhe uma garantia particularmente forte: o direito de retenção.

Acontece que a lei partiu sempre, como decorre dos preâmbulos[1114] dos diplomas que alteraram o regime do contrato-promessa, de um particular credor: o *consumidor*[1115]. Foi para ele que criou este mecanismo de tutela.

[1113] Embora a lei não faça essa restrição, de edifícios ou frações autónomas para habitação. A ausência da restrição, neste ponto, foi *intencional*. Conforme se refere no preâmbulo do Dec.-Lei n.º 379/86, de 11/11: "Pensou-se diretamente no contrato-promessa de compra e venda de edifícios ou de frações autónomas deles. Nenhum motivo se justifica, todavia, a que o instituto se confine a tão estreitos limites".

[1114] Particularmente esclarecedor é o preâmbulo do Dec.-Lei n.º 379/86, de 11/11. Pode aí ler-se de forma muito clara no seu ponto 4: "O problema só levanta particulares motivos de reflexão precisamente em face da realidade que levou a conceder essa garantia: a da promessa de venda de edifícios ou de frações autónomas destes, sobretudo destinados a habitação, por empresas construtoras, que, via de regra, recorrem a empréstimos, *maxime* tomados de instituições de crédito. Ora, o direito de retenção prevalece sobre a hipoteca, ainda que anteriormente registada (artigo 759.º, n. º 2, do Código Civil). Logo, não faltarão situações em que a preferência dos beneficiários de promessas de venda prejudique o reembolso de tais empréstimos. Neste conflito de interesses, afigura-se razoável atribuir prioridade à tutela dos particulares. *Vem na lógica da defesa do consumidor.*" (itálico nosso).

[1115] O que a doutrina já na altura reconhecia. Assim, dizia de forma clara J. RIBEIRO DE FARIA (*Direito das obrigações*, vol. I, cit., p. 281): a lei no conflito de interesses entre "um consumidor final" e as "instituições de crédito, a lei, repensando tudo, deixou-se cair mais uma vez para o lado do primeiro." Justificando: "as armas com que as instituições de crédito se podem defender neste contexto levam de longe a palma às capacidades de defesa dos simples particulares". Não chegava de todo o modo a defender uma interpretação restritiva do art. 755.º, n.º 1, al. f).

O que bem se compreende: é o consumidor, promitente-comprador de edifício ou fração autónoma dele, que é a parte mais débil (debilidade que se traduz em regra numa falta de preparação e de conhecimentos), e que a lei precisa de proteger.

Esta disposição é assim materialmente uma *norma de tutela do consumidor*[1116_1117]

Ainda, A. MENEZES CORDEIRO (*Da retenção do promitente na venda executiva*, ROA, 1997, p. 551) sublinhava, quer o "alcance social" da medida, quer "os inconvenientes para a banca", sendo certo, que esta garantia representa um "especial atentado ao crédito bancário hipotecado", foram ponderados pelo legislador. Simplesmente, este "optou por dar a *primazia aos aspetos sociais*". (itálico no original).

Igualmente, M. J. ALMEIDA COSTA (*Direito das obrigações*, cit., p. 432, nota 3), destacando que este direito deve ser visto no seio de "uma política de defesa do consumidor".

Em data recente, apontando a necessidade de esta contratação ser vista como "contratação de consumo", J. C. BRANDÃO PROENÇA, *Para a necessidade de uma melhor tutela dos promitentes-adquirentes de bens imóveis (maxime, com fim habitacional)*, cit., p. 14 [o Autor refere-se à tutela dos "promitentes-adquirentes de imóveis (destinados primacialmente à habitação), já construídos, em construção ou a construir.

Este aspeto é sublinhado pela jurisprudência; ver, de uma forma muito clara, o Acórdão do STJ de 27/11/2007 (Silva Salazar), in: www.dgsi.pt, onde se pode ler: o "regime legal (...) [tem] na sua base essa tutela e segurança dos direitos dos consumidores, manifestando a prevalência, para o legislador, do direito dos consumidores à protecção desses seus específicos interesses". Também nessa linha o Acórdão da Relação do Porto de 31/3/2009 (Mendes Serrano), in: www.dgsi.pt.

Por essa razão, não podemos, com a devida vénia, acompanhar completamente o Acórdão do STJ de 18/12/2007 (Alberto Sobrinho), in: www.dgsi.pt., onde, decidindo-se a nosso ver, muito corretamente, que o direito de retenção pode tutelar o crédito decorrente da recusa de cumprimento por parte do administrador (no caso decidido pelo liquidatário), se sustenta que "Esta opção legislativa, que concede preferência ao titular do direito de retenção sobre outros credores, designadamente entidades bancárias munidas de hipotecas mesmo anteriormente registadas, foi concedida genericamente para qualquer promitente-comprador mesmo com elevado poder económico e não apenas para aqueles de menores recursos ou meios de defesa. É que o objetivo a prosseguir com esta solução legal é não só a defesa do consumidor como também a dinamização do mercado de construção no sentido de tornar mais seguro o comércio jurídico, possibilitando o ressarcimento decorrente da frustração de uma fundada expetativa." Na perspetiva que sustentamos, esse direito só se justifica se se tratar de um consumidor. Com efeito, é este que carece de tutela e é este que a norma visa proteger.

1116 Quanto à noção de consumidor, ver CARLOS FERREIRA DE ALMEIDA, *Direito do consumo*, Almedina, Coimbra, 2005, pp. 25, ss.. O Autor distingue entre o conceito mais amplo de consumidor, adoptado em diferentes diplomas, e um conceito, mais restrito, na linha da definição da Lei de Defesa do Consumidor, que considera "em princípio" mais "ajustado" quando "se adopte um conceito genérico e supletivo de consumidor" (*ob. cit.*, p. 50, p. 87). ...".

E embora a letra da lei não faça essa precisão, o recurso aos outros elementos hermenêuticos permite reconstruir a *ratio* – que é, claro, o aspeto decisivo – e restringir, nessa medida, o alcance da norma: o direito de retenção do art. 755.º, n.º 1, al. f) só beneficia o consumidor.

Nos outros casos, ou seja, quando o promitente-adquirente não seja um consumidor, *não há qualquer tutela particular*.

Com efeito, não há aqui necessidade de qualquer protecção específica, que, de todo o modo, as contrapartes dos promitentes alienantes podem obter convencionalmente (recorrendo à constituição de garantias). Por isso, não há também qualquer razão (cai o fundamento) para atingir de forma tão drástica a posição do credor hipotecário (e, também, dos credores comuns na insolvência)[1118_1119]

No sentido igualmente do recurso a um conceito restrito, já J. CALVÃO DA SILVA, *Responsabilidade civil do produtor*, Almedina, Coimbra, 1990, pp. 58, ss., pp. 61-64.

O Anteprojeto do Código do Consumidor (art. 10.º n.º 1), de grande relevância, mesmo não tendo sido ainda aprovado, pelo indiscutível progresso científico que a sua elaboração (e qualidade) representa, consagra uma noção restrita (é "consumidor a pessoa singular que atue para a prossecução de fins alheios ao âmbito da sua atividade profissional, através do estabelecimento de relações jurídicas com quem, pessoa singular ou coletiva, se apresenta como profissional"), permitindo depois no art. 11.º, tanto no n.º 1 como no n.º 2 estender, em certos termos, esse regime às pessoas coletivas ("se provarem que não dispõem nem deveriam dispor de competência específica para a transação em causa e desde que a solução se mostre de acordo com a equidade" – art. 11.º n.º 1) e às outras pessoas singulares (as "pessoas singulares que atuem na prossecução de fins que pertençam ao âmbito da sua atividade profissional" nos termos referidos ao art. 11.º 1, art. 11.º n.º 2).

Cremos que é esta a solução, ponderada e equilibrada, do art. 10.º e 11.º do Anteprojeto do Código do Consumidor (justamente pelo seu valor em si, jurídico-científico), que parte do núcleo restrito, permitindo o seu alargamento, em certos termos, e com as devidas cautelas às pessoas coletivas e a outras pessoas singulares aquela que deverá orientar o intérprete na concretização de consumidor para este efeito, dando inteiro cumprimento, no caso concreto, à ratio da disposição, o que vale dizer, só tutelando quem efetivamente é carente de tutela.

1117 Adotando esta nossa posição: o Acórdão do STJ de 14/6/2011 (Fonseca Ramos), in: www. dgsi. pt.; e o Acórdão do STJ de 20/10/2011 (Hélder Roque), in: www.dgsi.pt.

1118 Trata-se, aliás, de uma disposição que não surge isolada, mas se enquadra num conjunto de outras que compõem o regime do contrato-promessa (e que decorrem essencialmente das alterações de regime de 1980 e 1986), visando a tutela do promitente-comprador não profissional, como o art. 410.º, n.º 3. Ver, sobre este, J. CALVÃO DA SILVA, *Sinal e contrato-promessa*, cit., pp. 72, ss.. Sublinhava, aliás, este Autor (*ob. últ. cit.*, p. 73) que a *ratio* dessa disposição era, justamente, a da "protecção do consumidor", tendo sido essa a "ratio geral" da intervenção legislativa em 1980 e 1986 (*ob. últ. cit.*, p. 75). No mesmo sentido, M. J. ALMEIDA COSTA, *Direito das obrigações*, cit., p. 401.

25.4.2.3. A tutela insolvencial do promitente-comprador/consumidor.[1120]

I. Centramo-nos agora exlusivamente no contrato-promessa obrigacional de compra e venda sinalizado em que se tenha já verificado a tradição da coisa que não tenha ainda sido resolvido.

[1119] O regime das obrigações hipotecárias (Dec.-Lei n.º 59/2006, de 20/3) – como se verá como mais detalhe *infra* –, introduziu alterações à graduação dos créditos garantidos por hipoteca que sejam afectos a essas obrigações em termos tais que prejudicam fortemente o promitente beneficiário do direito de retenção, uma vez que os créditos hipotecários afectos às obrigações hipotecárias e que lhe servem de garantia (constituindo um património autónomo – art. 4.º n.º 3 do Dec.-Lei n.º 59/2006, de 20/3) prevalecem na graduação sobre os créditos que beneficiem de privilégio imobiliário especial e sobre os créditos assegurados pelo direito de retenção Por isso, os créditos hipotecários serão neste enquadramento específico graduados em primeiro lugar.

Tal significa que, de forma que cremos ser excessiva, e não absolutamente necessária, para o fim que se tem em vista (porque existem outros mecanismos de tutela do credor hipotecário que permitem assegurar a tutela dos titulares das obrigações hipotecárias sem ter que se recorrer a este meio, como necessária diferença de valor entre o crédito garantido e o bem objeto da hipoteca, ou a relação entre o valor nominal global das obrigações hipotecárias em circulação e o valor nominal global dos bens integrantes do património autónomo a elas afecto – ver para os instrumentos que a lei consagra para a tutela dos titulares das obrigações hipotecárias, ver, *infra*, n.º 36.3.1.), se desprotegem os promitentes-compradores na promessa sinalizada com tradição da coisa. Basta que os créditos sejam afectos à garantia das obrigações. Facto de que o promitente-comprador, que pode ser um consumidor (o único titular do direito de retenção, na interpretação proposta), nem sequer tem conhecimento.

Acresce que mesmo que se entendesse que os instrumentos a que a lei recorre para tutelar os titulares das obrigações hipotecárias não fossem suficientes, a forma mais adequada de criar essa tutela seria a de aumentar as margens previstas na lei para a diferença entre o valor dos bens onerados e o valor nominal dos créditos garantidos e/ou do valor nominal global dos bens integrantes do património autónomo face ao valor nominal global das obrigações hipotecárias em circulação, o que significaria fazer recair esse custo sobre os emitentes das referidas obrigações (ligando o custo aos beneficiários das mesmas) e não, como agora sucede, também sobre os promitentes compradores(/consumidores) que gozem de um direito de retenção.

Cremos que, no quadro acabado de traçar, se colocam sérias dúvidas sobre constitucionalidade desta norma. No futuro, iremos regressar noutra ocasião, com mais detalhe, a este ponto.

[1120] Sobre esta matéria, para a fundamentação muito detalhada do que se expõe, quase só quanto ao resultado, em texto, ver M. PESTANA DE VASCONCELOS, *Direito de retenção, contrato-promessa e insolvência*, cit., pp. 3, ss.. Para onde tomamos a liberdade de remeter (igualmente quanto à doutrina e a jurisprudência), e que é pressuposto do que, de forma bastante resumida (uma exposição mais ampla sairia da economia deste trabalho), se diz em texto.

Caso a resolução já tenha sido declarada ainda antes da insolvência, não há especiais dificuldades. O promitente-comprador na promessa obrigacional sinalizada em que tenha havido tradição da coisa (já vimos que só quando seja consumidor) adquire um direito de retenção que assegura a restuição do sinal em dobro. Trata-se de um crédito garantido que terá que ser reclamado e depois graduado no seio do processo insolvencial. Dada a robustez desta garantia, a probabilidade de satisfação do crédito, e, portanto, a medida da proteção deste particular credor, é muito elevada[1121].

II. A questão coloca-se de forma diversa se – sempre, tratando-se de um contrato-promessa obrigacional sinalizado em que tenha havido tradição da coisa (sendo o promietente comprador um consumidor) – se tiver sido declarada a insolvência do promitente-vendedor (em regra, um empreiteiro ou um promotor imobiliário) sem que tenha havcido ainda incumprimento definitivo por parte do deste último.

Aplica-se aqui o regime dos negócios em curso.

O que significa que no que toca ao contrato-promessa que a norma aplicável é o art. 106.º CIRE. Com efeito, este regime assenta numa norma

Tem uma posição diversa da que se expõe em texto, sustentado que o promitente-comprador não goza nesse caso de um direito de retenção: CATARINA SERRA, *Lições de direito da insolvência*, Almedina, Coimbra, 2018, pp. 234, ss.; NUNO MANUEL PINTO DE OLIVEIRA/ CATARINA SERRA, *Insolvência e contrato-promessa*, ROA, 2010, pp. 395, ss..

Mas no sentido do texto L. CARVALHO FERNANDES/JOÃO LABAREDA, *A reclamação, verificação e graduação de créditos em processo de insolvência*, Dir., 2011, pp. 1147, ss., pp. 1152, ss.. Sustentam estes Autores (aderindo, em parte, à solução que propomos no nosso referido artigo) que se o administrador escolher a recusa de cumprimento, o promitente-comprador quando tenha havido tradição da coisa adquire um direito de retenção. Nas suas palavras: "...nada obsta a que o administrador, conhecendo ele mesmo a realidade como existe, reconheça um direito de crédito assistido de um direito de retenção mesmo se nenhuma reclamação pré-existe. E, aliás, como já atrás exposto, deve realmente fazê-lo nos casos em que, exercendo a a opção que dispõe por virtude do art. 102.º, n.º 1, recusa o cumprimento do contrato, sabendo que efetivamente, o promitente-comprador goza de tradição do bem objeto do contrato prometido". (*ob. últ. cit.*, p. 1167). Ver ainda as conclusões, p. 1169.

Ainda, considerando não ser "minimamente sustentável" a posição que pretende "excluir o direito de retenção em caso de recusa do cumprimento do contrato-promessa, verificada em sede de insolvência.", L. MENEZES LEITÃO, *Direito da insolvência*, cit., p. 188, nota 246.

[1121] Ver *infra*, n.º 24.6., com mais detalhe quanto ao regime insolvencial do direito de retenção.

genérica, aplicável aos contratos bilaterais sinalagmáticos não integralmente cumpridos por ambas as partes (art. 102.º CIRE)[1122], e a regulação de um conjunto de negócios, com regimes próprios.

O que sucede com o contrato-promessa. Está, à primeira vista, previsto e regulado no art.106.º CIRE. Resta determinar o real alcance desta norma[1123].

III. Numa primeira e superficial análise (e parcelar, já que não tem em conta a restantes disciplina desta figura), o regime dos contratos-promessa obrigacionais, sinalizados ou não, seria o seguinte (art. 106.º n.º 2 CIRE): declarada a insolvência do promitente-vendedor, o administrador, poderia optar entre o cumprimento, eventualidade em que se irá celebrar o contrato prometido, ou a sua recusa.

Se o administrador optar pelo cumprimento e depois não cumprir, a outra parte poderá neste caso resolver o contrato e exigir o sinal em dobro (na promessa sinalizada)[1124] ou, eventualmente (p. ex., nos casos do art. 830.º n.º 3), recorrer à execução específica.

[1122] Ver sobre ela, de forma desenvolvida, M. PESTANA DE VASCONCELOS, *O regime insolvencial da compra e venda*, RFDUP, 2006, pp. 521, ss..

[1123] L. MENEZES LEITÃO (*Direito da insolvência*, cit., p. 195) faz uma interpretação corretiva do art.106.º CIRE. Entende o Autor que o contrato-promessa com eficácia real não pode ser "em caso algum, afectado pela declaração de insolvência". Quanto ao contrato-promessa sem eficácia real, "não poderia ser objeto de recusa do cumprimento se o beneficiário tiver obtido tradição da coisa, sendo esta a hipótese contemplada no art. 106.º n.º 1". Quanto ao n.º 2 do art. 106.º, "abrangeria apenas as situações em que ainda não ocorreu a entrega da coisa ao promitente-comprador, caso em que pode haver recusa de cumprimento, nos termos gerais, apenas com a diferença de que o crédito sobre a insolvência previsto no art. 102.º n.º 3 al. c) ser calculado de acordo com o critério do art. 104.º n.º 5." Esta posição foi adotada no Acórdão do STJ de 20/10/2011 (Hélder Roque), in: www.dgsi.pt

Como resulta do exposto em texto, entendemos errada a opção seguida pelo legislador. *De iure constituendo*, pois, estamos de acordo com a posição deste Autor. *De iure constituto*, porém, não vemos base suficiente para sustentar a referida interpretação corretiva.

Como decorre, e melhor se explicará, na exposição subsequente em texto, também não podemos acompanhar o Autor na aplicação do art. 106.º n.º 1 CIRE aos casos de promessa com entrega da coisa, assim como no que diz respeito ao âmbito de aplicação definido para o art. 106.º n.º 2 CIRE.

[1124] O incumprimento pelo administrador, depois de ter optado pelo cumprimento, é um ato ilícito (ao contrário da recusa do cumprimento) e culposo, que teria necessariamente que ter as consequências do art. 442.º, bem como do art. 755.º, n.º 1, al. f) [embora como crédito

A recusa por parte do administrador conduziria, nos termos do art. 106.º n.º 2 CIRE, à aplicação do art. 104.º n.º 5 CIRE, onde se consagra a indemnização pela diferença, sendo que este por sua vez remete, com a especialidade que consagra, para o art. 102.º n.º 3 CIRE.

Portanto: a contraparte do insolvente teria direito à indemnização pela diferença, se esta de acordo com o critério do art. 104.º n.º 5 CIRE fosse positiva, podendo ainda exigir uma indemnização em montante superior, nos termos do art. 102.º, n.º 3, al. d) CIRE, tendo de provar esses danos, e não teria direito à restituição do sinal prestado [art. 102.º, n.º 3, al. a) CIRE]. Estaria, pois, afastado o sinal em dobro, assim como o direito de retenção.

IV. Daqui resultaria o seguinte: o promitente-comprador consumidor, tendo prestado sinal, teria que abandonar o imóvel onde – tratando-se, como em regra se tratará, de habitação própria –, vivia (já houve tradição), passando a credor comum de uma indemnização calculada nos termos acima referidos e que poderá ter por objeto, simplesmente, o montante do sinal prestado. De que ele como credor comum viria a recuperar, no âmbito do rateio, uma pequena parte. O que não é aceitável e exige um esforço de análise mais profundo que permita detetar as linhas valorativas centrais aqui consagradas, com base nas quais se possa depois, sem quebras, sem contradições, articular o seu regime global.

V. Pois bem, realizado esse esforço,[1125] podemos afirmar que as razões de coerência interna decorrentes do regime do sinal (que se carateriza pela reciprocidade) e, *principalmente*, as linhas de força valorativas (e este é o aspeto decisivo, dada a necessidade de adequação valorativa[1126]) que se

sobre a massa, porque o dever de celebrar o contrato definitivo constituía já neste caso – art. 51.º, n.º 1, al. f) CIRE – uma dívida da massa]. Haveria neste caso, também, responsabilidade do administrador, nos termos do art. 59.º n.º 1 CIRE, uma vez que há uma violação culposa de um dever (de cumprir as obrigações da massa, neste caso resultantes de ato seu).

[1125] Ver M. PESTANA DE VASCONCELOS, *Direito de retenção, contrato-promessa e insolvência*, cit., pp. 3, ss..

[1126] Quanto à necessidade de, no âmbito do sistema, se detectarem os valores e os pensar ""até ao fim", em todas as suas consequências", de forma a obter-se a necessária adequação valorativa, CLAUS WILHELM CANARIS, *Pensamento sistemático e conceito de sistema na ciência do direito* (tradução de Menezes Cordeiro da 2.ª ed., de 1983, de Systemdenken und Systembegriff in der Jurisprudenz), Fundação Calouste Gulbenkian, Lisboa, 1989, p. 18.

retiram, quer do regime insolvencial do contrato-promessa na insolvência do promitente-comprador, quer, *em particular, e de forma especialmente incisiva*, da disciplina da promessa sinalizada e suas alterações, exigem a extensão desta também ao caso de recusa de cumprimento por parte do administrador.

Somos, por isso, conduzidos a uma interpretação restritiva do art. 106.º, n.º 2 CIRE. A regulação desta modalidade de contrato-promessa (sinalizada) não se encontra aqui diretamente abrangida[1127].

Na verdade, decorre da análise dos regimes civil e insolvencial do contrato-promessa resulta que há um caso específico, aquele dos efeitos da recusa de cumprimento por parte do administrador no contrato-promessa sinalizado em que o promitente-vendedor seja insolvente, que não está diretamente regulado, sendo que, atendendo à teleologia desses regimes, o deveria estar. Estamos face a uma lacuna "teleológica".

O recurso à analogia leva à aplicação regime do art. 442.º, ns. 2 e 4, previsto para o não cumprimento imputável do promitente-alienante.

Por outro lado, no que diz respeito ao direito de retenção, a análise da teleologia ao art. 755.º, n.º 1, al. f) permite, também, detetar a lacuna e o seu preenchimento, com a aplicação por analogia da mesma norma. Na realidade, as valorações que conduziram à criação deste direito de garantia fora do processo insolvencial – não é difícil concluir – justificam-se *principalmente* depois de declarada a insolvência da contraparte do promitente-adquirente. É nessa altura que ele está *especialmente carente* da tutela que a norma lhe visa conceder[1128].

[1127] Sustentando também uma interpretação restritiva do art. 106.º n.º 2 CIRE, excluindo do seu âmbito as promessas sinalizadas, o que igualmente defendemos (embora com outros fundamentos), e aplicando aqui embora também com outro fundamento o art. 442.º, F. GRAVATO MORAIS, *Promessa obrigacional de compra e venda com tradição da coisa e insolvência do promitente-vendedor*, CDP, n.º 29, 2010, p. 9.

[1128] Adotando expressamente a posição por nós defendida no que toca ao direito de retenção decorrente da recusa de cumprimento pelo administrador do contrato-promessa em que haja tradição da coisa na insolvência quando a outra parte for um consumidor, o Acórdão do STJ de 14/6/2011 (Fonseca Ramos), cit. Onde se lê: "Em caso de recusa pelo administrador da insolvência em cumprir o contrato-promessa de compra e venda, só no caso do promitente-comprador tradiciário ser um consumidor é que goza do direito de retenção e tem direito a receber o dobro do sinal prestado; não sendo consumidor não lhe assiste tal direito, sendo um credor comum da insolvência."

Nessa medida, a posição do promitente-comprador/consumidor na promessa com eficácia obrigacional sinalizada e em que se tenha verificado a tradição da coisa, se o administrador recusar o cumprimento, consiste no crédito à restituição do sinal em dobro garantido por um direito de retenção[1129]_[1130]

25.4.2.4. O Acórdão de uniformização de jurisprudência n.º 4/2014. A noção de consumidor.

I. A posição por nós sustentada, quanto ao resultado, que acabámos de expor nos números anteriores, veio a ser adotada no Acórdão de uniformização de jurisprudência n.º 4/2014 de 19 de maio de 2014 (Távora Vitor)[1131]: "No âmbito da graduação de créditos em insolvência o consumidor promitente-comprador em contrato, ainda que com eficácia meramente obrigacional com *traditio,* devidamente sinalizado, que não obteve o cumprimento do negócio por parte do administrador da insolvência, goza do direito de retenção nos termos do estatuído no artigo 755.º n.º 1 alínea f) do Código Civil".

O acórdão teve diversos votos de vencidos. Todavia, as discordâncias com o AUJ não incidiram sobre a atribuição desta garantia em sede insolvência – aspeto que foi praticamente pacífico –, mas em grande parte na limitação da tutela ao consumidor[1132].

[1129] Voltamos a sublinhar: trata-se de um muito curto resumo do resultado a que se chega. Para a sua fundamentação, extensa, ver M. PESTANA DE VASCONCELOS, *Direito de retenção, contrato-promessa e insolvência*, cit., pp. 3, ss..

[1130] No Acórdão do STJ de 20/10/2011 (Hélder Roque), – já anteriormente citado – sustenta-se mesmo, estendendo a proteção do promitente-comprador, que "No caso de existir tradição da coisa para o promitente-comprador, que já cumpriu, totalmente, a sua contra-prestação, a recusa do cumprimento do contrato-promessa, na hipótese de insolvência do promitente vendedor, por parte do administrador de insolvência, já se não afigura possível, independentemente de o contrato-promessa ter ou não eficácia real."

[1131] In: www.dgsi.pt.

[1132] Neste sentido, os Senhores Conselheiros Abrantes Geraldes, Gonçalves Poças, Martins Afonso, Pires da Rosa, Salreta Pereira, João Bernardo, Oliveira e Sá. Também a Senhora Conselheira Maria dos Prazeres Beleza e os Senhores Conselheiro Lopes do Rego e Bettencourt de Faria, Oliveira Vasconcelos, Serra Baptista.

Estes últimos Conselheiros, entendendo que a questão deve ser resolvida no âmbito de aplicação do art. 755.º, n.º 1, al. f), operando-se uma restrição por via do conceito de tradição. Estes Conselheiros não afastam também a qualidade de consumidor da interpretação da

Esta posição, e este acórdão uniformizador, veio, mais tarde, na doutrina a receber o aplauso de Calvão da Silva[1133].

II. O acórdão, como é reconhecido pela jurisprudência, todavia não uniformizou o conceito de consumidor, para este efeito. O direito nacional contem em diferentes quadrantes normativos diversas noções de consumidor, que variam, embora de forma muito limitada, com os diplomas não existindo uma definição genérica[1134].

Assim, na Lei de defesa do consumidor (art. 2.º) considera-se consumidor "todo aquele a quem sejam fornecidos bens, prestados serviços ou transmitidos quaisquer direitos, destinados a uso não profissional, por pessoa que exerça com carácter profissional uma atividade económica que vise a obtenção de benefícios."

No regime das garantias de bens de consumo, trata-se "aquele a quem sejam fornecidos bens, prestados serviços ou transmitidos quaisquer direitos, destinados a uso não profissional, por pessoa que exerça com carácter profissional uma actividade económica que vise a obtenção de benefícios, nos termos do n.º 1 do artigo 2.º da Lei n.º 24/96, de 31 de Julho" [art. 1.º-B al. a) do Dec.-Lei n.º 67/2003, de 8 de abril][1135_1136]

norma; contudo, preferem fazê-la operar, embora de uma forma mais diluída, e indireta, no âmbito da interpretação dos seus pressupostos. Como refere de forma muito clara o Conselheiro Lopes do Rego: "na verdade, a ponderação e o relevo a atribuir à dita qualidade de consumidor devem traduzir-se, a nosso ver, no plano da correta interpretação dos pressupostos tipificados na norma da alínea f) do n.º 1 do art. 755.º do CC, nomeadamente no sentido de atribuir ao conceito legal de tradição do imóvel, de modo a fazer-se uma interpretação funcionalmente adequada deste verdadeiro requisito do direito de retenção – excluindo existência de tradição do imóvel em todos os casos que se verifique que, afinal, o promitente-comprador não lhe deu uso real, permanente e definitivo".

[1133] J. CALVÃO DA SILVA, *Sinal e contrato-promessa*, 14.ª ed., Almedina, Coimbra, 2018, p. 164.

[1134] Ver sobre esta matéria, J. CALVÃO DA SILVA, *Responsabilidade civil do produtor*, cit., pp. 56, ss.; C. FERREIRA DE ALMEIDA, *Direito do consumo*, cit., pp. 25, ss.; J. MORAIS CARVALHO, *Manual de direito do consumo*, 4.ª, Almedina, Coimbra, 2017, pp. 21, ss..

[1135] Procede à transposição para o direito interno da Diretiva n.º 1999/44/CE, do Parlamento Europeu e do Conselho, de 25 de maio, relativa a certos aspetos da venda de bens de consumo e das garantias a ela relativas, com vista a assegurar a proteção dos interesses dos consumidores.

Na lei do crédito ao consumo, consumidor é "a pessoa singular que, nos negócios jurídicos abrangidos pelo presente decreto-lei, atua com objetivos alheios à sua atividade comercial ou profissional"[1137] [art. 4.º, n.º 1, al. a) Dec.-Lei n.º 133/2009, de 2/6].

No regime jurídico aplicável às práticas comerciais desleais das empresas nas relações com os consumidores (Dec.-Lei n.º 57/2008, de 26/3), consumidor é "qualquer pessoa singular que, nas práticas comerciais abrangidas pelo presente decreto-lei, actue com fins que não se incluam no âmbito da sua actividade comercial, industrial, artesanal ou profissional" [art. 3.º, al. a)]

III. Há, todavia, diplomas que se referem a consumidor sem que o definam para esse âmbito, como sucede no RGICSF, ver art. 77.º, n.º 11, als. c) e e), arts. 90.º-B, n.º 1, art. 90.º-C, ns. 1 e 3. O que implica que tenha, tal como neste caso, de ser concretizado[1138].

IV. Do que acabámos de ver, resulta que no ordenamento jurídico nacional é possível determinar, com um grau já de considerável precisão, em que consiste um consumidor. Trata-se de uma pessoa que no âmbito de determinados contratos atua fora do âmbito da sua atividade profissional, sendo a outra parte um profissional, isto é, um sujeito que atue no âmbito da sua atividade (comercial, industrial, artesanal ou profissional). Adotou-se assim a noção restrita de consumidor, sendo a sua definição não só subjetiva, mas também relacional[1139].

Pelo que estão fora desta noção os casos em que a contraparte seja um não profissional que vende a um não profissional (venda puramente civil), ou um profissional com um outro profissional. No caso específico,

[1136] Sobre ele, ver J. CALVÃO DA SILVA, *Venda de bens de consumo*, 4.ª ed., Almedina, Coimbra, 2010, pp. 55, ss..

[1137] Credor é a "pessoa, singular ou coletiva, que concede ou que promete conceder um crédito no exercício da sua atividade comercial ou profissional" [art. 4.º, n.º 1, als. a) e b) do Dec.-Lei n.º 133/2009, de 2/6].

[1138] Quanto a esta necessidade no âmbito do AUJ, ver o Acórdão do STJ de 31/10/2017 (Henrique Araújo), cit..

[1139] A jurisprudência é pacífica neste ponto, ver o Acórdão do STJ de 29/5/2014 (João Bernardo), in: www.dgsi.pt.

um contrato-promessa entre duas pessoas singulares, que não o adquiram no âmbito da sua atividade profissional ou comercial (não se está no âmbito do direito do consumo), ou um contrato-promessa entre duas pessoas, singulares ou coletivas que se dediquem à compra para revenda.

São também retirados deste âmbito, em regra, os casos em que o promitente não seja uma pessoa singular[1140]. Assim, uma sociedade comercial que promete comprar a um empreiteiro.

V. Temos, assim, as hipóteses em que uma pessoa singular se relaciona com um profissional, em regra uma pessoa coletiva. É consumidor, se atuar fora da sua atividade profissional. Pelo que aqui se inserem os casos mais relevantes da compra para habitação[1141], própria ou compra para dar de arrendamento. Com efeito, trata-se, neste último caso, de uma forma comum de investir as poupanças a compra de um imóvel para depois dar de arrendamento, sendo nessa medida, para uso próprio e não profissional, como bem se sublinha no acórdão do STJ de 5/7/2016 (Ana Paula Boularot)[1142_1143]

[1140] Neste sentido, o Acórdão do STJ de 5/6/2016 (Ana Paula Boularot), in: www.dgsi.pt. Com a limitação à pessoa singular, J. CALVÃO DA SILVA, *Venda de bens de consumo,* cit. p. 56. Note-se, porém, que a lei de defesa do consumidor permite enquadrar no seu âmbito, pelo menos em termos genéricos, as pessoas coletivas (art. 2.º, n.º 1: "todo aquele"). E parece que em certos casos se poderiam incluir aqui, embora de forma muito limitada, algumas pessoas coletivas. Como refere C. FERREIRA DE ALMEIDA (*Os direitos dos consumidores,* Almedina, Coimbra, 1982, p. 216), a LDC não tomou uma posição sobre essa matéria, "deixando para a a jurisprudência a decisão sobre a admissibilidade de certas pessoas colectivas de organização não empresarial". Em sentido próximo, L. MENEZES LEITÃO, *O Direito do consumo: autonomização e configuração dogmática,* in: Estudos do instituto de direito do consumo, vol. I (coord. Luís Menezes Leitão), Instituto de direito do consumo/Faculdade de Direito da Universidade de Lisboa, Almedina, Coimbra, 2002, p. 22. E, essa medida, a nossa proposta de permitir, neste caso, e para este efeito, em termos limitados, certas pessoas coletivas que, no caso concreto, se entendesse mercerem tutela idêntica – ver, *infra,* nota 1148.

[1141] Ver, p. ex., o Acórdão da Relação de Guimarães de 18/12/2017 (Espinheira Baltar), in: www.dgsi.pt.

[1142] Aí se refere de forma muito clara e incisiva, em termos em que nos revemos: "Veja-se a este propósito que as constantes crises económicas e a baixa da taxa de juros, que hoje em dia atinge montantes quase negativos, leva que se procure outras formas de aplicação das poupanças, *maxime,* através da compra de imóveis para rendimento, por parte de particulares que têm as suas actividades profissionais e apenas pretendem com as aludidas aplicações a satisfação de necessidades pessoais, aumentando assim o seu pecúlio, e não fazer de tais apli-

IV. Já não está protegido aquele que compra para revenda, porque não se trata de um destinatário final do bem[1144], como sublinha o próprio acórdão uniformizador e se destaca logo no acórdão do STJ de 29/5/2014 (João Bernardo)[1145]. Embora os casos mais relevantes sejam os de aquisição para habitação, o prédio não tem que ser urbano, e a finalidade não tem que ser essa, como se referiu[1146]. Por fim, como foi apontado, o imóvel não pode ser utilizado no âmbito da atividade profissional do promitente-comprador[1147].

cações uma eventual outra actividade profissional." Nesta linha segue: o Acórdão da Relação de Guimarães de 9/01/2015 (Manuel Bargado), in: www.dgsi.pt.; o Acórdão da Relação de Guimarães de 26/01/2017 (Lina Castro Baptista), in: www.dgsi.pt

1143 Não se pode claro tratar de uma atividade do sujeito, mas de atos isolados, como bem se refere no Acórdão do STJ de 24/05/2016 (Nuno Cameira), in: www.dgsi.pt.: tendo em "consideração que no caso dos autos os recorridos, promitentes compradores, são pessoas singulares que adquiriram a fracção fora do âmbito da sua actividade profissional; que o arrendamento para habitação celebrado foi, tudo o indica, um acto isolado (pois não se provou que tenham dado de arrendamento e aufiram rendas de outros imóveis de que sejam titulares); que não exercem com carácter profissional actividade económica lucrativa; e que ao prometer comprar a fracção à sociedade declarada insolvente não a destinaram a uma actividade profissional nem, além disso, agiram no âmbito duma actividade dessa natureza, concluímos que são consumidores...".

1144 Acórdão do STJ de 17/11/2015 (Fonseca Ramos), in: www.dgsi.pt: "O conceito de consumidor que o referido AUJ acolheu foi o conceito restrito, funcional, segundo o qual consumidor é a pessoa singular, destinatário final do bem transaccionado, ou do serviço adquirido, sendo-lhe alheio qualquer propósito de revenda lucrativa"; o Acordão da Relação do Porto de 08/05/2017 (Jorge Seabra), in: www.dgsi.pt, relativo a uma "compra e venda a futura aquisição de uma fracção autónoma destinada ao exercício do comércio e/ou serviços e estabelecimento de restauração e bebidas"; Acordão da Relação do Porto de 11/07/2018 (Jorge Seabra), in: www.dgsi.pt.

1145 In: www.dgsi.pt.; Acórdão do STJ de 3/10/2017 (Júlio Gomes), in: www.dgsi.pt. E, na mesma linha, o Acórdão da Relação do Porto de 28/03/2017 (Rodrigues Pires), in: www.dgsi.pt.; o Acórdão da Relação de Guimarães de 23/11/2017 (Alcides Rodrigues), in: www. dgsi.pt (onde o promitente-comprador, para além de se dedicar à compra e venda de imóveis e revenda, era uma sociedade por quotas).

1146 Como se sustenta no acórdão do STJ de 16/2/2016 (Maria Clara Sottomayor), in: www.dgsi.pt. Mais recentemente, o Acórdão do TRL de 4/10/2018 (António Moreira), in: www.dgsi.pt. Estaríamos de acordo com o acórdão do Tribunal da Relação de Guimarães de 09/11/2017 (Afonso Cabral de Andrade), in: www.dgsi.pt, uma vez que o uso do bem seria fora da atividade do promitente-comprador, não fosse o caso de se tratar de uma sociedade por quotas, que entedemos dever excluir-se da noção de consumidor, para este efeito.

1147 Ver o Acórdão do STJ de 29/07/2016 (Júlio Gomes), in: www.dgsi.pt, onde se decide um caso em que o promitente-comprador pretendia o prédio para instalar aí máquinas para utilizar na sua atividade produtiva.

Nesses casos, inexiste a proteção. Sendo um profissional, não tem as caraterísticas típicas da debilidade, nomeadamente informativa, de um sujeito que não o seja.

Não pode, pois, de entre outros aspetos, ser um comerciante que o usa no âmbito da sua empresa. Mas, pode ser um comerciante (ou outro profissional) que o destina a um outro fim não integrado na sua atividade mercantil.[1148]

V. A solução a que se chegou com o AUJ permitiu dar a devida tutela aos mais carentes de proteção, que poderiam caso assim não fosse ter sido despojados tanto do imóvel em que muitas vezes já habitavam (se o administrador não optasse pelo cumprimento do contato, para o qual não tinha qualquer incentivo, tendo pelo contrário que maximizar a massa no interesse da generalidade dos credores[1149]), ou do sinal pago, em caso de insolvência – fenómeno bastante comum – do promitente-vendedor.

Uma solução mais ampla teria tutelado aqueles que não careciam de uma proteção específica, porque não tendo a posição de debilidade que justificasse a tutela acrescida que o direito de retenção confere – não se esqueça que prevalece sobre a hipoteca, mesmo anteriormente registada –; o afastamento desse direito – que, como se referiu, foi aceite de forma

[1148] A solução a que se chega é praticamente idêntica à que sustentámos inicialmente a este respeito (e que constava do o anteprojecto do Código do Consumidor, art. 10.º, n.º 1), e tem por base no conceito restrito de consumidor.

Contudo, de forma cautelosa, excecionalmente, permitia-se depois no art. 11.º, tanto no n.º 1 como no n.º 2 estender, em certos termos, esse regime às pessoas coletivas "se provarem que não dispõem nem deveriam dispor de competência específica para a transacção em causa e desde que a solução se mostre de acordo com a equidade" (art. 11.º n.º 1) e às outras "pessoas singulares que actuem na prossecução de fins que pertençam ao âmbito da sua actividade profissional" nos termos referidos ao art. 11.º 1, art. 11.º n.º 2.

Sustenta-se uma abertura cuidadosa e limitada para casos, em grande medida excecionais, em que se justificasse a aplicação deste regime. Conferindo, o que nos parece adequado – e daí o termos defendido neste quadrante –, uma margem de manobra ao julgador no caso concreto, em que a particular situação de debilidade que carateriza o consumidor/pessoa singular também se verifique.

[1149] Como bem se sublinha no Acórdão do STJ de 17/04/2018 (Ana Paula Boularot), in: www.dgsi.pt: "sendo certo que o aludido poder [de escolha do administrador entre o cumprimento e o não cumprimento] tem de ter em conta os interesses da massa, já que o AI deve orientar a sua conduta por forma a maximizar a satisfação dos interesses dos credores".

quase unânime pelo Supre Tribunal – teria desprotegido ao mais frágeis (na relação com os credores titulares de hipoteca, quase sempre os bancos, entes que podem calcular o risco e se dotam cumulativamente de outras garantias), gerando uma situação de clara injustiça material.

25.5. O regime geral do direito de retenção

I. Nos termos do regime geral do direito de retenção, o retentor não pode invocar o seu direito enquanto o seu crédito não estiver vencido, só o podendo fazer antes do vencimento, se se verificar alguma das circunstâncias que levam à perda do benefício do prazo (art. 757.º n.º 1).

Contudo, o credor poderá invocar o seu direito antes ainda de o seu crédito ser líquido (art. 757.º n.º 2).

II. No que diz respeito às coisas móveis, a lei equipara, quanto aos direitos e obrigações, o retentor ao credor pignoratício (art. 758.º). Essa equiparação não se verifica quanto à substituição e ao reforço da garantia (art. 758.º, *in fine*).

Daí que elas serão executadas através do recurso à via judicial, por meio da ação executiva, recaindo a penhora sobre a coisa retida, que será depois vendida. A equiparação é realizada também no que respeita ao concurso com os outros credores cujos créditos beneficiem de garantias reais.

Se a coisa retida for imóvel, até à entrega da coisa, são aplicáveis quanto aos direitos e obrigações do retentor, as regras do penhor com as necessárias adaptações (art. 759.º n.º 3). Note-se que a doutrina entende que, tal como acontece com os móveis, essa equiparação não se verifica quanto à substituição e ao reforço da garantia[1150].

Quanto à execução, o retentor poderá fazê-lo nos mesmos termos em que o poderia fazer um credor hipotecário, portanto, pela via judicial, necessariamente através do recurso à venda em processo executivo (art. 759.º n.º 1). No entanto, conforme já assinalámos, na parte relativa ao concurso de credores, a lei faz, de forma excecional, o direito de retenção

[1150] PIRES DE LIMA/ANTUNES VARELA (com a colaboração de M. HENRIQUE MESQUITA), *Código civil anotado*, vol. I, cit., p. 783; M. J. ALMEIDA COSTA, *Direito das obrigações*, cit., p. 982.

prevalecer sobre uma hipoteca, ainda que esta tenha sido anteriormente registada (art. 759.º n.º 2)[1151]. Não há inconstitucionalidade nesta prevalência.[1152]

III. Ao retentor é conferido o direito de usar, em relação à coisa detida, das acções de defesa da posse, ainda que contra o próprio dono [art. 670.º al. a), art. 758.º e art. 759.º n.º 3].

Na eventualidade de penhora da coisa retida no seio de uma ação executiva interposta por um outro credor do seu dono, o retentor não poderá recorrer aos embargos de terceiro, uma vez que é titular não de um direito real de gozo, mas de um direito real de garantia. Pode sim, intervir na execução, como credor beneficiário da garantia real[1153].

É possível, no entanto, dar-se o caso de o credor que beneficie do direito de retenção não vir, por qualquer razão, a intervir no processo executivo e de a coisa ser depois vendida. A doutrina divide-se entre os que sustentam que o direito de retenção se extingue com a venda executiva[1154] e aqueles que defendem que ele se mantém (Menezes Cordeiro)[1155].

1151 Entendendo que a mesma solução deve valer para as hipotecas sobre coisas móveis, M. J. ALMEIDA COSTA, *Direito das obrigações*, cit., p. 981.

1152 Ver Acórdão do STJ de 11/7/2006 (Duarte Soares), in: www.dgsi.pt: Onde se lê no sumário: "I – O art. 755.º, n.º 1, al. f), do CC, interpretado no sentido de que o direito de retenção prevalece sobre a hipoteca, ainda que com registo anterior, não padece de inconstitucionalidade material ou orgânica".

1153 Neste sentido: J. ANTUNES VARELA, *Das Obrigações em geral*, vol. I, cit., p. 364; P. ROMANO MARTINEZ/P. FUZETA DA PONTE, *Garantias de cumprimento*, cit., pp. 230, ss.; MIGUEL MESQUITA, *Apreensão de bens em processo executivo e oposição de terceiro*, 2.ª ed., Almedina, Coimbra, 2001, pp. 172, ss..

1154 P. ROMANO MARTINEZ/P. FUZETA DA PONTE, *Garantias de cumprimento*, cit., pp. 233, J. P. REMÉDIO MARQUES, *Curso de processo executivo comum à face do Código revisto*, Almedina, Coimbra, 2000, p. 332; J. LEBRE DE FREITAS, *A transmissão do direito à indemnização por benfeitorias e a caducidade do direito de retenção pelo facto da venda executiva*, Themis, 2006, p. 26, nota 48, p. 29. Parece também ser esta a posição de PIRES DE LIMA/ANTUNES VARELA, *Código civil anotado*, vol. II, 4.ª ed., Coimbra Editora, Coimbra, 1997, p. 97 ("Os [direitos reais de] garantia caducam todos"). Na jurisprudência: o Acórdão da Relação de Évora de 06/10/2016 (Marta Ribeiro), in: www.dgsi.pt.; o Acórdão da Relação de Évora de 28/06/2018 (Isabel Peixoto Imaginário), in: www.dgsi.pt.

1155 A. MENEZES CORDEIRO, *Da retenção do promitente na venda executiva*, cit., pp. 547, ss., pp. 560, ss., p. 563. Conclui este Autor: "O direito de retenção, pela história como pelas suas

IV. Relativamente à extinção, a lei remete para as causas de cessação da hipoteca, a que acrescenta a entrega da coisa (art. 761.º), voluntária ou involuntária[1156]. Assim, sendo acessório do crédito do retentor, que assegura, extingue-se com a sua extinção. Extingue-se, ainda, pelo perecimento da coisa retida, pela prescrição quando recair sobre um imóvel e pela renúncia do credor.

25.6. O regime insolvencial do direito de retenção

I. Declarada a insolvência do dono da coisa, o retentor terá que a entregar ao administrador, uma vez que sendo o bem do insolvente integra a massa (art. 46.º n.º 1 CIRE) e o administrador terá que o apreender (arts. 149.º e 150.º CIRE), sem que o seu direito real de garantia se extinga. Caber-lhe-á exercer o seu direito, como titular de um crédito garantido [art. 47.º, n.º 4, al. a) CIRE], no processo insolvencial. Terá pois de o reclamar[1157].

A graduação dos créditos é geral, "para os bens da massa insolvente", e especial, para "os bens a que respeitem direitos reais de garantia e privilégios creditórios gerais" (art. 140.º n.º 2 CIRE). Portanto: para o bem objeto da garantia. No concurso com os outros credores garantidos sobre o bem objeto da garantia, aplicam-se as regras do penhor e da hipoteca, conforme se trate de bens móveis ou imóveis (arts. 758.º e 759.º), com exceção da sua prevalência sobre as hipotecas anteriormente constituídas por força do art. 759.º n.º 2.

Liquidada a coisa objeto do direito de retenção, "abatidas as correspondentes despesas"[1158], será de imediato feito o pagamento aos credores garantidos de acordo com a sua prioridade. Se o credor que beneficie do

características próprias, sendo anterior à penhora ou à situação que o origine, sobrevive, na venda executiva, visto o final do artigo 824.º/2". (*ob. ult. cit.*, p. 563).

[1156] Neste sentido: J. OLIVEIRA ASCENSÃO, *Direito civil, Reais*, cit., pp. 550-551; L. MENEZES LEITÃO, *Garantias das obrigações*, cit., p. 245.

[1157] Não é necessário que o credor para poder reclamar o crédito se apresente já munido com um título executivo. Ver, para essa demonstração, L. CARVALHO FERNANDES/JOÃO LABAREDA, *A reclamação, verificação e graduação de créditos em processo de insolvência*, cit., pp. 1147, ss., pp. 1152, ss..

[1158] E sem prejuízo do disposto no art. 172.º ns. 1 e 2 CIRE, relativo às dívidas da massa.

direito de retenção não ficar integralmente pago, será o saldo respectivo incluído entre os créditos comuns (art. 174.º n.º 1 CIRE).[1159]

II. Como titular de um direito real de garantia, cabem ao retentor dos direitos decorrentes do art. 164.º ns. 2 e 3 CIRE.

Ou seja: terá sempre que ser ouvido sobre a modalidade de alienação e informado do valor base fixado ou do preço da alienação projetada a entidade determinada.

E se, no prazo de uma semana, ou posteriormente, mas em tempo útil, o credor garantido propuser a aquisição do bem, por si ou por terceiro, por preço superior ao da alienação projetada ou ao valor base fixado, o administrador da insolvência, se não aceitar a proposta, fica obrigado a colocar o credor na situação que decorreria da alienação a esse preço, se ela se vier a verificar a um preço inferior.

Sublinhe-se que, por esta via, se permite que o promitente-comprador com direito de retenção venha desta forma a adquirir o próprio bem objeto do contrato-promessa[1160].

26. Os privilégios creditórios

26.1. Introdução

I. O privilégio creditório[1161] é uma causa de preferência no pagamento de determinados créditos que é atribuída pela lei a certos credores, em

[1159] Remete-se aqui parcialmente para o que foi dito aquando da hipoteca, uma vez que a lei da insolvência estabelece uma disciplina idêntica para os créditos que beneficiem de garantia real.

[1160] Cfr. J. C. BRANDÃO PROENÇA, *Para a necessiade de uma melhor tutela dos promitentes--adquirentes de bens imóveis (maxime, com fim habitacional)*, cit., p. 8.

[1161] Sobre os privilégios creditórios, ver: PAULO CUNHA, *Da garantia nas obrigações*, vol. II, cit., pp. 257, ss.; A. VAZ SERRA, *Privilégios*, BMJ n.º 64, pp. 41, ss.; PIRES DE LIMA/ANTUNES VARELA (com a colaboração de M. HENRIQUE MESQUITA), *Código civil anotado*, vol. I, cit., pp. 754, ss.; J. ANTUNES VARELA, *Das Obrigações em geral*, vol. II, cit., pp. 571, ss.; M. J. ALMEIDA COSTA, *Direito das obrigações*, cit., pp. 959, ss.; A. MENEZES CORDEIRO, *Direitos Reais*, cit., pp. 1096, ss.; idem, *Salários em atraso e privilégios creditórios*, ROA, 1998, pp. 645, ss.; idem, *Tratado de direito civil X, direito das obrigações, garantias*, cit., pp. 783, ss.; P. ROMANO MARTINEZ, *Direito das obrigações, apontamentos*, cit., pp. 378, ss.; P. ROMANO MARTINEZ/P. FUZETA DA PONTE, *Garantias de cumprimento*, cit., pp. 207, ss.; L. MENEZES LEITÃO,

particular entes públicos, assumindo aqui relevo, pelo volume dos créditos, a Fazenda Pública e a segurança social, sendo totalmente desprovido de publicidade. Daí se dizer, de forma expressiva, que "...constituem um perigo grave para a navegação comum do comércio jurídico..."[1162].

Por essa razão, o legislador de 1966 (art. 8.º do diploma que aprova o Código Civil[1163]) pretendeu limitá-los àqueles consagrados no Código Civil, mas posteriormente não resistiu à tentação de os criar quase em catadupa. Além do mais, a interpretação dominante sustenta que não foram atingidos os privilégios decorrentes do Código Comercial[1164].

Garantias das obrigações, cit., pp. 229, ss., pp. 294, ss.; A. SANTOS JUSTO, *Direitos reais*, cit., pp. 477, ss.; L. CARVALHO FERNANDES, *Lições de direitos reais*, cit., pp. 161, ss.; R. PINTO DUARTE, *Curso de direitos reais*, cit., pp. 279, ss.; A. LUÍS GONÇALVES, *Privilégios creditórios: evolução histórica. Regime. Sua inserção no tráfico creditício*, BFDUC, 1991, pp. 29, ss.; SALVADOR DA COSTA, *Concurso de credores*, cit., pp. 127, ss.; MIGUEL LUCAS PIRES, *Dos privilégios creditórios: regime jurídico e sua influência no concurso de credores*, Almedina, Coimbra, 2004; PAULO MARQUES, *Os direitos reais na atividade tributária, vol. II, garantias reais das obrigações*, cit., pp. 89, ss..

Ainda entre nós, em especial sobre os privilégios creditórios fiscais, ver o estudo clássico de ANTÓNIO SOUSA FRANCO, *Questões financeiras I. O Código Civil e o Direito Fiscal e outros estudos*, Cadernos de ciência e técnica fiscal, Lisboa, 1972. Recentemente, VÂNIA LOPES NETO, *Privilégios creditórios fiscais*, Fiscalidade, 2005, pp. 73, ss..

Ver ainda: ANTONINO SOGRI, *Privilegio speciale*, in: *Le garanzie personale e reali*, in *Il diritto privato nella giurisprudenza* (coord. por Paolo Cendon), Utet, Turim, 2006, pp. 201, ss.; D. LEGAIS, *Sûretés et garanties du crédit*, cit., pp. 451, ss.; J.-B. SEUBE, *Droit des suretés*, cit., pp. 114, ss.; L. AYNÈS/P. CROCQ, *Les sûretés. La publicité foncière*, cit., pp. 193, ss., pp. 317, ss..

[1162] J. ANTUNES VARELA, *Das Obrigações em geral*, vol. II, cit., p. 572.

Aliás, por isso, foram suprimidos nos direitos alemão e suíço, tendo sido criados para os substituir penhores e hipotecas legais, ver A. MENEZES CORDEIRO, *Salários em atraso e privilégios creditórios*, cit., p. 659.

[1163] Dec.-Lei n.º 47 344, de 25 de novembro de 1966. Nos termos do art. 8.º n.º 1: "Não são reconhecidos para o futuro, salvo em ações pendentes, os privilégios e hipotecas legais que não sejam concedidos no novo Código Civil, mesmo quando conferidos em legislação especial". Diz o n.º 2: "Excetuam-se os privilégios e hipotecas legais concedidas ao Estado ou a outras pessoas coletivas públicas, quando se não destinem à garantia de débitos fiscais."

[1164] Cfr. P. ROMANO MARTINEZ/P. FUZETA DA PONTE, *Garantias de cumprimento*, cit., p. 208; L. MENEZES LEITÃO, *Garantias das obrigações*, cit., p. 232, nota 567.

No sentido da manutenção, FERNANDO OLAVO, *Privilégios creditórios sobre o navio. Um feixe de questões*, CJ, 1984, pp. 13, ss.. O argumento utilizado é o seguinte: "esse Código só veio revogar *legislação civil*, nos precisos e expressos termos do art. 3.º do mesmo diploma", por isso, "os privilégios e a legislação especial a que o art. 8.º-1 se refere são apenas os de natureza civil, *não os de natureza comercial.*" (*ob. cit.*, p. 15 – itálico no original).

Esta matéria, de importância central, tem sofrido diversas modificações nos tempos mais recentes, tanto em virtude da declaração de inconstitucionalidade de certas interpretações jurisprudenciais que estendiam muito o alcance dos privilégios imobiliários gerais, equiparando o seu regime ao dos privilégios especiais, como devido às alterações sucessivas introduzidas, com fundamentos bem pouco sólidos, no seu muito sensível regime falencial/insolvencial.

Com efeito, como se verá, o CPEREF fazia cessar com a declaração de falência os privilégios do Estado, das autarquias locais e da segurança social, o que foi suavizado com o CIRE.

Importantes foram igualmente as modificações introduzidas pelo novo regime da ação executiva, cujo objetivo foi evitar o sucessivo prejuízo do credor exequente comum pelo credor titular de crédito que beneficiasse de privilégio geral.

Repare-se que, embora tratemos desta matéria no âmbito das garantias reais, a verdade é que nem todos os privilégios creditórios são direitos reais de garantia: é o que sucede com os privilégios creditórios gerais[1165]. De todo o modo, a sua análise em conjunto, como iremos realizar, é, cremos, benéfica[1166].

II. Os privilégios mais importantes são, sem dúvida, os atribuídos ao Estado e autarquias locais por créditos de impostos, e à segurança social por créditos relativos a contribuições. Como se disse já, e se verá com mais detalhe *supra*, esta matéria conheceu importantes alterações, nem todas convincentes, nem todas harmónicas.

Convirá refletir a este propósito se os privilégios creditórios de que beneficiam estes créditos não poderiam ser substituídos com vantagem

Quanto a este aspeto ainda, ver o Acórdão do Tribunal Constitucional 470/2001, de 24/10/2001 (Tavares da Costa), in: www.tribunalconstitucional.pt/tc/acordaos/20010470.html.

[1165] Ver, p. ex., L. CARVALHO FERNANDES, *Lições de direitos reais*, cit., p. 163. Já antes, PAULO CUNHA, *Da garantia nas obrigações*, vol. II, cit., p. 270.

[1166] Sublinhando este aspeto P. ROMANO MARTINEZ/P. FUZETA DA PONTE, *Garantias de cumprimento*, cit., p. 209. É assim que procedem a generalidade dos Autores, com exceção de L. MENEZES LEITÃO, *Garantias das obrigações*, cit.. Este Autor trata os privilégios especiais no seio das garantias reais (pp. 233, ss.) e os privilégios gerais no âmbito das garantias especiais sobre universalidades (pp. 296, ss.).

por outras garantias que fossem menos nocivas para o comércio, como p. ex., as hipotecas (de que os entes referidos já gozem, note-se).

Evitava-se desta forma o carácter oculto dos privilégios, que obsta (talvez melhor: dificulta e encarece), pelo menos sempre que estejamos face a privilégios imobiliários especiais (e mesmo, em menor grau, a privilégios mobiliários gerais), à concessão de crédito de que a economia precisa para se desenvolver. E, sem desenvolvimento económico, não há base para incidirem impostos.

Acresce que se a Fazenda Pública e a segurança social fossem céleres, como deveriam ser, na tutela dos interesses que lhes estão confiados, no registo dessas hipotecas, tal teria um efeito sinalizador para os agentes económicos que se dispusessem a conceder crédito a essas entidades.

26.2. Caracterização

I. Nos termos do art. 733.º, o privilégio creditório consiste "na faculdade que a lei, em atenção à causa do crédito, concede a certos credores, independentemente do registo, a serem pagos com preferência a outros".

O privilégio é assim atribuído por lei, não resultando de um negócio jurídico, em atenção à causa do crédito e tutela não só o crédito como os juros relativos aos últimos dois anos, se forem devidos (art. 734.º).

Como iremos ver, podem ser mobiliários ou imobiliários, consoante incidam sobre bens móveis ou imóveis, e gerais e especiais, conforme recaiam sobre um conjunto de bens ou um bem certo e determinado. Só estes últimos são direitos reais. Os privilégios gerais serão simples "direitos de prioridade que prevalecem contra os credores comuns, na execução do património debitório."[1167], "meras qualidades"[1168] de certos créditos.

[1167] M. J. ALMEIDA COSTA, *Direito das obrigações*, cit., p. 972.

[1168] Assim, A. MENEZES CORDEIRO, *Salários em atraso e privilégios creditórios*, cit., pp. 654-655, p. 657. É, porém, duvidoso que se constituam só no momento da penhora ou ato equivalente (como sustenta A. MENEZES CORDEIRO, *ob. últ. cit.*, p. 661). Eles têm que existir já numa data anterior, como decorre do art. 97.º, n.º 1, al. a) CIRE que estatui a sua extinção com a declaração de insolvência, portanto antes ainda da apreensão de bens que consubstanciaria o ato equivalente à penhora.

Eles surgem assim com a constituição do direito de crédito que asseguram, mas só se concretizam nos bens abangidos pela penhora, na ação executiva, ou ato equivalente. Assim, SALVADOR DA COSTA, *Concurso de credores*, cit., p. 128. Nesta linha, igualmente,

A lei fixa um conjunto de regras quanto à graduação dos créditos que beneficiem de privilégios entre si (art. 745.º a art. 748.º), assim como quanto ao concurso entre os créditos que beneficiem de privilégios creditórios e os direitos de terceiros (arts. 749.º, 750.º e 751.º), que analisaremos *infra*.

II. Os privilégios creditórios apresentam algumas semelhanças com as hipotecas legais, resultando ambos da lei e sendo muitas vezes atribuídos em conjunto aos mesmos entes pelos mesmos créditos. Contudo, são figuras bem diversas[1169].

As hipotecas legais são sempre publicitadas e só se constituem com o seu registo; os privilégios não têm publicidade e não estão, claro, sujeitos a registo.

A hipoteca legal tem por objeto somente imóveis ou móveis equiparados; os privilégios não conhecem esta limitação, incidindo sobre móveis ou imóveis.

O objeto da hipoteca legal são sempre bens certos e determinados, constituindo, pois, em todos os casos garantias reais; os privilégios gerais (mas já não os especiais) não incidem sobre bens certos e determinados e não são garantias reais.

A hipoteca legal abrange os acessórios do crédito que constem do registo e, tratando-se de juros, pode alcançar aqueles até três anos (art. 693.º ns. 1 e 2); o privilégio abrange os juros relativos aos últimos dois anos, se forem devidos (art. 734.º)[1170].

A hipoteca legal é mais sólida do que os privilégios imobiliários gerais, mas cede perante o privilégio imobiliário especial, mesmo quando tenha sido anteriormente constituída.

26.3. Espécies

I. A distinção a operar aqui é dupla: os privilégios podem ser mobiliários ou imobiliários e podem ser gerais ou especiais.

P. ROMANO MARTINEZ/P. FUZETA DA PONTE, *Garantias de cumprimento*, cit., p. 210. Na jurisprudência, o Acórdão do STJ de 16/2/1995 (Sampaio da Nóvoa), in BMJ n.º 444, p. 591.

[1169] Ver, para a distinção, M. J. ALMEIDA COSTA, *Direito das obrigações*, cit., pp. 960-962.

[1170] Conta-se para o efeito o ano da penhora ou ato equivalente e o ano anterior, cfr. SALVADOR DA COSTA, *O concurso de credores*, cit., p. 130.

Os privilégios mobiliários têm por objeto móveis, os imobiliários, por seu lado, incidem sobre imóveis.

Os privilégios são especiais quando abranjam o valor de determinados bens móveis ou imóveis (respectivamente, privilégios mobiliários especiais e privilégios imobiliários especiais) – art. 735.º n.º 2 *in fine*.

Os privilégios são gerais quando abranjam "o valor de todos os bens móveis", ou imóveis, "existentes no património do devedor à data da penhora ou de ato equivalente" (art. 735.º n.º 2).

II. Os privilégios imobiliários previstos no Código Civil são sempre especiais (art. 735.º n.º 3). Simplesmente, estão consagrados noutros diplomas diversos privilégios imobiliários gerais, como o que sucede, a título de exemplo, com o privilégio imobiliário geral conferido à Segurança Social (art. 205.º do Código dos Regimes Contributivos do Sistema Previdencial da Segurança Social) e à Fazenda Pública (art. 111.º do Código do IRS; art. 116.º do Código do IRC).

26.4. Elenco[1171]

26.4.1. Os privilégios mobiliários gerais

O Estado para garantia dos créditos por impostos indiretos (IVA) e, também, por impostos diretos inscritos para cobrança[1172] no ano corrente

[1171] Este elenco não é, seria até muito difícil que o fosse, atendendo à multiplicidade de privilégios, bem como à generosidade com que o legislador os vai sempre concedendo, exaustivo. Longe disso. Pretende-se, meramente, traçar um quadro geral (exemplificativo) de alguns dos mais relevantes.

Acrescente-se ainda que não curamos aqui dos privilégios constantes do Código Comercial, que, como se disse, na interpretação dominante se mantêm, em particular os dos arts. 574.º e segs., para os quais existem igualmente regras de graduação particulares.

Para um elenco mais completo, ver: M. LUCAS PIRES, *Dos privilégios creditórios: regime jurídico e sua influência no concurso de credores*, cit., pp. 228, ss..

[1172] Impostos inscritos para cobrança "são aqueles em que esta já não depende da prática de atos tributários pela administração tributária, salvo o de recebimento, o que tradicionalmente tem sido designado por impostos à boca do cofre. O ano de inscrição para cobrança é aquele em que foram praticados os referidos atos tributários, incluindo o de liquidação, isto é, aquele em que os impostos foram incluídos nas relações de cobrança voluntária independentemente do período a que respeitem." – SALVADOR DA COSTA, *O concurso de credores*, cit., p. 133.

na data da penhora, ou ato equivalente (p. ex., o arresto[1173] e a apreensão de bens decorrente da declaração de insolvência[1174]), e nos dois anos anteriores (art. 111.º do Código do IRS[1175]; art. 116.º do Código do IRC).[1176] Do mesmo privilégio, em idênticos termos, gozam as autarquias locais.[1177]

A segurança social para garantia de créditos a contribuições, quotizações e respectivos juros de mora (art. 204.º n.º 1 do Código dos Regimes Contributivos do Sistema Previdencial da Segurança Social – Código Contributivo, CRCSPSS).

Os trabalhadores para garantia dos créditos emergentes do contrato de trabalho, ou da sua violação ou cessação [art. 333.º, n.º 1, al. a) do Código do Trabalho – CT].

Gozam ainda de privilégio mobiliário geral (art. 737.º, n.º 1): o crédito por despesas do funeral do devedor, conforme a sua condição e costume da terra [art. 737.º n.º 1 al. a)]; o crédito por despesas com doenças do devedor ou de pessoas a quem deva prestar alimentos, relativo aos últimos seis meses [art. 737.º n.º 1 al. b)]; o crédito para despesas indispensáveis para o sustento do devedor e das pessoas a quem este tenha a obrigação de prestar alimentos, relativo aos últimos seis meses [art. 737.º n.º 1 al. c)].[1178]

Defendendo que o legislador aqui deveria ter limitado o privilégio aos impostos cujo facto tributário "haja nascido no ano corrente à data da penhora e nos dois anteriores", M. LUCAS PIRES, Dos privilégios creditórios: regime jurídico e sua influência no concurso de credores, cit., p. 313. A solução de iure constituo é clara, ver, p. ex., A. SOUSA FRANCO (Questões financeiras I. O Código Civil e o Direito Fiscal e outros estudos, cit., p. 95): "Parece certo – uma vez que o legislador resolveu reportar a eficácia do privilégio à inscrição para cobrança – que não releva para tal efeito que o facto constitutivo do imposto esteja fora do período ou ano da penhora, ou dos dois anos anteriores, ou que a esse período se não reportem os rendimentos ou outras manifestações de riqueza tributária...".

[1173] Convertido em penhora, arts. 622.º n.º 2 e 822.º n.º 2, cfr. P. ROMANO MARTINEZ/P. FUZETA DA PONTE, *Garantias de cumprimento*, cit., p. 211, nota 521.

[1174] Cfr. SALVADOR DA COSTA, *O concurso de credores*, cit., p. 133.

[1175] Ver ANDRÉ SALGADO DE MATOS, *Código do imposto do rendimento das pessoas singulares (IRS) anotado*, Instituto superior de gestão, Lisboa, 1999, p. 494.

[1176] Repare-se que, por força do art. 736.º n.º 2, quaisquer créditos que gozem também de um privilégio especial estão afastados.

[1177] Ver, para estes, SALVADOR DA COSTA, *Concurso de credores*, cit., p. 133.

[1178] Também, o Estado pelo crédito ao reembolso das quatias a qualquer título pagas por execução de garantias prestadas no âmbito da Lei n.º 112/97, de 16/9 sobre os bens das entidades benficiárias das mesmas, a ser graduado conjuntamente com os previstos na al. a) do n.º 1 do artigo 747.º do Código Civil (art. 22.º, ns. 1 e 2 da Lei n.º 112/97, de 16/9).

Por fim, o privilégio mobiliário geral para garantia dos créditos não subordinados do credor a requerimento de quem a situação de insolvência tenha sido declarada, graduado em último lugar sobre todos os bens móveis integrantes da massa insolvente relativamente a um quarto do seu montante num máximo de 500 UC (art. 98.º n.º 1 CIRE) e, ainda, aos credores do devedor que no decurso do processo especial de revitalização do devedor lhe tenham disponibilizado capital para a sua revitalização (art. 17.º-H CIRE).

26.4.2. Os privilégios imobiliários gerais

Como se disse, não estão previstos no Código Civil, mas em diversa legislação avulsa a que já se fez referência.

Assim, para garantia dos créditos pelas contribuições, quotizações para a segurança social e os respetivos juros de mora, incidindo sobre os bens imóveis "existentes no património do contribuinte à data da instauração do processo executivo" (art. 205.º do Código Contributivo, CRCSPSS[1179]); para garantia dos créditos da Fazenda Pública para pagamento de impostos diretos relativos aos últimos três anos sobre os bens existentes no património do sujeito passivo à data da penhora ou outro ato equivalente (art. 111.º do Código do IRS; art. 116.º do Código do IRC)[1180].

26.4.3. Os privilégios mobiliários especiais

Os créditos por despesas de justiça feitas diretamente no interesse comum dos credores para a conservação, execução ou liquidação de bens móveis, incidindo sobre esses bens (art. 738.º n.º 1).

[1179] Corresponde essencialmente ao art. 11.º do Dec.-Lei n.º 103/80, de 9/5, embora se tenha alargado ao contribuinte e não só à entidade patronal. Ver JOANA TAVARES DE OLIVEIRA/ RUI VALENTE, *Código contributivo, anotado*, Coimbra Editora, Coimbra, 2011, p. 185.

[1180] A data relevante, como se refere em texto, é penhora ou ato equivalente e não a data da liquidação do imposto. Cfr. Acórdão do STJ de 31/10/2000 (Pais de Sousa), in CJ/STJ, 2000 (III), p. 102.

Os créditos do Estado relativos ao imposto de selo incidente sobre as aquisições de bens móveis, recaindo sobre os bens transmitidos [art. 47.º n.º 1 do Código do Imposto de Selo – CIS – e art. 738.º n.º 2][1181].

Os créditos pelos fornecimentos de sementes, plantas e adubos, e de água ou energia para irrigação ou outros fins agrícolas, incidindo sobre os frutos dos prédios rústicos respectivos [art. 739.º al. a)].

O crédito da vítima de um facto que implique responsabilidade civil tem privilégio sobre a indemnização devida pelo segurador da responsabilidade em que o lesante haja incorrido (art. 741.º).

O crédito do autor de obra intelectual, fundado em contrato de edição, tem privilégio sobre os exemplares da obra em poder do editor (art. 742.º).

26.4.4. Os privilégios imobiliários especiais

Os créditos por despesas de justiça feitas diretamente no interesse comum dos credores, para a conservação, execução ou liquidação dos bens imóveis, incidindo sobre esses bens (art. 743.º).

Os créditos do Estado relativos do imposto de selo incidente sobre as aquisições de bens imóveis, recaindo sobre os bens transmitidos [art. 47.º n.º 1 CIS e art. 744.º n.º 2].

Os créditos das autarquias locais relativos ao imposto municipal sobre transacções onerosas de imóveis, incidindo sobre os bens transmitidos [art. 744.º n.º 2 por remissão do art. 39.º do Código do Imposto Municipal sobre as Transacções Onerosas de Imóveis – CIMT].

Os créditos das autarquias locais relativos ao imposto municipal sobre imóveis, recaindo sobre os bens transmitidos, abrangendo os créditos inscritos para cobrança no ano corrente da data da penhora, ou ato equiva-

[1181] Dispõe o art. 28.º do Dec.-Lei n.º 287/2003, de 12/11: "Todos os textos legais que mencionam Código da contribuição autárquica ou contribuição autárquica consideram-se referidos ao Código do Imposto Municipal sobre Imóveis (CIMI) ou ao Imposto Municipal sobre Imóveis (IMI)" [n.º 1]; "Todos os textos legais que mencionem Código do Imposto Municipal de Sisa e do Imposto sobre Sucessões e Doações, imposto municipal de sisa ou imposto sobre as sucessões e doações consideram-se referidos ao Código do Imposto Municipal sobre as Transmissões Onerosas de Imóveis (CIMT), ao Código do Imposto de Selo, ao imposto municipal sobre as transmissões onerosas de imóveis (IMT) e ao imposto de selo, respectivamente." [n.º 2].

lente, e nos dois anos anteriores [art. 744.º n.º 1 por remissão do art. 122.º n.º 1 do Código do Imposto Municipal sobre Imóveis – CIMI].

Os créditos dos trabalhadores emergentes do contrato de trabalho, ou da sua violação ou cessação, que recai sobre bem imóvel do empregador onde o trabalhador presta a sua atividade [art. 333.º, n.º 1, al. b) CT].[1182]

26.4.4.1. O privilégio imobiliário especial do trabalhador, em particular

I. Como se acabou de referir, os trabalhadores, pelos créditos emergentes do contrato de trabalho, ou da sua violação ou cessação, beneficiam de um privilégio imobiliário especial que recai sobre bem imóvel do empregador onde o trabalhador presta a sua atividade [art. 333.º, n.º 1, al. b) CT]. A consegração deste privilégio visou substituir o privilégio imobiliário geral que tutelava esses créditos.[1183]

Pretendeu-se, dessa forma, obter para esse privilégio, a aplicação do regime do art. 751.º, sendo assim oponível aos direitos de terceiro que adquiram o prédio ou um direito real sobre ele e, como se sabe, preferindo à consignação de rendimentos, à hipoteca ou ao direito de retenção, mesmo sendo estas garantias anteriores, o que os Acórdãos do Tribunal Constitucional (Acórdão do TC n.º 362/2002, de 17/9/2002, e o Acórdão do TC n.º 363/ /2002, de 17/9/2002, que veremos já de seguida em texto) e a alteração do art. 751.º (art. 5.º do Dec.-Lei n.º 38/2003, de 8/3), tornando claro que esse regime é privativo dos privilégios imobiliários *especiais*, já não tornavam possível (caso se tivesse mantido simplesmente o privilégio imobiliário geral)[1184].

[1182] No que diz respeito aos créditos dos trabalhadores, para a discussão que se gerou antes da entrada em vigor do Código do Trabalho (e mantidas no atual Código de Trabalho), e a justificação para as soluções aí consagradas, em particular o privilégio imobiliário especial sobre os bens imóveis do empregador onde o trabalhador preste a sua atividade, ver P. ROMANO MARTINEZ/P. FUZETA DA PONTE, *Garantias de cumprimento*, cit., pp. 215, ss..

[1183] Quanto às restantes alterações introduzidas pelo Código do Trabalho neste âmbito, ver PEDRO ROMANO MARTINEZ/LUÍS MIGUEL MONTEIRO/JOANA VASCONCELOS/ PEDRO MADEIRA DE BRITO/GUILHERME DRAY/LUÍS GONÇALVES DA SILVA, *Código do trabalho anotado*, 3.ª ed., Almedina, Coimbra, 2004, pp. 613, ss. (o comentário é de JOANA VASCONCELOS).

[1184] Ver, porém, de forma correta, o acórdão STJ de 6/5/2010 (Maria do Prazeres Beleza), in: www.dgsi.pt (só o sumário), onde se lê: "A atribuição, como garantia, de privilégios imobi-

II. Contudo, numa mesma empresa alguns trabalhadores poderão trabalhar em imóveis que pertençam à entidade patronal, enquanto outros não (p. ex., em escritórios arrendados ou teletrabalho no domicílio). A situação de desigualdade, para mais puramente fortuita e sem que o trabalhador tivesse influência nessa escolha, era flagrante. Pelo que a doutrina e grande parte pela jurisprudência seguiram um caminho de ampliação do seu alcance.

Com efeito, poder-se-á distinguir uma interpetação mais restrita deste preceito e uma outra mais ampla. No primeiro caso, o privilégio incidiria no imóvel onde o trabalhador trabalhou ou trabalhava[1185]; no segundo, abarca todos os imóveis que compõem o património do empregador, desde que ligados à sua atividade empresarial a que os trabalhadores estão funcionalmente ligados, independentemente de aí desempenharem ou não a sua atividade laboral. A ligação crédito/imóvel seria funcional e não naturalística. É este o entendimento dominante na jurisprudência[1186] e adotado na fundamentação do acórdão uniformizador de jurisprudência de 23 de fevereiro de 2016 (Pinto de Almeida)[1187].

III. E bem. Um outro entendimento introduziria uma desigualdade injustificada entre os trabalhadores, atingindo os princípios constitucionais da igualdade (art. 13.º CRP) e da tutela do crédito retributivo [art. 59.º, n.º 1, al. a) CRP]. Por outro lado, como o demonstra a evolução da disciplina dos privilégios imobiliários dos trabalhadores – especialmente relevante, diga-se, na insolvência da entidade patronal –, a intenção das alterações legislativa não foi nunca a de debilitar a sua posição, mas, pelo contrário, utilizar os instrumentos mais adequados para os tutelar.

liários gerais, em particular num contexto de um sistema em que, por regra, os privilégios imobiliários são especiais (art. 735.º, n.º 3, do CC, na redação anterior ao DL n.º 38/2003) tem como objetivo a concessão de uma protecção ainda mais efetiva do que a que resultaria da criação de um privilégio imobiliário especial; sujeitá-lo ao regime definido pelo art. 749.º do CC é, deste ponto de vista, menos adequado."

[1185] Neste sentido, M. LUCAS PIRES, *Dos privilégios creditórios*, cit., p. 289-290, nota 107.

[1186] Ver, recentemente: o Acórdão da Relação de Lisboa de 18/01/2018 (Teresa Albuquerque), in: www.dgsi.pt.; o Acórdão da Relação de Lisboa de 23/11/2017 (António Santos), in: www.dgsi.pt.; o Acórdão da Relação de Coimbra de 21/02/2018 (Arlindo Oliveira) in: www.dgsi.pt.

[1187] In: www.dgsi.pt.

IV. Outra questão é saber se, tratando-se de uma empresa de construção civil, os imóveis por esta construídos para comercialização e onde os seus trabalhadores desenvolvem a sua atividade laboral estão igualmente abrangidos pelo privilégio imobiliário, que tutelaria assim os seus créditos. A importância social da questão é evidente, dado o relevo económico da atividade de construção civil, o elevado número de insolvências nesta área, o facto de estes bens constituirem em regra o cerne do património dessas e a situação muitas vezes débil desses trabalhadores (o que aumenta a necessidade de tutela).

O entendimento do STJ, foi, contudo, o de o afastar nestes casos. Na verdade, o foi uniformizada jurisprudência no sentido de que os "imóveis construídos por empresa de construção civil, destinados a comercialização, estão excluídos da garantia do privilégio imobiliário especial previsto no art. 377º, nº 1, al. b), do Código do Trabalho de 2003." (acórdão uniformizador de jurisprudência de 23 de fevereiro de 2016 – Pinto de Almeida).[1188_1189]

V. Aspeto diverso é o possível afastamento deste privilégio, recorrendo-se a garantias funcionalmente idênticas à hipoteca para tutelar a posição dos creditantes. Referimo-nos à locação financeira imobiliária restitutiva (ou *sale and lease back*).

Nada obsta, é claro, a que se recorra a este instrumento de crédito e garantia, muitas vezes fundamental para o financiamento, não se podendo equipará-lo ao mútuo hipotecário, por conferir – legitimamente – uma proteção acrescida ao credor.

Contudo, já não será assim se tiver sido adotada para frustrar este privilégio, hipótese em que se estará face a uma fraude. É o caso de ter sido celebrado para substituir a hipoteca e, portanto, afastar a prevalência do privilégio imobiliário especial numa futura posterior insolvência, mesmo

[1188] O acórdão é extenso , detalhado e com uma argumentação vigorosa. Contudo, não cremos, apesar de tudo, que tenha adoptado a melhor solução. Em grande medida, entendemos correta a posição e os fundamentos que sutentam o voto de vencida da Senhora Conselheira Maria Clara Sottomayor (a que aderiram também outros Senhores Conselheiros).

[1189] Sobre ele, ver M. LUCAS PIRES, *Haverá imóveis do empregador sobre os quais o privilégio creditório do trabalhador não incida? - Ac. de Uniformização de Jurisprudência n.º 8/2016, de 23.2.2016, Proc. 1444/08.5TBAMT-A.P1.S1-A*, CDP, 2016, pp. 42, ss..

que o contrato tenha sido concluído para além dos prazos do art. 121.º, al. e) CIRE.

Assim, p. ex., se tiver sido celebrado um mútuo com hipoteca, tendo por objeto a sede da empresa, e, estando esta em dificuldades financeiras, havendo o risco de posterior insolvência, se faça cessar o mútuo e a hipoteca, que vem a ser substituído por um *sale and lease back* do mesmo bem.[1190]

26.5. O concurso de créditos privilegiados

I. A lei estabelece a ordem pela qual são pagos os créditos privilegiados em caso de concurso entre eles (art. 745.º n.º 1): art. 747.º para os privilégios mobiliários e art. 748.º para os privilégios imobiliários, com a disposição particular do art. 746.º para as despesas de justiça. Havendo créditos igualmente privilegiados, procede-se ao rateio entre eles na proporção dos respectivos montantes (art. 745.º n.º 2).

Vejamos então, começando pelos créditos que beneficiem de *privilégios mobiliários*[1191].

II. Os créditos privilegiados relativos a despesas de justiça têm preferência sobre os demais privilégios (art. 746.º), sendo assim graduados em primeiro lugar[1192].

[1190] Ver, sobre este ponto, M. PESTANA DE VASCONCELOS, *A resolução das garantias constituídas antes do início do processo de insolvência*, cit., p. 76.

[1191] Esta graduação é necessariamente incompleta, porque para o não ser seria necessário entrarmos em linha de conta com todos os privilégios mobiliários e as suas regras próprias de graduação. Como não o podemos fazer, vamos limitar-nos à graduação dos créditos com privilégios mobiliários (assim como, em seguida, os imobiliários) que antes elencamos.

[1192] Atendendo ao disposto no art. 3.º n.º 1 do Dec.-Lei n.º 59/2006, de 20/3 que confere aos titulares das obrigações hipotecárias um privilégio creditório (mobiliário) especial para reembolso do capital e recebimento dos juros correspondentes que incide sobre os créditos hipotecários e outros ativos integrantes do património autónomo que lhes está afecto (art. 3.º n.º 1 do Dec.-Lei n.º 59/2006, de 20/3), com "procedência sobre quaisquer outros credores", parece que se deverão mesmo graduar estes créditos em primeiro lugar. Note-se que este privilégio é mobiliário, porque incide sobre os créditos (hipotecários, portanto, eles próprios garantidos por hipoteca), e não imobiliário, como sustenta M. LUCAS PIRES, *Dos privilégios creditórios: regime jurídico e sua influência no concurso de credores*, cit., p. 339.

Em segundo lugar, os credores do devedor que no decurso do processo especial de revitalização do devedor lhe tenham disponibilizado capital para a sua revitalização (art. 17.º-H CIRE).[1193]

Em terceiro lugar, graduam-se os créditos dos trabalhadores emergentes de contrato de trabalho, ou da sua violação ou cessação [art. 333.º, n.º 2, al. a) do Código do Trabalho – CT].

Em quarto lugar, estão os créditos por impostos e da segurança social por créditos a contribuições, quotizações e respetivos juros de mora (art. 204.º, n.º 1 Código Contributivo, CRCSPSS)[1194] que beneficiem (os dos Estado), quer de privilégios mobiliários gerais, quer de privilégios especiais. Dentro destes, paga-se em primeiro lugar o Estado e a segurança social por créditos a contribuições, quotizações e respetivos juros de mora (art. 204.º, n.º 1 do Código Contributivo, CRCSPSS) e só depois as autarquias locais [art. 747.º, n.º 1, al. a)].

Em seguida temos, sucessivamente, os créditos por fornecimentos destinados à produção agrícola [art. 747.º, n.º 1, al. b)]; os créditos de vítima de um facto que dê lugar a responsabilidade civil [art. 747.º, n.º 1, al. d)]; os créditos do autor de obra intelectual [art. 747.º, n.º 1, al. e)].

Por fim, estão os créditos com privilégio mobiliário geral, pela ordem segundo a qual são enumerados no art. 737.º[1195] [art. 747.º, n.º 1, al. f)].[1196]

[1193] Aditado (art. 3.º) pela Lei n.º 16/2012, de 20/4. Eles gozam de privilégio creditório mobiliário geral, graduado antes do privilégio creditório mobiliário geral concedido aos trabalhadores.

[1194] No art. 10.º n.º 1 do Dec.-Lei n.º 103/80, de 9/5, estatuía-se que estes créditos eram graduados "após os créditos referidos na al. a) n.º 1 do art. 747.º n.º 1 do Código Civil. Atualmente, a redação do art. 204.º do Condigo Contributivo (que coincide substancialmente com a norma anterior), foi alterada passando a estatuir-se que esses créditos se graduam "nos termos referidos na al. a) n.º 1 do art. 747.º do Código Civil". O sentido da alteração foi o de colocar estes créditos, não depois daqueles previstos nessa noma, como sucedia no regime anterior, mas no mesmo plano, sendo que eles deverão ser pagos ainda antes dos créditos das autarquias, aplicando-se, se necessário, o art. 745.º n.º 2 na concorrência com os outros créditos igualmente privilegiados.

[1195] Sobre estes, ver *supra*.

[1196] Seguidos pelo privilégio mobiliário geral decorrente do art. 98.º n.º 1 CIRE, que é graduado em último lugar, e beneficia os créditos não subordinados do credor a requerimento de quem a situação de insolvência tenha sido declarada, dentro de certos limites.

Como se viu, embora, em regra, os créditos garantidos por privilégios mobiliários especiais prevaleçam sobre aqueles assegurados por privilégios mobiliários gerais, com alguma frequência tal não acontece (ver: os créditos dos trabalhadores, os créditos da segurança social, alguns dos créditos do Estado).

III. Quanto aos privilégios imobiliários, em primeiro lugar, graduam-se os créditos privilegiados relativos a despesas de justiça do art. 743.º, uma vez que preferem sobre os demais privilégios (art. 746.º).

Em segundo lugar, temos os créditos dos trabalhadores que beneficiem de privilégio imobiliário especial sobre o bem imóvel do empregador onde o trabalhador preste a sua atividade [art. 333.º, n.º 2, al. b) CT – graduam-se *antes* dos créditos referidos no art. 748.º].

Em terceiro lugar, são graduados os créditos do Estado do art. 748.º, n.º 1, al. a).

Em quarto lugar, devem ser graduados os créditos das autarquias locais pelo IMI e pelo IMT – art. 748.º, n.º 1, al. b).

Em quinto lugar, são graduados os créditos da segurança social pelas contribuições e respectivos juros de mora que gozam de um privilégio imobiliário geral, como se viu (art. 205.º do Código Contributivo, CRCSPSS – graduam-se *após* os créditos referidos no art. 748.º).

Por fim, os outros créditos fiscais com privilégio imobiliário geral (art. 111.º do CIRS, e art. 116.º CIRC).[1197]

[1197] Ver, neste sentido, V. LOPES NETO, *Privilégios creditórios fiscais*, cit., p. 99. M. LUCAS PIRES, (*Dos privilégios creditórios: regime jurídico e sua influência no concurso de credores*, cit., p. 367) inclui estes créditos dotados de privilégios imobiliários gerais no âmbito do art. 748.º, n.º 1, al. a). Simplesmente, o art. 748.º, n.º 1, al. a) refere expressamente os créditos do Estado que aqui são tutelados, não abrangendo *todos* os créditos do Estado. Aliás, os créditos aí previstos gozam todos de privilégios especiais. O mesmo sucede com os créditos das autarquias locais. Ora, devendo prevalecer os créditos dotados de privilégios imobiliários especiais, que, recorde-se, são verdadeiros direitos reais de garantia, sobre os céditos que beneficiem de privilégios imobiliários gerais (que não são direitos reais de garantia), parece correto incluir estes créditos do Estado que beneficiam de privilégios imobiliários gerais depois daqueles dotados de privilégios imobiliários especiais. Repare-se que se a intenção do legislador fosse a de os fazer prevalecer sobre os créditos das autarquias que beneficiem de privilégios imobiliários especiais, poderia, simplesmente, ter fixado, a propósito dos créditos em questão, regras quanto à sua graduação. O que não fez.

26.6. O concurso entre privilégios e garantias reais de terceiros

I. Os privilégios gerais não valem contra terceiros, se eles forem titulares de direitos que "recaindo sobre as coisas abrangidas pelo privilégio, sejam oponíveis ao exequente" (art. 749.º n.º 1).[1198]

Porém, num aspeto que será melhor explicitado mais à frente, aquando da análise do regime executivo e insolvencial dos privilégios, dispõe o art. 749.º n.º 2 que "as leis de processo estabelecem os limites ao objeto e à oponibilidade do privilégio geral ao exequente e à massa falida [deve ler-se insolvente], bem como os casos em que ele não é invocável ou se extingue na execução ou perante a declaração de falência [deve ler-se insolvência]".

Note-se, porém, que há um privilégio mobiliário geral que, de forma totalmente excecional, vale contra terceiros, prevalecendo sobre qualquer penhor, mesmo que de constituição anterior: o privilégio mobiliário geral da segurança social que assegura os créditos por contribuições, quotizações e respectivos juros de mora (art. 204.º n.º 2 Código Contributivo, CRCSPSS). Nessa medida, é mesmo mais forte do que um privilégio especial, pois este não prevalece sobre garantias reais anteriores[1199]. Entendemos, de todo o modo, que é inconstitucional[1200].

[1198] Note-se os créditos que beneficiem destes privilégios prevalecem sobre o crédito do exequente garantido somente pela preferência conferida pela penhora (art. 822.º, n.º 1). Cfr. na jurisprudência o Acórdão do STJ de 22/4/1999 (Ferreira de Almeida), in: BMJ n.º 486, p. 272.

[1199] Causando particulares dificuldades a graduação de créditos em que concorram créditos do Estado por impostos, créditos garantidos por penhor e créditos das instituições da segurança social, ver SALVADOR DA COSTA, *O concurso de credores no processo de insolvência*, Revista do CEJ, número especial, 2006, n.º 4, p. 99.

[1200] Ver desenvolvidamente sobre este ponto, justificando a inconstitucionalidade do referido privilégio, M. PESTANA DE VASCONCELOS, *Penhor, privilégio mobiliário geral da segurança social e sua inconstitucionalidade*, RFDUP, 2008, pp. 263, ss.. O texto é relativo ao art. 10.º ns. 1 e 2 do Dec.-Lei n.º 103/80, de 9/5. Contudo, como este transitou para o art. 204.º n.º 2 do Código Contributivo, CRCSPSS, mantém-se tudo aquilo que foi dito no que toca à sua inconstitucionalidade. Na jusriprudência, entendendo que esta norma é insconstitucional, ver o Acórdão da Relação do Porto de 09/11/2006 (Saleiro de Abreu), in: www.dgsi.pt (também relativamente à norma de 1980, mas que se mantém no CRCSPSS, como acabámos de referir).

II. Os privilégios mobiliários especiais, salvo disposição em contrário[1201], prevalecem sobre as garantias reais que sejam posteriormente constituídas, mas cedem face àquelas que tenham antes deles sido constituídas (art. 749.º).

Assim, p. ex., se a constituição do privilégio mobiliário especial for anterior à de um penhor sobre a mesma coisa, na graduação de créditos prevalece o crédito assegurado pelo privilégio. Se o penhor tiver sido o primeiro a ser constituído, dá-se o contrário.

Porém, o privilégio mobiliário especial conferido ao crédito relativo às despesas de justiça do art. 738.º prevalece sobre outras garantias, mesmo anteriores, que onerem os mesmos bens (art. 746.º). Trata-se, pois, de uma disposição excecional.

III. Os privilégios imobiliários especiais são oponíveis a terceiros que adquiram a propriedade do imóvel ou um outro direito real sobre ele após a sua constituição. Mas já não àqueles titulares de direitos reais prévios à sua constituição. Todavia, se se tratar de uma consignação de rendimentos, de uma hipoteca ou de um direito de retenção, os privilégios imobiliários especiais prevalecem mesmo que se tenham constituído posteriormente às referidas garantias reais (art. 751.º)[1202_1203]

[1201] Como parece ser o privilégio mobiliário especial conferido aos titulares das obrigações hipotecárias para reembolso do capital e recebimento dos juros correspondentes que incide sobre os créditos hipotecários e outros ativos integrantes do património autónomo que lhes está afecto (art. 3.º n.º 1 do Dec.-Lei n.º 59/2006, de 20/3). Nos termos desta disposição, os titulares de obrigações hipotecárias gozam de privilégio creditório (mobiliário) especial "com procedência sobre todos os outros credores". O que significará igualmente aqueles titulares de créditos que beneficiem de garantias reais anteriores. O mesmo sucede com o privilégio mobiliário especial conferido aos titulares das obrigações titularizadas (art. 63.º do Dec.-Lei n.º 453/99, de 5/11). Em sentido diverso (quanto às obrigações titularizadas), MANUEL MONTEIRO, *O recente regime português da titularização de créditos*, in Titularização de créditos, Instituto de direito bancário, Lisboa, 2000, p. 223. Ver sobre este aspeto, *infra* n.º 36.3.1., aquando da análise do regime das obrigações hipotecárias.

[1202] Quanto à explicação de raiz histórica do regime "anómalo" dos privilégios imobiliários especiais, filiando-se nas hipotecas privilegiadas do antigo Direito Português, ver A. MENEZES CORDEIRO, *Salários em atraso e privilégios creditórios*, cit., p. 656.

[1203] Importante neste campo é a tutela concedida aos privilégios dos créditos por despesas de justiça (art. 743.º). Por força do art. 746.º, esses privilégios "têm preferência não só sobre os demais privilégios, como as outras garantias, mesmo anteriores, que onerem os mesmos bens e valem contra terceiros adquirentes".

IV. Discutiu-se, após a criação dos privilégios imobiliários gerais em legislação avulsa, uma vez que não constavam do Código, se se lhes poderia aplicar o art. 751.º, o que os transformava num fortíssimo instrumento de garantia para os credores que deles beneficiassem e um verdadeiro perigo e fonte de perdas para os credores que beneficiassem das referidas garantias reais, em particular as hipotecas.

Uma forte corrente jurisprudencial pronunciava-se no sentido afirmativo[1204], embora a questão estivesse longe de ser pacífica na doutrina[1205].

A questão foi apreciada pelo Tribunal Constitucional que em dois Acórdãos veio declarar a inconstitucionalidade com força obrigatória geral, com base na violação do princípio da confiança "ínsito no princípio do Estado de direito democrático, consagrado no art. 2.º da Constituição da República", das normas constantes do art. 104.º do Código do IRS (na versão primitiva e que consta agora do art. 111.º), assim como do art. 11.º do Dec.-Lei n.º 103/80, de 9/5, e do art. 2.º do Dec.-Lei n.º 512/76, de 3/7, na "interpretação segundo a qual o privilégio imobiliário geral nelas conferido" à Fazenda Pública (no primeiro caso) e à segurança social (nos segundo o terceiro casos) "prefere à hipoteca, nos termos do art. 751.º do Código Civil."[1206_1207]

V. O Tribunal Constitucional entendeu que a mencionada interpretação configuraria uma violação, como se disse, do princípio da confiança, com base, na sua essência, nos seguintes argumentos.

[1204] Ver, quanto à corrente jurisprudencial nesse sentido, A. LUÍS GONÇALVES, *Privilégios creditórios: evolução histórica. Regime, sua inserção no tráfico creditício*, cit., pp. 38, ss..

[1205] No sentido contrário: M. J. ALMEIDA COSTA, *Direito das obrigações*, cit., pp. 971-972; A. MENEZES CORDEIRO, *Salários em atraso e privilégios creditórios*, cit., p. 665.

[1206] Respetivamente (quanto ao privilégio da Fazenda Pública), o Acórdão do TC n.º 362/2002, de 17/9/2002, publicado no DR I.ª série A de 16/10/2002 e (no que toca ao privilégio da segurança social) o Acórdão do TC n.º 363/2002, de 17/9/2002, publicado no DR I.ª série A de 16/10/2002.

[1207] Ver, todavia, o sumário do Acórdão do STJ de 675/2010 (Maria do Prazeres Beleza) in: www. dgsi.pt, com voto de vencido (relativo, no entanto, a crédito laborais): "IV. A atribuição, como garantia, de privilégios imobiliários gerais, em particular num contexto de um sistema em que, por regra, os privilégios imobiliários são especiais (art. 735.º, n.º 3, do CC, na redação anterior ao DL n.º 38/2003) tem como objetivo a concessão de uma protecção ainda mais efetiva do que a que resultaria da criação de um privilégio imobiliário especial; sujeitá-lo ao regime definido pelo art. 749.º do CC é, deste ponto de vista, menos adequado".

Em primeiro lugar, os privilégios constituem uma garantia oculta, não havendo qualquer meio de um outro credor, que se julgue legitimamente protegido, de ter conhecimento da sua constituição, uma vez que não constam do registo, sendo que o princípio da confidencialidade tributária impossibilitaria os sujeitos de saberem se a outra parte é ou não devedor do Estado ou da segurança social. O credor que constitui a hipoteca, confiando na inexistência de uma oneração anterior, arrisca-se, consequentemente, a ver-se mais tarde surpreendido pelo privilégio.

Acresce que se trata aqui de um privilégio geral, que abrange pois todos os imóveis do devedor, com os quais não está necessariamente conexionado, levando a sua subsistência, com a amplitude referida (e, no caso da segurança social, não estar sujeito a limite temporal), a uma "lesão desproporcionada do comércio jurídico".

Argumentou ainda o Tribunal Constitucional, no caso do privilégio da segurança social, que haveria à disposição deste ente um meio de tutela alternativo: a hipoteca legal.

Note-se que, mais tarde, o art. 751.º veio a ser alterado para tornar claro que esta disposição se aplica somente aos privilégios imobiliários especiais e já não aos gerais. Para estes, vale o regime do art. 749.º.[1208]

26.7. Outros aspetos de regime

I. A lei remete depois, como acontece com outras garantias reais, para um conjunto de disposições da hipoteca que, nessa medida, compõem também a disciplina dos privilégios creditórios (art. 753.º).

De uma forma sintética, uma vez que estas normas foram já antes analisadas[1209], remete-se para os artigos 692.º (relativo à passagem da preferên-

[1208] Neste sentido, na jusrisprudência o Acórdão do STJ de 25/3/09 (Salvador da Costa), in: www.dgsi.pt. (com dois votos de vencido). Entendeu-se aí que o "conflito em relação aos mesmos bens imóveis entre a garantia especial de cumprimento obrigacional decorrente de privilégio imobiliário geral e de hipoteca resolve-se por via da aplicação, por analogia, do disposto no n.º 1 do artigo 749.º do Código Civil.". Também: o Acórdão da Relação de Guimarães de 30/11/2017 (Helena Melo) in: www.dgsi.pt; o Acórdão da Relação de Évora de 07/06/2018 (Canelas Brás), in: www.dgsi.pt; o Acórdão da Relação de Lisboa de 18/05/2017 (Pedro Martins), in: www.dgsi.pt.; o Acórdão da Relação de Lisboa de 21/06/2018 (Eduardo Petersen) in: www.dgsi.pt (para a prevalência da hipoteca).

[1209] Ver *supra* para a exposição relativa à hipoteca.

cia conferida pela garantia para o crédito indemnizatório ou as quantias pagas a título de indemnização), 694.º (proibição do pacto comissório), 695.º (cláusula de inalienabilidade dos bens onerados), 696.º (indivisibilidade), 697.º (limitação à penhora dos bens), 698.º (meios de defesa do dono da coisa ou titular do direito) e 699.º (relativo à extinção do usufruto constituído sobre a coisa objeto da garantia).

II. As causas de extinção dos privilégios são as mesmas da hipoteca (art. 752.º); remete-se agora para o art. 730.º.[1210]

26.8. O regime executivo

I. A reforma da ação executiva introduziu modificações relevantes ao nível do exercício dos direitos do credor que beneficie de privilégio creditório geral, mobiliário ou imobiliário (art. 788.º n.º 4 e art. 796.º n.º 3 CPC). Esta alteração foi provocada pelo prejuízo que a reclamação de créditos por um credor titular de um crédito que beneficiasse de um privilégio geral, em particular os entes públicos [que têm sempre que ser citados – art. 786.º, n.º 2 CPC], provocava ao exequente credor comum, cujo crédito seria graduado em segundo lugar, arriscando-se a nada ou pouco receber do produto da venda do bem penhorado[1211].

Para minorar, que não evitar, esse resultado, a reforma da ação executiva adoptou duas medidas de protecção do credor exequente. Em primeiro lugar, em certos casos, o credor que seja titular de um privilégio geral não pode reclamar esse crédito. Depois, mesmo quando o possa fazer, pretende-se reservar uma parte do produto da venda para o credor exequente.

II. Temos então que o credor com privilégio creditório geral, mobiliário ou imobiliário, não pode reclamar quando: a penhora tenha incidido sobre a penhora tenha penhora tenha incidido sobre bem só parcialmente

[1210] Sobre esta disposição, ver *supra* aquando da análise do regime da hipoteca.
Quanto às particularidades da aplicação desta norma aos privilégios creditórios fiscais, ver V. LOPES NETO, *Privilégios creditórios fiscais*, cit., pp. 103, ss..

[1211] Ver: J. LEBRE DE FREITAS/A. RIBEIRO MENDES, *Código de processo civil anotado*, vol. 3.º, cit., p. 508; PAULA COSTA E SILVA, *A reforma da ação executiva*, 2.ª ed., Coimbra Editora, Coimbra, 2003, p. 104.

penhorável, nos termos do artigo 738.º CPC, renda, outro rendimento periódico, veículo automóvel, ou bens móveis de valor inferior a 25 UC [art. 788.º, n.º 4, al. a) CPC]; ou, sendo o crédito do exequente inferior a 190 UC, incidido sobre moeda corrente, nacional ou estrangeira, depósito bancário em dinheiro [art. 788.º, n.º 4, al. b) CPC]; ou, sendo o crédito do exequente inferior a 190 UC, este requeira procedentemente a consignação de rendimentos, ou a adjudicação, em dação em cumprimento, do direito de crédito no qual a penhora tenha incidido, antes de convocados os credores [art. 788.º, n.º 4, al. c) CPC].[1212]

São excecionados os privilégios creditórios dos trabalhadores (respetivamente, art. 788.º n.º 6 CPC)[1213].

Sublinhe-se só que se trata de uma restrição à reclamação. Se for o credor titular de crédito que beneficie de privilégio creditório geral o exequente, não se verifica já qualquer limite.

III. Por outro lado, como se referiu, pretende-se reservar parte do produto da venda para pagamento do credor exequente, à custa do montante a receber pelo credor titular de privilégio creditório geral, mobiliário ou imobiliário, nos termos do art. 796.º n.º 3 CPC, com a limitação, mais uma vez, decorrente dos privilégios creditórios dos trabalhadores – art. 796.º n.º 4 CPC.[1214] Continua a não existir limitação, quando o credor privilegiado for o exequente.

26.9. O regime insolvencial

I. Os créditos que beneficiem de privilégios são classificados como créditos sobre a insolvência garantidos (quando sejam privilégios especiais, que são verdadeiros direitos reais de garantia) ou privilegiados

[1212] De forma crítica sobre o regime, entendendo que ele deveria ter sido alargado aos privilégios especiais do Estado, autarquias locais e instituições de segurança social, em termos semelhantes ao que sucede na lei da insolvência, RUI PINTO, *A ação executiva*, AAFDL, Lisboa, 2018, p. 808.

[1213] Cfr. M. TEIXEIRA DE SOUSA, *A reforma da ação executiva*, cit., pp. 181-182; PAULA COSTA E SILVA, *A reforma da ação executiva*, cit., p. 104; RUI PINTO, *Penhora, venda e pagamento*, cit., pp. 95, ss..

[1214] Cfr. J. LEBRE DE FREITAS/A. RIBEIRO MENDES, *Código de processo civil anotado*, vol. 3.º, cit., p. 532; RUI PINTO, *Penhora, venda e pagamento*, cit., pp. 95-96.

(beneficiando de privilégios gerais) – art. 47.º, n.º 4, al. a) CIRE. Portanto, os créditos vencem-se com a declaração de insolvência (art. 91.º CIRE) e os credores terão que os reclamar para serem depois pagos, de acordo com a graduação de créditos efetuada, nos termos dos arts. 172.º, 174.º (credores que beneficiem de garantias reais) e 175.º (credores privilegiados)[1215].

II. Contudo, há um regime particular para os privilégios creditórios do Estado, das autarquias locais e das instituições de segurança social. Essa disciplina vinha já do CPEREF que adoptava mesmo uma solução bem mais radical.

Com efeito, ao abrigo da legislação anterior, a declaração de falência provocava a extinção imediata dos privilégios creditórios do Estado, das autarquias locais e das instituições de segurança social, "exceto os que se constituírem no decurso do processo de recuperação da empresa ou de falência"[1216], com o resultado de, a partir desse momento, os respectivos créditos passarem a créditos comuns (art. 152.º CPEREF).

Hoje, a declaração de insolvência provoca meramente a extinção dos privilégios creditórios gerais que sejam acessórios de créditos sobre a insolvência dos referidos entes constituídos mais de doze meses antes da data do início do processo de insolvência [art. 97.º, n.º 1, al. a) CIRE]. Ainda, de acordo com o novo Código, extinguem-se os privilégios creditórios especiais que sejam acessórios de créditos sobre a insolvência dessas entidades "vencidos mais de doze meses antes da data do início do processo de insolvência" [art. 97.º, n.º 1, al. a) CIRE].[1217]

[1215] Sublinhe-se que sendo os privilégios especiais garantias reais beneficiam do regime decorrente do art. 172.º, n.º 2, CIRE relativo ao limite de imputação das dívidas da massa ao produto do bem onerado que não poderá ultrapassar os 10% (com as duas exceções previstas nessa mesma disposição), o que não sucede já com os privilégios gerais, fragilizando-os, nessa medida, ainda mais, face aos primeiros.

[1216] Esta última parte do artigo constituía já um aditamento introduzido pelo Dec.-Lei n.º 315/98, de 20/10, que limitou o alcance da inovação introduzida na versão inicial do Código. Ver, sobre este ponto, L. CARVALHO FERNANDES/J. LABAREDA, *Código dos processos especiais de recuperação da empresa e de falência anotado*, 3.ª ed., Quid Juris, Lisboa, 2000, pp. 403-404; CATARINA SERRA, *Alguns aspetos da revisão do regime da falência pelo DL n.º 315/98, de 20 e Outubro*, SI, 1999, pp. 202-204.

[1217] Por outro lado, resolveu-se uma questão que se havia suscitado no âmbito da legislação anterior, ao regular-se o destino das hipotecas legais que sejam acessórias de créditos sobre a

Portanto, fora destes períodos temporais, os privilégios creditórios do Estado, das autarquias locais e das instituições de segurança social, agora, mantêm-se.

III. Finalmente, como já se referiu, os créditos (não subordinados) do credor a requerimento de quem a situação de insolvência tenha sido declarada beneficiam de um privilégio creditório geral, graduado em último lugar, sobre todos os bens móveis integrados na massa insolvente, relativamente a um quarto do seu montante, num máximo correspondente a 500 unidades de conta (art. 98.º n.º 1 CIRE).

Trata-se, pois, de uma vantagem concedida ao credor titular de créditos comuns. a requerimento de quem se a declarou a insolvência. No fundo, uma medida destinada a levar os credores comuns a requerer a declaração de insolvência dos seus devedores quando se encontrem nesse estado, de forma a retirá-los rapidamente do mercado, evitando que causem mais danos a quem venha a contratar com eles. Insere-se, desta forma, na nova linha de rumo traçada pelo Código da Insolvência[1218].

insolvência do Estado, das autarquias locais e das instituições de segurança social: extinguem-se aquelas cujo registo haja sido requerido dentro dos dois meses anteriores à data do início do processo de insolvência [art. 97.º n.º 1 al. c) CIRE]. De facto, como se disse, no âmbito do CPEREF, discutia-se se o regime do art. 152.º se aplicava também às hipotecas legais que garantissem os créditos dessas entidades. Ver, sobre este ponto: L. CARVALHO FERNANDES/J. LABAREDA, *Código dos processos especiais de recuperação da empresa e de falência anotado*, cit., p. 404; ANTÓNIO SILVA RITO, *Privilégios creditórios na nova legislação sobre recuperação e falência da empresa*, Rev. Ban., 1993, p. 105.

[1218] De forma crítica, entendendo ser este privilégio "incompreensível", PEDRO DE ALBUQUERQUE, *Declaração da situação de insolvência*, Dir., 2005, p. 510. Não cremos que seja. Vejamos. O que aqui se pretende, conforme se refere em texto, é conduzir a uma declaração de insolvência célere, conferindo, como forma de incentivo, uma vantagem ao credor – comum – que a requeira.

Com efeito, é necessário ter presente o perigo que um sujeito que esteja numa situação de insolvência representa para os outros agentes no mercado (temos em vista aqui, essencialmente, sociedades comerciais) e para a economia em geral (assim, como note-se, os próprios trabalhadores destes últimos).

Como é sabido, a declaração de insolvência de um sujeito, em especial se ele tiver já o seu património muito depauperado pelo prolongar desse estado, pode – e muitas vezes tal sucede – provocar aos seus credores comuns (e, portanto, em geral, "fracos", com menor capacidade para aferir da situação económico-financeira daqueles com quem contratam) um dano muito significativo, porque o prejuízo que decorre da satisfação dos seus créditos no âmbito insolvencial é, em regra, muito elevado (com a satisfação dos seus créditos numa percenta-

27. A consignação de rendimentos

27.1. Introdução

Ao contrário do conjunto de figuras que até agora vimos, na consignação de rendimentos[1219]-[1220] o credor não se satisfaz pelo valor de certos

gem muito diminuta, se alguma). O que, pese embora a sua saúde, e viabilidade, económica e financeira, os pode conduzir, de forma mediata (porque os debilita) ou mesmo imediata (se se tratar, p. ex., de um crédito muito relevante) a uma situação de insolvência (no conhecido fenómeno das "insolvências por arrastamento").

Percebe-se assim o interesse geral em retirar – de forma célere – esse sujeito do mercado, por via da declaração da sua insolvência.

Esta é uma das formas desse desiderato ser alcançado (outro instrumento – esse, a nosso, ver pouco feliz – que a lei se serve para tal, é o regime que decorre do art. 97.º ns 1 e 2 para os privilégioss creditórios acessórios dos créditos sobre a insolvência de que seja titular o estado, as aqutarquias locais e a segurança social).

Não se trata, assim, somente de um benefício atribuído de forma isolada àquele credor, como instrumento da sua proteção, colocando-o injustificadamente numa sitação de vantagem em relação aos outros credores (comuns). O benefício que existe é conferido para se poder alcançar um interesse de caráter, sublinha-se, geral. E é, por isso, justificado.

Diga-se, por fim, que não estamos seguros que seja ineficaz (como sugerem L. CARVALHO FERNANDES/J. LABAREDA, Código da insolvência e da recuperação de empresas anotado, cit., p. 452). Mesmo limitado como é (mobiliário, um quatro do crédito, valor máximo, graduação em último lugar), a vantagem que confere ao credor comum requerente de não sujeitar parte do seu crédito ao rateio, evitando, pois, o prejuízo que daí decorre, pode ser, e muitas vezes será (claro, decorrente sempre que um conjunto de circunstâncias ligadas ao património do devedor insolvente e ao volume, e modalidades, de créditos dos seus outros credores, do montante do crédito do requerente), significativo.

[1219] Sobre a consignação de rendimentos, ver: PAULO CUNHA, *Da garantia nas obrigações*, vol. II, cit., pp. 239, ss.; A. VAZ SERRA, *Consignação de rendimentos*, BMJ n.º 65, pp. 263, ss.; PIRES DE LIMA/ANTUNES VARELA (com a colaboração de M. HENRIQUE MESQUITA), *Código civil anotado*, vol. I, cit., pp. 674, ss.; J. ANTUNES VARELA, *Das Obrigações em geral*, vol. II, cit., pp. 517, ss.; M. J. ALMEIDA COSTA, *Direito das obrigações*, cit., pp. 912, ss.; A. MENEZES CORDEIRO, *Direitos Reais*, cit., pp. 1094, ss.; P. ROMANO MARTINEZ, *Direito das obrigações, apontamentos*, cit., pp. 370, ss.; P. ROMANO MARTINEZ/P. FUZETA DA PONTE, *Garantias de cumprimento*, cit., pp. 50, ss.; L. MENEZES LEITÃO, *Garantias das obrigações*, cit., pp. 181, ss.; A. SANTOS JUSTO, *Direitos reais*, cit., pp. 459, ss.; L. CARVALHO FERNANDES, *Lições de direitos reais*, cit., pp. 154, ss.; R. PINTO DUARTE, *Curso de direitos reais*, cit., pp. 274, ss.; JOSÉ ANDRADE MESQUITA, *Consignação de rendimentos ou anticrese: alguns aspetos do seu regime e natureza jurídica*, Bol. CNP, 1990, pp. 139, ss.; A. LUIS GONÇALVES, *Consignação de rendimentos*, RDES, 1990, pp. 269, ss.; SALVADOR DA COSTA, *Concurso de credores*, cit., pp. 31, ss.; A. SARAIVA MATIAS, *Garantias bancárias ativas e passivas*, cit., pp. 51, ss..

[1220] Quanto à sua origem histórica, ver A. SANTOS JUSTO, *Direitos reais*, cit., pp. 459-460.

bens, em geral por meio da sua transformação em pecúnia por venda, mas antes pelo rendimento de certos bens imóveis ou móveis sujeitos a registo. Por essa razão, há mesmo quem questione a verdadeira natureza da consignação de rendimentos.

A figura parece não ser muito comum na prática negocial portuguesa. Manda a prudência, no entanto, que se acrescente: atual. É que não faltam os casos de figuras que são de escassíssimo uso durante largo período de tempo para virem depois, só ou por vezes articuladas com outras, a ser utilizadas para ser alcançar um determinado, e eventualmente novo, objetivo económico[1221].

27.2. Caracterização

I. O credor de um sujeito pode, por acordo ou por decisão judicial, adquirir o direito de obter satisfação da obrigação assegurada pelos rendimentos de certos bens da outra parte, que podem continuar em poder desta ou passar para o poder do credor ou de terceiro. Não se torna deste modo necessário o incumprimento para o credor garantido ir, através dos rendimentos, extinguindo (parcialmente, a extinção pode não ser total) o seu crédito.

A consignação de rendimentos poderá ser constituída pelo devedor ou por terceiro, e tutelar uma obrigação condicional ou futura (como sucede com a hipoteca e o penhor), art. 656.º n.º 1. Ela pode limitar-se a garantir o crédito principal, pode abarcar também os juros ou, mesmo, reduzir-se a assegurar estes últimos (art. 656.º n.º 2).

II. A consignação de rendimentos distingue-se da consignação de receitas, de que se aproxima funcionalmente. Esta constitui uma figura atípica, que pode revestir estruturas diversas, e que visa afetar determinados fluxos pecuniários, as receitas, ao pagamento de certas dívidas. Deste modo, o devedor pode obrigar-se a entregar as receitas resultantes de um dado

[1221] E repare-se que nada obsta à cumulação da consignação de rendimentos com outra garantia real como acontece com o penhor (art. 672.º n.º 2) ou com a hipoteca: p. ex., hipoteca-se um prédio arrendado e constitui-se uma consignação sobre os rendimentos daí decorrentes (as rendas) a favor do mesmo credor. Ver, para este exemplo, P. ROMANO MARTINEZ/P. FUZETA DA PONTE, *Garantias de cumprimento*, cit., p. 51.

empreendimento ao pagamento do crédito concedido para a sua realização. Tem, como é óbvio, somente eficácia obrigacional[1222].

É possível também proceder à consignação de receitas por via da cessão global de créditos presentes e futuros (resultantes, p. ex., do empreendimento que o credor/cessionário financiou), que passam, os presentes, de imediato a integrar a esfera do credor/cessionário, e, os futuros[1223], logo que se constituam. O adquirente dos direitos deve satisfazer-se pelos montantes cobrados. Nesse caso, não podem ser agredidos pelos outros credores do cedente/devedor, o que torna a estrutura mais sólida do prisma do credor/cessionário. Aqui, ao contrário do que se passa na consignação de rendimentos, verifica-se já uma passagem dos créditos para a esfera do credor de forma a que ele se possa satisfazer com bens que, na verdade, já lhe pertencem (o dinheiro resultante da cobrança dos créditos).

Trata-se de uma cessão de crédito em função do cumprimento, que consiste, por sua vez, numa modalidade da dação em função de cumprimento (ou dação "pro solvendo" – art. 840.º), em que o direito é transmitido ao cessionário para que este através do montante assim obtido se satisfaça de um crédito (o crédito originário) do cedente para consigo. Consiste num negócio fiduciário, e será analisada *infra* em texto (n.º 39).

27.3. A legitimidade

I. A legitimidade para se constituir a consignação de rendimentos depende da legitimidade para se dispor dos rendimentos que são objeto desta (art. 657.º n.º 1). Não é necessário que o constituinte tenha poder de disposição sobre os bens em si, só sobre os rendimentos, o que significa que, p. ex., um usufrutuário poderá constitui-la[1224].

Como foi apontado, a consignação pode ser constituída não só pelo devedor, mas também por terceiro. Nesse caso, a consignação extingue-se nos termos fixados pelo art. 717.º n.º 1, isto é, se por facto positivo

[1222] Ver, sobre a consignação de receitas: P. ROMANO MARTINEZ/P. FUZETA DA PONTE, *Garantias de cumprimento*, cit., pp. 49-50; R. PINTO DUARTE, *Curso de direitos reais*, cit., p. 275.

[1223] Repare-se que a prória expetativa jurídica, quando exista já, pode ser logo transferida, o que leva ao nascimento dos créditos futuros na esfera do cessionário.

[1224] Cfr. M. J. ALMEIDA COSTA, *Direito das obrigações*, cit., p. 914.

ou negativo do credor não puder dar-se a sub-rogação do terceiro nos direitos deste. Têm igualmente aplicação a esta figura as disposições relativas ao caso julgado do n.º 2 do art. 717.º (art. 657.º n.º 2)[1225].

27.4. O objeto. A forma. A publicidade

I. A consignação tem por objeto os rendimentos provenientes de bens imóveis ou de móveis sujeitos a registo (art. 656.º n.º 1). Na primeira hipótese, tem que constar de escritura pública, de documento particular autenticado[1226] ou de testamento, e se tiver por objeto coisas móveis terá que ser celebrada por escrito particular (art. 660.º n.º 1). Em ambos os casos, está sujeita a registo[1227], a não ser que tenha por objeto os rendimentos dos títulos de crédito nominativos; aí, deve a consignação ser "mencionada nos títulos e averbada, nos termos da respectiva legislação" (art. 660.º n.º 2).

II. Destaque-se que é possível, embora não no seio de uma consignação de rendimentos autónoma, afetar os rendimentos de certos bens móveis não sujeitos a registo ao pagamento dos juros, despesas e capital em dívida, desde que se constitua um penhor sobre a coisa frutífera (art. 672.º n.º 1)[1228]. Trata-se do penhor com pacto anticrético mobiliário, que foi já antes objeto de análise.

1225 Estamos perante uma remissão para uma norma da hipoteca, *supra* analisada. Nessa medida, remetemos para o que foi dito nessa sede.

1226 Redação do art. 4.º do Dec.-Lei n.º 116/2008, de 4/7, que acrescenta ainda "salvo o disposto em lei especial".

1227 Art. 2.º, n.º 1, al. h) CRPredial (para os imóveis). O registo da consignação voluntária de rendimentos de imóveis faz-se por inscrição, devendo o extrato de inscrição conter as seguintes menções: o prazo de duração ou, se for por tempo indeterminado, a quantia para cujo pagamento se fez a consignação e a importância a descontar em cada ano, se tiver sido estipulada uma quantia fixa [art. 95.º, n.º 1, al. q) CRPredial]. O registo da consignação judicial de rendimentos de imóveis faz-se por averbamento ao registo da penhora do imóvel [art. 101.º, n.º 1, al. i) CRPredial, art. 803.º n.º 5 CPC].

1228 Cfr. PIRES DE LIMA/ANTUNES VARELA (com a colaboração de M. HENRIQUE MESQUITA), *Código civil anotado*, vol. I, cit., p. 692; L. MENEZES LEITÃO, *Garantias das obrigações*, cit., p. 183.

27.5. As espécies

I. A consignação de rendimentos pode ser voluntária ou judicial. A primeira é constituída pelo devedor ou terceiro e resulta de um negócio jurídico *inter* vivos ou de um testamento.

A segunda decorre de uma decisão do tribunal (art. 658.º), e está regulada nos arts. 879.º a 881.º CPC.

Temos então, de forma sumária, que enquanto os bens penhorados não forem vendidos ou adjudicados, o exequente pode requerer ao agente de execução que lhe sejam consignados os rendimentos de imóveis ou de móveis sujeitos a registo (ou títulos de crédito nominativos, art. 881.º n.º 3 CPC) em pagamento do seu crédito.

O executado é ouvido sobre o pedido e a consignação de rendimentos é efetuada se ele não requerer que se proceda à venda dos bens. Sublinha-se, por isso, que para que proceda será sempre necessário o consentimento do executado[1229]. Porém, ele poucas vezes, no entanto, terá interesse em requerer a venda dos bens, que é a alternativa à consignação, para não os perder.

Não há lugar à citação de credores quando a consignação seja requerida antes dela e o executado não requeira a venda dos bens (art. 879.º ns. 1, 2 e 3 CPC).

A execução extingue-se logo que esteja efetuada a consignação e pagas as custas da execução, levantando-se as penhoras que incidam em outros bens (art. 881.º n.º 1 CPC).[1230]

27.6. O prazo

I. A consignação de rendimentos pode fazer-se por um determinado número de anos, sendo que se incidir sobre os rendimentos de bens imóveis não poderá exceder o prazo de quinze anos, ou até ao pagamento da dívida garantida (art. 659.º ns. 1 e 2).

No primeiro caso, importa distinguir se as partes pretenderam que decorrido esse período de tempo a obrigação se extinguisse, tendo ou não sido recebido o montante em dívida, ou se, na eventualidade de os

[1229] Cfr. M. J. ALMEIDA COSTA, *Direito das obrigações*, cit., p. 919.

[1230] Ver M. TEIXEIRA DE SOUSA, *A reforma da ação executiva*, cit., pp. 190-191.

rendimentos recebidos nesse espaço de tempo não serem suficientes para satisfazer a totalidade do montante em dívida, a obrigação se mantenha na parte em que parcialmente não foi extinta pelos rendimentos recebidos durante o prazo fixado[1231].

27.7. Modalidades

I. A lei distingue três modalidades de consignação de rendimentos consoante os bens cujos rendimentos são consignados permaneçam em poder do concedente, passem para o poder do credor, ou para o poder de terceiro (art. 661.º). Vejamos então cada uma delas.

II. Se os bens permanecerem em poder do concedente [art. 661.º n.º al. a)], ele terá que entregar ao credor os respectivos rendimentos. Se não estiver convencionado que este último tem o direito a receber ao fim de cada período uma importância fixa, ele pode exigir a prestação anual de contas (art. 662.º n.º 1).

III. Quando os bens passam para o poder do credor, o titular do crédito assegurado fica, na parte aplicável, equiparado a um locatário, podendo, no entanto, locar ele mesmo os bens [art. 661.º, n.º 1, al. b)][1232].

Se não o fizer, será necessário, muitas vezes, dependendo sempre da natureza dos bens donde provém os rendimentos, estabelecer qual o montante dos rendimentos periódicos a produzir por esses bens, no fundo as rendas ou alugueres que o credor teria que pagar, para se poder determinar o montante da dívida que vai sendo abatido (de acordo com os critérios do art. 661.º n.º 2). Como sucederá, p. ex., se o bem for um automóvel que o credor passe a usar.[1233_1234]

[1231] Cfr. PIRES DE LIMA/ANTUNES VARELA (com a colaboração de M. HENRIQUE MESQUITA), *Código civil anotado*, vol. I, cit., p. 678.

[1232] Este contrato é de locação e não de sublocação, cessando nos termos do art. 1051.º al. c). Cfr. M. J. ALMEIDA COSTA, *Direito das obrigações*, cit., p. 915, nota 2.

[1233] J. ANTUNES VARELA (*Das Obrigações em geral*, vol. II, cit., p. 523), depois de sublinhar que o caso que suscita mais disputas entre as partes é justamente aquele em que os bens são diretamente fruídos pelo credor, entende que "a única forma eficiente de o devedor controlar o efetivo rendimento (periódico) dos bens está no direito que a lei (art. 642.º n.º 2) confere ao devedor ou a terceiro, de exigir a prestação de contas por parte do credor" (*ob. últ. cit., ibidem*). A prestação de contas é,

De todo o modo, deverá o credor administrar os bens como um proprietário diligente e pagar as contribuições e demais encargos da coisa, só se podendo liberar dessas obrigações através da renúncia à garantia, à qual se aplica o art. 731.º[1235] (art. 663.º).

IV. Os bens poderão, por fim, passar para o poder de terceiro, a título de locação, ou outro, caso em que fica o credor com o direito de receber os respectivos frutos [art. 661.º, n.º 1, al. c)].

Assim como na hipótese anterior, o credor terá que prestar contas anuais ao concedente (art. 662.º n.º 2).

Ainda, em qualquer caso, os frutos da coisa deverão ser imputados em primeiro lugar nos juros e, em seguida, no capital, se a consignação assegurar tanto o capital como os juros (art. 661.º n.º 2).

27.8. O restante regime. O destino da consignação na venda executiva

I. Como sucede com o penhor, a lei faz na consignação de rendimentos uma remissão bastante ampla para o regime da hipoteca (que é, nessa medida, conforme se tem vindo a sublinhar, central no âmbito das garantias reais), havendo desta forma um conjunto de disposições que se devem aqui aplicar, necessariamente com as devidas adaptações (art. 665.º).

Temos então: a passagem da garantia para os rendimentos do crédito indemnizatório ou da quantia paga, se a coisa cujos rendimentos foram consignados se perder, deteriorar ou diminuir de valor, tendo o seu dono direito a ser indemnizado (art. 692.º)[1236]; a proibição do pacto comissório

sem dúvida, importante, mas pode revelar-se ineficaz face a determinado tipo de bens relativamente aos quais seja difícil determinar qual o rendimento que o credor efetivamente retira deles. Por isso, nos parecer mais simples e mais justa, para esses casos, a solução que se propõe em texto.

1234 Pelas razões apontadas em texto, colocamos dúvidas à afirmação de R. PINTO DUARTE (*Curso de direitos reais*, cit., p. 274), segundo a qual a consignação teria por objeto umas vezes "os rendimentos, outras vezes o uso de uma coisa." O objeto, no segundo caso, não é tanto o uso da coisa, mas o valor do uso da coisa que, no fundo, se traduz em serem fruídos pelo próprio credor os rendimentos que ela de outra forma, p. ex., por via da locação a um terceiro, produziria.

1235 Ver sobre esta disposição *supra* em sede de hipoteca para onde o art. 663.º n.º 3 remete.

1236 Neste sentido: PIRES DE LIMA/ANTUNES VARELA (com a colaboração de M. HENRIQUE MESQUITA), *Código civil anotado*, vol. I, cit., pp. 683-684; M. J. ALMEIDA COSTA, *Direito das obrigações*, cit., p. 917, nota 2.

(art. 694.º), a nulidade da cláusula que impeça a alienação ou oneração dos bens donde provêm os rendimentos (embora estes sejam alienados ou onerados com a consignação) – art. 695.º; a indivisibilidade (art. 696.º); a substituição ou reforço da garantia, se a coisa donde provêm os rendimentos perecer ou se tornar insuficiente no que toca aos rendimentos gerados (art. 701.º) por causa não imputável ao credor ou ao devedor; as disposições relativas ao seguro, que o devedor se obriga a celebrar, da coisa donde provém os rendimentos (art. 702.º).

II. Interposta uma ação executiva por um outro credor do concedente em que seja penhorada a coisa donde provém os rendimentos consignados, coisa essa que venha depois a ser objeto de venda judicial, a consignação extingue-se simplesmente por força do art. 824.º n.º 2[1237].

III. Claro é, de todo o modo, que ao contrário das outras garantias reais que concedem uma preferência face aos outros credores na satisfação pelo valor da coisa onerada, em regra (necessariamente no caso na hipoteca, não assim, mediante acordo prévio, no penhor) através do recurso à ação executiva e respectiva venda, aqui o que se verifica é uma satisfação progressiva do crédito sem se recorrer à ação executiva pelos rendimentos gerados por uma certa coisa.

Por isso, se colocarem dúvidas quanto à sua natureza, havendo mesmo quem sustente que estamos perante uma dação *pro solvendo*.[1238]

Não parece que assim seja, na sua integralidade, porque a dação *pro solvendo* não segue o bem nas suas alienações, o que sucede neste caso, sendo pois oponível a terceiros.[1239_1240]

[1237] Neste sentido: P. ROMANO MARTINEZ/P. FUZETA DA PONTE, *Garantias de cumprimento*, cit., p. 51; L. MENEZES LEITÃO, *Garantias das obrigações*, cit., p. 185; J. LEBRE DE FREITAS/A. RIBEIRO MENDES, *Código de processo civil, anotado*, vol. 3, Coimbra Editora, Coimbra, 2003, p. 505. Com dúvidas quanto à sua subsistência após a venda executiva, R. PINTO DUARTE, *Curso de direitos reais*, cit., p. 274.

[1238] Neste sentido, J. ANDRADE MESQUITA, *Consignação de rendimentos ou anticrese: alguns aspetos do seu regime e natureza jurídica*, cit., pp. 144, ss., pp. 152, ss..

[1239] Cfr. P. ROMANO MARTINEZ/P. FUZETA DA PONTE, *Garantias de cumprimento*, cit., p. 51.

[1240] A generalidade da doutrina entende que a consignação de rendimentos constitui uma garantia real, ver: J. ANTUNES VARELA, *Das Obrigações em geral*, vol. II, cit., p. 520, nota 3;

No entanto, essa posição tem uma grande parte de verdade ao apontar o carácter satisfativo que a consignação de rendimentos tem. Com efeito, não deixando de ser uma garantia[1241], desde logo porque o credor vê a sua expetativa de satisfação do crédito reforçada, a sua forma de atuação leva à progressiva satisfação do crédito pelos rendimentos[1242] de forma similar à dação *pro solvendo*. E o devedor pode a todo o momento pagar a dívida e extinguir a consignação.

A garantia não atua só no caso de incumprimento do devedor da obrigação garantida, como sucede nas outras garantias reais, hipótese em que este (nas outras garantias reais), e só então, se pode satisfazer pelo valor da coisa em si, em regra por venda, e frequentemente mesmo de uma venda executiva.

27.9. A extinção

A extinção da consignação de rendimentos verifica-se pelo decurso do prazo estipulado (o que pode não significar a extinção da obrigação, uma vez que, como se viu, o decurso desse prazo pode não levar a esse resultado, mantendo-se a obrigação só parcialmente cumprida), e ainda pelas mesmas causas por que cessa o direito de hipoteca, portanto as elencadas no art. 730.º (extinção da obrigação a que serve de garantia, perecimento da coisa donde provêm os rendimentos, sem prejuízo do disposto no art. 701.º, renúncia do credor), com exceção da alínea b).[1243]

A. MENEZES CORDEIRO, *Direitos Reais*, cit., p. 1095; L. MENEZES LEITÃO, *Garantias das obrigações*, cit., p. 188. Noutro sentido, R. PINTO DUARTE, *Curso de direitos reais*, cit., p. 278.

[1241] Em sentido contrário J. ANDRADE MESQUITA, *Consignação de rendimentos ou anticrese: alguns aspetos do seu regime e natureza jurídica*, cit., pp. 149-150. Simplesmente, o Autor parte de uma noção, na nossa perspetiva, muito limitativa de garantia, e com a qual não concordamos. De facto, segundo este Autor, "para se poder falar de garantia torna-se necessário, pelo menos, a existência de um meio que, em caso, de incumprimento da obrigação permita o recurso a uma ação executiva conducente à satisfação do direito do credor." (*ob. cit.*, p. 150).

[1242] Por isso P. ROMANO MARTINEZ (*Direito das obrigações, apontamentos*, cit., p. 372) entende que esta figura deve ser integrada no seio dos "acordos que facilitam o pagamento de dívidas", embora sustente que se trata de uma garantia.

[1243] Poderá verificar-se o renascimento da consignação nos termos do art. 732.º (art. 664.º). Cfr. M. J. ALMEIDA COSTA, *Direito das obrigações*, cit., p. 920.

27.10. O regime insolvencial

Cessando a consignação de rendimentos com a venda judicial no seio de uma execução singular, é difícil sustentar uma outra solução num processo de insolvência que é uma execução colectiva.

Assim, de forma paralela à que se verifica na execução singular, o crédito que sobejar (dito de outra forma, a obrigação parcialmente extinta) terá que ser reclamado como crédito comum e pago como tal (art. 176.º CIRE).

28. A penhora

I. Questiona-se se a penhora, cuja origem é processual, constitui uma garantia real ou, então, constitui simplesmente uma figura de efeitos similares a ela. Vejamos.

Em caso de incumprimento da obrigação, o credor pode recorrer a uma ação declarativa, caso não tenha já título executivo, para em seguida, munido desse título executivo, executar o património do devedor de forma a obter satisfação do seu crédito (art. 817.º). Terá assim que recorrer a uma ação executiva. No seio desta terão que se penhorar bens do devedor (ou, eventualmente, em certos casos, de terceiro, art. 818.º) que serão afectos aos fins da execução, individualizando-os (função individualizadora da penhora). Nessa medida, serão, em regra, vendidos (mas não necessariamente)[1244] para o credor exequente se satisfazer pelo produto da venda (também não necessariamente, ou não só, ou não em primeira linha, o credor exequente, uma vez que na reclamação de créditos poderá reclamar um credor titular de um crédito que venha a ser graduado antes do seu).

II. A penhora tem essencialmente três efeitos: transferem-se para o tribunal "os poderes de gozo que integram o direito do executado", que, "em regra, os exercerá através dum depositário"[1245]; retira esses direitos da disponibilidade jurídica do executado, considerando inoponíveis à execução, sem prejuízo das regras do registo, os atos de disposição, oneração ou arrendamento dos bens penhorados (art. 819.º), e, no caso dos

[1244] Ver M. TEIXEIRA DE SOUSA, *A reforma da ação executiva*, cit., p. 189.

[1245] J. LEBRE DE FREITAS, *A ação executiva, depois da reforma da reforma*, cit., p. 263, p. 264.

créditos, a sua extinção por ato de vontade do executado ou do devedor verificada depois da penhora (art. 820.º); concede ao credor exequente uma preferência relativamente à sua satisfação pelo valor do bem penhorado perante qualquer outro credor que não tenha garantia real anterior (art. 822.º n.º 1). Se o bem tiver sido previamente arrestado, a anterioridade da penhora reporta-se à data do arresto (art. 822.º n.º 2)[1246].

Note-se, porém, que esta preferência cessa, se vier a ser declarada a insolvência do executado (art. 140.º n.º 3 CIRE – mas as custas pagas pelo exequente constituem dívidas da massa insolvente).

III. Temos, então, que o devedor continua a poder dispor dos bens, assim como a onerá-los. Contudo, esses atos não são oponíveis à execução, que prossegue como se eles não se tivessem verificado. Por outro lado, este bem pode ser uma segunda vez penhorado, no entanto, prevalece na graduação de créditos o crédito do primeiro exequente.

IV. Daí se dizer que a penhora tem as características da sequela e da preferência, sendo um direito real de garantia.

A posição dominante em termos de qualificação da penhora (isto é, como garantia real) é essa[1247].

Posição diversa tem Miguel Teixeira de Sousa[1248] e M. J. Almeida Costa[1249].

M. Teixeira de Sousa[1250] entende que a penhora "em vez de acompanhar o bem transmitido e de sujeitar o seu adquirente à execução (...) ignora a transmissão do bem (cfr. art. 819.º) e rejeita qualquer substituição do executado. Enquanto o direito real se adapta à dinâmica, a penhora ficciona a estática", desempenhando uma "função (...) conservatória".

[1246] Ver, desenvolvidamente sobre estes efeitos, J. LEBRE DE FREITAS, *A ação executiva, depois da reforma da reforma*, cit., pp. 263, ss..

[1247] Cfr. A. MENEZES CORDEIRO, *Direitos Reais*, cit., p. 1101; L. MENEZES LEITÃO, *Garantias das obrigações*, cit., p. 246; R. PINTO DUARTE, *Curso de direitos reais*, cit., p. 302; J. LEBRE DE FREITAS, *A ação executiva, depois da reforma da reforma*, cit., p. 269 (diz este Autor no que toca à atribuição de uma preferência por efeito da penhora: "Dada a função que lhe é própria, a penhora envolve a constituição de um direito real de garantia a favor do exequente").

[1248] M. TEIXEIRA DE SOUSA, *Ação executiva singular*, cit., p. 250.

[1249] M. J. ALMEIDA COSTA, *Direito das obrigações*, cit., p. 983, ss..

[1250] M. TEIXEIRA DE SOUSA, *ob. últ. cit.*, *ibidem*.

Não se trataria de um direito real, mas apenas de "uma situação em que são colocados certos bens ou direitos".

M. J. Almeida Costa sustenta que a penhora não se trataria "em rigor" de uma garantia real, mas de "um ato processual que visa criar a indisponibilidade dos bens adstritos à execução, mediante a produção dos efeitos substantivos das garantias reais: a preferência e a sequela"[1251].

O mecanismo é efetivamente diverso do das garantias reais, como o demonstra M. Teixeira de Sousa. Os efeitos gerados, no entanto, são semelhantes aos da preferência e da sequela, característicos das garantias reais.

Parece assim que não se trata de uma verdadeira garantia real, no que toca ao mecanismo, mas de uma figura processual que produz efeitos semelhantes aos das garantias reais.[1252]

Nessa medida, e com essa precaução, não parece desadequado incluí-la no âmbito das garantias reais[1253], embora numa categoria à parte no seu seio[1254]; ou então, simplesmente, o que será eventualmente preferível, como uma figura de efeitos similares e – aspeto fundamental – que confere uma preferência que cessa se vier a ser declarada a insolvência do executado.[1255]

1251 M. J. ALMEIDA COSTA, *Direito das obrigações*, cit., pp. 983-984.

1252 Na jurisprudência, o Acórdão da Relação de Guimarães de 10/07/2018 (Eva Almeida) in: www.dgsi.pt.

1253 Como faz L. MENEZES LEITÃO, *Garantias das obrigações*, cit., p. 249.

1254 De certa forma, se bem o interpretamos, como faz M. J. ALMEIDA COSTA (*Direito das obrigações*, cit., p. 911), que inclui a penhora (e o arresto) no elenco de garantias reais das obrigações, para de imediato acrescentar em nota (p. 911, nota 1): "Antecipa-se que, em sentido estrito, estas duas últimas figuras não são garantias reais das obrigações equiparáveis às outras."

1255 Grande parte das considerações que fazemos em texto acerca da penhora valem igualmente para o arresto. Efetivamente, aplicam-se genericamente a esta figura as disposições da penhora (art. 622.º), com realce para a preferência (entendendo que não, R. PINTO DUARTE, *Curso de direitos reais*, cit., p. 304). Todavia, o arresto deverá ficar incluído no seio dos meios de conservação da garantia patrimonial, uma vez que é essa a sua função primária.

Sobre o arresto, em geral, ver: PIRES DE LIMA/ANTUNES VARELA, *Código civil anotado*, vol. I (com a colaboração de M. HENRIQUE MESQUITA), cit., pp. 636, ss.; L. MENEZES LEITÃO, Garantias das obrigações, cit., pp. 90, ss.; R. PINTO DUARTE, *Curso de direitos reais*, cit., p. 305-306; SALVADOR DA COSTA, *Concurso de credores*, cit., pp. 13, ss..

Secção II
O recurso à titularidade de um direito com função de garantia[1256]

29. A reserva de propriedade

29.1. Introdução

I. A cláusula de reserva de propriedade, em regra inserida num contrato de compra e venda, constitui um importante instrumento de tutela do vendedor que entrega logo a coisa e concede um prazo ao comprador para pagar o preço, muitas vezes a prestações. Esta concessão de um prazo para o pagamento de preço constitui uma forma de concede de crédito, denominado "crédito comercial".

Ao ligar a transmissão da propriedade – ou da titularidade de um outro direito, como já se verá – ao momento do efetivo pagamento do preço, o vendedor cria para si um instrumento de tutela assente na propriedade da coisa.

Se o devedor não cumprir, ele poderá recuperar a coisa, uma vez que a propriedade nunca sai da sua esfera. Se assim não fosse, quer por força do art. 886.º, quer por o comprador a ter entretanto revendido (em virtude dos limites que o a art. 435.º n.º 1 coloca aos efeitos da resolução), o vendedor, se evidentemente não tivesse sido constituída a seu favor uma outra garantia especial, seria um simples credor comum do preço. Situação particularmente gravosa na insolvência, como se sabe.

Ao recorrer à reserva de propriedade, o vendedor vê sempre os danos resultantes do incumprimento da outra parte minorados, mesmo quando

[1256] Maior parte das figuras que passamos a analisar, como a venda com reserva de propriedade, a locação venda, a venda a retro, a locação financeira, o reporte, desempenhando embora uma função – *primária* – de garantia, o que nos permite inclui-las nesta categoria de garantias, desempenham igualmente uma função primária de crédito. São *contratos "bifrontes"* que desempenham essa *dupla função: garantia e crédito*.

É este último aspeto, a concessão de crédito, que leva muitas vezes a qualificar a locação financeira como contrato de crédito ou, por vezes, de financiamento. A classificação está certa. Deixa é na penumbra a função de garantia do contrato, que não é secundária, mas também, como se disse, primária. Por não o pretendermos fazer, agora ao contrário, começamos por fazer esta precisão.

a coisa tenha já sofrido alguma desvalorização pelo uso que lhe for, entretanto, dado pela outra parte.

II. A sua garantia, aqui, radica sempre na manutenção da propriedade do bem na sua esfera, obstando a que ela se transmita de imediato, de acordo com a regra geral entre nós, com a celebração do contrato. Portanto, a "retenção" da propriedade na esfera do vendedor visa fins de garantia, de tutela da sua posição, atuando assim, conforme se verá melhor mais à frente, de uma forma bem diversa das garantias reais.

III. A reserva de propriedade, na venda, é hoje na União Europeia um dos principais meios de tutela do "crédito comercial", uma vez que as instâncias comunitárias procuraram impor o seu reconhecimento por via da Diretiva 200/35/CE do Parlamento Europeu e do Conselho, de 29/6/2000[1257], que estabelece medidas de luta contra os atrasos de pagamento nas transacções comerciais (art. 4.º n.º 1)[1258].

De todo o modo, como veremos, tanto pela amplitude com que desde logo consagrou a reserva de propriedade no art. 409.º, como pelo regime estabelecido (em especial, em termos insolvenciais), a lei portuguesa é mesmo, no quadro europeu, das mais generosas no que toca a esta figura,

[1257] Sobre esta, ver ANA CATARINA ROCHA, *A cláusula de reserva de propriedade na Diretiva 2000/35/CE do Parlamento Europeu e do Conselho sobre as medidas de luta contra os atrasos de pagamentos*, RFDUP, 2005, pp. 9, ss..

[1258] De forma crítica quanto a este art. 4.º n.º 1 da Diretiva no que toca ao efetivo alcance da finalidade visada, EVA-MARIA KIENINGER, *Introduction: security rights in movable property within the common market and the approach of the study*, in *Security rigths in movable property in european private law* (editado por Eva-Maria Kieninger), Cambridge University Press, Cambridge, 2004, p. 24.

Com efeito, aponta a Autora, que o art. 4.º n.º 1 da Diretiva, além de não fazer qualquer referência à posição do comprador face a terceiros, é mesmo "destituído de sentido através da referência às disposições nacionais aplicáveis designadas pelas normas de Direito internacional privado".

A Comissão, na sua segunda proposta, e o Parlamento Europeu pretendiam resultados mais ambiciosos, isto é, que a reserva de propriedade convencionada por escrito até à entrega dos bens fosse oponível aos credores do comprador, tanto na execução singular como na insolvência. Contudo, o Conselho opôs-se sempre, e o referido art. 4.º n.º 1 é a solução de compromisso.

A verdade, de todo o modo, é que a generalidade dos países europeus reconhecia já, com maior ou menor amplitude, com maiores ou menores limitações, a venda com reserva de propriedade, como a Alemanha (amplamente até, como se verá), Itália, França, Espanha, Países Baixos, etc.

que tem no seu cerne, reforce-se, o recurso ao direito de propriedade com função de garantia.

29.2. Caracterização

I. A transmissão da propriedade no nosso sistema constitui, em princípio, como se sabe, um efeito imediato do contrato (art. 408.º)[1259]. Pode, no entanto, o alienante obstar a que tal aconteça "até ao cumprimento total ou parcial das obrigações da outra parte ou até à verificação de qualquer outro evento"[1260], reservando para si a propriedade da coisa até esse momento. Trata-se da celebração de um contrato de alienação com reserva de propriedade, que a lei prevê e regula expressamente (art. 409.º)[1261].

[1259] Ver por todos sobre este aspeto: I. GALVÃO TELLES, *Contratos civis (projeto completo para um título do futuro código civil português e respectiva exposição de motivos)*, cit., pp. 117, ss.; idem, *Direito das obrigações*, cit., pp. 82-84; RAÚL VENTURA, *O contrato de compra e venda no Código Civil. Efeitos essenciais: a transmissão da propriedade da coisa ou da titularidade do direito; a obrigação de entregar a coisa*, cit., pp. 593, ss.. Ainda, ORLANDO DE CARVALHO, *Direito das coisas*, cit., pp. 268, ss..

[1260] Continua a transmissão da propriedade a ser efeito do contrato, uma vez que "o efeito real tem a sua génese ou raiz" (I. GALVÃO TELLES, *Direito das obrigações*, cit., p. 83) nesse negócio, embora não seja um seu efeito imediato.

[1261] Ver sobre esta entre nós: J. RIBEIRO DE FARIA, *Direito das obrigações*, vol. I, cit., pp. 220-223; RAÚL VENTURA, *O contrato de compra e venda no Código Civil. Efeitos essenciais: a transmissão da propriedade da coisa ou da titularidade do direito; a obrigação de entregar a coisa*, cit., pp. 604, ss.; J. ANTUNES VARELA, *Das Obrigações em geral*, vol. I, cit., pp. 304-306; idem, *Anotação ao acórdão do STJ de 24/1/1985*, RLJ ano 122.º, pp. 314, ss.; PIRES DE LIMA/ANTUNES VARELA (com a colaboração de M. HENRIQUE MESQUITA), *Código Civil anotado*, vol. I, cit., pp. 375-376; I. GALVÃO TELLES, *Contratos civis (projeto completo para um título do futuro código civil português e respectiva exposição de motivos)*, cit., pp. 137-138; idem, *Direito das obrigações*, cit., pp. 82-84; M. J. ALMEIDA COSTA, *Direito das obrigações*, cit., pp. 296, ss.; idem, *Anotação ao acórdão do STJ de 24/1/1985*, RLJ ano 118.º, pp. 335, ss.; F. PESSOA JORGE, *Lições de direito das obrigações*, Edição da Associação Académica da Faculdade de Direito de Lisboa, 1975-1976, pp. 208-209; A. VAZ SERRA, *Anotação ao acórdão do STJ de 28/11/75*, in RLJ ano 109.º, pp. 365, ss.; P. ROMANO MARTINEZ, *Direito das obrigações (parte especial), contratos. Compra e venda, locação, empreitada*, cit., pp. 36, ss.; idem, *Direito das obrigações, apontamentos*, cit., pp. 202, ss.; P. ROMANO MARTINEZ/P. FUZETA DA PONTE, *Garantias de cumprimento*, cit., pp. 238, ss.; L. MENEZES LEITÃO, *Direito das obrigações*, vol. III, *contratos em especial*, 12.ª ed., Almedina, Coimbra, 2018, pp. 52, ss.; idem, *Garantias das obrigações*, cit., pp. 248, ss.; LUÍS LIMA PINHEIRO, *A cláusula de reserva de propriedade, algumas reflexões sobre a sua função, regime e natureza jurídica*, Almedina, Coimbra, 1988; idem, *A reserva da propriedade em direito internacional privado*, McGraw Hill, Lisboa, 1991, pp. 1, ss.; ANA MARIA PERALTA, *A posição*

II. O evento que leva à transmissão da propriedade (de móveis ou imóveis), como decorre de forma clara da própria letra da lei, não é necessariamente o cumprimento total ou parcial das obrigações da outra parte, mas pode tratar-se de um qualquer outro facto, mesmo sem estar ligado ao cumprimento da obrigação emergente desse contrato pelo comprador.

Acresce que o contrato não tem que ser uma compra e venda. Basta que seja um contrato de alienação, como, p. ex., uma troca, e o seu objeto não se limita igualmente a coisas móveis, mas abrange também os imóveis[1262].

jurídica do comprador na compra e venda com reserva de propriedade, Almedina, Coimbra, 1990; R. PINTO DUARTE, *Curso de direitos reais*, cit., pp. 306, ss.; PEDRO DE ALBUQUERQUE, *Contrato de compra e venda. Introdução, efeitos essenciais e modalidades*, in Direito das obrigações, 3.º vol. (Lições coordenadas pelo Prof. Doutor António Menezes Cordeiro), AAFDL, Lisboa, 1991, pp. 37-38; GABRIELA FIGUEIREDO DIAS, *Reserva de propriedade*, in Comemorações dos 35 anos do Código Civil e dos 25 anos da reforma de 1977, vol. III Direito das Obrigações, Coimbra Editora, Coimbra, 2007, pp. 417, ss..

Ver ainda: MARCO LIPARI, *Vendita con riserva di proprietà*, ED, XLVI, pp. 526, ss.; A. LUMINOSO, *Vendita*, DDP, sezione civile, XIX, pp. 633, ss.; idem, *I contratti tipici e atipici*, in Tratatto di diritto privato (a cura de Giovanni Iudica e Paolo Zatti), Giuffrè, Milão, 1995, pp. 102, ss.; J. GHESTIN, *Riflessoni di un civilista francese sulla clausula di riserva della proprietà*, RDCiv., 1981, I, pp. 440, ss.; FRANÇOIS C. DUTILLEUL/PHILIPPE DELEBECQUE, *Contrats civils et commerciaux, Contrats civils et commerciaux*, 9.ª ed., Dalloz, Paris, 2011, pp. 185-186; D. LEGEAIS, *Sûretés et garanties du crédit*, cit., pp. 494, ss.; PIERRE CROCQ, *Propriété et garantie*, LGDJ, Paris, 1995, pp. 105, ss.; J.-B. SEUBE, *Droit des sûretés*, cit., pp. 222-223; MANUEL LOBATO GARCIA-MIJAN, *La reserva de dominio en la quiebra*, Civitas, Madrid, 1997, pp. 47, ss.; SIXTO SANCHEZ LORENZO, *Garantias reales en el comercio internacional (reserva de dominio, venta en garantia y leasing)*, Civitas, Madrid, 1993, pp. 71, ss.; A. CARRASCO PERERA/E. CORDERO LOBATO/M. J. MARÍN LÓPEZ, *Tratado de los derechos de garantía, tomo II, Garantías mobiliarias*, cit., pp. 401, ss.; H. WEBER, *Kreditsicherheiten*, cit., § 9, pp. 186, ss.; K. LARENZ, *Lehrbuch des Schuldrechts, Band II, Halbband 1, Besonderer Teil*, 13.ª ed., C.H. Beck, Munique, 1986, § 43 II, pp. 106, ss.; R. SERICK, *Eigentumsvorbehalt und Sicherungsübertagung, Band I, Der einfache Eigentumsvorbehalt*, Verlagsgesellschaft "Recht und Wirtschaft", Heidelberga, 1963 (ainda hoje, segundo cremos, a obra mais relevante sobre esta figura); idem, *Eigentumsvorbehalt und Sicherungübertragung. Neue Rechtsentwicklungen*, cit., § 2, pp. 53, ss.; F. BAUR/J. BAUR/R. STÜRNER, *Sachenrecht*, cit., § 59, pp. 824, ss.; ANDREAS RIEDLER, *Eigentumsvorbehalt*, in Österreiches Bankvertragsrecht, Band IX: Kreditsicherheiten, Teil II (Herausgeben: Peter Apathy, Gert Iro, Helmut Koziol), Springer, Wien, NewYork, 2012, pp. 244, ss. (para a Áustria); A. G. GUEST, in: *Chitty on contracts*, vol. II, *specific contracts* (general editor A. G. Guest), 27.ª ed., Sweet & Maxwell, Londres, 1994, pp. 670, ss.; R. GOODE, *Security interests in movables under english law*, cit., p. 50.

[1262] De facto, o Código transalpino prevê a reserva de propriedade no âmbito da venda de móveis, estatuindo que na venda a prestações com reserva de propriedade o comprador

Por isso, podia Raúl Ventura acentuar o carácter "liberal" do nosso Código neste ponto face ao Código italiano.[1263] Na mesma linha, sublinhava também Oliveira Ascensão o carácter amplo do art. 409.º n.º 1, que representava "já a generalização do que se previa inicialmente apenas para a compra e venda com reserva de domínio."[1264]

III. Esta cláusula articula-se, geralmente, com a venda a prestações com entrega da coisa. A lei consagra mesmo, aqui, um regime particular, protector do adquirente (arts. 934.º e 935.º)[1265].[1266]

Aliás, a venda, normalmente a prestações, com reserva de propriedade e entrega da coisa consiste no tipo social[1267] deste negócio. É essencialmente sobre ele que recairá, em seguida, a nossa atenção.[1268]

adquire a propriedade da coisa com o pagamento da última prestação do preço (art. 1523.º do *Codice Civile*). Também no BGB, a reserva de propriedade está prevista no âmbito da compra e venda de móveis (§ 449 BGB).

[1263] RAÚL VENTURA, *O contrato de compra e venda no Código Civil. Efeitos essenciais: a transmissão da propriedade da coisa ou da titularidade do direito; a obrigação de entregar a coisa*, cit., p. 607.

[1264] J. OLIVEIRA ASCENSÃO, *Direito civil, Reais*, cit., p. 461. Trata-se, segundo este Professor, de uma vasta admissão da propriedade temporária. O trecho final do art. 409.º n.º 1 é "de tal maneira compreensivo que abrange em si seguramente o termo (...). Verificado este, automaticamente a propriedade reverte para o beneficiário."

[1265] No que toca à resolução do contrato, à perda do benefício do prazo, embora neste caso não seja sequer necessária a reserva de propriedade (art. 934.º), assim como quanto às limitações impostas à cláusula penal por o comprador não cumprir (art. 935.º). Ver sobre este regime, desenvolvidamente: VASCO LOBO XAVIER, *Venda a prestações: algumas notas sobre os artigos 934.º e 935.º do Código Civil*, RDES, 1974, pp. 199, ss.; A. PINTO MONTEIRO, *Sobre o não cumprimento na venda a prestações (algumas notas)*, Dir., 1990, pp. 555, ss..

[1266] Quanto ao recurso à reserva de propriedade como meio de garantia do crédito do financiador, e já não do vendedor, instrumento de tutela comum na nossa prática contratual do sujeito que financia a aquisição desse bem, ver ISABEL MENÉRES DE CAMPOS, *Algumas reflexões em torno da cláusula de reserva de propriedade a favor do financiador*, in Estudos em comemoração do 10.º aniversário da licenciatura em Direito da Universidade do Minho, Almedina, Coimbra, 2004, pp. 631, ss..

[1267] A "relação contratual socialmente típica" nas palavras de L. LIMA PINHEIRO, *A cláusula de reserva de propriedade, algumas reflexões sobre a sua função, regime e natureza jurídica*, cit., p. 19.

[1268] Saliente-se que a venda a prestações com reserva de propriedade poderá ficar sujeita ao regime do crédito ao consumo, sempre que se verificarem os requisitos subjetivos de aplicação do Dec.-Lei n.º 133/2009, de 2/6, e não se verifique nenhuma das exclusões aí previstas, uma vez que se enquadra na definição de "contrato de crédito" do art. 4.º, n.º 1, al. c) do mesmo diploma". Ver, sobre este ponto, FERNANDO DE GRAVATO MORAIS, *Do regime jurídico*

IV. Em termos funcionais, a venda a prestações com reserva de propriedade, para além da estrita função da compra e venda que é a troca do direito de propriedade ou de outra natureza por um preço, que evidentemente se mantém, em regra, como função central deste negócio, ao conduzir também à concessão de crédito [mas não no sentido do RGICSF, art. 9.º, n.º 2, al. c), que tem uma função específica no âmbito financeiro] ao comprador e à criação de uma garantia do pagamento do preço, traduzida na reserva de propriedade da coisa entregue por parte do vendedor[1269], desempenha igualmente funções de crédito e de garantia[1270].

Trata-se assim – também – de um negócio de crédito e garantia. E pode ser analisada por qualquer destas perspetivas. Contudo, agora, como temos sublinhado, é esta sua última vertente que aqui nos interessa.

V. Um último apontamento. Estamos a analisar o caso típico do recurso à reserva de propriedade em que é o próprio comerciante cuja atividade consiste na transação desse tipo de bens que recorre a esta figura para tutelar a sua posição. Contudo, a venda com reserva de propriedade é utilizada também, simplesmente, com funções financeiras e garantia por parte do vendedor. Pode consistir num instrumento de concessão de crédito garantido pela propriedade do bem com similitudes com a locação financeira.

Assim, um banco pode adquirir um dado bem (muitas vezes um automóvel) escolhido por outrem a quem o vende de imediato a prestações com reserva de propriedade e lho entrega. As diversas prestações são constituídas, cada uma delas, numa parte pelo capital que a instituição de crédito despendeu pela aquisição do bem e noutra pelos juros (e outras despesas)[1271].

do crédito ao consumo, SI, 2000, pp. 375, ss. (que sublinha tratar-se a venda a prestações do "mecanismo tradicional" da concessão desta modalidade de crédito).

[1269] Cfr. M. LIPARI, *Vendita con riserva di proprietà*, cit., p. 534; S. RONCO, *Affidamento di beni mobili e insolvenza dell'affidatario*, Cedam, Pádua, 2000, p. 186.

[1270] Sublinhando este ponto, HARM PETER WESTERMANN/*Münchener Kommentar zum Bürgerlichen Gesetzbuch, Band 3, Schuldrecht. Besonderer Teil I (§§ 433-606)*, 6.ª ed., C. H. Beck, Munique, 2012, § 449, p. 282. Na jurisprudência destacando a função de garantia, o acórdão do STJ de 30.09.2014 (Maria Clara Sottomayor), in: www.dgsi.pt.

[1271] Consiste numa combinação que se aproxima, sem se confundir, com a venda a retro, a venda com pacto de retrovenda e o reporte, figuras que analisaremos nos números seguintes.

29.3. O objeto

I. Nos termos do art. 409.º, o contrato pode ter por objeto uma coisa imóvel ou uma coisa móvel, sujeita a registo ou não. É claro que terá que ser uma coisa não consumível. A questão que se coloca é se ela terá que ser específica ou se poderá ser uma coisa genérica[1272].

As posições só aparentemente não são conciliáveis. Parece claro que sobre as coisas genéricas em si não pode haver reserva de propriedade enquanto elas forem genéricas, pois não há qualquer transferência do direito real. A transferência só se verificará futuramente, aquando da concentração, passando a obrigação de genérica a específica.

Ora, nesse momento, e já face a coisas determinadas devido à concentração, é que operará a reserva, não se transmitindo a propriedade, como de outra forma sucederia. Esse efeito só se dará aquando do pagamento do preço ou da verificação de um outro evento. Daí que a venda de coisas genéricas com reserva de propriedade seja de admitir com esse significado[1273].

II. Ainda, cremos que se poderá admitir esta cláusula relativamente a outros bens que não somente coisas corpóreas.

Um direito, como, p. ex., um direito de crédito, pode ser vendido com reserva de titularidade. A transmissão do crédito opera, como se sabe, por mero efeito do contrato. A notificação é necessária para que a transmissão do crédito produza efeitos em relação ao devedor cedido (o mesmo efeito produz o conhecimento ou a aceitação), art. 583.º n.º 1 e 2, e perante segundos adquirentes do mesmo crédito (art. 584.º). Daí que nada obste a que a titularidade do crédito só se transmita quando se verificar o pagamento do preço ou outro evento, se as partes assim o clausularem.

[1272] No primeiro sentido L. MENEZES LEITÃO, *Garantias das obrigações*, cit., p. 254; no segundo, P. ROMANO MARTINEZ, *Direito das obrigações (parte especial) contratos, compra e venda, locação, empreitada*, cit., p. 37.

[1273] E, por essa razão, P. ROMANO MARTINEZ [*Direito das obrigações (parte especial) contratos, compra e venda, locação, empreitada*, cit., p. 37, nota 2] sublinha que, nestes casos, a "cláusula só produz efeitos depois da concentração".

29.4. A forma. A publicidade

I. A cláusula não está sujeita a exigências de forma, embora tenha que acompanhar aquelas do contrato onde se insere[1274].

Contudo, tratando-se de imóveis ou de móveis sujeitos a registo será necessário registar a cláusula para ela ser oponível a terceiros. Nenhuma exigência é fixada para as coisas não sujeitas a registo.

Convém, de todo o modo, adiantar desde já que, na eventualidade de declaração de insolvência do comprador, a cláusula só será "oponível à massa no caso de ter sido estipulada por escrito, até ao momento da entrega da coisa." (art. 104.º n.º 3 CIRE).

29.5. As modalidades particulares de reserva de propriedade. Sua admissibilidade

I. A prática dos negócios alemã criou com grande sucesso um conjunto de outras figuras mais complexas que foram desenvolvidas com base na reserva de propriedade, denominada reserva de propriedade simples (*einfacher Eigentumsvorbehalt*, prevista no § 449 BGB[1275]), que foi a figura que estivemos a ver até aqui.

Trata-se da reserva de propriedade prolongada (*verlängerter Eigentumsvorbehalt*) e da reserva de propriedade alargada (*erweiterter Eigentumsvorbehalt*). Vejamos então cada uma delas.

29.5.1. A reserva de propriedade prolongada (*verlängerter Eigentumsvorbehalt*)

I. A modalidade em análise conhece diversas variantes. De uma forma sumária e simplificada, podemos fazer as seguintes distinções.

A reserva de propriedade pode ser estendida de forma a permitir ao comprador vender ou transformar a coisa sem o vendedor perder a sua garantia.

[1274] Cfr. RAÚL VENTURA, *O contrato de compra e venda no Código Civil. Efeitos essenciais: a transmissão da propriedade da coisa ou da titularidade do direito; a obrigação de entregar a coisa*, cit., p. 605; P. ROMANO MARTINEZ, *Direito das obrigações (parte especial), contratos. Compra e venda, locação, empreitada*, cit., p. 38.

[1275] Como já estava no § 455 BGB antes da reforma do direito das obrigações.

Na primeira hipótese, o vendedor com reserva de propriedade concederá à outra parte uma autorização para revender o bem (*Veräuberungsermächtigung*), cedendo esta de imediato ao primeiro o crédito futuro (*Vorausabtretung*) resultante dessa revenda, que substitui a propriedade reservada como garantia do vendedor inicial, autorizando este ainda o outro contraente a cobrar esse crédito (*Einziehungsermächtigung*).

Num segundo caso, que se verificará quando o objeto da venda forem matérias-primas ou produtos semi-acabados, insere-se no contrato uma cláusula (*Verarbeitungsklausel*) pela qual o vendedor com reserva de propriedade permite ao comprador transformá-las, adquirindo o primeiro a propriedade, ou compropriedade, das coisas assim obtidas, a que se pode juntar, para permitir a revenda, uma autorização para o efeito, juntamente com uma cessão de créditos futuros daí resultantes e a autorização para cobrança.[1276]

II. Não vemos particulares dificuldades na adaptação da primeira figura ao direito português. Consiste na articulação de uma autorização de venda de um bem alheio (uma vez que pertence ao vendedor inicial) conferida ao adquirente com reserva, que, nessa medida, tendo-lhe por essa via sido conferida legitimidade para tal, celebra um negócio válido e eficaz, com uma cessão de um crédito futuro ao preço, o que não levanta qualquer dificuldade.

Com a cessão do crédito futuro, é concedida também legitimidade para cobrança desse mesmo crédito (do vendedor inicial, que é quem o adquire por força da cessão prévia logo que ele vier a nascer do negócio de venda do bem com um terceiro). Insere-se assim, neste ponto, um mandato sem representação, uma vez que o cedente está mesmo obrigado a proceder à cobrança.

III. A segunda figura só será de aceitar se se entender que as partes podem regular convencionalmente as regras da acessão industrial

[1276] Este tipo de combinações também se podem adoptar, de uma forma paralela, no seio de uma alienação em garantia (*Sicherungsübereignung*). Cfr. R. SERICK, *Eigentumsvorbehalt und Sicherungsübertragung. Neue Rechtsentwicklungen*, cit., § 3 I, pp. 75, ss., § 4 II 1, pp. 105, ss..

(arts. 1333.º e segs.)[1277]. Na parte restante, o mecanismo é semelhante ao acima exposto e admitido.

29.5.2. A reserva de propriedade alargada (*erweiterter Eigentumsvorbehalt*)

I. A reserva de propriedade pode ser ampliada de forma a servir de garantia, não só ao crédito daquela venda, mas a um conjunto de créditos nascidos da relação de negócios (*Geschäftsverbindung*) entre as partes. Portanto, só com o cumprimento de certas obrigações do vendedor face ao comprador se transferirá a propriedade da coisa, ou com a extinção do saldo da conta corrente entre as partes (*Kontokorrentklausel*). Não se limita ao cumprimento do dever de pagar o preço emergente daquela venda em si (donde decorre a propriedade reservada)[1278].

Esta cláusula chegou mesmo a ser ampliada de forma a abranger, não só os créditos de que o vendedor fosse titular, mas também aqueles de outras sociedades do grupo deste último (a *Konzernklausel*). Semelhante modalidade é hoje inválida por força do disposto no § 449 III BGB.[1279] Mesmo a cláusula de conta corrente, sendo em geral considerada válida no âmbito comercial, pode em certos casos ser considerada como atentando contra os bons costumes (§ 138 BGB). Trata-se de hipóteses em que a sua utilização como meio de garantia configura um abuso da liberdade contratual (*Missbrauch der Vertragsfreiheit*).[1280]

[1277] No sentido afirmativo PIRES DE LIMA/ANTUNES VARELA (com a colaboração de M. HENRIQUE MESQUITA), *Código civil anotado*, vol. III, 2.ª ed., Coimbra Editora, Coimbra, 1987, p. 152.

[1278] Cfr. D. REINICKE/K. TIEDTKE, *Kreditsicherung*, cit., p. 311; MICHAEL HUBER, *Gegenseitige Verträge*, in: *Insolvenzrechts-Handbuch* (Herausgegeben von Peter Gottwald), 4.ª ed., C. H. Beck, Munique, 2010, § 36, p. 588; M. TAHMM, *Kreditsicherungsvereinbarungen*, cit., pp. 24, ss.; K. LARENZ, *Lehrbuch des Schuldrechts, Band II, Halbband 1, Besonderer Teil*, cit., § 43 II, pp. 122, ss., p. 126; A. RIEDLER, *Eigentumsvorbehalt*, cit., pp. 265, ss.

[1279] Cfr. D. EICKMANN/*Heidelberger Kommentar zur Insolvenzordnung*, cit., § 47, p. 315, § 51, p. 330.

[1280] Cfr. H. WEBER, *Kreditsicherheiten*, cit., § 10, p. 211; D. REINICKE/K. TIEDTKE, *Kreditsicherung*, cit., pp. 311-312. É necessário que a extensão da reserva contradiga fortemente o sentido de um contrato de compra e venda.

II. Dada a amplitude com que a reserva de propriedade é consagrada entre nós (art. 409.º n.º 1), de tal forma que o facto que leva à transmissão do direito real não é somente o cumprimento das obrigações da outra parte, mas "qualquer outro evento", por esta via é difícil, centrando a nossa análise somente nesta disposição, não considerar admissíveis estas cláusulas. As partes podem moldar o evento que leva à transmissão.

Contudo, haverá que ter em conta na determinação da licitude destas cláusulas, também, quando aplicáveis, outras disposições, como aquelas relativas às cláusulas contratuais gerais. E, mesmo tratando-se de cláusulas individualmente negociadas, verificar se, em certos casos, particularmente graves, não estarão feridas de nulidade por atentarem contra a ordem pública[1281], onde se inclui a proibição do excesso[1282_1283]

29.6. A tutela do adquirente do comprador com reserva de propriedade

I. A posição de terceiro adquirente de um comprador com reserva de propriedade, se se tratar de uma coisa imóvel ou móvel sujeita a registo, estará protegida em virtude do disposto no art. 409.º n.º 2, uma vez que, tendo essa cláusula de ser registada, poderá saber que a coisa pertence

[1281] Quanto à noção de ordem pública, ver: JOAQUIM DE SOUSA RIBEIRO, *O problema do contrato. As cláusulas contratuais gerais e o princípio da liberdade contratual*, Almedina, Coimbra, 1999, pp. 525, ss.; A. MENEZES CORDEIRO, *Tratado de direito civil português, II, Parte geral, negócio jurídico*, cit., pp. 603, ss.; J. BAPTISTA MACHADO, *Do princípio da liberdade contratual*, in João Baptista Machado, Obra dispersa, vol. I, Scientia Iuridica, Braga, 1991, pp. 643-644.

[1282] Como refere J. BAPTISTA MACHADO (*Do princípio da liberdade contratual*, cit., pp. 643-644): a "ordem pública não só pode ser induzida de um conjunto de normas ou quadros normativos que imperativamente organizam as instituições jurídicas e de certos valores fundamentais com assento constitucional (...) como poderá ser a expressão da lógica intrínseca de uma instituição, ou ainda da ideia de "razoabilidade" (...): no sentido de que o direito se recusa a dar cobertura ao exercício de uma discricionariedade manifestamente irrazoável (proibição do excesso)."

[1283] De todo em todo inaplicável ao Direito português é o regime insolvencial destas cláusulas na Alemanha. Com efeito, numa solução que merece reparo por parte da doutrina germânica, ao contrário da reserva de propriedade simples, na extensão e o alargamento da reserva, o credor tem um simples direito de satisfação privilegiada (*abgesonderte Befriedigung*). Cfr. D. EICKMANN/*Heidelberger Kommentar zur Insolvenzordnung*, cit., § 47, p. 315, § 51, p. 330; M. HUBER, *Gegenseitige Verträge* in *Insolvenzrechts-Handbuch*, cit., § 36, p. 588.

efetivamente ao vendedor e não ao comprador com reserva de propriedade. Não tendo sido registada essa cláusula, ela não lhe é oponível, estando tutelada a sua posição.

Todavia, o mesmo já não acontece se estivermos face a uma coisa móvel não sujeita a registo, em que o terceiro de boa fé não terá, em princípio, meios para saber que esse bem não pertence efetivamente ao comprador com reserva de propriedade[1284].

II. Por isso, a cláusula de reserva de propriedade poderá causar nestes casos um prejuízo tanto aos terceiros subadquirentes como aos credores do comprador.[1285] Note-se, no entanto, que a posição dos primeiros que estejam de boa fé estará, frequentemente, protegida pelo art. 1301.º. Na verdade, sempre que o adquirente com reserva seja um "comerciante que negoceie em coisa do mesmo ou semelhante género", embora o terceiro de boa fé não adquira a propriedade, o titular do bem que lhe exija a coisa comprada terá sempre que restituir o preço que este tenha pago por ela[1286].

III. O reverso da medalha é que a tutela que se concede ao terceiro subadquirente de boa fé conduz à desprotecção do vendedor com reserva

[1284] Cfr. RAÚL VENTURA, O *contrato de compra e venda no Código Civil. Efeitos essenciais: a transmissão da propriedade da coisa ou da titularidade do direito; a obrigação de entregar a coisa*, cit., pp. 608-609; J. RIBEIRO DE FARIA, *Direito das obrigações*, vol. I, p. 222; L. MENEZES LEITÃO, *Garantias das obrigações*, cit., p. 261. Contudo, no sentido de que nestes casos a cláusula de reserva de propriedade "não pode ser oponível a terceiros de boa fé", P. ROMANO MARTINEZ, *Direito das obrigações (parte especial), contratos. Compra e venda, locação, empreitada*, cit., pp. 38-39; idem, *Direito das obrigações, apontamentos*, cit., p. 160.

[1285] Como destaca J. RIBEIRO DE FARIA, *Direito das obrigações*, vol. I, cit., p. 222. Nesta linha, também, J. ANTUNES VARELA (*Das Obrigações em geral*, vol. I, cit., p. 306), embora apontando "a possibilidade que, em regra, não faltará a um contraente prudente e cauteloso de conhecer a real situação das coisas." O que, com a devida vénia, achamos muito duvidoso.

[1286] A. MENEZES CORDEIRO (*Da boa fé no direito civil*, vol. I., cit., p. 449, nota 143), que faz uma análise muito cuidada da história deste preceito (*ob. últ. cit.*, pp. 448, ss., nota 143), considera mesmo que "o art. 1301.º é, em Portugal, um tímido representante da regra posse vale título".

Acrescente-se ainda que o citado Professor sustenta a aplicação desta norma mesmo aos móveis sujeitos a registo, sublinhando, no entanto, que nestes casos, atendendo ao registo, será "difícil haver boa fé", sendo necessário para esse efeito "um conjunto muito especial de circunstâncias" (ob. últ. cit., p. 451, nota 143).

Ver também sobre esta norma: PIRES DE LIMA/ANTUNES VARELA, *Código Civil anotado* (com a colaboração de M. HENRIQUE MESQUITA), vol. III, cit., p. 83.

de propriedade que, para recuperar a coisa, terá que entregar ao terceiro o preço que este pagou. Tanto mais que ela terá uma aplicação bastante ampla, uma vez que as coisas vendidas com reserva de propriedade o são muitas vezes a revendedores.

É certo que o vendedor goza, nessa eventualidade, de direito de regresso contra o alienante (art. 1301.º), além do direito a ser indemnizado pelos danos sofridos, resolvido o contrato. No entanto, ele só obterá pagamento se o património do comprador com reserva que alienou sem ter pago o preço (ou, pelo menos, a totalidade do preço) ao titular do bem for suficiente. Por isso, o mais natural é que o vendedor com reserva não exija ao terceiro a coisa por este comprada, para não ter que lhe entregar o preço por ele pago (a não ser que haja uma manifesta desproporção entre o valor da coisa vendida e o preço pago pelo terceiro), e que se limite a exigir à outra parte o pagamento do preço (ou a parte que restar).

Tal significa que a garantia, que, nos termos apontados, a reserva de propriedade representava, se extingue, ficando o vendedor limitado a exigir o pagamento do preço a terceiro. O que é, evidentemente, uma debilidade grande na eficácia de protecção da figura.

IV. Para evitar semelhante resultado, o vendedor com reserva, em situações de risco acrescido, ou seja, quando possam vir a estar verificados os pressupostos do art. 1301.º, nomeadamente quando o comprador seja um "comerciante que negoceie em coisa do mesmo ou semelhante género", poderá adoptar medidas de protecção.

Desde logo, terá que ter um cuidado acrescido com a escolha dos adquirentes dos bens. Depois, o vendedor com reserva, pelo menos nalguns casos, poderá evitar este resultado, se o terceiro souber que os bens não pertencem ao comerciante que os está a tentar revender. Tal pode ser alcançado através de inscrições nos bens que indiquem que estes pertencem a outrem. Tratando-se de máquinas, p. ex., o recurso a placas metálicas com essa indicação que não possam ser removidas do equipamento, a não ser pelo próprio vendedor com reserva, poderá ser um instrumento útil. Poderá igualmente impor ao comprador que indique no seu estabelecimento que os bens aí expostos foram adquiridos com reserva de propriedade.

Em última instância, poderá exigir nestes casos uma outra garantia para tutelar a sua posição (ou seja, os seus créditos eventuais) em caso de incumprimento pelo comprador.

29.7. A posição jurídica do comprador

I. O comprador é titular de uma expetativa de aquisição da coisa oponível a terceiros, tendo ainda direito a usar e fruir da coisa. A doutrina sustenta estarmos perante uma posição jurídica de natureza real, sendo o comprador possuidor em nome próprio da coisa[1287].

II. Essa expetativa jurídica de que o comprador é titular pode ser, ela própria, transmitida e pode ser penhorada[1288]. À penhora de expetativas de aquisição aplica-se, com as necessárias adaptações, o regime da penhora de créditos (art. 778.º CPC). Consumada a aquisição, a penhora passa a incidir sobre o bem transmitido (art. 778.º n.º 3 CPC)[1289].

A transmissão da expetativa pode ser feita por venda, mas também, segundo cremos, para garantia. Haverá sempre um negócio em que a

[1287] Cfr. ANA MARIA PERALTA, *A posição jurídica do comprador na compra e venda com reserva de propriedade*, cit., p. 77, pp. 162, ss. ("Trata-se de um direito real de aquisição cujo conteúdo é integrado pela posse do bem...", p. 166); L. LIMA PINHEIRO, *A cláusula de reserva de propriedade, algumas reflexões sobre a sua função, regime e natureza jurídica*, cit., pp. 45, ss., p. 47, p. 57; J. ANTUNES VARELA, *Anotação* ao acórdão do STJ de 24/1/1985, cit., p. 318; L. MENEZES LEITÃO, *Direito das obrigações*, vol. III, cit., p. 65; RAÚL VENTURA, *O contrato de compra e venda no Código Civil. Efeitos essenciais: a transmissão da propriedade da coisa ou da titularidade do direito; a obrigação de entregar a coisa*, cit., p. 610, p. 613 (sustentando ser o comprador possuidor "em nome próprio"); GABRIELA FIGUEIREDO DIAS, *Reserva de propriedade*, cit., 432.

Em sentido contrário (negando a posse do comprador): M. J. ALMEIDA COSTA, *Anotação ao acórdão do STJ de 24/1/1985*, cit., p. 383 (a obrigação de não perturbar o uso e fruição da coisa teria uma "natureza contratual"); MIGUEL MESQUITA, *Apreensão de bens em processo executivo e oposição de terceiro*, cit., p. 213. Sobre a posse do comprador, ver, face ao direito alemão, R. SERICK, *Eigentumsvorbehalt und Sicherungsübertagung*, Band I, *Der einfache Eigentumsvorbehalt*, cit., § 10, V 2, p. 235, p. § 10, VI, pp. 239-240.

[1288] Cfr. K. LARENZ, *Lehrbuch des Schuldrechts, Band II, Halbband 1, Besonderer Teil*, cit., § 43 II, p. 115; M. WOLF, *Sachenrecht*, cit., § 29, pp. 306, ss.. Entre nós, sobre este aspeto, ver, desenvolvidamente, ANA MARIA PERALTA, *A posição jurídica do comprador na compra e venda com reserva de propriedade*, cit., pp. 98, ss..

[1289] Cfr. J. LEBRE DE FREITAS/A. RIBEIRO MENDES, *Código de processo civil anotado*, vol. 3.º, cit., pp. 461, ss..

transferência da expetativa se insere e que lhe determina a causa. No entanto, a transmissão da expetativa não afeta a posição jurídica do vendedor, que se mantém proprietário, e poderá sempre, resolvido o contrato, obter a restituição da coisa. Repare-se: trata-se da transmissão da expetativa, não da coisa em si (que o comprador ou o transmissário dessa mesma expetativa poderá nunca vir a adquirir).

29.8. O risco

I. Vendida a coisa com reserva de propriedade e feita a sua entrega ao comprador, que a passa a usar, coloca-se a questão de saber quem corre o risco da perda ou deterioração da coisa. A resposta mais direta parece ser a de, associando a propriedade ao risco nos termos do art. 796.º n.º 1, fazê-lo correr por conta do vendedor, o proprietário. Esta conclusão seria ainda amparada pelo disposto no art. 796.º n.º 3, segunda parte, nos termos do qual, se estivermos face a uma venda sob condição suspensiva, "o risco corre por conta do alienante durante a pendência da condição".

Em grande parte, é este o raciocínio de Galvão Telles, embora pareça que o Autor defenderia uma outra solução de *iure constituendo*.[1290]

II. Posição diferente, sustentando que quem corre o risco é o comprador a quem foi entregue a coisa, é a de Romano Martinez[1291] e Menezes Leitão[1292]_[1293] Cremos que corretamente.[1294]

[1290] I. GALVÃO TELLES, *Direito das obrigações*, cit., pp. 473-474. Escreve este Autor: "A solução mais razoável, em hipóteses como esta, seria que o risco se deslocasse para o adquirente com entrega do objeto. (...). Mas a verdade é que, como evidencia o n.º 3 do art. 796.º, o risco continua a correr por conta do alienante enquanto não se der a transferência da propriedade, *ainda que o objeto já tenha sido entregue ao adquirente.*"
Também PIRES DE LIMA/ANTUNES VARELA (com a colaboração de M. HENRIQUE MESQUITA), *Código Civil anotado*, vol. II, cit., p. 51. O alienante não poderia "incluir os dois proveitos no mesmo saco". Contudo, no n.º 6 do mesmo comentário parecem defender uma solução diversa.

[1291] P. ROMANO MARTINEZ, *Direito das obrigações, apontamentos*, cit., pp. 204-205.

[1292] L. MENEZES LEITÃO, *Direito das obrigações*, vol. III, cit., p. 58; idem, *Garantias das obrigações*, cit., pp. 263, ss.. Escreve este Autor (*ob. últ. cit.*, p. 263): "A solução de que o vendedor, na venda com reserva de propriedade, suporta o risco pela perda ou deterioração da coisa, mesmo após a entrega ao comprador, é, no entanto, claramente inaceitável, uma vez que, a partir da entrega, o comprador fica já integralmente investido nos poderes de uso e fruição da coisa,

Pelas seguintes razões.

Em primeiro lugar, no que toca à venda com reserva de propriedade em que o evento que leva à transmissão do direito seja o pagamento do preço, não estamos perante um negócio sujeito a condição suspensiva. Nessa medida, a aplicação do art. 796.º n.º 3 nunca poderia ser direta. O caso não está previsto.

Não obstante, a transmissão do direito real está dependente de um evento futuro e incerto, nestes casos, portanto, de uma condição. Esse regime não pode, pois, ser ignorado, uma vez que poderia comportar uma valoração a ser transposta para este caso. Vejamo-lo então.

Da *completa* análise do art. 796.º não decorre que o risco corre *sempre* por conta do proprietário da coisa. O art. 796.º ns. 2 e 3, primeira parte, desmentem-no. Efetivamente, se a coisa tiver continuado em poder do alienante (quando o proprietário é já o adquirente) em virtude de termo constituído a seu favor, o risco só se transfere com o vencimento do termo ou a entrega da coisa.

No que toca ao art. 796.º n.º 3, para que o risco corra por conta do proprietário, o comprador, dado que o negócio foi celebrado sob condição resolutiva, é necessário que a coisa lhe tenha sido entregue. Caso contrário, continua a correr por conta do vendedor que mantém a coisa em seu poder e que já não é o proprietário.

A explicação que é dada pela doutrina para o regime do art. 796.º n.º 2 é que se a coisa se mantém na posse do vendedor (que não é já o proprietário) no seu interesse, é justo que seja ele a correr o risco. Só se a coisa se mantiver na posse do vendedor, mas no interesse da outra parte, é que o risco não deve correr por conta dele[1295].

servindo a manutenção da propriedade no vendedor apenas para assegurar a recuperação do bem, em caso de não pagamento do preço".

[1293] No âmbito do Direito comparado é esta a solução da lei italiana (art. 1523.º do *Codice Civile*), para a venda a prestações com reserva de propriedade. O risco corre por conta do comprador desde o momento da entrega da coisa.

[1294] Acrescente-se só que, do prisma comercial, o risco pode ser afastado pela celebração de um seguro. Como sucede no caso paralelo da locação financeira, em que o locatário financeiro (que corre, como se verá, o risco), está obrigado a celebrar um seguro do bem, contra a sua perda ou deterioração [art. 10.º, n.º 1, al. j) do Dec.-Lei n.º 149/95, de 24/6]. Claro está que é quem corre o risco que o deverá celebrar e pagar o respectivo prémio.

[1295] Refere a este propósito J. RIBEIRO DE FARIA (*Direito das obrigações*, vol. II, cit., pp. 381-382): "É que, consoante dissemos, se o princípio do risco por conta do adquirente

Temos assim que as soluções que resultam do art. 796.º serão as seguintes: o risco corre por conta do proprietário se a coisa lhe tiver sido entregue (art. 796.º n.º 1 e n.º 3, primeira parte). Corre ainda por conta do proprietário/adquirente, se a coisa só não lhe foi entregue porque ele não quis. Já não corre por conta do proprietário, se a coisa não lhe foi entregue no interesse do vendedor (art. 796.º n.º 2)[1296].

Por isso, o art. 796.º n.º 3, segunda parte, deve ser interpretado, aliás em perfeita consonância com a sua letra, como um negócio de alienação sob condição suspensiva em que a coisa não tenha sido entregue ao adquirente[1297]-[1298] Só dessa forma se compatibiliza com o regime da condição resolutiva e com o sistema do art. 796.º em geral.

anda a par com a ideia de transferência da propriedade por força do contrato, esse princípio resulta também da inexistência de interesse do devedor na conservação da coisa em seu poder (da sua qualidade, pois, de mero depositário)." Acrescenta mais à frente: "Por tudo isto é que se pode dizer, repetimo-lo, que o risco não anda sempre por conta do proprietário. Não corre por conta dele, desde logo, se o alienante não for um mero depositário..." (*ob. últ. cit.*, p. 384). Acrescente-se, no entanto, que este Autor, ainda assim, adere à tese tradicional no que diz respeito à venda com reserva de propriedade e entrega da coisa (*ob. últ. cit.*, p. 383, nota 3). Explicava esta solução A. VAZ SERRA (*Impossibilidade superveninente por causa não-imputável ao devedor e desaparecimento do interesse do credor*, BMJ, n.º 46, p. 92), que a incluiu depois na sua proposta de articulado (art. 13.º n.º 1 – sublinhe-se só que esta proposta de articulado de A. VAZ SERRA influenciou fortemente a redação do art. 796.º do Código Civil): "Uma vez que a coisa ficou em poder do alienante, por se ter fixado um termo para a entrega, o adquirente não a ficou tendo em seu poder, administrando-a, colhendo os frutos e demais proveitos. Cessa, portanto, a razão da passagem do risco para ele, que não parece dever ser a mera passagem da propriedade, mas o facto de a coisa estar à sua disposição."

1296 NUNO AURELIANO (*O risco nos contratos de alienação. Contributo para o estudo do direito privado português*, Almedina, Coimbra, 2009, pp. 352-353) retira mesmo do art. 796.º n.º 2, recorrendo a uma interpretação enunciativa, a solução quanto ao risco do perecimento ou da deterioração da coisa nos casos de venda com reserva de propriedade com espera de preço ou com fraccionamento deste em prestação, fazendo-o suportar pelo adquirente (porque a solução é "exatamente a inversa" à aí prevista).

1297 É neste sentido que P. ROMANO MARTINEZ (*Direito das obrigações, apontamentos*, cit., p. 205) interpreta o art. 796.º n.º 3, segunda parte. Nas suas palavras: "...com respeito à condição suspensiva, não se prevê a hipótese de ter havido entrega da coisa ao adquirente, pelo que, nesse caso, a solução deverá ser oposta à estabelecida no preceito...".

1298 Há um argumento de natureza história, relacionado com os trabalhos preparatórios, a posição do Autor dos mesmos e a alteração que a redação da norma sofreu do articulado de A. VAZ SERRA (que no resto foi em grande parte retomado pelo Código).

Comecemos pela primeira parte.

Portanto, o argumento que a doutrina tradicional pretende retirar desta disposição (e nunca de forma direta, porque não estamos face a uma venda sob condição suspensiva, só um dos efeitos do contrato está sujeito a condição) é, pelo menos, muito duvidoso. Cremos mesmo que é incorreto, sendo a solução, inclusive na própria venda sujeita a condição suspensiva, a que apresentamos. Não sendo entregue a coisa, aplica-se o art. 796.º n.º 3, segunda parte; sendo entregue a coisa, não.[1299]

A. VAZ SERRA (*Impossibilidade superveniente por causa não-imputável ao devedor e desaparecimento do interesse do credor*, cit, p. 102) sustentava que a solução mais razoável naqueles casos em que alienação tivesse sido realizada sob condição suspensiva era que o risco corresse por conta do adquirente. Escrevia este ilustre Autor: "Ora, parece que, tendo sido entregue ao adquirente ou tendo ficado à sua disposição, por o alienante estar obrigado a entregá-la, o risco deveria ser suportado pelo adquirente. Este é o que ficou com a coisa em seu poder (ou ficou, pelo menos, com a possibilidade disso), ficou a perceber os seus frutos e a administrá-la, sendo, portanto, mais razoável, que suporte ele o risco..." (a solução é reafirmada, depois da ponderação de argumentos em contrário, na *ob. últ. cit.*, p. 104).

Contudo, a solução propugnada não é retomada na proposta de articulado (art. 13.º n.º 8), em que o risco corre por conta do alienante, mesmo que "a coisa tenha sido entregue ou posta à disposição do adquirente."

Quanto ao segundo aspeto.

Embora a redação do art. 796.º n.º 3 coincida na sua substância com a proposta de articulado de A. VAZ SERRA, uma vez que havendo condição resolutiva o risco corre por conta do adquirente, caso a coisa lhe tenha sido entregue (art. 13.º n.º 7), tal como o art. 796.º n.º 2 coincide com o art. 13.º n.º 1, segunda parte, do articulado, conforme foi acima apontado, a proposta de articulado de A. VAZ SERRA e a fórmula adoptada no Código Civil (art. 796.º n.º 3, segunda parte) divergem num aspeto essencial. Enquanto ambas fazem correr o risco por conta do alienante durante a pendência da condição, no Código Civil eliminou-se a última parte do art. 13.º n.º 8 do articulado: "mesmo que a coisa tenha sido entregue ou posta à disposição do adquirente". O que tendo em conta o facto de o legislador no art. 796.º ter seguido na sua substância, conforme vimos, de perto, as soluções do art. 13.º do articulado de A. VAZ SERRA, não se pode deixar de entender que se pretendeu aqui, pelo menos, afastar a solução que daí resultava.

1299 Acrescente-se que A. VAZ SERRA, cuja posição nos temos estado a referir em nota, apesar de sustentar (ainda que de forma equívoca, porque o que resulta do articulado proposto não coincide com a fundamentação), embora defendendo que na alienação sob condição supensiva o risco corre por conta do alienante, mesmo que a coisa tenha sido entregue ao adquirente, *para a venda com "reserva de propriedade até ao pagamento do preço"*, sustentava que esse risco deveria correr por conta do adquirente. É o que resulta do art. 13.º n.º 9, segunda parte, da proposta de articulado (*Impossibilidade superveniente por causa não-imputável ao devedor e desaparecimento do interesse do credor*, cit., p. 132).

Em segundo lugar, embora na generalidade dos casos a transmissão de propriedade esteja dependente do pagamento do preço, não pode desconhecer-se que nem todas as vendas com reserva de propriedade terão esta configuração, podendo o facto que gere a transferência do direito ser um evento futuro e certo, portanto já não uma condição. E não parece que o regime deva ser diferente neste ponto para qualquer dos casos.

Em terceiro lugar, a venda com reserva de propriedade e entrega da coisa é, conforme temos dito, um negócio de crédito e garantia, em que esta assenta na titularidade de um direito (do direito de propriedade, que não é, de imediato, transmitido). Insere-se deste modo numa categoria negocial caracterizada por estes elementos: negócios de crédito e garantia em que esta última assenta na titularidade de um direito.

A locação financeira é o negócio de crédito e garantia em que esta assenta na propriedade mais pormenorizadamente regulado entre nós. Nesse caso, a opção tomada pelo legislador, dado que quem goza a coisa é o locatário financeiro, enquanto o locador financeiro só mantém o direito na sua esfera como garantia, foi a de fazer o primeiro correr o risco da perda ou da deterioração da coisa (art. 15.º do Dec.-Lei n.º 149/95 de 24/6). A venda com reserva de propriedade e entrega da coisa não pode contemplar uma solução diversa quanto ao risco, sob pena de uma contradição valorativa que não se pode aceitar.

Portanto e em suma:

a) as valorações retiradas do art. 796.º já nos conduziriam a esta solução, uma vez que é o comprador que goza a coisa[1300].
b) Além disso, é a solução que resulta do único caso no nosso sistema em que foi regulado o risco num negócio de crédito e garantia, assentando esta na titularidade do direito, e sendo a coisa entregue à outra parte que a passa a gozar. Estes elementos (idênticos em ambos os negócios) permitem-nos aplicar esta norma por analogia à venda com reserva de propriedade e entrega da coisa.

[1300] Neste sentido, o Acórdão do STJ de 7/7/2010 (Moreira Alves), in: www.dgsi.pt.

29.9. O regime da venda com reserva de propriedade em caso de incumprimento do comprador. O mecanismo de funcionamento da garantia

I. Na eventualidade de o comprador não cumprir a sua obrigação[1301_1302_1303] o vendedor, mesmo depois de ter entregado a coisa, poderá, de acordo com as regras gerais da resolução, em seguida a ter colocado o devedor em incumprimento definitivo através do recurso à interpelação cominatória (art. 808.º), resolver o contrato[1304_1305] tendo ainda direito a ser indemni-

[1301] Repare-se que, evidentemente, nada obsta a que o vendedor face à mora do comprador para além do direito à indemnização moratória (art. 804.º e 806.º) possa, em vez de optar pela via resolutiva, nos termos em texto assinalados, recorrer à ação de cumprimento e, subsequentemente, à ação executiva.

[1302] Quando os bens objeto da reserva sejam veículos, tem um particular relevo a faculdade concedida ao credor de, em caso de incumprimento das obrigações asseguradas pela reserva de propriedade, requerer em juízo a apreensão do veículo e do certificado de matrícula (art. 15.º do Dec.-Lei n.º 54/75, de 12/2). Sobre ele, ver: ANA MARIA PERALTA, *A posição jurídica do comprador na compra e venda com reserva de propriedade*, cit., p. 84, nota 237; L. LIMA PINHEIRO, *A cláusula de reserva de propriedade, algumas reflexões sobre a sua função, regime e natureza jurídica*, cit., p. 71; P. ROMANO MARTINEZ/P. FUZETA DA PONTE, *Garantias do cumprimento*, cit., pp. 243-244.

[1303] Não se pode aplicar aqui o art. 474.º do Código Comercial. Com efeito, mesmo que eventualmente se aceite a aplicação desta norma aos casos em que o vendedor por força de uma cláusula de reserva de propriedade ainda é proprietário da coisa (nesse sentido, embora de forma não inteiramente clara, RAÚL VENTURA, *O contrato de compra e venda no Código Civil. Efeitos essenciais: a transmissão da propriedade da coisa ou da titularidade do direito; a obrigação de entregar a coisa*, cit., p. 613), mesmo assim ela não teria aplicação na hipótese típica que temos em vista, que é a da venda com reserva de propriedade, sendo o evento condicionante o pagamento do preço, com entrega da coisa ao comprador. De facto, como aponta RAÚL VENTURA (*O contrato de compra e venda no código civil. O preço, venda a retro*, cit., p. 635), é pressuposto da aplicação desta norma que a coisa não tenha ainda sido entregue ao comprador. Ver sobre esta disposição: M.ª ÂNGELA BENTO SOARES/RUI MOURA RAMOS, *Contratos internacionais*, Almedina, Coimbra, 1986, p. 253, nota 503a; L. MENEZES LEITÃO, *Direito das obrigações, vol. III, contratos em especial*, cit., pp. 93-94.

[1304] Sendo a venda realizada a prestações, dentro do quadro limitativo fixado pelo art. 934.º. Ver, quanto à necessidade de, também nesse quadro, se recorrer ao art. 808.º, o Acórdão de 9/1/2003 (Nascimento Costa), in: www.dgsi.pt; o Acórdão do STJ de 28/6/2007 (Pereira da Silva), in: www.dgsi.pt.

[1305] A solução é esta mesmo que já se tenha verificado a prescrição do crédito ao preço. Efetivamente, dispõe o art. 304.º n.º 3 que, "no caso de venda com reserva de propriedade até

zado pelo interesse contratual negativo, ou, de acordo com aquela que parece ser a melhor doutrina neste ponto, pelo interesse contratual positivo (art. 801.º n.º 2)[1306].

II. Extinto o contrato, terá então direito à restituição do bem[1307] entregue (mas terá que restituir as prestações recebidas[1308]), de que se manteve sempre proprietário. Ora, no cálculo da indemnização, de acordo com o critério do art. 566.º n.º 2, terá sempre que ter em linha de conta o valor

ao pagamento do preço, se prescrever o crédito ao preço, pode o vendedor, não obstante a prescrição, exigir a restituição da coisa quando o preço não seja pago."

1306 É esta a posição de J. BAPTISTA MACHADO (*A resolução por incumprimento e a indemnização*, in Baptista Machado, Obra dispersa, vol. I, Scientia Iuridica, Braga, 1991, pp. 195, ss.) e J. RIBEIRO DE FARIA (*A natureza do direito de indemnização cumulável com o direito de resolução dos arts. 801.º e 802.º do Código Civil*, DJ, 1994, t. 1, pp. 57, ss.), que veio também a ser sustentada por A. MENEZES CORDEIRO (*Direito bancário*, cit., p. 742) e P. ROMANO MARTINEZ (*Da cessação do contrato*, 2.ª ed., Almedina, Coimbra, 2006, pp. 207, ss.).

A doutrina tradicional continua a sustentar, no entanto, no caso de resolução do contrato, a indemnização do interesse contratual negativo. Ver sobre esta questão infra no âmbito do reporte.

1307 Para obter a recuperação do bem, o vendedor terá, de acordo com a doutrina dominante entre nós e na Alemanha, em princípio, que resolver o contrato. Neste sentido: V. LOBO XAVIER, *Venda a prestações: algumas notas sobre os artigos 934.º e 935.º do Código Civil*, cit., p. 211, e nota 30; RAÚL VENTURA, *O contrato de compra e venda no código civil. O preço, venda a retro*, cit., p. 608, p. 613; A. MENEZES CORDEIRO, *Anotação* ao Acórdão do Pleno do Supremo Tribunal de Justiça de 31/1/1996, ROA, 1996, p. 320; ANA MARIA PERALTA, *A posição jurídica do comprador na compra e venda com reserva de propriedade*, cit., pp. 88, ss. (que aponta a exceção do art. 304.º n.º 3).

Para a jurisprudência e doutrina alemãs a este propósito, ver: K. LARENZ, *Lehrbuch des Schuldrechts, Band II, Halbband 1, Besonderer Teil*, cit., § 43 II, p. 112; H. P. WESTERMANN/*Münchener Kommentar zum Bürgerlichen Gesetzbuch, Band 3, Schuldrecht. Besonderer Teil I (§§ 433-606)*, cit., § 455, p.146-147, p. 159. Com a reforma do direito das obrigações na Alemanha, essa solução ficou consagrada na lei – § 449 II BGB (que codificou o princípio "Keine Rücknahme ohne Rücktritt"). Ver, sobre este ponto, MATHIAS HABERSACK/JAN SCHÜRNBRAND, *Der Eigentumsvorbehalt nach der Schuldrechtsreform*, JuS, 2002, pp. 836-837.

1308 Sendo a venda a prestações, quando algumas delas já tenham sido realizadas. Se as prestações aqui forem compostas pelo valor de amortização do bem mais juros correspondentes à remuneração do crédito concedido, só terá que restituir as primeiras e não a parcela correspondente aos juros sempre que estes aí estejam incluídos. Efetivamente, sendo prestações duradouras periódicas, não são atingidos pelos efeitos retroativos da resolução (art. 434.º n.º 2).

atual do bem[1309] cuja restituição o vendedor obteve, diminuindo-se assim o montante indemnizatório.

III. Repare-se, como se começou por referir, que a via resolutiva num contrato de compra e venda em que tivesse sido realizada a entrega da coisa estaria, em princípio, afastada, não fosse a convenção de reserva de propriedade, por força do disposto no art. 886.º. O vendedor estaria limitado ao recurso às vias judiciais (eventualmente ação de cumprimento seguida de ação de execução, se não tivesse já título executivo) para obter o montante em dívida.

Por outro lado, como o comprador, recorrendo-se à reserva de propriedade, não adquire o bem até que tenha pago o preço, ou a totalidade do preço, mesmo que o vendedor lhe tenha entregado a coisa, não poderá transmitir o direito de propriedade, de que não é titular, a um terceiro adquirente; se o fizer, transmite um bem alheio, e o negócio será nulo (art. 892.º, art. 939.º, art. 956.º)[1310]. Não fosse a reserva de propriedade, mesmo recorrendo o vendedor, verificados os respectivos pressupostos, no caso apontado, à resolução, poderia não readquirir propriedade da coisa vendida, em virtude do art. 435.º n.º 1.

Desta forma, clausulando-se a reserva de propriedade, o vendedor assegura, não só que poderá resolver o contrato em caso de incumprimento da outra parte, bem como, se efetivamente recorrer a essa via, que não encontrará obstáculos à restituição do bem[1311_1312]

[1309] Que, note-se, pode ter sofrido uma desvalorização acentuada.

[1310] Estamos a referir-nos em texto, como é claro, à venda civil. A venda comercial de bens alheios, como se sabe, não é nula (art. 467.º n.º 2 do Código Comercial), sendo antes válida, mas também não leva, evidentemente, à transmissão da propriedade para o comprador enquanto o vendedor não a adquirir, recaindo, de todo o modo, sobre este a obrigação de o fazer (art. 467.º § único do Código Comercial), neste caso, de pagar o preço.

[1311] Por isso, sublinhava corretamente V. LOBO XAVIER (*Venda a prestações: algumas notas sobre os artigos 934.º e 935.º do Código Civil*, cit., p. 216) que o "efeito principal" da reserva de propriedade consistiria na "possibilidade de o vendedor insatisfeito conseguir a restituição da coisa vendida." De forma idêntica, ANA MARIA PERALTA, *A posição jurídica do comprador na compra e venda com reserva de propriedade*, cit., p. 124.

Não se trata, porém, do único efeito favorável ao vendedor decorrente da reserva em termos exclusivamente civis. Na realidade, como veremos mais à frente, aceitando-se que a coisa possa ser penhorada em ação interposta pelo vendedor, ainda assim, este assegura que o bem só na

IV. Para além disso, mantém ainda o seu direito a ser indemnizado (art. 801.º n.º 2), mas o seu crédito indemnizatório perante o comprador é menor do que seria se não tivesse recorrido à reserva de propriedade, o que constitui uma indiscutível vantagem. A reserva de propriedade, para além de manter aberta a via resolutiva, permite também que o vendedor esteja em melhor posição nessa eventualidade do que estaria se esta não tivesse sido convencionada, estando sempre assegurada a recuperação do bem objeto da venda.

É neste aspeto que se traduz, neste plano (já veremos depois a questão insolvencial), a tutela que a reserva de propriedade confere à posição do vendedor, e em que consiste, em parte, a função de garantia que ela desempenha.

V. Diga-se só, para terminar este ponto, que a posição do vendedor é mais vantajosa se a venda tiver sido realizada a prestações. É que, assim sendo, terá que restituir (ao comprador) as prestações. Como será, em regra, ainda credor da indemnização, poderá recorrer à compensação que completa dessa forma (dependendo sempre dos montantes, é claro) a tutela da sua posição.

29.10. O regime executivo

I. Se no seio da ação de execução interposta pelos credores do comprador for penhorada a coisa vendida, o vendedor/proprietário poderá defender-se recorrendo aos embargos de terceiro (art. 342.º CPC)[1313]. Na verdade, o bem que poderá ser efetivamente penhorado numa ação

data da sua renúncia passa a integrar o património do comprador, afastando, dessa forma, o risco de uma alienação ou oneração anterior por este último.

[1312] Note-se, porém, que, como foi apontado, decorre do acórdão uniformizador da jurisprudência de 31/1/1996 [anotado por A. MENEZES CORDEIRO, in ROA, 1996, pp. 291, ss. (o acórdão), pp. 307, ss. (a anotação)] que a cláusula de reserva de propriedade acordada num contrato de fornecimento e instalação de elevadores, logo que se proceda à instalação dos elevadores, se torna ineficaz, o que significa que o recurso a este instrumento deixa de ser um mecanismo idóneo de garantia do vendedor nesta modalidade de contratos. Ver a anotação (concordante) de A. MENEZES CORDEIRO, cit., pp. 308, ss., p. 329.

[1313] M. TEIXEIRA DE SOUSA, *Ação executiva singular*, cit., pp. 308-309.

executiva interposta pelos credores do comprador é meramente a expetativa de aquisição do objeto da venda (art. 778.º CPC).

O recurso à reserva de propriedade afasta, deste modo, o risco da penhora no seio de uma ação executiva interposta pelos credores do comprador, o que não sucederia se a coisa lhe tivesse sido transferida.

II. Na eventualidade, inversa à que acabámos de ver, de a coisa vendida com reserva e entregue ser penhorada em ação interposta pelos credores do vendedor, o comprador, que é titular de uma expetativa real de aquisição da coisa oponível a terceiros, tendo ainda direito a usar e fruir dela, como vimos, poderá recorrer aos embargos de terceiro (art. 342.º CPC).[1314]

III. Outra questão consiste em saber se o vendedor, numa ação executiva para pagamento de quantia certa, ou seja, o preço em dívida, poderá penhorar (ou melhor, agora, face à reforma do processo executivo, a penhora poderá incidir sobre) a coisa cuja propriedade, por força da reserva, se encontra ainda na esfera do exequente. A dúvida colocou-se, e não só entre nós, face ao anterior CPC. A resposta da doutrina, neste caso, é que seria "inaceitável a possibilidade de execução de coisa própria do exequente"[1315]

Na prática, porém, um resultado próximo acabava (e acaba) por ser aceite pela doutrina, ou por via da renúncia tácita à propriedade, solução que Vasco Lobo Xavier[1316] considerava "aceitável", entendendo que a renúncia poderia "razoavelmente inferir-se", "ou da nomeação da coisa à penhora da coisa vendida, por iniciativa do próprio exequente, nos casos em que esta lhe caiba, ou da circunstância de aquele não se opor à mesma execução quando feita pelo executado"[1317] (note-se que esta posição teria

[1314] M. TEIXEIRA DE SOUSA, *Ação executiva singular*, cit., pp. 308-309. Em sentido próximo, L. MENEZES LEITÃO, *Garantias das obrigações*, cit., p. 264. Também no sentido do recurso aos embargos de terceiro, mas com outro fundamento (por ser possuidor em nome próprio), J. LEBRE DE FREITAS, *A ação executiva, depois da reforma da reforma*, cit., p. 284, nota 24-A.

[1315] V. LOBO XAVIER, *Venda a prestações: algumas notas sobre os artigos 934.º e 935.º do Código Civil*, cit., p. 218.

[1316] V. LOBO XAVIER, *ob. últ. cit.*, p. 219.

[1317] V. LOBO XAVIER, *ob. últ. cit.*, *ibidem*. Para a crítica desta posição, ver: RAÚL VENTURA, *O contrato de compra e venda no Código Civil. Efeitos essenciais: a transmissão da propriedade da coisa ou da titularidade do direito; a obrigação de entregar a coisa*, cit., pp. 613-614; ANA MARIA PERALTA, *A posição jurídica do comprador na compra e venda com reserva de propriedade*, cit., pp. 95-96.

que ser articulada com as novas regras do processo executivo), ou por via da renúncia expressa[1318], ou, por fim, através de um acordo entre as partes com vista "à destruição dos efeitos da cláusula", hipótese que poderia ser logo "prevista no contrato", ser "acordada posteriormente", ou mesmo "resultar de atos ou omissões das partes durante a execução que inequivocamente levem a tal conclusão".[1319_1320]

Por seu lado a jurisprudência aceita, também, o recurso a este expediente.[1321]

III. Poderá suscitar algumas interrogações o recurso pelo vendedor à ação executiva, nos termos apontados, que a doutrina e jurisprudência acabam por aceitar, quando ele poderia, dentro do condicionalismo apontado em texto, resolver o contrato, com a consequente restituição da coisa, e demandar depois o comprador pelo crédito indemnizatório, podendo recorrer à compensação (no que diz respeito à restituição das prestações já recebidas).

[1318] P. ROMANO MARTINEZ/P. FUZETA DA PONTE, *Garantias de cumprimento*, cit., p. 244; ISABEL MENÉRES DE CAMPOS, *Algumas reflexões em torno da cláusula de reserva de propriedade a favor do financiador*, cit., p. 649.

[1319] ANA MARIA PERALTA, *ob. cit.*, pp. 96-97.

[1320] Há ainda parte da doutrina que se interroga mesmo sobre se o "princípio segundo o qual não podem ser penhorados bens de sujeitos que não são demandados na ação executiva" "significa que só podem ser penhorados bens do executado e que está excluída a admissibilidade da penhora de bens do próprio exequente" (M. TEIXEIRA DE SOUSA, *Ação executiva singular*, cit., p. 223), o que parece aceitar, uma vez que afirma, a propósito de um caso de venda com reserva de propriedade em que foi penhorado o bem vendido, que "o bem é penhorado como pertencente ao exequente, mas é realmente vendido como sendo propriedade do executado". (*ob. últ. cit., ibidem*).

[1321] Ver, p. ex.: o Acórdão da Relação de Évora de 16/2/1984 (BMJ 336, p. 486); o Acórdão da Relação de Lisboa de 18/6/1998 (CJ, 1998, III, p. 129, que adere à posição de Lobo Xavier e vê na nomeação do bem à penhora uma renúncia tácita à propriedade reservada); o Acórdão da Relação de Lisboa de 21/2/2002 (CJ, 2002, I, p. 112, exigindo o cancelamento da reserva de propriedade no Registo automóvel – tratava-se no caso em apreço de um automóvel –, p. 115, embora com um voto de vencido, p. 116, em que se sustenta a tese do acórdão anterior).

Importante a este propósito Acórdão de Uniformização de Jurisprudência de 9 de outubro de 2008 (Oliveira e Sá), in: www.dgsi.pt: "A ação executiva na qual se penhorou um veículo automóvel sobre o qual incide registo de reserva de propriedade a favor do exequente, não pode prosseguir para as fases de concurso de credores e da venda, sem que este promova e comprove a inscrição no registo automóvel da extinção da referida reserva".

Observe-se, no entanto, que o interesse do vendedor em recorrer a esta via reside no facto de, por vezes, embora tenha recorrido a esta modalidade contratual para sua defesa, ele não ser um comerciante desse tipo de bens (sendo por vezes uma instituição de crédito) e, portanto, não estar habilitado (não tem os conhecimentos técnicos necessários para a venda, ou os meios para guardar a coisa restituída), ou não estar interessado, em revender no mercado o bem objeto da garantia. Nesses casos, dispondo de título executivo, o alienante poderá preferir recorrer a este meio.

Não se pense, em todo o caso, que o recurso pelo vendedor a esta via, que tem riscos elevados (renunciando à reserva, o credor tem como única preferência a penhora), significa um afastamento da via tutelar que a reserva lhe concede em termos exclusivamente civis. Na verdade, enquanto se mantiver o direito de propriedade na esfera do vendedor, a outra parte não poderá alienar nem onerar a coisa, com o correspondente prejuízo para o primeiro.

Por fim, destaque-se que caberá sempre ao credor pesar devidamente os benefícios, desvantagens e riscos de recorrer a esta via em vez de optar pela resolução do contrato, o que confere uma enorme maleabilidade a este instrumento de defesa dos seus interesses.

29.11. O regime insolvencial

I. O CIRE, inspirado na lei da insolvência alemã[1322], mas tendo como pano de fundo a previsão expressa da venda com reserva de propriedade no CPEREF, consagrou igualmente, mesmo de uma forma mais clara (e em certos aspetos mais completa), uma disposição com vista a regular esta figura (juntamente com a locação venda e, agora de forma expressa, com a locação financeira) no seio dos negócios em curso ao tempo da declaração de insolvência. De facto, o art. 104.º CIRE regulamenta o

[1322] § 107 (*Eigentumsvorbehalt*) e § 103 (*Wahlrecht des Insolvenzverwalters*) da InsO. Sobre estes, ver: W. MAROTZKE, *Der Eigentumsvorbehalt im neuen Insolvenzrecht*, JZ, 1995, pp. 803, ss.; M. HUBER, *Gegenseitige Verträge*, in: *Insolvenzrechts-Handbuch*, cit., § 36, pp. 583, ss.; H. KROTH/ *Insolvenzordnung (InsO) Kommentar* (Herausgegeben von Eberhard Braun), 5.ª ed., C. H. Beck, Munique, 2012, § 103, § 107 (e-*book, beck on line*).

destino deste contrato, tanto no caso de insolvência do comprador, como do vendedor.[1323]

II. Neste última hipótese, estatui-se que o comprador (ou o locatário--comprador), a quem a coisa já tenha sido entregue na data da declaração de insolvência, poderá exigir o cumprimento integral do contrato, tendo evidentemente nesse caso de cumprir a sua prestação (art. 104.º ns. 1 e 2 CIRE)[1324]. A expetativa de aquisição pelo comprador é desta forma expressamente protegida, mesmo em sede insolvencial.

III. Caso seja o comprador o insolvente, se ele se encontrar na posse da coisa, e desde que a cláusula de reserva de propriedade tenha sido estipulada por escrito até ao momento da entrega da coisa (art. 104.º n.º 4 CIRE, sob pena de não ser oponível à massa), a lei remete para o regime geral do art. 102.º CIRE, com algumas particularidades quanto ao prazo fixado ao administrador da insolvência (art. 104.º n.º 3 CIRE) e ao cálculo do valor previsto no art. 102.º, n.º 3, al. c) CIRE (art. 104.º n.º 5 CIRE). De acordo

[1323] Sublinhe-se que, sem a reserva, o alienante não poderia fazer a entrega da coisa, sem perder a protecção conferida pelo art. 102.º n.º 1 e art. 105.º, n.º 1, al. b) CIRE. Nesse caso, seria titular de um simples crédito comum face ao insolvente. Daí, no campo insolvencial a importância do recurso à reserva como instrumento de tutela do vendedor que pretenda entregar a coisa e conceder uma dilação no pagamento do preço. As alterações introduzidas pelo CIRE fizeram mesmo aumentar a relevância do recurso a esta cláusula. Face ao novo Código, o vendedor que pretenda conceder uma dilação no pagamento e entregar a coisa terá necessariamente, para a tutela da sua posição, no caso de vir a ser declarada a insolvência da outra parte, que se valer do recurso à reserva de propriedade, uma vez que os outros mecanismos de tutela da sua posição nesse caso, que lhe permitiam recuperar as coisas vendidas, foram eliminados. Ver sobre este ponto, com mais detalhe, M. PESTANA DE VASCONCELOS, *O novo regime insolvencial da compra e venda*, cit., pp. 542, ss., e nota 61, e pp. 556-557.

[1324] Naqueles casos em que o administrador possa recusar o cumprimento, a lei remete, com algumas especialidades, para o regime da recusa de cumprimento por este no seio da regra geral quanto aos contratos bilaterais em que à data da insolvência não haja ainda total cumprimento nem pelo insolvente nem pela outra parte (art. 104.º n.º 5 e 102.º n.º 3 CIRE). Nesta hipótese, a posição jurídica do comprador é a seguinte: não poderá exigir a restituição das prestações já realizadas [art. 102.º n.º 3 al. a) CIRE], mas terá direito a receber como crédito sobre a insolvência a diferença, se positiva, entre o valor da coisa na data da recusa e o montante das prestações previstas até ao fim do contrato, atualizadas à data da declaração de insolvência por aplicação do n.º 2 do art. 91.º CIRE (art. 104.º n.º 5 CIRE), bem como a ser indemnizado pelos prejuízos decorrentes do incumprimento, nos termos da al. d) do n.º 3 do art. 102.º CIRE.

com o disposto no art. 102.º CIRE, que estabelece o regime geral para os negócios bilaterais do insolvente em que não tenha havido total cumprimento nem por este nem pela outra parte, o cumprimento (da obrigação de pagar o preço) fica suspenso, podendo o administrador optar pela execução ou recusar o cumprimento[1325].

III. Se o administrador se decidir pela primeira via, a obrigação do comprador transforma-se numa dívida da massa insolvente [art. 51.º, n.º 1, al. f) CIRE]; na eventualidade de este sujeito optar pela recusa do cumprimento, a posição do vendedor é conformada pelo disposto no art. 102.º n.º 3 (com a especialidade decorrente do art. 104.º n.º 5) CIRE. O direito de propriedade, em todo o caso, mantém-se, neste última hipótese, na esfera do alienante.

O vendedor poderá fixar um "prazo razoável" ao administrador da insolvência para que este exerça a sua opção, findo o qual "se considera que recusa o cumprimento" (art. 102.º n.º 2 CIRE), que neste caso não poderá esgotar-se antes de decorridos cinco dias sobre a data da assembleia de apreciação do relatório, a não ser que o bem possa desvalorizar-se consideravelmente durante esse período e o vendedor advertir o administrador desse facto (art. 104.º n.º 3 CIRE).

A *ratio* desta disposição, inspirada na lei alemã, prende-se com a própria continuação da atividade ou encerramento do estabelecimento ou estabelecimentos incluídos na massa insolvente, que é justamente objeto de deliberação por parte da assembleia de credores de apreciação do relatório do administrador da insolvência (art. 156.º n.º 2 CIRE)[1326].

Optando-se pela continuação, e sendo os bens objeto de compra com reserva de propriedade necessários para a atividade desse estabelecimento,

[1325] O regime geral para os contratos bilaterais não integralmente cumpridos por ambas as partes do art. 102.º CIRE inspira-se, de uma forma muitíssimo clara, no § 103 InsO. O mesmo sucede com o regime da venda com reserva de propriedade [art. 104.º n.º 3 CIRE e § 107 (2) da InsO], que, com algumas especialidades (apontadas de seguida em texto), remete para aquela que é a disciplina regra do art. 102.º CIRE (e § 103 InsO).

[1326] Esta disposição é necessária (como sublinhava o governo alemão no projeto – *Regierungsentwurf*) de forma a impedir que sejam retirados, numa primeira fase da insolvência, bens necessários para a prossecução da atividade da empresa. Cfr. W. MAROTZKE/*Heidelberger Kommentar zur Insolvenzordnung*, 4.ª ed., C. F. Müller, Heidelberga, 2006, p. 581.

o administrador, se a massa tiver disponibilidades, poderá então decidir-se pela execução do negócio. Frequentemente, só nesse cenário fará sentido a execução dos contratos.[1327]

IV. Se o administrador, tendo optado pelo cumprimento, não cumprir, o vendedor manterá, nesse caso, o direito de resolução do contrato[1328]. Repare-se: o vendedor não poderá resolver o contrato depois de declarada a insolvência enquanto se mantiver o direito de escolha do administrador. Contudo, tendo este optado pelo cumprimento, se não o fizer pontualmente, para além de outra natureza de consequências, o vendedor (que ainda é o proprietário, note-se) não vê afastado o direito de resolução do contrato.

A hipótese, em todo o caso, parece-nos difícil de se verificar, atentos os pressupostos de responsabilidade do administrador perante esse credor estabelecidos no art. 59.º n.º 2 CIRE. Por outro lado, de acordo com o art. 102.º n.º 4 CIRE, a opção pela execução é considerada abusiva, se o cumprimento pontual das obrigações da massa insolvente for "manifestamente improvável."

V. Recusado o cumprimento, nenhuma das partes tem direito à restituição do que prestou [art. 102.º, n.º 3, al. a) CIRE], o que significa que, tratando-se, como será vulgar, de uma venda a prestações, o vendedor não terá que restituir os montantes já recebidos. Este poderá exigir à outra parte "a diferença entre o montante das prestações (...) previstas até ao final do contrato, atualizadas para a data da declaração de insolvência por aplicação do estabelecido no n.º 2 do artigo 91.º, e o valor da coisa na data da recusa..." [art. 104.º n.º 5 CIRE], como crédito sobre a insolvência.

Ainda, o alienante terá direito a ser indemnizado, também como crédito sobre a insolvência [art. 102.º, n.º 3, al. d) (iii) CIRE], dos prejuízos resultantes do incumprimento, a que se terá que abater o quantitativo a que este tenha direito, em resultado da aplicação do critério anterior [art. 102.º, n.º 3, al. d) (ii) CIRE].

[1327] Cfr. M. HUBER/*Insolvenzrechts-Handbuch*, cit., § 36, p. 504; W. MAROTZKE, *Der Eigentumsvorbehalt im neuen Insolvenzrecht*, cit., p. 812.

[1328] Defendia esta solução face ao CPC entre nós ANA MARIA PERALTA, *A posição jurídica do comprador na compra e venda com reserva de propriedade*, cit., p. 62.

Daqui decorre que, em caso de recusa de cumprimento pelo administrador, para determinação do (eventual) crédito do vendedor sobre a massa insolvente será necessário calcular a indemnização pelos prejuízos sofridos pelo credor e, depois, determinar qual o valor que se obtém, nos termos da al. c) do n.º 3 do art. 102.º (e art. 104.º n.º 5) CIRE, que terá aqui de ser abatido. No cálculo do valor da indemnização é determinante, juntamente com os montantes das prestações realizadas (e retidas), o valor de mercado do bem, objeto do negócio, cuja propriedade nunca chega a sair da esfera do alienante e que lhe terá agora que ser restituído.

VI. Do critério legal resulta que, no fundo, a intenção do legislador parece ter sido a de estabelecer na alínea c) do n.º 3 do art. 102.º e art. 104.º n.º 5 CIRE um mecanismo que possibilite a fixação de forma rápida do valor indemnizatório (diferença entre o montante das prestações previstas até final do contrato, atualizadas para a data da declaração de insolvência, e o valor da coisa na data da recusa – art. 104.º n.º 5 CIRE), permitindo, no entanto, ao vendedor exigir um montante superior, sempre que os prejuízos que a recusa do cumprimento pelo administrador tenha gerado sejam superiores ao valor acima apurado [assim se entende a necessidade de abater o valor que se obtém por essa via ao montante indemnizatório – art. 102.º, n.º 3, al. d) (ii) CIRE][1329].

Em todo o caso, o valor do montante indemnizatório calculado nos termos gerais não será na generalidade dos casos elevado (e, por vezes, não haverá sequer lugar a qualquer indemnização) sempre que estivermos perante uma venda a prestações, uma vez que o credor não tem agora que restituir as prestações já realizadas e haverá sempre que ter em conta aqui o valor (atual) da coisa. A posição do credor, quer em virtude da manutenção da propriedade do bem na sua esfera, quer pela regra da não restituição das prestações recebidas, será assim bastante confortável.

[1329] A vantagem do recurso ao primeiro critério sobre o segundo é que, neste, o credor não terá que provar o montante efetivo dos danos sofridos, enquanto na fixação do montante indemnizatório, ao abrigo das regras gerais, como decorre da alínea d) do n.º 3 do art. 102.º CIRE, será o credor que terá que provar o montante dos danos provocados pelo incumprimento a indemnizar.

VII. Pode dar-se mesmo o caso de a posição do vendedor acabar por ser demasiado confortável, no sentido que pode obter uma vantagem patrimonial, em resultado da aplicação do critério legal, maior do que a que obteria com o integral cumprimento do contrato pela outra parte. Para tal, é suficiente que as prestações já recebidas sejam significativas e que o bem não tenha sofrido uma desvalorização muito elevada. Assim sendo, nada há a indemnizar. Pelo contrário, o vendedor sai mesmo beneficiado.

Não cremos que este enriquecimento tenha sido querido pelo legislador, para mais atendendo às finalidades e princípios enformadores de um processo de insolvência, conferindo-lhe este causa.

Parece-nos assim que, sempre que o benefício que o credor retira do não cumprimento pelo administrador seja superior ao prejuízo que sofre pela recusa de cumprimento (a diferença entre as situações patrimoniais previstas no art. 566.º n.º 2 revela um valor favorável à outra parte), haverá um enriquecimento à custa do comprador e dos outros credores (porque leva a uma diminuição da massa), sem que a lei insolvencial, como resulta da sua correta interpretação, lhe tenha pretendido atribuir causa[1330]. Por conseguinte, haverá o dever de restituição à massa do excedente de acordo com as regras deste instituto[1331_1332]

29.12. Observação final

No centro desta figura está o recurso ao direito de propriedade com função de garantia (neste caso do pagamento do preço). O fortalecimento da posição do vendedor por este meio consiste essencialmente na sua possibilidade, porque é o proprietário, de recuperar o bem, nos termos

[1330] Quanto ao requisito de causa no enriquecimento, ver D. LEITE DE CAMPOS, *A susbsidariedade da obrigação de restituir o enriquecimento*, Almedina, Coimbra, 1974, pp. 317, ss., pp. 414, ss.; idem, *Enriquecimento sem causa e responsabilidade civil*, ROA, 1982, p. 43.

[1331] Em sentido semelhante, face à lei alemã, M. HUBER/*Insolvenzrechts-Handbuch*, cit., § 35, p. 498, § 36, p. 505; e, já, JAEGER/W. HENCKEL, *Konkursordnung, Grobkommentar*, 9.ª ed., Walter de Gruyter, Berlim, Nova Iorque, 1997, § 17, p. 502

[1332] Por último, convém acrescentar que, de acordo com o disposto no art. 280.º CIRE, os direitos do vendedor relativos a bens vendidos ao devedor insolvente com reserva de propriedade, que no momento da abertura do processo de insolvência se encontrem no território de outro Estado, regem-se exclusivamente pela lei deste.

anteriormente expostos, tanto nos casos de incumprimento pela outra parte, como na hipótese de declaração de insolvência dela[1333].

Todavia, apesar deste fortalecimento da posição do vendedor, pode ficar a descoberto o dano resultante de uma eventual depreciação da coisa (ou seja, da diminuição do seu valor de mercado, pelo uso que sofreu e por se tratar de um bem em "segunda mão"[1334]), assim como os restantes danos decorrentes do não cumprimento do contrato. A função de garantia desempenhada pela reserva de propriedade na venda permite debelar, geralmente só em parte, os danos causados pelo não cumprimento do comprador[1335_1336]

[1333] Embora, como vimos, no âmbito insolvencial possa mesmo obter integral pagamento do preço, se o administrador optar pela escolha do cumprimento.

[1334] É claro que estes valores variarão fortemente de acordo com o bem em questão, o uso que lhe foi dado e o período de tempo durante o qual foi usado.

[1335] E, nesse sentido, tem razão L. LIMA PINHEIRO (*A reserva da propriedade em direito internacional privado*, cit., p. 71) quando afirma que "a recuperação [da coisa vendida com reserva de propriedade] significa para o vendedor, em regra, a possibilidade de mitigar os prejuízos sofridos através da revenda da coisa."

[1336] No que diz respeito à natureza da venda com reserva de propriedade, a doutrina dominante nacional concebe a venda com reserva de propriedade até ao pagamento integral do preço, na linha de I. GALVÃO TELLES [*Contratos civis (projeto completo para um título do futuro código civil português e respectiva exposição de motivos)*, cit., p. 138], como uma venda em que a transferência de propriedade está condicionada (suspensivamente) à realização dessa prestação. Ver, p. ex.: J. RIBEIRO DE FARIA, *Direito das obrigações*, vol. I, cit., p. 223; J. ANTUNES VARELA, *Das Obrigações em geral*, vol. I, cit., p. 305; idem, *Anotação* ao acórdão do STJ de 24/1/1985, cit., p. 317, nota 1.

Repare-se, porém, que, conforme se referiu, a transmissão da propriedade poderá, nos termos da lei, estar subordinada, não ao pagamento do preço, mas à produção de "qualquer outro evento". Por isso tem razão RAÚL VENTURA (*O contrato de compra e venda no Código Civil. Efeitos essenciais: a transmissão da propriedade da coisa ou da titularidade do direito; a obrigação de entregar a coisa*, cit., pp. 615-616) ao chamar a atenção para o facto de "a latitude da reserva da propriedade permitida pelo art. 409.º, n.º 1, afasta[r] a possibilidade de condição suspensiva quando o evento de que a transmissão da propriedade depende não for incerto, como é o pagamento do preço, mas sim certo, como, por exemplo, um simples prazo." Ainda entre nós, em sentido diferente da doutrina dominante, L. MENEZES LEITÃO, *Direito das obrigações*, vol. III, cit., pp. 59, ss. (desenvolvidamente).

Quanto à discussão na doutrina italiana a este propósito e as diversas construções aí desenvolvidas, ver: A. LUMINOSO, *Vendita*, cit., pp. 633, ss.; idem, *I contratti tipici e atipici*, cit., pp. 102-102. E, para a doutrina francesa, J. GHESTIN, *Riflessoni di un civilista francese sulla clausula di riserva della proprietà*, cit., p. 442, ss.; P. CROCQ, *Propriété et garantie*, cit., pp. 109, ss..

Mas se a venda for realizada a prestações, o recurso à compensação, antes da declaração de insolvência, e o regime da não restituição, na insolvência, podem conduzir à inexistência de qualquer dano. O mesmo pode suceder, se esta figura for unicamente utilizada com finalidades de crédito e garantia, através de uma compra articulada com uma revenda imediata a prestações com reserva de propriedade, em que as prestações sejam calculadas de forma a que o valor do bem cubra sempre o montante em falta.

30. A locação-venda

30.1. Introdução

I. A locação-venda insere-se num conjunto de contratos típicos, como a venda com reserva de propriedade e entrega da coisa e a locação financeira, em que uma das partes conserva na sua esfera a propriedade do bem que a outra passa a gozar e, neste caso, adquire com o pagamento da última prestação. Dentre estes contratos, de que se distingue do prisma estrutural e de regime (sendo embora muito próxima do primeiro), é hoje o menos utilizado.

Porém, como já se disse anteriormente, a figura existe como contrato típico, portanto proposta aos sujeitos, que poderão decidir ser a mais adequada para o objetivo económico que, naquele caso específico, pretendam alcançar.

30.2. Caracterização

I. A locação-venda vem definida na lei como o contrato pelo qual se dá em locação uma coisa "com a cláusula de que ela se tornará propriedade do locatário depois de satisfeitas todas as rendas ou alugueres patuados..."

Na Alemanha, a solução da condição suspensiva (*aufschiebende Bedingung*) resulta diretamente da lei [§ 449 (1) BGB, que estabelece uma presunção nesse sentido], mas aqui relativamente ao negócio de disposição (o *Verfügungsgeschäft*) – ver R. SERICK, *Eigentumsvorbehalt und Sicherungsübertragung. Neue Rechtsentwicklungen*, cit., § 2, I 1 pp. 56, ss.; K. LARENZ, *Lehrbuch des Schuldrechts, Band II, Halbband 1, Besonderer Teil*, cit., II § 43, p. 107.

(art. 936.º n.º 2)[1337]. A lei não fixa um regime completo, mas meramente parcial, para este contrato.

Efetivamente, decorre do art. 936.º n.º 2, somente, que a resolução, no caso de o locatário não cumprir, terá aqui efeito retroativo, tendo pois o locador, nesse caso, de restituir todas as importâncias recebidas, não se admitindo convenção em contrário. Nessa eventualidade, manterá este sujeito o direito a ser indemnizado "nos termos gerais" e, verificado o respectivo condicionalismo, de acordo com o art. 935.º.

II. Por outro lado, atendendo ao resultado que se visa obter e à inclusão sistemática da disposição que a prevê, resulta que a esta figura se aplica também o art. 934.º (art. 936.º n.º 1).

30.3. O objeto

Podem ser objeto deste negócio todos os bens que possam ser objeto da locação. Tanto móveis como imóveis. Na prática, porém, tal como na venda a prestações com reserva de propriedade e entrega da coisa, o contrato incidirá principalmente sobre móveis.

30.4. A função

I. Este contrato desempenha uma função semelhante (mas não idêntica) à venda a prestações com reserva de propriedade[1338], uma vez que se

[1337] Sobre esta figura, ver: PIRES DE LIMA/ANTUNES VARELA, *Código Civil anotado*, vol. II, cit., pp. 233; FRANCISCO PEREIRA COELHO, *Arrendamento, direito substantivo e processual*, Lições ao curso do 5.º ano de Ciências Jurídicas no ano lectivo de 1988-1989, Coimbra, 1988, pp. 24-25; D. LEITE DE CAMPOS, *Locação financeira (leasing) e locação*, ROA, 2002, pp. 770-771; P. ROMANO MARTINEZ, *Direito das obrigações (parte especial), contratos. Compra e venda, locação, empreitada*, cit., p. 96; L. MENEZES LEITÃO, *Direito das obrigações*, vol. III, cit., pp. 74, ss.; TERESA ANSELMO VAZ, *Alguns aspetos do contrato de compra e venda a prestações e contratos análogos*, Almedina, Coimbra, 1995, pp. 65, ss.; GIORGIO DE NOVA, *Il tipo contratuale*, Cedam, Pádua, 1974, p. 162; F. C. DUTILLEUL/P. DELEBECQUE, *Contrats civils et commerciaux*, cit., pp. 325, ss.. Antes do Código de 1966, L. CUNHA GONÇALVES, *Tratado de direito civil em comentário ao código civil português*, vol. VIII, Coimbra Editora, Coimbra, 1934, pp. 339, ss.. Em especial sobre esta matéria, ver o nosso, *A cessão de créditos em garantia e a insolvência*, cit., pp. 730, ss. (que aqui se segue).

[1338] Mas não só. Como veremos mais à frente, embora seja este o elemento central da função desempenhada por este contrato, ela é na verdade mais ampla e complexa.

visa através deste arranjo contratual obter em grande parte esse resultado: a aquisição do bem pelo sujeito que já o está a gozar, mas só no momento em que paga o último aluguer ou prestação[1339].

[1339] Apesar da sua denominação, este contrato distingue-se claramente da locação, de que, de todo o modo, como veremos, contém elementos. Precisemos essas diferenças.

Na locação, o locador obriga-se a proporcionar o gozo temporário da coisa (art. 1022.º), tendo dessa forma que entregar à outra parte a coisa locada e assegurar-lhe o gozo desta para os fins a que a coisa se destina [art. 1031.º als. a) e b)]. O locador, aqui, explora a coisa, de que concede e assegura o gozo, correndo o risco inerente ao perecimento ou deterioração da mesma, assim como da sua não rentabilidade económica (ver, sobre este ponto, D. LEITE DE CAMPOS, *A locação financeira*, cit., pp. 128-130), recebendo em contrapartida da sua prestação o aluguer ou renda pago pelo locatário (e são esses os elementos tidos em conta para a fixação do aluguer ou renda). A sua prestação é, em conformidade, qualificada como sendo duradoura de execução continuada. De outra parte, o locatário pretende somente gozar a coisa durante um determinado período de tempo, inferior ao da vida útil do bem, mas não adquiri-la.

Na locação-venda, o locatário quer efetivamente adquirir a coisa, correspondendo assim as rendas ao valor necessário (mas não só) para amortizar o preço do bem. Na sua essência aproxima-se muito mais – como procuraremos demonstrar em texto – de uma venda a prestações com reserva de propriedade do que de uma locação (sendo o seu regime muito próximo daquele do primeiro contrato referido). Note-se que, ao contrário da locação, o locador/vendedor não tem interesse na exploração económica do bem, locando-o primeiro a A, depois a B, etc.; ele pretende transacionar essa coisa, mantendo a propriedade na sua esfera como garantia. A sua prestação embora seja compósita é essencialmente de prestação fraccionada, sendo, consequentemente, a retroatividade o efeito da resolução por incumprimento do locatário (art. 936.º n.º 2). Todavia, como veremos em texto, sendo estes os interesses mais relevantes, há ainda outros a considerar, que efetivamente se reconduzem à locação, mas não afetam o núcleo central que acabámos de delinear.

Finalmente, naqueles casos em que o período de duração do contrato se aproxime da vida económica do bem, os elementos de locação assumem uma importância acrescida, mas o aspeto marcante referido não se altera. Esta faceta não é tão clara se centrarmos a nossa atenção na posição do locatário/comprador, uma vez que este pretenderá, essencialmente, o gozo do bem, cuja utilidade económica se esgotará pouco tempo depois de o ter adquirido. Todavia, se virmos a posição e os interesses do locador, a questão torna-se mais transparente.

Na realidade, este não pretende a exploração económica do bem, mas, essencialmente, transacioná-lo. Por essa razão, sublinhe-se, as rendas ou alugueres têm como elemento central a amortização do valor do bem, mais os juros (embora se englobe aqui também a contrapartida pelo assegurar do gozo), nada obstando a que, p. ex., sejam decrescentes. O facto de o período de duração do contrato se aproximar da vida útil do bem, só significará que o crédito concedido se estendeu por um largo período de tempo, em que o bem de alguma forma foi sendo adquirido, sem que o locador/vendedor até ao fim deixasse de ser proprietário, cumprindo este a sua função de garantia (que pode ser maior ou menor de acordo com a diferença de valor entre a amortização do bem por via das rendas/alugueres e o valor de mercado do bem nessa data).

O elemento central aqui (embora haja outros) será o de permitir a aquisição do bem pelo locatário-comprador em condições de segurança acrescida para o locador-vendedor, que só deixa de ser proprietário com o pagamento da última prestação ou aluguer. Desempenha assim a função de um negócio de crédito[1340] e de garantia idêntica à da venda a prestações com reserva de proriedade e entrega da coisa.

Os próprios traços de regime que a lei lhe introduziu (art. 936.º ns. 1 e 2) foram exatamente para permitir ajustar o regime da locação-venda a esta função, que poderíamos designar aquisitiva, tornando este negócio mais apto para o efeito.

No entanto, os elementos de locação permitem associar a estas uma outra função, ausente na venda a prestações com reserva de propriedade e entrega da coisa: a de assegurar o gozo da coisa.

30.5. A estrutura

I. A locação-venda é composta por elementos de locação e de venda a prestações com reserva de propriedade, sendo estes últimos os preponderantes, determinando grande parte do regime do contrato, como decorre, aliás, da própria disciplina que a lei para ele estabelece e da consideração daquele que é o seu objetivo económico fundamental.

Contudo, não se pode esquecer, e terá que se ter em devida conta, o papel desempenhado pelos elementos de locação na sua estrutura, onde, embora de forma mais limitada, se integram.

II. Temos assim um conteúdo contratual que assenta, como se disse, em elementos da compra e venda a prestações com reserva de propriedade

[1340] Nessa medida, é aplicável a particular tutela que a lei do crédito ao consumo concede ao consumidor, aqui o locatário/adquirente, uma vez que se trata de um contrato de crédito na formulação ampla do art. 4.º, n.º 1, al. c) do Dec.-Lei n.º 133/2009, de 2/6 (desde que, evidentemente, se verifiquem os restantes requisitos de aplicação do diploma – ver *infra* sobre este ponto). Neste sentido, face ao anterior diploma: TERESA ANSELMO VAZ, *Alguns aspetos do contrato de compra e venda a prestações e contratos análogos*, cit., p. 33; F. GRAVATO MORAIS, *Do regime jurídico do crédito ao consumo*, cit., p. 382.

e entrega da coisa, mas mais complexo em resultado da inserção aqui de elementos da locação[1341] articulados com os primeiros.[1342]

III. Este aspeto é muito claro na determinação dos alugueres ou rendas[1343]. Consistem em prestações compósitas. Eles representam o preço de aquisição do bem, mais os juros e outras despesas destinadas a remunerar outras prestações a que o locador-vendedor está vinculado. De forma semelhante à venda a prestações com reserva de propriedade. Porém, inclui-se aqui também a contrapartida a pagar pelo locatário por o locador lhe assegurar o gozo da coisa.

[1341] Cfr. D. LEITE DE CAMPOS, *Locação financeira (leasing) e locação*, cit., p. 773; L. MENEZES LEITÃO, *Direito das obrigações*, vol. III, cit., p. 75.

[1342] Em sentido diverso, F. PEREIRA COELHO (*Arrendamento*, cit., p. 24, na linha da posição sustentada por I. GALVÃO TELLES, na sua 3.ª edição do *Manual dos contratos em geral*, p. 398, nota 1) entende estarmos aqui perante uma união alternativa de contratos. De acordo com este Professor (*ob. últ. cit.*, pp. 24-25), "o pagamento da última prestação, por parte do locatário-comprador, funciona como condição resolutiva da locação e suspensiva da compra e venda". Com o devido respeito, não nos parece que assim seja.

Como decorre da exposição em texto, o atual regime da locação-venda é composto essencialmente pelas regras da venda a prestações com reserva de propriedade. Este é o elemento dominante no contrato, embora contenha igualmente elementos da locação. Na verdade, a troca de preço, pago de forma fraccionada, por coisa, constitui a função essencial deste contrato. As retribuições, os alugueres, são calculadas de forma a compreenderem a amortização do preço de venda da coisa, os juros pela dilação concedida e os encargos decorrentes da obrigação de assegurar o gozo da coisa. Só este último aspeto contido na contraprestação do adquirente constitui a contrapartida da obrigação inserida neste contrato que corresponde ao elemento da locação. Os outros correspondem ao correspectivo da transmissão do domínio sobre a coisa e a dilação temporal concedida para o pagamento do preço.

Não estamos, consequentemente, aqui perante uma locação resolúvel e uma compra e venda em suspenso, em termos tais que, paga a totalidade das prestações, desaparece retroativamente o primeiro contrato que é substituído, desde a data da sua celebração, pela venda. Se assim fosse, estaríamos a esquecer que, mesmo antes de pagas todas as prestações, o alienante tem também algumas obrigações de locatário e, principalmente, o que é mais flagrante, que essas prestações são calculadas de forma a compreenderem todo o valor de venda do bem, ou seja, o seu preço (mais os encargos decorrentes das obrigações decorrentes da locação), e não como uma vulgar contraprestação devida ao locador (mesmo de um bem com depreciação rápida, em que esse valor terá que ser tido em conta na fixação dos alugueres).

Na realidade, a locação-venda consiste estruturalmente num contrato único, composto, como se disse, por elementos da locação e da compra e venda a prestações com reserva de propriedade, em que esta última domina.

[1343] Temos essencialmente em mente a locação-venda de móveis.

IV. A locação-venda será pois em termos estruturais um contrato misto composto por elementos de locação e de compra e venda a prestações com reserva de propriedade[1344], em que este último é o elemento dominante.

V. Do exposto resulta que não podemos acompanhar aqueles Autores[1345] que qualificam este contrato como uma simples compra e venda a prestações com reserva de propriedade.[1346]

30.6. Figuras próximas

I. Começamos pelo chamado aluguer de longa duração (conhecido na prática pelas suas iniciais – ALD), extremamente utilizado pelos agentes económicos como instrumento que permite a um sujeito alienar a outro um bem, a crédito, mantendo-se proprietário como forma de garantir a sua posição. As próprias instituições de crédito recorrem a ele como instrumento de concessão de crédito, adquirindo a terceiros os bens que depois dão em ALD aos creditados.

A estrutura jurídica básica desta figura assenta num contrato que as partes qualificam como locação, mas modificado de forma muito semelhante às alterações introduzidas ao regime deste contrato pelas regras da locação financeira, a que se associa uma promessa unilateral de venda do locador ou um pacto de opção de compra, tendo como beneficiário o locatário, decorrido o prazo contratualmente fixado[1347]_[1348]

[1344] Como aponta D. LEITE DE CAMPOS, *Locação financeira (leasing) e locação*, cit., p. 773.

[1345] TERESA ANSELMO VAZ, *Alguns aspetos do contrato de compra e venda a prestações e contratos análogos*, cit. p. 76; A. LUMINOSO, *I contratti tipici e atipici*, cit., p. 8, p. 108.

[1346] Na linha que cremos correta, face a este posicionamento doutrinal, assim como àquele que entende que estamos perante uma união alternativa de contratos, L. MENEZES LEITÃO, *Direito das obrigações*, vol. III, cit., p. 75.

[1347] Cfr. R. PINTO DUARTE, *Alguns aspetos jurídicos dos contratos não bancários de aquisição e uso de bens*, Rev. Ban., 1992, p. 65; P. PAIS DE VASCONCELOS, *Contratos atípicos*, cit., pp. 245-246; TERESA ANSELMO VAZ, *Alguns aspetos do contrato de compra e venda a prestações e contratos análogos*, cit. pp. 77, ss.; PAULO DUARTE, *Algumas questões sobre o ALD*, Estudos de direito do consumidor, Centro do direito do consumidor/Faculdade de Direito da Universidade de Coimbra, 2001, pp. 301, ss..

[1348] Mas a promesssa pode ser bilateral e podem também surgir outros intervenientes na operação. Cfr. PAULO DUARTE, *Algumas questões sobre o ALD*, cit., pp. 301, ss..

Estes contratos tiveram um forte desenvolvimento nas décadas de 80 e 90 do século passado, por razões de ordem diversa (nomeadamente de natureza fiscal), dentre as quais se destaca a vontade de criação de um instrumento jurídico muito semelhante à locação financeira para determinados bens (automóveis) a que se colocaram restrições a que pudessem ser objeto deste último contrato.[1349] Ultrapassado esse obstáculo, recorria-se a esta figura, entre outras razões, para celebrar contratos cujo conteúdo é muito semelhante à locação financeira, mas por períodos mais curtos que os que eram permitidos pelo regime desta, restrições que a lei, entretanto (Dec.-Lei n.º 285/2001, de 3/11), eliminou.[1350]

Em todo o caso, o que interessa neste momento sublinhar é que se trata de um negócio atípico, misto, que desempenha uma função idêntica à da venda com reserva de propriedade e entrega da coisa, da locação-venda e, como vimos, da locação financeira (negócio com o qual tem mais semelhanças em termos estruturais).[1351]

[1349] Cfr. R. PINTO DUARTE, *Aspetos contratuais do aluguer, da locação financeira e de outros contratos afins à face da lei portuguesa*, Fisco, 1993, p. 67; JOÃO FERNANDES, *O regime fiscal da locação financeira versus aluguer de longa duração*, Fisco, 1993, pp. 43, ss..

[1350] Este contrato colocava (e coloca) sérias interrogações quanto à sua validade, entre outras, por duas ordens de razões: nalguns casos, da análise do seu regime resultava que deviam ser qualificados como verdadeiros contratos de locação financeira (quanto a este ponto, ver PAULO DUARTE, *Algumas questões sobre o ALD*, cit., pp. 319, ss.) com a consequente aplicação do regime deste negócio, a que as partes se pretenderiam furtar (embora hoje, dada a flexibilização da locação financeira, essas normas imperativas do seu regime cuja aplicação as partes pretendiam evitar tenham em grande parte sido alteradas ou revogadas); por outro lado, mesmo que assim não seja, isto é, que no caso concreto não possam ser qualificados como locação-financeira, o que é certo é que a celebração destes negócios atípicos contende com o art. 23.º do Dec.-Lei n.º 149/95, de 24/6, onde se proíbe a qualquer entidade a realização de "forma habitual" de "operações de natureza similar ou com resultados económicos equivalentes aos contratos de locação financeira" (art. 23.º do Dec.-Lei n.º 149/95, de 24/6) – onde se inclui o ALD (se é que não foi a sua frequência na prática negocial que levou à criação desta norma, como parece provável), desde que não sejam celebrados por bancos, uma vez que dada a amplitude das operações de crédito a que estes podem recorrer, não se vê porque não poderiam celebrar estes contratos atípicos.

[1351] Para a jurisprudência, no que toca aos contratos qualificados como sendo alugueres de longa duração, ver: Acórdão da Relação de Lisboa de 10/3/1998, CJ, 1998, t. II, pp. 90, ss.; Acórdão da Relação do Porto de 19/4/1999, CJ, 1999, t. II, pp. 204, ss.; Acórdão da Relação de Coimbra de 29/2/2000, CJ, 2000, t. I, pp. 39, ss..

Distingue-se da locação-venda, porque a aquisição não é automática com o pagamento do último aluguer, além de as partes não pretenderem que o locador assegure o gozo da coisa. Aproxima-se assim mais da locação financeira, como se viu, do que da locação venda. A sua função, no entanto, é idêntica e tem uma estrutura, em grande parte, semelhante.

II. Temos depois o aluguer com opção de compra ou com promessa unilateral de venda.[1352] Trata-se aqui de uma locação, com as características próprias desta, a que se liga uma opção de compra ou da promessa unilateral de venda, de modo a permitir-se ao locatário, decorrido o prazo contratual, a aquisição do bem, pagando então o preço (que evidentemente tem em conta o facto de o bem negociado ser uma coisa usada).

Não se pode dizer, em princípio[1353], que o contrato seja dirigido à aquisição do bem. O cálculo das rendas ou alugueres não será realizado de forma a compreenderem uma parcela destinada a representar o pagamento do bem por banda da outra parte. A contrapartida de aquisição deste, se o locatário se decidir pela compra, consiste no preço. Ainda, não há qualquer aquisição automática do bem, que depende sempre de um juízo posterior por parte do locatário.

30.7. O regime geral

I. A lei aproxima bastante este contrato na disciplina que para ele estabelece da venda a prestações com reserva de propriedade, afastando-o nesse ponto das regras da locação. Assim, a resolução por incumprimento do locatário tem efeito retroativo (art. 936.º n.º 2), mas o locador só poderá recorrer a esta forma de cessação do contrato, verificados os pressupostos gerais, se o aluguer em dívida exceder a oitava parte do valor global fixado, ou se a mora disser respeito a mais do que um aluguer (art. 934.º e art. 936.º n.º 1).

[1352] Para a distinção entre o contrato-promessa unilateral e o pacto de opção, ver: J. RIBEIRO DE FARIA, *Direito das obrigações*, vol. I, cit., pp. 251-252; J. ANTUNES VARELA, *Das Obrigações em geral*, vol. I, cit., pp. 309-311.

[1353] Dadas as variantes que poderá conter, em particular, o período de vida económica do bem locado, o prazo contratual e o preço fixado para a eventual venda.

Resolvido o contrato, a coisa terá que lhe ser devolvida, o que significa que, à semelhança do que vimos na venda com reserva de propriedade e entrega da coisa, de acordo com o art. 566.º n.º 2, se terá que ter em conta no cálculo indemnizatório o valor atual de mercado do bem restituído, o que permite diminuir o montante da indemnização. Mas, mesmo relativamente a esta, terá que se ter em conta que, uma vez que terá que restituir as rendas ou alugueres recebidos, o locados/vendedor vê ainda abertas as portas da compensação.

A particular tutela da posição do vendedor/locador, à semelhança do que acontece na venda com reserva de propriedade, assenta, essencialmente, na possibilidade de recuperação do bem, no caso de resolução do contrato por parte deste. Não corre assim o risco decorrente de uma subsequente alienação a terceiro (em virtude do art. 435.º n.º 1), ou da penhora do bem em ação executiva interposta pelos credores do devedor, como correria se tivesse vendido o bem a prestações.

II. Os efeitos restitutivos da resolução no âmbito do art. 936.º n.º 2 levantam, porém, uma questão, que passamos a expor.

As rendas ou alugueres na locação-venda são, como já foi antes observado, prestações compósitas de prestação fracionada e prestações duradouras reiteradas e de execução continuada. Efetivamente, estas são calculadas de forma a compreenderem, não só a fração do preço de venda, mas, igualmente, os juros e a retribuição pela obrigação de o locador/vendedor assegurar o gozo da coisa. Ora, estas prestações têm, como se sabe, regimes diversos no que toca aos efeitos da resolução.

Portanto, se se seguisse uma interpretação literal do art. 936.º n.º 2, daqui pareceria resultar que, neste caso, a lei veio dar prevalência, numa prestação compósita nos termos referidos, ao seu elemento mais importante – a fração do preço –, aplicando a toda a prestação o regime que, em rigor, só a ele competiria. Este regime absorveria o dos restantes elementos que compõem as "rendas" ou "alugueres", que teriam que ser restituídos por inteiro.

Uma outra interpretação deste artigo é, no entanto, admissível. A finalidade da norma, integrada no seio da disciplina da venda a prestações, toda ela orientada pela protecção do adquirente, consiste, segundo nos parece, em tutelar o locatário/comprador face à aplicação aqui do regime da locação, que impediria o efeito restitutivo das rendas ou alugueres no caso de resolução do contrato.

Na realidade, deixando o locatário/comprador de cumprir e resolvendo o locador/vendedor o contrato, este último poderia manter o bem, como se de uma normal locação se tratasse, e não restituir as "rendas" ou "alugueres", entretanto recebidos, com evidente prejuízo do locatário/comprador, uma vez que essas "rendas" ou "alugueres" são essencialmente (mas não só) amortizações do valor do bem objeto do contrato.

Dizem a este propósito Pires de Lima/Antunes Varela[1354]: "A solução consagrada pretende evitar, por um lado, que o locatário-comprador, usurariamente, perca tudo aquilo que pagou, quer a título de renda, quer de preço de uma compra...".

Para evitar essa situação prejudicial para o locatário/comprador, a lei, tendo em conta a verdadeira natureza de grande parte das prestações do locatário – prestações fraccionadas –, impôs, corretamente, a solução que mais se adequa a essa mesma natureza da parcela principal que compõe as "rendas" ou "alugueres": a restituição, sem possibilidade de convenção em contrário, sendo ao locador/vendedor, por seu lado, restituído o bem.

Contudo, a razão de ser da lei só vai até ao ponto em que as rendas ou alugueres sejam verdadeiramente amortizações do bem, isto é, prestações fraccionadas, mas já não no que toca aos juros aí incluídos, nem no que diz respeito àquele montante destinado a ser a retribuição do locador/vendedor por assegurar o gozo da coisa. É que são ambas prestações duradouras (reiteradas e de execução continuada), portanto ligadas ao decurso do tempo, não susceptíveis de serem restituídas[1355].

Têm natureza diversa das primeiras e não se justificará aqui a protecção que a lei pretende para o locatário/comprador. Nessa medida, será legítima uma interpretação restritiva desta norma ("lá onde termina a razão de ser da lei termina o seu alcance"),[1356] limitando as restituições aos montantes

[1354] PIRES DE LIMA/ANTUNES VARELA, *Código Civil anotado*, vol. II, cit., p. 233.

[1355] Ver J. RIBEIRO DE FARIA, *Direito das obrigações*, vol. II, cit., pp. 86-87. Sublinhando a especificidade das relações obrigacionais duradouras, resultante "da ligação da prestação ao tempo calendar", *ob. últ. cit.*, p. 86

[1356] Cfr., para este argumento, J. BAPTISTA MACHADO, *Introdução ao direito e ao discurso legitimador*, cit., p. 186.

recebidos, incluídos nas "rendas" ou "alugueres", que visem a amortização do bem.

III. Diga-se ainda, no âmbito da relação de liquidação a que a resolução dá lugar, que o montante indemnizatório pode ser pré-fixado em cláusula penal, tendo, porém, nesse caso que observar as limitações do art. 935.º n.º 1 (art. 936.º n.º 2).

Parece-nos ainda que as partes podem estabelecer a perda dos alugueres já pagos na hipótese de resolução do contrato pelo locador, embora sempre dentro dos limites fixados pelo art. 935.º n.º 2.

Cremos ser esta a interpretação correta do art. 936.º n.º 2. Efetivamente aí dispõe-se que a resolução do contrato por incumprimento do locatário tem efeito retroativo, "devendo o locador restituir as importâncias recebidas, sem possibilidade de convenção em contrário", acrescentando-se de seguida que tal não implica prejuízo para o direito à indemnização do locador "nos termos gerais e nos do artigo anterior" (o art. 935.º).

A finalidade desta disposição será de tutelar o locatário, evitando que ele "perca tudo aquilo que pagou"[1357], mas não impedir que se fixe uma cláusula de perda de rendas, desde que esta se enquadre nos limites de protecção do locatário/comprador, previstos, para esse fim, exatamente no art. 935.º n.º 2.[1358]

IV. Até este ponto, são extremamente limitadas as diferenças de regime entre a figura em análise e a compra e venda a prestações com reserva de propriedade e entrega da coisa. O que não é estranho, porque os elementos desta constituem o núcleo do contrato, marcando a sua função essencial.

Todavia, como temos vindo a sublinhar, estamos perante um conteúdo contratual mais complexo em resultado da inserção aqui de elementos da locação[1359] articulados com os de compra e venda. Convém, pois, determi-

[1357] PIRES DE LIMA/ANTUNES VARELA, *Código civil anotado*, vol. II, cit., p. 233.

[1358] Sobre esta disposição, ver A. PINTO MONTEIRO, *Sobre o não cumprimento na venda a prestações (algumas notas)*, cit., pp. 566, ss.; idem, *Cláusula penal e indemnização*, cit., pp. 65, ss..

[1359] Como sublinha D. LEITE DE CAMPOS, *Locação financeira (leasing) e locação*, cit., p. 773 (destacando "o ingrediente "locatício" que existe na locação-compra."); ainda, L. MENEZES

nar quais as regras da locação que se aplicam aqui, compondo o restante regime desta particular figura, não esquecendo, neste âmbito, a função complexa que visa realizar, mais próxima no essencial da venda a prestações com reserva de propriedade.

Fundamentalmente, o elemento de locação que integra este contrato é a obrigação do locador/vendedor de assegurar à outra parte o gozo da coisa para os fins a que ela se destina (art. 1031.º), tendo assim nomeadamente o dever de a reparar (art. 1036.º)[1360].

Nessa medida, os alugueres a cobrar por este sujeito terão que permitir, como acima já se assinalou, para além da amortização do valor do bem e o pagamento dos juros, remunerar os maiores encargos que recaem sobre o locador. Consequentemente, serão mais elevadas do que as prestações de um contrato de compra e venda com reserva de propriedade celebrado pelo mesmo período de tempo para uma coisa semelhante, reflectindo as obrigações acrescidas.

Não cremos que se devam aplicar a este negócio as regras da locação relativas às consequências da mora do locatário no pagamento dos alugueres que atribui ao locador o direito a uma indemnização igual a 50% do que for devido, exceto se o contrato for resolvido com base na falta de pagamento (art. 1041.º n.º 1).

Esta disposição está relacionada com o incumprimento pelo locatário e com as consequências desse mesmo inadimplemento, perdendo a sua razão de ser face a um contrato em que o elemento de locação é secundário, sendo a prestação do locatário/comprador só numa parte reduzida e subordinada composta por elementos deste.

As consequências do incumprimento no que toca à resolução do contrato (pressupostos e efeitos do seu exercício), como se acabou de ver, seguem, essencialmente, o regime da compra e venda a prestações com reserva de propriedade, que é o elemento dominante neste contrato misto, e afastam-se do regime da locação. A aplicação, aqui, da regra da locação

LEITÃO, *Direito das obrigações*, vol. III, cit., p. 75 (apontando a obrigação de o vendedor "proporcionar ao comprador o gozo da coisa, como locatário desta.").

1360 Ver para as obrigações do locador: PIRES DE LIMA/ANTUNES VARELA, *Código civil anotado*, vol. II, cit., p. 358, ss.; P. ROMANO MARTINEZ, *Direito das obrigações (parte especial), contratos*, cit., pp. 187, ss..

em análise apareceria deslocada e contrariaria a função central desempenhada por este contrato[1361].

Por outro lado, no entanto, parece-nos já que o comprador/locatário pode usar dos meios de defesa da posse previstos nos artigos 1276.º e seguintes, por força da aplicação aqui do art. 1037.º n.º 2, o que não é inteiramente claro que o comprador com reserva de propriedade a quem tenha sido entregue a coisa possa fazer, embora, como acima foi visto, tal seja a posição dominante entre nós.

30.8. O regime insolvencial

I. No âmbito insolvencial, declarada a insolvência do locador, se a coisa já tiver sido entregue ao locatário, este poderá exigir o cumprimento do contrato, o que levará consequentemente à aquisição final da coisa (art. 104.º n.º 1 CIRE).

II. Se for declarada a insolvência do comprador/locatário, o bem não poderá ser incluído na massa insolvente, exatamente, porque pertence a um terceiro. A lei fixa para estes casos, em que as prestações não foram integralmente pagas pelo comprador/locatário insolvente e ele se encontre na posse da coisa, um regime idêntico ao da venda a prestações com reserva de propriedade ao insolvente (de acordo, aliás, com a aproximação que a lei estabelece, em termos da restante disciplina, conforme vimos, entre ambos os contratos)[1362].

Nessa medida, ao administrador caberá a escolha entre a execução e a recusa do cumprimento (arts. 102.º n.º 1 e 104.º n.º 3 CIRE), podendo o locador/vendedor fixar-lhe um prazo razoável para este exercer a sua opção que, nesta hipótese, não poderá esgotar-se antes de decorridos cinco dias

[1361] Aplica-se pois a teoria da absorção, que a doutrina sustenta (pelo menos tendencialmente) para estes casos em que existe um elemento central e outro secundário na composição da espécie contratual mista.

[1362] A lei refere-se diretamente no art. 104.º n.º 2 CIRE (como o fazia já no 163.º n.º 1 CPEREF) à locação-venda, recorrendo a uma fórmula praticamente decalcada do art. 936.º n.º 2 do Código Civil.

sobre a data da assembleia de apreciação do relatório (arts. 104.º n.º 3 e 102.º n.º 2 CIRE[1363]).

III. Se o administrador recusar o cumprimento, a outra parte terá direito à restituição do bem, vendo a sua restante posição conformada pelo disposto no art. 104.º n.º 5 e 102.º n.º 3 CIRE.

De forma sumária: terá que se calcular o (eventual) crédito resultante do art. 102.º n.º 3 al. c), de acordo com o critério do art. 104.º n.º 5 CIRE,[1364] e o crédito indemnizatório decorrente do art. 102.º, n.º 3, al. d) CIRE. Para apurar este último valor, será de ter em conta as rendas que o locador/vendedor já recebeu [e que não terá que restituir[1365] – art. 102.º, n.º 3, al. a) CIRE], o valor de mercado do bem e o eventual crédito resultante dos arts. 104.º n.º 5 e 102.º, n.º 3, al. c) CIRE [art. 102.º, n.º 3, al. d) (ii) CIRE]. O crédito indemnizatório será, normalmente, devido à articulação da não restituição das rendas prestadas com o valor de mercado do bem, baixo ou, por vezes, mesmo inexistente[1366].

IV. A opção pela execução leva a que as obrigações do comprador-locatário se tornem dívidas da massa insolvente [art. 51.º, n.º 1, al. f) CIRE]; enfim, o cumprimento pontual do contrato pelo administrador levará à transmissão do direito de propriedade.

V. A sua posição está assim mais tutelada do que numa venda a crédito com transmissão imediata da propriedade, em que o bem entregue seria integrado na massa insolvente, ficando o credor com o crédito ao preço como crédito comum face à massa.

[1363] A não ser que o bem seja passível de desvalorização considerável durante esse período e a outra parte advertir expressamente o administrador da insolvência desse facto (art. 104.º n.º 3 *in fine* CIRE).

[1364] A diferença entre as rendas previstas até final do contrato, atualizadas para a data de declaração de insolvência por aplicação do estabelecido no art. 91.º n.º 2, e o valor da coisa na data da recusa.

[1365] Como aconteceria no caso de resolução do contrato (art. 163.º n.º 1 CPEREF e 936.º n.º 2).

[1366] Ver, quanto a este ponto, bem como quanto ao resultado da articulação do crédito indemnizatório determinado de acordo com o disposto no art. 102.º n.º 3 al. d) e o (eventual) crédito do art. 102.º n.º 3 al. c) (calculado de acordo com art. 104.º n.º 5 CIRE), *supra* no número anterior a propósito da reserva de propriedade.

A recente lei da insolvência acabou, à semelhança do que acontece com a venda a prestações com reserva de propriedade e entrega da coisa, por tutelar mais fortemente ainda a sua posição, uma vez que não terá que restituir as rendas recebidas [art. 102.º, n.º 3, al. a) CIRE], ao contrário do que acontecia no regime anterior (e se continua a verificar na sua disciplina exclusivamente civil) e sem que se pudesse recorrer à compensação[1367].

31. A venda a retro

31.1. Introdução

I. A venda a retro[1368], vedada pelo Código anterior, mas admitida com restrições pelo Código de 1966, pode desempenhar – é mesmo o seu destino natural –, só, ou no seio de uma operação negocial mais vasta que envolva a celebração de outro contrato, uma função de crédito garantido pela titularidade do direito de propriedade (ou de outra natureza) na esfera do credor, ou seja, do comprador a retro.

Com efeito, o regime legal próprio não impede essa função, nem é de tal forma restritivo que torne esta modalidade de venda imprestável para esse efeito, se for convencionalmente afeiçoado, dentro dos limites fixados. E que outras disposições, em particular aquela da proibição do pacto comissório aplicada por analogia, não levantarão, igualmente, pelo menos em regra, pelas razões que se verá, igualmente obstáculos.

II. Embora se trate de um antigo instituto do direito civil, pode – ou melhor tem uma flexibilidade que lhe permite – desempenhar um papel

[1367] De facto, no regime anterior do art. 163.º CPEREF, se o liquidatário optasse pela resolução, os efeitos retroativos desencadeados (art. 936.º n.º 2) levariam a que o locador tivesse que restituir as rendas ou alugueres já recebidos (só na parte que dissesse respeito à amortização do bem, segundo a interpretação do art. 936.º n.º 2 para que propendemos), sem que pudesse operar uma compensação (art. 153.º CPEREF) com o seu crédito indemnizatório calculado nos termos do art. 163.º n.º 3 CPEREF.

[1368] Esta exposição toma por base o nosso estudo, *A venda a retro como instrumento de concessão de crédito garantido Do Direito civil ao Direito bancário*, RFDUP, 2007, pp. 221-262, a que corresponde parcialmente e com uma ordenação diversa da matéria. Por isso, para mais amplos desenvolvimentos sobre o contrato em análise, para aí se remete.

do maior relevo na concessão de crédito garantido, como, aliás, veio a suceder em França, desde meados dos anos oitenta do século passado[1369].

Nessa medida, embora regulada no âmbito do direito civil, o seu campo natural de aplicação (como acontece com muitas outras figuras que estão previstas e reguladas no direito civil) será no domínio comercial e, em particular, como instrumento de concessão de crédito (garantido), no âmbito bancário.

31.2. Caracterização

I. Na definição legal, a venda a retro consiste, na "venda em que se reconhece ao vendedor a faculdade de resolver o contrato" (art. 927.º). O elemento distintivo desta modalidade de venda consiste na atribuição ao vendedor do direito de discricionariamente, dentro do condicionalismo fixado pela lei, por negócio jurídico unilateral, extinguir o contrato, resolvendo-o, e, em consequência, readquirir a propriedade da coisa (ou outro direito, como se verá) vendida nestes termos[1370_1371].

[1369] ANNICK PERROT, *La vente à réméré de valeurs mobilières*, RTDCom., 1993, pp. 4, ss., pp. 40, ss.; JÉRÔME HUET, *Les principaux contrats spéciaux*, 2.ª ed., in Traité de droit civil (sous la diretion de Jacques Ghestin), LGDJ, Paris, 2001, p. 408.

[1370] Quanto à venda a retro, entre nós, ver: RAÚL VENTURA, *O contrato de compra e venda no código civil. O preço, venda a retro*, cit., pp. 643, ss.; I. GALVÃO TELLES, *Contratos civis (Projeto completo de um título do futuro Código Civil português e exposição de motivos)*, cit., pp. 134, ss.; PIRES DE LIMA/ANTUNES VARELA, *Código civil anotado*, vol. II, cit., pp. 222, ss.; J. C. BRANDÃO PROENÇA, *A resolução do contrato no direito civil*, cit., pp. 317-318; P. ROMANO MARTINEZ, *Direito das obrigações (parte especial), contratos. Compra e venda, locação, empreitada*, cit., pp. 82, ss.; idem, *Da cessação do contrato*, cit., pp. 281, ss.; PEDRO ROMANO MARTINEZ/ PEDRO FUZETA DA PONTE, *Garantias do cumprimento*, cit., pp. 244, ss.; L. MENEZES LEITÃO, *Direito das obrigações*, vol. III, *Contratos em especial*, cit., pp. 81, ss.; PEDRO DE ALBUQUERQUE, *Contrato de compra e venda. Introdução, efeitos essenciais e modalidades*, cit., pp. 39, ss.; M. BAPTISTA LOPES, *Do contrato de compra e venda, no direito civil, comercial e fiscal*, cit., pp. 203, ss.; ISABEL ANDRADE DE MATOS, *Pacto comissório. Contributo para o estudo do âmbito da sua proibição*, cit., pp. 163, ss., CÁTIA SOFIA MARQUES CEBOLA, *Da função de garantia da venda a retro*, in Garantias das obrigações (publicação dos trabalhos do Mestrado coordenado por JORGE SINDE MONTEIRO), Almedina, Coimbra, 2007, pp. 137, ss..

Em Itália (arts. 1500.º-1509.º do Codice Civile), cuja doutrina quanto a este ponto é particularmente importante, porque o nosso legislador de 1966 se inspirou aqui fortemente na disciplina do Codice Civile quanto ao patto di riscatto, ver: DOMENICO BARBERO, *Sistema istituzionale del diritto privato italiano, II, obbligazioni e contratti. Sucessioni per causa di morte*, 5.ª ed., Utet, Turim, 1958, pp. 305, ss.; DOMENICO RUBINO, *La compravendita*, 2.ª ed., in: *Trattato di diritto civile e commerciale* (dirigido por Antonio Cicu e Francesco Messineo), vol. XXIII, Giuffrè, Milão, 1971, pp. 1024, ss.; ANGELO C. PELOSI, *Vendita com patto di riscatto*, ED, XLVI, pp. 517, ss.; MASSIMO BIANCA, *Vendita* (diritto vigente), NovissDI, vol. XX, pp. 621, ss.; ALBERTO TRABUCCHI, *Istituzioni di diritto civile*, 40.ª ed., Cedam, Pádua, 2001, pp. 779, ss.; FRANCESCO MACARIO, *Vendita I*, EGT, pp. 34, ss.; DOMENICO BARBERO/ANTONIO LISERRE/GIORGIO FLORIDA, *Il sistema del diritto privato*, 3.ª ed., Utet, Turim, 2001, pp. 718, ss..

Em França (vente à réméré): F. C. DUTILLEUL/P. DELEBECQUE, *Contrats civils et commerciaux*, cit., p. 186; J.-B. SEUBE, Droit des sûretés, cit., pp. 224-225; J. HUET, *Les principaux contrats spéciaux*, cit., pp. 406, ss.; A. PERROT, *La vente à réméré de valeurs mobilières*, cit., pp. 1, ss.; D. LEGAIS, *Sûretés et garanties du crédit*, cit., p. 502; L. AYNÈS/P. CROCQ, *Les sûretés. La publicité foncière*, cit., pp. 333-334.

Em Espanha (retrato convencional – arts. 1507.º-1520.º do Código Civil): LUIS DÍEZ PICAZO/ANTONIO GULLÓN, *Instituciones de derecho civil*, vol. I, Tecnos, Madrid, 1995, pp. 629, ss.; BRUNO RODRÍGUEZ-ROSADO, *Fiducia y pacto de retro en garantía*, Marcial Pons, Madrid, Barcelona, 1998, pp. 147, ss.; MARIA DEL CARMEN PÉREZ CONESA, *Comentarios al Código civil* (coord. RODRIGO BERCOVITZ RODRÍGUEZ-CANO), Aranzadi, Navarra, 2001, arts. 1507, e segs., pp. 1757, ss.; XAVIER O'CALLAGHAN, *Codigo civil, comentado y com jurisprudencia*, 4.ª ed., La ley, Madrid, 2004, pp. 1527, ss. (o comentário dos arts. 1057 e seguintes é de ROSA MEDINA SANCHEZ). Esta última Autora entende que não existe verdadeiramente uma resolução de uma compra e venda anterior, mas antes a celebração de uma nova compra e venda (p. 1528); reconhece, no entanto, que a concepção da venda sob condição resolutiva parece ter estado na base do regime espanhol (p. 1543). Repare-se que, segundo apontam L. DÍEZ PICAZO/A. GULLÓN (*ob. cit.*, p. 621), esta última é a concepção jurisprudencial.

A venda a retro ou *vente avec la facultè de rachat* (*sale with right of redemption*) está também prevista no novo Código Civil do Quebeque (arts. 1750.º-1756.º).

[1371] Figura próxima do direito alemão é a *Wiederkauf* (§ § 456-462 BGB). O vendedor pode reservar-se (*vorbehalt*) o direito (a exercer durante um determinado período de tempo – § 462 BGB) à celebração de um contrato de sentido inverso com o comprador: a recompra do bem vendido. Esse outro contrato (embora de sentido inverso, como se disse, para repor as posições iniciais), que está unicamente dependente da declaração do vendedor (*Widerkaufserklärung*) nos termos legais, pode não ter um conteúdo idêntico ao contrato inicial no que toca ao preço. Com efeito, este, na falta de outra indicação, é aquele da venda [§ 456 (2) BGB]. Mas pode ser diverso. Pode estipular-se como preço da recompra o valor de avaliação do bem (*Schätzungswert* – § 460 BGB) na data da recompra. Cfr. K. LARENZ, *Lehrbuch des Schuldrechts, Band II, Halbband 1, Besonderer Teil*, cit., § 44 II, pp. 146, ss.; BARBARA GRUNEWALD/*Erman Bürgerliches Gesetzbuch* (herausgegeben von Harm Peter Westermann), 10.ª ed., Verlag Dr. Otto Schmidt, Colónia, 2000, § 496, pp. 1246, ss.; STAUDINGER/PETER MADER, *Kommentar zum Bürgerliches Gesetzbuch mit Einführungsgesetz und Nebengesetz, Buch 2, Recht der Schulverhältnisse § § 433-487; Leasing (Kaufrecht und Leasingrecht)*, Sellier – de Gruyter, Berlim, 2004, pp. 523, ss D. MEDICUS/S. LORENZ, *Schuldrecht II, Besonderer Teil*, cit., § 85, pp. 111-112; H. BROX/W.-D. WALKER, *Besonderes Schuldrecht*, cit., § 7, pp. 148-149, ss..

Não é necessária a celebração de um novo contrato para se operar a retransmissão do direito. Basta o exercício, de acordo com as exigências legais, em particular de prazo (há prazos máximos para a resolução) e forma, do direito potestativo extintivo de resolução.

Note-se que a cláusula é oponível a terceiros se tiver por objeto imóveis ou móveis sujeitos a registo e tiver sido registada (art. 932.º). Nessa eventualidade, o exercício do direito de resolução leva à reaquisição da coisa mesmo que o comprador a tenha alienado ou onerado.

II. Acrescente-se ainda que, naquela que foi uma das preocupações centrais do legislador ao consagrar no Código de 1966 a venda a retro, a de evitar a usura[1372], se proibiram as cláusulas que fixem pagamentos em dinheiro ao comprador "ou de qualquer outra vantagem para este, em contrapartida da resolução" (art. 928.º n.º 1). O preço a pagar no caso de resolução pelo vendedor terá que ser igual ao da venda. (art. 928.º n.º 2).

Caso sejam incluídas no contrato cláusulas deste teor, elas serão nulas, reduzindo-se o contrato – que se mantém na parte restante válido e eficaz – às outras cláusulas ou o preço ao valor da venda.

31.3. O objeto do contrato

I. A venda a retro é configurada pela lei como uma modalidade do contrato de compra e venda, que não tem somente por objeto a transmissão da propriedade de uma coisa, mas, igualmente, "outro direito" (art. 874.º, art. 879.º), e do seu regime particular não decorre que o objeto da mesma só possam ser coisas corpóreas.

É ainda admitido, embora sem consagração legal, o Wiederverkaufsrecht, em que é o comprador que tem direito à revenda. Cfr. K. LARENZ, *Lehrbuch des Schuldrechts, Band II, Halbband 1, Besonderer Teil*, cit., § 44 III, p. 150; STAUDINGER/P. MADER, *Kommentar zum Bürgerliches Gesetzbuch mit Einführungsgesetz und Nebengesetz*, Buch 2, Recht der Schulverhältnisse § § 433-487; Leasing (Kaufrecht und Leasingrecht) Vorbem zu §§ 456 ff, cit., pp. 529, ss..

[1372] Como assinalava I. GALVÃO TELLES (*Contratos civis*, cit., pp. 135-136) na exposição de motivos relativa ao projeto do Código de 1966 na parte dos contratos: "O mal que se vê na venda a "retro" é de ela poder servir desígnios de usura."

Daí decorre que podem ser vendidos a retro não só coisas corpóreas, mas também, em geral, os outros bens que possam ser objeto de venda como créditos[1373], valores mobiliários[1374], direitos de propriedade industrial, etc.

31.4. As funções. Em particular, a de crédito e de garantia

I. A venda a retro permite ao vendedor, com particular energia, em virtude do exercício de um direito de resolução, em certos casos com eficácia mesmo face a terceiros (art. 932.º, tratando-se de coisas imóveis ou de móveis sujeitas a registo, desde que a cláusula tenha sido registada), readquirir a coisa vendida. Há aqui uma modificação face ao regime geral da venda (de que é uma modalidade) que nos impõe a determinação exata da sua função (ou, talvez melhor, das suas possíveis funções) e, se e em que medida, se afasta daquela da venda propriamente dita[1375].

II. Em primeiro lugar, pode por esta via dar-se tutela aos interesses de alguém que não esteja ainda totalmente certo de que pretende alienar o bem, permitindo-se-lhe mudar de ideias durante um determinado período de tempo através da resolução do contrato[1376]. Dessa forma readquire o bem transmitido, mediante a restituição do preço (das despesas com o contrato e outras acessórias).

É provável neste caso que o preço acordado reflicta essa particular vantagem que se pretende atribuir ao vendedor, podendo dessa forma ser mais baixo do que o preço de mercado do bem[1377].

[1373] Neste sentido, I. GALVÃO TELLES, *Contratos civis*, cit., p. 134.

[1374] Sobre a ampla utilização da *vente à réméré*, tendo com objeto valores mobiliários, em França, ver A. PERROT, *La vente à réméré de valeurs mobilières*, cit., pp. 4, ss.. Esta utilização da figura é relativamente recente (sobretudo a partir dos anos oitenta do século passado), uma vez que o objeto tradicional da mesma eram os imóveis, cfr. J. HUET, *Les principaux contrats spéciaux*, cit., p. 408.

[1375] Sublinhando a importância da determinação da causa-função nestes casos, FRANCISCO BRITO PEREIRA COELHO, *Causa objetiva e motivos individuais no negócio jurídico*, in Comemorações dos 35 anos do Código Civil e dos 25 anos da reforma de 1977, vol. II, A parte geral do Código e a teoria geral do direito civil, Coimbra Editora, Coimbra, 2006, p. 437.

[1376] A. C. PELOSI (*Vendita com patto di riscatto*, cit., p. 518) aponta que o interesse do vendedor pode ser simplesmente especulativo.

[1377] Como sublinha I. GALVÃO TELLES, *Contratos civis*, cit., p. 136.

Nada há que estranhar – trata-se de um negócio oneroso em que o direito de o vendedor dentro de um determinado período de tempo fazer cessar o negócio e readquirir a coisa tem um valor económico que se reflectirá num abatimento ao preço.

Não há neste caso um desvio à função da venda, que reside na troca do direito pelo preço, simplesmente insere-se neste particular contrato de venda um desvio que consiste na manutenção de uma situação de provisoriedade, porque o vendedor, durante um período de tempo, pode fazê-la cessar. Após o decurso do período de tempo durante o qual o vendedor pode exercer o seu direito de resolução, a venda perde essas suas características particulares.

III. Noutros casos, porém, este negócio pode desempenhar funções que efetivamente são diversas daquela da venda[1378], em especial aquelas

[1378] A doutrina refere-se quase sempre à de crédito e garantia, que é, efetivamente a mais relevante, e o objeto deste trabalho. Contudo, cremos que, para além desta, a venda a retro é ainda apta para desempenhar outras funções, embora este aspeto não seja referido pela doutrina.

Com efeito, em certos casos, ao contrário da finalidade de crédito e garantia, em que o que está em jogo é a disponibilidade da quantia pecuniária representada pelo preço pago, sendo os bens vendidos o objeto da garantia para o comprador, pode dar-se a hipótese inversa, em que o que se pretende é justamente a disponibilidade dos próprios bens vendidos (e não do dinheiro), embora por um determinado período de tempo.

O vendedor não quer definitivamente transmitir os bens, pretendendo readquiri-los, e o comprador não pretende que eles fiquem definitivamente no seu património, onde substituiriam o preço pago, mas, pelo contrário, quer a restituição dessa quantia. Assim, p. ex., um sujeito que carece de valores mobiliários para um determinado fim e só durante um determinado período de tempo.

A função aqui desempenhada é a de securities lending ou de empréstimo desses valores mobiliários. É uma função que pode, igualmente, ser desempenhada pelo reporte [cfr. FRANCO BELLI/CLAUDIO ROVINI, *Riporto (contratto di)*, DDP, sezione commerciale, XII, pp. 558. ss.; ou o Repo, cfr. MOORAD CHOUDHRY, *An introduction to repo markets*, 3.ª ed., Wiley, Securities & Investment Institute, Chichester, 2006, p. 73 (quanto ao *stock lending* e o Repo)], mas nada impede que se recorra à venda a retro, para esse efeito.

O regime deste contrato não obsta à prossecução dessa finalidade. Na verdade, nada impede que se imponha contratualmente ao vendedor a obrigação de resolver o contrato decorrido um determinado período de tempo e que o valor a entregar aquando da resolução possa ser menor do que aquele da venda, assim se permitindo remunerar o vendedor. O que a lei impede, para evitar a usura, e tendo "os olhos postos" na venda a retro com função de crédito e garantia, é que o preço a pagar no caso de resolução seja superior ao fixado para a venda (art. 928.º n.º 2). A variação de preços neste sentido é *a contrario* admitida.

de crédito e garantia, o que permite que este negócio típico possa ser um negócio de crédito e garantia[1379]-[1380]

Cremos mesmo que é esta a sua principal aplicação prática, e é também a venda a retro com estas finalidades aquela que é objeto do nosso estudo. Vejamos então.

A venda de um bem por quem precisa de uma determinada soma pecuniária, sem que o vendedor pretenda definitivamente alienar, mas, tão só, obter essa quantia por um certo período de tempo, reservando-se assim o direito de extinguir a venda com a consequente retransferência do objeto desta, mediante a restituição do preço/capital, é um dos objetivos, se não mesmo o principal, que esta figura permite alcançar. O especial regime delineado pelo legislador de 1966 teve-a sempre como pano de fundo.

O recurso a um contrato desta natureza será mesmo preferível, do prisma de quem empresta dinheiro, ao recurso à celebração de um contrato de mútuo com uma garantia real. É que, estando a quantia "mutuada" representada pelo preço pago pela coisa, o comprador/"mutuante/garantido" torna-se proprietário dela (da coisa vendida) enquanto o vendedor/"mutuário/garante" não o reembolsar do capital através da restituição do preço se pretender reaver a coisa através da resolução do contrato.

Caso o vendedor não extinga o contrato – o que só poderá fazer dentro de um certo período de tempo –, o comprador/"mutuante/garantido"

É certo que ao inserir-se a cláusula que obriga o vendedor a resolver o contrato se está a introduzir uma modificação ao esquema típico da venda a retro, mas que é necessário, e, como referimos, admissível, para a afeiçoar a esta função.

1379 Neste sentido: I. GALVÃO TELLES, *Contratos civis*, cit., pp. 135-136; RAÚL VENTURA, *O contrato de compra e venda no código civil. O preço, venda a retro*, cit., pp. 645, ss.; P. ROMANO MARTINEZ, *Direito das obrigações (parte especial), contratos. Compra e venda, locação, empreitada*, cit., p. 83 (sublinhando o papel da venda a retro como alternativa ao crédito hipotecário); L. MENEZES LEITÃO, *Direito das obrigações*, vol. III, *Contratos em especial*, cit., p. 81; D. RUBINO, *La compravendita*, cit., pp. 1025, ss.; J.-B. SEUBE, *Droit des sûretés*, cit., p. 224; B. RODRÍGUEZ-ROSADO, *Fiducia y pacto de retro en garantía*, cit., pp. 147, ss.. Na Alemanha, para a *Wiederkauf*, neste sentido: K. LARENZ, *Lehrbuch des Schuldrechts, Band II, Halbband 1, Besonderer Teil*, cit., II § 44, p. 147; B. GRUNEWALD/*Erman Bürgerliches Gesetzbuch*, § 496, cit., p. 1246.

1380 Quanto às diversas funções que a *Widerkauf*, próxima da venda a retro, como vimos, pode desempenhar no sistema alemão, ver STAUDINGER/P. MADER, *Kommentar zum Bürgerliches Gesetzbuch mit Einführungsgesetz und Nebengesetz, Buch 2, Recht der Schulverhältnisse §§ 433-487; Leasing (Kaufrecht und Leasingrecht), Vorbem zu § § 456 ff*, cit., pp. 525, ss..

torna-se definitivamente proprietário da coisa (no sentido de que o vendedor já não pode operar a retransmissão da mesma através da resolução), que poderá revender (e, como veremos, pode mesmo ter que o fazer), de uma forma expedita, como forma de se reembolsar do capital.[1381]

IV. E não se pode pois dizer que haja simulação nestes casos[1382]. As partes querem mesmo todos os efeitos do contrato de venda (a retro), em

[1381] Na jurisprudência dos nossos tribunais superiores no que toca à venda a retro com função de crédito e garantia, ver o Acórdão do STJ de 19/9/2006 (Moreira Camilo), in www.dgsi.pt.

Temos dúvidas, no entanto, que no caso em apreço se estivesse face a uma verdadeira venda a retro. De facto, afirma-se no acórdão que a venda a retro visaria garantir o cumprimento de um mútuo anteriormente celebrado, funcionando o cumprimento deste como condição resolutiva da mesma venda a retro. Não afastamos que a venda a retro possa vir a funcionar como uma forma de estender o prazo de pagamento de uma obrigação decorrente de um mútuo anterior. Efetivamente, o devedor, sendo ao mesmo tempo vendedor (a retro), torna-se credor do preço e poderá recorrer à compensação para extinguir a anterior dívida face ao mutuante, agora comprador. O capital passa a estar representado pelo preço e garantido pela transmissão do bem. Para o recuperar, o credor terá que resolver o contrato, tendo, pois, de entregar esse montante (mais despesas com o contrato e outras acessórias).

Contudo, o que ela não é, é uma venda sujeita à condição resolutiva, cujo facto seria o cumprimento de uma obrigação decorrente de um mútuo. Na venda a retro com finalidade de crédito e garantia o capital é sempre representado pelo preço, podendo o vendedor/"creditado/garantido" resolver ou não o contrato. Independentemente da divergência doutrinal (a que já aludimos, *supra*) sobre se estaremos perante uma condição resolutiva a exercer "pelo vendedor de modo potestativo" [P. ROMANO MARTINEZ, *Direito das obrigações (parte especial), contratos. Compra e venda, locação, empreitada*, cit., p. 84] ou um verdadeiro direito de resolução com a especialidade de ser exercido *ad nutum* pelo alienante (RAÚL VENTURA, *O contrato de compra e venda no código civil. O preço, venda a retro*, cit., pp. 646, ss., p. 647), em qualquer dos casos (sendo, de todo o modo, este último entendimento que nos parece mais adequado), a resolução do contrato fica sempre dependente da vontade do vendedor e está sujeita a apertados requisitos de forma (art. 930.º).

Dito isto, não há obstáculo a que se faça uma transmissão em garantia de um bem para garantir o cumprimento de um mútuo. A transmissão do direito pode estar mesmo condicionada ao cumprimento das obrigações emergentes desse contrato (condição resolutiva) ou então o credor assumir a obrigação de retransmitir o objeto da garantia uma vez cumpridas as obrigações garantidas. Nessa eventualidade, não estaremos face a uma venda a retro, mas a uma alienação em garantia (semelhante à *Sicherungsübereignung*, na terminologia alemã onde é muito comum – cfr. HANS GERHARDT GANTER, *Sicherungsübereignung*, in H. SCHIMANSKY/H.-J. BUNTE/H.-J. LWOWSKY, *Bankrechts-Handbuch*, Band II, 4.ª ed., C. H. Beck, Munique, 2011, § 95, pp. 581, ss.), que poderá ser realizada mesmo depois de o mútuo ter sido celebrado.

[1382] Cfr. RAÚL VENTURA, *O contrato de compra e venda no código civil. O preço, venda a retro*, cit., pp. 645, ss.; D. RUBINO, *La compravendita*, cit., pp. 1026; B. RODRÍGUEZ-ROSADO, *Fiducia y pacto de retro en garantía*, cit., p. 157.

particular a transferência de propriedade, ou de titularidade de um doutro direito, com o direito de resolução do vendedor. Simplesmente, pretendem desta forma alcançar fins que são diversos dos da compra e venda. De crédito e garantia.

31.4.1. A remuneração do comprador/"mutuante/garantido" em especial

I. Poderia questionar-se qual seria a remuneração que auferiria o comprador, na eventualidade de esta figura ser utilizada como garantia, atentas as proibições do art. 928.º. Sem que se pudesse fixar uma remuneração para este, a figura como negócio de crédito ficaria desde logo diminuída – seria mesmo imprestável.

II. Como veremos um pouco mais à frente, exercido o direito de resolução, entende-se que não se terão de restituir os frutos produzidos pela coisa, assim como não serão restituídos os juros do preço. Este ponto é da maior relevância para que esta modalidade da venda possa desempenhar uma função diversa daquela que caracteriza este contrato; portanto, de crédito e garantia.

Com efeito, a remuneração do comprador a retro pode simplesmente consistir nos frutos produzidos pela coisa, que é sua, enquanto o vendedor não exercer o seu direito potestativo.

Assim, p. ex., as rendas do imóvel (na eventualidade de se ter vendido a retro um imóvel arrendado), os juros vincendos do crédito cedido (sendo o negócio base a venda a retro, claro), os dividendos pagos pela sociedade, quando a venda a retro tenha por objeto acções, etc.

É mesmo admissível que as partes fixem um termo inicial para o exercício do direito de resolução por parte do vendedor, de forma a permitir ao comprador o gozo da coisa, sem a insegurança resultante da possibilidade de extinção do negócio pelo primeiro a qualquer momento.[1383] Torna-se desta forma mais estável a equação económica que está na base do negócio.

[1383] PIRES DE LIMA/ANTUNES VARELA, *Código civil anotado*, vol. II, cit., p. 224; PEDRO DE ALBUQUERQUE, *Contrato de compra e venda. Introdução, efeitos especiais e modalidades*, cit., p. 41.

Não estando o comprador interessado na coisa, pode, como é normal nestes casos, dá-la em locação, de forma a torná-la frutífera, eventualmente ao próprio vendedor a retro.[1384] Assim, se A vender o seu automóvel a retro a B, poderá este dá-lo de imediato ao primeiro em locação, a valores de mercado, para aquela modalidade de bens.

A remuneração do seu capital, representado pelo preço, assim como a compensação pela desvalorização do mesmo, é obtida através da própria coisa adquirida a retro. Estaremos então aqui face a uma operação negocial mais vasta em que se associa a venda a retro à locação.

III. Não está mesmo excluído que o comprador/"garantido/creditante", se for estipulado que o vendedor/"garante/creditado" só poderá exercer o seu direito de resolução após o decurso de determinado prazo, por acordo com a outra parte, a aliene dentro desse período de tempo (eventualmente através de uma segunda venda a retro, em que ele seja agora o vendedor e com um termo inicial para o exercício do direito de resolução mais curto do que aquele fixado na primeira venda)[1385], como forma de conseguir dessa forma uma vantagem económica que lhe permita obter a contrapartida da cedência do capital que o preço de compra aqui representa.

IV. As possibilidades de o comprador/"garantido/creditante" obter uma contrapartida pela vantagem que concede à outra parte sob a forma do preço/capital, *desde que não se atinjam os limites que o legislador para evitar a usura inseriu no respectivo regime*, são, como se vê, bastante variadas.

Por isso, não podemos acompanhar a afirmação de Raúl Ventura[1386] de acordo com a qual "Olhada, porém, do lado do comprador a operação não tem atrativos". Tem, como vimos, nos termos assinalados.

[1384] Cfr. A. LUMINOSO, *I contratti tipici e atipici*, cit., p. 422.

[1385] Tendo, claro, que resolver essa venda antes de decorrido o prazo para o vendedor (na primeira venda) exercer o seu direito.

[1386] RAÚL VENTURA, *O contrato de compra e venda no código civil. O preço, venda a retro*, cit., p. 644.

31.5. Classificação

31.5.1. A venda a retro como um negócio indireto

I. A venda a retro é uma modalidade da compra e venda com um regime específico que se traduz, na sua essência, no direito de resolução *ad nutum* do contrato pelo vendedor durante um determinado período de tempo.

Esse aspeto permite que ele seja particularmente apto a funcionar como negócio indireto[1387]_[1388] desempenhando, como se tem repetidamente afirmado, funções típicas de outros, neste caso de empréstimo pecuniário e de garantia. O que tem relevância, como se verá, na sua interpretação e integração[1389].

Trata-se, no entanto, de uma modalidade bastante particular de um negócio indireto, porque, conforme se viu antes, ele terá, por vezes, que ser afeiçoado ao seu fim de crédito através da inclusão de cláusulas acessórias e mesmo pela celebração coligada de um outro contrato, geralmente de locação, entre as partes[1390].

31.5.2. A venda a retro como negócio fiduciário?

I. Estamos agora em posição de determinar, se, e até que ponto, a venda a retro é ou se aproxima dos negócios fiduciários[1391].

[1387] Acentuava já que a venda a retro é "particularmente propícia a uma utilização indireta", ORLANDO DE CARVALHO, *Direito das coisas*, aditamento, cit., p. 4. Em Espanha, neste sentido, B. RODRÍGUEZ-ROSADO, *Fiducia y pacto de retro en garantía*, cit., p. 150.

[1388] Quanto ao negócio indireto, em geral, ver: ORLANDO DE CARVALHO, *Negócio jurídico indireto (teoria geral)*, in Orlando de Carvalho, Escritos. Páginas de direito, I, Almedina, Coimbra, 1998, pp. 35, ss.; J. OLIVEIRA ASCENSÃO, *Direito civil – Teoria geral*, vol. III, Coimbra Editora, Coimbra, 2002, pp. 306, ss.; P. PAIS DE VASCONCELOS, *Contratos atípicos*, cit., 1995, pp. 243, ss.; idem, *Teoria geral do direito civil*, cit., pp. 559, ss..

[1389] Assim, em termos gerais, quanto ao negócio indireto, numa perspetiva que subscrevemos, P. PAIS DE VASCONCELOS, *Teoria geral do direito civil*, cit., p. 559.

[1390] Na classificação de P. PAIS DE VASCONCELOS (*Teoria geral do direito civil*, cit., p. 561) seria, nestes casos, um negócio indireto complexo.

[1391] Muito desenvolvidamente sobre a delimitação da categoria negocial dos negócios fiduciários exposta em texto, ver M. PESTANA DE VASCONCELOS, *A cessão de créditos em garantia e a insolvência. Em particular da posição do cessionário na insolvência do cedente*, cit., pp. 54, ss., pp. 126, ss..

Na nossa perspetiva, o que caracteriza a categoria negocial do negócio fiduciário[1392] é o recurso a uma particular estrutura em que se opera a aquisição "plena" de um direito, cujo exercício está limitado tão só obrigacionalmente e que o adquirente estará vinculado a retransmitir[1393].

Aposição de debilidade ou risco do fiduciante, daí resultante (o "risco fiduciário"), é, a nosso ver, marcada por quatro elementos. Por um lado, temos a recusa de retransmissão, ou a transferência a terceiro, pelo fiduciário em incumprimento das obrigações contraídas dos direitos que lhe foram transmitidos. Por outro, a penhora dos bens fiduciários no seio de uma ação executiva interposta pelos credores do fiduciário e a sua declaração de insolvência, com a integração dos referidos bens na massa insolvente[1394]. Por isso, a celebração de um negócio com estas características implica uma particular relação de confiança entre as partes.

II. A estrutura a que se recorre sempre que a venda a retro tiver finalidade de crédito e garantia é em parte semelhante a uma estrutura fiduciária, assente na transmissão de um direito que o transmitente visa mais tarde readquirir.

Contudo, o mecanismo que permite a reaquisição é diferente. O vendedor não tem um direito de crédito à recompra (o que implicaria a celebração de um outro contrato), mas à extinção, mediante o exercício do direito de resolução, do próprio contrato celebrado, com a consequente reaquisição do bem.

III. De todo o modo, o correto tratamento desta questão impõe que se distingam as vendas a retro conforme tenham por objeto coisas imóveis

[1392] Quanto aos negócios fiduciários, entre nós, ver: P. PAIS DE VASCONCELOS, *Em tema de negócio fiduciário*, Faculdade de Direito de Lisboa, policopiado, 1985; idem, *Contratos atípicos*, cit., pp. 254, ss.. Mais recentemente M. PESTANA DE VASCONCELOS, *A cessão de créditos em garantia e a insolvência. Em particular da posição do cessionário na insolvência do cedente*, cit., pp. 54, ss., pp. 126, ss.. Ver ainda ANDRÉ FIGUEIREDO, *O negócio fiduciário perante terceiros. Com aplicação especial na gestão de valores mobiliários*, Almedina, Coimbra 2010.

[1393] Contudo, em certos casos, o fiduciário não está obrigado a retransmitir o direito como acontece na *fiducia* em garantia depois do incumprimento do fiduciante. Nesse caso, só haverá o dever de entrega do remanescente depois da extinção do crédito garantido.

[1394] Ver sobre eles, M. PESTANA DE VASCONCELOS, *A cessão de créditos em garantia e a insolvência. Em particular da posição do cessionário na insolvência do cedente*, cit., pp. 165, ss..

ou móveis sujeitas a registo em que a cláusula a retro tenha sido registada, das vendas a retro que tenham por objeto móveis não sujeitos a registo, uma vez que o regime é diverso.

De facto, no primeiro caso, a cláusula a retro é oponível a terceiros (art. 932.º), o que tutela de uma forma muito eficaz a posição do vendedor, permitindo afastar o risco de perda do bem, o que já não sucede, como passamos a ver, quando o objeto do negócio for outro.

IV. Temos então que, se a venda a retro tiver por objeto coisas imóveis ou móveis sujeitas a registo e tiver sido registada, a resolução do contrato com efeitos mesmo face a terceiros afasta o risco de o comprador se recusar a retransmitir a coisa ou que, transmitindo-a a terceiro, impeça a posterior reaquisição pelo vendedor[1395]. Como se verá, a tutela do vendedor estende-se também à penhora do bem numa ação executiva interposta pelos credores do comprador e à insolvência deste.

V. A situação é, em parte, diversa, se o contrato tiver por objeto uma coisa móvel não sujeita a registo. Na verdade, a cláusula a retro não poderá ser oposta a terceiros, o que significa que, se o comprador a transmitir a outrem ou constituir um direito sobre ela, o vendedor já não a poderá readquirir ou readquire-a onerada.

Isto, apesar de recair sobre o comprador o dever de não transmitir o bem a terceiros durante o período de tempo no qual o vendedor pode exercer o seu direito de resolução do contrato.

O vendedor poderá ainda perder o bem, se este vier a ser penhorado no seio de uma ação executiva interposta pelos credores do comprador[1396].

[1395] A não ser que não se tenha procedido ao registo da cláusula. Contudo, mesmo neste caso, entendem PIRES DE LIMA/ANTUNES VARELA (*Código civil anotado*, vol. II, cit., pp. 226-227. Na mesma linha M. BAPTISTA LOPES, *Do contrato de compra e venda*, cit., p. 209) que, verificados os respectivos pressupostos do art. 435.º n.º 2, isto é, que o terceiro subadquirente não tivesse registado o seu direito antes do registo da ação de resolução, poderia por via desta "obter-se a eficácia da cláusula em relação a terceiros". Em sentido contrário, porém, RAÚL VENTURA, *O contrato de compra e venda no código civil. O preço, venda a retro*, cit., p. 650.

[1396] Ver, *infra*, aquando da análise do regime executivo da venda a retro.

No caso de ser declarada a insolvência do comprador, cremos que o vendedor continua a poder readquirir a coisa mediante a resolução do contrato e o pagamento do preço, que irá integrar a massa insolvente[1397]_[1398]

VI. Podemos assim concluir que a venda a retro com fins de crédito e garantia, apesar de ter no seu cerne uma estrutura em parte semelhante a uma estrutura fiduciária (no que toca à transmissão do bem ao creditante com vista a garantir um crédito e que se pretende readquirir), não gera sempre que tenha por objeto imóveis ou móveis sujeitos a registo o mesmo risco fiduciário que a adopção da referida estrutura implica.

Com efeito, o creditado não tem um mero direito de crédito à retransmissão da coisa, logo que tiver cumprido as obrigações garantidas, mas é titular de um direito de resolução que, uma vez exercido, ao contrário do regime geral (art. 435.º n.º 1), nos termos do art. 932.º, afeta mesmo os direitos adquiridos por terceiro. Isto é: dentro do prazo (art. 929.º) em que pode exercer o seu direito de resolução, e desde que o faça observando a forma e os termos da lei (arts. 930.º e 931.º), o vendedor poderá sempre readquirir o bem.

Contudo, quando o negócio tiver por objeto bens móveis não sujeitos a registo, como acabámos de ver, esta figura, tendo embora uma estrutura parcialmente diversa, aproxima-se muito daquela que caracteriza os negócios fiduciários, embora o risco que o vendedor/creditado corre seja, conforme foi visto, mais diminuto.

31.6. O regime geral

31.6.1. Proibição de o comprador alienar o bem dentro do prazo em que o comprador pode exercer a resolução

I. Este dever não consta da disciplina da venda a retro. Muitas vezes, as partes poderão patuá-lo. Contudo, mesmo que não o façam, pode ser afirmado em sede de integração, tendo em conta os fins visados pelas

[1397] Neste sentido, PIERO PAJARDI, *Manuale di diritto fallimentare*, 4.ª ed., Giuffrè, Milão, 1993 p. 443, nota 10.

[1398] Como se verá de forma mais detalhada à frente, aquando da análise do regime insolvencial da figura.

partes (crédito e garantia) e o mecanismo (aquisição pelo creditante da titularidade de um direito que desempenha meramente a função de garantia de um crédito) a que recorrem para os alcançar.

II. De todo o modo, esse dever resultará já da boa fé (art. 762.º n.º 2). Este contrato, com este objeto, assenta numa intensa relação de confiança entre as partes que as levou a recorrer a uma estrutura negocial pela qual uma delas transmite a outra um bem que pretende recuperar, tendo-se de facto em vista, simplesmente, uma maior segurança da restituição do montante representado pelo preço (finalidade de garantia).

Os deveres resultantes da boa fé, tendo em vista a relação de confiança entre as partes (marcante, como vimos, das relações fiduciárias) e o fim do contrato, são assim particularmente intensos e impregnam o conteúdo desta relação contratual, tendo destaque o dever do comprador/"creditante/garantido" de não alienar a coisa a um terceiro durante o período de tempo em que a outra parte o pode readquirir através do exercício do direito de resolução[1399].

Consequentemente, a transmissão a terceiro neste período de tempo, se nada for acordado em contrário, constituirá um incumprimento do contrato por parte do comprador.

III. Acrescente-se só que as partes poderão acordar que o comprador possa negociar o objeto adquirido, se se fixar um prazo para o vendedor/"garante/creditado" exercer o seu direito de resolução. Trata-se, como se disse, de uma via para que o primeiro possa obter uma vantagem económica que sirva de contrapartida àquela que concede à outra

[1399] Não sendo assim, convém destacar, seria fácil frustrar a protecção que a lei quer atribuir ao vendedor, que assenta fundamentalmente na possibilidade de dentro de um determinado período de tempo readquirir (arts. 928.º, 929.º) a coisa, através da resolução do contrato, pelo mesmo preço da venda (claro que não nos casos do art. 932.º, mas não são esses aqueles objeto de análise agora em texto). Bastaria para tal, nestes casos, o comprador vender o bem a terceiro.

Além do que, se não existisse a referido dever (e já vimos que existe), o risco corrido pelo vendedor seria ainda maior, porque, sendo proprietário da coisa, o comprador poderia dispor dela como bem entendesse, não ficando sequer constituído em responsabilidade, com a consequente obrigação de indemnizar.

parte. Decorrido o referido período de tempo, o comprador/"creditante/garantido" terá que o readquirir.

31.6.2. O exercício do direito de resolução pelo vendedor

I. Na medida em que é atribuído ao vendedor o direito de, por um ato exclusivo de vontade sua, extinguir o contrato de compra e venda[1400],[1401] a lei sujeita o exercício desse direito a condicionalismos apertados, em particular quanto ao prazo e forma.

II. Com efeito, a resolução só pode ser exercida dentro dos prazos máximos de dois anos, se se tratar de um bem móvel, ou de cinco anos, na eventualidade de ser um bem imóvel (n.º 1 do art. 929.º). Os prazos podem ser reduzidos convencionalmente, mas não alargados, nem prorrogados para além dos referidos limites de dois e cinco anos.

Se as partes assim o fizerem, estabelecendo prazos mais longos, ou prorrogando o contrato para além desses prazos, a lei impõe como consequência uma redução aos limites legais (n.º 2 do art. 929.º). A solução compreende-se. O poder atribuído ao vendedor de extinguir o contrato leva a uma situação de insegurança que não se poderá prolongar indefinidamente no tempo, além do que a sua eficácia face a terceiros prejudicaria a livre circulação dos bens[1402].

[1400] Quanto à natureza jurídica da venda a retro, entre nós, sustentando tratar-se de uma venda com faculdade de resolução atribuída ao vendedor: RAÚL VENTURA, *O contrato de compra e venda no código civil. O preço, venda a retro*, cit., pp. 646, ss., p. 647; L. MENEZES LEITÃO, *Direito das obrigações*, vol. III, *Contratos em especial*, cit., pp. 85, ss..

Entendendo que se trata de uma condição resolutiva a exercer "pelo vendedor de modo potestativo", P. ROMANO MARTINEZ, *Direito das obrigações (parte especial), contratos. Compra e venda, locação, empreitada*, cit., p. 84.

Inclinando-se no sentido da condição, "de natureza mista", J. C. BRANDÃO PROENÇA, *A resolução do contrato no direito civil*, cit., pp. 317-318.

[1401] Essa estipulação vem, nas palavras de F. BRITO PEREIRA COELHO (*Causa objetiva e motivos individuais no negócio jurídico*, cit., p. 437), "manipular", ou mesmo, na perspetiva do Autor, "anular", os "efeitos normais desse tipo contratual".

Numa linha semelhante, falando numa "típica modificação do esquema normal da venda", D. BARBERO/A. LISERRE/G. FLORIDA, *Il sistema del diritto privato*, cit., p. 718.

[1402] Quanto a este último ponto, PIRES DE LIMA/ANTUNES VARELA, *Código civil anotado*, vol. II, cit., p. 224.

Diga-se, porém, como já foi observado, que nada obsta à fixação pelas partes de um termo inicial para o exercício do direito de resolução por parte do vendedor.

III. No que diz respeito à forma, a lei impõe o exercício do direito através de notificação judicial ao comprador. A resolução terá que ser reduzida a escritura pública ou documento particular autenticado[1403], no caso de se tratar de imóveis, nos quinze dias imediatos (à notificação), sob pena de caducidade do direito (art. 930.º).

Contudo, não tendo as partes convencionado algo de diverso no contrato, a resolução não produz efeitos, se, dentro do prazo de quinze dias seguintes a essa declaração, o comprador não fizer "oferta real" ao vendedor das "despesas líquidas que haja de pagar-lhe a título de reembolso do preço e das despesas com o contrato e outras acessórias" [1404] (art. 931.º).

IV. Por outro lado, embora a resolução não afecte, em regra, os direitos adquiridos por terceiro (n.º 1 do art. 435.º), sempre que a venda a retro tiver por objeto coisas imóveis ou móveis sujeitas a registo e a cláusula a retro tiver sido registada, ela é oponível a terceiros (art. 932.º). Isso significa que, mesmo que o comprador a retro transfira a coisa a outrem antes da resolução por parte do vendedor, se este exercer esse direito, a coisa retransmite-se a este último, em prejuízo do direito do terceiro subadquirente.

Na eventualidade de se tratar de uma coisa móvel não sujeita a registo, ou móvel sujeita a registo (ou imóvel) quando a cláusula a retro não tiver sido registada, o exercício do direito de resolução não prejudica já os direitos adquiridos nesse período de tempo (que medeia entre a celebração do contrato e a sua cessação) por terceiro.

[1403] A possibilidade de recurso a documento particular autenticado resulta da alteração introduzida a esta disposição pelo art. 4.º do Dec.-Lei n.º 116/2008, de 7/4, onde se ressalva ainda "o disposto em lei especial".

[1404] Ver sobre este ponto: RAÚL VENTURA, *O contrato de compra e venda no código civil. O preço, venda a retro*, cit., p. 656; D. RUBINO, *La compravendita*, cit., p. 1053.

31.6.3. Os efeitos da resolução

I. O exercício do direito de resolução pelo vendedor desencadeia a aplicação do regime previsto nos artigos 432.º e seguintes, embora com algumas particularidades que importa sublinhar.

A resolução, como se sabe, é equiparada quanto aos seus efeitos à nulidade e à anulabilidade do negócio jurídico (art. 433.º), o que significa que a propriedade se retransmite, o comprador fica obrigado a entregar a coisa e o vendedor fica obrigado a pagar o preço (art. 289.º).

Todavia, é opinião generalizada na doutrina que os frutos produzidos pela coisa, bem como os juros do preço pago pelo comprador, não têm que ser restituídos, podendo cada um dos contraentes retê-los.[1405]

Este aspeto, aparentemente, não se harmoniza com os efeitos retroativos da resolução do contrato de venda[1406]. Contudo, é reconhecido que a solução é equitativa e economicamente haveria uma compensação das vantagens auferidas pelas partes.[1407]

O que cremos correto, até porque "não estará normalmente no espírito dos contratantes a devolução do rendimento produzido *medio tempore* pelo objeto vendido e do juro do preço"[1408].

Parece-nos que este resultado poderá ser justificado por diferentes vias, que conduzam a um afastamento, ou pelo menos restrição, dos efeitos retroativos da resolução.

II. Em primeiro lugar, poderá defender-se, como sustenta Brandão Proença[1409], que em resultado do art. 289.º n.º 3 (aplicável por força do

[1405] Cfr. A. C. PELOSI, *Vendita com patto di riscatto*, cit., pp. 519-520; D. RUBINO, *La compravendita*, cit., pp. 1055-1056; RAÚL VENTURA, *O contrato de compra e venda no código civil. O preço, venda a retro*, cit., pp. 656-657; I. GALVÃO TELLES, *Contratos civis*, cit., pp. 135; L. MENEZES LEITÃO, *Direito das obrigações*, vol. III, *Contratos em especial*, cit., p. 84.

[1406] Cfr. D. RUBINO, *La compravendita*, cit., p. 1055 ("Ciò, dal punto di vista formale è una anomalia rispetto ai principi della resoluzione, e comunque dello scioglimento retroattivo del rapporto."); RAÚL VENTURA, *ob. últ. cit.*, p. 657 (sublinhando, em todo o caso, que é doutrina é "pacífica" quanto a este ponto).

[1407] D. RUBINO, *La compravendita*, cit., p. 1056; RAÚL VENTURA, *O contrato de compra e venda no código civil. O preço, venda a retro*, cit., p. 657.

[1408] I. GALVÃO TELLES, *Contratos civis*, cit., pp. 135.

[1409] J. C. BRANDÃO PROENÇA, *A resolução do contrato no direito civil*, cit., pp. 408, ss..

art. 433.º), que remete para o disposto no art. 1269.º e seguintes, se aplica aqui o art. 1270.º n.º 1. Esta disposição tutela o possuidor de boa fé quanto à restituição dos frutos (uma vez que este os pode fazer seus até ao dia "... em que souber que está a lesar com a sua posse o direito de outrem...").

Nesta perspetiva, na resolução convencional as partes deverão ser "consideradas como possuidores de boa fé até ao momento em que a resolução venha a ser declarada..." e, na resolução legal, "...o respectivo titular só deverá ser considerado possuidor de má fé a partir do momento em que resolva o contrato (ou conheça a causa resolutiva)...", e o outro contraente como tal deverá ser considerado "...até à "turbação" ou mesmo até (embora duvidosamente) à declaração (ou à citação para a ação) de resolução."[1410]

III. Mesmo não se aceitando esta posição, ou se for insuficiente, haverá aqui outros caminhos que permitem chegar ao mesmo resultado.

Por um lado,[1411] a retroatividade total, neste contrato, em regra, será contrária à vontade das partes, o que, face à disciplina da resolução que veio a ser consagrada, encontra apoio no art. 434.º n.º 1. Poderia mesmo chegar-se a esse resultado por via da integração, sempre que não haja manifestação de vontade das partes e se possa concluir pela existência de uma lacuna[1412].

Por outro lado, a resolução com efeitos retroativos totais contrariaria a finalidade da resolução (art. 434.º n.º 1 *in fine*), atendendo à particular configuração deste contrato[1413]. Sendo esta a "reintegração do "status quo ante""[1414], o ""regresso" (não necessariamente retroativo) ao estado

[1410] J. C. BRANDÃO PROENÇA, *A resolução do contrato no direito civil*, cit., pp. 410-411.

[1411] Como sugeria I. GALVÃO TELLES, *Contratos civis*, cit., p. 135.

[1412] Cfr. J. RIBEIRO DE FARIA, *A natureza da indemnização no caso de resolução do contrato. Novamente a questão*, in Estudos em comemoração dos cinco anos (1995-2000) da Faculdade de Direito da Universidade do Porto, Coimbra Editora, Coimbra, 2001, p. 56.

[1413] Quanto ao conceito e regime da resolução, em particular no que toca às diversas limitações que o princípio da retroactividade encontra, ver, muito desenvolvidamente, entre nós, a ampla exposição de J. RIBEIRO DE FARIA, *A natureza da indemnização no caso de resolução do contrato. Novamente a questão*, cit., pp. 11, ss.. Ver ainda: CARLOS A. MOTA PINTO, *Cessão da posição contratual*, Almedina, Coimbra, reimpressão de 1982, pp. 412, ss. (no que toca à não afetação pela resolução dos deveres laterais de protecção e cuidado com a pessoa e os bens da contraparte); J. C. BRANDÃO PROENÇA, *A resolução do contrato no direito civil*, cit., pp. 398, ss., em particular, pp. 401, ss..

[1414] C. MOTA PINTO, *Cessão da posição contratual*, cit., p. 419.

económico-jurídico anterior à frustração ou à alteração contratual e numa base, tanto quanto possível, igualitária entre ambas as partes"[1415], neste caso esse resultado seria atingido, não por uma retroatividade total, mas por uma retroatividade que não atingisse, justamente, os benefícios económicos retirados por ambas as partes, quer do bem vendido, quer da quantia pecuniária durante o período de vigência do contrato.[1416]

IV. Como se referiu, a venda a retro não era admitida no Código de Seabra, por se entender que conduzia à usura. Por essa razão, o regime fixado pelo legislador de 1966, tendo esse pano de fundo, procura tanto quanto possível evitar que tal possa vir a suceder. A ausência de retroatividade relativamente aos benefícios económicos que as partes retiraram do bem vendido e do preço não belisca essa teleologia legal e pode ser afirmada por qualquer uma das vias acima mencionadas. Com efeito, ambos os limites do art. 434.º n.º 1 se encontram verificados.

O vendedor terá assim somente, como acima se referiu, que entregar o preço de venda, as despesas com o contrato e outras acessórias (art. 931.º)

31.6.4. O não exercício pelo vendedor/"creditado/garante" do direito de resolução dentro do prazo

I. Conforme foi apontado, a titularidade do comprador é provisória enquanto a outra parte puder exercer o seu direito de resolução, uma vez que se arrisca nesse período de tempo a perdê-la. O mesmo já não sucede quando, decorrido o referido prazo, a resolução já não possa mais vir a ser exercida, firmando-se, então, o direito adquirido na esfera do comprador. Se o que as partes pretenderam foi um negócio de crédito e garantia, então, verificando-se este resultado, sempre se poderia afirmar que se atingiria um resultado semelhante ao do pacto comissório.

[1415] J. C. BRANDÃO PROENÇA, *A resolução do contrato no direito civil*, cit., p. 401.

[1416] Contra, porém, no que toca aqui ao recurso à vontade das partes ou à finalidade da resolução para evitar o efeito retroativo da resolução (embora aceitando o resultado referido, que considera "equitativo"), RAÚL VENTURA, *O contrato de compra e venda no código civil. O preço, venda a retro*, cit., p. 655, p. 657.

Efetivamente, tendo em conta o fim de crédito e garantia visado pelas partes, violar-se-á a proibição do pacto comissório, cuja *ratio* impõe a sua extensão à venda a retro concluída com este fim.

Por isso, não podemos acompanhar neste ponto Raúl Ventura[1417] quando afirma que "é mais lógico partir da licitude genérica da venda a retro, já acima referida, para deduzir que o legislador não se impressionou com a possibilidade de ser atingido um resultado semelhante ao do pacto comissório, e isto porque não encarou o mecanismo da venda a retro sob esse prisma".

É que esta proibição se aplica (*rectius*: é potencialmente aplicável) igualmente à venda a retro apesar de não existir qualquer disposição específica do regime desta que o preveja. O que pode significar um obstáculo decisivo à admissibilidade desta figura[1418].

II. Não é esse, porém, o resultado visado pelas partes. Não é isso que elas pretendem. O que os contraentes têm em vista, a sua finalidade, é simplesmente o fortalecimento da posição do concedente de crédito através da transmissão para a sua esfera de um bem, a retransmitir ao devedor (aqui por força do exercício da resolução), logo que ele restitua o "montante emprestado" (representado pelo preço)[1419].

Por esse motivo, na generalidade dos casos, patuarão que, se o vendedor não resolver o contrato dentro do prazo (deixando, pois, de poder readquirir a propriedade), o comprador terá que avaliar o bem por terceiro independente, ou então transacioná-lo nas melhores condições comerciais no mercado, tendo que restituir à outra parte a diferença entre o valor assim obtido e o preço de compra. Já se viu que a remuneração do vendedor terá que ser obtida, aqui, por uma via diversa não se podendo

[1417] RAÚL VENTURA, *O contrato de compra e venda no código civil. O preço, venda a retro*, cit., p. 646.

[1418] Neste sentido, L. MENEZES LEITÃO, *Direito das obrigações*, vol. III, *Contratos em especial*, cit., p. 82. Afirma este Autor: "Apesar da previsão expressa de venda a retro pode questionar-se a sua admissibilidade, em face da proibição do pacto comissório...".

[1419] Como aponta com razão A. PERROT (*La vente à réméré de valeurs mobilières*, cit., p. 32): "le créancier n'est pas forcément un usurier et le débiteur un malheureux". Em especial, como será o caso na grande parte das vezes, quando o credor seja uma instituição de crédito.

traduzir, como acontece, p. ex., no reporte entre as diferenças de preço da venda e da revenda.

Se as partes nada acordarem (embora cremos que tal acontecerá na generalidade dos casos), se nada resultar da interpretação do negócio[1420], a lógica interna da figura levar-nos-á a detectar uma lacuna a ser preenchida, tendo em conta que a venda representa aqui um negócio indireto e que os fins das partes são outros (repetimos: não a troca de direitos por dinheiro, mas a concessão de crédito garantido pela titularidade do direito transmitido ao credor/comprador). Este aspeto não pode deixar de moldar o seu regime[1421], neste caso por via da integração, através do recurso ao critério do art. 239.º.[1422_1423]

[1420] E, em caso de dúvida, ainda em sede de interpretação, seria esta a solução que melhor se articula com o objetivo do negócio, com a sua teleologia (neste sentido A. MENEZES CORDEIRO, *Tratado de direito civil português, II, Parte geral, negócio jurídico,* cit., p. 744); portanto, de sufragar.

[1421] Como aponta P. PAIS DE VASCONCELOS (*Contratos atípicos*, cit., p. 251): "o fim com que as partes celebraram o contrato não pode deixar de ser relevante na solução das questões suscitadas pelo contrato".

[1422] Cremos mesmo que se não se chegasse a este resultado por via da integração, os referidos deveres de avaliação (ou venda nas melhores condições no mercado) seriam ainda alcançados por imposição da boa fé pós contratual (art. 762.º n.º 2). Tratar-se-ia de um dever lateral (*rectius,* de deveres laterais) que nasce depois de extintas as obrigações principais decorrentes do contrato, neste caso depois de decorrido o prazo durante o qual o vendedor o pode resolver.

[1423] Quanto ao "âmbito da vinculação negocial", ver, entre nós, a desenvolvida e pormenorizada análise de ANTÓNIO PINTO MONTEIRO, *Erro e vinculação negocial,* Almedina, Coimbra, 2002, pp. 40, ss., pp. 43, ss.. Como aponta este Autor (*ob. últ. cit.*, p. 40): "É de ter em conta, para este efeito, que as partes estão vinculadas não só às obrigações que expressamente tenham assumido, mas também às que decorram (*implicitamente,* diz-se) da boa fé, da natureza ou finalidade do contrato, do contexto negocial ou de outros factores equivalentes." (itálico no original).

Em data mais recente, em sentido próximo, acentuando que a finalidade visada pelas partes tem reflexos no próprio conteúdo do negócio, referindo-se a este propósito a uma "elasticidade" ou "capacidade expansiva" do conteúdo contratual, F. BRITO PEREIRA COELHO, *Causa objetiva e motivos individuais no negócio jurídico*, cit., pp. 454-455. Aponta-se mesmo, na linha do que se diz em texto, e já defendemos, quanto a esta questão específica, na nossa dissertação de doutoramento (A cessão de créditos em garantia e a insolvência. Em particular da posição do cessionário na insolvência do cedente cit., pp. 635, ss.), que "um tal alargamento do conteúdo contratual (...) fundar-se-á numa correta interpretação e integração contratuais, em conjugação com critérios da boa fé...". – F. BRITO PEREIRA COELHO, *ob. cit.,* p. 454. (itálico no original).

Donde resultam os referidos deveres de avaliação independente (ou de transação nas melhores condições no mercado) e de restituição da diferença entre o valor obtido e o preço da venda.

Só desta forma se impede o resultado que a proibição do pacto comissório pretende afastar. E, por isso, não podemos acompanhar Galvão Telles[1424], quando este ilustre Autor, depois de ter identificado – corretamente – o perigo de a "transmissão de propriedade", aqui, poder funcionar como "cláusula comissória, que em caso de não restituição do capital, pelo resgate, permitirá ao mutuante (comprador) reter como seu o objeto, sem avaliação", acrescenta: "Mas combate-se o perigo decretando, como faz o projeto, que o comprador não poderá ser reembolsado de preço superior ao que pagou nem reclamar qualquer vantagem como paga da revogação."

No entanto, não é dessa maneira que se obsta ao referido resultado. Assim, p. ex., se um sujeito vende a retro a outro com fim de crédito e garantia uma coisa, por um preço inferior ao seu valor de mercado, na eventualidade de o vendedor não conseguir reunir, dentro do prazo do art. 929.º, a quantia necessária para resolver o contrato, pagando o preço ao comprador, a propriedade da coisa firma-se definitivamente no património deste.

Ora, desta forma, atinge-se mesmo o resultado que a proibição do pacto comissório quer afastar. Isto apesar de se ter respeitado o art. 928.º (que tem como finalidade, essencialmente, evitar que por esta via se impeça de facto o vendedor de exercer o seu direito de resolução do contrato).

O que impede este resultado (sempre que estejamos face a uma venda a retro com finalidade de crédito e garantia), sublinhamos, é a existência dos deveres que impendem sobre o comprador/"creditante/garantido", de avaliação do bem por terceiro independente ou da sua transação no mercado nas melhores condições, assim como da entrega à outra parte da diferença entre esse montante e o preço da venda[1425].

[1424] I. GALVÃO TELLES, *Contratos civis*, cit., p. 136.

[1425] Claro está, e neste ponto já acompanhamos I. GALVÃO TELLES, que ao impedir-se que o preço a pagar no caso de resolução pelo vendedor seja superior àquele recebido (bem como, obstando-se à estipulação de cláusulas que impusessem o pagamento de uma quantia de dinheiro ao comprador ou de qualquer outra vantagem para este como contrapartida da resolução), se facilita a eventual resolução do contrato por parte do vendedor e, portanto, dessa forma, se dificulta a criação de resultados vedados pela proibição do pacto comissório. Todavia, como resulta da exposição em texto, não os impede.

III. Só se da interpretação do contrato (venda a retro com fins de crédito e garantia, nos termos apontados) resultar que não há qualquer lacuna e que os contraentes pretenderam efetivamente que o vendedor fizesse definitivamente sua a coisa, caso o vendedor não resolvesse o contrato dentro do prazo fixado, se poderá falar num pacto comissório, atingido, como referimos, necessariamente, pela sua proibição – mesmo nestes casos.

31.7. O regime executivo

I. Haverá que distinguir aqui a penhora de coisas imóveis ou móveis sujeitos a registo que tenha sido realizado e coisas móveis não sujeitas a registo.

No primeiro caso, se a coisa for penhorada, adquirindo o credor do comprador que a desencadeie (o exequente) um direito real de garantia[1426] (art. 822.º n.º 1), ainda assim, a resolução prejudicará o direito por este adquirido.

II. O mesmo já não sucede se se tratar de uma coisa móvel não sujeita a registo. Efetivamente, nesse caso, o vendedor, exercido o seu direito de resolução, adquire a coisa penhorada, uma vez que, como vimos, os efeitos retroativos da resolução não podem, nesta hipótese, afetar os direitos adquiridos por terceiros (art. 435.º n.º 1), e arrisca-se a perdê-la (caducando o seu direito) aquando da venda judicial (art. 824.º ns. 2 e 3)[1427].

[1426] Ou uma figura de efeitos similares, já se viu este assunto antes.

[1427] Repare-se que neste caso não se dá a transmissão do bem (do comprador para o vendedor) por ato do executado, mas do exercício de um direito potestativo por parte de terceiro, o que significa que o art. 819.º não se poderá aplicar [Quanto à inaplicabilidade da regra da ineficácia relativa dos atos praticados sobre os bens penhorados em que o seu titular não intervenha, e sua amplitude, ver: J. LEBRE DE FREITAS, *A ação executiva, depois da reforma da reforma*, cit., p. 268; M. TEIXEIRA DE SOUSA, *Ação executiva singular*, cit., p. 244, ss.; ARTUR ANSELMO DE CASTRO, *A ação executiva singular, comum e especial*, 3.ª ed., Coimbra Editora, Coimbra, 1977, p. 160 (num sentido mais restritivo, só aceitando como "limitações à regra" da ineficácia relativa a penhora, o arresto e a hipoteca judicial)].

No entanto, como a penhora constitui um verdadeiro direito real de garantia ou, pelo menos, produz "os efeitos substantivos" destes (M. J. ALMEIDA COSTA, *Direito das obrigações*, cit., pp. 983-984 – ver supra com mais desenvolvimento sobre a penhora), prevalece sobre o direito de propriedade adquirido pelo vendedor a retro que exerceu o direito de resolução (que não prejudica, como referimos, os direitos adquiridos por terceiros – art. 435.º n.º 1), readquirindo

31.8. O regime insolvencial

31.8.1 A declaração de insolvência do comprador ("creditante/garantido")

I. Estamos face a um contrato de compra e venda que foi já cumprido por ambas as partes: o vendedor já entregou a coisa, e o comprador pagou o preço. Todavia, mantém-se ainda o direito do vendedor de resolver o contrato, cuja fonte é exatamente o referido negócio jurídico.

O Código da Insolvência, na linha da sua fonte inspiradora, a *Insolvenzordnung* alemã (InsO), contém uma regra geral para os contratos bilaterais (art. 102.º CIRE) não integralmente cumpridos nem pelo insolvente nem pela outra parte, seguida de um conjunto de contratos especialmente regulados[1428].

Este caso não está abrangido pela regra geral do art. 102.º CIRE, nem as restantes disposições insolvenciais contemplam a referida hipótese.[1429] Também não é possível aplicar à venda a retro com função de crédito e garantia qualquer das disposições do Capítulo IV do Título IV do CIRE ("efeitos sobre os negócios em curso") por analogia.

O regime insolvencial deste contrato terá que ser determinado por outra via, com base nas valorações que atravessam as referidas disposições insolvenciais.

o bem, o que significa que esse direito se extingue no caso da sua venda judicial (n.º 2 do art. 824.º), transferindo-se para o produto da venda desse mesmo bem (n.º 3 do art. 824.º), ou melhor, para o que sobrar do produto da venda do bem depois de satisfeito o exequente e os outros credores com preferência sobre o titular do direito que caducou (assim, PIRES DE LIMA/ANTUNES VARELA, *Código civil anotado*, vol. II, cit., p. 97).

[1428] Quanto a estas disposições, em geral, ver: J. OLIVEIRA ASCENSÃO, *Insolvência: efeitos sobre os negócios em curso*, in Themis, 2005, edição especial, Novo direito da Insolvência (coord. J. LEBRE DE FREITAS), pp. 104, ss.; L. CARVALHO FERNANDES/J. LABAREDA, *Código da insolvência e da recuperação de empresas, anotado*, cit., pp. 460, ss.; L. MENEZES LEITÃO, *Código da insolvência e da recuperação de empresas. Anotado*, cit., pp. 128, ss..

[1429] Tal como o CPEREF também não o fazia. A anterior lei falencial não previa especificamente esta modalidade de venda; os casos regulados eram diversos (art. 161.º n.º 1, art. 163.º, art. 164.º CPEREF).

II. Em primeiro lugar, não há razão para entender, em particular atendendo ao elemento sistemático e à defesa dos interesses da massa, que o contrato se extingue, o que afetaria apenas a posição do vendedor, não podendo, pois, este, subsequentemente, exercer o direito de resolução, entregando ao administrador o preço que será em seguida integrado na massa insolvente.

O vendedor poderá, pois, readquirir a coisa mediante a resolução do contrato e o pagamento do preço. Esse montante pecuniário será integrado na massa insolvente[1430].

O paralelismo com os outros casos de recurso à titularidade de um direito com função de garantia, em que se permite ao devedor exigir o cumprimento do contrato (art. 104.º ns. 1 e 2 CIRE), com aquisição da coisa (mediante a realização das prestações a que está vinculado), aconselham este resultado.

Acresce ainda que, quando este negócio preencha os requisitos subjetivos e objetivos de aplicação do regime das garantias financeiras, dada a sua proximidade em termos funcionais, e em parte de estrutura, com a "alienação fiduciária em garantia", se retiram daqui elementos valorativos (dada a especial tutela desta figura em termos insolvenciais) que nos permitem confirmar com especial ênfase e vigor, para estes casos, a solução proposta[1431].

Repare-se que a massa insolvente não será prejudicada, porque, como foi assinalado acima na exposição do regime deste negócio, o vendedor terá que fazer "oferta real" das "importâncias líquidas" constituídas pelo preço, pelas despesas realizadas pelo contrato e outras acessórias, sob pena de a resolução ficar sem efeito (art. 931.º), indo essas quantias, logo que entregues, integrar a referida massa.

[1430] Neste sentido, P. PAJARDI, *Manuale di diritto fallimentare*, cit., p. 443, nota 10; B. RODRÍGUEZ-ROSADO, *Fiducia y pacto de retro en garantía*, cit., p. 152.

[1431] Sublinhe-se que *não se sustenta* neste ponto uma aplicação analógica dessas disposições: simplesmente procuramos retirar daí elementos de apoio sistemático para a solução que sustentamos e que se encontra *particularmente* amparada quando os requisitos objetivos e subjetivos deste diploma se encontrem preenchidos. Nos outros casos, de todo modo, continua a valer a solução proposta por força do argumento retirado do art. 104.º ns. 1 e 2 CIRE.

31.8.2. A declaração da insolvência do vendedor ("creditado/garante")

I. Declarada a insolvência do vendedor ("creditado/garante"), esta hipótese não está também diretamente contemplada em nenhuma das hipóteses da lei insolvencial no que toca aos negócios em curso aquando da declaração da insolvência.

II. Das valorações que daí se retiram, não há qualquer razão para entender que o contrato se extingue. Ou seja, no fundo, que o direito de resolução do contrato, que agora caberia ao administrador, se extinguiria.

Ora, mantendo-se o contrato, mantém-se, igualmente, o direito de resolução, cujo exercício cabe agora ao administrador. Se este se decidir por o fazer, recupera o bem vendido que será depois integrado na massa insolvente[1432]. Para tal, nos termos do art. 931.º, terá que fazer ao comprador ("creditante/garantido") "oferta real" das importâncias líquidas relativas ao preço, das despesas com o contrato e outras acessórias. O que significa que, para que a resolução não fique sem efeito, o administrador terá necessariamente que pagar na integralidade ao comprador a quantia resultante da soma de valores acima referidos[1433].

O administrador poderá, igualmente, de acordo com a avaliação que faça dos interesses da massa (em particular: o montante a despender e o valor do bem), decidir não exercer esse direito.

Consequentemente, sempre que a venda a retro seja celebrada com finalidade de crédito e garantia, a posição daquele que concede crédito, e que adquire a propriedade da coisa (ou a titularidade de um outro direito), é fortemente tutelada em relação ao conjunto dos credores do insolvente, mesmo os credores titulares de garantias reais, que se sujeitam a uma eventual insuficiência do produto da liquidação desses bens (objeto dos referidos direitos) para a satisfação integral dos seus créditos.

[1432] Cfr. ALBERTO MAFFEI ALBERTI, *Commentario breve alla legge fallimentare*, 4.ª ed., Cedam, Pádua, 2000 p. 198.

[1433] Sempre que o administrador optar por exercer esse direito, cessa, evidentemente, a – eventual – locação do mesmo bem ao vendedor.

III. Note-se que, se o administrador optar por não exercer o direito de resolução do contrato, o comprador/"creditante/garantido" manterá naturalmente a propriedade do bem, que, sendo de terceiro, não faz parte, como é claro, da massa insolvente. No entanto, deverá satisfazer-se pelo montante obtido com a sua liquidação (ou avaliação por terceiro independente) e entregar o eventual excesso ao administrador[1434].

Na verdade, entendemos que naqueles casos em que resulte da interpretação do contrato que as partes pretenderam celebrar uma venda a retro com fim de crédito e garantia, na eventualidade de o vendedor não exercer o seu direito de resolução (ou o administrador, na insolvência deste), para evitar a proibição do pacto comissório, o bem terá que ser avaliado por um terceiro independente das partes (o que não será já necessário quando este tenha um valor seguro de mercado), ou então vendido nas melhores condições no mercado, entregando o comprador à outra parte o excedente relativamente àquilo que o primeiro obteria com a resolução do contrato.

Os deveres de avaliação do bem por terceiro independente (ou da sua venda no mercado nas melhores condições) e de restituição da diferença entre o valor obtido e o preço da venda impõem-se igualmente na fase insolvencial se o administrador não exercer o seu direito de resolução.

Por conseguinte, aqui também o problema da aplicação da proibição do pacto comissório, cuja razão de ser a faz estender-se, conforme já antes se apontou, à venda a retro com função de crédito e garantia, não se verifica.

A existência dos referidos deveres de liquidação do bem (ou avaliação independente) e de restituição do excedente, sempre que puderem afirmar-se, impedem que se chegue ao resultado vedado pela referida proibição.

O fundamento deste dever (*rectius*, destes deveres: de liquidação ou avaliação independente e de restituição do remanescente), que não decorre como é claro – já vimos – do regime da venda a retro, será (como já apontamos na fase não insolvencial) o próprio contrato. Quer quando as partes assim tenham acordado, ou da sua integração, caso se possa detectar a existência de uma lacuna, o que da interpretação deste negócio de

[1434] Como resulta dos outros casos em que se recorra à titularidade do direito de propriedade com função de garantia, este instrumento de tutela do credor é integralmente respeitado. Este aspeto será justificado um pouco mais à frente em texto.

crédito e garantia, atendendo em particular à sua função acontecerá na maior parte das vezes; nesse caso, o recurso ao critério do art. 239.º levará à sua afirmação.

Acrescente-se ainda que, segundo cremos, se poderia também fundar existência destes deveres na boa fé pós contratual (art. 762.º n.º 2).

Ora a existência destes deveres, afirmando-se mesmo na fase insolvencial, como cremos correto, afasta a sombra da proibição do pacto comissório no que toca à venda a retro com fim de crédito e garantia.

32. A locação financeira

32.1. Introdução

I. A locação financeira[1435] constitui a versão nacional do denominado *leasing* financeiro. Este contrato, tal como o *factoring* e tantos outros

[1435] Sobre esta figura em geral, ver entre nós: D. LEITE DE CAMPOS, *A locação financeira*, cit.,; idem, *Ensaio de análise tipológica do contrato de locação financeira*, cit.; idem, *Locação financeira (leasing) e locação*, ROA, 2002, pp. 761, ss.; J. CALVÃO DA SILVA, *Direito bancário*, cit., p. 420; idem, *Locação financeira e garantia bancária*, in Estudos de direito comercial (pareceres), Almedina, Coimbra, 1996, pp. 5, ss.; A. MENEZES CORDEIRO, *Direito bancário*, cit., pp. 710, ss.; L. MENEZES LEITÃO, *Garantias das obrigações*, cit., pp. 272, ss.; P. ROMANO MARTINEZ, *Contratos comerciais*, cit., pp. 59, ss.; P. ROMANO MARTINEZ/P. FUZETA DA PONTE, *Garantias de cumprimento*, cit., pp. 249-250; CARLOS FERREIRA DE ALMEIDA, *Contratos II*, 3.ª ed., Almedina, Coimbra, 2013, pp. 193, ss.; R. PINTO DUARTE, *A locação financeira (estudo jurídico do leasing financeiro)*, Editora Danúbio, s/d (com nota prévia de 1983); idem, *Curso de direitos reais*, cit., pp. 252, ss.; I. GALVÃO TELLES, *Manual dos contratos em geral*, cit., pp. 499, ss.; F. CASSIANO DOS SANTOS, *Direito comercial português*, vol. I, cit., pp. 383, ss.; J. ENGRÁCIA ANTUNES, *Direito dos contratos comerciais*, cit., pp. 515, ss.; F. GRAVATO MORAIS, *Manual da locação financeira*, Almedina, Coimbra, 2006; JOSÉ ANDRADE MESQUITA, *Direitos pessoais de gozo*, Almedina, Coimbra, 1999, pp. 38, ss.; JOSÉ MARIA PIRES, *Elucidário de direito bancário*, Coimbra Editora, Coimbra, 2002, pp. 675, ss.; QUIRINO SOARES, *Contratos bancários*, SI, 2003, pp. 123-124.

Ver ainda na doutrina portuguesa os estudos pioneiros de CARLOS A. MOTA PINTO, Uma nova modalidade jurídica de financiamento industrial: o *Leasing*, RDES, 1965, pp. 103, ss.; e JOSÉ CARLOS MOITINHO DE ALMEIDA, *A Locação financeira (leasing)*, BMJ n.º 231, pp. 5, ss..

Ver, na doutrina estrangeira: F. ULHOA COELHO, *Curso de direito comercial. Direito da empresa*, vol. III, cit., pp. 146, ss.; ORLANDO GOMES, *Contratos*, cit., pp. 571, ss.; ARNOLDO WALD, *Direito civil, contratos em espécie*, cit., pp. 364, ss.; R. CLARIZIA,

contratos de grande relevo na atividade comercial (como p. ex., o *franchising* e, numa outra vertente, a *securatization*), foi importado da fértil prática financeira dos Estados Unidos e depois adaptada nos diversos países europeus, como contrato atípico.

II. Em Portugal, ele reveste a particularidade de ser, desde muito cedo – remonta a 1979 – um contrato típico com uma pormenorizada regulamentação legal que, se a princípio era algo restritiva, veio sucessivamente a ser alterada de forma a que hoje pode ser objeto de locação financeira qualquer bem que possa ser objeto de locação. O seu âmbito de aplicação veio pois sempre a ser ampliado, de tal forma que tendo nascido no seio

I contratti di finanziamento, leasing e factoring, cit., pp. 69, ss.; A. LUMINOSO, *I contratti tipici e atipici*, cit., pp. 359, ss.; MAURO BUSSANI/PAOLO CENDON, *I contratti nuovi. Leasing, factoring, franchising*, Giuffrè, Milão, 1989, pp. 7, ss.; G. DE NOVA, *Il contratto di leasing*, 3.ª ed., Giuffrè, Milão, 1995; idem, *Leasing*, DDP, sezione civile, X, pp. 462, ss.; LUISA VIGONE, *Contratti atipici. Guida ai principali contratti commerciali e finanziari*, 2.ª ed., Cosa & Cosme, Milão, 1998, pp. 3, ss.; CHRISTIAN GALVADA/JEAN STOUFFLET, *Droit bancaire, instituitions – comptes – opérations – services*, 8.ª ed., Litec, Paris, 2010, pp. 477, ss. (locação financeira mobiliária), pp. 494, ss. (locação financeira imobiliária); J. HUET, *Les principaux contrats spéciaux*, cit., pp. 1035, ss.; J.-B. SEUBE, *Droit des sûretés*, cit., pp. 221, ss.; P. CROCQ, *Propriété et garantie*, cit., pp. 43, ss.; D. LEGEAIS, *Sûretés et garanties du crédit*, cit., pp. 500, ss.; F. C. DUTILLEUL/P. DELEBECQUE, *Contrats civils et commerciaux*, cit., pp. 815, ss.; RODRIGO URÍA, *Derecho mercantil*, 26.ª ed., Marcial Pons, Madrid, Barcelona, 1999, pp. 778, ss.; FERNANDO SÁNCHEZ CALERO, *Instituciones de derecho mercantil, II, títulos y valores, contratos mercantiles, derecho concursal y marítimo*, 21.ª ed., McGraw Hill, Madrid, 1998, pp. 206, ss.; A. CARRASCO PERERA/E. CORDERO LOBATO/M. J. MARÍN LÓPEZ, *Tratado de los derechos de garantía*, tomo II, *Garantías mobiliarias*, cit., pp. 531, ss.; K. LARENZ/C.-W. CANARIS, *Lehrbuch des Schuldrechts, II Band, Besonderer Teil, 2. Halbband*, cit., II § 66, pp. 99, ss.; FRIEDRICH GRAF VON WESTPHALEN, *Der Leasingvertrag*, 5.ª ed., Verlag Dr. Otto Schmidt, Colónia, 1998. Para a vasta jurisprudência relativa à locação financeira (até 2008), ver ABÍLIO NETO, *Operações bancárias*, Ediforum, Lisboa, 2008, pp. 602, ss..

Para o tratamento contabilístico deste contrato, ver: F. V. GONÇALVES DA SILVA/J. M. ESTEVES PEREIRA, *Contabilidade das sociedades*, 10.ª ed., Plátano editora, Lisboa, 1996, pp. 308, ss.; e também D. LEITE DE CAMPOS, *Locação financeira (leasing) e locação*, cit., pp. 773-774.

Há uma convenção sobre o *leasing* internacional do UNIDROIT, adoptada em Otava a 28/5/1988. Até ao momento teve poucas adesões ou ratificações (destacam-se, no entanto, as da Itália, França, Rússia e Hungria). Sobre esta, ver M. BUSSANI/P. CENDON, *I contratti nuovi. Leasing, factoring, franchising*, cit., pp. 166-167.

do crédito empresarial, é, no presente, também um importante e assinalável contrato de crédito ao consumo.

Por isso se pode afirmar que, se a lei nasceu ainda antes de o contrato se ter implantado na prática comercial (e a sua tipificação prévia foi uma forma de o promover), a verdade é que, hoje, a locação financeira constitui um dos contratos centrais da vida mercantil nacional.

III. Ora uma das suas características mais relevantes é ser um mecanismo de garantia para o locador do crédito que concede. Essa garantia assenta na propriedade do bem comprado (ou construído, uma vez que o contrato pode ser de empreitada) a terceiro ou ao próprio locatário financeiro. Trata-se de um contrato de crédito e garantia. Ou, por outras palavras: do prisma do locador, numa operação (porque composta por mais do que um contrato) de concessão de crédito garantido pela propriedade do bem (ou titularidade de um outro direito, como se verá)[1436]. Na exposição que se segue, será principalmente sobre a faceta de garantia que recairá a nossa atenção[1437].

32.2. Caracterização

I. O legislador português define a locação financeira como aquele contrato pelo qual "uma das partes se obriga, mediante retribuição, a ceder à outra o gozo temporário de uma coisa, móvel ou imóvel, adquirida ou construída por indicação desta, e que o locatário poderá comprar, decorrido o período acordado, por um preço nele determinado ou determinável

[1436] O que não quer dizer que o locador financeiro não se possa, e frequentemente é o que acontece, dotar-se de outras garantias. Porém, o cerne da tutela da sua posição é a propriedade do bem, ou titularidade de um outro direito, como se apontou.

[1437] A locação financeira é um contrato particularmente complexo. Não pretendemos, nem se podia aqui, neste contexto, fazer, realizar um tratamento exaustivo de carácter monográfico deste contrato. Pretende-se, somente, destacar um daqueles que é um dos seus aspetos mais relevantes e característicos: ser um instrumento de crédito em que a garantia do credor assenta essencialmente na propriedade do bem que permanece no seu património. A exposição que se segue é, pois, funcionalizada a esse desiderato, ou, se se preferir, o prisma de análise seguido é esse.

mediante simples aplicação dos critérios nele fixados." (art. 1.º do Dec.-Lei n.º 149/95, de 24/6)[1438].

II. Como deveres principais do locador financeiro, temos, pois, o dever de concluir o contrato de compra e venda ou de empreitada que tenha por objeto a coisa escolhida pelo locatário financeiro, o dever de lhe conceder o gozo dessa mesma coisa para os fins a que se destina e de, se este último assim o entender, lhe vender a coisa, decorrido o prazo contratual (art. 9.º n.º 1 do Dec.-Lei n.º 149/95, de 24/6). O locatário financeiro, da sua parte, deverá pagar as rendas acordadas.[1439]

III. A locação financeira (na sua modalidade "trilateral" que estamos agora a tomar por base) conduz sempre à celebração de um outro contrato entre o locador financeiro e um fornecedor pelo qual o primeiro adquira a coisa cujo gozo está obrigado a ceder ao locatário financeiro.

Por isso, é comum afirmar-se que a operação de locação financeira gera uma relação trilateral, envolvendo as partes do contrato de locação financeira propriamente dito e o fornecedor da coisa a ser adquirida pelo locador financeiro para conceder depois o gozo à outra parte[1440].

Não se trata, no entanto, de um contrato trilateral. O locador financeiro celebra com um fornecedor escolhido pela sua contraparte (no contrato de locação financeira) o contrato de aquisição da coisa (que esta também elegeu), em execução do contrato de locação financeira, sendo que é também em cumprimento da obrigação de conceder ao locatário o gozo desse bem que lho entrega.

Todavia, embora o bem locado pertença ao locador (que o adquiriu), o locatário pode exercer relativamente ao empreiteiro ou vendedor "todos

[1438] Este diploma foi alterado pelo Dec.-Lei n.º 265/97, de 2/10, pelo Dec.-Lei n.º 285/2001, de 3/11 e, mais recentemente, pelo Dec.-Lei n.º 30/2008, de 25/2. Em particular o diploma de 2001 introduziu alterações importantes no regime da locação financeira, uma vez que, entre outros aspetos, revogou os artigos 4.º, 5.º, 16.º e 20.º do Dec.-Lei n.º 149/95, de 24/6.

[1439] Referimo-nos em texto tão só às obrigações recortadas pelo legislador para definir, fixando a noção, o tipo contratual. Cfr. J. ANTUNES VARELA, *Das Obrigações em geral*, vol. I, cit., pp. 121-122.

[1440] K. LARENZ/C. W. CANARIS, *Lehrbuch des Schuldrechts, II Band, Besonderer Teil, 2. Halbband*, cit., p. 103.

os direitos" relativos a esse bem ou decorrentes do contrato de compra e venda ou de empreitada (art. 13.º do Dec.-Lei n.º 149/95, de 24/6), o que significa que se estabelece, neste caso, uma relação direta entre ambos, sem ser por intermédio do locador financeiro.

A operação é, portanto, constituída por dois contratos entre os quais se estabelece uma coligação genética, na medida em que a conclusão do contrato de locação financeira determina a celebração do contrato de construção ou de compra do bem, cujo conteúdo prevê. Estes contratos estão coligados a nível fase genético, uma vez que um desencadeia a celebração do outro, e a nível funcional.[1441]

IV. Por fim, sempre que o locatário financeiro, decorrido o prazo contratual, opte pela compra do bem, será celebrado um outro contrato de compra e venda, agora entre o locador financeiro e o locatário.

32.3. A forma. A publicidade

I. O contrato de locação financeira que tenha por objetos móveis ou imóveis terá que ser celebrado por documento particular (art. 3.º n.º 1 do Dec.-Lei n.º 149/95, de 24/6)[1442].

Tendo por objeto bens imóveis, as assinaturas das partes devem ser presencialmente reconhecidas, salvo se efetuadas na presença de funcionários dos serviços do registo, aquando da apresentação do pedido de registo (art. 3.º n.º 2 do Dec.-Lei n.º 149/95, de 24/6[1443]). Neste caso, a existência da licença de utilização ou de construção do imóvel deve ser certificada pela entidade que efetua o reconhecimento ou verificada pelo funcionário dos serviços de registo (art. 3.º n.º 3 do Dec.-Lei n.º 149/95, de 24/6).

[1441] Neste sentido, D. LEITE DE CAMPOS, *A locação financeira*, cit., pp. 139-141.

[1442] Quanto à interpretação corretiva do art. 3.º n.º 1 do Dec.-Lei n.º 149/95, de 24/6, onde se lê simplesmente "podem ser celebrados", J. CALVÃO DA SILVA, *Direito bancário*, cit., pp. 423 ["é de ler podem, no sentido de poder-dever: podem (devem) ser celebrados por documento particular."]. O art. 1.º do Dec.-Lei n.º 30/2008, de 25/2, alterou esta disposição sem fazer, quando poderia ter aproveitado o ensejo, a referida correcção.

[1443] Redação do art. 1.º do Dec.-Lei n.º 30/2008, de 25/2.

A assinatura das partes nos contratos de locação financeira de bens móveis sujeitos a registo deve conter a indicação, feita pelo respectivo signatário, do número, data e entidade emitente do bilhete de identidade ou documento equivalente emitido pela autoridade competente de um dos países da União Europeia ou do passaporte (art. 3.º n.º 4 do Dec.-Lei n.º 149/95, de 24/6).

II. A locação financeira, de bens imóveis ou móveis sujeitos a registo, está sujeita a registo na conservatória competente (art. 3.º n.º 5 do Dec.--Lei n.º 149/95, de 24/6)[1444].

32.4. Os sujeitos

I. No que toca ao locador financeiro, sublinhe-se que só podem exercer a "título profissional" (art. 8.º n.º 2 RGICSF) a atividade de locação financeira, as sociedades de locação financeira [art. 1.º n.º 1 do Dec.-Lei n.º 72/95, de 15/4[1445]], bem, como, agora dentro das instituições de crédito, os bancos [art. 4.º, n.º 1, al. b) RGICSF] e as instituições financeiras de crédito (IFIC)[1446]. *A contrario*, a título não profissional, não há propriamente limitações.

II. Não há requisitos específicos quanto ao locatário financeiro. Poderá ser uma empresa, um profissional liberal, um ente público ou mesmo, fruto da evolução do regime, um consumidor. Com efeito, a locação financeira passou, desde a alteração do regime de 1995, a poder ter por objeto bens de consumo, o que implica que, nessa medida, se aplique o disposto, verificados os seus pressupostos, no Dec.-Lei n.º 133/2009, de 2/6[1447], uma vez que será um contrato de crédito ao consumo.

[1444] E art. 2.º, n.º 1, al. l) do CRPredial para os prédios.

[1445] Que são sociedades financeiras [art. 6.º, al. b) iii RGICSF].

[1446] Também as caixas económicas bancárias (art. 18.º do regime jurídico das caixas económicas – RJCE) e a Caixa Central de Crédito Agrícola Mútuo – art. 50.º, n.º 2 do regime jurídico do crédito agrícola mútuo e das cooperativas de crédito agrícola mútuo – RJCAMCCAM).

[1447] Consumidor é "a pessoa singular que, nos negócios abrangidos pelo presente decreto-lei [dos contratos de crédito ao consumo], atua com objetivos alheios à sua atividade comercial ou profissional". [art. 4.º al. b) do Dec.-Lei n.º 133/2009, de 2/6].

32.5. O objeto

I. Inicialmente, a locação financeira tinha um carácter algo restritivo, porque, tendo por objeto coisas móveis, respeitava sempre a bens de equipamento (art. 2.º do Dec.-Lei n.º 171/79, de 6/6), e a locação financeira imobiliária tinha como objeto exclusivo imóveis "afetados ou a afetar ao investimento produtivo, na indústria, na agricultura, no comércio ou em outros sectores de serviços de manifesto interesse económico ou social" (art. 3.º n.º 1 do Dec.-Lei n.º 171/79, de 6/6).

Já no início da última década do século anterior, alargou-se a locação financeira ao campo da habitação, permitindo-se a celebração de contratos desta natureza "destinados a habitação própria do locatário" (art. 1.º do Dec.-Lei n.º 10/91, de 9/1).

Em 1995, foi consagrado um novo regime para a locação financeira (Dec.-Lei n.º 149/95, de 24/6[1448]), tendo então o objeto do contrato sido ampliado a "quaisquer bens susceptíveis de serem dados em locação" (art. 2.º n.º 1)[1449].

II. De acordo com o objeto, podemos distinguir a locação financeira imobiliária, que tem por objeto imóveis, e a locação financeira mobiliária, cujo objeto são móveis. Dentro desta última, a mais comum, assumem destaque os automóveis, pela sua frequência, e os aviões, pelo seu valor. Também o estabelecimento comercial, podendo ser objeto de locação (art. 1109.º), pode ser objeto de locação financeira[1450]. É igualmente admissível, pelo menos nalguns casos, que sejam objeto de locação financeira obrigações e acções[1451].

[1448] Depois alterado, como vimos, pelo Dec.-Lei n.º 265/97, de 2/19, e pelo Dec.-Lei n.º 285/2001, de 3/11.

[1449] Ver, para esta evolução, A. MENEZES CORDEIRO, *Direito bancário*, cit., pp. 730, ss..

[1450] Cfr. C. FERREIRA DE ALMEIDA, *Contratos II*, cit., p. 194; D. LEGEAIS, *Sûretés et garanties du crédit*, cit., p. 500.

[1451] Ver, neste sentido, F. GRAVATO MORAIS, *Manual da locação financeira*, cit., p. 31. Sobre a locação financeira de ações, e no sentido da sua admissibilidade, MARGARIDA COSTA ANDRADE, *A locação financeira de acções e o direito português*, Coimbra Editora, Coimbra, 2007, pp. 51, ss., pp. 83, ss..

Quanto à locação financeira de um estabelecimento comercial, ver MASSIMO PLASMATI, *Il leasing di azienda*, CI, 2007, pp. 576, ss..

32.6. As funções

I. Tal como a venda com reserva de propriedade e entrega da coisa, o reporte e a locação venda, a locação financeira é, essencialmente (embora não só[1452], nomeadamente propiciar o gozo do bem), um negócio de crédito e garantia. São desta forma as suas funções essenciais a de concessão de crédito e a de garantia, aqui assente na propriedade do bem. Vejamos com um pouco mais de detalhe.

II. Como o próprio *nomen iuris* indica, a locação financeira cumpre uma função de financiamento[1453]. Com efeito, o papel desempenhado pelo locador – uma instituição de crédito – ao adquirir o bem escolhido pelo locatário para depois lhe conceder o gozo[1454] do mesmo, mediante o pagamento de rendas que são calculadas de forma a cobrirem, com o valor residual, o preço de aquisição, os juros e outras despesas, consiste numa forma de financiamento do uso do bem durante parte (por vezes, grande parte) da sua vida útil[1455] e permitir a sua subsequente aquisição, mantendo a propriedade do mesmo como garantia[1456].

[1452] É sempre necessário ter alguma prudência, dadas as múltiplas configurações que a locação financeira pode ter e que permitem colocar em destaque outras funções que por esta via se podem realizar, como a de concessão do gozo do bem (como se diz em texto).

Efetivamente, em concreto, as diferentes configurações que este contrato pode revestir permitem acentuar uma ou outra destas funções (sendo, por vezes, mais relevante a função de gozo da coisa durante o seu período de vida útil do que a função de propiciar a sua aquisição), atendendo ao valor residual do bem decorrido, o prazo estabelecido e o seu valor venal nesse momento (o que está por sua vez ligado à natureza destes bens e ao período de duração do contrato).

Não o sublinhamos mais, porque se trata de uma análise do papel garantístico da figura.

[1453] Aqui entendido simplesmente com o sentido de conceder crédito.

[1454] Sendo a entrega ""instrumental" da concessão do gozo", e podendo esta ser realizada pelo próprio fornecedor – assim, J. CALVÃO DA SILVA, *Direito bancário*, cit., pp. 424-425.

[1455] Como explica a este propósito D. LEITE DE CAMPOS (*Ensaio de análise tipológica do contrato de locação financeira*, cit., p. 10), a locação financeira está dirigida ao financiamento do locatário, "não através da prestação de uma quantia em dinheiro, mas através do uso de um bem. Está-lhe subjacente a intenção de proporcionar ao "locatário", não tanto a propriedade de determinados bens, mas a sua posse e utilização para um certo fim".

[1456] D. LEITE DE CAMPOS, *Ensaio de análise tipológica do contrato de locação financeira*, cit., p. 39, p. 41; J. CALVÃO DA SILVA, *Locação financeira e garantia bancária*, cit., p. 20, p. 26, pp. 28-29 (sublinhando a existência, a par da "função de financiamento", da "função de concessão do gozo da coisa", o que dará ao *leasing* uma "dupla causa"); A. MENEZES CORDEIRO,

Ao mesmo tempo, conforme se disse, como forma de tutela do crédito concedido, o locador financeiro mantém no seu património a propriedade do bem. Claro está que a eficácia da garantia dependerá muito do próprio valor da coisa (que passa a ser gozada pelo locatário) e sua (eventual)[1457] desvalorização. Pelo que os locadores financeiros com grande frequência recorrem também a outras garantias, o que, aliás, o próprio regime do contrato prevê (art. 19.º do Dec.-Lei n.º 149/95, de 24/6).

Em resumo: não se trata de um simples financiamento, mas de um financiamento garantido pela propriedade do bem.

III. Saliente-se só que a recuperação do capital que o locador despendeu ao comprar o bem escolhido pelo locatário será alcançada pelo pagamento das rendas (onde se incluem, igualmente, os juros) e pelo valor residual sempre que o locatário optar, como acontece na generalidade dos casos, pela compra do bem. Contudo, se o locatário não optar pela compra, será ainda possível ao locador recuperar esse montante, ou através da venda do bem no mercado, ou pela via da celebração de um novo contrato de locação financeira com o antigo locador ou com terceiro (ou, mesmo, dando-o em locação simples) – art. 7.º do Dec.-Lei n.º 149/95, de 24/6.

32.7. As modalidades

32.7.1. A locação financeira "trilateral"

I. Consiste na modalidade mais vulgar de locação financeira e a que temos estado a tomar por base na exposição. O locador financeiro não é

Direito bancário, cit., p. 732; R. PINTO DUARTE, *Alguns aspetos jurídicos dos contratos não bancários de aquisição e uso de bens*, cit., p. 63. Ver também no sentido do texto quanto à função da locação financeira: K. LARENZ/C. W. CANARIS, *Lehrbuch des Schuldrechts, II Band, Besonderer Teil, 2. Halbband*, cit., I § 66 p. 101; KARSTEN SCHMIDT, *Handelsrecht*, 5.ª ed., Heymanns, Colónia, Berlim, Bona, Munique, 1999, § 35 II, p. 997; M. GIOVANOLI, *Tendences modernes du droit des sûretés bancaires et contrôle prudentiel des banques*, cit., p. 68; F. C. DUTILLEUL/P. DELEBECQUE, *Contrats civils et commerciaux*, cit., p. 815.

[1457] O que depende do próprio bem objeto do contrato. Neste âmbito, tem particular relevo a distinção entre locação financeira mobiliária e imobiliária, porque os imóveis frequentemente não desvalorizam (embora tal possa acontecer especialmente em alturas de fim de especulação imobiliária) e, por vezes, sucede mesmo o contrário.

inicialmente proprietário do bem que é escolhido pelo locatário junto de um terceiro a quem o primeiro, de seguida, o compra (ou com quem celebra um contrato de empreitada), entregando-o depois, no seio da locação financeira, ao locatário para que este o goze.

II. Por isso, como se disse, se fala numa relação trilateral, com três intervenientes, embora o contrato de locação financeira seja bilateral. Este conduz é a conclusão do contrato de compra ou de empreitada com o terceiro. Na definição não resulta que o contrato de locação financeira tenha que assentar nesta relação trilateral, e que, portanto, o contrato de compra tenha que ser celebrado com terceiro, mas o regime tem claramente em vista, em toda a sua extensão, essa modalidade.

III. Acrescente-se só que por vezes não haverá uma compra a um terceiro do bem objeto de locação financeira. É o que sucede sempre que o locatário não queira adquirir o bem (ou o locador financeiro resolveu o contrato), e a instituição de crédito celebra com outrem um outro contrato de locação financeira, tendo esse bem por objeto (art. 7.º do Dec.-Lei n.º 149/95, de 24/6).

32.7.2. A locação financeira restitutiva (*sale and lease back*)

I. Na locação financeira restitutiva, o locatário vende ao locador financeiro um bem seu que este de imediato lhe dá em locação financeira[1458].

[1458] Sobre esta figura em geral, ver: D. LEITE DE CAMPOS, *Nota sobre a admissibilidade da locação financeira restitutiva ("lease-back") no direito português*, ROA, 1982, pp. 775, ss.; J. CALVÃO DA SILVA, *Direito bancário*, cit., p. 420; J. C. MOITINHO DE ALMEIDA, *A Locação financeira (leasing)*, cit., p. 9; J. ANDRADE MESQUITA, *Direitos pessoais de gozo*, cit., pp. 40, ss..

Ver ainda: ORLANDO GOMES, *Contratos*, cit., p. 575; ARNOLDO WALD, *Direito civil, contratos em espécie*, cit., p. 368; MAURO BUSSANI, *Il contratto di lease back*, CI, 1986, 2, pp. 558, ss.; idem, *Proprietà-garanzia e contratto. Formule e regole nel leasing finanziario*, Università degli studi di Trento, Trento, 1992, pp. 161, ss.; G. DE NOVA, *Il contratto di leasing*, cit., pp. 65, ss.; A. LUMINOSO, *I contratti tipici e atipici*, cit., pp. 420, ss.; R. DE NICTOLIS, *Nuove garanzie personali e reali, Garantievertrag, fideiussione omnibus, lettere di patronage, sale – lease – back*, cit., p. 437; FRANCESCA FIORENTINI, *Garanzie reali atipiche*, RDCiv., 2000, pp. 281, ss.; R. CLARIZIA, *I contratti di finanziamento, leasing e factoring*, cit., pp. 185, ss.; ALDO FRIGNANI, *Il leasing verso una disciplina legislativa completa*, in: *Factoring, leasing, franchising, venture capital, leveraged buy-out, hardship clause, countertrade, cash and carry,*

Não há, ao contrário da modalidade anterior, a compra de um bem a um terceiro, mas sim à contraparte do locador no contrato de locação financeira.

Esta modalidade inclui-se ainda na noção de locação financeira do art. 1.º do Dec.-Lei n.º 149/95, de 24/6, embora nem todo o regime subsequente lhe seja aplicável, sendo necessárias algumas adaptações decorrentes da bilateralidade da operação. Ou seja: as normas do regime da locação financeira que visam regular certos aspetos de uma relação que por ser trilateral é mais complexa não se aplicam aqui[1459]. Consiste, desta forma, numa modalidade da locação financeira típica[1460] e não numa modalidade atípica deste contrato, que de qualquer modo nos pareceria também, se fosse o caso, admissível, ao abrigo da liberdade contratual[1461].

merchandising, know-how, 5.ª ed., Giappichelli, Turim, 1993, p. 137; G. PARLEANI, *Le contrat de lease-back*, RTDCom., 1973, pp. 699, ss.; C. GALVADA/J. STOUFFLET, *Droit bancaire*, cit., pp. 483-484; J. HUET, *Les principaux contrats spéciaux*, cit., p. 1048; F. C. DUTILLEUL/P. DELEBECQUE, *Contrats civils et commerciaux*, cit., p. 817; MICHAEL MARTINEK, *Moderne Vertragstypen*, vol. I, *Leasing und Factoring*, C. H. Beck, Munique, 1991, pp. 60, ss.; F. GRAF VON WESTPHALEN, *Der Leasingvertrag*, cit., pp. 74, ss..

1459 Como assinala D. LEITE DE CAMPOS [*Nota sobre a admissibilidade da locação financeira restitutiva ("lease-back") no direito português*, cit., p. 792]: a "identidade entre as duas figuras é revelada pelo facto de o regime jurídico da locação financeira ser perfeitamente adequado à locação financeira restitutiva. As diferenças, acessórias, traduzem uma benéfica simplificação – contração – do regime da locação financeira."

1460 Neste sentido: JENS KOCH/*Münchener Kommentar zum Bürgerlichen Gesetzbuch, Band 3, Schuldrecht. Besonderer Teil I (§§ 433-606), Leasing*, 6.ª ed., Beck, Munique, 2012, p. 989 K. LARENZ/C. W. CANARIS, *Lehrbuch des Schuldrechts, II Band, Besonderer Teil, 2. Halbband*, cit., II § 66 p. 103; F. GRAF VON WESTPHALEN, *Der Leasingvertrag*, cit., p. 75;; A. FRIGNANI, *Aggiornamenti in tema di leasing (progetto Unidroit, inapplicabilità dell' art. 1526, lease-back, patto di riacquisto, offerta al pubblico dei crediti da canoni)*, in Factoring, leasing, franchising, venture capital, leveraged buy-out, hardship clause, countertrade, cash and carry, merchandising, know-how, 5.ª ed., Giappichelli, Turim, 1993, p. 164; G. DE NOVA, *Il contratto di leasing*, cit., pp. 65-66. Contra, R. CLARIZIA, *I contratti di finanziamento, leasing e factoring*, cit., pp. 184-185.

Que a lei não exige entre nós o carácter trilateral da relação, resulta, desde logo, da atribuição ao locador do direito de celebrar um novo contrato de locação financeira tendo por objeto um bem que um anterior locatário não quis adquirir (art. 7.º do Dec.-Lei n.º 149/95, de 24/6). Neste caso, não há sequer um contrato de compra, como na locação financeira restitutiva, mas tão só um contrato de locação financeira que tem por objeto um bem propriedade da locadora e não adquirido por indicação do locatário.

1461 O Banco de Portugal, pese algumas reticências iniciais, desde 1991 que não levanta qualquer objecção ao *sale and lease back*, segundo informa J. M. PIRES, *Elucidário de direito bancário*, cit., p. 680. Quanto à jurisprudência, assume relevância o Acórdão da Relação de Lisboa de 18/03/1999 (Loureiro da Fonseca), (in: www.dgsi.pt). onde se pode ler no sumário: "II – A

II. Do prisma estrutural, estamos perante dois contratos ligados por forma à obtenção de um determinado resultado. Temos aqui uma coligação externa, uma vez que os contratos são celebrados ao mesmo tempo, uma coligação genética – pela locação financeira as partes obrigam-se a celebrar a compra e venda, executada ao mesmo tempo – e, principalmente, na sua dependência bilateral, no sentido, aqui, de a invalidade de um dos contratos afetar o outro. Este último aspeto é bastante claro no que toca à invalidade do contrato de locação financeira, que atinge a compra e venda do bem.

Na verdade, se assim não fosse, o locatário ficaria sem o uso do bem (e o direito de o readquirir), de que não se quer privar, ao passo que o locador não pretende a aquisição definitiva do bem, mas a concessão garantida de crédito, sendo o mesmo bem um instrumento para essa finalidade. O locador só compra o bem e o locatário só o vende porque o mesmo é de imediato dado em locação financeira ao vendedor[1462].

III. O fim visado pela celebração conjunta e articulada destes dois contratos, ainda de uma forma mais acentuada do que na locação financeira em que a coisa é adquirida a um terceiro (aquela que assenta numa relação trilateral), é o financiamento do vendedor[1463], que se consubstancia no preço acordado para a compra do bem que este último continuará a usar, mas agora como locatário.

locação financeira não é só a modalidade em que o utente obtém, em locação financeira, um bem móvel ou imóvel adquirido pela sociedade de locação financeira a um terceiro ou mandado construir por ela mesma. III – O bem, móvel ou imóvel, pode ser adquirido pela sociedade de locação financeira ao próprio utente. IV – Esta modalidade, denominada "sale and leaseback" nos países anglo-saxónicos tem grande importância prática".

[1462] Contra, M BUSSANI, *Il contratto di lease back*, cit., p. 596.

[1463] M. MARTINEK, *Moderne Vertragstypen*, vol. I, *Leasing und Factoring*, cit., p. 60; A. FRIGNANI, *Il leasing verso una disciplina legislativa completa*, cit., p. 137.

Na verdade, na locação financeira "pura" financia-se a aquisição de um determinado bem, enquanto na locação financeira restitutiva não está em jogo o financiamento da aquisição de um certo bem, mas de uma mera concessão de crédito garantido. A principal especialidade da concessão desta modalidade de crédito consiste na ligação do montante do mesmo ao valor de um bem do creditado que é transmitido ao creditante, como garantia do valor "emprestado", e cuja restituição este irá realizar, juntamente com o pagamento dos juros (e outros encargos do locador), através do pagamento de rendas e, eventualmente, do valor residual do bem fixado no contrato, se se decidir a readquiri-lo decorrido o prazo contratual.

A propriedade do bem, transmitida ao locador/creditante através da venda, funciona como garantia. Repare-se que nesta modalidade de locação financeira a garantia conferida pela propriedade pode mesmo ser mais intensa, se o valor a pagar pela coisa, no contrato de compra e venda, for inferior ao seu valor de mercado de forma a manter-se sempre ao longo da relação contratual uma diferença positiva entre o valor do bem e o montante em dívida (ou, talvez melhor: do montante necessário para através dele o locador obter a totalidade do crédito que, sob a forma de preço, prestou à outra parte).

IV. A locação financeira restitutiva aproxima-se bastante da alienação em garantia e constitui um negócio fiduciário típico. De facto, estamos perante uma estrutura marcada pela transmissão da propriedade sobre o bem de uma parte à outra (a parte *sale* da operação), estando o exercício do direito transmitido limitado (ou, melhor dizendo, delimitado) obrigacionalmente, e que o adquirente estará vinculado a retransmitir (revender pelo valor residual), se o locatário financeiro assim o quiser escoado o prazo contratual[1464].

V. A locação financeira restitutiva tem geralmente por objeto imóveis, embora o regime fiscal, em particular o pagamento de IMT, e as despesas com o título, se o locatário financeiro quiser, como será regra, readquirir o bem, aumentem o seu custo. De todo o modo, consiste numa forma de "monetarização" de ativos da empresa de um comerciante que mantém o seu uso para a atividade produtiva.

32.7.2.1. A questão do pacto comissório

I. Um obstáculo que frequentemente se coloca à admissibilidade desta modalidade de locação financeira diz respeito ao pacto comissório que

[1464] Ver, desenvolvidamente, para a demonstração do carácter fiduciário da locação financeira restitutiva e das particularidades que reveste, M. PESTANA DE VASCONCELOS, *A cessão de créditos em garantia e a insolvência. Em particular da posição do cessionário na insolvência do cedente*, cit., pp. 291, ss..

ela encerraria. Argumenta-se que seria, nessa medida, atingida pela sua proibição.[1465]

II. Em sentido contrário, tem-se afirmado que a proibição do pacto comissório diz respeito à hipoteca, ao penhor e à consignação de rendimentos e que, além do mais, não se verificam, aqui os pressupostos do art. 694.º, dado que a transmissão do bem ao locador financeiro se faz previamente com a celebração do contrato e não somente na eventualidade de incumprimento pelo locatário/garante/devedor.

III. Estes argumentos não nos parecem procedentes. O que esta disposição pretende evitar é um determinado resultado que não se limita às figuras para as quais foi diretamente prevista e que consiste em evitar o prejuízo que o devedor sofreria em resultado do desequilíbrio entre o valor da coisa dada em garantia e a obrigação garantida se se permitisse ao credor ficar com ela sem avaliação ou com uma avaliação realizada por ele próprio[1466] no caso de incumprimento da obrigação garantida (e com a sua consequente extinção).

A razão de ser da lei abrange, quer as figuras onde diretamente está prevista, quer outras que possam levar a resultado idêntico. Por outro lado, para este fim, para o resultado que se pretende evitar, a transmissão prévia do bem, ou só aquando do incumprimento, não tem relevo. A *ratio* da proibição alcança ambas[1467].

Por isso, deste prisma, não se pode dizer que o âmbito de aplicação da proibição do pacto comissório impeça a sua aplicação analógica a esta modalidade de garantia, a locação financeira restitutiva.

[1465] A questão é vivamente discutida em Itália. Cfr. R. DE NICTOLIS, *Nuove garanzie personali e reali, Garantievertrag, fideiussione omnibus, lettere di patronage, sale – lease – back*, cit., pp. 490, ss.; G. DE NOVA *Il contratto di leasing*, cit., pp. 66, ss.. (com ampla indicação jurisprudencial).

[1466] A. VAZ SERRA, *Penhor*, BMJ n.º 58, cit., p. 217; J. ANTUNES VARELA, *Das Obrigações em geral*, vol. II, p. 538, p. 555.

[1467] Muito desenvolvidamente sobre a *ratio* e o âmbito de aplicação do pacto comissório, com amplas referências à doutrina e jurisprudência italianas, onde, como se disse, esta questão tem sido especialmente discutida, ver M. PESTANA DE VASCONCELOS, *A cessão de créditos em garantia e a insolvência. Em particular da posição do cessionário na insolvência do cedente*, cit., pp. 624, ss..

IV. O ponto central, na nossa perspetiva, é saber se efetivamente a locação financeira restitutiva conduz a esse resultado que a proibição do pacto comissório pretende evitar. Ora tal só acontecerá sempre que o locador financeiro possa fazer (definitivamente) sua a coisa em caso de incumprimento por parte do locatário financeiro sem uma avaliação ou com uma avaliação por ele realizada.

Já não se verifica quando o bem tenha nessa altura que ser avaliado por terceiro independente, e um eventual excesso relativamente ao montante indemnizatório deva ser restituído ao locatário. Portanto: a existência destes deveres afasta qualquer pacto comissório e, consequentemente, também a invalidade, devido à proibição do dito pacto, do contrato. Atingiríamos desta forma um resultado similar ao do chamado pacto marciano[1468], que é considerado lícito.

V. Este aspeto requer, uma vez que é central para a licitude da figura, uma explicação e um desenvolvimento suplementar.

Quando o bem tenha um valor de mercado superior ao prejuízo que o locador financeiro sofre pelo incumprimento do contrato, mesmo não tendo as partes patuado os referidos deveres, não parece que o remédio da nulidade seja adequado, nem que corresponda efetivamente à correta análise do conteúdo da posição de cada uma das partes no contrato de locação financeira restitutiva.

[1468] O pacto marciano consistirá numa convenção pela qual, em caso de incumprimento por parte do devedor, se transmite a propriedade da coisa objeto da garantia ao credor, que é obrigado a entregar ao devedor a diferença entre a dívida e o valor deste fixado depois do inadimplemento por um terceiro independente (o que será dispensável se o bem tiver um valor de mercado). Sobre esta figura, ver: MAURO BUSSANI, *Il sistema italiano delle garanzie reali*, CI, 1997, I, p. 188; M. BUSSANI/P. CENDON, *I contratti nuovi*, cit., pp. 140-141; C. M. BIANCA, *Il divieto del patto commissorio*, cit., pp. 202-203, pp. 218, ss.; F. ROCCO, *Contratto di sale and lease back e divieto di patto comissorio: l'orientamento della suprema corte*, cit., p. 161. Entre nós, M. J. COSTA GOMES, *Assunção fidejussória de dívida. Sobre o sentido e o âmbito da vinculação como fiador*, cit., p. 95.

A lei consagrou recentemente no âmbito do penhor financeiro (Dec.-Lei n.º 105/2004, de 8/5, que é uma modalidade de contrato de garantia financeira) um caso de pacto marciano embora o legislador tenha proclamado, mal, no preâmbulo do diploma que se trata de um caso lícito de pacto comissório.

Conforme foi referido, o contrato em questão é um verdadeiro negócio fiduciário típico. Ora, este ponto é central para a correta compreensão da figura.

A transmissão da propriedade do bem ao locador (através da compra) visa meramente a constituição de uma garantia (particularmente sólida) do montante que entregou ao comprador/locatário financeiro como preço de venda. Esse valor será recuperado pelo locador financeiro, juntamente com os juros, através do pagamento das rendas e, finalmente, do valor residual.

O cumprimento das obrigações decorrentes do contrato de locação financeira, mais o pagamento do valor residual, leva à reaquisição do bem pelo locatário, o que será comum nesta particular modalidade de locação financeira (o bem já era do locatário, que pretenderá, em regra, readquirir a propriedade do mesmo).

Há um particular "investimento de confiança"[1469] traduzido na transmissão, através de uma venda, de um bem que efetivamente é a garantia de uma obrigação pecuniária de capital, mais os juros, a serem pagos sob a forma de rendas (a que acresce o valor residual), que se pretenderá readquirir. A própria idoneidade e capacidade patrimonial do locador financeiro (sociedade de locação financeira, banco, IFIC) justificam esse elevado nível de confiança que leva à celebração deste contrato.

Nessa medida, a boa fé desempenha um papel central na conformação da relação jurídica emergente do contrato de locação financeira restitutiva. Daí podermos afirmar a existência de um dever lateral do locador financeiro de, após a resolução do contrato, vender o bem (ou ficar com ele, mas fazendo-o avaliar por um terceiro independente, se este não tiver um valor de mercado). Se após tal operação ficar numa situação mais favorável do que aquela em que ele estaria se o contrato tivesse sido integralmente cumprido, surgirá ainda um dever lateral de restituição dessa diferença.

Acrescente-se só, para finalizar, que estes deveres podem também ser afirmados mesmo por via da integração (art. 239.º)[1470].

[1469] Ver, sobre a tutela da confiança, A. MENEZES CORDEIRO, *Tratado de direito civil português*, I, *parte geral*, t. I, cit., pp. 409, ss.

[1470] Quanto ao critério consagrado no art. 239.º, ver A. PINTO MONTEIRO, *Erro e vinculação negocial*, cit., p. 43.

VI. Uma aplicação apressada da proibição do pacto comissório a esta figura, sem se ter em conta o conteúdo da relação fiduciária que se estabelece entre as partes e o papel que a boa fé, nesse âmbito, e mesmo depois da extinção desse negócio jurídico, desempenha, prejudicaria fortemente os interesses da economia em geral e dos comerciantes em particular.

Com efeito, dessa forma acabaria por se inviabilizar a locação financeira restitutiva que se trata de um instrumento privilegiado de concessão de crédito, meio essencial para o desenvolvimento das empresas, com os prejuízos económicos daí decorrentes.

Por outro lado, desconhecer-se-iam os interesses das partes que aqui estão em jogo, quer os da instituição de crédito em conceder o crédito em condições de segurança de obter a sua restituição, quer os do dono do bem de o mobilizar para obter crédito em condições mais favoráveis (p. ex., de taxas de juro), exatamente pela solidez e carácter expedito do mecanismo contratual a que se recorre.

Por isso, só quando decorrer da interpretação do contrato que as partes quiseram mesmo que, no caso de incumprimento do locatário financeiro/fiduciante, o locador financeiro/fiduciário ficasse com o bem (de valor superior), sem ter que o alienar a terceiro ou o fazer avaliar por um ente independente, assim como de restituir o excedente, estaremos perante um pacto comissório, atingido pela proibição, sendo o contrato, desta forma, nulo.

32.8. O regime geral

32.8.1. O prazo

I. Com a alteração introduzida pelo Dec.-Lei n.º 285/2001, de 3/11, os prazos de locação financeira foram muito liberalizados. A lei limita-se agora a estatuir que o prazo mínimo da locação financeira de coisas móveis não deve ultrapassar o que corresponde ao período presumível de utilização económica da coisa (art. 6.º n.º 1) e o contrato não pode ter duração superior a 30 anos, considerando-se reduzido a esse limite quando superior (art. 6.º ns. 1 e 2 do Dec.-Lei n.º 149/95, de 24/6).[1471]

[1471] Note-se que no regime anterior a locação financeira de móveis não podia ser celebrada por prazo inferior a 18 meses e que o prazo mínimo para a locação financeira de imóveis era de 7 anos.

II. Se não for fixado prazo (o que será raro), o contrato considera-se celebrado por um prazo de 18 meses ou de 7 anos, consoante se trate de bens móveis ou de bens imóveis (art. 6.º n.º 3 do Dec.-Lei n.º 149/95, de 24/6).

32.8.2. As rendas

32.8.2.1. Fixação do seu valor

I. De acordo com o regime constante do art. 4.º do Dec.-Lei n.º 149/95, de 24/6, as rendas deveriam permitir "dentro do período de vigência do contrato a recuperação de mais de metade do capital correspondente ao valor do bem locado e cobrir todos os encargos e a margem de lucro do locador, correspondendo o valor residual do bem ao montante não recuperado." (n.º 1 do art. 4.º do Dec.-Lei n.º 149/95, de 24/6).

Daí que o valor residual devesse corresponder sempre ao valor de aquisição do bem que não tivesse sido recuperado através das rendas. A competência para fixação dos valores mínimos e máximos do valor residual cabia ao Banco de Portugal, "tendo em atenção, designadamente, a evolução da economia portuguesa e do sector da atividade da locação financeira." (n.º 2 do art. 4.º do Dec.-Lei n.º 149/95, de 24/6).

A lei estatuía ainda que, enquanto o Banco de Portugal não fizesse uso dessa competência, o valor residual não poderia ser inferior a 2% do valor locado, e, no que diz respeito aos móveis, não poderia ultrapassar o limite de 25% (ns. 2 e 3 do art. 4.º).

Fixavam-se também regras quanto ao vencimento e ao valor das rendas. Assim, estabelecia-se ainda que a data de vencimento da primeira renda não poderia ultrapassar "o decurso de um ano sobre a data a partir da qual o contrato" produziria efeitos (n.º 4 do art. 4.º do Dec.-Lei n.º 149/95, de 24/6) e que o período entre o vencimento de cada renda não poderia ser superior a um ano (n.º 5 do art. 4.º do Dec.-Lei n.º 149/95, de 24/6). Finalmente, o valor de cada renda não poderia ser "inferior ao valor dos juros correspondentes ao período a que a renda" respeitasse (n.º 6 do art. 4.º do Dec.-Lei n.º 149/95, de 24/6).

II. Esta norma (art. 4.º) foi revogada pelo art. 5.º do Dec.-Lei n.º 285/ /2001, de 3/11. A alteração de regime é de facto importante, tendo remetido um conjunto de aspetos relevantes para a autonomia das partes, ou melhor, do locador financeiro.

Parece ser possível retirar as seguintes conclusões.

Em primeiro lugar, o valor residual deixa de ter limites mínimos e máximos, ficando a sua fixação em concreto ao critério das partes. Também já não é necessário que essa quantia corresponda unicamente ao montante do capital não recuperado pelas rendas.

É assim possível, segundo parece, que as partes estabeleçam valores residuais bastante elevados mesmo para móveis (onde o valor residual do bem não poderia ser superior a 25%), ou então valores mínimos quase simbólicos de aquisição dos bens (abaixo do limite mínimo de 2%). Se juntarmos a estes elementos aqueles que resultam da alteração do art. 6.º (art. 1.º do Dec.-Lei n.º 285/2001, de 3/11), isto é, a eliminação dos prazos mínimos do contrato, vemos que a locação financeira, nalguns casos, se poderá aproximar muito da compra e venda a prestações com reserva de propriedade e da locação-venda, quando o valor residual for quase simbólico.

Por pouco se poderia pensar que já não seria necessário o estabelecimento de um valor residual. Mas não é assim, uma vez que na noção (art. 1.º) decorre que o locatário, "decorrido o período acordado", poderá comprar o bem, "por um preço nele determinado ou determinável...", e constitui uma das obrigações do locador [art. 9.º n.º 1 al. c)] "vender o bem ao locatário, caso este queira, findo o contrato". O que implica necessariamente um preço, contrapartida da transmissão da propriedade no negócio posterior de venda, que corresponderá ao valor residual.

Por outro lado, se os valores residuais forem muito elevados (agora não há qualquer limite), aproximar-nos-emos de um contrato promessa unilateral com tradição da coisa.

As alterações inseridas neste ponto acabam por alargar os limites da locação financeira que passa a poder desempenhar por vezes funções que são já próximas das de outros contratos.

32.8.2.2. A sua natureza

I. As rendas da locação financeira são compósitas, compreendendo, numa parte, a amortização do capital e, noutra parte, os juros do crédito concedido (serão também aqui incluídas outras despesas que o locador financeiro tenha tido que efetuar, assim como eventuais comissões administrativas). As primeiras são prestações fraccionadas, as segundas são prestações duradouras reiteradas[1472].

II. Parte das rendas destinam-se a amortizar o que o locador despendeu com a aquisição do bem. Este valor, no entanto, só será, em regra, totalmente reposto com o pagamento do valor residual (mas, mesmo que o locatário opte por não adquirir o bem, decorrido o prazo contratual, o locador poderá repor esse valor em falta, transacionando o referido bem no mercado). O cálculo das rendas dependerá em grande parte (a outra diz respeito aos juros) desse valor a amortizar, do prazo fixado no contrato e do valor residual.

III. O outro elemento que compõe estas prestações são os juros. Eles destinam-se a remunerar a cedência de um certo montante de capital por um determinado período de tempo, determinando-se em função do montante do capital cedido, do tempo da cedência e de uma taxa[1473]. O capital aqui em jogo é o preço pago pelo locador financeiro na compra do bem ao locatário ou a terceiro.

A contrapartida, a remuneração desse capital, consiste nos juros, que são pré-calculados e incluídos nas ditas rendas[1474]. O cálculo destas rendas é realizado de forma a conterem estes dois elementos (assim como outros custos que são também remunerados por via das rendas e de que nos estamos agora, por serem uma parcela bem menor, a abstrair). O locatário, ao pagar cada renda, estará a amortizar parte do capital e a pagar parte dos

[1472] Para a diferenciação, clara em termos contabilísticos, da parte da renda que corresponde à amortização do bem e da parcela que corresponde aos juros, ver F. V. GONÇALVES DA SILVA/J. M. ESTEVES PEREIRA, *Contabilidade das sociedades*, cit., pp. 314-316, em particular o quadro financeiro, p. 315.

[1473] Ver, para a determinação dos elementos componentes da obrigação de juros, por todos: J. RIBEIRO DE FARIA, *Direito das obrigações*, vol. II, cit., pp. 240, ss.; J. ANTUNES VARELA, *Das Obrigações em geral*, vol. I, cit., p. 870.

[1474] E com isto não estamos a reduzir a locação financeira a um mútuo, que não é – ver, sobre este aspeto, desenvolvidamente, D. LEITE DE CAMPOS, *Análise tipológica do contrato de locação financeira*, cit., pp. 69-71-, visamos só explicar convenientemente como são calculadas e o que representam as rendas da locação financeira.

juros. Decorrido o prazo fixado no contrato e pago o valor residual, o locador verá reposto o capital que gastou para comprar esse bem, assim como a sua remuneração: os juros.

IV. Não se trata, pois, aqui, quanto às rendas, "de uma mera contrapartida da concessão do gozo da coisa", sempre que o locatário não exerça o seu direito de compra e, o que não é a mesma coisa, de uma "remuneração do proprietário pelo valor económico consumido pelo locatário."[1475] Embora, em certos casos, nesta última versão, tal possa acontecer, mas dentro de certos e muito particulares condicionalismos.

32.8.3. Reflexos em termos de disciplina do contrato da mera função de garantia desempenhada pela propriedade

I. Como vimos, o locador financeiro pretende assegurar o crédito concedido à outra parte, mantendo a propriedade do bem, adquirida a terceiro ou ao próprio locatário financeiro, no seu património. Faz, de seguida, a entrega do bem à outra parte para que esta o use e frua. A propriedade, temos sublinhado, só lhe interessa como instrumento de garantia.

É este aspeto que explica um conjunto de consequências em termos de regime, das quais sublinhamos as mais relevantes[1476]. O locador não responde pelos vícios da coisa ou pela sua inadequação face aos fins do contrato, exceto no que toca aos casos previstos no art. 1034.º do Código Civil (ilegitimidade do locador ou deficiência do seu direito – art. 12.º do Dec.-Lei n.º 149/95, de 24/6); o risco de deterioração ou perda da coisa corre por conta do locatário (e não do proprietário/locador – art. 15.º do Dec.-Lei n.º 149/95, de 24/6); as despesas de transporte e seu seguro, de montagem, instalação, conservação e reparação do bem locado [arts. 14.º e 10.º, n.º 1, als. e) e f) do Dec.-Lei n.º 149/95, de 24/6], assim como "as despesas necessárias para a sua devolução ao locador, incluindo as

[1475] TERESA ANSELMO VAZ, *Alguns aspetos do contrato de compra e venda a prestações e contratos análogos*, cit., p. 91.

[1476] Ver sobre este ponto J. CALVÃO DA SILVA, *Locação financeira e garantia bancária*, cit., pp. 23-24. Como sublinha este Autor: "No fundo é co-natural ao *leasing* que a sociedade locadora se obrigue a adquirir e a conceder o gozo da coisa ao locatário mas se desinteresse ou exonere dos riscos e da responsabilidade relativos à sua utilização."

relativas aos seguros, se indispensáveis, ficam a cargo do locatário" (art. 14.º do Dec.-Lei n.º 149/95, de 24/6).

Aliás, ainda neste quadro, repare-se, como começámos logo por assinalar, que o locatário pode exercer contra o vendedor ou empreiteiro os direitos relativos ao bem locado ou resultantes do contrato de compra e venda ou de empreitada. Note-se: relativamente a um contrato em que ele não foi parte e dizendo respeito a um bem de que ele não é dono.

II. A propriedade do locador-financeiro, ao contrário do que se passa com o locador civil, consiste meramente numa garantia do seu crédito: o bem em si só lhe interessa para esse fim. O que significa que o seu estado, porque influencia o valor do bem (que o locador financeiro poderá ter, fruto da resolução do contrato ou do não exercício do direito de compra pelo locatário, que transacionar),[1477] é para ele um elemento relevante[1478]. Este interesse do locador molda também a disciplina contratual.

Assim, o locador tem o direito de defender a integridade do bem nos termos gerais de direito [art. 9.º, n.º 2, al. a) do Dec.-Lei n.º 149/95, de 24/6], bem como de o examinar [art. 9.º, n.º 2, al. b) do Dec.-Lei n.º 149/95, de 24/6]. Recaem, por seu lado, sobre o locatário, entre outros, os deveres de facultar ao locador o exame do bem [al. c) do n.º 1 do art. 10.º do Dec.-Lei n.º 149/95 de 24/6], de o conservar e não fazer dele uma utilização imprudente [al. e) do n.º 1 do art. 10.º], de o reparar [al. f) do n.º 1 do art. 10.º do Dec.-Lei n.º 149/95, de 24/6], de não o aplicar a fim diverso daquele a que se destina [al. d) do n.º 1 do art. 10.º do Dec.-Lei n.º 149/95, de 24/6], de avisar o locador sempre que tenha conhecimento de vícios no bem ou saiba que o ameaça algum perigo ou que terceiros se arrogam direitos em relação a ele desde que esse facto seja ignorado pelo locador [al. i) do n.º 1 do art. 10.º do Dec.-Lei n.º 149/95, de 24/6], restitui-lo em bom estado (salvo as deteriorações inerentes a uma utilização normal), findo o contrato [al. l) do n.º 1 do art. 10.º do Dec.-Lei n.º 149/95, de 24/6].

[1477] Vendendo-o, celebrando um contrato de locação ou até de locação financeira com o antigo locatário ou terceiro – art. 7.º do Dec.-Lei n.º 149/95, de 24/6.

[1478] Como sublinha J. CALVÃO DA SILVA (*Direito bancário*, cit., p. 426), uma vez que "propriedade garante o financiamento, à locadora-proprietária não é indiferente a conservação da coisa em bom estado...".

Terá, também, de efetuar o seguro do bem contra o risco da sua perda, deterioração e dos danos por ele provocados [al. j) do n.º 1 do art. 10.º do Dec.-Lei n.º 149/95 de 24/6].

32.8.4. O incumprimento por parte do locatário financeiro do dever de pagar a renda e a resolução do contrato

I. Se o locatário deixar de cumprir as suas obrigações, em particular se deixar de pagar as rendas, verificados os pressupostos legais, o locador poderá em princípio, nos termos gerais, exigir o cumprimento imediato das rendas vincendas (ou melhor: parte delas, excluindo os juros que as compõem) e, face ao não cumprimento, recorrer à interpelação cominatória e resolver o contrato, exigindo, de imediato, a restituição do bem ao devedor inadimplente.

Poderá, igualmente, limitar-se a exigir o pagamento dos juros de mora.

Pode ainda, de imediato (já se verá em que termos), face ao não cumprimento, recorrer à interpelação cominatória e resolver o contrato. Na fixação da indemnização, terá que se ter em linha de conta o valor do bem que o locador, depois, transacionará.

Dentro deste quadro, que resulta simplesmente da aplicação das regras gerais relativas ao não cumprimento das obrigações pecuniárias, colocam-se diversas questões resultantes das particularidades da locação financeira, conduzindo-nos a resultados mais diferenciados, e mais complexos, dos que acabaram de ser apresentados. É o que passamos a ver.

a) O regime anterior

O art. 16.º do Dec.-Lei n.º 149/95, de 24/6, estabelecia uma dupla protecção do locatário no caso de não pagamento de uma prestação de renda. Por um lado, era necessário que a mora de estendesse por um período superior a 60 dias para o locador poder resolver o contrato (sem prejuízo de convenção em contrário, mas a favor do locatário – n.º 1 do art. do Dec.-Lei n.º 149/95, de 24/6); por outro, o locatário poderia precludir o direito do locador à resolução, se pagasse o montante em dívida acrescido de 50%, dentro do prazo de 8 dias contados da data em que tivesse sido notificado pelo locador da resolução do contrato (n.º 2 do art. 16.º do Dec.-Lei n.º 149/95, de 24/6).

O Dec.-Lei n.º 285/2001, de 3/11, revogou esta norma, entendendo o legislador que "a transparência das condições contratuais e a livre concorrência consubstanciam formas adequadas de acautelar a proteção dos consumidores dos serviços prestados pelas instituições habilitadas à realização de atividades de locação financeira" (preâmbulo do referido diploma), solução de cujo acerto temos bastantes dúvidas.

Na realidade, face às defesas de que as locadoras se dotam nos contratos de locação financeira, esta tutela da posição do locatário estava longe de ser excessiva ou de ser demasiado protecionista (para precludir o direito do locador à resolução, o locatário teria que pagar mais 50% do montante em dívida dentro de 8 dias).

O regime atual é, assim, mais gravoso para o locatário, uma vez que, se este deixar de pagar uma renda, o locador poderá, aparentemente (já veremos, de seguida, que não é bem assim), recorrer à interpelação cominatória para o colocar em incumprimento definitivo, podendo, de seguida, resolver o contrato (com o limite do art. 802.º n.º 2). Em seguida, o locatário deixará de poder precludir esse direito à resolução, conforme antes podia fazer, pagando o montante em dívida, acrescido de 50%, após notificação da resolução.

b) O regime atual do incumprimento do locatário e o incumprimento definitivo

I. Não cremos, no entanto, que se possa afirmar que o simples incumprimento de uma renda permite hoje o recurso de imediato à interpelação cominatória seguida da resolução do contrato.

Com efeito, parece-nos que, por força do disposto no art. 936.º n.º 1, será aplicável aqui, pelo menos a grande parte dos contratos de locação financeira (aqueles que temos em vista, e que podemos designar por locação financeira dirigida à aquisição do bem, sendo aqui particularmente relevante a diferença entre o valor venal do bem e o valor residual – mais baixo – aquando do decurso do prazo contratual), o disposto no art. 934.º para a venda a prestações com reserva de propriedade, feita a entrega da coisa ao comprador.

O que implicará que a falta de pagamento de uma só prestação (de uma renda), que não exceda a oitava parte do preço (incluindo-se para a determinação deste as rendas e o valor residual), não dará lugar à resolução do contrato[1479], sem que se possa estabelecer convenção em contrário[1480].

II. As razões que nos levam a sustentar essa solução são as seguintes.

O art. 936.º n.º 1 estende o regime protetor estabelecido para a venda a prestações (artigos 934.º e 935.º) "a todos os contratos pelos quais se pretenda obter um resultado equivalente". Descontadas as diferenças de ordem estrutural e de regime[1481], que em todo o caso estão hoje mais esbatidas (não existem já prazos mínimos para a locação financeira, nem limites mínimos para o valor residual, entre outras), do ponto de vista da finalidade visada, do resultado pretendido – e é esse o critério da lei –, as similitudes são evidentes.

Em ambos os casos, trata-se de um contrato por via do qual se concede crédito à outra parte, concedendo-lhe o gozo de um bem (mas, em ambos os casos, não se assegura), que ela irá adquirir (ou pode fazê-lo) decorrido o prazo fixado, e em que o creditante recorre à propriedade do bem, mantida na sua esfera, como garantia (a comparação, como se vê, é realizada com a venda a prestações com reserva de propriedade e entrega da coisa – que é o caso mais relevante e aquele previsto na primeira parte do art. 934.º).

As rendas da locação financeira são calculadas, como já se referiu, atendendo a duas parcelas (essencialmente, uma vez que, em rigor, se incluem aqui igualmente outras despesas realizadas pelo locador financeiro; estamos ainda a partir do princípio que o lucro do locador financeiro consiste nos juros cobrados, através de um adicional a uma taxa base), a amortização do valor do bem mais os juros (a que acresce o valor residual), o mesmo se passando normalmente com as prestações da venda com reserva de propriedade (em que a dilação no pagamento do preço, que é realizado a prestações, consiste na concessão de crédito, denominado "crédito

[1479] Nem leva à perda do benefício do prazo – mas só da parte das rendas vincendas que diga repeito à amortização do bem.

[1480] Neste sentido, entre nós, já D. LEITE DE CAMPOS, *A locação financeira*, cit., p. 151.

Contra, TERESA ANSELMO VAZ, *Alguns aspetos do contrato de compra e venda a prestações e contratos análogos*, cit., pp. 89, ss.; F. GRAVATO MORAIS, *Manual da locação financeira*, cit., p. 91; idem, *Contratos de crédito ao consumo*, Almedina, Coimbra, 2007, p. 206.

[1481] Sobre este ponto, desenvolvidamente, ver D. LEITE DE CAMPOS, *A locação financeira*, cit., pp. 130-133.

comercial"). Poderá ser incluída, em ambos os tipos de prestações, uma comissão de administração.

É um facto que na compra e venda com reserva de propriedade a prestações se verifica uma aquisição automática do bem com o pagamento da última prestação, o que não acontece com a locação financeira, onde será necessário pagar ainda o valor residual. No entanto, a verdade é que este pode ser bastante reduzido (hoje em dia, mesmo, quase simbólico), ou no valor aproximado de uma renda. Por outro lado, nada implica que as prestações na venda com reserva de propriedade tenham necessariamente que ter valores iguais, podendo ser crescentes ou decrescentes. Tudo depende do convencionado pelas partes.

Acresce ainda que na modalidade de locação financeira que temos em vista a aquisição do bem por parte do locatário financeiro decorrido o prazo contratual será, na prática, imposta por razões de natureza económica, ligadas à diferença de valores entre o valor residual do bem e o seu valor venal (descontando já o facto de o locatário financeiro ter recorrido a esta estrutura negocial, exatamente como uma via para o adquirir).

III. Ainda se poderia obstar à solução proposta naqueles contratos de locação financeira em que o prazo contratual quase coincide com a vida económica da coisa. Contudo, se se vir bem, embora não seja o mais comum, na própria venda a prestações com reserva de propriedade e entrega da coisa, de forma paralela, o prazo do contrato quase poderá coincidir com esse período (ou aproximar-se bastante dele), sendo as prestações calculadas para amortizarem, de uma forma mais suave do que se a aquisição fosse mais rápida, todo o bem (juntamente com os juros relativos a esse período de tempo) ao longo de grande parte do seu período de vida económica útil, dependendo daquilo que as partes convencionarem.

Seria, talvez, possível contrapor que na locação financeira o bem terá que ser adquirido a terceiro (ou ao próprio locatário na locação financeira restitutiva), enquanto tal não se passaria na venda com reserva de propriedade a prestações com entrega da coisa. Todavia, nada obsta a que este último contrato se articule com uma compra prévia e, nalguns casos, nos termos do art. 7.º de Dec.-Lei n.º 149/95, 24/6, a locação financeira pode ter por objeto um bem que já pertença ao locador financeiro.

IV. Consequentemente, do *ponto de vista do resultado* (e é esse o critério do art. 936.º n.º 1), na concessão de crédito através de um instrumento contratual que permite ao creditado de imediato o gozo dessa coisa que vai pagando (assim como o custo do crédito concedido), no todo ou em parte, através das prestações ou rendas, e adquirirá, ou poderá adquirir, decorrido o prazo estabelecido, mantendo o creditante a propriedade da coisa (que comprou, ou não, para esse efeito) com função de garantia, há uma similitude evidente entre ambos os contratos, justificando-se assim a aplicação da referida norma, por força do art. 936.º n.º 1.

O que significa que o não cumprimento de uma só renda que não exceda em 1/8 o valor do preço (e aqui teria que se considerar não o valor global das rendas, mas o valor global das rendas somado ao valor residual), ou mais do que uma renda, permite, desde que se preencham também os requisitos gerais, transformar a mora em incumprimento definitivo e resolver o contrato.

32.8.5. Os efeitos da resolução do contrato sobre as rendas pagas

I. Tendo exposto anteriormente qual é a estrutura das rendas, não nos oferece dúvidas (e este aspeto é importante para resolver também outros problemas de regime da locação financeira, como veremos) que, em princípio (a diversa configuração que os contratos de locação financeira podem revestir leva-nos aqui a ter cautelas), naquelas locações financeiras dirigidas à aquisição do bem, a resolução implicará a restituição do montante das rendas que constituem a sua amortização, mas já não, segundo cremos, dos juros aí incluídos[1482].

Repare-se que outra solução poderia conduzir a um enriquecimento injustificado do locador.

Resolvido o contrato, poderia manter o que já havia recebido como amortização do bem e obteria, ao mesmo tempo, a restituição do próprio bem.

[1482] Entre nós, em sentido contrário, F. GRAVATO MORAIS (*Manual da locação financeira*, cit., p. 180) que não obstante reconhecer que a prestação do locatário é fracionada, defende que "a especificidade que lhe subjaz" leva a uma aplicação analógica do art. 434.º n.º 2 CC. Como procuramos demonstrar, a aplicação desta norma é direta e só no que diz respeito à parte da renda referente aos juros.

II. Poderia argumentar-se, por fim, que o bem entretanto se depreciou (o bem quase sempre se terá depreciado alguma coisa, embora esse valor dependa muito da natureza dos bens que, por vezes, tratando-se de imóveis, se podem mesmo ter valorizado). Nesses casos, o valor da propriedade como garantia diminui. O montante indemnizatório será maior.

Ainda assim, a posição do locador não estará desprotegida, porque sendo ao mesmo tempo credor da outra parte pela indemnização e devedor do locatário da parte de amortização do bem das rendas recebidas, poderá recorrer à compensação, como meio de extinção da sua dívida e de defesa.

A solução é a mesma, com as devidas adaptações, segundo nos parece, para a venda a prestações com reserva de propriedade e entrega da coisa e para a locação-venda (onde é mesmo imperativamente imposta pela lei, como atrás vimos).

III. Acrescente-se só, por fim, que, em certos casos, tratando-se de bens cuja vida económica útil coincida com o período de duração do contrato (portanto, atendendo ao critério do fim visado pelas partes será já uma *outra modalidade* de locação financeira), a solução poderá será diversa. Com efeito, nessas hipóteses, o fundamento acima apresentado, e que constitui a base da solução apresentada, não se verifica, uma vez que o valor económico do bem é "consumido" (na expressão de A. Luminoso[1483]) ao longo do tempo, de tal forma que, aquando da resolução do contrato, o valor pago (como amortização) através das rendas corresponde ao montante pelo qual o bem se depreciou.

A questão não tem, no entanto, uma importância prática por aí além, uma vez que, conforme foi visto, mesmo que se sustente, nestes casos em que o locador resolve o contrato, a restituição das rendas, este último adquire um crédito indemnizatório face ao locatário inadimplente (e para se fixar este montante terá que ser ter em conta essa mesma perda de valor), podendo recorrer à compensação.

Contudo, não era este o panorama no caso de falência, atenta a proibição de compensação, entre nós, depois da sua declaração. O recente regime da insolvência, como se verá, levou a minorar esta debilidade da posição do

[1483] A. LUMINOSO, *I contratti tipici e atipici*, cit. p. 388.

locador naqueles casos em que o administrador da insolvência opte pela recusa de cumprimento.[1484]

32.9. O regime executivo

I. O locador financeiro está sempre protegido dos outros credores do locatário, uma vez que o bem, pertencendo àquele, não poderá ser penhorado em ação interposta por estes. Nesse caso, o proprietário poderá reagir por meio dos embargos de terceiro (art. 342.º n.º 1 CPC)[1485].

Na verdade, os credores do locatário financeiro podem meramente penhorar a expetativa jurídica à aquisição do direito de adquirir o bem e não à aquisição do próprio bem. É esta expetativa que pode ser penhorada e que se o locatário cumprir integralmente as suas prestações dará lugar ao direito à aquisição do bem sobre que recairá depois a penhora.

II. A hipótese inversa é a da penhora em ação interposta por parte dos credores do locador financeiro do bem que integra o seu património. Poderá o locatário financeiro defender-se através de embargos de terceiro? A resposta afirmativa é dada por Teixeira de Sousa, entendendo que o locatário-financeiro pode deduzir embargos de terceiro, "com base na sua expetativa jurídica"[1486]. Trata-se, no entanto, de um ponto duvidoso e controverso[1487], até porque a posição do locatário financeiro é diferente da do comprador com reserva de propriedade. Este último é titular de uma expetativa real de aquisição da coisa oponível a terceiros, o que não sucede com o locatário financeiro. Não é possível equiparar as duas posições.[1488]

[1484] Muito generalizada na prática contratual da locação financeira, é o recurso a cláusulas penais pelo locador financeiro em regra mediante o recurso a cláusulas contratuais gerais, como forma de tutelar a sua posição, no caso de resolução do contrato por incumprimento da outra parte. Ver, sobre elas, desenvolvidamente, M. PESTANA DE VASCONCELOS, *Direito bancário*, cit., pp. 295, ss.. Ver também, A. MENEZES CORDEIRO, *Direito bancário*, cit., pp. 741, ss.; e, em Itália, para fenómeno semelhante, A. LUMINOSO, *I contratti tipici e atipici*, cit., p. 411, ss..

[1485] Cfr. M. TEIXEIRA DE SOUSA, *Ação executiva singular*, cit., p. 308.

[1486] M. TEIXEIRA DE SOUSA, *Ação executiva singular*, cit., p. 309.

[1487] No sentido negativo, J. P. REMÉDIO MARQUES, *Curso de processo executivo comum à face do Código revisto*, cit., p. 331.

[1488] Estamos a analisar em texto a locação financeira "trilateral". A locação financeira restitutiva tem neste âmbito um regime diverso.

32.10. O regime insolvencial

I. Na eventualidade de declaração de insolvência do locador financeiro, o regime é idêntico ao da venda com reserva de propriedade e da locação venda, podendo desta forma o locatário, caso já lhe tenha sido entregue a coisa, exigir o cumprimento do contrato, onde se inclui o direito de adquirir o bem (e o dever do locador lho vender) decorrido o prazo contratual (art. 104.º n.º 1 CIRE).

II. Se for declarada a insolvência do locatário que se encontre na posse da coisa, o contrato mantém-se e caberá ao administrador optar entre o seu cumprimento e a recusa do cumprimento (art. 104.º n.º 3 e n.º 5 CIRE). O prazo razoável que a outra parte pode fixar ao administrador, nos termos gerais, para que este exerça a sua opção (art. 102.º n.º 2 CIRE), não poderá esgotar-se antes de decorridos cinco dias sobre a data da assembleia de aprovação do relatório (art. 104.º n.º 3 CIRE).

Também relativamente a estes bens, será necessário esperar pela deliberação por parte da referida assembleia quanto ao encerramento ou manutenção em atividade do estabelecimento ou estabelecimentos compreendidos na massa insolvente de que o bem objeto de locação financeira faça parte, para que o administrador, tendo a massa meios para o efeito, possa optar, de forma avisada, pela execução.

III. Se optar pelo cumprimento, as rendas tornam-se dívidas da massa [art. 51.º, n.º 1, al. f) CIRE]. Decorrido o prazo contratual, o administrador poderá ou não exercer o direito de compra do bem, mediante o pagamento do valor residual. Note-se que, se o administrador não cumprir as rendas, como o contrato se mantém, o locador financeiro poderá resolver o contrato, exigindo a restituição da coisa.

IV. O administrador poderá ainda optar pela recusa do cumprimento. Nessa eventualidade, o locador financeiro vê a sua posição conformada pelo disposto no art. 104.º n.º 5 e no art. 102.º n.º 3 CIRE. Daqui resulta que não haverá lugar à restituição das rendas já pagas [art. 102.º, n.º 3, al. a) CIRE], adquirindo este último, para além do direito à restituição do bem, o (eventual) crédito decorrente do art. 102.º, n.º 3, al. c) (segundo o critério do art. 104.º n.º 5 CIRE), e, também, eventualmente, o direito a ser indemnizado – art. 102.º, n.º 3, al. d) CIRE –, como créditos sobre a insolvência [art. 104.º n.º 5 e 102.º, n.º 3, al. d) (iii) CIRE].[1489]

Dependendo do montante de rendas já pagas e do valor do bem na data da recusa de cumprimento (ambas necessárias para se determinar o montante indemnizatório), o locador encontra-se em regra numa posição confortável, sendo, também em regra, reduzido o crédito indemnizatório[1490].

Repare-se que a posição deste sujeito, no caso de recusa do cumprimento por parte do administrador, está mais tutelada do que estava ao abrigo do regime do art. 163.º CPEREF, se o liquidatário optasse pela resolução do contrato, porque no direito pregresso tinha que restituir as rendas recebidas (na parte relativa à amortização do bem, na nossa perspetiva), enquanto hoje poderá retê-las.

Em qualquer dos casos, no entanto, a defesa do locador assenta aqui na propriedade do bem, que não perde e que pode transacionar, obtendo, dessa forma, o parcial reembolso do capital investido na aquisição do mesmo bem no seio da locação financeira. O crédito indemnizatório que subsista é um crédito comum sujeito às limitações da massa.

VI. Do exposto quanto à tutela insolvencial da posição do locador financeiro, decorre, em suma, que a tutela conferida pela propriedade neste caso, nos termos acima referidos, estará frequentemente limitada no

[1489] A solução legal é idêntica à da venda a prestações com reserva de propriedade.

[1490] Se o valor do bem ainda for elevado e as rendas pagas forem de um montante considerável, o montante indemnizatório pode reduzir-se muito ou até ser quase inexistente, o que minora bastante o carácter incompleto da garantia. Nalguns casos poderá, inclusive, não haver lugar a qualquer indemnização, porque a soma das rendas retidas com o valor do bem (cuja propriedade se mantém na esfera do locador financeiro) coloca o locador numa melhor posição do aquela em que ele estaria na eventualidade de o contrato ter sido integralmente cumprido. Isto é, da comparação de ambas as situações patrimoniais do art. 566.º n.º 2 resulta mesmo uma vantagem para o locador financeiro. Assim sendo, o locador financeiro terá que restituir à massa a diferença entre o montante necessário para se colocar na posição em que estaria se o contrato tivesse sido integralmente cumprido e aquela em que fica em virtude da recusa de cumprimento pelo administrador.

Noutros casos, em que o bem sofra uma depreciação muito rápida e o montante de rendas pagas seja diminuto, haverá ainda um dano patrimonial a indemnizar (embora menos do que aquele que decorreria para a mesma hipótese do regime anterior do art. 163.º CPEREF).

que toca à sua *extensão* (se bem que no atual regime do CIRE, por vezes, como temos vindo a assinalar, não o seja), embora não na sua *intensidade*. É que a medida de protecção do locador dependerá sempre do valor de mercado do bem (portanto pelo qual ele o pode de imediato transacionar), e dos maiores ou menores custos da sua colocação no mesmo mercado.

Por outro lado, a posição do locador depende ainda do montante das rendas efetivamente pagas pela outra parte, uma vez que em caso de recusa de cumprimento por parte do administrador, como se disse, poderá retê-las, diminuindo nessa medida o seu crédito indemnizatório[1491].

Apesar de tudo, é possível que o valor do bem não seja suficiente (e não obstante, neste caso, não haver lugar à restituição das rendas já pagas) para permitir a eliminação do montante indemnizatório, nos termos acima referidos.

Por essa razão, o recurso ao direito de propriedade com função de garantia na locação financeira "trilateral", embora confira uma protecção particularmente sólida, uma vez que o credor é o proprietário do bem, será, por vezes, insuficiente (e muito dependente da maior ou menor depreciação do bem[1492]) e, nessa medida, se diz que constitui um *meio de tutela incompleta*.

VII. No entanto, se estivermos face a uma locação financeira restitutiva (ou *sale and lease back*), dada a normal superioridade, por razões de segurança do locador financeiro do bem face ao montante em dívida (incluindo aqui o valor residual, que não é, na verdade, o montante em dívida, mas que é necessário para que o locador financeiro possa reaver a quantia que entregou como preço de compra ao locatário, e que consiste no crédito), a tutela do locador financeiro será já completa.

Mas mais: se o administrador optar pela recusa do cumprimento, a outra parte não terá qualquer direito a ser indemnizada, de acordo com o critério fixado no art. 102.º, n.º 3, al. d) CIRE, porque, nestes casos, em resultado, quer da não restituição das rendas já pagas, quer do valor de mercado do

[1491] Se estivermos fora do âmbito insolvencial, poderá recorrer à compensação.

[1492] Nessa medida se pode dizer que ela é menos sólida, se se tratar de bens sujeitos a uma rápida depreciação, mas será mais robusta, se os bens tiverem um valor de mercado estável, como acontece com os imóveis.

bem nesse momento, a comparação das situações patrimoniais revelará mesmo *uma vantagem* para o credor/locador financeiro.[1493]

Sobre o locador financeiro, como fiduciário (conforme acima vimos), recai o dever de *vender* o bem ou *fazê-lo avaliar* (sempre que necessário) por um terceiro independente – sendo qualquer um destes procedimentos necessário para se determinar a situação patrimonial em que o locatário financeiro fica em resultado da recusa de cumprimento pelo administrador –, devendo ainda *restituir* à outra parte, aqui ao administrador, o valor remanescente.

Trata-se de um dever integrado na relação de liquidação desencadeada pela recusa de cumprimento pelo administrador que, para além do conteúdo que resulta diretamente do CIRE, é composta, igualmente, tendo em vista a natureza fiduciária do contrato, *mesmo no âmbito insolvencial*, por este dever de restituição do montante *positivo* que decorra da diferença entre a situação em que o locador financeiro/fiduciário se encontra e a situação em que estaria se não se tivesse verificado a recusa de cumprimento e o contrato tivesse sido cumprido.[1494]

33. O reporte[1495]

33.1. Introdução

I. O reporte[1496] é o mais antigo dos contratos típicos que pode (mas não só) desempenhar funções de crédito e garantia, sendo esta constituída

[1493] Não adquirirá o locador qualquer crédito decorrente da al. c) do n.º 3 do art. 102.º, de acordo com o critério fixado no art. 104.º n.º 5 CIRE, porque, nestes casos, o valor do bem na data da recusa de cumprimento será quase sempre superior ao montante das rendas previstas até final do contrato, atualizadas para a data de declaração de insolvência por aplicação do estabelecido no art. 91.º n.º 2 CIRE, exatamente pela referida "margem de segurança" do locador financeiro.

[1494] Quanto à existência desta relação de liquidação com este conteúdo, na fase insolvencial, e, em particular, o fundamento dos referidos deveres, ver, desenvolvidamente, M. PESTANA DE VASCONCELOS, *A cessão de créditos em garantia e a insolvência. Em particular da posição do cessionário na insolvência do cedente*, cit., p. 781, nota 1468.

[1495] A exposição sobre o reporte assenta, em parte, no estudo mais amplo que fizemos sobre este contrato sob o título *Do reporte com função de crédito e garantia*, publicado em Nos 20 anos do Código das Sociedades Comerciais, homenagem aos Profs. Doutores A. Ferrer Correia, Orlando de Carvalho e Vasco Lobo Xavier (coord. António Pinto Monteiro), vol. III, vária, Faculdade de Direito da Universidade de Coimbra, Coimbra Editora, Coimbra, 2007, pp. 9-61. Para maiores desenvolvimentos, para aí remetemos.

pela titularidade de um direito. Foi prevista e parcialmente regulada no Código Comercial (ainda em vigor) de 1888. Consiste numa figura pouco estudada entre nós. A prática, até ao momento, pelo menos, não parece fazer grande uso dela, o que provavelmente é o reflexo desse menor tratamento doutrinário.

II. Contudo, tal não significa que seja um contrato menor no que diz respeito à sua importância dogmática, e não tenha um enorme relevo prático, uma vez que se trata, com o repo[1497], de um instrumento de

[1496] Sobre o reporte, em geral, ver: RUY ENNES ULRICH, *Do reporte no direito commercial portuguez*, Imprensa da Universidade, Coimbra, 1906; LUÍS CUNHA GONÇALVES, *Da compra e venda no direito comercial português*, 2.ª ed., Coimbra Editora, Coimbra, 1925, pp. 518, ss.; A. MENEZES CORDEIRO, *Do reporte: subsídios para o regime jurídico do mercado de capitais e da concessão de crédito*, in: Banca, bolsa e crédito, estudos de direito comercial e direito da economia, vol. I, Almedina, Coimbra, 1990, pp. 143, ss.; idem, *Manual de direito comercial*, pp. 840, ss.; J. CALVÃO DA SILVA, *Banca, bolsa e seguros. Direito europeu e português*, tomo I, *parte geral*, cit., pp. 239, ss.; SOFIA NASCIMENTO RODRIGUES, *Os contratos de reporte e de empréstimo no código dos valores mobiliários*, Cad. MVM (edição especial sobre o Código dos Valores Mobiliários), 2000, pp. 353, ss.; SOFIA LENCART, *A celebração de contratos de reporte por sociedades gestoras de fundos de investimento mobiliário. Problemas suscitados pelo art. 11.º do Decreto-Lei n.º 276/94, de 02 de Novembro*, Almedina, Coimbra, 2000; RICARDO CRUZ, *O desenvolvimento do mercado de operações de reporte sobre valores mobiliários em Portugal*, Rev. Ban., 1994, pp. 25, ss..

Ver ainda: LUIGI TARTUFARI, *Intorno alla natura giuridica del contratto di riporto*, RDCom., 1905, I, p. 257; CESARE VIVANTE, *Il contratto di riporto*, RDCom., 1919, I, p. 665; idem, *Il contratto di riporto*, RDCom, 1925, I, p. 97; G. MOLLE, *I contratti bancari*, cit., p. 366; GIUSEPPE AULETTA/NICOLÒ SALANITRO, *Diritto commerciale*, 11.ª ed., Giuffrè, Milão, 1998, pp. 510, ss.; FRANCO BELLI/CLAUDIA ROVINI, *Riporto (contratto di)*, DDP, sezione commerciale, XII, pp. 541, ss.; D. LOIACONO/A. CALVI/A. BELTRANI, *Il trasferimento in funzione di garanzia tra pegno irregulare, riporto e diritto di utilizzazione*, cit., pp. 23, ss.; LUIGI SALOMONE, *Contratto di riporto e scopo di garanzia*, in: Le garanzie personale e reali, in: Il diritto privato nella giurisprudenza (coord. por Paolo Cendon), Utet, Turim, 2006, pp. 311, ss..

[1497] Repo é a abreviatura de *sale and repurchase agreement*. Ver sobre este, desenvolvidamente: M. CHOUDHRY, *An introduction to repo markets*, cit., p. 2; J. BENJAMIN, *Financial law*, cit., pp. 307, ss.; P. WOOD, *Law and pratice of international finance*, cit., p. 294; CHRISTOPHER KIENLE, *Wertpapierleihe und Wertpapier- Pensionsgeschäft*, in *Bankrechts-Handbuch* (de H. SCHIMANSKY/H.-J. BUNTE/H.-J. LWOWSKY), Band II, 4.ª ed., C. H. Beck, Munique, 2011, § 105, pp. 1109, ss.; HANS-PETER SCHWINTOWSKI/FRANK SCHÄFER, *Bankrecht. Commercial Banking-Investment Banking*, 2.ª ed., Carl Heymanns, Colónia, Berlim, Bona, Munique, 2004, pp. 927, ss. (O Repo é qualificado na Alemanha como um verdadeiro – "echtes" – *Pensionsgeschäft* regulado no § 340 b HGB). Ver para a distinção do reporte do Repo, acentuando as suas semelhanças de tal forma que o Repo poderia ser qualificado no direito italiano

eleição para a realização pelos bancos centrais das operações de *open market*.[1498]

Acresce que, nos tempos mais recentes, o crescente recurso à titularidade de um direito com função de garantia veio recolocar este contrato numa posição de destaque. Como o demonstra, claramente, a disciplina das garantias financeiras (Dec.-Lei n.º 105/2004, de 8/5) que reserva ao reporte um papel central no seio das alienações fiduciárias em garantia (art. 2.º n.º 3 e art. 20.º do Dec.-Lei n.º 105/2004, de 8/5)[1499].

III. Temos, desta forma, duas disciplinas aplicáveis ao reporte. Sempre que ele preencher os requisitos de aplicação do diploma das garantias financeiras[1500], será esse o regime a aplicar. Quando tal não se verifique, aplicar-se-á aquele que poderíamos designar pelo seu regime geral.

Como a disciplina das alienações fiduciárias em garantia que sejam contratos de garantia financeira será objeto de tratamento próprio, neste momento vamos caracterizar o reporte, expor a sua estrutura, esclarecer quais as suas funções, em particular, como é evidente, a de crédito e garantia, e, depois, abordaremos o regime geral do contrato. O conhecimento destes aspetos é, aliás, necessário para a correta percepção das especialidades decorrentes da disciplina do reporte/contrato de garantia financeira.

como reporte atípico, D. LOIACONO/A. CALVI/A. BELTRANI, *Il transferimento in funzione di garanzia tra pegno irregulare, riporto e diritto di utilizzazione*, cit., pp. 18, ss..

[1498] European Central Bank, *The implemantation of monetary police in the euro area*, February, 2011, p. 20 (disponível em: http://www.ecb.int/pub/pdf/other/gendoc2011en.pdf).
Ver ainda sobre este aspeto: ARNALDO COSTA NEVES, *Os objetivos e os instrumentos de política monetária do Euro-sistema*, in: Estudos jurídicos e económicos em homenagem ao Prof. Doutor António de Sousa Franco, Faculdade de Direito da Universidade de Lisboa, Coimbra Editora, 2006, p. 364; JOSÉ SIMÕES PATRÍCIO, *Do euro ao código civil europeu? Aspetos da convergência legislativa*, cit., p. 120; CARLOS COSTA PINA, *Instituições e mercados financeiros*, Almedina, Coimbra, 2005, pp. 93-94.

[1499] A. MENEZES CORDEIRO (*Direito bancário*, cit., p. 836) propõe para designar a alienação fiduciária em garantia a expressão "fidúcia financeira".

[1500] Ou seja, os previstos nos arts. 3.º a 7.º (art. 2.º n.º 1 do Dec.-Lei n.º 105/2004, de 8/5).

33.2. Caracterização

I. O Código de Veiga Beirão, sob forte influência do Código Comercial italiano[1501], veio definir o contrato em análise da seguinte forma (art. 477.º do Código Comercial): "O reporte é constituído pela compra a dinheiro de contado, de títulos de crédito negociáveis e pela revenda simultânea de títulos da mesma espécie, a termo, mas por preço determinado, sendo a compra e a revenda feitas à mesma pessoa", acrescentando de seguida em § único ser "condição essencial à validade do reporte a entrega real dos títulos."

O reporte conclui-se pois entre o reportador, aquele que compra os títulos, paga o respectivo preço e revende concomitantemente a termo títulos da mesma espécie, e o reportado, o contraente que vende os títulos, recebe o preço e recompra simultaneamente, mas também a termo[1502], títulos da mesma espécie.

Este contrato tem por conteúdo uma venda de títulos de crédito negociáveis acompanhada por uma revenda simultânea entre os mesmos sujeitos[1503] de títulos da mesma espécie, a termo, de efeitos opostos (o vendedor

[1501] Ver, sobre este ponto, R. ENNES ULRICH, *Do reporte no direito commercial portuguez*, cit., p. 17; A. MENEZES CORDEIRO, *Do reporte: subsídios para o regime jurídico do mercado de capitais e da concessão de crédito*, cit., p. 169. Ao abrigo do Código Comercial italiano, entretanto revogado pelo *Codice Civile* de 1942, definia C. VIVANTE (*Il contratto di riporto*, RDCom, 1925, I, cit., p. 98) o reporte como "un contratto per cui il riportatore acquista mediante un prezzo determinato la proprietà di titoli di credito, obbligandosi mediante un premio di rendere al riportato altretanti titoli della medesima specie, per lo stesso prezzo, ad una scadenza sucessiva.". Para a crítica da definição de C. VIVANTE, e propondo uma outra alternativa, L. TARTUFARI, *Intorno alla natura giuridica del contratto di riporto*, cit., pp. 257, ss..

O Código transalpino de 1942 define já o reporte, acolhendo as críticas que lhe haviam sido feitas pela doutrina (em particular por C. VIVANTE), como "il contratto per il quale il riportato transferisce in proprietà al riportatore titoli di credito di una data specie per un determinato prezzo, e il riportatore assume l'obbligo di transferire al riportato, alla scadenza del termine stabilito la proprietà di altrettanti titoli della stessa specie, verso rimborso del prezzo, che può essere aumentato o diminuito nella misura convenuta" (art. 1548.º).

[1502] O termo aqui diz respeito à própria produção dos efeitos do negócio e não somente ao vencimento das obrigações da revenda já celebrada.

[1503] Não se trata, no entanto, de uma coligação de contratos, neste caso duas compras e vendas de sentidos opostos em que uma delas produz efeitos a prazo, sendo o contrato unitário. Com efeito, não se deve desconhecer, como sublinhava reiteradamente R. ENNES ULRICH (*Do reporte no direito commercial portuguez*, cit., p. 20), a "unidade orgânica" que o caracteriza.

na primeira venda é o comprador na segunda venda ou revenda e vice-versa), por um determinado preço ou preços.

A primeira venda é realizada a contado, o que significa que produz efeitos imediatamente, e a revenda é realizada ao mesmo tempo, mas os seus efeitos só se produzem quando se verificar o termo, isto é, decorrido o prazo fixado pelas partes.

33.3. O objeto do contrato

I. O objeto do contrato são, como já assinalámos, títulos de crédito negociáveis. Devem incluir-se aqui também os valores mobiliários escriturais, o que se obtém por via da interpretação extensiva desta norma, se se entender que aqueles não se integram no conceito de título de crédito[1504]. Aliás, a solução impor-se-ia para aqueles reportes enquadráveis no seio das garantias financeiras (o que sucederá, atendendo à amplitude do âmbito subjetivo de aplicação desse regime, na maior parte das vezes), cuja garantia podem ser valores mobiliários, independentemente de serem titulados ou escriturais [art. 5.º al. b) do Dec.-Lei n.º 105/2004, de 8/5].

Por outro lado, parece-nos que nada obstará a que as partes acordem que o reportador não poderá alienar os títulos negociáveis objeto de reporte, tendo que ser exatamente os títulos inicialmente vendidos aqueles que tem que ser entregues[1505].

Na mesma linha: M. BAPTISTA LOPES, *Do contrato de compra e venda no direito civil, comercial e fiscal*, Almedina, Coimbra, 1971, p. 420; C. VIVANTE, *Il contratto di riporto*, RDCom, 1925, I, p. 98 (embora constituído por duas operações, o contrato deve considerar-se "unico e indivisibile"); RENATO CORRADO, *I contratti di borsa*, in: Trattato di diritto civile italiano (dirigido por Filippo Vassalli), vol. VII, UTET, Turim, 1960, pp. 301, ss.; ANDREA TORRENTE/PIERO SCHLESINGER, *Manuale di diritto privato*, 16.ª ed., Giuffrè, Milão, 1999, p. 545.

[1504] Quanto a saber se os valores mobiliários escriturais serão títulos de crédito: CARLOS FERREIRA DE ALMEIDA, *Desmaterialização dos títulos de crédito: valores mobiliários escriturais*, Rev. Ban., 1993, pp. 36, ss., p. 38 (desvalorizando a questão); J. OLIVEIRA ASCENSÃO, *As acções*, cit., p. 83 (no sentido negativo, quanto às ações); AMADEU JOSÉ FERREIRA, *Direito dos valores mobiliários*, AAFDL, Lisboa, 1997, pp. 156-160 (no sentido negativo, p. 157); PAULA COSTA E SILVA, *Direito dos valores mobiliários. Relatório*, Coimbra Editora, Coimbra, 2005, pp. 122-124.

[1505] Cremos que esta modalidade de reporte ainda estará incluída no tipo legal deste contrato. Objeto da revenda serão em regra títulos negociáveis da mesma espécie. As partes poderão, no entanto, limitar a margem de atuação do reportador e impor a proibição da venda dos

Finalmente, estamos perante um contrato real *quoad constitutionem*, cuja perfeição depende, além das declarações negociais, da entrega dos títulos[1506].

33.4. Modalidades do reporte

I. O negócio vem definido, como se viu, de forma essencialmente estrutural, sendo que da sua noção, que acabámos de explicitar, pouco se retira sobre a sua causa no sentido da função económico-social do mesmo. Desde logo, porque não se sabe sobre quem recai o custo da operação e quais são os interesses das partes que o contrato permite articular. Atenta a este aspeto, a doutrina em geral tem procurado fazer outras – necessárias – distinções, apontando diferentes modalidades de reportes.

33.4.1. Reporte em sentido estrito e deporte

I. Em primeiro lugar, separa-se o reporte em sentido estrito, quando o preço de revenda é superior ao preço de compra, do deporte, na eventualidade de o preço da venda ser mais alto do que o de revenda[1507]. Ambas as modalidades estão compreendidas na ampla definição do art. 477.º

referidos títulos (antes do incumprimento do reportado), tendo, pois, a revenda por objeto os mesmos títulos negociáveis primitivamente vendidos. A manutenção da identidade do objeto das duas vendas, que é o que aqui se pretende (cfr. L. CUNHA GONÇALVES, *Da compra e venda no direito comercial português*, cit., p. 525) quando se impõe que os títulos sejam da mesma espécie, é integralmente conseguida no caso de terem de ser os mesmos. Neste sentido, R. ENNES ULRICH (*Do reporte no direito commercial portuguez*, cit., p. 114: "Juridicamente este reporte é igual ao reporte normal com a única restrição para o reportador de não poder dispor dos títulos, conquanto seja do mesmo modo proprietário deles." – grafia atualizada por nós). Contra, L. CUNHA GONÇALVES (*Da compra e venda no direito comercial português*, cit., p. 526) por entender que "ser proprietário duma coisa e não poder dispor dela, é incompreensível" (grafia atualizada por nós). Porém, nada obsta a que o adquirente assuma a obrigação de não alienar (ou só o fazer verificado certo evento ou a certa pessoa), como sucede nos casos de alienação (que pode ser realizada por venda) em garantia.

[1506] Na formulação de L. CARVALHO FERNANDES, *Teoria geral do direito civil*, vol. II, 5.ª ed., Universidade católica editora, Lisboa, 2010, p. 69, e nota 2.

[1507] Cfr. L. CUNHA GONÇALVES, *Da compra e venda no direito comercial português*, cit., p. 527; R. CORRADO, *Borsa (contratti di borsa valori)*, NovissDI, II, p. 548; G. MOLLE, *I contratti bancari*, cit., p. 366.

do Código Comercial, onde não consta qualquer exigência sobre o montante dos preços, matéria que é deixada ao acordo das partes.

33.4.2. Reporte de banca e reporte de bolsa

I. Por outro lado, diferencia-se o reporte de banca do reporte de bolsa[1508].

O primeiro caracterizar-se-ia por ser um negócio predominantemente financeiro, em que um dos sujeitos obteria a disponibilidade de uma soma pecuniária transmitindo ao mesmo tempo títulos de crédito[1509] que a outra parte lhe revenderia de imediato, a troco de um preço superior ao pago na compra, mas a termo. Seria ainda incluída nesta modalidade de reporte a aquisição de títulos durante um determinado período de tempo, mediante uma remuneração que se traduziria num preço de revenda mais baixo do que o preço de venda[1510].

O reporte de bolsa seria já um negócio com um carácter principalmente especulativo, em que o aspeto central seria a variação da cotação dos títulos objeto desse negócio no momento em que ele é celebrado e na data de produção dos efeitos da revenda, face aos próprios preços acordados[1511].

II. Estas classificações podem perfeitamente cruzar-se. Diríamos mesmo que é necessário recorrer à segunda para perceber a articulação de interesses que resulta na configuração da primeira.

O reporte de banca poderá coincidir com o reporte em sentido estrito se o que estiver em jogo for a disponibilidade da soma pecuniária, ou com o deporte sempre que por este meio se vise obter títulos de crédito. A remuneração obtida através da diferença entre preços de venda e

[1508] Cfr., p. ex., A. LUMINOSO, *I contratti tipici e atipici*, cit., p. 202.

[1509] Que do ponto de vista funcional são a garantia da restituição da soma entregue como preço (e os juros). Assim, C. VIVANTE, *Il contratto di riporto*, RDCom., 1919, I, p. 667; R. CORRADO, *I contratti di borsa*, cit., p. 295.

[1510] Cfr. F. BELLI/C. ROVINI, *Riporto (contratto di)*, cit., p. 545.

[1511] Ver: A. MENEZES CORDEIRO, *Do reporte: subsídios para o regime jurídico do mercado de capitais e da concessão de crédito*, cit., p. 171; A. LUMINOSO, *I contratti tipici e atipici*, cit., p. 203; G. COTTINO, *Diritto commerciale*, vol. II, t. I, 2.ª ed., Cedam, Pádua, 1992, pp. 210, ss..

revenda[1512] recai sobre o vendedor, se através do reporte se visar satisfazer o seu interesse na obtenção de uma determinada soma pecuniária, ou, sobre o comprador, se por este meio lhe forem proporcionados títulos de crédito de que carece.

No reporte de bolsa a remuneração é menos importante do que as expetativas das partes quanto à cotação futura dos valores mobiliários. Nessa medida, nada obsta a que o preço fixado seja igual na venda e na revenda ou que de acordo com as referidas expetativas as partes acordem num deporte ou num reporte em sentido estrito.

33.4.3. Distinção com base na função desempenhada

I. Do até agora exposto decorre que o reporte pode realizar um conjunto diverso de funções, de acordo com os interesses que as partes por este meio pretendam realizar. Noutros termos, poderíamos dizer, com alguma doutrina italiana, que o reporte se apresenta como um *negócio neutro*[1513], cuja função será concretizada pelos contraentes, ou então, como uma mera estrutura apta a realizar mais do que uma função.

As classificações acima referidas não pretendem mais, na nossa perspetiva, do que sublinhar o carácter funcionalmente complexo e variável desta figura. As denominações adoptadas é que não nos parecem corretas porque os bancos podem perfeitamente financiar a aquisição de títulos em bolsa através do recurso ao reporte[1514]. Nessa medida, cremos ser mais correto operar uma divisão sem atender aos sujeitos assente meramente

[1512] Constituindo essa diferença o preço do reporte, ver L. CUNHA GONÇALVES, *Da compra e venda no direito comercial português*, cit., p. 527; A. LUMINOSO, *I contratti tipici e atipici*, cit., p. 207. Contudo, a remuneração pode mesmo traduzir-se num juro. Cfr. R. ENNES ULRICH, *Do reporte no direito commercial portuguez*, cit., p. 33. Para um exemplo da fixação dos preços do reporte e da fixação da taxa de juro aí incluída, ver RICARDO CRUZ, *O desenvolvimento do mercado de operações de reporte sobre valores mobiliários em Portugal*, cit., pp. 48, ss.; e M. CHOUDHRY, *An introduction to repo markets*, cit., p. 6.

[1513] G. RAGUSA MAGGIORE [*Riporto (contratto di)*, cit., p. 1300 "...il riporto, pur avendo una sua causa tipica e appartenedo perciò ai contratti nominati, presenta un certo grado di neutralità ai fini del suo uso"]; R. CORRADO, *I contratti di borsa*, cit., p. 295. Em sentido semelhante, A. LUMINOSO, *I contratti tipici e atipici*, cit., p. 204.

[1514] G. COTTINO, *Diritto commerciale*, vol. II, t. I, cit., p. 211; G. AULETTA/N. SALANITRO, *Diritto commerciale*, cit., p. 511.

nas principais funções que o reporte pode realizar: creditícia e de garantia, de disponibilidade de títulos e especulativa.[1515]

A cada uma delas corresponde uma modalidade distinta de reporte, correspondendo a uma articulação de interesses diferente e com um regime também em parte diverso. Vamos passar a vê-las, detendo-nos depois naquela que agora nos interessa: a de crédito e de garantia.

33.4.3.1. Função de disponibilidade de títulos

I. Este contrato permite a um sujeito que careça de títulos por diversas razões (p. ex., porque celebrou uma venda de títulos a termo e não os têm na data de vencimento da operação[1516], ou porque necessita de acções para participar na Assembleia Geral de uma dada sociedade comercial[1517]) adquiri-los durante um certo período de tempo, revendendo-os de imediato, uma vez que não pretende a sua aquisição definitiva.

Nesta sua vertente funcional, o reporte aproxima-se do empréstimo de títulos ou *securities lending*[1518], cabendo ao adquirente pagar a disponibili-

[1515] Associada a qualquer destas funções, mas com particular importância para nós quando ligada à função creditícia, está a função de garantia que o reporte, em qualquer caso, com maior ou menor ênfase desempenha. Este aspeto é muito claro, e será sublinhado em texto, quanto à função creditícia; mas verifica-se igualmente, tanto no que diz respeito à disponibilidade de títulos, como à finalidade especulativa. Na verdade, em ambos estes casos, o reportado vê a sua posição assegurada (ou pelo menos mais assegurada do que se em vez de recorrer a este instrumento tivesse recorrido a outro para desempenhar uma função semelhante) pelo montante pecuniário que a outra parte lhe pagou pelos títulos, como preço de venda. O objeto da garantia, no entanto, é diverso: no primeiro caso é constituído pelos títulos, nestes últimos pelo dinheiro.

[1516] O reporte com esta função é muito utilizado no caso do *short selling*, ou seja, quando o vendedor alienou os valores mobiliários sem ser seu titular. Terá que os adquirir para os ter na *settlement date*. Para o efeito, recorre ao repo/reporte.

Repare-se que, alternativamente, o sujeito que carece dos títulos poderia ter recorrido a um empréstimo e a um penhor de outros valores mobiliários para assegurar a sua obrigação de restituir decorrente do primeiro negócio. Cfr. P. WOOD, *Law and pratice of international finance*, cit., p. 294. E quanto à venda a descoberto, por todos, ver PAULA COSTA E SILVA, *As operações de venda a descoberto de valores mobiliários*, Coimbra Editora, Coimbra, 2009.

[1517] Cfr. R. ENNES ULRICH, *Do reporte no direito commercial portuguez*, cit., pp. 135-136; C. VIVANTE, *Il contratto di riporto*, RDCom, 1925, I, p. 99; SOFIA NASCIMENTO RODRIGUES, *Os contratos de reporte e de empréstimo no código dos valores mobiliários*, cit., p. 321.

[1518] F. BELLI/C. ROVINI, *Riporto (contratto di)*, cit., p. 559; JOANNA BENJAMIN, *Financial law*, cit., pp. 309, ss.; P. WOOD, *Law and pratice of international finance*, cit., p. 294.

dade dos mesmos, o que se verifica através da diferença para menos entre os preços de venda e revenda.

33.4.3.2. Função especulativa

I. O reporte pode também ser utilizado como meio de adquirir valores mobiliários, durante um certo período de tempo durante o qual se espera que variem as suas cotações na bolsa. A fixação dos preços de venda e revenda dependerá sempre das expetativas de ambas as partes, assim como dos riscos que pretenderem correr.

33.4.3.3. Função de crédito e de garantia

I. Do ponto de vista da frequência da sua celebração, cremos mesmo ser esta a sua função mais frequente[1519] e importante[1520]. Daí ser frequentemente aproximado do mútuo garantido[1521].

[1519] A. TORRENTE/P. SCHLESINGER (*Manuale di diritto privato*, cit., p. 545) consideram ser esta a função "normal" do reporte.

[1520] Cfr. RICARDO CRUZ, *O desenvolvimento do mercado de operações de reporte sobre valores mobiliários em Portugal*, cit., pp. 57, ss.; M. CHOUDHRY, *An introduction to repo markets*, cit., pp. 6, ss..

[1521] A lei chega mesmo a qualificar o reporte como um negócio jurídico de garantia, a par do penhor. Assim, o art. 2.º al. o) do Dec.-Lei n.º 221/2000, de 9/9 (que transpõe para a ordem jurídica interna a Diretiva n.º 98/26/CE, do Parlamento Europeu e do Conselho, de 19/5/1998, no que diz respeito aos sistemas de pagamentos). Esta norma define garantia como "qualquer ativo realizável, incluindo dinheiro e valores mobiliários, objeto de uma relação jurídica, nomeadamente de penhor ou de reporte, com o objetivo de tornar mais segura a posição jurídica dos participantes e dos bancos integrantes do sistema europeu de bancos centrais", ou seja, decompondo a noção, o reporte será uma "relação jurídica" que tem por objeto "qualquer ativo realizável, incluindo dinheiro e valores mobiliários", "com o objetivo de tornar mais segura a posição jurídica dos participantes e dos bancos integrantes do sistema europeu de bancos centrais.", sendo nessa medida um negócio de garantia [art. 2.º al. o) do diploma referido]. Por sua vez, dispõe o art. 284.º n.º 3 do CVM (que também transpõe a referida Diretiva) que "Para os efeitos do presente artigo consideram-se garantias o penhor e os direitos decorrentes de reporte e de outros contratos similares." Muito recentemente, nesta linha, o Dec.-Lei n.º 105/2004, de 8/5 (que transpõe a Diretiva 2002/47/CE, do Parlamento e do Conselho, de 6/6/02), relativo aos acordos de garantia financeira, vem expressamente incluir o reporte nas modalidades da "alienação fiduciária em garantia" - art. 2.º n.º 3 do referido diploma. Este último regime será objeto de análise *infra* em texto

Vejamos então como é que o reporte pode, de uma forma muito eficiente, desempenhar esta função.

II. No reporte com função creditícia e de garantia, o preço pago pelo reportador ao reportado, na venda inicial, representa o montante do crédito concedido. Os títulos de crédito negociáveis adquiridos constituem a garantia do montante creditado. Nessa medida, fixar-se-á, em regra, uma diferença, um desconto, entre o valor de mercado dos títulos e a soma concedida[1522].

Este facto explica-se, de uma parte, devido à função de garantia que estes desempenham, e é, como se sabe, prática corrente que o objeto da garantia tenha um valor superior ao montante em dívida, e, de outra, devido às possíveis oscilações na cotação dos títulos, contra o que o credor se pretende salvaguardar. Repare-se que esta desproporção em nada prejudica o devedor, na medida em que será esse o montante a pagar (acrescido da remuneração do reportador) aquando da execução da recompra.

III. A retribuição do reportador/creditante faz-se através da diferença entre os preços de venda e de recompra, onde serão inseridos os juros do montante pago/creditado. Alternativamente, poderá mesmo fixar-se o pagamento de juros como preço ou retribuição do reporte. Nesse caso, os preços das vendas e revendas serão idênticos.

Na data fixada para a produção dos efeitos da revenda, que se faz simultaneamente com a compra, o reportador deverá entregar títulos da mesma espécie, e o reportado terá de cumprir a obrigação de pagar o preço estabelecido para a recompra. Por esta via, restitui a quantia creditada, paga os juros e obtém a retransmissão dos títulos transferidos no âmbito do reporte como garantia dessas obrigações.

IV. Se o reportado/creditado na data fixada não cumprir a obrigação de pagar o preço de recompra dos títulos, o reportador poderá obter satisfação

1522 Cfr. C. VIVANTE, *Il contratto di riporto*, RDCom, 1925, I, p. 109; R. CORRADO, *Borsa (contratti di borsa valori)*, cit., p. 549; e, entre nós, R. ENNES ULRICH, *Do reporte no direito commercial portuguez*, cit., p. 216. Na gíria financeira esta diferença denomina-se *haircut*, cfr. RICARDO CRUZ, *O desenvolvimento do mercado de operações de reporte sobre valores mobiliários em Portugal*, cit., pp. 53, ss.; M. CHOUDHRY, *An introduction to repo markets*, cit., pp. 41, ss..

por via do valor dos títulos que integram ainda o seu património. Entra-se nessa altura na fase de execução da garantia, que reveste algumas particularidades, a analisar mais à frente em texto.

A exposição doravante incidirá já só, naturalmente, sobre essa modalidade de reporte.

33.5. Classificação

33.5.1. O reporte com função de crédito e garantia como negócio fiduciário

I. A categoria negocial do negócio fiduciário[1523] caracteriza-se, como já referimos, pela adopção de particular estrutura – em que se verifica a aquisição "plena" de um direito, cujo exercício está limitado tão só obrigacionalmente e que o adquirente estará vinculado a retransmitir[1524] – que coloca o fiduciante numa peculiar situação de debilidade, ou de risco, como lhe preferimos chamar (que poderá ser denominado como o "risco fiduciário"). Essa posição de debilidade ou risco do fiduciante é marcada por quatro elementos, acima elencados[1525].

II. Assim sendo, parece claro que o reporte com função de crédito e de garantia é composto por uma estrutura fiduciária em que um sujeito se torna titular dos títulos (que aqui são vendidos), ficando obrigado mais tarde, aquando da produção dos efeitos da revenda (logo concluída), a retransmiti-los, ou outros da mesma espécie, à outra parte.[1526]

Dessa forma, em resultado da adopção da referida estrutura, resulta o "risco fiduciário" que, embora com diversas especialidades devido conteúdo do negócio, o fiduciante/reportado corre.

[1523] Ver, *supra* sobre esta, com indicações bibliográficas, aquando da análise da venda a retro.

[1524] Contudo, em certos casos, o fiduciário não está obrigado a retransmitir o direito como acontece na *fiducia* em garantia depois do incumprimento do fiduciante. Nesse caso, só haverá o dever de entrega do remanescente depois da extinção do crédito garantido.

[1525] Ver *supra* sobre eles, aquando da análise da venda a retro.

[1526] Apontando a "transferência "fiduciária" da propriedade ou da titularidade" no reporte, J. CALVÃO DA SILVA, *Banca, bolsa e seguros. Direito europeu e português*, tomo I, *parte geral*, cit., p. 240.

Estas levam a que o risco fiduciário não se verifique aqui na sua máxima extensão, sendo, pelo contrário, minorado.

Elas decorrem de o reportado poder recorrer à exceção de não cumprimento em caso de recusa da entrega dos títulos, e à possibilidade de o reportador adquirir outros no mercado se, entretanto, os vender (ou objeto de venda judicial em caso de penhora no âmbito de ação executiva interposta pelos seus credores). O nível de risco aumenta se as partes acordarem que o reportador não poderá alienar os bens.

III. Aponte-se só, para finalizar, que entendemos que o sistema nacional comporta instrumentos que permitem debelar, e mesmo, por vezes, afastar, as diversas manifestações do dito "risco fiduciário". No âmbito insolvencial, que é de especial relevo para o reporte, elas serão analisadas mais à frente.

33.6. Distinção de figuras próximas

33.6.1. O mútuo garantido com penhor e a antecipação bancária

I. Não sobram quaisquer dúvidas de que esta modalidade do reporte desempenha uma *função* semelhante ao mútuo garantido com penhor[1527]. O reportador não pretende adquirir definitivamente os títulos, como numa vulgar venda em que se opera a troca definitiva de um direito por dinheiro, mas simplesmente conceder crédito à outra parte (o reportado), servindo os títulos, que passam a integrar o seu património, como instrumento de tutela, permitindo-lhe satisfazer-se (nos termos que veremos) em caso de incumprimento ou mesmo de declaração de insolvência da outra parte. Do prisma do reportado, temos exatamente o inverso: a necessidade de obtenção de crédito sem, no entanto, se pretender privar definitivamente dos títulos.

[1527] Acentuando as semelhanças funcionais do reporte com estes contratos: A. MENEZES CORDEIRO, *Do reporte: subsídios para o regime jurídico do mercado de capitais e da concessão de crédito*, cit., p. 173; G. AULETTA/N. SALANITRO, *Diritto commerciale*, cit., p. 511; RENATO CORRADO, *Borsa (contratti di borsa valori)*, NovissDI, II, p. 548; GIUSEPPE FERRI, *Anticipazione bancaria*, cit., p. 528; MARIO GIOVANOLI, *Tendences modernes du droit des sûretés bancaires et contrôle prudentiel des banques*, in: *Sûretés et garanties bancaires* (editado por Nicolas Iynedjian), Cedidac, Lausanne, 1997, p. 57.

II. *Estruturalmente*, no entanto, a diferença[1528] entre o reporte e estes contratos é muito clara e assenta na peculiar composição estrutural do reporte, que é composto por duas vendas de sinal contrário, levando a que o reportador/"creditante/garantido" integre (temporariamente) no seu património, os bens objeto da garantia.

Tal não se verifica no mútuo com penhor (ou na antecipação bancária), uma vez que o penhor, constituído para garantir o cumprimento das obrigações de restituir a soma mutuada e do pagamento dos juros, consiste, como se sabe, num mero direito real de garantia. Os bens permanecem, onerados, no património do devedor.

III. Temos aqui, na verdade, duas modalidades de garantias "qualitativas", caracterizadas pelo recurso a estruturas diferentes.

A primeira assenta na titularidade dos bens e a segunda recorre à constituição de um direito real de garantia. Esta divisão dogmática, conforme acima referimos, é do maior relevo no âmbito das garantias – e por isso a temos vindo a seguir neste trabalho, de que é estruturante – aparecendo com *grande nitidez* na comparação entre o reporte e o penhor.

De *forma alguma* podem ser confundidos. São garantias "qualitativas", conforme a caracterização que fizemos delas, ou seja, conferem ao credor um reforço qualitativo sobre o bem[1529]. Mas, note-se bem, têm uma estrutura e um regime diversos.

[1528] Quase todos os Autores que analisam o reporte acabam por o comparar com o mútuo pignoratício, sublinhando as semelhanças funcionais e colocando em destaque as diferenças estruturais. Para a distinção do reporte do mútuo pignoratício, ver, entre nós: R. ENNES ULRICH, *Do reporte no direito commercial portuguez*, cit., pp. 191, ss.; L. CUNHA GONÇALVES, *Da compra e venda no direito comercial português*, cit., pp. 519-520 (na linha de RUY ULRICH); A. MENEZES CORDEIRO, *Do reporte: subsídios para o regime jurídico do mercado de capitais e da concessão de crédito*, cit., p. 175; SOFIA LENCART, *A celebração de contratos de reporte por sociedades gestoras de fundos de investimento mobiliário. Problemas suscitados pelo art. 11.º do Decreto-Lei n.º 276/94, de 02 de Novembro*, cit., p. 49. O mesmo se passa em Itália, ver, p. ex., G. RAGUSA MAGGIORE, *Riporto (contratto di)*, cit., p. 1034.

[1529] Ver com mais detalhe sobre esta classificação, que aqui se aflora, *supra*, n.º 10.1.1.

33.6.2. A venda com acordo de revenda

I. No reporte temos uma venda de títulos com uma revenda imediata ao vendedor, mas a prazo. A venda com acordo de revenda é uma figura muito próxima, distinguindo-se do primeiro por as partes, na primeira venda, não realizarem de imediato a revenda com efeitos a prazo, mas se obrigarem a essa revenda decorrido um determinado período de tempo[1530]. Trata-se de uma venda com pacto de revenda, que as partes, normalmente, estruturarão como um contrato-promessa (bilateral) ligado a um contrato de compra e venda.[1531] De todo o modo, visa-se realizar a mesma função de crédito e garantia do reporte, sendo, igualmente, como este, um negócio fiduciário[1532].

[1530] É esta a estrutura do Repo, ou *sale and repurchase agreement*. Sobre este e seu desenvolvimento, bem como para a sua distinção do "classic repo" do *sell/buy-back*, ver M. CHOUDHRY, *An introduction to repo markets*, cit., pp. 2, e pp. 11, ss.. Para a distinção entre Repo e reporte (italiano), como já se apontou, ver D. LOIACONO/A. CALVI/A. BELTRANI, *Il transferimento in funzione di garanzia tra pegno irregulare, riporto e diritto di utilizzazione*, cit., pp. 18, ss.. Estes contratos são muito próximos das chamadas *opérations de pension* do direito francês, a que os bancos recorrem com bastante frequência, cfr. P. CROCQ, *Propriété et garantie*, cit., pp. 31-32.

[1531] Quanto à venda em garantia: ORLANDO DE CARVALHO, *Negócio jurídico indireto*, cit., pp. 144-145; RAÚL VENTURA, *O contrato de compra e venda no código civil. O preço, venda a retro*, cit., p. 660; J. CALVÃO DA SILVA, *Anotação* ao acórdão do STJ de 16/5/2000, in RLJ ano 133.º, pp. 87, ss.; DOMENICO BARBERO, *Sistema istituzionale del diritto privato italiano*, II, *obbligazioni e contratti. Sucessioni per causa di morte*, cit., p. 306; D. RUBINO, *La compravendita*, cit., p. 1028; M. BIANCA, *Vendita (diritto vigente)*, cit., p. 622.

O pacto de retrovenda, segundo I. GALVÃO TELLES [*Contratos civis (Projeto completo de um título do futuro Código Civil português e exposição de motivos)*, cit., p. 134], pode ser estruturado de outra forma como uma revenda entre as mesmas partes celebrada ao mesmo tempo que a venda, ficando a "segunda venda, como simples proposta sujeita à aceitação" da outra parte ou "como venda completa, subordinada à condição suspensiva da sua concordância ulterior."

[1532] Este aspeto da venda em garantia era já sublinhado por ORLANDO DE CARVALHO, *Negócio jurídico indireto*, cit., pp. 144-145. Também, J. CALVÃO DA SILVA, *Anotação* ao acórdão do STJ de 16/5/2000, cit., p. 87.

33.7. O regime geral

33.7.1. Os direitos acessórios

I. Os "direitos acessórios" podem ser definidos de uma forma muito geral como "todas as vantagens que, pelo Direito, cabem aos titulares dos títulos de crédito dados em reporte"[1533] e dependem, como é óbvio, dos títulos em questão.

Esses direitos caberiam, em princípio, ao reportador, uma vez que este adquire a propriedade dos títulos. Semelhante conclusão seria consolidada pelo disposto no art. 478.º do Código Comercial, de acordo com o qual: "a propriedade dos títulos que fizerem objeto do reporte transmite-se para o comprador revendedor, sendo, porém, lícito às partes estipular que os prémios, amortizações e juros que couberem nos títulos durante o prazo da convenção corram a favor do primitivo vendedor."

II. Contudo, mesmo na vigência do Código Comercial italiano, em que o nosso legislador se inspirou, tinha a melhor doutrina de além Alpes[1534] um entendimento diverso. Assim, C. Vivante[1535] defendia que embora o reportador, como proprietário dos títulos, pudesse fazer seus os direitos acessórios, na data da entrega deveria entregar também ao reportado o valor desses direitos porque "os títulos que deve restituir devem ter o mesmo conteúdo daqueles que recebeu na conclusão do contrato", tendo em conta que ele "recupera integralmente" o preço.[1536]

[1533] A. MENEZES CORDEIRO, *Do reporte: subsídios para o regime jurídico do mercado de capitais e da concessão de crédito*, cit., p. 177.

[1534] Com base nos usos da Bolsa, cfr. FRANCESCO MESSINEO, *La sorte dei diritti acessori nel contratto di riporto*, RDCom., 1925, I, p. 329.

[1535] C. VIVANTE, *Il contratto di riporto*, RDCom., 1919, I, p. 679.

[1536] Embora este Autor venha mais tarde (*Il contratto di riporto*, RDCom, 1925, I, p.111) a justificar este resultado numa interpretação controversa do art. 73.º do Código Comercial italiano, sustentando, ao contrário da interpretação tradicional, que o vendedor aí referido seria o reportador e não o reportado – questão que entre nós não se coloca porque o legislador nacional teve o cuidado de esclarecer que se tratava do "primitivo vendedor" e, portanto, sem quaisquer dúvidas, do reportado.

Também F. Messineo[1537] sustentava que, embora os direitos acessórios pertencessem ao reportador, este os deveria exercer por conta do reportado. Segundo este Autor: "Supor que [o reportador] possa restituir títulos depauperados dos acessórios" levaria "indiretamente a deformar a sua índole"[1538]. Esta posição acabou por ser consagrada no *Codice Civile* de 1942: art. 1550.º.[1539]

Entre nós, A. Menezes Cordeiro[1540] entendia haver "razões ponderosas, de ordem histórica, dogmática, teleológica e sistemática que, no direito português, pressionam para a atribuição, ao reportado, dos direitos acessórios." (embora não proponha a "ultrapassagem por via interpretativa" desta norma[1541]).

III. Parece-nos, a este propósito, que se deve começar por sublinhar o seguinte: alguns dos Autores referidos têm em vista a modalidade de reporte em que este desempenha uma função de crédito e garantia.[1542] Porém, como vimos, este contrato pode desempenhar outras funções, como a transmissão da titularidade dos títulos a um sujeito que necessite deles durante um determinado período de tempo, em que é este que paga ao reportado pela utilidade que lhe é prestada, valor que pode compreender o próprio exercício em seu benefício (do reportador) dos direitos acessórios.

Centrando agora a nossa atenção no reporte com função de crédito e garantia (que é a figura que nos interessa), a recondução deste contrato à categoria dos negócios fiduciários permite considerar, também por este

[1537] F. MESSINEO, *La sorte dei diritti acessori nel contratto di riporto*, cit., p. 334.

[1538] De forma mais desenvolvida, e nas suas palavras: "resta sempre il suo diritto a riavere il tantundem di titoli: onde, potrà bensì il riportatore non retituirgli i medesimi che ha ricevuti, ma dovrà restituirgli in ogni caso titoli equivalente. Supporre che possa retituire titoli depauperati degli accessori, varrebbe autorizzare effetti non consetiti dal contratto e, indirettamente, deformare l'indole di questo."

[1539] "I diritti accessori e gli obblighi inerenti ai titoli dati a riporto spettano al riportato. (...) Il diritto di voto, salvo patto contrario, spetta al riportatore." Ver A. LUMINOSO, *I contratti tipici e atipici*, cit., p. 209.

[1540] A. MENEZES CORDEIRO, *Do reporte: subsídios para o regime jurídico do mercado de capitais e da concessão de crédito*, cit., pp. 180-183.

[1541] A. MENEZES CORDEIRO, *ob. últ. cit.*, p. 182.

[1542] A. MENEZES CORDEIRO, *ob. últ. cit.*, p. 173, p. 181, p. 183; C. VIVANTE, *Il contratto di riporto*, RDCom., 1919, I, p. 679.

prisma, a atribuição ao reportado/fiduciante dos benefícios do exercício dos direitos acessórios como correta.

Na realidade, como o reportador já revendeu os títulos, embora a termo, ao reportado, a transmissão desses bens desempenha aqui meramente uma função de garantia com os particulares riscos decorrentes dessa categoria de negócios que implicam uma transferência plena. O reportador não está interessado, nesta modalidade de reporte, nas vantagens que podem decorrer dos títulos[1543], mas visa unicamente através deles constituir uma garantia especialmente sólida e eficaz da restituição do montante entregue, mais os juros.

Ora, no seio da relação fiduciária em garantia, marcada pela particular relação de confiança, que é necessária para que o fiduciante corra o risco fiduciário (ou melhor, o "investimento de confiança" por parte do fiduciante que é característica desta modalidade de negócios), transmitindo a outrem um bem seu em garantia, integra-se um dever de lealdade que impede que o fiduciário retire vantagens (que não as ligadas à função de garantia) da titularidade desse direito, devendo, caso as tenha auferido, restituí-las ao fiduciante, aquando da retransmissão.

Repare-se ainda que estas vantagens fazem parte do valor global dos direitos transmitidos em garantia, que o fiduciário está obrigado a retransmitir (não necessariamente os mesmos no caso do reporte – embora, claro, o possam ser –, mas eventualmente outros que têm, no entanto, e esse é o ponto relevante para o que agora nos importa, que ser da mesma espécie), logo que o fiduciante cumpra a obrigação principal (o que aplicado ao reporte se traduz na retransmissão dos títulos contra o pagamento do preço de revenda acordado) na íntegra, compreendendo assim, também, os referidos acessórios. A retribuição do fiduciário, neste caso do reportador (mais uma vez: no reporte com função de crédito e garantia), é meramente os juros.

Acresce que, se não fosse assim, estando nós perante um reporte com função de crédito e garantia, a remuneração do reportador ao incluir não só os juros como também as outras vantagens pecuniariamente avaliáveis que resultassem da titularidade dos títulos, levaria a que se ultrapas-

[1543] Como bem sublinha A. MENEZES CORDEIRO, *Do reporte: subsídios para o regime jurídico do mercado de capitais e da concessão de crédito*, cit., p. 181.

sasse ou, melhor dizendo, contornasse, a proibição dos juros usurários (art. 1146.º). O que não é admissível.

IV. A este entendimento não se opõe o art. 478.º do Código Comercial se devidamente interpretado, na linha, aliás, do que sugeria a melhor doutrina italiana quanto à norma do Código Comercial transalpino fonte desta disposição.

Na verdade, transferindo-se os títulos ao reportado, caberão ao reportador os direitos acessórios[1544], podendo as partes, no entanto, estabelecer convenção em contrário (na formulação legal: "sendo, porém, lícito às partes estipular que os prémios, amortizações e juros que couberem aos títulos durante o prazo da convenção corram a favor do primitivo vendedor.").

Contudo, mesmo na ausência de pacto em contrário (caso em que, como defendia C. Vivante[1545], o reportado poderá exercer ele próprio esses direitos), o reportador, como titular, exerceria os direitos acessórios, mas na data da retransmissão teria que, juntamente com os títulos, retransmitir os benefícios recebidos com o referido exercício desses direitos.

Tal efeito decorreria, na nossa perspetiva, da proibição do aproveitamento em benefício próprio das vantagens decorrentes da titularidade, integrante da relação fiduciária em garantia, a que se junta, como vimos, a limitação decorrente dos juros usurários. Por outras palavras: o reporte beneficia da sua qualificação como negócio fiduciário, uma vez que esta, desde logo, permite uma mais apurada interpretação das normas, em particular o art. 478.º do Código Comercial, que compõem o seu regime.

Daí que, em suma, havendo convenção em contrário, ou se aceita a interpretação de C. Vivante,[1546] no sentido de que a convenção em contrário significa que o reportado poderá ele próprio exercer esses direitos, ou então se entende, de forma mais chegada à letra da lei (o que, em virtude do disposto no art. 9.º n.º 3, poderá ser preferível), que esse pacto significa que "os prémios, amortizações e juros" auferidos pelo reportador,

1544 A norma refere-se somente a "prémios, amortizações e juros", e A. MENEZES CORDEIRO (*ob. últ. cit.*, p. 182-183) entende ser de afastar a sua interpretação extensiva, existindo mesmo "fortes razões" que reclamariam uma "interpretação mais comedida" deste preceito; o que nos parece correto.

1545 C. VIVANTE, *Il contratto di riporto*, RDCom., 1919, I, cit., p. 683.

1546 C. VIVANTE, *Il contratto di riporto*, RDCom., 1919, I, cit., p. 680-683.

a quem os títulos pertencem, durante "o prazo da convenção" deverão de imediato ser entregues ao reportado, ainda antes da produção de efeitos da revenda dos títulos. Tal significará, na formulação da lei, que "durante o prazo da convenção" correm "a favor do primitivo vendedor."

Quando não se tiver fixado convenção em contrário, caberá ao reportador exercer os referidos direitos acessórios (tem mesmo esse dever) e fazer seu o que obteve em virtude desse exercício, antes da produção de efeitos da revenda, só tendo de entregar ao reportado "os referidos prémios, amortizações e juros" na data da retransmissão dos títulos em execução da revenda (tratando-se na perspetiva de C. Vivante[1547] de uma mera "liquidação" da complexa operação de reporte).

33.7.2. O mecanismo de tutela do reportador ("concedente de crédito/garantido") no caso de incumprimento da outra parte (reportado/"creditado/garante")

I. Se o reportado/creditado (o "devedor/garante") na data fixada não cumprir a obrigação de pagar o preço de recompra dos títulos, o reportador, logo que a outra parte esteja em incumprimento definitivo, poderá vender os títulos, ficando, em regra, numa posição patrimonial ainda mais favorável do que aquela em que estaria se o contrato tivesse sido integralmente cumprido, dada a diferença de valores entre o preço e os títulos. Se o reporte se enquadrar nas garantias financeiras, há um regime próprio.

II. A lei não fixa uma especial forma de execução para o reporte, embora o resultado a que se chega, com algumas correcções, seja realmente o assinalado. É o que resulta das regras de incumprimento das obrigações, corretamente interpretadas, assim como do âmbito da proibição do pacto comissório. Vejamos pois.

Se o reportado ("devedor/garante/creditado") não cumprir na data do vencimento da obrigação de pagar o preço da recompra (que coincidirá com a data de produção dos efeitos da recompra), é certo que o reportador ("credor/garantido/creditante") se poderá recusar a entregar os títu-

[1547] C. VIVANTE, *Il contratto di riporto*, RDCom., 1919, I, cit., p. 679.

los (art. 428.º)[1548], incorrendo o outro contraente em mora. Neste caso, ou se entende que estamos perante um termo essencial (relativo)[1549], ou então o reportador terá que recorrer ao mecanismo da interpelação cominatória (art. 808.º) para transformar a mora em incumprimento definitivo.

Nessa hipótese, na visão tradicional[1550] o reportado já não poderá cumprir, mas o reportador continua vinculado à realização da sua prestação, embora adquira o direito a ser indemnizado pelo interesse contratual positivo (art. 798.º). Em princípio, este último não poderia vender os títulos que está (ainda) obrigado a entregar; contudo, o reportador não está obrigado a entregar títulos determinados, mas títulos da mesma espécie. Daí que não se possa dizer que deixe de cumprir o contrato (que se mantém, ainda) se vender os títulos que contava entregar ao reportado, caso este se dispusesse a pagar o preço.

O reportador poderá, ao abrigo do disposto no n.º 2 do art. 801.º, optar pela resolução do contrato, que poderá cumular com uma indemnização, de acordo com a doutrina tradicional, pelo interesse contratual negativo[1551]. O exercício do direito potestativo de resolução tem como consequência, em princípio, a destruição retroativa do contrato (de reporte, composto

[1548] Estamos a pensar, no caso analisado em texto, em valores titulados ao portador fora de sistema centralizado (art. 101.º CVM).

[1549] Como, p. ex., sustenta em Itália G. RAGUSA MAGGIORE [*Riporto (contratto di)*, cit., p. 1039, p. 1041], e corresponderá à vontade dos contraentes – ver, para a caracterização deste, J. BAPTISTA MACHADO, *Pressupostos da resolução por incumprimento*, in: João Baptista Machado, Obra dispersa, vol. I, Scientia Iuridica, Braga, 1991, pp. 187-190; J. RIBEIRO DE FARIA, *Direito das obrigações*, vol. II, cit., pp. 315-316.

[1550] Ver *infra* para uma posição diversa.

[1551] Por exemplo: J. ANTUNES VARELA, *Das Obrigações em geral*, vol. II, cit., pp. 109, ss.; CARLOS MOTA PINTO, *Cessão da posição contratual*, cit., p. 412, nota 1; I. GALVÃO TELLES, *Direito das obrigações*, cit., p. 463.

Note-se, no entanto que a doutrina tradicional neste ponto tem vindo a perder terreno na doutrina pátria. A compatibilização entre a indemnização calculada pelo interesse contratual positivo e a resolução, nos termos do art. 801.º n.º 2, de início quase só sustentada por A. VAZ SERRA (*Anotação* ao acórdão do STJ de 30/6/1970, RLJ ano 104.º, pp. 204, ss.), ANA PRATA (*Cláusulas de exclusão e limitação da responsabilidade civil*, Almedina, Coimbra, 1985, pp. 479, ss.) e, com maior desenvolvimento, por J. BAPTISTA MACHADO (*A resolução por incumprimento e a indemnização*, cit., pp. 195, ss.) e J. RIBEIRO DE FARIA (*A natureza do direito de indemnização cumulável com o direito de resolução dos arts. 801.º e 802.º do Código Civil*, cit., pp. 57, ss.), é hoje defendida – como já foi antes assinalado – também por A. MENEZES CORDEIRO (*Direito bancário*, cit., p. 742) e P. ROMANO MARTINEZ (*Da cessação do contrato*, cit., pp. 207, ss.).

pela compra e pela revenda), sendo equiparada à nulidade ou anulabilidade dos negócios jurídicos (art. 433.º).

No nosso caso, se assim fosse, a resolução levaria ao dever de restituir os títulos e à obrigação do reportado, também, de restituir o preço por eles recebido (art. 289.º n.º 1), podendo o reportador continuar a valer-se da exceção de não cumprimento para se recusar a entregar os títulos (art. 290.º). Repare-se que a retransmissão dos títulos não se operaria automaticamente.

III. Não cremos, no entanto, que esta seja a solução correta, porque a resolução não terá aqui efeitos retroativos, afirmação que vamos passar de uma forma mais detalhada a fundamentar.

A retroatividade dos efeitos da resolução encontra numerosos limites, em particular, que é o que agora nos interessa, sempre que contrariar a vontade das partes ou a finalidade da própria resolução (art. 434.º n.º 1).[1552]

Face a *este* contrato, a retroatividade dos efeitos da resolução esbarra, segundo cremos, com ambos.

Quanto ao primeiro repare-se que, como aponta a propósito da regra do art. 434.º, n.º 1, J. Ribeiro de Faria[1553], "...a retroatividade de que fala a lei (...) só opera em substituição da vontade das partes e na presunção de que esta é nesse sentido."[1554] Por vezes, poderá decorrer da interpretação negocial o afastamento da retroatividade, quando as declarações negociais apontem nesse sentido. Destaque-se a este propósito que, dentro das circunstâncias atendíveis pelo declaratário normal colocado na posição do real

[1552] Quanto à estrutura e função da resolução, ver: J. RIBEIRO DE FARIA, *A natureza do direito de indemnização cumulável com o direito de resolução dos arts. 801.º e 802.º do Código Civil*, cit., pp. 57, ss. (a posição deste Autor, para o que agora nos interessa, será vista um pouco mais à frente); idem, *A natureza da indemnização no caso de resolução do contrato. Novamente a questão*, cit., pp. 17, ss., pp. 23-24 (com amplas indicações de direito comparado recente). Ver ainda, sobre este ponto, A. VAZ SERRA, *Anotação* ao acórdão do STJ de 3/5/68, in RLJ ano 102.º, pp. 168-169 (quanto ao alcance da retroatividade na resolução).

[1553] J. RIBEIRO DE FARIA, *A natureza da indemnização no caso de resolução do contrato. Novamente a questão*, cit., p. 21.

[1554] Também nesta linha: PIRES DE LIMA/ANTUNES VARELA, *Código civil anotado* (com a colaboração de M. HENRIQUE MESQUITA), vol. I, cit., p. 410 ("a retroatividade da resolução presume-se querida pelos contraentes; mas não é imposta por lei"); J. C. BRANDÃO PROENÇA, *A resolução do contrato no direito civil*, cit., pp. 401-402.

declaratário, estão os interesses em jogo no negócio, a finalidade prosseguida pelo declarante (Manuel de Andrade[1555]), bem como a lógica intrínseca do negócio. Em caso de dúvida, ainda em sede de interpretação, seria esta a solução que conduziria a um maior equilíbrio de prestações (porque a contrária levaria à perda pelo credor da sua garantia), assim como é aquela que se articula melhor com o objetivo do negócio[1556].

Se da interpretação das declarações de vontade, apesar de tudo, resultar simplesmente o silêncio das partes quanto a este ponto, a interpretação do contrato, tendo em conta o "concreto subsistema negocial adoptado" (A. Menezes Cordeiro[1557]), levará a concluir pela existência de uma lacuna a preencher de acordo com o art. 239.º, o que, de uma forma que nos parece clara, conhecida a estrutura e função deste negócio (deste reporte), a sua "justiça interna" (P. Pais de Vasconcelos[1558]), decidiria a questão no sentido da não retroatividade.

De facto, os sujeitos, através do recurso ao reporte com função creditícia, pretendem recorrer a um instrumento de concessão de crédito associado a uma garantia pela qual se opera a transmissão do objeto da mesma ao credor/reportador, portanto particularmente segura. Mais: o reporte caracteriza-se também – como as restantes garantias fiduciárias, aliás – pela forma expedita de funcionamento da garantia, cujo objeto pode ser facilmente transacionado.

Cremos ainda que se poderia sustentar que se atingiria a finalidade visada pela resolução, *face às particularidades deste contrato* (desta modalidade de reporte), uma vez que a produção de efeitos retroativos levaria a que o reportador (o garantido) tivesse que restituir os títulos ao devedor/garante, isto é, a própria garantia, nos termos acima traçados. Convém não esquecer, repisamos, que o reporte (este reporte, como vimos, uma vez que o contrato não tem uma função única, mas se adequa – de forma direta – à realização de funções diversas, sendo esta, aliás,

[1555] MANUEL DE ANDRADE, *Teoria geral da relação jurídica*, vol. II, cit., p. 313, nota 1.

[1556] Aspeto sublinhado entre nós por A. MENEZES CORDEIRO, *Tratado de direito civil português, II, Parte geral, negócio jurídico*, 4.ª ed., Almedina, Coimbra, 2014, p. 725.

[1557] A. MENEZES CORDEIRO, *Tratado de direito civil português, II, Parte geral, negócio jurídico*, cit., pp. 768-769.

[1558] P. PAIS DE VASCONCELOS, *Teoria geral do direito civil*, cit., p. 495.

a principal) constitui uma garantia, assente na transmissão dos títulos, objeto da mesma, ao creditante[1559_1560]

Nessa medida, tendo bem presente o carácter de garantia fiduciária assente na titularidade dos títulos que o reporte constitui, será aqui mais adequada a produção de efeitos *ex nunc*, desencadeando a resolução uma relação de liquidação cujo conteúdo será composto pelos deveres do reportador de liquidar os títulos (ou então ficar com eles pelo seu valor de mercado) e de entregar à outra parte o excedente em relação ao necessário para o colocar na posição em que estaria se o contrato tivesse sido integralmente cumprido, ou seja, entregando à outra parte a diferença positiva entre a situação em que fica depois da resolução do contrato e aquela última referida.

Repare-se que se aponta aqui no apuramento da sua situação patrimonial para aquela em que estaria se o contrato tivesse sido integralmente cumprido, o que significa recorrer ao interesse contratual positivo (embora depois não haja efetivamente indemnização, mas por ausência de dano), permitindo-nos calcular, da forma apontada, o montante a restituir.

Nalguns casos, porém, pode não haver qualquer valor a restituir e, pelo contrário, uma indemnização a satisfazer se o valor dos títulos sofrer uma queda inesperada, sendo a diferença entre as situações patrimoniais referidas negativa. O recurso ao cálculo da indemnização pelo interesse contratual positivo, e não negativo, nem esbarra neste caso com

[1559] Como sublinha J. RIBEIRO DE FARIA (*A natureza da indemnização no caso de resolução do contrato. Novamente a questão*, cit., p. 47): "...a liquidação terá que ser um esquema adaptável às situações típicas que nela ocorrem...".

[1560] A resolução (*Rucktritt*) com efeitos meramente *ex nunc* e não *ex tunc* é hoje a concepção alemã. O contrato não é aniquilado, ou destruído com efeitos retroativos, mas transforma-se para o futuro numa relação de restituição. Escrevem H. BROX/W.-D. WALKER (*Allgemeines Schuldrecht*, 42.ª ed., C. H. Beck, Munique, 2018, § 18, p. 165): "Der Rücktritt bringt nicht etwa das Schuldverhältnis als ganzes rückwirkend (ex tunc) zum Erlöschen, wie das früher z. T. angenomem wurde, sondern verwandelt es für diz Zukunft (ex nunc) in ein Rückgewährschuldverhältnis." Esta era já a doutrina dominante, ver: STAUNDINGER/DAGMAR KAISER, *Kommentar zum Bürgerlichen Gesetzbuch mit Einführungsgesetz und Nebengesetzen. Zweites Buch. Recht der Schuldverhältnisse*, §§ 328-361 b, Sellier de Gruyter, Berlim, 2001, Vorbem zu § § 346 p. 453 ("...durch den Rucktritt der Vertag nicht aufgehoben, sondern nur inhaltlich verändert wird"). Ver ainda, sobre este ponto, REINHARD ZIMMERMANN, *The new german law of obligations, historical and comparative perspetives*, Oxford University Press, Oxford, 2005, pp. 72-74.

o óbice que a doutrina tradicional aqui coloca, isto é, o efeito retroativo da resolução[1561].

IV. Uma outra via de solução poderia ser avançada, se seguirmos aqui ao trilho começado a traçar, entre nós, por J. Baptista Machado[1562], e retomado, depois, por J. Ribeiro de Faria[1563]. Entendem estes Autores que na eventualidade de o credor não ter realizado ainda a sua contraprestação, ao contrário do que sustenta a doutrina tradicional, não terá que a realizar, não resolvendo o contrato, para obter uma indemnização pelo interesse contratual positivo. Com efeito, o que se verifica aqui é uma quebra do sinalagma gerado pela impossibilidade de prestação (a que se equipara o incumprimento definitivo), o que produz desde logo a liberação do credor.

[1561] Acrescente-se, em todo o caso, que a compatibilização da indemnização pelo interesse contratual positivo com a resolução e seus efeitos restitutórios é afirmada nos Princípios relativos aos contratos comerciais internacionais do Unidroit (art. 7.3.5, art. 7.3.6., art. 7.4.2. n.º 1). Ver sobre o regime da resolução nos referidos Princípios do Unidroit: PETER SCHLECHTRIEM, *Termination of contracts under the principles of international commercial contrats*, in Contratti internazionali e principi Unidroit (a cura di Michael J. Bonell e di Franco Bonelli), Giuffrè, Milão, 1997, pp. 249, ss.; DAVID MORÁN BOVIO, *Incumplimiento*, in AAVV, *Comentario a los principios de Unidroit para los contratos del comercio internacional*, Aranzadi, Pamplona, 1999, pp. 354, ss.. Bem como na Convenção de Viena sobre a compra e venda internacional e os Princípios de direito europeu dos contratos (da Comissão Lando), cfr. P. ROMANO MARTINEZ, *Da cessação do contrato*, 3.ª ed., Almedina, Coimbra, 2015, pp. 195, ss..

Saliente-se por fim que o novo Direito alemão passou a permitir a articulação da resolução (§ 325 BGB) com a indemnização (pela diferença – H. BROX/W.-D. WALKER (*Allgemeines Schuldrecht*, cit., § 23, p. 254), o que anteriormente não era admitido, tendo o credor que optar por uma ou outra (versão anterior à reforma do direito das obrigações do § 325 BGB). Cfr. D. MEDICUS, *Schuldrecht I, Allgemeiner Teil*, cit., § 42, pp. 241-242.

Este aspeto é importante, porque toda a discussão doutrinal que entre nós se desenvolveu a este propósito teve como pano de fundo a doutrina alemã (nomeadamente, a distinção entre a resolução propriamente dita a e faculdade resolutiva, como se diz já de seguida em texto), que trabalhava com as limitações decorrentes do direito positivo de então que, entre nós, aliás (art. 801.º n.º 2), nem sequer se verificavam.

[1562] J. BAPTISTA MACHADO, *A resolução pelo incumprimento e a indemnização*, cit., pp. 195, ss..

[1563] J. RIBEIRO DE FARIA, *A natureza do direito de indemnização cumulável com o direito de resolução dos arts. 801.º e 802.º do Código Civil*, cit., pp. 82, ss.; idem, *A natureza da indemnização no caso de resolução do contrato. Novamente a questão*, cit., pp. 11, ss..

Aponta J. Baptista Machado[1564] que a faculdade de resolução posta em alternativa com a faculdade de prestar no art. 801.º n.º 2 não se trata de uma resolução em sentido técnico, "não implica de per si um efeito extintivo ou resolutivo (...), tendo apenas o significado de uma opção pela não realização da sua prestação". Isto é: rompido o sinalagma, em virtude do não cumprimento definitivo imputável ao devedor, o credor ao recusar-se a realizar a sua contraprestação estará, não a exercer o seu direito de resolução no sentido técnico (a sua desvinculação resulta da ruptura do sinalagma), mas meramente a valer-se de uma "faculdade resolutiva" (que consiste, essencialmente, como apontámos, nesta perspetiva, na "opção por aquele efeito liberatório que foi já uma consequência da ruptura do sinalagma..."[1565]), no seio de uma relação de liquidação [desencadeada pelo incumprimento definitivo do devedor – como diz este Professor[1566]: "... a partir desse momento, a relação obrigacional de cumprimento (...) converte[-se] (e, em certos termos, se inverte) numa relação obrigacional de liquidação."], levando a que a sua contraprestação seja incluída na indemnização devida (calculada pelo interesse contratual positivo).

A concepção referida naqueles casos em que a contraprestação não tenha sido realizada é pacífica na doutrina e jurisprudência alemãs, como aponta J. Ribeiro de Faria[1567] no seio de uma minuciosa análise das mesmas. Este Professor[1568] sublinhava com ênfase, demonstrando-o, "o interesse de fazer, também entre nós, a destrinça entre o que podemos chamar de faculdade resolutiva [no sentido e com os efeitos acima apontados] e resolução propriamente dita." (interpolação nossa). Acrescentando: "...que será tão difícil pretender precisamente isso à face da nossa lei, vale dizer essa diferenciação conceitual, com as consequências práticas inerentes,

[1564] J. BAPTISTA MACHADO, *A resolução pelo incumprimento e a indemnização*, cit., p. 204.
[1565] J. BAPTISTA MACHADO, *ob. últ. cit.*, p. 204.
[1566] J. BAPTISTA MACHADO, *ob. últ. cit.*, p. 202.
[1567] J. RIBEIRO DE FARIA, *A natureza da indemnização no caso de resolução do contrato. Novamente a questão*, cit., p. 49.
[1568] J. RIBEIRO DE FARIA, *A natureza da indemnização no caso de resolução do contrato. Novamente a questão*, cit., p. 50.

como pretender o mesmo, e foi-o conseguido quase unanimemente com êxito, face aos dispositivos constantes do BGB...".[1569]

Seguindo nesta linha, o reportador, face ao incumprimento definitivo do reportado, fica desvinculado podendo computar a sua contraprestação – a entrega dos títulos, portanto o valor destes – na sua indemnização. Não tem que realizar a sua contraprestação, não tendo igualmente que resolver o contrato.

A forma de composição dos interesses, nesta fase de liquidação, leva a que o reportador tenha de vender os títulos, ou então fique com eles pelo seu valor de mercado, e entregue o que sobejar, ou seja, a diferença entre a situação em que ficou e aquela em que estaria se o contrato tivesse sido integralmente cumprido.

Claro que, nessa hipótese, não terá direito a qualquer indemnização – não sofreu qualquer dano (mas, pelo contrário, há, como se viu, uma vantagem a restituir) –, a não ser nos casos, que serão em princípio pouco vulgares, em que o produto da venda dos mesmos (em virtude de uma eventual desvalorização) seja inferior ao preço fixado para a recompra (que compreende o capital e os juros). Só nessa eventualidade é que haverá um dano patrimonial a indemnizar.

Note-se que o reportador, depois do incumprimento definitivo da outra parte[1570], não poderá ficar com os títulos ou, vendendo-os, ficar com a quantia que exceda o montante necessário para se colocar na posição em que estaria se esse negócio tivesse sido pontualmente cumprido. Se assim fosse, estar-se-ia a permitir que o credor ficasse com os títulos dados em garantia (e, não esqueçamos, nesta modalidade de reporte é essa a função dos títulos), ou com o valor deles, o que levaria à aplicação, pesem embora as diferenças de estrutura, por via analógica, da proibição do pacto comissório.

V. O resultado neste ponto coincide, como se vê, com aquele que foi acima alcançado, seguindo a linha traçada pela doutrina tradicional.

[1569] Aponte-se ainda que defende também, entre nós, a "teoria da diferença atenuada", LUÍS MENEZES LEITÃO, *Direito das obrigações*, vol. II, cit., p. 272-273.

[1570] E subsequente resolução sem efeitos retroativos, ou exercício da "faculdade resolutiva" no seio da relação de liquidação, conforme apontado na nota anterior.

Em qualquer dos casos é decisivo para este efeito o percurso anteriormente empreendido. Por outras palavras: é, sempre, do maior relevo o correto entendimento da função complexa (crédito e garantia) que caracteriza este tipo de reporte (e não todo e qualquer reporte, uma vez que este contrato pode desempenhar funções diversas), o que passa por se assinalar o papel desempenhado pela compra e revenda no seio do mesmo, o cálculo dos preços de ambas as operações e a função realizada pela transferência dos títulos.

Dentro deste quadro, a solução proposta, ou seja, a inserção no seio da relação de liquidação dos deveres de venda dos títulos – ou da sua avaliação por terceiro independente, se o reportador pretender ficar com eles – seguida da restituição ao devedor do excedente calculado nos termos assinalados aparece-nos de uma forma completamente harmónica com a função do negócio e a relação de confiança que impõe,[1571] afastando-se pois qualquer pacto comissório (cuja proibição decorre do art. 694.º, aplicado aqui por analogia).

Neste ponto, a particular configuração desta modalidade de reporte como *negócio fiduciário em garantia* é um importante subsídio interpretativo, uma vez que, iluminando e caracterizando certos elementos da estrutura e função do negócio, nos permite avaliar e compor corretamente os interesses das partes na relação de liquidação.

33.8. O regime executivo

I. A principal questão que, nesta sede, se coloca é se poderão ser penhorados em ação interposta pelos credores do reportador os títulos vendidos no âmbito do reporte ao reportado. O reportador não poderia, depois, cumprir face ao reportado. Este perderia o objeto da garantia.

Sendo este um negócio fiduciário, *seria* em princípio de aplicar aqui, na nossa perspetiva, o art. 1184.º por analogia[1572].

[1571] Quanto ao fundamento destes deveres (de liquidação ou avaliação independente e de restituição do remanescente), ver, desenvolvidamente, M. PESTANA DE VASCONCELOS, *A cessão de créditos em garantia e a insolvência. Em particular da posição do cessionário na insolvência do cedente*, cit., pp. 638, ss., nota 1238, p. 641.

[1572] Ver com mais detalhe sobre a aplicação do art. 1184.º, *infra* aquando da análise da posição do reportado na insolvência do reportador.

II. O ponto não tem uma importância de maior, porque o reportador poderá adquirir outros "títulos da mesma espécie" e cumprir na data da revenda.

Por outro lado, o reportador poderá evitar a venda executiva, requerendo a substituição desses bens por outros [art. 754.º, n.º 4, al. a) CPC].

Acresce que, ao contrário do "comum" negócio fiduciário, no reporte o reportador não está impedido de transmitir os títulos objeto do contrato a terceiro, uma vez que a revenda tem por objeto "títulos da mesma espécie" (art. 477.º do Código Comercial) e não os mesmos títulos. Por isso, se forem penhorados e depois vendidos executivamente[1573] os títulos que estavam no seu património, também não há qualquer incumprimento da sua parte, uma vez que ele não está obrigado a impedir essa venda, requerendo a sua substituição por outros bens ou fazendo cessar a execução.

Os bens penhorados não são aqueles (ou não são necessariamente aqueles) que ele deve transmitir ao reportado, ao contrário do que se verifica no "comum" negócio fiduciário como o que o legislador regulou no art. 1184.º.

E, por isso, propendermos para a resposta negativa, *afastando* aqui a aplicação desta norma (art. 1184.º). Exatamente porque neste ponto há um desvio do reporte em relação aos outros negócios fiduciários.

III. Se, porém, as partes convencionarem que o reportador não poderá alienar os títulos adquiridos, então são mesmo aqueles títulos que ele terá que entregar e deverá aplicar-se então o art. 1184.º. Claro está que, neste último caso, se poderia dizer que não estamos já face ao reporte, mas a uma figura próxima. Somos, porém, da opinião que esta modalidade de reporte ainda está incluída no tipo legal do contrato.

[1573] Quanto à venda executiva, ver P. ROMANO MARTINEZ, *Venda executiva. Alguns aspetos das alterações legislativas introduzidas na nova versão do Código de Processo Civil*, cit., pp. 325, ss., em especial, pp. 335-337.

33.9. O regime insolvencial

33.9.1. A posição do reportado ("do creditado/garante") no caso de declaração de insolvência do reportador ("creditante/garantido")

I. Se for declarada a insolvência do reportador na vigência do contrato de reporte, antes da transmissão dos títulos ao reportado em execução da revenda, estes, integrando o património do insolvente, e, em princípio, sendo penhoráveis, serão incluídos na massa insolvente (art. 46.º CIRE).[1574] Mas não é assim, como se verá de seguida.

II. Este último resultado poderá, eventualmente, ser afastado pela aplicação do art. 1184.º, disposição que entendemos aplicável por analogia aos negócios fiduciários em garantia. Ora o reportador é um fiduciário em garantia, como se viu. A natureza da sua titularidade, que visa tão só assegurar o cumprimento da obrigação de recompra, é meramente "temporária" e "funcionalizada", uma vez que ele deverá retransmitir esses títulos à outra parte, a quem já os revendeu a termo[1575]. Por conseguinte, serão bens impenhoráveis, não fazendo, em princípio, parte da massa insolvente, no caso de declaração de insolvência do reportador.

Na eventualidade de não poder funcionar a tutela concedida pelo art. 1184.º, ou quando não se aceite a aplicação por analogia deste preceito à *fiducia* em garantia, a posição do reportado/fiduciante ainda poderá estar protegida através do art. 104.º ns. 1 e 2 CIRE[1576] (igualmente aplicado aqui por analogia)[1577].

[1574] Em termos insolvenciais, o reporte tem regimes próprios entre nós (que não serão analisados em texto), em determinados sectores do ordenamento: art. 6.º do Dec.-Lei n.º 221/2000, de 9/9, art. 284.º n.º 1 do CVM e o art. 18.º n.º 1 do Dec.-Lei n.º 105/2004, de 8/5. Tal decorre, principalmente, da transposição para a ordem interna da Diretiva 98/26/CE do Parlamento Europeu e do Conselho, de 19/5/98, relativa ao carácter definitivo da liquidação nos sistemas de pagamentos e de liquidação de valores mobiliários (sobre esta, ver AMADEU FERREIRA, *Sistemas de pagamentos e falência*, Cad. MVM, 1998, pp. 41, ss.), que foi operada, quer através do CVM, quer do Dec.-Lei n.º 221/2000, de 9/9.

[1575] Declarada a insolvência, são esses os títulos que terão que ser transmitidos à outra parte na revenda.

[1576] Quanto à *ratio* desta disposição e a sua fonte inspiradora, ver M. PESTANA DE VASCONCELOS, *A cessão de créditos em garantia e a insolvência. Em particular da posição do cessionário na insolvência do cedente*, cit., pp. 241, ss..

Os títulos objeto do reporte, nesse caso, fariam (não se aplicando o art. 1184.º, pressuposto de que agora estamos a partir) parte da massa, exatamente por pertencerem ao património do insolvente/reportador, arriscando-se o reportado a não os readquirir.

Pensamos que, dentro destes pressupostos, é aqui defensável a aplicação por analogia do art. 104.º ns. 1 e 2 CIRE, que atribui ao credor do insolvente (titular de um direito que desempenha uma função de garantia) o direito de exigir ao administrador o cumprimento do contrato, resultado que é o mais favorável para o reportado, protegendo a sua reaquisição dos títulos. Trata-se da solução que decorre da correta análise da *ratio*[1578] da norma.

O que se pretende aqui é, naqueles casos em que o credor/insolvente seja titular de um direito com função de garantia, como se verifica nos contratos diretamente previstos (a venda com reserva de propriedade e entrega da coisa, a locação venda e a locação financeira – art. 104.º ns. 1 e 2 CIRE), conferir à outra parte a possibilidade de adquirir a coisa, exigindo o cumprimento e cumprindo integralmente as suas obrigações negociais. Caso contrário, esta, porque pertence ao credor, integra a sua massa insolvente e poderia ser, nos termos apontados, liquidada no seio do processo insolvencial.

O reportador/insolvente também é um credor titular de um direito com função de garantia sobre bens que (ou por não funcionar a tutela do art. 1184.º, ou por não se considerar – ao contrário do que sustentamos – aplicável à *fiducia* em garantia esta disposição) integram a sua massa insolvente. Só o cumprimento do contrato pelo administrador poderá evitar, portanto, que o reportado não readquira os títulos. A *ratio* da norma vale, por conseguinte, também para este caso, sempre que bens objeto do

[1577] Quanto à razão de ser da não aplicabilidade do art. 107.º CIRE (inspirado no § 104 InsO – Código da insolvência alemão – e relativo às operações a prazo), a *esta* modalidade de reporte, ver, desenvolvidamente, M PESTANA DE VASCONCELOS, *Do reporte com função de crédito e garantia*, cit., pp. 42, ss..

[1578] A finalidade visada nesta norma é a de proteger a aquisição do bem por parte ou do comprador, locatário comprador (assim como, nos termos referidos, pelo locatário-financeiro), no caso de declaração de insolvência do vendedor (ou locador vendedor) com reserva de propriedade e entrega da coisa. Tratam-se, desta forma, de limitações ao direito de escolha do administrador.

contrato, note-se, façam parte da massa (em virtude da não aplicação do art. 1184.º)[1579].

33.9.2. O regime do reporte com função de crédito e garantia decorrente da declaração de insolvência do reportado ("creditado/garante")

I. A hipótese que está agora em análise é a inversa da que vimos no número anterior. De momento, pretendemos determinar qual seja o tratamento insolvencial desta modalidade de reporte no caso de declaração de insolvência do reportado (o contraente que vende os títulos, recebe o preço e recompra simultaneamente, mas a termo, títulos da mesma espécie).[1580]

II. Como vimos anteriormente, do prisma funcional, no reporte com função creditícia e de garantia os títulos comprados pelo reportador e revendidos (da mesma espécie) logo, mas a termo, ao reportado (que, por sua vez, os vende e em seguida os compra da mesma espécie, mas a termo), representam a garantia do pagamento do preço de revenda. O preço de compra, por sua vez, significará um crédito concedido pelo reportador ao reportado. A restituição desse crédito concedido obtém-se

[1579] Ver, com maior desenvolvimento sobre este ponto, M. PESTANA DE VASCONCELOS, *Do reporte com função de crédito e garantia*, cit., pp. 40, ss..

[1580] Como já apontámos, o reporte tem, ainda, regimes particulares em certos sectores do ordenamento jurídico que não serão abordados em texto; convém, no entanto, neste momento, sublinhar que estes têm em vista a tutela da posição do garantido.

De acordo com o art. 6.º do Dec.-Lei n.º 221/2000, de 9/9: "As garantias constituídas no quadro de um sistema em favor de um participante ou de um banco integrante do sistema europeu de bancos centrais não são afetadas pela abertura do processo de insolvência e podem ser executadas pelos respectivos titulares, revertendo para a massa falida o saldo remanescente." Segundo o art. 2.º al. o), ainda deste diploma, inclui-se dentro das garantias expressamente o reporte.

Por seu lado, o art. 284.º n.º 1 do CVM (inserido no capítulo III, relativo à insolvência dos participantes, do título V, referente aos sistemas de liquidação) estatui que "...as garantias de obrigações decorrentes do funcionamento de um sistema de liquidação não são afetadas pela abertura de um processo de falência, de recuperação de empresa ou de saneamento da entidade garante, revertendo apenas para a massa falida ou para a empresa em recuperação ou em saneamento o saldo que eventualmente se apure após o cumprimento das obrigações garantidas." Acresce que, de acordo com o n.º 3 do mesmo artigo, se consideram "garantias o penhor e os direitos decorrentes de reporte e de outros contratos similares."

pelo pagamento do preço de revenda de que os títulos representam, como dissemos, a garantia.

Observámos que a revenda só produzia efeitos a termo e que, nessa data, em princípio, não haveria retransmissão imediata dos títulos. Por sua vez, o recomprador (o reportado) poderá recusar-se a pagar o preço de revenda enquanto os títulos não lhe forem entregues.

Finalmente, foi também demonstrado que, se o reportado não pagasse o preço de revenda dos títulos, o vendedor (o reportador), dentro do condicionalismo apontado, tinha a sua posição tutelada face ao incumprimento da outra parte[1581]. Nessa medida, o reporte constituiria para o reportador uma garantia particularmente sólida, célere e eficaz.

Daí a pertinência, neste momento, da seguinte questão: na eventualidade de declaração de insolvência do reportado, mantém-se a eficácia de tutela da posição do credor conferida por este contrato? A importância da mesma não carece de grandes explicações. Como é sabido, a insolvência, dada a normal insuficiência da massa para a satisfação integral de todos os credores do insolvente, é o teste decisivo – já o dissemos – desta modalidade de garantias que assentam na titularidade de um direito. Passamos então a dar-lhe resposta.

III. O reporte é um negócio jurídico bilateral composto estruturalmente por uma venda seguida por uma revenda, com sinal contrário, celebrada imediatamente, mas a termo. Diretamente, não está previsto no elenco dos negócios a que a lei insolvencial deu um tratamento particular no caso

[1581] Como procurámos *supra* demonstrar, no que toca à posição do reportador face ao incumprimento definitivo do reportado, o primeiro ficaria desvinculado, podendo exercer a "faculdade resolutiva", no seio da relação de liquidação, não realizar a sua contraprestação e computá-la – a entrega dos títulos, portanto o valor destes – na sua indemnização.

Não se trata da satisfação por ato próprio da obrigação da outra parte. Com efeito, aqui, incorrendo o devedor em incumprimento definitivo e ficando assim o credor liberado da sua contraprestação (na posição doutrinal apontada), que nos termos referidos não terá que realizar, ou então, seguindo a doutrina tradicional, resolvendo o contrato, mas com efeitos ex nunc, a indemnização calculada pelo interesse contratual positivo a que, em abstrato, teria direito acaba, em concreto, por não se constituir, uma vez que da comparação entre a situação patrimonial em que fica e aquela em que ficaria se o contrato tivesse sido integralmente cumprido não resulta uma diferença negativa, mas, pelo contrário, positiva. Na relação de liquidação desencadeada, insere-se o dever de restituir esse excesso.

da declaração de insolvência de uma das partes, assim como não estava no CPEREF.

Na disciplina falencial pregressa havia boas razões para aplicar a esta modalidade de reporte por analogia o art. 163.º, segunda parte, que incluía na sua previsão somente a venda com reserva de propriedade e a locação venda[1582].

Face ao CIRE, que contém, como sabemos, uma regra geral para os contratos bilaterais (art. 102.º), seguida de um conjunto de contratos especialmente regulados, haverá que determinar se é possível a aplicação direta ou analógica das disposições que regulam um destes contratos. As normas em análise aqui são o art. 107.º n.º 1, art. 107.º n.º 5 e art. 104.º n.º 3 (e art. 102.º n.º 3), assim como o art. 104.º ns. 3 e 5 (e art. 102.º n.º 3) CIRE.

Diga-se, desde já, que seja qual for a norma aplicada (e cremos que deverá ser o art. 104.º ns. 3 e 5 CIRE) o resultado a que se chega é muito semelhante. Em qualquer caso, a garantia, traduzida na manutenção dos títulos no património do credor, e esse aspeto é o que se pretende destacar, não é atingida.

Cremos que o art. 107.º CIRE relativo às operações a prazo[1583], não se aplica a esta modalidade de reporte (reporte com função de crédito e garantia, relembre-se)[1584].

[1582] O liquidatário tinha então de fazer a seguinte escolha: ou se decidia pelo cumprimento e então teria que pagar o preço para lhe serem retransmitidos os títulos a integrar na massa, ou resolvia o contrato. A resolução neste caso teria efeitos meramente *ex nunc* e não *ex tunc*, em virtude dos limites decorrentes, quer da vontade das partes, quer da finalidade da própria resolução, tendo em conta este particular contrato de crédito e garantia (art. 434.º n.º 1)

Gerava-se desta forma uma relação de liquidação marcada pelo carácter fiduciário do negócio. A indemnização determinada pelo art. 163.º n.º 3 CPEREF raramente chegaria a existir, devido à diferença – em regra – positiva entre a situação patrimonial em que o reportador ficaria no caso de resolução pelo liquidatário e aquela em que ele estaria se o liquidatário não tivesse seguido essa via.

[1583] A influência da lei alemã da insolvência é também aqui clara – § 104 InsO. A solução da anterior lei italiana (art. 76.º) no que toca aos contratos "di borsa a termine" era igualmente próxima desta.

[1584] Ver, muito desenvolvidamente sobre o fundamento da não aplicação a este contrato (a esta *modalidade* de reporte, melhor dizendo) do art. 107.º CIRE, M. PESTANA DE VASCONCELOS, *Do reporte com função de crédito e garantia*, cit., pp. 50, ss..

III. As semelhanças (e as diferenças) do reporte com função de crédito e garantia com a venda com reserva de propriedade, a locação venda e a locação financeira (em especial na modalidade de locação financeira restitutiva) já foram anteriormente postas em destaque. Em qualquer dos casos, e esse ponto parece-nos determinante, recorre-se à titularidade de um direito, em regra de propriedade, com vista a assegurar um crédito do titular do mesmo direito, que desempenha assim uma função de garantia. Este aspeto atravessa todas estas figuras típicas.

Não basta, no entanto, esta relevante similitude para aplicar ao reporte o art. 104.º ns. 3 e 5 CIRE. É necessário que a sua *ratio* o permita, o que implica a sua determinação.

IV. Na nossa perspetiva, a razão de ser desta disposição é dupla. Em geral – e é o aspeto mais relevante – está relacionada com a admissibilidade expressa do recurso à propriedade com função de garantia, mesmo depois de declarada a insolvência do devedor, e o estabelecimento de uma disciplina uniforme (favorável ao credor) para os contratos com maior relevância prática que, tendo embora estruturas diversas, recorram a este instrumento de tutela da posição do credor. Este aspeto tem uma importância essencial.

Depois, a lei tem em vista o relevo que os bens objeto dos contratos aí previstos têm para a continuação da atividade do estabelecimento ou estabelecimentos incluídos na massa insolvente. Daí a regra quanto ao prazo fixado ao administrador da insolvência nos termos do art. 102.º n.º 2 CIRE, que não poderá, em princípio, esgotar-se antes de decorridos cinco dias sobre a data da assembleia de apreciação do relatório (art. 104.º n.º 2 CIRE).

Quanto ao primeiro ponto, importa sublinhar que o reconhecimento do recurso ao direito de propriedade ou à titularidade de outro direito com função de garantia mesmo depois da declaração de insolvência do devedor, momento em que este meio de defesa é particularmente eficaz, é susceptível de ser resolvido em termos diversos, nomeadamente, equiparando o seu regime insolvencial ao de um direito real de garantia ou não o admitindo de todo.[1585]

[1585] O tratamento desta questão varia nos diversos ordenamentos jurídicos.

A lei nacional aqui vem admitir expressamente o recurso a esse meio de garantia mesmo depois da insolvência do devedor, não lhe negando eficácia (embora colocando determinadas condições, como o n.º 4 do art. 104.º CIRE, no que toca à reserva de propriedade) perante a massa e fixando (diretamente) para os principais contratos que a ele recorram uma disciplina uniforme.

Para poder integrar esse bem na massa, o administrador da insolvência terá que optar pelo cumprimento, de acordo com o regime geral do art. 102.º, e, se se decidir pela recusa, desencadeia-se a relação de liquidação com o conteúdo do n.º 3 do art. 102.º CIRE (art. 104.º n.º 5 CIRE). O direito manter-se-á na esfera do credor, onde desempenha a sua função de garantia, diminuindo, ou até eliminando totalmente, o dano patrimonial.

V. Vistas as similitudes e analisada a *ratio* do art. 104.º ns. 3 e 5 CIRE, decorre que a referida disposição é também aplicável a *esta* modalidade de reporte, com as devidas adaptações. Daí resulta também que a regra relativa ao prazo não será aqui de aplicar[1586].

O administrador deverá, pois, optar por cumprir o contrato ou pela recusa, neste último caso com os efeitos do art. 102.º n.º 3 (art. 104.º n.º 5 CIRE).

A decisão de cumprir o contrato implica que a obrigação de pagar o preço se torne dívida da massa [art. 51.º, n.º 1, al. f) CIRE]. A recusa de

[1586] Quanto à particularidade decorrente do art. 104.º n.º 5 CIRE, que estabelece uma regra diferente de cálculo do crédito decorrente do art. 102.º n.º 3 al. c) CIRE, não tem, mesmo que devidamente adaptada, aqui aplicação.

Se o administrador recusar o cumprimento, a outra parte vê a sua posição conformada pelo disposto no art. 102.º n.º 3 CIRE, o que significa que adquire um crédito sobre a insolvência calculado pela diferença entre o valor da prestação do devedor deduzido do valor da contraprestação correspondente [al. c)]; esse mesmo crédito, quando estivermos perante a insolvência de um comprador com reserva de propriedade, locatário comprador ou locatário financeiro, será já calculado pela diferença entre o montante das rendas ou prestações previstas até final do contrato (atualizadas para a data da declaração de insolvência) e o valor da coisa na data da recusa.

Em qualquer dos casos, no entanto, o preço de revenda a pagar pelo reportado insolvente seria sempre inferior ao valor dos títulos (em virtude da, já referida, margem de segurança do reportador), cuja entrega constitui a contraprestação da outra parte. Esse crédito não chegaria, desta maneira, em qualquer das hipóteses, a nascer.

cumprimento leva aqui a que se gere uma relação conformada pelo disposto no art. 102.º n.º 3 CIRE [art. 104.º n.º 5 CIRE] e, como veremos, pelos deveres de venda dos títulos (ou sua avaliação por terceiro independente) e restituição do excedente[1587], atendendo às particulares características da posição dos títulos no património do reportador.

Assim, nos termos do art. 102.º, n.º 3, al. a) CIRE, nenhuma das partes terá direito à restituição do que prestou, radicando-se os títulos definitivamente na esfera do reportador. Este teria ainda direito a ser indemnizado dos prejuízos que o incumprimento lhe causou: porém, uma vez que o valor dos títulos (de que continua a ser titular) superará o valor do preço em dívida, da comparação entre a situação patrimonial em que fica e aquela em que estaria se não se tivesse verificado a recusa de cumprimento e o contrato tivesse sido cumprido, resulta que não há qualquer dano em sentido patrimonial e, consequentemente, nada há também a indemnizar.

Dada a diferença de valores, poderia dizer-se que o administrador estaria praticamente forçado a optar pelo cumprimento, sob pena de a própria massa sofrer um dano. Todavia, não é assim, o que, além do mais, chocaria com a proibição do pacto comissório.

No seio da relação de liquidação gerada pela recusa de cumprimento do administrador, cujo conteúdo é determinado atendendo à estrutura e função deste negócio (fiduciário), integram-se ainda, como se disse, mesmo na fase insolvencial, os deveres do reportador de vender os títulos nas melhores condições de mercado (ou fazê-los avaliar por terceiro independente) e de entregar ao administrador a diferença determinada entre

[1587] Estes deveres podem ter sido fixados pelas partes no contrato, conformando dessa forma os contraentes a relação de liquidação mesmo na fase insolvencial, relação essa que é desencadeada pela recusa pelo administrador. Isto é, as partes podem desde logo regular no contrato a referida relação, impondo ao reportador os deveres de avaliação (ou alienação) dos títulos e de restituição do excedente, na eventualidade de o reportado vir a ser declarado insolvente e o administrador optar pela recusa de cumprimento, uma vez que eles em nada colidem com o regime insolvencial da recusa de cumprimento pelo administrador, antes o completam, levando em linha de conta as especialidades *desta modalidade* de reporte (o art. 119.º CIRE impede somente que as partes limitem ou excluam a aplicação das normas relativas aos negócios em curso; não é isso que aqui se passa). Parece-nos mesmo que semelhantes deveres podem ser apurados por integração do contrato (art. 239.º). Teriam nesses casos base contratual. De todo o modo, o que é claro é que eles são também impostos pela boa fé (art. 762.º n.º 2) na fase liquidativa desencadeada pela recusa do administrador.

a situação em que ficou em virtude da recusa do cumprimento e aquela em que estaria se o contrato tivesse sido cumprido, quantia que passa a fazer parte da massa insolvente.

VII. A composição dos interesses das partes por esta via é idêntica àquela que acima sustentámos, fora do âmbito insolvencial, perante o incumprimento definitivo do reportado em que a relação de liquidação é desencadeada por esse facto[1588], enquanto aqui ela é provocada pela recusa de cumprimento (pelo administrador).

Sendo embora os fundamentos diversos em ambos os casos, o resultado prático a que se chega é semelhante, o que significa que o reportador/"creditante/garantido" poderá sempre, quer face ao não cumprimento definitivo do reportado/"creditado/garante"[1589], quer, como acabámos de ver, após a declaração de insolvência deste recorrer aos títulos objeto do reporte para tutelar a sua posição, evitando sofrer danos. Esta garantia passa assim, mesmo no seu regime geral, incólume o teste "de fogo" de qualquer garantia: a insolvência.

34. O depósito em garantia[1590]

34.1. Caracterização

I. O devedor celebra com um banco (ou, eventualmente junto de um outro sujeito que não um banco), como forma de assegurar o cumprimento de uma obrigação sua (ou eventualmente de um terceiro) perante um credor, um contrato de depósito, nos termos do qual a instituição de crédito deverá entregar a quantia ao credor garantido, se o garante incumprir a sua obrigação, ou, caso cumpra, restituir-lha.

[1588] Ou, como vimos, pela resolução (sem efeitos retroativos), se seguirmos aqui a doutrina tradicional.

[1589] E subsequente resolução, se for adoptada, como referimos, a doutrina tradicional.

[1590] Este número corresponde, parcialmente, a M. PESTANA DE VASCONCELOS, *O depósito com finalidade de cumprimento, o depósito para administração, o depósito em garantia e os seus regimes insolvenciais*, in: Estudos em Homenagem ao Prof. Doutor Heinrich Ewald Hörster, Almedina, Coimbra, 2012, pp. 725, ss..

Deste modo, o credor garantido é titular de um crédito face ao banco condicionado pelo incumprimento do devedor/garante, enquanto este último é, ao mesmo tempo, titular de um crédito face ao banco à restituição, direito esse dependente do seu cumprimento.

A conta simples (sem cláusula de conta corrente) é aberta para se realizar esse depósito e os únicos movimentos a débito (a favor do garante ou do garantido, conforme tenha havido, ou não, cumprimento da obrigação garantida) que admite são os acima mencionados, verificando-se os eventos referidos (cumprimento, levando à aquisição pelo garante do direito à restituição das quantias depositadas; incumprimento, conduzindo à aquisição pelo garantido do direito à entrega desses fundos).[1591] Estes o serão, em regra, devidamente – por vezes de forma exaustiva – definidos no contrato para que o depositário/banco se veja o mais possível afastado das relações entre as partes e saiba sempre, de forma clara, face a quem cumprir. A contrapartida do banco consiste na comissão.

A existência de disposições quanto ao sujeito a quem deverá ser entregue a quantia depositada e a dependência da constituição dessas obrigações do próprio cumprimento ou incumprimento da obrigação garantida, data até à qual está indisponível o dinheiro, afastam-nos igualmente do simples depósito bancário (em especial do depósito à ordem, mas também, desde logo pela função desempenhada, dos depósitos a prazo[1592]), gerando um conteúdo diferente e mais complexo.

II. Há uma ligação umbilical entre este contrato e o negócio donde decorre a obrigação garantida. Integram ambos a estrutura jurídica adoptada para se dar corpo a uma operação económica una da qual faz parte a especial tutela que o crédito de uma das partes através desta garantia obtém.

A ligação entre os contratos pode ser estabelecida de maneira diversa. Assim, a obrigação de celebrar o depósito em garantia pode emergir logo

[1591] Pode tratar-se aqui do depósito de um montante que se destine a indemnizar a outra parte pelos danos que o outro contraente lhe possa causar. Ver GABRIELLA PROVAGGI, *Agency escrow*, in: *Fiducia, trust, mandato ed agency*, Convegni di studio, Madonna di Campiglo, Giuffrè, Milão, 1991, p. 85.

[1592] O depósito é constituído para se garantir uma obrigação do depositante e não para este rentabilizar, emprestando ao banco, essa quantia, recebendo como remuneração os juros·

do contrato fonte da obrigação a garantir, ou, mesmo, os efeitos deste ficarem suspensos à celebração do negócio de garantia.

Geneticamente, pois, o contrato de garantia está dependente do contrato do qual decorre a obrigação garantida, mantendo-se o vínculo ao longo da duração dos contratos. Deste modo, se o segundo for nulo ou anulado, cessa o primeiro. Por outro lado, extinguindo-se por cumprimento a obrigação garantida, o devedor/garante adquire o direito a exigir a restituição da quantia depositada, o que conduz à cessação deste contrato de depósito. Nessa medida se pode falar no carácter acessório da garantia relativamente à obrigação garantida.

34.2. Distinção de figuras próximas

34.2.1. O penhor de conta bancária

I. O contrato em análise é diverso do penhor de conta bancária[1593], onde o cliente/creditado empenha o seu crédito à restituição do saldo da conta ao próprio banco devedor do mesmo.

Também não deve ser confundido com os casos em que um devedor empenha o crédito à restituição de um saldo de conta a favor de um terceiro (que não o banco devedor)[1594].

Qualquer dos penhores acima referidos (de um crédito já constituído a favor do banco/depositário ou de terceiro) representa um mecanismo alternativo, através do recurso ao penhor de créditos pecuniários, ao depósito em garantia.

Distinguem-se dele, no entanto, porque o depósito em garantia assenta numa estrutura fiduciária em que há a intervenção de terceiro, o fiduciário, sendo o credor o beneficiário. Este último não tem um penhor sobre o crédito do devedor à restituição das quantias depositadas, mas uma mera expetativa jurídica à aquisição do crédito à entrega do montante depositado, se o devedor não cumprir (verificado esse facto, a expetativa passa a ser um direito à entrega da quantia face ao banco). O garante também não

[1593] Quanto a esta e outras figuras próximas, ver *supra*.

[1594] Cfr. A. CARRASCO PERERA/E. CORDERO LOBATO/M. J. MARÍN LÓPEZ, *Tratado de los derechos de garantia, tomo II, Garantías mobiliárias*, cit., p. 293.

é titular do crédito empenhado, mas meramente titular de uma expetativa jurídica à aquisição do crédito à entrega do montante depositado.[1595]

34.2.2. A alienação fiduciária em garantia

Não estamos igualmente perante uma alienação fiduciária em garantia, como modalidade dos contratos de garantia financeira[1596]. Aqui o que temos é o depósito de uma quantia pecuniária junto de terceiro que o credor garantido poderá mobilizar logo que se verifique o facto que desencadeie a execução da garantia (incumprimento; se o garante cumprir, pelo contrário, é ele que adquire o crédito à restituição das quantias depositadas).

Os contratos de garantia financeira têm por objeto o crédito à restituição das quantias *já* depositadas, portanto de um depósito já constituído; o crédito à restituição dessas quantias pode ser cedido ou empenhado.

Mesmo que não se verificassem os restantes requisitos de aplicação dos contratos de garantia financeira, esse crédito à restituição das quantias depositadas podia ser cedido em garantia. Dada a liquidez do crédito, o credor seu titular, em caso de incumprimento do devedor, satisfazer-se-ia recorrendo aos montantes depositados.

Este último mecanismo tem a desvantagem de o crédito passar a integrar o património do credor (que é o fiduciário), correndo o fiduciante, dessa forma, o risco do incumprimento deste, quer por não retransmissão do crédito, cumprida a obrigação assegurada, quer por transmissão a terceiro. Além disso, há ainda o risco de penhora por parte dos credores do fiduciário e da sua insolvência. Estes últimos riscos podem ser afastados pela aplicação analógica, que sustentamos, do art. 1184.º.

[1595] Também não consiste num cativo bancário, embora esta figura possa ser modelada de forma muito próxima à do depósito em garantia. Com efeito, o depositante pode ordenar ao banco que cative, isto é, coloque numa situação de indisponibilidade, parte ou a totalidade de uma quantia já depositada em conta, devendo a instituição de crédito entregá-la ao garantido, o beneficiário, se este demonstrar o incumprimento do crédito que esse cativo visa tutelar. Ver, na jurisprudência, o acórdão da Relação de Coimbra de 12/12/2000 (Coelho de Matos), in: www.dgsi.pt.

[1596] Ver, sobre eles, ver *infra*, número seguinte em texto.

34.2.3. O penhor irregular

III. Também poderia o devedor entregar o dinheiro ao próprio credor em garantia do crédito deste. Seria um penhor irregular, que na sua essência consiste na transmissão da propriedade dos fundos em garantia ao próprio credor[1597].

Contudo, de uma forma paralela ao que acima dissemos, o devedor/fiduciário continuaria a correr o risco do incumprimento por parte do credor, na eventualidade de o primeiro ter cumprido a sua obrigação, bem como da penhora em ação interposta pelos credores deste último ou da sua insolvência. Dada a natureza dos bens, o primeiro risco seria bastante limitado. Porém, não havendo separação das quantias, em princípio, manter-se-iam estes dois últimos.

Por isso, não sendo o nível de confiança entre as parte elevado, o depósito em garantia[1598] apresenta a vantagem de excluir esses riscos ligados ao credor/fiduciário (sendo uma manifestação de confiança por parte de garante e garantido nesse terceiros).

Veja-se, p. ex., a venda de acções com espera de preço. Para garantir a efetiva entrega desse montante, as partes acordam o depósito do dinheiro junto a um banco da confiança de ambas para que, caso o devedor não pague o preço, a instituição de crédito entregue essa quantia ao credor. Se a obrigação for cumprida, o fiduciante poderá, mas só nesse caso, exigir a restituição da quantia depositada ao banco.

[1597] Cfr. ANGELO LUMINOSO, *Deposito irregulare presso il terzo e depositi irregulari a scopo di garanzia*, Giur. Com., 1981, pp. 432, ss., p. 443.

[1598] No sentido de que o depósito em garantia junto do terceiro constitui um caso de penhor irregular, posição que não acompanhamos, ver A. LUMINOSO, *Deposito irregulare presso il terzo e depositi irregulari a scopo di garanzia*, cit., pp. 432, ss., p. 443.

34.3. A qualificação

34.3.1. Negócio jurídico indireto

I. Estamos perante um negócio jurídico indireto[1599]. As funções do depósito bancário à ordem são as de custódia e as de permitir ao depositante beneficiar do serviço de caixa do banco (nos termos apontados para o dinheiro), sendo aquela do depósito a prazo de financiar o banco. Ora a função deste específico depósito é de garantia. Aqui utiliza-se um determinado negócio para a realização de fins diversos daqueles compreendidos na sua causa-função. Esse desiderato é alcançado mediante cláusulas de adaptação, nos termos das quais, como vimos, o montante depositado será entregue ao depositante ou ao terceiro/beneficiário, consoante o primeiro tenha ou não cumprido a obrigação desta forma assegurada.

34.3.2. Negócio fiduciário em sentido estrito

I. Trata-se ainda um negócio fiduciário em sentido estrito, na modalidade de fidúcia para garantia. A particularidade reside aqui na natureza do bem e no facto de o fiduciário não ser o credor, mas o terceiro. Claro está que existe um negócio base donde decorre o crédito garantido, mas não é esse negócio o negócio fiduciário (como, p. ex., sucede com as cessões de créditos em garantia). O negócio fiduciário (aberto, isto é, de que o banco sabe, porque é parte dele) é este particular contrato de depósito bancário celebrado entre o fiduciante e a instituição de crédito.

34.3.3. Negócio em que se recorre à titularidade de um direito com função de garantia

I. Trata-se ainda de um contrato que se insere na categoria dos negócios em que se recorre à titularidade de um direito com função de garantia. Efetivamente, os fundos são transmitidos, são depositados, ao depositário/fiduciário para assegurarem uma obrigação. Como se verá *infra* quanto

[1599] Sobre este, ver: ORLANDO DE CARVALHO, *Negócio jurídico indireto (teoria geral)*, cit.; P. PAIS DE VASCONCELOS, *Contratos atípicos*, cit., pp. 243, ss..

ao regime insolvencial da figura, a transferência dos fundos para o terceiro permite isolar a quantia no caso de insolvência por parte do devedor/garante, hipótese em que o credor se encontra salvaguardado. Além disso, permite tutelar o devedor/transmitente do risco de incumprimento (e insolvência) por parte do credor, se os bens lhe fossem a ele, e não ao banco, fiduciariamente transferidos.

A transmissão dos fundos a um terceiro com especial solidez e, em princípio, credibilidade visa alcançar esse objetivo. Incumprida a obrigação garantida, o credor pode recorrer a esses bens, essa quantia, para extinguir a obrigação garantida.

Diferentemente do que sucede com outras figuras que se inserem nesta categoria, aqui os bens não são transmitidos em garantia ao próprio credor (como, p. ex., com o reporte), mas a um terceiro que está obrigado a transferir esses bens ao credor, na fase de execução da garantia, para que este possa, por ato seu, recorrer a eles para extinguir a obrigação garantida (este aspeto é comum a esta categoria de garantias, quando haja a transmissão de um bem do garante para o garantido).

Nos outros casos, essa transferência por parte do terceiro ao credor seria desnecessária, porque os bens teriam sido logo transmitidos em garantia por parte do devedor/fiduciante ao credor/fiduciário (como sucede, p. ex., no denominado penhor irregular), não havendo, pois, a referida "triangulação".

34.3.4. Contrato a favor de terceiro

I. Trata-se de um contrato a favor de terceiro. Do contrato decorre imediatamente a aquisição pelo credor/garantido do direito condicionado pelo incumprimento do depositante/garante à entrega pelo depositário da quantia depositada.

Em rigor, a posição que o terceiro adquire é uma simples expetativa à aquisição do crédito à entrega da quantia, mas não nos parece, dada a amplitude com que o nosso Código Civil acolheu a categoria[1600], que haja

[1600] Ver sobre este ponto, que o Autor sublinha, J. RIBEIRO DE FARIA, *Direito das obrigações*, vol. I, Almedina, Coimbra, 1990, pp. 315, ss.. Que não estamos limitados a direitos de crédito e direitos reais, era já apontado por D. LEITE DE CAMPOS, *Contrato a favor de terceiro*, cit.,1, p. 17.

obstáculos à qualificação como contrato a favor de terceiro naqueles casos em que a posição que decorre de imediato do contrato não seja um direito, mas uma expetativa jurídica[1601].

De todo o modo, ainda que assim não fosse, não deixamos de estar face a um contrato a favor de terceiro sempre que a aquisição do direito não se realize naquele momento, mas em momento posterior, desde que decorra unicamente por força do contrato[1602]. Como sucede com o crédito do beneficiário.

Não havendo uma estipulação em contrário no contrato,[1603] a adesão do terceiro não deixaria de ter interesse, do prisma da solidez da garantia, porque após esse momento o depositante/devedor deixa de poder revogar a promessa (art. 448.º n.º 1).

Acrescente-se ainda que o depositário não poderá opor ao credor/garantido qualquer meio de defesa decorrente de outra relação que tenha com o promissário/devedor/garante (art. 449.º) e que, adquirido o crédito, o depositante poderá, como promissário, exigir do depositário/promitente o cumprimento da obrigação, ou seja, a entrega das quantias.

1601 A questão não levantará dificuldades para quem conceba a expetativa jurídica como um direito subjetivo, assim: JOSÉ DE OLIVEIRA ASCENSÃO, *Direito civil. Teoria geral*, vol. III, *Relações e situações jurídicas*, Coimbra Editora, Coimbra, 2002, pp. 84-87. Na Alemanha, a doutrina distingue entre a expetativa (*Anwartschaft*) e o direito de expetativa (*Anwartschatsrecht*), que qualifica como um verdadeiro direito subjetivo. A posição do adquirente sob condição suspensiva insere-se neste último grupo de casos. Cfr. KARL LARENZ/MANFRED WOLF, *Allgemeiner Teil des Bürgerlichen Rechts*, 9.ª ed., C.H. Beck, Munique, 2004, § 15, pp. 275, ss., e § 50, p. 921.

1602 Como sucede no caso do art. 451.º n.º 1. A solução aqui adoptada não era forçosa. A lei poderia simplesmente ter optado por considerar que o terceiro adquiriria logo o direito, vencendo-se este só com a morte do promissário. Contudo, a lei vem presumir que é a própria aquisição do direito que se verifica depois da morte do promissário. Cfr. L. MENEZES LEITÃO, *Direito das obrigações*, vol. I, cit., p. 242.

1603 O que acontecerá por vezes. Noutras, atendendo à finalidade de garantia do contrato, que necessariamente nos deve orientar na interpretação, chegaríamos a conclusão de que se trata de uma lacuna a ser integrada com a proibição de revogação.

Noutros casos ainda, o credor/garantido intervirá no contrato como parte. O negócio será pois plurilateral (e não um contrato a favor de terceiro), o que significa que em circunstância alguma poderia o promissário extinguir a expetativa do credor/garantido sem o consentimento dele.

II. Decorre do que foi dito que esta figura não se enquadra pois no depósito no interesse de terceiro (art. 1193.º) em que, tendo este aderido ao contrato, o depositário não pode exonerar-se restituindo a coisa ao depositante sem o consentimento do terceiro. O terceiro adquire mesmo um direito condicionado (pelo que a posição adquirida constitui, como se disse, uma expetativa jurídica) por força do contrato. Acresce que se o depositante/garante cumprir, a quantia terá que lhe ser entregue sem ser necessário o consentimento por parte do terceiro.

34.3.5. Súmula conclusiva quanto à qualificação

I. Trata-se assim, numa breve súmula, de uma figura fiduciária que recorre a um depósito de dinheiro (em regra) bancário, como negócio jurídico indireto, devidamente adaptado, para desempenhar uma função de garantia.

34.4. O regime insolvencial

34.4.1. A insolvência do depositante

I. Sendo o depositante/fiduciante/devedor declarado insolvente, daí não resultaria nenhum efeito imediato sobre a garantia. Tudo dependeria do cumprimento, ou da sua recusa, da obrigação garantida por parte do administrador da insolvência (o que se prende, por sua vez, com o negócio donde decorre essa obrigação). No primeiro caso, o dinheiro depositado teria que ser entregue a este último para integração na massa. Não cumprindo o administrador a obrigação garantida, o credor poderá executar a garantia, exigindo ao banco que lhe entregue as quantias depositadas, a que recorrerá para extinguir a obrigação garantida (note-se: não se trata de uma compensação, faltando, desde logo, a reciprocidade dos créditos). Havendo excedente, terá de o entregar ao administrador para integração na massa.

A garantia passa, pois, incólume o decisivo teste da insolvência do seu autor.

34.4.2. A insolvência do credor/garantido

I. Do seu património fazem parte, quer o crédito garantido, quer a expetativa de aquisição do direito à entrega da quantia depositada. O administrador deverá exigir o cumprimento da obrigação, passando o objeto da prestação a integrar a massa na eventualidade de cumprimento. No caso de inadimplemento, adquire o crédito (que radica na expetativa de aquisição, integrante, já, ela própria a massa) à entrega da quantia depositada que passa a integrar a massa.

34.4.3. A insolvência do depositário

I. Os fundos são transmitidos ao depositário (banco – embora não tenha necessariamente de ser assim, podendo tratar-se de um outro sujeito) para que este os entregue ao beneficiário/credor em caso de incumprimento da obrigação garantida, ou ao garante/depositante se se verificar o cumprimento. Portanto: na data fixada para o cumprimento, o banco entregará a quantia a um ou a outro conforme a prestação seja realizada ou não.

Há uma aproximação à titularidade do mandatário no mandato sem representação[1604]. Com efeito, a titularidade do banco é simplesmente "instrumental", "temporária" e "funcionalizada". Reveste, pois, as características da titularidade fiduciária, tal sucede com a titularidade do mandatário. Nessa medida, em princípio, ser-lhe-ia aplicável por analogia o art. 1184.º, pese embora as dificuldades de aplicação ao comércio (e moeda) bancário.

[1604] Como já foi referido, quantia é depositada, não para que o banco cumpra, recorrendo a ela, a obrigação do depositante, mas para assegurar a obrigação do beneficiário/garantido. A função primária do depósito é de garantia. No depósito para cumprimento, a função desempenhada pelo depósito é entregar a terceiro os meios necessários para que este possa cumprir, verificado o evento contratualmente previsto, a obrigação do depositante face ao credor/beneficiário. Note-se, repisando um ponto já exposto, que a quantia é entregue ao beneficiário, porque ele adquire o direito à mesma aquando do incumprimento, no âmbito da execução da garantia, desencadeada por esse facto. A extinção da obrigação garantida dá-se por ato próprio do credor, recorrendo ao montante que lhe é entregue pelo depositário.

35. As alienações em garantia[1605]

35.1. Introdução

I. A alienação de um bem em garantia de um crédito, em regra concedido pelo adquirente ao alienante, é uma figura extremamente conhecida da prática comercial alemã. Distinguem-se as modalidades de alienação de acordo com o seu objeto: coisas corpóreas móveis (*Sicherungsübereignung*) e créditos (*Sicherungsabtretung*). Grande parte do crédito bancário recorre a esta modalidade de tutela do crédito concedido.

Entre nós, o recurso a estes negócios fiduciários era, até há recentemente, pouco comum na prática comercial, não porque se lhes não reconhecessem vantagens como garantias de "primeira água", mas devido às sombras de ilicitude que pairavam sobre esta categoria negocial. Entendemos que não há, hoje, face ao desenvolvimento dos estudos sobre o tema, razões para que essas dúvidas possam subsistir, não havendo obstáculos à admissibilidade de alienação em garantia atípicas[1606_1607_1608]

II. Acresce que nos últimos tempos, por força de transposição da Diretiva 2002/47/CE do Parlamento Europeu e do Conselho, de 6/6/02, foi consagrado entre nós como modalidade dos contratos de garantia finan-

[1605] Uma precisão. O reporte, a venda a retro, a locação financeira são modalidades de recurso à propriedade como garantia, mas não são modalidades de alienação em garantia *em sentido estrito*, tal como as caraterizamos daqui para a frente em texto. Com efeito, nesses casos o facto que gera a transmissão do direito é uma compra e venda, enquanto nas alienações em garantia em sentido estrito é justamente o contrato de alienação em garantia em si, não se recorrendo a outro tipo contratual para operar a transmissão (sendo que esse negócio transmissivo poderá mesmo, como na cessão de créditos em garantia, ter um o conteúdo complexo, que vá para além da transferência do direito). Claro que num *sentido amplo*, p. ex., o reporte, a venda a retro, a locação financeira restitutiva são igualmente alienações em garantia.

[1606] A par das típicas, consagradas entre nós com grande extensão, como se acabou de ver.

[1607] Na jurisprudência: o Acórdão do STJ de 17/12/2002 (Pinto Monteiro), in: www.dgsi.pt.; o Acórdão do STJ de 11/06/2006 (Sebastião Costa), in: www.dgsi.pt; o Acórdão do STJ de 23/02/2012 (Távora Victor), in: www.dgsi.pt; e, recentemente, o Acórdão do STJ de 26/4/2018 (Fernanda Isabel Pereira), in: www.dgsi.pt.

[1608] Na doutrina tem uma posição diferente, CARLOS FERREIRA DE ALMEIDA, *Alienação da propriedade em garantia – uma perspetiva prudente*, in Estudos dedicados ao Professor Doutor Luís Alberto Carvalho Fernandes, vol. I, Universidade Católica Editora, Lisboa, 2011, pp. 311, ss..

ceira, a par do penhor, e cujos requisitos de aplicação vimos *supra*, a alienação fiduciária em garantia.

Foi a própria lei que, dentro de determinadas balizas (quanto aos sujeitos e às garantias em si), consagrou uma modalidade de alienação em garantia, dotando-a com um regime particularmente adaptado à sua rápida execução e à sua imunização dos efeitos do processo insolvencial, tanto quanto aos negócios praticados antes da declaração de insolvência, como à disciplina insolvencial das garantias e contratos.

III. Na exposição que se segue, vamos começar por analisar as alienações em garantia atípicas, distinguindo, de acordo com o modelo alemão, as cessões de créditos em garantia (ou, eventualmente, outros direitos), das alienações de coisas móveis corpóreas em garantia, para depois vermos o regime particular da "alienação fiduciária em garantia", modalidade dos contratos de garantia financeira.

IV. Sublinhamos só que em ordenamentos jurídicos próximos, como o brasileiro[1609] e o de Macau[1610], se prevê – no primeiro de forma pioneira já desde os anos sessenta do século passado – a alienação fiduciária em garantia.

[1609] O Brasil tem mesmo um caráter pioneiro na introdução desta modalidade de garantia (denominada alienação fiduciária em garantia), que aparece (inspirada no *trust receipt*) prevista e regulada desde os anos sessenta do século passado na lei de mercado de capitais (art. 66.º da Lei 4.728/65 modificado depois pelo Decreto-Lei n.º 911/69). Na adaptação brasileira da fidúcia, que tem uma regulamentação detalhada (que não podemos aqui desenvolver), a alienação está sujeita a uma condição resolutiva do pagamento da obrigação garantida, não havendo, pois, necessidade de retransmissão como sucede na denominada fidúcia romanística. Inicialmente a alienação tinha por objeto somente móveis. Só mais tarde em 1997 (Lei n. 9.154) foi alargada aos imóveis.

Diga-se ainda que o novo Código Civil brasileiro regula a propriedade fiduciária nos artigos 1.361 a 1.368.º, de que a alienação é fonte. Note-se que na versão inicial do Código objeto de regulação aí eram somente os bens móveis infungíveis. Contudo, com a alteração subsequente (Lei n.º 10.931/2004, que adicionou o art. 1.638-A) passou este regime a ter caráter geral, aplicando-se tanto aos bens móveis, fungíveis ou infungíveis, como aos imóveis e créditos. Não deixam de se aplicar, porém, para além das regras do Código Civil, aquelas decorrentes dos diferentes normativos que regem cada modalidade desta figura. Tal implica aplicar quando estejamos face a bens imóveis os arts. 22 a 23 da lei n. 9.514/97 e a bens móveis fungíveis ou créditos o art. 66-B, §§ 3.º a 6.º da Lei n.4/728/65. Assim, F. ULHOA COELHO, Curso de direito civil, Direito das coisas, Direito autoral, cit., pp. 243-244.

35.2. As cessões de créditos em garantia

35.2.1. Caracterização

I. Esta figura[1611] pode ser descrita da seguinte forma: um sujeito que carece de crédito e é ao mesmo tempo titular de direitos de crédito pecu-

A alienação fiduciária tem uma enorme importância na realidade creditícia brasileira, no seio do crédito bancário – sublinhando desenvolvidamente este aspeto, e analisando de forma detalhada a figura, ver MARCOS MELLO FERREIRA PINTO, *Sistema financeiro imobiliário brasileiro, contratos e a circulação de crédito*, Dissertação de Mestrado na Faculdade de Direito da Universidade de Lisboa, Lisboa, 2009.

Ver, ainda, em geral, sobre esta figura: F. ULHOA COELHO, *Curso de direito civil, Direito das coisas, Direito autoral*, cit., pp. 240, ss.; idem, *Curso de direito comercial. Direito da empresa*, vol. III, 11.ª ed., Saraiva, S. Paulo, 2010, pp. 149, ss.; ORLANDO GOMES, *Contratos*, pp. 567, ss.; CÉSAR FIÚZA, *Contratos*, Del Rey editora, Belo Horizonte, 2010, pp. 363, ss.

[1610] Sobre esta, ver com amplo desenvolvimento e interesse, JOSÉ AUGUSTO DE CARVALHO LOURENÇO, *A alienação fiduciária em garantia. Um contrato típico socialmente atípico*, dissertação de Mestrado em Ciências Jurídico-Civis apresentada na Faculdade de Direito da Universidade de Macau, Macau, 2010.

[1611] A exposição que se segue assenta na nossa dissertação de doutoramento (M. PESTANA DE VASCONCELOS, *A cessão de créditos em garantia e a insolvência. Em particular da posição do cessionário na insolvência do cedente*, cit., *passim*), para a qual remetemos para maiores desenvolvimentos, fundamentação das soluções que apresentamos e indicações bibliográficas.

Ainda sobre esta figura entre nós, ver: L. MENEZES LEITÃO, *Cessão de créditos*, cit., pp. 440, ss.; idem, *Garantias das obrigações*, cit., pp. 290, ss.; P. ROMANO MARTINEZ/P. FUZETA DA PONTE, *Garantias de cumprimento*, cit., p. 257; M. J. COSTA GOMES, *Assunção fidejussória de dívida. Sobre o sentido e o âmbito da vinculação como fiador*, cit., pp. 97, ss..

Na muito ampla doutrina alemã sobre a figura, ver, p. ex: RAINER KOLHS, *Bankrecht*, 2.ª ed., C. H. Beck, Munique, 1997, pp. 72, ss.; C. P. CLAUSSEN, *Bank- und Börsenrecht*, cit., § 8, pp. 333, ss.; H. WEBER, *Kreditsicherungsrecht*, cit., § 16, pp. 301, ss.; D. REINICKE/K. TIEDTKE, *Kreditsicherung*, cit., pp. 264, ss., H. G. GANTER, *Sicherungsabtretung* in: H. SCHIMANSKY/H.-J. BUNTE/H.-J. LWOWSKY, *Bankrechts-Handbuch*, Band II, 4.ª ed., C. H. Beck, Munique, 2011, § 96, pp. 643, ss.; H.-J. LWOWSKY/H. MERKEL, *Kreditsicherheiten*, cit., pp. 105, ss.; S. KÜMPEL/A. WITTIG/P. FEDERLIN, *Sicherungszession*, in: *Bank- und Kapitalmarktrecht*, 4.ª ed., Verlag Dr. Otto Schmidt, Colónia, 2011, pp. 1631, ss.. Na Áustria: PETER APATHY, *Die Sicherungzession*, in: Österreiches Bankvertragsrecht, Band IX: Kreditsicherheiten, Teil II (Herausgeben Peter Apathy, Gert Iro, Helmut Koziol), SpringerWien-NewYork, Viena, 2012, pp. 303, ss.

Em Itália: ALDO DOLMETTA/GIUSEPPE B. PORTALE, *Cessione del credito e cessione in garanzia nell'ordinamento italiano*, BBTC, 1999, 1, I, pp. 76, ss.; GIUSEPPE BAVETTA, *La cessione di credito a scopo di garanzia*, Dir. Fall., 1995, pp. 588, ss.; MASSIMO LASCIALFARI, *La cessione di credito a scopo do garanzia*, in: *Le garanzie rafforzate del credito* (coord. por Vicenzo Cuffaro), Utet,

niários sobre terceiros celebra um contrato com um creditante pelo qual obtém a quantia de que carece, transmitindo (como efeito desse mesmo negócio) em garantia do cumprimento das suas obrigações de restituição desse montante e do pagamento dos juros um ou mais créditos presentes e a prazo a este último. O cessionário torna-se, desta forma, titular fiduciário do direito cedido[1612_1613]

O contrato pelo qual se concede crédito (o negócio base da cessão de crédito no sentido do art. 578.º n.º 1) será geralmente um mútuo, uma antecipação bancária ou uma abertura de crédito. Mas repare-se: esta garantia pode ainda ser utilizada como forma de garantia num outro contrato, como, p. ex., numa empreitada relativamente ao pagamento do preço diferido ou numa compra e venda realizada com espera de preço.

Turim, 2000, pp. 251, ss.; BRUNO INZITARI, *La cessione del credito a scopo di garanzia: inefficacia ed inopponibilità ai creditori dell'incasso del cessionario nel fallimento, nel concordato e nell'amministrazione controllata*, in: *Studi in onore di Giuseppe Ragusa Maggiore*, vol. I, Cedam, Pádua, 1997, pp. 573, ss.; F. ANELLI, *L'alienazione in funzione di garanzia*, cit., pp. 189, ss..

[1612] A generalidade da doutrina europeia aceita a cessão de créditos como negócio fiduciário em garantia (e tem mesmo que o fazer dentro do âmbito de aplicação da Diretiva 2002/47/CE do Parlamento Europeu e do Conselho, de 6/6/02, relativa aos acordos de garantia financeira). Trata-se de uma figura com amplíssima difusão e interesse na prática comercial de certos ordenamentos jurídicos, como o alemão. Nada obsta, como demonstrámos, à sua admissibilidade entre nós (assim como aos negócios fiduciários em geral, existindo no nosso ordenamento diversos negócios fiduciários para típicos, para administração e para garantia).

Na doutrina espanhola, porém, a tendência dominante é a de não admitir, em geral, as cessões fiduciárias em garantia. Fazendo prevalecer a função, entende-se que "as transmissões fiduciárias com função de garantia se devem requalificar como os direitos de garantia que encerram, sempre que satisfaçam os seus requisitos de constituição próprios." – J. R. GARCÍA VICENTE, *La prenda de créditos: aspetos generales*, cit., p. 44. Ver também FERNANDO PANTALEON PRIETO, *Cesión de créditos*, ADC, 1988, pp. 1042-1043.

[1613] No Brasil os créditos podem ser objeto de alienação fiduciária, figura típica. Ela foi introduzida na regulamentação do Sistema financeiro imobiliário. O empresário como forma de garantir o pagamento do mútuo contraído junto do banco para realizar a obra transmite em garantia os créditos de que é titular, assim como os que venha a ser (créditos futuros) sobre os adquirentes dos lotes ou frações autónomas. Contudo, desde 2004 (Lei n. 4.728/65 art.66-B § 3.º, com a redação que lhe foi dada pela Lei 10.931/2004) qualquer atividade económica pode ser financiada pelo recurso a esta figura. Ver F. ULHOA COELHO, *Curso de direito civil, Direito das coisas, Direito autoral*, cit., p. 252.

Temos então que a garantia em análise se integra, faz parte, de um negócio mais complexo donde emerge também o crédito garantido[1614].

Na eventualidade de incumprimento por parte do devedor/garante, o credor/garantido poderá obter a satisfação do seu crédito através do direito (do seu valor) que foi transmitido para o seu património. Normalmente através de uma venda. Mas também, eventualmente, se a data do vencimento for próxima, ou já se tiver verificado, pelo dinheiro decorrente da sua cobrança. O remanescente terá que entregar ao antigo devedor (a dívida já se extinguiu).

Se o devedor cumprir, o credor/creditante deverá retransmitir-lhe os direitos cedidos.

Como se verá depois, também no caso de o devedor/garante ser declarado insolvente, o credor/garantido, mesmo nesta fase, poderá "satisfazer-se" em sentido amplo, nos termos que iremos apontar, pelos créditos cedidos que, integrando o seu património, não fazem parte da massa insolvente.

35.2.2. A forma

I. Como a cessão de crédito se integra num negócio base (mútuo, antecipação bancária, abertura de crédito, etc.), haverá a respeitar os requisitos desse mesmo negócio (art. 578.º n.º 1).

Contudo, caso estejamos perante uma cessão de créditos hipotecários, se a hipoteca recair sobre bens imóveis, terá que constar de escritura pública ou documento particular autenticado (art. 578.º).

[1614] Será a sua modalidade mais comum, e a que temos em vista em texto. Acrescentamos só que a garantia pode surgir posteriormente à celebração do contrato de crédito garantido; nessa medida não se integra nele, embora dele dependa. Assim, as partes poderão concluir um contrato de crédito, p. ex., um mútuo, obrigando-se o mutuário a, mais tarde, ceder à outra parte um ou mais créditos em garantia das obrigações de restituição do capital e pagamento dos juros emergentes desse contrato inicial. O contrato de crédito será, nesta hipótese, não fonte da cessão, mas fonte da obrigação de cessão. A transferência do direito operará, posteriormente, em cumprimento desse dever por via de um negócio jurídico a concluir com o mutuante através do qual se visa assegurar as obrigações decorrentes do primeiro contrato. O negócio de cessão em garantia (que tem justamente uma causa de garantia) está dependente genética e funcionalmente do negócio do qual resulta a obrigação garantida.

No que se refere à publicidade, está, nesta última hipótese, sujeita à publicidade registal [art. 2.º, n.º 1, al. i) e art. 101.º, n.º 1, al. b) CRPredial].

35.2.3. O objeto

I. O objeto da garantia são os créditos pecuniários transmitidos para o credor/cessionário. Serão, em regra, créditos pecuniários a prazo, e este será superior ao do crédito garantido. Podem, no entanto, vencer-se antes, hipótese em que a garantia passa a incidir sobre a quantia cobrada, que deverá ser separada do restante património do credor através de depósito em conta bancária aberta para esse efeito.

Por razões ligadas à própria função desempenhada, os créditos cedidos (portanto: o objeto da garantia) terão um valor económico superior ao do crédito garantido. Tal superioridade (do seu valor económico, como objeto de negociação, note-se) compõe a "margem de segurança" do credor. O valor económico dos créditos não dependerá só do seu valor nominal, mas igualmente de eventuais garantias que os tutelem, das pessoas dos devedores, do seu prazo de vencimento.

II. O facto de os créditos serem o objeto desta garantia conduz a que o seu regime seja composto também, em grande parte, pelo disposto em matéria de cessão de créditos (arts. 577.º-588.º). Estamos a referir-nos a créditos presentes.

Contudo, podem também ser cedidos créditos futuros[1615].

Pode mesmo tratar-se de uma cessão global de uma massa de créditos futuros (por vezes, presentes e futuros)[1616]. É figura extremamente usada

[1615] Quanto a esta matéria, ver, desenvolvidamente, M. PESTANA DE VASCONCELOS, *A cessão de créditos em garantia e a insolvência. Em particular da posição do cessionário na insolvência do cedente*, cit., pp. 456, ss..

[1616] A cessão global (*Globalzession*) da prática bancária alemã consiste na cessão de um conjunto de créditos futuros (e nessa medida é uma cessão antecipada – *Vorausabtretung*) e presentes (sobre determinados devedores cedidos) do mutuário ao mutuante como garantia da restituição do empréstimo concedido e dos juros. Cfr. R. SERICK, *Eigentumsvorbehalt und Sicherungsübertragung, Band II, Die einfache Sicherungsübertragung – Erster Teil*, Verlag Recht und Wirtschaft, Heidelberga, 1965, § 24 I 4, pp. 273, ss.; H. WEBER, *Kreditsicherungsrecht*, cit., § 16, pp. 306, ss.; H. G. GANTER, *Sicherungsabtretung*, cit., § 96, pp. 664, ss.. Entre nós, sobre a cessão global, ver L. MENEZES LEITÃO, *Cessão de créditos*, cit., pp. 457, ss..

na prática bancária alemã como garantia de um financiamento. Não há obstáculos a esta modalidade de cessão, desde que estejam preenchidos os requisitos do art. 280.º, em especial a determinabilidade.

O objeto de análise neste número são, no entanto, os créditos presentes.

III. Diga-se ainda que nada obsta a que os direitos ou outros bens transmitidos em garantia tenham uma outra natureza. Simplesmente, objeto de análise neste momento são só os créditos pecuniários.

Dito isto, muitos dos resultados a que chegamos na determinação do regime da alienação em garantia (nomeadamente: quanto à classificação como negócios fiduciários, mecanismo de execução da garantia e regime insolvencial – *aspetos centrais da figura*) serão de aplicar *também*, por identidade de razão, à alienação de outros direitos ou outros bens (cujas particularidades de todo o modo têm, como é óbvio, necessariamente que ser tidas em conta), que não só créditos[1617].

35.2.4. As estruturas admissíveis

I. A transmissão em garantia de um crédito pode ser estruturada de duas formas[1618].

As partes podem ceder o crédito, obrigando-se o cessionário a retransmiti-lo logo que cumprida a obrigação garantida.

Podem, igualmente, pactuar que o cumprimento da obrigação garantida funciona como condição resolutiva da transferência do crédito. Desse modo, cumprida esta, dá-se automaticamente a retransmissão do direito[1619]. Nesta última hipótese, há um acréscimo da tutela do cedente/garante, porque o cessionário/garantido não se poderá recusar a retransmitir o crédito, depois da obrigação assegurada ter sido cumprida.

[1617] No que toca ao negócio fiduciário em garantia, tendo por objeto participações sociais, cfr. P. PAIS DE VASCONCELOS, *Contratos atípicos*, cit., p. 275, p. 296. Particular importância tem aqui as ações, ver sobre estes negócios fiduciários: MARCELO FOSCHINI, *Sull'intestazione fiduciaria dei titoli azionari*, BBTC, 1962, II, pp. 19, ss.; HELMUT COING, *Die Treuhand kraft privaten Rechtsgeschäfts*, C.H. Beck, Munique, 1973, p. 133, pp. 160-161.

[1618] Entre nós, ver sobre este ponto L. MENEZES LEITÃO, *Garantias das obrigações*, cit., p. 293.

[1619] Para esta construção, defendida por parte da doutrina italiana, ver M. LASCIALFARI, *La cessione di credito a scopo do garanzia*, cit., p. 260.

Ambas são admissíveis entre nós, cabendo às partes, na livre avaliação dos seus interesses, escolher a mais adequada.

II. Note-se, porém, que, na Alemanha, é a primeira a estrutura mais usada. Ao que não será estranho o facto de ser a construção mais favorável ao credor/garantido que, sendo na maior parte das vezes uma instituição de crédito, recorre a cláusulas contratuais gerais onde plasma a primeira estrutura, que, diga-se, corresponde ao modelo clássico da figura tal como foi concebido por Regelsberger.

Será essencialmente esse modelo que teremos em conta na exposição subsequente (embora muito do que se diz vale também para a outra modalidade).

35.2.5. Classificação

35.2.5.1. Negócio fiduciário

I. A cessão de créditos em garantia, assim como as outras alienações em garantia, assenta numa estrutura fiduciária, isto é, a transmissão plena de um direito a um sujeito, que este está obrigado a exercer de determinada forma e, posteriormente, verificando-se determinadas circunstâncias, a retransmitir. Ela integra-se depois num negócio com um conteúdo mais vasto. Nessa medida, esse negócio é um negócio fiduciário[1620].

[1620] Aponte-se só, exclusivamente a propósito do negócio fiduciário, que a fidúcia foi muito recentemente consagrada, depois de uma longa hesitação, no *Code Civil*. Foi incluída no *Titre XIV (De la fiducie)*, do *Livre III*, arts. 2011.º e segs, pela *Loi* n.º 2007-211 de 19 de fevereiro de 2007. Uma das funções para pode ser utilizado é a de garantia, uma vez que os bens podem ser transferidos para o fiduciário, onde se encontram separados do património geral deste (constituindo um "patrimoine d'affectation"), para assegurar um crédito dele ou de terceiro. Cfr. JAMES LEAVY, *France* in: *Cross-border security over tangibles* (coord. HARRY C. SIGMAN/EVA-MARIA KIENINGER), De Sellier, Munique, 2007, pp. 103-104. Ver ainda desenvolvidamente: KAROLINA LYCZKOWSKA, *El nuevo régimen de la fiducie en el Derecho francés a la luz de las últimas reformas*, InDret, Enero, 2010, pp. 3, ss.; PATRICIA BILLER, *Die neuen besitzlosen Mobiliarsicherheiten des französischen Rechts im Vergleich zum deutschen Mobiliarsicherungsrecht*, Kölner Wissenschafts Verlag, Colónia, 2012, pp. 17, ss..

Eram já admitidas, de todo o modo, cessões de crédito fiduciárias em garantia (o que tem relevo direto para o que se diz em texto) no seio da denominada *Loi Dailly*. Cfr. C. GALVADA/J. STOUFFLET, *Droit bancaire*, cit., p. 417; DOMINIQUE SCHMIDT/CLAUDE WITZ

35.2.5.2. Negócio de crédito e garantia

I. Como se referiu, a cessão de créditos em garantia integra-se num negócio donde emerge igualmente a obrigação garantida. Dissemos que esse negócio será, muito frequentemente, um mútuo, uma antecipação bancária ou uma abertura de crédito. Por essa razão, podemos dizer que esse negócio é um negócio de crédito e garantia.

35.2.6. O regime geral

35.2.6.1. A transmissão do crédito

I. A cessão de crédito está prevista e regulada nos artigos 577.º a 588.º do Código Civil. A nossa lei perspetiva-a, não como um negócio em si, mas como um efeito de um negócio, o negócio base (art. 578.º n.º 1). O Código não regula aqui todo um negócio jurídico, mas apenas uma parte dele[1621]. A disciplina completa do negócio, de que a cessão é um dos efeitos, depende não só do regime previsto para esta na lei civil, mas igualmente, da restante disciplina decorrente da lei ou patuada pelas partes para esse negócio (p. ex., um mútuo, ou uma antecipação bancária).

Nesse contexto, é ainda necessário ter em conta a modalidade de cessão de crédito gizada, o que depende, mais uma vez, da patuição das partes no seio daquela regulamentação negocial que, como se vê, é complexa.

II. No que diz respeito à disciplina da cessão, destacamos meramente que o crédito se transmite por mero acordo das partes (juntamente com as garantias e outros acessórios do direito que não sejam inseparáveis da pessoa do cedente, salvo convenção em contrário, art. 582.º n.º 2).

Contudo, a transmissão do crédito só é eficaz em relação ao devedor cedido, após o conhecimento, notificação, ou aceitação da mesma por parte deste (art. 583.º n.º 1 e 2).

(com JEAN LOUIS BISMUTH), *Les opérations fiduciaires en droit français*, in *Les opérations fiduciaires*, Colloque de Luxembourg, Feduci/LGDJ, Paris, 1985, p. 326.

[1621] RODOLFO SACCO, *Autonomia contrattuale e tipi*, RTDPC, 1966, p. 804.

Face a terceiros, a cessão é imediatamente eficaz, exceto perante segundos adquirentes do mesmo crédito antes da notificação da primeira cessão ao devedor cedido (ou sua aceitação por este, art. 584.º).

III. O cedente garante ao cessionário a existência e a exigibilidade do crédito ao tempo da cessão, nos termos aplicáveis ao negócio em que a cessão se integra (art. 587.º n.º 1). Contudo, só garante a solvência do devedor cedido se a tanto se tiver expressamente obrigado (art. 587.º n.º 2).

IV. A lei permite que o devedor oponha ao cessionário, ainda que este os ignorasse, todos os meios de defesa que lhe seria lícito invocar contra o cedente, com ressalva dos que provenham de facto posterior ao conhecimento da cessão (art. 585.º). Este aspeto é particularmente importante, uma vez que a existência de factos anteriores pode fazer perigar ou mesmo extinguir o crédito e, portanto, a garantia do cessionário.

Neste quadro tem especial relevo a compensação a que o devedor cedido recorra. Para tal, basta que o crédito do devedor sobre o cedente se tenha constituído previamente ao conhecimento da cessão pelo primeiro, independentemente do vencimento do referido direito se ter verificado antes, ou depois, do mesmo conhecimento.[1622]

35.2.6.2. A execução da garantia

I. Em caso de incumprimento por parte do devedor, o cessionário/adquirente/credor/fiduciário poderá (e deverá) aliená-lo a terceiro, nas melhores condições de mercado, para com o montante dessa forma obtido extinguir a obrigação garantida; poderá ainda, alternativamente, fazer seu a título definitivo o crédito ou outro bem (o dinheiro, entretanto cobrado após o vencimento do crédito cedido e depositado em conta bancária), desde que proceda à sua avaliação por terceiro independente (o que não é necessário, evidentemente, se a garantia incidir já só sobre dinheiro), de forma a produzir o mesmo resultado.

[1622] Muito desenvolvidamente sobre regime da cessão de créditos, a que no texto de forma sintética se faz referência a alguns dos pontos centrais, ver M. PESTANA DE VASCONCELOS, *A cessão de créditos em garantia e a insolvência. Em particular da posição do cessionário na insolvência do cedente*, cit., pp. 373, ss..

Em qualquer dos casos, deverá ainda que entregar ao cedente/garante o excesso, ou seja, o montante que sobeje depois de extinta, por ato próprio, a dívida. Se o montante obtido não for suficiente, então a extinção da dívida será meramente parcial.

II. Daí que a extinção da obrigação do garante/cedente/alienante opere por ato do cessionário/adquirente que recorre para o efeito a um bem (ou melhor: ao seu valor, pois deverá aliená-lo ou fazê-lo avaliar por terceiro independente) que integra numa posição particular o seu património. Dito de outra forma: o incumprimento do cedente/devedor/alienante, no seio da relação contratual complexa desencadeada pelo referido contrato fiduciário, faz cessar as limitações à disposição do crédito por parte do cessionário/credor/adquirente, fazendo ao mesmo tempo recair sobre este sujeito um conjunto de deveres que visam conduzir a forma como este o deverá liquidar. Com esse montante, e por ato próprio, como se disse, extingue a obrigação garantida. Havendo excedente, terá que ser restituído ao garante.

III. O cedente/garante/devedor só poderá exigir a retransmissão do crédito cedido ou de outro bem transmitido depois do seu cumprimento (quando esse direito nasceria). Até esse momento, o fiduciante/garante/devedor tem meramente uma expetativa jurídica à transferência desse direito, só o adquirindo aquando do cumprimento que, por sua vez, extingue a obrigação garantida. Se o fiduciário não quiser cumprir, isto é, se se recusar a retransmitir o direito, poderá o fiduciante (que já não é devedor) recorrer à execução específica.

35.2.6.2.1. A questão do pacto comissório

I. Como assinalámos aquando da análise desta questão no âmbito da locação financeira restitutiva, a proibição do pacto comissório estende-se a outras figuras para além daquelas onde está diretamente previsto e abarca também os casos em que o direito é, de imediato, com a celebração do contrato, transmitido ao credor e não só na altura do incumprimento da obrigação garantida.

Todavia, a não ser em casos excecionais, a garantia em análise não atingirá os resultados que essa proibição quer impedir. Efetivamente, o credor/garantido/fiduciário não poderá, face ao incumprimento da outra parte, considerar que desapareceram os limites de natureza fiduciária que marcavam a titularidade desse bem, que se passaria a firmar no seu património, sem mais, numa posição idêntica à dos seus restantes direitos, o que levaria à extinção da obrigação do outro contraente. Por outras palavras: o credor/cessionário/adquirente não pode simplesmente ficar com o crédito, como forma de extinguir a obrigação do cedente/alienante.

II. Na relação de liquidação que se estabelece entre as partes depois do incumprimento do fiduciante/garante/devedor e que resulta de uma alteração na relação obrigacional que as liga (modificação decorrente desse facto – o incumprimento por parte do devedor/cedente/fiduciante) integram-se os deveres de avaliação do bem e restituição do remanescente ou da sua alienação a terceiro, nas melhores condições de mercado, e restituição do que sobejar ao garante depois de extinta a obrigação garantida.

Estamos aqui face a uma figura denominada em Itália como pacto marciano e que é considerada desde há longo tempo, de forma quase unânime, como lícita.

III. Qual a fonte destes deveres?

Por vezes, serão as próprias partes a preverem-nos no contrato.

Se não o fizerem, das duas uma: ou decorre da interpretação do contrato, tendo em conta o seu "plano geral"[1623] gizado pelas partes, assim como a sua finalidade, que se tratou de uma simples imprevisão dos contraentes, estando então face a uma lacuna negocial a preencher, nos termos do art. 239.º (seguindo o critério da vontade hipotética das partes, eventualmente corrigida pela boa fé) com a inclusão dos referidos deveres, ou, então, decorre da interpretação do negócio que o que se pretendeu foi efetivamente que o credor pudesse fazer seus os créditos sem mais, caindo-se então, *mas só então*, no âmbito do pacto comissório.

[1623] A. MENEZES CORDEIRO, *Tratado de direito civil, II parte geral, negócio jurídico*, cit., p. 767.

35.2.7. O regime executivo

I. O crédito transmitido passa a integrar o património do cessionário/credor/garantido. Pode, por isso, ser penhorado em ação interposta pelos credores deste. O que significa que o fiduciante, o devedor/garante, corre o risco de perda do bem. Sendo um crédito pecuniário, o risco é menos relevante, dada a natureza do bem, mas não assim se se tratar de um bem de outra natureza.

II. De todo o modo, sustentamos aqui a aplicação analógica do art. 1184.º aos negócios fiduciários em garantia, o que permite excluir esse crédito da potencial penhora. De facto, a titularidade do cessionário é também meramente "temporária" e "instrumental", desempenhando tão só a função de garantia da obrigação principal. Cumprida esta, de imediato, terá o fiduciário que retransmitir o crédito cedido. Por isso, dentro dos limites do art. 1184.º, o bem está excluído da potencial penhora. O que significa que o fiduciário poderá, e deverá, como manifestação do seu dever de protecção do bem fiduciário, recorrer à oposição à penhora (art. 784.º CPC).

Repare-se: o que poderá ser objeto de penhora é o *crédito garantido*.

III. Não pode é o fiduciante, neste caso, valer-se dos embargos de terceiro. Ao contrário do sistema alemão, onde a jurisprudência desde muito cedo admitiu o recurso a uma figura semelhante a esta (a *Drittwiderspruchklage*, conformando-a por essa via[1624], entre nós não se verificam aqui

[1624] Havendo aqui a criação de Direito por via jurisprudencial, o *Richterrecht*, como sucede aliás a diversos aspetos da *fiducia* na Alemanha, não só no âmbito executivo, através da *Drittewiderspruchklage*, mas também insolvencial com o recurso ao *Aussonderungsrecht*, ou direito de separação. Cfr. H. WEBER, *Kreditsicherheiten. Recht der Sicherungsgeschäfte*, cit., § 8, pp. 183, ss.; J. GERNHUBER, *Die fiduziarische Treuhand*, JuS, 1988, p. 359, nota 44.

Quanto à *Drittwiderspruchklage* (e a sua extensão ao fiduciante), ver, com muito desenvolvimento, HANS FRIEDHELM GAUL, *Dogmatische Grundlagen und pratische Bedeutung der Drittewiderspruchklage*, in: 50 Jahre Bundesgerichtshof: Festagabe aus der Wissenschaft (org. Claus-Wilhelm Canaris, Andreas Heldrich, Klaus J. Hopt, Claus Roxin, Kartsten Schmidt, Gunter Widmaier), Band III. Zivilprozeβ, Insolvenz, Öffentliches Recht (Herausgeben von Karsten Schmidt), C. H. Beck, Munique, 2000, pp. 521, ss..

Ver para esta matéria, desenvolvidamente, M. PESTANA DE VASCONCELOS, *A cessão de créditos em garantia e a insolvência*, cit., pp. 203, ss..

os pressupostos de aplicação dos embargos, uma vez que o fiduciante é simplesmente um credor do fiduciário. Não há, nessa medida, um direito incompatível para efeitos do art. 342.º n.º 1 CPC[1625].

IV. Acrescente-se só que mesmo que não se aceitasse a aplicação analógica do art. 1184.º, resultado que cremos correto, não estaria excluída uma outra via de tutela. Na verdade, o cessionário/fiduciário deveria, nessa eventualidade, como manifestação do dever de proteção dos bens fiduciários que sobre ele recai, requerer, no prazo de oposição à penhora, a substituição do bem penhorado (o bem fiduciário) por outro que igualmente assegure os fins da execução – art. 751.º, n.º 4, al. a) CPC.

Ou então, mesmo, simplesmente, promover a extinção da execução.

V. Se o bem for penhorado em ação interposta pelos credores do devedor/fiduciante/garante, o fiduciário poderá sempre valer-se dos embargos de terceiro. Os credores do devedor/fiduciante poderão simplesmente penhorar a expetativa jurídica à aquisição do direito – de crédito – à retransferência dos créditos cedidos em garantia. É esta expetativa que, integrando o seu património, pode ser objeto de penhora em ação interposta pelos seus credores.

35.2.8. O regime insolvencial

I. Teremos que começar por determinar se o administrador poderá resolver os contratos donde emergem as transmissões de crédito em garantia celebrados antes do início do processo de insolvência **(a)**, passando em seguida, se, e sempre, que esses contratos não possam ser resolvidos, a fixar o seu regime, tanto na insolvência do devedor/fiduciante/garante, como na insolvência do credor/fiduciário/garantido **(b)**.

[1625] Para o conceito de direito incompatível, ver J. LEBRE DE FREITAS, *A ação executiva, depois da reforma*, cit., pp. 288, ss. (e p. 290, para os créditos).

a) A resolução dos contratos base das cessões de créditos em garantia

I. Nos termos do regime geral do CIRE, o administrador pode resolver em benefício da massa insolvente os atos prejudiciais à massa praticados (ou omitidos) dentro dos quatro anos anteriores à data do início de processo de insolvência (art. 120.º n.º 1 CIRE). Consideram-se prejudiciais à massa, os atos que diminuam, frustrem, dificultem, ponham em perigo ou retardem a satisfação dos credores da insolvência, presumindo-se, sem admissão de prova em contrário (presunção inilidível), prejudiciais à massa, os atos dos tipos referidos no art. 121.º CIRE (relativo à resolução incondicional), ainda que praticados ou omitidos fora dos prazos aí contemplados (art. 120.º ns. 2 e 3 CIRE).

A resolução pressupõe a má fé de terceiros (que se presume relativamente a certos atos previstos no n.º 4 do art. 120.º CIRE), entendendo-se por má fé: o conhecimento à data do ato de que o devedor se encontrava em situação de insolvência, ou do carácter prejudicial do ato e de que o devedor se encontrava à data em situação de insolvência iminente, ou ainda, do início do processo de insolvência [art. 120.º, n.º 5, als. a), b) e c) CIRE].

II. Contudo, certos atos são resolúveis em benefício da massa insolvente, sem dependência de quaisquer outros requisitos. Dentre estes, interessa-nos agora, em especial, a constituição pelo devedor de garantias reais em simultâneo com as obrigações garantidas, que está sujeita a esta modalidade de resolução nos 60 dias anteriores à data do início do processo de insolvência [art. 121.º, n.º 1, al. e) CIRE].[1626]

III. Temos sublinhado que as diversas alienações em garantia se enquadram, juntamente com as garantias reais, na categoria mais ampla das garantias que propiciam um "reforço qualitativo" do credor por oposição

[1626] Quanto a este regime, em geral, ver, desenvolvidamente, M. PESTANA DE VASCONCELOS, *A resolução das garantias constituídas antes do processo de insolvência*, cit., p. 65, ss.. Ver também L. CARVALHO FERNANDES/J. LABAREDA, *Código da insolvência e da recuperação de empresas, anotado*, cit., pp. 504, ss.

àquelas que conferem um "reforço quantitativo". No entanto, este aspeto, e este critério classificativo das garantias, não pode, de forma alguma, fazer-nos olvidar que dentro dessa categoria se albergam duas modalidades de garantias com uma estrutura e um regime substancialmente diversos. Que não podem ser amalgamadas nem confundidas.

Ora as alienações em garantia fazem parte de uma outra subcategoria de garantias que assentam na manutenção (ou, como se verifica neste caso, na transferência) de um direito no património do credor com função de garantia. São modalidades diferentes de garantia relativamente às garantias reais com que, repise-se, não devem ser confundidas e que têm um regime insolvencial diverso.

No entanto, por vezes, pode resultar da correta interpretação de certas normas relativas às garantias reais que elas se estendem também às garantias que assentam na titularidade de um direito.

Necessário é que da análise da *ratio* da disposição se possa concluir que, embora a letra se refira somente a garantias reais, aquela abarca também esta diversa modalidade de garantias. É o que cremos que acontece com as alíneas c) e e) do n.º 1 do art. 121.º CIRE.

Com efeito, como o que se pretende é evitar o benefício concedido a um dos credores em detrimento dos outros em resultado da constituição da garantia real naquele período de tempo anterior à data do início do processo de insolvência, *por maioria de razão* o mesmo se dirá daquelas garantias que concedam ao credor um tratamento ainda mais favorável do que aquele que resulta do funcionamento da modalidade de garantia a que a letra da lei se refere.

Trata-se de uma interpretação extensiva com base num argumento de maioria de razão. Portanto, sempre que sejam celebradas no período suspeito de sessenta dias anteriores à data do início do processo de insolvência, as alienações em garantia (melhor dizendo: os contratos base das cessões de crédito em garantia), podem ser resolvidas nos termos do art. 121.º CIRE pelo administrador.

Igualmente, se posteriormente se vierem a ceder créditos para garantir obrigações preexistentes ou de outras que as substituam nos seis meses anteriores à data do início do processo de insolvência, esses negócios base das cessões poderão ser resolvidos pelo administrador. O argumento é idêntico ao que acabámos de expor[1627].

b) O regime dos contratos base das cessões de crédito em garantia na insolvência

I. Na insolvência do credor/fiduciário/garantido, o bem fiduciário, por força da aplicação analógica do art. 1184.º, e dentro dos limites desta disposição, não faz parte da massa insolvente. Esta só integra o crédito garantido.

Daí que: se o devedor não cumprir, o administrador deverá liquidar o bem fiduciário (não integrante da massa, já vimos), nos termos do contrato donde decorre tanto o crédito como a garantia, que se mantém, e onde surge regulado o seu funcionamento, para obter a satisfação do crédito garantido. O produto assim obtido deverá ser incluído na massa, exceto o excedente que terá que ser restituído pelo administrador ao devedor inadimplente.

Na eventualidade de o devedor/fiduciante cumprir, os créditos que compõem a garantia deverão, de imediato, ser-lhe retransmitidos.

II. Se for declarada a insolvência do devedor/fiduciante/garante, sustentamos a aplicação do art. 104.º ns. 3 e 5 CIRE.

O regime é então o seguinte: o administrador pode então *optar* pelo cumprimento, passando esses créditos a serem créditos sobre a massa, ou recusar o cumprimento, com as consequências previstas no art. 102.º n.º 3 CIRE (art. 104.º n.º 5 CIRE).

No primeiro caso, se, mesmo tratando-se de *dívidas da massa*, o administrador não cumprir (o que será pouco provável), o credor poderá recorrer ao mecanismo de funcionamento desta garantia e satisfazer-se pelo produto da venda privada do crédito ou da sua cobrança, em ambos os casos *fora do processo insolvencial.*

[1627] Ver M. PESTANA DE VASCONCELOS, *A cessão de créditos em garantia e a insolvência. Em particular sobre a posição do cessionário na insolvência do cedente*, cit., p. 905, nota 1671, p. 945, nota 1726.

Cumprindo o administrador, nasce a obrigação de retransmitir os créditos objeto da garantia, que a outra parte terá que cumprir, integrando-se de seguida esses créditos na massa.

Se o administrador recusar o cumprimento, é desencadeada uma relação de liquidação contratual com o conteúdo decorrente dos arts. 104.º n.º 5 e 102.º n.º 3 CIRE. Não há lugar a restituições e o credor teria, em princípio, direito a ser indemnizado.

Todavia, neste caso, dada a ausência de dano patrimonial, o credor não chega a adquirir esse direito e tem mesmo, pelo contrário, que restituir ao administrador, para integração na massa, a diferença positiva entre a situação em que fica em resultado da recusa e aquela em que estaria em virtude do cumprimento do contrato.

III. Esta garantia surge assim na insolvência do fiduciante/devedor/garante como um negócio em curso (como sucede aliás com os outros contratos de crédito e garantia antes examinados), que o administrador pode optar por executar (o que é necessário para a integração desses créditos na massa) ou recusar o cumprimento, e não como um simples crédito garantido por uma garantia real que tenha por objeto um bem integrado na massa.

35.2.8.1. O regime insolvencial do negócio constitutivo do crédito cedido em garantia

I. O crédito pecuniário objeto da garantia emerge de um contrato de que o cedente (/devedor/insolvente) é parte e que, nessa medida, está sujeito a um regime insolvencial próprio.

O *calcanhar de Aquiles* desta modalidade de garantias (para além dos meios de defesa que o devedor cedido possa opor em virtude do contrato do qual o crédito cedido emerge, em particular a compensação) no âmbito insolvencial consistirá no destino do próprio negócio constitutivo do crédito, uma vez que, em certos casos, o administrador da insolvência pode optar pela recusa do seu cumprimento, atingindo o crédito cedido, em particular quando estivermos face a negócios em curso no sentido do art. 102.º CIRE, norma sobre que recairá em primeira linha a nossa análise.

Com efeito, pretende-se saber se, e em que medida, o crédito cedido está dependente da decisão do administrador da insolvência relativamente ao cumprimento ou não cumprimento do seu negócio constitutivo. Trata-se de um aspeto que não deve ser deixado na penumbra, uma vez que é de grande relevância para a própria consistência da garantia.

II. O percurso a seguir é o seguinte: começaremos por delimitar o alcance da questão **(a)**, para, em seguida, a resolvermos **(b)**.

a) O real alcance do problema

I. A este propósito haverá desde logo um conjunto de distinções prévias a fazer de forma a delimitarmos de imediato, e numa primeira fase, o real alcance da questão.

Se o transmitente (que depois é declarado insolvente) já cumpriu a sua obrigação emergente desse negócio, estaremos perante um simples crédito de que é titular o fiduciário e que não pertence à massa, como aconteceria se não se tivesse realizado a cessão. Não pode, pois, ser atingido. Já estamos fora do âmbito de aplicação do art. 102.º CIRE.

Caso tenha sido a contraparte do devedor insolvente a já ter cumprido (p. ex., por o crédito – cedido – ser um crédito ao preço e este ter sido já pago), o crédito do fiduciário extingue-se (passando a garantia a incidir sobre o dinheiro recebido e separado), restando então do referido negócio um crédito (da contraparte do insolvente/cedente) sobre a insolvência. Também não estamos no âmbito de aplicação do art. 102.º CIRE e a garantia, por esta via, não poderá ser atingida.

Como se vê, em qualquer dos casos estamos perante contratos já integralmente cumpridos por uma das partes, de que resta só um crédito da outra (do cessionário face à outra parte/devedor cedido ou da outra parte sobre a insolvência) e, portanto, como se disse, não sujeitos ao regime do art. 102.º CIRE.[1628]

Em ambas as hipóteses, como se sublinhou, a posição do garantido/ /fiduciário está plenamente tutelada: ou é titular de um crédito que o

[1628] Cfr., sobre este último ponto, M. HUBER/*Münchener Kommentar zur Insolvenzordnung, Band 2, §§ 103-269*, C.H. Beck, Munique, 2002, § 103, pp. 26-27.

administrador da insolvência do devedor (em princípio, salvo casos patológicos) não pode atingir ou do próprio dinheiro objeto do mesmo crédito.

A situação já não é a mesma – ou melhor: pode não ser a mesma se estiverem preenchidos os pressupostos do artigo 102.º CIRE (contrato bilateral não integralmente cumprido nem pelo insolvente nem pela outra parte) ou, eventualmente, de algum dos contratos especialmente regulados nas disposições subsequentes do Capítulo IV (efeitos sobre os negócios em curso) do Título IV do CIRE.

A vulnerabilidade do crédito é, como se vê, bem mais reduzida do que numa primeira abordagem, e necessariamente com carácter mais superficial, pareceria. E o credor/fiduciário terá sempre a possibilidade de saber se o crédito objeto da garantia corre este risco ou não.

b) A resolução da questão

I. Começamos por sublinhar que as diferentes perspetivas da jurisprudência alemã quanto à interpretação do § 103 InsO[1629] (respectivamente, art. 102.º CIRE) não podem, mesmo que as considerássemos ajustadas

[1629] Em 1988, o BGH alterou o entendimento que tinha dos efeitos da declaração de insolvência e da escolha do cumprimento por parte do administrador (no caso do § 17 da KO, que corresponde ao § 103 InsO), passando a sustentar que os *Erfüllungsansprüche* se extinguiam com a primeira, e que renasceriam com efeitos *ex nunc* se o administrador optasse pelo cumprimento [Para uma análise pormenorizada deste acórdão do BGH, ver: SABINE DAHNCKE, *Zur Sicherungsabtretung von Forderungen, die im Konkurs des Zedenten dem § 17 KO unterliegen*, Inauguraldissertation zur Erlangung der Doktorwürde an der Rechtswissenschaftlichen Fakultät der Albert-Ludwigs-Universität Freiburg im Breisgau, 1997, pp. 31, ss., pp. 140, ss.. Ver também: LUDWIG HÄSEMEYER, *Gegenseitige Verträge im Spannungsfeld zwischen Privatautonomie und Insolvenzrecht*, in 50 Jahre Bundesgerichsthof. Festgabe aus der Wisssenschaft. Band III, Zivilprozeb, Insolvenz, öffentliches Recht (coord. por Karsten Schmidt), C. H. Beck, Munique, 2000, pp. 732, ss.; GEHARD KREFT/*Münchener Kommentar zur Insolvenzordnung, Band 2, §§ 103-269* (Herausgegeben von Kirchhof, Lwowski, Stürner), 2.ª ed., C.H. Beck, Munique, 2008, § 103, pp. 12-13; R. REINHARD BORK, *Einführung in das Insolvenzrecht*, 3.ª ed., Mohr Siebeck, Tubinga, 2002, p. 77].

Tal teve, entre outras, como consequência (mas uma das mais relevantes) que, se estivéssemos face a um contrato bilateral não cumprido por ambas as partes (hipótese do § 103 InsO) em que o insolvente já tivesse cedido o crédito ou créditos daí emergentes a outrem, estes ao renascerem, por força da escolha do administrador, agora com efeitos ex nunc, renascem na esfera do cedente/insolvente, depois da declaração de insolvência, passando então a fazer parte da massa.

(e não são), e só na medida em que o fossem, como é claro, ser transpostas para o nosso sistema, uma vez que o nosso legislador, ao contrário do germânico, fixou as consequências da declaração de insolvência sobre o contrato (suspensão do cumprimento).

Não se pode falar entre nós de extinção dos créditos por força da declaração de insolvência[1630].

Como se vê, o cessionário acaba, nestes casos, por se ver privado de créditos de que já era titular. Este acórdão foi fortemente criticado pela doutrina, tendo o BGH operado mais tarde uma restrição naqueles casos em que o devedor/cedente tenha, antes de a insolvência ter sido declarada, realizado parte da sua prestação (W. MAROTZKE, *Gegenseitige Verträge im neuen Insolvenzrecht*, 3.ª ed., Luchterhand, Neuwied, Kriftel, Berlim, 2001, pp. 100, ss.; idem, /*Heidelberger Kommentar zur Insolvenzordnung*, cit., § 103, p. 336; S. DAHNCKE, ob. cit., pp. 185, ss.; O. JAUERNIG, *Zwangsvollstreckungs- und Insolvenzrecht*, cit., § 49, p. 227; G. KREFT/*Münchener Kommentar zur Insolvenzordnung*, Band 2, §§ 103-269, cit., § 103, pp. 7-8, p. 25).

Recentemente, o BGH veio, mais uma vez, a alterar o seu entendimento do § 103 InsO, embora, ao que parece, sem reflexos no que toca às consequências apontadas pela escolha do cumprimento do administrador em relação às cessões prévias de créditos (Acórdão do BGH de 25/4/2002 in KTS, 2002, pp. 693, ss.. Ver sobre este acórdão HANSJÖRG BERRISCH, *Neuere Rechtsprechung des Bundesgerichtshofs zum Insolvenzrecht*, KTS, 2003, pp. 219-220).

1630 Aponte-se que essa decisão jurisprudencial (ver nota anterior) nos parece infeliz e tem sido justamente criticada pela doutrina alemã.

Com efeito, o que se pretende é, naqueles casos em que estejamos face a contratos bilaterais não integralmente cumpridos por ambas as partes (e portanto o caso em análise é só este: a hipótese do § 103 InsO), levar a que esses créditos que foram validamente cedidos, por negócio que não pode ser atingido pelas disposições insolvenciais relativas aos negócios celebrados num determinado período anterior à insolvência, venham por decisão do administrador, e à margem destas disposições, a ser incluídos na massa. O que leva, evidentemente, a um aumento da massa, mas de uma forma que não pode ser admitida.

Na realidade, os negócios, em particular os de transmissão de créditos, validamente celebrados anteriormente ao início do processo de insolvência só podem ser atingidos nos casos previstos na lei. Assim, hoje, entre nós, principalmente através da resolução em benefício da massa (arts. 120.º e segs. CIRE). Fora destes casos, tal não deve acontecer, sob pena de se lesar gravemente a segurança jurídica. A procura de expedientes para dessa forma se alcançar tal fim é condenável [como sublinha O. JAUERNIG (*Zwangsvollstreckungs- und Insolvenzrecht*, cit., § 49, p. 227): "mesmo no Direito da insolvência o fim não justifica qualquer meio"].

Em especial, se se vier a limitar (nestes casos específicos que se estão a discutir) a constituição de garantias atípicas que são fundamentais para a concessão de crédito e do incremento da vida comercial. O benefício que numa situação destas isoladamente se obtém para a generalidade dos credores num determinado caso esquece o enorme prejuízo que a limitação deste tipo de garantias, ou a maior exigência que, justificadamente, seja colocada pelos credores na sua constituição (p. ex., na cessão de um maior volume de créditos em relação à dívida) provoca.

II. No que diz respeito à doutrina há a salientar a posição adoptada por W. Marotzke[1631] conhecida como a "Lehre von der Forderungszuständigkeit".[1632]

Este Autor sustenta que constitui um pressuposto não escrito do § 103 InsO[1633] (assim como o era do § 17 KO) que o administrador possa exigir o cumprimento do crédito emergente do contrato para o insolvente à outra parte.

Tal não sucederia na eventualidade de este de forma válida e por negócio não sujeito a resolução o tivesse previamente cedido a outrem. Contudo, se a cessão tivesse sido em garantia, dado o disposto no § 166 (2) InsO (que confere ao administrador o poder de realizar a cobrança do crédito cedido em garantia, o que não sucedia no direito anterior), o § 103 InsO seria aplicável. O mesmo sucederia (aplicabilidade do § 103 InsO) se o administrador pudesse exigir só uma parte do crédito (parcialmente cedido).

II. Note-se que esta posição (ao contrário do que sucede com a jurisprudência alemã) poderia ser transponível para o direito português, atendendo à identidade de pressupostos entre o § 103 InsO e o art. 102.º n.º 1 CIRE [mas já não no que diz respeito à cessão em garantia, uma vez que não existe no CIRE uma disposição idêntica ao § 166 (2) InsO e, portanto, entre nós, só o credor/fiduciário poderá cobrar o crédito cedido]. No entanto, não cremos que seja de aceitar.

Não nos parece que se deva retirar ao administrador o poder de nestes casos optar pelo cumprimento do contrato. É verdade que, muitas vezes,

[1631] W. MAROTZKE/*Heidelberger Kommentar zur Insolvenzordnung*, cit., § 103, pp. 499, ss.; idem, *Gegenseitige Verträge im neuen Insolvenzrecht*, cit., pp. 114, ss..

[1632] A posição deste Autor tinha raízes na doutrina anterior. De facto, a questão de saber se nos casos em que o administrador pode exercer o direito de escolha do § 17 KO quando nada podia exigir, não era na doutrina, de forma alguma, nova, tendo já sido discutida por OETKER e SCHLOTTER nos fins do séc. XIX e inícios do séc. XX e VON OLSHAUSEN, nos finais do século passado. (ver, para estas e sua caracterização, S. DAHNCKE, *Zur Sicherungsabtretung von Forderungen, die im Konkurs des Zedenten dem § 17 KO unterliegen*, cit., respectivamente, pp. 87, ss., pp. 89, ss., pp. 90, ss.. Entre nós, L. MENEZES LEITÃO, *Cessão de créditos*, cit., pp. 400-401). Todavia, é minoritária na doutrina de Além-Reno (ver, de forma crítica quanto a esta: WOLFRAM HENCKEL, *Gegenseitige Verträge in Konkurs und Vergleich*, ZZP,1986, pp. 426-429; S. DAHNCKE, *Zur Sicherungsabtretung von Forderungen, die im Konkurs des Zedenten dem § 17 KO unterliegen*, cit., pp. 112, ss.)

[1633] "eine ungeschriebene, weil selbsverständliche Voraussetzung" – *ob. últ. cit.*, p. 114.

não terá nisso interesse por os créditos serem já de terceiro, e não pertencem à massa, enquanto os meios para o cumprimento terão que sair dela. Nessa eventualidade, simplesmente, opta pela recusa de cumprimento. Contudo, nalguns casos poderá haver interesse para a massa na opção pelo cumprimento[1634].

III. Na hipótese que agora diretamente nos interessa, ou seja, a cessão em garantia em que o contrato constitutivo do crédito seja um negócio em curso no sentido do art. 102.º CIRE (o que não será muito vulgar, como veremos de seguida), o administrador, se pretender optar pela reaquisição dos créditos (optando pelo cumprimento do contrato de crédito e garantia nos termos dos arts. 104.º n.º 3 e 102.º n.º 1 CIRE), terá *também* de optar pelo cumprimento desse contrato (o contrato constitutivo do crédito).

Nessa medida, nada aconselha uma interpretação restritiva do art. 102.º CIRE, o que a referida posição implica – antes pelo contrário. O administrador, mesmo na eventualidade de o crédito resultante do negócio em curso ter sido previamente transmitido a outrem, não deve ser privado do seu poder de opção, embora, na realidade, na maioria dos casos, a recusa de cumprimento, do prisma estrito dos interesses da insolvência, seja a escolha adequada.[1635]

IV. Temos então que a consistência da garantia do cessionário/fiduciário, se estivermos face a contratos bilaterais sinalagmáticos, dependerá em grande medida de um eventual cumprimento prévio pelo cedente ou pelo devedor cedido.

No primeiro caso, poderá exigir o cumprimento ao devedor sem que este lhe possa opor a exceção de não cumprimento; na última hipótese, a garantia passa logo a incidir sobre o dinheiro recebido, devidamente separado dos outros bens do fiduciário.

[1634] Como apontam: W. HENCKEL, *Gegenseitige Verträge in Konkurs und Vergleich*, cit., pp. 426, ss.; S. DAHNCKE, *Zur Sicherungsabtretung von Forderungen, die im Konkurs des Zedenten dem § 17 KO unterliegen*, cit., pp. 112-113, pp. 124-125, ss. – com diversos exemplos.

[1635] Noutro sentido, L. MENEZES LEITÃO, *Cessão de créditos*, cit., p. 402.

A não ser assim, e tratando-se de um contrato bilateral sinalagmático, estaremos, em princípio, dentro do âmbito de aplicação do art. 102.º n.º 1 CIRE, exceto se estiverem preenchidos os pressupostos de uma outra disposição relativa aos negócios em curso. Ora, tem aqui particular relevo, os contratos de compra e venda: em especial os regimes decorrentes dos arts. 105.º e 104.º CIRE.

V. De facto, tratando-se da declaração de insolvência do vendedor (art. 105.º n.º 1 CIRE), se a coisa objeto do contrato ainda não tiver sido entregue, mas a propriedade da coisa já tiver sido transmitida (é também necessário que preço não tenha sido pago pela outra parte – esta norma introduz um desvio ao art. 102.º n.º 1 CIRE, uma vez que impede a recusa de cumprimento, mas exige que se trate de uma hipótese de aplicação dessa norma, o que não sucederia se o preço já tivesse sido pago) opera-se uma alteração à regra geral dos contratos bilaterais não integralmente cumpridos por ambas as partes (ao contrário do que acontece no direito alemão, onde não existe uma norma paralela ao art. 105.º CIRE), na medida em que se elimina a escolha do administrador, impondo-se-lhe o cumprimento do contrato [art. 105.º, n.º 1, al. a) CIRE].

Portanto, nos contratos de compra e venda de coisa certa e determinada (se estivermos perante uma obrigação genérica será mais difícil que estejam preenchidos os pressupostos desta norma, ou seja, a transmissão da propriedade antes da entrega, embora tal possa acontecer – art. 541.º), mesmo que esta não tenha ainda sido entregue ao comprador, a declaração de insolvência do vendedor não afetará, por via do destino do contrato constitutivo do crédito, a garantia do cessionário/fiduciário (o crédito ao preço, ainda por pagar, que o vendedor tenha cedido, nos termos apontados, antes da declaração de insolvência).

VI. A lei insolvencial, por outro lado, submete a venda com reserva de propriedade e entrega da coisa, no caso de declaração de insolvência do vendedor, ao regime dos negócios em curso, com uma limitação: o administrador não poderá optar pela recusa de cumprimento se a outra parte (o comprador) lhe exigir a execução do contrato. Ora, esta, a exigência do cumprimento por parte do comprador, será o caso mais frequente, uma vez que o adquirente não se quererá ver privado da coisa que pretende mesmo adquirir. Dessa forma, o crédito, ou créditos às prestações, cedido(s), estarão salvaguardados.

Os casos em que a garantia do cessionário/fiduciário pode ser atingida por força da recusa de cumprimento por parte do administrador da insolvência, isto é, quando o crédito emirja de um contrato bilateral sinalagmático que preencha os pressupostos do art. 102.º n.º 1 CIRE, são mais restritos do que numa primeira análise parceria.

Tanto mais que na prática comercial o cumprimento por parte do vendedor ou prestador de serviços é, em regra, imediato e só preço é que tem que ser pago decorrido um determinado – curto – prazo (30, 60, 90 dias), o que nos afasta dessa disposição (colocando também de lado o risco para o credor/cessionário da oposição por parte do devedor cedido da exceção de não cumprimento do contrato).

VII. Contudo, uma última questão importa ainda colocar: não terá o administrador, justamente devido ao contrato (de crédito e garantia) celebrado com o cessionário, que optar pelo cumprimento do contrato constitutivo do crédito (evidentemente, quando tal não lhe seja imposto pela lei), sempre que estejam preenchidos os pressupostos do art. 102.º n.º 1 CIRE?

Um argumento no sentido afirmativo poderia ser formulado da seguinte forma: estamos perante uma garantia atípica; as garantias são sempre respeitadas no âmbito da insolvência (exceção feita aos – ou melhor, alguns dos – privilégios creditórios do Estado, das autarquias locais e da segurança social); consequentemente, o mesmo se deveria passar com esta, o que se traduziria pela necessária escolha do cumprimento do contrato constitutivo do crédito (objeto da garantia).

Não nos parece que este argumento deva proceder. A garantia, em si, efetivamente é respeitada, conforme vimos, por força da aplicação analógica do art. 104.º CIRE. Simplesmente, o seu objeto, o crédito pecuniário, apresenta fragilidades próprias que se comunicam à garantia. Como já se disse, a consistência do crédito pecuniário depende, entre outros factores, da vontade do devedor cumprir, da sua capacidade patrimonial, assim como das garantias que o tutelam.

Mas mais: o crédito nunca se desprende do seu contrato fonte, estando o cessionário sujeito (entre outras) às exceções daí decorrentes (em particular, a exceção de não cumprimento do contrato), assim como, em geral, aos outros meios de defesa que o devedor cedido lhe possa opor.

Para além disso, mas dentro ainda deste quadro, haverá ainda que contar com o risco inerente à eventual escolha da recusa do cumprimento do contrato constitutivo do crédito, na eventualidade de declaração de insolvência do cedente (claro, naquelas hipóteses em que a lei insolvencial confira esse poder ao administrador). Será um aspeto a atender, igualmente, para se determinar se a diferença de valor entre o(s) crédito(s) cedidos em garantia e a obrigação em dívida é excessiva.

Por fim, não se pode falar aqui da garantia do art. 587.º n.º 1 (decorrente do contrato de crédito e garantia, transmissivo do direito): é que o administrador optará pela recusa de cumprimento do contrato constitutivo do crédito quando tenha optado igualmente pela recusa de cumprimento do contrato base da cessão do crédito, donde decorre a referida garantia.

35.3. As alienações de coisas corpóreas móveis em garantia

I. As alienações em garantia de coisas móveis corpóreas[1636] têm uma estrutura idêntica à cessão de créditos em garantia, tendo um objeto diverso: móveis corpóreos. Nessa medida, aproximam-se bastante da locação financeira restitutiva.

II. A classificação destes negócios como negócio fiduciários já foi antes realizada. O mesmo sucede quanto às estruturas que podem adoptar. Por outro lado, grande parte das questões de regime acima tratadas

[1636] Sobre elas, ver: R. SERICK, *Eigentumsvorbehalt und Sicherungsübertragung, Neue Rechtsentwicklungen*, cit., § 1, pp. 23, ss.; C. P. CLAUSSEN, *Bank- und Börsenrecht*, cit., § 8, pp. 322, ss.; M. WOLF, *Sachenrecht*, cit., § 30, pp. 334, ss.; H. WEBER, *Kreditsicherungsrecht*, cit., § 16, pp. 301, ss.; D. REINICKE/K. TIEDTKE, *Kreditsicherung*, cit., pp. 213, ss.; S. KÜMPEL/A. WITTIG/P. FEDERLIN, *Sicherungsübereignung*, in *Bank- und Kapitalmarktrecht*, 4.ª ed., Verlag Dr. Otto Schmidt, Köln, 2011, pp. 1606, ss.; H. G. GANTER, *Sicherungsübereignung*, cit., § 95, pp. 581, ss., pp. 2337, ss.; H.-J. LWOWSKY/H. MERKEL, *Kreditsicherheiten*, cit., pp. 92, ss.; M. THAMM, *Kreditsicherungsvereibarungen*, cit., p. 33; P. APATHY, *Die Sicherungübereignung*, in Österreiches Bankvertragsrecht, Band IX: Kreditsicherheiten, Teil II (Herausgeben Peter Apathy, Gert Iro, Helmut Koziol), SpringerWienNewYork, Viena, 2012, pp. 277, ss..

no que toca à cessão de créditos em garantia têm aqui, com algumas adaptações (necessariamente), respostas idênticas. Nomeadamente, a execução da garantia, a proibição do pacto comissório, o regime executivo e, muito em particular, o regime insolvencial[1637]. Não é necessário voltar a repeti-lo, pelo que basta uma remissão para o que foi dito.

III. Apenas apontamos, como acrescento – e é um aspeto importante –, que se o registo for obrigatório – como sucede, p. ex., para os automóveis[1638] – já não existe, tanto no âmbito executivo, como insolvencial para o fiduciante a protecção do art. 1184.º. O que significa que o bem não é impenhorável e pode integrar a massa insolvente (na eventualidade de insolvência do adquirente/credor/garantido). De facto, dada essa obrigatoriedade, não se pode afirmar aqui, como nos outros casos, um dever de não fazer o registo da aquisição dos bens fiduciários[1639]. Ora, procedendo-se ao registo, a tutela do art. 1184.º desaparece.

Isto não significa, porém, que, no caso de penhora, o fiduciante fique totalmente desprotegido. É que, sendo penhorados os bens fiduciários, o fiduciário tem ainda a faculdade (e o dever, manifestação do dever de protecção dos bens fiduciários, como vimos) de, nesse caso, requerer, no prazo de oposição à penhora, a substituição dos bens penhorados por outros "que igualmente assegurem os fins da execução, desde que a isso não se oponha fundadamente o exequente." [art. 751.º, n.º 4, al. a) CPC].

Na insolvência, embora não goze da protecção do art. 1184.º, beneficiará da tutela do art. 104.º n.º 1 CIRE aplicado por analogia, sempre que os seus pressupostos estejam verificados (se ele tiver a posse da coisa, o que em regra até sucederá).

1637 Ressalvadas as particularidades da cessão de créditos que tornam o seu regime mais complexo, como se viu.

1638 Cfr. J. DE SEABRA LOPES, *Direito dos registos e do notariado*, 3.ª ed., Almedina, Coimbra, 2005, pp. 334, ss, p. 338.

1639 Note-se só, agora no que respeita aos imóveis, que umas das principais alterações introduzidas no Registo Predial pelo Dec-Lei n.º 116/2008, de 4/7 [art. 8.º-A, n.º 1, al. a)] foi a introdução da obrigatoridade de registo, o que antes não se verificava. Também, neste caso, a não ser no curto espaço antes do registo, o art. 1184.º, *neste momento (antes podia)*, não pode fornecer qualquer tutela.

Na verdade, o núcleo da *ratio* desta disposição consiste em afastar o risco de o devedor vir a ser impedido de adquirir o bem, justamente porque, fazendo ele parte do património do insolvente, onde desempenha uma simples função de garantia, integra a massa e viria a ser liquidado, se o administrador pudesse optar, mesmo contra a vontade da outra parte, pela recusa de cumprimento do contrato. Por isso, se confere a esta última, nos termos do art. 104.º ns. 1 e 2 CIRE, o direito de exigir o seu cumprimento, assegurando-lhe dessa maneira a aquisição da coisa, cuja propriedade, sublinhe-se, no património do agora insolvente visa meramente uma função de garantia.

Nos termos apontados, optando o alienante/devedor/garante pelo cumprimento terá que cumprir a obrigação garantida, após o que o administrador lhe terá que retransmitir a coisa. Caso não cumpra, o administrador pode sempre executar a garantia.

IV. Vistas estas questões, iremos então, de seguida, neste âmbito, apenas tocar alguns aspetos que são particulares desta modalidade de alienações em garantia ou que pelo menos levantam aqui dificuldades que não existem na cessão de créditos. A primeira diz respeito dado o seu objeto à questão da violação do princípio da tipicidade dos direitos reais; a outra está relacionada com a posse e sua transferência.

35.3.1. A questão da violação do princípio da tipicidade dos direitos reais

I. Não há nos negócios fiduciários que tenham por objeto coisas móveis corpóreas qualquer criação de um novo direito real sobre elas[1640]. O que não seria admitido (art. 1306.º n.º 1), pois, como se sabe, é vedada à autonomia privada a criação de direitos dessa natureza diferentes daqueles previstos na lei[1641]. O direito, neste caso de propriedade, é transmitido

[1640] Verdadeira propriedade fiduciária existe efetivamente no *trust* em que o direito de propriedade se divide entre o *trustee*, titular da *legal ownership* e o beneficiário, titular da *equitable ownership*. Assim, M.ª JOÃO VAZ TOMÉ/D. LEITE DE CAMPOS, *A propriedade fiduciária (trust)*, Almedina, Coimbra, 1999, p. 278

[1641] Sobre este, ver: J. OLIVEIRA ASCENSÃO, *A tipicidade dos direitos reais*, cit., pp. 104, ss., pp. 259, ss.; ORLANDO DE CARVALHO, *Direito das coisas*, cit., pp. 248, ss.; A. MENEZES CORDEIRO, *Direitos reais*, vol. I, cit., p. 464, ss..

intocado no seu conteúdo. Porém, estabelecem-se limitações de carácter simplesmente obrigacional ao seu exercício. O que é evidentemente admissível ao abrigo da liberdade contratual.

Com efeito, uma coisa é o direito real transmitido, outra são os vínculos obrigacionais que visam limitar o exercício do direito adquirido pelo fiduciário às finalidades visadas pelas partes do negócio.

II. Em segundo lugar, uma coisa é o princípio da tipicidade dos direitos reais, outra a dos factos que produzem a transmissão desses direitos. Não existe qualquer *numerus clausus* de negócios transmissores de direitos desta natureza. Vigora antes a liberdade contratual.

Como diz Oliveira Ascensão "...de qualquer negócio jurídico, mesmo de um negócio jurídico inominado, pode resultar a transferência ou modificação de um direito real já existente. (...). Essa liberdade [contratual] não poderia deixar de se estender aos contratos com eficácia real, que aliás são mencionados logo no art. 408.º."[1642]. Concluindo mais à frente: "podemos proclamar abertamente o princípio de que o *numerus clausus* dos direitos reais nada tem a ver com os respectivos factos constitutivos."[1643].

Aliás, o negócio que tenha por efeito a transmissão em garantia do direito real, e donde decorram os deveres que conduzem o seu exercício e particularmente a retransmissão, pode ter um conteúdo complexo mais amplo onde se integre também a obrigação garantida.

35.3.2. A posse e a sua transferência

I. Transmitida a propriedade da coisa, o credor não terá qualquer vantagem em retirá-la ao alienante/garante/devedor. Pelo contrário, interessa mesmo que o devedor a possa continuar a usar no âmbito da sua atividade, pois, além de, dessa forma, poder obter os proventos necessários para pagar a dívida, liberta o credor dos custos da sua armazenagem e administração (para o que nem sequer, sendo em geral um banco, tem vocação). A posse transfere-se por constituto possessório

[1642] J. OLIVEIRA ASCENSÃO, *A tipicidade dos direitos reais*, cit., p. 162.
[1643] J. OLIVEIRA ASCENSÃO, *A tipicidade dos direitos reais*, cit., p. 168.

(art. 1264.º)[1644], celebrando-se juntamente com o negócio de alienação um outro pelo qual o alienante se torna possuidor em nome alheio. Ele nunca perde o poder de facto sobre a coisa.

É a prática alemã da *Sicherungsübereignung*: o fiduciante transmite ao fiduciário o direito de propriedade sobre uma coisa móvel, também para garantir uma obrigação pecuniária, que, por sua vez, lhe concede o gozo dessa coisa mediante um outro contrato que com ele celebra (comodato, locação)[1645].

O acordo pelo qual o alienante mantém a posse (agora em nome alheio) da coisa mais adaptado, na nossa perspetiva, aos objetivos da figura será o comodato. Assinale-se que sendo o alienante/fiduciante/devedor um comodatário passa a ser titular de um direito pessoal de gozo e são-lhe atribuídos os meios de defesa da posse (art. 1133.º).

35.4. A "alienação fiduciária em garantia" como modalidade dos contratos de garantia financeira

35.4.1. Introdução

I. A "alienação fiduciária em garantia" consiste numa modalidade dos contratos de garantia financeira (art. 2.º n.º 2 do Dec.-Lei n.º 105/2004, de 8/5). A sua consagração resulta da transposição da Diretiva 2002/47/CE do Parlamento Europeu e do Conselho, de 6/6/02. O conjunto de requisitos previstos (nos arts. 3.º a 7.º – art. 2.º n.º 1 do Dec.-Lei n.º 105/2004, de 8/5), que nos permitem aplicar a uma alienação em garantia a disciplina prevista no do Dec.-Lei n.º 105/2004, de 8/5, já os analisámos justamente a propósito do penhor financeiro (a outra modalidade de contratos de garantia financeira), para onde remetemos.

II. Entre nós, as novidades não residem na figura em si, uma vez que existiam já no nosso sistema diversas figuras típicas (acima focadas) que consistiam em verdadeiros negócios fiduciários (e para além delas seriam sempre

[1644] Quanto a este, ver PIRES DE LIMA/ANTUNES VARELA, *Código civil anotado* (com a colaboração de M. HENRIQUE MESQUITA), vol. III, cit., p. 29.
[1645] Cfr. M. THAMM, *Kreditsicherungsvereibarungen*, cit., p. 33.

admissíveis como negócios atípicos, como as alienações em garantia que acabámos de ver). De resto, o reporte é considerado como modalidade do contrato de alienação fiduciária em garantia (art. 2.º n.º 3 do Dec.-Lei n.º 105/2004, de 8/5) e é, entre nós, um contrato típico desde 1888.

O aspeto inovador, como dizíamos, reside no seu regime, em particular no que diz respeito à retransmissão do objeto de garantia e à insolvência. Isso significa mesmo que o reporte com função de crédito e garantia tem dois regimes consoante seja um contrato de garantia financeira ou não. Veremos esses aspetos de seguida.

Antes queríamos só lembrar que o âmbito de aplicação deste diploma, sendo embora amplo (ou melhor, muito amplo) em termos subjetivos, é de alguma forma limitativo no que toca ao âmbito objetivo: só instrumentos financeiros e, em particular, certos créditos (agota alargados) podem ser objeto da garantia.

35.4.2. Estrutura. O contrato fonte das obrigações garantidas. O objeto da garantia

I. Esta figura tem como elemento central a transmissão de um direito – e não como se diz no art. 2.º n.º 2 do Dec.-Lei n.º 105/2004, de 8/5, da propriedade, porque podemos estar simplesmente, como já se verá, face a uma cessão de créditos – com a função de assegurar uma obrigação: a "obrigação financeira garantida".

II. A lei foca-se só neste aspeto, deixando na sombra o contrato donde emerge a obrigação garantida. É particularmente assim quando a obrigação garantida tenha por objeto uma prestação que consista numa "liquidação em numerário", ou seja, uma prestação pecuniária (mas também, evidentemente, se estivermos perante "entrega de instrumentos financeiros"). O que é natural.

Simplesmente, muitas vezes, a alienação em garantia fará mesmo parte desse contrato, que será dessa forma um contrato atípico: p. ex., um mútuo com alienação fiduciária em garantia.

Poderá também celebrar-se depois deste contrato, decorrendo do negócio de crédito o dever de celebração do negócio de garantia (a alienação fiduciária); ou mesmo, ser concluído, visando assegurar uma obrigação futura (portanto, a emergir de um contrato a ser celebrado).

Nesses casos, a estrutura será diversa da que acima vimos, havendo uma coligação contratual, sob a forma de coligação funcional (e, por vezes, genética) entre o contrato donde emerge a obrigação garantida e a alienação fiduciária em garantia[1646]. As partes querem-nos como um conjunto, havendo "intrínseca relação económico-social" entre os negócios[1647]. Há uma clara e íntima ligação entre a concessão de crédito e a garantia. O que tem evidentemente consequências ao nível do destino dos negócios. Assim, p. ex., sendo inválido o negócio fonte do crédito garantido, deverá cessar a própria alienação em garantia.

III. Fizemos referência a uma certa limitação do âmbito de aplicação objetivo desta disciplina. Não apontávamos para os instrumentos financeiros tal como definidos pelo art. 5.º al. b) do Dec.-Lei n.º 105/2004, de 8/5. Referiamo-nos principalmente ao "numerário", tal como definido pelo art. 5.º al. a) do Dec.-Lei n.º 105/2004, de 8/5. Trata-se aqui de créditos. Mas de modalidades restritas de créditos. São créditos ao "saldo disponível de uma conta bancária", ou "créditos similares", ou créditos pecuniários decorrentes de um acordo mediante o qual uma instituição de crédito concede um crédito sob forma de empréstimo ("créditos sobre terceiros").

Estão excluídos os créditos decorrentes de compras e vendas de contratos de empreitada, de contratos de prestação de serviços em geral, etc. Para esses vigora unicamente a disciplina geral da cessão de créditos em garantia, acima exposta.

35.4.3. O regime geral

35.4.3.1. O cumprimento da obrigação de restituição

I. A alienação em garantia implica a transmissão de um dos objetos da garantia financeira (numerário, créditos sobre terceiros ou instrumentos

[1646] Sobre as coligações contratuais, ver: I. GALVÃO TELLES, *Direito das obrigações*, cit., pp. 88-89; J. ANTUNES VARELA, *Das Obrigações em geral*, vol. I, cit., pp. 281, ss..
[1647] I. GALVÃO TELLES, *Direito das obrigações*, cit., p. 88.

financeiros, nas definições do art. 5.º do diploma) como forma de garantir uma obrigação financeira tal como elas estão delimitadas (de forma ampla para o numerário) no art. 4.º do Dec.-Lei n.º 105/2004, de 8/5.

O garantido está vinculado a restituir (*rectius*, retransmitir) o objeto da garantia ou objeto equivalente ao garante[1648]. A lei estatui que tal deve ser feito até à data convencionada para o cumprimento das obrigações convencionadas.

II. A norma carece de ligeira interpretação corretiva, porque, em regra, o cumprimento da obrigação de restituição só se tem que fazer após o cumprimento da obrigação garantida. Só nessa eventualidade o objeto da garantia terá que ser retransmitido. Mesmo que as partes convencionem que o cumprimento da obrigação garantida constituirá o evento da condição resolutiva que leva à retransmissão do bem fiduciário, ainda assim, em primeiro lugar será necessário o cumprimento.

Procurando aproveitar o mais possível a letra da lei sem que se atinja a modalidade de garantias que se pretendeu consagrar, sempre diremos que a obrigação de retransmissão do objeto da garantia se vence aquando do vencimento da obrigação garantida – não cumprida esta última, a outra parte pode sempre valer-se da exceção do não cumprimento para não realizar igualmente a sua prestação.

É esta a solução do reporte em que a revenda produz os seus efeitos a termo, vencendo-se nesse momento também as obrigações de pagar o preço e de entregar os títulos, de os transferir. Ora, a lei para além de qualificar expressamente – de forma correta, sublinhe-se – o reporte como uma modalidade de alienação fiduciária em garantia (art. 2.º n. 3 do Dec.-Lei n.º 105/2004, de 8/5), vai ao ponto de considerar o regime deste contrato subsidiário em relação àquele que o mesmo diploma dispõe para as alienações fiduciárias em garantia (art. 22.º do Dec.-Lei n.º 105/2004, de 8/5).

[1648] Note-se que embora o titular do bem nesse período de tempo seja o credor, o risco da desvalorização do mesmo bem corre por conta do alienante. Isto porque o primeiro terá só que lhe transmitir os mesmos bens e não um determinado valor, além do que se estes se desvalorizarem abaixo do que for acordado entre as partes, o credor poderá exigir a prestação de garantia adicional. Cfr. J. BENJAMIN, *Financial law*, cit., p. 318. Já o risco da perda corre por conta do credor, uma vez que este terá sempre que retransmitir um objeto equivalente.

Nessa medida, a interpretação do art. 14.º, primeira parte, do Dec.-Lei n.º 105/2004, de 8/5, no sentido apontado, além de ser a única conforme com o objetivo, com a lógica interna, da figura que se pretende consagrar é igualmente a que melhor se articula com o regime do reporte e é, na verdade, a única razoável (art. 9.º n.º 3).

III. A lei permite, no entanto, que o prestador da garantia, em vez de retransmitir o próprio objeto da mesma, retransmita objeto equivalente ou, em certos termos, que entregue dinheiro em vez do objeto da garantia ou recorra à compensação [art. 14.º als. a), b) e c) do Dec.-Lei n.º 105/2004, de 8/5]. Vejamos.

Da alínea a) do mesmo preceito decorre simplesmente que o garantido terá que entregar à outra parte o objeto da garantia, ou *objeto equivalente*, contra o cumprimento pela outra parte da obrigação garantida. A lei tem a preocupação louvável de definir o que entende por objeto equivalente, quer no que diz respeito ao numerário, quer no que toca aos instrumentos financeiros (art. 13.º do Dec.-Lei n.º 105/2004, de 8/5).

Contudo, a lei permite ainda que o garantido possa entregar à outra parte, em vez do objeto da garantia ou outro equivalente, dinheiro correspondente ao valor que esse bem tem no momento do vencimento da obrigação de restituição, nos termos acordados pelos contraentes e de acordo com critérios comerciais razoáveis [al. b) do art. 14.º do Dec.-Lei n.º 105/2004, de 8/5]. Portanto, se as partes tiverem celebrado esse acordo.

Pode ainda o garantido recorrer à compensação, "avaliando-se o crédito do prestador nos termos da alínea" b) [al. c) do art. 14.º do Dec.-Lei n.º 105/2004, de 8/5], e, acrescente-se, ficando obrigado a entregar o saldo excedente.

O acordo das partes é, ainda, necessário, em termos paralelos aos da alínea anterior, para esse efeito. Isto é, embora não seja necessário, como acontece com as disposições paralelas do penhor financeiro, que as partes convencionem o recurso à entrega de dinheiro ou à compensação, torna-se necessário que haja um acordo quanto à avaliação do objeto da obrigação para a entrega da quantia correspondente em dinheiro ou para apurar o crédito do prestador da garantia para efeitos de compensação. Por isso, *um* acordo é sempre necessário, e, em princípio, sem ele não se poderá recorrer às duas últimas vias apontadas[1649].

Recorrendo o garantido à compensação, estamos próximos do *payment netting*, embora aqui se exija a declaração por parte do garantido. Não há qualquer pagamento por parte do devedor/garante/fiduciante à outra parte, mas simplesmente esta última (o credor/garantido/fiduciário) na data do vencimento da obrigação opera a compensação. E restitui o excedente (dada a diferença entre o valor da garantia – e o crédito à sua restituição – e o crédito garantido).

IV. Figura próxima é o *close-out netting*,[1650] ou compensação com vencimento antecipado[1651], que a lei prevê expressamente que as partes podem convencionar, tal como no penhor financeiro, como decorre do arts. 12.º e 15.º do mesmo diploma [de acordo com o imposto pela Diretiva – art. 2.º, n.º 1, al. n) e art. 6.º n.º 2].

Nessa hipótese, como vimos aquando do penhor financeiro, verificando-se um facto que desencadeie a execução (como, p. ex., o incumprimento por parte do devedor/prestador da garantia ou facto incluído em cláusula resolutiva expressa[1652]) ou qualquer outro facto a que as partes atribuam

[1649] Pode colocar-se simplesmente a questão de saber se o referido acordo não seria de dispensar naqueles casos em que o mesmo se torne desnecessário por dizer respeito a bens que tenham valor objetivo e imediato, p. ex., por se tratar de valores mobiliários cotados em bolsa. O ponto é que o mecanismo normal de funcionamento da figura consiste na retransmissão dos bens alienados em garantia.

Todavia, mesmo que esta interpretação seja de aceitar (dispensando-se, mas só dentro do condicionalismo apontado, o acordo a que nos referimos em texto), ainda assim, poderiam, mesmo nestes casos, as partes acordar na exclusão das vias das alíneas b) e c) do art. 14.º, ficando o fiduciário obrigado a retransmitir a própria garantia financeira prestada. Este acordo, aliás, tem importância, para além das considerações que fazemos acerca das alíneas b) e c) do art. 14.º, para o caso da alínea a) em que não é preciso qualquer acordo para se retransmitir um objeto equivalente.

[1650] Quanto à distinção entre o *payment netting* e o *close-out netting*, ver: SOFIA SANTOS MACHADO, *Close-out netting e set-off. Da validade e eficácia das cláusulas de close-out netting e set-off nos contratos sobre instrumentos financeiros*, Cad. MVM, 2003, pp. 13, ss.; C. COSTA PINA, *Instituições e mercados financeiros*, cit., p. 539, nota 979. E sobre este aspeto, ver, com mais desenvolvimento, *supra*, n.º 23.7.3.3.

[1651] "bilaterale Aufrechnung infolge Beendigung" na expressão alemã.

[1652] J. CALVÃO DA SILVA, *Banca, bolsa e seguros. Direito europeu e português*, tomo I, *parte geral*, cit., p. 234.

efeito análogo (art. 12.º do Dec.-Lei n.º 105/2004, de 8/5), a obrigação de restituição do beneficiário da garantia vence-se, extinguindo-se a sua obrigação por compensação (o que implica a avaliação prévia da obrigação do beneficiário da garantia).

35.4.4. O regime insolvencial específico (arts. 16.º a 19.º do Dec.-Lei n.º 105/2004, de 8/5)

I. A lei, com vista a gerar uma "imunização" (considerando 12 da Diretiva 2002/47/CE) destes negócios em que se recorre à titularidade de um direito, que é transmitido ao credor/fiduciário em garantia, dos efeitos da declaração de insolvência (art. 16.º n.º 2 CIRE), estabeleceu aqui um regime particular, cuidadosamente desenhado para esse efeito.

Essa disciplina particular, como se apontou a propósito do penhor, diz respeito tanto à faculdade (*rectius*, à sua exclusão) de o administrador resolver estes contratos, num determinado período anterior à declaração de insolvência [a)], como ao regime destes negócios em curso e os poderes do administrador relativamente aos mesmos logo que se verifique esse facto [b)]. Vejamos então, de forma separada, cada uma destas vertentes, agora a propósito desta modalidade de contratos de garantia financeira.

a) A proibição de resolução

I. Em primeiro lugar, obsta-se, em certos termos, a que o administrador os possa resolver (art. 17.º n.º 1 do Dec.-Lei n.º 105/2004, de 8/5), quando tenham sido celebrados num determinado período anterior a essa data.

Efetivamente, os contratos de garantia financeira celebrados e as garantias financeiras prestadas ao abrigo desses contratos (os momentos podem coincidir, como na cessão de créditos em garantia, mas também pode não acontecer), no dia da abertura do processo, desde que antes de proferida a sentença ou num período anterior à abertura do processo de insolvência [art. 17.º, n.º 1, als. a) e b) do Dec.-Lei n.º 105/2004, de 8/5], não podem, por esse facto, ser resolvidos pelo administrador.

II. Para além da celebração do contrato ou da prestação da garantia nos períodos referidos, também não podem ser afetados pelo administrador da insolvência a prestação de uma nova garantia, na eventualidade de variação do montante das obrigações financeiras garantidas (aqui o seu aumento) ou a prestação de uma garantia financeira suplementar (*top-up collateral*) se variar o valor da garantia financeira [art. 17.º n.º 2 al. a) do Dec.-Lei n.º 105/2004, de 8/5][1653].

De forma idêntica, não pode ser posta em causa a substituição da garantia financeira por um objeto equivalente [art. 17.º, n.º 1, al. b) do Dec.-Lei n.º 105/2004, de 8/5].

III. Este regime seria necessário? É que o art. 121.º CIRE refere-se somente às garantias reais, e esta modalidade de garantia, sendo igualmente um reforço qualitativo do credor, não é uma garantia real, e tem em geral um regime insolvencial diverso.

Todavia, ele era mesmo necessário. Na verdade, como acima vimos, sustentamos uma interpretação extensiva das alíneas c) e e) do n.º 1 do art. 121.º CIRE, com base num argumento de maioria de razão, às alienações em garantia.

Por isso, sempre que as alienações em garantia fossem celebradas em simultâneo com as obrigações garantidas (como sucede, p. ex., com o reporte) no período suspeito de sessenta dias anteriores à data do início do processo de insolvência, poderiam ser resolvidas pelo administrador.

O mesmo resultado relativamente às alienações em garantia celebradas para assegurar obrigações preexistentes ou de outras que as substituam nos seis meses anteriores à data do início do processo de insolvência.

Igualmente, a prestação de nova garantia no caso de variação das obrigações financeiras garantidas ou a prestação de garantias complementares (*top-up collateral*) em virtude da variação de valor da garantia concedida, assim como a substituição da garantia financeira por objeto equivalente[1654], nos seis meses anteriores ao início do processo por força do art. 121.º, n.º 1, al. c) CIRE, poderiam ser objeto de resolução incondicional por parte do administrador.

[1653] Considerando 16 da Diretiva 2002/47/CE do Parlamento Europeu e do Conselho, de 6 de Junho de 2002. Para estes mecanismos, ver M. CHOUDHRY, *An introduction to repo markets*, cit., pp. 43, ss..

[1654] Este caso não é liquído.

Como limite a esta "imunização", na vertente apontada, dos contratos de garantia financeira, temos a prática de atos fraudulentos (art. 19.º do Dec.-Lei n.º 105/2004, de 8/5)[1655].

b) A execução dos contratos após a declaração de insolvência de qualquer das partes

I. Em primeiro lugar, os contratos de garantia financeira celebrados (e as garantias financeiras prestadas) *após* a abertura do processo de liquidação relativo ao prestador da garantia (o devedor) são eficazes perante terceiros desde que o beneficiário da garantia prove que não tinha nem deveria ter conhecimento da abertura desse processo (art. 18.º n.º 2 do Dec.-Lei n.º 105/2004, de 8/5).

II. Em segundo lugar, quer se trate de declaração de insolvência do fiduciante, quer do fiduciário, estes contratos "produzem os seus efeitos nas condições e segundo os termos convencionados pelas partes" (art. 18.º n.º 1 do Dec.-Lei n.º 105/2004, de 8/5). O que significa que o administrador da insolvência terá que os cumprir.

III. Por isso, neste caso, declarada a insolvência do devedor/garante/fiduciante, o administrador não tem qualquer poder de escolha, mas terá que cumprir as obrigações do insolvente, contra a retransmissão por parte do credor do objeto da garantia ou objeto equivalente (a integrar na massa).

O credor poderá ainda, tendo havido acordo entre as partes quanto à avaliação do objeto da garantia no momento do vencimento da obrigação de retransmissão[1656], optar pela entrega de uma quantia em dinheiro (também a integrar na massa). Ainda, poderá nos termos do art. 14.º al. c) do Dec.-Lei n.º 105/2004, de 8/5, recorrer à compensação (evidentemente, antes do cumprimento pelo administrador), mesmo na fase insolvencial. Neste último caso, o administrador tem direito a que o credor lhe entregue o remanescente para integração na massa.

[1655] Ver quanto a estes aspetos dos contratos de garantia financeira: J. CALVÃO DA SILVA, *Banca, bolsa e seguros. Direito europeu e português*, tomo I, *parte geral*, cit., pp. 237, ss.; A. MENEZES CORDEIRO, *Direito bancário*, cit., pp. 820, ss..

[1656] Que em certos casos, poderá, eventualmente, ser *dispensado*.

IV. Declarada a insolvência do fiduciário/garantido/credor, o administrador não tem, igualmente, qualquer poder de escolha e terá que cumprir o contrato, exigindo o cumprimento da obrigação garantida contra a retransmissão do objeto da garantia.

V. Por último, o *close-out netting*, ou vencimento antecipado com compensação, não é afetado pela abertura do processo de insolvência (art. 20.º do Dec.-Lei n.º 105/2004, de 8/5), o que de acordo com o regime geral do CIRE quanto aos negócios em curso e, em particular, quanto à compensação, não poderia acontecer.

36. A criação de patrimónios autónomos

36.1. Introdução

I. Acabámos de ver que a criação de garantias qualitativas sobre certos bens do devedor se poderia fazer ou através da constituição de garantias reais, ou, então, por meio do recurso à titularidade de um direito como garantia. Por qualquer destas vias, o credor beneficiário da garantia fica sempre com uma posição (maior nuns casos do que noutros) reforçada face aos outros credores do devedor em relação ao referido bem. Pelo seu valor, ele terá uma satisfação privilegiada (por vezes mesmo isolada, como na segunda via apontada). Nessa medida, esses bens estão "reservados" a certo credor ou credores.

Ora a "reserva" de certos bens a determinados créditos pode também ser realizada de forma diversa: separando esses bens do património geral do devedor[1657], de forma que, compondo um património autónomo (passando, nessa medida, o devedor a ter dois patrimónios, o autónomo e o geral), fiquem afectos à satisfação de certos créditos. Dessa maneira, os outros credores do mesmo devedor não se poderão satisfazer pelo valor desses bens. Só os titulares dos créditos a que o referido património está

[1657] Que funciona como "património de afetação geral", na expressão de J. CASTRO MENDES, *Teoria geral do direito civil*, vol. I, cit., p. 97.

afecto. Os bens integrados no património autónomo já não respondem pelas outras obrigações do devedor (art. 601.º).

Atenta a este fenómeno, a doutrina[1658] integra os patrimónios autónomos no seio das "outras" causas legítimas de preferência "previstas na lei" (art. 604.º n.º 1).

II. Os sujeitos não podem por acordo criar patrimónios autónomos. Só a lei o pode fazer. O que aconteceu, com finalidades de garantia, num conjunto de casos limitados. São, essencialmente, os casos das obrigações hipotecárias e das obrigações titularizadas, que analisaremos em seguida.

Contudo, esta técnica pode ser utilizada para a uma futura consagração legal de patrimónios fiduciários – como sucede com a experiência francesa –, permitindo assim criar um equivalente funcional do *trust* anglo-saxónico.

Há depois um conjunto de casos em que a lei, embora não o diga expressamente, cria patrimónios autónomos, como sucede com o art. 1184.º, que sendo aplicado analogicamente aos negócios fiduciários para garantia, consiste num importante meio de defesa do fiduciante.

São sobre os dois primeiros casos, dado o tratamento que já fomos dando ao art. 1184.º que recairá a nossa atenção.

Tudo visto, estaremos depois em posição de fazer uma apreciação sobre a melhor forma de conformar esta figura para a prossecução de finalidades de garantia das obrigações, que é o que aqui nos interessa.

36.2. Caracterização

I. O critério a que se recorre para afirmar a existência de um património autónomo é o da responsabilidade por dívidas[1659]. Um património autónomo só responde por dívidas próprias, e por essas dívidas só ele res-

[1658] PIRES DE LIMA/ANTUNES VARELA, *Código civil anotado*, vol. I, cit., p. 620.

[1659] Assim, MANUEL DE ANDRADE, *Teoria geral da relação jurídica*, vol. I, Almedina, Coimbra, 1987, pp. 218, ss.; CARLOS MOTA PINTO, *Teoria geral do direito civil*, 4.ª ed., por ANTÓNIO PINTO MONTEIRO e PAULO MOTA PINTO, cit., pp. 347-348; J. CASTRO MENDES, *Teoria geral do direito civil*, vol. I, cit, pp. 96-97; J. OLIVEIRA ASCENSÃO, *Direito civil, Teoria geral, vol. III, relações e situações jurídicas*, Coimbra Editora, Coimbra, 2002, pp. 126-127; HEINRICH HÖRSTER, *A parte geral do código civil português*, cit., p. 194.

ponde[1660]. É a autonomia patrimonial perfeita (ou verdadeira autonomia patrimonial).

Há casos, porém, de autonomia imperfeita (relativa ou parcial)[1661], como sucede, p. ex., quando embora esse património só responda pelas dívidas próprias a que está afecto, já no caso de não ser suficiente para a sua satisfação integral, os credores delas poderão ainda recorrer ao património (geral) do mesmo devedor (o titular das duas massas patrimoniais).

Do prisma da garantia dos credores, ou, dito de outra forma, do recurso a este mecanismo com funções de garantia, a segunda modalidade é a mais conveniente para o efeito.

Na verdade, pesem embora os diversos instrumentos que a lei geralmente dispõe para assegurar a consistência desse património e a sua suficiência para a satisfação integral dos créditos a que está afecto, o reforço concedido ao credor por esta figura torna-se mais sólido se, na eventualidade de o património ser insuficiente para a satisfação do seu crédito, puder recorrer ao património geral do devedor.

36.3. Casos particulares

36.3.1. As obrigações hipotecárias[1662]

I. Esta modalidade de obrigações, introduzida no nosso ordenamento no início dos anos 90 do século passado (Dec.-Lei n.º 125/90,

[1660] CARLOS MOTA PINTO, *Teoria geral do direito civil*, 4.ª ed., por ANTÓNIO PINTO MONTEIRO e PAULO MOTA PINTO, cit., p. 348.

[1661] MANUEL DE ANDRADE, *Teoria geral da relação jurídica*, vol. I, cit., p. 220.

[1662] Sobre estas entre nós, ver: A. RIBEIRO MENDES, *Um novo instrumento financeiro: as obrigações hipotecárias*, RB, 1990, pp. 59, ss.; J. CALVÃO DA SILVA, *Titul[ariz]ação de créditos. Securitization*, 2.ª ed., Almedina, Coimbra, 2005, pp. 151, ss.; A. SARAIVA MATIAS, *Obrigações hipotecárias e titularização de créditos hipotecários*, BFD, 2009, pp. 621, ss.; PAULO CÂMARA, *Manual de direito dos valores mobiliários*, Almedina, Coimbra, 2009, pp. 148, ss.; PEDRO FERREIRA MALAQUÍAS, *O novo regime das obrigações hipotecárias em Portugal*, in Atualidad jurídica, Homenaje ao professor D. Rodrigo Uria González en el centenário de su nacimento, 2006, pp. 99, ss.. FILIPE SANTOS BARATA, *As obrigações hipotecárias*, Coimbra Editora, Coimbra, 2013. Ver também: A. HUDSON, *The law of finance*, cit., p. 927, ss.; A. McKNIGHT, *The law of international finance*, cit., pp. 629, ss.

de 16/4)[1663], foi recentemente objeto de uma nova regulamentação legal (Dec.-Lei n.º 59/2006, de 20/3), por forma a torná-las mais atrativas aos agentes económicos, o que não sucedia no regime anterior.

Elas caracterizam-se, face às obrigações clássicas, essencialmente pela sua garantia que consiste aqui em destacar certos ativos do património geral do emitente que passam constituir um património autónomo afecto à garantia dessas obrigações. Sobre esses bens incide ainda um privilégio creditório mobiliário especial especialmente enérgico a favor dos titulares das obrigações hipotecárias (art. 3.º n.º 1 do Dec.-Lei n.º 59/2006, de 20/3). O cerne, o nervo da garantia, porém, como já se verá, é o património autónomo.

II. Os ativos que compõem esse património[1664] são créditos pecuniários vincendos e não sujeitos a condição, que não se encontrem dados em garantia nem judicialmente penhorados ou apreendidos e de que sejam sujeitos ativos as entidades emitentes garantidos por primeira hipoteca constituídas sobre bens imóveis destinados à habitação ou para fins comerciais e situados num Estado membro da União Europeia [art. 16.º, n.º 1, al. a) do Dec.-Lei n.º 59/2006, de 20/3].

Para além destes créditos, podem integrar ainda o património outros ativos, como os depósitos, no Banco de Portugal, de moeda ou títulos ele-

[1663] Quanto a este, ver ARMINDO RIBEIRO MENDES, *Um novo instrumento financeiro: as obrigações hipotecárias*, cit., pp. 59, ss..

[1664] Dos bens da entidade emitente, alguns deles passam a integrar um património autónomo criado para servir de garantia às obrigações hipotecárias emitidas e por isso se diz que estão afectos a estas.

Para integrarem o património autónomo afecto a essa emissão de obrigações hipotecárias esses bens têm de ser destacados do património geral do emitente. Tal implica que sejam adequadamente registados em contas segregadas da entidade emitente e identificados sob forma codificada nos documentos das emissões (art. 4.º n.º 3 do Dec.-Lei n.º 59/2006, de 20/3). Deste registo nas contas devem constar, para cada crédito, o montante ainda em dívida, a taxa de juro, o prazo de amortização, o Cartório notarial onde foi celebrada a respectiva escritura de hipoteca, quando aplicável, e referências relativas à inscrição definitiva das hipotecas na conservatória do registo predial (art. 4.º n.º 4 do Dec.-Lei n.º 59/2006, de 20/3). Por sua vez, a chave do código referido fica depositada no Banco de Portugal. As condições em que os titulares das obrigações hipotecárias, em caso de incumprimento, podem ter acesso à mesma, devem ser fixadas por Aviso do Banco de Portugal (art. 4.º n.º 5 do Dec.-Lei n.º 59/2006, de 20/3). Ver, ainda, a este respeito, a Instrução do Banco de Portugal n.º 13/2006.

gíveis no âmbito de operações de crédito do Eurosistema [art. 16.º, n.º 1, al. b) e art. 17.º, n.º 1, al. a) do Dec.-Lei n.º 59/2006, de 20/3], depósitos à ordem ou a prazo constituídos junto de instituições de crédito[1665] com notação de risco igual ou superior a "A -" ou equivalente [art. 16.º, n.º 1, al. b) e art. 17.º, n.º 1, al. b) do Dec.-Lei n.º 59/2006, de 20/3] ou outros ativos que preencham simultaneamente requisitos de baixo risco e de elevada liquidez, a definir por aviso do Banco de Portugal [art. 16.º, n.º 1, al. b) e art. 17.º, n.º 1, al. c) do Dec.-Lei n.º 59/2006, de 20/3].

Note-se, no entanto, que a soma destes ativos não pode ultrapassar "20% do valor total dos créditos hipotecários e dos outros ativos afectos à garantia das obrigações hipotecárias" (art. 17.º n.º 3 do Dec.-Lei n.º 59/2006, de 20/3). O que significa que, no essencial, esse património é constituído por créditos hipotecários, isto é, eles próprios garantidos por hipoteca.

III. O património autónomo aqui criado implica somente que os créditos pecuniários e outros ativos que o integram não respondem "por qualquer dívida da entidade emitente até ao pagamento integral dos montantes devidos aos titulares das obrigações hipotecárias" (art. 4.º n.º 2 do Dec.-Lei n.º 59/2006, de 20/3). Pelo que os outros credores do emitente não se podem satisfazer por esses bens, enquanto não se proceder ao integral pagamento das quantias referidas[1666].

Porém, na eventualidade de os bens que compõem o património autónomo não serem suficientes para a satisfação integral dos titulares das obrigações hipotecárias, responderão os restantes bens integrados no património geral do emitente. O que significa que estamos face a um património autónomo imperfeito[1667]. Detenhamo-nos um pouco mais na justificação desta qualificação, de manifesta importância para a tutela dos credores.

[1665] Estas instituições não podem encontrar-se em relação de domínio ou de grupo com a entidade emitente – art. 17.º n.º 2 do Dec.-Lei n.º 59/2006, de 20/3.

[1666] Note-se que as obrigações hipotecárias enquanto estiverem na posse da entidade emitente não gozam deste particular regime, ou seja, da garantia que lhes é conferida, nos termos apontados, pelo património autónomo – art. 21.º n.º 2 do Dec.-Lei n.º 59/2006, de 20/3.

[1667] Sustentando igualmente que se trata de um património imperfeito: A. SARAIVA MATIAS, *Obrigações hipotecárias e titularização de créditos hipotecários*, cit., p. 7; F. SANTOS BARATA, *As obrigações hipotecárias*, cit., p. 115.

Poderia dizer-se que esse resultado não é aceitável porque da natureza do património autónomo resulta que este só responde por dívidas próprias, mas também só ele responde por essas dívidas.

Contudo, é assim sempre que estejamos perante uma autonomia patrimonial perfeita. Já não quando a autonomia patrimonial desenhada pela lei seja imperfeita – o que poderá acontecer para a melhor defesa dos investidores.

Ora, a qualificação de um património autónomo como perfeito ou imperfeito decorre sempre da interpretação das disposições legais que o consagram. Neste caso, conforme decorre do citado art. 4.º n.º 2 do Dec.-Lei n.º 59/2006, de 20/3, o que a lei pretende é evitar que esses bens respondam por outras dívidas da entidade emitente até os titulares das obrigações hipotecárias estarem integralmente satisfeitos.

Podia a lei ter fixado que por aquelas dívidas só responderiam os bens integrados no património autónomo. O que não fez.

Mas, recorrendo agora a um lugar paralelo, já assim procedeu quanto às obrigações titularizadas, em que veio estatuir que as dívidas do reembolso e remuneração das obrigações titularizadas emitidas (e o pagamento das despesas e encargos relacionadas com a sua emissão) "são garantidos *apenas* pelos créditos que lhe estão exclusivamente afectos, pelo produto do seu reembolso pelos respectivos rendimentos (...), *por aquelas não respondendo* o restante património da sociedade de titularização de créditos emitente das obrigações titularizadas." (art. 61.º do Dec.-Lei n.º 453/99, de 5/11 – itálico nosso)[1668].

Por essa razão, entendemos que se trata mesmo aqui de um património autónomo imperfeito.

A sua razão de ser é criar um tratamento claramente mais favorável para os titulares das obrigações hipotecárias. De facto, mesmo que os bens integrantes do património autónomo não sejam suficientes, os titulares das obrigações hipotecárias poderão sempre depois recorrer ao restante património da entidade emitente. O que reforça a sua posição.

[1668] Sobre o regime das obrigações titularizadas, ver, com mais detalhe, *infra*, no número seguinte, em texto.

IV. A lei não se limitou a tutelar os credores, aqui os titulares das obrigações hipotecárias, com a constituição de um património autónomo (imperfeito, e especialmente vantajoso para estes, como se acabou de referir) afecto à garantia destas, mas preocupou-se em assegurar a qualidade (ou, talvez melhor, o valor económico) dos ativos, em particular dos créditos hipotecários, que o compõem **(i)**, assim como da criação de um valor de sobregarantia desses bens relativamente ao valor nominal global das obrigações hipotecárias **(ii)**, tendo-lhes (ainda) concedido um privilégio creditório especial sobre os créditos hipotecários e outros ativos que compõem o referido património (art. 3.º n.º 1 do Dec.-Lei n.º 59/2006, de 20/3) **(iii)**. O remate de todo o sistema consiste no regime insolvencial gizado para a eventualidade de dissolução ou liquidação da entidade emitente – a titular do património autónomo **(iv)**.

Veremos, de seguida, esses quatro aspetos em separado.

36.3.1.1. A tutela do valor económico dos ativos, em particular dos créditos hipotecários, que compõem o património autónomo

I. Para este efeito, a lei começa por se preocupar em manter a prevalência da hipoteca que assegura os créditos afectos ao património sobre quaisquer outras garantias reais, em particular, os privilégios imobiliários especiais (art. 751.º e art. 3.º n.º 2 do Dec.-Lei n.º 59/2006, de 20/3) e o direito de retenção. A lei refere-se meramente à prevalência sobre os privilégios creditórios imobiliários (art. 3.º n.º 2 do Dec.-Lei n.º 59/2006, de 20/3), mas como estes prevalecem sobre o direito de retenção (art. 751.º), a hipoteca, nestes casos em que os créditos garantidos estejam afectos a obrigações hipotecárias, prevalece também sobre ele[1669].

[1669] Neste sentido: J. CALVÃO DA SILVA, *Titul[ariz]ação de créditos. Securitization*, cit., p. 153; A. RIBEIRO MENDES, *Um novo instrumento financeiro: as obrigações hipotecárias*, cit., p. 88; A. SARAIVA MATIAS, *Obrigações hipotecárias e titularização de créditos hipotecários*, p. 10. Os dois primeiros Autores relativamente ao regime anterior, mas que continha já uma disposição idêntica. Na jurisprudência quanto a esta matéria, ver Acórdão do STJ de 27/11/2007 (Silva Salazar), in: www.dgsi.pt.; Acórdão do STJ de 19/10/2010 (João Camilo), in: www.dgsi.pt..

II. Escusado será dizer que estas regras excecionais de graduação de créditos assegurados por garantia real prejudicam fortíssimamente o credor que beneficia de direito de retenção, em particular o promitente-comprador na promessa sinalizada em que tenha havido tradição da coisa [art. 755.º, n.º 1, al. f)] e que será, em regra, um consumidor. Trata-se de uma solução desnecessária, fortemente censurável justamente pela desprotecção do sujeito que mais carece dela (em particular na insolvência do promitente-vendedor) e que não tem sequer qualquer meio de saber da afetação desse crédito à emissão de obrigações hipotecárias.

De tal forma é assim que entendemos que a constitucionalidade desta disposição é mesmo muito duvidosa.

III. Repare-se que a lei se preocupou com um reforço do valor económico destes bem, ou seja, do crédito, impedindo, por um lado, que ele exceda o valor da hipoteca e, por outro, criando um valor de sobregarantia do crédito relativamente ao valor do objeto da hipoteca – o imóvel. Deste modo, o crédito hipotecário afecto não pode ultrapassar 80% do valor do bem hipotecado, se se tratar de imóveis destinados à habitação, nem 60% do valor do bem hipotecado, se se tratar de um imóvel para fins comerciais (art. 16.º n.º 4 do Dec.-Lei n.º 59/2006, de 20/3)[1670].

Mais: se o proprietário do bem hipotecado não tiver celebrado um contrato de seguro adequado aos riscos inerentes à natureza do bem hipotecado, as entidades emitentes das obrigações hipotecárias deverão celebrá-lo. Esse contrato de seguro deverá garantir, em caso de perda total, um capital que permita a reconstrução do bem hipotecado, devendo a indemnização, a ter lugar, ser paga diretamente pela entidade seguradora ao credor hipotecário, até ao limite do capital do crédito hipotecário (art. 22.º ns. 2, 3 e 4 do Dec.-Lei n.º 59/2006, de 20/3).

[1670] A determinação do valor dos bens hipotecados para este efeito é da responsabilidade da entidade emitente das obrigações hipotecárias, remetendo a lei, quanto aos termos da avaliação desses bens, para aviso do Banco de Portugal (art. 22.º n.º 1 do Dec.-Lei n.º 59/2006, de 20/3). O que veio a verificar-se pelo aviso do Banco de Portugal n.º 5/2006, de 2 de outubro.

36.3.1.2. A sobregarantia dos bens integrados no património autónomo relativamente ao valor nominal global das obrigações hipotecárias

I. Para além de se criar uma sobregarantia do crédito integrado no património relativamente ao objeto da sua própria garantia – o imóvel –, como acima se viu, a lei criou também uma sobregarantia dos bens integrados no património autónomo (que são essencialmente créditos hipotecários, como se viu) face ao valor nominal global das obrigações hipotecárias. Com efeito, o valor nominal global das obrigações hipotecárias em circulação não pode ultrapassar os 95% do valor nominal global dos créditos hipotecários e dos outros ativos afectos às referidas obrigações (art. 19.º n.º 1 do Dec.-Lei n.º 59/2006, de 20/3)[1671].

II. Saliente-se que se trata de *duas* sobregarantias, com objetos diversos, embora ligadas no objetivo comum de tutelar a posição dos titulares das obrigações hipotecárias.

Efetivamente, uma coisa é a sobregarantia do valor nominal do crédito relativamente ao valor do bem hipotecado, o que contribui para solidificar economicamente esse direito, protegendo o credor de uma desvalorização do objeto da garantia. Por isso, o valor económico desses créditos aproxima-se muito do seu valor nominal.

A outra sobregarantia, que acabámos de ver, diz respeito ao valor nominal dos créditos hipotecários (sendo que o seu valor económico, por força da anterior sobregarantia, corresponderá, aproximadamente conforme se afirmou, a este) e aos outros ativos afectos às obrigações hipotecárias em circulação, em relação ao valor nominal global destas.

[1671] De acordo com o art. 19.º n.º 4 do Dec.-Lei n.º 59/2006, de 20/3, o Banco de Portugal pode estabelecer por Aviso os termos para o cálculo do limite referido (assim como os outros números da mesma disposição), bem como outros limites ou condições e respectivos métodos de cálculo, nomeadamente em matéria de cobertura e gestão dos riscos. Tal veio a suceder pelo Aviso do Banco de Portugal n.º 6/2006, de 2 de outubro.

III. Na eventualidade de o limite de qualquer das duas sobregarantias vir a ser ultrapassado, a lei cria mecanismos de reposição[1672]. Assim, a entidade emitente das obrigações hipotecárias terá que, de imediato, "regularizar a situação" através de um dos seguintes procedimentos (art. 21.º n.º 1 do Dec.-Lei n.º 59/2006, de 20/3): a afetação de novos créditos hipotecários, com ou sem substituição dos créditos hipotecários afectos às obrigações hipotecárias, a aquisição no mercado secundário das obrigações hipotecárias (necessárias à reposição do limite do art. 19.º n.º 1 do Dec.-Lei n.º 59/2006, de 20/3), ou a afetação de outros ativos, daqueles que a lei admite poderem ser afectos à garantia das obrigações hipotecárias [art. 21.º, n.º 1, als. a), b) e c) do Dec.-Lei n.º 59/2006, de 20/3].

36.3.1.3. O privilégio creditório especial

I. Em terceiro lugar, a lei concedeu aos titulares as obrigações hipotecárias um privilégio creditório especial, que prevalece sobre quaisquer outros credores, sobre os créditos hipotecários e outros ativos que compõem o referido património autónomo para efeitos de reembolso do capital e recebimento dos juros correspondentes às obrigações hipotecárias (art. 3.º n.º 1 do Dec.-Lei n.º 59/2006, de 20/3)[1673].

O privilégio é especialmente forte, porque, nos termos da lei, tem "procedência sobre sobre quaisquer outros credores" (art. 3.º n.º 1 do Dec.-Lei n.º 59/2006, de 20/3). O que indica que os créditos com esse privilégio deverão ser graduados antes de todos os outros créditos que beneficiem de privilégio mobiliário (art. 747.º) e que constitui mesmo uma exceção

[1672] Os referidos mecanismos terão que ser accionados igualmente quando se verifique a ultrapassagem de qualquer dos limites (prudenciais) dos números 2 e 3 do art. 19.º do Dec.-Lei n.º 59/2006, de 20/3. Temos então que o vencimento médio das obrigações hipotecárias em circulação não pode ultrapassar, em cada momento, o vencimento médio dos créditos hipotecários e dos outros ativos que lhes estão afectos (art. 19.º n.º 2 do Dec.-Lei n.º 59/2006, de 20/3) e o montante global dos juros a pagar em consequência de obrigações hipotecárias não deve exceder, em cada momento, o montante dos juros a receber referentes aos créditos hipotecários e outros ativos afectos às obrigações hipotecárias (art. 19.º n.º 3 do Dec.-Lei n.º 59/2006, de 20/3).

[1673] Note-se que as obrigações hipotecárias enquanto estiverem na posse da entidade emitente não gozam deste privilégio creditório (art. 21.º n.º 2 do Dec.-Lei n.º 59/2006, de 20/3).

à regra do art. 750.º (que a própria norma admite) relativa ao concurso entre privilégios mobiliários especiais e garantias reais de terceiros.

Se prevalece sobre "quaisquer outros credores" na fórmula muitíssimo abrangente adoptada pelo art. 3.º n.º 1 do Dec.-Lei n.º 59/2006, de 20/3, então, segundo parece, prevalecerá igualmente sobre os credores titulares de garantias reais anteriormente constituídas sobre esses bens.

II. Trata-se de uma medida, em grande parte, desnecessária. Os titulares dos créditos a que o património autónomo está afecto não concorrem com outros credores do emitente, uma vez que os bens aí inseridos não podem ser penhorados por estes, nem eles se podem satisfazer pelo seu valor em caso de declaração de insolvência da entidade emitente (os referidos bens integrados no património autónomo não respondem por quaisquer outras dívidas da entidade emitente), mas só por aqueles bens integrados no património geral.

O *cerne da garantia* dos titulares das obrigações hipotecárias reside no património autónomo que lhes está afecto acompanhado das medidas que permitem assegurar a sua consistência económica, ou seja, a sobregarantia do crédito relativamente ao valor do objeto da hipoteca (o imóvel), bem como a diferença de valor entre os bens que integram o património autónomo (na sua esmagadora maioria créditos hipotecários, como igualmente foi observado) e o valor nominal das obrigações hipotecárias em circulação. A isto junta-se o dever de reposição desses limites, sempre que sejam ultrapassados. Pretende-se que, dessa forma, mesmo em caso de incumprimento os credores possam sempre obter satisfação pelos bens integrados nesse património, que só aos seus créditos estão afectos.

III. O privilégio conferido aos titulares das obrigações hipotecárias poderia ter interesse para se obterem duas finalidades.

Em primeiro lugar, para lhes permitir a sua satisfação em primeiro lugar relativamente a outros credores por cujos créditos esse património autónomo respondesse, como sucede com o representante comum pelos créditos decorrentes da sua remuneração, os demais custos e encargos inerentes ao desenvolvimento das suas funções e as despesas de convocação e realização das assembleias de obrigacionistas (art. 14.º n.º 6 do

Dec.-Lei n.º 59/2006, de 20/3), bem como as contrapartes das operações sobre instrumentos financeiros derivados utilizados, exclusivamente, para a cobertura de riscos (de taxa de juros, cambial ou de liquidez) relativamente aos créditos emergentes dessas operações (art. 20.º n.º 3 do Dec.-Lei n.º 59/2006, de 20/3).

Contudo, a lei estendeu-lhes a ambos o privilégio creditório especial do art. 3.º n.º 1 do Dec.-Lei n.º 59/2006, de 20/3 (arts. 14.º n.º 6 e 20.º n.º 3 do Dec.-Lei n.º 59/2006, de 20/3). Ficam, desta forma, colocados na mesma posição que os titulares das obrigações hipotecárias.

Em segundo lugar, poderá ter interesse como forma de evitar a compensação por prejuízo de direitos de terceiro constituídos antes de os créditos se tornarem compensáveis (art. 853.º n.º 2)[1674]. Tal implica que o crédito do devedor do emitente das obrigações hipotecárias se tenha constituído depois da constituição do privilégio. E, ainda que assim seja, o credor do emitente poderá exigir o cumprimento do seu crédito e aplicar o montante assim obtido à extinção, total ou parcial, do crédito hipotecário. Pelo que a sua valia será, também neste caso, bastante reduzida.

36.3.1.4. A disciplina insolvencial

I. Em quarto lugar, cria-se um regime que tutela os titulares das obrigações hipotecárias, na eventualidade de declaração de insolvência da entidade emitente. É o último pilar de defesa destes credores.

O património autónomo não faz parte da massa insolvente. Os bens que o integram, os créditos, os outros ativos, bem como o próprio produto dos juros e reembolsos desses créditos e dos outros ativos, são separados e geridos autonomamente (art. 5.º do Dec.-Lei n.º 59/2006, de 20/3), de acordo com um procedimento definido por Aviso do Banco de Portugal[1675].

Assim, sendo revogada a autorização de uma instituição de crédito emitente de obrigações hipotecárias pelo Banco de Portugal, este designa, simultaneamente, uma instituição de crédito para assumir a gestão do património autónomo afecto à garantia das obrigações e o pagamento

[1674] Sublinhando este aspeto, F. SANTOS BARATA, *As obrigações hipotecárias*, cit., p. 252.

[1675] Art. 5.º n.º 1 do Dec.-Lei n.º 59/2006, de 20/3. O respectivo Aviso é o Aviso do Banco de Portugal n.º 8/2006, de 2 de outubro.

dos montantes devidos aos titulares das obrigações. A retribuição dessa instituição de crédito é estabelecida pelo Banco de Portugal e constitui encargo do património autónomo[1676].

A instituição de crédito designada deverá praticar "todos os atos e operações necessários ou convenientes à boa gestão dos créditos e das respectivas garantias, tendo em vista assegurar o pagamento tempestivo de todos os montantes devidos aos titulares das obrigações, incluindo vender os créditos, assegurar os serviços de cobrança, os serviços administrativos relativos aos créditos, todas as relações com os respectivos devedores e os atos conservatórios modificativos e extintivos relativos às garantias" [art. 3.º, n.º 2, al. a) do Aviso do Banco de Portugal n.º 8/2006, de 2/10].

36.3.2. As obrigações titularizadas

I. A emissão de obrigações titularizadas consiste numa das vias para a titularização de créditos (bem como de outros bens) admitida pela nossa lei, sendo a outra o recurso a fundos de titularização.

A titularização[1677], tradução portuguesa do *securitization,*[1678_1679] consiste, *grosso modu,* numa operação complexa que conduz à emissão de valores

[1676] Art. 2.º ns. 1, 2 e 3 do Aviso do Banco de Portugal n.º 8/2006, de 2/10.

[1677] Sobre esta, entre nós, ver: D. LEITE DE CAMPOS, *A titularização de créditos. Bases gerais,* in Titularização de créditos, Lisboa, Instituto de direito bancário, 2000, pp. 9, ss.; D. LEITE DE CAMPOS/MANUEL MONTEIRO, *Titularização de créditos, anotações ao decreto-lei n.º 453/99, de 5/11,* Almedina, Coimbra, 2001; D. LEITE DE CAMPOS/CLÁUDIA SAAVEDRA PINTO, *Créditos futuros, titularização e regime fiscal,* Almedina, Coimbra, 2007; J. CALVÃO DA SILVA, *Titul[ariz]ação de créditos, securitization,* cit.; L. MENEZES LEITÃO, *Cessão de créditos,* cit., pp. 540, ss.; MANUEL MONTEIRO, *O recente regime português da titularização de créditos,* cit., pp. 193, ss.; M.ª JOÃO VAZ TOMÉ, *O trust e a titularização de créditos – breves considerações –,* in Titularização de créditos, Instituto de direito bancário, Lisboa, 2000, pp. 165, ss.; PAULO CÂMARA, *A operação de titularização,* in Titularização de créditos, Lisboa, Instituto de direito bancário, 2000, pp. 65, ss.; idem, *Manual de direito dos valores mobiliários,* cit., pp. 320, ss.; C. COSTA PINA, *Instituições e mercados financeiros,* cit., pp. 426, ss.; JOÃO FILIPE MONTEIRO PINTO/MANUEL OLIVEIRA MARQUES, *O movimento de titularização de ativos em Portugal,* Cad. MVM, Abril, 2007, pp. 8, ss..

Ver ainda: BARRY DITCHER, *Securitisation in the United States: why and how?,* in: Titularização de créditos, Instituto de direito bancário, Lisboa pp. 19, ss.; MITCHELL BERLIN, *Securitization,* in: The new Palgrave dictionary of money and finance, vol. III, Macmillan reference limited/Stockton press, Londres/Nova Iorque, 1997, p. 433, ss.; PIERO SCHLESINGER, *La cartolarizzazione dei crediti,* RDCiv., 2001, pp. 265, ss.; MICHEL GERMAIN, *La titrisation des*

mobiliários, obrigações titularizadas ou unidades de participação (UP), "na base de direitos de crédito"[1680] pecuniários cedidos para esse efeito a determinados cessionários, estando entre nós regulada pelo Dec.-Lei n.º 453/99, de 5/11[1681_1682]

II. Sem se pretender analisar aqui o complexo regime da titularização[1683_1684] mas focar só um aspeto da estrutura de uma das suas modalidades, o recurso a obrigações titularizadas, apontamos sinteticamente o seguinte.

Elemento central desta operação é a transferência dos créditos, dotados das características impostas pelo art. 4.º do Dec.-Lei n.º 453/99,

créances en France, in: Instituto de direito bancário, Lisboa, 2000, pp. 153, ss.; JOANNA BENJAMIN, *Financial law*, cit., pp. 402, ss.; A. HUDSON, *The law of finance*, cit., pp. 1195, ss.; A. McKNIGHT, *The law of international finance*, cit., pp. 628, ss.; RAFAEL MÍNGUEZ PRIETO, *A nova regulação sobre a titularização de ativos* (tradução de Ana Filipa Cordeiro), in: Titularização de créditos, Instituto de direito bancário, Lisboa, 2000, pp. 27, ss.; M. NAMEN CHALUB, Negócio fiduciário, Renovar, Rio de Janeiro, 1998, pp. 266, ss..

1678 Crítico quanto à mesma, J. CALVÃO DA SILVA, *Titul[ariz]ação de créditos. Securitization*, cit., pp. 28-30.

1679 A *securitization* desenvolveu-se nos anos 80 do século passado nos EUA, tendo como objeto principalmente créditos decorrentes de empréstimos (com hipoteca) para a aquisição de habitação (*home mortgage loans*) ou para aquisição de automóveis, bem como créditos decorrentes da utilização de cartões de crédito, tendo depois alargado o seu âmbito. Cfr. B. DITCHER, *Securitisation in the United States: why and how?*, cit., pp. 19, ss. (pp. 23-24 para uma extensa lista de créditos que são objeto de titularização nos EUA); M. BERLIN, *Securitization*, cit., p. 433. Esta operação tem sido objeto de regulamentação legal nos ordenamentos jurídicos europeus, assim como também noutras latitudes, como, p. ex., no Brasil, onde se denomina securitização.

1680 PAULO CÂMARA, *A operação de titularização*, cit., p. 77.

1681 Diversas vezes alterado, de entre outros, pelos: Dec.-Lei n.º 82/2002, de 5/4, Dec.-Lei n.º 303/2003, de 5/12, Dec.-Lei n.º 52/2006 , de 15/3, Dec.-Lei n.º 211-A/2008 , de 13/11.

1682 Na definição de A. HUDSON (*The law of finance*, cit., p. 1169): "Securitisation is the process by which a range of cash receivables or similar assets are grouped together and offered to investors in the form of a security in return for a capital payment from the investors."

1683 Para a distinção desta das chamadas "operações de securitização", ver MANUEL MONTEIRO, *O recente regime português da titularização de créditos*, cit., pp. 208-209.

1684 Quanto ao papel que a titularização desempenhou na crise financeira de 2007-2008, ditado menos pelas suas virtualidades e mais pelo mau uso que lhe foi dado, em particular a concessão de crédito hipotecário a devedores de alto risco – assente nessa medida unicamente no valor do imóvel –, sendo depois esse risco depois transferido para os titulares dos valores mobiliários emitidos, valores esses que gozavam quase sempre de um *rating* muito elevado, o que gerou a confiança dos investidores, ver A. HUDSON, *Financial law*, cit., pp. 1198, ss..

de 5/11[1685], por parte de um dos cedentes elencados no art. 2.º do Dec.-Lei n.º 453/99, de 5/11, que são essencialmente, do ponto de vista do relevo prático, as instituições de crédito e, dentro destas, os bancos, a um fundo de titularização de créditos ou a uma sociedade de titularização de créditos[1686] (que funciona aqui como *special purpose vehicle*), uma vez que só estes entes podem adquirir créditos para titularização (art. 3.º do Dec.-Lei n.º 453/99, de 5/11)[1687].

Para o fim que aqui visamos, interessa-nos meramente a titularização realizada através sociedade de titularização de créditos que emite as obrigações titularizadas.

III. O negócio base da cessão dos créditos é a venda. Nos termos da lei, a cessão tem que ser "plena". A sociedade de titularização de créditos adquire os referidos direitos, correndo integralmente o risco de incumprimento ou mesmo insolvência dos devedores cedidos. O cedente não

[1685] Que são: a sua transmissibilidade não se encontre sujeita a restrições legais ou convencionais [n.º 1 al. a)], sejam de natureza pecuniária [n.º 1 al. b)], não se encontrem sujeitos a condição [n.º 1 al. c)], não serem litigiosos e não se encontrarem dados em garantia nem judicialmente penhorados ou apreendidos [n.º 1 al. d)]. Ver, porém, o n.º 2 do mesmo art. 4.º para a cessão de créditos pelo Estado e pela segurança social.

[1686] Quanto a estas, ver J. CALVÃO DA SILVA, *Titul[ariz]ação de créditos, securitization*, cit., pp. 66, ss..

[1687] A gestão do direito transferido e das respectivas garantias, a sua cobrança e os serviços administrativos relativos, bem como "todas as relações com os respectivos devedores" desse crédito, são realizados, sempre que o cedente seja instituição de crédito, sociedade financeira ou empresa de seguros, fundo de pensões ou sociedade gestora de fundos de pensões, pela própria entidade cedente (ou, tratando-se de fundos de pensões, a respectiva sociedade gestora) nos termos de um contrato com esse objeto cuja celebração a lei impõe às partes (art. 5.º n.º 1 do Dec.-Lei n.º 453/99, de 5/11).

Pretendeu-se, por esta via, tendo em vista a neutralidade da operação face aos devedores dos créditos cedidos, em especial, os devedores das instituições de crédito (que serão naturalmente os principais cedentes de créditos para este efeito), manter intato o relacionamento entre os transmitentes e os antigos devedores. O contrato consiste num mandato com representação.

A solução inicial não era essa, sendo o mandato, um mandato sem representação, aproveitando-se dessa forma a virtualidades de uma cessão silenciosa face aos devedores cedidos. De forma crítica relativamente a esta alteração, detalhadamente, M. PESTANA DE VASCONCELOS, *A cessão de créditos em garantia e a insolvência. Em particular da posição do cessionário na insolvência do cedente*, cit., pp. 454, ss..

presta – está impedido[1688] – qualquer garantia, em particular a da solvência do devedor (art. 4.º, n.º 6 do Dec.-Lei n.º 453/99, de 5/11). Os créditos saem definitivamente da sua esfera, sendo aí substituídos pela quantia que o cessionário paga pela sua aquisição – na verdade, o preço[1689].

A sociedade de titularização de créditos emite as referidas obrigações, de forma a obter recursos para pagar o preço da compra (art. 39.º do Dec.-Lei n.º 453/99, de 5/11).

A essas obrigações ficam afectos os créditos adquiridos, que formam um património autónomo (art. 62.º n.º 1 do Dec.-Lei n.º 453/99, de 5/11). Essa massa de bens está separada, tanto do património geral da sociedade, como de outros créditos afectos a outra ou outra emissão ou emissões de obrigações titularizadas e que compõem o outro, ou outros, património(s) autónomo(s) a ela, ou elas, afecto(s) (claro está, na eventualidade de a sociedade de titularização ter realizado mais do que uma emissão de obrigações titularizadas).

Na verdade, esses bens (incluindo-se aqui não só os créditos, mas também pelo produto do seu reembolso e respectivos rendimentos – art. 61.º do Dec.-Lei n.º 453/99, de 5/11), e só eles, respondem pelas dívidas de reeembolso do capital e pagamento dos juros dos titulares das obrigações titularizadas[1690] daquela emissão[1691] (arts. 61.º e 62.º do Dec.-Lei n.º 453/99, de 5/11).

[1688] Assim como qualquer entidade que com ele esteja constituída em relação de grupo ou de domínio – art. 4.º n.º 6 do Dec.-Lei n.º 453/99, de 5/11.

[1689] E, nessa medida, são um instrumento de garantia para o cedente, uma vez que ele transmite para os adquirentes dos valores mobiliários assentes nos créditos o risco de incumprimento ou de insolvência dos devedores cedidos. Não fosse isso e seria ele a corrê-lo. Cfr. A. McKNIGHT, *The law of international finance*, cit., p. 631.

[1690] Repare-se que as obrigações titularizadas podem ser de diferentes categorias, quer quanto às garantias estabelecidas a favor dos seus titulares, quer quanto às taxas de remuneração, que podem ser fixas ou variáveis, quer quanto ao seu grau de preferência. Por outro lado, uma vez que, conforme se sublinha em texto, os créditos integrantes do património autónomo estão afectos à sua satisfação, devem as obrigações titularizadas ter datas de vencimento que se articulem com as desses créditos (nos termos da lei "ser adequadas ao prazo dos créditos subjacentes") – art. 60.º do Dec.-Lei n.º 453/99, de 5/11.

[1691] Incluem-se, igualmente, nas dívidas da sociedade pelas quais respondem os bens integrados no património autónomo as despesas e encargos relacionados com a emissão das obrigações hipotecárias – arts. 61.º e 62.º do Dec.-Lei n.º 453/99, de 5/11.

Não respondem pelas dívidas da sociedade de titularização, a não ser que estejam integralmente satisfeitos os créditos dos titulares das obrigações titularizadas (art. 62.º do Dec.-Lei n.º 453/99, de 5/11). Enquanto tal não suceda, os credores da sociedade poderão meramente penhorar (*rectius*, poderá ser penhorado em ação executiva interposta contra a sociedade) o crédito, eventual, a esse remanescente (art. 62.º n.º 3 do Dec.-Lei n.º 453/99, de 5/11).

Mas pelas dívidas de reembolso do capital e pagamento dos juros só respondem os bens integrados no património autónomo e já não, mesmo no caso de insuficiência desta, os bens integrados no património geral da socidade de titularização, art. 61.º do Dec.-Lei n.º 453/99, de 5/11 (ao contrário do que sucede com as obrigações hipotecárias, conforme vimos)[1692].

A lei impõe, em homenagem ao princípio da segregação, que os bens que a cada momento integrem o património autónomo afeto a cada emissão, uma vez que este não é uma realidade estática, sem sofrer alterações, devem ser adequadamente descritos em contas segregadas da sociedade e identificados sob forma codificada nos documentos de emissão – art. 62.º n.º 2 do Dec.-Lei n.º 453/99, de 5/11.

IV. Ao contrário do que sucede com as obrigações hipotecárias, e embora os créditos vendidos e efetos às obrigações titularizadas sejam, em regra, também créditos hipotecários, devido à sua solidez económica, não existe a exigência da sobregarantia do valor do bem hipotecado relativamente ao valor nominal do crédito (garantido pela hipoteca) cedido.

Não existem, igualmente, regras excecionais de prevalência da hipoteca que assegura os créditos afectos ao património sobre quaisquer outras garantias reais, em particular, os privilégios imobiliários especiais (art. 751.º) e o direito de retenção (art. 759.º n.º 2). Portanto, na gradua-

[1692] Por isso, a sociedade de titularização pode ter um capital social reduzido (*thinly capitalized*). A garantia dos titulares das obrigações titularizadas é constituída só pelos créditos que integram o património autónomo. A sociedade é um simples veículo (o SPV) da operação que permite separar esses bens do património do cedente e emitir os referidos valores mobiliários para financiar essa compra, cujo preço, os montantes pecuniários, passam a integrar o património do vendedor. Cfr. D. LEITE DE CAMPOS/C. SAAVEDRA PINTO, *Créditos futuros, titularização e regime fiscal*, cit., p. 21, p. 51; M.ª JOÃO VAZ TOMÉ, *O trust e a titularização de créditos – breves considerações –*, cit., pp. 174, ss..

ção de créditos, aqueles que beneficiem de qualquer destas garantias reais serão graduados à frente dos créditos hipotecários integrantes do património autónomo.

V. Efetivamente, a lei recorreu aqui a um outro mecanismo de proteção dos titulares desta modalidade de obrigações, bem mais inócuo para o tráfego jurídico e para a tutela dos titulares de créditos que beneficiem de privilégio imobiliário especial e, muito particularmente, do direito de retenção. Consiste em recorrer à "melhoria ou valorização do crédito" (*credit enhancement*) através de uma garantia prestada por terceiro (mas não, como se viu, pelo cedente, de quem o crédito fica integralmente desligado) ou transferindo-se o risco de incumprimento para uma empresa de seguros (art. 4.º n.º 7 do Dec.-Lei n.º 453/99, de 5/11)[1693_1694].

Note-se que, se a cessão tiver por objeto créditos hipotecários, ou de outra forma assegurados, se constituirá uma dupla garantia. A esta junta-se a possibilidade, embora não se trate de uma imposição legal como sucede nas obrigações hipotecárias (art. 19.º n.º 1 do Dec.-Lei n.º 59/2006, de 20/3)[1695], de o valor nominal dos créditos afectos às obrigações ser superior ao valor destas, porque se operou uma sobrecessão,[1696] gerando-se, dessa forma, uma sobregarantia.

Todos estes aspetos são particularmente importantes para a notação de risco (*rating*). Melhora, evidentemente, sempre que o risco corrido pelos investidores for, desta forma, reduzido.

Por isso, é de grande relevo para informação e protecção dos investidores nesta modalidade de obrigações a avaliação realizada por parte de uma sociedade de notação de risco (*rating*) – art. 12.º do regulamento da CMVM de 12/2002. Será com base nesta informação que os investidores tomarão a sua decisão de compra[1697].

[1693] Este aspeto é particularmente relevante sempre que os créditos cedidos não gozem de uma garantia.

[1694] Quanto aos diversos instrumentos que permitam obter o *credit enhancement*, ver J. CALVÃO DA SILVA, *Titul[ariz]ação de créditos, securitization*, cit., pp. 90-91.

[1695] Ver, *supra*, número anterior, em texto.

[1696] Cfr. J. CALVÃO DA SILVA, *Titul[ariz]ação de créditos, securitization*, cit., p. 136.

[1697] Sublinhando este aspeto J. CALVÃO DA SILVA, *Titul[ariz]ação de créditos, securitization*, cit., p. 97.

VI. De uma forma agora em tudo idêntica às obrigações hipotecárias, foi concedido aos titulares das obrigações titularizadas um privilégio mobiliário especial sobre "os bens que em cada momento integram o património autónomo afecto à respectiva emissão, com precedência sobre quaisquer outros credores". O privilégio é igualmente conferido aos créditos das entidades que prestem serviços relacionados com a sua emissão. (art. 63.º do Dec.-Lei n.º 453/99, de 5/11).

Por essa razão, as considerações que fizemos acerca da concessão de privilégio em tudo semelhante valem por identidade de razão também para este caso.

Em resumo, a concessão desta garantia real é, em grande parte, desnecessária[1698]. Os titulares das obrigações titularizadas a que o património autónomo está afecto não concorrem com outros credores do emitente. Podem concorrer com os titulares de créditos decorrentes de serviços relacionados com a emissão das obrigações, bem como com os credores que tenham financiado a sociedade de titularização para efeito de reembolso e remuneração das obrigações titularizadas[1699].

Mas os primeiros beneficiam igualmente do privilégio, pelo que não há aqui qualquer vantagem, que se verifica apenas relativamente aos financiadores[1700]. Só relativamente a estes últimos os titulares das obrigações titularizadas serão pagos em primeiro lugar (o que pode gerar dificuldades na obtenção de financiamentos, a não ser mediante uma garantia prestada por terceiro).[1701]

[1698] Em sentido diverso MANUEL MONTEIRO (*O recente regime português da titularização de créditos*, cit., pp. 222-223) considera que se trata de uma "muito relevante forma de tutela dos direitos de crédito dos detentores de obrigações titularizadas." Outra posição, porém, em D. LEITE DE CAMPOS/MANUEL MONTEIRO, *Titularização de créditos, anotações ao decreto-lei n.º 453/99, de 5/11*, cit., p. 106.

[1699] Efetivamente, as sociedades de titularização podem, "por conta" do património autónomo afecto à respectiva emissão, recorrer a financiamentos junto de terceiros que se destinam às finalidades apontadas em texto (art. 44.º n.º 2 do Dec.-Lei n.º 453/99, de 5/11).

[1700] Como sublinha J. CALVÃO DA SILVA, *Titul[ariz]ação de créditos, securitization*, cit., p. 150, nota 95.

[1701] Ao contrário do que sucede nas obrigações hipotecárias, nem sequer existe aqui a eventual vantagem que aí, de uma forma muito limitada, como foi apontado, se pode verificar quanto à compensação. Na realidade, nos casos mais relevantes de cessão de créditos, quando o cedente seja uma instituição de crédito, sociedade financeira, empresa de seguros, fundo de pensões ou sociedade gestora de fundo de pensões, a cessão de créditos produz efeitos em relação

O *aspeto nuclear* da garantia dos titulares das obrigações titularizadas (tal como as hipotecárias) reside no património autónomo que lhes está afecto acompanhado dos instrumentos que permitem assegurar a sua consistência económica, aqui a garantia prestada por terceiro, acompanhada, ou não, por uma sobrecessão que permita gerar uma sobregarantia.

VII. As regras da transmissão de créditos para titularização são configuradas para se afastar a atuação do cedente sobre o crédito cedido. Com efeito, para além de este não poder assumir qualquer garantia quanto ao crédito, a cessão produz efeitos face aos devedores cedidos, sempre que o cedente seja um dos entes do art. 6.º n.º 4 do Dec.-Lei n.º 453/99, de 5/11, que são os transmitentes mais relevantes, no momento em que se tornar eficaz entre cedente e cessionário não sendo necessário o conhecimento notificação ou aceitação destes últimos. Acresce que estes só poderão invocar contra o cessionário os meios de defesa que provenham de facto anterior àquele em a cessão se torne eficaz entre cedente e cessionário (art. 6.º n.º 6 do Dec.-Lei n.º 453/99, de 5/11). No que constitui uma exceção, no que toca os meios de defesa do devedor cedido, ao disposto no art. 585.º.[1702]

aos devedores cedidos no momento em que se tornar eficaz entre cedente e cessionário não sendo necessário o conhecimento notificação ou aceitação destes últimos. Ora dos meios de defesa que os devedores cedidos poderiam invocar contra o cedente, eles só poderão opor ao cessionário aqueles que provenham de facto anterior àquele em que a transmissão do crédito se torne eficaz entre cedente e cessionário (art. 6.º ns. 4 e 6 do Dec.-Lei n.º 453/99, de 5/11). Daí que a compensação estará limitada aos créditos do devedor cedido que se constituam até esse momento (embora se possam vencer depois).

[1702] Efetivamente, neste particular caso de cessão para titularização verifica-se uma coincidência entre os momentos em que a cessão produz efeitos entre as partes, face ao devedor cedido e a terceiros em geral. Os meios de defesa que o devedor cedido podia invocar contra o cedente só são oponíveis ao cessionário se provierem de facto anterior a esse momento (art. 6.º n.º 6 do Dec.-Lei n.º 453/99, de 5/11). No regime geral não é assim. Como se sabe, a transmissão do crédito só é eficaz em relação ao devedor cedido, após o conhecimento, notificação, ou aceitação da mesma por parte deste (art. 583.º n.º 1 e 2), além do que, nos termos do art. 585.º, ele poderá opor ao cessionário todos os meios de defesa que teria podido invocar contra o cedente, exceto aqueles que provenham de facto posterior ao conhecimento da cessão (e não da cessão em si, como neste caso). Ver, para o regime geral da cessão de créditos, pormenorizadamente, L. M. PESTANA DE VASCONCELOS, *A cessão de créditos em garantia e a insolvência. Em particular da posição do cessionário na insolvência do cedente*, cit., pp. 386, ss..

VIII. O sistema de tutela dos titulares das obrigações titularizadas é completado com a proteção insolvencial.

O que se pretende é isolar os bens integrantes do património autónomo de todos os riscos exceto aquele de incumprimento pelos devedores cedidos. Por isso, se usa a imagem de um "muro de fogo" ("firewall") à volta dos créditos, isolando-os[1703].

Vejamos então como é que a nossa lei alcança esse resultado na insolvência.

Em primeiro lugar, o contrato de venda dos créditos (que gera a sua transferência), não pode ser atingido por parte do administrador da insolvência, em particular por via da resolução incondicional do art. 121.º CIRE[1704]. Não estará igualmente preenchido o requisito do regime geral da resolução em benefício da massa do art. 120.º CIRE que consiste em qualificar esse ato como "prejudicial à massa". Ora ele não o é. Os créditos são vendidos à sociedade de titularização, a qual paga um preço pelos mesmo, quantia essa que integrará a massa (aliás, o requisito da má fé não estará, também, preenchido). Em circunstâncias normais, não se vislumbra, bem pelo contrário, prejuízo para a massa com a operação.[1705]

Em segundo lugar, os créditos estão protegidos da insolvência da sociedade de titularização. Os bens que integram o património autónomo não respondem pelas dívidas da sociedade, para além das que acima referimos, não integrando dessa forma a massa insolvente. Aqueles que integram a massa insolvente são somente os do património geral da sociedade de titularização, não os bens do património autónomo, que é separado. O que integra a massa insolvente é o direito, eventual, ao remanescente

1703 Como aponta BARRY DITCHER (*Securitisation in the United States: why and how?*, cit., p. 19): "a figurative "firewall" is erected around the assets to protect them from all risks excet the risk of non-payment by the obligators".

1704 Para além de não estar preenchido, em regra, nenhum dos casos do art. 121.º CIRE, seria ainda necessário demonstrar que ambas as partes agiram de má fé [art. 8.º, n.º 1 al. b) do Dec.-Lei n.º 453/99, de 5/11].

1705 O regime da titularização (art. 8.º do Dec.-Lei n.º 453/99, de 5/11) pressupõe ainda a disciplina do CPEREF, para o qual, aliás, remete. Com o CIRE o sistema foi profundamente alterado, reduzindo-se amplamente a importância da impugnação pauliana que deixa de ser coletiva. O mecanismo a que se recorre para atingir os atos praticados num determinado período de tempo pelo devedor antes do início do processo insolvencial é o da resolução, que analisamos, referido ao contrato de venda dos créditos à sociedade de titularização, em texto

desse património depois de satisfeitas as dívidas a que está afecto (art. 62.º n.º 3 do Dec.-Lei n.º 453/99, de 5/11). Quanto ao resto, deverá manter-se a normal satisfação dos titulares das obrigações titularizadas (assim como dos outros credores do mesmo património).

Em terceiro lugar, não são atingidos pela insolvência do cedente. Se os devedores dos créditos cedidos para titularização antes da declaração de insolvência do cedente e que se vençam só depois dela pagarem ao transmitente do direito, esses montantes não fazem parte da massa insolvente do cedente (art. 8.º n.º 2 do Dec.-Lei n.º 453/99, de 5/11)[1706]. Terão que ser entregues pelo administrador da massa à sociedade de titularização, passando a integrar o património autónomo.

Por fim, a insolvência do gestor dos créditos que mantém as relações com os devedores cedidos, não afeta igualmente os titulares das obrigações titularizadas. Com efeito, dispõe o art. 5.º n.º 7 do Dec.-Lei n.º 453/99, de 5/11, que, nessa eventualidade, os montantes que estiverem na posse deste decorrentes de pagamentos relativos a créditos cedidos para titularização não integram a massa insolvente. E terão, igualmente, como no caso anterior, de ser entregues pelo administrador da insolvência à sociedade de titularização, para serem integrados no património autónomo.

Claro está que o risco da insolvência dos devedores dos créditos que fazem parte do património autónomo são corridos pelos titulares das obrigações hipotecárias. Eles serão mais diminutos de acordo com a qualidade dos créditos, em particular os mecanismos de garantia dos mesmos (p. ex., tratar-se de créditos hipotecários), como uma sobrecessão ou uma garantia prestada por terceiro. Portanto, do recurso a instrumentos de "melhoria ou valorização do crédito" (*credit enhancement*).

Mas, reforça-se, no limite, este risco é sempre corrido pelos adquirentes das obrigações titularizadas, como, aliás, a recente evolução dos mercados financeiros tem demonstrado à saciedade.

IX. Cumpre só sublinhar um último ponto. O património autónomo consiste no instrumento de garantia das obrigações titularizadas. Porém, ele tem um significado e um papel mais amplo.

[1706] Cfr. D. LEITE DE CAMPOS/MANUEL MONTEIRO, *Titularização de créditos, anotações ao decreto-lei n.º 453/99, de 5/11*, cit., p. 34.

De facto, é com os fluxos gerados pelos créditos aí integrados que os titulares das obrigações titularizadas verão satisfeitos os seus direitos ao reembolso e remuneração das mesmas, o que impõe uma adequação entre os vencimentos dos créditos integrados no património autónomo e os créditos dos titulares das obrigações titularizadas. Dessa forma podem utilizar-se os montantes assim gerados para pagar a estes últimos[1707].

Os bens integrados no património autónomo, ao mesmo tempo que desempenham uma função de garantia, cumprem igualmente uma função *solvendi* das obrigações titularizadas a cuja emissão estão afectos.

36.4. Reflexões finais sobre o património autónomo como instrumento de garantia

I. O património autónomo é, conforme se viu, um instrumento que permite criar uma garantia particularmente vigorosa, resistente mesmo à insolvência do devedor.

Da análise dos casos particulares em que a lei recorreu a este meio como forma de assegurar certos créditos, decorre que a sua solidez dependerá entre outros aspetos da própria solidez dos bens que o integram e de mecanismos que obriguem à reposição do valor económico do mesmo sempre que, por qualquer razão, que pode ser mesmo uma quebra do valor de mercado dos bens aí integrados, ele diminua.

II. A solidez da figura como instrumento de garantia pode ser ampliada pelo recurso a um património autónomo imperfeito em que os bens aí integrados só respondem pelos créditos a que estão afectos, mas que, em caso de insuficiência desse mesmo património, os credores possam recorrer aos bens do património geral do devedor (e a garantia será tanto mais extensa, quanto mais robusta for a situação patrimonial, geral, do devedor).

Como sucede com as obrigações hipotecárias, mas já não com as obrigações titularizadas, em que, conforme se referiu, os seus titulares se o

[1707] É o que decorre do art. 60.º n.º 1, *in fine*, do Dec.-Lei n.º 453/99, de 5/11, que impõe que as obrigações titularizadas tenham "datas de vencimento adequadas ao prazo dos créditos subjacentes."

património que lhes está afecto se revelar insuficiente não podem recorrer aos bens do património geral da sociedade.

III. Não há qualquer dificuldade, como acima também se observou, em articular esta figura com outras garantias das obrigações, como sucede sempre que um terceiro garanta o cumprimento dos créditos integrados no seu seio ou, então, quando os créditos afectos estejam já assegurados por uma garantia real: é o que acontece com os créditos hipotecários.

IV. Por último, sempre que mais do que uma modalidade de créditos esteja garantida por um património autónomo, a concessão de um privilégio especial sobre os bens que o integram a certo grupo de credores é um instrumento útil para conduzir à sua satisfação em primeiro lugar por esses bens. Nos outros casos, é dispensável.

Capítulo IV
Outros instrumentos de garantia

37. Introdução

I. Incluímos aqui figuras, com características muito diversas entre si, que conduzem, em maior ou menor grau, a um reforço (que será mais ou menos extenso consoante os casos) da posição do credor, inserindo-se nas garantias em sentido amplo.

Como apontámos, as garantias especiais em sentido restrito ficam limitadas aos casos de reforço quantitativo ou qualitativo da probabilidade de satisfação do crédito.

Porém, num sentido amplo, que é o que agora nos interessa, a garantia consiste num reforço da posição (que pode ser maior ou menor, nalguns casos mesmo, como se verá, muito diminuta) de um credor face aos credores comuns que pode ser obtida de diversas formas.

II. É importante sublinhar que estas figuras não têm, em geral, uma função primária de garantia (como sucede sempre com as garantias em sentido restrito[1708]), sendo na maior parte das vezes (como se verá face a cada uma delas) esta uma função secundária; isto é, embora não seja essa a sua função principal, podem ser utilizadas como meio de reforço da posição

[1708] Embora possa não ser a única função primária dessas figuras, como sucede, p. ex, com a locação financeira que é igualmente um negócio de crédito.

do credor. Ao poderem desempenhar essa função de garantia, indireta geralmente, são também instrumentos de garantia (incluídos na garantias em sentido amplo)[1709]. Daí a designação que se adopta.[1710]

38. A compensação

38.1. Introdução

I. A compensação[1711] é perspetivada pelo nosso Código Civil como uma causa de extinção das obrigações além do cumprimento (Capítulo VIII, Título I do Livro II), ao lado, entre outras, da dação em cumprimento, a novação, a remissão, etc..

O mecanismo, aliás, é muito simples: um sujeito que seja ao mesmo tempo credor e devedor de um outro pode, em vez de se realizarem cumprimentos cruzados, recorrer à compensação para extinguir a sua obrigação (total ou parcialmente) assim como a deste último. Esta forma de extinção das obrigações, em regra pecuniárias, tem, pois, uma clara função de simplificação de pagamentos.

[1709] Não se trata de análise de todas as figuras que podem desempenhar essa função, mas só de alguma delas. Assim, p. ex., não se aborda (nesta edição) a procuração irrevogável, que é um instrumento de garantia de grande relevo prático. Sobre ela, ver: PEDRO LEITÃO PAIS DE VASCONCELOS, *A procuração irrevogável*, 2.ª ed., Almedina, Coimbra, 2017 (reimpressão); PEDRO DE ALBUQUERQUE, *Contrato-promessa, procuração irrevogável e ação de preferência*, CDP, 2006, n.º 13, pp. 25, ss..

[1710] P. ROMANO MARTINEZ/P. FUZETA DA PONTE (*Garantias de cumprimento*, cit., pp. 251, ss.) incluem a exceção de não cumprimento, a compensação e o crédito documentário, entre outras, no âmbito das garantias indiretas. A *negative pledge* e a *pari passu* são consideradas garantias aparentes.

L. MENEZES LEITÃO (*Garantias das obrigações*, cit., pp. 309, ss.) considera as figuras que passamos a analisar, com exceção do crédito documentário e da cessão de créditos em função do cumprimento, como garantias especiais atípicas.

O enquadramento que adoptamos, como decorre do texto, passa pela distinção entre garantias em sentido amplo e garantias em sentido estrito.

[1711] Ver, sobre esta figura: A. VAZ SERRA, *Compensação*, BMJ n.º 31, pp. 13, ss.; J. ANTUNES VARELA, *Das Obrigações em geral*, vol. II, pp. 195, ss.; M. J. ALMEIDA COSTA, *Direito das obrigações*, cit., pp. 1099, ss.; A. MENEZES CORDEIRO, *Da compensação no direito civil e no direito bancário*, Almedina, Coimbra, 2003; R. GOODE, *Commercial law*, cit., p. 610, pp. 621, ss..

II. Para além disso, desempenha igualmente uma função de garantia[1712]. De facto, o credor não tem que exigir o cumprimento ao devedor, e arriscar-se a que este não cumpra, tendo depois que recorrer aos meios judiciais para obter a realização do seu direito, em particular o recurso à via executiva, onde pode ser ultrapassado pelos credores garantidos, e, ao mesmo tempo, manter-se vinculado a cumprir a sua obrigação.

Este retrato é ainda mais impressivo na insolvência, onde os credores comuns pouco receberão (recebem, em regra, uma percentagem diminuta do seu crédito), ao passo que teriam, ainda assim, que realizar a sua prestação face ao administrador da insolvência para integração na massa.

A faculdade de recorrerem à compensação, em particular no último caso, é um relevantíssimo instrumento de tutela do seu crédito, porque o credor que a ela possa recorrer está numa posição privilegiada em relação aos outros credores do devedor que não o possam fazer.

Diga-se ainda que se trata de um instrumento de garantia sem publicidade[1713].

38.2. O regime geral

I. A primeira distinção a fazer a este propósito é entre a compensação legal e a compensação convencional.

A compensação legal tem que preencher os requisitos do art. 847.º, e segs., efetivando-se mediante declaração de uma das partes à outra

[1712] Cfr. J. ANTUNES VARELA, *Das Obrigações em geral*, vol. II, cit., p. 197; L. MENEZES LEITÃO, *Garantias das obrigações*, cit., pp. 310, ss.; P. ROMANO MARTINEZ/P. FUZETA DA PONTE, *Garantias de cumprimento*, cit., pp. 253, ss.; H. RAMOS ALVES, *Sobre a função de garantia da compensação*, Dir., 2010, pp. 1019, ss.; K. LARENZ, *Lehrbuch des Schuldrechts*, vol I, cit., § 18 VI, p. 255 (sublinhando a sua *Sicherungsfunktion*); W. FIKENTSCHER/A. HEINEMANN, *Schuldrecht*, cit., § 39 III, p. 170 (atribuem-lhe, para além da natureza extintiva do crédito, a natureza de uma forma de execução privada do crédito – "...eine Art Privatvollstreckung der eigenen Forderung..."); PHILIP R. WOOD, *Comparative financial law: a classification of the world's jurisdictions*, in: *Making commercial law. Essays in honour of Roy Goode* (edited by Ross Cranston), Claredon Press, Oxford, 1997, pp. 44, ss. R. GOODE, *Security interests in movables under english law*, cit., p. 52 (incluindo-a nos "quasi-security devices"); R. CALNAN, *Taking security, law and pratice*, cit., pp. 426, ss.; A. McKNIGHT, *The law of international finance*, cit., pp. 845, ss.; LUÍS ROJO AJURÍA, *La compensación como garantía*, Civitas, Madrid, 1991.

[1713] Cfr. P. WOOD, *Law and pratice of internacional finance*, cit., p. 224.

(art. 848.º), e tendo como efeito a extinção dos créditos desde o momento em que se tornaram compensáveis (art. 854.º).

Temos, deste modo, que os créditos têm que ser recíprocos (art. 851.º)[1714], o crédito (o crédito ativo) daquele que recorre à compensação (o compensante) tem que ser exigível judicialmente e não proceder contra ele exceção, peremptória ou dilatória, de direito material [art. 847.º, n.º 1, al. a)], tendo que ter ambos os créditos por objeto coisas fungíveis da mesma espécie e qualidade [art. 847.º, n.º 1, al. b) – homogeneidade]. Não é necessário que os créditos sejam de igual montante, admitindo-se a compensação parcial e a iliquidez da dívida não impede que se recorra à compensação (art. 847.º ns. 2 e 3).

O crédito prescrito não impede a compensação, se a prescrição não podia ser invocada na data em que os dois créditos se tornaram compensáveis (art. 850.º); igualmente, em princípio, a diversidade de lugares de cumprimento não impede que se recorra à esta figura (art. 852.º).

A lei fixa depois um conjunto de exclusões de compensação (art. 853.º).

II. Na compensação convencional[1715] tudo depende do acordado pelas partes, podendo estas afastar alguns dos requisitos da compensação, como a homogeneidade dos créditos ou mesmo a sua reciprocidade (estes aspetos, particularmente o último, alargam a eficácia garantística da compensação, uma vez que se pode recorrer à compensação com créditos não da outra parte, mas de terceiros, p. ex., outra sociedade do mesmo grupo). O funcionamento da figura pode mesmo ser automático, não carecendo, como na compensação legal, de declaração de uma das partes à outra.

Está nas mãos destas criar mecanismos para que a compensação se possa efetivar rápida e automaticamente em certos casos. É o que sucede com o *close-out netting* em que a obrigação de uma das partes (neste caso, da obrigação de restituição do beneficiário da garantia) se vence antecipadamente (o que se chama a sua "aceleração") e se procede de imediato,

[1714] Ver, sobre este requisito, J. ANTUNES VARELA, *Das Obrigações em geral*, vol. II, cit., pp. 200, ss..

[1715] Sobre esta, ver A. MENEZES CORDEIRO, *Da compensação no direito civil e no direito bancário*, cit., pp. 149, ss..

e de forma automática, à compensação. Da operação restará só um crédito a favor de uma ou outra das partes[1716].

O mecanismo da compensação, contratualmente afeiçoado, pode mesmo permitir de uma forma expedita e rápida a transformação de diversas operações que ligam os contraentes a um único crédito. Estando em pelo campo da liberdade contratual, cabe aos contraentes criarem o modo de funcionamento dessas compensações.

38.3. O regime insolvencial

I. Como se deixou antever, a principal relevância da compensação como garantia verifica-se aquando da insolvência. Abrir-se a porta à compensação do credor na insolvência, realizada face créditos do insolvente integrados na massa, significa conferir uma posição de grande privilégio ao titular desse direito. De facto, ele irá conseguir por esta via a satisfação integral do seu crédito (salvo se a compensação for meramente parcial). Nessa medida, atinge o princípio da igualdade dos credores, levando a que, por essa razão, seja proibida, ou, pelo menos, limitada.

II. No anterior Código da Falência (o CPEREF), não se admitia a compensação, depois de esta ser declarada (art. 153.º).

Hoje não é assim. No CIRE, seguindo-se a linha do Código da Insolvência alemão (*Insolvenzordnung*), adoptou-se um regime bem mais favorável ao recurso à compensação por parte do titular de créditos sobre a insolvência. Este poderá recorrer a ela nos seguintes casos.

Em primeiro lugar, se se verificarem, aquando da declaração de insolvência os pressupostos legais da compensação [art. 99.º, n.º 1, al. a) CIRE]. Quando assim for, poderá compensar, já depois da declaração de insolvência.

Em segundo lugar, admite-se o recurso à compensação sempre que o crédito sobre a insolvência tenha preenchido antes do crédito integrado na massa os requisitos do art. 847.º [art. 99.º, n.º 1, al. b) CIRE].

Para efeitos das regras acima referidas, não releva a perda do benefício do prazo do art. 780.º e o vencimento antecipado e a conversão em dinheiro resultantes do art. 91.º n.º 1 e do art. 96.º CIRE.

[1716] Sobre esta figura, ver, *supra*, 27.5.4.2.

Note-se que o CIRE recorre ainda assim a exclusões, não admitindo a compensação nos casos previstos no n.º 4 do art. 99.º.

III. É assim hoje possível que o credor possa, nos termos definidos no CIRE (ou noutros, em que a lei consagre uma disciplina excecional[1717] que permita sem limitações a compensação depois da insolvência de uma das partes, como sucede com os contratos de garantia financeira), recorrer à compensação em plena fase insolvencial, obtendo desta forma a tutela completa do seu crédito. Quando assim é, a compensação, como garantia, passa integralmente o teste da insolvência, sendo um instrumento particularmente sólido de tutela do credor. Por isso, também é tão usado.

39. A exceção de não cumprimento

39.1. Introdução

I. A exceção de não cumprimento do contrato[1718] consiste numa das manifestações do sinalagma funcional[1719]. Qualquer das partes nos contra-

[1717] Como, p. ex., o regime decorrente do Dec.-Lei n.º 70/97, de 3/4. Trata-se de negócios sobre instrumentos financeiros em que as partes, na sua qualidade de intervenientes em contratos sobre instrumentos financeiros, de que decorrem direitos e obrigações similares, convencionam a compensação de todas as obrigações emergentes desse negócio, na eventualidade da declaração de insolvência de uma das partes (ou de uma medida de recuperação, saneamento, ou "outras de natureza similar). Esse acordo é oponível à massa e aos credores da massa. (art. 1.º ns. 1 e 2 do Dec.-Lei n.º 70/97, de 3/4). Para efeitos deste diploma, consideram-se instrumentos financeiros "os valores mobiliários, os contratos a prazo relativos a divisas, a taxas de juro e a taxas de câmbio, os *swaps*, as opções e outros contratos de natureza análoga." (art. 2.º do Dec.-Lei n.º 70/97, de 3/4). O disposto neste diploma prevalece sobre qualquer outra disposição legal, ainda que de natureza especial (art. 3.º do Dec.-Lei n.º 70/97, de 3/4).

[1718] Sobre esta figura, ver: I. GALVÃO TELLES, *Direito das obrigações*, cit., pp. 452, ss.; J. ANTUNES VARELA, *Das Obrigações em geral*, vol. I, pp. 398, ss.; M. J. ALMEIDA COSTA, *Direito das obrigações*, cit., pp. 362, ss.; J. CALVÃO DA SILVA, *Cumprimento e sanção pecuniária compulsória*, cit., pp. 329, ss.; L. MENEZES LEITÃO, *Garantias das obrigações*, cit., pp. 309, ss.; P. ROMANO MARTINEZ/P. FUZETA DA PONTE, *Garantias de cumprimento*, cit., pp. 251, ss.; JOSÉ JOÃO ABRANTES, *A exceção de não cumprimento do contrato no direito civil português, conceito e fundamento*, Almedina, Coimbra, 1986; W. FIKENTSCHER/A. HEINEMANN, *Schuldrecht*, cit., § 47 I, pp. 265-266; H. BROX/W.-D. WALKER, *Allgemeines Schuldrecht*, cit., § 13, pp. 118, ss..

[1719] Para estas, ver J. RIBEIRO DE FARIA, *Direito das obrigações*, vol. I, cit., pp. 230, ss..

tos bilaterais sinalagmáticos não pode ser compelida a cumprir enquanto a outra não o fizer ou não se oferecer para o fazer ao mesmo tempo. O credor não corre desta forma o risco de realizar a sua prestação, sem vir depois a obter a contraprestação.

Este aspeto é particularmente relevante nalguns contratos, devido a especialidades do seu regime. É o que sucede na compra e venda em que a renúncia à *excetio*, isto é, se o vendedor realizar a entrega da coisa e se se transferir a propriedade (não recorrendo à reserva) fica vedada a via da resolução do contrato por falta do pagamento do preço (art. 886.º), um dos principais meios de tutela do alienante.

II. É certo que a principal função deste mecanismo é o de atuar como elemento de pressão sobre a outra parte, levando-a a cumprir[1720]. Para além disso, porém, ele constitui um reforço da posição do credor e, nessa medida, uma garantia, embora indireta[1721]. Este aspeto é mais claro se atentarmos no seu regime insolvencial em que a admissão nessa sede da *excetio* configura mesmo uma posição de privilégio face aos outros credores do insolvente que já tenham cumprido.

39.2. O regime geral

I. Nos contratos bilaterais, não havendo prazos diferentes para o cumprimento, qualquer das partes pode recusar-se a realizar a sua prestação enquanto a outra não fizer, ou não oferecer o seu cumprimento simultâneo, não se admitindo sequer que aquele que pretende o cumprimento sem observar a *excetio* a possa afastar prestando garantias (art. 428.º ns. 1 e 2). Isto é: a prestação de garantias na perspetiva da lei não é suficiente para afastar a necessidade do cumprimento simultâneo[1722] (e a segurança que ele oferece).

[1720] P. ROMANO MARTINEZ/P. FUZETA DA PONTE, *Garantias de cumprimento*, cit., p. 252.

[1721] Sublinhando a dupla função da *excetio*, coercitiva e de garantia (garantia indireta), J. CALVÃO DA SILVA, *Cumprimento e sanção pecuniária compulsória*, cit., p. 336.

[1722] A explicação adiantada consiste na intenção de não se afastar, de se assegurar, a realização simultânea de ambas as prestações, ver M. J. ALMEIDA COSTA, *Direito das obrigações*, cit., p. 365.

II. Podem as partes, porém, estabelecer prazos diferentes para o cumprimento das obrigações. Nessa eventualidade, o contraente que tiver que cumprir em primeiro lugar renuncia à *excetio*. Corre o risco de, depois de ter realizado a sua prestação, não vir a obter a contraprestação.

Contudo, enquanto não tiver realizado a sua prestação, pode ainda recusá-la se se verificar alguma das circunstâncias que dão lugar à perda do benefício do prazo (art. 780.º). Dentre estas, conta-se a insolvência, mesmo que não judicialmente declarada, e a não prestação das garantias acordadas ou a diminuição das garantias do crédito por causa imputável ao devedor. Nestas circunstâncias, o contraente obrigado a cumprir em primeiro lugar pode recusar a sua prestação enquanto o outro não cumprir, embora a outra parte possa afastar essa recusa através da prestação de garantias de cumprimento da sua obrigação (art. 429.º). Ou seja: a tutela proporcionada pela retenção da prestação enquanto o outro não cumprir pode ser substituída, neste caso (não no do art. 428.º, conforme se viu), pela prestação de garantias por este último.

O recurso a esta figura no caso do art. 429.º não visa levar ao cumprimento simultâneo de prestação e contraprestação, mas já, claramente, a de tutelar uma das partes face ao risco de não receber a prestação[1723]. Por isso, o recurso a ela pode ser afastado mediante a prestação de garantias.

III. Do exposto quanto ao regime desta figura, pode concluir-se que, se ela é um mecanismo eficaz de compelir a outra parte a cumprir, representa ao mesmo tempo um meio de tutela do credor, evitando que doutro modo ele viesse a realizar a sua prestação, mas a não receber a contraprestação. Meio esse equiparável, como resulta do disposto no art. 429.º, a uma verdadeira garantia. Ao verificar-se esse reforço da sua posição não parece descabido atribuir-lhe uma função de garantia (isto é: de reforço da posição ou segurança acrescida face aos outros credores comuns).[1724]

[1723] Assim, M. J. ALMEIDA COSTA, *Direito das obrigações*, cit., p. 366.

[1724] No sentido de que, sendo embora um meio de pressão sobre o devedor, a *excetio* não consiste numa garantia (em sentido técnico), mesmo indireta, P. ROMANO MARTINEZ/P. FUZETA DA PONTE, *Garantias de cumprimento*, cit., p. 252. Reconhecem que "indiretamente, por via da pressão exercida, este instituto pode ser um meio de o credor garantir o cumprimento de uma prestação".

Falta, no entanto, ver o regime insolvencial onde dada a situação de impotência económica da outra parte o seu papel é mais relevante e esta função mais clara.

39.3. O regime insolvencial

I. Declarada a insolvência, há uma distinção fundamental a fazer entre os credores comuns que já tenham realizado a sua prestação e aqueles que ainda não o tenham feito. No primeiro caso, terão que reclamar os seus créditos e esperar pela satisfação de acordo com as – quase sempre muito escassas – forças da massa.

Nos outros casos, se estivermos perante contratos bilaterais sinalagmáticos não integralmente cumpridos nem pelo insolvente nem pela outra parte, o cumprimento fica suspenso até que o administrador da insolvência opte pela execução ou recusa do cumprimento (art. 102.º CIRE), podendo a outra parte fixar-lhe um prazo razoável para o efeito.

Se o administrador recusar o cumprimento, rege o disposto no art. 102.º n.º 3 CIRE, não tendo a contraparte do insolvente que realizar a sua prestação, além de ter direito a ser indemnizada.

Optando o administrador pelo cumprimento, transforma o crédito da contraparte do insolvente num crédito sobre a massa [art. 51.º, n.º 1, al. f) CIRE] e, portanto, de satisfação (super) privilegiada.

Com efeito, na insolvência, o credor que não realizou a prestação não pode ser compelido a cumprir, a não ser nestes casos. Nas outras

Tudo depende da noção de garantia a que se recorra. Numa perspetiva mais restrita, ela consiste, como se referiu, num reforço quantitativo ou qualitativo. Não é isso que aqui se passa [e, por essa razão, porque "através dela não se alarga (reforço quantitativo) nem se refina (reforço qualitativo) a massa patrimonial responsável", M. J. COSTA GOMES (*Assunção fidejussória de dívida*, cit., p. 79) entende que não se trata de uma garantia, integrando-a antes nos "mecanismos de segurança, de protecção ou de tutela do crédito diversos da garantia"].

Porém, num sentido mais amplo, se a entendermos igualmente como uma posição de reforço do credor face aos outros credores comuns, é difícil negar que nessa medida esta figura desempenha uma função de garantia (sublinhando este ponto, e incluindo-a nas garantias especiais atípicas, L. MENEZES LEITÃO, *Garantias das obrigações*, cit., p. 314), sendo uma garantia em sentido amplo, conforme se diz em texto, e será mesmo mais visível quando se abordar o seu regime insolvencial.

hipóteses, pode sempre valer-se da exceção de não cumprimento para recusar a realização da sua prestação.

II. Esta solução nada tem de inevitável. A lei poderia não ter estabelecido a referida distinção e ter parificado neste ponto o regime de todos os credores comuns[1725]. Dessa forma, aqueles que não tivessem ainda realizado a sua prestação teriam que o fazer, sem poderem recorrer à exceção de não cumprimento, sacrificando dessa forma a sua prestação, e reclamar o seu crédito à contraprestação no processo insolvencial, o que significaria o seguinte: perda total da prestação e obtenção de uma muito pequena percentagem da contraprestação. Este é o resultado a que se chega relativamente aos credores que à data da declaração de insolvência tenham já realizado a sua prestação.

Porém, o reconhecimento da *excetio*[1726] nesta sede põe os credores comuns que a ela possam recorrer numa posição privilegiada em relação aos outros credores comuns, evitando que sofram uma perda patrimonial traduzida na perda da sua prestação.

O reconhecimento da exceção de não cumprimento em sede insolvencial constitui um instrumento de tutela, e assim de garantia, de primeira grandeza para os credores que a ela possam recorrer.

40. A cessão de crédito em função do cumprimento

40.1. Caracterização

I. A cessão de crédito em função do cumprimento consiste numa modalidade da dação em função de cumprimento (ou dação "pro solvendo" –

[1725] Como já escrevemos: "Mas daqui decorre também a importância deste meio (...), uma vez que se confirma por esta via a extensão do seu manto de tutela ao credor, mesmo no caso de declaração de insolvência da outra parte. O que não é necessário nem óbvio, podendo ser afastado se se pretender alargar o igual tratamento de credores na insolvência. Não o fazendo, confere-se à exceção de não cumprimento um papel de mecanismo de garantia no nosso sistema com um vigor assinalável", M. PESTANA DE VASCONCELOS, *O novo regime insolvencial da compra e venda*, cit., p. 557.

[1726] O. JAUERNIG, *Zwangsvollstreckungs- und Insolvenzrecht*, cit., p. 225.

art. 840.º)[1727], em que o direito é transmitido ao cessionário para que este através do montante assim obtido se satisfaça de um crédito (o crédito originário) do cedente para consigo.[1728]

O cessionário passa deste modo a ser titular de dois créditos, um face ao devedor/cedente e outro perante o devedor cedido, sendo que o cumprimento por este último levará à extinção de ambos os créditos. A transmissão do direito pelo devedor ao credor é instrumental à satisfação da sua dívida para com este.

II. O credor deverá pois exigir o cumprimento ao devedor cedido[1729] e, caso este não realize a sua prestação,[1730] ele poderá então exigir o cumprimento do seu crédito, que se mantém (só se extinguiria se estivéssemos

[1727] Sobre a dação em função do cumprimento, entre nós, ver: A. VAZ SERRA, *Dação em função de cumprimento e dação em cumprimento*, BMJ n.º 39, pp. 25, ss.; idem, *Anotação* ao acórdão do STJ de 12/3/74, RLJ ano 108.º, pp. 108, ss.; F. PESSOA JORGE, *Lições de direito das obrigações*, Edição da Associação Académica da Faculdade de Direito de Lisboa, 1975-1976, pp. 446, ss.; PIRES DE LIMA/ANTUNES VARELA, *Código civil anotado*, vol. II, cit., pp. 127-128; J. ANTUNES VARELA, *Das Obrigações em geral*, vol. II, cit., pp. 174-176; A. MENEZES CORDEIRO, *Tratado de direito civil IX,, direito das obrigações*, cit., pp. 987, ss.; M. J. ALMEIDA COSTA, *Direito das obrigações*, cit., pp. 1092, ss.; L.MENEZES LEITÃO, *Direito das obrigações*, vol. II, cit., pp. 191, ss.. Ver também: K. LARENZ, *Lehrbuch des Schuldrechts, Band I, Allgemeiner Teil*, cit., § 18 IV, p. 250; D. MEDICUS/S. LORENZ, *Schuldrecht I, Allgemeiner Teil*, cit., § 24, p. 126-127.

[1728] O texto assenta, em parte, no que escrevemos a este propósito em M. PESTANA DE VASCONCELOS, *A cessão de créditos em garantia e a insolvência. Em particular da posição do cessionário na insolvência do cedente*, cit., pp. 554, ss. Para aí remetemos para uma análise mais desenvolvida e detalhada, assim como para outras indicações bibliográficas.

[1729] Devendo cobrar o crédito com o cuidado exigível – J. GERNHUBER, *Die Erfüllung und ihre Surrogate*, 2.ª ed., J. C. B. Mohr (Paul Siebeck), Tubinga, 1994, § 9 I, 1, p. 162.

[1730] E neste ponto distingue-se da *cessio pro solvendo*, figura profundamente tratada pela doutrina italiana. Cfr. MARIO BACCIGALUPI, *I dati normativi della cessio pro solvendo*, BBTC, II, 1954, pp. 375, ss.; A. PAVONE LA ROSA, *Apertura di credito, cessione "pro solvendo" e pegno di crediti, girata in garanzia di cambiale tratta con clausula di cessione della provvista*, BBTC, 1959, II, p. 531, ss.; P. PERLINGIERI, *Della cessione dei crediti, art. 1260º-1267º, Commentario del codice civile* (a cura de Antonio Scialoja e Giuseppe Branca), *libro quarto, Delle obbligazioni*, Zanichelli editore/Foro italiano, Bolonha/Roma, 1982, pp. 45, ss.. Efetivamente, nesta última modalidade de cessão, não basta ao credor/cessionário exigir o cumprimento da prestação pecuniária para, em caso de inadimplemento, se dirigir ao devedor primitivo: é preciso que o devedor cedido seja insolvente. Só depois de comprovada a insolvência do devedor cedido poderá o cessionário exigir o cumprimento ao devedor/cedente, e não face ao simples incumprimento do primeiro. Não haverá já necessidade de recorrer às vias judiciais quando o devedor for manifestamente insolvente.

perante uma dação em pagamento, o que não é o caso), perante o devedor/cedente, retransmitindo-lhe o direito.

Cumprindo o devedor cedido, sempre que o montante obtido for superior à quantia em dívida do cedente ao cessionário, este terá que restituir àquele o remanescente. De forma inversa, caso o montante recebido seja inferior ao montante da dívida entre o transmitente e o transmissário do direito, verificar-se-á somente uma extinção parcial do crédito.

III. O devedor/cedente poderá ainda cumprir depois da cessão e antes da cobrança do crédito, hipótese em que o cessionário lhe deverá retransmitir o direito. Não há aqui qualquer prejuízo para o credor.

Nalguns casos, o adquirente do crédito poderá, antes ainda de o cobrar, retransmiti-lo e exigir ao cedente o cumprimento do crédito perante ele. Só não o poderá fazer naquelas hipóteses em que decorra do acordo das partes que o cessionário terá para o efeito que exigir primeiro o cumprimento ao devedor cedido[1731].

40.2. Funções

I. A modalidade de cessão em análise visa não só, de forma direta, preparar a extinção da obrigação, sendo nessa medida *solutória*, mas também, embora de *forma indireta*, conduzir a um reforço da garantia do credor.

[1731] Em princípio, não será de afastar que o credor possa optar por retransmitir o crédito e exigir o cumprimento da obrigação originária ainda antes de procurar primeiro obter a sua satisfação através do crédito cedido, uma vez que a cessão é realizada no seu interesse. Assim, A. VAZ SERRA, *Dação em função de cumprimento e dação em cumprimento*, BMJ n.º 39, p. 30; idem, *Anotação* ao Acórdão do STJ de 21/1/69, RLJ ano 103.º, p. 121. Entende A. VAZ SERRA (*Dação em função de cumprimento e dação em cumprimento*, cit., p. 30) que a "prestação em função do cumprimento pode presumir-se feita principalmente no interesse do credor", acrescentando, "...parece dever reconhecer-se-lhe [ao credor] na falta de estipulação em contrário, a faculdade de restituir a coisa ou o direito, regressando à situação anterior." Todavia, o contrário pode resultar da interpretação do contrato. Em sentido próximo, J. ANTUNES VARELA (*Das Obrigações em geral*, vol. II, cit., p. 176), quando assinala que, se se provar, ou "for lícito presumir", "como muitas vezes acontecerá", também um interesse do devedor (para além, evidentemente, do seu interesse na extinção da sua dívida) na cessão do crédito, o "credor só poderá recorrer à obrigação primitiva, no caso de falhar o recurso à nova via do seu crédito."

Com efeito, este passa a ter dois devedores (diversos, obviamente) para a realização da mesma prestação[1732_1733]

II. Estamos, pois, face a uma figura, como já se disse, complexa que tem uma função primária solutória, mas ao mesmo tempo, embora de forma indireta, desempenha uma função de garantia.

Dito por outras palavras: se a cessão de crédito em função do cumprimento desempenha principalmente uma função de preparação do cumprimento e é, nessa medida, solutória, ao levar a que o credor tenha dois devedores a quem, em certos termos, pode exigir a realização da prestação, desempenha também a função de garantia – que resulta da sua própria estrutura –, sendo esta acessória e indireta.

III. Não se trata, porém, de uma cessão em garantia (que, *supra*, n.º 35.2., analisámos). Com efeito, nestas últimas a função *primária* desempenhada pela cessão é justamente, como a sua própria designação indica, garantir, assegurar o cumprimento de uma dada obrigação. Nas cessões em análise essa função é indireta.

Na cessão em garantia só se a obrigação garantida não for cumprida aquando do seu vencimento é que o credor/cessionário poderá, sem mais, extingui-la através dos direitos objeto da garantia.[1734] Pelo contrário, na cessão de crédito em função do cumprimento, o cessionário pode e deve satisfazer-se diretamente pelo montante cobrado do crédito cedido[1735].

[1732] Claro que os créditos podem ser diversos. Porém, se o crédito cedido tiver por objeto, como normalmente será o caso, uma quantia pecuniária superior àquela em dívida pelo cedente, o cessionário, cobrado que seja o referido crédito, só se poderá satisfazer pela quantia em dívida, e não pela totalidade do recebido, tendo que devolver, como se assinala em texto, o excedente.
[1733] GIOVANNI PANZARINI, *Lo sconto dei crediti e dei titoli di credito*, Giuffrè, Milão, 1984, p. 122.
[1734] As cessões em garantia podem, conforme se diz em texto, conduzir a uma liquidação dos créditos para dessa forma se operar a extinção das obrigações garantidas. Porém, trata-se de um simples efeito eventual, no caso de incumprimento do devedor/garante. Em regra, a obrigação garantida será satisfeita pelo cumprimento por parte deste último. Cfr. J. GERNHUBER, *Die Erfüllung und ihre Surrogate*, cit., § 9 I, p. 164.
[1735] A distinção entre ambas as modalidades de cessões pode ser difícil. Para o efeito, a jurisprudência italiana recorre mesmo, em caso de dúvida quanto a saber-se se estamos face a uma ou outra figura, ao momento da cessão do crédito. Cfr. GIOVANNI GRIPPO, *Garanzie atipiche e fallimento*, CI, 1986, p. 380; CARLO ANGELICI/MARIO BUSSOLETTI, *Garanzie bancarie proprie ed improprie e procedure concorsuali*, Giur. Comm., 1985, I, p. 801; FRANCESCO

III. Acrescente-se ainda que esta cessão pode ainda desempenhar acessoriamente uma função de cobrança. O crédito é transmitido ao cessionário não só para por esta via se abrir caminho à satisfação de uma obrigação do transmissário face ao transmitente, mas também para que o adquirente

GALGANO, *Diritto civile e commerciale*, vol. II, *le obbligazioni e i contratti*, t. I, *obbligazioni in generale, contratti in generale*, 3.ª ed., Cedam, Pádua, 1999, p. 116.

Tendo o direito sido transferido no momento da constituição da obrigação do cedente para com o cessionário, seria uma cessão em garantia; já se a transmissão do mesmo direito fosse posterior, estaríamos perante uma cessão de crédito em função do cumprimento. T. MANCINI (La cessione dei crediti futuri a scopo di garanzia, Giuffrè, Milão, 1968, pp. 97-98) sustentava um critério próximo, mas com a diferença relevante de entender que a cessão de créditos realizada depois da constituição da obrigação e ainda antes do vencimento da mesma se deveria presumir realizada em garantia.

Trata-se, evidentemente, de elementos auxiliares quando da interpretação do negócio base da cessão não resulte claro se as partes pretenderam criar um meio para satisfação do crédito originário ou se quiseram antes criar um instrumento para tornar mais segura a realização da prestação debitória. Cfr. A. PAVONE LA ROSA, *Apertura di credito, cessione "pro solvendo" e pegno di crediti, girata in garanzia di cambiale tratta con clausula di cessione della provvista*, cit., p. 538.

Ora, como auxiliar na interpretação do contrato, parece, em princípio, que o critério referido em primeiro lugar é de acolher. Pelo menos no que diz respeito à cessão de crédito posterior à constituição da obrigação. Na verdade, em regra, a garantia acompanha a constituição da obrigação garantida, não sendo subsequente.

Nesta última eventualidade, é natural que estejamos perante uma cessão de crédito em função do cumprimento. Por outro lado, se a obrigação já se tiver vencido, a cessão de um crédito posterior a essa data só poderá ser em função do cumprimento (embora se possam configurar mesmo neste caso hipóteses em que estejamos perante uma cessão em garantia; assim quando seja concedido ao devedor um novo prazo para cumprir – G. GRIPPO, *Garanzie atipiche e fallimento*, cit., p. 381; C. ANGELICI/M. BUSSOLETTI, *Garanzie bancarie proprie ed improprie e procedure concorsuali*, cit., p. 801; M. VIALE, *Le garanzie bancarie*, cit., p. 121).

Contudo, transmitindo-se o direito aquando da constituição da obrigação, embora geralmente o que se pretenda seja a garantia dessa obrigação, a destrinça entre as modalidades de cessões com base neste elemento será mais difícil. De facto, as partes podem ter pretendido nesse momento realizar uma cessão em função do cumprimento (como acontece nos contratos de cessão financeira de segundo grau com recurso e adiantamento, muitíssimo frequentes na prática), reduzindo neste ponto a utilidade do critério apontado. Pensamos, de todo o modo, que poderá servir (também) neste caso como auxiliar a diferença de valores entre o crédito cedido e o crédito do cessionário face ao cedente. A diferença tenderá a ser maior se se tratar de uma cessão em garantia do que se estivermos perante uma cessão em função do cumprimento (o que não significa, destaque-se, que neste caso não exista igualmente – o que se liga à sua função indireta de garantia – uma diferença de valores).

do crédito proceda à sua cobrança[1736]. Nesta eventualidade, associam-se as funções solutórias e de cobrança, ao mesmo tempo que se mantém a função indireta de garantia.

40.3. O negócio base

I. A cessão do crédito em função de cumprimento terá como negócio base um mandato para que o credor/cessionário cobre o crédito e se satisfaça com a quantia assim obtida.

O mandato foi conferido também no interesse do mandatário (o credor/cessionário), o que significa que não poderá, em princípio, ser revogado pelo mandante, sem o acordo da outra parte, a não ser que ocorra justa causa (art. 1170.º n.º 2).[1737]

II. Trata-se, ainda, de uma modalidade de mandato fiduciário.

Efetivamente, o credor passa a ser titular de dois créditos (note-se: face a devedores diversos) destinando-se um deles a proporcionar os meios pecuniários necessários para a extinção do outro. Não se visa através da transmissão do crédito (do devedor/cedente para o credor/cessionário) gerar um enriquecimento definitivo do cessionário, mas colocar nas suas mãos um elemento destacado do património do devedor que lhe permita a extinção do seu crédito (o crédito original), neste caso, através da cobrança do crédito cedido.

[1736] Conforme se refere em texto, a dação de um crédito em função do cumprimento pode também ser ao mesmo tempo uma cessão para cobrança. Efetivamente, o devedor pode ter realizado a cessão não só para propiciar à outra parte um meio de satisfação do seu crédito sobre ele, mas também porque tem interesse em que o crédito transmitido seja cobrado por ela. Como contrapartida do serviço do cessionário, o cedente/devedor cobrará uma comissão (comissão de cobrança).

A cessão em função de cumprimento, porém, distingue-se da cessão para cobrança pela função desempenhada. Por isso, nesta última modalidade de transmissão de créditos, o cessionário tenha de entregar a quantia cobrada ao cedente, enquanto na primeira figura recorra a ela para a extinção do seu crédito sobre o devedor/cedente, devolvendo o remanescente.

[1737] Assim, A. VAZ SERRA, *Dação em função de cumprimento e dação em cumprimento*, cit., p. 29; M. J. ALMEIDA COSTA, *Direito das obrigações*, cit., p. 1096; M. J. COSTA GOMES, *Em tema de revogação do mandato civil*, Almedina, Coimbra, 1989, pp. 179-180; L. MENEZES LEITÃO, *Direito das obrigações*, vol. II, cit., p. 192.

Por isso, a titularidade do cessionário é meramente instrumental, ligada à satisfação do crédito originário, e temporária, uma vez que o direito terá que ser cobrado para se obterem os meios de extinção daquele (ou retransmitido). É um simples meio indireto de satisfação de um crédito que, neste caso, implica a transmissão (funcionalizada e temporária, como referimos) de um direito para o património do credor.

Que não se visa aqui um enriquecimento definitivo, uma aquisição definitiva do direito, é claro: o adquirente terá que proceder à sua cobrança e, portanto, extinguir esse crédito (e o seu próprio crédito – originário – perante o devedor/cedente) ou retransmitir o crédito ao cedente/devedor e exigir-lhe o cumprimento da obrigação original (eventualmente, nos termos apontados, ainda antes de o primeiro procurar obter a sua satisfação através do crédito cedido, ou, então, hipótese mais vulgar, face ao incumprimento do devedor cedido).

Com os dois créditos é que não pode ficar (se o devedor/cedente cumprir ainda antes de o cessionário ter cobrado o crédito, o direito terá também que lhe ser retransmitido). A aquisição do direito é compensada em termos de património líquido pelo dever de o cobrar e de recorrer a essa quantia para a extinção do seu crédito sobre o cedente (e, de igual forma, como é óbvio, face ao devedor cedido), ou, então, eventualmente, nos termos referidos, pelo dever de retransmitir o direito.

Acresce que, se o montante cobrado for superior àquele em dívida (obrigação originária), o cessionário terá que restituir o remanescente.

Temos assim uma estrutura (transmissão de um direito que o adquirente se obriga a exercer de dada forma e em certos casos mesmo a retransmitir) fiduciária. Porém, a função (solutória) que desempenha, aliada à natureza do direito cedido e à normal proximidade do seu valor nominal com o do crédito que por essa via se pretende satisfazer, permitem limitar bastante o risco decorrente da sua adopção.[1738]

[1738] A inclusão da dação em função do pagamento quando haja a transmissão do direito ao credor no seio da *fiducia*, como a sua terceira modalidade, é na Alemanha sustentada por J. GERNHUBER (*Die Erfüllung und ihre Surrogate*, cit., § 9 I, 1, pp. 162-163, idem, *Die fiduziarische Treuhand*, JuS, 1988, p. 356), que a denomina *Erfüllungstreuhand* (*Die fiduziarische Treuhand*, cit., *ibidem*). Também, D. MEDICUS7S. LORENZ, *Schuldrecht I, Allgemeiner Teil*, cit., § 24, p. 127 (em regra, entende que se está face a uma transferência fiduciária do direito).

40.4. O regime insolvencial

I. Declarada a insolvência do mandante (aquele que proporciona a garantia indireta nos termos referidos), o contrato de mandato, mesmo conferido igualmente no interesse do mandatário (como é o caso), caduca, não tendo este qualquer direito a uma indemnização pelo dano sofrido. Daqui decorre que o bem terá que ser retransmitido ao mandante, integrando-se na massa insolvente. O mandatário/cessionário/credor mantém o seu crédito que terá que reclamar no concurso insolvencial para vir depois a ser satisfeito pelas forças da massa.

Por isso, ao não passar o teste da insolvência, esta garantia, além de ser indireta, é também frágil e precária.

41. O crédito documentário irrevogável[1739]

41.1. Introdução

I. O crédito documentário é, em primeira linha, um divulgadíssimo meio de pagamento, particularmente usado nas transacções internacionais. De uma forma simples: um banco obriga-se a realizar um pagamento a um terceiro, mediante a entrega (e verificação pela instituição de crédito) de determinados documentos por este último. Esta relação obrigacional entre o banco e o beneficiário pressupõe tanto um contrato-base,

[1739] Sobre esta figura, ver: A. MENEZES CORDEIRO, *Créditos documentários*, ROA, 2007, pp. 81, ss.; J. CALVÃO DA SILVA, *Direito bancário*, cit., pp. 369, ss.; idem, *Crédito documentário e conhecimento de embarque*, in: Estudos de direito comercial (pareceres), Almedina, Coimbra, 1996, pp. 49, ss.; P. ROMANO MARTINEZ/P. FUZETA DA PONTE, *Garantias de cumprimento*, cit., pp. 263, ss.; GONÇALO ANDRADE E CASTRO, *O crédito documentário irrevogável*, UCP, Porto, 1999; CARLOS COSTA PINA, *Créditos documentários*, Coimbra Editora, Coimbra, 2000; AUGUSTO DE ATHAÍDE/LUÍS BRANCO, *Operações bancárias*, in: Direito das empresas (coordenado por Diogo Leite de Campos), INA, 1990, pp. 310, ss.; A. SARAIVA MATIAS, *Garantias bancárias ativas e passivas*, cit., pp. 37, ss.; C.-W. CANARIS, *Bankvertragsrecht*, cit., pp. 636, ss.; J.-L. RIVES-LANGE/M. CONTAMINE-RAYNAUD, *Droit bancaire*, cit., pp. 702, ss.; J.-M. JACQUET/P. DELEBECQUE/S. CORNELOUP, *Droit du commerce international*, cit., pp. 481, ss.; R. GOODE, *Commercial law*, cit., pp. 949, ss..

geralmente de compra e venda entre o beneficiário e o ordenante, como um contrato entre o banco e o ordenante, ou dador da ordem.

II. Há, assim, pelo menos, três intervenientes na operação globalmente considerada. De facto, temos o dador da ordem, o banco, e o credor do dador da ordem e beneficiário do pagamento a realizar pela instituição de crédito. Podem, no entanto, surgir outros atores. É o que sucede quando surja um segundo banco. Este pode desempenhar o papel de banco notificador, banco designado ou de banco confirmador[1740].

III. O crédito documentário rege-se pelo acordado pelas partes, sendo que estas remetem para as Regras e Usos Uniformes relativas aos créditos documentários (RUU)[1741], de importância fundamental nesta matéria.

41.2. Modalidades

I. O crédito documentário poderá ser revogável ou irrevogável. Na primeira hipótese, o banco pode, a todo o momento, revogar ou alterar o crédito, uma vez que não chega a assumir qualquer obrigação face ao beneficiário. No segundo caso, só o poderá fazer com o acordo com o beneficiário[1742], assumindo uma obrigação perante este. Trata-se da modalidade mais relevante na prática e a única que passamos a ter em vista.

II. O crédito documentário pode ainda ser confirmado ou não confirmado. Neste último caso, que não no primeiro, o segundo banco assume igualmente a obrigação de pagar face ao beneficiário. A posição deste surge pois reforçada, uma vez que são dois os bancos obrigados.[1743]

[1740] Cfr. A. MENEZES CORDEIRO, *Créditos documentários*, cit., p. 84.

[1741] A última revisão é de 2007.

[1742] Cfr. C. COSTA PINA, *Créditos documentários*, cit., p. 20.

[1743] Para as outras modalidades de créditos documentários, ver C. COSTA PINA, *Créditos documentários*, cit., pp. 34, ss..

41.3. A autonomia

I. Ponto central desta figura é autonomia da obrigação assumida pelo banco face ao beneficiário[1744] em relação, quer ao contrato concluído entre o ordenante e o beneficiário, quer ao contrato celebrado entre o ordenante e o banco. Com efeito, o banco não poderá recorrer a meios de defesa decorrentes tanto do contrato celebrado entre o seu cliente e o beneficiário, como do contrato entre ele e o ordenante, para se recusar a pagar, salvo caso de fraude manifesta[1745]. Só o poderá fazer, se houver desconformidade com os termos previstos na própria carta de crédito.

O crédito documentário apresenta desta forma um conjunto de semelhanças com a garantia autónoma, da qual, não obstante, se distingue[1746]. Desde logo, porque, apesar das similitudes apontadas, a função primária da garantia autónoma é de assegurar um crédito, enquanto no crédito documentário o que se visa é, embora de forma garantida, o cumprimento de uma obrigação, em regra o pagamento de um preço.

41.4. Funções

I. Do atrás exposto resulta claro que o que aqui se tem em vista é o cumprimento de uma obrigação do ordenante (em regra, o pagamento do preço de uma compra e venda, conforme se assinalou). Trata-se, porém, atendendo às características da obrigação do banco, de um pagamento fortemente garantido. Apresentados os documentos previstos na carta de crédito (e logo que proceda à sua verificação), o banco terá mesmo que pagar. Não se pode valer de quaisquer meios de defesa resultantes do negócio base ou do contrato com o ordenante.

[1744] Quanto ao negócio fonte desta obrigação, ver G. ANDRADE E CASTRO, *O crédito documentário irrevogável*, cit., pp. 153, ss..

[1745] Cfr. J. CALVÃO DA SILVA, *Direito bancário*, cit., pp. 373-374.

[1746] Ver MÓNICA JARDIM, *A garantia autónoma*, cit., pp. 210-211.

II. É, pois, clara a função de garantia desempenhada por esta forma de pagamento[1747]. Daí ser amplamente utilizada no seio do comércio internacional. O credor sabe que, cumprindo a sua prestação, entregando ao banco os documentos que o comprovam, receberá a contraprestação através desse mesmo banco. Não corre o risco do incumprimento ou da insolvência da outra parte.

III. Acrescente-se só que o crédito documentário pode desempenhar ainda, embora de uma forma secundária, uma função de concessão de crédito. Com efeito, sempre que tenha sido acordada a *red clause*, o banco poderá adiantar ao beneficiário certas quantias antes deste entregar os documentos previstos na carta de crédito contra um simples recibo[1748].

Por outro lado, o próprio ordenante pode beneficiar de crédito por parte do banco. Efetivamente, logo que o banco pague ao beneficiário terá direito ao reembolso dessas quantias pelo ordenante. Contudo, em vez de lhas exigir de imediato, o banco pode conceder-lhe uma dilação, no que se traduz no crédito, para cumprir[1749]_[1750]

41.5. O regime insolvencial

I. Declarada a insolvência do ordenante, esse facto tem de imediato efeitos, tanto no contrato entre o insolvente e o beneficiário, como entre o insolvente e o banco.

Como se sabe, o contrato de mandato, que se não se mostre ser estranho à massa, cessa com a declaração de insolvência (art. 110.º n.º 1 CIRE).

O contrato celebrado entre o ordenante o banco é um mandato[1751]. Contudo, a solução da sua cessação parece-nos duvidosa, depois de o banco, em

[1747] Sublinhando este aspeto, A. MENEZES CORDEIRO, *Tratado de direito civil, X, direito das obrigações, garantias*, cit., p. 60. Também J.-L. RIVES-LANGE/M. CONTAMINE-RAYNAUD, *Droit bancaire*, cit., p.704

[1748] Existem também as *green clauses* em que verifica simplesmente a entrega de documentos provisórios "que atestam que a mercadoria existe e conferem a posse sobre ela" – G. ANDRADE E CASTRO, *O crédito documentário irrevogável*, cit., p. 81. Ver também sobre estas cláusulas: A. ATHAÍDE/L. BRANCO, *Operações bancárias*, cit., p. 312.

[1749] A. MENEZES CORDEIRO, *Créditos documentários*, cit., p. 85.

[1750] Quanto a estas funções, ver C.-W. CANARIS, *Bankvertragsrecht*, cit., pp. 636-637.

[1751] Neste sentido, ver C. COSTA PINA, *Créditos documentários*, cit., pp. 130, ss..

cumprimento do contrato, se ter vinculado face ao beneficiário.[1752] Tanto mais que o contrato é um instrumento, inserido numa operação mais vasta, para se operar o cumprimento de uma obrigação do ordenante/insolvente decorrente de um outro contrato, o contrato base de que este é parte.

Além disso, ainda que esse contrato cessasse[1753], não seria – e esse é o aspeto que aqui verdadeiramente no interessa – atingida a obrigação assumida pelo banco face ao beneficiário. Ela é autónoma mesmo em relação ao contrato entre o banco e ordenante, além do que é da natureza da figura e da sua função de garantia tutelar o cliente do ordenante contra o risco da insolvência deste último. O que significa que, mesmo nestes casos, cumpridos os termos da carta de crédito, o beneficiário poderá exigir ao banco o pagamento.

A análise da figura deste prisma permite reforçar o seu carácter garantístico, uma vez que ela tutela, como se vê, de forma muito eficiente, o crédito do beneficiário.

42. As cláusulas de garantia ou segurança[1754]

42.1. Introdução

I. Trata-se aqui não de uma, mas de três figuras (que se podem articular) a que se recorre com insistência na prática financeira. Em qualquer

[1752] Note-se que logo que o banco se obrigue face ao beneficiário o contrato de mandato deixa de ser revogável pelo ordenante. Neste sentido, G. ANDRADE E CASTRO, *O crédito documentário irrevogável*, cit., p. 134.

[1753] O que, pelas razões apontadas, não achamos líquido.

[1754] Ver, sobre elas: L. MENEZES LEITÃO, *Garantias das obrigações*, cit., pp. 313, ss.; P. ROMANO MARTINEZ/P. FUZETA DA PONTE, *Garantias de cumprimento*, cit., pp. 58, ss.; JOANA FORTE PEREIRA DIAS, *Contributo para o estudo dos atuais paradigmas das cláusulas de garantia e/ou segurança: a pari passu, a negative pledge e a cross default*, in: Estudos em homenagem ao Professor Doutor Inocêncio Galvão Telles, IV – Novos estudos de Direito Privado (organizados pelos Professores Doutores António Menezes Cordeiro, Luís Menezes Leitão e Januário da Costa Gomes), Almedina, Coimbra, 2003, pp. 879, ss.; A. SARAIVA MATIAS, *Garantias bancárias ativas e passivas*, cit., pp. 56, ss.; V. SOARES DA VEIGA, *Direito bancário*, cit., pp. 375, ss.; R. GOODE, *Security interests in movables under english law*, cit., pp. 52-53.

uma delas, embora de forma diversa, visa-se a tutela (fraca[1755], como se verá) do credor.

Note-se, naquela que é também uma característica destas figuras, que elas não atuam na insolvência (embora a insolvência possa desencadear o funcionamento das cláusulas *cross default*).

Vejamos então qual a precisa configuração de cada uma delas.

42.2. A cláusula *negative pledge*

I. O devedor obriga-se a não onerar mais os bens que constituem o seu património, sem o consentimento do beneficiário da cláusula. Não poderá desta forma constituir outras garantias reais (ou pessoais) a favor de terceiros credores. Não poderá igualmente recorrer aos outros mecanismos de reforço qualitativo, em vez das garantias reais, como a alienação em garantia ou o reporte. Podem as partes, porém, acordar exceções, permitindo em certos termos a constituição de garantias.

II. O incumprimento terá as consequências contratualmente previstas, em particular o vencimento imediato da obrigação do devedor face a esse credor.

O que se visa é evitar que através da concessão de outras garantias o credor veja o património do devedor onerado, o que tem relevo, em especial se a sua garantia for insuficiente. Em segundo lugar, como a concessão de crédito se faz contra garantias, e estas só podem ser contraídas com o consentimento do beneficiário da cláusula, este consegue de alguma forma ir controlando a evolução da situação patrimonial da outra parte[1756].

Esta figura não tem qualquer efeito de tutela do credor no caso de insolvência do devedor e, mesmo sem ser nesta fase, o seu significado como reforço da posição do titular do crédito é muito reduzido. Tem meramente

[1755] Nalguns casos, mesmo, fraquíssima.

[1756] JOANA PEREIRA DIAS, *Contributo para o estudo dos atuais paradigmas das cláusulas de garantia e/ou segurança: a pari passu, a negative pledge e a cross default*, cit., p. 939. Esta Autora (*ob. cit.*, p. 952) faz ainda referência à cláusula *negative pledge* imprópria, em que para além da obrigação de não se constituírem garantias reais a favor de outros credores, o devedor assume igualmente a obrigação de não alienar certos bens do seu património, pelo menos sem a autorização do credor.

um efeito compulsório sobre o devedor, dadas as consequências do incumprimento da obrigação, em especial se estiver articulada com uma cláusula *cross default*.

42.3. A cláusula *pari passu*

I. O devedor assegura ao credor que o seu crédito está em posição de igualdade com os seus outros credores. E, na eventualidade de conceder garantias a outros credores, vincula-se a conceder uma garantia idêntica ao credor que beneficie desta cláusula[1757]. Em certos casos, poderá existir um verdadeiro contrato-promessa de constituição de garantia condicionada à concessão dessa garantia a outros credores[1758].

O incumprimento desta obrigação dá lugar às consequências contratualmente definidas, em geral o vencimento imediato da obrigação, ou resolução do contrato. Acresce que ela pode estar combinada com uma cláusula *cross default*.

Como está bom de ver, não tem qualquer efeito na insolvência do devedor, embora a necessidade de concessão de uma garantia idêntica, no caso de ela vir a ser concedida a outro credor, melhore a sua posição nesse caso.

Leva pois a um reforço muito limitada da posição do credor, sendo uma garantia bastante fraca, cujo "efeito útil está precisamente no seu efeito preventivo e cominatório."[1759]

42.4. A cláusula *cross default*

I. Nos termos desta cláusula, verificando-se um *event of default* previsto num outro contrato (geralmente, o incumprimento da prestação principal, mas não só), que permita ao credor exigir de imediato a prestação ("acelerando" pois o referido contrato), o credor que beneficie dela (que a tenha incluído no seu contrato) pode também provocar de imediato

[1757] Cfr. R. GOODE, *Security interests in movables under english law*, cit., p. 53.

[1758] L. MENEZES LEITÃO, *Garantias das obrigações*, cit., p. 315.

[1759] JOANA PEREIRA DIAS, *Contributo para o estudo dos atuais paradigmas das cláusulas de garantia e/ou segurança: a pari passu, a negative pledge e a cross default*, cit., p. 912.

o vencimento imediato da obrigação emergente do seu contrato com o devedor[1760][1761].

Portanto, o incumprimento de um contrato (ou melhor, a verificação de um *event of default*[1762]) tem efeitos imediatos, por força da cláusula *cross default*, em outro ou outros contratos com outros (ou com o mesmo) credores. Provoca assim um "efeito dominó" sobre todas as relações contratuais entre esses sujeitos.

Recorrendo a um exemplo simples: A celebra um contrato de mútuo com B e outro com C, com vencimentos diversos. Verificando-se o incumprimento da obrigação de restituir a quantia, ou de pagar os juros do contrato celebrado com B, esse incumprimento, devido à existência da cláusula *cross default* no outro contrato, confere ao credor (C) o direito de exigir o cumprimento imediato da obrigação de restituição daí emergente (ou, conforme o acordado, o vencimento imediato dessa obrigação).

Pode ainda dar lugar ao funcionamento da *cross default* não só o incumprimento do devedor, mas também de sociedades por ele detidas[1763].

II. Esta cláusula traduz um reforço da posição do credor pelo seu carácter compulsório. Efetivamente, o incumprimento do devedor provoca, ou pode provocar – uma vez que o credor que beneficie desta cláusula poderá, ou não, exigir o cumprimento imediato da obrigação (podendo mesmo utilizar este direito para renegociar, a sua favor, esse contrato[1764]) –, o vencimento da generalidade (ou de grande parte) das obrigações

[1760] Em certos casos, em vez da exigibilidade antecipada, estaremos perante o vencimento antecipado, noutros já perante uma causa de resolução.

[1761] Sobre ela, na jurisprudência, ver o Acórdão da Relação do Porto de 27/09/2017 (Inês Moura), in: www.dgsi.pt.

[1762] É difícil traduzir a expressão *events of default*. Ela não se limita aos casos de incumprimento imputável. Com efeito, conforme aponta PESSOA JORGE (*A garantia contratual da igualdade dos credores nos empréstimos internacionais*, pp. 41-42, *apud* JOANA PEREIRA DIAS, *ob. cit.*, p. 967, nota 209), incluiu-se aqui não só "o incumprimento de obrigações imputável a culpa do devedor, mas também outras faltas que estão ou podem estar por completo fora do alcance da vontade deste".

[1763] Cfr. JOANA PEREIRA DIAS, *Contributo para o estudo dos atuais paradigmas das cláusulas de garantia e/ou segurança: a pari passu, a negative pledge e a cross default*, cit., p. 980; A. McKNIGHT, *The law of international finance*, cit., p. 159.

[1764] Cfr. JOANA PEREIRA DIAS, *Contributo para o estudo dos atuais paradigmas das cláusulas de garantia e/ou segurança: a pari passu, a negative pledge e a cross default*, cit., pp. 972-973.

do devedor. O que significa que este se incumprir fica numa posição de grande debilidade. A pressão para não o fazer é muito grande e esse é o cerne da tutela do credor.

Acresce que o incumprimento de uma obrigação quando possa dar lugar, em virtude da inserção deste tipo cláusulas, ao vencimento de outras ou da generalidade das obrigações do devedor constitui certamente um "sinal de alarme" para os credores que delas beneficiem, em particular de uma eventual situação de insolvência ou quase insolvência desse devedor.

Mas, como é óbvio, ela é particularmente perigosa para o devedor (sendo esse perigo maior ou menor de acordo com a definição negocial dos *events of default*) se articulada com outras cláusulas de *cross default* noutros contratos com ele celebrados, uma vez que um único incumprimento, ou outro *event of default*, pode conduzir ao seu colapso, se todos os seus outros credores, que beneficiciem desta cláusula, "acelararem" os seus contratos[1765].

III. Uma última nota para sublinhar que estas cláusulas são frequentemente usadas pelos bancos. Ora estes, em regra, servem-se de cláusulas contratuais gerais. Quando assim for, esta cláusula com o específico conteúdo (em particular nas suas versões mais abrangentes) que lhe for conferido precisa de passar pelo crivo do Dec.-Lei n.º 446/85.

43. A cessão de bens aos credores

I. A doutrina diverge quanto ao enquadramento da cessão de bens aos credores: ou entre os "acordos que facilitam o pagamento de dívidas"[1766],

[1765] A. McKNIGHT, *The law of international finance*, cit., p. 159. Neste quadro é relevante que essa cláusula não possa ser acionada quando o *event of default* que se tenha verificado noutro contrato, nos termos definidos nesse mesmo contrato, mas esse credor não tenha optado por recorrer a ela para provocar a aceleração do contrato. Com efeito, ele pode contentar-se com a manutenção da situação de incumprimento do devedor sem provocar esse efeito. Por outro lado, é importante também que a cláusula se refira a aceleração lícita de outros contratos, para que o outro credor, o que beneficie da clásula de *cross default*, não possa recorrer a ela com base numa "aceleração" ilícita de um outro contrato. Cfr. McKNIGHT, *The law of international finance*, cit., p. 159.

[1766] P. ROMANO MARTINEZ/P. FUZETA DA PONTE, *Garantias de cumprimento*, cit., pp. 52, ss..

ou como garantia especial das obrigações na modalidade de garantias especiais sobre universalidades[1767].

Preferimos enquadrá-la no seio dos outros instrumentos de garantia, consistindo assim uma garantia em sentido amplo, pelas razões que passamos a expor.

II. Estamos face a uma cessão de bens aos credores quando estes, ou só alguns deles, são encarregados pelo credor de liquidar todo o seu património, ou só parte dele, com vista a repartir entre si o respectivo produto para satisfação dos seus créditos (art. 831.º). Visa-se desta forma uma mais fácil e eficaz liquidação dos bens, ou parte deles, do devedor, na medida em que não tem que passar por uma ação judicial, para satisfação dos direitos desses credores.

Trata-se, pois, de um contrato com uma finalidade solutória. Esse contrato é um contrato de mandato sem representação também no interesse do mandatário[1768].

III. Vejamos brevemente alguns aspetos de regime.

Celebrado o contrato, os poderes de administração e disposição dos respectivos bens pertencem exclusivamente aos cessionários, tendo o devedor o direito de fiscalizar a gestão efetuada por estes últimos, bem como o direito à prestação de contas (art. 834.º ns. 1 e 2). A celebração deste contrato não impede os credores que não o celebraram de executar os bens seu objeto, enquanto eles não forem alienados (art. 833.º). Contudo, os credores posteriores à cessão não gozam desse direito.

É este aspeto que permite conferir ao contrato em análise uma função indireta e muito limitada de garantia. Os credores/cessionários gozam de uma posição de preferência relativamente aos credores subsequentes à cessão, embora tal não suceda no que diz respeito aos credores anteriores à mesma.

[1767] L. MENEZES LEITÃO, *Garantias das obrigações*, cit., pp. 298, ss..

[1768] L. MENEZES LEITÃO, *Garantias das obrigações*, cit., pp. 310; P. ROMANO MARTINEZ/P. FUZETA DA PONTE, *Garantias de cumprimento*, cit., p. 54; J. ANTUNES VARELA, *Das Obrigações em geral*, vol. II, cit., p. 156.

Esta preferência não opera no caso da insolvência do cedente, uma vez que aí cessa o mandato (art. 110.º n.º 1 CIRE). Os credores são todos credores comuns da insolvência.

IV. Por essa razão, não se pode dizer que aqueles bens tenham ficado "reservados" para os cessionários, que tenha havido um reforço qualitativo completo. Ele existe, mas de forma indireta e limitada a uma classe de credores do cedente.

Trata-se, desta forma, de uma garantia em sentido amplo[1769].

[1769] Sobre esta figura, em geral, ver: J. ANTUNES VARELA, *Das Obrigações em geral*, vol. II, cit., pp. 155, ss.; L. MENEZES LEITÃO, *Cessão de bens aos credores*, AAFDL, Lisboa, 1987.

Lista de jurisprudência

Supremo Tribunal de Justiça

Acórdão uniformizador de jurisprudência de 9/10/2008 (Oliveira e Sá), in: www.dgsi.pt.
Acórdão uniformizador de jurisprudência de 17/6/2012 (Abrantes Geraldes), in: www.dgsi.pt.
Acórdão uniformizador de jurisprudência de 11/12/2012 (Anjos Catarino), in: www.dgsi.pt.
Acórdão uniformizador de jurisprudência de 19/5/2014 (Távora Vitor): in: www.dgsi.pt.
Acórdão uniformizador de jurisprudência de 23/2/2016 (Pinto de Almeida), in: www.dgsi.pt.
Acórdão do STJ de 26/6/1953 (Jaime Tomé), in: BMJ n.º 37, p. 423.
Acórdão do STJ de 25/1/1955 (Jaime Tomé), in: BMJ n.º 47, p. 480.
Acórdão do STJ de 23/4/1992 (Ricardo Velha), in: BMJ n.º 416, p. 664.
Acórdão do STJ de 16/2/1995 (Sampaio da Nóvoa), in BMJ n.º 444, p. 591.
Acórdão do STJ de 23/3/1995 (Miranda Gusmão), in: CJ/STJ (I), 1995, p. 141.
Acórdão do STJ de 16/4/1997 (Pires Salpico) in: CJ/STJ (II), 1997, p. 181.
Acórdão do STJ de 22/4/1999 (Ferreira de Almeida), in: BMJ n.º 486, p. 272.
Acórdão do STJ de 31/10/2000 (Pais de Sousa), in: CJ/STJ, 2000 (III), p. 102.
Acórdão do STJ de 29/11/2001 (Oliveira Barros) in: CJ/STJ (III), 2001, p. 125.
Acórdão do STJ de 6/12/2001 (Pereira Madeira), in: www.dgsi.pt.
Acórdão do STJ de 19/12/2001 (Ferreira Ramos), in: CJ/STJ, 2001 (III), p. 157.
Acórdão do STJ de 21/11/2002 (Quirino Soares) in: CJ/STJ (III) 2002, p. 148.
Acórdão do STJ de 17/12/2002 (Pinto Monteiro), in: www.dgsi.pt.
Acórdão do STJ de 9/1/2003 (Nascimento Costa), in www.dgsi.pt.
Acórdão do STJ de 18/3/2003 (Reis Figueira), in: CJ/STJ (I) 2003, p. 130.
Acórdão do STJ de 14/10/2004 (Araújo Barros), in: www.dgsi.pt.
acórdão do STJ de 11/06/2006 (Sebastião Costa), in: www.dgsi.pt.
Acórdão do STJ de 27/6/2006 (Sebastião Póvoas), in: www.dgsi.pt.
Acórdão do STJ de 11/7/2006 (Duarte Soares), in: www.dgsi.pt.
Acórdão do STJ de 19/9/2006 (Moreira Camilo), in: www.dgsi.pt.
Acórdão do STJ de 28/6/2007 (Pereira da Silva), in: www.dgsi.pt.
Acórdão do STJ de 27/11/2007 (Silva Salazar), in: www.dgsi.pt.

Acórdão do STJ de 18/12/2007 (Alberto Sobrinho), in: www.dgsi.pt.
Acórdão do STJ de 2/10/2008 (Salvador da Costa), in: www.dgsi.pt.
Acórdão do STJ de 23/10/2008 (Custódio Montes), in: www.dsgi.pt.
Acórdão do STJ de 25/3/2009 (Salvador da Costa), in: www.dgsi.pt.
Acórdão do STJ de 21/4/2010 (Maria dos Prazeres Beleza), in: www.dgsi.pt.
Acórdão do STJ de 6/5/2010 (Maria do Prazeres Beleza), in: www.dgsi.pt.
Acórdão do STJ de 20/5/2010 (Alberto Sobrinho), in: www.dgsi.pt.
Acórdão do STJ de 7/7/2010 (Moreira Alves), in: www.dgsi.pt.
Acórdão do STJ de 14/6/2011 (Fonseca Ramos), in: www.dgsi.pt.
Acórdão do STJ de 20/10/2011 (Hélder Roque), in: www.dgsi.pt.
Acórdão do STJ de 23/02/2012 (Távora Victor), in: www.dgsi.pt.
Acórdão do STJ de 20/03/2012 (Fonseca Ramos), in: www.dgsi.pt.
Acórdão do STJ de 5/7/2012 (Abrantes Geraldes), in: www.dgsi.pt.
Acórdão do STJ de 29/01/2014 (João Bernardo), in: www.dgsi.pt.
Acórdão do STJ de 22/05/2014 (Granja da Fonseca), in: www.dgsi.pt.
Acórdão do STJ de 29/5/2014 (João Bernardo), in: www.dgsi.pt.
Acórdão do STJ de 30/09/2014 (Maria Clara Sottomayor), in: www.dgsi.pt.
Acórdão do STJ de 13/11/2014 (Fonseca Ramos), in: www.dgsi.pt.
Acórdão do STJ de 25/11/2014 (Fonseca Ramos), in: www.dgsi.pt.
Acórdão do STJ de 6/06/2015 (Maria Clara Sottomayor), in: www.dgsi.pt.
Acórdão do STJ de 17/11/2015 (Fonseca Ramos), in: www.dgsi.pt.
Acórdão do STJ de 16/2/2016 (Maria Clara Sottomayor), in: www.dgsi.pt.
Acórdão do STJ de 24/05/2016 (Nuno Cameira), in: www.dgsi.pt.
Acórdão do STJ de 23/06/2016 (António Joaquim Piçarra) in: www.dgsi.pt.
Acórdão do STJ de 5/7/2016 (Ana Paula Boularot), in: www.dgsi.pt.
Acórdão do STJ de 29/07/2016 (Júlio Gomes), in: www.dgsi.pt
Acórdão do STJ de 27/09/2016 (Fernandes do Vale), in: www.dgsi.pt.
Acórdão do STJ de 07/12/2016 (Maria dos Prazeres Beleza), in: www.dgsi.pt.
Acórdão do STJ de 14/12/2016 (António Joaquim Piçarra), in: www.dgsi.pt.
Acórdão do STJ de 31/01/2017 (Nuno Cameira), in: www.dgsi.pt.
Acórdão do STJ de 3/10/2017 (Júlio Gomes), in: www.dgsi.pt.
Acórdão do STJ de 31/10/2017 (Henrique Araújo), in: www.dgsi.pt.
Acórdão do STJ de 08/02/2018 (Rosa Tching), in: www.dgsi.pt.
Acórdão do STJ de 12/04/2018 (Rosa Tching), in: www.dgsi.pt.
Acórdão do STJ de 17/04/2018 (Ana Paula Boularot), in: www.dgsi.pt
Acórdão do STJ de 26/4/2018 (Fernanda Isabel Pereira), in: www.dgsi.pt.
Acórdão do STJ de 21/06/2018 (Hélder Almeida), in: www.dgsi.pt
Acórdão do STJ de 28/6/2018 (Fátima Gomes), in: www.dgsi.pt.

Tribunal da Relação de Coimbra

Acórdão da Relação de Coimbra de 12/12/2000 (Coelho de Matos), in: www.dgsi.pt.
Acórdão da Relação de Coimbra de 13/11/2007 (Jorge Arcanjo), in: www.dgsi.pt.
Acórdão da Relação de Coimbra de 24/10/2017 (Sílvia Peres), in: www.dgsi.pt.

Acórdão da Relação de Coimbra de 21/02/2018 (Arlindo Oliveira) in: www.dgsi.pt.
Acórdão da Relação de Coimbra de 05/06/2018 (Isaías Pádua), in: www.dgsi.pt.

Tribunal da Relação de Évora

Acórdão da Relação de Évora de 16/2/1984, in: BMJ 336, p. 486.
Acórdão da Relação de Évora de 12/1/2005 (Marta Ribeiro), in: www.dgsi.pt.
Acórdão da Relação de Évora de 26/02/2015 (Conceição Ferreira), in: www.dgsi.pt.
Acórdão da Relação de Évora de 06/10/2016 (Marta Ribeiro), in: www.dgsi.pt.
Acórdão da Relação de Évora de 24/05/2018 (Francisco Matos) in: www.dgsi.pt.
Acórdão da Relação de Évora de 07/06/2018 (Canelas Brás), in: www.dgsi.pt.
Acórdão da Relação de Évora de 28/06/2018 (Isabel Peixoto Imaginário), in: www.dgsi.pt.

Tribunal da Relação de Guimarães

Acórdão da Relação de Guimarães de 9/01/2015 (Manuel Bargado), in: www.dgsi.pt.
Acórdão da Relação de Guimarães de 26/01/2017 (Lina Castro Baptista), in: www.dgsi.pt.
Acórdão da Relação de Guimarães de 09/11/2017 (Afonso Cabral de Andrade), in: www.dgsi.pt.
Acórdão da Relação de Guimarães de 23/11/2017 (Alcides Rodrigues), in: www.dgsi.pt.
Acórdão da Relação de Guimarães de 30/11/2017 (Maria João Pinto Matos), in: www.dgsi.pt.
Acórdão da Relação de Guimarães de 30/11/2017 (Helena Melo) in: www.dgsi.pt.
Acórdão da Relação de Guimarães de 18/12/2017 (Espinheira Baltar), in: www.dgsi.pt.
Acórdão da Relação de Guimarães de 03/05/2018 (Pedro Damião Cunha), in: www.dgsi.pt.
Acórdão da Relação de Guimarães de 10/07/2018 (Eva Almeida) in: www.dgsi.pt.

Tribunal da Relação de Lisboa

Acórdão da Relação de Lisboa de 18/03/1999 (Loureiro da Fonseca), in: www.dgsi.pt.
Acórdão da Relação de Lisboa de 11/12/2002 (Vaz das Neves), in: www.dgsi.pt.
Acórdão da Relação de Lisboa de 7/6/2005 (Maria Amália Ribeiro), in: CJ (III), 2005, p. 94.
Acórdão da Relação de Lisboa de 1/3/2008 (Maria do Rosário Barbosa) in: CJ (II) 2008, p. 90.
Acórdão da Relação de Lisboa de 18/09/2014 (Ezaguy Martins), in: www.dgsi.pt.
Acórdão da Relação de Lisboa de 30/3/2017 (Ondina Carmo Alves), in: www.dgsi.pt.
Acórdão da Relação de Lisboa de 23/11/2017 (António Santos), in: www.dgsi.pt.
Acórdão da Relação de Lisboa de 18/01/2018 (Teresa Albuquerque), in: www.dgsi.pt
Acórdão da Relação de Lisboa de 15/03/2018 (António Manuel Fernandes dos Santos), in: www.dgsi.pt.
Acórdão da Relação de Lisboa de 18/05/2017 (Pedro Martins), in: www.dgsi.pt.
Acórdão da Relação de Lisboa de 10/05/2018 (Luís Mendonça), in: www.dgsi.pt.
Acórdão da Relação de Lisboa de 21/06/2018 (Eduardo Petersen) in: www.dgsi.pt.

Acórdão da Relação de Lisboa de 12/07/2018 (Ondina Alves) in: www.dgsi.pt.
Acórdão da Relação de Lisboa de 4/10/2018 (António Moreira), in: www.dgsi.pt.

Tribunal da Relação do Porto

Acórdão da Relação do Porto de 17/2/1992 (Bessa Pacheco), in BMJ n.º 414, p. 636.
Acórdão da Relação do Porto de 2/11/2000 (Leonel Serôdio), in: CJ (V), p. 179.
Acórdão da Relação do Porto de 09/11/2006 (Saleiro de Abreu), in: www.dgsi.pt.
Acórdão da Relação do Porto de 31/3/2009 (Mendes Serrano), in: www.dgsi.pt.
Acórdão da Relação do Porto de 28/04/2011 (Filipe Caroço), in: www.dgsi.pt.
Acórdão da Relação do Porto de 27/9/2016 (Anabela Dias da Silva), in: www.dgsi.pt.
Acórdão da Relação do Porto de 28/03/2017 (Rodrigues Pires), in: www.dgsi.pt.
Acordão da Relação do Porto de 08/05/2017 (Jorge Seabra), in: www.dgsi.pt.
Acórdão da Relação do Porto de 27/09/2017 (Inês Moura), in: www.dgsi.pt.
Acordão da Relação do Porto de 11/07/2018 (Jorge Seabra), in: www.dgsi.pt.
Acórdão da Relação do Porto de 11/07/2018 (Judite Pires) in: www.dgsi.pt.
Acórdão da Relação do Porto de 24/09/2018 (Carlos Gil), in: www.dgsi.pt.

Tribunal Constitucional

Acórdão do Tribunal Constitucional 470/2001, de 24/10/2001 (Tavares da Costa), in: www.tribunalconstitucional.pt/tc/acordaos/20010470.html.
Acórdão do Tribunal Constitucional 22/04, de 14/1/2004 (Maria Helena Brito), in: www.3.tribunalconstitucional.pt/acordaos/acordaos04/1-100/2204html.
Acórdão do Tribunal Constitucional 698/05, de 14/12/2005 (Pamplona de Oliveira), in: www.3.tribunalconstitucional.pt/acordaos/acordaos05/601-700/6985html.

Bibliografia

- ABRÃO, Nelson – *Direito bancário*, 5.ª ed. (revista, atualizada e ampliada por Carlos Henrique Abrão), Saraiva, S. Paulo, 1999.
- ABREU, Jorge Coutinho de – *Curso de direito comercial, vol. I, Introdução, atos de comércio, comerciantes, empresas, sinais distintivos*, 10.ª ed., Almedina, Coimbra, 2016.
- *Curso de direito comercial, vol. II, das sociedades*, 5.ª ed., Almedina, Coimbra, 2015.
- ALBERTI, Alberto Maffei – *Commentario breve alla legge fallimentare*, 4.ª ed., Cedam, Pádua, 2000 p. 198.
- ALBUQUERQUE, Pedro de – *Contrato de compra e venda. Introdução, efeitos essenciais e modalidades*, in: Direito das obrigações, 3.º vol. (Lições coordenadas pelo Prof. Doutor António Menezes Cordeiro), AAFDL, Lisboa, 1991, p. 11.
  - *Contrato-promessa, procuração irrevogável e ação de preferência*, CDP, 2006, n.º 13, p. 9.
  - *Declaração da situação de insolvência*, Dir., 2005, p. 507.
- ALMEIDA, Carlos Ferreira de – *Alienação da propriedade em garantia – uma perspetiva prudente*, in Estudos dedicados ao Professor Doutor Luís Alberto Carvalho Fernandes, vol. I, Universidade Católica editora, Lisboa, 2011, p. 311.
- *Contratos II*, 3.ª ed., Almedina, Coimbra, 2012.
- *Contratos, III, contratos de liberalidade, de cooperação e de risco*, 2.ª ed., Almedina, Coimbra, 2013.
- *Desmaterialização dos títulos de crédito: valores mobiliários escriturais*, Rev. Ban., 1993, p. 23.
- *Direito do consumo*, Almedina, Coimbra, 2005.
- ALMEIDA, José Carlos Moitinho de – *A Locação financeira (leasing)*, BMJ n.º 231, p. 5.
- ALVES, Hugo Ramos – *Do mandato de crédito*, Almedina, Coimbra, 2007.
  - *Do penhor*, Almedina, Coimbra, 2010.
  - *Sobre a função de garantia da compensação*, Dir., 2010, p. 1019.
- ANDRADE, Manuel de – *Teoria geral das obrigações* (com a colaboração de Rui de Alarcão), 2.ª ed., Almedina, Coimbra, 1963.
- *Teoria geral da relação jurídica*, vol. I, Almedina, Coimbra, 1987.
- *Teoria geral da relação jurídica*, vol. II, Almedina, Coimbra, 1987.
- ANDRADE, Margarida Costa – *Comentário ao art. 23.º CSC*, in: Código das sociedades comerciais em comentário (coord. Jorge Coutinho de Abreu), vol. I (artigos 1.º a 84.º), Almedina, Coimbra, 2010, p. 372.
- *A locação financeira de acções e o direito português*, Coimbra Editora, Coimbra, 2007.

- *O penhor financeiro com direito de disposição de valores mobiliários*, ROA, 2010, p. 351.
- ANELLI, Franco – *L'alienazione in funzione di garanzia*, Giuffrè, Milão, 1996.
- ANGELICI, Carlo/BUSSOLETTI, Mario – *Garanzie bancarie proprie ed improprie e procedure concorsuali*, Giur. Comm., 1985, I, p. 786.
- ANNUNZIATA, Filippo – *Verso una disciplina comune delle garanzie finanziarie. Dalla convenzione dell'Aja alla Collateral Diretive (Direttiva 2002/47/CE)*, BBTC, 2003, p. 178.
- ANTUNES, José A. Engrácia – *Contratos comerciais. Noções fundamentais*, DJ, vol. especial, UCP, 2007.
  – *Direito dos contratos comerciais*, Almedina, Coimbra, 2009.
- *Os grupos de sociedades*, Almedina, Coimbra, 1993
  – *O estabelecimento individual de responsabilidade limitada: crónica de uma morte anunciada*, RFDUP, 2006, p. 401.
  – *Os títulos de crédito, uma introdução*, Coimbra Editora, Coimbra, 2009.
- APATHY, Peter – *Die Sicherungszession*, in Österreiches Bankvertragsrecht, Band IX: Kreditsicherheiten, Teil II (Herausgeben Peter Apathy, Gert Iro, Helmut Koziol), SpringerWienNewYork, Viena, 2012, p. 303.
- *Die Sicherungübereignung*, in Österreiches Bankvertragsrecht, Band IX: Kreditsicherheiten, Teil II (Herausgeben Peter Apathy, Gert Iro, Helmut Koziol), SpringerWienNewYork, Viena, 2012, p. 277.
- ASCARELLI, Tullio – *Teoria geral dos títulos de crédito* (tradução de Nicolau Nazo), Livraria Académica-Saraiva & Cia., 1943, São Paulo.
- ASCENSÃO, José de Oliveira – *As acções*, in: Direito dos valores mobiliários, vol. II, Coimbra Editora, Coimbra, 2000, p. 57.
- *A tipicidade dos direitos reais*, Livraria Petrony, Lisboa, 1968.
- *A integração das lacunas da lei e o novo código civil*, Dir., 1968, p. 273.
- *Direito civil, Reais*, 5.ª ed., Coimbra Editora, Coimbra, 1993.
- *Direito comercial, volume III, títulos de crédito*, Lisboa, 1992.
- *Direito civil, Teoria geral, vol. I, Introdução, as pessoas, os bens*, 2.ª ed., Coimbra Editora, Coimbra, 2000.
- *Direito civil, Teoria geral, vol. III, Relações e situações jurídicas*, Coimbra Editora, Coimbra, 2002.
- *O Direito. Introdução e teoria geral*, 13.ª ed., Almedina, Coimbra, 2009.
- ASCENSÃO, José de Oliveira/FRANÇA, Maria Augusta – *As repercussões da declaração de falência sobre a situação dos credores hipotecários* in: Estudos de direito comercial, vol. I, das falências, Almedina, Coimbra, 1989, p. 55.
- ATHAYDE, Augusto de – *Nota sobre a incorporação de garantias em títulos de crédito*, in: Estudos jurídicos e económicos em homenagem ao Prof. Doutor António de Sousa Franco, vol. I, Faculdade de Direito da Universidade de Lisboa, Coimbra Editora, 2006, p. 375.
- ATHAÍDE, Augusto de/BRANCO, Luís – *Operações bancárias*, in: Direito das empresas (coordenado por Diogo Leite de Campos), INA, 1990, p. 310.
- AULETTA, Giuseppe/SALANITRO, Nicolò – *Diritto commerciale*, 11.ª ed., Giuffrè, Milão, 1998.
- AURELIANO, Nuno – *O risco nos contratos de alienação. Contributo para o estudo do direito privado português*, Almedina, Coimbra, 2009.
- AYNÈS, Laurent/CROCQ, Pierre – *Les sûretés. La publicité foncière*, 2.ª ed., Defrénois, Paris, 2007.
- AZAMBUJA, Luís Eduardo Meurer – *Seguro-caução*, in: Garantias das obrigações. Publicações dos trabalhos de Mestrado (coordenado por JORGE SINDE MONTEIRO), Almedina, Coimbra, 2007, p. 305.
- AZZARO, Andrea Maria – *Il pegno "rotativo" arriva in Cassazione: ovvero "come la dottrina divente giurisprudenza"*, BBTC, 1998, p. 491.

- BACCIGALUPI, Mario - *I dati normativi della cessio pro solvendo*, BBTC, II, 1954, p. 375.
- BARATA, Carlos Lacerda - *Contrato de depósito bancário*, in: Estudos em homenagem ao Professor Doutor Inocêncio Galvão Telles, vol. II, Direito bancário (Estudos organizados pelos Professores Doutores António Menezes Cordeiro, Luís Menezes Leitão e Januário da Costa Gomes), Almedina, Coimbra, 2002, p. 7.
- BARATA, Filipe dos Santos - *As obrigações hipotecárias*, Coimbra Editora, Coimbra, 2013.
- BARBERO, Domenico - *Sistema istituzionale del diritto privato italiano*, II, *obbligazioni e contratti. Sucessioni per causa di morte*, 5.ª ed., Utet, Turim, 1958
- BARBERO, Domenico/LISERRE, Antonio/FLORIDA, Giorgio - *Il sistema del diritto privato*, 3.ª ed., Utet, Turim, 2001.
- BASTIN, Jean - *O seguro de crédito no mundo contemporâneo*, tradução de F. VITÓRIA, Cosec, 1983.
- *O seguro de créditos. A protecção contra o incumprimento*, Cosec, 1994.
- BAUR, Fritz/BAUR, Jürgen/STÜRNER, Rolf - *Sachenrecht*, 18.ª ed., C. H. Beck, Munique, 2009.
- BAUTISTA PÉREZ, Fernando - *Prenda de acciones y prenda de carteras de valores*, in. Garantias reales mobiliarias en Europa (coord. M.ª Elena Larouba/Joan Marçal), Marcial Pons, Madrid, 2006, p. 47.
- BAVETTA, Giuseppe - *La cessione di credito a scopo di garanzia*, Dir. Fall., 1995, p. 588.
- BAZINAS, Spiro V. - *Multi-jurisdictional receivables financing: UNCITRAL's impact on securitization and cross-border perfection*, DukeJCIL, 2002, p. 365.
- *The United Nations convention on the assignment of receivables in international trade: insolvency aspects*, INSOL, 2004, p. 155.
- *UNCITRAL's contribution to the unification of receivables financing law: the united nations convention on the assignment of receivables in international trade*, RDU/ULR, 2002, p. 49.
- BEALE, Hugh - *Secured transations*, Juridica international, XIV/2008, p. 96.
- BECKER-EBERHARD, Ekkehard - *Die Forderungsgebundenheit der Sicherungsrechte*, Gieseking, Bielefeld, 1993.
- BELLI, Franco/ROVINI, Claudia - *Riporto (contratto di)*, DDP, sezione commerciale, XII, p. 541.
- BELLANTE, Marco - *Fideiussione omnibus*, in: *Le garanzie personale e reali*, in: *Il diritto privato nella giurisprudenza* (coord. por Paolo Cendon), Utet, Turim, 2006, p. 353.
- BENJAMIN, Joanna - *Financial law*, Oxford University Press, Oxford, 2007.
- BERLIN, Mitchell - *Securitization*, in: The new Palgrave dictionary of money and finance, vol. III, Macmillan reference limited/Stockton press, Londres/Nova Iorque, 1997, p. 433.
- BERRISCH, Hansjörg - *Neuere Rechtsprechung des Bundesgerichtshofs zum Insolvenzrecht*, KTS, 2003, p. 219.
- BIANCA, Massimo - *Il divieto del patto commissorio*, Giuffrè, Milão, 1957.
- *Vendita (diritto vigente)*, NovissDI, vol. XX, p. 604.
- BILLER, Patricia - *Die neuen besitzlosen Mobiliarsicherheiten des französischen Rechts im Vergleich zum deutschen Mobiliarsicherungsrecht*, Kölner Wissenschafts Verlag, Colónia, 2012.
- BLAUROCK, Uwe - *Aktuelle Probleme aus dem Kreditsicherungsrecht*, 2.ª ed., Verlag Kommunikationsforum, Colónia, 1987.
- BORK, Reinhard - *Einführung* à *Insolvenzordnung* da Beck-Texte, 10.ª ed., Munique, 2006, p. IX.
- BOVE, Alfonso - *In tema de pegno irregulare e di mandato irrevocabile all'incasso nel fallimento*, BBTC, 2008, II, p. 469.
- BOZZI, Giuseppe - *Le garanzie atipiche, vol. I, Garanzie personali*, Giuffrè, Milão, 1999.
- BRANDÃO, Elísio - *A abordagem jurídica das finanças*, in: Estudos em homenagem

ao Professor Doutor Jorge Ribeiro de Faria, Coimbra Editora, Coimbra, 2003, p. 939.

- BRIDGE, Michael - *The English security law: creditor-friendly but unreformed*, in: *Security rights in movable property in european private law* (editado por Eva-Maria Kieninger), Cambridge University Press, Cambridge, 2004, p. 81.
- BRITO, José Miguel Faria Alves de - *Seguro-caução. Primeiras considerações sobre o seu regime e natureza jurídica*, in: Estudos em Memória ao Professor Doutor José Dias Marques (coordenação dos Professores Doutores Ruy de Albuquerque e António Menezes Cordeiro), Almedina, Coimbra, 2007, p. 388.
- BRITO, Maria Helena - *A convenção da cidade do Cabo relativa a garantias internacionais sobre equipamento móvel e o protocolo anexo sobre questões específicas relativas a equipamento aeronáutico*, in: Nos 20 anos do Código das Sociedades Comerciais, homenagem aos Profs. Doutores A. Ferrer Correia, Orlando de Carvalho e Vasco Lobo Xavier (coord. António Pinto Monteiro), vol. III, vária, Faculdade de Direito da Universidade de Coimbra, Coimbra Editora, Coimbra, 2007, p. 447.
- BROX, Hans/WALKER, Wolf-Dietrich - *Allgemeines Schuldrecht*, 42.ª ed., C.H. Beck, Munique, 2018.

  - *Besonderes Schuldrecht*, 42.ª, C. H. Beck, Munique, 2018.
- BÜLOW, Peter - *Recht der Kreditsicherheiten*, 7.ª ed., Müller Verlag, Heidelberga, 2007.
- BUSSANI, Mauro - *Il contratto di lease back*, CI, 1986, 2, p. 558.

  - *Il sistema italiano delle garanzie reali*, CI, 1997, 1, p. 163.

  - *Proprietà-garanzia e contratto. Formule e regole nel leasing finanziario*, Università degli studi di Trento, Trento, 1992.
- CABRILLAC, Michel/MOULY, Christian/CABRILLAC, Séverine/PÉTEL, Philippe - *Droit des sûretés*, 9.ª ed., Litec, Paris, 2010.
- CAFARO, Rosanna - *Avallo*, in: *Le garanzie personale e reali*, in *Il diritto privato nella giurisprudenza* (coord. por Paolo Cendon), Utet, Turim, 2006, p. 85.

  - *Mandato di credito*, in: *Il diritto privato nella giurisprudenza* (coord. por Paolo Cendon), Utet, Turim, 2006, p. 39.
- CALDERALE, Alfredo - *Fideiussione omnibus*, DDP, sezione civile, VIII, p. 277.
- CALNAN, Richard - *Taking security, law and pratice*, Jordans, Bristol, 2006.
- CAMANHO, Paula Ponces - *Do contrato de depósito bancário*, Almedina, Coimbra, 1998.
- CANARIS, Claus-Wilhelm - *Pensamento sistemático e conceito de sistema na ciência do direito* (tradução de Menezes Cordeiro da 2.ª ed., de 1983, de Systemdenken und Systembegriff in der Jurisprudenz), Fundação Calouste Gulbenkian, Lisboa, 1989.
- CARNEVALI, Ugo - *Patto commissorio*, ED, XXXII, p. 499.
- CARVALHO, Orlando - *Direito das coisas (do direito das coisas em geral)*, Centelha, Coimbra, 1977.
- CASTELO BRANCO, Manuel - A *garantia bancária autónoma no âmbito das garantias especiais das obrigações*, ROA, 1993, p. 61.
- CÂMARA, Paulo - *A operação de titularização*, in: Titularização de créditos, Instituto de direito bancário, Lisboa, 2000, p. 65.

  - *Manual de direito dos valores mobiliários*, Almedina, Coimbra, 2009.
- CAMPOS, Diogo Leite de - *A subsidariedade da obrigação de restituir o enriquecimento*, Almedina, Coimbra, 1974.

  - *A locação financeira*, Lex, Lisboa, 1994.

  - *A titularização de créditos. Bases gerais*, in: Titularização de créditos, Lisboa, Instituto de direito bancário, 2000, p. 9.

  - *Contrato a favor de terceiro*, 2.ª ed., Almedina, Coimbra, 1991.

  - *Enriquecimento sem causa e responsabilidade civil*, ROA, 1982, p. 39.

  - *Ensaio de análise tipológica do contrato de locação financeira*, BFDUC, 1987, p. 1.

  - *Locação financeira (leasing) e locação*, ROA, 2002, p. 761.

- *Nota sobre a admissibilidade da locação financeira restitutiva ("lease-back") no direito português*, ROA, 1982, p. 775.
- CAMPOS, Diogo Leite de/MONTEIRO, Manuel – *Titularização de créditos, anotações ao decreto-lei n.º 453/99, de 5/11*, Almedina, Coimbra, 2001.
- CAMPOS, Diogo Leite de/PINTO, Cláudia Saavedra – *Créditos futuros, titularização e regime fiscal*, Almedina, Coimbra, 2007.
- CAMPOS, Maria Isabel Menéres de – *Algumas reflexões em torno da cláusula de reserva de propriedade a favor do financiador*, in Estudos em comemoração do 10.º aniversário da licenciatura em Direito da Universidade do Minho, Almedina, Coimbra, 2004, p. 631.
- *Da hipoteca, caracterização, constituição e efeitos*, Almedina, Coimbra, 2003.
- CANARIS, Claus-Wilhelm – *Bankvertragsrecht*, 3.ª ed., vol. I, Walter de Gruyter, Berlim, Nova Iorque, 1988.
- *Pensamento sistemático e conceito de sistema na ciência do direito* (tradução de Menezes Cordeiro da 2.ª ed., de 1983, de Systemdenken und Systembegriff in der Jurisprudenz), Fundação Calouste Gulbenkian, Lisboa, 1989.
- CANDIAN, Albina – *Le garanzie mobiliari, modelli e problemi nella prospettiva europea*, Giuffrè, Milão, 2001.
- CARINGELLA, Francesco – *Studi di diritto civile, tomo I*, Giuffrè, Milão, 2005.
- CARRASCO PERERA, Ángel/CORDERO LOBATO, Encarna/MARÍN LÓPEZ, Manuel Jesús – *Tratado de los derechos de garantía*, vol. I, *Garantías personales, hipoteca*, 2.ª ed., Thomson/Arazandi, Navarra, 2008.
- *Tratado de los derechos de garantía*, vol. II, *Garantías mobiliarias*, 2.ª ed., Thomson/Arazandi, Navarra, 2008.
- CARRILLO POZO, Luís – *Las garantias autónomas en el comercio internacional*, Publicaciones del Real Colegio de España, Bolonha, 2000.
- CARVALHO, Jorge Morais – *Manual de direito do consumo*, 4.ª, Almedina, Coimbra, 2017.
- CARVALHO, Orlando de – *Direito das coisas (do direito das coisas em geral)*, Centelha, Coimbra, 1977.
- *Negócio jurídico indireto (teoria geral)*, in: Orlando de Carvalho, Escritos. Páginas de direito, I, Almedina, Coimbra, 1998, p. 35.
- CASTRO, Artur Anselmo de – *A ação executiva singular, comum e especial*, 3.ª ed., Coimbra Editora, Coimbra, 1977.
- CASTRO, Gonçalo Andrade e – *O crédito documentário irrevogável*, UCP, Porto, 1999
- CEBOLA, Cátia Sofia Marques – *Da função de garantia da venda a retro*, in: Garantias das obrigações (publicação dos trabalhos do Mestrado coordenado por JORGE SINDE MONTEIRO), Almedina, Coimbra, 2007, p. 137.
- CHALUB, Melhim Namen – *Negócio fiduciário*, Renovar, Rio de Janeiro, 1998.
- CIACCHI, Aurelia Colombi – *Suretyships by private persons*, in: *Towards a european civil code* (editores Arthur Hartkamp, Martijn Hessellink, Ewould Hondius, Edgar du Perron), 4.ª ed., Wolters Kluwer, The Netherlands, 2011, p. 819.
- CHIANALE, Angelo – *Fideiussione in diritto comparato*, DDP, sezione civile, VIII, p. 275.
- *Ipoteca*, DDP, sezione civile, X, p. 158.
- CHOUDHRY, Moorad – *An introduction to repo markets*, 3.ª ed., Wiley, Securities & Investment Institute, Chichester, 2006.
- CICCARELLO, Sebastiano – *Pegno (dir. priv.)*, ED, XXXII, p. 682.
- CLARIZIA, Renato – *I contratti di finanziamento, leasing e factoring*, Utet, Torino, 1989.
- CLAUSSEN, Carsten Peter – *Bank- und Börsenrecht*, 3.ª ed., C.H. Beck, Munique, 2003.
- COCOCCIA, Andrea – *Assicurazione del credito*, in: *Il diritto privato nella giurisprudenza* (coord. por Paolo Cendon), Utet, Turim, 2006, p. 483.
- *Polizze fideiussorie*, in: *Il diritto privato nella giurisprudenza* (coord. por Paolo Cendon), Utet, Turim, 2006, p. 491.

- COCOCCIA, Andrea/GARGIULIO, Simona Rosaria – *Fideiussione* in: *Le garanzie personale e reali*, in *Il diritto privato nella giurisprudenza* (coord. por Paolo Cendon), Utet, Turim, 2006, p. 5.
- COELHO, Fábio Ulhoa – *Curso de direito civil, Contratos*, 3, 4.ª ed., Saraiva, S. Paulo, 2010.
– *Curso de direito civil, Direito das coisas, Direito autoral*, 4, 2.ª ed., Saraiva, São Paulo, 2009.
– *Curso de direito comercial. Direito da empresa*, vol. III, 11.ª ed., Saraiva, S. Paulo, 2010.
- COELHO, Francisco Brito Pereira – *Causa objetiva e motivos individuais no negócio jurídico*, in: Comemorações dos 35 anos do Código Civil e dos 25 anos da reforma de 1977, vol. II, A parte geral do Código e a teoria geral do direito civil, Coimbra Editora, Coimbra, 2006, p. 423.
- COELHO, Francisco Pereira – *Arrendamento, direito substantivo e processual*, Lições ao curso do 5.º ano de Ciências Jurídicas no ano lectivo de 1988-1989, Coimbra, 1988.
- COING, Helmut – *Die Treuhand kraft privaten Rechtsgeschäfts*, C.H. Beck, Munique, 1973.
- COOGAN, Peter – *Article 9 – an agenda for the next decade*, The Yale LJ, 1977-1978, p. 1014.
- CORDEIRO, António Menezes – *Anotação* ao Acórdão do Pleno do Supremo Tribunal de Justiça de 31/1/1996, ROA, 1996, p. 307.
– *Comentário ao art. 23.º do CSC*, in: Código das sociedades comerciais anotado (coord. António Menezes Cordeiro), 2.ª ed., Almedina, Coimbra, 2011, p. 148.
– *Créditos documentários*, ROA, 2007, p. 81.
– *Da boa fé no direito civil*, vols. I e II, Almedina, Coimbra, 1984.
– *Da retenção do promitente na venda executiva*, ROA, 1997, p. 547.
– *Das cartas de conforto no direito bancário*, Lex, Lisboa, 1993.
– *Direito bancário, relatório*, Almedina, Coimbra, 1997.
– *Direito bancário*, 6.ª ed. (com a colaboração de A. Barreto Menezes Cordeiro), Almedina, Coimbra, 2016.
– *Direitos reais*, vols. I e II, Imprensa Nacional – Casa da Moeda, Lisboa, 1979
– *Do reporte: subsídios para o regime jurídico do mercado de capitais e da concessão de crédito*, in: Banca, bolsa e crédito, estudos de direito comercial e direito da economia, vol. I, Almedina, Coimbra, 1990, p. 143.
– *Impugnação pauliana, fiança de conteúdo indeterminável*, CJ, 1992, p. 56.
– *Livrança em branco. Pacto de preenchimento. Anotação ao acórdão do Supremo Tribunal de Justiça de 3 de Maio de 2001*, ROA, 2001, p. 1039.
– *Direito comercial*, 3.ª ed., Almedina, Coimbra, 2012.
– *O novíssimo regime do contrato-promessa*, in: Estudos de direito civil, vol. I, Almedina, Coimbra, 1991, p. 59.
– *O Novo Regime do Arrendamento Urbano: dezasseis meses depois, a ineficiência económica no Direito*, Dir., 2007, p. 945.
– *Regulação económica e supervisão bancária*, Dir., 2006, p. 245.
– *Salários em atraso e privilégios creditórios*, ROA, 1998, p. 645.
– *Tratado de direito civil português, II, Parte geral, negócio jurídico*, 4.ª ed., Almedina, Coimbra, 2014 (com a colaboração de A. Barreto Menezes Cordeiro).
– *Tratado de direito civil, IX, direito das obrigações*, 3.ª ed., Almedina, Coimbra, 2017.
– *Tratado de direito civil X, direito das obrigações, garantias*, Almedina, Coimbra, 2015 (com a colaboração de A. Barreto Menezes Cordeiro).
- CORRADO, Renato – *I contratti di borsa*, in Trattato di diritto civile italiano (dirigido por Filippo Vassalli), vol. VII, Utet, Turim, 1960.
- CORREIA, António Ferrer – *Lições de direito comercial*, vol. I (de harmonia com as prelecções feitas ao 4.º ano jurídico de 1972-73, com a colaboração de Manuel Henrique Mesquita e António A. Caeiro), Universidade de Coimbra, Coimbra, 1973.

– *Lições de direito comercial, vol. III, letra de câmbio* (com a colaboração dos licenciados Paulo M. Sendim, J. M. Sampaio Cabral, António A. Caeiro e M. Ângela Coelho), Universidade de Coimbra, Coimbra, 1975.
– *Notas para o estudo da garantia bancária*, RDE, 1982, p. 217.
- CORREIA, António Ferrer/RIBEIRO, Joaquim de Sousa – *Direito de retenção. Empreiteiro*, CJ, I, 1988, p. 17.
- CORREIA, Luís Brito – *Direito comercial*, vol. II, *sociedades comerciais*, AAFDL, 1989.
- CORTEZ, Francisco – *A garantia bancária autónoma – alguns problemas*, ROA, 1992, p. 513.
- COSTA, Mariana Fontes da – *A assunção cumulativa de dívida como meio de (garantia do) cumprimento*, in: Garantias das obrigações. Publicações dos trabalhos de Mestrado (coordenado por JORGE SINDE MONTEIRO), Almedina, Coimbra, 2007, p. 363.
– *Ruptura de negociações pré-contratuais e cartas de intenção*, Coimbra Editora, Coimbra, 2011.
- COSTA, Mário Júlio de Almeida – *Anotação* ao acórdão do STJ de 24/1/1985, RLJ ano 118.º, p. 335.
– *Direito das obrigações*, 12.ª ed., Almedina, Coimbra, 2009.
– *Penhor, ilicitude na venda da coisa empenhada, venda antecipada*, CJ, 1985, t. 2, p. 21.
- COSTA, Mário Júlio de Almeida/MONTEIRO, António Pinto – *Garantias bancárias. O contrato de garantia à primeira solicitação*, CJ, 1986, V, p. 17.
- COSTA, Salvador da – *Concurso de credores*, 5.ª ed., Almedina, Coimbra, 2015.
– *O concurso de credores no processo de insolvência*, Revista do CEJ, número especial, 2006, n.º 4, p. 91.
- CUMING, Ronald C. C. – *The internationalization of secured financing law: the spreading influence of the concepts UCC, article 9 and its progeny*, in: Making commercial law. Essays in honour of Roy Goode (edited by Ross Cranston), Claredon Press, Oxford, 1997, p. 499.
- CROCQ, Pierre – *Propriété et garantie*, LGDJ, Paris, 1995.
- CRUZ, Ricardo – *O desenvolvimento do mercado de operações de reporte sobre valores mobiliários em Portugal*, Rev. Ban., 1994, p. 25.
CUNHA, Carolina – *Aval e insolvência*, Almedina, Coimbra, 2017.
– *Cessão de quotas e aval: equívocos de uma uniformização de jurisprudência* DSR, 2013, p. 91.
– *Pluralidade de avalistas e direito de regresso. Acórdão de uniformização de jurisprudência n.º 7/2012 de 5.6.2012 Rev. 2493/05*, CDP, 2012, p. 41.
- CUNHA, Paulo – *Da garantia nas obrigações* (apontamentos das aulas de direito civil do 5.º ano da Faculdade de Direito da Universidade de Lisboa, pelo aluno Eudoro Pamplona Côrte-Real), tomos I e II, Lisboa, 1938-1939.
- CUNHA, Paulo Olavo – *Direito das sociedades comerciais*, 4.ª ed., Almedina, UCP, 2010.
- CURA, António Vieira – *Fiducia cum creditore (aspetos gerais)*, Separata do volume XXXIV do Suplemento do BFDUC, Coimbra, 1990.
- DALHUISEN, J. H. – *Dalhuisen on transnational and comparative commercial, financial and trade law*, 3.ª ed., Hart publishing, Oxford, Portland, 2007.
- DALMARTELLO, Arturo – *Pegno irregulare*, NovissDI, XII, p. 798.
- DAHNCKE, Sabine – *Zur Sicherungsabtretung von Forderungen, die im Konkurs des Zedenten dem § 17 KO unterliegen*, Inauguraldissertation zur Erlangung der Doktorwürde an der Rechtswissenschaftlichen Fakultät der Albert-Ludwigs-Universität Freiburg im Breisgau, 1997.
- DESCHAMPS, Michel – *Les règles de priorité de la convention et du protocole du Cap*, RDU/ULR, 2002, p. 17.
- DIAS, Joana Forte Pereira – *Contributo para o estudo dos atuais paradigmas das cláusulas de garantia e/ou segurança: a pari passu, a nega-*

tive pledge e a cross default, in: Estudos em homenagem ao Professor Doutor Inocêncio Galvão Telles, IV – Novos estudos de Direito Privado (organizados pelos Professores Doutores António Menezes Cordeiro, Luís Menezes Leitão e Januário da Costa Gomes), Almedina, Coimbra, 2003, p. 879.
- DIAS, Jorge de Figueiredo – *Abuso de confiança*, in: Comentário Conimbricense ao Código penal, parte especial, tomo II, artigos 202º a 307º (dirigido por Jorge de Figueiredo Dias), Coimbra Editora, Coimbra, 1999.
- DÍEZ PICAZO, Luis/GULLÓN, Antonio – *Instituciones de derecho civil*, vol. I, Tecnos, Madrid, 1995.
- DITCHER, Barry – *Securitisation in the United States: why and how?*, in: Titularização de créditos, Instituto de direito bancário, Lisboa, 2000, p. 19.
- DOLMETTA, Aldo/PORTALE, Giuseppe B. – *Cessione del credito e cessione in garanzia nell'ordinamento italiano*, BBTC, 1999, 1, I, p. 76.
- DOMINGUES, Paulo de Tarso – *Do capital social, noção, princípios, funções*, 2.ª ed., BFD, Universidade de Coimbra, Coimbra Editora, 2004.
- DROBNIG, Ulrich – *Principles of European Law, Personal security (PEL Pers. Sec.)*, preparado por ULRICH DROBNIG, Oxford, Oxford University Press, 2006.
  – *Security rights in movables*, in *Towards a european civil code* (editores Arthur Hartkamp, Martijn Hessellink, Ewould Hondius,Edgar du Perron), 4.ª ed., Wolters Kluwer,The Netherlands, 2011, p. 1026.
- *Unified rules on proprietary security – in the world and in Europe*, Comunicação apresentada no Colóquio sobre a Euro-hipoteca, mercado financeiro e harmonização internacional do direito das garantias, na Faculdade de Direito da Universidade de Coimbra (organizado pelo Professor Doutor Jorge Sinde Monteiro em colaboração com a Professora Doutora Esther Muñiz Espada), a 18 de Abril de 2008.
- DRUMMOND, Inês – *Bank business requirements, business cycle fluctuations and the basel accords: a synthesis*, FEP working papers, Julho de 2008.
- DUARTE, Paulo – *Algumas questões sobre o ALD*, Estudos de direito do consumidor, Centro do direito do consumidor/Faculdade de Direito da Universidade de Coimbra, 2001, p. 301.
- DUARTE, Rui Pinto – *A locação financeira (Estudo jurídico do leasing financeiro)*, Editora Danúbio, s/d (com nota prévia de 1983).
  – *A penhora e a venda executiva do estabelecimento comercial*, Themis, 2004, p. 123.
- *Alguns aspetos jurídicos dos contratos não bancários de aquisição e uso de bens*, Rev. Ban., 1992, p. 49.
- *Aspetos contratuais do aluguer, da locação financeira e de outros contratos afins à face da lei portuguesa*, Fisco, 1993, p. 64.
- *Curso de direitos reais*, 3.ª ed., Principia, Cascais, 2013.
- *O penhor de estabelecimento comercial*, in: Comemorações dos 35 anos do Código Civil e dos 25 anos da reforma de 1977, vol. III Direito das Obrigações, Coimbra Editora, Coimbra, 2007, p. 63.
- DUTILLEUL, François Collart/DELEBECQUE, Philippe – *Contrats civils et commerciaux*, 9.ª ed., Dalloz, Paris, 2011.
- EICKMANN, Dieter – *Heidelberger Kommentar zur Insolvenzordnung*, 4.ª ed., C.F. Müller, Heidelberga, 2006, § 43, § 44.
- EPIFÂNIO, Maria do Rosário – *Garantias bancárias autónomas – breves reflexões –*, in: Juris et de Jure, nos vinte anos da Faculdade de Direito da Universidade Católica – Porto, UCP, Porto, 1998, p. 319.
  – *Manual de direito da insolvência*, 6.ª ed., Almedina, Coimbra, 2016.
- FARIA, Carlos Bettencourt de – *O conceito e a natureza jurídica do contrato de seguro*, CJ, t. 3, 1978, p. 785.

- FARIA, Jorge Ribeiro de – *A natureza da indemnização no caso de resolução do contrato. Novamente a questão*, in: Estudos em comemoração dos cinco anos (1995-2000) da Faculdade de Direito da Universidade do Porto, Coimbra Editora, Coimbra, 2001, p. 11.
  – *A natureza do direito de indemnização cumulável com o direito de resolução dos arts. 801º e 802º do Código Civil*, DJ, 1994, t. 1, p. 57.
  – *Direito das obrigações*, vols. I e II, Almedina, Coimbra, 1990.
- FARO, Frederico de Souza Leão Kastrup – *Da validade da fiança omnibus*, in: Garantias das obrigações. Publicações dos trabalhos de Mestrado (coordenado por JORGE SINDE MONTEIRO), Almedina, Coimbra, 2007, p. 253.
  – *Fiança omnibus no âmbito bancário – validade e exercício da garantia à luz do principío da boa fé*, Coimbra Editora, Coimbra, 2009.
- FEDERLIN, Philipp – *Sicherungszession* in: KÜMPEL, Siegfried/WITTIG, Arne – *Bank- und Kapitalmarktrecht*, 4.ª ed., Verlag Dr. Otto Schmidt, Köln, 2011, p. 1631.
  – *Sicherungübereignung* in: KÜMPEL, Siegfried/WITTIG, Arne – *Bank- und Kapitalmarktrecht*, 4.ª ed., Verlag Dr. Otto Schmidt, Köln, 2011, p. 1607.
- FERNANDES, Luís Carvalho – *Lições de direito reais*, 6.ª ed., Quid Juris, Lisboa, 2009.
  – *Teoria geral do direito civil*, vol. II, 5.ª ed., Universidade católica editora, Lisboa, 2010.
- FERNANDES, Luís Carvalho/LABAREDA, João – *A reclamação, verificação e graduação de créditos em processo de insolvência*, Dir., 2011, p. 1147.
  – *Código da insolvência e da recuperação de empresas. Anotado*, 3.ª ed., Quid Juris, Lisboa, 2015.
  – *Código dos processos especiais de recuperação da empresa e de falência anotado*, 3.ª ed., Quid Juris, Lisboa, 2000.
- FERNANDES, João – *O regime fiscal da locação financeira versus aluguer de longa duração*, Fisco, 1993, p. 43.
- FERNANDES, Pedro Pires – *Da euro-hipoteca, exposição da proposta e suas caracterítiticas principais*, Dissertação de Mestrado em Ciências Jurídico-Civilísticas, Faculdade de Direito da Universidade de Coimbra, 2008.
- FERREIRA, Amadeu José – *Direito dos valores mobiliários*, AAFDL, Lisboa, 1997
  – *Sistemas de pagamentos e falência*, Cad. MVM, 1998, p. 41.
- FERREIRA, Fernando Amâncio – *Curso de processo de execução*, 5.ª ed., Almedina, Coimbra, 2003.
- FERRI, Giuseppe – *Anticipazione bancaria*, ED, II, p. 523.
  – *Manuale di diritto commerciale*, 30.ª ed. (a cura de C. Angelici e G.B. Ferri), Utet, Turim, 2010.
- FIKENTSCHER, Wolfgang/HEINEMANN, Andreas – *Schuldrecht*, 10.ª ed., De Gruyter, Berlim, 2006.
- FIGUEIREDO, André – *O negócio fiduciário perante terceiros. Com aplicação especial na gestão de valores mobiliários*, Almedina, Coimbra, 2012.
- FINCH, Vanessa – *Security, insolvency and risk: who pays the price?*, Modern LR, 1999, p. 633.
- FIÚZA, César – *Contratos*, Del Rey editora, Belo Horizonte, 2010.
- FLÖTHER, Lucas/BRÄUER, Gregor – *Die Umsetzung der Finanzsicherheiten-Richlinie (RL 2002747/EG)*, DZWir, 2004, p. 89.
- FONSECA, Tiago Soares da – *O penhor de acções*, Almedina, Coimbra, 2005.
- FOSCHINI, Marcelo – *Sull'intestazione fiduciaria dei titoli azionari*, BBTC, 1962, II, p. 19.
- FRADA, Manuel A. Carneiro da – *Contrato e deveres de protecção*, Separata do vol. XXXVIII do Suplemento do BFDUC, Coimbra, 1994.
  – *Direito civil, responsabilidade civil. O método do caso*, Almedina, Coimbra, 2006.
  – *Teoria da confiança e responsabilidade civil*, Almedina, Coimbra, 2003.

– *Uma "terceira via" no direito da responsabilidade civil?*, Almedina, Coimbra, 1997.
- FRAGALI, Michele – *Assicurazione del credito*, ED, II, p. 528.
– *Fideiussone (dir. priv.)*, ED, XVII, p. 346.
– *Garanzia (dir priv.)*, ED, XVIII, p. 446.
– *Ipoteca*, ED, XXII, p. 740.
- FRANCO, António Sousa – *Crédito – Econ.*, Verbo, Enciclopédia Luso-brasileira de cultura, vol. 6, p. 299.
– *Questões financeiras I. O Código Civil e o Direito Fiscal e outros estudos*, Cadernos de ciência e técnica fiscal, Lisboa, 1972.
- FREITAS, José Lebre de – *A reforma do processo executivo*, ROA, 2002, p. 731.
– *A transmissão do direito à indemnização por benfeitorias e a caducidade do direito de retenção pelo facto da venda executiva*, THEMIS, 2006, p. 5.
– *Apreensão, restituição, separação e venda de bens no processo de falência*, RFDUL, 1995, p. 371.
- FREITAS, José Lebre de/MENDES, Armindo Ribeiro – *Código de processo civil anotado*, vol. 3.º, Coimbra Editora, Coimbra, 2003.
- FRIGNANI, Aldo – *Aggiornamenti in tema di leasing (progetto Unidroit, inapplicabilità dell'art. 1526, lease-back, patto di riacquisto, offerta al pubblico dei crediti da canoni)*, in: *Factoring, leasing, franchising, venture capital, leveraged buy-out, hardship clause, countertrade, cash and carry, merchandising, know-how*, 5.ª ed., Giappichelli, Turim, 1993, p. 158.
– *Il leasing verso una disciplina legislativa completa*, in: Factoring, leasing, franchising, venture capital, leveraged buy-out, hardship clause, countertrade, cash and carry, merchandising, know-how, 5.ª ed., Giappichelli, Turim, 1993, p. 130.
- GABRIELLI, Enrico – *Pegno*, DDP, sezione civile, XIII, p. 329.
- GALGANO, Francesco – *Diritto civile e commerciale, vol. II, le obbligazioni e i contratti, t. 1, obbligazioni in generale, contratti in generale*, 3.ª ed., Cedam, Padova, 1999.
- GALVADA, Christian/STOUFFLET, Jean – *Droit bancaire, instituitions – comptes – opérations – services*, 8.ª ed., Litec, Paris, 2010.
- GANTER, Hans Gerhardt – *Sicherungsabtretung* in H. SCHIMANSKY/H.-J. BUNTE/H.-J. LWOWSKY, *Bankrechts-Handbuch*, Band II, 4.ª ed., C. H. Beck, Munique, 2011, § 96, p. 643.
– *Sicherungsübereignung*, in: H. SCHIMANSKY/H.-J. BUNTE/H.-J. LWOWSKY, *Bankrechts-Handbuch*, Band II, 4.ª ed., C. H. Beck, Munique, 2011, § 95, p. 581.
– *Kreditsicherung* in: H. SCHIMANSKY/H.-J. BUNTE/H.-J. LWOWSKY, *Bankrechts-Handbuch*, Band II, 4.ª ed., C. H. Beck, Munique, 2011, § 90, p. 8.
- GARCIA CORTÉS, Juan Carlos – *El aval cambiario. Consuscripción cambiaria*, in: *Tratado de las garantias en la contratacion* mercantil (coord. UBALDO NIETO CAROL e JOSÉ IGNACIO BONET SANCHEZ), tomo I, *Parte general y garantias personales*, Civitas, Madrid, 1996, p. 501.
- GARCIA-MIJAN, Manuel Lobato – *La reserva de dominio en la quiebra*, Civitas, Madrid, 1997.
- GARCÍA VICENTE, José Ramón – *La prenda de créditos: aspetos generales*, in: Garantías reales mobiliarias en Europa (coord. M.ª Elena Lauroba/Joan Marsal), Marcial Pons, Madrid, 2007, p. 27.
– *La prenda de créditos*, Thomson/Civitas, Arazandi, Navarra, 2006.
- GARDELLA, Anna – *Le garanzie finanziarie e le clausule di close out netting*, in: Trattato della responsabilità contrattuale (diretto da Giovanna Visintini), vol. II, I singoli contratti, Cedam, Milão, 2009, p. 709.
- GAUL, Hans Friedhelm – *Dogmatische Grundlagen und pratische Bedeutung der Drittewiderspruchklage*, in: 50 Jahre Bundesgerichtshof: Festagabe aus der Wissenschaft (org. Claus-Wilhelm Canaris, Andreas Heldrich, Klaus J. Hopt, Claus Roxin, Kartsten Schmidt, Gunter

Widmaier), Band III. Zivilprozeβ, Insolvenz, Öffentliches Recht (Herausgeben von Karsten Schmidt), C. H. Beck, Munique, 2000, p. 521.

- GHENT, Andra/KUDLYAKY, Marianna – *Recourse and Residential Mortgage Default: Evidence from U.S. States*, Federal Reserve Bank of Richmond Working Paper No. 09-10R, February 25, 2011 (in http://ssrn.com/abstract=1432437).
- GERNHUBER, Joachim – *Die Erfüllung und ihre Surrogate*, 2.ª ed., J.C.B. Mohr (Paul Siebeck), Tubinga, 1994.
  – *Die fiduziarische Treuhand*, JuS, 1988, p. 355.
- GERMAIN, Michel – *La titrisation des créances em France*, in: Titularização de créditos, Instituto de direito bancário, Lisboa, 2000, p. 153.
- GHESTIN, Jacques – *Riflessoni di un civilista francese sulla clausula di riserva della proprietà*, RDCiv., 1981, I, p. 440.
- GIACCHERO, Giovanna – *L'escussione abusiva della garanzia autonoma nel commercio internazionale*, DCI, 1994, p. 544.
- GIORGIANNI, Francesco/TARDIVO, Carlo-Maria – *Diritto bancario, banche, contratti e titoli bancari*, Giuffrè, Milão, 2006.
- GIOVANOLI, Mario – *Tendences modernes du droit des sûretés bancaires et contrôle prudentiel des banques*, in: *Sûretés et garanties bancaires* (editado por Nicolas Iynedjian), Cedidac, Lausanne, 1997, p. 23.
- GOMES, Fátima – *A garantia bancária autónoma à primeira solicitação*, DJ, 1994, p. 119.
- GOMES, Júlio Vieira – *Direito do Trabalho*, vol. I, *Relações individuais de trabalho*, Coimbra Editora, Coimbra, 2007.
  – *Do direito de retenção (arcaico, mas eficaz...)*, CDP, 2005, p. 3
- GOMES, Manuel Januário da Costa – *A chamada "fiança ao primeiro pedido"*, in: Estudos em Homenagem ao Professor Doutor Galvão Telles, Novos estudos de Direito Privado, Estudos organizados pelos Professores Doutores António Menezes Cordeiro, Luís Menezes Leitão e Januário da Costa Gomes, Almedina, Coimbra, 2003, p. 833.
  – *A fiança do arrendatário face ao NRAU*, Dir, 2007, p. 1073.
  – *A fiança no quadro das garantias pessoais. Aspetos de regime* in: Comemorações dos 35 anos do Código Civil e dos 25 anos da reforma de 1977, Faculdade de Direito da Universidade de Coimbra, Coimbra Editora, Coimbra, 2007, p. 79.
  – *A questão da estrutura negocial da fiança revisitada*, Dir., 2006, p. 499.
  – *Assunção fidejussória de dívida. Sobre o sentido e o âmbito da vinculação como fiador*, Almedina, Coimbra, 2000.
  – *Em tema de revogação do mandato civil*, Almedina, Coimbra, 1989.
  – *O (in)sustentável peso do aval em livrança em branco prestado por sócio de sociedade para garantia de crédito bancário revolving. Acórdão de Uniformização de Jurisprudência 4/2013, de 11.12.2012, Proc. 5903/09*, CDP, n.º 43, 2013, p. 15.
  – *O mandamento da determinabilidade na fiança omnibus e o AUJ n.º 4/2001*, in: Estudos de direito das garantias, vol. I, Almedina, Coimbra, 2004, p. 109.
  – *Sobre a circulabilidade do crédito emergente de garantia bancária autónoma ao primeiro pedido*, Rev. Ban., n.º 64, 2008, p. 37.
  – *Sobre a mora do garante na garantia bancária autónoma. A propósito do Acordão STJ 21-11-2002*, in: Estudos em honra de Ruy de Albuquerque, Faculdade de Direito da Universidade de Lisboa, Coimbra Editora, Coimbra, 2006, p. 17.
- GOMES, Orlando – *Contratos*, 26.ª ed. (atualizada por: ANTONIO JUNQUEIRA DE AZEVEDO e FRANCISCO PAULO DE CRESCENZO MARINO), Editora forense, Rio de Janeiro, 2008.
- GONÇALVES, A. Luís – *Consignação de rendimentos*, RDES, 1990, p. 269
  – *O direito de retenção e sua aplicação aos contratos de promessa*, RDES, 1988, p. 273.

– *Privilégios creditórios: evolução histórica. Regime, Sua inserção no tráfico creditício*, BFDUC, 1991, p. 29.

- GONÇALVES, Daniel Vieira de Macedo – *Cartas de conforto*, Dissertação de Mestrado em Ciências Jurídico-Civilísticas II, Faculdade de Direito da Universidade de Coimbra, Coimbra, 2009.

- GONÇALVES, Luís da Cunha – *Comentário ao Código comercial português*, vol. II, Empresa Editora José Bastos, Lisboa, 1916.

– *Da compra e venda no direito comercial português*, 2.ª ed., Coimbra Editora, Coimbra, 1925.

– *Tratado de direito civil em comentário ao código civil português*, vol. VIII, Coimbra Editora, Coimbra, 1934.

- GOODE, Roy – *Commercial law*, Penguin, Londres, 2004.

– *Security interests in movables under english law*, in: Mobiliarsicherheiten – Vielfalt oder Einheit?, Verhandlungen der Fachgruppe für vergleichendes Handels- und Wirtschaftsrecht anläblich der Tagung der Gesellschaft für Rechtsvergleichung in Jena vom 20.-22. März 1996 (coord. por Karl F. Kreuzer), Nomos Verlagsgesellschaft, Baden Baden, 1999, p. 43.

– *The Cape Town convention on international interests in mobile equipment: a driving force for international asset based financing*, RDU/ULR, 2002, p. 3.

- GORLA, Gino/ZANELLI, Pietro – *Del pegno, delle ipoteche*, 4.ª ed, in Commentario del Codice Civile (a cura de Antonio Scialoja e Giuseppe Branca), Libro sesto – Della tutela dei diritti, Zanichelli Editore/Foro Italiano, Bolonha/Roma, 1992.

- GRAÇA, Diogo Macedo – *Os contratos de garantia financeira*, Almedina, Coimbra, 2010.

- GRAF VON WESTPHALEN, Friedrich – *Der Leasingvertrag*, 5.ª ed., Verlag Dr. Otto Schmidt, Colónia, 1998.

- GRIMALDI, Michel – *La prenda en el derecho positivo francês: derecho positivo y proyecto de reforma*, in: Garantías reales mobiliarias en Europa (coord. M.ª Elena Lauroba/Joan Marsal), Marcial Pons, Madrid, 2007, p. 17.

- GRIPPO, Giovanni – *Garanzie atipiche e fallimento*, CI, 1986, p. 377

- GROSSI, Alessandra – *La direttiva 2002/47/CE sui contratti di garanzia finanziaria*, EDP, 2004, p. 249.

- GRUNEWALD, Barbara – in: *Erman Bürgerliches Gesetzbuch* (herausgegeben von Harm Peter Westermann), 10.ª ed., Verlag Dr. Otto Schmidt, Colónia, 2000, § 496.

- GUEST, A. G. – in *Chitty on contracts*, vol. II, *specific contracts* (general editor A. G. Guest), 27.ª ed., Sweet & Maxwell, Londres, 1994.

- HABERSACK, Mathias/SCHÜRNBRAND, Jan – *Der Eigentumsvorbehalt nach der Schuldrechtsreform*, JuS, 2002, p. 834.

- HÄSEMEYER, Ludwig – *Gegenseitige Verträge im Spannungsfeld zwischen Privatautonomie und Insolvenzrecht*, in 50 Jahre Bundesgerichsthof. Festgabe aus der Wisssenschaft. Band III, Zivilprozeb, Insolvenz, öffentliches Recht (coord. por Karsten Schmidt), C. H. Beck, Munique, 2000, p. 725.

– *Insolvenzrecht*, 3.ª ed., Carl Heymanns Verlag, Colónia, Berlim, Bona, Munique, 2003.

- HENCKEL, Wolfram – *Gegenseitige Verträge in Konkurs und Vergleich*, ZZP, 1986, p. 419.

- HENNEMANN, Alex – *Cartas de conforto*, in: Garantias das obrigações. Publicações dos trabalhos de Mestrado (coordenado por JORGE SINDE MONTEIRO), Almedina, Coimbra, 2007, p. 51.

- HÖRSTER, Heinrich Ewald – *A parte geral do código civil português. Teoria geral do direito civil*, Almedina, Coimbra, 1992.

- HUBER, Michael – *Gegenseitige Verträge*, in: *Insolvenzrechts-Handbuch* (Herausgegeben von Peter Gottwald), 4.ª ed., C.H. Beck, Munique, 2010, p. 547.

– *Neues Insolvenzrecht – Eine Einführung mit Fallbeispielen*, JuS, 1998, p. 437

- HUDSON, Alastair – *The law of finance*, Sweet and Maxwell, Londres, 2009.

- HUET, Jérôme - *Les principaux contrats spéciaux*, 2.ª ed., in Traité de droit civil (sous la diretion de Jacques Ghestin), LGDJ, Paris, 2001.
- IGLESIAS, Juan - *Derecho romano*, 13.ª ed. (revista com a colaboração de Juan Iglesias-Redondo), Ariel, Barcelona, 2001.
- INZITARI, Bruno - *La cessione del credito a scopo di garanzia: inefficacia ed inopponibilità ai creditori dell'incasso del cessionario nel fallimento, nel concordato e nell'amministrazione controllata*, in Studi in onore di Giuseppe Ragusa Maggiore, vol. I, Cedam, Pádua, 1997, p. 573.
- IRSCHLINGER, Friedrich - in: *Heidelberger Kommentar zur Insolvenzordnung Heidelberger Kommentar zur Insolvenzordnung*, 4.ª ed., C.F. Müller, Heidelberga, 2006, § 114.
- JACKSON, Thomas H./KRONMANN, Anthony T. - *Secured financing and priorities among creditors*, The Yale LJ, 1978-1979, p. 1143.
- JACQUET, Jean-Michel/DELEBECQUE, Philippe/CORNELOUP, Sabine - *Droit du commerce international*, Dalloz, Paris, 2007.
- JAEGER/HENCKEL, Wolfram - *Konkursordnung, Grobkommentar*, §§ 1- 42, 9.ª ed., Walter de Gruyter, Berlim, Nova Iorque, 1997.
- JAHN, Uwe - in HERBERT SCHIMANSKI/HERMAN-JOSEF BUNTE/HANS-JÜRGEN LWOWSKI, *Bankrechts-Handbuch*, Band II, 4.ª ed., Beck, Munique, 2011, §114.
- JAUERNIG, Othmar - *Zwangsvollstreckungs- und Insolvenzrecht*, 21.ª ed., C.H. Beck, Munique, 1999
- JARDIM, Alexandre - *Acordos de garantia financeira: o respectivo regime jurídico face ao Decreto-lei n.º 105/2004, de 8 de Maio. Algumas questões*, Rev. Ban., 2006, p. 141
- JARDIM, Mónica - *A euro-hipoteca e os diversos sistemas registais europeus*, BFD, 2009, p. 743.
- *A garantia autónoma*, Almedina, Coimbra, 2002
- JORGE, Fernando Pessoa - *Lições de direito das Obrigações*, Edição da Associação Académica da Faculdade de Direito de Lisboa, 1975-1976
- JUSTO, António dos Santos - *Direitos reais*, Coimbra Editora, Coimbra, 2007
  - *Direito privado romano - II (direito das obrigações)*, Studia Iuridica, Universidade de Coimbra/Coimbra Editora, Coimbra, 2003
  - *Direito privado romano - III (direitos reais)*, Studia Iuridica, Universidade de Coimbra/Coimbra Editora, Coimbra, 1997
- KAISER, Dagmar - in: *J. von Staudingers Kommentar zum Bürgerlichen Gesetzbuch mit Einführungsgesetz und Nebengesetzen. Zweites Buch. Recht der Schuldverhältnisse*, §§ 328-361 b, Sellier de Gruyter, Berlim, 2001 Vorbem zu § § 346.
- KASER, Max - *Direito privado romano* (tradução de Römisches Privatrecht por Samuel Rodrigues e Ferdinand Hämmerle, revisto por M.ª Armanda Saint-Maurice), Fundação Calouste Gulbenkian, Lisboa, 1999
- KIENINGER, Eva-Maria - *European regulation of security rights*, in ULRICH DROBNIG/HENK J. SNIJDERS/ERIK-JAN ZIPPRO, *Divergences of property law, an obstacle to the internal market*, Sellier, European Law Publishers, Munique, 2006, p. 165
  - *Introduction: security rights in movable property within the common market and the approach of the study*, in: *Security rigths in movable property in european private law* (editado por Eva-Maria Kieninger), Cambridge University Press, Cambridge, 2004, p. 6.
- KIENLE, Christopher - *Wertpapierleihe und Wertpapier- Pensionsgeschäft*, in: *Bankrechts-Handbuch*, de H. SCHIMANSKY/H.-J. BUNTE/H.-J. LWOWSKY, Band II, 4.ª ed., C. H. Beck, Munique, 2011, § 105, p. 1103.
- KOCH, Jens in: *Münchener Kommentar zum Bürgerlichen Gesetzbuch, Band 3, Schuldrecht. Besonderer Teil I (§§ 433-606), Leasing*, 6.ª ed., Beck, Munique, 2012, p. 980.
- KOLLMANN, Katharina - *Zur Umsetzung der Richtlinie 2002/47/EG vom 6. Juni 2002*

über Finanzsicherheiten in das deutsche Recht, WM, 2004, p. 1012.

- KOZOLCHYK, Boris/WILSON, John M. – *The organization of american states: the new model inter-american law on secured transations*, RDU/ULR, 2002, p. 69.
- KREFT, Gerhard in: *Münchener Kommentar zur Insolvenzordnung, Band 2, §§ 103-269* (Herausgegeben von Kirchhof, Lwowski, Stürner), 2.ª ed., C.H. Beck, Munique, 2008, § 103.
- KROTH, Harald – in: *Insolvenzordnung (InsO) Kommentar* (Heraunsgegeben von Eberhard Braun), 5.ª ed., C.H. Beck, Munique, 2012, § 103, § 107 (*e-book, beck on line*).
- LABAREDA, João – *Contrato de garantia financeira e insolvência das partes contratantes*, in Estudos dedicados ao Professor Doutor Luís Alberto Carvalho Fernandes, vol. II, Universidade Católica Editora, Lisboa, 2011, p. 101.
- LANDFERMANN, Hans-Georg – in: *Heidelberger Kommentar zur Insolvenzordnung*, 4.ª ed., C.F. Müller, Heidelberga, 2006.
- LARENZ, Karl – *Lehrbuch des Schuldrechts*, vol. I, 14.ª ed., C. H. Beck, Munique, 1987.
- *Lehrbuch des Schuldrechts, Band II, Halbband 1, Besonderer Teil*, 13.ª ed., C.H. Beck, Munique, 1986.
- LARENZ, Karl/CANARIS, Claus-Wilhelm – *Lehrbuch des Schuldrechts, II Band, Besonderer Teil, 2. Halbband*, C.H. Beck, Munique, 1994.
- LASCIALFARI, Massimo – *La cessione di credito a scopo do garanzia*, in: Le garanzie rafforzate del credito (coord. por Vicenzo Cuffaro), Utet, Turim, 2000, p. 251
- LEAVY, James – *France* in: *Cross-border security over tangibles* (coord. HARRY C. SIGMAN/EVA-MARIA KIENINGER), De Sellier, Munique, 2007, p. 101.
- LEGAIS, Dominique – *Sûretés et garanties du crédit*, 5.ª ed., LGDJ, Paris, 2006.
- LEITÃO, Luís Menezes – *A convenção do Cabo e o protocolo sobre equipamento aeronáutico. Registo internacional de aeronaves*, ROA, 2011, p. 35.
- *Cessão de créditos*, Almedina, Coimbra, 2005.
- *Código da insolvência e da recuperação de empresas. Anotado*, 10.ª ed., Almedina, Coimbra, 2018.
- *Direito da insolvência*, 8.ª ed., Almedina, Coimbra, 2018.
- *Direito das obrigações*, vol. I, *introdução, da constituição das obrigações*, 15.ª ed., Almedina, Coimbra, 2018.
- *Direito das obrigações*, vol. II, *transmissão e extinção das obrigações. Não cumprimento e garantias do crédito*, 12.ª ed., Almedina, Coimbra, 2018.
- *Direito das obrigações*, vol. III, *contratos em especial*, 12.ª ed., Almedina, Coimbra, 2018.
- *Garantias das obrigações*, Almedina, Coimbra, 2006.
- *Garantias das obrigações*, 6.ª ed., Almedina, Coimbra, 2018.
- O *Direito do consumo: autonomização e configuração dogmática*, in: Estudos do instituto de direito do consumo, vol. I (coord. Luís Menezes Leitão), Instituto de direito do consumo/Faculdade de Direito da Universidade de Lisboa, Almedina, Coimbra, 2002, p. 11.
- LENCART, Sofia – *A celebração de contratos de reporte por sociedades gestoras de fundos de investimento mobiliário. Problemas suscitados pelo art. 11.º do Decreto-Lei n.º 276/94, de 02 de Novembro*, Almedina, Coimbra, 2000.
- LIMA, Pires de/VARELA, Antunes (com a colaboração de M. HENRIQUE MESQUITA), *Código civil anotado*, vol. I, 4.ª ed., Coimbra Editora, Coimbra, 1987.
- LIMA, Pires de/VARELA, Antunes, *Código civil anotado*, vol. II, 4.ª ed., Coimbra Editora, Coimbra, 1997.
- LIMA, Pires de/VARELA, Antunes (com a colaboração de M. HENRIQUE MESQUITA), *Código civil anotado*, vol. III, 2.ª ed., Coimbra Editora, Coimbra, 1987

LIPARI, Marco – *Vendita con riserva di proprietà*, ED, XLVI, p. 526.

- LOIACONO, Dario/CALVI, Andrea/BELTRANI, Alessandro – *Il transferimento in funzione di garanzia tra pegno irregulare, riporto e diritto di utilizzazione*, BBTC, supplemento al n. 6/05.
- LOPES, J. de Seabra – *Direito dos registos e do notariado*, 3.ª ed., Almedina, Coimbra, 2005.
- LOURENÇO, José Augusto de Carvalho – *A alienação fiduciária em garantia. Um contrato típico socialmente atípico*, Dissertação de Mestrado em Ciências Jurídico-Civis apresentada na Faculdade de Direito da Universidade de Macau, Macau, 2010.
- LUMINOSO, Angelo – *Deposito irregulare presso il terzo e depositi irregulari a scopo di garanzia*, Giur. Com., 1981, p. 425.
  – *I contratti tipici e atipici* in: Tratatto di diritto privato (a cura de Giovanni Iudica e Paolo Zatti), Giuffrè, Milão, 1995.
  – *Vendita*, DDP, sezione civile, XIX, p. 607.
- LWOWSKY, Hans-Jürgen/MERKEL, Helmut – *Kreditsicherheiten*, 8.ª ed., Erich Schmidt Verlag, Berlim, 2003.
- LYCZKOWSKA, Karolina – *La revolución en el mundo de las garantías financieras astá a la vuelta de la esquina: Proyeto de modificación del Real Decreto-Ley 5/2005*, La Ley, 5102/2011, 14 de abril de 2011, p. 6.
  – *El nuevo régimen de la fiducie en el Derecho francés a la luz delas últimas reformas*, InDret, Enero, 2010, p. 3.
- MACHADO, João Baptista – *A resolução por incumprimento e a indemnização*, in: João Baptista Machado, Obra dispersa, vol. I, Scientia Iuridica, Braga, 1991, p. 195
  – *Do princípio da liberdade contratual*, in: João Baptista Machado, Obra dispersa, vol. I, Scientia Iuridica, Braga, 1991, p. 623.
  – *Introdução ao direito e ao discurso legitimador*, Almedina, Coimbra, 1983
  – *Pressupostos da resolução por incumprimento*, in: João Baptista Machado, Obra dispersa, vol. I, Scientia Iuridica, Braga, 1991, p. 125.
- MADER, Peter – in: *Kommentar zum Bürgerliches Gesetzbuch mit Einführungsgesetz und Nebengesetz, Buch 2, Recht der Schulverhältnisse § § 433-487; Leasing (Kaufrecht und Leasingrecht)*, Sellier – de Gruyter, Berlim, 2004.
- MAGNI, Francesco A. – *Il pegno omnibus e il pegno fluttuante o rotativo*, in: Le garanzie rafforzate del credito (coord. por Vicenzo Cuffaro), Utet, Turim, 2000, p. 367
- MALAQUÍAS, Pedro Ferreira – *O novo regime das obrigações hipotecárias em Portugal*, in Atualidad jurídica, Homenaje ao Professor D. Rodrigo Uria González en el centenário de su nacimento, 2006, p. 99.
- MANN, Ronald M. – *Explaining the pattern of secured credit*, Harvard LR, 1997, p. 626.
- MANNINO, Vincenzo – *Garanzie dell'obbligazione*, DDP, *sezione civile*, VIII, p. 614.
- MARINO, Roberta – *La disciplina delle garanzie finanziarie. Profili innovativi*, Edizioni scientifiche italiane, Nápoles, 2006.
- MAROTZKE, Wolfgang – in: *Heidelberger Kommentar zur Insolvenzordnung*, 4.ª ed., C. F. Müller, Heidelberga, 2006, § 107.
  – *Der Eigentumsvorbehalt in neuen Insolvenzrecht*, JZ, 1995, p. 803.
  – *Gegenseitige Verträge im neuen Insolvenzrecht*, 3.ª ed., Luchterhand, Neuwied, Kriftel, Berlim, 2001.
- MARQUES, Paulo – *Os direitos reais na atividade tributária, vol. II, garantias reais das obrigações*, Ministério das Finanças e da Adaministração Pública, Direcção-Geral dos impostos, Centro de formação, Lisboa, 2009.
- MARTINEK, Michael – *Moderne Vertragstypen*, vol. I, *Leasing und Factoring*, C. H. Beck, Munique, 1991.
- MARTINEZ, Pedro Romano – *Da cessação do contrato*, 3.ª ed., Almedina, Coimbra, 2015.
  – *Contratos comerciais*, Principia, Cascais, 2001.
  – *Direito das obrigações, apontamentos*, 3.ª ed., AAFDL, Lisboa, 2011.
  – *Garantias bancárias*, in: Estudos em homenagem ao Professor Doutor Inocêncio Galvão Telles, volume II, Direito bancá-

rio (estudos organizados pelos Professores Doutores António Menezes Cordeiro, Luís Menezes Leitão e Januário da Costa Gomes), Almedina, Coimbra, 2002, p. 265.
– *Direito das obrigações (parte especial), contratos. Compra e venda, locação, empreitada*, 2.ª ed., Almedina, Coimbra, 2003.
– *Direito dos seguros*, Pincipia, Cascais, 2006.
– *Direito dos seguros, relatório*, RFDUL, Coimbra Editora, Coimbra, 2006.
– *O subcontrato*, Almedina, Coimbra (reimpressão da edição de 1989), 2006.
– *Venda executiva. Alguns aspetos das alterações legislativas introduzidas na nova versão do Código de Processo Civil*, in: Aspetos do novo processo civil, Lex, Lisboa, 1997, p. 325.
– MARTINEZ, Pedro Romano/PONTE, Pedro Fuzeta da – *Garantias do cumprimento*, 5.ª ed., Almedina, Coimbra, 2006.
– MARTINEZ, Pedro Romano/TORRES, Leonor Cunha/OLIVEIRA, Arnaldo da Costa/RIBEIRO, Maria Eduarda/MORGADO, José Pereira/VASQUES, José/BRITO, José Alves de – *Lei do contrato de seguro. Anotada*, 2.ª ed., Almedina, Coimbra, 2011
– MARTINS, Alexandre Soveral – *As cláusulas do contrato de sociedade que limitam a transmissibilidade das acções. Sobre os arts. 328.º e 329.º do CSC*, Almedina, Coimbra, 2006.
– *O penhor financeiro e a alienação fiduciária em garantia no processo de insolvência*, in: Estudos de direito da insolvência, Almedina, Coimbra, 2018, p. 79.
– *Títulos de crédito e valores mobiliários, Parte I, títulos de crédito, volume I, I. dos títulos de crédito em geral, II. a letra*, Almedina, Coimbra, 2008.
– MARTINS, José Pedro Fazenda – *Direitos reais de gozo e de garantia sobre valores mobiliários*, in Direito dos valores mobiliários, Lex, Lisboa, 1997, p. 99.
– MARTORANO, Frederico – *Cauzione (Dir. Civ.)*, ED, VI, p. 652.
– MASTROPAOLO, Eugenio – *La nuova normativa europea sui contratti di garanzia finanziaria (direttiva 2002/47/CE del 6 giugno 2002)*, RDCom., 2003, p. 519.
– MATEUS, Abel – *A crise financeira de 2007-2008 e a regulação*, O Economista, 2008, p. 8.
– MATIAS, Armindo Saraiva – *Garantias bancárias ativas e passivas*, Scripto, Lisboa, 1999.
– *Obrigações hipotecárias e titularização de créditos hipotecários*, BFD, 2009, p. 621.
– MATOS, André Salgado de – *Código do imposto do rendimento das pessoas singulares (IRS) anotado*, Instituto superior de gestão, Lisboa, 1999.
– MATOS, Isabel Andrade de – *Pacto comissório. Contributo para o estudo do âmbito da sua proibição*, Almedina, Coimbra, 2006.
– MAZZONI, Alberto – *Le dichiarazioni di patronage*, in: Nuovi tipi contratuali e tecniche di redazione nella pratica commerciale (coord. por Piero Verrucoli), QGC, Giuffrè, Milão, 1978, p. 39.
– *Lettere di patronage*, DDP, sezione commerciale VIII, p. 563.
– McCORMACK, Gerard – *Secured credit and the harmonisation of law. The UNCITRAL experience*, Edward Elgar, Cheltenham, UK/Northampton, USA, 2011.
– McKNIGHT, Andrew – *The law of international finance*, Oxford university press, Oxford, 2008.
– MEDICUS, Dieter/LORENZ, Stephen – *Schuldrecht I, Allgemeiner Teil*, 19.ª ed., C. H. Beck, Munique, 2010.
– *Schuldrecht II, Besonderer Teil*, 15.ª ed., C. H. Beck, Munique, 2010.
– MEDINA SANCHEZ, Rosa – in: XAVIER O'CALLAGHAN, *Codigo civil, comentado y com jurisprudencia*, 4.ª ed., La ley, Madrid, 2004, p. 1527.
– MENDES, Armindo Ribeiro – *Um novo instrumento financeiro: as obrigações hipotecárias*, RB, 1990, p. 59.
– MENDES, Evaristo – *Aval e fiança gerais*, DJ, 2000, p. 149.
– *Fiança geral*, RDES, 1995, p. 97.
– *Garantias bancárias. Natureza*, RDES, 1995, p. 411.

- MENDES, João de Castro - *Acerca do seguro de crédito*, Rev. Bancária, 1972, p. 5.
- *Direito processual civil, ação executiva* (edição atualizada pelos Assistentes Armindo Ribeiro Mendes e Miguel Teixeira de Sousa), AAFDL, Lisboa, 1980.
- *Teoria geral do direito civil*, vol. I, AAFDL, Lisboa, 1978.
- MEO, Giorgio - *Fideiussioni bancarie e garanzie a prima richieste: le tutele cautelari*, BBTC, 1995, p. 443.
- MESQUITA, José Andrade - *Consignação de rendimentos ou anticrese: alguns aspetos do seu regime e natureza jurídica*, Bol. CNP, 1990, p. 139.
- *Direitos pessoais de gozo*, Almedina, Coimbra, 1999.
- MESQUITA, Manuel Henrique - *Coisa*, Polis, 1, p. 969.
- *Fiança*, CJ, 1986, IV, p. 25.
- *Obrigações reais e ónus reais*, Almedina, Coimbra, 1990.
- MESQUITA, Miguel - *Apreensão de bens em processo executivo e oposição de terceiro*, 2.ª ed., Almedina, Coimbra, 2001.
- MESSINEO, Francesco - *Anticipazione bancaria*, NovissDI, I, p. 647.
- *La sorte dei diritti acessori nel contratto di riporto*, RDCom, 1925, I, p. 328.
- MÍNGUEZ PRIETO, Rafael - *A nova regulação sobre a titularização de ativos* (tradução de Ana Filipa Cordeiro), in: Titularização de créditos, Instituto de direito bancário, Lisboa, 2000, p. 27.
- MOLLE, Giacomo - *I contratti bancari*, in: Trattato di diritto civile e commerciale (dirigido por Antonio Cicu e Francesco Messineo e continuado por Luigi Mengoni) vol. XXXV, t. I, Giuffrè, Milão, 1981.
- MONTEIRO, António Pinto - *Cláusula penal e indemnização*, Almedina, Coimbra, 1990.
- *Cláusulas limitativas e de exclusão da responsabilidade civil*, separata do volume XXVIII do suplemento ao BFD, Coimbra, 1985.
- *Contrato de agência. Anotação*, 7.ª ed., Almedina, Coimbra, 2010.
- *Contratos de agência de concessão e de franquia ("franchising")*, in Estudos em homenagem ao Prof. Doutor Eduardo Correia, III, BFDUC, número especial, Coimbra, 1984, p. 303.
- *Direito comercial, Contratos de distribuição comercial*, Almedina, Coimbra, 2002.
- *Erro e vinculação negocial*, Almedina, Coimbra, 2002.
- *Sobre as cartas de conforto na concessão de crédito* (com a colaboração de JÚLIO GOMES), in: Ab uno ad omnes, 75 anos da Coimbra Editora, 1920-1995 (organização de Antunes Varela, Freitas do Amaral, Jorge Miranda, J. J. Gomes Canotilho), Coimbra Editora, Coimbra, 1998, p. 413.
- *Sobre o não cumprimento na venda a prestações (algumas notas)*, Dir., 1990, p. 555.
- MONTEIRO, Jorge Sinde - *Anotação ao Acórdão do Tribunal da Relação de Lisboa de 1/12/2008*, in RLJ ano 139.º, p. 126.
- *Responsabilidade por conselhos, recomendações ou informações*, Almedina, Coimbra, 1989.
- *Garantias das Obrigações, Publicações dos trabalhos do Mestrado* (coordenador), Almedina, Coimbra, 2007.
- MONTEIRO, Jorge Sinde/SANTOS, Filipe Cassiano dos - *Carta de patrocínio, relação de grupo e providências de recuperação da empresa*, RLJ ano 137.º, p. 66.
- MONTEIRO, Jorge Sinde/MESQUITA, Maria José Rangel de - *Credit and caution insurance*, in: Insurance law/Portugal, Internacional encyclopedia of laws (general editor R. Blanpain, associate general editor M. Colucci), Wolters Kluwer, Law and business, 2009, p. 96.
- MONTEIRO, Manuel - *O recente regime português da titularização de créditos*, in: Titularização de créditos, Instituto de direito bancário, Lisboa, 2000, p. 193.
- MOONEY Jr. Charles W. - *Security interests in personal property under the Laws of the United States of America and Canada*, in: Mobiliarsicherheiten - Vielfalt oder Einheit?, Verhandlungen der Fachgruppe für

vergleichendes Handels- und Wirtschaftsrecht anläblich der Tagung der Gesellschaft für Rechtsvergleichung in Jena vom 20.-22. März 1996 (coord. por Karl F. Kreuzer), Nomos Verlagsgesellschaft, Baden Baden, 1999, p. 91.

- MORAIS, Fernando de Gravato - *Contratos de crédito ao consumo*, Almedina, Coimbra, 2007.

  - *Do regime jurídico do crédito ao consumo*, SI, 2000, p. 375.

  - *Manual da locação financeira*, Almedina, Coimbra, 2006.

  - *Promessa obrigacional de compra e venda com tradição da coisa e insolvência do promitente-vendedor*, CDP, n.º 29, 2010, p. 3.

- MÓRAN BOVIO, David - *Incumplimiento*, in: AAVV, *Comentario a los principios de Unidroit para los contratos del comercio internacional*, Aranzadi, Pamplona, 1999, p. 317.

- NASCIMENTO, Paulo Soares do - *Redução por inoficiosidade e expurgação da hipoteca. Reflexões sobre os arts. 722.º e 275 do Código Civil*, in: Estudos em Memória ao Professor Doutor José Dias Marques (coordenação dos Professores Doutores Ruy de Albuquerque e António Menezes Cordeiro), Almedina, Coimbra, 2007, p. 731.

- NETO, Vânia Lopes - *Privilégios creditórios fiscais*, Fiscalidade, 2005, p. 73.

- NEVES, Arnaldo Costa - *Os objetivos e os instrumentos de política monetária do Euro-sistema*, in: Estudos jurídicos e económicos em homenagem ao Prof. Doutor António de Sousa Franco, Faculdade de Direito da Universidade de Lisboa, Coimbra Editora, 2006, p. 347.

- NICTOLIS, Rosanna de - *Nuove garanzie personali e reali, Garantievertrag, fideiussione omnibus, lettere di patronage, sale - lease - back*, Cedam, Pádua, 1998.

- NORONHA, André Navarro de - *As cartas de conforto*, Coimbra Editora, Coimbra, 2004.

- NOVA, Giorgio de - *Il contratto di leasing*, 3.ª ed., Giuffrè, Milão, 1995.

  - *Il tipo contratuale*, Cedam, Pádua, 1974.

  - *Leasing*, DDP, sezione civile, X, p. 462.

- OLAVO, Fernando - *Privilégios creditórios sobre o navio. Um feixe de questões*, CJ, 1984, p. 13.

- OLIVEIRA, Joana Tavares de/VALENTE, Rui - *Código contributivo, anotado*, Coimbra Editora, Coimbra, 2011.

- OLIVEIRA, Nuno Manuel Pinto de/SERRA, Catarina - *Insolvência e contrato-promessa*, ROA, 2010, p. 395

- ORSINGHER, Lucia/ SGROI, Antonino - *Pegno*, in: *Le garanzie personale e reali*, in *Il diritto privato nella giurisprudenza* (coord. por Paolo Cendon), Utet, Turim, 2006, p. 97.

- PADOVINI, Fabio - *Contratto autonomo di garanzia e contratti standard*, CI, 1991, p. 125.

- PAJARDI, Piero - *Manuale di diritto fallimentare*, 4.ª ed., Giuffrè, Milão, 1993.

- PANTALEON PRIETO, Fernando - *Cesión de créditos*, ADC, 1988, p. 1033.

- PANZARINI, Giovanni - *Lo sconto dei crediti e dei titoli di credito*, Giuffrè, Milão, 1984.

- PARLEANI, G. - *Le contrat de lease-back*, RTDCom., 1973, p. 699.

- PASSINHAS, Sandra - *A assembleia de condóminos e o administrador na propriedade* horizontal, Almedina, Coimbra, 2000.

- PATRÃO, Afonso - *Autonomia conflitual na hipoteca e reforço da cooperação internacional: removendo obstáculos ao mercado europeu das garantias imobiliárias*, Livros horizonte, Lisboa, 2017.

- PATRÍCIO, José Simões - *Do euro ao código civil europeu? Aspetos da convergência legislativa*, Coimbra Editora, Coimbra, 2001.

  - *Direito bancário privado*, Quid Juris, Lisboa, 2004.

  - *Direito do crédito, introdução*, Lex, Lisboa, 1994.

  - *Preliminares sobre a garantia "on first demand"*, ROA, 1983, p. 677.

- PEÑA, Nuria de la - *Reforming the legal framework for security interests in mobile property*, RDU/ULR, 1999, p. 347.

- PERALTA, Ana Maria – *A posição jurídica do comprador na compra e venda com reserva de propriedade*, Almedina, Coimbra, 1990.
- PÉREZ CONESA, Maria del Carmen – *Comentarios al Código civil* (coord. RODRIGO BERCOVITZ RODRÍGUEZ--CANO), Aranzadi, Navarra, 2001.
- PERLINGIERI, Pietro – *Della cessione dei crediti, art. 1260º-1267º, Commentario del codice civile* (a cura de Antonio Scialoja e Giuseppe Branca), *libro quarto, Delle obbligazioni*, Zanichelli editore/Foro italiano, Bolonha/Roma, 1982.
- PERROT, Annick – *La vente à réméré de valeurs mobilières*, RTDCom., 1993, p. 1
- PINA, Carlos Costa – *Créditos documentários*, Coimbra Editora, Coimbra, 2000.
  – *Instituições e mercados financeiros*, Almedina, Coimbra, 2005.
- PINHEIRO, Jorge Duarte – *Garantia bancária autónoma*, ROA, 1992, p. 417.
- PINHEIRO, Luís Lima – *A cláusula de reserva de propriedade, algumas reflexões sobre a sua função, regime e natureza jurídica*, Almedina, Coimbra, 1988.
  – *A reserva da propriedade em direito internacional privado*, McGraw Hill, Lisboa, 1991.
- PINTO, Alexandre Mota – *Do contrato de suprimento. O financiamento da sociedade entre capital próprio e capital alheio*, Almedina, Coimbra, 2002.
- PINTO, Carlos Alberto da Mota – *Cessão da posição contratual*, Almedina, Coimbra, reimpressão de 1982.
  – *Direitos reais*, por Álvaro Moreira e Castro Fraga segundo as prelecções do Prof. Doutor C. A. da Mota Pinto ao 4.º ano jurídico de 1970-71, Almedina, Coimbra
  – *Teoria geral do direito civil*, 4.ª ed., por ANTÓNIO PINTO MONTEIRO e PAULO MOTA PINTO, Coimbra Editora, Coimbra, 2005.
- PINTO, João Filipe Monteiro/MARQUES, Manuel Oliveira – *O movimento de titularização de ativos em Portugal*, Cad. MVM, Abril, 2007, p. 8.
- PINTO, Marcos Mello Ferreira – *Sistema financeiro imobiliário brasileiro, contratos e a circulação de crédito*, Dissertação de Mestrado na Faculdade de Direito da Universidade de Lisboa, Lisboa, 2009.
- PINTO, Rui – *A ação executiva*, AAFDL, Lisboa, 2018.
  – *Penhora, venda e pagamento*, Lex, Lisboa, 2003.
- PIRES, José Maria – *Elucidário de direito bancário*, Coimbra Editora, Coimbra, 2002.
- PIRES, Miguel Lucas – *Dos privilégios creditórios: regime jurídico e sua influência no concurso de credores*, Almedina, Coimbra, 2004.
  – *Haverá imóveis do empregador sobre os quais o privilégio creditório do trabalhador não incida? – Ac. de Uniformização de Jurisprudência n.º 8/2016, de 23.2.2016, Proc. 1444/08.5TBAMT-A.P1.S1-A*, CDP, 2016, p. 42.
- PLASMATI, Massimo – *Il leasing di azienda*, CI, 2007, p. 576.
- PORTALE, Giuseppe B. – *Fideiussione e Garantievertrag nella prassi bancaria*, in: Nuovi tipi contratuali e tecniche di redazione nella pratica commerciale (coord por Piero Verrucoli), QGC, Giuffrè, Milão, 1978, p. 3.
  – *Il contratto autonomo di garanzia*, in Lezione Pisane di diritto commerciale (a cura di Francesco Barachini), Pisa University Press, Pisa, 2014, p. 25.
- POTTSCHMIDT, Günter/ROHR, Ulrich – *Kredirsicherungsrecht*, 4.ª ed., Vahlen, 1992.
- PRATA, Ana – *Cláusulas de exclusão e limitação da responsabilidade civil*, Almedina, Coimbra, 1985.
- PROENÇA, José Carlos Brandão – *Para a necessiade de uma melhor tutela dos promitentes-adquirentes de bens imóveis (maxime, com fim habitacional)*, CDP, 2008, p. 1.
- PROVAGGI, Gabriella – *Agency escrow*, in: *Fiducia, trust, mandato ed agency*, Convegni di studio, Madonna di Campiglo, Giuffrè, Milão, 1991, p. 291.

- RAMOS CHAPARRO, Enrique J. - *La garantia real inmobiliaria. Manual sistemático de la hipoteca*, Thomson/Arazandi, Navarra, 2008.
- RAPAZ, Virgílio J. - *Crédito*, Pólis, 1, p. 1353.
- RAVAZZONI, Alberto - *Fideiussione*, DDP, sezione civile, VIII, p. 254.
 - *Garanzia (diritti reali di)*, DDP, *sezione civile*, VIII, p. 602.
- REALMONTE, Francesco - *Pegno I) in generale*, EG, XXII, p. 1.
- RIBEIRO, António Sequeira - *Garantia bancária à primeira solicitação: algumas questões*, in: Estudos em homenagem ao Professor Doutor Inocêncio Galvão Telles, volume II, Direito bancário (estudos organizados pelos Professores Doutores António Menezes Cordeiro, Luís Menezes Leitão e Januário da Costa Gomes), Almedina, Coimbra, 2002, p. 289.
- RIBEIRO, Joaquim de Sousa - *O problema do contrato. As cláusulas contratuais gerais e o princípio da liberdade contratual*, Almedina, Coimbra, 1999.
- RIEDLER, Andreas - *Eigentumsvorbehalt*, Österreiches Bankvertragsrecht, Band IX: Kreditsicherheiten, Teil II (Herausgeben Peter Apathy, Gert Iro, Helmut Koziol), SpringerWienNewYork, Viena, 2012, p. 244.
- RIPERT, Georges/ROBLOT, René - *Traité de droit commercial*, tomo 2, 15.ª ed., por Philippe Delebecque e Michel Germain, LGDJ, Paris, 1996.
- RITO, António Silva - *Privilégios creditórios na nova legislação sobre recuperação e falência da empresa*, Rev. Ban., 1993, p. 93.
- RIVES-LANGE, Jean-Louis/CONTAMINE--RAYNAUD, Monique - *Droit bancaire*, 6.ª ed., Dalloz, Paris, 1995.
- ROBLOT, René - *Les effets de commerce*, 1975, Sirey, Paris.
- ROCCO, Federica - *Contratto di sale and lease back e divieto di patto comissorio: l'orientamento della suprema corte*, RDCom, 1997, II, p. 160.
- ROCHA, Ana Catarina - *A cláusula de reserva de propriedade na Diretiva 2000/35/CE do Parlamento Europeu e do Conselho sobre as medidas de luta contra os atrasos de pagamentos*, RFDUP, 2005, p. 9.
- RODRIGUES, Manuel - *A posse. Estudo de direito civil português*, 4.ª ed., revista, anotada e prefaciada por Fernando Luso Soares, Almedina, Coimbra, 1996.
- RODRIGUES, Silvio - *Direito civil, Direito das coisas*, vol. 5, 28.ª edição, revista e atualizada de acordo com o novo Código Civil (Lei n.º 10.406,de 10-1-2002), Saraiva, S. Paulo, 2003.
- RODRIGUES, Sofia Nascimento - *Os contratos de reporte e de empréstimo no código dos valores mobiliários*, Cad. MVM (edição especial sobre o Código dos Valores Mobiliários), 2000, p. 353.
- RODRÍGUEZ-ROSADO, Bruno - *Fiducia y pacto de retro en garantía*, Marcial Pons, Madrid, Barcelona, 1998.
- ROJO AJURÍA, Luís - *La compensación como garantía*, Civitas, Madrid, 1991
 - *Las garantias mobiliarias (fundamentos del derecho de garantías mobiliarias a la luz de la experiencia de los Estados Unidos de America)*, ADC, 1989, p. 717.
- RONCO, Simonetta - *Affidamento di beni mobili e insolvenza dell'affidatario*, Cedam, Pádua, 2000.
- ROSA, Antonio Pavone La - *Apertura di credito, cessione "pro solvendo" e pegno di crediti, girata in garanzia di cambiale tratta con clausula di cessione della provvista*, BBTC, 1959, II, p. 531.
- RÖVER, Jan-Hendrik - *Das EBWE-Modellgesetz für Sicherungsgeschäfte*, in: Mobiliarsicherheiten - Vielfalt oder Einheit?, Verhandlungen der Fachgruppe für vergleichendes Handels- und Wirtschaftsrecht anläblich der Tagung der Gesellschaft für Rechtsvergleichung in Jena vom 20.-22. März 1996 (coord. por Karl F. Kreuzer), Nomos Verlagsgesellschaft, Baden Baden, 1999, p. 125.
- RUBINO, Domenico - *La reponsabilità patrimoniale - Il pegno*, 2.ª ed., in: Trattato di

diritto civile italiano (dirigido por F. Vassalli), vol. XIV, t. 1, Utet, Turim, 1956.

- *La compravendita*, 2.ª ed., in: Trattato di diritto civile e commerciale (dirigido por Antonio Cicu e Francesco Messineo), vol. XXIII, Giuffrè, Milão, 1971.

- SÁ, Almeno de - *Responsabilidade bancária*, Coimbra Editora, Coimbra, 1998.

- SACCO, Rodolfo - *Autonomia contrattuale e tipi*, RTDPC, 1966, p. 785.

- SAGAERT, Vincent - *Harmonization of security rigths on immovables*, in: *Towards a european civil code* (editors: Arthur Hartkamp, Martijn Hessellink, Ewould Hondius, Edgar du Perron), 4.ª ed., Wolters Kluwer,The Netherlands, 2011, p. 1043.

- SALOMONE, Luigi - *Ipoteca*, in: *Le garanzie personale e reali*, in: *Il diritto privato nella giurisprudenza* (coord. por Paolo Cendon), Utet, Turim, 2006, p. 127

- *Contratto di riporto e scopo di garanzia*, in *Le garanzie personale e reali*, in: *Il diritto privato nella giurisprudenza* (coord. por Paolo Cendon), Utet, Turim, 2006, p. 311.

- SÁNCHEZ CALERO, Fernando - *Instituciones de derecho mercantil, II, títulos y valores, contratos mercantiles, derecho concursal y marítimo*, 21.ª ed., McGraw Hill, Madrid, 1998.

- SANCHEZ LORENZO, Sixto - *Garantias reales en el comercio internacional (reserva de dominio, venta en garantia y leasing)*, Civitas, Madrid, 1993.

- SANTOS, Filipe Cassiano dos - *Anotação* ao Acórdão de Uniformização de Jurisprudência de 11-12-2012, RLJ ano 142.º, p. 300.

- *Direito comercial português, vol. I, dos atos de comércio às empresas: o regime dos contratos e mecanismos comerciais no direito português*, Coimbra Editora, Coimbra, 2007.

- SARDO, Gianluca - *La disciplina del contratto di garanzia finanziaria: appunti sul D.Lgs. 21 maggio 2004, n. 170*, I Contratti, 2005, p. 617.

- SCHLECHTRIEM, Peter - *Termination of contracts under the principles of international commercial contrats*, in: Contratti internazionalei e principi Unidroit (a cura di Michael J. Bonell e di Franco Bonelli), Giuffrè, Milão, 1997, p. 249.

- SCHLESINGER, Piero - *La cartolarizzazione dei crediti*, RDCiv., 2001, p. 265.

- SCHMIDT, Dominique/WITZ, Claude (com BISMUTH, Jean-Louis), *Les opérations fiduciaires en droit français*, in: *Les opérations fiduciaires*, Colloque de Luxembourg, Feduci/LGDJ, Paris, 1985, p. 305.

- NOBBE, Gerd - *Bürgschaft*, in: H. SCHIMANSKY/H.-J. BUNTE/H.-J. LWOWSKY, *Bankrechts-Handbuch*, Band II, 4.ª ed., C. H. Beck, Munique, 2011, § 91, p. 173.

- SCHMIDT, Karsten - *Handelsrecht*, 5.ª ed., Heymanns, Colónia, Berlim, Bona, Munique, 1999.

- SCHWAB, Karl Heinz/PRÜTTING, Hanns - *Sachenrecht*, 32.ª ed., C. H. Beck, Munique, 2006.

- SCHWINTOWSKI, Hans-Peter/SCHÄFER, Frank - *Bankrecht. Commercial Banking--Investment Banking*, 2.ª ed., Carl Heymanns, Colónia, Berlim, Bona, Munique, 2004.

- SERENS, M. Nogueira - *Penhor de quota*, CJ, 1996, IV, p. 7.

- SERICK, Rolf - *Eigentumsvorbehalt und Sicherungsübertagung, Band I, Der einfache Eigentumsvorbehalt*, Verlagsgesellschaft "Recht und Wirtschaft", Heidelberga, 1963.

- *Eigentumsvorbehalt und Sicherungsübertragung, Band II, Die einfache Sicherungsübertragung - Erster Teil*, Verlag Recht und Wirtschaft, Heidelberga, 1965.

- *Eigentumsvorbehalt und Sicherungsübertragung. Neue Rechtsentwicklungen*, 2.ª ed., Verlag Recht und Wirtschaft, Heibelberga, 1993.

SERRA, Adriano Vaz - *Anotação* ao acórdão do STJ de 3/5/68, RLJ, ano 102.º, p. 165 .

- *Anotação* ao acórdão do STJ de 12/3/74, RLJ ano 108.º, p. 108.

- *Anotação* ao acórdão do STJ de 28/11/75, RLJ, ano 109.º, p. 365.

- *A sub-rogação do segurador*, RLJ, ano 94.º, p. 177.

– *Consignação de rendimentos*, BMJ n.º 65, p. 263.
– *Dação em função de cumprimento e dação em cumprimento*, BMJ n.º 39, p. 25.
– *Direito de retenção*, BMJ n.º 65, p. 103.
– *Fiança e figuras análogas*, BMJ n.º 71, p. 19.
– *Hipoteca*, BMJ n.º 62, p. 5, BMJ n.º 63, p. 193.
– *Impossibilidade superveninete por causa não-imputável ao devedor e desaparecimento do interesse do credor*, BMJ n.º 46, p. 5.
– *Penhor*, BMJ n.º 58, p. 17, BMJ n.º 59, p. 13.
– *Privilégios*, BMJ n.º 64, p. 41.
– *Responsabilidade patrimonial*, BMJ n.º 75, p. 5.
- SERRA, Antonio – *Anticipazione bancaria*, DDP, sezione commerciale, I, p. 123.
- SERRA, Catarina – *Alguns aspetos da revisão do regime da falência pelo DL n.º 315/98, de 20 de Outubro*, SI, 1999, p. 183.
- *Lições de direito da insolvência*, Almedina, Coimbra, 2018.
- SEUBE, Jean-Baptiste – *Droit des sûretés*, Dalloz, Paris, 2002.
- SIGMAN, Harry S. – *Security in movables in the United States – Uniform Commercial Code Article 9: a basis for comparison*, in: *Security rights in movable property* in: European Private Law (editado por Eva-Maria Kieninger), Cambridge University Press, Cambridge, 2004, p. 54.
- SIGMAN, Harry, S./KIENINGER, Eva-Maria – *Introduction*, in: *Cross-border security over tangibles* (coord. HARRY C. SIGMAN/EVA-MARIA KIENINGER), De Sellier, Munique, 2007, p. 1.
- SILVA, João Calvão da – *Anotação* ao acórdão do STJ de 16/5/2000, in RLJ ano 133.º, p. 66.
– *Anotação* ao acórdão do Tribunal da Relação de Lisboa de 15/3/2000, RLJ ano 132.º, p. 351.
– *Banca, bolsa e seguros, direito europeu e português, tomo I, parte geral*, 4.ª ed., Almedina, Coimbra, 2013.
– *Cartas de conforto*, in: Estudos de direito comercial (pareceres), Almedina, Coimbra, 1996, p. 369.
– *Crédito documentário e conhecimento de embarque*, in: Estudos de direito comercial (pareceres), Almedina, Coimbra, 1996, p. 49.
– *Cumprimento e sanção pecuniária compulsória*, Separata do vol. XXX, do suplemento do BFDUC, Coimbra, 1987.
– *Direito bancário*, Almedina, Coimbra, 2001.
– *Dos efeitos da falência sobre garantias de dívidas de terceiros*, in: Ab uno ad omnes, 75 anos da Coimbra Editora, 1920-1995, organização de Antunes Varela, Diogo Freitas do Amaral, Jorge Miranda, J.J. Gomes Canotilho, Coimbra, 1998, p. 775.
– *Garantias acessórias e garantias autónomas*, in: Estudos de direito comercial (pareceres), Almedina, Coimbra, 1996, p. 327.
– *Locação financeira e garantia bancária*, in: Estudos de direito comercial (pareceres), Almedina, Coimbra, 1996, p. 5.
– *Mandato de crédito e carta de conforto*, in: Estudos em homenagem ao Professor Doutor Inocêncio Galvão Telles, vol. II, Direito bancário (organizados pelos Professores Doutores António Menezes Cordeiro, Luís Menezes Leitão e Januário da Costa Gomes), Almedina, Coimbra, 2002, p. 245.
– *Responsabilidade civil do produtor*, Almedina, Coimbra, 1990.
– *Seguro de crédito*, in: Estudos de direito comercial (pareceres), Almedina, Coimbra, 1996, p. 99.
– *Sinal e contrato promessa*, 14.ª ed., Almedina, Coimbra, 2018.
– *Titul[ariz]ação de créditos. Securitization*, 2.ª ed., Almedina, Coimbra, 2005.
– *Venda de bens de consumo*, 4.ª ed., Almedina, Coimbra, 2010.
- SILVA, F. V. Gonçalves da/PEREIRA, J. M. Esteves – *Contabilidade das sociedades*, 10.ª ed., Plátano editora, Lisboa, 1996.
- SILVA, Paula Costa e – *A liquidação da massa insolvente*, ROA, 2005, p. 713.
– *A reforma da ação executiva*, 2.ª ed., Coimbra Editora, Coimbra, 2003.

– *As operações de venda a descoberto de valores mobiliários*, Coimbra Editora, Coimbra, 2009.

– *Direito dos valores mobiliários. Relatório*, Coimbra Editora, Coimbra, 2005

- SIMMONDS, Ralph – *The PPSA cometh to Australia? An introduction to the current state of Play*, Murdoch University Electronic Journal of Law, vol. 9, n.º 3, September 2002, in www.murdoch.edu.au/elaw/issues/v9n3/simmonds93.html.
- SNIJDERS, Henk J. – *Access to civil securities and free competition in the EU, a plea for one security rignht in movables*, in: ULRICH DROBNIG/HENK J. SNIJDERS/ERIK-JAN ZIPPRO, *Divergences of property law, an obstacle to the internal market*, Sellier, European Law Publishers, Munique, 2006, p. 153.
- SOARES, Maria Ângela Coelho Bento – *Estabelecimento individual de responsabilidade limitada (e.i.r.l.)*, in: Direito das empresas (coord. DIOGO LEITE DE CAMPOS), INA, Lisboa, 1990, p. 601.
- SOARES, Quirino – *Contratos bancários*, SI, 2003, p. 109.
- SOGRI, Antonino – *Privilegio speciale*, in: *Le garanzie personale e reali*, in *Il diritto privato nella giurisprudenza* (coord. por Paolo Cendon), Utet, Turim, 2006, p. 201.
- SOUSA, Miguel Teixeira de – *A reforma da ação executiva*, Lex, Lisboa, 2004.

  – *Ação executiva singular*, Lex, Lisboa, 1998.
- SUPPA, Maria Paola – *Lettere di patronage*, in: *Il diritto privato nella giurisprudenza* (coord. por Paolo Cendon), Utet, Turim, 2006, p. 511.
- TAROLLI, Remo – *Le garanzie finanziarie: il diritto di utilizzazione dell'oggetto della garanzia*, Giur. Com., 2005, I, p. 872.
- TARTUFARI, Luigi – *Intorno alla natura giuridica del contratto di riporto*, RDCom., 1905, I, p. 257.
- TELLES, Inocêncio Galvão – *Anotação* ao Acórdão do STJ de 25 de Janeiro de 1955, Dir., 1955, p. 336.

  – *Contratos civis (Projeto completo de um título do futuro Código Civil português e exposição de motivos)*, BMJ n.º 83, 1959, p. 114.

  – *Direito das obrigações*, 7.ª ed., Coimbra Editora, Coimbra, 1997.

  – *Garantia bancária autónoma*, Dir., 1988, p. 275.
- THAMM, Manfred – *Kreditsicherungvereinbarung*, 6.ª ed., Verlag Recht und Wirtschaft, Heidelberga, 1994.
- TOMÉ, Maria João Vaz – *O trust e a titularização de créditos – breves considerações –*, in Titularização de créditos, Instituto de direito bancário, Lisboa, 2000, p. 165.
- TOMÉ, Maria João Vaz/CAMPOS, Diogo Leite de – *A propriedade fiduciária (trust). Estudo para a sua consagração no direito português*, Almedina, Coimbra, 1999.
- TORRES, Maria Leonor da Cunha – *Garantias pessoais do Estado*, in: Estudos jurídicos e económicos em homenagem ao Prof. Doutor António de Sousa Franco, vol. III, Faculdade de Direito da Universidade de Lisboa, Coimbra Editora, 2006, p. 139.
- TORRENTE, Andrea/SCHLESINGER, Piero – *Manuale di diritto privato*, 16.ª ed., Giuffrè, Milão, 1999.
- TRABUCCHI, Alberto – *Istituzioni di diritto civile*, 40.ª ed., Cedam, Pádua, 2001.
- TUCCI, Giuseppe – *Cauzione*, DDP, *sezione civile*, II, p. 255.

  – *Garanzia*, DDP, *sezione civile*, VIII, p. 579.

  – *Garanzie sui crediti dell'impresa e tutela dei finanziamenti. L'esperienza statunitense e italiana*, Giuffrè, Milão, 1974.
- ULRICH, Ruy Ennes – *Do reporte no direito commercial portuguez*, Imprensa da Universidade, Coimbra, 1906.
- URÍA, Rodrigo – *Derecho mercantil*, 26.ª ed., Marcial Pons, Madrid, Barcelona, 1999
- VALENZUELA GARACH, Fernando – *El contrato de fianza: una síntesis de sus problemas atuales*, in *Tratado de las garantias en la contratacion* mercantil (coord. UBALDO NIETO CAROL e JOSÉ IGNACIO BONET SANCHEZ), tomo I, *Parte general y garantias personales*, Civitas, Madrid, 1996, p. 421.

- VARELA, João Antunes – *Anotação* ao acórdão do STJ de 24/1/1985, RLJ ano 122.º, p. 314.
– *Das Obrigações em geral*, vol. I, 10.ª ed., Almedina, Coimbra, 2000.
– *Das Obrigações em geral*, vol. II, 7.ª ed., Almedina, Coimbra, 1997 (reimpressão de 2003).
– *Seguro de créditos*, Rev. Ban., 1990, p. 49.
- VASCONCELOS, Joana – in: *Código do trabalho anotado*, de MARTINEZ, Pedro Romano/MONTEIRO, Luís Miguel/ VASCONCELOS, Joana/BRITO Pedro Madeira de/ DRAY, Guilherme/SILVA, Luís Gonçalves da, 3.ª ed., Almedina, Coimbra, 2004, p. 613.
- VASCONCELOS, Miguel Pestana de – *A cessão de créditos em garantia e a insolvência. Em particular da posição do cessionário na insolvência do cedente*, Coimbra Editora, Coimbra, 2007.
– *A resolução das garantias constituídas antes do processo de insolvência*, in: III congresso de direito bancário (coord. Miguel Pestana de Vasconcelos), Almedina, Coimbra, 2018, p. 63.
– *Contrato-promessa e falência/insolvência. Anotação ao Acórdão do Tribunal da Relação de Coimbra de 17 de Abril de 2007, Agravo 65/03*, CDP, n.º 24, 2008, p. 43.
– *Direito bancário*, Almedina, Coimbra, 2017.
– *Direito de retenção, contrato-promessa e insolvência*, CDP, n.º 33, 2011, p. 3.
– *A venda a retro como instrumento de concessão de crédito garantido. Do Direito civil ao Direito bancário*, RFDUP, 2007, p. 221.
– *Do reporte com função de crédito e garantia*, in: Nos 20 anos do Código das Sociedades Comerciais, homenagem aos Profs. Doutores A. Ferrer Correia, Orlando de Carvalho e Vasco Lobo Xavier (coord. António Pinto Monteiro), vol. III, vária, Faculdade de Direito da Universidade de Coimbra, Coimbra Editora, Coimbra, 2007, p. 9.
– *O depósito com finalidade de cumprimento, o depósito para administração, o depósito em garantia e os seus regimes insolvenciais*, in: Estudos em Homenagem ao Prof. Doutor Heinrich Ewald Hörster, Almedina, Coimbra, 2012, p. 725.
– *O novo regime insolvencial da compra e venda*, RFDUP, 2006, p. 521.
– *Os contratos de garantia financeira. O dealbar do direito europeu das garantias*, in: Estudos em Honra do Professor Doutor José de Oliveira Ascensão (coordenação dos Professores Doutores António Menezes Cordeiro, Pedro Pais de Vasconcelos e Paula Costa e Silva), vol. II, Faculdade de Direito da Universidade de Lisboa, Almedina, Coimbra, 2008, p. 1273.
– *Penhor, privilégio mobiliário geral da segurança social e sua inconstitucionalidade*, RFDUP, 2008, p. 263.
– *Recuperação de empresas: o processo especial de revitalização*, Almedina, Coimbra, 2017.
- VASCONCELOS, Pedro Leitão Pais de – *A procuração irrevogável*, Almedina, Coimbra, 2.ª ed., 2017 (reimpressão).
- VASCONCELOS, Pedro Pais de – *A participação social nas sociedades comerciais*, Almedina, Coimbra, 2005.
– *Contratos atípicos*, Almedina, Coimbra, 1995.
– *Direito comercial. Títulos de crédito*, AAFDL, Lisboa, 1988/1989.
– *Em tema de negócio fiduciário*, Faculdade de Direito de Lisboa, policopiado, 1985.
– *Pluralidade de avales por um mesmo avalizado e "regresso" do avalista que pagou sobre aqueles que não pagaram*, in: Nos 20 anos do Código das Sociedades Comerciais, homenagem aos Profs. Doutores A. Ferrer Correia, Orlando de Carvalho e Vasco Lobo Xavier (coord. António Pinto Monteiro), vol. III, vária, Faculdade de Direito da Universidade de Coimbra, Coimbra Editora, Coimbra, 2007, p. 947.

– *Teoria geral do direito civil*, 8.ª ed., Almedina, Coimbra, 2017.

– VAZ, Teresa Anselmo – *Alguns aspetos do contrato de compra e venda a prestações e contratos análogos*, Almedina, Coimbra, 1995.

VEIGA, Vasco Soares da – *Direito bancário*, Almedina, Coimbra, 1997.

– VENTURA, Raúl – *O contrato de compra e venda no código civil. Venda de bens alheios – venda com expedição*, ROA, 1980, p. 305.

– *O contrato de compra e venda no código civil. O preço, venda a retro*, ROA, 1980, p. 605.

– *O contrato de compra e venda no Código Civil. Efeitos essenciais: a transmissão da propriedade da coisa ou da titularidade do direito; a obrigação de entregar a coisa*, ROA, 1983, p. 587.

– VIALE, Mirella – *Le garanzie bancarie*, in: Trattato di diritto commerciale e di diritto pubblico dell'economia, vol. 18, Cedam, Pádua, 1994.

– VICENT CHULIA, Francisco – *Introducción al estudio de las garantias personales en el Ordenamiento español*, in: *Tratado de las garantias en la contratacion mercantil* (coord. UBALDO NIETO CAROL e JOSÉ IGNACIO BONET SANCHEZ), tomo I, *Parte general y garantias personales*, Civitas, Madrid, 1996, p. 378.

– VIEIRA, José Alberto C. – *Direitos reais*, Almedina, Coimbra, 2016.

– VIGONE, Luisa – *Contratti atipici. Guida ai principali contratti commerciali e finanziari*, 2.ª ed., Cosa & Cosme, Milão, 1998.

– VITÓRIA, Fernando – *O seguro de créditos em Portugal*, apêndice à edição portuguesa de O seguro de créditos no mundo contemporâneo, p. 591.

– VIVANTE, Cesare – *Il contratto di riporto*, RDCom., 1919, I, p. 665.

– *Il contratto di riporto*, RDCom, 1925, I, p. 97.

– WALD, Arnoldo – *Direito civil, contratos em espécie*, 3, 18.ª ed. (reformulada com a colaboração de SEMY GLANZ, ANA ELISABETH LAPA WANDERLEI CAVALCANTI e LILIANA MINARDI PAESANI), Saraiva, S. Paulo, 2009.

– WEBER, Hansjörg – *Kreditsicherheiten. Recht der Sicherungsgeschäfte*, 8.ª ed., C. H. Beck, Munique, 2006.

– WESTERMANN, Harm Peter – in: *Münchener Kommentar zum Bürgerlichen Gesetzbuch, Band 3, Schuldrecht. Besonderer Teil I (§§ 433-606)*, 6.ª ed., C. H. Beck, Munique, 2012, § 449 (Eigentumsvorbehalt), p. 281.

– WHITE, James J./SUMMERS, Robert S. – *Uniform commercial code: secured transations*, West Group, St. Paul, Minn., 2000.

– WOLF, Manfred – *Sachenrecht*, 23.ª ed., C. H. Beck, Munique, 2007.

– WOOD, Philip R. – *Comparative financial law: a classification of the world's jurisdictions*, in: Making commercial law. Essays in honour of Roy Goode (edited by Ross Cranston), Claredon Press, Oxford, 1997, p. 31.

– *Law and pratice of international finance*, Sweet and Maxwell/Thomson Reuters, Londres, 2008.

– XAVIER, Vasco Lobo – *Venda a prestações: algumas notas sobre os artigos 934.º e 935.º do Código Civil*, RDES, 1974, p. 199.

– ZAHRADNIK, Thomas/KRUMHUBER, Andreas – *Finanzsicherheiten-Gesetz, Kurzkommentar*, 2.ª ed, Verlag Österreich, Viena, 2012.

– ZIMMERMANN, Reinhard – *The new german law of obligations, historical and comparative perspetives*, Oxford University Press, Oxford, 2005.

– ZUNZUNEGI, Fernando – *Una aproximación a las garantias financieras (comentários al capítulo segundo del real Decreto-ley 5/2005)*, in: Garantías reales mobiliarias en Europa (coord. M.ª Elena Lauroba/Joan Marsal), Marcial Pons, Madrid, 2007, p. 415.

Índice